肖鹏　著

清季人年谱长编 刘石题

中华书局

圖書在版編目(CIP)數據

清道人年譜長編/肖鵬著. —北京:中華書局,2022. 10
ISBN 978-7-101-15891-5

Ⅰ.清… Ⅱ.肖… Ⅲ.李瑞清-傳記 Ⅳ.K825.46

中國版本圖書館 CIP 數據核字(2022)第 171436 號

書　　名　清道人年譜長編
著　　者　肖　鵬
責任編輯　葛洪春
責任印製　管　斌
出版發行　中華書局
　　　　　（北京市豐臺區太平橋西里 38 號　100073）
　　　　　http://www.zhbc.com.cn
　　　　　E-mail:zhbc@zhbc.com.cn
印　　刷　三河市宏達印刷有限公司
版　　次　2022 年 10 月第 1 版
　　　　　2022 年 10 月第 1 次印刷
規　　格　開本/920×1250 毫米　1/32
　　　　　印張 29⅛　插頁 6　字數 800 千字
國際書號　ISBN 978-7-101-15891-5
定　　價　198.00 元

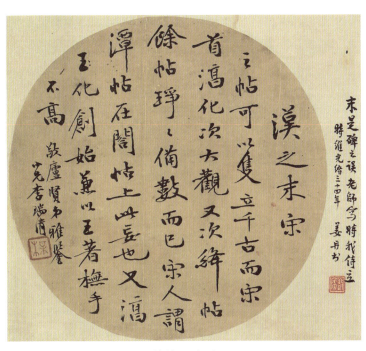

贈姜丹書書

（浙江美術館藏）

跋《唐人寫般若波羅蜜經勸學品第七十四》

（普林斯頓大學藝術博物館藏）

贈楊楷松石便面

（無錫博物院藏）

跋石濤《十六阿羅應真圖》

（紐約大都會博物館藏）

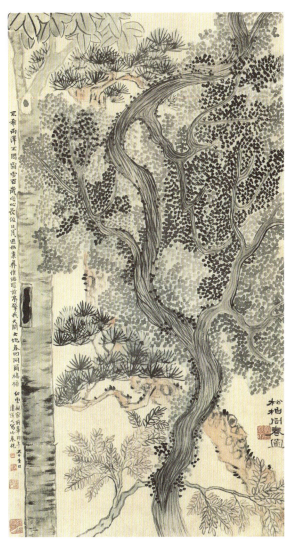

為劉廷琛繪《松柏同春圖》

（嘉德四季第三十三期拍賣會）

爲胡小石臨《楚公鎛鐘銘》

（南京博物院藏）

贈陳中凡聯

（南京大學圖書館藏）

畫佛圖

（李健後人藏）

目　録

自　序

　　夫信道至篤者，必有自知之明；執志不渝者，必有過人之節。故夷齊采蕨西山，許由洗耳潁水，孔孟稱其仁，莊周頌其德，未嘗責以不達聖心，闇乎時務者，殆爲此歟？臨川李梅盦先生，稟坤元之妙極，資川岳之至精。風神凝遠，器宇淵深。蚤歲潛心蒼雅，篤尚公羊。情疏纓黻，抱圖軸以自娛；志洽薛蘿，披墳典而吟諷。既而王室多故，夷狄交侵，先生蒿目時艱，憂心國事，遂乃赴都應舉，冀效錐刀之用；詣院上書，欲阻城下之盟。旋成進士，入選詞林。隨珠荊璧，無非絕麗；飛兔騕褭，本自無雙，故能馳英華於妙年，挺圭璋於秀實者也。尋以道員需次江南，監督上庠。植行若矩，嗜善若蹠。經師人表，允資望實。聘碩彥於扶桑，設圖畫之科目。章程明密，品式該備。群寮尚其清通，生徒仰其懿德。猶復翂翂粥粥，處盈若虛；溫溫恂恂，退藏於密。逮乎寧垣兵警，枹鼓晝鳴。官吏潛遁，列郡土崩。先生驟膺重寄，拯溺逝川。積草囤糧，輸肝剖膽。談笑以却熊羆，執試而喻牛象。相持浹月，卒以衆寡懸殊，金陵瓦解。自以罪愆，甘膏斧鉞，遂寢全身之謀，以待不測之變。俄而義感革軍，亟聘顧問。乃援青松以示志，指皦日以盟心。蟬蛻鴻冥，棲遲海隅。謝故舊之餽貽，鬻書畫以自給。求仁養志，樂道忘憂。其書導源三代，博涉六朝，探彝鼎之祕蘊，得北碑之崛奇。彌區沈著，雲龍夭矯。新情振起，逸態橫生。於是絕域競求，雞林爭寶，門庭若市，戶限爲穿。若乃兀硉浩蕩之氣，黍離麥秀之悲，興諸豪端，流於筆墨，怪怪奇奇，渾渾灝灝，藉非胸具丘壑，別存懷抱者，曷克臻此？鵬展讀鴻製，服膺有年。慨舊譜之闕略，傷高節之靡彰。遂刺劚群籍，參酌體例，竭其淺陋，成此長編。冀以涓埃，有裨崧嶽。至於繩愆糾謬，謹俟博雅；拾遺補闕，請待方來。著雍閹茂嘉平月永新肖鵬識。

凡　例

一、臨川李氏世以書名，故於譜前縷述其家世，並附家傳史料，俾知公書學湛深，淵源有自也。

二、公自託殷頑，遯跡黃冠，辛亥後所作詩文書畫僉以干支紀年。茲因編排之便，本譜概用陰曆，其後標注陽曆日期，以便參照也。

三、本譜紀事按年月日依次編排，其事或有待補充及考證之處，輒加案語以明之。

四、公生平著述，不自收拾，所作《春秋君臣大義考》、《圍城記》、《羅浮子瘗言》，均湮没無存。所傳惟《清道人遺集》，散亂失序，故本譜重爲編次。間獲遺逸，亦繫於内，隨加案識。其佚文、佚札未能編年者，率附譜後。

五、公遺集爲門人所編，題跋略其年月，或有增删，或加潤飾。其字句與原件出入較多者，仍録原文於譜中。

六、本譜於公生平鉅細畢載，務得其實。或徵引稍繁，寔遵溫公寧繁勿簡之旨，竹頭木屑，俱不敢棄，以便知其始末也。

七、公生平交游可考者均著録譜内，其事跡參見譜後所附小傳。

八、本譜不專列時事，僅就譜主所涉事件略爲敍述，以免支蔓也。

九、公年譜舊有徐雯雯、曾迎三所編二種，徐譜於其世系考訂綦詳，曾譜則網羅題跋較夥，而疏漏舛誤，所在不免。是譜間有引及二譜之處，於其誤謬處亦隨事加以糾駁。

十、本譜體例曾參考十餘種年譜，斟酌損益而成。許全勝《沈曾植年譜長編》、李開軍《陳三立年譜長編》條理謹嚴，借鑒尤多。

十一、凡所徵引，皆隨文標注出處，以便覆核也。

十二、凡字有漫漶莫别者，均以□代之。

譜　前

公諱瑞清,字仲麟,號雨農,易號梅庵。江西臨川人。

始遷祖居信,賜進士,南宋除户大軍倉。

　　妣吴孺人、曾孺人。

　　繇豐城正信鄉新城之湖茫遷楊溪。

十二世祖一和。

　　妣萬孺人、章孺人。

十三世祖國楨(1587—1643),明天啓丁卯舉人,湖廣耒陽縣知縣、福建順昌縣知縣。崇祀鄉賢名宦祠。

　　妣桂孺人。

十四世祖曰滌(1609—1668),明末諸生。

　　妣吴孺人、張孺人。

十五世祖枝芳,康熙庚午舉人。德安教諭、知縣,敕封修職郎。

　　妣晁孺人。

十六世祖煒,貤贈儒林郎。

　　妣晁氏,敕封安人。

十七世祖仁民(1709—1760),字遥瞻,號中亭,一號敬亭。敕封儒林郎,晉封奉直大夫。

　　妣晁氏(1708—1789),同邑翰林院庶吉士諱子管公孫女,廩生諱應鴻公女。敕封安人,晉封宜人。

十七世從祖佐墀、仕墀皆敕封儒林郎。

高祖秋山公(1752—1823),諱秉鑰,字玉堅。國子監生,候選州同。敕授儒林郎,誥授奉直大夫,晉封通奉大夫。

　　妣吴氏,誥封太夫人。

曾祖幼海公(1791—1853)，諱宗淮，字子舒。國子監生，議敘鹽課提舉。誥授奉直大夫，誥封通奉大夫。

姚萬氏，誥封太夫人。

從曾祖味嵐公(1779—1832)，諱宗淇，字衛源，一字衛南。嘉慶乙卯舉人。建昌教諭。敕授修職郎，例晉徵仕郎。

宗法，字子茂。敕授宣德郎。

宗瀋，字子蕙。

宗澳，字子厓。嘉慶辛酉舉人。丁丑大挑二等，授教諭。敕授文林郎。

宗浩，字子然。縣學生。候選按察司經歷。敕授文林郎。

祖聯堃，字戴堂。誥封奉政大夫。

本生祖子白公(1819—1895)，諱庚，字君任。國子監生。疏留廣西司榷稅，歷署興安少尉，灌陽、宣化、順德巡檢。以軍功授五品銜廣東補用鹽大使。誥授奉直大夫，誥封榮祿大夫。

姚聞氏(1817—1844)，河南祥符縣人。前廣西永安州知州諱寶桂公之女。誥贈恭人，誥封一品太夫人。

滕氏，誥封恭人。

易氏，例贈孺人。

張氏。

從祖祖父聯鋅，字萊孫。貤封登仕郎。

姑祖母三。

長適廣西靈川縣人周君啟稷，以舉人官直隸試用知縣。

次適廣西臨桂縣人廣東候補鹽知事白君秀杭。

次適浙江會稽人廣西候補縣丞全君光華。

父翊發，誥封奉政大夫。

本生父榮祿公(1839—1901)，諱必昌，字慕蓮，號蘭生。國子監生。繇軍功洊保鹽運使銜、賞戴花翎、湖南長沙府同知，歷官武陵、平江、長沙、衡山縣知縣，梧州府知府。總辦川滇電綫、雲貴電報總局,軍機處記名。外放,歷署雲南鹽法道、雲南開廣臨安關道,欽加二品銜。委署迤西道糧儲道。誥授資政大夫,晉封榮禄大夫。

母陳氏(1839—1895),廣西桂林人。道光辛巳舉人,覺羅官學教習,歷官貴州鎮遠、仁懷、龍里縣知縣,黃平、定番、開州知州,誥授奉政大夫諱治昌公之三女。誥封夫人,晉封一品太夫人。生瑞祖、瑞清、瑞荃、瑞鼎、瑞霈。

妣鄧氏(1853—1891),沅州府鄧啓涵公女。敕封安人。生瑞火、瑞蔭。

王氏(1863—?),貴州某縣人。敕封孺人。生瑞永、瑞玨、瑞甡、瑞潤。

陳氏(1879—?),江蘇某縣名雲五公女,貤封孺人。生瑞延一子。

叔父必森,字荷生。國子監生,候選府經歷。敕授文林郎。

必名,易名銘新,字實生。國子監生,以軍功保候選知縣。

必賢,易名敬熙,字桂生。國子監生,候選巡檢。

姑母二。

長適廣西桂林人,知府銜,今官貴州鎮遠縣知縣陳君葆恩。

次適湖北漢陽人,鹽提舉銜,湖南補用知州候補通判姚君良楷。

兄瑞祖(1862—1911),字冠伯,號燕卿,易號繩卿。國子監生,同知銜,候選道庫大使,加同知銜。誥授奉政大夫。

弟瑞奇(1871—?),字衡仲,號毓華,易號筠盦,又號筠仲。國子監生,加翰林院待詔,廣東即補知縣同知銜。誥授奉政大夫,賞戴花翎。

瑞蔭(1886—?),號培菴。國子監生,保候選鹽大使。

瑞永(1889—?),字永壽,號松庵。候選府經歷。

瑞玨(1891—?),字觀保,號柏庵。

瑞甡(1891—?),字佛保,號榆庵。

瑞潤(1895—?),號樾庵。

妹三人。

長適湖南湘鄉沈,記名提督,甘肅河州總兵,喀關莽巴圖魯,誥授建威將軍,國史有傳,諱玉遂公二子,名永康,號少安,二品蔭生,候選通判。

次適廣西全州蔣,三品銜,雲貴順寧府知府名實英公之子,縣學生名繼豫。

次適貴州威寧州蔡標長子。

妻余氏(1868—1887),湖南常德武陵人。道光丙午舉人,咸安宮教習,歷任浙江金華府嘉興、蘭谿等縣知縣,調廣東廣州府通判,佛山同知,補陽江、直隸廳同知,候補知府諱祚馨號蓉初公之六女。誥封淑人。

繼室余氏(?—1892),祚馨公之七女。誥封淑人。

案:王立民《拜謁李瑞清墓散記》(《北方文學》2002年第5期,頁六二):"82歲的李淑英身體健朗、耳聰目明,說起話來鏗鏘有力。'我爺爺有四房太太,八個兒子、三個女兒,加上四姨太過繼的兩個兒子,就是十個兒子呀。'"李淑英為李瑞蔭女。據《李氏族譜》卷二,李必昌生子十二,女八。瑞鼎、瑞鼐、瑞火均早殀,瑞延生於光緒二十七年,該族譜修於光緒三十一年,而謂其立瑞祖七子承佴為嗣,疑瑞延亦早殀,故側室陳氏需過繼二子也。又,《李承陽履歷》(複印件)但見瑞祖、瑞清、瑞奇、瑞蔭、瑞永、瑞玨、瑞牲、瑞潤,亦未見瑞延,此即必昌八子也。必昌八女長、次、三俱殤,五未適而歿,八未字而殤。

傳記資料

敘傳（李聯琇）

李氏出少昊裔……吾族於今日將探本而爲之圖系斷自勝始，勝之先無從遥接，然要之爲曹王明之裔無疑也。

勝生訥，訥生孜，孜生子三，曰熙、從、貴。熙遷新建，貴出贅石坑葛氏。從字百順，友悌化鄉黨，勤講學。多貲，濟人急，貧不能償征課者，代之輸。有寇謀劫其貲，束火箭於垣，將射，忽聞屋上呼曰：“備水。”寇周視，實無人，怪而退以告人，謂有神祐，而其家初不知也。生於五代晉天福二年，殁於宋天聖三年，年八十九，葬棲龍山，羅節銘其墓。配張氏，生益，早世。繼配黃氏，生子三，曰珪、琮、珝。琮析居小塘，皇祐中以子秉官贈都官郎中。珝析居大陂，以子官贈秘書省校書郎。配萬氏，生子三，曰仲詢、仲諫、仲交。仲詢爲金谿尉。仲交字子遇，爲蘄春縣主簿。配劉氏，生子二，曰愈、榮。愈字景韓，號退庵。配萬氏，生子三，曰搏、時國、時美。搏字之南，舉進士，爲湖南運幹。配羅氏，生子二，曰公裔、公習。公裔配詹氏，生子二，曰晞白、晞顔。晞顔配徐氏，生穎，字克齋，以子官封承務郎，晉贈修職郎。葬五十二都山巷口。配傅氏，生居信，號松江，自豐城湖茫遷臨川北鄉之楊溪。楊溪乃白沙相國吳長卿別院，長卿以幼女妻居信，館甥於此。居信遂爲楊溪始祖。舉寶祐元年進士，爲新昌、華亭知縣，監壽昌軍，復監戶部大軍倉。大軍倉駐鄂州時，襄樊陷戰，守征調轉輸無虛日，糧匱軍饑，檄郡縣十無一二應，與執政論餉書不勝悲憤，病歸，卒於家。葬檀塘。配吳氏，葬新塘。生惟清。繼配曾氏，生子二，曰惟澄、惟源。惟澄咸淳進士，官承議郎，析居郡城北。

惟清號常溪,葬泉嶺。配吳氏,葬盛家坊。生子五,曰和用、俊用、賢用、利用、明用。和用元延祐中進士,爲清遠副使。明用字子德,配吳氏,合葬祠後。生子二,曰孟仁、孟裕。孟仁號仁山,配章氏,繼配王氏,合葬祠後。生子二,曰思誠、思恭。思恭號耕隱,配何氏,繼配饒氏,合葬筲箕塘。生忠,字德貞,號筠軒,精青烏之術,與劉基往來辨論,互相資益。基推服,自歎弗如。游新安,有李半仙之號,著《地理前後五十段》等書行世。遷葬始祖於本鄉三里內,楊溪一水環宅,東南地脈從西來,宅西向以迎生氣,皆所相建。後有改而東者,輒召禍。獨所建祠迄今四百八十年,經兵燹猶存,椽木雖舊,子孫但扶葺之而不敢更造也。置學田贍族勸學,以忠厚勤儉訓後。易簀時,諄諄惟此。生於明洪武十五年,殁於天順三年,年七十八。配鄒氏,合葬江頭山。生子三,曰崇爵、崇瑛、崇華。崇華徙籍湖北鍾祥縣,我朝有乾隆辛卯進士官至侍郎曰潢者,其後也。崇瑛字愛竹,生於永樂八年,没於成化十九年,年七十四,葬江頭山。配趙氏,年八十二,葬筲箕塘。生子三,曰顯、興、勝。勝字仕達,號素菴,府學廩生。生於正統四年,殁於成化十七年,年四十三。配萬氏,年四十,合葬祠後。生浩,字守素,生於宏治七年,殁於嘉靖三十一年,年五十九。配萬氏,年七十四,合葬祠後。生櫹,字世芳,號繼菴。生於正德四年,殁於嘉靖十八年,年三十一。配袁氏,年八十九,合葬鄭家坊。生益,字文謙,號成素,生於嘉靖十一年,殁於萬曆十九年,年六十。配廖氏,年七十五,合葬鄭家坊。生子三,曰一開、一和、一陽。一和字儀沖,號東柳,以子官贈文林郎。生於嘉靖三十六年,殁於萬曆四十年,年九十六。配萬氏,年四十八,合葬鄭家坊。繼配章氏。元配生子二,曰國禮、國禎。

　　國禎字仲將,號六符。天啓丁卯舉人。崇禎六年,署浙江壽昌縣教諭,課士有聲。值縣令釀民變,得國禎勸解始息。後更令至,遂相倚重,凡興作獄訟,疑難必與商,然毫不借溫於令,有以賄干者輒屏絕。九年,遷湖廣耒陽縣知縣,山僻猺獞不易治,國禎至則煩劇者解,點悍者馴。縣中輸銀赴司向有起解規費,糧里以進,驚曰:"讀書作吏不能自凈其肺肝,而冒此無名之供以朘吾民,父母民者,劫奪民者也。"於是悉詢之而悉革之,歲約二千餘兩,詳請勒石以戒其後。時張獻忠寇襄陽,群盜蠭起,採礦之徒嘗嘯聚於耒所界之臨武藍山,歲歲聯數十艘往洞庭行劫,而耒當其衝。國禎甫蒞七月,報者曰:"上堡市有賊數千,攜船數百將發矣。"上堡據耒上游,去城五十里,山水迅發,須臾可至,合城皇皇,國禎誓以死守。次早,旗鼓揚揚過城下,國禎率衆登陴觀,有衙役懷一小帽進,請易之,厲聲呵止,衣冠如常。五日,聞湘潭破。七日,衡山破,轉指衡州,爲桂藩封域。道府懼駭,王居以鐵索繫木簰橫江截之,賊船不得上,仍入耒河。河口至縣水程迂折三百里,國禎抱重病力起決策。西鄉淘砂民王、謝兩姓,巨族也,賊常憚其强,即捐金五百募之守城,三檄不至,偕諸生徒步詣其地,動以忠義,乃感激棄家而來,得驍銳千人。復募龍、李二姓射虎手數百,合城中壯丁能戰者約三千餘人。賊挽舟逆溯,七日尚未至城,而城中兵具已整,氣已奮矣。賊挾湘衡重資,聞耒有備,距城十里記棄舟抄陸徑颺去。因追殺至竈市,賊敗,溺河死者無算,斬級若干,生擒二十餘人,親解送道府。道府持其手謂曰:"賊來,吾未爾援,非果忍爾耒爲沼也。以親藩震懼,衡兵少弱,不敢出半步,即出亦無濟於耒,吾以爲耒一拳城已矣,今若此,豈天全耶?"國禎具述方略,桂藩與撫軍疏聞,録功,發內金彩紅來獎,復以五百金令招五百人護。嗣是賊焰日熾,長、郴、衡、永之屬蹂躪無餘,然兩薄耒城、七經耒境,獨不敢侵我。且衡藩猶藉耒兵之力以安,邑人爲建生祠於城北。其時湖南乏顯紳,令長外更無爲民陳疾苦者,上官差出員役及藩遣官尉嚼民成錮習,令長又懼其摻己短長,噤不敢言,國禎概以法束之不稍縱,舉望耒如畏途。同官如分守曾纓、永司李萬元吉皆當時碩彥,悉國禎治狀,與爲莫逆,恆剪燭談至雞唱勿倦,所言事灼然知幾,後此數年世界未有之厄、君父莫大之憂,早在深識隱慮中矣。由是精力耗竭,構疾,面黃如蠟,水漿葷腥不入口者期年。數

乞休，不允。迨聞繼母訃，然後得歸，十二年己卯秋也。庚辰、辛巳
兩載，吾鄉大饑，乞食填戶，惻然曰："天災流行，一家獨飽可乎？"即
身先家人飲薄飦，日節米斗二升與戶外貧者。服闋，或聳臾出仕，應
曰："余燻灼已嘗，願處清淨，無宦情，一也；強項難下，曲媚不工，無
宦骨，二也；七品小臣，事權不屬，不能仰抒宵旰，無宦能，三也。有
此三者，可以隱矣。"繼以戚友交勸，族昆有司李潤州者遙為脂秣以
贊行色，不得已就道。十五年，補福建順昌縣知縣，順俗刁悍輕死，
多大猾，前令狼狽去。國禎至，一反所為，又遭大旱，自杭州至福州
赤地數千里，因徒步宿壇虔禱，大雨立沛，他境非其治者亢晴如故。
紳士異之，作《喜雨》詩數百章。踰年病卒於官，民哀號如其親暱。
前夕有夢幢幡簇迎邵武城隍者，緋衣人乃令也。在末三年，未嘗擬
一大辟，雪枉獄而生之者二人，嘗舉以為生平居官之幸。在順一年，
未嘗一用大刑，遇有控人命者，每私祝曰："惟願彼係圖籍，若真也，
王章具在，為之奈何？"訊得其偽，退食之餘，意乃釋。在鄉有廉鬻其
地者，券已成，聞之，責家人曰："彼房子孫眾，乘其急而利之，是攘之
也。人謀過臧，必有鬼妒。"立命卻之。生平無嗔怒容，事紛不蕪，事
大不惴。豪者不能劫以氣，媚者不能干以私。生於萬曆十五年，歿
於崇禎十六年，年五十七。我朝順治十八年入祀湖廣名宦，本籍鄉
賢詳《通志》《縣志》。配桂氏，順治五年，王師下豫章，土寇掠野，溺
於復興菴之溪水，年六十七，合葬進賢縣天堂嶺。生子五，曰曰潽、
曰淥、曰津、曰漣、曰澍。曰津、曰澍，皆縣學生。

　　曰淥字亦白，號筆語。少有志操，內行孝謹。崇禎十六年隨侍
順昌，聞弟曰津病，急歸視湯藥，晝夜不離其榻，漏殘坐守，未嘗解衣
帶，病卒不起。散齋之夜，忽接報父得喘疾，即買健馬星馳六日半至
任所，見藏入膏肓，徧禱靈祠，願減算延父。值張獻忠寇長沙，衡、永
等處至於吉州震動，旴藩延平道鎮督閩師萬餘守杉關，道經順昌，供
應口糧，事夥如麻，日代批答至千百，手不能息。及遭大故，皇皇計
喪具先辦，遣兩幼弟奉母登舟避地，自督錢糧冊及官家未了諸務，凡

十一日皆畢。讀書通衆流百家之言，與同里章世純、羅萬藻友，爲文幽潔深邃，有借刻大力稿中者。既而避亂宜黃戴溪山中，志意蘊憤，著《筆語集》十五卷。明天人，究物理，其思深，其言哀。故明縣學廩生，鼎革後，屢徵不起。滇藩吳三桂未叛時，聞其名，以禮來聘，適游楚，楚中大吏促裝勸駕，峻拒之。事具同族來泰所著傳略。《筆語集》奉禁不彰，有《竹裕園制義》行世，新化鄧顯鶴爲之傳曰："《後漢書》序列王充、王符、仲長統之徒，以爲足繼西京賈、董、劉、揚，而蔚宗論贊猶以爲舉端自理，滯隅則失。吾觀筆語氏所著，殆近《論衡》、《潛夫》、《昌言》諸篇，然其旨優於三子矣。韜伏明姿，甘是埋曖，其諸周燮、徐穉、申屠蟠之流亞歟？"生於萬曆三十七年，歿於康熙七年，年六十，葬進賢縣閭里山。配吳氏，年失載，葬聶家園。繼配張氏，年九十；側室翁氏，年七十三，俱祔葬閭里山。周氏年七十四，葬石墳山。子二，翁氏生枝芳，周氏生標芳。枝芳康熙庚午舉人，德安縣教諭截選知縣。(《好雲樓初集》卷首)

十三世祖李國禎傳

李國禎，字仲將，天啓丁卯舉於鄉，署浙江壽昌教諭。邑令某素驕蹇，怨國禎不附己，頻構隙。未幾，民變，國禎更力爲解諭，令感泣去。陞耒陽知縣，歲有規銀二千餘金，名爲解費，實則官所自取，國禎勒石禁之。有峒賊數千破湘潭、衡山等縣，國禎捐金募民兵三千人堅壁以待，賊聞，從間道遁去。復縱兵追至竈市，斬賊數百人，溺河死者無算，生擒其渠，賊不敢入耒境。丁艱歸。補任順昌，期月卒於官。湖廣崇祀名宦。子曰滁，應恩選，著有《筆語集》十五卷。孫桂芳，直隸無極縣知縣。枝芳，德安教諭。曾孫炯，康熙己丑進士。元孫安民，雍正庚戌進士，睢寧知縣。國禎祀鄉賢祠。(《同治臨川縣志》卷四十一，頁六一〇)

案：治耒事參閱李日滁《隨喜錄》(《竹裕園筆語集》卷十)。

十四世祖李曰滌傳

先生姓李氏，名曰滌，字亦白，臨川人。父國禎，明季令耒陽，值張獻忠蹂躪楚中，土寇乘之，郡縣多殘破，耒陽獨完，民至今祀之。先生少有志操，內行孝謹。讀書喜博覽，通衆流百家之言，與里中張大力、羅文止友，爲文幽潔深邃，有名於時。遭世變，避亂宜黃戴溪山中，志意蘊憤，著《筆語集》一十五卷，凡十餘萬言。明天人順逆，謫物類同異，其思深，其語哀。鼎革後，屢徵不起，卒於家。（《竹裕園筆語集》卷首）

工部左侍郎浙江學政李公墓誌銘（陳用光）

臨川李春湖少司空，性開明而質厚重，篤倫理而勤問學，家席華腴而能澹泊以自持，官登卿貳而務歉抑以取善。其爲詩得松甫先生家法，而拓之以蘇韓，其於書博究唐宋以來支派，而於虞歐爲尤近。所蒐輯字畫石刻石蹟盈篋笥，索書者踵相接也。其鄉舉以壬子，而癸丑遂成進士。其官由編修五轉而至學士，由學士四轉而至工部左侍郎。其膺使事則典福建、浙江鄉試而督湖南、浙江學政。居浙江兩年餘，以道光辛卯三月初四日終於衢州舟次，享年六十有三。諱宗瀚，字公博，一字北溟，又字春湖。世爲江西臨川人。與余從子希曾爲舉進士同年，遂申之以婚姻，而與余交亦最密。道光戊子五月，御試二三品官，論及詩，公與余同囊筆詣乾清宮上書房，而公招余同硯席於一室。六月，公既奉命典浙江學政，而余亦視學閩中。過武林謁公，既別去，至閩中，數以書問，相砥礪也。及庚寅，聞公以校士勞得嗽疾，至失音。公體素充碩，及是而聞公瘠逾於常人，心竊憂之。辛卯春正月，聞公丁本生父松甫先生憂。及三月，遂聞公卒矣。（下略）（《續碑傳集》卷九，《清碑傳合集》頁二〇七三至三〇七四）

案：李宗瀚爲公族曾祖，公受其影響頗大，故錄於此。其行誼參閱鄧顯鶴《工部左侍郎臨川李公行狀》（《續碑傳集》卷九）。

大理寺卿李公墓誌銘（汪士鐸）

天之期吾儒也厚矣。運厄陽九，其謀帷幄、率熊羆顯，畀以戡亂之權者皆儒臣。若修其學業，講明繩己濟物之術，而待後王之用，是爲師儒。師儒者，吾見之臨川李公。公諱聯琇，字季瑩，一字小湖，系出自唐太宗子曹恭王明，其後王皋建中中節度江西，有大功，子孫家焉。至宋有監大軍倉諱居信者，始遷撫之臨川。國朝有以鹽筴起家桂林諱宜民者，公曾祖也。監生諱秉仁者，公之祖。刑部郎中諱秉禮者，公本生祖也。後皆贈光禄大夫，妣皆封一品夫人。工部左侍郎有大名，世所稱春湖先生諱宗瀚者，公之考，事具國史。封一品夫人朱氏者，公之妣。以公貴，贈太夫人漆氏者，公所生母也。公昆弟八人，伯聯璧、仲聯珂以舉人仕中書，叔聯璣。伯、叔皆以公官翰林時，貤贈如其官，公其季也。餘皆殤。

公生於桂林，五歲始返臨川，性清峻，恥苟同。年十二，侍郎見背。甫導服，漆太夫人又卒，哀慕危苦，境非人所堪。發憤淬厲，背人夜誦，倦輒自爪面，繫髮坐後，使不得隱几。初爲文，才氣灝博，及從鄧夢舟先生游，益沈酣箋注講義名大家。爲文軌轍，自闢畦町，擄其心所獨得。嘗爲歲寒章文，錢唐許公乃普歎賞之。以國學生中式道光二十年舉人，旋丁太夫人艱。服闋，考取覺羅官教習。二十五年，成進士，改庶吉士。散館，授編修。咸豐二年大考翰詹，文宗擢置一等一名，補侍講學士。明年，轉侍讀學士，充會試同考官，署國子監祭酒。隨堦歷充國史、實錄兩館協修纂修，總校內閣批本，咸安宮總裁。扈蹕祇謁東陵，稽查右翼宗學，日講起居注官，加隨帶五級。是年秋，簡放福建學政。其時粵逆據金陵，賊徒四竄，一二師武臣未能拯阽危、奏膚功也。公急時要，不爲迂談，故風忠節則請崇祀陸忠烈公秀夫於兩廡；綏地方則疏請熊守謙、舒化民等諸人主鄉團，詗知克沂曹；捻匪萌則請巡撫督兵速勤，薦知縣黃良楷顥辦緝捕；慎海疆則請沿海弁員奉調者本缺迅遴署人；裕軍餉則節次捐廉奉數千金。請停放京官，三年春季，奉裁軍需、海運各局冗員。四年，至福建，搜采落卷，多所甄拔，斥泉州童之賄屬者，風氣爲一變。其年，擢大理寺卿。五年，調江蘇學政，留審朱璐控案，蓋公清忠之忱，天眷久注，駸駸乎鄉用矣。六年，之官江蘇，其勤慎一如閩然。是時，髮捻糾結苗、回，鷗張外洋，乘瑕蹈郤，公感憤憂虞，念非有威望握欽符者不能肅靖大局，書生無補世用也。八年，任滿，會陳痾迸棘，遂請開缺。髮逆東竄，辟地通州川港，困屯甚於未遇時，或請主師山書院，公侃侃持正，不肯貶道求悅，燔肉雖微，皋比勇徹，閉門掃軌，辟脂若浼。不受無處之饋，不詣要人門，擇交矜慎，不矯矯，不翕翕，而貞素誠愨，見者心折。惟以祿不逮養，佩噫霜露。既而曾文正公延主鍾山、惜陰兩講席，賓禮殷摯。維亂後，簽笈請業者投卷踰千百，公評騭自昧爽至丙夜，裁狂成獧，靡怠寒暑。侍坐之士，奉公身教爲圭臬，參倚忠篤，不少跋故。一時氣節文翰巍爲世冠，其造就品類，昌學術十四年如一日，爲盧抱經、姚姬傳以來諸儒所不及。公之卒，人士悲悼，若失親愛。既奉公栗主，祀諸講舍，又哀其學行之大者籲請督憲沈公葆楨具奏，奉旨果宣付史館入《儒林傳》。烏乎，公官儒官，言儒言，行儒行，非天始終欲公以儒報國與？除在史館時分纂《宣宗實錄》外，雖學綜漢宋，然攝抑不欲以末技衒人。及門諸子蒐輯，編爲《好雲樓初集》、《二集》、《采風剳記》、《治忘日錄》、《臨川答問》、《纂訂崇明縣志》、《師山詩存》各若干卷。

　　公生於嘉慶二十五年十二月八日，卒於光緒四年正月八日，春秋五十有九。配趙淑人，山西候補知府秉襄之女，誥贈夫人。先公三十年卒。繼室錢淑人，烏程庠生孚威之女，誥封夫人。簉室桂、韓、吳三孺人。子翊煌，同治十二年舉人。孫二，世釗、世圖，皆幼。翊煌卜以某年月日葬公於某原，謂予辱與公友，言必不誣公，來請銘。予惟自太史公於名臣外剏《儒林》，上述孔子、游、夏，下逮經師淵源派別，率有廉節，不負所學。其誼至美善，他雖銘鼎旌常，猶不得與於是。其與於是者，必隆於學而大禆於教化、修身、厲俗，俾後生有所統壹。如公者，無媿儒者矣。迺不辭而爲之銘曰：

昔曹成王，澤瀰江黃。輪舟敔器，爲猗蘭光。監倉奠居，司空始張。篤慶在公，畫袞黼裳。釋祁嫣典，威鳳翱翔。帝顧而熙，拔冠玉堂。作朕耳目，斗牛女旁。是富元璣，汝衡汝量。俗學速化，唯唯無詻。千女同兒，萬牛一橋。廥廛臊螻，神用不鮓。公訓爲文，左右攘磔。必抽單微，幽突載擘。薦其肥腯，與其臕腊。本此盼睨，剽剟舌咋。調我簫勺，聲滿鹹潟。番番元侯，爲士求師。值公引退，繽璧禮之。江東千里，聞韶恨遲。薅荼厭傑，雕璞暴絲。山頹哲萎，輟業興悲。餘姚桐城，儒林魁耆。公參其間，前光後儀。輝兹橫舍，俎豆攸宜。（《汪梅村先生集》卷十一）

案：李聯琇爲公族叔祖也。

本生祖李庚傳

庚，宗淮四子，字君任，號子白，以共祖兄弟行十。國學生，以從九品分發廣東，未之官。疏留廣西司榷稅，旋權興安少尉。石達開犯興安，令住鄉軍，獨嬰城固守，斯縣獨全。咸豐十有七年，賊復犯興安，城已陷矣，立召鄉兵復其城，奉檄代理縣事，歷權灌陽、宣化巡檢。疏調廣東，權順德巡檢，尋改官鹽太使，以軍功加五品銜。誥授奉直大夫，誥封榮禄大夫。箸有《昭江隨筆》，待梓。嘉慶己卯年八月二十九日酉時生，光緒乙未年十月初一日酉時殁，享壽七十有七。葬於臨桂之李家村。（《李氏族譜》卷二）

本生父李必昌傳略

必昌，庚長子，以共祖兄弟，行五。字蘭生，號慕蓮。由軍功保舉鹽運使銜、賞戴藍翎、賞換花翎、湖南特用道補用知府。同治癸酉，補授長沙府同知，歷署武陵、平江、長沙、衡山等縣知縣，欽加四品銜。光緒十一年，法越構釁，奉湖南撫部院潘奏調，隨赴粵西，署梧州府知府。旋出關辦理越南軍務，總理龍州後路營務處，並統帶龍字五營，兼管轉運軍械、軍米等差。正月出關，六月在觀音橋與法人打仗獲勝，保奏，奉旨著開湖南長沙府同知缺，以知府留於廣西，歸原班補用。十二年二月，和議成，經護廣西巡撫李奏參，以把持攬權，人言嘖嘖，奉旨以通判降補。請假回省。嗣北洋大臣大學士直隸督部堂李奏派創辦川滇電綫。十三年二月工竣，奉扎專辦雲貴電報總局。本年間，雲南猓黑逆張登倡亂，岑襄勤、譚中丞會奏派充猓黑行營營務處前往勤辦。凱旋回省，奏請開復原官銜翎，仍以知府補用。十五年，以修造騰越電綫工程，奏請免補知府，以道員儘先補用。十六年，以造保紅勝河東岸中法接綫電工，岑襄勤、譚中丞會同保奏，奉硃批著交軍機處記名，遇有海關道員缺出請旨簡放。二十一年，署理雲南鹽法道。是年十月，丁父艱。二十五年，奉旨簡放雲南開廣臨安關道，以足疾未愈，仍留省辦善後洋務電報各局差。以勘南防界在事出力，保奏，欽加二品銜。二十六年，委署迤西道。二十七年，委署糧儲道。本年，請假回籍養疴。箸有《久自芳室詩文全集》。道光己亥年四月十一日卯時生，光緒辛丑年八月初四日辰時歿。享壽六十有三。暫厝於桂林。誥授資政大夫，晉封榮禄大夫。（《李氏族譜》卷二）

光緒乙未科會試硃卷·李瑞清履歷

李瑞清，字仲霖，號雨農，易號梅癡。行二，年二十五歲，江西省撫州府臨川縣人。以國子監生中式癸巳恩科本省鄉試弟九十三名舉人。甲午恩科會試，中式弟二百二十七名貢士。乙未會試正科補行殿試二甲弟十五名，賜進士出身。朝考一等弟十九名，欽點翰林院庶吉士。

始遷祖居信，宋代繇豐城正信鄉新城之湖茫遷楊溪。賜進士，除户大軍倉。始遷祖姚氏吳。

始遷繼祖姚氏曾。

十二世祖一和,十二世祖妣氏萬,十二世繼祖妣氏章。

十三世祖國楨,明天啓間舉人,官湖廣耒陽縣知縣,遷福建順昌縣知縣。志牒有稱,固無述矣。崇祀鄉賢名宦祠。十三世祖妣氏桂。

十四世祖曰滌,明末諸生。隱居不仕,世稱筆語先生。箸有《筆語集》。十四祖妣氏吳,十四世繼祖妣氏張。

十四世生祖妣氏翁,十四世庶祖妣氏周。

十五世祖枝芳,康熙間舉人。官德安教諭,尋除知縣。敕封修職郎。箸有《一蹊文集》。十五世祖妣氏晁。

十五世庶祖妣氏趙。

十六世祖婧,貤贈儒林郎。十六世祖妣氏晁,敕封安人。

十七世祖仁民,敕封儒林郎,晉封奉直大夫。十七世祖妣氏晁,敕封安人,晉封宜人。

十七世從祖佐墀、仕墀皆敕封儒林郎。

高祖秉鑰,字玉堅,號秋山。國子監生,候選州同。誥授奉直大夫,誥封通奉大夫。高祖妣氏吳,誥封太夫人。

庶高祖妣氏呂,貤封安人。

曾祖宗淮,字子舒,號幼海。國子監生,議敘鹽課提舉。誥授奉直大夫,誥封通奉大夫。箸有《通鑒摘錄》一百五十四卷。曾祖妣氏萬,誥封太夫人。

庶曾祖妣氏趙,敕封安人。

從曾祖宗淇,字衛源。嘉慶乙卯舉人。官建昌教諭,敕授文林郎。宗法,字子茂。敕授宣德郎。宗濬,字子蕙。宗澳,字子匡。嘉慶辛酉舉人。丁丑大挑二等,授教諭,敕授文林郎。宗浩,字子然。縣學生。候選按察司經歷,敕授文林郎。

祖聯塈,字戴堂。誥封奉政大夫。

本生祖庚,字君任,號子白。國子監生。以軍功授五品銜,廣東補用鹽大使,誥授奉直大夫,誥封榮禄大夫。本生祖妣氏聞,河南祥符縣人。前廣西永安州知州諱寶桂公之女。誥贈恭人,誥封太夫人。

本生庶祖妣氏滕，誥封恭人。本生庶祖妣氏易，例贈孺人。本生庶祖母氏張。

從祖祖父聯鋅，字萊孫。貤封登仕郎。聯璜，字玉孫。聯琛，字君獻。炳章，字慎庵。貤封中憲大夫。聯齡，字退齋。

族祖祖父聯賡，字君佩，國子監生，直隸大名府經歷，敕封修職郎；聯琳，字君兔，國子監生；聯玫，易名上達，字蓮峰，同知銜，前官湖南清泉縣知縣，誥授奉政大夫；聯金，字小竹，國子監生；聯坤；聯椿；聯恩，聯玫，字君久；聯璪，字迎元；聯璟，字君原；聯琅，字君良；聯琥，字君黼；聯瓊，字君英；聯璽；聯珍；聯琪；聯珏；聯瑞，國子監生；聯檫、聯棟、聯丙、聯璙、聯謙、聯楫，均府學生；聯蒙，縣學生，官山西高平縣知縣，敕授修職郎。

姑祖母長適廣西靈川縣人周君啓稷，以舉人官直隸試用知縣。次適廣西臨桂縣人，廣東候補鹽知事白君秀杭。次適浙江會稽人，廣西候補縣丞全君光華。

父翊發，誥封奉政大夫。

本生父必昌，字慕蓮，號蘭生。國子監生。縣軍功洊保鹽運使銜、賞戴花翎、記名海關道，雲南候補道，前湖南長沙府同知，歷官武陵、平江、長沙、衡山縣知縣。誥授中議大夫。本生母氏陳，廣西桂林人。道光辛巳舉人，覺羅官學教習，歷官貴州鎮遠、仁懷、龍里縣知縣，黃平、定番、開州知州，誥授奉政大夫諱治昌公之三女。誥封淑人。

本生庶妣氏鄧，敕封安人。

本生庶母氏王，貤封孺人。

本生庶母氏陳。

叔父必森，字荷生。國子監生，候選府經歷，敕授文林郎。必名，易名銘新，字實生。國子監生，以軍功保候選知縣。必賢，易名敬熙，字桂生。國子監生，候選巡檢。出爲從祖祖父慎庵公後。

自叔父以下均本所生敘。

從父翊勤,字芝圃。翊恒,字鶴庭。翊謀,今更名清勝,字燕庭,以軍功授千總。祥麟,字賓南。翊拔。

族父樹榛;詒慶;詒吉;樹勳;詒隨;樹儀;詒壽;詒榮;詒泰;翊齡,字躋壽,候選府經歷;翊謙,字湘生,國子監生;翊秀,字芹甫;翊俊,字仲髦;翊芬,字叔全;翊良;樹烈;貽芳,字春生,廣西候補縣丞;翊南;貽夬;翊煌,字子瑜,五品銜候選縣丞;鏡心,官廣東香山潮陽縣知縣;翊溥,國子監生,候選州同;翊煦,字沃孫,國子監生;紲,候選縣丞。

姑長適廣西桂林人,知府銜,今官貴州鎮遠縣知縣陳君葆恩。次適湖北漢陽人,鹽提舉銜,湖南補用知州候補通判姚君良楷。

兄瑞祖,字冠伯。國子監生,同知銜,候選道庫大使。誥授奉政大夫。

弟瑞奇,字衡仲。國子監生,翰林院待詔。瑞蔭,候選鹽大使。瑞永;瑞牲;瑞珏;瑞熹。

從父昆弟瑞順。

族昆弟瑞鴻,字雲書;瑞鵬,字炎士;長華,字少甫,廣東候補鹽運司巡檢;世恩;世德;世祥;世裕;世燾;瑞麟;瑞祥;芝瑞,字見田,候選鹽大使;世元;世芬,字襄甫,縣學生。

妹五人。長字湖南善化縣人,花翎布政使銜、前江西吉南、廣東高廉兵備道何公應祺之六子翼鵬。次字湖南湘鄉人,記名提督,甘肅河州總兵,略闊莽巴圖魯沈公玉遂之子燾。次字廣西全州蔣氏,三品銜,雲南補用道候補知府名寶英之子繼鼎。餘均待字。

元聘余氏,湖南常德武陵人。父祚馨,字蓉初。以舉人爲咸安宮教習,補浙江金華縣知縣。歷官嘉興、蘭谿縣知縣,調廣東揭陽縣知縣,署理廣州府通判佛山同知,補授陽江直隸廳同知候補知府。誥授中憲大夫。

元配余氏祚馨公之六女,又取余氏祚馨公之七女。子承侃、承俊。

兄之子承修、承健、承偉、承僅。

弟之子承傑、承俶。

族昆弟之子承仁。(《清代硃卷集成》冊八五)

　　案：公弟瑞熹，《李氏族譜》內未見其人，以其行第推之，當即瑞潤。

清道人年譜長編卷一

公諱瑞清，字仲麟（仲霖），號雨農，又號梅庵、梅癡，晚號清道人。別署阿梅（阿某）、玉梅花庵道士、玉梅花庵道士清、梅翁、蕊儂、梅杜多、楳花庵主、梅庵道人。

室名：玉梅花庵、黃龍硯齋、寶石室、雙散耦齋、師鄭室、曉霭堂、駕廖乘龍馭崔之室、吹萬閣、房山山房。

自用印：李瑞清印、李氏瑞清、瑞清私印、李氏梅庵、臨川李氏、李、李（押）、清、某盦、楳盦、楳、某癡、隴西李生、臨川李瑞清之章、中麟、阿某、阿梅、阿楳、永清、玉楳華盦道士清、清道人鉢、清道人、李道士、楳庵主人、王某華盦、黃龍硯齋、寶石室、寶石室主、雙散耦齋、師鄭室、駕廖乘龍馭崔之室、籥（吹）萬格（閣）、臣清所作、楳菴詩畫、梅盦書畫、梅庵手橅秦漢六朝金石文字、某盦艸篆、某盦艸隸、阿某艸篆、阿某艸隸、阿某畫某、阿某畫佛、李瑞清書畫橅拓金石印、某闇戲學唐以來書、清道人五十後作、玉某華盦主摹拓三代兩漢六朝金石文字、嚳書賈、老子猶龍、衆妙之門、道悟一原、主敬、新周、不知有漢、志在清湘、龍門嫡脈、鶴壽、三至夫桑、炳焉與三代同風、登泰山小天下、追琢其章、叢桂留人、用寄幽懷、唅秋、美人香草、奇觀、最難忘別來舊雨經過名山、眼前即是何用躊跦、以造化爲師。

案：以上係彙集其書畫鈐印及時人記錄而成。其中"志在清湘"、"龍門嫡派"爲陳師曾所刻，"玉某花盦主摹拓三代兩漢六朝金石文字"、"駕廖乘龍馭崔之室"、"黃龍硯齋"均齊白石所刻，"李瑞清印"、"中麟"爲雷悦所刻。又，陳師曾嘗刻"寶龍室"白文印，款曰："漢刻印之工整者，悲庵多喜爲之，師曾并記。"（西泠印社2021年秋季拍賣會769）拍品說明謂爲公所刻，未知所據。公家藏明拓《龍藏寺碑》爲傳世善本,或即"寶龍室"所由名也,附誌於此。

清穆宗同治六年丁卯(1867)　一歲

七月九日(8月8日),寅時,公生於粵。

《李氏族譜》:必昌次子,行二。字仲霖,號雨農。易號梅庵,亦號梅癡……同治丁卯年七月初九日寅時生。(卷二)

柳肇嘉《清道人傳》:其降生同治六年丁卯七月初九也。(《清道人遺集》頁九六)

李雲麾《先從兄清道人行述初稿》:清道人,余同高祖兄也,爲從父必昌公仲子,原名瑞清,號梅庵,仕清,終於江寧布政使。鼎革後易服爲黃冠,鬻書海上,自號清道人……從父原名翊芬,號蘭生……以軍功由廣東南海尉而湖南武陵、長沙、衡山、平江等縣令。故兄生於粵而長於湘。(《清道人遺集》附錄,頁二七一)

劉崐《奏報甄別一年期滿之候補同知李必昌堪以留省補用事摺》:五年,隨同前廣東撫臣蔣益灃入粵。六年,剿辦漕沖客匪,奉委總理營務。(軍機處檔摺件 109194,清代宮中檔奏摺及軍機處檔摺件全文影像資料庫)

余祚馨妻范夫人誕一女,兩家約爲婚姻。未幾,殤。

《李氏族譜》:元聘武陵余氏。道光丙午舉人,咸安宮教習,歷任浙江金華府嘉興、蘭谿等縣知縣,調廣東廣州府通判、佛山同知,補陽江直隸廳同知,候補知府,諱祚馨號蓉初公之女,未適而終。(卷二)

案:參閱光緒十六年"娶余欽淑爲繼室"條所引《繼室余玉僊傳》。

是歲,父必昌、母陳太夫人二十九歲。

《李氏族譜》:必昌,庚長子,以共祖兄弟,行五。字蘭生,號慕

蓮……道光己亥年四月十一日卯時生。（卷二）

《李氏族譜》：娶臨桂橫山陳氏，道光辛巳科舉人，覺羅官教習，歷任貴州鎮遠、仁懷、貴筑、龍里等縣知縣，黃平、定番、開州知州，道光乙未丁酉貴州鄉試同考官諱治昌號敦臣公三女，道光己亥年十一月初二日申時生。（卷二）

案：《光緒乙未科會試硃卷·李瑞清履歷》謂必昌“字慕蓮，號蘭生”，李雲麾《先從兄清道人行述初稿》曰：“從父原名翊芬，號蘭生”。考《李氏族譜》（卷二）及《光緒乙未科會試硃卷·李瑞清履歷》（《清代硃卷集成》冊八五），必昌弟必森字荷生，四弟必賢更名敬熙，字周生，則必昌字號似當以《李氏族譜》爲是。

長兄李瑞祖六歲。

《李氏族譜》：瑞祖，必昌長子，字冠伯，號燕卿，易號繩卿。由監生報捐候選道庫大使，加同知銜，誥授奉政大夫同知。壬戌年三月十七日丑時生。（卷二）

翁同龢（1830—1904）三十八歲。王闓運（1832—1916）三十六歲。張之洞（1837—1909）三十一歲。楊守敬（1839—1914）二十九歲。何維樸（1842—1922）二十六歲。勞乃宣（1843—1921）、馮煦（1843—1927）二十五歲。繆荃孫（1844—1919）、吳昌碩（1844—1927）、盛宣懷（1844—1916）二十四歲。樊增祥（1846—1931）、陶濬宣（1846—1912）二十二歲。方守彝（1847—1924）二十一歲。陳寶琛（1848—1935）二十歲。葉昌熾（1849—1917）十九歲。沈曾植（1850—1922）、瞿鴻機（1850—1918）十八歲。陸恢（1851—1920）、八指頭陀（1851—1912）十七歲。林紓（1852—1924）十六歲。張謇（1853—1926）、陳三立（1853—1937）十五歲。張勳（1854—1923）、丁立鈞（1854—1902）、裴景福（1854—1926）十四歲。陳伯陶（1855—1930）十三歲。鄭文焯（1856—1918）、陳衍（1856—1937）、

洪爾振（1856—1916）十二歲。朱祖謀（1857—1931）、陳夔龍
（1857—1948）、蒯光典（1857—1910）、唐晏（1857—1920）十一歲。
康有爲（1858—1927）、潘飛聲（1858—1934）、沈瑜慶（1858—1918）
十歲。梁鼎芬（1859—1919）、李詳（1859—1931）、況周頤（1859—
1926）、李葆恂（1859—1915）九歲。江標（1860—1899）、俞明震
（1860—1918）、鄭孝胥（1860—1938）八歲。端方（1861—1911）、章
梫（1861—1949）、曾熙（1861—1930）、陳鋭（1861—1922）、秦樹聲
（1861—1926）七歲。陳慶年（1862—1929）、林開謩（1862—1937）、
饒智元（1862—1914）六歲。齊白石（1863—1957）五歲。陳詩
（1864—1943）、李希聖（1864—1905）、程崇信（1864—1933）四歲。
楊鍾羲（1865—1940）、曹元忠（1865—1923）、程頌萬（1865—
1932）、黃賓虹（1865—1955）三歲。羅振玉（1866—1940）二歲。張
元濟（1867—1959）、戴展誠（1867—1935）、汪律本（1867—1931）、
王允晳（1867—1929）、王一亭（1867—1938）、曾習經（1867—
1926）、曹元弼（1867—1953）生。

同治七年戊辰（1868）　二歲

九月二十三日（11月7日），余欽静生。

　　《李氏族譜》：繼娶蓉初公六女，□□年九月廿三日吉時生。
（卷二）

　　　案：據黎承禮《李瑞清妻俞（余）孺人墓誌銘》（黎澤濟《文史消
閒録續編》頁二六二），余梅仙名欽静，字梅軒（仙）。李瑞清《亡室
余梅仙墓誌銘》曰“年十七歸余”，又曰“方梅仙之適余也以甲申”，
故知其生於是年也。

是歲，父必昌改官湖南，遂家焉。

　　《清代官員履歷檔案全編·光緒朝》：李必昌，現年五十四歲，

係江西臨川縣人……七年，捐離浙江原省，改指湖南，歷署武陵、平江、長沙、衡山等縣知縣。（冊五，頁二九二）

李瑞祖、李瑞清等《李觀察六十壽略》：同治七年，家大人入官湖南，授長沙清軍府同知。（轉引自王中秀、曾迎三編《曾熙年譜長編》頁五二）

吳士鑑（1868—1933）、徐乃昌（1868—1943）、劉廷琛（1868—1932）、陸樹藩（1868—1926）、廉泉（1868—1931）生。

同治八年己巳（1869）　三歲

桂念祖（1869—1915）、胡嗣瑗（1869—1949）生。

同治九年庚午（1870）　四歲

胡思敬（1870—1922）、龔心釗（1870—1949）、夏壽田（1870—1935）、熊希齡（1870—1937）生。

同治十年辛未（1871）　五歲

八月，劉崐奏報父必昌堪以留省補用。

劉崐《奏報甄別一年期滿之候補同知李必昌堪以留省補用事摺》：今據藩司兼署臬司王文韶詳稱，查有候補同知李必昌，年三十三歲，江西臨川縣人。由監生加捐從九品選用，投效浙江軍營，隨同克復金華、湯溪、龍游、蘭溪及肅清浙東各郡縣出力，保奏以州判留於浙江，儘先補用，並戴藍翎。同治三年，隨同克復杭州、餘杭、海寧、桐鄉、富陽各城，案內出力，復蒙保奏免補州判，以知縣仍留浙江，遇缺儘先補用。嗣於克復武康、德清、石門、孝豐、安吉、湖州各城，並三次截剿竄賊，尤爲出力，保奏免補本班，以同知仍留浙江，遇缺即補，並換花翎。五年，隨同前廣東撫臣蔣益澧入粤。六年，剿辦漕沖客匪，奉委總理營務。八年，遵籌餉事例，在廣西捐離原省，改指湖南，並補繳分發銀兩。隨將營務事宜交代清楚離營，請咨赴部。因廣西捐案尚未到部，復遵籌餉事例，在京捐銅局，捐離原省，改指湖南。八年十一月十一日，吏部帶領引見，奉旨着准其免補本班，以同知改發湖南，遇缺即補，並賞換花翎，欽此。是月二十一日，領照起程，十二月二十四日到省。今自到省之日起，扣至九年十二月二十四日，一年期滿，例應甄別。察看李必昌才識敏練，辦事安詳，堪以留省補用等情詳情具奏前來。臣詳加察看，該員李必昌，才具明敏，堪以留省補用，謹會同督臣李瀚章附片陳明，伏乞聖鑒。謹奏。同治十年八月二十七日軍機大臣奉旨：吏部知道，欽此。（軍機處檔摺件 109194，清代宮中檔奏摺及軍機處檔摺件全文影像資料庫）

　　案：摺曰李必昌於同治八年捐離原省，改指湖南，《清代官員履歷檔案全編》、《李觀察六十壽略》均作同治七年。

九月十八日（10 月 31 日），弟李瑞荃生。

　　《李氏族譜》：瑞荃，必昌三子。原名瑞奇，字衡仲，號毓華，易號筠盦，又號筠仲，行三。國子監生，加翰林院待詔，改廣東即補知縣同知銜，誥授奉政大夫，賞戴花翎。同治辛未年九月十八日子時生。（卷二）

　　《宣統己酉科江西選拔貢卷·李健履歷》：叔父瑞奇，易名瑞荃，字毓華，號筠庵，亦號筠仲。賞戴花翎。廣東即補知縣，加同知銜，調官湖北。（劉惠國先生提供）

　　歐陽漸（1871—1943）、寶熙（1871—?）生。

同治十一年壬申(1872)　六歲

胡元倓(1872—1940)、任福黎(1872—1946)、傅增湘(1872—1949)、羅惇曧(1872—1924)、狄葆賢(1872—1941)生。

同治十二年癸酉(1873)　七歲

公好觀圖畫,日以《山海經》、《爾雅》圖詢諸其父。

《王上宫白描十八學士圖跋》:瑞清七八歲時即好觀圖畫,書架有《山海經》、《爾雅》諸圖,每夜秉燭倚几,按圖而問,家大人卧床指道之,則大笑樂。尤好駁,以爲馬也,而能食虎豹,曰"兒大時當廣蓄駁以駕車"云。(《清道人遺集》卷二)

案:李必昌能畫,精鑒別,曾熙《壽筠安三弟及黄夫人詩》曰:"當年曾見若翁梅,骨韻蒼鬱意氣恢。阿筠鑒賞秉之父,雍容評畫多神悟。"可資參考。

是歲,父必昌爲武陵縣令,補授長沙府同知。

《清代官員履歷檔案全編·光緒朝》:李必昌⋯⋯十二年,補授長沙府同知。因帶兵援黔,克復貴州丹江、凱里各城,經前湖南巡撫王文韶奏保,俟補缺後以知府仍留湖南歸候補班前補用,並加四品銜。(册五,頁二九二)

李瑞祖、李瑞清等《李觀察六十壽略》:同治十二年,爲武陵縣令。(轉引自王中秀、曾迎三編《曾熙年譜長編》頁五一)

梁啓超(1873—1928)、趙炳麟(1873—1927)、冒廣生(1873—1959)生。

同治十三年甲戌(1874)　八歲

八月二十一日(10月1日),弟李瑞鼎、李瑞鼐生。

《李氏族譜》:瑞鼎,必昌四子,行四。字銘叔,號芝方。同治
甲戌年八月廿一日丑時生。

瑞鼐,必昌五子。同治某年生,某年殀。(卷二)

案:據徐雯雯《李瑞清年譜》(頁六)所考,李瑞鼎、瑞鼐俱陳太
夫人出,且瑞鼐亦生於同治年間,則必係孿生矣。惟生後不久即
殀,故未及表字也。

陶牧(1874—1934)、楊度(1874—1931)生。

德宗光緒元年乙亥(1875)　九歲

七月,弟李瑞鼎殀。

《李氏族譜》:瑞鼎⋯⋯乙亥七月日殀。葬常德府之德山。
(卷二)

劉世珩(1875—1926)、錢熊祥(1875—1966)、夏敬觀(1875—
1953)、麥孟華(1875—1915)生。

光緒二年丙子(1876)　十歲

公鑽研六書,考覽鼎彝,始習大篆。

《鬻書引》:瑞清幼習訓詁,鑽研六書,考覽鼎彝,喜其瑰瑋,遂
習大篆。(《清道人遺集》頁一二六)

《玉梅花盦書斷》:余書幼學鼎彝(學散氏盤最久,後學齊侯罍
之屬,遍臨諸銅器)。(《清道人遺集》頁一五八)

案：公《與研青論書書》（《清道人遺集》頁一八四）曰：“書學雖小道，貧道習之幾四十年，以筆性沉膇，而質又駑下，年垂五十，尚無所成。”則其初學書當於是歲前後，暫繫於此。

是歲，父必昌因貴州肅清出力，奏保俟補知府。

《清代官員履歷檔案全編·光緒朝》：李必昌……光緒二年，因貴州肅清，在事出力，奏保俟補知府，後以道員用。（冊五，頁二九二）

李宣龔（1876—1952）、陳衡恪（1876—1923）、李經邁（1876—1938）生。

光緒三年丁丑（1877）　十一歲

是歲，父必昌勸辦晉省賑捐。

《清代官員履歷檔案全編·光緒朝》：李必昌……三年，因勸辦晉省賑捐，經前山西巡撫曾國荃奏保，俟得知府後加鹽運使銜。（冊五，頁二九二）

王國維（1877—1927）、張其鍠（1877—1927）生。

光緒四年戊寅（1878）　十二歲

傅春官（1878—?）、黃炎培（1878—1965）、陳曾壽（1878—1949）生。

光緒五年己卯（1879）　十三歲

五月，符翁往官粵東，至此與公遂不相見。

李瑞清《瓢厂鬻篆刻書畫直例》：子琴先生與家大人爲至交，

貧道兒時,先生客余家,猶及侍杖履。先生爲人性豪快,好使酒。
作書畫,日盡數千紙。余喜弄筆研,每覘先生出,几上絹楮山積,
取而效先生塗抹,朱墨雜施,狼藉滿紙,先生歸取而續成之,以爲
笑樂。後先生官粵東,至此遂不相見。然書畫篆刻之名藉甚,但
覩其零縑片楮,直與古作者相頡頏。(《金石蕃錦集》底封)

　　案:據庚辰正月符翁致黃士陵書,"以咨文到部之遲,都中淹
滯年餘,戊寅八月始得驗行。十月出京,川資不給,繞道張羅。去
春閏間抵里,摒擋諸務,迎養入粵,抵省則已榴花過矣"(轉引自董
建《交自髫年　堅盟金石——從新見資料考黃士陵與符翁交遊關
係及二人與廣州淵源》,《印說嶺南:嶺南印學國際學術研討會論
文集》頁一八九),則符翁當在己卯五月離湘赴粵也。又,符翁都
中淹滯年餘,戊寅十月出京,己卯抵里,挈眷赴粵,則公所述之事
當在丁丑前也。友人里庵藏符翁爲李必昌所刻印,曰"蘭生詩
畫",款曰:"蘇詩米畫,灑翰日多,刻此寄贈,以供清興。蘭兄正,
弟翁。"是二人相契之證也。

九月二日(10月16日),侄李承立生。

　　《李氏族譜》:承立,瑞祖長子,字六一。光緒己卯年九月初二
日酉時生,庚辰年八月廿九日亥時殤。(卷二)

十二月十四日(1880年1月25日),譚延闓生。

　　徐崇立《茶陵譚公墓誌》:公諱延闓,字祖安,自號無畏。湖南
茶陵縣人。清故兩廣總督謚文勤公弟三子。以光緒五年己卯歲
十二月十四日生於浙江巡撫署。(國家圖書館藏拓)

　　《譚祖安先生年譜》:光緒五年己卯:十二月十四日卯時李太
夫人生公於杭州節署。(頁二)

　　胡朝梁(1879—1921)、袁思亮(1879—1939)、柳詒徵(1879—
1955)生。

光緒六年庚辰(1880)　十四歲

李叔同(1880—1942)、梅光遠(1880—1940)、聶其杰(1880—1953)生。

光緒七年辛巳(1881)　十五歲

二月十日(3月9日),侄李承修生。

《李氏族譜》:承修,瑞祖次子,行二。字子辛,號賁甫。以國子監生中式癸卯作爲恩科本省鄉試第五十名舉人。光緒辛巳年二月初十日午時生。(卷二)

楊鈞(1881—1940)、章士釗(1881—1973)生。

光緒八年壬午(1882)　十六歲

正月一日(2月18日),侄李健生。

《李氏族譜》:承健,瑞祖三子,字子健,易字子建,號仲乾。以國子監生鄉試未售,回籍小試,入郡庠生。學名健。光緒壬午年正月初一日卯時生。(卷二)

《宣統己酉科江西選拔貢卷·李健履歷》:李健,字子建,號仲乾。行三。年二十五歲。江西撫州府臨川縣府學附生民籍。世居臨川五楊溪,寄寓湖南、江南,肄業兩江優級師範學堂。(劉惠國先生提供)

劉承幹(1882—1963)生。

光緒九年癸未（1883）　十七歲

是歲，公尚不能執筆爲破承題，獨喜誦秦漢文，又潛治《説文》、三禮、公羊何氏學，余祚馨主講朗江書院，授以國朝諸子文。

《書曲江手蹟後》：余幼性絕鈍，稍稍習《禮經》，年十七八，尚不能執筆爲破承題。外舅余蓉初先生歸老於家，主講朗江，從學者數百人，日列帳談藝，每詢余，則芒昧不知所對。外舅因手鈔國朝諸子文授余曰："此以經術古文爲文者。"余讀之不解輒欲卧，然於此始聞曲江諸子之名矣。（《清道人遺集》卷二）

蔣國榜《臨川李文潔公傳略》：就傅，獨喜誦秦漢文，又潛治《説文》、三禮、公羊何氏學，塾師強習功令文，不顧也。（《清道人遺集佚稿》卷首）

案：公發蒙年月不可考，據《清代硃卷集成》（册八五、三一三）所載，公受業師依次爲宋蘅、陳福基、楊承煦、鄭業潤、趙上達、黄周倬、王之屏、余祚馨。據癸丑六月二十一日"業師趙上達卒"條所考，趙當生於一八五二年。吴恭亨《清皖南道衡山趙君墓表》（《南社湘集》頁七）曰："君年十四，即出爲童子師，藉束脩供菽水，凡業教育蓋十年。"則至遲光緒元年趙上達已爲公師也。《趙仲弢夫子六十壽序》曰："瑞清嘗從夫子受業爲弟子，又從黄周鐵夫夫子游，因得交趙壬匯、楊桂林、劉月庭、余耕年諸先生。"《衡山黄周晴巖先生傳》："李瑞清曰：余從黄周鐵（夫）夫子游，夫子常爲余道先生長者。"可資參考。

蔡楨（1883—1948）、陳毓華（1883—1945）生。

光緒十年甲申（1884）　十八歲

三月，法越構釁，父必昌隨湖南巡撫潘鼎新赴粤西。招募粤勇，創立龍字五營。

《清代官員履歷檔案全編·光緒朝》：李必昌……十年三月，法、越構釁，經前湖南巡撫潘鼎新奏調，隨同馳赴粵西，辦理越南軍務，駐紮龍州，總理後路營務處，兼管轉運軍械、糧餉等件。招募粵勇，選練成軍，創立龍字五營。五月，統帶出關。六月，在觀音橋與法人接仗獲勝。經前廣西巡撫潘鼎新保奏，奉旨著開湖南長沙府同知本缺，以知府留於廣西，歸原班補用。（冊五，頁二九三）

李雲麾《先從兄清道人行述初稿》：甲申中法之役，從父方任長沙府同知，廣西巡撫潘鼎新膺督師重寄，夙慕從父知兵名，擢知廣西梧州府兼督辦後路糧台。未之任而鎮南關以敗績聞，軍事岌岌，潘公且獲譴。（《清道人遺集》附錄，頁二七一）

六月，父必昌與法人接仗獲勝，以知府留於廣西。

案：參閱本年三月法越構釁條。

元配余欽靜來歸。

《亡室余梅仙墓誌銘》：梅仙姓余氏，湖南武陵人也。父祚馨，以舉人官浙江、廣東縣令同知。母氏龍，繼范，均封淑人。梅仙序居六，范淑人出也。年十七歸余……方梅仙之適余也，以甲申，時吾父從征越南，邊事多警，母夫人憂鬱，時形諸顏色，梅仙每見，則皇皇不自安，必思得母夫人歡然而後已。（《清道人遺集》頁二〇〇）

《光緒乙未科會試硃卷·李瑞清履歷》：元聘余氏，湖南常德武陵人。父祚馨，字蓉初。以舉人爲咸安宮教習，補浙江金華縣知縣。歷官嘉興、蘭谿縣知縣，調廣東揭陽縣知縣，署理廣州府通判佛山同知，補授陽江直隸廳同知候補知府。誥授中憲大夫。元配余氏祚馨公之六女。（《清代硃卷集成》冊八五）

案：公三聘余氏女，元聘未嫁而死，余祚馨卒以六女余欽靜妻之。其本末具詳光緒十六年所引《繼室余玉儷傳》。又據《亡室余梅仙墓誌銘》，余欽靜卒于光緒十三年八月六日，而公謂"距適余裁二載餘"，則公娶余欽靜當在八月後也。

是歲，始習六朝書，考古今名迹得失。

　　跋《徐沛齋臨趙孟頫書道德經》：余十八以前專志篆隸，後稍稍習六朝，於古今名迹略考其得失。（《評跋萃刊》）

　　劉師培（1884—1919）、胡俊（1884—1940）生。

光緒十一年乙酉（1885）　十九歲

二月，父必昌克復諒山有功，以道員改官雲南，卒爲李秉衡奏參，以通判降補。

　　《清代官員履歷檔案全編·光緒朝》：李必昌……十一年二月，克復諒山，法人請和，撤兵入關。嗣經護理巡撫廣西按察使李秉衡奏參，以通判降補。（册五，頁二九三）

　　李雲麾《先從兄清道人行述初稿》：從父感潘公知遇，星馳出關，爲策戰守，聯絡將帥，撫循士卒，收合餘燼，軍事驟振。諒山之復，厥功爲鉅，以道員改官雲南，積資議敘并及前功，簡放雲南臨安開廣關道，當英法邊務之衝，重任也。爲督臣所嫉，不使之官，久乃權篆迤西兵備道，積勞病瘓，得假療養。（《清道人遺集》附録，頁二七二）

　　案：奏參始末參閱光緒二十四年公所撰《李觀察六十壽略》。

是歲，偕余欽靜、李瑞荃赴桂，從秦焕問文法。

　　《亡室余梅仙墓誌銘》：明年之廣西。（《清道人遺集》頁二〇〇）

　　《書曲江手蹟後》：後隨宦桂林，時山陽秦文伯先生官桂林知府，家大人使余與舍弟阿筠從先生問文法。先生極歡賞阿筠文，

以爲有中子風,并諄諄道曲江諸子一時之盛。於余文不合義法者
則大批抹,抹長一尺。余年少,負氣曰:"秦大伯大賞余文,乃爲余
畫格也。"家大人聞之,怒曰:"長者教,不謹奉,而敢爲戲言失子弟
禮。"痛撾之。(《清道人遺集》卷二)

光緒十二年丙戌(1886)　二十歲

春,隨父返長沙,居城南帶郭園。

　　《亡室余梅仙墓誌銘》:又明年,返長沙,寓城南之帶郭園。
(《清道人遺集》頁二〇〇)

　　《李氏族譜》:十二年二月,和議成,經護廣西巡撫李奏參,以
把持攬權,人言嘖嘖,奉旨以通判降補。請假回省,嗣北洋大臣大
學士直隸督部堂李奏派創辦川滇電綫。(卷二)

　　案:李鴻章奏派李必昌創辦川滇電綫爲是年四月,則公當於
四月前回湘矣。

四月十八日(5月21日),弟李瑞蔭生。

　　《李氏族譜》:瑞蔭,必昌七子,以共祖兄弟行十二,字培菴,號
□□。國子監生,保候選鹽太使。光緒丙戌年四月十八日丑時
生。聘廣西岑氏諱有富號潤之女。(卷二)

　　案:據《李氏族譜》"瑞火,必昌六子。光緒□□年□月□日□
時生,殀",則公尚有六弟生於此前也。

四月,李鴻章奏派父必昌總辦川滇電綫。

　　《清代官員履歷檔案全編·光緒朝》:李必昌……十二年四
月,經北洋大臣李鴻章奏派,總辦川滇黔三省電綫工程。(册五,
頁二九三)

十一月八日(12月3日),侄李承偉生。

　　《李氏族譜》:承偉,瑞祖四子,行四,字續臣,號子延。光緒丙

戌年十一月初八日卯時生，光緒乙未年七月初三日辰時殁。（卷
二）

是歲，公始學漢分。

　　《玉梅花盦書斷》：弱冠學漢分。（《清道人遺集》頁一五八）

　　符鑄（1886—1947）、李雲麾（1886—1957）生。

光緒十三年丁亥（1887）　二十一歲

二月，父必昌總辦川滇電綫工竣，旋奉札專辦雲貴電報局務。

　　《清代官員履歷檔案全編・光緒朝》：李必昌……十三年二
月，工竣。旋派專辦雲貴電報局務。（册五，頁二九三）

　　《李氏族譜》：十三年二月工竣，奉扎專辦雲貴電報總局。本
年間，雲南猓黑逆張登倡亂，岑襄勤、譚中丞會奏派充猓黑行營營
務處前往勤辦。凱旋回省，奏請開復原官銜翎，仍以知府補用。
（卷二）

八月六日（9月22日），元配余欽静以産難卒，作《悲瑶支》、《亡室余
梅仙墓誌銘》。

　　黎承禮《李瑞清妻俞孺人墓誌銘》：孺人名欽静，字梅軒，湖南
武陵人。前廣東揭陽知縣蓉初先生之女，而吾友李君雨農之淑妃
也……年十有七，于歸李君……以光緒十三年八月某日卒於長沙
帶郭園私第。春秋二十。（轉引自黎澤濟《文史消閒録續編》頁二
六二）

　　案：“俞”當作“余”。“梅軒”當作“梅仙”。

　　《亡室余梅仙墓誌銘》：又明年，以産難卒，時光緒丁亥八月六
日，距適余裁二載餘也。（《清道人遺集》頁二〇〇）

　　《悲瑶支》。（《清道人遺集》頁一〇六）

案：璚支即梅也。《悲璚支》曰"昔子與我信誓兮，誓白首以同穴。羌中道而隕折兮，腸結締而欲絕"、"世人遺其舊溺新之孔美兮，吾將慕曾參之亮軌兮"，則欲效曾子喪妻不更娶之行，明爲其妻所作無疑也。又《繼室余玉偓傳》"及梅仙歿，余悼之甚，遂欲不復娶"，亦合。

李雲麾《先從兄清道人行述初稿》：初，常德余公祚馨，號知人鑑，一見兄，許爲國器，以女玉仙來嬪，未幾病歿。復以梅仙繼，未幾又歿。（《清道人遺集》附録，頁二七三）

案：此條所記蓋誤，公始娶梅仙，梅仙既歿，復娶玉仙也。其始末詳見光緒十六年"娶余欽淑爲繼室"條所引《繼室余玉偓傳》。

十二月二十八日（1888 年 2 月 9 日），父必昌致函盛宣懷，乞保海關道記名。

《李必昌稟盛宣懷函》：專辦雲貴電報局務鹽運使銜道員用補用知府李必昌謹稟大人閣下：……敬再稟者，必昌仰蒙知遇，得效涓埃，騰工保案保歸道班，奉旨允准，部中亦允欽遵辦理，咨文年內可到，並蒙夔帥允許留滇補用，凡此遭際，皆荷成全。飲水思源，敢忘所自。查滇省候補道員現只有一人，尚屬疏通，但外補只有迤南一缺，歷係首府，升補居多，補缺不易。上年稟請栽植，轉懇傅相奏保海關道記名，曾蒙憲允。昨面稟夔帥，擬求於紅河接綫案內附片奏請，奉諭外間保舉海關道記名人員只南北洋兩處可保，各省督撫皆不能率請，此次係中法交涉之件，須與傅相會銜，如荷傅相允保，夔帥亦必成全。查紅河案明春定可具奏，務求憲恩稟懇傅相恩施，如邀允行，即請憲台代稟夔帥，自必照保，則此後稍有建立，莫非終始栽成，感戴仁施，實無既極。專肅，再叩台祺，百維垂鑒。必昌謹再稟。（上海圖書館藏盛宣懷檔案 068129 檔）

汪國垣（1887—1966）、汪孔祁（1887—1940）生。

編年文

《悲琋支》、《亡室余梅仙墓誌銘》

光緒十四年戊子（1888）　二十二歲

正月二十八日（3 月 10 日），父必昌致函盛宣懷，乞委任湘工，是時公等皆僑寓長沙。

李必昌《致盛宣懷函》：大人閣下：敬禀者……必昌亦擬俟電案奉旨後再定行止，如湘工今歲興辦，還祈委任，當極力樽節，以副厪注。因必昌家眷尚僑寓長沙，藉此可爲料理……敬請福安，伏維垂鑒。必昌謹禀。正月二十八日。（上海圖書館藏盛宣懷檔案 117276－3 檔）

李雲麾《先從兄清道人行述初稿》：從父先以宦湘久，諸子長成者皆締姻於湘，改官雲南，道遠不能悉隨，從祖年高，從母多病，亦均憚遠行，遂多留湘奉侍，歲恃滇俸供給。（《清道人遺集》附錄，頁二七二）

七月三日（8 月 10 日），父必昌總理剥隘電綫開工。

《王文韶、譚鈞培奏折》：雲貴總督臣王文韶、雲南巡撫臣譚鈞培跪奏，爲滇省接修剥隘、騰越兩路電綫，支用各款銀兩，造冊送部核銷，恭摺仰祈聖鑒事……去後當經先後詳委總理滇黔電報局委員前廣西補用知府李必昌會同粵滇各員及洋匠都克於十四年七月初三日由剥隘開工，接合粵西百邑綫桿，時值暑瘴盛行，工役病亡相繼，洋匠都克亦卧病不起，即至廣南府屬之者郎地方停止。嗣於十月初一日復由蒙自開工，都克亦由者郎續造，至十一月初十日在蜈蚣箐地方合綫報通完竣。（上海圖書館藏盛宣懷檔案 068476 檔）

《清代官員履歷檔案全編·光緒朝》：李必昌……十四年八月、十五年正月，先後經李鴻章、岑毓英、王文韶、譚鈞培會同奏派，

辦理剝隘、騰越、紅河東岸等處電工,工竣回省。(册五,二九三)

陳中凡(1888—1982)、胡小石(1888—1962)生。

光緒十五年己丑(1889)　二十三歲

五月十日(6月8日),弟李瑞永生。

《李氏族譜》:瑞永,必昌八子,以共祖兄弟行十四,字永壽,號
□□。候選府經歷。光緒己丑年五月初十日戌時生。聘廣西全
州蔣氏名公女。(卷二)

十月八日(10月31日),侄李承侃生,後出繼公爲嗣。

《李氏族譜》:承侃,瑞祖五子,出繼瑞清爲嗣,共祖兄弟行六。
字直臣,號希陶。光緒己丑年十月初八日巳時生,聘本省新昌縣
胡氏,光緒癸巳科舉人,甲午進士,乙未翰林,散館改主政,名思敬
漱唐公之長女。(卷二)

是歲,侄李承恩生,未幾,殤。

《李氏族譜》:承恩,瑞荃長子,光緒戊子年月日時生,殤。(卷二)

譚澤闓(1889—1947)生。

光緒十六年庚寅(1890)　二十四歲

二月,父必昌官復原職,並免繳捐復銀兩。

《抄呈吏部奏請更正摺片》:大學士管理吏部事務臣徐等謹
奏,爲奏明請旨更正事。軍機處交出督辦電報事宜,大理寺少卿
盛片奏……伏查光緒十六年二月,前署雲貴總督臣譚鈞培以降調
道員李必昌總辦滇邊電工最爲出力,奏請開復原官銜翎,並免繳
捐復銀兩,奉旨允准。(上海圖書館藏盛宣懷檔案 070021 檔)

《清代官員履歷檔案全編·光緒朝》：李必昌……因勦辦猓黑逆匪在事出力，經譚鈞培奏請開復原官銜翎，仍以知府補用，並免繳捐銀兩，奉旨允准。（冊五，頁二九三）

五月十九日（7月5日），侄李承俊生，後出繼公爲嗣。

　　《李氏族譜》：承俊，瑞荃次子，易名承傳，出繼瑞清爲嗣，以共祖兄弟行七，字邁千，號□□。光緒庚寅年五月十九日子時生。聘武陵余氏廩貢生名欽彝號仙崙公之女。（卷二）

夏，識徐崇立於黎承禮座中，遂與訂交。

　　徐崇立《玉梅華盦臨古法帖跋》：光緒初，先祖考净仙府君監榷於衡山縣之雷家市，時清道人之父蘭孫先生知縣事，時有游岳賞花之招邀。余尚童稚，即欽其詞翰之雅。庚寅夏，始識道人於故友黎薇孫座上，由是過從漸稔。（《瓿翁題跋》卷三，《湖南近現代藏書家題跋選（一）》頁六九一）

　　徐崇立跋《李瑞清臨古十一帖》：清道人籍隸臨川，生長長沙，與余過從最早，得其書畫甚多。其臨碑帖善用濃墨，光黑如漆，唯題畫率用畫筆，故多淡墨。（長沙博物館藏）

是時，公與王禮培、黎承福、黎錦彝等過從甚密。

　　黎承福《複壁書目跋》：方余識佩初時，文采豪華傾動一世，豈意其垂老困厄一至於斯耶！蓋前此四十年，爲光緒庚寅，余從兄魯庵、不翁兩先生讀書省城曾文正祠浩園之池北樓，同居者爲長沙陳季原保彝、饒石頑智元、黃聯笙廮陶，佩初則居祠西思賢講舍，與湘陰郭潤珉偕。其不居祠園而過從最密者有長沙徐健實崇立、湘陰張芝岑崇樹、湘潭胡子夷之常、臨川李雨農瑞清。（易新農、夏和順編校《王禮培輯》頁二二四）

是歲，娶余欽淑爲繼室。

　　《繼室余玉儇傳》：繼室余玉儇者，名欽淑。湖南武陵余馨公弟七女也。余公善相命，相玉儇玉最貴，常欲奇此女，曰：“兒長當事貴人。”故它兄弟或襁褓即論昏它族，而玉儇故獨後字。初，同治間，天下初定，遭沖盜賊擾攘，召拜蔣益澧爲廣東巡撫，余公以贊謀得偕，余父時亦居蔣公幕中，與語，遂相愛。是時，其母范夫人與吾母俱有伸，兩家時時往來，又相愛也，因相要曰："若而男也，吾以吾子字若。若而女，則爲余子婦。俱男，壯當同學書也。"及余生，范夫人又生女子，兩家遂約爲昏姻。亡何，范夫人所生女子殤。明季，生梅仙，因又以梅僊字余。梅仙者，玉仙之姊也。梅仙幼時獨喜與玉仙嬉，玉仙亦獨樂親梅仙，常相約曰："吾姊妹即長，毋相離也。"已而梅歸余，玉仙念梅仙不已，梅仙亦常相思玉仙。謂余，俱道其玉仙賢。及梅仙歿，余悼之甚，遂欲不復娶，余公心慘然憐余曰："余復欲以玉兒予李瑞清。"或曰："翁兩予女李瑞清輒死，奈何又妄予女瑞清？"余公曰："余相人多，無如李瑞清者，子休矣。"卒以玉仙妻余。

初，有巨室欲論昏余氏，其母微諷之，欲覘其志，玉仙詳而言曰："天下安有紈綺子而可以託終身者乎？"及字余，輒凝然無所語，以是遂卒字余。光緒庚寅，玉仙來歸，吾母愛之，又時時念梅仙。梅仙爲人癡憨如嬰兒，既嫁，猶不任婦事，□□里誠坦，年十八九□如七八歲人，事君姑稚弱不解儀文，吾母亦兒子女蓄之，亦忘其爲子婦也。而玉仙獨閑静貞順，事翁姑恭謹，容貌邑邑如也，然其敬慎出於心，故人亦咸樂親之。余舊不意爲四書文，玉僊常常勸余爲四書文，余曰："大丈夫安能低首執筆，沾沾與豎儒競長短乎？"玉仙從容請曰："妾聞俊桀當讀有用書，致君爲太平，揚名顯親耳。君如欲抱經終老，無所事此，如其否也，舍此何執？君幾見布衣徵拜卿相者乎？籍第令君不憂功名，獨奈何忍令老人宦游，兒子坐食乎？"余每會友人有急，無所得訾，往往展轉達曙不能寐，玉僊從旁笑曰："嘻，君何爲旁徨者，疇有急與？疇不贍與？"遂脫釵鉺爲余力□之。玉仙略涉書史，能明大義，持論侃侃如宿儒，學爲詩，時時多不可解語，然佳句□温厚綿渺，詩人或難能之。其事親與余，食未嘗不敢進，器未視不敢上。昔余嘗讀書籓西廊，着絮衣東向坐，時日景漸移，曝余面，汗浹浹下，不知也。及玉仙適余，未嘗有寒暑之苦，故其卒也，吾母哭之尤哀。

辛卯秋，余偕玉仙之朗江，歸□泣謂其嫂曰："李郎執介而多情，假余不幸從梅姊逝，會終鰥耳。余多病，恐終非長命人，是徒以余累李郎。"明年，玉仙病痢且篤，吾母視玉仙病，撫其背曰："兒無憂，行當自愈。"玉仙亦勉起強笑曰："諾。"已復啼曰："□□□□□，阿母、夫子視我厚，兒福薄，不能卒事，命也。阿母、夫子幸彊自寬，毋念我也。"又曰："今生已矣，與君其期之來世乎？"寢疾數日乃歿。玉仙既歿，二子均幼，尚不知其死，時時從余索母，曰："母飯我，母飯我。"二子，曰承侃，曰承俊。承侃，余伯氏子；承俊，余弟瑞奇子，以余無子，遂均以子余。玉仙在日，常常攜抱飯之也。

李瑞清曰：余元妃梅仙，將卒之歲，夢余取玉仙于別室，瘳而啼曰："余夢不祥，余死，其玉仙代我夫？"及其卒，玉仙夢其姊爲其□髮而笄，且予之食，亦自知其當卒事余，然其中若殆有天意焉。乃玉仙歸余不盈三載而遂歿，所謂天命者何耶？外舅余公善相命，燭人禍福生死如神，豈其驗于人，而無所驗其于子邪？若如余之錄錄者，果豈能信其有所建立？悲夫。（《清道人繼室余玉仙傳稿本》，北京保利第 11 期精品拍賣會 6693）

案：該件有沈子丞、洪丕謨、錢君匋題簽及錢仲聯跋。錢跋略謂："李梅庵悼亡故事流傳已近百年，最初狄葆賢《平等閣詩話》述之，其後蔣國榜《李文潔公傳略》又述之，然狄氏誤以第二次適梅庵之女名梅者爲第三次，蔣傳並名亦不載，文極簡略，余以是恒耿耿。頃吳門潘君孺齋示我以梅庵手稿《繼室余玉偲傳》，全文長十頁強，敘次詳盡，梅庵三次締婚余氏之歷程曲折具在。其文抑揚縱送，悱惻纏綿，得歸熙甫神理。文乃初稿，中多塗改，可徵作者下筆之不苟，此爲真蹟，其爲孺齋之珍，奚待贅言。"

公不喜爲四書文,繼室余欽淑常勸之。

　　案:參閱本年"是歲,娶余欽淑爲繼室"條所引。

是歲,與釋敬安訂交。

　　案:據徐雯雯《李瑞清年譜》(頁十)所考,敬安一九一〇年所
作《江南重晤李梅庵學使二首并約九日掃葉樓登高》其二句曰"相
交二十載,結契亦云深",故知訂交於此年也。考《八指頭陀詩文
集》,敬安正月廿六日自衡陽來長沙,秋日歸衡山精廬,則公與敬
安當識於此間也。

光緒十七年辛卯(1891)　　二十五歲

三月,爲饒智元《十國雜事詩》署檢。

　　《十國雜事詩》卷首:十國襍事詩十七卷敘目二卷。光緒辛卯
痾月,梅盦李瑞清題。

四月二日(5月9日),弟李瑞玨、李瑞甡生。

　　《李氏族譜》:瑞玨,孿生兄弟,必昌九子,以共祖兄弟行十五。
字觀保。光緒辛卯年四月初二日未時生。瑞甡,孿生兄弟,必昌
十子,以共祖兄弟行十六,字佛保。光緒辛卯年四月初二日申時
生。(卷二)

五月,父必昌經王文韶、譚鈞培會奏留滇辦理邊防洋務。

　　《清代官員履歷檔案全編·光緒朝》:李必昌……十七年五
月,經王文韶、譚鈞培會奏滇省辦理邊防洋務需員,請留雲南補
用。(册五,頁二九三)

　　王文韶《奏爲滇省邊防洋務需員補用知府李必昌等三員請留
省補用事》:光緒十七年四月十六日。(中國第一歷史檔案館藏,
04—01—12—0550—020檔)

　　盛宣懷《致李必昌函》:桂林,李蘭翁:巧電謹悉。當即轉稟北

洋,咨請總署,撥銀壹萬二千兩,匯滇濟用,候復再聞。滬運料物係由海道,約四月二十邊起運。占臣先已回滇勘路。公五月回局,一切均賴鼎力籌布,弟後路必照舊協助。騰緬報册尚未詳銷,墊款能否補領,俟五月初回津請示燮帥,方可上詳。宣。鄂發。支。一等,明,初四。(《盛宣懷實業函電稿》册上,頁三〇八)

五月至七月間,與曾熙訂交,朝夕過從。時曾居長沙天心閣。

　　曾熙跋《清道人臨毛公鼎全文》:當髯居長沙天心閣,歐陽君重語髯曰:"有李癡者,殆古之人也。"及見,方作書,墨濡口頰。與語,其聲泠然,其言寥廓,几上稿書則大琢樸《尚書》文。他日,仲子過予齋,相與語竟日。時髯方從衡百家,俛仰古今,視當世人無可當意,獨愛仲子,仲子亦愛髯,遂爲莫逆交。(震亞圖書局)

　　案:該跋又謂"辛卯場中,仲子以其文眎髯",則定交當在鄉試前也。又據王中秀、曾迎三編《曾熙年譜長編》,曾於是年五月入湘水校經書院,該書院於光緒元年由嶽麓書院遷至天心閣附近,跋稱"當髯居長沙天心閣",故繫於此。

　　《衡陽王楊氏家傳書後》:迪夫與農髯爲從兄弟,辛卯之歲,余與迪夫兄弟朝夕過從無虛日。(《清道人遺集》頁一二九)

七月,父必昌以道員留滇。

　　《清代官員履歷檔案全編·光緒朝》:七月,因總辦剝隘、騰越電工,經王文韶等會奏,請免補知府,以道員留於雲南,儘先補用,先後奉旨允准。(册五,頁二九三)

八月六日(9月8日),湖南鄉試考官入闈。

　　商衍鎏《清代科舉考試述録》:初六日入闈,設入簾上馬宴,主考、同考官、監臨、提調、監試各執事官皆預宴。(頁七二)

　　《光緒辛卯科湖南鄉試同年全録》:頭品頂戴兵部侍郎兼都察院右副都御史巡撫湖南等處地方提督軍務兼理糧餉張煦、記名道府國史館纂修功臣館纂修翰林院編修王錫蕃、翰林院編修國史館協修武英殿總纂丁立鈞。同考試官:同知衡衡州府酃縣知縣張祖良、候補知縣陳俊琨、新寧縣知縣張葆連、即用知縣黃濟川、城步縣知縣沈贊虞、新海防班補用知縣周錫晉、即用知縣張正基、即用知縣李光卓、即用知縣劉榆生、同知衡邵陽縣知縣呂佩瑀、同知衡臨湘縣知縣劉鳳綸、即用知縣湯汝和。(《辛卯科鄉試十八省同年全録》)

八月八日(9月10日),公改名瑞菜援武陵籍入試。

　　《李氏族譜》:瑞清,必昌次子,行二。字霖仲,號雨農,易號梅盦,亦號梅癡。由國子監生報效直隸賑捐戶部議監運司經歷職衡,復以軍功洊保知縣,因有志觀光,寄籍湖南,納監入闈,改名瑞菜,中式光緒辛卯科副榜第一名,湘人攻激異籍。(卷二)

　　案:字霖仲當爲仲霖。

　　商衍鎏《清代科舉考試述録》:鄉試共分三場,考期於八月舉行,以初九日爲第一場正場,十二日爲第二場正場,十五日爲第三場正場。先一日(初八、十一、十四)點名發給試卷入場,後一日(初十、十三、十六)交卷出場,是爲定例。(頁六〇至六一)

八月九日(9月11日),鄉試首場,考《四書》、五言八韻詩。

　　《光緒辛卯科湖南鄉試硃卷》:子曰爲政以德譬如北辰居其所而眾星共之子曰詩三百一言以蔽之曰思無邪。

　　獲乎上有道不信乎朋友不獲乎上矣。

　　水由地中行江淮河漢是也。

　　賦得衡山碧色映朝陽。(《清代硃卷集成》册三二七)

八月十日(9月12日),繳卷出場。

八月十一日(9月13日),公復入闈。

八月十二日(9月14日),鄉試第二場,試《五經》。

八月十三日(9月15日),繳卷出場。是日,庶母鄧安人卒。

　　《李氏族譜》:側室鄧氏,沅州鄧啓涵公女。咸豐癸丑年十一月初八日辰時生,光緒辛卯年八月十三日吉時歿。敕封安人。

（卷二）

八月十四日（9月16日），入場。

八月十五日（9月17日），鄉試第三場，試策問。

八月十六日（9月18日），繳卷出場。

九月八日（10月10日），放榜，公中副榜第一。

　　《光緒辛卯科湖南鄉試副榜同年全録》第一名：李瑞棻年二十五
歲，武陵縣，監生、劉啓瑞年二十歲，湘鄉縣，附生、謝玉芝年二十六歲，新化
縣，附生、常家鈺年二十五歲，長沙縣，優廩生、袁愷年三十歲，長沙縣，附生、
熊錦奎年三十四歲，湘陰縣，增生、程昌翼年三十六歲，湘潭縣，附生、羅亮
傑年二十七歲，安化縣，廩貢生、成希尹年三十七歲，湘鄉縣，增生。（《辛卯
科鄉試十八省同年全録》）

　　《湘綺樓日記》九月八日：三更榜發，唯蕭生一人中式卅六名，
與曾滌侯、俞蔭甫名次相同。

　　曾熙跋《清道人臨毛公鼎全文》：辛卯場中，仲子以其文际髯，
髯大驚曰：“異哉，子殆矣。場中安用此典謨之文，是必舜主考而
四岳薦卷也。”然是歲卒中副榜。（震亞圖書局）

秋，攜余欽淑之朗江。

　　案：參閲光緒十六年所引“《繼室余玉倦傳》”。

十月初，湘人以公冒籍相攻訐，卒以咨部注銷，改歸江西原籍。

　　王文韶《奏爲查明留滇補用道李必昌伊子瑞棻在湖南中式副
榜與例不符請改歸江西原籍事》：再據留滇補用道李必昌稟稱，該
員籍隸江西臨川縣，同治八年，服官湖南。光緒十年，奏調改官廣
西。十年，經北洋大臣李鴻章派往雲南辦理電綫事務，眷屬子弟
流寓湖南，肄業常德府武陵書院，闔邑士紳以李必昌早經離省，勸
令入籍武陵。本年辛卯正科，子瑞棻監應湖南鄉試，榜發，取中副
榜。必昌聞信之下，詳查例案，始知服官省分，須離省二十年後方
准其入籍。必昌於光緒十年離，未及二十年，尚與入籍之例未符。

前既誤於不知,未敢知而不舉,理合據實陳明。可否援照隸外省入大興宛平籍中,正式准令改歸原籍成案,奏請飭下禮部核議施行等情前來。臣查留滇補用道李必昌由廣西降調知府奏調來滇,洊保今職,茲因伊子在湖南中式副榜,核議准其入籍之例,年限尚有未符,自行查明呈請,改歸江西原籍,係爲恪遵定例起見,理合會同雲南巡撫臣譚鈞培據情附片具奏。是否有當,伏乞聖鑒,飭部議覆施行,謹奏。光緒十七年十月十四日。(中國第一歷史檔案館藏,04-01-38-0170-055檔)

蔣國榜《臨川李文潔公傳略》:光緒辛卯,公妣陳太夫人多病,榮禄公宦湘垂三十年,援武陵籍入試,中副榜第一。或以冒籍相攻訐,勢不解,公毅然去之,曰:“是區區何足爭?”議始寝。(《清道人遺集》頁九七)

李雲麾《先從兄清道人行述初稿》:兄既於湘多締瓜葛,念祖父屬望殷切,而母又多病,不忍暫離。湘友爲謀以武陵籍納粟入監,就辛卯科鄉試,於湖南中副車第一,湘人大譁。蓋科舉舊制嚴冒籍之禁,從父始宦湘,改官雲南,未滿三十年,於例實不合,卒以咨部註銷,寝其事。(《清道人遺集》附録,頁二七三)

楊鈞《際遇》:梅庵尚有一僥倖事,世人當少知之。科舉之時,非本省籍貫,不能赴鄉試。梅庵固江西人,其父爲湖南候備道,因居湖南。性極癡憨,不知世故。忽然興發,欲赴湖南鄉試,而時文作法,絶無所知,於書肆中得《小題正鵠》,以爲秘本,攜之入場,適試題爲書中所有,遂録全文。考官未察,激賞其製。榜發之後,興論大嘩,爭名額者,遂具白簡,竟以冒籍及剿襲舊文,將其褫革。後所得之舉人,本籍再中之舉人也。(《草堂之靈》卷十二,頁二三一至二三三)

案:剿襲舊文之説僅見於此。曾熙跋《清道人臨毛公鼎全文》曰:“辛卯場中,仲子以其文际髯,髯大驚曰:‘異哉,子殆矣。場中安用此典謨之文? 是必舜主考而四岳薦卷也。’”則公所作文體佶屈,似與《小題正鵠》不同。矧此時若於時文作法絕無所知,何以癸巳遽再舉於鄉?公自謂年十七八尚不能執筆爲破承題,時外舅余祚馨主講朗江,授以國朝諸子文。光緒十一年赴廣西,又從秦煥問文法,則似學有淵源矣。

十月十五日(11月16日),侄李承傑生。

《李氏族譜》:承傑,瑞荃三子,以共祖兄弟行八,字聖基,號□□。又名智圓。光緒辛卯年十月十五日卯時生。(卷二)

十一月十一日(12月11日),李鴻章奏保父必昌,請以海關道員簡放。

《清代官員履歷檔案全編·光緒朝》:是年十一月,因辦理紅河中法接綫事宜,經李鴻章、王文韶、譚鈞培會同保奏,奉硃批:李必昌著交軍機處記名,遇有海關道員缺出,請旨簡放。茲由雲南領咨來京,本月初三日經吏部帶領引見。奉旨著照例用。(册五,頁二九三)

《李鴻章奏保李必昌案》(文略)。(近史所檔案館藏,01—04—001—14檔)

《補用道李必昌請以海關道員簡放》(文略)。(近史所檔案館藏,01—04—001—14—001檔)

案:《李氏族譜》所載與李必昌履歷檔案頗有出入,今從《清代官員履歷檔案全編》。

十二月二十一日(1892年1月20日),沈玉遂卒,享年五十有四。

李瑞清《清故建威將軍沈君之碑》:君諱玉遂,字翰卿。湖南湘鄉人……春秋五十有四,光緒十七年十二月辛亥卒于位。(拓片)

是歲,履衡以所藏何紹基書《泉山墓表》屬公題跋。

案:己亥公爲履衡跋何紹基書《泉山墓表》曰"履衡大哥精鑑賞而富于藏,以此屬題八年矣",故繫於此。

光緒十八年壬辰（1892）　二十六歲

五月二十九日（6月23日），侄李承儔生。

　　《李氏族譜》：承儔，瑞祖六子，以共祖兄弟行九，字叔美，號曼華。光緒壬辰年五月廿九日寅時生。（卷二）

八月十三日（10月3日），**繼室余欽淑病卒。公更字"梅癡"，誓不再娶，以誌隱痛。**

　　《李氏族譜》：復娶蓉初公七女，□□□□年五月廿五日吉時生，□□□□年八月十三日時殁，葬於□□。誥封淑人。（卷二）

　　蔣國榜《臨川李文潔公傳略》：先是，公幼受知武陵余公祚馨，妻公女，受聘遽卒。以六女妻公，先逝，繼配以七女，又先公卒。公遂鰥終身，更字"梅癡"，以誌隱痛。（《清道人遺集》頁一〇〇）

　　余歷雄《師門問學録》：勛初師曰：中國古書中所稱的"婚娶"是件大事，是指正室元配，男人納妾不能算作是正式的婚娶……又如，李梅庵，名瑞清，號清道人，他是清朝遺老，南京大學早期的校長，著名書畫家，是我老師胡小石先生的老師。李梅庵曾經三娶余姓女子，均早殁，遂不再婚娶，這也是指不正式結婚的意思，身邊還是有侍妾照顧生活。（頁一四六至一四七）

　　案：據《繼室余玉儷傳》曰"辛卯秋，余偕玉仙之朗江"，又曰"明年，玉仙病痢且篤"，未幾而殁，則當於是年。且余欽淑於庚寅適公，傳稱不盈三載而殁，與之亦合也。

是歲，始學今隸，博綜六朝。

　　《報陶心雲書》：年二十六，始學今隸，博綜六朝。既無師承，但憑意擬，筆性沈腜，動輒乖午。（《清道人遺集》頁三四）

　　《玉梅花盦書斷》：年廿六，始用力今隸，六朝諸碑靡不備究。（《清道人遺集》頁一五八）

是歲，曾熙自都還湘，公告其楊翰所藏宋拓《中興頌》，其筆法全似

《瘞鶴銘》。

　　曾熙跋《大唐中興頌》:壬辰自都還長沙,道人與言楊海琴先
生所藏宋拓《中興頌》,其纱處幾同《鶴銘》,以索值重棄之,嗣聞翁
師傅所得。甲午、乙未與道人同居京,曾託丁師叔衡面詢常熟師
傅,並未見楊氏宋拓本,豈此本尚滯長沙與?譚震青太守得楊氏
書畫極多,細詢亦未見。此碑道人前所稱有與《鶴銘》同者,蓋當
時所見玉煙堂本。此本董所勾橅,宜有顏法,若水前本則無可通
處,恨不起道人一證予言也。(西泠印社 2014 年秋季拍賣會
2534)

　　《與研青論書書》:余昔曾見楊海琴所藏宋拓《中興頌》,全似
《鶴銘》筆法。(《清道人遺集》頁一八四)

編年文

　　《繼室余玉儒傳》

光緒十九年癸巳(1893)　　二十七歲

六月,輯刻《四家文鈔》并序之。

　　《四家文鈔敍》:肇彼陶唐,訖于姒子,厥學惟天、惟帝、惟臣、
惟爾氓庶,宅焉揆焉,罔克育姬王而德禮敍。有天子之學,王公群
庶子遞于樂師、鄉師、閭師,有率有艾。周軌不正,魯隱將王,尼聖
出而馭世,彰信五朝,册書以立人紀。傷哉,邱未之王也,知我其
天乎?六王混濁,天啓孟荀。秦狂楚狙,訖于大漢。自此以往,千
餘年間,聖人胍胍。惟我疏注文章諸儒,侯存侯亡,與世治亂。漢
述階聖,踷蹯而游夏厥,宋明作而冒聖瓲,而如來删書,斷唐以來
距春秋文,伊敍劉漢、司馬晉、李唐,緝我大邑清,維敍維光。維聖
伊作,維臣伊述。遺舊逸老,罔弗唏于時。時則有若王船山,有若
章雲李,有若羅臺山,有若胡稚威四子者,不同道,皆有述,光顯于
厥世。明承宋制,取士惟備,我則鑒古先王,惟備惟休。《論語》、

《孟子》文,宗聖者能之。五經文,師五經博士宗經也。策惟爾有,
嘉言嘉猷,爲我王休。今汝士其曰:予惟無忝乃科。今汝師其曰:
予惟冀升乃科。甫師保氏喁于庠,鄉都國士喁于場,國師官吏喁
于堂,如斯其臧。烏乎傷哉,我先哲王,肇啓遼陽,惟我衆士,奠造
我家邦。有文載揚,維紀維綱。今我衆士,乃自絕于聖,日作不
休,渾我王求。我毋曰文,罔予宗巨作,奇詞詭言,晻曀我明王。
惟我王、章、羅、胡聖言是崇,今我衆士,尚永寶之哉。光緒十九年
六月,臨川李瑞清敘。(《四家文鈔》卷首)

　　案:《四家文鈔》共四冊,係公輯錄王夫之、章金牧、羅有高、胡
　　天游四家四書文而成,湖南崇德書局癸巳正月刊,扉頁題曰:"四
　　家文鈔。梅癡子題"。

八月六日(9 月 15 日),江西鄉試考官入闈。

　　《江西鄉試同年齒錄》光緒癸巳恩科:大主考:內閣學士兼禮
部侍郎銜稽察右翼宗學惲彥彬、翰林院編修國史館協修會典館詳
校鄒福保。同考試官:試用通判王葆鋆、請補撫州府東鄉縣知縣
林履端、請補建昌府瀘谿縣知縣王慎猷、新選廣信府廣豐縣知縣
夏之森、即用知縣任佑觀、即用知縣黃大琨、即用知縣何敬釗、即
用知縣呂敬直、即用知縣俞官圻、截取試用知縣楊國璋、補用知縣
彭履德、補用知縣何文光、大挑知縣陳燕昌、大挑知縣何紹琛、大
挑知縣楊景星、教習試用知縣杜璘光。

八月八日(9 月 17 日),公領卷入場。

　　《光緒癸巳恩科江西鄉試硃卷·李瑞清履歷》:李瑞清,字仲
霖,一字雨農,號梅癡。行二,年二十三歲。江西撫州府臨川縣職
監生民籍。(《清代硃卷集成》冊三一三)

八月九日(9 月 18 日),鄉試首場,考《四書》、五言八韻詩。

　　《光緒癸巳恩科江西鄉試硃卷》:子曰道千乘之國敬事而信節
用而愛人使民以時(文略)

詩曰衣錦尚絅惡其文之著也（文略）

守先王之道以待後之學者（文略）

賦得日照香鑪生紫煙得煙字五言八韻：照澈香鑪頂，東來紫氣連。日華遥炫采，山色静生煙。真面屏環列，晴光鏡朗縣。篆痕丫髻活，輪景佛頭圓。火種留丹穴，霞標散午天。吏應添桉畔，仙恰過關前。幾點斑摩鼎，何年玉種田。幸依蓬島近，韻事續青蓮。（《清代硃卷集成》册三一三，頁二五五至二七九）

八月十日（9月19日），繳卷出場。

八月十一日（9月20日），公復入闈。

八月十二日（9月21日），鄉試第二場，試《五經》。

八月十三日（9月22日），繳卷出場。

八月十四日（9月23日），入場。

八月十五日（9月24日），鄉試第三場，試策問。

八月十六日（9月25日），繳卷出場。

九月十日前後，放榜，公再舉於鄉，中式第九十三名舉人。

《光緒乙未科會試硃卷・李瑞清履歷》：癸巳恩科本省鄉試弟九十三名舉人。（《清代硃卷集成》册八五）

《江西鄉試同年齒録》江西中式舉人一百四名：許受衡、文其焕、張得淵、袁炳照、楊榮蔭、賀國昌、汪龍光、劉家燽、秦振藩、羅志清、洪權、梅奇蕚、鄭獻葵、張美玉、黄頃波、王之榦、文廷橈、陳福籌、張璧熊、劉頤、胡思敬、黄錫朋、陳善元、黄啟心、蕭敷政、楊人倬、朱銘、游錫龍、萬慶昌、蔡基、黄維謙、郭乃恢、萬世忠、萬里航、熊寶善、朱益湛、陳炳奎、丁夢松、王子庚、陳啟運、趙世猷、曾燦材、程鑒光、温壽椿、喻覺先、羅殿元、劉廷琛、劉焕衢、朱耀奎、蕭月珪、艾廷賓、黄壽謙、熊以詢、羅絅章、張德清、周以翰、李仙翰、李振聲、汪拔群、楊亨頤、涂翀鳳、邱麟書、陳國士、梅汝羹、程紹頤、漆汝諧、涂保庶、龍寶善、張炳喆、張正蒙、徐榮椿、陶秉震、饒延年、吳寶田、陳永昌、宋功迪、易子猷、黄信任、吳承志、王耀東、周煥奎、徐啓鼎、韓兆霖、李士林、張昭濂、鄭良裕、姚紹機、黃瓚、伍致中、周价藩、冷開泰、朱源深、李瑞清、王宗海、呂寅賓、段笏、黃鎮、帥文安、周玉華、聶慶熙、彭庭輝、謝遠涵、羅之言、涂步衢。

　　蔣國榜《臨川李文潔公傳略》：癸巳恩科舉於鄉。(《清道人遺集》頁九七)

　　李雲麾《先從兄清道人行述初稿》：癸巳，獲雋於江西原籍，聯捷成進士，入詞館，名日盛。(《清道人遺集》附錄，頁二七三)

　　楊鈞《際遇》：長沙有善相者，陳伯弢與李梅庵同去問吉凶。相者謂陳曰："足下性情刻薄，舉動輕浮，相無可看。"謂李曰："足下必兩得舉人，驗後再看。"陳、李狼狽而走。此三十年前事也。(《草堂之靈》卷十二，頁二三一至二三三)

　　案：《湘綺樓日記》九月十日"聞省報至，程孫中式"，江西放榜當亦在此時前後也。

編年文

　　《四家文鈔敘》六月

　　蔣國榜(1893—1970)生。

光緒二十年甲午(1894)　　二十八歲

正月，與曾熙赴京應試，朝夕不離。

　　曾熙跋《清道人臨毛公鼎全文》：仲子年二十餘，猶癡憨若嬰兒，未嘗一人離寢門。當甲午發長沙，太夫人執仲手曰："若與曾季爲昆季交，今令汝偕，否則，吾不欲汝行也。"及至京師，寢共衾席而出必同車馬。日起則令仲子作大卷書，然不及三行，則伸欠欲睡，彊之，則跣足登牀爲小兒舞矣。其書朝顏而暮褚，或左歐而

右虞,一卷未終,或爲《武梁祠畫》,或濃墨書大璪數字。(震亞圖書局)

《曾農髯先生臨黃庭經》:猶憶甲午之歲,與阿梅寓京師松筠庵,得此《黃庭經》并水前拓本《鶴銘》、周器拓片十數種,遂大樂不已。乘車出前門,縱觀郊外,竟日始歸。(震亞圖書局)

公慕楊繼盛之爲人,僑寓松筠庵,與胡思敬相視莫逆。

胡思敬《送李梅菴南歸序》:是時梅菴年二十六七,慕楊椒山先生之爲人,僑寓松筠菴,與二三朋輩唱酬,游宴無虛日。予少梅菴二歲,方讀《史記》《莊》《騷》,棄帖括爲詞章家言,兩人遭際既同,志趣相若,握手論交,稱爲莫逆。(《退廬文集》卷五)

胡思敬跋《李梅庵先生選臨法帖》:余初見梅莘在京師松筠庵,聞其不讀秦漢以後書,甚奇之。後同時廷對,見所書試卷瑰瑋不可名狀。劉潛樓謂字字如螃蟹,蓋笑之也。(震亞圖書局)

案:楊繼盛,明兵部員外郎,正直敢言,坐劾嚴嵩下獄,卒諡忠愍。嘗居松筠庵。

是時公學書甚勤,力追古人。

曾熙跋《清道人節臨六朝碑四種第三集》:曩侍武岡鄧師金陵文正書院,鄧師曰:"予酷好詩,有詰旦至日夕,能得一稱心之句。"其苦心慘澹如此。清道人當同寄京師時,有一筆不偪古人之藩,嘗達旦不休。祖庵曰:"道人書思沈力厚,直似白香亭詩。"可謂真知白香亭詩與道人書者。(震亞圖書局)

《李瑞清節臨魏碑四種》:瑞清兒時聞家大人曰:"司空公學書必日書三百字以爲程,雖嚴冬遠道,必夜起秉燭書已乃上車。"先人學書之勤如此,小子識之不敢忘。因此碑亦平日自課,謹書所知以告吾家子弟。瑞清敬誌。

三月六日(4月11日),會試考官入闈。

《翁同龢日記》三月初六日:晴,雲陰漠漠。寅正聞考官姓名,斌孫蒙派同考官……午初斌入場,回憶壬戌年余分校春闈,先公檢點一切,至周至密,不勝感愴。順孫、炯孫迴避不得入場。汪柳門過余門入談數語……

李鴻藻、徐郁、汪鳴鑾、楊頤。

鮑臨、周樹模、劉學謙、馮光遹、翁斌孫、王蔭槐、戴兆春、文煥、高熙喆、趙惟熙、張孝謙、李盛鐸、劉啓瑞、汪鳳梁、華輝、王式文、華俊聲、朱錦。

内監試:德本、馮金鑒。(頁二六八一)

三月八日(4月13日),公領卷入場。

商衍鎏《清代科舉考試述錄》:會試舉行於春季,謂之春闈,以其爲禮部主辦,故又謂之禮闈。共試三場,每場三日,以三月初九日爲第一場,十二日爲第二場,十五日爲第三場,先一日領卷入場,後一日交卷出場。在貢院東西四磚門内點名,何省何時在何門應點,先期示知。(頁一〇三)

三月九日(4月14日),是日會試第一場,考《四書》、五言八韻詩。

《光緒乙未科會試硃卷》:達巷黨人曰大哉孔子(文略)

子曰道不遠人人之爲道而遠人不可以爲道詩云伐柯伐柯其則不遠執柯以伐柯睨而視之猶以爲遠故君子以人治人改而止忠恕違道不遠(文略)

慶以地(文略)

賦得雨洗亭皋千畝綠得皋字五言八韻:一洗千山净,連朝雨氣豪。紅塵清畎畝,綠色上亭皋。淅淅初含潤,芃芃似沐膏。新苗齊拂水,細麥欲翻濤。柳陌青沾騎,秧塍碧染袍。竹銷烟萬个,花浣浪三篙。溼霧東隅散,晴雲北隴高。催詩應有意,分翠撲吟毫。(《清代硃卷集成》册八五,頁一至三五)

《翁同龢日記》三月十日:見孫師鄭頭篇,決其必魁。"達巷黨人曰"二句;"子曰道不遠人"至"忠恕違道不遠";"慶以地";"雨洗亭皋千畝綠"得皋字。(頁二六八二)

案：公預甲午會試，因不善院體書，乙未補殿試，故硃卷置諸乙未科也。

三月十日(4月15日)，繳卷出場。

三月十一日(4月16日)，公復入闈。

三月十二日(4月17日)，會試第二場，試《五經》。

三月十三日(4月18日)，繳卷出闈。

三月十四日(4月19日)，入闈。

三月十五日(4月20日)，會試第三場，試策問。

三月十六日(4月21日)，出闈。

四月十一日(5月15日)，是日無紅録。

《翁同龢日記》四月十一日：晴，晚風……乘車過廠肆，今年無紅録，悄然無人。(頁二六九〇)

四月十二日(5月16日)，會試榜發，公中式第二百二十七名貢士。

《甲午恩科會試官板題名全録》：陶世鳳、劉標壽、王熙齡、俞省三、徐仁鏡、孫同康、續綿、蕭文昭、曾文玉、沈圓、李英、沈同芳、余晉芳、鄒銘恩、李灼華、陳永壽、吳江澂、麥玉華、陳濬芝、劉慶篤、傅運生、陳汝梅、汪述祖、程世杰、賀錫齡、歐家廉、梁志文、李祖蔭、譚先節、曹元弼、王瑚、金文翰、胡調元、陳瑞鼎、徐鋆、茹恩彬、左欽敏、陸士奎、胡葆頤、張琴、陳景星、侯錫彤、楊炳震、陳培庚、于晉源、張錦春、范濬、成象乾、范公謨、項芳蘭、莊綸儀、劉錦藻、邱炳宜、張濂、袁桐、羅長裿、李維世、林炳修、蒲明發、張謇、繼曾、劉宜篤、河葆麟、豫咸、周政岐、鮑德麟、廣麟、汪聲玲、程友琦、來熊、范揚芳、緒儒、朱寶翰、謝元洪、王之傑、周祺、劉鳳翰、龔啓之、賀瑛、陳恩榮、謝遠涵、譚承元、達壽、李繼沆、胡鑑瑩、安文瀾、陶聯琇、林怡、傅蘭泰、曹子昂、翁有成、孫鏴、張濂輕、黎承禮、余毓瑞、祁永膺、陳桂芳、胡慧融、吳燕紹、周棻謙、王會釐、李翹芬、瑞徵、陳誠、黃秉湘、鄭炳、管德泉、黃鳳岐、關冕鈞、饒芝祥、朱秉筠、何榮烈、陳壽琯、梁士詒、儲英翰、周震、溫亮珠、胡逢恩、世榮、張協中、江慶瑞、莫如晉、李蔭垣、馮錫侯、王景濬、楊蔚、趙怡、林振光、鄭松生、劉衍茂、張懷信、梁秉年、朱啓勳、桂坫、楊實揆、呂承翰、謝質、李見荃、文溥、鄭沅、林灝深、楊長藻、周培、高麟超、陶邵學、蔡中燮、周紹昌、涂福田、馮恩崑、李德徵、高積政、楊士燮、陳瑞徵、郭燦、辛可耀、鍾傑、陳品全、吳庭芝、陳君耀、尹銘綬、陶榮、陳世瑞、杜召棠、王照、鄔坤、譚紹裘、楊錦江、王際昌、楊增鈺、馬瀛煥、陳瑞玉、任承允、葉大可、李組紳、林鉞、韓紹徽、方策安、夏啓瑜、周寶清、胡紹蘇、李鴻光、李清琦、鄭宗郇、孫國楨、吳貽穀、楊懋齡、孫星煜、李良年、徐夔颺、張彞、許埅、孫鳴皋、李國民、李延慶、馮紹斌、趙廷珍、陳望林、王叔謙、徐宗源、胡思敬、啓壽、武㻞文、黃樹榮、涂翀鳳、吳敬脩、田鴻文、王英冕、楊鴻勳、郭家葆、王元慶、劉廷琛、樓守愚、靳學禮、萬慶昌、姜良材、李家駒、裴汝欽、孫文翰、孫文詒、徐樹昌、吳式釗、袁玉錫、李宗奇、林炳章、葉泰椿、陳養源、李瑞清、薛炳善、林清照、陳化揚、張琨、李樂善、魏達文、江春霖、廖允儒、趙鴻、韓兆霖、劉德元、聶永清、鄭玉麟、張介禄、劉寶壽、江衡、張斗南、王瑋、尹春元、容益光、夏奠川、朱應杓、李兆麟、張存諧、施有方、徐允清、徐苞、汪一元、李樹森、郭傳昌、熊賓、王鳳文、廉慈、齊忠甲、陳昭常、張肇基、沈祖桐、張林焱、顧壽椿、孔慶塄、蔡琛、溫聯桂、王學伊、朱錫恩、徐沖霄、單夢祥、孫友蓮、趙炳聯、鮑俊卿、黎元熙、單溥元、周子懿、郭書堂、楊裕芬、梁文燦、顧祖彭、史塗、韓墀、章燮理、郭育才、涂步衢、茹震模、文俊、謝世珍、謝崇厚、李長華、高暄陽、景禩、李九烈、羅文繡、李士田、呂篤、鄭憲典、謝毅洪、賀鴻基、李鏡江、劉林立、吳筠孫、姚舒密、廖鳳童、王寶田、李允廉、郭南溪、周沆、王廷鈫、張忠、單榮、王熙、石寶恭、張淑棟、韓文鴻、王承慶、沈雲沛。(《申報》5月24日)

  案：據《題名録》刪其籍貫而成。

《光緒乙未科會試硃卷·李瑞清履歷》：甲午恩科會試中式弟二百二十七名貢士。（《清代硃卷集成》冊八五）

蔣國榜《臨川李文潔公傳略》：明年甲午聯捷，成進士。公應試文淵懿樸茂，人多不能句讀，會試房考官華公輝曰：“此必吾鄉李某也。”榜發，主司同爲國家慶得人。（《清道人遺集》頁九七）

案：《皮錫瑞日記》三月廿二日：“尺蓀以予稿託爲己作，遍示人，此人可謂跳皮。尺蓀又云李瑞清試卷乃曾榮甲代作，足見湖南多異才。”王子庚與公癸巳同舉於鄉，然往來甚少，所言未必可信。且曾熙是科未第，至光緒二十九年方舉進士。公辛卯中副榜第一，因冒籍註銷，改歸原籍，癸巳再舉於鄉，聯捷成進士，入詞館，則其學問文章自有過人處也。又，以曾熙辛卯鄉試及癸卯會試答卷較之，曾文圓熟曉暢，公之文佶屈拗折，好考證，癸巳鄉試《詩曰衣錦尚絅惡其文之著也》及甲午會試《慶以地》，均援引浩博，考證精審，與蔣國榜《臨川李文潔公傳略》所謂“潛治《說文》、三禮、公羊何氏學”亦合。

四月十六日（5 月 20 日），赴保和殿覆試。

《翁同龢日記》四月十六日：貢士覆試題：“經界既正”三句；此題辛卯江南。“拂水柳花千萬點”。花，元微之詩襄陽樓。（頁二六九一至二六九二）

商衍鎏《清代科舉考試述錄》：咸豐以後皆在保和殿，自是相沿不改。是日黎明，新貢士服常朝服，由東華門入至中左門（亦有先借宿於內閣直房或國史館會典館等處者），於點名處領卷赴保和殿考試。（頁一○七）

四月十七日（5 月 21 日），覆試報至，公爲二等九十七名。以不善院體書故，留補殿試。

《翁同龢日記》四月十七日：未罷，卷已發下，第一名彌封拆，詩片夾入，餘未拆，軍機章京拆封開單。余等夾詩片，先遲後速，未正

畢,再遞上。名單、對筆跡片,共一匣。俄頃傳散,遂出,抵家申初。張
季直謇來,廣東陳昭常新中,學海堂知名士,林敔伯令來見,號諫墀。來見,
貌豐厚,通史學詞章。與孫師鄭、沈頌棠談,兩君皆二等,頌棠卷
在余處,有訛字一簽,惜哉。汪生康年三等七十,石生寅恭後十名
矣。張季直一等第十。

徐桐、翁同龢、崑岡、孫毓汶、薛允升、廖壽恆、陳學棻、志銳、
王文錦、李端棻、龍湛霖、徐會灃。(頁二六九二)

《光緒朝上諭檔》:奏蒙發下貢士覆試卷三百十七本,臣等公
同詳閱,分別等第名次,擬一等六十名,二等一百二十名,三等一
百三十七名。於卷面黏籤,恭呈御覽,伏候欽定。俟發下後再行
拆閱彌封,另繕名單進呈,謹奏。再臣等查對另頁詩句人名,並將
中式各原卷磨對筆蹟,均屬相符,謹奏。一等六十名:景燮、馮恩
崑、夏啓瑜、李家駒、黃鳳岐、桂坫、姚舒密、沈衛、鄭沅、張謇、朱啓
勳、江春霖、沙元炳、汪聲玲、馮紹斌、汪一元、黎承禮、茹恩彬、范
溶、李組紳、麥玉華、王英冕、齊令辰、張琴、沈雲沛、吳貽穀、關冕
鈞、劉昌言、林丙修、江慶瑞、饒芝祥、吳式釗、孫鳴皋、張祥齡、袁
桐、張超南、黃秉湘、何葆麟、陳昭常、陳君耀、樓守愚、張懷信、胡
葆頤、王景澐、謝世珍、陶邵學、吳庭芝、張啓藩、顧祖彭、蕭文昭、
陸士奎、達壽、夏樹立、林炳章、徐宗源、徐仁鏡、朱紹文、張廉經、
吳敬修、李均華。二等一百二十名:程友琦、沈鵬、玉彬、孫國楨、
張錦春、龔啓芝、譚文鴻、李翹芬、葉大可、林鉞、吳筠孫、馬瀛煥、
陳德銘、劉慶篤、涂步衢、謝質、項芳蘭、尹銘綬、呂承瀚、楊鴻勳、
張介祿、楊裕芬、靳學禮、沈同芳、儲英翰、鄭崧生、蕭立炎、梁文
燦、孫同康、王學伊、劉錦藻、譚承元、趙鴻、辛可權、莊綸儀、謝遠
涵、葉大年、周培、吳燕紹、陳品全、郭育才、孫文貽、周震、王叔謙、
胡汝霖、張林焱、王會釐、徐鋆、蔡琛、梁士詒、李兆麟、孫愚、廣麟、
陳培庚、郭傳昌、壽朋、陶世鳳、黎元熙、王元慶、沈祖桐、葉芸、梁
秉年、周紹昌、翰屏、翁成琪、孫文翰、趙怡、袁玉錫、楊長澡、王之

傑、楊士燮、李樹森、熊賓、孫鏘、江衡、王鳳文、張焜、金文翰、周寶清、傅蘭泰、俞省三、方安策、尹春元、葆謙、繼曾、梁志文、范公謨、楊炳震、汪述祖、張孝諧、孫星煜、溫聯桂、楊增鈺、趙潤生、劉廷琛、李見荃、李瑞清、曾文玉、文溥、單溥元、周祺、佟文政、王瑚、賀鴻基、蒲明發、廣勳、翁有成、陳壽琯、施之東、王廷鉽、鍾傑、單榮、杜召棠、李良年、楊懋齡、譚紹裘、胡達恩、謝崇厚、鄭輔東、廉慈。

三等一百三十六名：（略）。（册二〇，頁二二四至二三二）

　　蔣國榜《臨川李文潔公傳略》：公書初習篆籀，漢魏唐以後書無不似，獨不善院體書，因留殿試。（《清道人遺集》頁九七）

五月，贈別邱士林。

　　《蘄荃篇贈邱士林》。（《清道人遺集》頁一一〇）

　　案：邱士林，字智謀，臨川人。中甲午恩科第三甲第一百五十二名進士。據《清實錄》五月十日，引見新科進士，邱士林等第三甲進士著交吏部掣籤分發各省，以知縣即用。詩有"二賢滯郡守，史册垂休名"句，以龔遂、寇恂相期，當即作於此時者也。

六月二十九日（7月31日）房師杜璘光謁皮錫瑞，謂公能識古董。

　　《皮錫瑞日記》六月廿九日：委員杜璘光號豫堂來拜，福建邵武人。去年調簾，今又調簾，云李瑞清去年在彼房中，尚能識古董者。（《皮錫瑞全集》第九册）

六月，侄李健元聘、饒智元次女饒運璵卒。

　　陳衍《饒氏女墓銘》：長沙饒君石頑，既以所撰《明宮雜詠》示余，且言附録中吾次女運璵所作獨多，不幸以喉疾殤於甲午六月，年甫一十有二。有《藕香館遺詩》若干首……女字宛雲，許字臨川李氏子。（《陳石遺集》頁四五五）

　　《李氏族譜》：承健……元聘湖南長沙饒氏優貢生中書銜江西學務處提調名智元號石頑公二女，箸有《藕香館詩集》，塋於湖南碧浪湖側，張名預爲銘墓。（卷二）

八月十八日(9 月 17 日),甲午海戰告敗。

　　《鄭孝胥日記》八月二十日:午後,羅少劼來,言聞制軍言,我大軍敗北,平壤已失。又云,海軍交戰失三艦,而日本亦失三艦云云。(頁四三六)

　　《翁同龢日記》八月十九日:樵野來告海軍在大東溝外遇倭船十二隻,我船十一隻,濟遠逃回旅順,而致遠、經遠、揚威、超武四船皆沉矣。又聞平壤已失。(頁二七三一)

十二月二日(12 月 28 日),安維峻以言獲罪,革職發軍臺。公惜其遇,作《棄婦行》。

　　《棄婦行爲安侍御作》。(《清道人遺集》頁一○七)

　　胡思敬《聞安侍御遣戍感賦》。(《退廬詩集》卷一)

　　《清史稿·安維峻傳》:安維峻,字曉峰,甘肅秦安人……日韓釁起,時上雖親政,遇事必請太后意旨,和戰不能獨決,及戰屢敗,世皆歸咎李鴻章主款。於是維峻上言:"李鴻章平日挾外洋以自重,固不欲戰,有言戰者,動遭呵斥。淮軍將領望風希旨,未見賊先退避,偶見賊即驚潰。我不能激勵將士,決計一戰,乃俯首聽命於賊。然則此舉非議和也,直納款耳,不但誤國,而且賣國。中外臣民,無不切齒痛恨。而又謂和議出自皇太后,太監李蓮英實左右之。臣未敢深信。何者?皇太后既歸政,若仍遇事牽制,將何以上對祖宗,下對天下臣民?至李蓮英是何人斯,敢干政事乎?如果屬實,律以祖宗法制,豈復可容?惟是朝廷受李鴻章恫喝,不及詳審,而樞臣中或係私黨,甘心左袒,或恐決裂,姑事調停。李鴻章事事挾制朝廷,抗違諭旨。惟冀皇上赫然震怒,明正其罪,布告天下,如是而將士有不奮興、賊人有不破滅者,即請斬臣以正妄言之罪。"疏入,上諭:"軍國要事,仰承懿訓遵行,天下共諒。乃安維峻封奏,託諸傳聞,竟有'皇太后遇事牽制'之語,妄言無忌,恐開離間之端。"命革職發軍臺。維峻以言獲罪,直聲震中外,人多榮之。訪問者萃於門,餞送者塞於道,或贈以言,或資以賮,車馬

飲食，衆皆爲供應。（卷四百四十五，頁一二四六七）

　　案：參閲安維峻《請誅李鴻章疏》（《諫垣存稿》卷四）。

　　《孫寶瑄日記》十二月初二：晚間閲邸報，上諭："近因世事多艱，凡遇言官論奏，無不虛衷容納，即或措詞失當，亦不加以譴責。其有軍國緊要，必仰承皇太后懿訓遵行。此皆朕恪恭求治之誠心，天下臣民早應共諒。乃本日御史安維峻呈遞封奏，託諸傳聞，竟有皇太后遇事牽制，何以對祖宗天下之語，肆口妄言，毫無忌憚。若不嚴行懲辦，恐開離間之階端。安維峻著即革職，發往軍臺贖罪，以示儆戒，欽此。"（頁六五）又初六：復往視安曉峰，渠託疾不見客。然余兄晨往，曾見之。渠擬於十五啓行。（頁六七）

是歲，公於都中始見陶濬宣書作，以爲鄭道昭復生，驚歎屢日。

　　《報陶心雲書》：及游京師，得覩大製，誠能抗手《猛龍》，比肩《敬邕》，以爲道昭復生，驚嘆屢日。（《清道人遺集》卷二）

　　案：公於光緒二十二年題《江建霞先生修書圖》，二十三年題《來蝶僊堂詩畫册》、二十八年書《清故建威將軍沈君之碑》均作陶濬宣體，則此事當在二十二年前也。暫繫於此。

編年詩

　　《蘅荃篇贈邱士林》五月、《棄婦行爲安侍御作》十二月

清道人年譜長編卷二

光緒二十一年乙未(1895)　二十九歲

正月三十日(2月24日),周克寬五旬壽辰,公作文以祝。

　　《周韋齋五十壽頌》。(《清道人遺集》頁一八九至一九一)

　　　案:據同治丁卯科湖南鄉試周克寬硃卷(《清代硃卷集成》第三二三册,頁二八一至二八七),周克寬生於道光丙午年正月三十日,因繫於此。

二月三日(2月27日),弟李瑞潤生。

　　《李氏族譜》:瑞潤,必昌十一子,以共祖兄弟行十七,字□□,號□□。光緒乙未年二月初三日戌時生。(卷二)

二月上中旬,遼東之戰敗北。

　　盛京將軍裕禄來電:接道員袁世凱函稱,初八日倭抄襲牛莊,魏光燾、李光久聞警回援,被寇圍擊,該兩軍死亡過半,牛莊即於是日失陷。吳大澂親軍亦失利,各軍相率退紮雙台子,收集潰卒。自牛莊失後,宋慶慮寇包抄亦退紮田莊台。初十日未刻,營口相繼失陷,海口礮台尚在據守各等情。(《清光緒朝中日交涉史料》卷卅五,頁三一)

　　軍機處電寄宋慶吳大澂諭旨:奉旨:宋慶、吳大澂電奏均悉。十三日之戰,因我軍偵探未明,被賊暗襲。又敵礮過多,不能抵禦,以致挫衄。(《清光緒朝中日交涉史料》卷卅五,頁三九)

　　《鄭孝胥日記》二月十三日:聞關外吳清卿、陳舫仙、李光久之軍皆潰,諸將牽連俱敗。(頁四七四)

二月二十九日（3 月 15 日），臺灣之澎湖島陷。

　　軍機處電寄唐景崧諭旨：奉旨：唐景崧電奏已悉。據探二十八
九日，倭攻澎湖，將士交戰情形，甚爲可憫。總兵周振邦等力竭身
死，著飭查確實請卹。（《清光緒朝中日交涉史料》卷卅七，頁十一）

試期將近，父必昌來函，公乃媷學錢澧書。

　　曾熙跋《清道人臨毛公鼎全文》：仲子爲文憙用奇字奧誼，操
是術以往，遂投無不利。然不能爲朝殿書，將請學習，其僕曰小馮
儵抱其文長跽請曰：“主人盍爲百衲體？以大篆書臣聞臣對，而以
漢魏六朝唐宋各家書書之，當得狀元。”一坐無不大笑……日起則
令仲子作大卷書，然不及三行，則伸欠欲睡，彊之，則跣足登牀爲
小兒舞矣。其書朝顔而暮褚，或左歐而右虞，一卷未終，或爲《武
梁祠畫》，或濃墨書大篆數字。至乙未試期近，雲南父書至，仲子
始顡取南園書習之，然終日顔色慘澹，面無生氣，所號南園書者，
饑鷹餓犬，狼藉滿紙，夏榜眼稱之曰螃蟹書。（震亞圖書局）

春，與張亨嘉、歐陽鈞、曾熙、李希聖論畫，公雅好石濤。

　　曾熙《倣石溪山水圖》：曩與臨川李癡居京，其時丹徒丁叔衡
師喜吳、惲山水，所藏頗富，而侯官張燮師獨好石谷，十屛萬金且
不惜。是時李癡酷好石濤，而髯好石溪。每張師詢及二石，張師
云：石濤狂生，如醉人使酒謾笑。予性不耐殘禿，禿管殊少生意。
退與李癡笑曰：張師好古博通，蓋翰苑之翹楚，然論書畫，鮮有合
者。適武陵歐陽君重至，湘鄉李刑部亦元亦至，刑部嚮黨張師，而
歐陽黨李癡，偏重石濤而薄石溪，髯曰：石濤，史中之司馬，子中之
莊周；石溪則《漢書》、《荀子》。髯於文憙班、荀，故於畫獨愛石溪
耳。頃丹徒丁師至，告以日約將成，君等尚雍容言書畫耶？是爲
乙未之歲，今三十年矣。因寫此幅，偶涉石溪，并記曩日師友雅
好。龍蒼仁兄精研畫理，視此何如？乙丑四月，曾熙。（湖北博物
館藏）

此際，公與丁立鈞、楊楷、曾熙、任錫純、任福黎、周先稷、歐陽鈞、戴

展誠皆行主戰，日夕謀議救國之事。

任福黎輓聯注：中日之役，余與先兄壽文先生及丹徒丁叔恒先生、無錫楊仁山八兄、臨川李梅盦二兄、衡陽曾士元九兄、清泉周敬夫三兄、武陵歐陽君重九兄、戴邃盦三兄諸人日夕謀議救國之事。先兄倡率公車上書，力阻和議。丹徒迭章彈劾權要，楊、歐二兄居北洋幕府，指揮軍事，當道不能聽，拂衣出。曾、李、周、戴諸公則居京師，往來聯絡。既而余挾書走濟南，痛哭責李海城以桓文之事，海城慷慨輸心腹；歐兄則出榆關，遍謁群帥，説以將在外之義，群帥感動，士卒至淚下，然無敢有先發者，遂歸京師，款成，宮闈將有變，又與丹徒共謀留湘軍。余提督虎恩十營，駐河西務，遙爲捍衛，得以無恙。此皆乙未八月前事也。（《清道人遺集》附録，頁二四二）

曾熙題李瑞清爲楊楷節臨《論經書詩》堂幅：回憶甲午、乙未之歲，熙與仁山八哥、君重歐九、敬夫周三、任氏昆季、戴子邃盦暨予二弟阿楳朝夕縱横論國事於丹徒丁師之宅。

曾熙《松竹石條幅》：君子之交，不以富貴貧賤、死生患難易其初心，因寫松竹石奉贈仁珊八哥。當居京時，長沙任氏、武陵歐陽、清泉周子、臨川李仲朝夕談辨，朋友之樂，今不堪回首矣。（楊曾勗編《柳州府君年譜》上卷，頁四八至四九）

楊楷《元配劉夫人事略》：乙未正月，余從王夔石制軍至天津。馬關和定，余回里迎夫人晉京回部。先是在天津得交中常德歐陽君重錡，時中日交戰，海軍初覆，和戰未定，余與君重皆行主戰，因得多交湘友如周韋齋學士、曾士元兵曹、程商霖觀察、李梅庵太史、任壽文舍人、其弟壽華、壽國及士元師丹徒丁恒庵太史、浙江褚伯約給諫、沈子佩刑曹、子封太史兄弟，皆主戰，意氣甚盛。（《無錫楊仁山(楷)先生遺著》頁四九）

三月二十三日(4月17日)，簽訂《馬關條約》。

《王文韶日記》三月廿二日：馬關來電，和議已有成説，明日畫

押。目前暫可無事，後此則不堪問矣。（頁八八二）

　　《翁同龢日記》三月廿二日：徐小雲來，邀至萊山處，見李電，言廿三日巳刻畫押，限廿日在煙臺換約，來請示。（頁二七九五）

四月六日（4 月 30 日），公與曾熙、任錫純等湖南舉人聯名上書，力阻中日和議。

　　曾熙跋《清道人臨毛公鼎全文》：當是時，清泉周敬敷、長沙任壽國與歐陽君重憙言兵略，君重又與無錫楊仁山偏重左文襄，壽國兄壽文則篤守羅山學説，而武陵戴邃盦又獨師湘鄉文正，發言高論，皆不可一世。仲子默然但曰：“吾願從文天祥、史可法。”髯曰：“今日國家寧願見文天祥、史可法耶？”迨割臺議起，丹徒丁師、嘉興沈乙盦皆上書抗和議，髯與仲子合東南各省公車數千人詣都察院上書。烏虖，庸詎知亡國之禍不在外寇而在內難哉。

　　《都察院代遞各省舉人呈文摺》（四月初六日）：《湖南舉人任錫純等呈文》：具呈湖南舉人任錫純、曾廉、周先稷、曾熙、江宗漢、戴展誠、梁渙奎、朱先輝、馮由、曠經濤、謝南式、唐紹祁、李如松、陳龍光、鄧潤棠、廖漢章、蕭鶴祥、李振湘、沙上鑄、伍毓焜、程崇信、孫文昺、何維畯、李光寓、王章永、羅廷幹、曾榮炳、楊焯、曾聲驛、周廣、孫楷、郭振塤、章華、洪汝沖、楊昀、謝爾庸、張壽衡、莫重坤、李家熙、李元音、皇甫天保、危克濟、江西李瑞清等，爲聞和議將成，遺害久遠；謹呈管見，伏請代奏事。（文略）（詳見《清光緒朝中日交涉史料》卷四十）

四月七、八日，與各省舉人會議松筠庵，并傳觀康有爲所撰萬言書。

　　《公車上書記序》：中日和約十一款，全權大臣既畫押，電至京師，舉國嘩然。内之郎曹，外之疆吏，咸有爭論，而聲勢最盛、言論最激者，莫如公車上書一事。初者，廣東舉人梁啓超聯名百餘，湖南舉人任錫純、文俊鐸、譚紹棠各聯名數十，首詣察院，呈請代奏。既而福建、四川、江西、貴州諸省繼之，既而江蘇、湖北、陝甘、廣西諸省繼之，又既而直隸、山東、山西、河南、雲南諸省繼之。蓋自三

月二十八、三十、四月初二、初四、初六等日（都察院雙日堂期）察
院門外車馬闐溢，冠裳雜遝，言論潈積者，殆無虛晷焉。書上數日
不報，各公車再聯十八省同上一書。廣東舉人康長素者，素有時
名，嘗以著書被謗議於時，主其事，草疏萬八千餘字，集衆千三百
餘人，力言目前戰守之方，他日自強之道。文既脫稿，乃在宣武城
松筠庵之諫草堂傳觀會議。庵者，前明楊椒山先生故宅也。和款
本定於四月十四日在煙臺換約，故公呈亦擬定於初十日在察院投
遞。而七、八、九三日爲會議之期。乃一時訂和之使，主和之臣，
恐人心洶湧，局將有變，遽於初八日請將和款蓋用御寶，發使齎
行……光緒二十一年五月朔，滬上哀時老人未還氏記。

　　《康南海自編年譜》：時以士氣可用，乃合十八省舉人於松筠
庵會議，與名者千二百餘人，以一晝二夜草萬言書，請拒和、遷都、
變法三者，卓如、孺博書之，並日繕寫，（京師無點石者，否則尚不
止一千二百人也）遍傳都下，士氣憤湧，聯軌察院前里許，至四月
八日投遞，則察院以既已用寶，無法挽回，卻不收。（頁三〇）

　　案：康有爲輓公聯有“記同松筠庵公車上書朝市忽移節著遍
江南既邅世自無悶”句，則此事必非空穴來風矣。惟《公車上書
記》未見公題名，且康氏所言多與史實不合，用是聚訟不息。參閱
茅海建《公車上書補證考》（《近代史研究》2005 年第 3、4 期）、房德
鄰《康有爲與公車上書——讀〈公車上書考證補〉獻疑》（《近代史
研究》2007 年第 1 期）。

四月九日（5 月 3 日），和約已批准。

　　《鄭孝胥日記》四月初九日：草甫畢，愛蒼至，曰：“和約聞已批
准。”余乃投筆而起曰：“吾今爲虜矣。”（頁四八八）

　　《翁同龢日記》四月初九日：聞昨日喀使致書小雲阻用寶批
准，今日午慶、孫、徐三人往見，施使問之，而仍請今日用寶發下，
意恐誤事也。見起二刻，請旨添派聯芳偕伍廷芳送約，蓋喀謂伍

習於倭而特舉聯以請也。（頁二八〇〇）

四月二十一日（5 月 15 日），公補殿試，制策問練兵、理財、崇儉約、修水利四事。

　　趙炳麟《光緒乙未科殿試策》：奉天承運，皇帝制曰：朕寅紹丕基，俯臨寰宇，仰荷昊穹垂佑，列聖詒謀，夙夜孜孜，於今二十一年矣。惟是時事多艱，人才孔亟，期與海內賢能力矢圖强，單心圖治，上無負慈闈之訓迪，下克措四海於乂安，若涉淵冰，實深祇懼。茲當臨軒策問，用集多士，冀獲嘉謨。兵所以威天下，亦所以安天下，然非勤加訓練，則無以制勝。漢法曰都肄，唐法曰講武，宋法曰大閱，果不失蒐苗獮狩遺意與？孫子練士，吳子治軍，李靖之問對所詳手法足法，明王驥、戚繼光所論練兵之法，其目有五有六，能備舉之與？至於究極精微，謀求韜略，若《淮南子‧兵略訓》、杜牧《戰論》、蘇軾《訓兵旅策》見諸施行，果能確有成效否？

　　國用必有會計，禹巡狩會諸侯之計，其説何徵？《周禮‧少宰》"歲終會群吏致事"，鄭注"若今上計"，司會逆群吏之治，以其會計，有引伸鄭注，受而鈎考，可知得失多少？見於何書？漢初專命一人領郡國上計，膺選何人？武帝遣使詣京師，上計簿都方岳，試悉數之。光武遣吏上計但言屬郡，不言遠方。唐初猶上計，廢於何時？宋時天下財賦皆上三司，後選吏專磨文帳，議始何人？《會計録》前後凡幾？明代《會計》何人編録？自洪武以來，通爲一書者何人？能詳述與？

　　自古求治之主，每以躬行節儉爲天下先，然覈其心跡，誠僞不同。堯之土階、舜之土簋、禹之惡衣，文之卑服，尚已。漢文帝衣綈履革，蒲席韋帶，屏彫文之飾，成富庶之業，享世久長，治猶近古，後世人君焚翟裘、毁筒布、却珠黃，甚至一冠三載、一衣屢澣，非不慎儉德，而究不能廣聲教於寰區，希治功於隆古，豈徒儉不足爲政與？抑豈務其名而不求其實與？夫國奢則示之儉，國儉則示之禮，今欲崇本抑末，易俗移風，士庶無踰制之嫌，閭閻有藏富之實,果何道以致之？民生以農事爲本,農事以水利爲先,周命遂人,齊立水官,秦治涇水,漢穿渭渠,經畫詳至,史册可徵。自後或修芍陂茹陂,或開利民温潤,或決三輔,或引漳沱,其經時久暫,因革異宜,試爲條例。虞集請興北方農田,自遼海以迄青齊,因何不行？托克托言京畿近水地利可設農師佃種,其法若何？徐有貞所陳潞河等處水利,左光斗請復天津屯田,申用懋請復灤河諸水,言皆切要,能詳舉之與？凡此皆宰世之宏綱,濟時之實政也。朕以藐躬,膺祖宗付託之重,宵旰憂勤,惟思仰慰慈懷,撫綏兆姓,天人合應,景運常新。爾多士來自田間,夙懷忠讜,其各直言無隱,朕將親覽焉。(《柏巖文存》卷一)

《翁同龢日記》四月廿一日:小雨竟日,晚晴。是日新貢士廷試。(頁二八〇四)

商衍鎏《清代科舉考試述略》:乾隆十年改四月二十六日殿試,五月初十傳臚,二十六年定四月二十一日殿試,二十五日傳臚,遂爲永制……乾隆五十四年始試於保和殿,後沿爲例。(頁一〇九)

胡思敬《跋光緒乙未殿試卷》:余以光緒甲午舉進士,值倭亂,道梗,留京匝歲。乙未補殿試……是時,予方二十有四,年力正強,殿試前一夕,宿朝房,五鼓,整衣冠瞑坐達旦,嚮明,負考具依次魚貫入太和門,心惕甚。巳初,制策下,問練兵、理財、崇儉約、修水利四事,未初脱稿,凡二千六十七字,合草稿則又倍之……卷首"二甲第二十一名"七字硃書係恭代御筆,北望山陵,涕泗交集。卷陰八閲卷大臣:一、體仁閣大學士徐桐;一、刑部尚書薛允升;一、軍機大臣吏部右侍郎廖壽恒;一、禮部右侍郎陳學棻;一、軍機大臣大學士李鴻藻;一、兵部左侍郎徐郙;一、工部左侍郎總理各國事務大臣汪鳴鑾;一、內閣學士壽耆。今唯壽閣學在位,其七大臣則皆亡矣。(《《退廬文集》卷六》)

四月二十四日(5月18日),帝親擢前二名,試卷發軍機,令諸臣磨勘。是日小傳臚，赴乾清門聽宣。

　　《翁同龢日記》四月廿四日：正看摺，發下殿試前十卷，展封則第三改第一，第十改第二，上所特拔也。閱後仍封，隨請批摺並遞。先召讀卷官入，次召第二起，時已遞名單。旋引見，十本畢始見軍機，奏事訖，諭今年有試策不拘舊式者，寫作均好，故拔之。蓋自親政，試卷不發軍機，今發軍機，意在使諸臣磨勘當否也……一甲：駱成驤、川。喻長霖、浙，南學生。王龍文。湖南。傳臚：蕭榮爵。湖南，覆試第一。（頁二八〇四）

　　喻長霖《殿試策》陳尚彬注曰：乙未廷對，修撰駱成驤卷原列第三，此卷原列第八，皇上親擢駱卷第一名，此卷第二名，以獎直言。一時喧傳都下，以爲詞林佳話。（《惺諟齋初稿·文鈔》卷一）

　　商衍鎏《清代科舉考試述録》：是日晨，帝御養心殿西暖閣（駐西苑則在勤政殿），閱畢欽定名次，召讀卷官入拆彌封，即於御前用硃筆填寫一甲三名次序，二甲七名亦依欽定名次書之。交下即繕寫綠頭籤，傳前十名引見，謂之小傳臚。凡應試之貢士，皆須往候聽宣。（頁一一六）

四月二十五日（5 月 19 日），太和殿傳臚，公中式二甲第十五名。

　　《翁同龢日記》四月廿五日：晨，微雨濕地……是日卯正上御太和殿傳臚。雨止天晴，地亦乾矣，氣象頗佳，竟日晴風。（頁二八〇四）

　　《清朝進士題名録》：光緒二十一年乙未科（1895）：賜進士及第第一甲三名：駱成驤四川資州直隸州人、喻長霖浙江台州府黃巖縣人、王龍文湖南長沙府湘鄉縣人。賜進士出身第二甲一百名：蕭榮爵湖南長沙府長沙縣人、吳緯炳浙江杭州府錢塘縣人、淩福彭廣東廣州府番禺縣人、卓孝復福建福州府閩縣人、傅維森廣東廣州府番禺縣人、曹汝麟安徽池州府青陽縣人、林開謩福建福州府長樂縣人、雷鎮華陝西同州府朝邑縣人、張繼良江蘇蘇州府常熟縣人、齊耀琳奉天吉林府伊通州人、趙炳麟廣西桂林府全州人、劉嘉琛直隸天津府天津縣人、趙曾琦四川敘州府宜賓縣人、潘齡皋直隸保定府安州人、李瑞清江西撫州府臨川縣人、劉燕翼浙江杭州府仁和縣人、葉芾棠福建福州府侯官縣人、彭樹華江西袁州府萍鄉縣人、陳枌江蘇太倉州嘉定縣人、劉雲衢江西瑞州府新昌縣人、胡思敬江西瑞州府新昌縣人、郭燦四川資州直隸州人、談國楫鑲白旗漢軍人、羅長裿湖南長沙府湘鄉縣人、謝馨陝西興安府安康縣人、許受衡江西贛州府龍南縣人、朱永觀廣西南寧府橫州人、呂鈺雲南大理府雲南縣人、劉汝驥直隸天津府靜海縣人、何莘耕江西撫州府金谿縣人、袁緒欽湖南長沙府長沙縣人、陳望林福建福州府侯官縣人、聶延祐貴州貴陽府貴筑縣人、吳鈞甘肅西寧府貴德廳人、秦望瀾甘肅鞏昌府會寧縣人、蕭之葆陝西邠州三水縣人、王焯順天府寧河縣人、興廉鑲黃旗蒙古人、尹慶舉廣東廣州府東莞縣人、李長華直隸遵化州玉田縣人、孫榮枝浙江杭州府仁和縣人、李最高湖南岳州府臨湘縣人、戴展誠湖南常德府武陵縣人、涂福田湖北漢陽府黃陂縣人、謝榮熙廣東廣州府三水縣人、康有爲廣東廣州府南海縣人、李國材廣東潯州府平南縣人、葛毓芝直隸永平府樂亭縣人、成連增山西太原府文水縣人、龔心釗安徽廬州府合肥縣人、李翰芬廣東廣州府香山縣人、吳命新山西汾州府臨縣人、徐孝豐湖北漢陽府黃陂縣人、于疏枚山東青州府臨淄縣人、寸開泰雲南永昌府騰越廳人、趙鶴齡雲南麗江府鶴慶州人、呂傳愷浙江金華府永康縣人、胡峻四川成都府華陽縣人、趙世德直隸廣平府永年縣人、歐家廉廣東廣州府順德縣人、文林正白旗蒙古人、沈桐浙江湖州府德清縣人、趙廷珍順天府武清縣人、傅蘭泰正黃旗蒙古人、汪世傑四川嘉定府犍爲縣人、吳建讓陝西漢中府城固縣人、王迺棨湖北漢陽府黃陂縣人、金釴江蘇通州泰興縣人、張濂順天府良鄉縣人、劉明華廣西鬱林府博白縣人、宗室錫嘏正藍旗人、廖基鈺江西南昌府奉新縣人、王荃善四川順慶府西充縣人、世榮鑲白旗蒙古人、胡嗣芬貴州貴陽府開州人、李增芳雲南蒙化直隸廳人、趙黻鴻正白旗漢軍人、陶榮浙江紹興府會稽縣人、孫紹宗直隸保定府蠡縣人、萬本端江西九江府德化縣人、顧壽椿陝西西安府咸寧縣人、曹元弼江蘇蘇州府吳縣人、豐和鑲白旗蒙古人、李景驤福建福州府侯官縣人、張世培順天府通州人、雷以動湖北荆州府松滋縣人、吳鴻森江蘇揚州府江都縣人、安文瀾直隸定州直隸州人、任錫純湖南長沙府長沙縣人、林玉銘福建福州府侯官縣人、陳恩榮順天府大興縣人、舒鴻儀安徽安慶府懷寧縣人、陳翰聲山東萊州府濰縣人、張憲文山西代州崞縣人、黃瑞蘭湖南嶽州府平江縣人、汪贊綸江蘇常州府陽湖縣人、楊恩元貴州安順府普定縣人、章華湖南長沙府長沙縣人、劉慶騏廣東廣州府順德縣人、馬汝驥貴州貴陽府人。賜同進士出身第三甲一百九十名：文同書廣西桂林府靈川縣人、余炳文河南光州商城縣人、曹邦彥陝西同州府韓城縣人、秦錫圭江蘇松江府上海縣人、張堯燊四川潼川府射洪縣人、魏元曠江西南昌府南昌縣人、陳恩洽江蘇揚州府泰州縣人、范國良安徽鳳陽府懷遠縣人、曲江宴山東登州府黃縣人、邢維經山東濟南府新城縣人、江蘊琛廣西柳州府融縣人、黃維翰江西撫州府崇仁縣人、顧光照江蘇揚州府江都縣人、葛亮維貴州大定府畢節縣人、金鏡芙順天府通州人、白嘉澍雲南雲南府昆明縣人、高祖培陝西綏德州米脂縣人、李之釗河南光州光山縣人、周鳳鳴直隸天津府天津縣人、王桐蔭直隸河間府東光縣人、方朝治湖南岳州府巴陵縣人、李步沆山東濟寧州金鄉縣人、曹姓孫順天府武清縣人、黎敬先湖南長沙府湘陰縣人、石長信安徽安慶府宿松縣人、李于鍇甘肅涼州府武威縣人、黃秉濰四川重慶府永川縣人、楊錫霖直隸遵化直隸州人、潤芳鑲白旗滿洲人、蕭榘湖南寶慶府邵陽縣人、劉廷珍福建福寧府寧德縣人、黃樹榮福建福寧府寧德縣人、慶隆鑲藍旗漢軍人、李若堃四川眉州直隸州人、鄭宗郇福建興化府莆田縣人、李景祥浙江寧波府鄞縣人、曠子椿江西吉安府泰和縣人、周沆貴州遵義府遵義縣人、劉蓉第順天府昌平州人、劉嘉斌江蘇鎮江府丹徒縣人、王繩武陝西鳳翔府寶雞縣人、高崧生江西南昌府新建縣人、董觀瀛山東兗州府鄒縣人、蕭樹昇山東濟南府歷城縣人、宗室寶銘正藍旗人、崔登瀛廣東廣州府南海縣人、彭錫蕃安徽安慶府潛山縣人、崔保齡江蘇揚州府泰州人、李樂善陝西西安府咸寧縣人、姚晉埏湖北黃州府羅田縣人、榮春暉湖北漢陽府黃陂縣人、趙家蕙貴州貴陽府廣順州人、呂篤甘肅階州直隸州人、何業健陝西興安府石泉縣人、邱炳萱福建福州府長樂縣人、都守仁浙江嘉興府桐鄉縣人、何重熙河南光州光山縣人、貢士元安徽寧國府寧國縣人、朱遠綬廣西桂林府臨桂縣人、王藎臣河南光州直隸州人、張鍇雲南雲南府昆明縣人、劉德全湖北襄陽府穀城縣人、周之麟貴州貴陽府貴筑縣人、林朝圻四川嘉定府威遠縣人、廖鳴龍福建福州府侯官縣人、桂福正白旗滿洲人、致善正黃旗漢軍人、王從禮河南光州商丘縣人、潘宜經陝西興安府白河縣人、王德懋河南開封府祥符縣人、瑞徵鑲黃旗滿洲人、張仲儒直隸天津府靜海縣人、譚廷颺山東濟南府歷城縣人、王恕安徽寧國府涇縣人、恒善正黃旗滿洲人、謝元洪浙江紹興府山陰縣人、景湛鑲紅旗滿洲人、張翰光河南開封府氾水縣人、王鳳文陝西西安府咸寧縣人、李發宜湖南長沙府醴陵縣人、徐信善浙江湖州府歸安縣人、李慶霖雲南雲南府昆明縣人、王玉相山東濟寧州魚台縣人、鄒增祐四川重慶府涪州人、張存諧廣西鬱林州博白縣人、葉祖修甘肅平涼府靜寧州人、曹葆珣順天府武清縣人、林振光福建福州府長樂縣人、高如恂山東登州府海陽縣人、朱遠繕廣西桂林府臨桂縣人、豫咸鑲藍旗漢軍人、劉輝湖北漢陽府黃陂縣人、陳侃河南光州光山縣人、迎喜正紅旗蒙古人、韓克敬山西汾州府汾陽縣人、楊瑞鱣雲南大理府太和縣人、陳楨雲南雲南府昆明縣人、楊雲卿雲南雲南府呈貢縣人、愛興阿鑲黃旗滿洲人、羅經權甘肅蘭州府金縣人、黃葆初福建福州府長樂縣人、林清照福建福州府閩清縣人、朱珩廣東廣州府花縣人、楊道鈞江蘇常州府陽湖縣人、韋錦恩廣西鎮安府奉議州人、劉興東雲南東川府會澤縣人、胡鑒瑩安徽六安州英山縣人、張鳳台河南彰德府安陽縣人、張致安貴州遵義府遵義縣人、何榮烈浙江嘉興府石門縣人、呂正斯山東登州府文登縣人、孔慶墇山東兗州府曲阜縣人、戴光四川重慶府合州人、繼曾正黃旗滿洲人、姜良材江蘇江寧府六合縣人、邢驥湖北黃州府黃梅縣人、馬如鑒甘肅鞏昌府隴西縣人、錫鐸鑲紅旗滿洲人、周丙榮江蘇通州如皋縣人、陳惠愷湖北漢陽府黃陂縣人、呂咸熙雲南大理府浪穹縣人、淩洪才江西饒州府萬年縣人、藍鏞江西瑞州府高安縣人、楊書勳廣西郁林直隸州人、張錫鴻山東濟南府歷城縣人、楊允文河南彰德府武安縣人、林宗奇福建福州府侯官縣人、王桂枝陝西乾州直隸州人、黃世澤四川順慶府營山縣人、郭景象山西汾州府孝義縣人、張庚銘江蘇海州直隸州人、姚炳熊浙江湖州府烏程縣人、張樹楨山東武定府海豐縣人、高暄陽江西九江府彭澤縣人、陳繼洋山東曹州府曹縣人、吳星映陝西同州府朝邑縣人、秦獻祥廣西桂林府永福縣人、汪春榜安徽徽州府歙縣人、王樹人四川嘉定府洪雅縣人、陳養源甘肅秦州直隸州人、梁士選甘肅秦州禮縣人、劉國良河南開封府新鄭縣人、林灝深福建福州府侯官縣人、魏倬山西大同府廣靈縣人、張之銳河南南陽府鄧州人、李體仁山東曹州府鄆城縣人、王寶田順天府宛平縣人、米種甘肅階州文縣人、張志軒山東泰安府平陰縣人、王志昂山西太原府陽曲縣人、張俶瀟湖北武昌府武昌縣人、余際春安徽安慶府潛山縣人、王曜南甘肅平涼府靜寧州人、孫秉衡山西大同府渾源縣人、朱應枸江蘇江寧府上元縣人、鮑俊卿直隸永平府撫寧縣人、邊三益陝西西安府興平縣人、詹愷湖北施南府恩施縣人、侯晉康陝西同州府郃陽縣人、胡調元浙江溫州府里安縣人、王伊河南光州羅山縣人、丁良佐貴州貴陽府修文縣人、呂繼純正白旗漢軍人、周捷三湖北武昌府武昌縣人、張受中山西沁州沁源縣人、劉鍠湖南長沙府攸縣人、趙炳麟直隸深州饒陽縣人、陳宬湖北武昌府嘉魚縣人、石長佑安徽安慶府宿松縣人、陳永昌江西南昌府靖安縣人、石寅恭山西平定州盂縣人、林向滋直隸天津府天津縣人、秦綏卿河南歸德府鹿邑縣人、雷光甸陝西西安府渭南縣人、文俊鑲黃旗滿洲人、吳江澂直隸永平府遷安縣人、陳模浙江紹興府諸暨縣人、劉肜光山東曹州府鉅野縣人、張樸山西大同府懷仁縣人、德銳正白旗滿洲人、白子釗貴州貴陽府人、郭兆祿福建福寧府福安縣人、張拱辰江西南康府都昌縣人、葛龍三奉天府承德縣人、黃關同河南光州商城縣人、羅良弼湖北黃州府麻城縣人、劉林立順天府大城縣人、王熙元河南懷慶府武陟縣人、步翔藻河南開封府杞縣人、宗室海明正藍旗人。（頁一二七七至一二九三）

四月二十六日（5月20日），赴禮部恩榮宴。

　　商衍鎏《清代科舉考試述錄》：二十六日恩榮宴，清制傳臚翌日於禮部賜新進士宴曰恩榮宴。（頁一二〇）

四月二十八日（5月22日），赴保和殿朝考，題爲《變則通通則久論》、《汰冗兵疏》。

　　商衍鎏《清代科舉考試述錄》：殿試傳臚後三日，於保和殿舉行進士朝考，專爲選庶吉士而設，其前列者曰入選亦曰館選。（頁

一二五)

《光緒朝上諭檔》:光緒二十一年四月十五日奉旨,新進士著於本月二十八日在保和殿朝考。欽此。(册二一,頁一一三)

喻長霖自注《變則通通則久論》(文略)、《汰冗兵疏》(文略):論、疏兩篇皆乙未朝考之作,以鼎甲例不列等第,當時讀卷大臣俱極歡賞,翁叔平師傅、廖仲山樞密咸飭錄副本去,具見公卿愛才。小子無良,辜負知遇,回首生平,彌深疚歎。《惺諰齋初稿‧文鈔》卷一)

四月二十九日(5月23日),公朝考一等第十九名,選庶吉士。

《翁同龢日記》四月廿九日:晴,大風。晨入,知派朝考閱卷,看摺畢至南書房分卷,極費力,閱數卷又至小屋同坐。見起二刻餘,電報三,封奏一。退後趨往南齋,余卷已正二刻閱畢,諸公尚有未完者。午初定甲乙,午正一刻始遞上,飯未畢已下并詩片,拆彌封,對詩片,頗遲,申初散……共二百九十六卷鼎甲另束:一等六十名,二等一百八名,三等一百廿五名。

張之萬、翁同龢、啓秀、徐郙、廖壽恒、李文田、徐樹銘、李端棻、鳳鳴、汪鳴鑾、唐景崇、楊頤。(頁二八〇五至二八〇六)

《光緒朝上諭檔》:奏蒙發下試卷二百九十六本,臣等公同校閱,除一甲三名外,謹擬一等六十名,二等一百八名,三等一百二十五名,黏貼黃籤進呈,恭候欽定。俟發下後再行拆閱彌封,另繕名單呈覽。謹奏。臣等查對另頁詩句,均屬相符,謹開列名單,恭呈御覽。謹奏。一等六十名:劉嘉琛、涂福田、雷以動、趙鶴齡、陳望林、朱永觀、楊錫霖、彭樹華、羅長裿、何莘耕、李于鍇、廖基鈺、陳栩、金鉽、石長信、顧祖彭、歐家廉、尹慶舉、李瑞清、謝遠涵、胡思敬、趙鬺鴻、余炳文、胡嗣芬、萬本端、蕭之葆、何業健、秦錫圭、葉葑棠、趙增琦、李景驥、胡峻、張世培、王桐蔭、羅經權、陳恩榮、龔心釗、謝馨、曹汝麟、劉汝驥、戴展誠、李翰芬、沈同芳、錫鐸、吳鈞、興廉、林清照、章華、蕭榮爵、江蘊琛、張繼良、雷鎮華、曠子椿、

曹葆珣、潘齡皋、劉鍠、世榮、葛毓芝、林開謩、林玉銘。二等一百八名：（略）。（册二一，頁一四五至一四七）

　　蔣國榜《臨川李文潔公傳略》：乙未殿試，對策書多通假，景皇帝疑策中"長治"字作"常"，常熟翁文恭公奏曰："長、常聲假，如長沙郡，本作常沙也。"遂置二甲。朝考一等，選庶吉士。（《清道人遺集》頁九七至九八）

　　朱汝珍《詞林輯略》光緒二十一年乙未科：駱成驤、喻長霖、王龍文、蕭榮爵、吳緯炳、傅維森、曹汝麟、林開謩、雷鎮華、張繼良、齊耀琳、趙炳麟、劉嘉琛、趙增琦、潘齡皋、李瑞清補殿試、劉燕翼補殿試、葉蒂棠、彭樹華、陳栩、胡思敬補殿試、談國楫、羅長裿補殿試、謝馨、朱永觀、劉汝驥、何莘耕、陳望林補殿試、聶延祜、吳鈞、蕭之葆、興廉、尹慶舉、戴展誠、涂福田、葛毓芝、成連增、龔心釗、李翰芬、于疏枚、趙鶴齡、胡峻、歐家廉補殿試、文林、金鉽、錫嘏宗室、廖基鈺、世榮補殿試、胡嗣芬、趙黼鴻、萬本端、李景驤、張世培、雷以動、林玉銘、陳恩榮補殿試、陳翰聲、章華、余炳文、秦錫圭、江蘊琛、李之釗、石長信、李于鍇、楊錫霖、何業健、羅經權、林清照補殿試、錫鐸、貴福繙譯、文華繙譯覺羅。（卷九，頁三五至三八）

　　案：據《詞林輯略》删録而成。

五月一日（5月24日），詣孔廟行釋褐禮。

　　商衍鎏《清代科舉考試述録》：五月一日（光緒癸卯、甲辰兩科改爲六月一日）詣孔廟行釋褐禮。（頁一二二）

　　康有爲《登第釋褐謁辟雍釋奠文廟摩挲石鼓門外進士題名碑千百乙未新題名碑已立》。（《萬木草堂詩集》頁六一）

五月四日（5月27日），熙麟奏朝考閲卷不公，是非倒置。

　　《翁同龢日記》五月初四日：熙麟封奏參朝考閲卷不公，是非顛倒。（頁二八〇六）

　　《光緒朝上諭檔》：光緒二十一年五月初四日内閣奉上諭，御史熙麟奏殿廷考試大臣閱卷是非倒置，據實上陳一摺。據稱壬辰年朝考列入一等之戴錫之字跡庸陋，疏中措詞失體，詩亦多不可解。伍文珣卷詩中出韻，皆以前列倖入館選。本科新進士朝考李瑞清、曹葆洵二卷皆經加籤而列入一等，卓孝復、吳緯炳二卷並未加籤，寫作均非不佳，均置之三等，曹元弼一卷筆畫脫落，幾不成字，轉列入二等各等語。即著翰林院掌院學士將戴錫之等七員原卷封固進呈。（冊二一，頁一五七）

案：參見《清實錄》冊五六，頁七九八。

五月五日（5 月 28 日），上諭將公等七卷封固呈覽，公卷係筆畫之疵，仍爲庶吉士。

《德宗實錄》卷三六七：光緒二十一年，乙未五月：乙亥。諭內閣，昨據熙麟奏，殿廷考試，大臣閱卷，是非倒置，當經諭令翰林院掌院學士將戴錫之等七卷封固呈覽。戴錫之一卷疏語尚非失體，詩多費解。伍文珣詩中出韻，未經籤出。李瑞清、曹葆珦二卷籤出之處均屬筆畫之疵。吳維炳寫作尚屬可觀，而越幅黏貼，殊屬違式。除伍文珣業經改授知縣外，戴錫之著改列三等三十九名，並註銷庶吉士，交吏部籤分省分，以知縣即用。其餘原列等第尚非倒置，均著毋庸置議。卓孝復寫作俱妥，著改列二等一百名，曹元弼一卷字跡模糊，原置二等，殊屬失當，著降列三等五十名，其原列三等第四名至五十名，以此遞推。所有原閱戴錫之卷之吏部右侍郎廖壽恆、原閱伍文珣卷之工部左侍郎汪鳴鑾、原閱卓孝復卷之理藩院尚書啓秀、原閱曹元弼卷之都察院左都御史徐郙均著交部察議。（《清實錄》冊五六，頁七九八至七九九）

案：參閱《光緒朝東華錄》冊六，頁三五八八；《光緒朝上諭檔》冊二一，頁一五八。

《翁同龢日記》五月初五日：晴，午後陰，欲雨。入時見發下試卷七本，幸無余閱者，同人斟酌伍文跋一卷詩出韻，卓孝先一卷無

疵,曹元炳一卷字跡模糊。入見,遂請旨,定伍文跋已改知縣毋庸
議,卓孝先拔二等一百,曹元弼抑三等五十。原閱卷之汪鳴鑾、啓秀、徐
郙皆察議。二刻餘退,電三。無書房。退後再看戴錫之卷,詩殊拙,
因遞奏片,將原閱卷之廖壽恆一併察議。未遞事,余與高陽先退。
晚讀邸報,則戴錫之竟改列三等一百……名,以知縣用矣。此必
遞奏片後上所定也,極允當,欽仰之至。(頁二八〇七)

案:"伍文跋"當爲"伍文琯","卓孝先"當爲"卓孝復","曹元
炳"當爲"曹元弼"也。

楊鈞《際遇》:李梅庵寫大卷,醜惡不堪,伯兄謂爲畫蟹,竟爲
翁同龢所賞,卒得庶常。嫉之者群起彈劾,以爲不合法度;賴翁之
勢,得以保全……梅庵得庶常時,其書實不成形,東倒西歪,稚弱
可笑,嘗托人收集前作,而以當時之作易之。(《草堂之靈》卷十
二,頁二三一至二三三)

案:據《翁同龢日記》,公朝考試卷並非翁同龢所閱者也。

林紓《書同年卓毅齋殿試策後》:此卷垂置一甲矣,以凡素無
交,遂居二甲第四。時甲午,方用兵,朝考題爲汰冗兵疏,毅齋指
斥時事,語頗切直,尚書啓秀讀之激賞,顧恐得罪東朝,抑置三等,
藏卷翰林清秘堂,御史熙麟見之,以爲賈生、劉蕡之流也。檢他
卷,多黏簽、指揭、疵謬,幸皆高列,毅齋卷獨無而殿末等,乃上疏
論列讀卷大臣。崇陵御批寫作俱佳,擢置二等,啓秀罰俸六閱月,
其謬列一等者降黜有差。(《畏廬續集》頁一五)

五月十日(6月2日),赴新進士引見。

《翁同龢日記》五月初十日:進士引見畢,圈單始下。軍機起
三刻多,書房一刻,再到直房查對進士名單,午初始散。(頁二
八〇八)

《光緒朝上諭檔》:光緒二十一年五月初十日,內閣奉上諭,新
科一甲進士三名:駱成驤、喻長霖、王龍文,業經授職。蕭榮爵、吳

緯炳、傅維森、曹汝麟、林開謩、雷鎮華、張繼良、齊耀琳、趙炳麟、劉嘉琛、趙增琦、潘齡皋、李瑞清、劉燕翼、葉蒂棠、彭樹華、陳栩、胡思敬、談國楫、羅長裿、謝馨、朱永觀、劉汝驥、何莘耕、陳望林、聶延祜、吳鈞、蕭之葆、興廉、尹慶舉、戴展誠、涂福田、葛毓芝、成連增、龔心釗、李翰芬、于疏枚、趙鶴齡、胡峻、歐家廉、文林、金鉽、錫瑕、廖基鈺、世榮、胡嗣芬、趙黻鴻、萬本端、李景驤、張世培、雷以動、林玉銘、陳恩榮、陳翰聲、章華、余炳文、秦錫圭、江蘊琛、李之釗、石長信、李于鍇、楊錫霖、何業健、謝遠涵、沈同芳、羅經權、林清照、錫鐸、顧祖彭，俱著改爲翰林院庶吉士……内閣中書沈桐著仍以内閣中書用，吏部候補主事姚炳熊、户部候補主事凌福彭均著以主事即用，候選員外郎寶銘著仍以員外郎歸原班選用，餘著歸班銓選。欽此。（册二一，頁一六八）

案：參閱《清實錄》册五六，頁八〇三至八〇五。

十月一日(11月17日)，祖父李庚歿，享年七十有七。

《李氏族譜》：庚，宗淮四子，字君任，號子白……嘉慶己卯年八月二十九日酉時生，光緒乙未年十月初一日酉時歿，享壽七十有七。（卷二）

十一月二日(12月17日)，母陳太夫人卒，享年五十有七。

《李氏族譜》：娶臨桂橫山陳氏……光緒乙未年十一月初二日酉時歿，享年五十有七，塋於廣西。誥封夫人，晉封一品太夫人。（卷二）

公既通籍，請假歸省，及聞噩耗，哀毀逾恒。

蔣國榜《臨川李文潔公傳略》：公既通籍，念母切，即請假歸省。蓋公心動，舉止若重有憂者。奴子知公性，侍愈謹。歸得陳太夫人耗，墮輿下，躄踴搶呼幾絶，哀毀過性。榮禄公裁之，水漿始入口。（《清道人遺集》頁九八）

李雲麾《先從兄清道人行述初稿》：兄以乙未通籍翰林，遽遭

從祖暨從母之喪,哀毀逾恒,病幾及殆。(《清道人遺集》附録,頁二七二)

十二月九日(1896年1月23日),諭令父必昌守制後即回滇接辦洋務。

　　《道員李必昌守制後即往滇省接辦洋務事》光緒二十一年十二月九日(文略)。(近史所檔案館藏,01—12—184—03—044)

冬,始識易順鼎。

　　案:公一九〇四年冬所作《奉答哭庵闈中》句云"湘上相逢已十秋",則當於是年相識矣。惟公十一月始歸湘,而據范志鵬《易順鼎年譜長編》,哭庵亦於是年十月初侍父歸鄉,故繫於此。

編年文

　　《周韋齋五十壽頌》正月

光緒二十二年丙申(1896)　三十歲

春初,父必昌自滇還湘。

　　案:參閱本年九月二十四日"父必昌致盛宣懷函"條。

四五月間,侍父奉祖暨母之柩歸葬桂林。始見從弟李雲麾。

　　李雲麾《先從兄清道人行述初稿》:余之始見兄,蓋在丙申之夏。時兄方通籍,侍從父奉從祖暨從母之柩歸葬也……時余方齠齔,每就省從父,見兄陳案中堂作書畫,攀案索觀,至傾盂硯,兄輒摩頂頷而煦之。(《清道人遺集》附録,頁二七二)

六月十一日(7月21日),謁王闓運。

　　《湘綺樓日記》六月十一日:見冒籍李副車,已改正得館選矣。父必昌,王廥虞舊交也,南人北相,在袁、曹之間。同飯罷,還安記。

七月,父必昌還滇接辦電報局務。

　　案:參閱本年九月二十四日"父必昌致盛宣懷函"條。

八月中下旬，曾熙侍母入都，留公處十日。敬安朝夕至。

　　曾熙跋《寄禪禪師冷香塔銘》：丙申侍母入都，留長沙阿某齋中十日。寄禪朝夕至，然憙言時事，每言，目閉頤動，口張舌塞，然義憤鬱鬱，巍然丈夫也。熙戲之曰：“它日熙假軍旅事，當以橐駝載僧後軍中。”阿某與一坐客皆大笑。

　　案：據王中秀、曾迎三編《曾熙年譜長編》所引曾熙《壽譚太夫人》（頁四四）：“丙申秋八月，余將侍母來都。”又《湘綺樓日記》八月八日，曾熙往求書聯與賀辭，則曾熙當於是月中下旬侍母入都也。

賦詩贈別曾熙。

《秋日湘上別曾熙》。（《清道人遺集》卷一）

九月二十四日（10月30日），父必昌致盛宣懷函，備述家累，入不敷出，乞調辦蘆漢鐵路。

　　李必昌《致盛宣懷函》：敬再稟者，必昌前荷委任，於丙戌年蒞滇設綫駐局，迄今已逾十載。壬辰，入都赴引，過津復承厚助成全，冀得除一缺，以酬高厚。詎命途多舛，去秋開廣關道出缺，未邀恩命。嗣甫權鹺篆十餘日，即聞訃丁艱。春初回湘，晤湯幼安方伯，述聞徐小雲少冢宰及沈鹿苹大京兆云，是日雲南關道請旨軍機處查記名單，見必昌名下係北洋及雲督撫三銜會保，高陽目爲合肥私人，以此中變。雖由奧援之無人，亦由運會之否極。奉蒙錫帥奏留，奉旨著俟回籍，守制百日，假滿仍回滇省當差。七月抵滇，仍接辦洋務、善後、電報局務，惟是滇省局面太小，以丁憂人員，月祇支善後局薪壹伯肆拾兩，洋務局不支薪水，電局仍支包費壹伯肆拾兩，以了局中，尚難敷用。自顧家累甚重，滇眷隨侍已有數十人，尚有四子八孫寄寓長沙兩地，食指浩繁，支持匪易。兒輩又須分途應試，屆計戊戌正月方能服闋，羈滯邊隅，起復依然需次，除授無期。茲聞督辦蘆漢鐵路，正需人報效之秋，能否念及沈淪，援登彼岸。目前獲潤，涸鮒可甦，他日積貲，真除可卜，則感戴仁慈，實無既極。年前夔帥移津，本有奏調之電，商及錫帥，未允，皆由緣慳運蹇所致。翹詹節鉞，不盡依馳。再肅叩懇，敬請鈞祺。臨楮不勝惶切待命之至。必昌再稟。（上海圖書館藏盛宣懷檔案091793 檔）

十一月八日（12 月 12 日），侄李承偶生。

　　《李氏族譜》：承偶，瑞祖七子。易名承儉，出繼瑞延爲嗣，以共祖兄弟行十二。字秀臣，號子傑。光緒丙申年十一月初八日寅時生。（卷二）

十一月十九日（12 月 23 日），父必昌督辦思茅電綫開工。

　　《户部咨盛宣懷文》：爲咨呈事。竊於光緒二十五年月日，准貴大臣咨准户部行查思茅電綫一案，由辦理雲南電報總局記名海關道李必昌督率委員司事人等，於光緒二十二年十一月十九日開工，至二十三年正月二十五日止。（上海圖書館藏盛宣懷檔案069192 檔）

釋敬安擬隨易順鼎游廬山，臨別，賦詩贈公。

　　釋敬安《由大溈之廬山別臨川李梅癡太史并序》：輕舟載雪，孤衲生雲。山川遠適，杖錫遐征。既苦天寒，彌傷別促。擲筆三歎，喟然長懷。

　　江寒天又雪，林鳥寂無聲。念此閒中趣，彌傷別後情。山川已搖落，雲水尚孤征。今夜扁舟月，懷人應倍明。（《八指頭陀詩文集》頁二〇二）

　　案：敬安後有詩曰《余將隨哭庵觀察遊廬山爲事阻不果感賦并寄歸宗修法師》，知此行未果也。

胞侄李健爲敬安録近作並贈以詩，敬安作詩答謝，以公相期。

　　釋敬安《臨川太史胞侄仲乾年方十六爲余書録近作並次净影韻詩一首見贈作此奉謝》：每訪竹林舊，尤憐小阮賢。從人乞佳

紙，爲我寫新篇。對月步净影，焚香契默禪。終當繼阿叔，同作玉堂仙。(《八指頭陀詩文集》頁二○二)

十二月十六日(1897 年 1 月 18 日)，夜，與釋敬安觀月於銀杏齋。

敬安《十二月十六夜銀杏齋與梅癡子坐月》：良夜興不淺，清言漏已深。青天抱圓月，照我湛然心。幽竹净寒翠，疏鐘動隔林。微霜引歸步，寂寞吐孤吟。(《八指頭陀詩文集》頁二○三)

秋冬間，赴江標定王臺梁書會，觀其所藏《梁同書小楷寫經册》。

李瑞清跋《梁同書楷書佛經册》：册本靈鶼館所藏，江建霞前輩視學湖南時，攜以自隨。一日，燕於芊園，與王實丈各詡所藏梁書之精，次日，作梁書會於定王臺，與會者十一人。建霞前輩以此册出示，見者莫不歎服，遂群推爲梁書第一。忽忽二十餘年矣。(上海天衡 2009 年秋季拍賣會 0491)

案：據本譜民國五年"爲蔣國榜所得梁同書小楷寫經册子"條所考，該跋作於民國五年四月，二十年前當爲光緒二十二年以前。考江標因薛福成薦，光緒二十年始得視學湖南，而是年公已赴京應試，二十一年十一月後始歸鄉，然居喪，似不宜赴宴。二十二年夏，侍父奉祖暨母之柩歸葬桂林，六月復歸湘，故此事當在是年秋冬之際也。

是歲，初識楊鈞。

李澄宇《楊白心先生墓誌銘》：先生諱鈞，字重子，湘潭石塘人……六歲即學唐碑。越七載，兄度方以《鄭文公碑》、《張猛龍》、《造像》諸種，乃臨北碑。又三載，晤清道人，碑學益邃。自是習北碑殆遍。(湖南省文獻委員會編《湖南文獻彙編》1948 年，頁二○○)

楊鈞《戒畏》：余少時即喜作書……十四歲時即請白石刻一"書法專宗唐以上"印，李梅庵之相訪，即此印先容也。(《草堂之靈》卷七，頁一二九至一三○)

是歲,爲江標題《修書圖》。

　　題《江建霞先生修書圖》:璞琢慕玉人,室廧哀工師。榱桷有崩圮,扶危賴賢才。荆楚恣磋礑,珵玗竟呈奇。曠懷宏儀徵,碩學綜華夷。搜經闡幽逸,崇論曙昏霾。黌序忻日新,探討窮微。柱立孤搖搖,横流日奔馳。億兆積點,誰云難獨持。世人貴守常,萬國仰無爲。烹鮮服老訓,坐化致雍熙。抗目睠九州,感此中悲。爰爰歟兔迂,覺聰當有時。十行窮下有纖字,十二行積下有于字,十八行中下有心字。《修書圖》,侍李瑞清謹爲建霞老前輩題。(振新書社)

　　案:《修書圖》爲吳大澂乙未中秋所繪,該跋前有江標丙申七月題記,則公所作當在此後不久,暫繫於此。該圖尚有梁啓超、譚嗣同、易順鼎、蔡艮寅等人題跋。

編年詩

　　《秋日湘上別曾熙》、《題江建霞修書圖》

光緒二十三年丁酉(1897)　三十一歲

正月七日(2月8日),楊度見公所臨《爨寶子碑》。

　　《楊度日記》正月七日:又至葛邃平家,見李雨農所臨《爨寶子碑》數種,頗好。(頁三二)

二月,嘗赴粤西,夜宿危巖下。

　　《危巖茅屋圖》:丁酉二月,粤西道中,夜宿危巖下。狄嘯鴉啼,嗥嗥達旦。半夜風起,石落如雷,至今猶悸也。(《清道人擬古畫册》)

是月,爲《唐武安節度使陳公墓道記》書丹,陳寶箴撰文。

　　《唐武安節度使陳公墓道記》:吾陳氏多祖江州義門,義門之族,自宋嘉祐間,奉敕析居,别爲莊百二十有八。緜是遷徙遍東南,獨今湖南所遷支更在宋前,蓋以唐武安節度使朝犚公爲始祖

云。公諱端,字朝禩,世居江州……欽命頭品頂戴兵部侍郎兼都
察院右副都御史巡撫湖南等處地方義門裔孫義寧寶箴恭記,翰林
院庶吉士臨川李瑞清書丹。皇清光緒二十有三年歲在丁酉二月
造,後裔鴻猷敬鐫。(湖南圖書館藏)

三月,胡思敬來訪,約游碧浪湖,陳梅根、饒智元、王禮培、李瑞荃、李
承修、李健等同遊。

　　胡思敬《送李梅菴南歸序》:其後,予游長沙,訪梅菴城南寄
廬,讀其文而壯之,梅菴見予嶽游諸詩,亦極口稱歎勿絕。其弟筠
仲嗜古劬學,所交盡當世名流,相與置酒碧浪湖,憑弔欷歔,慨談
往事。予作長歌一篇,引"岑參兄弟好奇"句以相比況,一時意興
之盛,可謂前無古人。(《退廬文集》卷五)

　　《春日胡瘦唐約游碧浪湖因招陳梅根饒石頑王佩初蔡少庵及
弟筠仲兄子賁甫仲乾同遊晚送胡饒入城與同人緩步至湘水校經
堂觀書復謁左文襄祠》。(《清道人遺集》卷一)

　　案:詩曰"碧湖風日佳,初暄忘春暮",故繫於此。又,湘水校
經堂爲湖南巡撫吳榮光所創,始設於嶽麓書院船山祠處,光緒元
年遷至城南。左宗棠嘗肄業於此。

六月初,敬安來長沙浩園銷夏,於公處初識胡思敬,并賦詩送其歸鄉。

　　釋敬安《送胡漱唐太史歸江右》:與子初相識,那堪又送行。
楚山青不斷,湘水碧無情。待訪石門勝,同尋蓮社盟。匡廬在何
許,悵望白雲生。(《八指頭陀詩集》頁二一○)

　　《八指頭陀年表》:是年,四十七歲。潙山密印寺主持。初夏
游溫泉,六月於長沙浩園銷夏,初秋回潙山。(《八指頭陀詩文集》
附錄)

六月十五日(7月14日),程崇信與楊度論書,極推公與夏壽田。

　　《楊度日記》六月十五日:晴。載傳論字法篆隸之意、尖筆鋪
筆之法甚精,王伯諒之外則稱李雨農起士、夏午彝員外。余見李

書殊似偏鋒。（頁五二）

七月初，敬安將歸溈山，贈公以詩。

　　釋敬安《贈別李二翰林瑞清》：涼風入庭樹，忽覺葉皆秋。念此歲月晚，增余雲海愁。故人江上棹，高柳雨中樓。相望情何極，殘陽下橘洲。（《八指頭陀詩文集》頁二一一）

　　案：該詩前一首爲《六月二十二日哭庵觀察集道俗十六人於浩園銷夏》，後第三首爲《八月朔白霞寺入院作》，又詩有“涼風入庭樹，忽覺葉皆秋”句，故此詩當作於七月初也。

七月，爲江標題《來蝶僊堂詩畫冊》。

　　題《來蝶僊堂詩畫冊》：慧日吐曜，業雲澄宇。眇諦橫飛，疏花微雨。菩提證心，寶筏濟苦。澡雪六合，化爲淨土。孽龍持誦，猛虎喜舞。内觀真相，外離塵垢。萬靈悟因，寂照無語。丁酉七月，李瑞清讚。（《嘉和居藏近代名賢書跡》頁五四，北京傳是 2011 年 6 月圖録）

　　案：來蝶僊堂詩畫社爲江標等人發起，其跋《來蝶僊堂詩畫冊》曰：“光緒癸巳十一月十八日，彭子嘉民部穀孫、翁印若内翰綬琪集余來蝶仙堂，余出黃蕘圃先生《問梅詩社圖册》同觀，景仰先型。爰仿其事，索内翰寫圖，即爲來蝶仙堂詩畫社之弟一集。”公所題爲詩畫社第二集彭穀孫所臨羅聘《畫佛圖》。又，該讚亦載《清道人遺集擔遺》，題曰《觀世音像贊》。

九月二十八日（10 月 23 日），敬安訪公於芋香山館。

　　釋敬安《古詩八首》序：九月二十八日，過芋香山館訪梅癡子，適黃子耘茂才亦至。掃石坐雨，慨言時事，仰睨浮雲，俯視刹土。得詩七章，以示依正無常之感。（《八指頭陀詩文集》頁二一四至二一五）

冬，敬安訪公雙銀杏齋，不值。

　　釋敬安《雙銀杏齋訪梅癡子不遇二絕》其一：有約侵晨至，云

何已出門。誰憐雙杏樹,相對了無言。其二:日暮重來此,庭空語亂鴉。牽衣問童子,猶説未還家。(《八指頭陀詩文集》頁二一七)

是歲,爲業師趙上達寫花卉四幀。

案:程碩萬《蝶戀花‧題李梅癡太史瑞清雜寫花卉四幀應趙仲弢》(《美人長壽盦詞》之《十鍵後詞》)作於是年,因繫於此。詞共四首,分別題公所寫玉簪月季、荷花、白菜紅蘿蔔及廬山無名花。

編年詩

《春日胡瘦唐約游碧浪湖因招陳梅根饒石頑王佩初蔡少庵及弟筠仲兄子賁甫仲乾同遊晚送胡饒入城與同人緩步至湘水校經堂觀書復謁左文襄祠》

編年文

《觀世音像贊》七月

光緒二十四年戊戌(1898)　三十二歲

正月上旬,敬安賦詩送公入都,時尚未成行。

釋敬安《送李梅癡太史入都》碧湖楊柳色,又送故人行。不向花前醉,前約曾祠奉饌,未到。其如別後情。雲隨金闕迴,月傍玉堂明。他日承天問,休稱懶衲名。君嘗戲言:"使我爲鄴侯,當請徵懶殘問道。"(《八指頭陀詩文集》頁二一九)

案:該詩爲《八指頭陀詩文集》戊戌第一首詩,半月後公將入都,敬安復贈以詩。又,後隔第九首詩《紀夢詩一首并序》作於二月十五日,則公至遲二月上旬已赴都,故繫於此。

正月二十三日(2月13日),楊度來,相與論書。

《楊度日記》正月二十三日:過李雨農,論字謂顏平原全用隸法,目無晉人,故體寬博。錢南園書法甚美,而求美觀,故不及顏,是也。(頁七八)

正月下旬，公將入都，臨行，敬安復贈以詩。

　　　釋敬安《梅癡子將入都余作送別詩經半月矣臨解纜復贈此詩
仍次前韻》：平日只言別，今朝果送行。請看春草色，不盡故人情。
江上孤村晚，雲間片月明。欲持煨芋贈，恥近懶殘名。（《八指頭
陀詩文集》頁二一九）

程頌萬題公所畫《梧井圖》，以慰其別。

　　　程頌萬《題李梅癡庶常梧井圖》：羅雲不明星斗黑，亞細亞洲
秋七月。天公故遣墮一葉，欲爲黃人警魂魄。畫圖慘䔧秋無色，
坐井者誰翻自得？爾我微軀猶一蠢，科頭徙立梧之側。梧身匪高
井匪洌，夜半天風吹髮裂。詩聲吼出支那國，蟄井枯龍眥流血。
東樓尚墨西樓白，險語題詩慰君別，江上清涼豈吾宅？（《楚望閣
詩集》卷四）

乞陳師曾畫《白梅圖》，並囑敬安題詩。

　　　釋敬安《梅癡子乞陳師曾爲白梅寫景屬贊》三首：其一：一覺
繁華夢，惟留澹泊身。意中微有雪，花外欲無春。冷入孤禪境，清
如遺世人。卻從煙水際，獨自養其真。其二：而我賞真趣，孤芳只
自持。淡然於冷處，卓爾見高枝。能使諸塵淨，都緣一白奇。含
情笑松柏，但保後凋姿。其三：寒雪一以霽，浮塵了不生。偶從溪
上過，忽見竹邊明。花冷方能潔，香多不損清。誰堪宣淨理，應感
道人情。（《八指頭陀詩文集》頁二一九至二二〇）

　　　案：寄禪手迹作《李梅癡太史乞尹山人爲白梅寫影屬贊》三首。

二月上旬，至都，居臨川館，與曾熙朝夕論書家南北宗，公欲援南入
北，曾欲援北入南。夏壽田時相過從。

　　　夏壽田題曾熙《山水冊十二幀》：歲戊戌復相遇京師，余賃廡
晉陽寺，髯與清道人同居臨川館。髯與清道人至相得，約爲兄弟，
朝夕斷斷論書家南北宗，又各出唐宋人畫相夸詫，髯得意時，輒聲
震屋瓦。余時相過從，頗厭聞之，顧亦低佪，不忍舍之去。兩人所

論至精微，且徵引繁博，今皆不復記憶。但記留食時，有茄鯗甚甘，還家后遺廚人治之，遠不及也。（中國嘉德 2014 年秋季拍賣會2266）

　　夏壽田題曾熙《山水手卷》：因戴傳識梅庵於衡陽，梅庵每言必及曾九哥，顧遇俟園時甚稀。其後入都，梅庵、俟園同居臨川會館，乃得數數相過從。此兩君者，終日斷斷論書家南北宗，李欲援南入北，曾欲援北入南，余則嗒然，但欲鼾睡而已。直心居士識。（轉引自曾迎三《清道人年譜（一）》頁二三）

寓曾熙耨經園，雪夜煮酒。

　　《題自畫菜蔬圖》：都中寓曾氏耨經園，雪夜煮酒，擇園蔬自煨之。歸家時時相憶，不知衡陽曾季尚記之否也？（《清道人擬古畫冊》）

是時，鄭沅時與公往還。

　　鄭沅跋曾熙《倣黃子久山水》：憶三十年前，余與髯同居燕京，清道人來輒主髯家，日夕對案作書。余每過其居，流覽碑帖，肆意評騭，笑樂終日，至今思之，歷歷在目，何可復得？余於戊辰十一月來海上，道人已前歿，髯與余皆老矣……辛未七月，沅。（北京保利 2012 年秋季拍賣會 4487）

　　案：辛未三十年前當爲光緒二十七年前。考曾迎三編《曾熙年譜長編》，曾熙於光緒二十二年侍母入都，二十六年還湘，則此事當於是間。公光緒二十一年成進士，旋喪祖及母，是春服闋入都，冬又歸里。二十五年三月入滇省父，二十七年正月始還湘。故此事當於是年也。又，是年鄭沅任會試同考官，亦合。暫繫於此。

二月二十八日（3 月 20 日），楊度來京應試。

　　《楊度日記》二月二十八日：陰。飯後乘車至內城戴傳寓，屋宏净可居。遍拜同邑京官，惟見黃俯山舍人、謝滌泉、朱望卿、郭

喬生主事,還館已昏。(頁八五)

三月七日(3 月 28 日),楊度、程崇信來訪。

　　《楊度日記》三月七日:晴。晨起,與戟傳過李雨農、曾士原、
周晉夫三人,飯後俱出,余獨還寓。(頁八六)

三月十七日(4 月 7 日),楊度來訪,不值。

　　《楊度日記》三月十七日:又過雨農,不遇。(頁八六)

三月十八日(4 月 8 日),赴王龍文廣和居招飲,楊度、曾熙、程崇信等
在座。

　　《楊度日記》三月十八日:晴。飯後,丁、李、歐陽以行李去,王
澤寰來。將晚,與戟傳出城至程家,又遇士元,三人同至廣和居赴
澤寰約,伯隅、雨農在焉。(頁八六)

　　　案:廣和居位於宣武門外。參閱瞿銖菴《廣和居》(《杶廬所聞
　　錄》頁四七)。

閏三月十二日(5 月 2 日),楊度下第。訪公,不值。

　　《楊度日記》閏三月十二日:晴。得《題名錄》,竟不中。與戟
傳過陳蔗石學士。出過李雨農,不遇。(頁八八)

閏三月二十九日(5 月 19 日),父必昌服闋,菘蕃奏請賞加二品銜。

　　菘蕃《李必昌等服闋請獎由片》:再,奴才前因滇省交涉日繁,
奏調雲南丁憂補用道李必昌、試用直隸州知州邱淮來滇辦理洋
務,欽奉諭旨允准。嗣該員等於滇越勘界案內在事出力,復經奴
才奏保李必昌請俟服闋後賞加二品銜……茲該員李必昌、邱淮均
於本年正月內先後服闋,業經取具供結查照,除飭藩司將該員等
註冊分別差委補用外,謹會同雲南巡撫臣裕祥附片陳明。(宮中
檔奏摺 408009615,清代宮中檔奏摺及軍機處檔摺件全文影像資
料庫)

　　《盛宣懷上王文韶》:復北洋大臣

　　津督署:艷電謹悉。思茅設綫木植等料須由湄江購運,飭向

法員商妥,俟奉文後即當照辦。查李道必昌函稱:"思茅接綫,約計綫路一千餘里,擬分兩路採木運料:由省至思派一人,由思茅出關至孟阿營派一人。材料凡由省至思,由越南運至河口,接運入內地;由孟至思,擬請法員代辦,入中界派人接運,庶較省便。如由內地,無論由廣由川皆四五十站,運腳數倍於料價。此項桿價運費工程除料價外,擬比照滇省上年修造騰越電綫,在善後局墊用。所歷多係瘴鄉,做工巡綫,皆難用人。沿途報房,擬於石屏、元江、他鄉、普洱、思茅五處,設四報房、一分局。思茅以外,或走猛烈入猛烏,或走漫乃入猛烏,均屬夷地,非勘不明,謹候籌定,再爲詳達"等語。李道現丁艱回籍,如須開辦,屆時須請錫帥調回滇局。派人動工,方免貽誤。宣稟。三十。一等,明電。(《盛宣懷實業函電稿》冊上,頁三〇八至三〇九)

四月十一日(5月30日),父必昌六十壽辰,公宴客於廣和居,李希聖、楊度、歐陽鏑、楊楷、曾熙等在座。同時,李瑞祖、李瑞荃設宴長沙寓廬,必昌滇湘僚友張建勳、林紹年、陳寶箴、江標等率撰序以壽。

《楊度日記》:十一日。李梅癡父壽,與程、李、廖往祝……出至廣和居,赴梅癡之約,李亦元希聖、曾士元熙、歐陽鈞仲皆在。鈞仲引見江蘇楊仁山,所謂吳楚兩生也。酒間,亦元言徐侗之可惡,口談程朱,在朝不聞一言。余曰口談程朱之人,正復應爾。鈞仲任俠之徒,自命朱程標客,聞而被酒大罵,拍案相向,特未施拳耳。余目笑存之,略弗與辯。鈞仲皮勇,怒則面赤。然態正嫵媚,余亦以此賞之,謂如張南軒少年時也。從容談笑,畢宴而出。鈞仲負氣,悻悻先去。(頁九〇)

《鄭孝胥日記》:士元談:光緒間梅庵堂慶,宴客於廣和居,歐陽君重使酒罵楊皙子爲小人,今日驗矣。(頁一五八三)

李瑞祖、李瑞清等《李觀察六十壽略》:家大人今年六十矣,瑞祖兄弟無以娛親,敢乞一言以侑觴。家大人幼有異才,從曾祖父幼海公學書讀,恒倍諸昆弟,諸昆弟害其能,相約夜竊誦習旦日書以難之。毚起，家大人從容讀如故，諸昆弟卒莫能先之，乃大驚服。一日，天寒大雪，幼海公置酒勤力堂上，諸子弟左右侍。酒酣，幼海公顧謂家大人曰："大吾族者，其在此子乎？吾老矣，不能見此子之成立也。"又曰："歲且盡，而書業不盡者數卷，能悉誦，來年授爾女他書，且予而裘。"家大人方授受《春秋左氏傳》，未卒業。家大人曰："敬諾。"日出默誦，日中而盡。幼海公大說，乃取其所自衣裘以賜之。吾家法不冠者不得衣裘，而家大人衣裘獨蚤，以能誦書故也。幼海公既殁，廣西巡道某公試粵士詩賦，家大人年十二，與往。時方屵，著紫衣。某公怪曰："童子亦能賦乎？"對曰："能。"因令坐几旁，授卷自督之。食頃，賦成。奇賞之，列上等。列上等者例得萬錢，米十石，乃涕洟而祭幼海公曰："阿耶何往乎。"江西謂祖父為阿耶。

家大人少喪母，祖父子白公宦游，又時時在外，於是家大人之湖南，居綏寧令舅父季修陳君幕中。當是時，洪秀全攻金州，東南騷動。駱文忠為湖南巡撫，疑季修君不知兵，欲使人代季修君，幕中人皆引去，季修君大恐。家大人謂季修君曰："君欲保身乎，保國乎？如欲保身，吾恐代者未來而賊已至。亡亦死，不亡亦死，等死，不如因其地而守之，籍弟令不守亦死國。且君之先人陳文恭公為國碩輔，天下望風久矣，君毋喪身辱先人。"季修君曰："為之奈何？"曰："君弟聽臣，臣當為君畫計策。"乃召縣諸父老豪傑曰："賊且至，縣君不忍背君等去，願與君等共守此云。今與君等約，壯者執兵為前驅，富者輸財，老弱轉運，財物重器，識封府庫中，毋待賊至徒焚燒也。"皆曰："如約。"於是使人行縣邑告諭之，縣人皆大喜。因與陳公出城據險為守，益張疑兵旗幟，夜則吹角鳴刁斗以壯軍聲，賊聞，繇間道引去。駱公聞之大說，不使人代季修君。季修君繇此益賢家大人，乃謂家大人曰："臣有弱妹，願奉箕帚，吾已為書告家人。"先是，舅父敬齋君喜為詩歌，輒好之，嘗遇家大人於疊采山者，粵中所呼為風洞山者也。家大人獨立危石上，仰天高歌，怪之，問曰："君得毋臨川李五乎？"與語大歡，遂爲莫逆交。及得季修君書，曰："吾固知之矣。"兩家遂爲昏姻。

家大人居季修君幕中，久之，不懌。曰："天下盜賊擾攘，大丈夫當建勳名取侯封耳，安能效兒女子鬱鬱牖下乎。"是時，蔣果敏奉詔征浙江，家大人乃謝季修君，欲往見蔣公，季修君固留之曰："君請留，會賊平，歸應試。不耳，我且爲君納貲爲郎。"曰："我豈碌碌，因人爲郎乎？"遂往謁蔣公曰："有壯士願屬麾下，領一軍以殺賊。"蔣公壯其言，召入與語，大說之。於是延入幕中，以爲上客。幕中人皆少之，相與目笑，竊曰："一文弱儒生，其中未必有也，不知高下而妄尊任之。"及至浙江，每建筴，輒戰勝克敵，幕中人乃皆服。蔣公既已平浙江，奉詔爲廣東巡撫，乃隨蔣公俱至廣東。家大人居蔣公幕中凡六年，官至同知，大小數十百戰，而家大人未嘗不在其中。蔣公攻漕沖不下，用其筴乃破，然以蔣公免官，遂無功。祖等幼，其計莫得聞，故不著。

同治七年，家大人入官湖南，授長沙清軍府同知。同治十二年，爲武陵縣令。武陵號煩劇，家大人每蚤起視事，口鞫手判，至日晏忘食，從吏皆疲不支。邑諸生時時至署，則與言詩書，諸生亦忘其爲官舍。縣臨洞庭，數患水，水驟至城上三版，登城可濯足矣。縣人大恐，家大人乃登城祝曰："令有罪乎？民何罪？民有罪乎？令之罪也。令有身，天奈何殃吾民？"水忽退。久之，遷平江令。故令尚嚴峻，邑人皆股栗。家大人一與休息，閑則至署旁小圃習射，與門客日夜飲酒賦詩，以爲笑樂，數月大治。大府知其能，以爲長沙令。家大人知長沙夙稱難治，邑多大族，廣交朝貴，聲勢甚赫耀，縣令不得行己意。甫下車，即造請諸大族，大市牛酒，張具飲酒間乃曰："民間疾苦，諸公幸臨教，某也敢弗聽。若獄之曲直，令之責也，諸公毋多言。"甲與乙訟，甲直而乙曲，乙乞邑貴人爲關請，家大人佯許之曰："君毋去，我且爲讞之。"乃坐堂，信甲而笞乙。退而告曰："甲果直，我爲君笞乙矣。"邑貴人大窘曰：

“我欲信乙，君奈何笞乙？”因又佯謝之。家大人爲政，因地而化，視民爲教，寬嚴悉隨時而施。其爲衡山令時，則爲興學校維風俗而已。

　　光緒十年，法人攻我越南，越南至告急。天子大怒，詔拜潘鼎新爲廣西巡撫，使將往擊之。時承平久，潘公舊將多喪亡，或老病不可用。家大人居蔣公幕，稱知兵，奏請自隨，乃使之監軍爲參謀。潘公爲人與人必誠，然任氣，喜恣侮人，人多畏避之。家大人嚴重自持，非軍事不入見，潘公亦稍稍敬憚之矣。潘公奴時時責監軍供具，家大人瞋目叱之曰：“我止知軍事，何知供具，而公遺矢豈復向我索紙耶？”奴驚走入告白，潘公熟視久之，曰：“奴勿復爾。”潘公至廣西，乃引兵出關，諸將至者數十輩，軍旌旗蔽天，連營數十里。潘公意氣揚揚，據鞍顧謂諸將曰：“會滅此虜，再與諸君張飲。”諸君將皆歡呼，家大人獨默然。潘公怪之曰：“君豈少我哉？”家大人因曰：“將不可驕，敵不可輕。今諸將新集，人懷疑猜忌，各欲自功，君所自將，非諸潘即妻昆弟，又皆年少不知兵，諸將多未附，不於此時拊循深結諸將，立賞罰以收士心，乃欲以敵不足憂有驕色，何也？”潘公不聽，乃使家大人留龍州護輜重，轉兵糧以給軍。當此時，徐延旭新敗，諸將皆無戰心，又以相國李鴻章喜言和，恐戰不利反得罪，皆擁兵觀望，莫敢言戰。賊游騎至，則爭擊之以爲功，大隊來又盡引去。潘公患之。家大人曰：“諸將外驕矜內實怯弱，法數入寇，故留不進，欲俟和耳。夫不戰又焉能和？天子方坐不安席，今君久將無功，吾懼爲徐公之續也。”潘公曰：“頃當無恐，來年君來此，爲我治軍。我且遣君特使，使鑑堂代君。”鑑堂，廣西按察使李秉衡字也。家大人曰：“諾。君其備之，敵何所猶豫不擊我乎？”十二月，法果悉起兵，繇間道攻諒山，潘公軍敗散，諸將大亂，龍州震動。家大人謂鑑堂君曰：“今諒山已失，潘公敗走，前軍無主，皆輜重皆在關中，法乘勝而來，其鋒不可當。龍州又無重軍，孰可距塞者？君彊出相潘公，關以內臣請任之。”又請遣將收亡卒,給兵與糧,令毋得入關。於是鑑堂君出關欲往見潘公,亡卒紛紛來言潘公已戰死;或言未戰死,與亡卒走匿;或言爲法所擒,已自到。鑑堂君乃急引兵歸,曰:"龍州,粵之門戶也。又無兵,前軍擾亂,不如俟其稍定而後往。"家大人曰:"君請留龍州,臣從潘公來,今事有急,不赴之不義。且諸將無主,乃言待其定,何時定乎?"於是乃募軍中壯士願從者數十人,獨一騎,佩一刀,往尋潘公。鑑堂君復遣書書之曰:"今潘公新敗亡,不知其處,君獨往,徒與俱死,無益也。"家大人因謂其使曰:"我固欲往,幸爲我謝若公。"及出關,諸所願從數十人莫敢前,皆亡走,獨劉華奴一騎從耳。劉華奴者,名國書,吾家舊僕,善灌花,所灌花獨茂,嘗使之灌花,故謂之華奴。家大人既出關,諸亡將皆內奔,惟家大人一騎獨全前,卒遇潘公軍。潘公挈家大人手泣曰:"君誠長者,我負君,君何所來。我不圖復見君,君幸留,彊爲我部署。"又曰:"今諸將或勸我曰,衆勞卒罷,不如且醳兵入關自守,以養其鋒。我未知所定。"家大人曰:"不可。頃上聞敗,大怒,數有嚴詔責問,諸將人人畏誅,不如因其畏也而用之。"光緒十一年正月,乃集諸將而誓之曰:"戰不勇敢、敗不相救者,共誅之。"當是時,法人軍文淵,蘇元春、陳嘉軍幕府,蔣漢、方升軍馮祥,魏綱軍艾瓦,王德榜軍油隘,馮子材、王孝祺軍鎮南關之東西兩山間,深塹堅壁以自守。潘公軍軍海村,家大人居潘公軍中,時時往來諸軍間。二月,諸軍俱縱兵進攻,礮聲動天,槍子雨賈。是日大日微風,煙隨風揚,諸將無不奮呼當先,大破法軍。於是引兵攻文淵,法人復潰走。乃分軍爲三,進攻諒山,拔之。諸將再破法軍,緜此益輕法,皆欲進定越南矣。忽有詔止戰。初失諒山,電奏上,上大怒。及大破法軍,會電報中斷,捷報不得上,乃和。故卒使鑑堂君代潘公,潘公卒免歸。

鑑堂君既代潘公爲廣西巡撫,或與家大人有郤,又以家大人在潘軍功最多,乃讒家大人曰:"李某毀君於潘公,君居關中,謂君

怯耳。潘君銜君，且將劾君，君幸代潘公，不爲奏且上。"鑑堂君大
怒曰："我憐其獨騎往且止之，反毀我耶。"於是上疏劾家大人依阿
潘公，遇事多擅專，乃奪三級爲通判。潘公因遺家大人白金一百，
曰："李君爲國勞苦，囊中實無一錢，何以歸乎？"家大人乃北游京
師，以監電工至雲南。雲南總督岑襄勤擊法時即知粤軍中有李某
者，又知其冤。及見，謂家大人曰："我方□鑑堂，不然，君豈肯過
我乎？"居雲南八年，以征猓黑功，賜還原職。光緒廿一年，署雲南
鹽道。會祖父子白公之喪，扶服還湘。不勝毀，遂病，左右手足不
能自用。後雖瘳，固時時不快。光緒廿二年，家大人扶柩歸廣西。
吾家雖江西人，然自曾祖父以來，俱居廣西，故人父老子弟多在廣
西者。家大人昔從潘公征越南，不久即去。於是家大人既葬祖父
子白公，因少留止，與父老諸母游，道舊故，徵時事，負者調護之頗
厚。乃誡其門者曰："凡來者老者吾父兄也，少者吾子弟也，毋以
貧故事人不謹，雖負耒衣褐者皆不得止不上謁。"家大人爲人與人
必忠，無知與不知，有所委必諾之，事成亦不談，不成亦不謝，人以
此多附之，然亦以此致忌怨。其御下嚴而有恩，不求備於人。常
教祖等曰："毋苟責奴，奴不如我，故爲奴。奴如我，彼且奴人矣。"
又嘗爲母夫人曰："我不得爲兒子作馬牛，吾有財，與鄉黨宗族耳。
子孫賢能自立，不肖，奚益之爲？"今年自蒙電工，賜二品頂戴，旋
詔授雲南開廣道。子八人：曰瑞祖，曰瑞清，曰瑞奇，曰瑞蔭，曰瑞
永，曰瑞珏，曰瑞牲，曰瑞振。女四人。（轉引自王中秀、曾迎三編
《曾熙年譜長編》頁五一至五三）

　　《誥授資政大夫蘭生觀察大人六觀榮慶》：古之所謂豪傑之士
者，天既予以不敝之精神，天必綿以無窮之歲月，然後舉盛德大業
乃萃而歸之一身，斯即極之遺大投艱，而愈有以自固。《天保》之
詩曰："俾爾單厚，何福不除"，又曰"如川之方至，以莫不增"。《卷
阿》之詩曰："爾受命長矣，茀祿爾康矣"，又曰"俾爾彌爾性，純嘏
爾常矣"。此雖詩人頌禱之辭，亦其孕育於砥德礪行者至深且亹

也。以予觀觀察李公，其真有合於詩人之旨哉。始觀察之從戎浙江也，受蔣方伯知遇，隨征克捷，秩晉司馬，由是而之閩之粵，罔或不臧。繼宦湘中，迭宰名區，並殲巨憝，神君之頌，至今不衰。

光緒九年，法越搆釁，觀察隨湘撫潘大中丞出關，參贊軍務，竭忠盡智，勞瘁不辭，累保至二千石。雖蜚語偶中，而公論復明，因傅相李公疏請，遂綜辦滇黔電工。其在滇也，經營數載，大猷允升，以功擢至監司，奏攝鹽法道篆，旋以憂去職。大府以身膺重任，奏請奪情，服闋，奉旨賞加二品銜。觀察之勤勞敭歷有如此，而予綜觀生平，竊不禁往復於其際焉。壯歲馳驅戎馬，所向有功。民社屢司，口碑載道。獨滇之功績最彰，而艱辛百倍於他處。滇，法扼於南，英逼於西，輆轕紛紜，動多棘手。電綫為中國所不經見，愚民難以創始，阻撓百端，善後局博綜兼該，稍一不慎，叢脞貽憂。觀察隨時制宜，犁然悉當。遇英法交涉，不激不隨，展設電綫，布置咸宜，每朝自晨至昃，綜核洋務。電報、善後局各事必躬親，毫髮無憾。其間平猓黑、勘界務，精力所至，尤邁等倫。是以天子嘉其勞，舉國蒙其利，非其才智之過人，心思之縝密，烏足語乎此？

夫精神者，福澤之原。觀察經數十年躬勩胼胝而神明不衰，從此擢開府、領封圻固不待蓍而可決。而次君英年妙質，翔步木天，萬里鵬程，已未可量。其諸喆嗣文孫又均翹然特異，庭階玉樹，競秀爭榮，異日之聯鑣而起者知更有蒸蒸日上之勢。《卷阿》言"純嘏爾常"、《天保》言"如川方至"，不於觀察券之而誰券之？抑勳尤有進焉者：人生富貴利達，不過一時顯榮耳，而惟偉烈豐功足與山河並壽，當此時艱孔亟，觀察出其偉抱為國家宏濟艱難，則以壽身壽世，將有歷千古而不朽者，豈徒曰登耄耋、享期頤已哉。今天子御極之廿有四年四月浴佛後三日觀察六十壽辰，同僚製錦稱觴。以觀察生長吾鄉，立功吾鄉，今又同宦滇中，屬勳為之序，勳故即其平昔所習聞者敬謹述之，以為侑觴之一助云。

　　賜進士及第翰林院修撰國史館纂修雲南提督學政愚弟張建
勳頓首拜撰，賜進士出身前翰林院編修請補雲南迆南道雲南補用
知府林紹年頓首拜書。鹽運使銜署開化府事廣南府知府奎華、三
品銜補用知府冒沅、鹽運使銜請補開化府知府蹇念咸、分統雲南
綏靖各營貴州古鎮綜鎮鄉曉黃呈祥同頓首叩祝。光緒二十四年
歲次著雍閹茂孟夏月穀旦。

　　《誥授資政大夫蘭生兄都轉大人六旬榮壽》：天生蒸民，而作
之君，作之師。古者以吏爲師，司徒掌邦教，君師無分涂，政教無
歧致也。官之制莫備於周，莫變於秦三代封建之世，天子而下，最
尊者其方伯、連帥，其次諸侯，其次卿大夫，其次里胥，星羅棋布，
以周於天下。秦爲郡縣之世，萬世所不變，參用封建郡縣者惟漢，
故《漢志》有郡國。漢以下，分土分民之官曰刺史曰太守曰令長。
唐之制藩鎮，最尊者曰節度使，其次曰觀察使，分治一道，所以統
馭守令也。國朝兼總百代，斟酌而損益之，其視監司持重，自督撫
以下無與尊。軍興以來，督撫之權重，監司多不事事，由督撫下逮
令丞，特轉移文牘受成已。其嚴然岸異、獨持風節者，誥授資政大
夫蘭生都轉其人也。

　　都轉世居臨汝之北鄉楊溪邨，汝水橫其前，林木深秀，繚如曠
如，佳氣鬱勃，是挺哲人。伯高祖丹臣、封翁暨春湖、小湖兩先生
代毓名德，種仁耨義，保世滋大，爰訖於公。公自結髮，講求經世
之務，慨國家承平日久，吏治凋敝，奮然有澄清之志。始筮仕於
粵，而浙而湘而滇，歷四五省，由縣令洊至監司，歷盤根錯節，不激
不詭，一受之以山海之量。遇大府以十數，莫不謂賢，三載考績之
奏，莫不以公爲舉首。又大臣密薦，詔樞府以海關道記名，簡放署
雲南鹽法道，敘功加賞二品銜。時天子經理西疆，而雲南地險遠，
西南與緬甸犬牙相錯。英吉利蠶食緬甸，數遣人上窮大金沙江
源，自印度東度野人山求互市。騰越鑿險，夷道撤秘，屏翰將展，
築鐵道自緬甸而東，道黔湘出湖南之沅州，以與長江連，虎視鷹

腭,其勢日以偪。而滇地崎嶇萬山,蠻風悍俗,夷狡番蠢,情我殊種錯,弱肉强食,喜人怒獸,置吏處事一不當,則禍釁旦夕發,號爲難治。詔令置臣舉監司能籌西事者以聞,總督岑公以公名奏。公以制夷莫如師夷,轉兵餉莫如鐵路,通聲息莫如電報,而籌緩急、較難易電報爲先,先發制人,有備無患,古之善教也。於是創設雲南電報,電報之設中國,亘古所未有,蚩蚩之氓,狃故習常而不可與慮始,律令初出,民駭苗疑,奸慝間之,妖言朋興,不可禁遏。跬步阻塞,成而輒毀。公勸善以教,禁暴以刑,嚴父慈母,同德異用,悉協於中,功以克濟。電報既設,次謀鐵路,儲材鳩工,百廢俱作,遂屹爲西置磐石之鎮。

且公治績之著於湘也,實先於滇,而教澤之涵濡也,尤深自其初。歷宰武陵、平江、長沙、衡山諸縣者閱十年,繁而戴星,簡而鳴琴,代猛代寬,悉因其人,甘棠之化,流於衡湘。迨公移官去湖南,而謳思載塗,杖叟髫童,若失父母。公以湘人思公也,亦不欲舍湘人,則慨然曰:"吾民吾子,吾宦吾鄉也。"遂寓家長沙。歲乙未,哲嗣梅盦成進士,入翰林。越四年而公壽六十,湘之人走相告,以爲愷悌發祥之本,美意延年之應,且祝公康强逢吉也,方謀所以頌公。今歲夏四月爲公攬揆之辰,雅不欲稱壽,卻饋遺,謝賓客,以笙歌酒食費付賑捐,且寄書家人不得稱壽公。予等維《尚書》洗腆用酒食之禮,不可以公之謙德而廢,於是梅盦吉士舉觴京邸,燕卿、毓華兩君懸弧長沙寓廬,湘士大夫鞠脮履舄咸萃庭。以寶箴同鄉同官,爲能知公,相率以暇詞請,輒敘公政績大者爲聖主得賢臣之頌,又以永湘人之去思,是宜被之金石刻銘云。

誥授光禄大夫頭品頂戴兵部侍郎兼都察院右副都御史巡撫湖南等處地方提督軍務兼理糧餉鄉愚弟陳寶箴拜譔,賜進士出身誥授奉政大夫前湖南學政翰林院編修年愚侄江標頓首拜書。頭品頂戴前山東布政使治姻愚弟湯聘珍、二品銜督理湖南通省糧儲道愚弟但湘良、二品頂戴分巡湖南辰永沅靖兵備道姻愚弟莊賡

良、二品頂戴湖南候補道鄉愚弟劉鎮、夏獻銘、二品頂戴按察使銜
河南候補道治愚弟易順鼎、四品卿銜前湖北候補道治愚弟周樂、
按察使銜江西候補道治世愚弟朱昌琳同頓首拜祝。光緒二十四
年歲次戊戌孟夏月穀旦。(《李氏族譜》卷八)

　　案:李必昌碑銘傳志尚未蒐獲,其行誼晦暗莫明,此數篇壽序
具道其生平,可資參考。

四月十八日(6月6日),庶吉士散館,公以疾未入。

　　《楊度日記》四月十八日:晴。今日庶常散館,雨農以疾不入。
(頁九三)

　　李雲麾《先從兄清道人行述初稿》:比服闋,復以從父老且病
宦邊遠,乞假省親,遂稽館選,侍病榻三年,不預外事。(《清道人
遺集》附錄,頁二七二)

　　《翁同龢日記》四月十九日:傳庶吉士散館廿九引見,見起刻
餘,廖公閱散館卷……昨日散館七十八人。十事對九賦;以經史
十事能對其九爲韻,"霈澤施蓬蒿"。閱卷者崑、許、徐郙、廖、徐樹
銘、徐會澧、唐、壽。(冊六,頁三一三一)

　　案:徐崇立《玉梅華盦臨古法帖跋》(《瓶翁題跋》卷三):"又以
未工寫散館大卷,囑余書一卷。散館卷一行十八字,視殿試少且
疏,橫直有行列者。此後知者日稀,故特著之。"則公因不善書散
館卷,嘗請徐崇立書一卷,以便學習耳。時徐爲諸生,且此跋備述
公書法造詣,則此處亦當指書法也。

赴王龍文之招同游陶然亭。

　　《陶然亭王澤寰同年置酒招游感昔眷今慨然有作》。(《清道
人遺集》頁一一一)

　　案:公釋褐後屢遭家難,是年乃隨父入都,己亥、庚子奔走滇
黔,而王龍文於辛丑被劾回籍,詩有"炎氛灼天宇"句,故當作於是

年夏也。

夏秋間，與胡思敬情好益篤，因指約爲婚，未訂盟而別。

胡思敬《送李梅菴南歸序》：及戊戌再來京師，兩人情好益篤，梅菴有子曰承侃，與予女合歡年相若也，因指約爲婚，未訂盟，匆匆別去。（《退廬文集》卷五）

劉廷琛《胡公漱唐行狀》：妻劉氏，贈淑人，妾徐氏、丁氏。遺腹子一，女子二人，長適臨川李文潔瑞清子純侃，次字余次子希淹。（《退廬文集》卷首）

案：公光緒二十五年所作詩《滇南道中》句云“去歲端陽燕市裏”，則五月初尚在京師也。

公爲豁然道人畫梅，録敬安《白梅詩》於其上。

釋敬安《梅癡子爲豁然道人寫梅録余白梅詩五首於其上因有餘紙復作此詩》：人間春似海，寂寞愛山家。孤嶼淡相倚，高枝寒更花。本來無色相，何處著橫斜。不識東風意，尋春路轉差。（《八指頭陀詩文集》頁二三八）

十二月，葉德輝爲敬安刻《八指頭陀詩集》，公爲署檢。

《八指頭陀詩集》扉頁：八指頭陁詩集。鈐印：李、楳庵主人。

案：葉德輝序《八指頭陀詩集》略謂：“余識寄師十餘年矣……自癸酉年始，至戊戌年止，共得詩十卷。其前五卷義寧陳伯嚴考功校刻行世，卷六至卷十，余爲之續刻，有爲前本未録者，余仍選得數首附後補遺，凡半年而功畢……戊戌臘八日，湘潭葉德輝識。”

冬，賦《感懷》二首。

陳詩《尊瓠室詩話》卷二：清道人者，臨川李梅菴太史瑞清也。光緒乙未庶常，未散館，改江南候補道，充兩江師範學堂監督累歲。宣統三年，署江寧提學使。九月，江藩、樊增祥以時艱委印去,江督張公人駿檄君署藩司。十一月,棄官赴滬,一貧如洗,以善寫魏碑,爰黃冠隱居,賣字爲生。庚申秋卒,年五十四。其家人刊其遺集,而《感懷》二首效《選》體者闕如。其戚饒石頑嘗録示余,兹爲補録於此。其一云:"美人傷遲暮,抗袂凌雲翔。九州紛總總,鯈馬觀遐荒。王母在瑶墟,我欲展中腸。流沙極千里,雷淵不可杭。赤螾若巨象,壺鑾正敷張。彷徉無所倚,回軔趨朔方。朔方常苦寒,逴龍艷縱衡。積冰山峨峨,飛雪浩茫茫。求仙徒虛辭,不如還故鄉。藥石駐頹齡,反恐多害傷。愚夫惑神怪,君子正厥行。勵德苟不懈,胡懼外物戕。"其二云:"神龍懷奇翼,乃在靈淵藏。常恐歲月晚,百卉委風霜。噎噎結沈陰,白日翳無光。烈士獨慷慨,撫劍觀八方。四海揚洪波,天地爲低昂。憂來如繭絲,綿綿方未央。哀嘯入青雲,此曲斷人腸。歲寒知松柏,世亂須賢良。非無萬里翮,天路阻且長。我欲迴陽彎,使之復東翔。微軀焉足懷,君恩不可忘。"此詩戊戌冬作,蓋傷心人之言也。按,《清道人遺集》乃江右友人胡幼胰觀察贈余者,并記於此。(《民國詩話叢編》册二,頁一〇九)

　　案:該二詩亦載陳詩《江介儁談録·李梅菴提學詩》(《國風報》第一年第三十三號)、錢仲聯編《清詩紀事·光宣朝卷》(頁一三七六一),《清道人遺集》闕載。

編年詩

　　《陶然亭王澤寰同年置酒招游感昔眷今慨然有作》、《感懷》二首

光緒二十五年己亥(1899)　三十三歲

二月三日(3月14日),楊度致函與公。

　　《楊度日記》二月三日:陰。與書李雨農、梁璧垣、程戟傳。

（頁一二九）

三月十八日（4月27日），夜，爲履衡跋所藏《何紹基書泉山墓表》。

跋《何紹基書泉山墓表》：余嘗與曾季論書，謂唐以來無隸書，包慎翁獨以鄧石如爲本朝弟一，今世碑學盛行，言碑者喜尊包説。康有爲言新學，亦好談書，然多竊包説，惟言隸能推崇墨卿而不言何貞翁，蓋亦颣耳食耳。余幼好篆隸，長習六朝書，始知六朝人書全是漢法。言碑而不知隸法，如今世文士不喜經説也。本朝隸書，余尊伊、何，何得其神，伊得其體，它皆別派。鄧石如全暗古法，用宋人之氣爲漢人之書，宜翁學士詆之也。此卷乃貞翁從《黑女》初入顔之時所書，世間流傳絶少。晚年篆隸功深，其格益高，知音益寡。李亦元比部不知書，漫罵之，可笑也。凡爲學當有不求世俗無知之知，然後其學可成，獨書法乎？履衡大哥精鑑賞而富于藏，以此屬題八年矣，因書以歸之。光緒己亥三月十八夜三鼓，弟瑞清題。

明日之滇，行裝已束，頗艸艸。（湖南省博物館藏）

案：李瑞荃跋曰："此卷爲何貞老未得鄉舉以前書，初由《張黑女》變顔書時作，履哥無意得之。衡陽曾季子緝，余仲同年友也，嘗謂我朝劉文清後一人而已，時有劉象何龍之喻，余甚服斯論。曾季書直追鍾、王，嘗欲合南北爲一，自詡爲弟三人。爲余書《孝經》、《荀子》各一通，時時效信本書，得《醴泉》之腴厚、《化度》之精緊，當世殆無與匹。余仲時有與曾季論書説。原名榮甲，易名熙，子緝其字也。以其能知何書，因并及之。光緒己亥莫春燈下展玩記此，時下澣一日漏下三鼓矣。筠葊李瑞荃。"並録於此，以資參證。

三月十九日（4月28日），入滇省父，途中作《滇南道中》。

《滇南道中》：去歲端陽燕市裏，今歲端陽黔道中。滇湘迢遥三千里，無奈榴花照眼紅。（《清道人遺集》卷一）

案：本月十八日條所引有"明日之滇，行裝已束"句，故繫於此。

上書王闓運，乞其爲父作壽序。

《上王湘綺先生箋》：不得侍杖履久矣。瑞清自京師之歸也，願望見長者，長者留湘潭未歸，故不得見。今年春，長者之衡陽，滇中有報來相召，是以又不得徑見也。小人有父，今年六十矣。瑞清不肖，無以娛親，竊有區區私願，不敢自請，謹令程伯子敬告於左右，敢乞長者一言以爲壽。（《清道人遺集》頁一七八）

案：據徐雯雯《李瑞清年譜》（頁二〇）所考，公去歲歸湘欲謁王闓運以乞壽序未果，今歲復因滇中來函相召，不得自請，故託人代詢也。是歲三月十九日，公入滇省父，與文亦合，徐説是也。曾迎三《清道人年譜》繫於光緒二十四年，蓋泥於李必昌六十歲矣。書曰“瑞清自京師歸也”，公於光緒二十三年寓居湘中，二十四年五月始自京歸湘，又可證曾譜之誤也。

六月初，公答媒王闓運女，陳其守義之意，王欲其執贄爲師弟。

《楊度日記》六月六日：夏午詒自蜀寄《公羊箋》來，開緘無書，而有李雨農庶常書，答媒湘綺樓女，陳其守義之意，頗有文情。蜀書湘信，不知何從會合。（頁一四五）

李雲麾《先從兄清道人行述初稿》：余公猶欲以幼女相從，兄始稍稍自陳而誓以守義終其身。湘潭王壬秋亦有相攸之謀，薄聞其事乃已，而要兄執贄爲師弟焉。（《清道人遺集》附録，頁二七三）

案：民國二年公所作《跋北宋汴學石經》稱王闓運爲湘綺夫子。

六月二十四日（7 月 31 日），父必昌招遊洱海，欲重修臨水亭。

游國恩《大理名勝古跡、文獻考》：亭前面海處一聯云：“我公與永叔同鄉兩亭千古；勝遊記荷花生日一葉扁舟。”旁記：“光緒二十五年六月二十四日，蘭生觀察置酒招遊，泛舟洱海，臨水有亭，歲久傾圮，觀察謀重新之。亭成，會歲大熟，因取則歐公以豐樂名其亭。酒間遂成此聯。權太和縣事成都焦鼎銘并識。”（《游國恩

文史叢談》頁一八五)

八月下旬,魏仲青賦詩懷公。

　　魏仲青《秋日懷人二十首》之《李梅癡太史瑞清京都》:翩翩李
公子,玉樹臨風前。字擅羲之妙,畫參摩詰禪。姓名登藥榜,承值
步花甎。憶自長沙別,於今已幾年。(《烹茶吟館詩草》卷七)

　　案:該詩前第七首爲《中秋悼四弟》,後第三首爲《秋杪感懷疊
用去秋在長沙和答九弟詩原韻即寄九弟并柬故鄉諸親友》,故此
詩當作於八月下旬至九月初也。公於戊戌已離京,是年三月十九
日入滇省父,魏仲青誤以公尚滯京師也。

秋,父必昌足疾增劇,公割臂以進。

　　蔣國榜《臨川李文潔公傳略》:己亥秋,榮祿公患痹麻增劇,公
割臂,焚香告天以瘳。(《清道人遺集》頁九八)

　　《李氏族譜》:必昌……二十五年,奉旨簡放雲南開廣臨安關
道,以足疾未愈,仍留省辦善後、洋務、電報各局差。以勘南防界
在事出力保奏,欽加二品銜。(卷二)

十月,父必昌修臨水亭落成,易名豐樂,公集杜詩爲聯題之。

　　游國恩《大理名勝古跡、文獻考》:按臨水亭在縣城東約十里
洱海之濱,與洱海神祠相對……今亭又爲光緒己亥臨川李蘭生先
生必昌官雲南迤西道時所重修,改名豐樂亭。亭前數十步有石坊
插水中。亭榜之左有記云:"光緒二十五年歲在己亥冬十月,此亭
舊名臨水。今年春余奉命來榆,父老請復新之。會歲大熟,因以
豐樂易其名,亦歐陽公名滁之意也。署迤西觀察使者李必昌并
記。"亭內有榜書曰:"澄觀。"其跋云:"光緒二十五年十月修豐樂
亭落成,同人置酒高會,覰海波之不驚,鑒余懷之若素,遠覽六合,
汶汶潘潘,慨然有澄清之志,願與諸君共勉之。署迤西觀察使者
李必昌題。"先生之志趣可見矣。先生又撰一聯云:"民樂年豐,極
哀牢而上,億兆人耕鑿雍熙,秋色西來天地闊;負天面海,自元室

以還，六百載滄桑興廢，浮雲日變古今新。"先生哲嗣梅庵先生又
集杜句一聯云："容使蒼生有環堵；欲傾東海洗乾坤。"……按吾鄉
李梅庵先生以書名海內，遜清以後爲道士，號清道人，居海上鬻書
自活。父蘭生先生官雲南迤西觀察使者，先生隨侍，楹聯榜書多
出其手。"豐樂亭"區額三字，其大如斗，效山谷體，疑亦先生所代
筆也。又觀察原聯已斷爛，其西邊一聯藏亭西洱神祠，鄉人出示，
旁有"命子瑞清書之"語。(《游國恩文史叢談》頁一八二至一八五)
十一月四日(12 月 6 日)，曾熙致函丁立鈞，道及公。

　　曾熙《上丁立鈞書》：弟子熙謹上夫子函丈：……自夏徂秋，熙
遭不辰，季子四齡十日殤折，妻以虛勞，忽罹凶慘，相繼而亡。浹
旬之間，遭此變故……嗟乎嗟乎，吾黨之困，豈徒夫子。任憤而
狂，李哀而癯，楊晢淚枯，歐拳指裂，如熙鹿鹿，何足計議。天寒歲
莫，善自頤攝。老意莊懷，託之山水，幸甚幸甚。光緒己亥十一月
朔四日熙謹上……又李仲子隨其父在滇署，熙當以書告。(《曾熙
書法集》頁一二九至一三一)

是歲，爲中和寺題額。

　　《鄭天挺西南聯大日記》一九四四年七月二十六日：山有中和
寺，實道觀，無道士，惟供道教之齋公耳……其後爲玉皇閣，即正
殿也。有光緒二十五年李瑞清書"中和位育"額。(頁八七一)

是歲，爲無爲寺題區。

　　羅常培《無爲寺與下雞邑》：二十五日李縣長約遊無爲寺。寺
在大理城西北八里許，點蒼山蘭峰的半腰，雙鴛溪和白石溪分流
於南北，原來是明朝永樂八年建造的……此外在大殿前還懸着清
光緒二十一年劉安科所題"清淨無爲"和光緒二十五年李瑞清所
題"無爲寺"兩塊區。(《蒼洱之間》頁三四至三六)

是歲，公恣意圖史，作《梅花賦》、《日賦》、《秋月賦》。

　　蔣國榜《臨川李文潔公傳略》：己亥春，公省榮禄公入滇，燕居
恣意圖史，爲《梅花賦》、《日賦》，其《秋月賦》，江、鮑不是過也。一時

傳誦,紙爲之貴,公亦引爲生平天倫之樂。(《清道人遺集》頁九八)

《梅花賦并序》:李子閒居,隱几假寐,夢遊乎上帝之宮。(《清道人遺集》卷一)

張大千(1899—1983)生。

編年詩

《滇南道中》

編年文

《跋何道州泉山墓表》三月、《上王湘綺先生牋》、《梅花賦》、《日賦》、《秋月賦》

光緒二十六年庚子(1900)　　三十四歲

春夏間,張建勳差竣回京,公繪《滇雲就日圖》以贈行。

郭顯球《張季端學使差竣回京同鄉李梅菴太史爲作滇雲就日圖送行同寅多題詠即成一章附圖右》。(《松廬詩存》卷三)

案:詩曰"腥風一起海氛黃,倏聞玉弩驚天閶。幽燕劫火紛紅羊,中原騰沸鳴蜩螗。翠華西幸鸞鶴翔,千乘萬騎走雍涼",蓋謂庚子事變也。後第三組詩爲《和李仲仙中丞秋闈即事原韻四首》,後第十首爲《壬寅賓川州署禱雨即應誌喜》,前一首《有懷蓮渠弟却寄四首》其四曰"故鄉荊荑迎祥日,驛路梅花護野煙。囑咐東風頻寄語,一緘珍重五雲箋"。故此詩當作於庚子春夏間也。

是歲,隨宦在滇。

《李氏族譜》:必昌……二十六年,委署迤西道。(卷二)

編年詩

《寫點蒼山色寄陳梅根處士長沙》

光緒二十七年辛丑(1901)　三十五歲

正月,侍父繇黔還湘,作《擬宋廣平梅花賦》。

　　《擬宋廣平梅花賦并序》:粵以光緒辛丑之年建寅之月,余侍
父繇黔還湘,道中見梅花一株,孕根危岩,霜霰彌天,微花四秀。
余慕其貞而憐其遇,昔覽宋廣平《梅花賦》,辭甚彬蔚,因擬而賦
之。(《清道人遺集》卷一)

　　《李氏族譜》:必昌……二十七年,委署糧儲道。本年,請假回
籍養疴。(卷二)

四月二日(5月19日),公借錢於頭陀。

　　《湘綺樓日記》四月二日:寶生來,言李雨農借錢於頭陀,無俚
已甚,當謀拯之,擬委於黎薇生,以爲萬全。

四月三日(5月20日),偕曾熙謁王闓運。

　　《湘綺樓日記》四月三日:晴……頃之頭陀、郭、李來,在外坐,
內去外留。朝食後,李、曾來,曾泗源也。任來催,乃令李、曾上樓,待
郭、楊,余自出至長沙署。

爲徐承恩跋所臨《趙孟頫書道德經》。

　　跋《徐沛齋臨元趙孟頫書道德經》:書家分南北宗,蓋自阮芸
臺。余嘗合觀古今碑帖,各乖異其説,多牽拘而不能通。曾文正
謂趙吳興書實合宗南北,安吳包慎翁善論書,而獨譏吳興,以爲胥
書。文正雖名臣,然其書名不甚顯,當時士大夫或依枎之。慎翁
書最有名,大江南北相尊爲包派。南海康有爲言新學,尤喜論書,
放包書爲《廣藝舟雙楫》,包主碑而康兼言碑帖,包尊鄧石如,康更
尊張裕釗,謂能探綜南北,古今一人也。弟其書論議多推列包説,
於是海內新學家莫不人人言碑學、習六朝矣。繇此愈益絀趙書。
量今書法之險怪,其古厚曾不及趙書之妍美者,世俗莫知也。余
十八以前專志篆隸,後稍稍習六朝,於古今名迹略考其得失,趙書
實出北海,故趙爲北宗;趙嘗學《樂毅》、《黃庭》,又學蘇靈芝,蘇全

展拓《蘭亭》，故曾文正以爲兼南北也。宋有帖無碑，唐後能書碑者，殆莫如吳興。包言碑而不知趙書，康故不知書，但繹包説，無足恠者。學者牽於所聞，不察其始終，而妄爲大言，因略述趙書表裏，具列其興衰，以示後之論趙書者，使之尊趙書而重徐君。沛齋先生以所臨趙書《道德經》屬題，李瑞清。

　　康罪人也，其言不足重，以其書傳流頗廣，都中士大夫多惑其説，故縱論及之。（《評跋萃刊》）

　　案：是册尚有薛時雨、張裕釗、葉德輝、曾熙、莊賡良、譚延闓、王闓運等四十餘人跋，真蹟藏於湖南圖書館，題曰《徐沛齋臨元趙孟頫書道德經》。光緒間將跋勒石後拓印，曰《評跋萃刊》，莊賡良題籤。該跋爲魏碑體，前有陳啟泰辛丑春日跋，後爲辛丑七夕再跋及曾熙辛丑五月跋，疑該跋在五月前，故與七夕再跋並置於曾跋前也。

七月七日（8月20日），復爲徐承恩臨《趙孟頫書道德經》作跋，時在湘潭。

　　跋《徐沛齋臨元趙孟頫書道德經》：學趙書者，當元明時首推俞和、鄧文原、張雨。雨蓋吳興親授以北海筆法；鄧文原雖學吳興書，實肖鮮于伯幾；俞和書，世傳《渤海堂叢帖》刻其所補趙書《内景經》，雖識真者幾不可得而辨。余曾見其自書《會故人喬仲山于賈脩正宅》詩，與吳興《湖州路通義院記》絶相似。明初承元習，天下皆學趙書，是時書家用筆婉弱，往往似鄧、張，與吳興不類也。自文徵明出，世遂盛行文書，後又尊董其昌。徵明蓋以黄入趙，董初極薄吳興，晚歲乃大悔。國朝書家皆習董書，故學吳興者并用董法，英和相國雖專宗吳興，其堅卓不如也。余見王石老所藏梁同書墓誌，用董筆全師趙法，風致特勝。沛齋徐君既精董書，以暇日復臨此《道德經》，其學與山舟同，山舟緣柳入董，而徐君則專師董，此與山舟異。今世學趙書者第以婀娜取姿，絶不究古人用筆，阿世俗苟合而已。庸人又從而贊誦之,致令學者以此且薄吳興,不亦悲夫!苟證以徐君書,當亦爽然自失矣。辛丑七夕又記于湘潭。(《評跋萃刊》)

案:該跋爲趙體,跋後鈐朱文印曰"主敬"。曾熙跋曰:"晉人之韻,初唐猶能守之。至宋則角才騁勢,爭尚偏師。吳興矯宋四家之習,範以正軌,搆體師徐,運鋒師李,轉使向導取機于蘇靈芝。故吳興書雖未能上承晉胙,其超宋而集成唐賢,固恢恢乎其有餘也。書法宗派,李仲既論之詳矣,別白氣味,則有安化翁,熙獨等次吳興書,質之徐君。光緒辛丑五月,衡陽曾熙。"譚延闓跋謂"松雪書尊行數百年,至包慎翁始詆之不容口,然慎翁以議論伏一世,而其書乃不逮所言,則甚矣立言之難也。李瑞清、曾熙皆今之能書者,又推趙以難包,其果孰爲是非耶?"並録於此,以資參證。

胡思敬寄詩懷公。

胡思敬《贈李梅庵》:其一:長安車騎塞,日夜恣遊嬉。而我獨貧病,讀書長下帷。薦才羞狗監,混跡似牛醫。言念同袍友,年來亦數奇。其二:愛君如愛色,一見一回妍。白日不知暮,黄壚相對眠。袖中鬱林石,衣上九嶷煙。覓得鸞膠未,何時續斷絃。(《退廬詩集》卷二)

案:該詩前一首爲《庚子挈室避兵昌平》,後第四首爲《和魏刑部乙巳感事》,則當作於光緒二十六年至三十一年間。詩曰"薦才羞狗監",似公尚未改官道員也。又曰"覓得鸞膠未,何時續斷絃",考公父歿於光緒二十七年八月四日,守制期間不當言此,當作於李必昌歿之前也。句云"衣上九嶷煙",似公已還湘。暫繫於此。

代父必昌擬上雲貴總督魏光燾書,具陳時務。

《代大人擬上滇督魏午莊書》。(《清道人遺集》頁一七二)

魏光燾《湖山老人述略》:十一月,復調授雲貴總督,交卸赴西

行宮陛見請訓。乃南征,於辛丑五月履任。值粵匪擾攘滇南邊
境,多年未靖,蹂躪殆遍,民苦流離。當創武備學堂,募練新軍,籌
辦團練,分餉白金柱、龍濟光等統帶,以魏景桐督率分路進剿。次
第削平廣南屬地踞匪,邊境無虞。一面創建中小學堂於五華山等
處,選士出洋遊歷,培植人材,頗費心力。與法領事議修鐵路礦
務,刁狡百出,費盡唇舌,始就範圍。正在整飭吏治、鹽政,粗有成
效。(《隆回文史資料》第三輯)

　　案:書曰"滇機器局之立有年矣,前年又有武備學堂之設",雲
南武備學堂設於光緒二十五年,故當作於是年。魏光燾於五月就
任,則該函當作於五月至八月間矣。書內陳說滇中時務甚悉,當
爲必昌口述,公代筆者也。或因必昌病重,故命其捉刀耳。

八月四日(9月16日),父必昌病歿,享年六十有三。

　　蔣國榜《臨川李文潔公傳略》:辛丑,榮禄公退養長沙,病又
作,公復割股,卒不起,毁亦幾殆。(《清道人遺集》頁九八)

　　《李氏族譜》:必昌……道光己亥年四月十一日卯時生,光緒
辛丑年八月初四日辰時歿。享壽六十有三。暫厝於桂林。誥授
資政大夫,晉封榮禄大夫。(卷二)

　　《湘綺樓日記》八月五日:任報李雨農父喪,約再會於鹽署。
(頁二四〇三)

八月六日(9月18日),弟李瑞延生。

　　《李氏族譜》:瑞延,必昌十二子,以共祖兄弟行十八,號□□。
光緒辛丑年八月初六日午時生。繼立瑞祖七子承偁爲嗣。(卷二)

　　案:該《族譜》修於光緒三十一年,遽謂瑞延立瑞祖子爲嗣,疑
瑞延早殀。李瑞蔭女淑英謂必昌有八子,側室陳氏過繼二子爲
嗣。(王立民《拜謁李瑞清墓散記》,《北方文學》2002年第5期)瑞
延係陳氏所出,亦可證瑞延早殀,故如此耳。又,《李承陽履歷》
(複印件)亦未見瑞延其人。

十一月五日(12 月 15 日)，王文韶致書盛宣懷，爲公昆弟謀職，以支
門户。

　　《王文韶致盛宣懷函》：杏孫仁棣世大人青及：李蘭生觀察必
昌身後蕭條，家累極重，其長君瑞清係庶常，無可他圖。其三子瑞
荃係廣東知縣，現在丁艱，欲求於綫、路兩事中栽培一事，俾得勉
支門户。蘭生亦舊隸仁姘，望垂鑒及之。率溯，順問禮安。兄韶
頓首。十一月初五日。（上海圖書館藏盛宣懷檔案 017158 檔）

十一月二十四日(1902 年 1 月 3 日)，黄望之於王闓運處言公事甚
詳。

　　《湘綺樓日記》十一月廿四日：黄望之來，云席督銷納徽，趙坪
尚有屋，可喜也。言李雨農事甚詳。

秋冬之際，公居湘貧甚，乃以所藏倪瓚《疏梧秀石圖》、王蒙《林泉清
集圖》售諸俞廉三。

　　《題洗桐道人山水并序》：倪迂畫，余昔藏有一幀，爲《疏梧秀
石圖》。筆力雄勁，墨氣沈厚，董、巨風規，居然猶在，與平日者絶
不相似。其時貧居湘上，竟以易米矣。可歎，可歎。後歸俞廣軒
中丞。上有句曲外史題詩，純是天真，非摹擬可到。真所謂寫其
胸中逸氣也。（《清道人遺集》卷一）

　　張大千題《倣王蒙林泉清集圖》：此圖先師李文潔公所藏，王
烟客舊物，董文敏題云，當在《青弁隱居》之右者。文潔公素貧，光
緒某歲在長沙，無以度歲，以四百金質之俞廣軒中丞，其後卒不能
贖，往往爲門生輩言之，唏噓不已。（中國嘉德 2014 年秋季拍賣會
1367）

　　案：公貧居湘上，以畫易米，當爲其父卒後之事。光緒二十八
年春，公葬父桂林，五月方歸。十月，魏光燾聘公主講大學，其後
多在滇京滬寧等地，故此事當在光緒二十七年秋冬或二十八年夏
秋之際，暫繫於此。

是歲,爲劉廷琛作《介石山房圖記》。

案:《劉幼雲前輩介石山房圖記》(《清道人遺集》頁一九一)曰
"劉子當光緒庚子之時,環球列國豕突上京,聖輿西狩,毅然切諫,
不避權貴……今者政紀紊亂不能治……願子自愛,勿以高蹈遠引
爲賢,要以輔君衛國拯民者爲任",意在勸其出仕也。考劉希亮
《學部副大臣劉君行狀》,劉廷琛於庚子冬"乞假歸省,築介石山房
於匡山之麓",又於壬寅"充國史館編修、功臣館纂修",則此篇當
作於是年也。

編年文

《擬宋廣平梅花賦并序》、《跋徐沛齋臨元趙孟頫書道德經》、
《再跋徐沛齋臨元趙孟頫書道德經》七月、《代大人擬上滇督魏午莊
書》、《劉幼雲前輩介石山房圖記》

光緒二十八年壬寅(1902)　　三十六歲

春,葬父於桂林。

《李氏族譜》:必昌……暫厝於桂林。(卷二)

李雲麾《先從兄清道人行述初稿》:繼奉從父之諱,孝思不匱,
禮弗違制,喪盡其戚,心力交瘁,而家事益窘,猶遵遺命,歸葬桂
林。蓋吾家雖原籍江西臨川,而先世以粵嶠起家,居桂林久,近代
塋墓皆在焉。(《清道人遺集》附錄,頁二七二)

以趙孟頫字帖授李雲麾,并爲講筆法。

李雲麾《先從兄清道人行述初稿》:至是再見,余已差長,殷殷
問所業,授以趙孟頫字帖,兼爲講筆法。事畢回湘之日,執手依依,
約以學少益,年少長,出相就也。(《清道人遺集》附錄,頁二七三)

五月八日(6月13日),公自桂歸湘,詣王闓運。

《湘綺樓日記》五月八日:晴。風涼……李雨農從廣西來,云

船已過浮橋,復又上耳,送全州腐乳甚多。

夏秋間,初識齊白石。

《白石狀略》:壬寅,年四十二。識夏午貽、郭葆蓀、李梅庵兄弟叔侄。是年冬,夏午貽由西安聘爲畫師,教姚無雙。(《人生若寄——北京畫院藏齊白石手稿》頁一○七)

案:是年春公葬父桂林,五月歸湘。十月,魏光燾聘公主講《大學》,齊白石遠赴西安,故此事似當在五至十月間也。又,齊白石"枕善而居"印款(《齊白石全集》卷八)及《寄園日記》六月一日(《齊白石全集》卷十)謂平生與公神交而未能相見,然則此處所謂相識,殆如是乎?

七月二十五日(8月28日),丁立鈞卒。

《鄭孝胥日記》八月二十五日:得樨弟書,丁叔衡卒於東臺,實七月廿七日,傷哉。(頁八四五)

案:《丁立鈞年譜》謂卒於七月二十五日,今從之。

七月,爲沈玉遂撰書碑銘。

《清故建威將軍沈君之碑》:君諱玉遂,字翰卿。湖南湘鄉人。其在周室有沈子,《春秋》書之,列於諸侯。迄於建紹之際,宋祚微缺,烈祖士賢偕弟季賢,奉母歐陽太君,爰自萬載來家於湘。曾祖諱啓斌,祖諱嗣萬,考諱先榮,世懷懿德,隱居不仕。君少稟瓌瑋之姿,挺忠貞之質,夙有清世之志,不樂稼穡,輟畊興歎。咸豐之初,紅巾爲亂,磐牙連歲,四方動搖。君年甫弱冠,願充行伍,從征江漢,轉戰西蜀,破石達開于太平,誅周紹湧於安吉,宣力勤慮,以勞定功,遂以千總屢遷至副將,并賞花翎。同治二年,粵東海嶼盜賊飆起,兩廣總督毛鴻賓奏請移師討擊兇惡,斬殄渠帥。署理香山,協副將廣設方略,邊郡以清。帝嗟勤勇,記名總兵,世荷恩榮,追封兩代二品。東南悉平,謝病歸里。同治七年,叛回馬化漋、白彥虎等寇鈔秦隴,覆没城寺。陝甘總督左宗棠興師征討,檄君西行。是時謀臣鱗萃,猛將霧集,勇鷙則董福祥、余虎恩、吳隆海,推君驍果;剽悍則何作霖、黃萬鵬,驚君健逸;才略則劉錦棠,服君籌策;嚴肅則魏光燾,並欽整飭。非夫器兼文武、氣度過人者,孰能致此矣?君銜命出師,榮死辱生,貫脾陷匈,曾不反顧。未嘗避屯趨利,辭難就逸。河湟淪陷,將及十年,野無青草,軍無見糧,兵人疲餽,咸懷咨趄。君毅然赴之,指敵忘身,大捷太子寺,掘發賊粟數十萬,不費官財,士卒贍飽。連勝,遂前進攻河州,會天寒大雪,師徒數踣,連騎僵慄,賊衆大至。君從容治軍,意氣甚逸,因機畫計,度敵設備,獨率勁旅,衝其中堅,群盜波駭,餘燼鼠竄,斬首萬級,奔殪没溺者不可勝數,遂拔河州。同寮歸功,帝嘉懋績,以喀爾莽阿特更褒號,因授河州鎮總兵官。秦隴大定,引兵出關,有百其戰,冒刃當鋒,身無完膚,振旅而歸。奏免騎射,移署固原提督。三歲,徵還河州。民回雜處,互相賊害,深瑕潛釁,積年淹載。前官□好貨財,暴索豪斂,縱民侮回,以竊虛譽。有賄則邪枉漏門,無賕則善良巧入,冤結莫信,起□□寇。君到官,宣恩布澤,開曉殊俗,齊體一□,罔有二心。君曰惡懲善賞,安分漢回乎?□□珍怪,不以入懷,雖田豫之受金付外,張奐之酹酒還鐪,無以加焉。故雜落諸酋,莫不舉踵向化,望風率服。在職廿年,威化大行,乃以積勞彫齡,德豐壽嗇,春秋五十有四。光緒十七年十二月辛亥卒于位。天子憫悼,諭使祠祭,寵命畢備。百姓市道失聲揮涕,回長邊酋徒跣號泣。歸道所經,設槃呈案、斂貲致奠者相屬於道。君既没五年,河州大亂,陝甘震動,命帥率師,期年乃平。僉曰:沈將軍而存,吾屬胡爲至此?相與歎述功伐,追痛不實。嗚呼,君鴻勳載于國史,遺愛留于河湟,芳烈照曜,無俟讚紀。厥子永鎮等因舊兆未安,更瘞斯壤,以爲先民既没,賴茲貞石,嗟我皇考,如何勿銘?瑞清忝列婚屬,久欽盛德,乃竭昏霿,樹碑刊辭,用慰其孤罔極之懷。乃申頌曰:

湯湯巨川,匪楫焉濟。悠悠千里,匪車焉致。猗與沈父,爲國之弭。海內霧塞,諸夏飆回。受命天討,克振英威。烝徒增增,如虎如貔。搴旗奮鼓,莫我敢韋。東南始澄,秦隴騰驩。師之攸向,群盜崩潰。鎮撫河州,推忠布愛。千里鳴絃,犬不夜吠。匡困補乏,邊回以綏。將軍而死,民將安歸。島夷搆逆,豕突京師。諸將惶怖,不戰徘徊。於戲沈父,名在身萎。我仰休烈,喟焉長懷。爰勒斯銘,非爲君哀。

長子永鎮,二品廕生;次永康,承嗣,難廕,詔用通判;次永文,中書科中書;次永儀,太常寺典簿;次永蘇,幼而克才,不幸短命;次永謙,次永復。鎮子紹齡,不穡而萎;次紹剛。康子紹毅,文子紹瞻。咸祇承家軌,克丕宏業。天錫嘉祚,億齡罔極。

翰林院庶吉士臨川李瑞清作此誦,且爲察書。武陵韋叔遠市石,刻者寧鄉李祺。光緒二十有八年七月艁。(拓片,http://m.997788.com/new/pr/detail? id＝63614207&type_id＝0&de＝1&pid＝155)

案:該文亦載《清道人遺集》(頁一九九),題曰《沈翰卿墓誌》,然"非夫器兼文武"句以下皆闕焉不存,所存與原碑文字亦略有出入。文曰"瑞清忝列婚屬",蓋其妹適沈玉遂之次子永康耳。

九月五日(10月6日),劉坤一卒。

陳三立《贈太傅兩江總督劉忠誠公神道碑銘》:光緒二十八年九月五日,兩江總督南洋大臣新寧劉公薨於位。(《碑傳集三編》卷一四)

九月六日(10月7日),張之洞調署兩江總督。

魏秀梅《清季職官表附人物錄》兩江總督:張之洞。任職:光緒廿八年九月六日(1902,10,7)。類別:調署。備註:湖廣總督,未到任前,以李有棻暫護。(頁三六一)

《鄭孝胥日記》九月初七日:聞廣雅調署兩江,端方兼理湖廣。(頁八四六)

九月十一日（10 月 12 日），侄李承文生。

> 《李氏族譜》：承文，瑞祖八子，以共祖兄弟行十六，字焕之，號
> 子人。光緒壬寅年九月十一日申時生。（卷二）

十月上中旬，魏光燾開雲南學堂，聘公主講《大學》。公既許之，乃冒
雨雪訪胡思敬於京邸。

> 蔣國榜《臨川李文潔公傳略》：壬寅，邵陽魏威肅公督雲貴，聘
> 公主講《大學》。（《清道人遺集》頁九八）

> 胡思敬《送李梅菴南歸序》：壬寅十月，邵陽魏公承詔開雲南
> 學堂，聘梅菴爲教習。梅菴既受魏公之幣，嚴冬冒雨雪走視予於
> 京邸。（《退廬文集》卷五）

> 案：十月二十一日，公謁見王文韶，故此事當在上中旬間也。

劉廷琛來京，聞公先在，遂訪之。

> 劉廷琛《送李梅菴同年之官江南序》：壬寅冬，余再入都，聞梅
> 菴先在，亟訪之。不數日，又別去。（嘉德四季第 53 期迎春拍賣會
> 1965）

十月二十一日（11 月 20 日），謁王文韶。

> 《王文韶日記》十月二十一日：又見客兩起，李瑞清、劉兆桐。
> （册下，頁一○九○）

爲曾熙等臨石濤《梅竹蘭石長卷》。

> 臨石濤《梅竹蘭石長卷》款：忽然爲此萬里之行，去家日遠，思
> 家益迫。頃入都，於廠中見清湘老人梅竹蘭石卷子，頗超逸有天
> 趣，爲九哥、松菴臨之。吾家筠仲酷好書畫，尤嗜大滌子，阿哥攜
> 歸，可予之一觀，道余念弟之甚，并道余孤旅獨行踽踽可憐態也。
> 梅弟清并識。（臺灣藏家提供，曾迎三先生惠示）

> 案：款作山谷體，前有公所臨石濤原款，曰："春秋何說懸古
> 琴，白髮看來易素心。盡悔前詩非爲澹，訛傳俗子枉求深。無聲
> 無地還能聽，支雨支風不待唫。丙戌秋七月，寫於耕心艸堂。清

湘大滌子濤。"畫卷尚有汪中所題引首,曰:"李楳庵橅石濤三清
圖。庚辰,雨盦。"又,款曰"忽然爲此萬里之行",當指擬赴魏光燾
之聘,主講雲南學堂事。又曰"吾家筠仲酷好書畫,尤嗜大滌子,
阿哥攜歸,可予之一觀,道余念弟之甚",據本年"十二月底,自京
還湘,鼓棹過洞庭,與曾熙至磊石分舟"條所引,是冬李瑞荃亦來
京,後於公,則此畫當作於李瑞荃來京之前也。故曰"頃入都",亦
合。公或擬自京赴黔,而十一月六日魏光燾調任兩江總督,卒未
成行,十二月末與曾熙、李瑞荃歸湘,則此畫當作於十月中旬至十
一月六日間也。

**十一月三日(12 月 2 日),詣劉鶚久談,爲題所藏《顔魯公三表墨蹟真
本長卷》。**

　　《抱殘守缺齋日記・壬寅日記》十一月初三日:晴。有李君梅
癡來訪,爲楚生之舊交也。名瑞清,書法甚佳,臨川春湖先生之族
孫也,鑒別甚精。談數時之久,深歎恨相見晚,爲題《顔三表》一則
以去。(頁一六九至一七〇)

　　《跋顔魯公三表墨蹟真本長卷》:顔魯公爲有唐一大宗,宋以
來書家莫不宗之。蔡、蘇、米皆出魯公,涪翁意欲求勝坡公,故蘇
學顔而涪翁學《鶴銘》。明董文敏雖學楊少師,實從魯公出。然董
之學顔與蔡同,皆陰柔之品。國朝學顔則錢南園、何子貞,錢南園
獨師其陽剛之品,何晚年則以隸篆化顔法。此三表曾於何子貞丈
家見雙鉤本,又見芋香山館刻本,真蹟今歸劉鐵翁先生,出篋相
示,何圖復得見此原本。因論顔書流派本末,書於卷後。弟瑞清
跋。(《壯陶閣書畫録》卷一)

　　案:此卷後歸裴景福。

十一月四日(12 月 3 日),謁王文韶。

　　《王文韶日記》十一月初四日:晴。入對四刻,巳正三刻散直,
朱慎初、李瑞清先後來,飯後即進城。(册下,頁一〇九一)

十一月六日(12月5日),**魏光燾調任兩江總督。**

魏光燾《湖山老人述略》:壬寅冬,又奉調兩江之命。比即奏辭,未允所請。(《隆回文史資料》第三輯)

魏秀梅《清季職官表附人物》兩江總督:魏光燾。任職:光緒廿八年十一月六日(1902,12,5)。類別:調。(頁三六一)

公將南歸,胡思敬作序以贈。

胡思敬《送李梅菴南歸序》:梅菴與予癸巳同舉於鄉,後一年成進士,各以事留京師,又一年始廷對,同入翰林爲庶吉士。是時梅菴年二十六七,慕楊椒山先生之爲人,僑寓松筠菴,與二三朋輩唱酬,游宴無虛日。予少梅菴二歲,方讀《史記》《莊》《騷》,棄帖括爲詞章家言,兩人遭際既同,志趣相若,握手論交,稱爲莫逆。其後,予游長沙,訪梅菴城南寄廬,讀其文而壯之,梅菴見予嶽游諸詩,亦極口稱歎勿絕。其弟筠仲嗜古劬學,所交盡當世名流,相與置酒碧浪湖,憑弔欷歔,慨談往事。予作長歌一篇,引"岑參兄弟好奇"句以相比況,一時意興之盛,可謂前無古人。及戊戌再來京師,兩人情好益篤,梅菴有子曰承侃,與予女合歡年相若也,因指約爲婚,未訂盟,匆匆別去。蓋自戊戌政變以後,中更兵火,凡四五年間,梅菴迭遭家難,由燕返楚,由楚而桂而滇,展轉奔馳,莫能自主。予亦以貧故,留滯京師,時時獨居深念,咤嚓無聊,不但湘楚舊游恍如隔世,即求重聚京師,戰藝論文,以驗吾兩人之進境,渺不知何日。乃歎歲月駸駸易逝,而交遊離合之故,古人託之文字,一唱三歎,悲其難聚而易散者,爲可念也。

壬寅十月,邵陽魏公承詔開雲南學堂,聘梅菴爲教習。梅菴既受魏公之幣,嚴冬冒雨雪走視予於京邸。予方憂梅菴中歲多故,或牽率人事,不克寧靜專一以治生平未竟之業,而梅菴境愈窮學愈進,言論之間,無幾微不豫之色,方將發明春秋君臣大義,成一家言,返其好古之心,以究末流世變。賢者固不可測,予自愧知人之淺,向之嗟歎梅菴憂其窮途坎坷愛莫能助者,今轉得梅菴而

且壯矣。梅菴持此而善守之,本之六經四書、諸子百家之言以窮
其理,考之歷代國政朝章以明其制,參之二十一朝治亂興衰之跡
以詳其事。我而用,小而試之一邑,爲于羅江、陸嘉定可;大而試
之軍旅,爲江忠烈、曾文正亦可;又不幸而遭國難,爲袁太常、王祭
酒亦無不可。我而不用,有朋友之和,有昆季群從之賢,把臂入
山,讀書樂道,爲魏冰叔可;獨處窮荒,寂無聲聞,爲王船山亦可。
此數年來相與論交之意,梅菴所以期予者在是,予之臨別贈言以
報梅菴者亦在是。若夫苟合求容,藉口於枉尺直尋以貶其節,中
材以下能辨之,固無待吾兩人之規戒矣。(《退廬文集》卷五)

案:序曰"方將發明春秋君臣大義,成一家言",即公所著《春
秋君臣大義考》,今已佚。又,魏光燾十月開雲南學堂,聘公爲教
習,公受幣後赴京訪胡思敬,十二月猶在都,十一月六日魏光燾調
任兩江總督,疑公未及赴滇也。

十二月底,自京還湘,鼓棹過洞庭,與曾熙至磊石分舟。

曾熙跋李瑞清《洞庭君山圖》團扇:此吾二弟李仲子寫洞庭君
山也。壬寅仲子與筠庵三弟先後來京,嚴冬航海過洞庭,其時予
奉母新居龍陽之天心湖南,至磊石分舟,此尚堪迴憶耶! 季爰得
此遺墨,髯爲之注。(真蹟。曾迎三先生惠示)

曾熙《山水册頁》第七幀:壬寅除夕先一日,自都歸省龍陽,從
林子口入有此景。(轉引自王中秀、曾迎三編《曾熙年譜長編》頁
六五)

案:曾熙跋曰"壬寅仲子與筠庵三弟先後來京",似其已先在
京。曾題《山水册頁》曰"壬寅除夕前一日,自都歸省龍陽",則是
冬曾熙確曾在京也。又曰"嚴冬航海過洞庭……至磊石分舟",似
其共渡洞庭而至磊石,故一見而知公所繪爲洞庭君山也。若赴京
時共渡洞庭,不當謂"先後來京"。且公居長沙,曾熙居龍陽,至磊
石分舟,則共渡者爲西洞庭,而君山在東洞庭也。

編年文

　　《清故建威將軍沈君之碑》七月、《跋自臨石濤梅竹蘭石長卷》、《跋顏魯公三表墨蹟真本長卷》十一月

光緒二十九年癸卯(1903)　　三十七歲

正月八日(2月5日),張之洞奏建三江師範學堂。

　　　張之洞《創建三江師範學堂摺》:經臣督同司道詳加籌度,惟有專力大舉,先辦一大師範學堂,以爲學務全局之綱領,則目前之致力甚約,而日後之發生甚廣。兹於江寧省城北極閣前勘定地址,創建三江師範學堂一所,凡江蘇、安徽、江西三省士人皆得入堂受學。查直隸督臣袁世凱奏建師範學堂,定全省學額爲八百名,延聘日本師範教習十二人,兹爲三省豫儲師範學額,自宜酌量從寬。現擬江蘇省寧屬定額二百五十名、蘇屬定額二百五十名、安徽省定額二百名、江西省定額二百名,共定額爲九百名。其附屬小學堂一所定學額爲二百名,所有師範生及附屬小學生均由地方官出具印結,取具本生族鄉甘結保送考選入學。開學第一年,先招師範生六百名,三年後,再行續招足額。前三年教小學堂之師範生,約分三級:爲一年速成科、二年速成科、三年本科,以便陸續派赴各州縣充小學堂教員。第四年即派置高等師範本科精研教育學理,以教中學之師範生,備各屬中學堂教員之選。現已延聘日本高等師範教習十二人專司講授教育學及理化學、圖畫學各科,並選派舉貢、廩、增出身之中學教習五十人,分授修身、歷史、地理、文學、算學、體操各科。學堂未造成以前,暫借公所地方於本年先行開辦,練習教員之法。令東教員就華教習學中國語文及中國經學,華教習就東教習學日本語文及理化學、圖畫學,彼此名爲學友,東教習不得視華教習爲弟子,在日本語此法名爲互換知識。俟一年後,學堂造成,中國教習於東文、東語、理化、圖畫等學

通知大略，東教習亦能參用華語以教授諸生，於問答無虞扞格，再行考選師範生入堂。開學則不必盡借繙譯傳達，可免虛費時刻、誤會語氣諸弊，收效尤速。其購地建堂經費已據江寧藩司籌撥應用，其常年學堂經費如華洋教習、各學生飯食，冬夏講堂及操場，衣冠、鞾帶、臥具、紙筆、鐙火，獎賞監督、提調、監學、庶務各委員、司事、人役、薪工及一切雜用之屬，每年需款甚鉅，已議定由江蘇藩司於本年先協撥銀一萬兩，以後每年協籌銀四萬餘兩，擬令安徽、江西兩省各按學生額數，每名年協助龍銀一百元，不過稍資津貼，不敷尚多，所有全堂三省學生學費自應專籌的款濟用。查江寧銀元局鑄造銅元最爲便民要政，行銷頗暢，甚有盈餘，現已由該司詳情添購機器，增建廠屋，大加擴充，即以歲獲盈餘專供該學堂經費之用。此舉爲三省學堂根本教員得人起見，雖江寧財力支絀，不敢不設法籌措，勉爲其難。至學堂建造規模及一切課程辦法經臣專調曾赴日本考察學校，熟悉教育情形之湖北師範學堂長來寧精繪圖式，詳定章程、總期、學制，悉臻完備合法，並於省城設立兩江學務處所，派委司道等員會同綜理，加意講求，督催興辦，以仰副聖朝興教勸學，造就人材之至意。(《張文襄公全集》卷五十八，頁十五至十七)

胡鈞重編《清張文襄公之洞年譜》光緒二十九年正月：初八日，奏請於交卸後入京陛見，奉旨著來見。奏設三江師範學堂。到任之初，議大興學校，嗣以交卸在即，僅籌設師範學堂以立之基。仿北洋例，延日本教習十二人，選本省貢廩出身之中國教員五十人互相講習，先練教員，預定學額九百名，江蘇省寧、蘇兩屬各二百五十名，安徽、江西兩省各二百名，勘定地址於北極閣下，指銅元盈餘爲專款，蘇屬歲撥銀四萬兩，安徽、江西按學額每名協助一百元，暫借公所地方開辦。是月，行開學禮。後改名兩江師範學堂。(卷五，頁二〇一)

正月末，管學大臣議復張之洞奏建三江師範學堂事。

《管學大臣張議復署江督張奏建三江師範學堂摺》：奏爲遵旨

議奏,恭摺仰祈聖鑒事。光緒二十九年正月二十八日,准軍機處抄交署理兩江總督張之洞奏倡建三江師範學堂一摺,奉硃批:管學大臣議奏,欽此。並將原摺抄交前來……至所稱常年經費由江蘇藩司及安徽、江西兩省統籌協助,並以江寧銀元局歲獲盈餘專供該學堂經費之用,係爲力籌久遠起見,應請飭下各該督撫照數撥濟,俾底於成。(《學務文牘》第十四冊,湖北學報館)

二月二十二日(3 月 20 日),**魏光燾到任兩江總督,興建三江師範學堂。**

魏光燾《湖山老人述略》:到任後,首先整頓鹽政,歲增款至二百餘萬;釐金、銅元亦增出二三百萬。提款建三江師範學堂。(《隆回文史資料》第三輯)

《張謇日記》二月十六日:江督魏午莊光燾到江,湖南邵陽人,以軍功起家。(《張謇全集》第六卷,頁四七八)

胡鈞重編《清張文襄公之洞年譜》光緒二十九年二月:二十二日,交卸篆務。二十三日,乘楚材輪船啓行。二十九日抵漢口。(卷五,頁二○三)

《藝風老人自訂年譜》二十九年癸卯:張南皮帥回南湖任,魏午莊制軍光燾接印,電促荃孫等回國。

魏光燾延公爲西席。

李雲麾《先從兄清道人行述初稿》:邵陽魏光燾方督兩江,敦聘爲其子師,且諮大計,而束脩不腆,不足贍家,恒鬱鬱有去志。從父共八子,兄及伯季同爲從母陳太夫人出。伯篤厚而體矬,季慧辯,爲從父母所鍾愛,顧屢躓場屋,乃爲捐納以知縣候選。魏已念兄家累重,問諸弟孰可與者,兄舉季對。立召之至,畀以湖北樊城榷運督銷,爲優差最,冀可分兄內顧憂而專心爲課其子也。(《清道人遺集》附錄,頁二七三至二七四)

蔣國榜《臨川李文潔公傳略》:俄移節兩江,攬公入幕。(《清道人遺集》頁九八)

曾熙《桂盦粥書直例》：魏叔子桂盦，邵陽魏威肅第三子也。威肅爲書，執筆用撥鐙法，迴腕高懸，雖戎馬倥傯，未嘗一日廢書。叔子幼學父書，能窺見筆法。及威肅督兩江，令諸子從李梅盦先生學。梅盦於威肅父執也，平日常愛威肅書，及見叔子，大奇之。發篋中所藏銅器碑帖，且臨且語，叔子未嘗離腕下。（《新聞報》1920 年 12 月 13 日）

案：公去世後，魏肇文、魏肇鉴、魏肇嘉、魏肇祥、魏肇澄、魏肇威、魏肇元、魏肇蓮有合輓聯，上聯曰“是夫子爲我兄，從夫子爲我師，共期夫子定長生，壽算竟終五四歲”（《清道人遺集》附録，頁二六三），則公所教者即此數人也。

《李梅庵之教授法》：清道人李梅庵因得着江督魏午莊的信任，在清光宣之間得享教育界的盛名。而信任的由來，則基於西賓時代。原來魏有兩位公子攻舉業，所請過的西賓甚多，大率不過一年半載就拂袖而去，學生的舉業自然没有進步了。究其原因，先生説學生不肯學，學生説先生不善教。梅庵就在這個時候以名翰林受聘，顯露他的教授長才了。賓東既慶相得，師生情感亦水乳，絳帳三年，二位高足就中了舉了。

後來有人問梅庵用的甚麽方法，能把這兩位高足教育成功，梅庵説：“教授之法，在使受教的感到興趣，不視讀書爲畏途，就得了。”他並且舉了一個例説：“譬如要教‘杲’字，須先教東字，東字從日從木，東方屬木，太陽初出的時候照在樹木的中間，所以日字在木字當中，是清早太陽初出之象，就叫做‘東’。‘杲’字是太陽升高之義，這時太陽不是已經在樹木的上面了嗎？所以日加木上爲‘杲’，杲者高也。學生聽到這兒已經有了領會了，就趁勢教他‘杳’字，太陽到了樹木下面是表示太陽將落之義，所以日落的時候叫做‘杳’。”梅庵教授的方法大率如此。（《益世報（北京）》1936 年 12 月 6 日）

案:據李雲麾、蔣國榜所記,光緒二十九年魏光燾督兩江時,聘公爲西席,三十年九月公入都求官,前後一年有奇,文曰"絳帳三年",誤。

約於此際,致函陳鋭。

《與陳鋭書》:踽踽如縶囚耳,頗不耐。窮漢又無噉飯所,不得不低首就之,天之安置我輩固如是乎? 蕃室已回蘇州,遲不過半月返來,書秘藏之,以俟其歸。諸件竢面納。伯弢仁兄先生,制弟清頓。(陳鈞輯《裛碧齋篋中書》册下,頁二七)

案:書曰"不得不低首就之",當指應魏光燾之聘教其諸子事。又曰"蕃室已回蘇州",蕃室即魏允恭,是年總辦江南製造局。暫繫於此。

四月十一日(5月7日),曾熙初識齊白石,自謂耳其名於公處。

齊白石《癸卯日記》四月十一日:久又聞生人語聲,聞午貽問客曰:"知齊先生否?"客曰:"不知。"答曰:"湘潭齊璜白石先生。"客曰:"久聞於梅庵,願一相見不可得。"午貽笑聲與履聲並出,曰:"且從我去。"語余曰:"此楚天最善書者曾嗣元先生,願一識君。"(《人生若寄——北京畫院藏齊白石手稿》頁五〇)

四月十六日(5月12日),李瑞荃訪齊白石,將其印稿索去,欲寄公先覩爲快。

齊白石《癸卯日記》四月十六日:未刻,午貽來北萍精舫,言李筠盦來,欲一與談。又言筠盦曾與馮嵩雲及郭五皆先有言在,願一識面。余將舊爲梅盦所篆之印五以稿存呈之,筠盦將稿索去,欲寄其兄先睹爲快。(《人生若寄——北京畫院藏齊白石手稿》頁五二)

《白石老人自傳》:光緒二十九年(癸卯·一九〇三),我四十一歲……三月初,我隨同午詒一家,動身進京……認識了湘潭同鄉張翊六,號貢吾;衡陽人曾熙,號農髯;江西人李瑞荃,號筠

庵……以前我寫字,是學何子貞的,在北京遇到了李筠庵,跟他學
寫魏碑,他叫我臨《爨龍顏碑》,我一直寫到現在。人家説我出了
兩次遠門,作畫寫字刻印章,都變了樣啦,這確是我改變作風的一
個大樞紐。(頁五一至五四)

四月二十一日(5 月 17 日),曾熙以公所作山水册示齊白石,齊以爲
不失天然也。

　　　齊白石《癸卯日記》四月廿一日:午刻,再過嗣元……又出李
梅广所作山水册子一部,妙在梅广不長於畫,故不失天然,落筆成
趣。況梅广閲名人畫多,自款摹□□本,余信然。梅广雖當時之
書家,未必胸中有此畫稿也。(《人生若寄——北京畫院藏齊白石
手稿》頁五四至五五)

四月二十四日(5 月 20 日),齊白石從曾熙借公所臨國初名人畫册。

　　　齊白石《癸卯日記》四月廿四日:晚餐後,去嗣元,筠广亦先
至。傾談欲倦。嗣元勸酒,余不能多飲,幸筠广爲之辭曰:"白石
先生在筠广處亦未多飲,故生平自醒,非他人至死沉醉者。"與嗣
元借梅广所臨國初名人畫册歸。(《人生若寄——北京畫院藏齊
白石手稿》頁五七)

五月二日(5 月 28 日),齊白石爲公刻"黃龍硯齋"印。

　　　齊白石《癸卯日記》五月二日:爲李梅广篆刻"黃龍硯齋"四
字,又爲午貽刊"無雙"印,皆漢人佳者筆法。(《人生若寄——北
京畫院藏齊白石手稿》頁六一)

五月十五日前,東亞同文會推薦日本教習十一人來華,任教於三江
師範學堂。公始與菅虎雄相識。

　　　《時政紀要·學務》:三江師範學堂聘請日本學士管虎雄、大
森千藏、杉田稔、志田勝民、松原俊造、亙理寬之助、那部武治爲教
習,已乘弘濟丸輪船抵滬,旋即赴寧。其總教習菊池謙次郎、日文
教習柳原又熊先已抵省,尚有農學士、醫學士二人,亦將由日起
程。(《北洋官報》第六十二期,頁九至頁十)

《李瑞清氏の略歷》：菅先生との邂逅は、實に、この頃であ
る。李氏は齡三十七、先生は四十、何れも狀年気鋭、しかも、好む
ところを同うし、高卧脱俗、清明端潔の心境は、相通じていたの
で、義に於ては師弟であるが、情に於ては兄弟にも等しく、莫逆の
交を結ぶに至った。(《陵雲無爲・菅虎雄先生遺墨法帖》卷尾)

　　案：據蘇雲峰《三（兩）江師範學堂——南京大學的前身，
1903—1911》，首批日本教習由東亞同文會推薦，於光緒二十九日
五月十五日前到校。任期三年，除一人辭職，二人續聘外，均依合
同任滿解職。計有：菊池謙二郎，東京帝國大學文學士，任三江師
範總教習；菅沼虎雄（當爲菅虎雄），文學士，任倫理、教育科教習；
志田勝民，法學士，任法治及經濟科教習；大森千藏，理學士；安藤
安，農學士，任農科教習；松原俊造，理學士，任物理化學科教習；
岸達仲，醫學士，任生理及生物科教習；那部武二，日清商品陳列
所員，任通譯；柳原又熊，曾任湖北自強學堂日語教習，任通譯；杉
田稔，工學士，任手工科教習；亘理寬之助，任圖書科教習。《北洋
官報》將"菅虎雄"誤作"管虎雄"，"那部武二"誤作"那部武治"。
又，其時魏光燾延公爲西席，以訓其子，且諮大計，故得相識也。

**五月二十九日（6 月 24 日），齊白石從李瑞荃處借公所藏《江浙七家
印存》。**

　　齊白石《癸卯日記》五月廿九日：復過筠广處，假來汪秀峰先
生所集秦漢人印譜八本及《江浙七家印存》册頁，均拓邊款。（《人
生若寄——北京畫院藏齊白石手稿》頁七〇）

　　案：《癸卯日記》閏五月一日云："晚間看江浙七家印譜，以丁、
黃爲最，李梅广藏本。"

五月，爲饒智元女饒運儀墓書碑。

　　殘碑：□□家窈雲之□。卒於光緒二十□□。臨川李瑞清題。
　　《南京文獻綜合目錄・金石》：饒大家窈雲（運儀）墓碑。正

書。清李瑞清書。清光緒二十九年(1903)年五月立。拓本。

　　案:據《歷代婦女著作考》,竊雲爲饒智元長女,上舍黃經權之妻,年二十餘卒。參閱程遠《饒運儀墓——南京清涼山李瑞清款殘碑考釋》(http://blog.sina.com.cn/s/blog_3fe8ebaa0102vypp.html)

是月,題魏縣《泳經堂叢書》。

　　《泳經堂叢書》扉頁:學杜而矜慎,山谷之流,願以危詞苦語哭醒汶汶輩也。李瑞清誦竟奉告。書尾:上追漢魏樂府,先生殆不肯爲涪翁門下客矣。李瑞清更題。(《邵陽魏先生遺集》頁三二五、四一二)

　　案:公未署年月,扉頁後有陳三立辛丑臘日題,書尾復有曾廣祚癸卯五月題,考魏縣爲魏源孫,魏肇文族叔,公於是年二月入魏光燾幕,並課其子,故能時相過從。暫繫於此。

釋敬安應俞明震之招來寧,與公相過從。

　　《八指頭陀年表》一九〇三年:五十三歲。天童山住持。五月赴上海,又從俞恪士招去南京後湖,與名士相互唱酬。後由南京回天童結夏。(《八指頭陀詩文集》附錄)

　　俞明震跋《白梅詩》:寄師屬題《白梅詩卷》,六年未踐約。癸卯五月,從上海同舟赴金陵。(《寄禪遺詩》)

爲敬安題其所作《白梅詩卷》。

　　案:是歲敬安致李瑞荃書曰:"昨日所呈《白梅詩》四首,題目與前略有更易,靜極思之,不如仍從其舊,以示本來面目。令兄梅癡先生及恪士太史所評者,乃初稿也。"知公嘗題其詩卷。然據《寄禪遺詩》(滄海叢書本),未見公評語,或已散佚。俞明震評語作於癸卯五月,陳三立作於癸卯伏日,蓋五月敬安來遊金陵,故出此請公題耳。後陶濬宣題曰"癸卯六月,師自金陵還天童,過滬枉訪,出畍梅花詩卷",知敬安此行遍請朋好題跋也。

六月二十四日(8月5日),魏光燾招飲莫愁湖上,公賦詩奉謝。

　　《荷花生日邵陽尚書置酒張飲莫愁湖上時久旱得雨池沼微涼作此奉謝》二首:其一:岸柳迎冠蓋,池蓮引壽杯。民欣車馬出,花向綺筵開。簾外鬱金冷,梁空燕子來。江山屢興廢,對此一徘徊。

　　其二:白日林塘靜,湖山雨澤新。荷風通水榭,暮色隱江濱。世事如碁局,艱難倚老臣。愧無濟時策,空作尚書賓。(《清道人遺集》頁一一三)

　　案:魏光燾於癸卯二月十六日到江,甲辰七月廿二日調閩浙總督。詩有"空作尚書賓"句,當作於此二年。又題曰"久旱得雨",考《藝風老人日記》,是年六月二日至十九日皆晴,廿日至廿三日雨,廿四日陰,題曰"池沼微涼",亦合。

六月下旬,釋敬安別公歸天童。

　　釋敬安《金陵別李二翰林瑞清》:天風吹海立,送我石城遊。偶與故人會,還回越水舟。白門寒暮雨,明月照高樓。悵望煙波闊,孤雲隨野鷗。(《八指頭陀詩文集》頁三〇四)

九月中旬前後,江西鄉試放榜,侄李承修中式第五十名舉人。

　　案:據《李氏族譜》卷二,李承修以國子監生中式癸卯恩科本省鄉試第五十名舉人。《湘綺樓日記》九月九日"二更發榜",十日"出看榜",江西放榜當亦於此時前後也。

秋,爲伯宣題所藏劉松年《群仙圖》。

　　題《群仙圖》:舊傳劉松年畫傳世者不滿十幅,此卷不知伯宣先生從何處得來?林木、人物蒼古精妙,不似南宋人,亦不似畫院人,明眼人自能辨之。李瑞清。(北京保利2015年春季拍賣會2317)

　　案:公跋後有張祖翼光緒癸卯仲秋題,因繫於此。

十月,范當世任三江師範學堂總教習。

孫建《范伯子年譜簡編》:光緒二十九年癸卯:十月,赴江寧,任三江師範學堂總教習職。(《范伯子詩文集》附錄二,頁五九五)

十一月二十三日(1904 年 1 月 10 日),赴劉世珩招飲,繆荃孫、張預、茅謙在座。

《藝風老人日記》十一月廿三日:聚卿招飲,李梅庵瑞清、張子虞、茅子貞同席。(頁一六一九)

十二月,爲魏光燾子魏肇文臨《張黑女墓誌》。

《道人黑女誌臨本》:《黑女志》遒厚精古,北碑中之全以神味勝者,是縣《曹全碑》一派出也。《敬使君》與此同宗,但綿邈不逮耳。何蝯叟頗能得其化實爲虛處,故能納篆分入真行也。武伯學此碑大有悟入處,冬窗畫暄,研冰欲解,臨此予之。碑中以三河與巛堀並舉,三即乾卦也。此石外無同之者,因坿志於此。光緒二十九年十二月,李瑞清。

曾熙跋:髯亦喜臨《黑女誌》,然以太傅法寫之,或以分書章草入之,但攝其神意即大快。文潔每臨一帖,如唐時諸賢之模《蘭亭敘》,筆法部位,無不畢有,《書譜》所謂“審之既精,儗之貴似”。米顛而後,臨古之功,蓋未有能及文潔者矣。此册爲教魏公子所作,其雍容冲和之度,更不可及。因勸震亞主人景之,以公同志。髯識。壬戌十月。(震亞圖書局)

是歲,求同年汪生致傾慕之意於陶濬宣,未得見報。

《報陶心雲書》:復於滬上得遇同年汪生,知與公善,求致傾慕之勤於左右,未得見報,失望久矣。豈意七年於茲,忽蒙逮及。(《清道人遺集》卷二)

案:宣統二年陶濬宣始致書與公,故繫於此。

是歲,公由昭信股票報捐雙月候選道。

《清代官員履歷檔案全編》:李瑞清……二十九年由昭信股票

報捐雙月候選道,旋捐三班,指省江蘇。(册七,頁二六四)

是歲,敬安以公及俞明震所評《白梅詩》初稿寄李瑞荃。

　　敬安《致郁華先生書》:郁華先生史席:昨日所呈《白梅詩》四首,題目與前略有更易,静極思之,不如仍從其舊,以示本來面目。令兄梅癡先生及恪士太史所評者,乃初稿也。前後次第,尚有未穩,後已更定,請以此稿爲是。即乞轉求笠樵先生大筆一書爲榮。爲此,將梅癡、恪士二人所評原稿及蕭希魯書一併奉上,伏乞轉達。此請道安。八指杜多和南。(《八指頭陀詩文集》頁四八一)

編年詩

　　《荷花生日邵陽尚書置酒張飲莫愁湖上時久旱得雨池沼微凉作此奉謝》二首

編年文

　　《與陳鋭書》、《題劉松年群仙圖》、《跋自臨黑女志》十二月

光緒三十年甲辰(1904)　　三十八歲

三月,爲魏仲青母作壽序。

　　《魏母吳太夫人六十壽序》:光緒三十年三月之吉,魏春皆太守之母吳太夫人年六十矣,寮朋舊姻,昵交密友,相與相羊,洗觶躋堂上壽。臨川李瑞清爲侑爵之辭,謹再拜而言曰。(《清道人遺集》卷二)

春夏間,楊楷來游江寧,臨別,公寫《松竹山水玉簪花圖》以贈之。

　　《松竹山水玉簪花圖卷》款一:孤根閟幽姿,群卉自榮萎。霜霰生素空,高巖聳寒翠。款二:薄暮雨後,望清凉諸山,暝色四合,衆緑爲烟。以清湘老人法寫出,共看之。阿梅。款三:八大山人寫玉簪,極草草中用筆均隱秀。徐青藤下筆過肆,不善學之,便成江湖游士耳。款四:仁山八哥來游江南,旬日即行,出此索畫,寫此以爲别後相思之資。弟瑞清。(無錫博物院藏)

　　案：款曰"仁山八哥來游江南"，公於癸卯始隨魏光燾至寧，翌年九月，入都求官。辛亥七月，公爲楊楷節臨《論經書詩》款云"仁山哥不見者七年矣"，則此畫當作於癸卯、甲辰間。考楊曾勗編《柳州府君年譜》(頁五八至頁六〇)，"甲辰三月，奉部派考察長江各省商務"，"甲辰夏間，府君由滬之鄂考察商務"，"九月差竣，回部覆命"，因繫於此。楊曾勗繫於辛亥七月(《柳州府君年譜》上卷，頁一一五)，以爲辛亥七月公與楊晤於京師，後相繼南下，楊楷復來遊江寧時所作也。然公七月二十七日始歸江寧，楊楷若來，當在八月，楊楷《致曾霽生書》曰"適逢辛亥八月，方集股友共謀合賫大辦，期於二十五日在滬會議，而十九日武昌革命，遂以延緩"，則謀畫合賫當於十九日前也。而於此時薄遊江南旬日，恐不合理。且居京時公已作書相贈，七月李瑞祖卒，公歸而治喪，楊楷若來，似不當於此際再索畫，其疑一也。楊楷籍隸無錫，宣統元年十一月十三日卸柳州府任，宣統二年二月七日，成立華興木植公司總號於上海，居滬已久，與"仁山八哥來遊江南"亦不合，其疑二也。楊鈞謂公書蚤學陶濬宣，四十以後字體漸更，觀其庚戌、辛亥間字，已盡脱舊貌，而此幀題款猶存陶濬宣之風，其疑三也。

四月一日(5月15日)，魏縣題公所臨《張黑女墓誌》。

　　魏縣題《道人黑女誌臨本》：《黑女誌》因何蝯叟提倡，遂爲天下名跋，蝯老書名蓋世，聞初時不善書，自睹《黑女誌》，遂得古人用筆神髓。楳庵先生雅善書，今爲武伯賢佢臨此，沈妙精古，幾欲奪真。當今風塵擾攘，異端蜂起，偶一展玩，幾如登東岳眺滄海，令人有神仙之思。光緒甲辰四月朔日，文斤山民魏縣題。

夏，敬安以詩柬公，索作梅花手卷。

　　釋敬安《送王翊君之江南並柬李梅癡太史》：一雨湘城風景間，送君去看秣陵山。臨川太史如相問，隔歲梅花債要還。太史曾許爲余作梅花手卷。(《八指頭陀詩文集》頁三一四)

七月二十二日(9月1日)，魏光燾調任閩浙總督，李興銳調署兩江總督。

魏光燾《湖山老人述略》:甲辰秋,調閩浙總督。(《隆回文史資料》第三輯)

魏秀梅《清季官職表附人物錄》兩江總督:魏光燾。離職:光緒卅年七月廿二日(1904,9,1)。離職原因:調閩浙總督。(頁三六一)

魏秀梅《清季官職表附人物錄》兩江總督:李興銳。任職:光緒卅年七月廿二日(1904,9,1)。(頁三六一)

《李興銳行狀》:甲辰五月,颶風爲災,親出農田省問。中寒疾轉痢,勢極危,乞假調理。元氣尚未盡復,即奉調署兩江總督之命。府君以受恩深重不敢辭,力疾就道,八月到金陵蒞任。(《李興銳日記》附錄,頁一四五)

八月中旬,陳三立題公所畫扇。

陳三立《題李梅癡太史所畫扇》:杯添野水罷支頤,掃出婆娑蔭畝枝。萬仞青天鴉點點,爭棲夕照擲人時。(《散原精舍詩文集》頁一二六)

魏繇賦詩送公入都。

魏繇《送李梅盦太史入都瑞清》:浮生寄興一閒鷗,搖落江山感莫秋。正寫心情憐國是,怕看滄海說橫流。檥檣徹夕三山迥,鐵道連雲萬國憂。天路未遙微尚在,期君同訪濟川舟。(《邵陽魏先生遺集》頁四三九)

案:該詩前一首爲《次韻伯嚴雨中見寄》,考陳三立《雨中柬季詞》後一首即《題李梅癡太史所畫扇》,則魏繇所作當於此時前後也。

八月下旬,別陳三立,擬遊閩地。

陳三立《贈別梅庵經蘇浙入閩》:阿梅德器見温醇,弄筆窗光物物新。自許好游成辟世,稍傳不娶正驕人。寶書百國斟孤抱,冷月千江寄此身。明滅鯨鯢橫馬尾,海濤點鬢漫沾巾。(《散原精

舍詩文集》頁一二九）

案：是詩前有《中秋夕作》，後有《文芸閣學士同年挽詞六首》，注曰"八月二十八日得王木齋書，報君噩耗"，故繫於此。又，魏光燾調任閩浙總督，公爲其家庭教師，故往從之。然公於九月初入都，十二月易順鼎寄公詩有"何日八閩榕樹下，清齋趺坐共深談"句，頗疑公辭聘求官，往遊未果也。

賦詩寄魏仲青。

《寄魏春皆》：不見魏太守，新傳赤壁歸。可憐明月夜，烏鵲至今飛。霜靜秋江迥，天深木葉稀。應悲白門客，愁坐對清暉。（《清道人遺集》頁一七一）

案：魏仲青署理襄陽府事，故曰"新傳赤壁歸"。又曰"可憐明月夜，烏鵲至今飛"，當因魏光燾調任閩浙總督，公辭聘無依，故有此句也。暫繫於此。

九月初，吳廣霈來借公所藏明拓《石鼓文》。

吳廣霈《石鼓文考證》卷首：癸卯冬，余從日東歸，養疴黃歇浦，得沈氏韵初家藏石鼓文舊搨本，乃發篋陳諸家金石著錄書，手校其文。未幾，遽以赴引，引之官白下。歲除，人事少暇，乃復理舊稿，草錄一册……乙巳春正月，古安吳劍華道人吳廣霈識。

甲辰起引入都，得精拓二分，較沈藏本尤多字迹殘畫，并"吾水既清"首二行皆存。尋又假得李梅菴觀察明拓本，因互勘，以成茲《考證》一編云。

案：檢《諭旨》（《南洋官報》1904 年第 87 期），六月十五日奉旨分發江蘇道員内有吳廣霈，則吳當於六月中旬後來寧。據《藝風老人日記》，九月十日吳廣霈始訪繆荃孫，而癸卯繆荃孫赴日考察時已識吳，或其九月初始抵寧也。九月九日後，公入都求官，故繫於此。

九月九日(10 月 17 日),入都求官。

《來蹤去跡》:李梅庵太史、魏選廷公子均於初九日坐新濟往天津北京。(《時報》10 月 19 日)

《鬻書引》:歲在甲辰,看雲黄山,觀瀾滄海,忽有所悟,未能覃思鋭精以竟所學,每自歎也。(《清道人遺集》頁一二六)

九月二十二日(10 月 30 日),李興鋭卒。

《李興鋭行狀》:九月,鐵寶侍郎奉命蒞寧……是月二十二日晨,語漸蹇澀,自知不起,口授遺折,以培養元氣,振興學務爲根本至計,語不及私。延至巳刻,遂爾長逝。(《李興鋭日記》附録,頁一四五)

九月二十三日(10 月 31 日),周馥署兩江總督。

魏秀梅《清季官職表附人物録》兩江總督:周馥。任職:光緒卅年九月廿三日(1904,10,31)。類別:署。(頁三六一)

秋,三江師範即將落成。

《三江師範》:該堂房屋現在尚未竣工,校舍俱係洋式,壯麗寬廣,不亞日本帝國大學。建築之費,初定二十萬兩,後因推廣規模,再支十五萬兩。現在正趕工,甲辰秋間即可落成,教習悉聘日本人士,以文學士菊池謙次郎爲總教習,綜督教務。此外,文學士有管君,理學士有大森、松原兩君,法學士有志田君,農學士有安藤君,醫學士有岸君,繪圖教習有亘理君,手工教習有杉田君,繙譯有柳厚、那部二君及華人魏君等,各任一科,教授文學、物理、經濟、生理、數學、農學、理財、博物、繪圖、手工、東語、體操等科目。下學生已有七十名,均師範生,俟新校舍落成後再行增募。此項師範生即充分教,蓋至秋間已造畢業之域也。秋間擬再續招學生三百名,授以尋常師範功課,以備畢業之後遣往各屬充當小學教習。豫定每年增招三百名,數年之後,各州縣小學教習當不乏人矣。如是辦法,頗爲得體,視他省驟設大學堂毫無秩序者,直有雲泥之判。采同文滬報。(《四川官報》册三,頁六)

十一月十九日（12 月 25 日），吏部帶領引見。

　　《清代官員履歷檔案全編》：李瑞清，現年三十四歲，係江西臨
川縣人。由監生中式光緒十九年癸巳恩科本省鄉試舉人，二十年
甲午恩科中式貢士，乙未補行殿試，欽點翰林院庶吉士。二十九
年由昭信股票報捐雙月侯選道，旋捐三班，指省江蘇。本月十九
日，吏部帶領引見，奉旨照例發往。（頁二六四）

十一月二十日（12 月 26 日），改官道員，奉旨分發江蘇。

　　《諭旨恭錄》：十一月二十日奉旨……分發江蘇道張毓琦、奉
天道王志修、直隸道劉俞德、江蘇道李瑞清、陸樹藩、何亮標、浙江
道余鎔、四川道沈致堅、安徽知府張樹建、浙江知府任華、江西知
府席業、直隸同知王清鼎、江蘇同知單溥元、浙江同知姚文清、彭
麟保、湖北同知黃厚成、江蘇直隸州知州章槇……欽此。（《申報》
1905 年 1 月 13 日）

　　蔣國榜《臨川李文潔公傳略》：服闋，乙巳改官道員，分發江
蘇，總督爲安徽周公馥。（《清道人遺集》頁九八）

十二月初，易順鼎以詩寄公。

　　易順鼎《寄梅庵京師》：哭庵無語告梅庵，叔夜相同七不堪。
何日八閩榕樹下，清齋趺坐共深談。（《琴志樓詩集》之《魂南續
集》，頁九〇〇）

　　　案：該詩前第二首爲《十一月三十日從督帥閱野操並觀製造局》。

十二月十日（1905 年 1 月 15 日），范當世卒。

　　姚永概《范肯堂墓誌銘》：遂以清光緒三十年十二月初十日
卒，年五十一。（《范伯子詩文集》附録，頁六一一）

公賦詩答易順鼎。

　　李瑞清《奉答哭庵閩中》：湘上相逢已十秋，浮雲世事共悠悠。
憐君老作諸侯客，榕樹清齋迥自愁。（《琴志樓詩集》之《魂南續
集》，頁九〇〇）

案：該詩《清道人遺集》未收，録於《琴志樓詩集》而不署名，誤
歸易順鼎，觀其詩題，當爲公所作也。

十二月底，李希聖寄詩問訊。

李希聖《訊李梅庵同年》：朝來寄訊問梅庵，窮巷經時阻笑談。
瑟縮宦情如凍雀，葳蕤詩思似春蠶。惠夷可否非無意，陶謝枝梧或
未慚。欲寫蘭成枯樹賦，憐君搖落向江潭。（《李希聖集》頁三七）

案：該詩前第三首爲《小除日得王撫州乃徵重陽書卻寄》，後
第七首爲《除夕憶杜詩有作》，故此詩當作於二十四日至三十日之
間也。

公明春將宦江南，曾習經贈詩以別。

曾習經《送李梅庵之金陵兼訊海上丁三》：風塵離別意，哀樂
勝前賢。逐世原非策，憂時祇自煎。舊吟開府地，遥憶過江年。
海上逢相好，當春儻寄牋。（《蟄厂詩存》）

案：該詩前隔一首爲《崇效寺牡丹開後作》，考李希聖有《王聘
三侍御秦右衡郎中邀同崇效寺看牡丹有事不得與》、《崇效寺看花
之約事後方知有趙堯生太史曾剛甫楊篔谷二部郎復作一首》，趙
熙亦有《苹珊侍御招游崇效寺偕曾剛甫同年秦右衡工部楊昀谷刑
部歸集廣和居李亦元同年不至》、《和亦元同年看花不至之作》，均
作於甲辰春暮。此詩後一首爲《除夕》，故繫於此。

是歲，致書胡思敬，並贈以畫扇。

胡思敬《與李梅庵書》：昨歲奉到手書，并賜畫扇。寒鴉枯樹，
瞑色蒼然，令人益增離索之感。（《退廬箋牘》卷一）

編年詩

《寄魏春皆》、《奉答哭庵閩中》

編年文

《魏母吳太夫人六十壽序》

清道人年譜長編卷三

光緒三十一年乙巳（1905） 三十九歲

正月初，周樹模以詩贈公，並以堅貞相勖。

周樹模《送李梅癡觀察瑞清之官江南》：梅於百卉中，秉氣特高寒。窮山閱物盡，冬乃發其妍。吾子實肖之，自號以癡頑。知子固不癡，人貌而心天。嶄然冰雪姿，苦被冠纓牽。十年走江海，有如不繫船。入吳訪鄧尉，向越追逋仙。求官忽至都，所樂非在官。頻煩過我廬，探懷吐至言。爲言野逸性，宜置巖谷間。啄腥詎得飽，諧俗良獨難。嗟哉國無人，調鼎資汝賢。木強任大事，豈在桃李顏。文舉具金性，廣平有鐵肝。相期守歲寒，與子同貞堅。（《沈觀齋詩》卷下，宣統二年石印本）

案：該詩前第二首爲《冬月初七日雪》，後第三首爲《春分雨》，當作於光緒三十年冬至三十一年春也。又，詩曰“十年走江海”，公於光緒二十一年登第，旋遭家難，丁憂還湘，後入魏光燾幕，謀食江南，至此正十年，姑繫於此。

正月中旬，與李希聖別，李贈以詩。

李希聖《贈別李梅庵同年》：客裏招尋許更過，城南花藥討春多。悲歡離合有如此，歷落嶔奇無奈何。四海與君同意氣，百年相見苦蹉跎。買山舊約終須踐，擬脫朝衣製芰荷。（《李希聖集》頁四四）

案：該詩前第十一首爲《人日詩疊前韻再作一首》，後第十首爲《正月二十二日晨起作》，故繫於此。

公以所作詩示李希聖,李再贈公詩,歎其才高而命蹇。

　　李希聖《再贈李梅庵同年》:示我長行更短歌,六朝遺製見陰
何。多才似汝能潦倒,世態從人作嫗嬰。北極巖疆喧鼓角,南溟
歸路接風波。文章自古論時會,莫做湘纍賦女蘿。(《李希聖集》
頁四五)

正月下旬,將赴江寧,同人餞之,楊增犖、劉廷琛、林紓等在座。林作
《金臺話別圖》以贈行。

　　林紓《金臺話別圖》:梅庵觀察將有江南之行,同人止而觴之,
楊昀谷比部、劉幼雲太史即席徵余畫贈行。二公固不醜余畫者
也,然觀察書名冠時,畫筆亦高雅,能如二公之不醜余者,此畫始
可出也。光緒三十一年正月,畏廬林紓并識。(福建靜軒 2015 年
秋季拍賣會 0364)

正月二十五日(2 月 28 日),劉廷琛贈序以別。

　　劉廷琛《送李梅莽同年之官江南序》:國家科舉取士,中式者
率刊其闈中文,號曰硃卷。余與臨川李君梅莽癸巳同舉於鄉,次
年同舉進士,其文奧古辨麗,絕類周秦諸子,余竦然異之,固心識
爲博雅君子。是後余時以事在外,梅莽亦奔走四方,不得合并。
壬寅冬,余再入都,聞梅莽先在,亟訪之。不數日,又別去。甲辰
冬,梅莽以改官江南入覲,時時接膝談,其學根據經術,深通諸子,
朝章國故,靡不研貫,詞翰餘事,亦過絕時人。性尤敦篤,有先輩
風。頗恨相聚之晚,而例到省有程限,不可久留。一日,告余曰:
“瑞清某日發矣。”聞之黯然,把酒話別,相對邑邑,殆不可爲懷。
自庚子減捐例,又奉詔停止宦族,富賈爭鞏金市官,吏部分發多至
不可紀,而江南道員乃至數百人,朋好或爲梅莽惜之。余以謂倚
官爲利,彼尵瑣齷齪之輩固然,豈足以溷吾偉異之士哉!吾輩讀
書,蘄有濟於世,非精通天下之故,不足以與時消息。世儒區區閉
户抱殘守缺,學與用動相違戾,粗涉掌故,又或與今日情勢不合,
而事非躬習,亦莫洞悉其曲折利病,往往言之不能得要領。一旦

苒政,勢不能不假手於幕客胥吏,以故政益弊。江南,東南一大都
會也。山川雄麗,輪舶交通,爲總督治所,凡治軍、理賦、興學、教
農、交涉、鹽漕之屬皆待理。梅庵以精詣之學,與參諸政,目驗而
神會,朝討而莫稽,交毚旁達,畢窺深際。異時建白必大遠於今之
號稱人才者,而一雪儒術迂疏之耻。今國家求才亟矣,比歲以道
府階節鎮者相望也,然恒不足以厭天下之望,梅莽其善擇所處哉!
余凤服膺湘鄉曾文正公,江南其收復地也,曩者廣育人材,流風被
海內,今凋謝盡矣,爲我謁祠堂醉之,英靈灝氣,尚亦作山河壯本
朝乎? 其諸將苦戰處,父老猶能道之,梅莽訪其遺跡,可以慨然而
賦矣。光緒三十一年正月廿五日,德化劉廷琛。(嘉德四季第 53
期迎春拍賣會 1965)

二月二十日(3 月 25 日),詣陳三立,并晤繆荃孫。

《藝風老人日記》二月二十日:詣陳百年談,并晤李梅生瑞清。
(頁一七四三)

三月二日前,總督周馥委公總辦師範傳習所。

《李梅庵觀察上周制軍稟》錄時報:職道以一初到省之員,昔
日又未嘗隨鞭策侍左右,乃蒙大帥異常之知,不十日而奉師範傳
習所之差,不三月而又奉接辦三江師範學堂之委。(《教育雜誌》
第十五期頁九)

《督院轅抄摘要》:三月初二日,傳習所李瑞清、總副教習秦際
唐均謝委。(《南洋官報》乙巳第四册)

蔣國榜《臨川李文潔公傳略》:時朝旨廢書院,興學堂,罷私
塾,設師範傳習所,一時寒畯譁然,不赴考。周公急委公爲傳習所
總辦,衆聞公來,群相慶曰:"此吾鍾山山長李老師後也,必有以蘇
我等矣。"蓋公族叔祖諱聯琇,世稱小湖先生者,爲曾文正聘,主鍾
山書院久,流風遺教,人士尚未忘也。至是,卓犖之士亦來歸矣。
(《清道人遺集》頁九八)

李雲麾《先從兄清道人行述初稿》:服既闋,全家仰給如故,不

及更候内轉,乃以道員分發江南。而周馥繼魏督兩江,器兄且逾於魏。時初改學制、廢書院、罷私塾,於江寧籌設師範傳習所,不於此出,不得爲童子師,期盡化私塾爲學堂,而士之仰束脩膏火爲活者衆,譁阻不前,事且僵。兄適於是時到省,周見牒如獲至寶,即日委爲師範傳習所總辦。士聞兄來,念即前制軍幕府良師致傾慕積年者,群情翕然,英傑人望,日趨就範,育才之盛,過所預期,復委以總辦兩江師範學堂。(《清道人遺集》附録,頁二七四)

《三江師範學堂近事》:江寧來函云,三江師範學堂學額原定三百名,今聞周玉帥特加額三百名。並將各教習認真考試,劣者黜退,次者減其薪水,加給優者。又在學堂附近另造房屋,添設師範傳習所,設學額一百名,每名月給膏火銀二兩,每年甄別三次,另加獎金。每五日由教習蒞所講授一次,其經費即以各書院原有膏火獎銀悉數撥用,如有不敷,量爲籌補。(《北洋官報》第五百九四册)

三月十六日(4月20日),繆荃孫贈公《化學導源》及圖。

《藝風老人日記》三月十六日:送《化學導源》及圖與李枚庵。(頁一七五〇)

三月十七日(4月21日),午後,傅增湘來訪。

傅增湘《澄懷堂日記》三月十七日:午後,至學務處,并拜客數家,惟何炘圻觀察、李梅癡觀察、廉仲平、孫叔方見。(册三)

三月二十五日(4月29日),李希聖卒。

《惲毓鼎澄齋日記》三月廿五日:聞李亦元暴歿於大學堂,才人短命,殊堪痛惜。亦元詩筆清奇,足以自成一家。其子年甚幼,不知能寶之否。(頁二六八)

《李希聖暴卒》:大學堂庶務提調李希聖,素爲榮大軍機所器重,將擬保任文部參議,不料於三月二十五日忽遭暴疾逝世。越日出殯,是日各堂學生之來送殯者一百三四十人。(《大陸》第三年第五號,頁七七)

三月下旬,師範傳習所分期招考。

　　案:參閱本年四月中旬"師範傳習所出榜曉示"條。

四月十八日(5 月 21 日),繆荃孫來訪。

　　《藝風老人日記》十八日:拜李梅生、廉仲平、孫叔方、譚糧道、
蔣公頗、趙湘浦。(頁一七五八)

四月中旬,師範傳習所出榜曉示。

　　《招考傳習生出榜》:師範傳習所總辦李梅庵觀察,前月下旬,
會同學務處司道分期考選本籍客籍各士子,現已將試卷評定甲
乙,出榜曉示。計生員正取五十名,副取八十名,童生正取三十
名,副取五十名。凡不願入所肄業者,仍准按月考試,書院以資養
贍而示體恤。(《中外日報》5 月 24 日)

四月二十八日(5 月 31 日),傳習所原定是日開學,公以講堂校品尚
未布置齊全,飭令暫緩時日。

　　《傳習所開學展期》:師範傳習所原定於前月二十八日開學,
嗣以講堂校品尚未布置齊全,總辦李梅庵觀察乃飭暫行展緩。現
有擇於五月初六日開辦之説,不知尚有更改否。(《中外日報》6 月
8 日)

五月二日(6 月 4 日),赴三江學堂研究會,與繆荃孫、沈桐、徐乃昌長談。

　　《藝風老人日記》五月二日:甲辰。小雨。到堂……三江學堂研
究會,與沈鳳樓、李梅庵、徐積餘長談。晚,大雷雨。(頁一七六一)

五月六日(6 月 8 日),繆荃孫來訪。

　　《藝風老人日記》五月六日:戊寅。雨。拜許午樓、朱先生、李
梅庵、廉仲清、孫叔方。到堂。(頁一七六二)

五月下旬,因徐乃昌欲入都赴引,周馥遂委公代辦三江師範學堂,兼
管傳習所。

　　《委代三江師範學堂監督》:三江師範學堂監督徐積餘觀察因
欲入都赴引,玉帥以李梅庵觀察辦理師範傳習所頗著成效,因特

委代理師範學堂監督之任,並兼管傳習所,日昨已下札矣。(《時報》7月6日)

　　《督院轅抄摘要》:五月二十九日,傳習所李謝委代辦三江師範學堂。(《南洋官報》乙巳旬報第十三冊)

五月三十日(7月2日),與羅長裿同詣繆荃孫。

　　《藝風老人日記》五月卅日:壬寅。小雨。考學生國文、史學。李梅葊、羅長裿來。(頁一七六八)

四月至六月初,公爲師範傳習所總辦,出入俱步行,在校與學生同食,雖蔬食菜羹,未嘗不飽焉。見張通之喜臨張裕釗書,晤必勉之,又以張裕釗體寫飯堂規則。

　　張通之《庠校懷舊錄》:校長李瑞清……見予喜臨濂亭書,謂神似,告予“我寫學校中飯堂規則,亦作濂亭書,不及汝多矣”。因此每相見,必舉手作寫字狀,問曰:“課後寫張濂亭字否?”予曰:“未也。”彼必曰:“寫寫寫,毋懈毋懈。”其爲校長時,出入俱步行,門外人不知爲校長,咸以爲一老書生也。聞平時健食,有馬伏波風,秋日食蟹,尖團臍至七八十之多,若猶未足。然在校與學生同食,雖蔬食菜羹,亦未嘗不飽焉。(《南京文獻》1948年第23期)

　　案:序曰“雨窗無事,檢點散簏,得《寧屬師範同學錄》一冊,閱未及半,驚已多爲古人,因泚筆作《懷舊錄》”,寧屬師範前身即師範傳習所也。三月二日前,周馥委公爲師範傳習所總辦,三月二十八日後始開學。五月下旬,復委公代辦三江師範,兼管傳習所。六月五日任梅光遠爲傳習所總辦,六月九日,公猶在傳習所,故此事當在四月至六月初也。

六月五日(7月7日),赴繆荃孫宴,傅築巖、徐乃昌、張受之、葉國柱、潘受培等在座。是日,周馥以公總辦三江師範學堂,難以兼顧傳習所,遂委梅光遠爲傳習所總辦。

　　《藝風老人日記》六月五日:偕張受之、潘受培、傅築巖、葉國

柱公請徐積餘、李梅盦。熱甚,回寓已三鼓矣。(頁一七六九)

　　傅增湉《澄懷堂日記》六月六日:午前,院上送來玉帥札,照錄於此。頭品頂戴兵部尚書銜署理兩江總督部堂山東巡撫部院周爲札任事。照得辦理師範傳習所李道瑞清現經委令代辦三江師範學堂,所遺該所事務業委梅道光遠代辦。惟該所事務較繁,查有傅守增湉堪以委令,幫同辦理。並飭該守幫辦課吏館事務,薪水仍照舊由學務處支給,以資辦公。除分行外,合行札委。札到,該守即便遵照前往,將傳習所及課吏館事宜幫同認真辦理,勿負委任。切切。特札。光緒三十一年六月初五日。(册四)

　　《傳習所派員專辦》:梅觀察光遠學識宏通,才猷明敏……上憲以師範傳習所爲造就人才之地,非深明教育之員不足以資經理。李觀察瑞清現辦三江師範學堂,責任尤重,兼顧綦難,特委梅觀察總辦傳習所以專責成,昨已奉札謝委。(《南洋日日官報》第十八號)

　　《三江師範學堂總辦易委》:三江師範學堂總辦徐積餘觀察入京赴引,稟請交卸遺差,現玉帥委師範傳習所總辦李梅庵觀察接充,更以上海灘地局總辦梅斐漪觀察委辦師範傳習所,均於日前下札矣。(《時報》7 月 10 日)

六月八日(7 月 10 日),繆荃孫贈公書數種。

　　《藝風老人日記》六月八日:送《常州詞錄》、《文集》、四譜與李梅荼。(頁一七七〇)

六月九日(7 月 11 日),傅增湉來晤。

　　傅增湉《澄懷堂日記》六月九日:至□院師範傳習所,晤李梅荼瑞清觀察及教員、文案、收支等。(册四)

六月十四日(7 月 16 日),詣繆荃孫。

　　《藝風老人日記》六月十四日:李梅庵來。(頁一七七一)

六月十八日(7 月 20 日),繆荃孫回訪。

　　《藝風老人日記》六月十八日:庚申。陰,小雨……拜徐同人、

穆少若、林士菁、李梅庵。（頁一七七二）

六月中下旬，上書周馥，感其知遇，具陳三江師範學堂改良規則及江
寧財政改良之法。

　　《李梅庵觀察上周制軍稟》錄時報：謹將三江師範學堂改良規
則及一切課程情形開呈憲鑒：職道以一初到省之員，昔日又未嘗
隨鞭策侍左右，乃蒙大帥異常之知，不十日而奉師範傳習所之差，
不三月而又奉接辦三江師範學堂之委。奉命以來，慄慄危懼，常
恐不稱，上負知己之恩，下慚僚友之議。今接辦已旬日矣，探考内
容，兼綜群論，其中有應改良之處，職道不避嫌怨，毅然行之。然
其委曲情形，不得不先陳明。敢乞鈞奪，以便施行。

　　一、學堂之精神全在課程、規則。課程不善則學生無受益之
時，規則不善則課程成空設之具。現今中國學堂往往重智育而輕
德育，此大病也。師範學堂自開辦以來，規則太鬆，學生隨意請假
出入，自由前徐道稍爲整頓，遂起風潮。星期一、二、四、五，此數
日爲學堂功課最密之時，而學生滿街塞途，腐敗情形，即此可見。
故職道入堂以來，與教員細商，非嚴定規則不足挽回風氣，但由嚴
而寬易，由鬆入緊難，開辦之初，難免風潮。職道以身任其勞怨，
但求帥主持，不爲所動，則自平耳。凡事苟且敷衍，終無成效，此
勢之不得不然也。

　　一、官場習氣宜除。凡學堂用人，用委員不如用教員，蓋不通
學務之人往往以官場習氣施於學堂，動生齟齬。師範傳習所奉帥
諭一概不用委員，故能學生連合一氣，雖祇開辦一月，如子弟相
依，俱有感情。今三江學堂委員太多，職道爲畫清權限，使各有責
成，如有不到堂及兼差視學堂爲乾館者，無論何人薦委，不徇情
面，破除勢利，秉公裁汰。一面訪師範高等畢業之人，隨時抽補，
庶可借資臂助，有益學堂。

　　一、教務長宜亟委人。本堂教務長王玉澍以與學生不合辭
退，今尚虛無其人，故前月暑假大考算分數之時，紛擾無主。現同

堂教員公舉本堂檢察官翰林院庶吉士雷恆可勝斯職，查雷檢察本充本堂練習教員，品行亦屬端正，又無館閣習氣，且爲各教員公舉，必能同心共事，免致將來另生枝節，似較另委他員爲妥。

一、齋務長何令，其人精明練達，辦事認真，但於學務非其所長，前在本堂與學生屢起衝突，現木釐局陳道欲另有差委，俟何令奉札後，其遺差擬請將特科知縣張令通謨充當。該員留心學務，誠實可靠，且曾與職道共事，深知其人。

一、本學堂之當辦者不在規則而在課程，規則則自揣一月定可整肅，而課程不善則全堂徒勞無功。職道自接事以來，爲此再四籌思，其中有最難者，須妥爲畫議：本堂爲高等師範課，故學科甚爲完備，然學生皆不曾入中小學，均未受普通教育之人，又設豫科以立其基，且本科亦只三年畢業而速成，最速成或一年或二年，爲時又太促（日本高等師範須九年），無補習普通之時。躐等則無功，補習則年促，況現今時事最急蒙小學師範，而本堂最速成科一年畢業，只能造成辦學堂之人，不能造成當教員之人。凡到日本學速成師範歸，未有能勝任教員之任者，此其明證也。又本堂課程既無主義，又無層級，欲求成效，必不可得。如日本高等師範課程分四學部：第一學部以國語、漢文與外國語爲主，意在研究文學中之文章也；第二學部以歷史、地理爲主，意在研究文學中之事實也；第三學部以農學、物理、化學爲主，意在研究理化也；第四學部以動植、礦物、生理等爲主，意在研究博物學也。而本學堂課程一星期漫設十四科，毫無主意，又無層級。細考其故，一因學生無普通知識，不得不兼習普通也，一因以重金不分年限一旦聘齊東洋各種教員，不得不分派功課也。故不得使多金聘來之教習閒置不授課以待學期，是以未習代數之人便講化學，未習幾何之人便講圖畫，未習倫理、心理之人便講教育，必不行之事也。且日本新學界現最重心理學爲教育之基礎，故高等師範四學部中，課程表第一年皆無教育一門，然未有無心理學者，蓋心理、倫理諸科爲教育之豫科也。此敝科學問急宜添入。有謂本堂本科教育學授課時太少，職道以爲授課時太早，不知心理學，何知管理？無教授之學，安用教授之法也？爲今之計，擬分三層辦法：

一、最速成決不足爲教習之程度，只能充學堂之董事員。或此班畢業後概行停止，或各所送來之人中有年紀較大，難習科學，精於外事，而文理平常，挑補此科以爲將來到本地專爲辦學堂之用。

一、速成科擬改爲選科。本堂教習皆東洋大學堂畢業之學士，有教專門之學問，以之教初級普通，殊爲可惜。選科每班編重三四項功課，自始至終，專力於此，雖不及專門，亦高等學。其將來畢業有三四門確實本領，合三四人便成完全學科，且學堂亦斷無一教習而能編授各科者，日本現教習須才，皆用此法也。俟另擬課程表。

一、本科請展寬年限，至速亦須五年。日本高等師範九年方能畢業，所謂欲速則不達也。或請本科用高等各學堂畢業生送堂肄業，湖北現設立大師範學堂，可收學生千人，由各處府縣師範學堂、高等中等學堂畢業生升湖北各處學堂，皆有四五年程度。以先有普通之人，較江南各學堂未受蒙小學教育之人，其成效必速。且湖北規模又較大。然江南開辦在先，其聲光名譽萬不可落湖北之後，此不得不略爲變通者也。至於將來新班課程如何釐訂，舊班如何改良，現當暑假，擬往通州，與張殿撰會商。現齋舍未造，新班到堂，當在明春，擬年假後到東洋調查各師範課程，再爲議訂，庶不至糜費廢時也。

一、學堂中學生與東洋教習不能直接聽講，是一大病。蓋每句鐘除休憩時，上堂聽講止五十分，以繙譯時算之，只得二十五分鐘耳。又以繙譯學問不足，有不能譯出之精義，則學生之受益者幾何？查日本中國學生留學各堂者，有三月後不用繙譯者，有半年後不用繙譯者，而現今堂中學生舍繙譯，遂不能日聽一語，是東洋教習學問雖高，而不能輸與學生，仍無益也。擬本科生頭一年專學算學、日文、日語，而日文、日語專學各科學之名辭，以爲將來聽講之豫備，雖一齊衆楚，不能如日本之速，然有一年練習，當亦可勉強從事矣。第二年之第一學期用繙譯一員在堂，有全堂不能解者，代譯一二語。第二學期再撤去，庶可以直接聽講矣。

一、辦事用人之權不一，則處處棘手。學堂一切事務皆由職道認真切實辦理，大帥總大綱，責其成而已。大帥東南柱石，何可瑣瑣？庶務屢瀆清聽，而辦事人轉弛專責，惟布置就緒，隨時稟知可也。

一、學堂課程未定，則章程只得從緩。惟學生記過章程，講堂、寢室、食堂規則，其勢不得不先定，庶學生有所遵守。擬先將記過規則擬好呈帥批准，學堂即便實行。其餘章程每門擬妥，先後稟呈，恭請核定。

一、辦事必先經理財政，故西人由政府立有豫算表。大帥蒞寧以來，新政雲興，學務軍務，焜耀耳目，但財政日形支絀，銅元之利，恐難久恃。雖立官錢號，勢同虛設。查湖北之富，萬不敵江南，其財政大宗在行鈔票、立銀行，前閩楊枲司文鼎以善籌款稱，或於江南設一財政處，總稽江南利源，又差員往鄂調查湖北鈔票章程，變通倣行，庶不至爲經濟困難。此議本非職道所宜言，以感帥勤勞爲國之苦衷，冒昧上呈，幸垂察焉。（《教育雜誌》第十五期，頁九至十二）

案：傅增淯《澄懷堂日記》六月二十四日：“至傳習所，李梅菴已任師範學堂。”（册四）可參考。

六月，初識伍仲文、蘇曼殊。爲蘇曼殊書扇面，蘇許以畫相報，未果。

伍仲文《曼殊雜記》：民國紀元前七年（1905），仲文暑期言假，歸自扶桑，濯之與俱。慨金陵失學者衆，遍訪同志於冶城。是時肄業江南水師學堂者，浙友封德三、周作人，蜀友劉歷青，均積學有志之士也。曼殊亦適行腳來寧……繼由恪師得交贛友李梅庵、劉嗣伯,均主襄學政,熱心教育者也。(轉引自馬以君《蘇曼殊年譜》,《佛山師專學報(社會科學版)》1986 年 6 月,頁九九)

　　蘇曼殊《曼殊雜記》:曩羈秣陵,李道人爲余書泥金扇面曰:"文殊師利白佛言,世尊,何故名般若波羅蜜。佛言,般若波羅蜜。"二十四字。並引齊經生及唐人書經事。余許道人一畫,於今十載,尚未報命,以余畫本無成法故耳。(《蘇曼殊全集》冊二,頁五一)

夏,胡思敬來函。

　　胡思敬《與李梅庵書》:昨歲奉到手書,并賜畫扇。寒鴉枯樹,瞑色蒼然,令人益增離索之感。彼時即擬貽箋奉答,暌隔太久,胸中蘊蓄鬱積所欲盡情於知己之前者,累數十百紙不能畢其詞説。及至把筆,沈思如索負補亡,嗒焉喪偶,坐此終歲不獲一字,音候遂疎,當蒙亮察。吾兄以舘閣清才,自陳乞外,爲貧而仕,知非本懷。自丙申改制以來,京員冗沓,風氣亦遠不如前,我輩羈此一官,不過藉資練達,中外一致,曾何擇焉? 汲汲於名者,猶汲汲於利,天下無道則隱,不必山林也。呼我爲馬者,應之爲馬;呼我爲牛者,應之爲牛。大隱在朝市,韜晦斯可矣。唯是營壘未成,輕身遠戰,兵家所大忌。君子難進而易退,既富矣,當可使貧,既貧矣,當可使賤。姻伯觀察君迤西謝病,買田全州,將有終焉之志。君等昆季數人分散湘、鄂、江、廣之交,一意進取,遂無堅壁退守之地,全家三十餘口,此境此時輕棄其鄉,疑非善策。近時士類大敗,少年粗解閲報,拾取一二名詞,哆然談經濟,一時風氣所趨,雖老生宿儒,莫敢自堅其説,蓋欲避頑固之名,不得不進調停之説。虛聲所震,解甲迎降,其情亦可憫矣。扁鵲聞邯鄲貴婦人,爲帶下醫,聞洛陽貴老人,爲耳目痺醫,方士轉徙求食,不得不然。一徐邈之身,忽以爲介,忽以爲通,世變無常,而徐公自若。昔時主張新法者若張孝達、盛杏蓀、呂鏡宇諸人,今日已覺頑固。蕩婦無十年不變之色,游士無十年不變之説,異時水潦歸壑,知必有慕予輩爲開通者。以執事之學之才,若遽欲投時好,援儒入墨,以佛稱尊,君房言妙天下,自必較時輩爲工。一息尚存,良心未昧,其能無介然於懷耶?朋友之益,全在切磋,區區獻曝,微誠如與尊見未盡融合,不妨兩相詰難,以歸一是。陳考功僑寓金陵,想時過從,試以僕言質之,當渙然冰釋也。(《退廬箋牘》卷一)

　　案:書中有"吾兄以館閣清才,自陳乞外"句,當即是年。後一篇爲《覆趙竺垣書》,有"倉卒出都,不意遽罹大戚"句,趙炳麟父趙潤生卒於是年七月,故繫於此。

公請撥槍械以便學生練習兵士體操。

　　《江寧軍械局詳覆江督飭撥三江師範學堂快槍接習兵式體操稟》:爲詳請事。竊准監督三江師範學堂江蘇候補道李道移開:敝堂詳請督憲飭發槍械,以便各學生練習兵式體操等情。奉批,據詳已悉。練習體操,槍枝原不可少,惟該堂前次所撥七十枝係何式樣?現在前項槍枝有無餘存可撥?即移會江寧軍械局查議詳覆等因到堂。奉此,查光緒二十九年前練習教員時,已曾由監督楊道台詳准前督憲魏飭貴局發給快槍七十枝,併配齊銅帽火藥各件在案。現查敝堂開學以來,已屆第二學期,正當接習兵士體操,必需槍械,乃可實地教練。按今日學生三百名,除存儲槍支不計外,尚少快槍二百三十枝。奉批,遵前因移局查照,前屆敝堂所領新式小口毛瑟五響步槍現在有無餘存可撥?希即查議詳覆督憲核奪等因到局。奉此,遵查該堂原領七密里丸小口徑五響毛瑟步槍七十桿係屬購自外洋,現在尚存新槍有七百餘桿,該學堂學生三百名尚少槍二百三十桿,既係每名應給槍一桿,職局擬按名找發二百三十桿,每桿配子五十顆,以資操習。茲准前因,理合查詳議覆,批飭該堂請領,實爲公便。(《北洋官報》第八百四十二冊)

錢倬在堂肄業,公訓勉甚殷。

　　李漁叔《紀清道人》:南蘭陵錢逸塵丈爲言少日曾受知於李梅

庵先生，因道其行誼甚悉……逸塵丈少負奇氣，嘗拂衣出門，居南京逆旅，資斧乏絶，窮愁中握筆爲文，未半，適他出，遂置案上，爲鄉先輩盛君所見，才之。盛君方在兩江師範學堂主講席，踚日左顧，涉冬漸寒，見逸丈猶著單衣，乃贈綈袍並金，且語之曰："子年少，宜勉力爲學，吾當言之監督李公，可入學習業也。"時梅庵官道員，領兩江師範，因盛君言，准列名應考，逸丈試第一，竟入學……其在官極著廉勤，卓樹名節，平居以體氣充碩，頗善飲啖，外此則持躬刻嗇，已爲顯仕，猶類寒儒。曾於涼秋著單褂趨府，逸丈適在側讚其體健，梅庵笑曰："吾夾衣久破弊，無資易製，此時著綿尚早，故仍服單衫，非作健耳。"……逸丈言：在兩江師範肄業時，以文筆爲梅庵所賞，訓勉甚殷，遂師事之。其尊人營礦務耗敗，落拓無以自存，梅庵召室予以職司，未幾卒，貧不能殮。抵夕，梅庵親至，攜百六十金授逸丈曰："吾廉俸所餘，適得此數，今傾囊相贈。"乃得成喪。逸丈感刻終身，今數十年，言之猶淚涔涔下也。又嘗告余："梅庵育於庶母，事之甚孝，平生品節，清絶人寰，略無瑕玷，世乃有造作蜚語，甚至筆之於書，以爲謗傷如碧雲騢者，則必明辨而絶之，斷斷不可以郢書燕説污辱名賢也。"（《魚千里齋隨筆》頁三三至三五）

案：考光緒三十三年《兩江師範學堂同學録》（頁八），錢倬，字逸塵，入最速成科。是科於光緒三十年十月入堂，三十一年十一月卒業。然光緒三十年十月公於京師求官，尚未指發江蘇，與文中所述不合。或光緒三十年十月入堂，而公非監督；或是年五月下旬公總辦三江師範後始入堂，必有一誤。蓋學堂初創，招生往往不足，時有延期續招之舉也。又曰"曾於涼秋著單褂趨府，逸丈適在側，讚其體健"，則夏秋間似已入學矣。據宣統元年《兩江師範學堂同學録》，錢倬未畢業出校。《張謇日記》十一月十七日"江寧各學校本省諸生以争學額將罷學"，二十七日"江寧蘇學生停課，詭言滬上學會之意"，又二十八日"錢倬、朱董二生來，因反復曉以不可逞意,不可隨衆附和",則錢倬離校或與此有關也。

七月一日(8 月 1 日),謝委總辦師範學堂差。

《督轅抄》:七月初一日,候補道李瑞清謝委總辦師範學堂差。
(《南洋日日官報》第三號)

《李梅庵之教授法》:兩江師範的校長,其初張季直的呼聲甚
高,及至發表,不是張季直而是李梅菴,張頗不懌。當時有"張冠
李戴"的雅謔,礙及兩人的交誼甚深。(《益世報(北京)》1936 年 12
月 6 日)

七月九日(8 月 9 日),赴通州考查師範學堂並赴蘇見撫台。

《督轅抄》:初九日,三江師範學堂李瑞清請假赴通州考查師
範學堂並赴蘇見撫台。(《南洋日日官報》第十號)

七月二十一日(8 月 21 日),公由通州考查學堂並赴蘇見撫台回。

《督轅抄》:七月二十一日,師範學堂李由通州考查學堂並赴
蘇見撫台回。(《南洋日日官報》第二十三號)

七月,公欲整頓三江師範學堂。

《整頓三江學堂新計劃》:三江師範學堂規模既大,用資浩繁,
教習委員不下百人之多,濫竽充數者既不乏人,兼差支薪素不到
堂者亦復不少。代辦監督李梅庵觀察特訂新章,各委員所司之
事,無論其冗濫與否,暫不予以裁汰,惟須終日在堂,不准無故擅
離。倘有自曠職守者,一經查明,立予徹差,斷不姑容。至各教習亦
悉仍其舊,但屬令自認願教何學科,設認定後如不切實教授,亦即屏
退。已分別傳知各委員、教習遵照並舉。各教習現多因暑假旋里,
函約早日來堂,以便甄訂全校課程之事云。(《中外日報》8 月)

**八月二日(8 月 31 日),袁世凱、張之洞、端方、趙爾巽、周馥、岑春煊
會奏請停科舉,推廣學校。**

案:參閱袁世凱等《奏爲補救時艱妥籌辦法擬請立停科舉推
廣學校事》(中國第一歷史檔案館藏,03—7214—097 檔)。

八月三日(9月1日)，謝勞唐治堯。

　　《督轅抄》八月初三日，候補道唐治堯到，三江師範學堂李瑞清謝勞。(《南洋日日官報》第三十四號)

八月四日(9月2日)，詔停科舉。

　　《清實錄》：著即自丙午科爲始，所有鄉、會試一律停止，各省歲科考試亦即停止。(卷五四八)

八月九日(9月7日)，與陳惟彥等稟知自玉帶洲查簿回。

　　《督轅抄》：八月初九日，藩台黃、師範學堂李瑞清、釐捐局陳惟彥稟知自玉帶洲查簿回。(《南洋日日官報》第三十九號)

三江師範添造新齋舍。

　　《三江師範學堂添造第二齋舍》：三江師範學堂合寧、蘇、皖、贛四省之財力經營而成，以造就三江之師範。自去年陸續招考僅選取學生三百餘名入堂授學，齋舍已滿，後來者幾無寄宿之區。署督周玉帥亟欲擴充以符原訂額數，奈來學者不見踴躍。今奉上諭停止科舉，寧屬各外府及蘇、皖兩省來此投考者頗多，而贛省來者尤衆，不下一千餘人。玉帥即飭屬撥款興工，添造第二齋舍，昨已檄委查令宗仁監造矣。(《北洋官報》第八百九册)

三江師範改設特別科，專授東文、算學、體操等。

　　《三江師範學堂改設特別科》：三江師範學堂定章向設速成科、最速成科以及甲乙丙丁四本科分班教授，近以繙譯一門爲教育中至要之務，肄業諸生必須先通語言文字，而後能習專門，故稍爲變通，將本科分出二科，改爲特別科，專授東文、東□、算學、體操，以冀學識日增較爲速捷云。(《申報》9月22日)

九月二日(9月30日)，與楊金龍、何黻章由鎮江公幹回。

　　《督轅抄》：九月初二日，江南提督楊金龍會三江師範學堂李瑞清、候補道何黻章由鎮江公幹回。(《南洋日日官報》第六十二號)

九月上旬，惲彥彬等致函周馥，請改正三江師範學額。

　　《江蘇紳士惲彥彬等請改正三江學額公呈》：呈請照三江師範

學堂原奏章程行普及教育以符定章而昭公允事。伏查三江師範
學堂創辦於前督部堂張，原奏爲兩江總督兼轄江蘇、安徽、江西三
省，特於江南地方設立師範學堂，爲三省改良教育之先導。其開
辦經費由江寧藩司籌撥，其常年經費由蘇藩司每歲撥銀四萬兩，
又以江寧銅元局贏餘爲的款，專供該堂經費之用。其安徽、江西
兩省各按學生額數每縣每名協助龍洋一百元，不過稍資津貼，不
敷尚多，所以原定學額九百名，寧、蘇兩屬六十餘州縣每屬各二百
五十名，皖、贛兩省一百五十餘州縣，每省二百名，經管學大臣議
覆奉旨依議，欽遵在案。後前督部堂魏改爲三次招集，略有變通，
然以經費取給，江蘇省內故學額一遵原奏，準情酌理，至公至平，
二省士紳咸無異議。嗣後招考時，奉行文書者不力，致僻遠州縣
來學甚少，不得不釐訂章程，以期教育普及，蓋慮周詳，至堪欽佩。
惟聞此番擴充全堂學額加至一倍之多，經費驟增，不可勝計，而江
蘇全省寧屬現額九十名，今僅爲一百八名，蘇屬現額九十名，今儘
爲一百二名，皖、贛現額各六十名，今皖則爲一百八十名，贛則爲
二百三十七名，多者驟增三倍，少者只添十餘人。是江蘇與皖、贛
共擔擴充之名，而安徽、江西獨被擴充之實也。遠隔他省者亟與
招徠，不問道途之間阻，近咫尺者限於名數，致灰向學之初心。在
大公祖爲地方整頓學務，原無私意存乎其間，但每縣分派，以致安
徽、江西貼款少而學額獨多，似近於喧賓奪主。可否請於原定分
省之中實行教育普及之意，寧、蘇各二百五十名，即以二百五十名
額每縣均分，安徽、江西各二百名，即以二百名額每縣均分？其或
只招三百名，即照此差算遞減，如此則與本堂定章相符，於每縣三
名普及之説亦不相悖。主客之勢，又不至過於倒置。竊查江蘇省
六十多州縣學生何止數百萬，大公祖前示堂內學額，每縣極少三
人，明燭萬里，同聲感荷，惟是江蘇財力供給三江師範已虞不給，
勢不能再行添設規模完備如今日之三江師範學堂，則改良全省教
育機關全恃乎此。讀管學大臣議覆三江師範學堂一摺，本有咨行

各直省酌量仿辦等語,現在科舉既停,安徽、江西設立師範學堂自在意中,此時定額稍隘,不致有乏才之歎,似與江蘇專取才於該堂者有別。芻蕘之言,是否有當,伏候大公祖裁示。照原章改正學額,俾江蘇、安徽、江西各得其平,實爲公益。謹呈。(《申報》10月7日)

九月二十七日(10月25日),張謇爲蘇省學額事致函周馥,欲將三江師範易名爲兩江師範,由三省紳任總辦。

《江蘇紳士張殿撰等致江督周玉帥公函爲蘇省學額事》:玉帥大公祖大人閣下:敬啓者。徐道來轉致公意,仰見維持學界之苦衷,比日面商,少有端緒,剗道回寧,計已代達。一切其中原委有不得不爲大公祖大人剖析陳明者。查教育普及之理,本無畛域之可分,即中國以科舉掄才,其試於禮部者,初亦不分省分。然風氣參差不齊,往往東南數省中額獨多,而偏僻之區,舟車艱苦,轉抱向隅。於是不得不明定省分以限之,是省界之説,實科舉内容之一部分,非文明學校之通例也。學校省界之説起於湘浙閩粤諸省,而江蘇本省之學校亦率爲此數省人占多數在校學生,鑒於外省界限之嚴,始瞿然翻悟。厪喧賓奪主之患,爲懲前毖後之計,此江蘇省界之説,實亦各省反動力有以激之,非江蘇人創之也。然屈指江寧城内各學堂,其創建之性質既有不同,即額數之多寡自難一致,而蘇皖同名江南,則兩省分際自視他省爲異。曾經剗、徐兩道詳細酌訂,紳等但求事理之和平,不復爲意氣之爭執,謹一一條例於後,庶眉目易分,秩序不紊,其辦法之應斟酌變通、覈實整頓者亦附説於後,以備采擇。所有紳等參酌學額學務情形,敢布愚臆,伏乞鈞鑒。紳謇本擬恭詣,久病,不克首途,合併聲明。肅請勛安。

附節略兩件:公議江南省學校學額學務。學校性質因名稱而殊,名稱因地位而殊,此定理也。準此可議江南省官立各學校之分額。總督爲兼控蘇皖形勢之便,故駐江寧,今凡名江南某學者皆總督權限内事,皆官立也。官立之中又宜從財政上區別多任少任之分數,庶昭平允。今先就官立之屬總督者言之……三江師範學堂應請釐正名稱爲兩江師範學堂，名額暫不必增減，以新章每縣三名計之，則江蘇獨少，喧賓奪主，衆情未允。應請另設江寧府初級師範學校一所，可將算繪師範并入，以期畫一而節經費。（學期四年，每年六十名，共二百四十名。七縣分攤，每年每縣八名，上、江兩縣各加二名，合六十名）仍飭揚州、淮安、徐州、海州各設一初級師範學校，或淮揚合設一所，先由四府選派紳士考察通州、上海、蘇州各師範學校舍課程及管理法，再往日本考察後即行舉辦。若皖省願就三江師範學堂增師範生百名亦無不可，惟建築費與常年費應由皖省按額承認，即三江現有之名額，其學費應按全校每年所用勻攤，全校生合每名應費若干……（一）三江師範總辦應由三省紳任，易總辦之名爲總理，以示區別。總理一人，協理二人，三省按次輪年迭爲總協，由三省學界公請，督撫選任，若公舉及安徽、江西省人在江蘇候補者，自州縣至府道，一經選任，即作爲紳，請給照會，不預銜參……三江師範應請變通辦法以期改良進步議。三江師範內容之腐敗，幾於無人不知……計無逾此。（《申報》11 月 26 日）

　　案：此文亦載《張季子九錄·教育錄》（頁一五七三至一五七六），題曰《江蘇省學額學費學務議略》，惟內容與此稍有出入，文中稱三江師範應改爲三江高等師範，而非兩江師範也。

　　《江督覆張殿撰函》：季直仁兄大人閣下：九月二十七日奉手書，誦悉一是。（下略）（《申報》11 月 27 日）
十月五日（11 月 1 日），稟謝奉委學務處參議差。
　　《督轅抄》：十月初五日，師範學堂李瑞清稟謝奉委學務處參議差。（《南洋日日官報》第九十四號）
十月十八日（11 月 14 日），赴萬欣陶招飲，繆荃孫、陳少樵、薛次升、沈佑彥、劉世珩等在座。
　　《藝風老人日記》十月十八日：萬梅厓招飲，陳少樵、薛次升、

沈佑彥、王少延、劉聚卿、李梅庵同席。（頁一八〇七）

十月中旬，公擬訂期考選學生三百人以符定額。

　　《三江師範學堂招考學生》：三江師範學堂額收寧、蘇、皖、贛
學生九百人，去年已陸續考取六百人入堂肄業，因齋舍僅敷住宿，
未即續收。嗣經周督飭將校舍擴充，再將學額補足，委人監造，行
將落成。適值科舉已停，各處士子呈請地方官咨送及自行赴堂報
考者趾錯踵接，總辦李瑞清觀察擬即訂期考選學生三百人，以附
定額。並慮蘇、皖、贛各屬人士及寧省人之遠遊於外者，未能如期
齊集。凡咨送投考有在試期以後者准其隨到隨考，以免虛延時
日，多耗川資。（《申報》11 月 16 日）

十月二十六日(11 月 22 日)，赴劉世珩招飲，繆荃孫、沈佑彥、錢受
甫、何維樸、萬欣陶等在座。

　　《藝風老人日記》十月廿六日：聚卿復招飲，沈佑彥、許筱巖、
錢受甫、何詩孫、萬梅厓、王少厓、李梅生同席。（頁一八一〇至一
八一一）

十月，日本教習內訌，菅虎雄等聯名函告東亞同文會，乞罷菊池謙二
郎總教務之職。

　　蘇雲峰《三（兩）江師範學堂——南京大學的前身，1903—
1911》：1905 年 10 月，就在第一屆一年速成科學生 51 人畢業後不
久，衝突就爆發出來。先是，菅沼虎雄（菊池東大同學）和其他 9 位
日本教習，於 11 月間聯名函告東亞同文會，指控"菊池於公私諸
端，均爲專制獨裁，致各教習之專長未能發揮，從而未能獲得教學
上之成績"，要求東亞同文會解除其總教習之職務。（頁二七）

　　案：據《陵雲無爲·菅虎雄先生遺墨法帖》，"菅沼虎雄"當爲
"菅虎雄"。《曾任本堂日本教員履歷表》亦作"菅虎雄"。（《兩江師
範學堂同學錄》頁一四）

十一月四日(11 月 30 日)，唐宗愈母孫夫人卒，嗣後林紓爲其撰墓誌

銘,公爲書丹并篆額。

　　《誥封夫人唐母孫夫人墓誌銘》:閩縣林紓譔,臨川李瑞清書。
夫人姓孫氏,無錫人,父士杰……以光緒三十一年十一月初四日
卒,距生咸豐元年九月二十二日,享壽五十有五歲……子二人,宗
愈,花翎三品銜東三省補用道,賞給副貢;宗郭,農工商部員外郎,
賞給舉人。

十一月十七日(12月13日),寧省學生將罷學以争本省學額。

　　《張謇日記》十一月十七日:江寧各學校本省諸生以争學額將
罷學,甚無謂也。(頁五六二)

　　　案:《張謇日記》九月二日:“寧省争本省學額之説蜂起。”

十一月底,張謇等來函,爲寧省學生罷學事。

　　《張謇等爲停課事致三江師範學堂總辦李觀察書》:梅庵仁兄
同年大人閣下:敬啓者。競争學額一事,流景半周。此風發起於
湘閩,流及於蘇皖。核以文明學校之通例,毋乃所見之不廣。然
湘人争之最早,亦最烈,而外省人無訾議之者。蘇人受反動力,始
迫爲此舉,論者則交相訾議,幾以蘇人爲叢矢之集。蓋蘇省以積
年之放棄,一旦受他省之戟刺,始幡然變計,思將前所放棄者一一
還之固有之地位,而群議乃嘩然矣。其中亦間有過當之談,弟等
與同人籌議,務求兩得其平,本難盡如學生之意。辦事之界如此,
他非所計也。

　　近日寧垣退學,弟謇曾於二十三日致電寧學務處,聲明此等
舉動與同人設立學會宗旨未合。日内閱各報及寧垣學生來言,則
有無名函電從中鼓動,深堪詫異。弟同芳現在駐學會辦事,除一
面登告白於報端:以後函件非學會蓋有圖記及有人列名,即與學
會無涉,概不承認,弟等連日發電,囑學生上課,且弗誤會。一面
秉公籌商,擬就各條,即日繕呈玉帥鑒核。

　　兹請馬相伯先生到寧,與各校接洽一切,幸指示南針爲幸。

時事孔棘,當勸告諸生務其大者遠者。閣下總持學界,寧垣人士同聲翕服。天下事自有公論,不煩阿私所好也。專頌台安。年愚弟張謇、沈同芳同頓首。(《張謇全集》函電上)

　　案:書曰"茲請馬相伯學生到寧",考《張謇日記》十一月二十七日"江寧蘇學生停課,詭言滬上學會之意,乃電詰之,旋知何、金二人所爲",二十九日"請相伯往寧撫慰學生,勸之上課",則此書當作於十一月底也。

十二月初,爲公立旅寧第一女子學堂先後捐贈二百元。

　　《公立旅寧第一女子學堂廣告》:敬懇者。前承惠題本學堂開辦經費,感篆不勝。現已修屋購器,於十月間開學,需款甚殷,敬祈同志諸大君子迅將捐款,即日惠交,以憑開支各費,至禱至幸。謹將已交捐款芳名按日呈報……李梅荸觀察先交第一批一百元……李梅菴觀察交第二批一百元。(《南洋日日官報》第一百五十三號)

周馥批示三江師範易名爲兩江師範。

　　《三江師範學堂易名兩江師範學堂》:江蘇紳士上江督公函,復議學額學務事,帥批有云:三江即是兩江。兩江總督兼轄江南、江西(江南兼轄蘇皖)。故此項學堂應定名爲兩江師範,庶幾名實相符,仍照前議釐正名稱爲是。(《時報》1906年1月6日)

　　周馥《江南辦理學務情形摺》:大江南北,文人淵藪,開化既早,風氣易移。自經前督臣魏光燾、署督臣端方極力提倡,承學之士,翕然從風。臣抵任後,就原有之始基,期教化之進步。兩年以來,廓所未充,補所未備。敬教勸學,繼長增高,如原有之三江師範學堂易名兩江,初次收三百人。本年新建齋舍落成,即可續收學生三百人,連前合計六百人,復於堂外附設小學,選該堂之畢業生往充教員,以爲實地練習。(《周慤慎公奏稿》頁五四一)

十二月二十五日(1906年1月19日),赴萬欣陶招飲,繆荃孫、俞明

震、張仲炘、陳三立、李小庭、范德培等同席。

《藝風老人日記》十二月廿五日：梅厓招飲，恪士、次山、梅庵、百年、李小庭、范季遠同席。（頁一八二八）

十二月，最速成科學生畢業，公曾稟周馥准於三江師範學堂設附屬小學，以本年畢業生充任教員。

《三江師範設附屬小學》：三江師範學堂最速成科學生於今年十二月畢業，監督李觀察曾稟督憲准於本堂內附設小學，藉爲師範生實驗之地。現擬招學生 200 名，分高等尋常二班，即以本堂畢業生充任教員。惟所建房舍一時尚難告竣，已借忠祠先行開辦。日來業已出示招考，聞須趕年內開校云。（《南大百年實錄》卷上，頁八）

冬，輿地教員武同舉歸里，旋任海州傳習所教習，沈雲沛函託繆荃孫與公説項，予其三月薪水。

《藝風堂友朋書札》：小山老前輩大人侍右：在寧拜領教言，佩服無似。奉八月書，誦悉。受之太守到海後，晨夕過談，擬爲地方興學，其言簡而易明，其事輕而易舉，相助爲理，實所忻願。武生同舉，品學素爲鄉人所重，茲以暑假旋里，暫未赴寧，因與受翁商留，作爲敝州傳習所教習，當可勝任愉快。惟武生家本寒素，眷口留滯在寧，所有七八九三月薪水，尚冀我公與李㮣翁説項，給予全領，以爲接回眷屬之資。至武生此番旋里，實爲地方教育起見，此後應得薪水，自由本地發給，與大學堂無干。惟在冊教習銜名懇勿註銷，冀留來日進身地步。武生夙邀愛末，當不嫌其瑣縷也。此復，敬請道安百益。侍生沈雲沛頓首。（頁五七四）

案：據蘇雲峰《三（兩）江師範學堂——南京大學的前身，1903—1911》，武同舉於 1903 至 1905 年間在堂任教，而公以是年六月充三江師範學堂總辦。書稱"七八九三月薪水"未領，則當作於是年冬也。

冬，陳衡恪乞公作書。

　　案:宣統三十三年十二月十六日,陳衡恪致蕭俊賢函曰"前年
曾有二紙請梅庵書",考李開軍《陳三立年譜長編》頁五八九,陳衡
恪於二月十五日赴日,是年冬歸國,次年春於漢陽娶汪春綺。陳
三立《除夕》句云"群兒歸挂扶桑袂"(《散原精舍詩文集》頁一七
七),陳衡恪《感懷》自注曰"將就婚漢陽,感念前室,愴然於懷"
(《陳衡恪詩文集》頁二三),皆其證也。故此事當在此時前後也。
暫繫於此。

光緒三十二年丙午(1906)　　四十歲

正月十九日(2月12日),赴萬欣陶招飲,繆荃孫、蒯光典、陳三立、吳
廣霈在座。

　　《藝風老人日記》正月十九日:丁亥。雪……梅厓招飲,禮卿、
梅庵、伯年、瀚濤同席。雪不止。(頁一八三五)

正月下旬,三江師範官費生派送留學日本,湯增璧得公作保,亦在其
列。

　　居正《湯公介先生事略》:先生就讀省垣,暇輒聚衆演説,倡言
排滿。值南昌教案發生,當局大肆株連,構成奇獄。吳學使曲意
保全,幸逃而免,時年僅二十一歲耳。嗣入江寧兩江師範學堂,得
學監李梅庵保,以官費負笈東瀛,肄業早稻田大學。(《近代史資
料》總118號)

　　《取定贛省出洋學生人數》:贛省各學堂及三江師範、京師實
業挑選者歸入官費班考試,其各屬申送各出洋學生者歸入公費班
考試均於去臘小除日分作兩榜揭曉。計挑選者收定六十八名爲
官費生,限期正月二十日一體到齊,聽候委員派送。(《申報》2月7
日)

　　案:光緒三十一年五月下旬,公始奉委代辦三江師範,文曰湯
增璧"得學監李梅庵保,以官費負笈東瀛",當在其後也。據光緒

三十三年《兩江師範學堂同學錄》，湯增璧入最速成科，該科於光緒三十年十月入堂，光緒三十一年十一月卒業。服務處曰"留學日本"，或即此時考取官費生也。留學日本者均爲最速成科學生，尚有葉金揚、劉天擇、善準、胡俊、樊懿、熊樊儒、姜偉章、仲漱蓉、曹楨、章登元。又據宣統元年《兩江師範學堂同學錄》，熊懋儒、姜偉章、湯增璧、曹楨、章登元均爲未畢業出校者。

正月，詣張謇詳陳學堂狀況，力保菊池謙二郎。

蘇雲峰《三（兩）江師範學堂——南京大學的前身，1903—1911》：1906 年 2 月，李瑞清拜訪張謇，報告學堂概況，謂三江師範之所以能順利改組成兩江優級師範學堂，乃菊池之力，希望讓他留任。所應立刻解僱者，爲妨礙此改組計劃之"異議教習"。張謇似乎表示異議。（頁二七）

案：該書所用爲公曆。

是月，敬安寄詩懷公。

釋敬安《寄太史李梅癡觀察江南》：記從黃浦歇，爲別至於今。每讀梅花賦，公曾以所著《白梅賦》題余《白梅詩》卷。如逢李翰林。江南春草暮，海上碧雲陰。吳越千山隔，迢遙寄苦吟。（《八指頭陀詩文集》頁三三五）

二月十日（3 月 4 日），繆荃孫致函與公。

《藝風老人日記》二月十日：又接次遠信，隨加函與李梅生。（頁一八四〇）

二月二十日（3 月 14 日），覆繆荃孫函。

《藝風老人日記》二月廿日：梅庵回信。又託送呂稼生表叔幛分。（頁一八四三）

二月二十二日（3 月 16 日），晤繆荃孫。

《藝風老人日記》二月廿二日：己巳。晴。送聚卿至下關，並晤季直、心雲、梅生。回寓，倦甚。（頁一八四三）

二月二十四日(3 月 18 日),與劉棟英訪鄭孝胥。

　　《鄭孝胥日記》二月廿四日:劉棟英、李瑞清梅庵來。李,江西人,江蘇候補道,今爲兩江師範學堂監督。談久之,留飯乃去。(頁一○三五)

二月二十五日(3 月 19 日),鄭孝胥來訪,不值。至日本領事館,見宗方小太郎,商議三江師範日教習内訌事,已決定全部解僱。

　　《鄭孝胥日記》二月廿五日:訪李梅庵,不遇。(頁一○三五)

　　《宗方小太郎日記(未刊稿)》三月十九日:致根津一、柏原文書,報三江師範之近況。九時至領事館,會三江師範總辦李瑞清(梅庵),與永瀧領事商量三江師範善後之事。至滬報館吃午飯,歸。三江師範之事,雖已內定大森、柳原及另一人免職,其餘留任,然因內訌,致局面再變,遂決定全部解僱云。(頁六六九)

　　案:《宗方小太郎日記(未刊稿)》三月六日:"是日同文會長青木周藏、副會長長岡子爵寄來聯名信,囑余代表同文會赴南京,處理三江師範學堂之紛擾。"(頁六六八)

二月二十八日(3 月 22 日),鄭孝胥過訪。

　　《鄭孝胥日記》二月廿八日:晨,過李梅庵,談有頃。(頁一○三五)

二月三十日(3 月 24 日),赴日考察,另聘教習。

　　案:案:參閱本年"三月二日公致書李承修、李健"條及"四月中下旬公嚴定條約,另聘教習五人"條。

三月二日(3 月 26 日),至長崎,致書李承修、李健。

　　《與李承修、李健書》:余三十日自上海發,今日至長崎矣。連日大風,黑浪稽天,雪花橫飛,昏眩困頓不可言。余身體無恙,家中人無遠念也。三爺樊城書來,阿健爲我封寄。不得樊城書,心殊念之,有信到否? 阿健往長沙何時? 不可遲遲尋作家信。阿修、健同覽。陽溪梅次郎平安。三月二日博愛丸寄。(複印件,曾

迎三先生惠示）

　　案：該書爲明信片。另面曰："清國南京省城内三江師範學堂
李少爺御片。梅自長崎發。"

春，釋敬安來函，欲公賙恤其弟。

　　釋敬安《致李梅癡太史書》：黃浦一別，碧草重春。茫茫人海，
悠悠白雲。悲從中來，不可拒絕。寧獨歡逝，且復哀存。蓋貧道
雖學佛者，然實傷心人也。七歲喪母，十三歲喪父。孤苦無依，歸
命正覺。豈唯玩道，亦以資生。念昔同胞，一兄三姊，弟妹七人。
五十年中，相繼殂亡。惟弟一身，孑然猶在。既怙恃早失，教育亦
虛。不宦不士，廢讀廢耕。學書學劍，俱無一成。以謀衣食，奔走
到老。落魄江淮，形容枯槁。邇者妻歿子幼，不能自活，仰給於
兄。出家者法：背塵合覺。何堪俗累，擾其禪寂。而鶺鴒之情，天
親之愛，亦豈能忘？伏惟足下仁慈惻物，一草一木，尚加培植，矧
人爲有情，忍見棄乎？故舍弟一家飽温，數口身命，實望足下俯賜
矜全，俾其沾升斗之惠，息一枝之安。將見涸轍之鱗，重遊德水；
暴霜之骨，歸葬故山。則貧道感同身受，銜結靡已。牽紙神馳，揮
毫淚落。山川迢遞，雨雪陰寒。即希順時珍衛，不宣。（《八指頭
陀詩文集》頁四九四）

四月中下旬，公嚴定條約，另聘教習五人。

　　《兩江師範學堂續聘東教習》：兩江師範學堂東洋教習曩由南
皮張官保聘定總教習菊池謙二郎及分教習十人，今屆期滿，各教
習自行告退。現由該堂總辦李梅庵觀察到東另聘教習，以圖學科
進步。今已在東由私人交涉，聘定文學士松本孝次郎，松本君向
在日本充當東京早稻田大學及高等師範教授員，素爲我國留學早
稻田及高等師範諸生所推服，此番膺選任兩江教育教授兼理教
務，將來造就實不可量。其次博物、理化兩教授，則聘定日本理學
士，現任東京帝國大學教授。尚有農學士、法學士及音樂教員三

員,亦皆日本專科大學家,聞不日將由李觀察偕同各教員內渡。自今已往,兩江師範既得此諸大教育家擔任教務,復得李觀察熱心提倡,兩省學界前途將發一異常之光彩乎!光緒三十二年四月二十三日。(《南大百年實錄》卷上,頁二二二)

蘇雲峰《三(兩)江師範學堂——南京大學的前身,1903—1911》:經過這次事件之教訓,學堂監督李瑞清領悟到有強化主權的必要,爲保證優級師範教育計劃順利進行,決定提高選擇日本教習之標準,並加強對日本教習的監督權。在新的延聘合同中,除強調原來的"授課不勤,或任意紊亂課程者,不論期滿與否,本堂有退聘之權"一條外,還特別增列二條:一聲明與日本各教習所訂合同,均爲私人契約,不受日本政府之干涉;二表示今後不再希望日本教習參與教育行政方面的工作。李瑞清帶著新的聘約章程,與日文翻譯張允熙(弘文學院出身),於 1906 年 3 月赴日,造訪東京高等師範學校校長嘉納治五郎,請其協助聘請教習。嘉納推薦其同校教授松本孝次郎爲總教習,另覓法、理、農與音樂四門教習各一人,於同年四五月間,抵達兩江師範學堂任課。與留任之杉田稔、亘理寬之助,共七人……聘期除松本總教習爲三年外,其餘均爲二年。茲將各教習之背景資料序列如下:

松本孝次郎,東京人,曾任東京高等師範總教習,1906 年 4 月到兩江師範任總教習兼授教育學,月薪龍洋 350 元,聘期三年,但於 1909 年 2 月前離去。

石野巍,東京人,東京音樂學校講師,1906 年 4 月到兩江師範任音樂科教習,聘期兩年,月薪龍洋 200 元,但 1908 年 2 月猶在校內。

早瀨完二,法學士,1906 年 5 月到兩江師範任法制經濟科教習,聘期二年,月薪龍洋 200 元,1907 年 7 月解聘。

平田德太郎,理學士,1906 年 5 月到兩江師範任物理化學科教習,聘期二年,月薪龍洋 300 元,但於 1907 年 7 月解聘。

　　須田哲三,農學士,1906 年 5 月到兩江師範任農學科教習,聘期二年,月薪龍洋 250 元,也於 1907 年 7 月解聘。(頁二八至三十)

　　蔣國榜《臨川李文潔公傳略》:堂創始張文襄公,規模宏闊,額可千人,顧輦巨金,聘日本教習數十人,多非彼邦知名士,且所教非所習,時起猜忌,又非期滿,不得辭退。公慨然憂之,自請往日本考察教育,廣聘績學之士,又聘總教習一人,督其勤惰,嚴定條約,費減於前,收效尤著。先後畢業者兩千餘人,考最爲各省冠。溧陽端忠敏公繼督兩江,聞公措施,顧問同寮曰:"今始知李某不獨嫺教育,亦外交家也。"四座歎服。(《清道人遺集》頁九八至九九)

　　李雲麾《先從兄清道人行述初稿》:是堂創始於張之洞督江之日,規模之宏爲東南冠,而設備未當,訾議蠭簇,諸生結習至深,驕恣放逸,所聘日本教習品類不齊,虛糜厚廩,或更爲所劫持。兄受命,嚴加整飭,學風倏肅。部署纔定,自請東渡日本考察,兼別求彼邦碩彥備改聘,所訂條款至嚴,且聲明無關國際交涉,開前所未聞之創格。歸國之日,江督已易端方,聆悉始末,顧同座曰:"吾初以李道爲文學教育家,今乃知其復爲外交能手也。"(《清道人遺集》附錄,頁二七四)

　　案:周馥於七月十四日奉旨授閩浙總督,九月十二日交卸督篆,李雲麾謂"歸國之日,江督已易端方",恐係誤記。又,聘請始末可參閱本年十月中旬"上書端方"條所引。

四月,將之前日本教習除亘理寬之助及杉田稔外悉數解聘。

　　《兩江師範學堂監督李觀察上端午帥稟》:菊池總教習每月修金四百元,而不上堂授課,今年四月合同期滿,職道一概辭退。(《時報》12 月 5 日至 19 日)

　　蘇雲峰《三(兩)江師範學堂——南京大學的前身,1903—

1911》:李瑞清與兩江學務處商議的結果,卻採取了一個妥協的方案:續聘菊池爲總教習,調升爲首控告菊池的菅沼虎雄爲副總教習,解僱大森千藏、柳原又熊與松原俊造三人。菅沼虎雄不肯讓步,堅持非請菊池走路不可。菊池知和解無望,乃公開表示辭職。李瑞清因失去菊池,對造反派之日本教習更爲不滿,最後斷然決定,除續聘亘理寬之助及杉田稔二人外,其餘全部解僱。(頁二七至二八)

菅虎雄歸國,公送至城外,以所臨王羲之《蜀都帖》扇面贈之。

《李瑞清氏の略歷》:李氏は常に先生の寓居を訪ねて、提撕の勞を惜まず、先生は學堂の往復以外は、一步もを出でず、ひたすら、書の蘊奧を究めんとし、遂に、篆・隸・真・行は、その室に上ることを得たのである。ついで、草體の書風を會得するため李氏指導の下に、專念刻苦したが、時恰も、任滿ち歸朝のやむなきに至った。そこで、李氏は別離の情堪え難く、親しく、南京城外の下關埠頭見送った。その際、別揭の金扇に、王羲之の蜀都帖を臨摹し、草書の由て來る所を示し、末尾に跋語を加え、千言万語に代えてそれを贈り、先生の大成を翼ったのである。(《陵雲無爲・菅虎雄先生遺墨法帖》卷尾)

臨王羲之《蜀都帖》扇面款:書家艸法宜入規應矩,力能扼腕,處處停筆,所謂忙中不及作艸,今人蓋鮮知之者。菅先生閣下。李瑞清。(《陵雲無爲・菅虎雄先生遺墨法帖》)

閏四月十日(6月1日),繆荃孫致函與公。

《藝風老人日記》閏四月十日:致書局陳敬如、兩江師範李梅生,言國民捐事。(頁一八六二)

閏四月,周馥改兩江師範學堂爲兩江優級師範學堂。

《各省教育彙誌》江蘇:學務處近奉江督周玉帥札,飭將兩江師範學堂改爲優級師範,而以江寧原設之算繪師範學堂擴充規制,改爲初級師範學堂云。(《東方雜誌》第三年第五期,頁九七)

五月，新得明拓《爨龍顔碑》，喜而臨之。

　　臨《爨龍顔碑》款：新得阮太傅以前舊拓，喜而臨此。光緒丙午五月，李瑞清。（中國嘉德四季第 3 期拍賣會 1584）

　　節臨《爨龍顔碑》款：新得阮芸臺未跋本，上有升庵印，當是明拓。（《小莽蒼蒼齋藏清代學者法書選集（續）》頁一七二）

　　《與木孫先生書》：木孫先生閣下：承示爨碑，在阮芸臺訪得，以貧道書明拓有誤，碑在劉宋之時不能禁，明以前之人不拓。貧道得無阮芸臺跋最舊拓本，且阮氏訪得時，碑中"次弟驎崇""驎"字"馬"已無，而貧道本尚完好，安得謂明以前無拓本乎？並非筆誤也。清道人頓首。（《近代名人墨迹——馮永軒藏品》頁一八一至一八二）

夏，與沈桐游後湖，歸時遇雨。

　　《與沈鳳樓游後湖》。（《清道人遺集》卷一）

　　案：該詩一作《沈鳳樓同年攜妓招游後湖納涼洲祠歸舟遇雨作二律奉謝》（《青鶴》第二卷第十二期），詩有"江花照腐儒"句，與本年九月夏敬觀贈公詩"江花偏近腐儒開"合，因繫於此。又，公爲程志和書此詩於團扇，"侵晨臨野渚"作"浸晨臨野岸"。（江西省博物館藏）

七月十四日（9 月 2 日），周馥補授閩浙總督，端方調補兩江總督兼南洋大臣。

　　《鄭孝胥日記》七月十五日：各報登……十四日奉上諭，"閩浙總督著周馥補授，楊士驤著補授山東巡撫，欽此。"又奉上諭，"端方著調補兩江總督兼南洋大臣。兩江地方緊要，著即迅赴新任，欽此。"（頁一〇五五至一〇五六）

　　案：《周愨慎公自著年譜》光緒三十二年"七月十四日奉上諭，閩浙總督著周馥補授，欽此。意欲奏辭，有人言：閩督著名瘠缺，一歲需賠萬金爾。已銷病假，忽又辭此缺，得無有人議爾嫌缺苦耶？遂不敢辭。”“七月二十四日奉上諭，周馥著調補兩廣總督，欽此。”則周馥未赴閩浙總督任，旋又調補兩廣總督矣。

七月，蔡楨、侄李健入堂肄習。

柳詒徵《柯亭長短句序》：蔡君嵩雲，清道人高第弟子也。道人風節炳然，君篤守師傳，嬰國難，甘槁餓，不降志辱身。（《柯亭長短句》卷首）

蔡楨《柯亭詞論》：昔侍臨川李梅盦夫子几席，聞其論書法，發揮拙、澀二字之妙，以爲聞所未聞。後治慢詞，乃悟詞中亦有此妙境，但非深入感覺不到。（《詞話叢編》册五，頁四九〇六）

案：據蘇雲峰《三（兩）江師範學堂——南京大學的前身，1903—1911》所附《兩江師範學堂學生名録》，蔡楨於是年7月入堂修習農學博物選科，1909年12月畢業。李健於是年7月入堂，豫科畢業後修習圖畫手工科，1909年12月畢業。

八月十七日（10月4日），繆荃孫來訪。

《藝風老人日記》八月十七日：拜馬湘伯、李梅庵、汪佩丞、汪叔苐。（頁一八九三至一八九四）

八月中旬，王闓運爲公書《周甲七夕詞》長卷。

王闓運《周甲七夕詞六十一絶句》題記：丙午秋，小居無事，偶檢篋笥，得此卷紙，似是李雨農所寄以索余書者，賒哉貪哉，誰能畢此？既置案頭，偶思余《七夕詩》兼年譜史表之用，可作長卷，以詒好事。因用卷尾起學法，每日書一段，自中秋至寒露畢録，僅將萬言，八日間功，不廢他事。然欲滿此卷，尚餘十分三也。比之牽風箏綫者固已勞矣，其寶之。丙辰闓運題記。（《湘綺樓詩文集·湘綺樓詩》第十七卷）

《湘綺府君年譜》光緒三十二年丙午：八月，檢日記，補作壬辰以後《七夕詞》十五首，合前所作，成六十首，爲李梅庵書成詩卷，題曰：周甲七夕詞。（卷五）

　　案:《湘綺樓日記》八月十三日"檢日記,補作七夕年表詩,甚
費拉扯",十八日"余亦鈔七夕詩,作年譜"。

八月下旬,公至滬上,時過狄葆賢齋觀其所藏書畫。

　　狄葆賢《平等閣筆記》卷一:去秋李梅菴觀察來滬,時過余齋,
觀余所藏書畫,談及彼幼時聞人言,凡蛙類能遯。初不之信,曾捕
蛙多頭,置之小口罈中,此萬無可出之理。偶然夜間持火往視,則
明晨必少却數頭,不以火視則如故,曾屢試之不爽云。(頁十)

　　案:該條前所記爲庚子時事,卷首識語曰"丁未春,時報館被
災,此稿已成灰燼,今依前例續行記存",故當作於丁未春後也。
又,該條亦載一九〇九年一月一日《時報》,則此條當作於丁未、戊
申間。考光緒末年,公與沈曾植同過狄葆賢齋觀其所藏書畫,據
許全勝《沈曾植年譜長編》,沈於乙巳十月十七日、丙午八月廿四
日赴滬,乙巳十月公在金陵,故此事當在是年八月廿四日後也。

聞狄葆賢新得《宋拓法華寺碑》,乃與沈曾植同往觀之,贊歎不置。

　　狄葆賢跋《李北海法華寺碑》:海内孤本《宋拓李北海法華寺
碑》爲道州何蝯叟秘藏,推爲藝林重寶。光緒末年,蝯叟孫雲浦攜
此來滬,以千五百金質於錢肆,久不能贖。雲浦走商余,謂將以三
千金售於某日人。余乃急質他物於典庫而贖得之。沈子培、李梅
庵聞余得此,同來余齋,展玩竟日,謂此書法之佳遠過北海其他諸
碑,蝯叟所題純任天機,渾脱充沛者,實爲至當之論。況又爲孤
本,尤當寶存。近日《麓山》、《雲麾》等碑,其值已數千金,此碑之
值,即數倍之不爲昂云云……乙丑冬日,狄平子。

八月,胡光煒入堂修業,公深器之,授以治學之法。

　　周勛初《胡小石先生的教學藝術》:小石師早孤,家道中落,冒
籍進學未遂,乃考入兩江師範學堂,因爲這所學校是公費的。當
時學的是農博,而又專攻植物分類。有一次,學堂監督李梅庵(瑞
清)先生出題測試,題目出於《儀禮》,小石師家裏藏有一部張惠言

的《儀禮圖》，他小時候就愛看這書，這時便根據此書，有條有理地寫了一篇文章繳上。當時新學已起，年青人中已很少有人鑽研三《禮》之學了，梅庵先生發現學農博的人中竟然有一名年僅弱冠的學生能做有關《儀禮》的文章，大喜過望，遂特加青睞，親自授以傳統的國學。（《周勛初文集》册六，頁二六）

吳白匋《胡小石先生傳》：一九〇六年，考進兩江優級師範後，開始從臨川李梅庵（瑞清）先生爲嫡傳弟子。今日文藝界只知清道人（梅庵先生晚年別號）是位書法家，卻不知在清代末年，乾嘉諸老嚴謹的考據方法已經從治經、治史、治諸子發展到考訂金石文字方面，而梅庵先生是其中最精深突出者。據師自述，他治小學與今文公羊學的門徑方法都是經梅庵先生指授而得來。（《文獻》1986 年第 2 期）

曾昭燏《南京大學教授胡先生墓誌》：年十九，入南京兩江師範學校，始爲臨川李梅庵先生弟子，然所習專業爲生物學。（《學苑奇峰——文史學家胡小石》頁二六）

胡光煒《學書自序》：昔年學書，從臨川夫子受筆法，嘗請問書何以得工？公曰："不欲人言工，則可工矣。"余聞之竦然。去今三十餘年，此語猶在耳際。大抵昔賢治學，必有潛龍之德，所謂"遯世無悶，不見是而無悶"是也。此昔日受之於師者，今書之以贈幼舟賢弟。甲申五月，光煒。（《中國書法》1987 年第 2 期）

案：據蘇雲峰《三（兩）江師範學堂——南京大學的前身，1903—1911》所附《兩江師範學堂學生名錄》，胡光煒於是年 8 月入堂修習農學博物分類科。

九月二日（10 月 19 日），乞繆荃孫題《宗訓》。

《藝風老人日記》九月二日：李梅生以《宗訓》求題。（頁一八九七）

九月六日（10 月 23 日），繆荃孫致書徐乃昌，謂公爲學生所困，函札均先由學生拆閲方許送出，即出門拜客，學生亦責問轎夫所拜何人也。

　　繆荃孫《致徐乃昌函》：積餘仁兄大人閣下：陶帥重陽前後可到，兄亦即來省，各書面交，陶子麟回信附上。《吳越春秋》還早，顧校缺二卷，《雲仙散録》已成矣。此上，餘面談。此請台安。弟繆荃孫頓首。

　　錢觀察事，其兄已來，未知的實與否。

　　季直所議，尊則安矣，能如學生之意乎？李楳庵爲學生所困，片紙隻字先拆閲方凖送上，渠又無公館函牘留意，出門拜客，學生亦責問轎夫拜何人也。此席萬吃不住，奈何！（《藝風堂書札》，《繆荃孫全集·詩文》第二册，頁四三三）

　　案：書曰"陶帥重陽前後可到"，光緒三十二年七月十四日奉上諭，端方著調補兩江總督兼南洋大臣，九月十二日接任兩江督篆，則此函當作於七月十五日至九月初。又曰"《吳越春秋》還早"、"《雲仙散録》已成矣"，據《藝風老人日記》九月四日"校《雲仙散録》畢，成札記一卷"，六日"發徐積餘信"，則此函當作於九月六日也。

九月九日（10月26日），左孝同五十壽辰，賦詩祝之。

　　左念贻等《清授資政大夫江蘇提法使兼署布政使左公子異府君行述》：先君諱孝同，字子異……咸豐七年丁巳歲九月初九日酉時生於長沙福源巷宅。（《清江蘇布政使左公暨王夫人行述》）

　　《左子異五十壽詩》。（《清道人遺集》頁三二）

　　陳三立《壽左子異宗丞五十》。（《散原精舍詩文集》頁二〇一）

九月十二日（10月29日），周馥調補兩廣總督，公與同僚祖送江干。

　　周馥《周愨慎公自著年譜》光緒三十二年丙午，七十歲：九月十二日，交卸兩江督篆，江寧文武官紳、全軍將校、各校生徒由轅門列送於儀鳳門江干，感愧交集。（頁六四六）

　　周馥《九月十二卸任兩江督篆文武官紳率各營將士各校生徒祖送江干感賦誌別》光緒三十二年丙午，七十歲：江上西風湧怒濤，千軍夾道蕭弓刀。元戎不復權鄉郡，後起爭看出俊髦。對我三山含雨重，愁人五嶺際雲高。多慚贈策殷勤意，老馬何堪萬里勞。（《玉山詩集》卷三）

九月，赴俞明震宴，夏敬觀戲以詩調之。

　　夏敬觀《俞恪士席上戲調李梅庵》：兩行珠箔排冰纚，數點華燈照酒杯。醉眼蛾鬟初出座，江花偏近腐儒開。（《忍古樓詩》卷一）

　　陳詒《夏敬觀年譜》光緒三十二年：9月，赴南京，借宿陳三立家中。趙熙（香宋）宴於雨花臺下劉氏園，俞明震、李瑞清（梅庵）宴於半山寺，又與陳三立游青溪。（頁二四）

　　案：俞明震十月入都，參見《丙午入都迂道至長沙十月十六日舟過簰洲》。

是月，楊鍾羲來金陵。

　　楊鍾羲《雪橋自訂年譜》：九月，入兩江幕……謁張子處師，時繆藝風前輩、陳散原同年、徐積餘、況夔生、程雒庵、李梅庵、溫蓋臣，俱在金陵（王瓘孝禹隨節來）。（《雪橋詩話全編》附錄，頁二八九○）

秋，呈准學部添設圖畫手工科。

　　《南京師範大學大事記》一九○六年：秋，南京兩江師範學堂由李瑞清呈准學部，添設圖畫手工科，以圖畫、手工兩門為主科，以音樂為副主科。（頁二○）

　　姜丹書《我國五十年來藝術教育史料之一頁》：先師李瑞清（梅庵）先生，可說是首創藝術教育的功人，若非他首先特闢此科，至少要推遲十幾年纔有可能注意到這個藝術教育部門。（《姜丹書藝術教育雜著》頁一三○）

秋,致書庶務長汪文綏。

　　《與汪文綏書》:現講堂開工,圍牆已毀,請速派人夜巡更,免至招盜,至要至要! 庶務長汪大人。(《清道人書翰卷》,王中秀先生提供,曾迎三先生惠示)

　　　案:書曰"現講堂開工",本年十月中旬,公上書端方曰"擬先照理科講堂建造一所,暫以樓上爲文科,樓下爲理科,現已鳩工庀材,動工多日",則該書或作於此前也。

十月一日(11月16日),王闓運託尹金易將《周甲七夕詞》長卷轉交於公。

　　《湘綺樓日記》十月一日:晨起,換錢。送手卷與尹和伯,託交李雨農,以了三債。

十月十七日(12月2日),與同人開會歡迎端方履任兩江總督。

　　《歡迎江督》南京:本月十七日,南京開大會歡迎午帥,由程君先甲作頌辭,學界之人蒞會者甚衆。今將驪迎會臨時職員姓氏表列於左。總代表:吳瓅。幹事員:程先甲、順祺、武曾俊、周思綸。招待員(官場):李瑞清、繆荃孫、梅光遠、吳廣霈、李國璠、陶駿保、林琬慶、張預、汪文綏、蔣起英、陳習謨、王燮、何葆麟。招待員(學界):戈乃康、李鴻才、茅迺封、季錫庚、李應吉、陶保晉、徐渤、虞燊、仇埰、吳翔慶。宣讀頌詞員:侯必昌。書記員:顧厚煌、蔣鳳梧、江□澤、沙承鈞、寶庠恕、方道和、胡竣達、賈治邦。會計員:黃乾、趙樹勛、封德祖。庶務員:陸長康、鍾洪聲、陸維李、程麐、汪秉忠。糾察員:羅仲素、周兆熊、戴汝定(兼庶務)。(《申報》12月10日)

十月中旬,上書端方,具陳接辦兩江師範學堂情形及改革之法。

　　《兩江師範學堂監督李觀察上端午帥稟》:職道接辦兩江師範學堂一年於茲矣。戰戰慄慄,常懼不稱。今大帥節鉞來寧,學界人士,莫不歡呼騰湧,舉手相賀,況職堂爲帥所注意,曾紳嚴飭改良者。敢將接辦情形，一一敬陳，伏乞鈞訓。

　　現今之辦法

　　一、學科之改革也。職堂之設，前署督憲張本定爲九百人，後因經費不足，先招三百人，逐漸推廣，本辦高等師範，因無合格之學生，不得不由尋常師範起，其舊分科目：一、最速成（一年畢業），一、速成（二年畢業），一本科（三年畢業）。本科畢業後，挑選最優級，開辦高等師範，其層級不可謂不清，其思慮不可謂不密，然以之入高等必不逮，何也？日本高等師範生中學堂畢業後，尚須入豫科一年，然後入高等。今本科雖三年畢業，均由繙譯轉授，每一點鐘教習上堂授課，實止五十分鐘。五十分鐘之中，教習口講，繙譯譯授，學生實聽止二十五分鐘耳。則三年功課實止一年半程度，以入高等，必不足也。故日本於教我國留學生，惟速成科用繙譯，本科絕無用繙譯者。況學高等先須通西文，蓋東洋高等教科書多取諸英德法三國，非先習西文，斷難授以高等學問。故職道去年到堂，即挑特班兩堂，取年少文筆清暢者專習東文、東語、算學、體操，爲習科學之預備。兩年後直接聽講，授以三年完全之普通，謂之預科生。既能直接聽講，於三年中，裁去東文，按各生程度之所近，可入高等師範之第幾部，授以何國之語言，然後可以聽講，謂之本科生。此目前從權之辦法也。以後本堂開設附屬中學，非中學畢業者，不得入高等。高等畢業後，選學問優長、品行端正者，約二十人，送日本大學校，視其造就，分派學習專門，歸國爲本堂教習。然後辭退東洋教習，以收回教育權，此職道日夜所欲達之目的也。今年學部來電，催各省迅將省城師範名額推廣一年卒業初級簡易科師範生五百人、二年卒業優級選科生二百人。查江南師範學堂以職堂爲最大，如新講堂建成，可容六百人，然額分三省，萬不能足其派定之數。職道擬請將尋常師範簡易科歸寧蘇皖贛三省分辦，職堂專辦高等師範，則力分而易舉，且目前決無三省既辦尋常師範，又各辦一高等師範之財力，又無特立一大師範學堂爲三省專辦尋常師範之理。若專辦尋常師範,則此次聘請東洋教員不必如此專門教員,只日本高等師範畢業生足矣。按高等師範,其中圖書、儀器、標本,本非一省之財力所能備。以日本全國,只東京與廣島兩所,尋常師範則各府縣町市分設。若以一學堂爲三省辦尋常師範,必不足以供三省之用,又斷斷然也。

今職堂既擬專辦高等,則學部所稱每省之優級選科生須二百人,不得不歸職堂專辦,將來添招新班,雖可滿六百之數,然其名額蘇寧居其大半,皖贛只居一小分。此猶名額之參差,至學部所訂課程,似未深悉師範辦法,若遵其章程,則必無效果,改其辦法,則必受駁斥。敢陳其未合之處,求帥主持之。學部稱二年畢業之優級選科生,每省須二百人,選科中分四類:一、歷史地理,二、理化,三、博物,四、算學。每類五十人,以養成府立師範學堂中學堂之教習,此即日本高等師範之課程也。日本高等師範本分四部,(今改爲五部,國語漢文與英語分爲兩部矣)今去其第一部,以第三部分算學、理化爲兩部,何得謂之選科? 以毫無普通之人,入優級本科二年,何能遽充府立師範及中學堂之教習? 且各科學有互相聯絡者,無普通,何能遽習專門? 其去其第一部者,殆以爲文科中之文章,外國語言,無甚輕重,然保存國粹與吸取各國之文明輸入中國,此爲學校之最大關係,故日本高等師範以爲第一科。美國師範有語學一門,二年科者學英文,四年科者學羅甸語、希臘語、法語或德國,而德、法師範皆習外國語,以當采集各國學問,爲學生進步之基礎,必不可去也。算學雖爲各科學之根底,然於理科中研究已足,故日本高等師範附入理化一部。師範生宜多任數科,尤不在學習專門也。歷史地理一科,無教科書,外國歷史,既無中文善本,而中國地理,尤無完善測量之輿圖。其教授法先詳本土,次本國,再五洲大略及宜注意並有關係之處。又實驗測繪及人種動植出產之各物,故入地理室,如入博物舘。(用中國所購博物標本皆日本地理學中之標本也)今職堂歷史、地理雖皆現編講義,然既無教科善本,又無好圖,難於完備。

職道擬在本堂擇教員中中學深而能習西文者,送日本學各國歷史,以測繪精者學地理,限以□年回國,爲本堂歷史輿地教員,不必另籌學費,從前帥在南洋時,有本堂教員以薪水作爲學費,送出洋學習,歸國爲本堂盡義務之例。又擬於本堂設博物研究會,(另擬章程呈覽)此亦輿地學不可少之研究。歷史地理,本國民教育,斷無延聘外人之理,將來設高等本科,此爲一部,故爲亟亟不可緩者。此一科爲現今中國學堂之通病,實師範學堂必要之科目,而又多種種缺點,非一省一人之力所能完全也。現今職堂既已改辦高等,按日本高等師範學堂豫科、本科外,附有研究科、專修科、選科。其選科生與本科生同學,但學本科一部之數科,或數部之數科,亦三年畢業。研究科則本科畢業後,留校精研一二門。惟專修科者,因尋常師範學校中學校缺乏某科之教員,經文部大臣之認可,特爲開班。職堂擬請仿辦。現今本堂年底速成畢業,明年底尋常本科畢業,但本科畢業後,不能直接聽講,既難入高等,擬將本科普通學年縮短,(擬改一堂,因各處小學須教員,留一堂不改)今年年底與速成一同畢業。遂將兩班挑選分數較優、有志向學者,開專修科。現在高等本科尚未開班,選科無從附學,高等本科無畢業之人,研究科更無合格之學生,將來招集新班,除挑選年少中文清暢、腦力足之人爲高等豫備之特班外,其餘概學一年普通,歸入專修科。俟本堂有中學畢業之學生,然後可以裁特班,俟高等本科開設,然後可以添選科,俟高等本科有畢業之人,然後可以添研究科,此一定之秩敘也。

故救急之方,莫若多開專修科,專修科莫若偏重實科,大凡師範學校之學科,皆依國家之現況,揣地方之情形而定。補偏救弊,影響甚大。中國從前偏重理想,故偏重文科。現在不得不於實科下手,且目前缺乏之教員,尤在實科爲多。況專修科之程度即高等師範,但不能學其一部分之課程耳。現今朝廷豫備立憲,正急宜教育普及之時，竊謂造一尋常師範生，不過多一小學之教習，造一高等師範生，則多一尋常師範之教習，若府縣能遍立尋常師範，則向來之塾師生員，皆成有用之教習，不懼教育之不普及也。擬求大帥與皖贛兩撫聯名奏請，將職堂改爲兩江高等師範堂，或並聯浙撫，（浙撫附閩，不如附兩江之便）合四省財力，辦一完全高等師範。按日本高等師範建築儀器費一百萬金，每年額支二十萬金，本非一省財力所能及。如各省各辦一高等，必成一不尋常不高等之學堂，不如數省合辦，各省學生費用歸各省擔任，或由府縣，或由厘稅籌解，（日本師範學校經費本出於府縣稅地方稅也）亦不至有省界之爭。蓋南洋大臣本東南督撫之領袖，其勢力原不止三省也。

　　二、日本教員之改革也。從前日本教員由前署督憲張徑聘，故有事件，使與督憲直接，監督頗難與交涉。且與根津一聘訂，皆同文會之人，雖非國際交涉，亦一會之交涉。同文會本日本欲攬中國教育權，專爲中國而設，皆外交上兼有手段之人，非學問中人也。其合同多失種種權利，即如薪水一項，概用英洋，此事雖小，而國家不能自用其國幣，外人視此爲重恥也。菊池總教習每月修金四百元，而不上堂授課，今年四月合同期滿，職道一概辭退。自往日本考察學堂，採訪教習。先定宗旨，非東京帝國大學畢業之學士及現爲有名學校之教習者不聘。先私行以個人交涉聘定，後方與文部省言明，如是與國際無涉。初高等師範校長喜納每欲薦其校中畢業生，（高等師範畢業生只能充中學及尋常師範之教習，高等師範則必須學士方合格）後辭以中國有辦尋常師範者，必爲推薦。此次所聘之教習，總教習松本孝次郎，即日本高等師範之教授兼幹事員（即總教），學問品行甚好，在日本名譽頗佳，喜納亦無辭矣。又加聘音樂教習一人，而修金視前次稍減，計每年共省銀約萬元。合同所訂亦嚴，現甚循謹，遵守命令，合同藁另摺開呈。（以下推廣之辦法）

(一)職堂原建講堂其容積及光綫一概均不合法,且校地如許之大,而特別理化講堂竟未建築,最爲缺點。職道今春在日本高等師範學校見其講堂有二:一文科,一理科,規制最爲合法。內渡後,已繪圖呈前督憲周,業經奉飭准照圖樣估工興築,因經費難籌,即擬先照理科講堂建造一所,暫以樓上爲文科,樓下爲理科,現已鳩工庀材,動工多日,祗緣款項不足,故一時尚未能告竣。(一)職堂向無專設之手工講堂,屆計學年,現正宜教授金工木工,是此兩科講堂亟宜添築。查日本金工木工講堂但求合用,並不求其精美,職道擬在接辦後,撙節用費贏餘項下動撥建此兩科講堂,以應急需。(一)查高等師範學堂本應有農學試驗場一所,爲學生實習之地,職堂從前曾經擇定左近曠地一區,擬即購用,後因未有的款,故未購定。現屆需用之時,應請委員購定地面,款由職堂撥給後,再議敷設田舍農器,以便試驗之用。(一)職堂自前監督楊道覲圭、徐道乃昌兩次經辦,儀器不爲不多,然大致標本模型居多,而學生試驗時需用各品尚未完備,現在速成學生卒業在邇,急應試驗,職道於暑假前與松本總教習商酌添置,曾經開摺呈請前督憲周設法添購,因江藩司籌無的款,遂爾中止。現職道擬在接辦後,節省贏餘項下動撥銀兩交日本各科教習分科購辦備用,購定後,再照行單核實具報。(一)現在新齋舍雖已竣工,而屋宇均係從前書院舊法,其門窗路徑實多未合宜,且於衛生管理多不合法。當動工時,職道曾屢經稟陳前督憲周力請改良,嗣因節費,遂仍照原圖建築,此新齋舍將來即設法改良亦難措手,且工料皆劣,現已滲漏,實難設法補救。(一)職堂原建齋舍向無堆積室,學生攜帶箱籠物件,是以齋舍難求整齊。今欲整頓齋舍,不得不添建堆積室一所,爲學生藏皮零件之地。現在尚未動工,只得暫借新齋舍辦理。(一)職堂原聘東洋教習本十一人,本年四月間期滿後,由職道親赴日本改聘九人,然轉瞬辦理專科,並添招新班九人,必不敷周轉。現理化教習授課時間均至廿四點鐘,爲東西洋所未有,東洋理化有助手幫同豫備儀器藥品尚只十八九句鐘爲度,將來理化博物不得不添聘數人。且日本高等師範學堂但教博物一科,正助教授用至八人之多,蓋學愈精則分科愈細,故博物一科,大學分四專門也。至職堂既添聘日教習,則繙譯不得不加聘,現在繙譯之難難於教習,繙譯非曾習科學之人則必不能將教習之精義輸與學生,而學問稍好之繙譯,其學本足當教習。往往各處聘請,有不屑作繙譯之志,其聘金幾與日教習同。若無學問之人,雖有好教習,學生亦無能受益,此學堂第一困難之事。擬於日本訪聘留學生之有數年程度者招來中國,但聘金亦不得顧惜,蓋教習雖博士、學士,而學生之受益與否仍在繙譯之善不善故也。(一)職堂現有醫官二員,然皆係中醫,有時日教員患病,需用西醫,即多不便。從前原聘有東洋教習岸廉一精通醫學,且兼教授生理科學,遇有入學放假檢查學生身體等事,夏秋考求齋舍之衛生最爲有益,後因事辭退,即未復聘。職道查西醫亦爲校中萬不可少之人,亦擬添聘一員。再職堂向未建設病室,遇有學生患病,大半均在齋舍,既患傳染,且亦諸多未便,此亦急應設法添建,以求合於衛生之法。(一)職堂本設有高等小學,今既辦專修科,則中學亦宜添設,爲學生實地練習。日本由尋常小學至高等小學雖八年程度,乃遊戲教育,實於養成人格之事多而學問之事少,故以日本小學學科行於中國,見者必疑其太淺。若中國小學堂三年之學科幾過日本高等小學之學程,至於養成人格之處,中國漫不經意。日本高等師範附屬之學堂本爲各學之標準,現在職堂附屬小學擬暗用其意,但爲日太淺,種種未能合法,又借昭忠祠開辦,房屋亦不能合度,以後當竭力改良。職道才識淺薄,自接辦以來,日求合於完全之法而愧未能,謹就管見所及,覼陳鈞座。是否有當,伏乞憲示祇遵,謹稟。(《時報》12月5日至19日)

十月二十六日(12月11日),奉委閱各學堂畢。

　　《督院轅抄摘要》:十月二十六日,兩江學堂李奉委閱各學堂

畢。(《南洋官報》丙午旬報第六十四册)

十一月,雷悦爲公治印二方。

其一:李瑞清印。款云"丙午冬十一月爲梅盦太史作,雷悦";其二:中麟。款云"磨杵生怡父"。(西泠印社 2018 年春季拍賣會4169)

十二月二十六日(1907 年 2 月 8 日),兩江師範速成科學生畢業,端方、陳伯陶蒞校致辭。

《督帥端兩江師範學堂速成畢業生訓辭》:本部堂今日來觀畢業盛舉,諸生名籍,計之數十人百人止耳,然以今所成就期之將來,其教澤被於千人萬人,甚則循幾何級數累積以至倍蓰於千人萬人。學風由此廣,國力由此厚,民俗由此進,皆諸生責也。(下略)

《江寧提學使陳演説》:不佞質文亡所底,奉命使提學是邦,服事兩閱月,適遇貴學堂速成畢業之期,不禁心儀神躍之餘,例得貢一言以爲諸生告。(下略)

《兩江師範畢業生答詞》:(文略)。(以上,《南洋官報》第三三期,頁四至五)

《藝風老人日記》廿六日:兩江畢業。(頁一九二九)

凌文淵畢業,考列優等,公頗賞識之,與其論書甚相得。

凌文淵《游西湖十二》:就中只有同張君仲純談話時間爲最長,他和清道人李文潔公,辦兩江師範學校時,就研究漢魏六朝書法。其時我在該校讀書,他和文潔皆認我爲書法的知音,故契合較深。(《我的美感》頁一○二)

案:據光緒三十三年《兩江師範學堂同學録》,凌文淵係速成科學生,光緒三十年十月入堂,光緒三十一年十二月卒業。然光緒三十三年端方《奏獎兩江師範學堂畢業生摺》曰"兩江師範學堂自光緒三十年十月開學,内設速成科一班,兩年畢業,三十二年十二月畢業期滿",且凌文淵名列該摺請獎考列優等之畢業生内。又,《同學録》分最速成科、速成科、本科,最速成科一年畢業,速成科兩年,本科三年,當以端方所言爲是。

王述彭畢業,考列優等,嘗從公學書,得其筆法。

　　《王左明鬻書直例》:王述彭,字左明,別號牛隱,爲清道人入室弟子。道人監督兩江師範學校時,每臨池,莫不有左明在側,由是得授筆法。左明居江右,道人江右弟子之學道人書者翕然推服之。其書能恪守道人遺榘,江右有聲。今來滬鬻書,余欽左明之能傳師法,特表出之,爲海内求書者告。壬戌九月農髯曾熙。(《王左明節臨六朝碑三種》尾封)

　　梅光遠跋《王左明節臨六朝碑三種》:李文潔書名聞海内,得其傳者首推吾鄉王左明兄,曾農髯亦許爲李門第一。左兄初習《龍門》、《敬邕》、《猛龍》、《文恭》諸碑最久,今則於漢魏各書靡不研究有得。

　　案:據光緒三十三年《兩江師範學堂同學錄》:"王述彭,二十九歲,江西新建人。光緒三十年十月入堂肄習速成科,光緒三十二年案:速成科爲兩年,《同學錄》誤作三十一年。十二月卒業,後爲本校附屬中小學教員。又據光緒三十三年端方《奏獎兩江師範學堂畢業生摺》,王述彭亦考列優等。

十二月二十九日(2 月 11 日),繆荃孫歸公手卷。

　　《藝風老人日記》十二月廿九:還李梅庵手卷。(頁一九二九)

十二月,爲端方題德國畫師海德水畫《海濱薄暮圖》卷子。

　　題海德《海濱薄暮圖卷》:雲影天光惹暮思,芳郊迢遞使車遲。司披河上德京柏林在司披利河上。溫綿急德人呼風磨爲"溫密勒",短讀遂爲"溫綿"。正是寒空月上時。"河上"改"河畔"。

　　陶齋尚書以德畫師海德君水畫卷子命題。今之論畫家皆曰歐西尚形式,而中國尚神理,此宋以後之論也。唐宋以前之畫家無不貴形式者,故王摩詰觀《霓裳按樂圖》,知其爲弟三疊弟一拍;吳正肅因畫貓睛如綫,花渴葉燥,而定其時爲正午;宣和帝考畫孔

雀而摘其右趾先上爲誤。蓋古畫未有不用工合法度者。至大小
米、高彥敬以簡略取韻,倪雲林以雅潔取姿,文人逸致,未可並論,
然亦可見中西之異尚,風俗學問之殊軌矣。歐西畫家至拉飛爾而
一變,橅影寫光,遂爲獨步。中國自周君畫莢之客、《韓子》曰:"客有
爲周君畫莢者,三年而成,與髹莢同狀,周君大怒。畫莢者曰:'築十版之墙,鑿八
尺之牖,而以日始出時加之其上而觀。'周君爲之,望見其狀盡成龍虵、禽獸、車
馬,萬物之狀備具,周君大説。"其中蓋有光學。胡九齡善畫臨水倒影之牛
而外,鮮有傳其秘者。此卷用筆簡渾,莫色晚煙,掩映紙上,如行
司披利河上,聽温綿軋軋,何嘗以匠描工繢爲上乎?拉飛爾畫已
空靈於基多利賦,如齊梁人詩之空靈於晉宋,此亦天演之公例也。
因讀海德君畫,遂並論及之。光緒丙午臘月,屬吏李瑞清敬上。
(真蹟,曾迎三先生惠示)

　　案:題詩亦載《清道人遺集》卷一,題曰《德畫師爲陶齋尚書造
像》,惟"司披河畔温綿急"作"來因河上温彌急"。該畫見邦瀚斯
2021年費立哲牧師珍藏中國書畫拍賣會(LOT 0060),作者爲Jo-
hannes Wilhelm Van Der Heide。此畫爲水彩畫長卷,作海濱薄暮
之景,尚有袁克文、鄧散木、張傚彬跋。鄧跋略謂:"此匋齋故物,
題爲德畫師海德水畫。海德不知何時,亦無可考,後有玉某花厂
李道士詩跋及寒雲主人贊語,李跋亦僅略闡中西畫法,未及其人
也。畫作薄莫景色,荒江村落,樹影模糊,磑舍雄蹲,漁船静倚,隔
江黄月一輪,半籠斷斥,人影幢幢,如聞微語。雖着墨無多,而恬
静可喜。"張跋曰:"西畫重目視,國畫則取鳥瞰,故趙大年足跡未
出汴京百里,而喜作平遠,亦每極蒼莽之致。此作乃海濱風景,雖
就目視,而具千里之勢,所謂異曲同工者也。作者姓名未見十九
世紀畫書,蓋陶齋同時人,庚子後來吾國者,容再考。"並錄於此,
以資參考。

是歲後,公所書字體始漸變更。
　　楊鈞《記陶》:陶濬宣頗有字名,李梅庵甚爲贊許。然其書嚴

整而無生氣,余嘗疑其書法有異。漢陽吳躍金,與陶交善,云其作書甚秘,不肯示人,純用廓填法,無一筆爲寫出者。廓填法始自六朝人,爲移摹碑帖之用;作書用此,則未之見,宜其板滯無生氣也。梅庵早年字體,全是陶法,惟未廓填,四十以後,始漸變更,此又可爲余言不同於時人甚難之證。如所學不同,所志各異,雖與强有力者同時,亦無關係。如所學同,所志同,强有力者又占先著,斯爲最窘之事。梅庵志在北碑,陶氏則先學北碑者也。梅庵出名之後,贗跡甚多,影印扇面,全無真者。(《草堂之靈》卷九,頁一六八至一六九)

　　案:文曰"梅庵早年字體,全是陶法",恐不盡實。光緒二十年公始於都中見陶濬宣書作,此前字體今所見者惟《四家文鈔敘》、《繼室余玉偓傳》作隸楷,《十國雜事詩》署尚作漢分。後雖學陶濬宣,而博學多能,如二十五年跋《何紹基書泉山墓表》作何紹基體,二十七年七夕再跋《徐沛齋臨元趙孟頫書道德經》作趙體,三十年題自繪《松竹山水玉簪花圖卷》作八大山人體。又,二十三年臨《爨寶子碑》、二十九年臨《張黑女墓誌》,皆極精也。

編年詩

　　《同沈鳳樓游後湖》、《左子異五十壽詩》、《題德畫師海德水畫海濱薄暮圖卷子》。

編年文

　　《與李承修李健書》三月、《與汪文綬書》

光緒三十三年丁未(1907)　四十一歲

正月六日(2月18日),晚,與陳三立、俞明震小飲。陳三立以詩戲調,時公爲兩江師範學堂監督。

　　陳三立《用前韻答劍丞偕梅癡恪士晚飲》:燈衢簫鼓聯不絶,

翠衫行歌有巧拙。閉門祇惜金石聲,古香氤氳散花滅。盤中鵝肪
青魚脣,霜菘露韭相鮮新。邀遮一醉吐險語,賈島盧仝非世人。
(《散原精舍詩文集》頁二一○)

　　陳三立《再用前韻戲梅癡時梅癡爲兩江師範學堂監督》:書畫
不娶號三絶,儻買娉婷補短拙。兀坐學舍笑掉頭,日參法喜客慧
滅。東家巧妝欺絳脣,西家倭墮高髻新。輻湊皈依正法眼,休忘
恒河皺面人。(《散原精舍詩文集》頁二一○)

　　案:此詩前第二首爲《雪夜劍丞見過示新詩》,經李開軍《陳三
立年譜長編》(頁七四九)考證爲正月五日所作,夏敬觀有《雪夜過
伯嚴次韻奉答》,陳三立再答之,且與公晚飲,當爲五日後之事也。
又此詩後第二首爲《人日遣興》,則此二詩當作於六日也。

　　蔣國榜《臨川李文潔公傳略》:丁未,委充兩江師範學堂監督。
(《清道人遺集》頁九八)

夏敬觀以詩贈公。

　　夏敬觀《三用前韻貽李梅庵》:梅庵作書技稱絶,點畫直造古
人拙。有時畫水還畫松,墨花著紙磨不滅。北極山氣朝入脣,噓
出一片天光新。齋鐘徹河五里潤,聖手去作傳薪人。(《忍古樓
詩》卷二)

正月十六日(2月28日),趙元任入江南高等學堂肄業。

　　《與程滄波先生及趙叔誠夫婦用常州話談話記録》:程:"南京
那個時候進個什麼學堂?"元:"進的叫做江南高等學堂。我們進
的預科麼,差不多就等於中學了。在門帘橋,成賢街再望
南。"……程:"那時候校長是叫監督的,是不是?"元:"叫監督,
李──李梅庵。"程:"哦,李梅庵是監督。那時候恐怕有日本教員
的吧?"元:"哦,我們有過一個日本的教──教什麼──教繪畫
的。教繪畫還要翻譯。"程:"繪畫是什麼畫兒吶? 水彩畫呀?"元:
"不是,是鉛筆畫。"(《從家鄉到美國──趙元任早年回憶》頁一八

六至一八八)

　　趙元任《南京三年》:自 1907 年至 1910 年,我第一次離家,住
在南京江南高等學堂宿舍内……南京位在常州之西約一百英里,
可是我第一次于 1907 年 3 月去南京,須乘小火輪東行到蘇州,然
後換乘較大輪船到上海,再換乘揚子江大輪船(即兩旁裝有划水
板輪,而由鑽石形狀的高大肱木所發動)前往二百英里之外的南
京。(《從家鄉到美國——趙元任早年回憶》頁九一)

　　《藝風老人日記》正月十六日:高等開學。

　　　案:趙元任入堂時,公尚未兼任江南高等學堂監督。

正月至二月間,致書夏敬觀。

　　《與夏敬觀書》:明日當令施生上謁,合請同鄉,乞坿名。命題
詞面,因連日未能尋得樣格,荒唐殊甚。求再畫一與我,即書上
也。劍丞詩家閣下。弟清頓首。(《夏敬觀友朋書札》卷三,頁二
七四至二七五)

　　　案:書曰"命題詞面",當指爲《映盦詞》署嵒也。公題於二月,
因繫於此。

二月十三日(3 月 26 日),繆荃孫來函,辭兩江師範學堂稽查職。

　　《藝風老人日記》二月十三日:與李梅庵一柬,辭兩江稽查。
(頁一九四一)

　　《藝風老人自訂年譜》三十三年丁未:三月,辭兩江師範學堂
稽查。

二月,爲夏敬觀《映盦詞》署檢。

　　《映盦詞》扉頁:映盦詞。丁未二月,瑞清。

　　　案:該書另一版扉頁題"映盦詞。丁未二月,梅盦",字體亦與
此不同。

三月上旬,陳伯陶來商議裁減兩江師範員司,以撙節經費之事。

《師範經費現將裁節》南京:北極閣兩江師範學堂規模閎大,歲需經費不下十二萬餘金,是中教員無慮四五十人,其餘執事名目亦實繁多有徒。現聞陳提學以此校經費太鉅,特商之該學堂總辦李梅庵觀察,極力撙節。凡員司夫役一切均須從實裁汰,并派有羅、易兩課員逐日到堂參觀一切。據知其事者謂,該堂教員人等是後亦須甄擇裁減云。(《申報》4 月 22 日)

裁減兩江師範員司五十餘名。

《兩江師範學堂被查之發落》:兩江師範學堂奉督憲端午帥委員調查,早經稟復。茲悉已奉帥憲批飭,裁去教習十餘員,委員則除留會計及幫辦會計、醫官兩員外,均悉數裁去。此外,司事十餘名亦皆裁去。計共裁去員司五十餘名。(《新聞報》5 月 2 日)

三月,奉到學部《奏定師範獎勵義務章程》,端方奏獎光緒三十二年兩江師範速成科畢業生。

《奏獎兩江師範學堂畢業生摺》:奏為兩江師範學堂速成科學生畢業,照章奏請獎勵,恭摺仰祈聖鑒事。前准兩江總督端方咨稱:據江寧、蘇州、安徽、江西提學使司詳稱,兩江師範學堂自光緒三十年十月開學,內設速成科一班,兩年畢業,三十二年十二月畢業期滿,按照學科嚴加考試,核定分數,取列等第,派赴各州縣充當教習。其時尚未奉到學部考試新章程,遵照奏定章程取列等第。嗣於光緒三十三年三月奉到學部《奏定師範獎勵義務章程》,內有初級師範簡易科一條,注明此項簡易科指由官設立年限在二年以上,成績優著者言之。今兩江師範之速成科學科完備,實與簡易科相同,請援新章給獎。鈔冊咨請查照核獎等因到部,曾經臣部咨覆。查兩江師範學堂所設二年速成科經管學大臣於光緒二十九年奏准有案,是該學堂確係由官設立,與他省未經奏咨之師範簡易科有別,畢業年限亦與《奏定師範獎勵章程》內簡易科年限相符,自應援案議獎。惟獎勵既照新章,其核定分數、編列等第均應照本部《奏定考試章程》辦理。應飭該學堂另造清冊呈由提

學使司查核，轉詳咨部，再行核議等因在案。現在兩江總督將該
學堂另造清冊咨送前來，臣等查冊內學生分數等第尚屬核實，應
照臣部《奏定師範簡易科獎勵章程》議獎，以昭激勵。所有考列最
優等之謝學霖、馬家鏞二名擬請比照初級師範中等獎勵辦理，作
爲師範科貢生，以訓導用。俟義務年滿，以應升之階儘先補用。
考列優等之齊宗浩、易樹聲、嚴桂彬、張嗣恩、李澍、汪憲鈞、陳桂
生、王述彭、凌文淵、江沅湘、項金珥十一名擬請比照初級師範下
等辦理，給及格文憑，俟義務年滿，作爲師範科貢生，獎給訓導銜，
均照章派充小學教員，俾盡義務。其考列中等下等者，應請照章
無庸給獎。所有兩江師範學堂速成科畢業照章請獎緣由，謹恭摺
具陳。伏乞皇太后、皇上聖鑒。謹奏。光緒三十四年四月二十六
日奉旨依議，欽此。（《學部官報》第五十五期）

是月，跋端方所藏《瘞鶴銘》。

　　跋《匋齋藏瘞鶴銘兩種合冊》：隸性篆勢，魯公纔得其三四耳。
《天監井欄》與此絕異，隱居安能爲此書？丁未三月，李瑞清。（有
正書局）

**春夏間，從弟李雲麾來滬，與王熙普謀創春陽社、通鑑學社等新劇團
體，宣傳革命。間至寧省公，公以所業不純責之。**

　　李雲麾《先從兄清道人行述初稿》：余以丙午畢師範業，于廣
西桂林初爲小學教師，革命先進王熙普先生爲法政學堂總教習，
以結團體、謀改良密相號召……期年微洩，相偕赴滬。王先生化
名鐘聲，余化名非我，同創春陽社、通鑑學社等新劇團體，作革命
宣傳。以間至寧省兄，每深以所業不純，致其惋惜。已而曰："士
各有志，戲劇之有裨風化或不在學堂教育下，泰西固尊戲劇家爲
藝員。汝能不爲俗囿，毅然投身於是，亦足徵汝識力。但欲成一
事，必慎厥終始，堅忍不拔，乃克有濟。此非常創舉，尤宜嚴自檢
束，必先使己身不爲世所詬病，足爲人所矜式，方可收移風易俗之
功。否則身敗名裂，累及子孫，爲祖宗之罪人矣。"（《清道人遺集》

附錄,頁二七六)

　　案:春陽社創於是年九月,李雲麾自稱具見公調解端方與徐
紹楨嫌隙始末,則當於五月下旬前來寧矣。

四月二十八日(6月8日),上海縣發布招考示諭。

　　《縣示照錄》:上海縣李爲招考事發出示諭一道。文曰:奉監
督兩江師範學堂江蘇候補道李文開:竊以敝堂前奉前督部堂魏奏
定學數學額分班招集,第一次先招師範生三百名,三年後續招三
百名,奉經轉行,遵辦在案。茲查敝堂第一次招集三省師範學生,
業遵定章,分班教授。計算至本年第二學期止,適屆三年期滿。
所有第二次續招師範生三百名,自應照章先期由各省府廳州縣考
選,備文連同試卷保結升送來堂試驗,以便如額取錄。茲定於七
月初一日齊集來省,聽候本堂定期牌示考試等因到縣。准此,合
行抄章出示招考,爲此示,仰合邑諸生一體知悉。凡有願往寧垣
學習師範者,先赴禮房報明姓名,聽候本縣定期按格考選,送寧復
考,收錄肄業,毋得延誤。(《申報》6月8日)

五月二十四日(7月4日),續行招考揚州。

　　《兩江師範學堂續行招考揚州》:兩江師範學堂現屆舊班畢業
之期,所遺學額日前由總辦李觀察通行各府州縣一體保送,聽候
考選云。(《申報》7月4日)

五月二十六日(7月6日),徐錫麟刺殺恩銘。端方聞之震駭,陳伯陶
入謁,解衣受檢,於公獨優禮如常。

　　《鄭孝胥日記》五月廿七日:皖撫恩新甫爲候補道徐某手槍擊
斃。徐自言"與恩無仇,但恨滿人之排漢耳。"(頁一○九八)

　　李雲麾《先從兄清道人行述初稿》:當熊成基、徐錫麟兩案作,
天下駭愕,風鶴所被,新軍學堂皆成嫌疑地。端自以滿人,張皇尤
甚,提學使陳伯陶入謁,至解衣受檢,人皆爲兄危,而端於兄獨優
禮如平時,蓋兄誠信,先有以服其心也。(《清道人遺集》附錄,頁

二七五）

　　案：徐錫麟事詳見張相文《徐錫麟傳》（《廣清碑傳集》頁一三
五七）。陳伯陶謁端方事參見陳瀅一《端方軼事》其二（《睇嚮齋秘
籙》頁四四）。

此際，調解端方與徐紹楨之嫌隙。

　　李雲庵《先從兄清道人行述初稿》：駐江寧第九鎮陸軍號精銳
新穎，統制徐紹楨有重名，端忌而畏之，如嚴大敵，特調江防統領
張勳、江北提督姜桂題等軍入衛。徐內亦極不自安，扃軍門自固，
勢且鋌變。兄既爲端所信任，與徐交復厚，尤大懼魚爛，先於端前
以身家保徐無他，請勿操之過急，於徐則敷陳利害，勸以繳呈子
彈，安反側、明心跡。當危機一髮，群皆縮首，途已戒行，惟兄一輿
颷馳兩間。時方溽暑，氣結汗溢，僕痛馬殆，自午至昏，始得消除
隔閡，形勢轉和，一時莫不敬服兄之膽識才辨，尤感其弭禍於無
形。（《清道人遺集》附錄，頁二七五）

五六月間，解聘日本教習六人。

　　蘇雲峰《三（兩）江師範學堂——南京大學的前身，1903—
1911》：松本不在意其他教習的批評，一意執行他的計劃，於是雙
方的不快和摩擦持續一年之久。松本擔心這樣下去，日本教習將
會曠廢課業，乃於 1907 年 6 月和 7 月間，與李瑞清商議，將反對他
的早瀬完二（法制經濟科）、西澤勇志智（理化科）、須田哲三（農學
科）、平田德太郎（物理化學科）、小野孝太郎（理化科）及松田茂
（農技）六人解聘。（頁三一）

　　案：據蘇雲峰《三（兩）江師範學堂——南京大學的前身，
1903—1911》，小野孝太郎、松田茂於一九〇六年九月到任，西澤勇
志智於一九〇七年三月到任，聘期均爲二年。

夏，爲章壽麟《銅官感舊圖題詠冊》署耑。

　　《銅官感舊集》：銅官感舊圖題詠冊弟三。光緒丁未夏，李瑞

清。（冊下）

案：《銅官感舊圖》係章壽麟追憶曾國藩所作，其子章華跋云：
“咸豐四年，湘鄉曾文正公師敗於靖港，憤而自沉，先大夫既援手
而脫諸淵，越二十有三年，重過戰地，望銅官山色，有懷文正，始爲
圖而記之。”圖成，遍徵海內名流題詠。後亡佚，其子章同、章華倩
人補繪并題詠，裝成八冊，宣統二年景印以行。公與章華爲同年，
或早識於湘中，故此題當應章華之請也。

夏，爲笑如節臨《禮器碑》扇面。

節臨《禮器碑》扇面款：節臨宋拓《禮器碑》。笑如仁兄大人正
之。丁未夏，李瑞清。（《常州博物館 50 周年典藏叢書·書法》）

夏，爲端方跋所藏劉鐵雲本《劉熊碑》。

跋《漢酸棗令劉熊碑》：隸書漢代獨崇中郎，論者以《劉熊》爲
中郎書。然漢代書家多不題名，故評者如聚訟，或以偏旁損益以
辨其爲蔡書否，陋矣。大約漢代書家，皆尚方整，而中郎一變從
衡，時人遂相與驚異。且用筆微帶章草法，觀世稱《夏承》、《華山》
爲中書郎書，可以悟蔡法矣。是碑體勢近《史晨》，而其超逸則非
它碑所及，朱秀水比之《衡方》，殆以臆度評之耶？匋齋尚書命題，
李瑞清。（中國國家博物館藏）

案：該碑尚有左孝同、胡嗣瑗、志銳、章鈺、羅振玉、楊守敬、鄭
孝胥、李葆恂、溥修、王瓘、繆荃孫、俞陛雲、升允、張謇、程志和等
跋。公跋裱於邊幅，前爲章鈺丁未六月跋，其他江寧僚友爲端方
跋者皆在丁未夏間，暫繫於此。

七月九日(8 月 17 日)，繆荃孫致函與公。

《藝風老人日記》七月九日：與李梅盦一束、何潤夫一束。（頁
一九七九）

七月十日至十二日，兩江師範學堂招生考試。

《紀兩江師範學堂考試事》：蘇省兩江師範學堂此次與考者近

四千人，而投到者尚有一千四百餘人，兹將逐日試題錄下：初十日
考蘇贛兩屬及京口駐防。第一題：歐西大教育家莫不曰養民使自
尊，縱民使自由，然不能自治而自尊者驕，不知公德而自由者亂。
教也者，善而救其失者也。諸生果何以就其失也？第二題：英人
霍布士其學絕近楊朱，論者比之孫卿，誤矣。霍布士雖縱樂派，又
倡命令主義者也，楊朱學實出於老，申韓法家亦老氏之支流，學者
試稽其學派而縱論之。十一日考皖屬。第一題：自達爾文種源論
出，而改良進化之義遂播於歐洲，學術政治乃一大變，不知《周易》
本爲改過之書，故長於變化，《春秋》張三世之例，進化之說也。中
國兹義發明最早，而沈昧至今者，何耶？試詳論之。第二題："天
子將出征，受成於學，執有罪。反，釋奠於學，以訊馘告"義。十二
日考寧屬及江寧駐防。第一題：有粘合力而後有地球，不爾爲野
馬世界；有群而後有人，不爾爲草木虎豹世界，物以合成，人以群
存，世愈進則其群愈大，故春秋縣其國而至於大同，是以印度之亡
亡於分，德意志之彊彊於合。英，條頓種人也，不聞疑貳峨特忒，
使同舟而濟，風起濤涌，不救危亡，乃相閱閱，顛覆之禍，捷於眉
睫，其急明斯旨，以曙昏霧。第二題：教育尤重宗旨，無宗旨之教
育，雖全國博士不足以救危亡論。以上每二題聽人自擇其一於限
時内交卷。(《北洋官報》第一千四百七十七册，頁十至十一)

案：本年四月二十八日條，示諭七月一日齊集來省，則考試當
在七月也。

七八月間，再聘日本教習七人。

蘇雲峰《三(兩)江師範學堂——南京大學的前身，1903—
1911》：李瑞清於解聘上述六人後，又著手延聘小川邦人等七人，
均於1907年9月到任，聘期均縮短爲一年。(頁三二)

案：據蘇雲峰《三(兩)江師範學堂——南京大學的前身，1903—
1911》，所聘教習爲小川邦人，理學士，任物理科教習；栗野宗太郎，

理學士,任博物科教習;志賀寶,理學士,任理化專科教習;森祐好,理學士,任理化專科教習;增田真吉;小川市太郎,任法制科教習;松浦秋作,理學士,任博物科教習。又,據宣統元年《兩江師範同學錄》,栗野宗太郎當爲粟野宗太郎,森祐好當爲森佑好,松浦秋作當爲松浦杕作。

八月初,請撥款補修兩江師範學堂齋舍。

《批飭賠修師範學堂齋舍》:兩江師範學堂監督李瑞清以堂中齋舍滲漏不堪,詳請江督撥款興修。奉午帥批示云:該堂新建齋舍窗户玻璃及零星雜件損缺甚多,且各處滲漏不堪,足見辦事草率。仰現辦工料總所夏道刻日飭匠前往補修,以便如期開學,所需修理經費若干應責令原辦之員賠償,以爲偷工減料者戒。仍先移該堂知照飭遵。(《申報》9月14日)

八月二十四日(10月1日),晨,李有棻於鄱陽湖遇難身故。

《電八江西》:二十四日晨,西清官輪行至鄱陽湖被敦仁船撞沈,李有棻並眷屬淹斃。(《申報》10月3日)。

《潯路局現赴謝泗塘訪查總理溺斃情形》:江西鐵路總理李方伯上月念三日,由贛同全眷乘官輪局西清小火輪赴潯,四句鐘至謝泗塘下火焰山,被道生公司敦仁小輪碰沈,方伯及如夫人暨公子孫男家人門丁等共計十四口,連船中執事等共四十餘人,均溺斃。九江鐵路局員聞耗,於廿五乘敦信火輪往謝泗塘訪查肇事情形,文案陶伯蓀、帳房夏叔諶及彭漁泉等均往焉。念六日購地紳汪龍興及銀行總理鄭瑞堂、羅大佺、萬才美,復乘康濟小火輪,攜帶粗工十餘人、布六十疋,預備爲撈屍之用。嗚呼慘矣。(《南方報》10月7日)

《贛路局致駐滬江西商會電》:上海圖南里四省鐵路公所暨江西商會諸公鑒:江西鐵路總理李方伯八月念二日自省赴潯督工,搭西清輪船,念四早四句鐘行至南康府署之火焰山,爲敦仁輪船撞沈,被溺身故,念六殯殮迎柩到省,特肅布陳。江西路局。豔。

（《申報》10 月 8 日）

　　陳三立《清故太子少保銜江寧布政使護理總督李公墓誌銘》：
居久之，會有南昌達九江設鐵道之役，父老强起公總其事，歲丁未
八月，舟趨九江視工，雨夜遇他舟，穿沉鄱陽湖中，公遂溺不起，年
六十有幾。（《散原精舍詩文集》頁八九二）

八月二十七日（10 月 4 日），開會追悼李有棻，並致電江督、贛撫、北
京江西學會、南昌教育會等，推陳三立爲贛路總理。

　　《開會追悼贛路總理並商善後辦法》：旅滬江西學會因接贛
電，知鐵路總理李方伯溺斃鄱湖，二十七日特開會追悼，並議電致
各處籌商贛路善後一切辦法，到者甚衆。所有電文錄下。上郵傳
部江督贛撫電：“憲台鈞鑒：據九江鐵路局來電稱，江西鐵路總理
李有棻於本月二十四日移局赴潯，乘西清官輪至鄱湖，爲道生公
司之敦仁輪船違法撞沉，全眷溺斃，敦仁竟不停輪救護，殘忍至極
等語，乞查明重懲，並奏請照沒于王事例恤，爲任公益者勸。現該
局路事需人主持，瑞清等公議推舉協理陳三立爲總理，以維路事
而保主權。伏乞代奏。江西旅滬學會會長江蘇候補道李瑞清等
叩。”致北京江西學會及南昌教育總會電：“李薌翁移局赴潯，乘西
清官輪被敦仁違法撞沉，全眷溺斃，已電請郵傳部查明懲辦。現
該局需人主持，並懇代奏，照商律公推協理陳三立爲總理，乞表同
情。李瑞清等。儉。”（《申報》10 月 6 日）

　　案：此報道及電文亦載於八月二十九日《南方報》，文字略異。

九月一日（10 月 7 日），贛撫覆電。

　　《贛撫復江西旅滬學會電》（爲贛路總辦溺斃事）：江西滬學會
李觀察鑒：儉電悉。薌垣方伯慘遭奇禍，以死勤事，俟公呈到院，
即當入告請卹。敦仁輪船肇事不救，實堪痛恨，已將該船及西清
管帶交星子縣訊究，並飭省城商務總會評判，具報懲辦。陳吏部
學行素佩，早將繼推總理事商之紳界，俟公司開會議復，再行決

定,並復。良東。(《大同報》第八卷第九期,頁三二)

案:該電亦載於九月四日《南方報》。

九月初,因續招各屬學生尚未足額,札鎮江府承太守轉飭各縣再行招考。

《奉飭續招兩江師範學生》鎮江:江寧兩江師範學堂監督李瑞清觀察因此次續招各屬學生尚未足額,日前又札鎮江府承太守轉飭各縣再行招考,各縣奉文後已出示曉諭,如有舉、貢、生、監等程度及格願赴兩江師範學堂肄業者赴縣報名,考試後備文申送云。(《申報》10 月 10 日)

案:同見《北洋官報》第一千五百二十四冊,頁十一。

九月九日(10 月 15 日),與端方游半山寺,詩以紀之。

《九日從尚書端公游半山寺》(《清道人遺集》頁一一四)

案:端方於光緒三十二年七月十四日調補兩江總督,九月十二日交接督篆,宣統元年五月調離江寧,則此詩當作於光緒三十三或三十四年也。考光緒三十四年七月五日,端方伯母病歿,似不宜更事宴游也。

九月十日(10 月 16 日),學部咨覆端方飭公另造速成班畢業分數冊,呈提學使司查覆。

《咨覆江督轉飭兩江師範學堂另造速成班畢業分數冊轉詳咨部文》光緒三十三年九月初十日:爲咨覆事。准咨開:據江寧、蘇州、安徽、江西提學使司詳稱,兩江師範學堂自光緒三十年十月招生開學,內設速成科一班,兩年畢業,上年十二月爲畢業期,蒙委署司會同該堂監督按照學科,嚴加考試,核定分數,其時尚未奉到學部考試新章,遵照《奏定章程》取列最優等謝學霖等五人,優等嚴桂彬等二十人,中等李鍾毓一人,造具清冊,彙呈憲鑒,給予畢業文憑,旋派充各州縣小學堂教習在案。查本年三月奉學部《奏定師範義務》兩項章程，內有初級師範簡易科一條，註明此項簡易科指由官設立，年限在二年以上，成績優著者言之。今兩江師範學堂之速成科學科完備，實與簡易科相同，請援新章將最優等謝學霖五人照初級師範中等畢業獎勵，作爲師範科貢生，以訓導用，令充小學堂及程度相當之各學堂正教員，俟義務年滿，以應升之階儘先補用。優等嚴桂彬等二十人照初級師範下等畢業生除給外，令充小學堂及程度相當之各項學堂副教員，俟義務年滿，作爲師範科貢生獎給訓導銜。其中等之李鍾毓例無獎勵，應無庸議。造具姓名、年歲、籍貫、分數清冊，會同詳乞察核，奏咨給照等情並冊到本部堂。據此，除批候咨部給獎外，相應抄冊咨請查照核獎等因並冊到部。查江寧師範學堂所設二年速成科經管學大臣於光緒二十九年奏准有案，是該學堂確係由官設，與他省未經咨奏之師範簡易科有別，畢業年限亦與本部《奏定師範獎勵章程》內簡易科年限相符，如果成績優著，自可援照議獎，以示鼓勵。惟獎勵既照新章，其核定分數及編列等第，均應按照本部《奏定章程》辦理，以昭畫一。咨到分數清冊內有提學使加分記功等名目，爲考試章程所無，應一律刪除，以符定章。所有該學堂此次考試分數等第，應飭該學堂另造清冊，並歷期歷年分數暨畢業考試分數詳冊，呈由提學使司查覆，轉詳咨部，再行核議。相應咨覆轉行提學使司飭遵可也。須至咨者。（《學部官報》第三十六期，頁一八三至一八四）

九月，齊白石爲公治印，并乞題《借山吟館圖》。

　　印文：玉某華盦主摹拓三代兩漢六朝金石文字。印款：無數青山，恨無處、著我松棚茅舍。租界新約千年，吾廬正堪借。行且住、三分水竹，恰安頓、一囊詩畫。梅熟東鄰，泉分西澗，應結蓮社。　是誰對、豚柵雞棲，共料理生涯問時價。袖手塘頭吟眺，看秋花春稼。寬寂地、奇人慣有，待共尋、沈叟閒話。一笑五柳先生，折腰纔罷。湘綺先生爲璜題《借山吟館圖》之詞，刊於梅庵先生之印旁,即乞賜題也。丁未秋九月,梅庵先生正,弟璜篆刻。
(西泠印社 2018 年春季拍賣會 4165)

　　案:此印係舊印磨去重刻,原款云:"丙申初夏仿秦印法,龍石。"

十月三日(11 月 8 日),程生致函與公,求《爾雅》、《公羊》。

　　《湘綺樓日記》十月三日:程生致李梅癡書,求《爾雅》、《公羊》。

**十月初,江南高等學堂監督吳廣霈與總教習繆荃孫意見日深,勢成
水火,遂將其調離,委公兼任監督。**

　　杞子《清道人受窘》:門帘橋之江南高等學堂,亦南京最高學
府之一。功課等項,足可與兩江師範相頡頏,任監督者,原係安徽
涇川吳翰濤廣霈,因於中文總教習繆荃孫意見日深,疆吏爲維護
繆計,遂將吳調任江楚譯書局,而以道人承其乏。(《真報》1947 年
11 月 15 日)

　　殷葆誠《追憶録》:丁未,四十六歲:堂中人數漸多,風潮漸起。
總辦、總教兩方面各有野心家交搆其間,始則意見不同,繼且紛紜
益甚。究之爲人傀儡,皆不自知耳……八月六日,余尚在學堂商
量功課事件,家中遣人到堂,速余歸,心知太恭人病有變徵,故如
此亟亟也……葬事告蕆,附輪回寧,忽奉端制軍札派充高等學堂
齋務長,潘培壽君爲吳漢濤監督所撤。余不欲漩入學潮,決意繳委,且
四十九日假期將滿,明日出外謝孝……陳詢:"吳、繆二人到底如
何?"余曰:"皆直性好人,但離則雙美,合則兩傷。"陳沈吟久之,
曰:"予當設法。"余曰:"萬不可一去一留。"陳又問:"子不願而午
帥必欲相强,奈何?"余曰:"以某管見,不如裁去此缺,令孫孝霱以
庶務長兼齋務長,既可不生問題,亦可令覬覦者絶其癡念。至午
帥處,某不再辭,聽其擱煞。如問及學使,請隨意敷衍可也。"陳學
使甚以爲然,因告知渠之兩全之策云:"江南新設圖書館,擬詳請
督院奏派繆先生爲館長,月薪三百。在表面上總算位尊而多金。
高等總教月薪二百四十兩,此多六十兩。吳則別調一差,大約近於左遷,

爲其附和學生,太無道理也。至高等准請李梅庵觀察兼之,齋務事口頭向孫君言,不必正式下委。"并囑余至藝師處先爲道意,一場是非,總算略有結束。(《北京圖書館藏珍本年譜叢刊》一八六册,頁六五九至六六四)

　　蔣國榜《臨川李文潔公傳略》:中間三署提學使,兼辦高等學堂、暨南學堂。(《清道人遺集》頁九九)

　　案:以殷葆誠所記日期推之,公當於十月初兼任高等學堂監督也。《藝風老人自訂年譜》光緒三十三年五月:"吳道廣霈素有心疾,更有小人慫恿,狂如瘈犬,遇人輒噬,荃孫謹避之。"(頁六五)《藝風老人日記》八月十七日"肅箋,辭高等",九月八日"上陶帥一箋,四辭學堂",九月十四日"陶帥來兩函,一言高等均歸一手經理,一言信懷民電已回",十一月十七日:"上稟午帥,卸學堂事,求給咨入都。李梅生來。"十二月十六日"到高等見李梅庵"。又,《藝風老人日記》光緒三十二年十二月一日:"劍華大發狂症,形同國狗,受人慫恿,昏庸如此。"十二月七日"吳瀚濤來,若忘前事者",則此事始於光緒三十二年也。附錄於此,用資參證。

十月二十五日(11 月 30 日),王闓運致函與公。

　　《湘綺樓日記》十月廿五日:與書李瑞清。

十月,爲端方跋《泰山秦篆殘字》及《魯孝王刻石》。是日,見其所藏《瘞鶴銘》。

　　跋《泰山秦篆二十九字南宋精拓本魯孝王石刻附後》:自來言篆書,《石鼓文》尚矣;而談小篆者,莫不推李斯、李陽冰。陽冰書勻瀞如玉,而斯書特奇變不可測。《繹山》橅刻失真,要爲陽冰所祖。《秦權》超邁,若巨鰲張鬐。此《泰山殘石》二十九字,與《琅邪臺》爲近,盡變古法,豈局古習常之人所能哉!古篆尚婉通,此尚駿質,折豪取勢,當爲姬周入漢之過渡耳。蝯叟論篆,以姬周不如兩京,竊以爲過矣。兩京篆勢已各自爲態,姬周以來,彝鼎無論數十百文,其氣體皆聯屬如一字,故有同文而異體,易位而更形,其長短、大小、損益,皆視其位置以爲變化。後來書體,自《河平殘石》、《開通褒余石刻》、《石門楊君頌》、《太和景元摩崖》、《瘞鶴銘》外,鮮有能窺斯秘者。丁未十月,匋齋尚書以《泰山殘石》二十九字未斷本命題。瑞清。

吳攘之先生,包慎翁弟子也。此跋艸艸數行,其文字皆不苟,書則壹守師法,不敢豪髪失。慎翁論書最忌裹鋒,日日談北碑,至不能一筆平直,何哉?

《魯孝王石刻跋》:西漢隸書至難得,而傳之至今者絕少。此數字端穆凝厚,尤足見西京筆法。二"年"字,其垂筆下逾二格,漢隸中《靈臺碑》、《宛令益州刺史李君碑》皆如此,可證《石門頌》之"帝"字,非剝文也。年本从禾,上作垂筆,乃繇篆初入隸形耳。丁未十月,李瑞清奉匋齋尚書命題此。是日得見《鶴銘》,"鶴壽不知紀也"字與今本絕異,猶是六朝家法耳。

案:該册尚有吳讓之、何紹基、王瓘、吳昌碩、程志和、沈邦憲等人題跋。又,此二跋亦載《清道人遺集佚稿》。

是月,柳肇嘉、呂鳳子、汪孔祁、姜丹書、袁季梅入堂肄業。

案:據蘇雲峰《三(兩)江師範學堂——南京大學的前身,1903—1911》所附《兩江師範學堂學生名録》,柳肇嘉於是年 10 月入堂修習歷史地理選科,1910 年 12 月畢業。呂濬、汪孔祁均入圖畫手工選科。袁季梅入補習科丁班。姜丹書入圖畫手工選科預科乙班,1910 年 12 月畢業。宣統元年《兩江師範學堂同學録》亦然。

是月,齊白石爲公治印。

印文:駕鷹乘龍馭崔之室。款云:梅盦先生之命,弟璜篆刻。時光緒丁未十月。(西泠印社 2018 年春季拍賣會 4166)

案：此印係舊印磨去重刻，原款云"龍石"、"咸豐戊午仲冬王
雲作"。

十一月十七日（12 月 21 日），詣繆荃孫。

《藝風老人日記》十一月十七日：李梅生來。（頁二〇一八）

十二月十三日（1908 年 1 月 16 日），繆荃孫來訪。

《藝風老人日記》十二月十三日：庚午。晴。拜李梅庵、鄭幼
辛、朱子涵、張賡三。（頁二〇二六）

十二月十六日（1 月 19 日），繆荃孫來訪。是日，陳衡恪致書蕭俊賢，
乞其催公作書。

《藝風老人日記》十二月十六日：辛未。晴，暖。到高等見李
梅庵、孫孝藺。（頁二〇二八）

陳衡恪《致蕭俊賢書》：稚翁道兄左右：昨由慎修轉到東鬲，知
前託健公帶去之畫件皆已收到，箱差尚無遺誤。過蒙嘉獎，自喜
亦自媿也。此外尚爲購西洋畫數張，因包裹不便寄，明年夏或可
歸國，爾時即自攜歸……前年曾有二紙請梅庵書，至今尚無消息，
得便請代一催。於此，即請撰安。不宣。弟衡恪。十二月十六
日，陽曆正月十九日。（轉引自申雄平《蕭俊賢年譜》頁四四至四
五）

案：據落款日期可知此書作於光緒三十三年，申雄平《蕭俊賢
年譜》繫於光緒三十年，誤。書曰"明年夏或可歸國"，當以暑假而
歸也。是年暑期，陳衡恪亦與陳隆恪歸國，見陳三立《七月十三日
於後園聚家人用泰西攝影法摹小像》自注。（《散原精舍詩文集》
頁二一五）

十二月中旬，致函陳伯陶，請予附屬小學中之中學預科生畢業。

《與陳伯陶書》：子礪老前輩學使閣下：昨日未得望見顔色，聞
貴體違和，亦已愈否？殊以爲念。敝坿屬小學中之中學預科畢
業，因今年初級本科畢業，明年高等須設中學。求臨堂考試，并派人嚴行

監考,以昭慎重,能賜題尤爲榮幸。準請明早臨況。敝堂因設立
甫兩年,未敢請獎,然學生高等小學程度實已合格,不能不予畢業
也。敬叩台安。侍李瑞清謹上。(《李瑞清手札精粹》頁一至三)

案:書曰"今年初級本科畢業",端方《奏兩江師範學堂初級本
科學生畢業請獎摺》:"兩江師範學堂初級本科師範生於光緒三十
三年十二月畢業。"故繫於此。又曰"敝堂因設立甫兩年,未敢請
獎,然學生高等小學程度實已合格",當指兩江師範學堂附屬小
學,蓋光緒三十一年公曾稟周馥准於本堂內附設小學也。

十二月二十二日(1月25日),繆荃孫來小飲,以《叢刻》見貽。

《藝風老人日記》十二月廿二日:詣三江聽講,梅庵處小飲,贈
以《叢刻》一部。(頁二○二九)

十二月,序《兩江優級師範學堂同學錄》。

《兩江優級師範學堂同學錄序》。(《清道人遺集》頁三九)

案:南京大學檔案館所藏光緒三十三年、宣統元年印《兩江師
範學堂同學錄》電子版皆載此序,光緒三十三年《同學錄》款曰:
"光緒三十有三年歲次丁未臘月李瑞清敘。"宣統元年《同學錄》款
云:"宣統己酉年冬月李瑞清敘。"曾迎三、徐雯雯皆繫於宣統元
年,蓋僅見此本也。

是月,侄李健專脩豫科卒業,考列最優等。旋修習圖畫手工科。

案:李健《卒業證》(原件,劉惠國先生提供)曰:"李健。本校
所定專脩豫科科學學既卒業,歷其程,應予之證。光緒三十有三
年十二月日。兩江師範學堂監督李瑞清、教務長雷恆、捻教授松
本孝次郎。"又,最優等證(原件,劉惠國先生提供)曰:"兩江師範
學堂專修豫科學生學竟卒業,本部堂委提學司及該堂監督考試。
茲據詳稱,學生李健入堂受學,業如其程。應如例予以最優等證,
以旌好學。光緒三十有三年十二月日。"

冬，與汪律本論畫并寫梅一幀。

　　《畫梅》團扇：畫梅貴得其清逈出塵之態。若童二樹，只合畫
荊棘耳。丁未冬大雪，與巨游論畫後寫此。（《張大千的老師——
曾熙、李瑞清書畫特展》頁九〇）

是歲，爲《周學海墓誌》書丹，陳三立撰文。

　　《皇清誥授資政大夫二品銜浙江候補道周君墓誌銘》：義寧陳
三立撰文，臨川李瑞清書丹，同邑徐德虹篆蓋。君諱學海，字澄
之，改字健之，建德周氏兩廣總督尚書公馥之元子也……三十二
年五月卒，享年五十一……今年某月日，將葬君於某原，其孤遲來
督銘。（拓片）

　　案：該文亦載於《散原精舍詩文集》（頁八七〇），後第二篇《南
昌熊季廉墓誌銘》作於光緒三十四年春夏間，周學海卒於三十二
年，文曰“今年某月日，將葬君於某原”，當在三十三年也。

是歲，朱師轍畢業於江南高等學堂，公獎贊有加，並函薦於沈曾植。

　　丁紅《朱師轍生平及著作》：1905 年升入江南高等學堂，於
1907 年畢業。當時與湖南的曾熙並稱的著名學者、書法家李瑞清
（字梅庵）爲兩江師範學堂監督，看到朱師轍文筆極佳，除給予獎
譽外，還函薦於安徽提學使沈曾植。（《浙江文史資料》第 64 輯，頁
一〇六）

　　案：此文據浙圖所藏朱師轍手稿整理而成，當確寔可信。公
去世後，朱師轍曾撰輓聯一副，見《清道人遺集》。朱師轍《商君書
解詁定本自序》曰“余弱冠喜讀先秦諸子，每讀一種終篇，必作書
後，考證流別。李梅庵師索觀，爲遺失”，蓋縊公於是年十月兼任
高等學堂監督故耳。索觀其文，或亦在是年也。

是歲，與端方、楊文會薦釋月霞爲江蘇省僧教育副會長。

　　釋東初《釋月霞與釋諦閑》：釋月霞，名顯珠，湖北黃岡人，俗
姓胡，世耕讀。生於清咸豐七年（一八五七）……年五十一，因端

午橋、楊仁山及清道人之推薦，擔任江蘇省僧教育副會長。主持江蘇省僧師範學堂。(《中國佛教近代史》册下，頁七五六)

編年詩

《九日從尚書端公游半山寺》九月

編年文

《與夏敬觀書》、《跋匋齋藏劉銕雲本劉熊碑》、《跋泰山秦篆殘字》十月、《魯孝王石刻跋》十月、《與陳伯陶書》、《兩江優級師範學堂同學録序》十二月、《與吳瀚濤書》

光緒三十四年戊申(1908) 四十二歲

正月二十九日(3月1日)，釋敬安自天童來訪，與公談禪論詩，竟日甚樂。

　　案：參閱本月三十日"寫花卉自遣"條李健跋。

正月三十日(3月2日)，大雪，樓居寡驩，寫花卉自遣。

　　《花卉手卷》款：一、懊道人實學寫花鳥於蔣南沙相國，晚年乃自立派，故雖極草草，其法度皆極嚴密，後之學者非粗獷即俗，率無其學也。二、《尔疋》：蒚，山蒜。即今水仙，根正似蒜，花如釜上置蒚，故謂之蒚。三、昔見金冬心先生畫雪中荷花，六月縣之，虛室生涼，余雪中寫此，殭指凍墨，呵筆成之。恐趨炎人見此當縮頸如伏鼃也。四、大滌子畫牡丹古艷如鐘鼎，然實自徐、黃得來，皮相者烏能知之？五、又樹蕙以百畮。蕙似蘭，皆柔荑，其端非花，蘭一第一華，蕙一第五六花。六、戊申正月晦日，大雪，樓居寡驩，寫此自遣，時寄師自天童來，攜詩卷並几讀，十年無此樂矣。梅庵道人。

　　李健跋：右畫卷爲先公四十二歲時所作，時公正主講兩江師範學堂。樓居，諸生在年假中，執業請益者少。公稍暇，書畫遣興。憶作此畫前一日，天童方丈寄禪老師來訪，公談禪談詩，竟日甚樂。當時，小子亦曾侍側，師舉似近得句云"詩情常在夕陽山"，公拊掌云："大類詞語。"師云："有是哉？"因以下問小子。謹對曰："憶張叔夏《慶清朝》下半闋有句云，好詩盡在夕陽山。"公向師曰："何如？"因相與大笑。張詞自序云：韓亦顏歸隱兩水之濱，予從之遊，散懷吟眺，一任所適，太白去後三百年無此樂矣。故公於此卷題後亦有十年無此樂之語，蓋方閱張詞，不覺露其法於筆端也。《爾疋》釋蒚，山蒜。蒚从草，公書作鬲，此古今字通例，如芙蓉作夫容，葶藶作亭歷，菟絲作兔絲之類也。辛巳十月，猶子健獲觀謹書。蘇庵老哥同門珍秘。（佳士得 1994 年秋季拍賣會 0120）

《鄭孝胥日記》正月三十日：晴。步西園，登曲臺，雪積二寸許，彌望粲然。紅梅爲雪所抱，緋點間露，真奇絕也。松檜戴白，蒼翠欲滴。人皆未起，唯鳥雀啁啾踏枝，蹙雪紛墜。俄而日光橫射，放采耀目，惜無人共賞之耳。有頃轉陰，又雪。（頁一一三一）

正月，寫《松石圖》以壽李葆恂。

《松石圖》款：龍翻海島，任吾筆掃。愛爾延年，南山共老。寫奉文石先生大書畫家壽。戊申正月，姻小弟瑞清頓首頓首。（《張大千的老師——曾熙、李瑞清書畫特展》頁一七六）

是月，爲端方跋沈樹鏞舊藏本《劉熊碑》。

《原石拓劉熊碑》：國朝金石家，翁覃溪學士最爲精審，生平所見，博考校詳，而於《劉熊》未得見原本，但馮鈞本考證。陶齋尚書既得劉氏未竟本，復於費屺翁家得此本，已可雄視海内、傲覃溪矣。況太華三碑盡歸秘篋，宜有吉羊雲時時護之。李瑞清敬題。（珂羅版）

案：該題跋前有沈邦憲戊申孟陬月、葉德輝戊申四月朔跋，後有吴昌碩戊申立春跋，暫繫於此。

二月初，敬安以詩贈公。

釋敬安《對雪贈梅癡子李二翰林》：四山失繁翠，高閣遠生寒。

江城一飛灑，天地皓漫漫。凍鶴饞無語，梅花冷自看。誰能比孤潔，清詠獨憑欄。（《八指頭陀詩文集》頁三六九）

《八指頭陀年表》一九〇八年：是年，五十八歲。天童寺住持。年初在寧波籌辦僧教育會，杭州白衣寺松風和尚死於辦僧學，弔之。二月，經南京返長沙。（《八指頭陀詩文集》附錄）

案：據本年正月三十日條李健跋，知敬安於正月廿九日已至金陵，翌日大雪，與公攜詩共讀，詩題曰"對雪贈梅癡宇李二翰林"，當作於此時者也。

二月四日（3月6日），赴同人公宴，繆荃孫、金章、方爕尹等在座。

《藝風老人日記》二月四日：庚申。雨……金伯豫、趙穆士、方爕尹公請，李梅庵同席。（頁二〇四二）

二月二十二日（3月24日），赴繆荃孫招飲，林世燾、丁同方、梁炆、柳詒徵、趙皖生等在座。

《藝風老人日記》二月廿二日：約林次璜、李梅生、丁孟輿、李梅、梁慕韓、柳翼謀、趙皖生、亦坪、谷瑛小飲。晚，小雨。（頁二〇四七）

二月二十五日（3月27日），赴俞明震、夏敬觀宴，鄭孝胥、汪康年、蔡乃煌等在座。是日，寫《松喬之壽圖》以壽端方母。

《鄭孝胥日記》二月廿五日：晴，稍寒。俞恪士、夏劍丞邀飯，座有蔡伯浩、汪穰卿、李梅庵等。（頁一一三五）

《松喬之壽圖》款：橅趙榮禄本，敬爲誥封一品夫人托活洛母巴禹特伯太夫人壽。戊申年二月二十五日，李瑞清謹繪。（中國嘉德2013年春季拍賣會0951）

二月，爲劉體乾所藏宋拓《集字聖教序》題簽并跋之。

《集字聖教序劉鐵雲本》：宋搨唐三藏聖教序。王文敏所藏人間弟一本也，今歸廬江劉健之觀察，以乾隆虛白牋爲題此簽。鈐印：楳庵主人。

此王文敏藏本,昔年於京師曾見之,後歸劉銕雲。平生所見當以此爲第一,六朝秘妙全露紙上矣。健之道兄屬題,李瑞清。(二玄社)

　　案:該跋後有王瓘光緒戊申二月十二日跋,謂"昔爲福山王文敏所藏,今由銕雲轉讓健之",則劉體乾當得之不久。

三月上、中旬間,端方據公所請經費上奏,以購置學堂儀器、藥品。

　　端方《奏師範學堂添購儀器藥品請分認籌款片》:再,兩江師範學堂經前署督臣張之洞創辦,歷今已屆五年。本年開辦優級本科暨專修科。所有各種科學,非有儀器、藥品不足以資實驗,就目前急需之品備價購置,約計銀元二萬七千一百六十元,經該堂監督道員李瑞清詳情籌撥前來,當飭寧藩司先籌墊在案。茲據江寧布政使繼昌詳稱,江南財政艱窘,兩江師範爲三省造就師資之地,理宜合力通籌,將該堂添置儀器、藥品等費銀元二萬七千一百六十元,按作四股分攤,由該司與蘇、皖、贛三藩司各認一股,計銀元六千七百九十元,以照公允等情。奴才覆查該學堂所需常年經費,奏准每年由江蘇藩司協籌銀四萬兩,安徽、江西兩省各按學生額數每名每年協助龍元一百。此次購備儀器、藥品,自宜平均分認,各任其難,應飭寧、蘇、皖、贛四藩司按照四股分攤,以期衆擎易舉。……光緒三十四年四月初五日奉硃批:該部知道。欽此。(《政治官報》第一百八十七號)

三月二十五日(4月25日),夜,赴端方督署之招,觀關中、商丘、四明本《華山碑》及惲壽平畫冊,鄭孝胥、陳寶琛、程志和、吳璆、夏敬觀、陳三立、楊鍾羲、饒士端等同集。

　　《鄭孝胥日記》三月廿五日:風止,陰寒……午帥使金文珊至火車迎伯潛。夜,到署,出《華山碑》關中、商丘、四明三本共觀之,又觀惲南田畫冊。(頁一一三九)

　　《西嶽華山廟碑四明本》:光緒三十四年三月,新建程志和、吳

珌、夏敬觀,義寧陳三立,遼陽楊鍾羲,臨川李瑞清,南城饒士端,
閩縣鄭孝胥、陳寶琛同觀。(有正書局)

三月二十七日(4月27日),赴饒士端半山寺招飲,陳寶琛、楊鍾羲、
吳珌、程志和、陳三立、夏敬觀同席。午後,鄭孝胥至,陳三立邀赴吳
園,端方亦至,於是登舟攝影,以爲紀念。同人泛舟至俞明震宅觀牡
丹,夜復飲於舟中。

《鄭孝胥日記》三月廿七日:午後,至半山寺,饒楨庭士端宴陳
伯潛於此。陳伯潛復邀至吳園,午帥亦來。泛舟至俞恪士宅觀牡
丹,夜,飲船上。(頁一一三九)

陳三立《溪舲春影圖集者爲弢庵閣學師陶齋尚書蘇堪提刑樂
庵工部康伯梅癭劍丞三觀察子勤楨庭兩太守暨余凡十人》:大者
鯤鵬小斥鷃,各乘天運相遨嬉。披襟散髮對風物,猥肯齷齪同醢
雞。江南況饒山水窟,當春草樹交芳菲。閩崤丈人命游屐,詔以
弟子從其師。探歷橋渠越堞坂,衆巒殊壑籠朝曦。鍾山氣變最葱
蒨,輦道策蹇穿煙霏。草間石像未剥蝕,布列犀象爭瑰奇。孝陵
慘澹數百載,龍盤走勢猶見之。歸途折入半山寺,溪泉瀝瀝鳴城
陴。緣坡構架蔽叢木,小憩腰腳醒肝脾。萬古一墩俯樵牧,尚想
倔強蹲孤羆。啼鴉引步蜂蝶伴,鑑園在眼觸檻隨。頓出举确就夷
坦,綴英紫翠環參差。臨流有會騁逸興,橫舸取影嵌玻璃。主客
次第暄篙槳,瀾漪蕩漾山風吹。尚書幹略匡時危,吾師汪汪千頃
陂。鄭卿鋒棱斂頰頤,玩世工部霜雪髭。餘子各負騫騰姿,各毗
狂狷各瘠肥。孤生折洩號樗散,更倒澗壑供點嗤。萬牛不博徑寸
效,身手慚與群賢躋。凌煙生面待藍本,渴羌但解漿流匙。紀遊
餞別夕陽裏,一霎勝趣難摹追。(《散原精舍詩文集》頁二三二至
二三三)

案:該詩亦載《國粹學報》第四十八期,文略異。又,吳園即鑑
園也。參同年"七月五日吳園詩鐘"條。

三月二十八日（4 月 28 日），鄭孝胥、陳三立來訪。

　　《鄭孝胥日記》三月廿八日：與伯嚴同過李梅庵、夏劍丞。（頁一一三九）

春，致函汪文綬，命其辦理兩江師範學堂教育儀器請款等事。

　　《與汪文綬書》：佩翁仁兄大人閣下：弟明日往蘇州一行，所有各事，均乞照拂。外另單各件，一一如辦。敬請台安。弟清頓首。

　　一、繼方伯儀器款如有確實允發之據，先電松本，請先將擬購各儀器看定，後再匯款交納云云。

　　一、所有裁汰差各委員，速諮江藩，或有機緣，免失。又楊永等有憑單，速辦，與巨翁商。

　　一、東洋教育儀器請款之事，如院司批後，速探繼藩司能否照發。如果發下，速專交，以便在上海購鈔，免至吃虧。如有梗議，則將其中細情，及下學期必須試驗，不試驗則學生畢業皆無用，本學堂又無從籌款之苦衷，一一託朱方伯轉達委曲。

　　一、本堂本月月用，不知藩庫照發否？聞有與本堂爲難之謠，果爾，速電告。約期到上海電新閘路魏公館轉□可也。（《清道人書翰卷》，王中秀先生録，曾迎三先生惠示）

　　案：書中談及請繼昌發款購東洋教育儀器之事，且其時院司尚未批覆也。本年四月初，端方據公所請經費上奏，以購置學堂儀器、藥品，則此書當作於戊申春間。暫繫於此。

春，督學暨南學堂。

　　源則儉《暨南年表》：一九〇八年（光緒卅四年）春，改辦中學，鄭氏他調，由楊熙昌任堂長，當時之江寧提學使李瑞清爲督學。（《暨南校史資料選輯》第一輯，頁三九）

　　蔣國榜《臨川李文潔公傳略》：中間三署提學使，兼辦高等學堂、暨南學堂。（《清道人遺集》頁九九）

春夏間，與陳詩、夏敬觀、俞明震等醵金刊刻《范伯子詩集》。

陳詩《靜照軒筆記》:肯堂先生詩宗宋人,文學桐城,以布衣名
動公卿間……甲辰春,先生客死滬上,余哭以詩云"腐骨何須問鄉
國,大文至竟有淵源"。因與新建夏映菴、南陵徐隨菴、山陰俞觚
菴、臨川李梅菴四觀察及諸知舊醵金,刊其詩十九卷,志不忘也。
(《皖雅初集》卷九)

案:范當世卒於甲辰十二月十日,陳曰"甲辰春,先生客死滬
上",蓋誤。又,據馬亞中校點《范伯子詩文集‧前言》,范當世詩
集有光緒三十年十九卷附姚倚雲《蘊素軒詩》四卷刻本、光緒三十
四年十九卷刻本,考光緒三十年冬公已赴都求官,當無暇爲之。
又稱"李梅菴觀察",當在以道員發江蘇後也。光緒三十四年五月
中旬,俞明震署理吉南贛寧道,則此事至遲在五月中旬也。暫繫
於此。

四月初,致函夏敬觀。

《與夏敬觀書》:劍丞老哥大人閣下:在寧卒卒未得盡懷,殊爲
邑邑。頃得電,已促高君行矣,并呈其近著,當可以窺其學。高寒
士而滬費多,如功課好,則乞成全,略增之以足其養家之資,則尤
感也。驟熱,已著袂矣,滬上如何? 千萬珍衛。弟李瑞清頓首。
(《夏敬觀友朋書札》卷三,頁二七六至二七八)

案:書曰"在寧卒卒未得盡懷",又曰"高寒士而滬費多,如功
課好,則乞成全,略增之以足其養家之資",當作於夏敬觀監督中
國公學、復旦公學時也。據陳誼編《夏敬觀年譜》(頁三一至三
二),夏敬觀於戊申三月二日(4月2日)任中國公學監督,五月監
督復旦公學,己酉三月赴蘇州,巡撫陳啟泰辟爲左參議兼憲政總
文案。書曰"驟熱,已著袂矣",三月二十七日夏敬觀在寧,則此當
作於四月初也。

四月十三日(5月12日),遣家僕借繆荃孫所藏惲壽平畫册。

《藝風老人日記》四月十三日:李梅庵借惲册去。文斌手。(頁

二〇六三）

《與繆荃孫書》：小珊老前輩大人閣下：不侍杖履久矣，懷仰千萬。聞有南田翁山水册子在尊處求售，乞賜一觀。侍生平於南田有癖好，以爲空靈超逸，突過石谷。石谷人間能手，南田仙筆也。去人十餘年舊僕，盡可放心交之。明日午前侍親送還也。其直若何，並乞示之爲叩。敬請撰安。侍瑞清敬上。（《藝風堂友朋書札》頁五七五）

四月十五日（5 月 14 日），歸繆荃孫惲壽平畫册。

《藝風老人日記》四月望日：李梅生還惲册。（頁二〇六四）

四月底，程頌萬來金陵，遂與同人雅集淮舫，陳三立、俞明震、況周頤、王德楷、伯涵在座。程即席贈詩。

程頌萬《淮舫初集同伯嚴恪士梅盦木齋伯涵二首》：清狂子野乍聞歌，嚴限歌字木句。漠漠谿風與澄摩。嚴限摩字涵句。解醉紅裙蚊聚耳，大限耳字嚴句。留歡薌澤客如何。嚴限何字大句。行廚兼味憐櫻筍，恪限筍字涵句。静夜扁舟傍菱荷。恪限荷字梅句。朋酒江山共文字，恪限字字大句。同人編集幾蒐羅。木限羅字恪句。

黃柳閒坊別繫船，嚴限船字大句。涼波蕩夕入秋先。嚴限先字木句。雲輕在水欹歌扇，嚴限扇字涵句。星冷黏樓護髩煙。恪限煙字嚴句。載酒江湖同老大，恪限大字梅句。照愁燈火與流連。大限連字恪句。卅年不作觚棱夢，大限夢字木句。更賭蘭陵價十千。嚴限千字大句。（《石巢詩集》卷十二）

程頌萬《淮舫即席分贈六首》其三：翰林才子號梅癡，江表方聞倚大師。且爲神州傷學派，何當地下有明夷。襟期灑落儒流緩，酒食迷離傲骨支。猶憶湘廬論書畫，一熥涼月一籬詩。李梅盦時爲兩江師範學堂監督。（《石巢詩集》卷五）

案：陳三立《喜程子大至》後第三首爲《端午淮舫集》，繆荃孫《藝風老人日記》五月一日"程子大來"，則程頌萬當於四月底已至金陵矣。

五月八日(6月6日),繆荃孫致公函。

　　《藝風老人日記》五月八日:壬辰。晴。與李梅盦一束、李儒茂一束。(頁二〇七一)

致函江蘇教育總會,爲招補江南高等學堂新生事。

　　《江南高等學堂監督李咨江蘇教育總會文》(爲招補學生事):咨會事。查敝堂去年預科學生畢業三十六人,尚未招補新生。各府州縣亦有空額未補,自應及時招考。凡來預考諸生,或由貴會報名咨送,或逕來敝堂報名,總以相片爲憑,於五月二十六日截止。其由貴會備文咨送者,免收報名費,相應備文咨會。貴會希即曉諭,招示各府州縣諸生速行報名預考,其已經中學堂畢業,考驗合格者即可升科;其未經中學堂畢業,有一二年程度者,考驗合格後可以留堂補習普通,畢業再行升科。所有考期、程度、學齡、學費以及各府州縣正課空額一併粘單列後,除咨明提學使外,爲此合咨貴會,請煩查照施行。須至咨者。

　　計開:(程度)中文論、英文論各一長篇,算學、化學及各項普通科學均用英文,已經畢業者;次者中文論,英文、算學已經習過一二年者。(學齡)十六歲二十歲。(學費)每學期本科班正課五十元,補習班正課四十元,操衣、書籍、膳宿各費一概在內。附課每學期加十元。(考期)五月二十六日起,至三十日止。隨到隨考,隨帶相片並洋一元到本堂報名。錄取者,相片留堂,洋一元作爲學費;不取者,相片隨洋付還;如報名不來考,洋一元不還。逾期截止,斷不續考。無相片、洋元不得報名。各府州空額:徐州府空四缺,通州空四缺,海州空四缺,蘇州府空二缺,松江府空三缺,太倉州空一缺,江寧駐防空四缺,京口駐防空二缺,安慶府空三缺,鳳陽府空四缺,潁州府空二缺,徽州府空二缺,池州府空三缺,太平府空五缺,廣德州空二缺,六安州空四缺,滁州空一缺,和州空四缺,泗州空二缺。(《新聞報》6月14日)

　　案:據《光緒三十四年江南高等學堂一覽表》(《學部官報》第

七十一期），江南高等學堂博物教員松本孝次郎、圖畫教員亘理寬之助，均來自兩江師範學堂者也。

五月十七日（6月15日），繆荃孫致函與公。

《藝風老人日記》五月十七日：致李楳庵一束。（頁二〇七四）

五月中旬前後，再集淮舫，送俞明震之贛南任，程頌萬、陳三立、王德楷、黃忠浩、伯涵在座。

程頌萬《淮舫再集同伯嚴木齋梅盦澤生伯涵送恪士之贛南任》：赤闌橋畔柳絲長，嚴限長字大句。江月窺筵瀲灩光。嚴限光字澤句。掠蝠樓臺初照酒，涵限酒字嚴句。聽鶯裙屐有驚涼。木限涼字涵句。關山定眩花枝軟，梅限軟字嚴句。父老重瞻髦影蒼。大限蒼字梅句。莫倚詞場工賦別，澤限別字大句。好攜時雨潤炎方。大限方字澤句。（《石巢詩集》卷十二）

案：據端方、馮汝騤《奏爲署理吉南贛寧道江蘇候補道俞明震政績卓著人地相需請采擇簡擢事》，俞明震署理吉南贛寧道於是年五月十一日奉朱批"吏部知道"，暫繫於此。

五月二十五日（6月23日），繆荃孫來訪。

《藝風老人日記》五月廿五日：己酉。晴。拜李梅庵、沈淇泉、章式之。（頁二〇七六）

五月，兩江師範教員杉田稔歸國，公書聯贈之。

規矩方員之至；時氣美巧爲良。杉田先生歸國，書此爲壽。光緒三十四年，李瑞清。（橫濱國際2017年夏季拍賣會3007）

案：該聯題簽曰"清國李瑞清氏筆"，又"大清國南京兩江師範學堂監督李瑞清氏餞別之對聯大書。明治四十一年六月，光緒三十三年五月。杉田稔"。明治四十一年當爲光緒三十四年，此處係誤記也。又南田知樹編《中國政府催用の日本人——日本人顧問人名表と解說》："杉田稔，大阪人，工學士，曾任高等工業學校助教授，爲三江師範時期教習。一九〇六年五月續聘，任手工科教習,聘期二年。"(轉引自蘇雲峰《三(兩)江師範學堂——南京大學的前身,1903—1911》頁三一)可爲旁證。

六月四日(7月2日),購繆荃孫藏惲壽平畫册。

《藝風老人日記》六月四日:李梅庵送五百金來,取惲册去,并六日領子送慶福。(頁二〇七八)

楊鈞《記惲册》:李梅庵出示惲南田畫册,中有一幀寫雲煙浩蕩,花葉亂飛之狀。李云:"余爲此幀所迷,不能釋手,負債收之。"李固貧困,任南京師範學堂監督時,月薪百金。惲册非千二百金不能得,遂預領半年薪,更借六百金收之。又得石谷畫册二十四幀,分爲三册,選精者八幀,藏之秘笈,售出二册,得三千金。收藏家均計挹注,不必各於一時也。(《草堂之靈》卷九,頁一七二至一七三)

六月中旬,公招飲雞鳴寺。

陳三立《梅庵酒集雞鳴寺》:午雲炙瓦草薰欄,山氣湖光正結蟠。客醉不知梁武帝,胭脂井畔儘迴看。(《散原精舍詩文集》頁二四三)

六月二十九日(7月27日),繆荃孫來。

《藝風老人日記》六月廿九日:拜繼蓮谿、李梅堪、陳子勵、潘承烈。(頁二〇八四)

夏,賜門人李芳畫扇,以爲課藝獎品。

畫扇款:(右)此鹿葱也,今人以爲萱艸。亦卿賢弟拂暑。戊申夏,小兄瑞清。(左)節臨張黑女墓誌。何道州從此入。

先師梅盦公於清光緒三十四年賜紗扇一柄,爲課藝獎品,藏行篋走四方五十有五年矣。公書名滿天下,流傳至廣,而畫殊罕覯,此扇書畫兼備,極可寶愛,不惟個人感知拜惠已也。壬寅仲春,門人李芳謹識,時年七十有四。(上海道明2013年春季拍賣會0736)

七月一日(7月28日),署理江寧提學使。

《奏李瑞清接署學篆日期並謝恩由》:署理江寧提學使江蘇試

用道臣李瑞清跪奏，爲恭擢微臣接署提學使篆日期，叩謝天恩，仰
祈聖鑒事。竊臣於光緒三十四年六月二十六日奉兩江督臣端方、
江蘇撫臣陳啓泰委署江寧提學使篆，限七月初一日准前署提學使
陳伯陶收關防文卷移交前來，當即恭設香案，望闕叩頭，接印任
事。伏念臣章江下士，詞館備員，寧省服官，愧一長之未效；學堂
從事，念十駕之徒勤。且復符篆暫權，益覺冰淵滋惕。查江寧爲
人才淵藪，提學綜文化樞機，舉凡調查學務、考察屬官，一切措施，
胥關緊要。然臣愚陋，深懼弗勝。惟有隨事隨時禀商督撫，臣悉
心區畫，不敢以暫時攝篆，稍涉因循，以期仰答高厚鴻慈於萬一。
所有微臣接署提學使篆日期並感激下忱，理合恭摺，叩謝天恩，伏
乞皇太后皇上聖鑒。謹奏。光緒三十四年七月十四日奉硃批：知
道了。欽此。（軍機處檔摺件 165060，清代宮中檔奏摺及軍機處
檔摺件全文影像資料庫）

　　《署理寧提學接篆》南京：江寧提學司陳子礪學使現奉督委署
藩篆，俾繼護院即日赴皖。所遺學篆已委兩江師範學堂監督李梅
庵觀察瑞清署理，同於初一日接印。（《申報》7 月 31 日）

七月二日（7 月 29 日），回訪繆荃孫。

　　《藝風老人日記》七月二日：李梅庵來。（頁二〇八四）

七月五日（8 月 1 日），夜，約同人於鑑園詩鐘，陳三立、繆荃孫、夏時
濟、魏繇等在座。

　　《藝風老人日記》七月五日：梅盦約在吳園詩鐘，地曠風涼，主
人未至，與碩甫、伯年、夏彝恂時濟同坐。忽聞匋齋伯母病歿，遂從
入署，至殮畢行禮即歸寓，已戌正矣。（頁二〇八五至二〇八六）

　　《秋夜讌鑒園作》。（《清道人遺集》頁一一四）

　　陳三立《七月五日梅庵飲集鑒園同實甫作》：炎氛漲無罅，喘
汗對捻鼻。招坐長廊風，溪柳澹搖曳。蕭蕭樓館陰，閒閒鷗鷺意。
山翠劇飛沫，蕩與波光碎。聽蟬撫闌干，夢外飽涼吹。兩三小艇
前，髻影亂燈穗。乍迴一水香，未覺六朝逝。有客觀海山，猶腥鱷

蜃氣。餘興媚煙景，忍飢說三妹。天涯共禿翁，自憙愈可貴。罷酒鳥夜啼，纖月漏林罥。（《散原精舍詩文集》頁二四三至二四四）

魏鑠《秋夜讌鑑園和呈梅盦》：勞生乏周塗，達觀靖四方。消搖秋興佳，及此池閣涼。衰荷戰枯葉，零荇亂方塘。平林抱遠峰，征鴻嘹孤創。新月升漸高，薄雲啓東廂。明鐙曜華星，列坐行酒觴。珍錯間精列，賓主意低昂。中散彈廣陵，對影顧彷徨。謝公澹蕩人，遺髭就刑惕。恭惟兩賢俊，千載互聖狂。悠悠江海心，翩翩鷗鷺鄉。幽蘭自林秀，疇信滿園芳。無爲效鶩鶩，違時召不祥。（《邵陽魏先生遺集》頁四五七）

案：鑑園即吳園也。參閱鄭孝胥《題吳鑑泉鑑園圖》（《海藏樓詩集》頁二三二）

七月十四日（8 月 10 日），姑父陳葆恩母富太宜人八十壽辰，公撰序以祝。

《陳母富太宜人壽序》：維光緒三十有四年七月十四日，姑父陳公墨愍君之母富太夫人年八十矣，寮友戚党，莫不愉愉肅肅，奉觴上壽……瑞清聞其言而善之，謹次列其辭，敬爲太夫人壽。（《清道人遺集》卷二）

七月中旬，效國外學堂修學旅行之舉，令東教員率學生實地考察。

《兩江師範優級本科生修學旅行》新聞報：南京兩江師範學堂曾於去年增設數理化、農博物兩分類科研究高等學問，茲該堂監督李梅菴觀察以東西各國高等各學堂時有修學旅行之舉，以資實習而增學識，爰於本月十五日，先由動植礦諸東教員率領農博物科全班學生攜帶一應器械整隊出太平門，先至皇陵四近，繼登鍾山之巔，採集動植礦各物，滿載而歸，用製標本而資研究。又於十七日由理化諸東教員率領數理化科全班學生往水西門銀元局及聚寶門製造廠研究機械，參觀製造，抵暮始返。聞該兩科學生尚擬於下學期旅行各處名山及上海、漢口各大工廠云。（《四川教育

官報》第七期,頁十)

七月二十九日(8月25日),許炳堃持公書謁鄭孝胥。

　　《鄭孝胥日記》七月廿九日:夜,德清許緘甫炳堃持李梅庵、余
建侯之書來見。(頁一一五五)

八月二日(8月28日),鄭孝胥覆函與公。

　　《鄭孝胥日記》八月初二日:覆李梅庵、施伯安書。(頁一一五
五)

八月三日(8月30日),赴陳伯陶招飲,梁鼎芬、榮恒、王瓘、楊鍾羲、
繆荃孫等在座。

　　《藝風老人日記》八月三日:陳子勵招飲,心海、心莊、孝禹、伯
成、楳庵、子姓同席。酒菜俱劣。(頁二〇九四)

八月十日(9月5日),還繆荃孫銀百金。

　　《藝風老人日記》八月十日:李梅庵還銀百金。(頁二〇九六)

　　案:公十月十四日復還繆荃孫百金,此殆係六月四日負債收
繆藏惲壽平畫冊故也。

八月二十七日(9月22日),沈同芳託繆荃孫贈公文稿一冊。

　　《藝風老人日記》八月廿七日:接沈幼卿信,寄文薰三冊,一送
陳子立,一送李楳厂。(頁二一〇一至二一〇二)

八月,稟陳節費購書之法,欲廣備書籍,以便學生參考,並爲異日設
圖書館計。

　　《兩江師範學堂稟陳節費購書辦法》新聞報:兩江師範學堂監
督李瑞清觀察以本堂現辦優級師範學課較深,非廣備書籍無以資
學生考鑑之方,而堂中所備中西書籍無多,當此財力困難,雖非一
時驟辦所能成立,擬於本堂活支項下竭力節省,按季酌購中學或
東西文書籍一二百元,永爲定例。積年彙成巨觀,既供學生參考,
並爲異日附設圖書舘之基礎。業已稟陳江督,請准立案,一俟奉
批,即當照辦云。(《四川教育官報》第八期,頁四)

是月，爲端方跋所藏《苦瓜妙諦册》。

　　跋《苦瓜妙諦册》：石濤道人畫本從宋元名家出，世之學石濤者，但知荒荒率率，隨意塗抹，安知石濤也？此册乃其極意學古之作，全化去古人面貌，所謂以神合者。觀此册者，然後可以學石濤，然後可以學古。光緒戊申八月，匋齋尚書命題。李瑞清。（《苦瓜妙諦》，巧藝社）

　　案：石濤真蹟現藏納爾遜—阿特金斯藝術博物館。

與陳伯陶詳稟端方兩江師範附屬小學堂借用昭忠祠事。

　　《江督端奏覆江寧師範附屬小學堂借用祠宇摺》：奏爲遵旨查明江寧師範附屬小學堂等借用昭忠祠情形，恭摺覆，仰祈聖鑒事。竊奴才承准軍機大臣字寄光緒三十四年七月初五日奉上諭：有人奏江寧師範附屬小學堂等借用昭忠祠屋宇，請飭擇遷移一摺，著端方按照所陳各節查明情形，酌量辦理，原摺著抄給閱看，欽此。遵旨寄信前來，當即欽遵，轉行查核辦理。去後，茲據署江寧布政使陳伯陶、署江寧提學使李瑞清詳稱，遵查鈔發原奏兩江師範附屬小學堂等借用昭忠祠宇，將其舊制半多拆改，以致春秋祭饗不成禮等語。伏查兩江師範附設中小學堂原爲本堂畢業生實行練習而設，昭忠祠與該堂毗連，前經將武備學堂等疊次借用，該堂援例稟請前署督臣周馥批准借用西偏屋宇，嗣又將東偏花園屋宇借用。凡祠內頹敗之處，均經補葺完善，規制一仍舊觀，每屆春秋饗祭則先行讓出，以昭誠敬，不特不至如原奏所云無以成禮，即與祭者餕餘宴飲亦無所礙，江寧士紳咸共聞見。惟借祠興學本以財政艱難，不得已一時遷就，今尋繹原奏，實係爲慎重祀典起見，自應遵辦。擬先設法將講堂之借設在各神宇者一律遷讓，其餘旁屋仍暫借用，一俟司局籌有款項，估造校舍，自可將祠宇全行讓出，抱忠興學，庶幾兩全等情，詳情覆奏前來。查昭忠祠爲崇祀忠義之所，光緒三十二年，諭旨以忠君、尊孔、尚公、尚武、尚實爲教育宗旨,該校借用祠宇,學子莘莘沐浴忠義遺風,忠君愛國之忱不難觀感興起,於教忠之道不爲無補。惟是該中小學疊次推廣,雖經借用全祠,尚苦不足,現又讓出正屋,僅借旁屋,校地尤形逼促,自以籌款先建中學校舍爲宜。俟財力稍紓,更行籌建小學校舍,以爲全將祠宇讓出之計。所有遵查兩江師範附屬小學借用祠宇緣由,理合恭摺覆陳,伏乞皇太后皇上聖鑒訓示。謹奏。九月二十三日奉硃批:知道了。欽此。(《申報》11月5日)

　　案:該摺亦見《端忠敏公奏稿》卷十二,注曰"光緒三十四年八月",公稟明端方或亦在八月間也。暫繫於此。

九月十一日(10月5日),樊增祥接任江寧布政使,陳伯陶回署江寧提學使。

　　《署理江寧提學使陳伯陶奏交卸藩篆仍回本任日期摺》:奏爲恭報微臣交卸藩篆,仍回署學司本任日期,叩謝天恩,仰祈聖鑒事。竊臣前奉督臣端方、撫臣陳啟泰委署江寧布政使,當經具摺叩謝天恩,並將接署藩篆日期奏報在案。茲新任布政使樊增祥行抵江寧,臣於九月十一日交卸藩篆,即日遵檄回署學司本任。准署提學使李瑞清將印信文卷移送前來,當即恭設香案,望闕叩頭謝恩,祗領任事。……光緒三十四年十月初二日奉硃批:知道了。欽此。(《政治官報》第三六三號)

九月,爲曾熙書《清故萬州牧向君墓碑》篆額。

　　《清故萬州牧向君墓碑》篆額:清故萬州牧向君碑。湘潭王闓運撰文,衡陽曾熙書丹,臨川李瑞清瑑額。君諱熙,字晴峰,衡州衡山人也……光緒三十二年閏月十五日日中,卒於里第……光緒三十四年歲在戊申季秋月造石。

　　案:向熙即向燊之父也。

秋,朱振鏞卒,公爲作傳。

　　《朱知縣傳》:朱振鏞者,浙江山陰人也……光緒三十有四年

秋,恩施樊增祥始來爲江寧布政使者,而振鏞以貧病死矣。(《清
道人遺集》頁一二三)

十月十四日(11月7日),還繆荃孫百金。

　　《藝風老人日記》十月十四日:李梅庵還百金。(頁二一一五)

十月二十一日(11月14日),光緒皇帝卒。公率全體教職員及學生
集於操場舉行國喪。

　　《光緒朝東華録》:癸酉……上疾大漸,酉刻,崩。(册十,頁
　　六〇〇三)

　　姜丹書《兩江優級師範學堂與學部覆試畢業生案回憶録》:光
　　緒三十四年十月某日,報道皇帝逝世了,李監督率領全體教職員
　　(不包括日人)及學生集合在大操場上舉行"國喪",數百人向北跪
　　伏地上,監督上身反穿著白羊皮馬褂,學生都穿白制服,監督高聲
　　哀號,大家亦應聲而號。(《姜丹書藝術教育雜著》頁一九九)

十月二十二日(11月15日),慈禧太后卒。復率全體教職員及學生
集於操場舉行國喪,並停課三日以志哀。

　　《光緒朝東華録》:甲戌,未刻,慈禧端佑康頤昭豫莊誠壽恭欽
　　獻崇熙皇太后崩。(册十,頁六〇〇四)

　　姜丹書《兩江優級師範學堂與學部覆試畢業生案回憶録》:大
　　約隔了兩三天,又報道皇太后逝世了,這樣的再來一下。從此一
　　個月不剃頭,還停課三天以志哀。(《姜丹書藝術教育雜著》頁一
　　九九)

十月,與樊增祥、陳伯陶、熊希齡等籌辦江寧諮議局。

　　端方《諮議局籌辦情形摺》宣統元年閏二月:竊查光緒三十四年
　　六月二十四日,欽奉孝欽顯皇后懿旨,憲政編查館、資政院王大臣
　　等會奏,擬呈各省諮議局及議員選舉章程一摺,詳加批閱,尚屬周
　　妥,均照所議辦理,著各督撫迅速舉辦,實力奉行,自奉到章程之
　　日起,限一年内一律辦齊等因……臣等遵於十月間將三十三年業
　　經奏設之江寧諮議局遵照館章改爲籌辦處,派委江寧布政使樊增

祥、提學使陳伯陶爲總辦,江寧鹽巡道榮恒、江蘇候補道李瑞清、
趙從嘉、熊希齡等爲會辦。在籍翰林院修撰張謇爲總理,丁憂。
翰林院編修夏寅官,丁憂。前廣東高雷陽道段書雲、安徽候補道
許鼎霖、前陝西富平縣知縣仇繼恒等爲協理,並分別遴委科長、科
員,擬訂章程,飭令認真籌辦。(《端忠敏公奏稿》卷十三)

十二月二十七日(1909年1月18日),繆荃孫致函與公。

　　《藝風老人日記》十二月廿七日:致李梅盦一束。(頁二一三
四)

十二月下旬,雪夜集端方寶華盦評碑。

　　《雪夜集陶齋尚書寶華盦評碑》:良宵集群彥,快雪擁旌旄。
翠竹明瑤籤,瓊英照錦袍。孫吳三石古,江漢一亭高。雅絶庾公
讌,東南屬望勞。(《清道人遺集》頁二二)

　　《張謇日記》光緒三十四年三月十八日:寶華庵者,陶帥得世
間最有名之《華山碑》三本聚於一室,故名。而屋則新建之歐式
也。(頁五九七)

　　案:詩曰"孫吳三石古,江漢一亭高",與端方《重刻吳天發神
讖碑題記》合。端方題記曰:"吳天發神讖碑,舊在江寧縣學尊經
閣……歲丙午,余奉命再督兩江,即思補刻,以未得良工而止。丁
未冬,桐城張祖翼來金陵,爲余言其門人同里姚京受善刻石,因屬
爲摹泐。凡六閱月而蕆事,庋之督署西園。二千年古物頓復舊
觀,雪夜評碑,與原石不啻虎賁中郎之似……宣統建元歲次己酉
月正元日,浭陽端方題記。"(拓本)則雪夜評碑事當在戊申冬矣。
檢《藝風老人日記》,戊申冬惟十二月二十二日、二十三日、二十五
日、二十八日雪。二十二日"小雪,旋晴",二十三日"小雪,旋晴",
二十五日"小雪",二十八日"雪積盈寸,南中罕見矣",則此事或在
二十五日、二十八日也。

是歲,從弟李雲麾來相就,居兩江師範學堂且三年。

李雲麾《先從兄清道人行述初稿》：不幸爲浙撫增韞摧殘於杭，鐘聲先生北走津，余還就兄於金陵，兄悉知成敗始末，不咎也。居之兩江師範學堂，朝夕引之几案間，啓發訓迪，如是三年。（《清道人遺集》附錄，頁二七六）

是歲，爲金嗣芬寫花卉小品四幀。

《花卉圖》款：其一：揚州孟麗堂先生花卉山水皆古拙高淡，其畫品在李復堂之上，居粵西最久，以其畫不入時目，世或不能舉其名。余弟阿筠每歎之。余曰，麗堂先生畫本不與俗人看也。余每怪世之畫家，終日調支點粉，以求世人之知，何謂也！其二：於京師居呂祖閣，與曾季共研席。曾季嗜櫻桃，每以水精盤貯齋頭以爲玩，而季好午睡，余每見則啖立盡。寤乃大窘，嘗詈余爲櫻虎。此景時時憶之，已十年矣。其三：江南小蘿蔔如火齊，菜場充衍若頂珠，此爲特色也。寫罷大笑。其四：復堂小品。楚卿仁兄，弟李瑞清。（《清道人汪巨游先生山水花卉合册》）

案：跋曰“於京師居呂祖閣，與曾季共研席……已十年矣”，公與曾熙同居北京在甲午、乙未、戊戌間，則此畫當作於甲辰、乙巳、戊申間。第一圖鈐印曰“臣清所作”，甲辰尚未授官，似非其時。且甲午、乙未公居松筠庵，非呂祖閣。又，該畫册所收汪律本畫亦爲金嗣芬所作，當即金嗣芬檢出付印者也。汪款曰“時客白門”，當作於監學兩江師範時，公或亦作於此時者也。公題款盡脫陶濬宣書風，亦可參證。

是歲，爲姜丹書書團扇。

案：該團扇節錄孫承澤《閒者軒帖考》句，曰“漢之末，宋之帖，可以隻立千古。而宋首《淳化》，次《大觀》，又次《絳帖》，餘帖琤琤，備數而已。宋人謂《潭帖》在《閣帖》上，此妄也。又《淳化》創始，兼以王著樞手不高”（浙江美術館藏），款曰“敬廬賢弟雅鑒，小兄李瑞清”。姜丹書跋曰：“‘末’是‘碑’之誤。老師寫時我侍立，時維光緒三十四年。"

是歲,聘趙正平爲日語譯員,趙爲革黨,公曲護備至,復爲其營救陳陶遺。

李雲麾《先從兄清道人行述初稿》:偶有因疑似株連而陷縲絏者,每爲多方解釋,使得不死。或禍未作而跡涉阽危,則亟予懇切諷勸,伏助而慰遣之。師生之獲保全者綦衆,陳陶貽、趙正平其著者也。(《清道人遺集》附録,頁二七六)

趙正平《四十年來師友感懷録‧古道可風之清道人》:然尤其使人感念不忘者厥爲對予愛護之殷。予時年二十二,回想起來,真講不到什麼學問,不過刻苦力學之習已成,雖服務該校,備位教職,月領俸銀三百餘金,而以一無嗜好故,每月所得,除接濟往來同志並充公用外,悉以購置圖書及化學器械及藥品,蓋化學爲予所好,居恒以此試驗自遣也。最可笑者,當時予所穿長袍,因沾染化學藥品而變色,亦漫不在意,照常服用,校中人多呼之爲化學袍,而因此引起清道人之注意。予曾提議全校應設一評議會,當時不贊成者不少,然李力排衆議,卒召集此會成爲定制。開會時予不計人微言輕,多所主張,李每曲護之,嗣後聞李曾向短予者解曰:"姑無論趙某思想如何,總一篤學力行的有志之士,你們不要再説他了。"在這種時代,自己行爲上稍有一些長處,就有人來獎掖,也可以見到時代的風氣了。可是李對予的愛護,尚有比較更重大者:同志陳陶遺氏,從東京法政大學畢業以後回國,回國任務,當然在對革命運動方面有所策劃。不料到滬不久,即爲清督端方偵悉,密拘至寧。其胞兄振飛,來寧探訪,終發見之於江寧縣監獄中,鐵索瑯璫,苦不堪言,來商於予,如何營救。予情急,逕商之李,且很稚氣的央求道:"陳某有什麼罪,請你老人家帶我去見端督,我願意保證他不是個壞人。"李微笑道:"你不去保證倒還好,你要是去保證,不但陳某的案情加重,且恐你自身也很不利。老實告你,端制台問我好幾次了,你學堂裏有一個趙某心術怎樣,幸虧我對他説趙某不過是一個血氣方剛的年輕人，心術沒有什麼不好，就使有些欠妥當的地方，我總想感化他，他聽到感化兩個字連連點頭道好。現在若使你自己出頭，豈不是坐實了你是陳的一黨麼？所以你萬萬不可露面。陳某的事情，你交託與我，我可以向知好的巡警説兩句話，請他想想法子，最好再請幾個松江的公正士紳，來個把電報。"我聽了這一套話，又感激，又吃驚。蓋平常我已聽到某巡官常常到學校裏來調查我行動。我的照相已被他秘密搜去，這時聽了李的話，才知道這事千真萬確。後來過了幾日，松江的公正士紳電報到了，陳也就由江寧縣監獄移到巡警總署内，當做一個客人優待他。可是李祇告我"陳某已到巡警總署，待遇尚好，可以放心"的話，至於他自己和巡警説些什麼話，我也不好問他了。（《古今半月刊》第三一期，頁一三至一四）

　　案：據蘇雲峰《三（兩）江師範學堂——南京大學的前身，1903—1911》所製兩江師範教習表，趙正平爲江蘇太倉人，一九一〇年起供職於兩江師範，時年二十四歲，一九一一年辭職。考文中稱"予時年二十二"，則當在一九〇八年矣。且文中所言陳陶遺、冷遹被拘皆係一九〇八年事。又端方於一九〇九年五月已調離兩江，故當非一九一〇年也。

編年詩

《秋夜讌鑒園作》七月、《雪夜集陶齋尚書寶華盦評碑》

編年文

《跋元拓劉熊碑》正月、《題自寫花卉册頁》正月、《跋劉鐵雲本集字聖教序》二月、《與汪文綬書》、《與夏敬觀書》、《與繆荃孫書》四月、《陳母富太宜人壽序》七月、《跋苦瓜妙諦册》八月、《朱知縣傳》、《爲金楚青畫花卉跋》

清道人年譜長編卷四

宣統元年己酉(1909)　四十三歲

正月二十三日(2月13日),詣繆荃孫。

> 《藝風老人日記》正月廿三日:壬辰。晴。李曉暾、陳雨生、李梅庵、支樹屏、金伯豫來。(頁二一四一)

正月二十六日(2月16日),訪徐乃昌,遂留午飯,繆荃孫、徐乃廣在座。

> 《藝風老人日記》正月廿六日:乙未。晴。子占來。拜吳釗泉、張玉甫、徐積餘。積餘留午飲,梅庵、厚餘同飫。(頁二一四二)

正月二十八日(2月18日),赴方爕尹招飲,繆荃孫、江小濤、梅光遠等在座。

> 《藝風老人日記》正月廿八日:丁酉。小雨……方爕尹招飲,梅庵、小濤、漱六、斐漪同席。(頁二一四三)

正月二十九日(2月19日),赴繆荃孫約飲,徐乃昌、吳尌、王崇烈、況周頤、劉世瑗、劉慎詒在座。

> 《藝風老人日記》正月廿九日:約積餘、闓生、漢輔、梅庵、夔生、蘧六、巽甫小飲,李文石辭。(頁二一四三)

正月,稟請照章獎勵江南高等學堂教務長林世燾。

> 《教務長請獎摺》宣統元年二月:奏爲江南高等學堂教務長辦學期滿,循章請獎,恭摺仰祈聖鑒事。竊據署江南提學使陳伯陶詳稱,准兼辦江南高等學堂監督候補道李瑞清咨稱:該堂教務長翰林院庶吉士林世燾於光緒三十年中式貢士,引見,奉旨著改爲翰林院庶吉士,欽此。三十二年正月由前湖南撫臣龐鴻書奏留辦理

湖南全省農業學堂,充當監督,奉旨允准在案。即於是月到堂任事,在堂兩年。三十三年十二月由臣奏調來寧,辦理學堂,懇請照章免扣資俸。奉旨著照所請,該衙門知道,欽此。旋於三十四年正月到寧,充當江南高等學堂教務長,住堂任事。查定章,新進士充當學堂教習及總理學務事宜,應由該省督撫先行奏咨立案,三年期滿,實能稱職,准與在館畢業學員一律辦理等語。又查各省開辦學堂,凡奏調人員,如辛丑、壬寅併科庶吉士,已照進士館畢業例引見授職,甲辰恩科庶吉士章梫、譚延闓、雷恆等均以在京充譯學館監督及湖南充師範學堂監督、在寧充兩江師範學堂教務長,三年期滿,先後分別授職編修、檢討各在案。該員林世燾自光緒三十二年任湖南農業學堂監督,至三十四年任高等學堂教務長事,計至年底,合之在湘,辦學年限,實已扣足三年。計所成就之學生,三十三年上學期湖南農業學堂舊班生畢業一次,三十四年上學期高等學堂豫科畢業,升入本科,又推廣升學新班學生一百餘人,比照原額,幾加一倍。核其年績,尚與定例相符。據情詳請,具奏前來。臣伏查庶吉士林世燾,經術湛深,才猷練達,熱心教育,成材衆多,自任高等學堂教務長以來,著有《學約》,諄諄以敦品勵學、正心修身爲勸,尤於世道人心有濟。合無仰懇天恩,俯准將翰林院庶吉士林世燾照進士館畢業例,引見授職,出自逾格鴻施。除分咨外,理合恭摺具陳,伏乞皇上聖鑒訓示。謹奏。(《端忠敏公奏稿》卷十三)

是月,爲程志和題所藏王紱山水堂幅。

　　題王紱山水堂幅:書畫皆以時代論,不可强也。國朝畫家雖名手林立,然其古厚之氣遜前人。昔年於俞逸仙中丞座中見壁間懸黃鶴山樵巨幅,一切名畫墨采頓失。此幀用墨濃厚,元以後無人能爲此者。雒庵先生鑒賞絕精,於市中得此,可見世不患無畫,無識畫者爾。清。

　　澄江澹不流,容與依淺瀨。至人不攖物,散誕羈靮外。松聲作龍鳴,冥志入烟靄。洛庵先生藏九龍山人畫,假觀已久,人事填委,未得静臨一幅。遣人坐索,大類客責,客懼而題此奉還,用博洛老一笑。宣統元年正月,李瑞清。(《名人書畫集》第廿七集)

二月十六日(3月7日),赴楊鍾羲招飲,繆荃孫、段書雲、張謇、傅春官、余誠格、屠寄、吳瑮在座。

　　《藝風老人日記》二月十六日:楊子勤招飲,段少滄、張季直、傅苕生、余壽平、屠静山、李梅庵、吳康伯同席。(頁二一四八)

二月二十八日(3月19日),晚,陳三立招飲悦賓樓,陳慶年、傅春官、汪鍾霖、熊希齡、屠寄、胡元倓等在座。

　　陳慶年《橫山鄉人日記》二月二十八日:陳伯嚴約往悦賓樓晚飯。傅苕生、汪甘卿、熊秉三、李梅庵、屠敬山、胡子靖皆同座。(《丹徒文史資料》第四輯頁四九)

閏二月五日(3月26日),致書閔荷生,頗悔改官外出之舉。

　　《與閔荷生書》:閏二月五日李瑞清頓首頓首,少窗先生執事:去歲遞中卒卒寄之,想已達。後辱書并寄大文數首,皆老格,目中人無能爲此者。幸日進,自無讓古人也。敝親家胡瘦唐,聞篤學不倦,將來成就詎可量耶? 不肖改官以來,職事填委,尤畏近筆硯。從前治經殘藁,欲稍稍整理之,則棼如亂絲,而每多新解,何日能成書! 瑞清改官外出乃大失計,本爲餬口,終身更不能望作學人。責日多,實不能救窮,輸公等多矣。近校中有小樓,頗便習静,榻窗四望,鍾山雲氣,旦夕萬變,惜不得與吾少翁共賞耳。比來書法當更蒼勁,瑞清似小差進,從前之作,盡欲焚棄之。如陳紙有存者,當寄,更爲書之,以贖舊者。門人魏選亭在都,深蒙垂愛提攜,今年京察必有求得一等者,可否爲謀一正缺? 感且無涯。都中近日文酒之樂猶似昔年否? 幼雲當無復從前閒雅矣,剛夫幸爲問訊,選亭事乞更助之。瑞清日來頗喜飲,終日沈頓,較醒時佳也。夜醉起,以硯中餘墨書此,不覺盡紙,它冀珍勗。閏月初五。

　　封套:北京順治門外鑄門度支部閔大人荷生官印台啓。大至

急。梅庵手緘,自江南兩江師範學堂發。(《可居室藏清代民國名
人信札》頁二七四至二七八)

閏二月中旬,公得江西鹽差。

　　《湘綺樓日記》閏月廿三日:聞李梅癡得江西鹽差,又增一
窟矣。

閏二月二十七日(4月17日),赴樊增祥招飲,繆荃孫、陳慶年、熊希
齡、陳三立、陳毓華等在座。

　　繆荃孫《藝風老人日記》閏二月二十七日:樊山招飲,熊秉三、
陳伯嚴、善餘同席。(頁二一六一)

　　陳慶年《橫山鄉人日記》閏二月二十七日:樊山招飲,熊秉三、
繆藝風、李梅庵、陳伯嚴、陳仲珣同座。(《丹徒文史資料》第四輯
頁五六)

閏二月中下旬,胡思敬寄詩懷公。

　　胡思敬《寄懷金陵二客》其二:苦憶臨川李翰林,暫時攜手便
分襟。燈前默坐孤氈冷,畫裏相思萬木陰。一夢遽離青瑣闥,九
京不負白頭吟。荒亭野史無人託,淒絕平生未死心。(卷三)

　　案:該詩前第二首爲《清明出郭訪袁忠愍墓》,後第三首爲《三
月三日天寧寺遲石遺不至作詩調之》,則當作於是間矣。

閏二月,跋董其昌書《王象乾家傳》。

　　《誥贈特進上柱國太師兵部尚書王公家傳》跋:國朝書家自
雍、乾以來無不學董者,劉石菴相國乃盡變其面貌。董以《多寶
塔》筆法而冒右軍,劉則以鍾太傅之意態而掩董派。翁覃溪確守
歐、虞,獨標唐法,爭衡其間,世人莫尚也。鄧、包以來,碑學大興
而帖學稍衰微矣。董書筆力本弱,其師魯公,專學其陰柔,與蔡君
謨同,而化其從衡之跡,此善用其弱。晚年乃造詣彌淡,轉以此世
莫能廢。此冊爲其年八十時書,其疏古樸茂,幾與徐季海抗行矣。
宣統元年歲次己酉閏二月,臨川李瑞清。(紐約蘇富比2014年3

月拍賣會 0625）

　　案：該册爲安思遠所藏。尚有張穆、何紹基、趙振祚、莊受祺、許乃普、王履謙、端方、樊增祥、趙熙、章梫、康有爲等跋。

聘劉師培爲兩江師範學堂歷史教習。

　　尹炎武《劉師培外傳》：劉師培，字申叔，江蘇儀徵人也……居皖中，講學二年，成就甚衆。託活絡忠敏公開府，江南丹徒陳慶年善餘薦師培入幕府。已而臨川李瑞清梅菴聘師培教授三江師範學校，大江南北，英流才彥多歸之。錢玄同按：此傳所記申叔事跡，年代略有顛倒之處……申叔於民元前九年癸卯交餘杭章君……前三年己酉，入端方（此傳中稱爲“託活絡忠敏公”）幕。前一年辛亥秋，從端方至四川。（《劉申叔遺書》卷首，頁一七）

　　梅鶴孫《青溪舊屋儀徵劉氏五世小記》：舅氏於丁未年再赴日本，閉戶著書，不問外事。倡社會主義革命，不像前幾年發聾振聵的宣傳種族革命了。其時年廿四歲，但已名聞全國。端方爲兩江總督，李瑞清爲兩江師範學堂監督，這時要開辦歷史、地理選科，爲全國高等教育的先河，必需請碩學高名的人擔任教授。訪得上海學通中西的姚文棟先生之子明輝，夙承家學，聘爲地理教授。惟歷史一門，仍乏通才，有人建議延聘舅氏，但李瑞清以舅氏名掛黨籍，不敢專主。一日，謁端督於寶華盦……李瑞清先商之丹徒陳慶年，陳字善餘，是一個博學多識的人，與端方契洽，時在督署爲首席幕僚，言聽計從。他本與舅氏有舊，聽了極爲贊成，力任進言。次日，即與端談到儀徵劉氏，三世傳經，家學淵源，爲嘉道以來江淮間第一。他本人又是英年博學，雖爲革命黨人，近年已不談種族革命，他若能來，實爲上選。端遂囑江寧藩司樊雲門具函禮聘，由李、陳電約返國。舅氏尚在考慮，這時舅母何震久厭居東，聽小人之言，適符她的名利思想，以爲能與官場聯繫，自然另有出路，遂極力慫恿，加以要挾。舅氏是一個疏於世故的人，聽她

的話,不能堅定立場,權其得失,就貿然返國……舅氏到南京,住在大行宮,舍旁有一小花園。(頁三六至三八)

《兩江師範教職員履歷表及日教員履歷表》之《曾任本堂職員履歷表》:

姓名	字	年齡	籍貫	住址及通信處	服務
劉師培	申叔	二十六	江蘇揚州揚子	北洋督署	歷史教員

(《南京大學校史資料選輯》頁一六)

　　案:據陳奇《劉師培年譜長編》,劉師培光緒三十三年十二月中旬上書端方,大悟往日革命之非,獻弭亂之策。三十四年正月,偕妻返日。十月上中旬,攜眷歸國,暗投端方,叛變革命。而公開入端方幕則在閏二月左右,其時與繆荃孫往來甚密,如《藝風老人日記》閏二月十四日:"拜吳福丞、蔣篤齋、連荷生、劉笙叔。"閏二月廿日:"飯後,張幼丹心赤、劉笙叔來。"疑劉師培或於閏二月前後執教兩江師範也。暫繫於此。

三月五日(4月24日),繆荃孫薦毛某與公。

　　《藝風老人日記》三月五日:薦毛□□與梅盦。(頁二一六三)

三月二十日(5月9日),應王雷夏約往悅賓樓西餐,章鈺、吳璆、陳慶年、應德閎在座。

　　陳慶年《橫山鄉人日記》三月二十日:王雷夏約往悅賓樓西餐。章式之、李梅庵、吳康伯、應季中同座。(《丹徒文史資料》第四輯頁六一)

三月中旬前後,另聘柳詒徵爲兩江師範歷史教員,禮遇有加。

　　《柳詒徵自述》:因爲我在商業學堂講歷史爲人所稱道,因此兩江師範監督李梅庵(瑞清)先生特請我兼兩江師範歷史教員。此席係繼劉申叔(師培)之後,我就去擔任了一學期。(頁一二)

　　柳定生《魂依禾矯六朝松──記先父柳詒徵先生》:出於對先生人格的尊重,在此期間,凡遇先生到校講演,李監督必親自聆聽，如因有事不能來聽，則必請先生改期講演，期能恭聽。我至今尚留有近一百年前李梅庵（瑞清）監督請先生講演的親筆信……“今日堂中開講演會，敬求大教育家臨堂演說，近日學風日見退步，如各處畢業考試，竟先知題目，到處求人代作，聞有寄信至江蘇鎮江求助者，良可痛哭。故養成學（者）無求學問之心，而單要求範圍，要求分數，中國前途尚堪設想乎！乞提起其知恥心，以不欺爲本。傍晚在堂恭候，敬請翼謀吾兄先生。弟瑞清。初二日”。（《南雍驪珠‧中央大學名師傳略》頁一〇六）

　　案：劉師培閏二月前後任兩江師範歷史教員，柳詒徵自謂接任其職，當在其後。據宣統元年《兩江師範教職員履歷表及日教員履歷表》之《曾任本堂職員履歷表》（《南京大學校史資料選輯》頁一六），劉師培、柳詒徵均列名其上，則宣統元年柳已執教兩江師範矣。柳曰“擔任了一學期”，又曰“到暑期時即堅辭不去”，明其爲上學期也。二人僅任教數月。又據本年夏所引《柳詒徵自述》“將半年束脩送來”，柳曾符按曰“據《劬堂日記》，後送來銀元三百”，據柳詒徵《自傳》，月脩爲一百二十元，與本譜辛亥正月諮議局調查報告所載正合，然則所送不足三月束脩，非半年也。據《三江師範學堂章程》第十章《放假規條》（蘇雲峰《三（兩）江師範學堂——南京大學的前身，1903—1911》附錄一）：“自小暑之日起至處暑之日止，爲暑假期。自十二月十五日起至次年正月二十日止，爲年假期。”宣統元年小暑爲五月二十一日，而柳詒徵任教僅二月有餘，則當在三月中旬前後執教兩江師範也。柳曾符編《柳詒徵年譜簡編》曰“光緒三十四年（1908）二月，兩江師範學堂監督李瑞清（字梅庵）因歷史教習劉師培赴京膺北大聘，聘先生兼任該職”，未知有何依據？苟從此說，則劉師培當於光緒三十三年執教於兩江師範矣，考陳奇《劉師培年譜長編》，劉於三十三年正月赴日，十月歸國，與此不符。至謂公因劉師培赴京膺北大聘，故聘柳詒徵兼任該職，尤誤。

三月中下旬,宴樊增祥於兩江師範學堂六朝檜下,陳三立在座。

　　陳三立《讌集兩江師範學堂六朝檜下》:廣廈盛絃歌,麗旭簇車馬。簪纓屏塵慮,絡繹就觴斝。峥嶸北極閣,影卧茅亭下。遮簷六朝檜,宛比枌榆社。鐵幹烏銅皮,柯葉弄佳冶。煙雨滿涵蓄,雷火不能赭。其顛蹲孤鷹,怒瞥魚鱗瓦。顧群旋颺去,下爪蒼蒼野。所蔭列新柏,屈指待拱把。十年樹木功,此意詎聊且。晚燭環鬚眉,有舌長河寫。吐納萬景光,襟抱各奇雅。窺瞰神鬼出,入勝荷天假。畫壁圖輞川,誰爲好事者。(《散原精舍詩文集》頁二七三)

　　俞明震《駐大庾邊境萬山中閱南洋報知伯嚴梅庵讌樊雲門前輩於六朝松樹下即席有詩次韻奉和》:乘溜下絶澗,竹筏如怒馬。農夫獻家釀,酌以牛角斝。如何萬仞山,低首荒城下。蠻歌迎七姑,山中處處有七姑祠。銅鼓鬧春社。久與枯僧鄰,此景覺妍冶。衝風脚力健,曝日面皮赭。怪鳥霧中來,怒爪墮簷瓦。蒼蒼者山川,何處界文野。羊菌漸有棱,貓筍可盈把。雖無李侯饌,適口吾聊且。一幅蠻荒圖,悲來不能寫。亦有百尺松,龍鱗尤古雅。不放六朝青,遂令知者寡。可憐王謝輩,同是悠悠者。(《觚庵詩存》卷二頁三七)

　　案:是詩亦載《獨立週報》第十六期,文略異。

　　陳毓華《疊均柬小石》:獨懸雪鬢著情癡,灑遍六朝松下淚。舊兩江師範有六朝松,梅庵生前嘗觴嘯其下。(《石船詩文存》頁七四)

　　案:胡先驌《梅庵憶語》(《子曰叢刊》1948年第四輯)曰:"梅庵面臨一小池,池畔矗一老松,人稱之爲六朝松,實則爲柏葉松身之檜也。其年亦僅數百,大約爲明季之物,蓋其軀幹猶不及北平稷園元檜之雄偉,殆該處本有一六朝人所植之松,不知何時死去,好事者乃植一檜以補之,遂相沿誤稱爲六朝松耳。老檜之頂曾爲雷火所擊,一枝拗折如虬龍,至爲美觀。"

春,節臨《石門銘》。

　　節臨《石門銘》款:此銘超逸縱肆,與楊義和《黃帝內景經》同
一用筆。宣統元年春,李瑞清。(《朵雲軒藏書法篆刻選》頁八二)
四月,與夏敬觀抽資排印陳三立《散原精舍詩集》。

　　陳三立《與廖樹蘅書》十四:……下走自僑居白下,約得詩千
餘篇,好事如鄭蘇堪者,挺任選政,而吾鄉李、夏之徒,復抽資付排
印。念此舉便利,有可慰師友閒如公輩之欲閱吾近稿者,亦遂聽
客之所爲。大概歲杪可竣工,再寄公評論也……九月二十一日。
(《散原精舍詩文集》頁一一六六)

　　《鄭孝胥日記》四月初六:夏劍臣送來陳伯嚴詩稿六本,伯嚴
屬余選定,將付排印。(頁一一九三)又,四月三十日:夜,作《陳伯
嚴詩序》。大雨。(頁一一九六)

五月十一日(6月28日),端方調直隸總督,張人駿調任兩江總督。

　　魏秀梅《清季官職表附人物錄》兩江總督:端方。離職:宣統元
年五月十一日(1909,6,28)。離職原因:調直隸總督。(頁三六一)

　　《鄭孝胥日記》五月十二日:見報,楊士驤出缺,以端方爲直隸
總督,張人駿爲兩江總督,袁樹勛署兩廣總署,孫寶琦署山東巡
撫。(頁一一九七)

端方奏陳公與王崇烈等才具素優,懇請量加錄用。

　　端方《奏陳江南任用各員才具素優者列舉職名懇請因才器使
摺》:再,時局艱難,需材孔亟,臣方承乏江南,瞬經三載,任用各
員,有才具素優、勞勤較著者,不敢不臚舉所知,以備聖明任使。
查有江蘇試用道李瑞清,學問淵雅,志量清純,由庶吉士改道員,
於光緒三十一年委辦兩江師範學堂,並赴日本考察學校,該員於
教育原理研究詳明,任事以來,凡教授、管理各事宜無不實力謀
求,悉臻完備。上年檄署江寧提學使,釐定學制,整頓士習,亦能
措置裕如。直隸候補道王崇烈……以上五員均經奴才考察有素,
如蒙聖恩,因才器使,必能裨益時艱。謹將各該員才具事實撮舉

大略，據實奏陳。應如何量加録用之處，出自鴻慈。謹附片具陳，
伏乞聖鑒。謹奏。宣統元年六月十三日奉硃批：李瑞清等均著交
軍機處存記。欽此。（軍機處檔摺件 179290，清代宮中檔奏摺及
軍機處檔摺件全文影像資料庫）

端方奏請獎勵兩江師範學堂初級本科畢業生。

　　《奏兩江師範學堂初級本科學生畢業請獎摺》：奏爲兩江師範
學堂初級本科學生畢業，酌情獎勵，恭摺，仰祈聖鑒事。竊據調任
兩江總督端方咨，據寧、蘇、皖、贛四學司會詳稱，兩江師範學堂初
級本科師範生於光緒三十三年十二月畢業，當經考試，給憑在案。
查該堂開辦之時，原係奏准三年畢業，嗣經《奏定學堂章程》頒發，
初級師範限定五年畢業，因於招考時格外從嚴，并多派教員，增加
授課鐘點，務求以五年功課併入三年之內。計自光緒三十年十月
授課至三十三年十二月，已屆三年期滿，應請將考列最優等顧良
杰等十二名、優等陳光甲等十四名、中等查端等五名、下等秦纘曾
一名，照初級師範獎勵章程請獎等并咨送清冊二本到部。臣部查
《奏定學堂章程》，初級師範完全科五年畢業，該學堂自光緒三十
年十月授課至三十三年十二月畢業，計其肄業年限實止三年有
餘，且設立雖在定章未頒以前，而授課實已在定章頒行之後，即使
招考格外從嚴，並增加授課鐘點，究與五年完全科有別，未便一律
給獎。查臣部奏准改定師範獎勵章程，訂有初級師範簡易科獎勵
一條，畢業考列最優等者比照初級師範中等獎勵辦理，考列優等
者比照初級師範下等辦理，并經聲明，此項簡明科指由官設立，年
限在二年以上，成績優著者言之。臣部前辦山東、福建等省初級
師範學生畢業各案，核其肄業未滿五年，均比照簡易科給獎，疊經
奏准在案。兹查該學堂肄業年限與山東、福建師範大略相同，自
應援照辦理。擬請將考列最優等畢業生顧良杰、黄輝、汪長青、張
端本、徐金崧、黄次山、張明新、程桂南、陶緒曾、黄師憲、潘鎔金、
羅會仁等十二名比照初級師範中等作爲師範科貢生，以訓導用，

俟義務年滿，以應升之階儘先補用。考列優等之畢業生陳光甲、
周嘉詠、況書田、孫祖仁、張宗明、貢元炳、范起傑、呂國銓、楊緒
蕃、劉慶淦、儲迎吉、楊蔚霖、陳藩、朱以儒等十四名比照初級師範
下等給予及格文憑，俟義務年滿，作爲師範科貢生，獎給訓導銜。
至考列中等之畢業生查瑞、周懋第、李錫庚、湧潮、鄭灝等五名及
考列下等之秦纘曾一名，擬均請無庸給獎。如蒙俞允，即由臣部
行知該督遵照并轉飭該畢業生等分盡義務，以符定章。所有兩江
師範學堂初級本科學生畢業請獎緣由，謹恭摺具陳，伏乞皇上聖
鑒。謹奏。宣統元年七月十八日奉旨依議。欽此。(《學部官報》
第九十九期)

五月十七日(7月4日)，與繆荃孫、陳慶年、程志和、劉師培、章鈺、陳
三立等於督練公所新洋樓公餞端方，樊增祥、吳封、楊鍾羲、傅春官、
沈衛、王以慜同席。

　　陳慶年《橫山鄉人日記》五月十七日：同藝風師請人公餞澠
陽，改在督院練公所新洋樓。陳洛庵主辦一切。劉申叔、章式亡、
陳伯嚴、李梅庵同爲主人。陪賓爲樊山方伯、吳闓生運轉、楊子勤
太守、傅苕生觀察。(徐蘇《陳慶年年譜》，《陳慶年文集》頁一四)

　　案：“陳洛庵”當爲“程洛庵”，“章式亡”當作“章式之”。

　　《藝風老人日記》五月十七日：半山寺請客，改督練公所。督
帥到，草草不恭。午帥又約傅苕生、沈淇泉、王以慜入席。清談竟
日，絕不易得。(頁二一八三)

五月二十日(7月7日)，餞端方於兩江師範。是日，王闓運抵寧，下
榻俞園。

　　《藝風老人日記》五月二十日：赴兩江師範公餞陶帥。(頁二
一八四)

　　《湘綺樓日記》五月二十日：午初艤岸……得東洋車，率廖備
往投藩署。自下關入城……至藩署綺襪均濕，幸雲未出門，入談

久之。陳益新、楊少麓均出見,樊招二陳來陪,仲怕先至,伯嚴後來⋯⋯樊將館我袁居,袁辭不可,伯嚴館我俞園,遂定移居。

王闓運《東游宴集詩十首并序》:宣統元年春,樊雲門藩使有瞻園之約,因待夏午詒編修。俄至五月,江督移鎮,電要話別,於是投袂輪舟,五日馳三千里。時則賓寮會集,群賢畢至,衣冠詞賦之客,殆過萬(百)人。凡有知名,猥蒙禮接。(《湘綺樓詩文集》册四,頁五五八)

陳毓華《次均追和俞壽臣丈除夕感懷二首并敘》其二注:己酉歲,湘綺師來游白下,陶帥館諸俞園,丈與重伯、敬貽兩丈均同下榻,余昕夕追陪其間。(《石船詩文存》頁七八)

案:五月十一日,端方調直隸總督,兩江由樊增祥暫護。又據《湘綺樓日記》可知,乃陳三立館王闓運於俞園,陳毓華曰"陶帥館諸俞園",蓋誤。

五月二十二日(7月9日),謁王闓運於舟中。

《湘綺樓日記》五月廿二日:申初趙家遣船來迎,率兩兒、周嫗同泛清溪,止秦淮,步從福辰橋上,至升平園登舟,張庚三、王夢湘、又惺、海漁、岳松俱在,趙伯臧爲主人,詩孫、程雒庵、陳子元後至,設嫖賭二局。報藩臺來,衆皆倉皇,乃李梅癡也。云藩臺未便上船,一呼兩喚始來。留李送樊,熱不可解,費六十元,二更散。

五月二十四日(7月11日),公再署提學使。

《奏李瑞清接署學篆日期由》:署理江寧提學使江蘇候補道臣李瑞清跪奏,爲恭報微臣接署學篆日期,叩謝天恩,仰祈聖鑒事。竊臣於宣統元年五月二十三日奉調補直隸總督兩江總督臣端方、江蘇巡撫臣瑞澂行知,以江寧布政使樊增祥奉旨護理兩江總督,遺缺委江寧提學使陳伯陶署理,所有學使遺缺委臣署理,當於二十四日准陳伯陶將印信文卷移交前來。臣當即恭設香案,望闕叩頭謝恩,祗領任事。伏念臣章江下士,詞館備員。學昧通時,藝慚博古。厠身學界，既無導路之方；忝領監司，益覺負山之重。查江南爲人文淵藪，目前乃憲政權輿。當此九年預備之期，敢存五日京兆之見。惟有不辭駑鈍，勉竭庸愚，遇事稟商護督，臣認真辦理，庶幾披榛采幹，更詠黄中圭瓚之詩；求艾更新，稍副白下輶軒之任，以期仰答高厚鴻慈於萬一。所有微臣接署學篆日期並感激下忱，理合恭摺，叩謝天恩，伏乞皇上聖鑒。謹奏。宣統元年六月十三日奉硃批：知道了。欽此。（軍機處檔摺件 179315，清代宫中檔奏摺及軍機處檔摺件全文影像資料庫）

五月二十八日（7 月 15 日），詣王闓運久坐。赴三宿崖公餞端方，王闓運、程志和、陳三立、張春發等同席。夜，偕王闓運、樊增祥、陳鋭、陳毓華、易順鼎、易順豫等於六朝松院小飲。

《湘綺樓日記》五月廿八日：晨寫字謝客。李梅菴、李藾淵均直入，久坐……江西公餞制臺，以我爲客，設帳下關三宿崖，云虞允文采石戰處也。期二點鐘，未初馳往，過師範學堂，車馬擁擠，車夫呼讓，余告以少待，諸車感而開，我乃得徑過。見程雒安、陳伯嚴、李梅庵、梅世兄，主人承辦者張春發，革將流寓者，餘皆未遑問訊。斜日入樓，逃席先行。至學堂，監督未還，功兒先在庶長張通模處，伯嚴、雲門踵至。過六朝松院小飲，設坐露庭，遣招伯弢、仲馴來坐，三兒亦與談。端、樊饋贐，辭受之。宜由甫兄弟並在。夜涼人爽，宴會第一。學臺當謝恩，須六十金，余云可不必。李猶疑畏，樊則贊成，老懶之分也。

王闓運《東游宴集詩・程京卿陳吏部招陪端尚書三宿厓餞席》。（《湘綺樓詩文集》册四，頁五六七）

王闓運《東游宴集詩・李學司瑞清設餞學堂》：翰林厭世事，從學非從政。廣夏集衆材，虚堂朗懸鏡。能於喧熱地，見此清涼性。布席埽松根，鳴騶入蘿徑。忘形展歡謔，簡言慎詞令。舉扇炎風涼，照檐初月净。欣記得所託，解后如相訂。屢同三司儀，仍申一廛請。吾身誠易安，榮辱斯可聽。（《湘綺樓詩文集》册四，頁

五六九）

五月二十九日（7月16日），赴半山寺餞王闓運，樊增祥、趙于密、易順鼎、陳毓華、陳三立、胡元倓同席。

> 《湘綺樓日記》五月二十九日：余又東馳，赴半山寺之餞，道遇伯臧，云樊山已至。伯嚴遣舁迎於山徑，易、陳、王、李先在，子靖、功兒亦與，將夕乃散。

> 王闓運《東游宴集詩‧半山寺餞席》陳吏部招樊護督、李學司、王端州、易欽廉、陳靖江同集，趙臨江先回：宴餞期城隅，巾車飭行備。八騶已夙駕，五馬翻回轡。徂東指郭開，微徑度阡隧。脩竹來午風，炎日引松翠。浮瓜追七子，祖帳歡一醉。公燕俱上才，歌詩得同類。誰言楚材難，陳李非虛寄。顧謝管夷吾，風流復標致。（《湘綺樓詩文集》冊四，頁五六九）

六月二日（7月18日），與王瓘、王仁東、松崿、黎經誥、吳朌、張彬、徐乃昌、王崇烈、劉體乾同游焦山，觀《瘞鶴銘》，坐臥碑下者經夕。

> 焦山刻石：銅梁王瓘、閩縣王仁東、蒙古松崿、江州黎經誥、海豐吳朌、南皮張彬、臨川李瑞清、南陵徐乃昌、福山王崇烈、廬江劉體乾，宣統元年六月二日同游。王瓘書之。

> 案：癸丑（1913）八月，公集《瘞鶴銘》字書聯，款曰"回憶己酉遊焦山，坐臥碑下者經夕"。

六月六日（7月22日），鄭孝胥致公函。

> 《鄭孝胥日記》六月初六日：致李梅庵書，爲偉士、尊孫、庸生公薦傅緯平事。（頁一二〇一）

六月十九日（8月4日），繆荃孫來訪。

> 《藝風老人日記》六月十九日：拜樊雲門、宗子戴、李梅盦。（頁二一九三）

六月二十日（8月5日），繆荃孫致函與公。

> 《藝風老人日記》六月二十日：與李梅庵一束。（頁二一九三）

六月二十五日（8 月 10 日），詣徐乃昌，並晤繆荃孫。

  《藝風老人日記》六月廿五日：詣積餘談，並晤李梅盦。（頁二一
九四）

夏，覆函學部，稟明學堂設科皆符定章，並未躐等。

  江寧提學使司李瑞清：謹將兩江優級師範學堂咨文課目抄呈
鑒核由……敝堂所設之優級預科課程，即照公共科目延長二年，
增加鐘點，補習普通。又其時聘請日本各科教習俱已完備，故於
公共科未備科目皆即添設，號爲高等預科。而師範尤重教育，當
預科期內已有教育一門。其由他校考入本科者，亦必視其完全普
通學科程度相當，方予收錄。蓋科學萬不能躐等，未可通融，如算
學未深，難言物理；動植未究，何能言農？敝道身負教育重任，決
不敢敷衍，目前苟且濫取，內遺誤於學堂，下賊害於學生，自欺欺
人，其何能淑也。（《清季學部檔》，轉引自蘇雲峰《三（兩）江師範
學堂——南京大學的前身，1903—1911》，頁六〇）

夏，致函丹誠，并示所撰《朱知縣傳》。

  《與丹誠書》：丹誠先生執事：數日毒暑，殊不可耐。早起微風
稍涼，起居復如何？大箸詩文皆幽古，近世罕有其匹，精進不怠，
必成家矣。拙撰《朱知縣傳》納上，幸賜裁削。它俟面話，餘冀珍
衛。弟李瑞清頓首。（《民國書法》頁五九）

  案：朱振鏞卒於光緒三十四年秋，公爲作傳，是年當已完成。
該書曰"數日毒暑"，又曰"拙撰《朱知縣傳》納上"，姑繫於此。

柳詒徵因會計不送薪水之故堅辭歷史教員之職，公强留未果。後知
其故，乃痛責會計，親往致歉。

  《柳詒徵自述》：該校習慣，會計不送教員的薪水，要教員自己
到賬房去領。我逢課到校授課，但絕不找會計要錢，到暑期時即
堅辭不去。李先生不知，只知挽留。我只説身體不好，不願多教
功課，李先生不能相强，也就罷了。後來託崇輝山（樸）再訪問我

不去的緣故,我告訴崇氏。崇氏説我錯怪了李先生,李先生實在不知。回報李先生,痛責會計,將半年束脩送來(曾符按:據《劬堂日記》,後送來銀元三百),李先生特別道歉,仍要請我到校,我力謝不往,只允隨時可以演講。(頁一二)

鄭逸梅《東南碩彥柳詒徵》:前清光緒戊申(1908 年),柳老受兩江師範學堂監督李梅庵(清道人)之聘,在兩江師範學堂授課……當時,對於教師是很尊敬的,每月束脩(即教薪)例由會計員親送教師,以表敬意,可是兩江師範卻沒有此例,月必由教師自赴會計處領取,柳老認爲如此行徑有失師道尊嚴,不去領取。這樣一學期,會計員把他的教薪擱置著。學期結束,柳老力辭兩江教職,監督李梅庵固留不允,乃挽同事陳善餘婉詢其辭職之原由,善餘得其實情以告梅庵,梅庵立囑會計員,向柳老一再道歉始已。(《鄭逸梅選集》卷四,《逸梅隨筆》頁二九二至三〇〇)

案:鄭逸梅誤爲一九〇八年事,復將崇樸誤爲陳慶年也。

七月二十一日(9 月 5 日),赴南京協贊會會議,衆推公爲主席。擔任教育館出品事宜。

《南京協贊會第二次會議紀事》南京:南京協贊會前已成立,昨於二十一日復開會議,公推總理李梅庵觀察爲主席。宣布開會宗旨,次由陶君賓南代表提議事件期於實行者共有五項:甲、總備教育衛生武備各館出品。乙、請發起各項專門研究會,以便明年開會時實行研究。丙、組織外賓招待會。丁、就會場左近發起建築事業。戊、組織日報。以上五項皆逐一說明重要之關係及應由協贊會發起之理由,請到會諸君分別擔任。是時,徐固卿統制及督練公所諸公擔任武備館出品事宜,李梅庵、王少炎、梅斐漪、李筠伯各觀察及王大令雷夏擔任教育館出品事宜,王君少炎并擔任商業各項專門研究會,其餘如擔任發起招待外賓研究會等共有二十餘項,訂於本月二十八日再行開會籌議。(《申報》9 月 13 日)

七月二十八日(9 月 12 日),赴南京協贊會第三次會議。

案:詳見本月二十一日條所引。

八月初,敬安以近作效孟郊詩數首寄公。

釋敬安《余以近作效孟郊詩數首録寄李梅癡並題一詩於後》:戲效孟郊體,寄與李梅癡。撐腸無别物,吃語以療饑。瘦月黄生魄,肥雲冷作肌。夜吟燈焰緑,窺窗鬼聽詩。(《八指頭陀詩文集》頁三九六)

案:該詩前一首爲《滬上晤陳伯嚴吏部喜贈》,後第四首爲《八月七日與陳子言夜坐小花園樹下子言明日以詩見示次韻答之》。考李開軍《陳三立年譜長編》(頁八六八),陳於八月朔赴滬與全國商辦鐵路總會大會,五日與敬安同赴狄葆賢招飲,各有贈詩,此詩或即作於五日前後也。又,是秋敬安有《古詩一首效孟郊體》(《八指頭陀詩文集》頁三九五)。

八月六日(9 月 19 日),發王闓運專信已達。

《湘綺樓日記》八月六日:李梅癡專信來,送鴨梨、文稿。書云乘便,使云專信,未之詳也。

八月七日(9 月 20 日),王闓運覆函與公。

《湘綺樓日記》八月七日:留李使一日。遣人下省,復書李。

八月十六日(9 月 29 日),齊白石來訪,不遇,留印數方而去。

《白石老人自傳》:宣統元年(己酉·一九〇九)……正值中秋佳節,我想遊山賞月……第二天,我們到了南京。我想去見李梅庵,他往上海去了,没有見著。梅庵名瑞清,是筠庵的哥哥,是當時的一位有名書法家。我刻了幾方印章,留在他家,預備他回來送給他。(頁五九)

八月十八日(10 月 1 日),與梅光遠宴請同人,繆荃孫、程志和、王仁東、王瓘、陳三立在座。

《藝風老人日記》八月十八日:李梅庵、梅斐漪公請,程樂庵、

王旭莊、王孝禹、陳百年全席。酒菜均佳。(頁二二〇八)

八月二十一日(10月4日),張之洞卒。

　　《鄭孝胥日記》八月廿二日:午後,至海藏樓,蟄先、竹君來,云南皮已於廿一夜亥刻薨。(頁一二一〇)

八月,公發起組織各科學研究會。

　　姚明煇《教育館共同研究報告》:寧垣原有各科學研究會,係去年八月李學使所發起組織。(《南洋勸業會報告》頁八)

八月至九月間,辭退江南高等學堂監督兼差,旋由蔣炳章接任。

　　案:《李瑞清署學使之原因》(《民吁日報》11月9日)曰:"前署學使李瑞清與張督意見偶有不合,自請辭退高等學堂監督兼差。"則九月二十四日署提學使前,公已辭兼差矣。據《京報彙錄》(《申報》1906年4月25日),蔣炳章於光緒三十二年回蘇休假,經陸元鼎延爲游學預備科監督。《蘇垣官事》(《申報》1906年5月19日)曰:"蘇垣游學預備科監督翰林院編修蔣炳章奉蘇撫陳筱帥照會,兼辦高等學堂監督,已於本月二十四日到堂視事。"則四月二十四日又任高等學堂監督。據《江督復江蘇教育總會函》(《申報》1908年2月22日)、《學堂考試畢業彙誌》(《申報》1909年6月27日)等,知蔣炳章原任江蘇高等學堂監督,非江南高等學堂也。《學堂監督辭退類誌》(《申報》1909年9月22日)曰:"蘇垣高等學堂監督蔣紳炳章以此次諮議局開會,已被選爲副議長。將來須到局辦事,監督一席,勢難兼顧。昨特具呈撫憲辭謝,聞瑞中丞已電致上海教育總會另舉矣。"則宣統元年八月,蔣炳章因選爲諮議局副議長,辭退江蘇高等學堂監督差,與《奏議覆蘇撫等奏蔣炳章等辦學期滿改給四品銜片》(《內閣官報》1911年11月9日)所述亦合。《來函》(《新聞報》12月15日)曰:"閱十月二十七日貴報新聞欄內登有敝堂乙丙班罷學事,不勝詫異。敝堂自蔣監督任事後,並未發出牌示,傷及舊監督。本科預科各有乙丙班,均無罷學情事。希即更正。江南高等學堂公啓。"則是年十月底,蔣炳章已任江南高等學堂監督矣。八月前蔣炳章尚未辭江蘇高等學堂監督差,公不至貿然辭退。即如是,亦不至延至九月二十七日將此刊諸報紙。故繫於此。公自光緒三十三年十月兼任江南高等學堂監督,至此卸任。又,《江蘇省志·人物志》等謂蔣炳章宣統二年任江南高等學堂監督,誤矣。

九月一日(10月14日),赴諮議局會議開幕禮。

　　《江蘇諮議局行開幕禮紀事》:九月初一日,諮議局借八旗會館行開會式,議員到會者一百二十人,先入憩息室茶點。至九鐘時,江督張制軍、蘇撫瑞中丞以下各行政官同時蒞會,先於禮堂行相見禮,東西向各三揖,以次入會場,各就席。(《申報》10月16日)

九月九日(10月22日),爲友人購書數種於繆荃孫處。

　　《藝風老人日記》重陽日:李梅庵爲其友購大小叢書各一部、碑目一部、藏書讀書記、經義模範及文集均一部。(頁二二一四)

九月十日(10月23日),歸繆荃孫《雲自在龕叢書》、碑目及書價七元。

　　《藝風老人日記》九月十日:李梅庵送回《雲自在龕叢書》、《碑目》又書價七元。(頁二二一四)

至滬上。

　　案:據九月十七日條,公離滬,則十七日前必嘗至滬上也。

九月十七日(10月30日),離滬。

　　《鄭孝胥日記》九月十七日:雨。歸虹口。答訪陶杏南,不遇,李梅庵已行。(頁一二一三)

九月十九日(11月1日),周達夫人陳氏卒,公爲作《造像記》。

　　《周夫人陳氏造像記》:夫人姓陳氏,揚州人也。父曰咸慶,道德沖遠。夫達,建德巨閥……以宣統元年九月十九日捐塵高寢。(《清道人遺集》頁一三二)

九月二十四日(11月6日),公三署江寧提學使。

《奏李瑞清接署學篆日期由》:署理江寧提學使江蘇候補道臣
李瑞清跪奏,爲恭報微臣接署學篆日期,叩謝天恩,仰祈聖鑒事。
竊臣於宣統元年九月二十二日奉兩江總督臣張人駿、江蘇巡撫臣
瑞澂行知,以江寧提學使陳伯陶請假三月,送親回籍,業經附片具
奏,所有學司道缺委臣署理,當於二十四日准陳伯陶將印信文卷
移交前來,臣即恭設香案望闕叩頭謝恩,祗領任事。伏念臣濫厠
監司,久持學務,歷年督課,慚化導之無方;兩次縮符,愧涓埃之未
效。今復新恩疊被,學篆重權。江南本風土清嘉,人材終資振勵;
憲政既規模美備,教育先□普沾。臣惟有自策庸駑,並加勤奮,遇
事稟商督撫,臣認真經理,或冀駕輕就熟,稍呈襪綫之長;連茹拔
茅,勉□樹人之責,以期仰答高厚鴻慈於萬一。所有微臣接署學
篆日期並感激下忱,理合恭摺,叩謝天恩,伏乞皇上聖鑒。謹奏。
宣統元年十一月初八日奉硃批:知道了。(軍機處檔摺件182684,
清代宮中檔奏摺及軍機處檔摺件全文影像資料庫)

《兩江總督張人駿江蘇巡撫瑞澂奏請以李瑞清署提學使片》:
再,署江寧提學使陳伯陶請假三月送親回籍,經臣等附片具奏,欽
奉硃批允准,所遺江寧提學使篆務,查有江蘇試用道李瑞清品行
端潔,學問優長,堪以署理。除檄飭遵照外,謹合詞附片具陳,伏
乞聖鑒。謹奏。宣統元年十月十二日奉硃批:知道了。欽此。
(《政治官報》摺奏類,第七百五十八號)

《李瑞清署學使之原因》:前署學使李瑞清與張督意見偶有不
合,自請辭退高等學堂監督兼差。此次陳學使乞假遺缺,安帥本
擬另委奏調江南差遣某道署理,旋以某道資格不如李之深,且李
兩署學篆,歷充監督,文章政事均蜚聲當世,故仍委李暫權學篆,
以饜時望。已於二十四日辰刻接印視事矣。(《民吁日報》第三十
八號,9月27日)

秋,侄李健舉選拔貢生。

《宣統己酉科江西選拔貢李健卷》:學憲原批:第一場:“首藝

比較宣公、長公文章,評騭精確,抑揚盡致。而於宣公奏議又能實
指出來,可與讀書,可與論古。次分詮處見精神,總挈處見力量。
浩浩落落,大氣盤旋。三籌入手辦法切實可行,亦非好爲高論者
比。風簷寸晷中得此,那得不令人首肯?"第二場:"不衫不履,飄
然而來。其文境如垢面名士,不修邊幅,蓬頭西子,不假粉黛,而
一種高曠秀逸之致,時時流露於語言眉睫之間。此種文索之腐濫
時文流毒傳染數百年後,良未易得。烏可執文家法律繩之?"撫憲
覆試批:"疏證明通,辭旨諧適。"(劉惠國先生提供)

　　商衍鎏《清代科舉考試述録》第四章第一節《生員補考優貢、
拔貢與考職》:宣統元年己酉秋季於各省舉行,凡廩、增、附生均由
本府、州、縣會同教官申送。(頁一七一)

**秋冬間,邀馬良來校講演,闡明民主意義。因會場秩序凌亂,乃下手
諭訓誡,後爲鄧觀濤攫去秘藏。**

　　姜丹書《兩江優級師範學堂與學部覆試畢業生案回憶録》:宣
統元年,江蘇諮議局(在南京)開議時,我們常去憑票旁聽……有
一次,校中特請馬相伯先生來校演説,闡明民主意義。全校學生
爭先恐後集聽,會場(東飯廳)太小,頗形凌轢,李監督以秩序不
佳,特下手諭,痛加訓誡。此手諭是親筆行草,寫至一丈多長,文
辭諄摯,書法樸茂,忽而後半段不知被何人撕去。不料隔了三十
餘年(抗戰期間)我避難在滬,吾友劉海粟君袖一手卷相示,赫然
即此物,奕奕有生氣。讀其跋文,方知當時是同學鄧觀濤愛而攫
去秘藏的。(《姜丹書藝術教育雜著》頁二○○)

　　案:《張謇日記》九月一日"開諮議局,督撫蒞會,頗整肅",則
此事當在秋冬間也。

　　《李瑞清誡諸生手諭長卷》:(前闕)長諸生之智識,增進諸生
之道德也。豈知會場豪無秩敍,緣窗爭椅,喧笑騰户。以會場過
狹,擬更移所,乃理諭勢禁,據座不起,是自呈露一無規則之學堂

與來賓觀也。是我所期望長諸生之智識、增進諸生之道德尚不可知,而名譽掃地矣。諸生縱不愛本堂之名譽,獨不自愛其名譽乎?且諸生多志意非凡,每閱報章,見亡國之危言,莫不扼腕奮袂、飲泣吞聲,今尚不能自愛其學堂,遠言愛國乎?且所謂軍國民者,尤貴秩序,似此紛囂擾亂而能救國乎?己尚紛囂擾亂,而欲教人之有秩序,其可得耶?毋謂事小,關係甚大,言之痛心。今日更設會場,詳定會場規則,其各遵守,毋忽。(真蹟,劉海粟美術館藏)

案:書作黃山谷體,鈐印"李(押)"。卷首有呂鳳子所繪《梅庵圖》及鄧觀濤繪《李梅盦月夜倚樹圖》。呂圖款曰:"養源兄藏槑庵師書卷子屬題,便爲寫槑庵一角,直立于左者六朝柏也。草屋爲槑師手建,今猶完好,額曰槑庵,蓋用以志槑師也,志槑師勳德于不朽也。癸酉春莫,鳳子并志。"鄧圖款曰:"甲子孟夏,夢遊金陵,至母校梅盦,低徊久之。醒後因憶昔年在校梅師居此時影況有類斯圖,繪之以誌仰慕。盱黎環勝山人鄧觀濤識。"圖中左側馬相伯題曰:"往事不堪回首月明中。癸酉秋仲,九四叟馬相伯志。"卷後蔣國榜跋曰:"己丑三月將望,及門蔣國榜拜觀。"李健跋曰:"此先文潔公監督兩江師範學堂時誡諸生手諭也,養源學兄得之於劫灰中,已失去前段矣。養兄裝成卷子,什襲藏之,不時展翫,不忘師訓也。憶戊申歲,予與養兄俱習圖工選科,肄業堂中。每侍先公,公餘即浼予同侍研席,觀公揮豪。同門中人攜一卷紙、一盂墨立門外者數重。人多,不得饜所欲,以故先公手諭一出張貼,墨痕未乾,輒爭相攫取。養兄以腕弱,卒未得一紙,每引以爲恨。予輒以溫語慰之曰:予親炙先公時多,必爲君求得之。爾時情事歷歷在心目中。今朝市屢更,國難日亟,距先公之卒匆匆十五年所矣。養兄執教於滬校,余則錄錄,了無所建樹,既慚先訓,愧對友生,撫卷泫然,擲筆三歎。乙亥四月七日,健謹跋。"姜丹書跋曰:"三十年前舊訓詞,重觀髣髴見吾師。一時草就千秋鑑,合刊黌門作教碑。先師李太史諱瑞清,字梅盦。辛亥鼎革後,黃冠緇衣,易號清道人。隱滬市鬻書爲生,名滿天下。書畫均甚高,顧不鬻畫,所作不多,得者尤矜貴。其生平德業文章,世有青史,無用小子贅述。此手諭成於光緒三十三、四年或宣統元、二年間,時爲兩江優級師範學堂監督。學舍在金陵六朝松下,余等肄業其中,同學六七百人,大都久經磨礪之士。平日秩序甚佳,唯於環聽名人演說時往往擁擠錯杳。一則以坐場狹小,二則以機會難得,故愈好學者愈形爭先恐後,此手諭之所由出也。爾時一切風紀俱尚嚴肅,士子尤重規行矩步,故稍見凌轢之狀,輒加訓責如是,具徵師道尊嚴,豈晚近學風所可比? 使吾師重起於今日,更不知又將如何鳴鼓攻錯耶? 吾師當時官高聲盛,當道無不傾折推重,然吾師風度平易,以魁梧之身而着寬博布衣,儼然一樸學大師,絕無時下裝腔官僚習氣,故校中縱有記室若干員,而乃親筆榜諭,懇切痛快,聖人所謂誨人不倦,其庶幾焉。此吾數千同門所以皆如七十子之服孔子也。此諭初由同學鄧觀濤手拓爲卷,不知如何輾轉流傳,而今爲吾友劉海粟所藏,敬爲題記。覩物懷人,三復嘘唏。己卯春,謹識於流寓孤島之屋籠人鳥居。西湖丹楓紅葉室主姜丹書。"

十月十日(11 月 22 日),繆荃孫過訪。

《藝風老人日記》十月十日:丙戌。晴……拜王孝禹、王旭莊、李梅庵、張篁樓、蔣季和、錢□□、胡幼嘉。(頁二二二三)

十月二十日(12 月 2 日),復邀馬良來校講演。

《記馬君湘伯演説之概略》:上月二十日,由李梅菴學使邀請丹徒馬湘伯君在兩江師範學堂大開講演會,紳、學兩界到者八百餘人。晚八鐘開會,馬君所講演者爲"瓜與師範生之問題",其言云,東方有瓜國,以産獨一無二之一大瓜著名,然不自愛其瓜,以致人撥其瓜皮,竊其瓜實,日甚一日。近瓜國之鄰國涎瓜而不能獨食,乃創議解剖,與他族共食,於是瓜國現象至危。昔賢所謂諸侯之寶三,土地、人民、政事,乃竟適成一反比例。然欲保全此瓜,宜勤以將事,凡可以爲瓜延長一綫生機者,當至死不懈。否則,瓜之不存,附屬於瓜之微生物又將安傅? 言至此,鼓掌之聲雷動。馬君又續言曰:既爲師範生,不幸而丁瓜國之厄運,人己交修,事庶有濟。師範爲兒童之母,養成第二國民責任何等鄭重! 稍一放棄,厥罪較大盜尤甚。蓋大盜祇能劫人財產,而師範生教育失職,不惟犧牲兒童之時光與幸福,且適以速其祖國之危亡,成敗只爭此幾希云云。衆又鼓掌。後李學使復行登台,藉表謝忱,謂:"馬先生至理名言,鄙人曷勝欽佩。至教育不善,罪甚大盜一語,尤屬針針見血,願諸生力以爲戒,若教育失敗,不惟師範生爲國之鉅盜,即管理人亦實爲盜魁。吾爲此懼,願與諸生共勉之。"衆又鼓掌。於是搖鈴散會。(《大公報》天津版 12 月 17 日)

　　案:秋冬間馬相伯講演乃闡明民主意義,與此不類,當非同時者也。

江南高等學堂忽起風潮,監督蔣炳章發出牌諭,謂公辦理不善,以致學生嘖有煩言,公聞之不悅。

　　《新舊監督之暗潮》:江南高等學堂新監督係江蘇諮議局副議長蔣季和殿撰炳章,接事後諸能認真整頓,詎日前因學生在飯堂不守規則,略加訓誡,乙丙兩班即相率罷學。嗣因發出牌諭,傷及舊監督(即今提學司),謂其辦理不善,□致學生嘖有煩言,嗣爲李梅庵方伯聞知,因之大有意見,聞已通函詰問。至乙丙兩班學生罷課一事,尚未平息。説者均謂蔣殿撰到差伊始,即起此風潮,恐難久於其事。(《新聞報》12 月 9 日)

　　案:《新聞報》(12 月 15 日)刊江南高等學堂來函,否認蔣炳章發出牌示,傷及公之事,否認乙丙兩班學生罷學事,然十月底公致函張謇曰:"蔣季翁求治太急,小有風潮。"則罷學確有其事,江南高等學堂來函似不足信也。

十月二十七日(12 月 9 日),瑞澂升任湖廣總督,公赴蘇拜送。

　　《瑞升督交替之忙碌》:蘇撫升任湖廣總督,瑞制軍定於二十

九日交卸撫印後，啓程赴滬就醫，入京瞻覲，以便蒞新。兹新委署
理蘇藩司樊稼軒文宗日前赴寧謁見江督後，即于二十七日乘火車
回蘇，并示期二十九日午後接受藩篆。署江寧提學使司兩江師範
學堂監督李瑞清、江安糧道吳觀察斚、常鎮道劉觀察燕翼、寧屬師
範學堂監督梅觀察光遠均於本月二十七日乘汽車來蘇謁見升撫，
恭送憲旌。(《申報》12 月 12 日)

十月二十八日(12 月 10 日)，繆荃孫致公函。

　　《藝風老人日記》十月廿八日：甲辰。雪竟日……致李梅庵一
束。(頁二二二八)

十月二十九日(12 月 11 日)，繆荃孫爲趙續熙致函與公。是日，致書
張謇，爲江陰設女師範事。

　　《藝風老人日記》十月廿九日：乙巳。雪不止，積數寸，冬雪爲
十年所未見，大有豐年之盼。……與吳闓生、李梅庵各一束，趙續
熙託也。(頁二二二八)

　　《與張季直書》：數辱手書，卒卒未及作報，幸勿爲過。江陰設
女師範事，無人不知其不可，必如尊示辦之，但現在議案尚未交
議，聞日内已油印，數日間或有會議。清又不能直接諉議，故尚未的上
詳也。省視學爲教育行政上之大機關，必須曾學師範，於教授管
理心理學均有根底，而曾辦學富於經驗之人，乃爲合格。此總機
關不靈，而望學堂進步，難矣。又能短定任期，久則調查之心不熱，而
於各學界私交深。由教育會公舉，或察善者，再由敝所擇留，乃爲正
當辦法。中國前途，除辦學外，更無第二條生路，公不可不一注意
也。高等學堂，蔣季翁求治太急，小有風潮，望公極力維持之。兩
等商業，得公乃大進步，慕韓代表望表同情，大能行公之志。大凡
學堂，與其用新人，不如擇舊人而量才使之之爲有益，以其中利弊
熟也。嚴生篤哉，本清門人，當爲留意。雪寒尤厲，它冀珍衛。
(《清道人遺集》頁一七九至一八〇)

　　案：書曰"兩等商業，得公乃大進步"，考《張謇日記》宣統元年

九月廿八日"督部照會監督商業高中兩等學校",又宣統二年四月廿二日"爲俠之言,以商校監督讓黃慎之學士",二十六日"商校各教員諸生舉代表來留至年假,未便允也",則張謇監督兩等商業在宣統元年十月至宣統二年夏之間也。又曰"高等學堂,蔣季翁求治太急,小有風潮",此事在十月下旬。又曰"雪寒尤厲",檢《藝風老人日記》,十月至十一月,惟十月廿八、廿九日雪,而廿九日雪尤厲,故繫於此。

十一月十六日(12 月 28 日),詳請學部允准選科學生將英文時間改習東文。

　　《署理江寧提學使詳准兩江師範學堂據選科學生潘兆瑞等禀請將英文時間改習東文乞示遵由》:署理江寧提學使爲詳請事。所有詳准兩江師範學堂咨,據選科學生潘兆瑞等禀,請將英文時間改習東文乞示遵由,除全詳載入書册,不復重敍外,理合據情詳請,仰祈大部鑒核,迅賜批飭遵辦,爲此備由,另册呈乞照詳施行。須至詳者。右詳學部。宣統元年拾壹月拾陸日。署江寧提學使李瑞清詳請事。(《兩江優級師範民前三、二學年度畢業生》,"國史館"藏,數位典藏號:019-010301-0021)

十一月十八日(12 月 30 日),兩江師範招收新班人數不足,公禀請學部允准放寬資格,變通辦理。

　　《李瑞清呈請學部允兩江師範學堂招收新班變通辦理事》:署理江寧提學使爲呈請事。竊准兩江師範學堂移開:□照部辦理優級師範,其理化數學分類科、農學博物分類科,又理化數學選科、農學博物選科、圖書手工選科,各班學生均於本年年終畢業。至宣統二年即應添招學生選補足額。謹案學部奏准學堂招考限制章程,優級師範學堂應考選中學堂畢業學生、初級師範學堂畢業學生及與中學堂程度相等之學堂畢業學生升入肄業。凡在戊申年六月以後添招新班,自應遵照辦理。惟查江寧、江蘇、安徽、江西四省,各屬中學堂及初級師範學堂開辦均先後不齊,現欲招收

完全畢業學生，一時恐難多得。本年江南法政學堂，曾因限定招
收中學堂畢業學生，致報名應考者僅有三人。現寧屬考送京師優
級師範應選者亦屬寥寥，此其明證。況敝堂此次添招新班約三百
人之多，設若合格升入者人數太少，則遵章限制，額缺必致虛懸，
其已聘之中東教習將必坐曠以待，殊爲可惜。此不得不設法變
通，請示辦理者也。查敝堂前屆招考時，曾因合格人少，特從權先
設補習科選取□□□有根底曾入學堂稍通科學者入之，令補習完
備之中等普通學，限二年期滿□□公共科，曾經學部批准立案。
現在此項補習科已將屆二年期滿，考驗成績，較中學及初級師範
程度似尚在其上。推原其故，各處所立初級師範及中學學堂，科
學無此完備，教習無此學問。查中學雖五年，而國文鐘點最多，如
取國文稍有根底之人，則以國文鐘點移習科學，加多鐘點，程度必
無不及之虞。此次招補足額，擬請於考錄入學之時，擇其受有中
學堂及初級師範學堂憑照者，照章令入公共科，一年後再入本科。
其曾在中學堂或與中學堂程度相等之學堂肄業滿二年以上，及曾
習初級師範簡易科之學生，令入補習科。二年期滿，再入公共科，
一年後入本科。此與《奏定學堂章程》展長公共科爲三年之意亦
恰合。敝堂係因現時合格升學之學生不多，故請暫從權宜辦法，
至將來各屬中學堂、初級師範學堂學生逐漸畢業，自應遵章，只准
升學，不再遷就。咨請轉詳學部，請示遵行等因。准此，理合具文
呈請，仰祈大部鑒核批示飭遵，實爲公便。爲此備由，呈乞照驗施
行。須至呈者。右呈學部。宣統元年二月十八日。署江寧提學
使李瑞清呈請事。（"國史館"檔案，轉引自《南京大學校史資料選
編》頁二三四至二三五）

　　案：函曰"宣統元年二月十八日"，標題附注作"十二月十九
日"，恐有譌誤。蘇雲峰《三（兩）江師範學堂——南京大學的前
身，1903—1911》（頁六二）引此作"十一月十八日"，今從之。

十一月二十九日(1910 年 1 月 10 日),赴樊增祥詩鐘之約,繆荃孫、陳三立、陳毓華、張彬、夏壽田、楊鍾羲同集。

　　《藝風老人日記》十一月廿九日:乙亥。雨竟日……樊山約詩鐘,陳百年、仲恂、李梅庵、張篁樓、夏午怡、楊子琴同集,回寓已子正矣。(頁二二三七)

十二月二日(1 月 12 日),江瀚爲黃咸康致書與公。

　　《江瀚日記》十二月初二日:今晨,姚生榮森、黃生咸康偕來。復爲黃生作一函,託李梅庵署提學。(頁六五〇)

十二月十四日(1 月 24 日),將兩江師範公共科畢業生分數履歷册上呈學部,以備查核。

　　《署理江寧提學使轉呈兩江師範學堂公共科畢業學生分數、履歷各册請查考由》:署理江寧提學使爲轉呈事。竊准兩江師範學堂□稱:竊照敝堂開辦優級師範遵照定章,先入公共科,並經敝堂於招考時取入。學生凡非初級師範□□學堂畢業者,先入補習科二年。期滿,然後升入公共科。當經開具學生名□册暨課表,送司呈明學部在案。查敝堂公共科學生,係於光緒三十四年下學期開班,授至本年陸月,兩學期依稀屆滿,即經會同陳前司大考畢業。除照章升入分類科學習外,所有各生在堂兩學期肄習各門分數,按照奉訂表册開列備文送呈咨請查核,并希轉呈學部備案等因,并分數履歷册□。本署司准此理□□□分數履歷册具文轉呈,仰祈大部鑒核查考。爲此備由,呈乞照驗施行。須至呈者。計呈送分數、履歷册各一本。右呈大部。宣統元年十二月十四日,署江寧提學使李瑞清。("國史館"檔案,轉引自《南京大學校史資料選編》頁一七四至一七五)

十二月十九日(1 月 29 日),學部覆電,准其招生變通辦理之議。

　　《清季學部檔》宣統元年十二月十九日:兩江師範學堂應招新班案照招考限制章程合格甚少可變通辦理請飭遵電。(轉引自蘇雲峰《三(兩)江師範學堂——南京大學的前身,1903—1911》,頁六三)

十二月二十六日(2月5日)，詣繆荃孫。

《藝風老人日記》十二月廿六日：飯畢，梅庵來。(頁二二四六)

十二月，張人駿奏保公與李哲濬等才具各擅專長，有裨時局。

《兩江總督張人駿奏保候補道李哲濬等片》：再，振興庶政，端賴賢才，臣愧無真知灼見之明，竊附以人事君之義，謹就考驗有素者敬舉所知，以備聖明採擇。查有奏留江蘇前先補用道李哲濬，才識俱優……署江寧提學使江蘇試用道李瑞清學問淹雅，操履端嚴，由庶吉士改官道員，曾赴日本考察學務，深明教育，委辦兩江師範學堂，時閱五載，一切教授、管理，靡不加意講求，於學子則力戒囂張，屛除習氣，用能循循規矩，成就爲多。三次署理提學使，考察辦學各員成績，審訂教科諸書，畢慮殫精，尤爲難得。江蘇補用道汪嘉棠智識明通……以上三員，才具各擅專長，均屬有裨時局，用敢臚陳事實，據實薦舉，應如何量才録用之處，出自聖裁。謹附片具奏，伏乞聖鑒訓示。謹奏。宣統二年正月十一日奉硃批：李哲濬等三員均著交軍機處存記。(《政治官報》第八三一號)

下半年某日，兩江師範學堂學生柳大經卒，公作文悼之。

《悼柳生文》：嗚呼柳生！生其死耶？方生與弟之來試，余并以奇其文與書而特拔之。既入校，又皆孟晉力學不息，循循於榘範，未嘗有幾微之過差，余之陰以期望於生至大且遠。乃去年生之弟死，今生又死。嗚呼柳生！生果死於醫耶？生果死於命耶？生死於醫，則醫之過十，而鄙人之過百，是余用人不慎，是自戕其至親至愛之學生，余之悲寧有涯耶？生果死於命耶？天既生生之才之美，而獨嗇之以命，而必戕之、賊之、折之，惟恐不盡，果何心耶？嗚呼柳生！天道無親，常與善人，徒虛語耳。天者，戕善佑惡者也。天下自古賢人君子之顛躋困阨以死者多矣，而盜賊小人富貴壽考者不可勝數也。人之爲善，當與天爭，幸而勝之，亦幾經艱難而僅達吾志，終不若小人之逸樂，蓋其志本非求安榮也。

嗚呼柳生！天雖能戕汝之身，而汝之力學不倦、守禮抱義，孝

於家、友於弟、刑於妻子、信於朋友者,天不能戕汝也。汝之力亦
偉矣。嗚呼柳生,汝亦可無恨矣。人生富貴,妄也。惟德爲寶。
幸而及於人以捄國,與僅及其家與身,己無與也,國之幸不幸也。
聞汝以月試未畢,扶病上堂,試已乃歸。生之自盡者至矣,汝之力
至偉矣。死,息也,汝亦可以少瞑矣。今日爲同學諸生爲生開追
弔會,余臥病,不能臨哭。夜起,倚枕書此,以抒余憤,并書寄汝祖
若父,以解其悲也。李瑞清倚枕拭淚書。(北京東方大觀 2015 年
春季拍賣會 0690)

　　案:文曰"方生與弟之來試"、"既入校,又皆孟晉力學不息",
則兄弟二人皆入校矣。又曰"去年生之弟死,今生又死",考宣統
元年《兩江師範學堂同學錄》,公共科畢業出校者有柳大經,字偉
如,揚州揚子人,注曰"故",未畢業出校者有柳大倫,注曰"故"。
惟弟逝於前,尚未畢業,故悼者當爲柳大經也。又據蘇雲峰編《兩
江師範學堂學生名錄》,柳大經於 1906 年 7 月入堂,當於 1909 年 6
月畢業。又曰"聞汝以月試未畢,扶病上堂,試已乃歸",當卒於畢
業後不久。暫繫於此。該卷有陳含光、卞綍昌跋,陳跋略謂:"此
清道人主兩江師範學堂時所作悼柳生文也。道人天性至厚,晚
歲,家無儋石而粥書,歲入鉅萬,悉以贍其族人。觀此,於一學校
中諸生,其追念深痛如此,又況於朋友耶? 又況於家族耶? 讀之
使人增風義之厚。其文字亦具有昌黎法度,未必在散原下。道人
最以書名,故聊以戲弄出之耳。其實道人中年本法吳興,行書則
參以山谷體段,如此書純以真氣揮灑,何嘗有一點描摹跡象介於
其間? 然則欲求道人之文之書,皆可於此卷得之,誠所謂千金不
易者已。"

是歲,居延齡巷。

　　案:據《兩江師範教職員履歷表及日教員履歷表》(《南京大學
校史資料選輯》頁一三)之《職員履歷表》,是歲公居延齡巷,職銜

爲"署江寧提學使翰林院庶吉士江蘇存記道"。

是歲,爲兩江師範教員任壽華《中國地理》署簽。

《中國地理》封面:中國地理。李瑞清署。(石印本)

案:是書爲任壽華授課講義,陳通溥序云"吾師長沙任壽華先生研精地理學,著書數百萬言行於世,近數年來承兩江師範學校地理講席,是書即課授新班生之講義",又首序云"大清宣統元年"所作,故繫於此。

是歲,公作某聯,嚴整而有逸趣。

《鄭天挺西南聯大日記》1938 年 1 月 18 日:午莘田、雪屏約逖羽在長沙酒家飲饌,余及矛塵、廉澄、建功陪坐。壁間懸有李梅盦瑞清聯、陳散原三立詩扇。李聯書於宣統元年,嚴整有逸趣,與晚年所作若蚯蚓狀者迥殊。(頁七)

是歲,黃承瀛卒,嗣後公爲撰碑銘。

《清故誥授資政大夫黃君之碑》:君諱承瀛,字蓬仙,姓黃氏⋯⋯春秋五十有四,以宣統元年卒。(《清道人遺集》卷二)

是歲,兩江師範日語譯員趙正平辭職,薦顧寶瑚自代,公贈聯以別。

趙正平《四十年來師友感懷録・古道可風之清道人》:在這樣一個賢明的長官下面做事,論理可死心塌地。但是我到南京,初志是在對同志間聯絡,自從趙伯先將軍離開南京以後,他幹部若干人物也先後紛紛離開,甚至陳陶遺氏被拘,形同永遠監禁,而同志冷遹氏又復被拘,南京地方大有不可一日之勢。是時,鈕永建氏方鋭意練新軍於廣西,由桂林赴東瀛道出南京時,晚間相晤,在珍珠橋上,立談良久,予決定南行,遂狠心修了一封留別信,並推薦了一位後繼人(數學物理專家顧珊臣氏),悄然離寧。臨行前請李書一聯以爲紀念。這幅聯語字既雄渾,語尤閎遠,好像李已知道我要離開,故作此以勸勉然者,真是奇怪。聯云:臨事知難易;爲世定安危。上句明明是勸誡,下句明明是獎勉,當時得了這副墨寶,説不盡的高興,並且格外自重自勵。予自辛亥到現在,也經歷了不少艱難痛苦,然終不敢頹廢,也未始非這幅聯語的影響。(《古今半月刊》第三一期,頁一四)

案:趙聲於一九○九年二月棄職歸里,而鈕永建則於是年事敗逃亡,故趙正平當於是年二月後辭職也。據蘇雲峰《三(兩)江師範學堂——南京大學的前身,1903—1911》所製《兩江師範教習表》,顧寶瑚於一九一○年至一九一一年在任。

編年詩

《題王孟端山水》

編年文

《跋程雛庵藏王孟端山水堂幅》、《與閔荷生書》閏二月、《跋董文敏書王象乾家傳》閏二月、《與柳詒徵書》、《與丹誠書》、《與張季直書》、《周夫人陳氏造像記》、《悼柳生文》

宣統二年庚戌(1910) 四十四歲

正月三日(2月12日),赴徐紹楨招飲,繆荃孫、陳寶琛、樊增祥、王仁東、王瓘、陳三立、吳對在座。

《藝風老人日記》正月三日:徐固卿公園招飲,伯潛、樊山、旭莊、孝禹、伯嚴、闓生、梅庵同集。(頁二二四九)

陳三立《正月三日徐固卿統制招集公園》:蹄輪碎日影,能生楊柳風。雲水互照耀,市屋皆玲瓏。界野侈版築,參錯蜂房通。鷹鳩欲下穿,繚垣複無窮。虎圈聳氣勢,壓觀深竹叢。春游所獲多,徑轉笑語同。一亭納巒岫,靈翠吹虛空。藹藹簪佩盛,矜出文句雄。渺然江海思,落筆歸此翁。謂滄趣師同坐客戲爲詩鐘。數點星淀坐,醉拂啼霄鴻。(《散原精舍詩文集》頁二九五)

正月四日(2月13日),應繆荃孫之約赴圖書館閱書並小飲,陳寶琛、夏壽田、樊增祥、徐紹楨、王仁東、陳三立、陳毓華在座。

《藝風老人日記》正月四日：約伯潛、午詒、樊山、固卿、旭莊、伯嚴、梅庵、仲恂赴圖書館閱書並小飲。（頁二二四九）

正月十一日（2月20日），繆荃孫來訪。

《藝風老人日記》正月十一日：拜李梅庵、黎覺人、趙幼班、夏時濟、吳同祖、程龢祥、方臻善。（頁二二五一）

正月十九日（2月28日），公招同人飲，繆荃孫、匡翼之、陳三立、俞明震等在座。

《藝風老人日記》正月十九日：梅庵招飲，匡策吾、陳百年、方□□、俞恪士同席。（頁二二五四）

正月下旬，兩江師範畢業生首次赴學部覆試，侄李健考列最優等。桂紹烈因學堂未設國畫課，致此科未能及格，被降爲優等。

姜丹書《兩江優級師範學堂與學部覆試畢業生案回憶錄》：兩江師範雖是最早開辦的，然猶至宣統元年十二月纔有第一批應參加此種覆試的畢業生。前面所列的第三分類（理化）科甲班中有王勃、單毓蘇、盛建勳、沈迺頤、陸裕枬五人是最優等；又數理化選科甲班中有朱煥章、方振東、魯嵩雲、張元宰四人是最優等；又農博學科甲班中有陳連孫、吳錫麟、徐允頤、薛沐清四人是最優等；又圖畫手工科甲班中有陳贊成、徐作哲、李健、桂紹烈四人是最優等（呂濬亦是最優等，但未去覆試），他們皆去北京參加宣統二年春的第一次覆試。發榜，除桂紹烈降爲優等外，餘皆及格，獎授師範科舉人。（《姜丹書藝術教育雜著》頁一九三）

姜丹書《兩江優級師範學堂與學部覆試畢業生案回憶錄》：桂紹烈在校肄業時，每學期成績都是第一名，當然是最優等畢業生。但在學部覆試時，因有主科一門課程（毛筆畫——國畫）不及格而降爲優等。他此課所以不及格者，因爲沒有教學過，而所以沒有教學者，因部定課程表是完全照日本抄的，沒有把國畫列入，校中乃照章設課，並非疏忽缺漏。不料學部此次覆試破例加考，而桂君對於用毛筆在宣紙上作畫素非所習，以致未能及格，實屬冤屈。
（《姜丹書藝術教育雜著》頁一八三）

案：姜丹書於宣統三年正月下旬赴第二次學部覆試，首次學
部覆試或亦於正月下旬也。暫繫於此。

正月下旬，釋敬安來金陵，公囑其謁見樊增祥。

釋敬安《贈樊雲門方伯四絕句》其三：白梅和尚出山村，來上
紅梅布政言。李梅庵提學囑余謁公云，白梅和尚不可不見紅梅布政。疏影
暗香今被佔，乞除荊棘固同根。毗盧寺爲楚人出資建造，近爲甌僧所佔。
（《民權素》第五集）

案：該詩亦載《八指頭陀詩文集》，前第三首爲《正月二十夜登
掃葉樓作呈星悟禪弟》，後第二首《金陵重贈成子晉大令》有"訪舊
江南聽春雨"句，則敬安拜謁樊山當在是春也。惟敬安正月二十
日已至金陵，或即此時前後公囑其拜謁者乎？因繫於此。

**二月中旬，辦理裁減學堂經費事務，其宗旨在刪去冗員，而不減短薪
水，以期一人能有一人之用。**

《議減學堂經費》：南洋裁併局所經費一案已經寧藩詳請彙核
具奏，旋奉江督批准，宣布照辦。其學務一部分，樊方伯以事屬隔
膜，請飭由提學司核議較爲確切。現署事李梅庵文宗本擬俟陳提
學回任後，歸其主持，祇以奉有張制軍催促，未便存五日京兆之
心，擱置不問，爰將通省學堂用人支款表冊調齊，體察情形，分別
辦理，其宗旨在刪去冗員，並不減短薪水，惟期一人能有一人之用
而已。約不日當可發表。（《大公報》天津版 3 月 25 日）

**二月二十三日（4 月 2 日），致學部電，爲招考優級師範合格甚少，擬
取中學，補習後升入公共科事。**

《江寧學司爲招考優級師範合格甚少擬取中學補習升入公
共科致學部電》（宣統二年二月二十三日）：江寧學司電。學部堂
憲鈞鑒：本年招考兩江優級師範，考合資格者甚少。擬變通考取

中學二三,並擬補習後升入公共科,是否? 乞示遵。瑞清叩。
禡。("國史館"檔案,轉引自《南京大學校史資料選編》頁二三
六)

二月,朱聲樹、陳中凡入堂肄業。

《朱續辰書潤》:奉賢朱續辰,一字絜闇,別署聽竹居,遜庵先
生第三子也。其書克承家學,更得李道士梅盦傳。當梅盦長兩江
師範時,於全校數百人中,獨重君書,君益肆力於書不懈,而及於
古。篆分真草,靡不雄勁超脫,古趣橫溢,篆刻之工,猶其餘事。
(《近現代金石書畫家潤例》頁一〇七)

案:據《兩江師範學堂學生名錄》,朱聲樹於是年 2 月入堂肄
習。又《陳中凡自傳》曰"1909 年入南京兩江師範學堂讀書",姚柯
夫《陳中凡年譜》從之。然陳中凡一九六二年所作《悼念胡小石學
長》曰"回憶五十五年以前,我們在兩江師範同學,因爲所學的部
門不同,彼此並不相識",(《清暉集》頁二九八)則又謂一九〇七年
已入校矣。然《兩江師範學堂同學錄》光緒三十三年、宣統元年本
皆未見陳中凡在焉。考蘇雲峰《三(兩)江師範學堂——南京大學
的前身,1903—1911》所附《兩江師範學堂學生名錄》,陳宗藩(即陳
中凡)於是年 2 月入堂修習公共科,且公共科一九〇九年並未招生
也。該名錄取自學部舊檔,當確實可信,今從之。

二月至三月間,因桂紹烈覆試被降等事,公乃增設國畫課,聘蕭俊賢
爲圖畫教員。

姜丹書《兩江優級師範學堂與學部覆試畢業生案回憶錄》:原
來我們這班的課程表,和他們一樣,也是沒有"毛筆畫"的。在當
時,我們一聽到桂紹烈的消息,全班同學起了鬨,立刻要求校中添
設"毛筆畫"課程。李監督說:我首先聽到了這個消息,比你們更
難過,更恐慌,不待你們要求,我已經請好了著名的畫家蕭俊賢先
生即日來教你們了。我是照章辦事的,誰料到學部會破例加試

呢？我自愧我先見之明，致害了桂紹烈這個好學生。亡羊補牢，何至再誤你們，你們好好兒去努力學習吧。(《姜丹書藝術教育雜著》頁一九四)

江蘇財政廳常任調查員蕭俊賢謹呈簡明履歷：今開委員，現年四十四歲，係湖南衡陽縣人……宣統二年，奉前江寧藩司樊委署溧水縣典史，未到任。奉前江寧提學使李留充兩江師範學堂圖畫教員三年。奉兩江師範學堂監督李飭知本堂優級師範專科畢業案內，請免補巡檢縣丞，以知縣仍留原省補用。(江蘇省檔案館藏。轉引自申雄平《蕭俊賢年譜》頁五八)

姜丹書《蕭俊賢先生傳》：宣統二年春，兩江優級師範學堂李監督梅庵特聘為圖畫手工科國畫教習，余始得其親炙。(《姜丹書藝術教育雜著》頁二三六)

施翀鵬《采薇圖記》：吾師蕭屋泉先生，年八十餘，精神矍鑠，道貌岸然。擅書畫，尤工山水，海內知名，五十餘年，為當代藝壇祭酒。性耿介，嘗執教兩江師範學堂，受知於何道州，與李瑞清、朱古微友善。(《申報》1946年2月4日)

三月四日(4月13日)，學部覆電，飭令招取簡易師範畢業生，補習三年，及格後，升入公共科。

普通司案呈江寧提學司：禡電悉。本部現定優級師範變通招考辦法，招取二年簡易師範畢業生，補習三年，考試及格者，升入公共科，該省應遵照辦理。學部。宣統二年三月初四日。("國史館"檔案，轉引自《南京大學校史資料選編》頁二三六)

三月九日(4月18日)，赴諮議局第二屆臨時會議開會式。

《江蘇諮議局第二屆臨時會議事錄》：三月初九日上午九時行開會式，到會議員八十人。本省行政長次官制台張人駿、撫台代表蘇藩司陸鍾琦、寧藩司樊增祥、寧學司李瑞清、鹽道王瓏、江寧府楊鍾羲、江寧縣李廷琳、上元縣李嶽蕿均蒞會。(《江蘇諮議局第一年度報告》第四冊)

三月十一日（4 月 20 日），是日爲端方五十壽辰，公撰文以祝之。

　　案：端方生於咸豐十一年三月十一日。辛亥春夏間，公致李
承修、李健書曰：“去年汝曹去後，作文三首……一鄧壽文，一題送
午帥《柱石圖》頌，一午帥壽文也。”

三月中旬，侄李健赴京參與拔貢考試。

　　《考試拔貢録取名單(五續)》江西一等十九名：黃鴻圖、張星照、
曾魯、熊光鏐、萬光復、李健、陶肇江、王壬慶、饒成鴻、易振芬、李
平章、廖彬、李薰、胡以謹、李政鈞、趙惟仁、陳式周、蔡吉士、朱蒂。
（《大公報》7 月 29 日）

　　商衍鎏《清代科舉考試述録》第四章第一節《生員補考優貢、
拔貢與考職》：翌年新取之優、拔貢生向該省督撫領取咨文投呈學
部，於五月到北京、六月内朝考。以人數衆多，現在學部考棚分考
各省優、拔一場……録取者由學部通知。定期在保和殿優、拔合
併朝考。（頁一七一）

　　案：據《禮部奏考試舉貢日期摺》（《政府官報》第九〇五號），
各省保送舉貢三月已到京，甄録一場於二十二日考試完竣，定於
四月初八、初九日在學部考棚分省考試頭場，十二、十三日分省考
試二場。又，《諭旨》（《大公報》7 月 24 日）：“六月十七日監國攝政
王鈐章奉旨，此次考取各省拔貢著於本月二十六日、二十七日在
保和殿覆試。”然《覆試拔貢等第名單》（《大公報》8 月 12 日）未見
李健，《拔貢録用小京官分部掣簽單》（《大公報》9 月 8、9 日）、《拔
貢知縣掣簽單》（《大公報》9 月 13 日）亦未見其名，或覆試不利
者歟？

**三月中下旬，覆書李健，詢其病況，寄以藥物。並告其兩江師範及學
署裁款之事。**

　　《與李健書》：三郎阿健無恙：得由鄂所寄書，知帶病入都，令
我殊不放心。白凍恐成痢症，尤宜保重，何以不在鄂調養好方起

程？詢之西醫，白凍無妨，紅者乃要緊。不知入都已愈否？如已愈，即寫快信數字，以慰我心。大凡痢症，第一遺通，熱症多寒症少。三爺去年乞黃連之類，柳鳳樓之弟則服大黃、芒硝。大約解徒墜脹不通利者宜。如果通利，則服涼藥，用至黃連尚不止。黃之劑不能多服，多服尚不效，急宜變法。或因氣已虧，則宜急服補劑。但補須爲日太久方能服，如病日淺，服之將暑熱補入，反纏綿難愈。汝素熱體，似涼藥爲宜。寄上婁紫卿治痢末藥，服之神效，去年翰妹、何繡廷已數月、李蔭伯已半年皆服此末藥而愈。其服法具載婁信，不復詳述矣。入都何如？唐春師見面否？此次監理財政官裁款，欲我爲難，我一意秉公堅持，凡人無慾則剛，伊亦無如我何也。現兩江師範已擬裁一萬兩，學署實不能裁。直隸學務公所辦公銀式拾萬兩，江南辦公銀式萬肆千兩，如照部裁一萬兩，則科員毫無薪水，科員星散矣。況此科員均未照部章設齊，只設四科：(一)總務科，(二)會計科，(三)普通普案：疑衍字。兼實業科，(四)專門兼圖書科。每有印刷章程、表册，均在其內，故年不敷年，裁無可裁。我覆監理財政官云："公所實裁無可裁，願將我夫馬銀叁百裁去。"蓋江寧學司每月只五百金辦公費，衙門人役一切開支在，實不能支，午帥奏請與皖蘇合奏加夫馬銀叁百，即此款也。我覆財政局云："蓋學務公所裁去，必至誤公，我乃寒士出身，願將已分夫馬銀裁去，此與公事無妨。但只能裁至我交卸之日爲止，繼任者宜急予規覆，蓋此間學司異常清苦，若驟予裁去此款，實不能支。我不能令人枵腹從公，爲我今日見好地步"云云。現覆文來，婉謝不裁矣。前電部係學部所班密碼，學部未能譯出，如不問及，不說可也。家庭爭執之事，是不能免，我設法調停，切勿遠念。大凡天下事，能忍一口氣，百事俱無矣。餘囑千萬珍衛。仲父清平安書。（複印件，曾迎三先生惠示）

　　案：書曰"得由鄂所寄書，知帶病入都"，宣統二年正月，李健赴學部覆試，三月中旬赴京參與拔貢考試。又曰"此次監理財政

官裁款,欲我爲難""現兩江師範已擬裁一萬兩",本年二月中旬,
公辦理裁減學堂事務,則此書當作於三月中下旬也。又,本年十
二月,公上書端方曰"清官江南,有類食康,上見壓於度支,下見迫
於諮議。吾國誠貧窮,乃省及教育經費,此環球所未有也",亦可
參證。

三月下旬,奉學部所定新章,停招選科,而前此生源不足,不得已兼
設選科,因上稟張人駿,陳請變通辦理。

　　　陸軍部尚書兼都察院都御史總督江南江西等處地方張爲咨
明事。據署江寧提學使李瑞清詳稱,竊奉憲台札開:准學部咨,普
通司案呈,照得振興教育,首在培植師範人材,未有師資缺乏,而
可以興教育;學識淺薄,而足以爲人師者也。《定章》初級師範五
年畢業,准充小學堂教員。優級師範必須初級師範或中學堂之畢
業生升入公共科一年,本科三年畢業,准充中學堂及初級師範學
堂教員,立法至爲詳備。特以興學伊始,中小學堂急於求師,故
《奏定初級師範學堂章程》內載,初辦時可於完全科外,別教簡易
科,以應急需,俟完全科畢業有人,即酌量裁撤等語。又光緒三十
二年,本部訂定《優級師範選科簡章》,通行各省,仍限定每省上設
一所,誠以兩級師範本以完全科爲正辦,其選科、簡易科祇屬一時
權宜之計,而非經久不易之規。現在興學已逾五載,各省初級簡
易科畢業者,已不止一處,即完全科亦次第畢業,是小學堂已不患
無師。又上年本部奏改中學堂分爲文科、實科以後,學科既簡,學
生程度,必將加高,是中學教員斷非優級選科之畢業生所能勝任。
茲由本部通籌全局,自本年爲始,凡各省舊設之優級選科,概不准
再招新班,俟現時在堂各學生畢業後,一律改辦優級完全科。至
簡易師範,除邊遠地方,風氣初開,教員缺乏,暫准辦理外,其餘各
省,亦應自本年起,一律停止招考。俟在堂各生畢業後,改辦初級
完全科。一切學科務求完備,教法務宜切實,以規遠大而資深造。
除分咨外,相應咨行貴督查照行知提學司遵照可也等因到本部

堂。准此，合行札司移行遵照辦理等因。奉此，業經署司分別移
行各學堂一體遵辦在案。茲准兩江師範學堂移稱，查敝堂原設之
優級理化數學選科甲班、農學博物選科甲班、圖畫手工選科甲班，
於去歲年終均經畢業，其續設之歷史地理選科甲班、手工圖畫選
科乙班，均於去年正月開學，今歲年終，亦屆畢業之期。惟理化數
學選科乙班，因豫科畢業後，補習英文、數學一年，應作爲本年正
月開學，於宣統三年終畢業，均經咨明在案。所有今年招考新班，
原擬專招優級本科，而各處中學堂及初級師範學堂畢業者尚少，
合計送到者，僅五十餘名，細加試驗，可取者又止三十餘名。若止
收堪入本科諸生，則學額所缺太多，中東教習，幾於無生可教，而
職堂又萬不能以此辭退教習，停其脩俸。學額多闕，而經費虛糜，
是兩害而無一利也。故不得不兼設選科，並收在中學初級師範脩
業二年以上諸生及簡易師範之畢業生入之，除各屬之咨送中學及
初級師範畢業生，照章升入公共科，其未經完全科畢業者，特暫設
農學博物選科乙丙兩班。於二月二十日開學，至三月二十日始准
奉部定新章，其時上課已久，各教員課程，均早訂定，一時未易改
辦，籌畫至再，惟有陳請稍示變通。俯念敝堂農學博物選科乙丙
兩班，業經成立，在未奉部章以前，姑准援照舊章，咨明辦理。至
各班畢業以後，概遵新章，不再設立，希即咨部立案等因。准此，
理合具文，詳祈憲台鑒核，俯賜咨部立案，並乞批示祗遵等情到本
部堂。據此，相應咨明。爲此，合咨貴部，請煩查核施行。須至咨
者。右咨學部。宣統貳年伍月初一日。（《兩江優級師範民前三、
二學年度畢業生》，"國史館"藏，數位典藏號：019－010301－0021）

　　案：七月三十日奉學部函，准其照辦，"至以後該堂招生，應專
辦理優級完全科，不得再設選科，至與定章違異"。

春，門人胡俊自日本學成歸國，公延爲兩江師範教習。

　　吳徵鑄《胡翔冬先生遺事》：旋與小石師入兩江師範學堂肄

業,受知於監督臨川李梅庵先生瑞清。戊申,負笈日本,專治農博
於早稻田大學。庚戌,學成歸國,梅庵先生延爲教習。一時兩江
黌舍中,頗多精學通人,非今日大學比也。先生年二十六,講授其
間,時出瑰論,震懾四座,梅庵先生異之。以師行三,遂呼之曰胡
三怪。(《斯文》第一卷第八期)

　　案:據光緒三十三年《兩江師範學堂同學錄》(頁七),胡俊係
最速成科學生,於光緒三十年十月入堂,光緒三十一年十一月卒
業,服務處注曰"留學日本",則光緒三十三年胡俊似已留學日
本矣。

攜門人胡光煒、胡俊謁陳三立學詩。公家學傳衍高密遺緒,嘗以家
藏鈔本《中晚唐詩主客圖》授胡俊。

　　周勛初《胡小石先生與中國文學史研究》:胡小石(光煒)先
生於清光緒十四年(1888),21歲時畢業於兩江師範學堂農博分類
科……次年,留校任兩江附中博物教員。其時慈禧太后已死,兩
江總督端方乃迎戊戌變法時獲罪而在家鄉看管的前吏部主事陳
散原(三立)來南京居住。兩江師範學堂監督李梅庵(瑞清)遂介
紹文學優異的兩位學生胡小石和胡翔冬(俊)前往學詩。散原老
人讓他們遞上幾首舊作,分析曰:"小石詩風神雋永,可從七絕入
手,而兼學多體;翔冬詩思致湛深,可向姚賈一派發展,而專習中
晚唐五律。"二人後來均以詩享大名,各自體裁均有佳製,但在散
原老人指出的方向上成就尤爲突出。(《周勛初文集》第六冊,頁
三六)

　　吳白匋《胡小石先生傳》:一九一〇年春,師自兩江師範畢業
後,留附中任教,時陳散原(三立)先生旅居南京,李梅庵先生特介
紹胡翔冬師與師同拜門受詩學。散原先生因材施教,命翔冬師專
習中晚唐五律,師專習唐人七絕入手,而後再就性之所近,兼習各
體。(《文獻》1986年第2期)

胡光煒《散原先生輓詩》其二：昔侍臨川坐，從容識古顏。道儒無異趣，岱華各名山。(《願夏廬詩鈔》,《胡小石論文集》頁二四八)

胡光煒《二月七日戰訊方急燈下與胡三誦詩因話昔時臨川散原座中諷詠之盛》。(《願夏廬詩鈔》,《胡小石論文集》頁二三五)

汪辟疆《論高密詩派》：臨川李松圃，以業醝籍桂林，因得與少鶴相習，既館於其家，死後又爲之歸喪刻書。春湖先生宗瀚，守其家法，並及高密二李緒論……逮於清季，臨川李梅庵瑞清，僑居金陵，嘗稱其家學，曾舉其家藏鈔本《中晚唐詩主客圖》，授和州胡俊。而胡氏《自怡齋詩》亦遠宗張賈，近法石桐，並以身丁世變，根觸萬端，辭旨詭譎而不失於正。(《汪辟疆文集》頁二六三)

俞明震署甘肅提學使，臨行，公爲其曾祖俞世琦手蹟作跋。

《俞黃圃先生墨跡跋》：右俞府君黃圃公書前人詩跡卷子。府君爲恪士前輩曾祖父，官粵東，政績丕著，尤工書法……家大人與蔭棠府君同官於湘，瑞清因八指頭陀得交恪士前輩於長沙，後改官江南，又爲同官，過從無虛日。今恪士前輩提學甘肅，世變日亟，相見未有時，謹誌數語於卷後，使吾兩家子孫，知吾家與俞家數代世交，世世毋相忘。(《清道人遺集》頁二〇二)

陳衍《石遺室詩話》卷四：俞確士學使明震庚戌入都，訪余於秀野草堂，云有近詩一册，在羅菴處，請余商定。旋提學甘肅，寄示紀行數詩，附以書云：“春明接座，植義飇辭，越石、孟公，殆兼其勝。咄嗟敘離，攬轡南轅，拳拳夙夜。暮春度隴，經陟阻艱……五月四日到隴，初十任事。”(頁六三)

陳詩《懷觚菴方伯復得十絕句》其九注曰：公於五月十三日任提學，十月八日攝藩篆，十二月十日乞病閒居，計宦隴凡八閲月。(《陳詩詩集》頁一五五)

《宣統政紀》卷三九：宣統二年，庚戌，七月，己未。實授葉爾愷雲南提學使。署甘肅提學使陳曾佑開去署缺，以道員發往陝西

差遣委用。以署江西贛南道俞明震署甘肅提學使。(《清實録》册六〇,頁六九三)

三月底至四月初,爲柳詒徵母鮑太孺人書墓誌銘,繆荃孫撰文。

　　《柳母鮑太孺人墓誌》:宣統庚戌,門人柳詒徵居母喪,自丹徒貽書……宣統二年四月初九日壬午造。四品卿銜翰林院編修江陰繆荃孫作此銘,署江寧提學使江蘇試用道臨川李瑞清書,刻者上元趙運文。(拓本)

　　鄭逸梅《東南碩彦柳詒徵》:他對梅庵有知己之感,且深佩梅庵的書法,後來柳老弟子陸維釗對梅庵所寫北碑體頗不愜意,認爲顫抖太做作,且以殘蝕爲古,未免欺世。柳老聞之,即出梅庵早年傑作,爲他母親鮑太夫人工楷所書的墓誌銘及行楷尺牘,融黄山谷與董香光於一爐,維釗大爲嘆服……柳老鍾愛長孫,親自督教,經史外,又授以書法,曾符四歲,即抱至堂中,指壁間李梅庵大篆書以導之。(《鄭逸梅選集》之《逸梅隨筆》頁二九二至三〇〇)

　　案:《藝風老人日記》三月十五日:"撰柳母鮑孺人志。"

四月上旬,張人駿蒞臨兩江師範,公與李宗棠等陪觀六朝松。

　　李宗棠《庚戌孟夏張安圃制軍臨兩江師範校與李學使諸人同觀六朝松》:偶來重訪古時松,玉樹淒涼雨後容。三月煙花都過了,六朝金粉盡成空。故宫歌舞今何在,孤木凋零色尚濃。莫謂金陵王氣歇,千年猶有老髯龍。(《千倉詩史初編》頁五六)

　　案:詩曰"玉樹淒涼雨後容",檢《藝風老人日記》,是月四、六、十日均雨,廿六、廿七日晚雨,廿八日公與張人駿均赴南洋勸業會開幕會,廿七、廿八日或無暇從容爲之,故此事當在四月上旬也。姑繫於此。

四月二十七日(6月4日),兩江師範招生未能足額,公稟請學部附設補習班,考選學生稍寬限制。

　　《李瑞清詳請兩江師範學堂附設補習班考選學生稍寬限制乞

示遵書冊》：署理江寧提學使爲詳請事。竊奉鈞部札開：普通司
呈，照得優級師範選科，現經本部通咨各省，自本年爲始不准再招
新班，一律改換優級完全科等因在案。各省自應按照部咨，速設
優級師範完全科，以期教育日臻進步。定章優級師範招考學生，
須曾在中學及初級師範五年畢業者方爲合格，現在各府中學及初
級師範五年畢業者人數無多，懸額待入，亦非推廣教育之道。茲
特定一變通辦法，各省優級師範學堂均准附設補習班，考選二年
以上之初級師範簡易科畢業生入班補習課程，酌照初級師範後三
年科目辦理，期限定以三年期滿時，考試及格，准升入優級師範公
共科肄業。如此變通辦法，優級師範學堂既有以儲材，其簡易科
學生亦可藉資深造。惟補習班畢業，既與畢業中學及初級師範者
有別，應只准升人公共科，不得援案請獎，以示限制。各處除先就
中學及初級師範畢業生招考程度相合者，照章徑辦公共科外，所
有學額不足者，並准按照此次變通辦法，附設補習班，以宏造就。
爲此，札司遵照辦理可也等因。奉此，業經署司分別移行各學堂
遵辦在案。茲准兩江師範學堂咨稱，查敝堂原設之選科三班，及
本年添招之選科兩班，均在未奉此次新章以前，業經移請援照舊
章轉詳督憲咨部立案在案。敝堂今春招考，原因限於資格，故未
能如額取足，暑假時仍應續招。除考選合格者逐辦公共科外，自
應遵章附設補習班，以宏造就。惟查部定補習班，專考選二年以
上之初級師範簡易科畢業生入之。此項簡易科畢業生，大都年長
家貧者居多，若令由補習而入本科，先後須七年畢業，恐志願升入
者必不多，而學額師資仍形缺乏。擬請稍寬限制，其附設補習班
於考選簡易科畢業生外，並准肄業中學或初級師範得有二年以上
之修業文憑者，一體與考。取錄後，准與簡易科畢業生同入補習
班，三年後入公共科，再入本科。似此變通辦法，庶應試者較多，
而考錄較易足額。敝堂係爲推廣師資起見，合亟咨請查照，希即
據情詳請部示飭遵等因。准此，理合據情詳請，仰祈鈞部電鑒飭

遵,實爲公便。爲此備由開册,呈乞照詳施行。須至書册者。宣
統二年四月十七日。署江寧提學使李瑞清詳請事。("國史館"檔
案,轉引自《南京大學校史資料選編》頁二三七至二三八)

　　案:蘇雲峰《三(兩)江師範學堂——南京大學的前身,1903—
　　1911》(頁六二)引此條作"宣統二年四月二十七日",因《南京大學
　　校史資料選編》所錄日期多有譌誤,今從之。

**四月二十八日(6月5日),南洋勸業會於南京開幕,公爲各學堂代表
致祝詞。**

　　《南洋勸業會開幕記》:二十八日,爲南洋勸業會開會行禮之
日,千載難逢之舉,記者幸得躬親其盛,亟將禮式詳誌於下:會場
外扎有極大之松柏,牌樓稍進爲木牌,樓上書"南洋勸業會"五大
字,龍旗招展,規模閎遠。頭門以内除各館及各種房屋外設一極
大之議事廳,是日即在内行禮,居中爲演説壇,所設席次前列者爲
部派代表審查官參議席、東西洋來賓席、地方官席、華僑代表席,
其次爲諮議局代表及議員席、股東席、軍學界農工商代表席、協贊
會代表及理事員評議員協贊員席、出品協會代表及各職員席、物
産會代表及職員席、事務所科長及職員席,又次爲參觀人席、出品
人席,其右爲女學生及女賓席,各報館記者席則設在演説壇下左
右。午前八時,赴會各員衣冠入禮堂就坐,九點三十七分鐘,正會
長、審查長相將入,各員起立致敬,乃摇鈴開會……各學堂代表李
瑞清提學致祝詞,各學堂學生合奏軍樂,抑揚頓挫,令人動鼓鼙之
思。當時在座員賓初聞,誤以爲第三次奏樂,故未拍掌,殊爲憾
事。時已十一點半,遂散會。(《申報》6月7日)

　　《專電》:南洋勸業會今日(二十八)上午九點三十七分鐘開
會,審查長楊侍郎宣述旨意,正會長張制軍致頌詞,董事會嚴子均
報告工程坐辦,陳蘭薰報告經費七十萬已用五十餘萬。農工商部
特派員趙仲宣、地方長官樊雲門、陸軍部特派員徐紹楨、海軍處特

派員程璧光、直督代表錢寶書、贛撫代表梅光遠、皖撫代表程炳
勛、鄂督代表卜薇閣、上海商會總理周金箴、僑商代表尤作周、梁
炳農、諮議局張謇、寧屬各學堂總代表李瑞清等均致祝詞。十一
點半鐘散會。（《申報》6 月 6 日）

《張謇日記》四月二十八日：勸業會開幕致祝詞，以勗勵官民
知恥知奮爲説。（頁六三五）

四月，集《張黑女墓誌》字書聯。

奇石華相映；幽人室不扃。集《張黑女志》，遒厚精古，實勝
《敬使君》，何道州得其化實爲虛之妙。通如仁兄法家正之。宣統
二年四月，李瑞清。（西泠印社 2010 春季拍賣會 1593）

案：該聯有楊昭儁署籤，曰“清道人平生第一聯語。癸亥六月
所得，阿潛題”。

**五月一日（6 月 7 日），將兩江師範畢業生名册上呈學部，請發給
文憑。**

《江寧提學使轉詳兩江師範學堂畢業生遵章請領文憑緣由書
册》：署理江寧提學使爲轉詳事。竊准兩江師範學堂咨稱，案照前
准司移奉學部定章，高等以上各學堂畢業生文憑及存根簿應歸本
部刊印備用，併移送條例一册，案照辦理等因。查敝堂去年理化
數學分類甲班畢業學生叁拾伍名，農學博物分類科畢業學生肆拾
陸名，理化數學選科畢業學生叁拾壹名，農學博物選科畢業學生
叁拾捌名，圖畫手工選科甲班畢業學生叁拾叁名，於本年貳月間
遵章咨司轉詳督憲頒發咨文送部覆試，並開具各班畢業生履歷分
數册及簡明履歷册送呈；請將選科優等中等各生按照分數册列，
由部一律先行發給憑單在案。現畢業各生已奉部覆試，事竣應行
給發文憑。查奉發文憑條例第玖條載明，學堂遇舉行畢業時，應
將畢業生姓名及人數先期造册，報明應行給領文憑之衙門，按照
人數呈繳工價，請領若干張，並准於定數外，每次多領備號文憑若

干張，如填寫錯誤，特准其更換。其有因事故未與畢業考試者，准
將文憑暫存本堂，俟補考時仍行發給，惟其贜餘空白及填錯作廢
之文憑，須一律繳銷，以備核數等語。是此項冊籍已經敝堂先行
送呈，計五班畢業學生共壹百捌拾叁名。又條例第八條所載，中
等以上各學堂文憑紙墨工價每張銀壹錢，由各學堂或各衙門彙齊
解繳給領文憑之衙門驗收等語。按各班學生全數應需文憑壹百
捌拾叁張，另領備號文憑拾柒張，共貳百張，應繳價銀貳拾兩，相
應備文如數，咨司轉解學部請領等因，並咨解憑單工價銀貳拾兩
到本署司。准此，理合具文轉詳，並將憑單工價銀兩填批呈解，仰
祈鈞部鑒核兌收，俯賜印掣批迴，並將文憑如數批發下司，以便轉
給，實爲公便。爲此備由開冊，伏乞照詳施行。須至書冊者。計
呈解文憑工價銀貳拾兩解批壹張。宣統貳年伍月初壹日。署江
寧提學使李瑞清轉詳事。(《兩江優級師範民前三、二學年度畢業
生》，"國史館"檔案，數位典藏號：019－010301－0021)

五月五日(6月11日)，日本觀光團抵寧。晚，與張人駿等宴諸寶華
菴，樊增祥、楊士琦、虞和德、陳琪、李鍾珏、蘇錫岱、厲玉麒、近藤廉
平、永井久一郎等在座。

　　永井久一郎《觀光私記》六月十一日：晴。下午十二鐘半抵下
關……下午五鐘半出門赴總督衙門別館寶華菴，南洋大臣兩江總
督張人駿張宴邀請團員，即與布政使樊增祥、提學使李瑞清等司
道諸員，南洋勸業會審查總長楊士琦、同會副會長虞和德、坐辦陳
琪、董事會長李鍾珏、江寧商務總會總理蘇錫岱、江南商務總局長
厲玉麒等列座，款待甚至。寶華菴則迎接外賓之處，而近年所新
築也，余前年來謁劉峴帥之日未見之。宴酣，曾盤代張安帥以英
語演說歡迎之意，極形慇懃，近藤團長敬答言謝。(頁五〇)

　　案：《觀光私記》卷首識曰"明治四十三年庚戌五月日，本郵船
會社長近藤廉平與東京、京都、大阪、橫濱、神户、名古屋之實業家
數名結赴清觀光團，將由韓國及南滿洲入北京，出漢口，下江到南

京觀南洋勸業會,且游鎮、滬、蘇、杭等地,余亦陪行",詳述其緣起。

五月二十一日(6月27日),赴南洋勸業會研究會,衆推公爲正會長。

《南洋勸業會研究會開會記事》:二十一日下午,在寧垣商園開勸業會研究會,到者爲各省出品員、諮議局議員及寧垣各團體員,先公推蔣季和君爲主席,由孟萒孫君代表張季直君報告一切,並謂本會之發起在學問之研求,以期毋負設立勸業會之本意,諸君如有關於各項學問能爲研究之禆益者務望各抒所見,以圖精進。次提議應否添置會長,黄軔之君言,原章衹有總幹事,但辦事人似宜有領袖者,以便主持,應添設會長及副會長各一人。或云,副會長不妨多一人,用起立表決法多數決定副會長二人。主席言:"正副會長可否用公推法?"衆贊成。主席即公推李梅庵君爲正會長,副會長即由各省出品協會聯合公推,(華僑中推一人,各省中推一人)衆贊成。俟聯合會開會推定後再行報告,又公推張季直君爲總幹事。(《時報》6月29日)

《勸業會研究會記事》:二十一日下午,江蘇官紳學界特開勸業會研究會於商園,到者六十餘人,其秩序如下:公推主席發起人報告、推定職員、公決辦法。(一)研究會次序之改正;(二)研究員之入場券;(三)各館院陳列之更改;(四)延請名譽研究員之方法。繼推定主席蔣季和君,舉定正會長李提學使、副會長梁祖禄君、總幹事張季直君,正幹事蔣季和君擬在各省連合協贊會中再舉副會長一人、分幹事數人以便聯絡一氣,俟二十三日開連合協贊會選舉決議研究次序之改正。自六月十一日爲始,(一)農業館、(二)醫藥館、(三)教育館、(四)工藝館、(五)武備館、(六)美術館、(七)機械館、(八)通運館,抱定宗旨,以不干涉審查事宜,其研究方法則俟各幹事舉定及張殿撰到時再定。研究員之入場券照勸業會事務所新更定之團體觀會章程各購一券,以有本會研究員憑證爲準,各館院陳列之更正擬請勸業會坐辦到會接洽再定辦法,但須

在大審查之先延請名譽研究員以有各專門學問者,各會員報告本
會事務所所有各館研究員由各人自認,再推研究長一人,其各自
研究不限定六月十一始,而研究歸宿則限於定期內止。公同研究
處就諮議局左近常屬議員公寓,凡研究範圍止就簡章第一條所
定,不涉及他項,以清界限。遇勸業會場之有關係須進忠告者准
以個人名義函告,不得以研究會名目,致乖本會宗旨。議畢散會。
(《申報》6 月 30 日)

《本會經過之事實》大事記:庚戌五月二十一日,假商團開會,
推蔣季和君(炳章)爲主席,舉李梅庵君(瑞清)爲正會長,梁炳農
君(祖祿)、錢幼琴君(寶書)爲副會長,張季直君(謇)爲總幹事,蔣
季和君爲副總幹事,定簡章。(《南洋勸業會報告》頁一)

**五月二十五日(7 月 1 日),假江蘇諮議局開職員會,設事務所於局
內,推選書記、招待、庶務、會計、駐所各項職員。**

《南洋勸業會研究會紀事》:勸業會研究會自五月二十一日開
大會舉定正副會長及正副總幹事後,二十五日假江蘇諮議局開第
一次職員會,推定各項幹事。孟莼孫、姚孟塤、徐果人任書記,顧
花巖、陶賓南任招待,徐庶侯任會計,黃韌之、鍾叔進任駐所幹事,
預算延訂爲各館書記之專門人員舟車、膳食等費及事務所一切開
支,須三千元,令各職員分任籌集。是日,並請勸業會職員李子
川、陳蘭薰暨事務所幫辦向淑予君到會商定辦法,凡研究員持有
研究會發證券者無論在何處購買入場券,均減爲每券收小洋一
角,向君等并願介紹各館主任暨各科科員入會。聞湖北已組成研
究團,不日來寧,因即發電歡迎,電文如下:武昌諮議局轉胡子笏
君鑒:聞貴省組織勸業研究團,無任歡迎。南洋勸業會研究會。
宥。(《申報》7 月 4 日)

《本會經過之事實》:二十五日,假江蘇諮議局開職員會,設事
務所於江蘇諮議局內,公推書記、招待、庶務、會計、駐所各項職員
如左:書記幹事:孟莼孫(森)、姚孟塤(明煇)、徐果人(寓);招待幹

事:顧花巖(琪)、陶賓南(遜);庶務幹事:張偉如(福楨)、錢季琛(恕存);會計幹事:徐庶侯(鍾令);駐所幹事:黃靭之(炎培)、鍾叔進(福慶)。是日,公核豫算表并商訂專門書記如下:教育館:沈信卿(恩孚)、葉尚之、姚孟塤;工藝館:鄧駿聲(邦述)、張初民(棻)、鍾奎錫;醫藥館:華實甫(申祺)、楊君謀(夏)、張尊爵;農業館:任連城(家璧)、陸澄溪(瀠);美術館:呂濬(鳳子)、汪孔祁(采白)、張超;機械館:李復幾(澤民);武備館:周虎彝(凝修)、李叔章(德昭)、周錫杉(承恩)、鄭鑒之(爲賢)。(《南洋勸業會報告》頁一)

六月初,與樊增祥核看舉孝廉方正人選試卷。

　　《江蘇巡撫程德全奏舉薦孝廉方正摺》:奏爲舉保孝廉方正,以備召用,恭摺,仰祈聖鑒事。恭照光緒三十四年十一月初九日欽奏恩詔,內開:每府州縣各舉孝廉方正,暫賜以六品頂戴榮身,以備召用,務期採訪真確,毋得濫舉等因,欽此。欽遵當經札司通飭所屬認真採訪選舉,去後,嗣據海州詳報贛榆縣廩貢生蔣夢元、通州詳報該州歲貢生同知銜候選訓導周匯瀛、揚州府詳報江都縣優附生于震元、于咸慶、歲貢生郭麟珍、增貢生凌鴻鼎、增生楊兆佩、甘泉縣優附生旋斌、泰州廩生周紘順等九員堪膺是選,聲請召用。粘具供結,由該儒學採訪確查造具事實清冊,加具印結,試卷由江寧布政使樊增祥會同江寧提學使李瑞清核看……宣統二年六月十九日,奉硃批:該衙門議奏,欽此。(《申報》8月3日)

六月八日至十三日間,柳詒徵來函,具陳其於勸業會研究會教育館之各項意見。

　　柳翼謀《致會長書》:(前略)請研究會與勸業會事務所及各省出品協會,籌商聚集各省、各館之動植礦物標本於教育館。勸業會陳列館非教育成績展覽會,故教育館應以陳列教育用品爲主,不當以教育成績鋪張門面;勸業會研究會亦不當以研究教育成績爲目的。研究教育成績,判斷其優劣,審定其教育合程度與否,此教育成績展覽會之事,非勸業會研究會之事也。既名曰勸業會研究會，則當抱定"勸業"二字，方爲可不負題。然研究教育館與研究他館不同，研究他館皆係題中應有之義，研究教育館則講義耳、圖畫耳、手工耳。一經研究，去題萬里；苟欲副此勸業會教育館之名，並副此研究勸業會之教育館之名，則必姑置各學校所出之講義、之圖畫、之手工，而合群力以研究教育用品，教育用品如博物標本，如理化器械，如算繪器具，如各種圖畫，以及學校用之桌椅、筆墨、簿籍，或體操、球桿、器具之類，皆農工商業之出品，而爲勸業會教育館之主體者也。詒徵周覽該館，與鄙見大相徑庭，全館所陳幾以圖畫手工爲主體，而所謂教育用品者，特科學彝器館、商務印書館及三數學校有此出品耳。主客倒置，以誤觀者，當由調查之始，惟恐吾國所出教育用品不足以塞一館，故不得不以客體當之。然會場中各館出品，如東三省之動物標本、直隸之理化器具，往往而有，以是知吾國教育用品故非缺乏，特散見於各地，未有匯聚之術耳。然以其散見各地未有匯聚之術，而教育用品遂爲中國一大漏卮，譬之東三省所製動物標本與蘇州師範所製植物標本，蘇州師範亦有動物標本，再加以各省之礦産，雖不能稱完全之標本，當亦可供中小學堂之用。然當其採製也，彼此各不相謀；而各校之購標本者亦不能分途訪購，但使一之日本則應用之物所在皆是。夫孰不樂其便者？故吾國之購日本標本，其弊實在於此。今欲塞此漏卮，使一般學子皆知以博物之知識增進愛國之思想，則非聚各地所採製之標本置之一館不可。置之一館，則孰有孰無，孰優孰劣，孰貴孰廉，均可考見。否則，竭會員數月之力，分館研究，可以知某地有此物而已。其於綜合比較之方面，必不能得當也。

先生提倡研究，此項標本亟應從此入手，十四開會似宜與勸業會事務員及各省協會妥商聚集之法，各省開明之士既悉此中利弊，必不難於轉移，惟慮事務所以教育館容積窄隘爲辭，可否商請事務所將各校圖畫成績擇尤陳列，餘者併入美術館，應由會中諸君子決之。

請研究會與勸業會事務所及各省協會，籌商以教育館作爲永久之教育品陳列所，將來歸江寧提學使司派員專管。中國購買日本博物標本，其弊由於各地採製者未能匯聚一處，既已如上所述，則此項物品萃集一館，之後必不能任其再行分散；如任其再行分散，則此會之研究無效果之研究也。故欲圖此會之有效果，必與勸業會事務所及各省協會籌商存留此項物品，以爲勸業會與教育關係之紀念，永永爲南洋各省教育家研究之材料。然欲存留此項物品，必須有經理該館之人。故鄙意以爲勸業會之教育館至閉會後，宜請江寧提學使司派員專管，至於此項出品所需成本及運費，可否由研究會或學署籌給，應請會中諸君子公決。鄙意此項出品所需成本及運費必不過巨，藉令甚巨，而由南洋官私籌給，亦屬有利無害之事。蓋南洋各校不惜巨金再全數運回，其費更大，何如即售之於南洋耶？

此館如能永久存立，應與各省出品之處訂立專約，每年運送數批來寧，又該館備價購買，再由該館頒發各府、州縣學校，或任各學校自由購買，則該館以陳列所而兼賣捌所之性質，於教育之利益實非淺鮮；而各省出品亦可藉以廣其銷路，該館員司之經費並可藉以挹注各省出品；有由學校中採集者，應行文各省學署飭知該校專派一人採製此項標本，以供各校之用。

請本會會員志願研究博物標本者，研究此項標本之類別及其價值。日本各學校所用博物標本有甲組、乙組之區別，大概以學校之性質定種類之多寡。現擬仿照此意，就教育館所列之物品，分別編定，各學校應用之階級區爲甲乙丙丁若干組，倘此項標本有較之日本各學校所用之標本不能盡同者，應各加以解說，或係中國特產，或係中國所無，均不妨就原有者編定。若中國夙有此物，而此次勸業會各館出品所無者，應由會員或各省協會訪求此物，有各地出品之處業經採製未爲出品者，亟令補送來會。或各地雖有此物,未經採製或難與採製者,應由會員與各地採製標本家函商採製之法,物品之價值必須與購置日本之物相等或較廉,始可使各地學校樂於購置;倘此項出品所定價值視日本之物價相懸甚遠,應與各省協會妥商補助及減價之法(會中物品價目往往有昂於本地所售者),大抵物價之低昂,視銷路之多寡及運送之便利與否。本會果能爲此項物品推廣銷路,或設運輸便利之策,則其價值必不至昂於日本之物也。

請研究會編訂博物標本目録及圖畫。此項標本既審定各種學堂應用之程度,亟應編製目録,頒布各校,使知購買之涂。如動物等類有爲吾國特産而世界所無者,須繪圖、攝影以彰吾國物産之美富,將來各學校教授一律依據此項標本圖畫,則博物教科書、博物講義亦可陸續改爲吾國之學術,不至乞靈於異國矣。

教育館及各館所陳列之理化器具、算繪器具、體操器具,以及粉筆、石板之類,亦請倣此法,分類研究。研究理化器具與研究博物標本不同,博物標本但別其種類,研究其採製及保存之方法而已,研究理化器具則必研究其工料、製法及使用之適宜與否,較之東西洋所製相等否,或有新發明否。又如體操器具,大率仿照日本各校所用者,究之使用此等器械於人體生理之關係何若,或有吾國學校新製之物實能裨益身體者,尤須注意。蓋一教育館教育用品之一部分已非萃多數專門名家各出其腦力不辦,姑從其易者言之,則分別部居,編次目録,使吾國學校專購吾國物品,則今日最要之問題也。教育用品之最微者,莫如粉筆、石板、鉛筆、紙本,若此等最微之物至盡購之日本小肆,吾國焉得不窮?故研究會者,非但以一研究會了之,研究其良窳而使用焉、而改良焉,此今日教育家之責也。(《南洋勸業會報告》頁二七二至二七四)

案:據《大事記》"六月初七日,假江蘇諮議局開職員會……定於十四日請各省、各府出品委員開談話會。設收意見書櫃於勸業會正門內及湖北館門外",而該意見書中謂"十四開會似宜與勸業會事務員及各省協會妥商聚集之法",則當作於八日至十三日間也。

六月十四日(7月20日),赴丁家橋諮議局新舍開各省各府物産會代表談話會。

《研究會邀各省各府代表談話紀要》:十四日下午三時,勸業會研究會邀集各省出品協會、各府物産會代表在丁家橋諮議局新舍開談話會,到者八十餘人。首由會長布告研究會要旨,次報告農業研究情形及與勸業會事務所協議情形,次提議研究時試驗出品辦法,又討論醫藥館藥品試驗辦法,次提議通告各地設法組織農民團及各項研究團。馬湘伯君言農業須注意換種,並改良種子,又言趁各省聚會在寧,能否設法換種(衆鼓掌)。會長請馬君主任農業講演,遂定期於十六、十七、十八三日在會場開農業共同研究大會。馬中驤君報告湖北研究團辦法,復討論種種招待方法,張仰楓君言組織重於招待,並擔任招待蘇屬團。唐少甫君擔任組織淮安團。黃韌之君報告松江戚太守會同紳士吳伯庚君組織農工商學各界研究團辦法。次雜議各問題。散會時已六下鐘矣。(《申報》7月24日)

《本會經過之事實》:十四日,在事務所開各省、各府物産會代表人物談話會,商議試驗出品辦法,定期十六日開始農業講演。(《南洋勸業會報告》頁一至二)

六月十五日(7月21日),赴歡迎湖北參觀團會,並致歡迎詞。

《朱峙三日記》六月十五日:十時,余等同乘車到會,因江寧提學使李瑞清幷代表南京人士歡迎湖北學界及官吏之參觀博覽會者也。廳中懸國旗,與各國旗交叉飄揚,置佳紙煙及水果糖果得廿餘盤。十一時,被邀者已到齊。李提學使致歡迎詞,約五分鐘畢。繼由南通張謇演說博覽會意義,及中國應該提倡實業改良農工商諸要事……繼由馬湘伯演說……尚有相繼演說者二人。湖北學界致答詞係方言學堂監學某君,答詞不佳,且不對題,同人呵

之使下。乃舉省議會張副議長國溶_{蒲圻人}致答詞，説中肯，且合近
代潮流，聽者呈喜色。惟挖苦官吏太過，似於李提學使顏面難堪
也。下午一時散會。（册二，頁二六四）

案：據《朱峙三日記》，湖北參觀團以卞繂昌爲總領導，率學生
百餘人，於六月初九日抵寧。

**六月十六日（7 月 22 日），赴南洋勸業會研究會講演，縱論農業研究
與教育之關係。是日，與研究會同人致函蘇商總會。**

《南洋勸業會研究會講演誌聞》：十六日下午五時，南洋勸業
會研究會假會場公議廳開農業共同研究講演會，首由李會長報告
開會情形，次演説農業研究與教育之關係在能取法東西洋，以教
養合一爲宗，並舉日本鄉鎮小學捉捕害蟲爲著重農事之証，末復
歷引中國自古重農之據，以字義官名釋之，而歸宿於農業剥落由
於交換智識之無門，足令聞者驚心動魄。（《時報》7 月 25 日）

《本會經過之事實》大事記：十六日，假勸業會公議廳開農業講
演會，由馬相伯君（良）、袁梓青君講演。（《南洋勸業會報告》頁二）

《致蘇商總會函》（宣統二年六月十六日）：敬啓者：敝會成立
以來，深荷實業諸大家相繼贊助，以圖勸業會之發達，而謀農工商
改良之方針。猥以事繁責重，經濟時形支絀，恐不足以副諸公熱
心提倡之盛意，彌增惶悚。竊維農工之擴張進步，端賴商家，想貴
總會實望俱隆，登高一呼，群山易應。倘承顧念公益，慨助經費，
一面并轉告各分會，酌量分任，俾敝會得克終其事，至紉公誼。惟
希裁覆爲禱。祇頌大安。南洋勸業會研究會李瑞清、梁祖禄、錢
寶書、張謇、蔣炳章謹啓。（《張謇全集》函電上，頁二六一）

六月十九日（7 月 25 日），赴招待湖北參觀團會，并致歡迎詞。

《研究會懽迎鄂團盛會》：十九日上午九時，南洋勸業會研究
會假勸業會場内公議廳開會，歡迎湖北研究團，首由會長李梅庵
學使、總幹事張季直殿撰先後致歡迎詞及頌詞，湖北團代表李君

鑫致答詞,湖北夏君衡卿復申言實業精神在於教育,言頗詳盡。馬君湘伯演說以民爲邦本一語推闡盡致,並及實業與人民生活上之關係,娓娓動聽。並謂湖北踞長江上游,希望將來實業發達,由湖之江,由江之海,推之外洋,始足以達我勸業會之目的,座中鼓掌不絕。方君唯一演說立論洞見利弊,並謂國會不開,實業無振興之望,衆咸鼓掌。許君久香演說實業不在紙上空談,而在亟圖進步,語多肯切痛快。湖北張君海若演說中國實業一無保護,二無補助,語極沈痛,場中竟有爲之泣下者。厥後爲馬君湘伯提議改良農業,設立苗種會,以爲交換種子之機關,湖北代表及江西代表均起立贊成。幹事員黃君韌之發議先推起草員擬就辦法大綱,然後再開會發起,當推湖北、江西代表會同研究會擬草,衆贊成。遂茶會而散。(《申報》7月28日)

《張謇日記》六月十九日:詣招待湖北參觀團會。(頁六三七)

卞綍昌跋《悼柳生文》:識荊已久愛溫純,見此遺篇性益真。不僅悲生兼慨世,吾將文字敬其人。清光緒庚戌之夏南洋勸業會,予以湖北出品協會總理兼教育研究會副會長,得晤道人於署提學使住所,一見傾心。國變後,同居滬濱,亦時相見。忽忽廿餘載,人亡琴在,不禁感慨係之已。壬午夏日長至卞綍昌拜讀并爲題志。(北京東方大觀 2015 年春季拍賣會 0690)

六月中旬,致書李健。

《與李健書》:阿健無恙:昨日快信未知何日收到……汪彝伯書已送去否? 此信至有關係,何能與張超看也。彝伯信中,我有一紙言琉璃廠有三種漢碑,内有《景君碑》者,價在十元内外可得。其上並聞有店名,如已失去,則速寫信來;如未失,此信到後,汝已朝考,正好逛琉璃廠,又雅又高也。國制中不宜看戲,有人約只不好聽戲,汝大可得京職,不怕無京戲聽也。(轉引自陳照心明《李健生平簡表》)

案:書曰"此信到後,汝已朝考",據本年"三月中旬,倩李健赴京參與拔貢考試"條所考,保和殿覆試在六月二十六日、二十七日,則該書當作於此前也。

勸業會研究會以暑熱暫停研究。

《研究會暫停研究》:勸業會研究會以近來天時暑溽,熱度過高,未便著手研究,特函知事務所暫停研究,俟炎威稍退,再行開會。(《申報》7月29日)

張人駿札催公籌設中、初實業學堂。

《江督札催創設中初實業學堂》:江督前准學部來咨,飭屬設立中等、初等實業學堂,當經飭。據前寧學司陳子勵學使籌議,先於省城再設中等、初等實業學堂各一所,爲各屬模範,并爲以次遞升之階,應請飭撥開辦及常年經費,其各府、廳、州、縣莫若酌給補助之資,即以爲嚴定責成之地。擬請各府直隸州應設中等實業學堂一所者撥給銀三千兩,以助開辦之費,責成設立,以符部限。其不敷之數及常用之款,則由地方官紳合力籌備。并據稱籌備九年教育事宜各表,將省城及各府籌設中等實業學堂,各州縣籌設初等實業學堂成立列入宣統二年預備立憲第二年闌內各等情,批飭照辦在案。現在部限之期已及,尚未照表籌設,爰再札催署提學司李梅庵觀察迅速辦理云。(《時報》7月31日)

六月二十九日(8月4日),武昌研究團高凌蔚、李孺、卞緒昌、高松如來電致謝。

《六月二十九日武昌研究團來電》:江蘇諮議局張殿撰、錢、李、陳三觀察同鑒:敝省赴寧研究團諸承指導照拂,無任感謝。高凌蔚、李孺、卞緒昌、高松如叩。(《時報》8月9日)

六月,稟請張人駿奏獎祝福申捐款助學之事。

《度支部奏議覆江督奏訓導祝福申捐助學款請獎片》:再,據兩江總督張人駿奏稱:據署江寧提學使李瑞清詳稱,如皋縣紳士光禄寺署正銜、江寧試用訓導、前署揚州府訓導祝福申倡捐開辦通海五屬中學堂,捐助英元二千元,又通州師範學校捐洋五百元,又如皋公立高等小學堂捐洋一千元,總計共捐洋三千五百元,先後交由該校,分別查收在案。雖據該紳聲稱不敢仰邀獎敘,惟前後慨捐鉅款,未便没其興學之忱,自應照章請獎,以昭激勸。……宣統二年七月二十二日奉硃批:該部議奏。欽此。……宣統二年八月二十七日,奉旨依議。欽此。(《政治官報》第一千六十二號)

夏,曾廣鈞、程商霖等請爲曾熙母劉太夫人建坊,公爲作頌。

《曾母劉太夫人建坊頌》:宣統元年,皇帝詔旌天下節孝,廣西候補知縣衡陽曾鉽之母劉太夫人,仁孝亮節,炳爲世軌,夙罹孔艱,撫育幼孤,訖用有成。季子熙陸軍部主事,授學衡湘,有聞於時。前湖南學政曹鴻勛乃具載本末,以其狀上聞朝廷。今年夏,其族人前于闐州知州曾廣鈞、邑人記名丞參江蘇候補道程龢祥等,復請建坊。署江寧提學使司李瑞清作此頌,且書之石。(《清道人遺集》頁一三〇)

案:詳繹此序,似當作於宣統二年至三年間。苟於宣統三年夏方請建坊,九月初而革命事起,似未能竣工也。且六月下旬至七月底,公與曾熙、譚延闓俱居京師,朝夕不離,若於此時所書,《譚延闓日記》當有記錄也。因繫於此。

夏,命從弟李雲麾歸桂林省母,並致書李翰芬以爲護持。

李雲麾《先從兄清道人行述初稿》:兄乃誨以母老,不宜長遠遊,令歸省。爲書托之畢業座師廣西提學使李公翰芬,以爲護持。臨行語余曰:"趙正平與汝相得,吾先遣在彼,可相顧也。"余乃以庚戌之夏離兄而復歸桂林。(《清道人遺集》附錄,頁二七七)

案:李翰芬爲公同年,時爲廣西提學使。

夏秋間,陶濬宣寄來所書屏聯,乞公代陳南洋勸業會美術館内,因覆函答之。

《報陶心雲書》:聞服有素,委心無量,諮仰靡所,翹翹延企。乃蒙不遺,遠辱書教,并賜所書屏聯及諸刻石,發函伸紙,歡與忭會……瑞清竊不自度,思放《漢書·藝文志》撰成一書,備究衆家,區別枝派,論列異同。上溯厥祖,下極其流,後載諸碑,以示學者。(《清道人遺集》卷二)

　　楊鈞《記陶》:陶濬宣頗有字名,李梅庵甚爲贊許。然其書嚴整而無生氣,余嘗疑其書法有異。漢陽吳躍金,與陶交善,云其作書甚秘,不肯示人,純用廓填法,無一筆爲寫出者。廓填法始自六朝人,爲移摹碑帖之用;作書用此,則未之見,宜其板滯無生氣也。梅庵早年字體,全是陶法,惟未廓填,四十以後,始漸變更。(《草堂之靈》卷九,頁一六八至一六九)

　　案:本年十月十五日條所引陶濬宣致繆荃孫函,謂欲以所書屏聯寄繆荃孫,而未悉其寓址,故寄於公處,請爲代陳館内。考南洋勸業會於是年四月廿八日開幕,則是書當作於五月至十月間。

七月五日(8月9日),學部覆電,未肯寬限招生,飭公按照部咨補習班辦法辦理。

　　學部根據普通教育司的簽札意見回復李瑞清説:"查中學及初級師範二年生,若准考升補習班,恐各屬中學堂和初級師範學堂必至因之掣動,且此項二年生加習三年畢業,原可升入優級公共科,何必移此就彼,仍應按照部咨補習班辦法辦理。"(《清季學部檔》宣統二年七月五日,學部:"咨兩江總督轉飭江寧提學使司准此。"轉引自蘇雲峰《三(兩)江師範學堂——南京大學的前身,1903—1911》,頁六三)

七月六日(8月10日),主持教育館研究會,并請黃炎培代布研究要旨。

　　《南洋勸業會研究會之教育研究談》:本月初六日下午五時,勸業會研究會假勸業會公議廳開教育館共同研究大會,先由會長李梅庵學使宣布秩序,并請黃韞案:當爲韌。之君代布研究要旨如左。教育館研究要旨:一、研究其關係於國民教育如何。甲、合於國民教育者;乙、妨礙國民教育者。一、研究其關係於生活教育如何。甲、合於生活教育者;乙、妨礙生活教育者。其係生徒成績亦應先研究其適合程度與否。其係教育用製造品應並研究其適用與否及價廉與否。研究時之注意:教育館之應有而無者;教育館之應無而有者。(《時報》8 月 21 日)

《本會經過之事實》大事記:初六日,假公議廳開教育館公同研究會,由俞子夷君、費公直君,薛公俠君、陳師曾君(衡恪)、廖堂君、戈朋雲君(忠)次第演說;駐所幹事黄韌之君代沈叔逵、楊月如二君報告研究會情況;姚孟塤君演說研究教育館應注意之點。(《南洋勸業會報告》頁二)

七月上旬,致函鵬光典,邀其出爲留美預備學堂發起人。

《致鵬光典函》:理卿老前輩京卿閣下:不侍杖履,懷仰滋深。入秋仍熱,起居如何? 今年考留學生,合格實難其人,江南且如此,它更可知。將來太半教會學生居多數,爲可憂也。比上海葉鈞等組織留美預備科,前輩爲學界斗山,乞出爲發起人。葉鈞等求清紹介於左右,并帶功課表,指示而主持之,感且不朽。毒熱,伏冀珍衛。侍瑞清敬上。(西泠印社 2019 年春季拍賣會 2444)

七月中旬,與袁體乾、黄賓虹等興留美預備學堂。

《留美預備學堂招生》:自政府預定每年咨送留美學生,一時學界青年無不思奮志壯游,然或礙於所學之不同,或阻於程度之不及,恨不得一相當學堂以爲預備之地。北京雖曾設立,而亦有所限。同人等有鑒於此,乃組織斯校,所有功課咸參照北京所考及美國各大學科目程度,斟酌損益,務使卒業後往北京應考而有餘,直入美國大學亦無不足。卒業後,成績最優者本校且可出資直送美國。想有志青年得此當無不踴躍也。本學堂卒業定爲五學年十學期,先開第三第五兩學期,第一學期亦可爲初學者開班,但人數過少則否。所有各班功課表及本校考取各科程度於報名處取閱可也。報名處:上海英租界望平街世界社及西門外斜橋。本校考期:七月十五日至二十午前八時起。開學:八月初一日。

發起人:李瑞清、袁體乾等同啓。(《時報》8 月 11 日)

　　黃賓虹《九十雜述之二》:辛亥革命前,余屢至金陵。兩江師
範監督李梅庵瑞清、蒯理卿觀察光典,約我興學,余任滬留美預備
校文科,聘德國人阿特梅氏。(《黃賓虹文集‧雜著編》頁五七三)

　　黃賓虹《自敘生平》:遜清之季,士夫談新政,辦報興學,余游
南京……歷任神州時報各社編輯及美術主任、文藝學院院長、留
美預備學校教員。(《黃賓虹書信集》頁七二二)

七月十四日(8 月 18 日),赴劉子健招飲,繆荃孫、吳慶坻在座。

　　《藝風老人日記》七月十四日:劉子健招飲,菜佳,子修、枚庵
同席。(頁二三〇三)

七月中下旬,留美預備學堂開設特別班。

　　《留美預備學堂廣告》:本校應各處學生要求開一特別班,程
度較第六學期高、第七學期低,其功課爲國文、英文、德文、物理、
化學、三角、外國歷史、世界地理,除國文外,概用國文教授,尚有
餘額。程度有相當而願入此班者,可例外投考。已經考取之學
生,須於開學期(八月初一)前一律進堂。李瑞清、袁體乾同啓。
(《時報》8 月 27 日)

七月二十五日(8 月 29 日),留美預備學堂續行招考。

　　《留美預備學堂廣告》:本校校舍原在西門,嗣因報名者過多,
恐不能容,乃改定愛爾近路均益里百二十五號。惟尚須整理,未
便遽遷,所有考試學生仍在西門斜橋本校事務所執行。又外埠投
考者多以道遠時迫,紛紛來函,求寬考期。本校造就人材,非限於
一隅,故於七月二十五日續考一次(在愛爾近路本校考),以勉副
遠道諸君之望。報名則七月二十日一律截止。李瑞清、袁體乾等
同啓。(《時報》8 月 18 日)

七月三十日(9 月 3 日),赴徐紹楨、吳康年三醉樓招飲,劉福姚、林開
謩、金武祥、梁紫波同席。

　　金武祥《粟香室日記》七月三十日:辛未。雨,午刻止。固卿

統制、吳湘臬觀察邀至三醉樓午飲，同席：劉伯崇殿撰、李梅庵提學瑞清、林詁書觀察開謩、梁紫波太守。（《上海圖書館藏稿鈔本日記叢刊》冊五一，頁二四〇）

七月，臨《禮器碑》并跋其後。

《道人禮器臨本》：余於漢碑中獨喜《禮器》，以其文章爾雅，公羊家言也。漢之治《春秋》者以胡毋生、董仲舒最著。胡毋生年老歸教於齊，齊之言《春秋》者宗事之。仲舒之學，唯東平嬴公守學不失師法，授魯人眭孟，魯之言《春秋》緜眭孟。眭孟授東海嚴彭祖、魯人顏安樂，於是《春秋》復有嚴、顏之學。建武以後，嚴、顏之學乃大行於齊、魯之間。此碑撰書無主名，大抵治顏氏學者也。其書則上承殷甌版文，下開《啓法》、《龍藏》二碑，河南《聖教》是其適嗣，北海《李思訓》寔用其法。余友吳漢濤先生，其好與余同，校核尤嚴，余此紙當求論定之。漢濤蒐羅此碑凡五本，有明拓殘本最精。又以巨金景陶齋尚書本，今存余齋。同年萬梅崖藏有元拓本，與道州何氏本同時所拓，梅崖嘗言，見有永壽字不損本，今不知藏何所。萬精鑒賞，必不妄言，乃著於此，以備後之好事者有所參考焉。宣統二年七月，新秋徹涼，書於桐陰下。李瑞清并識。

案：該書有己未夏曾農髯署檢。跋文載《清道人遺集佚稿》，文略異。

是月，跋瞬齋所藏《譙敏碑》。

跋《漢譙敏碑》：《譙敏碑》體骨峻美，文亦樸茂，偶一臨橅，古趣橫生，不翅神遊兩漢。今石已毀矣，海內存本率皆贗鼎，道州何氏本與此相同，而清晰完整不如也。瞬齋年兄精賞鑒，藏名碑甚夥，此其一也。予把玩不忍釋手，書茲數語，以志不忘。宣統二年七月，李瑞清。（有正書局）

是月，鄒呈桂調任南京大清銀行經理，與公相識。

《鄒呈桂自述》：鄒呈桂，字頌丹，居錫城東河頭巷……庚戌七月,調任南京大清銀行經理,獲交恩施樊雲門增祥、臨川李梅庵瑞清、湘潭吳康伯璆、南陵徐積餘乃昌諸公。(《錫金游庠同人自述彙刊》册下)

八月一日(9月4日),赴全國報界俱進會大會,公演説報紙與國民教育之關係及其對報界之希望。

　　《報界俱進會大會紀事》南京:初一日午後一時,全國報界代表數十人開俱進會大會於南京勸業會公議廳,各界來賓約六百人。是日因勸業會事務所諸公發起開歡迎會,故會場之次序先開者爲歡迎,次則俱進會大會也。二時許,首山陶賓南君宣布歡迎之旨趣,次由陳坐辦蘭薰觀察致歡迎詞,次由報界代表汪瘦岑君致答詞,並極言報界利病,所以當改革之理由。復由提學使李梅庵文宗演説報紙與國民教育之關係,及其對於報界之希望,甚具熱誠。次由民政部朱師晦部郎演説全國衛生研究會之必要,並言提倡之法以報界爲最宜,蓋朱君方來寧采集赴德國衛生會出品,並議設全國衛生會也。又其次則爲北京各報代表雷繼興君演説報紙爲民之口,而民爲心,必須心口如一,始有成效之言論,語語精當,聞者鼓掌如雷。語畢,即由郭寶書君宣言閉會。停會數分鐘,復由郭君宣布俱進會開成立大會,並宣讀開會理由書。(《申報》9月7日)

八月五日(9月8日),偕陳慶年訪金武祥。

　　金武祥《粟香室日記》八月初五日:丙子。亥正。白露節。晴。李梅庵提學、陳善餘徵君來。(《上海圖書館藏稿鈔本日記叢刊》册五一,頁二四二)

八月初,兩江師範招生尚未足額,發布通告,再行招考。

　　《兩江優級師範學堂招生通告》:本校第一班優級本科第三類第四類及優級選科三班共一百八十三名於上年畢業,已經赴部覆試,按照優級師範獎勵章程給獎,所缺學額雖經本年正月兩次招生,尚未足額,茲再招考。除移咨江寧、安徽、江蘇、江西提學使教育會外,特此通告。一、學級:公共科、補習班。二、資格:五年中學畢業、初級師範完全科畢業、優級師範選科畢業皆入公共科,二年以上之初級師範簡易科畢業入補習班。三、畢業期:公共科一年畢業入優級本科補習班,三年畢業入公共科。四、納費:照章不收學膳費,但入校時例交保證金洋十元,畢業後退還。五、報名:凡江寧、江蘇、安徽、江西投考各生應先由本籍地方官或教育會勸學所行文送考,或由畢業之學堂送考,非文送及呈驗憑單照片者不收。六、考期:甲、本年九月二十日齊集,乙、明年正月二十日齊集。(《北洋官報》第二千五百六十二冊,頁十一)

稟明張人駿簡易識字學塾利於憲政,江寧各州縣已籌設九十二處。

《寧屬簡易識字學塾之統計》:江督據署江寧提學使李瑞清詳稱,簡易識字學塾關係憲政最爲重要,遵經檄飭各廳州縣依限籌設,俟課本頒到,即行開學。本年正月間,先後據報創設前來。查上元縣籌辦四所,江寧縣一所,元、寧兩縣公立三所,句容縣一所,高淳縣二所,六合縣二所,溧水縣二所,鹽城縣一所,桃源縣三所,山陽縣五所,安東縣一所,阜寧縣一所,清河縣二所,江都、甘泉兩縣官立八所,又甘泉縣一所,寶應縣六所,泰州一所,東台縣一所,揚子縣一所,興化縣一所,銅山縣一所,又擴充四所,蕭縣一所,邳州一所,宿遷縣一所,唯寧縣五所,豐縣二所,通州二十所,海門縣三所,如皋縣四所,沭陽縣三所。除碭山縣稟報開辦未據填明處所外,統計學塾九十二處,均遵奉部頒課本章程辦理等情,當復核無異,已於日前會同蘇撫附片具奏矣。(《申報》11月8日)

案:該摺見《兩江總督張人駿江蘇巡撫程德全奏寧屬各州縣辦理簡易識字學塾成績情形片》(《政治官報》第一千八十三號),於宣統二年九月二十七日奉硃批,則公上稟端方當在八月上中旬間也。暫繫於此。

禀請張人駿奏留管祖式於兩江師範學堂教學，免扣資俸。

　　張人駿《奏中書管祖式留籍辦學請免扣資俸片》：再，據兩江師範學堂監督、江蘇候補道李瑞清詳稱：竊查職堂文學科正教員內閣中書管祖式，於光緒二十九年考取兩江師範學堂教員，練習期滿，三十年派充文學科正教員。三十二年十月，又優貢教職報捐內閣中書，到閣當差。三十三年，請假回籍，仍留職堂充文學科正教員，曾經咨部有案。職堂優級分類及選科各班學生畢業，該中書始終其事，幸底於成。現擬回京供職，惟查該中書文藝素嫻，殫精小學，熱心教授，幾六七年。現值開辦文科伊始，尤需專門文學教材，擬留該中書仍舊在堂，以資授課。惟京秩資俸所在，誠恐向隅。查奏定章程，奏調京員辦理學堂必須充當總理或監督、總分教習者始准免扣資俸，職堂輿地科正教員庶吉士雷恒經前督臣周馥照章奏留，免扣資俸，光緒三十一年七月奉硃批："吏部知道。欽此。"本年，浙江撫臣增韞奏請以內閣中書陸家鼎充農業教員，免扣資俸，亦經奉旨允准。該中書事同一律，應請照章奏留，免扣資俸等情前來。……宣統二年九月二十七日奉硃批：允行，該衙門知道。欽此。(《政治官報》第一千八十九號)

八月二十三日(9月26日)，繆荃孫致函與公。

　　《藝風老人日記》八月廿三日：致李梅庵一束。(頁二三一四)

八月底，晤敬安於金陵，並約重陽日掃葉樓登高。

　　《八指頭陀年表》一九一○年：八月至南京，與俞恪士、陳伯嚴等交游，九月還山。(《八指頭陀詩文集》附錄)

　　釋敬安《江南重晤李梅庵學使二首并約九日掃葉樓登高》其一：秋風吹桂棹，重到石頭城。坐對黃花晚，微看白髮生。幽情閒自遣，宦情薄彌清。喜近重陽節，高樓掃葉迎。其二：相交二十載，結契亦云深。自適孤雲意，聊存出世心。債多惟典帖，靜極不鳴琴。應愛枯禪至，清言愜素襟。(《八指頭陀詩文集》頁四一八至四一九)

案：是詩亦載《國風報》第一年第三十一號。

吳罔贈公高郵湖蟹八百跪，三日盡啖之，適瞻園有詩鐘之集，樊增祥戲擬一聯，時呼公爲李百蟹。

王漢章《詩夢鐘聲集》：吳闓生都轉嘗以高郵湖蟹八百跪贈李梅庵提學，三日盡啖之。適瞻園有詩鐘之集，梅庵在座，題爲蟹深二唱。樊山師戲拈一聯云："百蟹文中三日飯，智深和尚一身花。"蓋梅庵連娶連喪者三，嗣遂節慾獨居，不再作好逑之計，而最嗜飲饌，脫飯精蔬，其食單爲一時巨擘，故以花和尚魯智深喻之也。（《如廬詩鐘叢話初編》頁七四至七五）

寒山《清道人逸事》：道人有李百蟹之稱，嘗叩之道人小阮仲乾同社，答謂良信。某日與樊山角，樊山食至三十餘，已覺無腸公子在其腸中大起衝突，立降降幅，敬告不敏。而道人從容談笑，若有餘味。面前蟹殼，堆積如山，樊山數之，適符百數。百蟹之名，因以大著。（《明星畫報》1925年第7期）

陳三立《謝琴初惠湖蟹》其二：道士高名百蟹傳，李道士往官金陵，嘗食蟹百枚，時呼爲李百蟹。只疑白下蟹如錢。欲看涎滴胡侯坐，風味參差話昔年。（《散原精舍詩文集》頁四九五）

柴萼《梵天廬叢錄》：梅庵食量殊宏，在滬一日盡百蟹，故謂之"李百蟹"，與"李北海"音混。（頁三一五）

盧前《侯莘生吃鴨》：冬飲師談，里中食量之大，無出侯六先生右者……時人比諸李百蟹，然清道人食蟹只取蟹黃，六先生之於鴨無所擇焉。（《冶城話舊》頁四三三）

楊鈞《奢儉》：友人中之善食者，推李梅庵第一。若享以西菜，必備二十皿；蟹必百枚而後飽，故人呼爲"李百蟹"。（《草堂之靈》卷五，頁八一）

案：王漢章所記前第二條記庚戌八月事，前一條亦庚戌事，後一條記辛亥事，則此事當在庚戌八月後也。柴萼謂在滬後食百

蟹，故謂之李百蟹，殊乖其實。陳三立詩注謂公官金陵時已有此
號，陳衍辛亥十二月懷公詩亦有"百蟹撐腸李北海"之句，皆可參
證。又，此事陳邦賢《自勉齋隨筆》頁一〇一、《退醒廬隨筆》頁一
二三、朱祖延《聞見録》、龐樹柏《抱香簃隨筆》等皆載之，可參考。

九月初，敬安於俞園觀公手書楹聯有感，遂贈以詩。

　　釋敬安《俞園觀李提學書楹聯有贈》吾憐李翰林，一字抵千
金。看寫澄心紙，如聞焦尾琴。清風滌殘暑，落日動微吟。坐覺
楓林晚，蕭森秋夜深。（《八指頭陀詩文集》頁四一九）

九月九日（10 月 11 日），敬安夢與公等登掃葉樓，覺後有詩紀之。

　　釋敬安《重陽日夢與王梧生户曹李梅庵俞恪士兩學使蕭稚泉
少尉登掃葉樓分韻賦詩余拈得樓字立成七律一首覺而不忘録以
紀異並志夢痕》：九日重來上此樓，青山如舊葉皆秋。豈無載酒題
糕興，已有攀天蹈海愁。強折黄花笑將插，卻搔白髮短還羞。群
公應抱匡時策，早使新亭涕淚收。（《八指頭陀詩文集》頁四一九）

　　案：《民權素》第五集刊載此詩，題爲《夢重陽日與王梧生户曹
李梅庵俞恪士兩學使蕭稚泉少尉登掃葉樓分韻賦詩余拈得樓字
立成七律一首覺而不忘録以紀異並志夢痕》，與此稍異。

九月十二日（10 月 14 日），過繆荃孫雲自在龕小飲，購《蘇集》兩部，傅春官、沈曾植、林開謩、朱祖謀、胡復修、劉體乾、陳慶年、夏蔭庭在座。

　　《藝風老人日記》九月十二日：約若生、子培、貽叔、枚庵、古
微、復脩、健之、善餘、印庭小飲雲自在龕。李枚庵購《蘇集》兩部，
古微兩部。（頁二三一八）

九月十四日（10 月 16 日），與同人集於韜園，發起佛學研究會，沈曾植、鄭孝胥、蒯光典、李世由、楊文會、張謇、朱祖謀、陳三立、俞明震、陳慶年、諸貞壯、桂念祖、歐陽漸、李証剛、狄葆賢等在座。

　　《佛學研究會成立》：十四日在南京大中橋韜園地方發起人到

者二十餘人，當議訂簡章數則，定名爲佛學研究會，至旁夜方散，當日發起會員爲：沈子培、楊仁山、蒯禮卿、鄭蘇堪、張季直、朱古微、陳伯嚴、俞恪士、李梅庵、魏季詞、陳善餘、諸貞長、王雷夏、趙仲宣、易季復、魏蕃實、梁慕韓、蒯若木、李曉暾、梅擷雲、梅斐時、陳宜甫、桂伯華、歐陽鏡吾、余同伯、李正剛、歐陽石芝、狄楚青等。當即舉定楊仁山先生爲會長，沈子培、蒯禮卿兩先生爲副會長，並議定以上海爲通信總機關。（《時報》10 月 24 日）

　　楊文會《佛學研究會小引》：今時盛談維新，或問佛學研究會維新乎？曰：非也。然則守舊乎？曰：非也。既不維新，又不守舊，從何道也？曰：志在復古耳。復古奈何？曰：本師釋尊之遺教耳。方今梵刹林立，鐘磬相聞，豈非遺教乎？曰：相則是矣，法則未也。禪門掃除文字，單提念佛的是誰一句話頭，以爲成佛作祖之基，試問三藏聖教有是法乎？此時設立研究會，正爲對治此病。（《楊仁山居士遺著》册七《等不等觀雜録》卷一）

九月二十一日（10 月 23 日），與同人發起全國農務聯合會，並於南洋勸業會公議廳開成立大會。

　　《全國農務聯合會發起通告書》：敬啟者。同人發起全國農務聯合會，區區之意，具詳緣起。方謇等發議於江寧，與燕、鄂、贛、皖諸君子擬就草章，而廷弼等同時發議於上海，時會所趨，目的斯一。爰就會章初稿公同脩正爲第二次草案，并述緣起，一併印布。訂九月二十一日在南京城北南洋勸業會場公議廳開成立大會，公決章程辦法。所冀各省農務總會、分會、農業學堂、農業公司以及有關農業大團體俛賜贊同，推舉代表蒞寧與會，其熱心農務諸君子一體贊同蒞會，各先開示姓氏、籍貫、職業、通信處或所代表之團體名稱，跂禱無量。假定事務所設南京城北丁家橋江蘇諮議局、上海西門外江蘇教育總會。伏希公鑒。

　　發起人：江蘇：張謇、周廷弼、馬良、徐鼎霖、蔣炳章、李鍾珏、黃繼曾、沈懋昭、蘇本炎、沙元炳、雷奮、楊廷棟、沈恩孚、史家修、洪錫範、孟森、黃炎培。直隸:王樹善、孫鳴皋、蘇玉琪、錢賓書。
湖北:湯化龍、張國溶、胡瑞霖、馬中驥、羅會垣。江西:李瑞清、陳
三立、劉樹堂、梅光遠、龍鍾沘。浙江:梁有立、蔣志培、張廣恩。
安徽:秦其增、江廣、江鈞、李鴻才、江朝棟。四川:徐炯、魏懷熙、
朱國琛、魏葆光、傅崇榘。湖南:向瑞琨、童光業。廣東:梁祖禄、
鄧世勛。福建:張國淦。山東:曹杰、韓瑋森。陝西:呂根敬、朱蔭
潤。奉天:陳振先、鄧純昌。吉林:高振鋆、馬良驥。黑龍江:程阜
常、先化南、張習旭同啓。(《江寧實業雜誌》第三期,頁六至八)

九月二十五日(10 月 27 日),繆荃孫來辭行。

　　《藝風老人日記》九月廿五日:詣徐固卿、陳伯年、楊子烋、李
梅生、吳闓生辭行。(頁二三二一)

九月二十六日(10 月 28 日),與樊增祥、吳對、王瓘送繆荃孫赴京。

　　《藝風老人日記》九月廿六日:甲寅。晴。樊山、梅庵、闓生、
孝禹來送行。(頁二三二一)

九月,爲汪嘉棠畫山水扇面。

　　山水扇面款:南田翁論畫最喜荒率,此中冷寂枯淡之境,非肉
食人所能領略也。庚戌九月畫呈叔芾先生知音一笑,弟李瑞清。
(上海嘉泰 2011 年秋季拍賣會 0509)

是月,爲敬安冷香塔題額并書聯。

　　案:《李瑞清先生書冷香塔苑》圖曰"冷香塔苑。宣統二年九
月,李瑞清"。聯曰"傳心一明月,薶骨萬梅花"。(《海潮音》1932
年第 13 卷)又,敬安《冷香塔院自序碑銘》曰:"余既剃染之四十二
年,爲宣統己酉,主天童九載矣。其冬六旬初度,寄雲首座自潙山
來,爲卜地建塔,得寺左之青龍崗,即愚谷禪師掃密庵塔所吟'青
鳳山前古澗邊'處也。又以左東谷右太白,巍然獨立萬山中,更名
中峰。余喜其四面軒豁,巖岫松蘿羅列,若几案前凳石成塔。三
中備,他日瘞骨,左右懸待首領清衆。覆屋三楹,屋旁環植梅樹,
余性愛梅,擬以疏影暗香爲清供。工訖,顏曰冷香,書白梅舊作於

壁。"可參考。

秋,上稟張人駿,請獎兩江師範學堂教習及管理等員數十人。

《本署司詳復奉飭核議兩江師範學堂教授管理辦事出力人員照章分別請獎及刪減各員文》:爲詳復事。竊奉憲台札開:據兩江師範學堂詳稱,竊職堂奉前督憲張於光緒二十九年正月奏請創辦,原奏先行舉辦練習教員,一年後再分年招考寧、蘇、皖、贛三省師範生,以儲備各州縣中小學堂教員之選。三十年,各教員練習期滿,招生開學,第一屆一年最速成科學生畢業五十九人,第二屆二年速成科畢業二十六人,第三屆三年初級本科學生畢業三十二人。歷經先後,照章造冊報部,其速成科及本科生並蒙詳請准照初級師範簡易科奏請獎勵各在案。其優級師範完全科及選科各生係於上年十二月同時畢業,計理化數學分類科三十五人,農學博物分類科四十六人,理化數學選科三十一人,農學博物選科三十八人,圖畫手工科三十三人,並於本年三月遵章送京復試,業蒙學部考試分等奏準給獎,復在案。至歷屆辦理之補習科、公共科及選科之豫科畢業各生共五百五十四人,經陸續屆期考驗合格,升入本科,現均留堂肄習功課。綜計自光緒二十九年開辦,扣至本年六月前後,將及八年,其學生畢業照章準得獎勵者二百四十餘人,畢業報部、留堂升學者又六百餘人。所有在堂教員、管理、辦事各員任差多年,教科則力求完備,規則則務期嚴明,勞怨不辭,均不無微勞足錄。伏查《奏定學務綱要》,內載學務員紳每屆五年准獎一次,又政務處奏准,並以成就學生人數爲衡。職堂開辦已近八年,畢業學生人數在八百以上,自職道接辦以來,五年於茲,夙夜兢兢,勉圖報稱,職守所在,不敢仰邀獎敘。惟在堂各員認真辦事,其年月最久,深資得力者實居多數,自應照章呈請保獎,以酬勞勘而資激勸。茲擬照五年准保異常勞績,三年准保尋常勞績請獎定章,將各員姓名、職務及到差、離差年月開單呈請,俯賜察核,准予奏請給獎。(下略)

《本署司詳復奉飭核議兩江師範學堂日本教員請奏獎文》：爲詳復事。奉憲台開：據兩江師範學堂詳稱，竊職堂自開辦以來，各種學科多係延聘日本專門教習擔任教授，其圖畫科教習係聘用日本文部省允許圖畫科教員資格亘里寬之助，自光緒二十九年開辦時即經到堂，至上年六月始辭退回國。手工科教習係聘用日本高等工業學校教室杉田稔，亦係光緒二十九年開辦時到堂，三十三年十二月辭退回國。該二員在堂均滿五年，指導多方，成效卓著。總教習日本文學士松本孝次郎於光緒三十二年四月到堂，除按鐘點任教育學科外，兼總理各東教員課程，四年以來，孜孜不倦。又音樂科教員日本東京音樂學校教師右野魏於光緒三十二年四月到堂、教育科教員文部省允許教育科及論理科教員資格松浦枺作、博物科教員理學士志賀實、粟野宗太郎等均於光緒三十三年七月到堂，總計各教員在堂亦均閱時三年，教授各班專門學科，畢業成就人材甚衆。現職堂正擬援照《奏定學務綱要》准獎學務員紳定章，將在堂出力人員擇尤請獎。該日本教習事同一律，自未便没其勞勩，合亟仰懇憲台准援外務部奏定各學堂教習給與寶星章程，奏請照章給獎，以資鼓勵。（下略）

《本署司詳復奉飭核議兩江師範學堂教務長翰林院檢討雷恒請援案奏獎文》：爲詳復事。竊奉憲台札開：據兩江師範學堂詳稱，竊職堂自光緒二十九年奉前督憲張奏請創設，開辦至今，將及八年之久，畢業學生照章准得獎勵者二百四十餘人，畢業報部留堂升學者又六百餘人。所有在堂教員管理辦事各員，除經援照定章擇尤開單詳請核獎外，至職堂教務長翰林院檢討雷恒總持教務，學識宏深，志量淵雅，自光緒二十九年五月入堂，三十年練習期滿，畢業任文學輿地教員，三十一年九月任教務長，奏留供差已逾五年，舉凡教科之完備、教規之嚴明，均係該員不辭勞瘁，認真辦理。是職堂各事悉資擘畫，其勞勩實較別員爲尤甚，自應援照江南高等學堂辦學期滿教務長翰林院編修繆荃孫賞加四品卿銜成案奏請給獎。所有詳請附奏職堂教務長獎勵緣由,理合具文詳請,仰祈鑒核,俯賜附片奏請,將該員賞加四品卿銜,俾資激勵,伏候鈞示批准。再由職堂開具年歲、籍貫、履歷清冊,詳請咨部照章奏獎等情到本部堂。(下略)

《本署司詳復奉飭核議兩江師範學堂練習教育服習應援章請奏獎文》:爲詳復事。竊奉憲台札開:據兩江師範學堂詳稱,竊職校於光緒二十九年經前督憲張奏准創建,並先行開辦,練習教員,畢業後留堂任用,派充教員、管理員服習義務各在案。伏查該員等學識宏通,辦事勤慎,職校設立之始,由各省官紳保送,經前督憲先後考取官立優級師範學堂教習,其程度本在初級師範完全科畢業、中學畢業堪充小學堂教習者之上,復與具有專門學識之日本教習互換知識,練習教授、管理法及各科學。自光緒二十九年五月、十月先後開學,至光緒三十年十月畢業,練習之期皆在一年以上。留學服務歷年較多,自與延聘者有別。查宣統元年二月二十五日,學部奏給出洋學習師範畢業獎勵,以習師範者須效力義務,未能再入他項學校獎勵,遂所不及。現亦興學孔亟,師資缺乏師範人材,自應特予鼓勵,而此項學生轉以效力義務之故,不得出身獎勵,似非持平之道等因,該員等考充優級師範學堂教習,徒以效力義務,不得出身獎勵,其非持平實較出洋師範班爲尤甚。且出洋學習尋常師範班及專爲中國設立之長期師範班,其學期不及五年,然猶得照初級師範完全科優等畢業獎勵,該員等具有優尚之資格,以之俯從初級師範簡易科中等畢業獎勵,雖其學期稍有不足,與師範班相同而較,資實已多所降抑。且職校設立在未經奏定學堂章程之先,前督憲張特奏練習教習專章,誠有如光緒二十九年三月初五日學部議奏所謂"體會精審,用以知該督用心之密"者,決非他項學員所能比擬。除未在職校服習義務及服務未久因事出校及自有出身等員,毋庸另請給獎出身;又盧重慶、汪開棟、趙爾枚、張永熙、陸長康等員現在本校服務,因未滿五年,應俟五年期滿再請獎予出身外,其都鴻藻、李鴻才、戴汝定等員在堂服務已滿五年,擬請按照出洋師範班畢業盡義務期滿,照初級師範畢業優等獎給出身官階,仍照教員五年期滿准保升階之例遞降二等,照初級師範簡易科畢業中等義務期滿獎給師範科貢生,仍照教員五年期滿准保升階,再減簡易科中等畢業獎勵之加銜。似此斟酌變通,於鼓勵之中仍寓裁成之意。可否奏請給獎之處,伏候憲裁等情,並清單到本部堂。(下略)(《江寧學務雜誌》第十期,頁十六至二五)

案:據《兩江總督張人駿奏兩江師範學堂管理等員請獎摺併單》(《政治官報》第一千一百八十七號,頁一五至一八),《本署司詳復奉飭核議兩江師範學堂教授管理辦事出力人員照章分別請獎及刪減各員文》所開具之清單爲:"江蘇特用知縣張通謨擬請免知縣,以直隸州知州仍歸江蘇補用;揀選一等舉人分省試用知縣汪律本擬請免補本班,以直隸州知州分省補用;分省試用直隸州知州汪秉忠擬請免補直隸州知州,以知府分省補用;同知銜不論雙單月儘先即選知縣戴汝定擬請免選本班,以直隸州知州遇缺即選;分省試用府經歷李鴻才擬請免補府經歷,以知縣分省補用;舉人陸軍部車駕司七品筆帖式崇樸擬請免補筆帖式,以主事仍留原部,遇缺儘先即補;揀選分發浙江試用鹽大使捐升知縣曹緒祥擬請仍以知縣歸浙江補用;內閣中書管祖式擬請免補本班,以主事分部儘先補用;分發河南知縣徐淮生擬請免補知縣,以直隸州知州仍留原省補用;分省試用直隸州州同顧厚輝擬請免補本班,以知州分省補用;安徽試用直隸州州同季光鏡擬請免補本班,以知州仍歸原省補用;通判職銜陳名驥擬請以通判不論雙單月儘先選用;鑾輿衛經歷葉基勤擬請免補本班,以同知分省補用;附生佘恒、都鴻藻均擬請以縣丞不論雙單月選用。以上十五員供差已及五年,現仍在堂,擬請照異常勞績保獎。附生盧重慶、倪寶琛,廩生包榮爵、陸長康,江南匯文書院畢業生趙祐、趙士法,縣丞職銜高秉彝均擬請以縣丞選用；江蘇試用縣丞趙爾枚擬請俟補缺後以知縣用；附生汪開棟、許誠府，經歷職銜鍾育華均擬請以府經歷選用；鹽大使職銜廩貢生張永熙擬請以鹽大使選用；副貢生就職直隸州州判徐紹端擬請俟補缺後以知縣用。以上十三員供差已及三年，現仍在堂，擬請照尋常勞績保獎。道員用江蘇候補班補用知府汪文綬擬請賞給三品封典，俟過道員班加二品頂戴，以上一員現已離堂，因供差已及五年，開辦之初，一切皆該員經畫，其勞勤實非他員可比，擬請照異常勞績保獎；揀選一等舉人分省試用知縣蔣與權、同知銜河南補用知縣侯必昌、補用知縣張曾謙均擬請俟補缺後以直隸州知州補用；舉人寶昀擬請以知縣儘先選用；廩貢生陳貞瑞擬請以縣丞俟指分到省後試用；湖北試用縣丞任元德擬請俟補缺後以知縣仍歸原省補用；候選縣丞增貢生周培懋擬請俟得缺後以知縣歸部選用；江南陸師學堂畢業生附生周恩綸、江南陸師學堂畢業生葉文萃均擬請以縣丞選用；歲貢生吳榮萃擬請俟試署審判廳推檢，即按試署之級准以應升之級候補；吏部候補主事隨勤禮擬請賞加四品銜；江蘇議敘知縣朱椿林擬請俟補缺後以直隸州知州仍留原省補用；江蘇試用巡檢吳培垚擬請俟補缺後以縣主簿補用；歲貢生楊邦彥、江南陸師學堂畢業生增生池涵光、廩貢生徐德培均擬請以府經歷縣丞選用；拔貢生黎承福擬請俟就職補缺後以知縣用。以上十七員現已離堂，因在堂已及三年，擬請照尋常勞績保獎。"

十月初，稟明張人駿簡易識字學塾利於憲政，江寧各州縣已籌設九十二處。

《寧屬簡易識字學塾之統計》：江督據署江寧提學使李瑞清詳稱，簡易識字學塾關係憲政最為重要，遵經檄飭各廳州縣依限籌設，俟課本頒到，即行開學。本年正月間，先後據報創設前來。查上元縣籌辦四所，江寧縣一所，元、寧兩縣公立三所，句容縣一所，高淳縣二所，六合縣二所，溧水縣二所，鹽城縣一所，桃源縣

三所,山陽縣五所,安東縣一所,阜寧縣一所,清河縣二所,江都、
甘泉兩縣官立八所,又甘泉縣一所,寶應縣六所,泰州一所,東台
縣一所,揚子縣一所,興化縣一所,銅山縣一所,又擴充四所,蕭
縣一所,邳州一所,宿遷縣一所,唯寧縣五所,豐縣二所,通州二
十所,海門縣三所,如皋縣四所,沭陽縣三所。除碭山縣稟報開辦
未據填明處所外,統計學塾九十二處,均遵奉部頒課本章程辦理
等情,當復核無異,已於日前會同蘇撫附片具奏矣。(《申報》11 月
8 日)

十月三日(11 月 4 日),**將兩江師範選科畢業生名册上呈學部,請發
給文憑。**

　　《江寧學司呈請發給兩江師範選科生畢業文憑》:署理江寧提
學使爲呈請事。准兩江師範學堂咨稱:案照學部定章,高等以上
各學堂畢業文憑及存根簿應歸本部刊印備用等因,奉經遵照辦理
在案。敝學堂圖畫手工選科乙班及歷史輿地選科兩班學生,均於
本屆年終照章肄習期滿。查本□學堂畢業文憑條例第九門,按照
人數呈繳工價,請領若干張,并准於定數外每次多領備號文憑若
干張,如填寫錯誤時,准其更換。其有因事故未與畢業考試者,准
將文憑暫存本堂,俟補考時仍行發給。惟其剩餘空白及錯填作廢
之文憑,須一律繳銷,以備核數等語。敝堂兩班畢業□□□計六
十八名,應領畢業文憑六十八張,並請備號文憑十張,共七十八
張。此項文憑奉定工價銀每張一錢,該銀七兩八錢,如數備齊,理
合先行造具畢業人數姓名清册,連同銀兩一併備文咨請查照,轉
詳學部,照數請領等因,并清册及工價銀兩到司。准此,理合連同
清册具文呈請,並將文憑工價銀兩備批交由商□□□□鈞部鑒核
兑收,俯賜印掣,批回備案,並將前項文憑如數□□下司,以便轉
給,實爲公便。爲此備由,呈乞照驗施行。須至呈者。計呈送清
册一本,并文憑工價銀七兩八錢,解批一紙。右呈學部大堂。宣
統二年十月初三日,署提學使李瑞清。("國史館"檔案,轉引自

《南京大學校史資料選編》頁一三○)

十月八日(11 月 9 日),爲王曉籟篆題齋額。

磊厂。曉籟仁兄法家以磊名其厂,因爲瑑其額。宣統二年十月欲霽,李瑞清。(上海崇源 2009 年春季拍賣會 0446)

案:檢《藝風老人日記》,該月惟初七日雨,初八日微晴,故繫於此。

十月十五日(11 月 16 日),陶濬宣致書繆荃孫,屬其代爲致意於公。

陶濬宣《致繆荃孫書》:筱珊老哥先生同年閣下:滬江握手,快敍別悰,匆匆又八年矣……聞南洋勸業會場有美術館,夫書畫爲美術之要素,楷法自李唐以後,古意寖亡,下逮宋元,愈趨愈謬。自乾嘉諸老提倡古刻,北朝碑碣漸次發明,書學亦漸冀復古。而近年學堂,文字日趨簡便,兼習外國文,致八法將成絕學。弟幸得病翠回春,勉書擘窠大字兩聯,又屏條四幀,正擬奉寄先生代陳館中,以爲後學識途之馬,因未悉貴寓地址,故寄李梅庵提學,屬爲代陳,並請先爲致意先生。未知已達到否?更爲先生另書楹帖一聯並呈。近刻拙書碑版數種,敬求正字,藉此石緣,以當面晤。肅請道安,鵠盼福玉不具。年愚弟陶濬宣頓首。庚戌十月十五。

雲門方伯同年、梅庵學使均代致意。

賜書交郵局寄紹興東湖法政學堂。(《藝風堂友朋書札》頁六七七至六七八)

十月二十七日(11 月 28 日),赴王仁東之約於旅泰,鄭孝胥、徐蓉甫在座。是日,江蘇教育總會黃炎培、王立廷、夏仁瑞調查高等商業學堂職員互訐事,撰文呈公定奪。

《鄭孝胥日記》十月廿七日:赴旭莊之約於旅泰,晤徐蓉甫、李梅庵。(頁一二九一)

《江蘇教育總會咨呈署寧提學李文》(調查江南高等商業學堂

職員互訐事）：爲咨呈事。敝會前以江南高等商業學堂疊起風潮，
職員互訐，當經函屬會員黃炎培、王立廷、夏仁瑞確切調查，並奉
照會派員會查等因各在案。現黃炎培等調查事竣，報告到會。據
述，該校教務、齋務、庶務以所見偏於局部，致主張不免參差，監督
未能駐堂，釁之所生有總原因在，持論極爲正當。又述該教務長
取巧情形，是全持金錢主義以辦學，非持教育主義以辦學，欲養成
該校學生之商業道德，蓋難言之。合將調查報告另紙錄呈察核，
應如何嚴加整頓，以祛積習而正校風之處，即候裁奪施行。須至
咨呈者。黃炎培、王立廷、夏仁瑞調查報告。

　　十月二十二日，炎培、立廷、仁瑞奉唐、張兩會長委任書令調
查高等商業學校事……二十七日同往商校，所與晤談者監學陳君
以升、教務長談君荔孫、文案梁君棻、司帳員周君士琢（時監督病
未到堂）、中等監學殷君崇亮、庶務陳君慶第，參合言論，徵求事
實，窮一日之力，得其概要……綜而觀之，此次九月十二日學生閧
鬧飯堂之事，構之者恐非一端，積之者亦非一日。據校中人言，閧
鬧之頃，庶務長、教務長乃至監學均不在堂。據議事簿所記，平日
齋務賬、庶務長、雜務檢察均不與學生會食，然則食事之菲劣與校
生之閧鬧釀之者正自有因。及閧鬧不已，竟將各種帳簿發令學生
查核，異哉。學生爲求學而來，方當勗以壹志潛修，勿斤斤於飲食
細故，乃先事不能整頓，臨時復倒行逆施，亦何怪學風之讋張至於
此極。無論管理、庶務，恐均有不能辭咎之處。抑更有進者，教
務、齋務、庶務以所見偏於局部，致主張不免參差，此亦情之常，所
賴監督以統一之眼光、正當之方法調劑於其間。今黃監督因病未
能駐堂，則釁之所生，又自有總原因在，策改良者其知所從事乎？
（《時報》12 月 3 日至 5 日）

十月二十八日（11 月 29 日），訪鄭孝胥。是日，到道拜會。

　　《鄭孝胥日記》十月廿八日：李梅庵來。（頁一二九一）

　　官事：署理江寧提學使司李瑞清昨日到道拜會。（《申報》11

月30日)

十一月,集《易林》句書聯。

　　《李瑞清書聯》:結網得鮮,畊田得黍;受福安坐,拱手安居。宣統二年十一月,集焦延壽《易林》句。傑廷仁兄法家正之,弟李瑞清。(《永安月刊》1941年第29期頁五)

是月,節臨《鄭文公碑》。

　　節臨《鄭文公碑》款:渾穆精古,而中有英鷙之氣,《散盤》法也。體規而矩,行氣橫而神和,北魏弟一石也。宣統二年十一月,李瑞清。(故宮博物院藏)

十二月初,爲段書雲母《尉太夫人墓碑》書丹,馮煦撰文。

　　《皇清誥封一品夫人段母尉太夫人墓碑并敍》:(文略)賜進士及第翰林院編脩頭品頂帶安徽巡撫兼提督金壇馮煦譔文。賜進士出身翰林院庶吉士署江寧提學使江蘇候補道臨川李瑞清書。大清宣統二年歲在庚戌十有二月上恂立。(《李瑞清尉夫人墓碑》)

上稟張人駿,請獎兩江優級師範選科畢業生。

　　《奏兩江優級師範選科畢業請獎摺》:奏爲兩江優級師範選科畢業,照章請給獎勵,恭摺,仰祈聖鑒事。竊臣部前准兩江總督張人駿咨開:據署提學使李瑞清詳稱,兩江師範學堂優級分類科兩班選科三班畢業,遵章送京覆試,並分別將毋庸覆試之選科優、中等各生試卷一律解部,連同履歷、分數、表冊詳情轉咨前來。臣部查該省優級師範各班年限、程度均與定章相符,除分類科兩班及選科取列最優等者前經臣部嚴加覆試、奏蒙給獎外,所有理化數學、農學博物、圖畫手工三類選科優等、中等各生試卷,臣等督率司員細心覆校,遇有評騭失當、予分寬濫者,均一律妥爲更正。並查照改定分數辦法,凡主課不及格者分別降等,以昭核實。計選科三班共取得理化數學科優等:歸希明、劉維煥、胡鄂勱、黃開祥、屈軼、莊禮陶、葉錫榮、黃用中、王之屏、吳永洋、汪鳳渠、李彭昌等十二名;農學博物科優等:周徵夢、喬竦、徐渭賢、陳維國、吳復振、莫如漢、朱振宇、胡延禧、賈先甲、朱長庚、瞿祖鑣、周斯覺、陳錫周、徐著勳、朱瑞年、馬鴻賓、張望熊、龔景韓、王杰、時雄飛、陳蔚光等二十一名;圖畫手工科優等:仲民新、屠方、吳良澍、陳景行、張袞、雷賓、楊師顏、喬治恆、佘鴻藻、延昌、王宗南、朱瑾、程振東等十三名。理化數學科中等:沈達、葉鈞等二名;農學博物科中等凌銳一名;圖畫手工科中等洪覺一名。應請比照優級師範下等辦理,令充中學堂及程度相當之各項學堂副教員或高等小學以下各項學堂正教員,俟義務年滿,作爲師範科舉人,獎給中書科中書銜。如蒙俞允,即由臣部分別咨行,遵照辦理。所有兩江優級師範選科學生畢業照章請獎緣由,謹恭摺具陳,伏乞皇上聖鑒。謹奏。宣統二年十二月二十六日奉旨依議,欽此。(《學部官報》第一百四十七冊,頁二十七至二十八)

案:該摺亦存《兩江優級師範民前三、二學年度畢業生》("國史館"藏,數位典藏號:019-010301-0021)檔案內,蓋於宣統二年十二月十三日交繕,則公上函札當在十一月至十二月初,暫繫於此。

十二月九日(1911年1月9日),蒯光典卒。

李詳《清翰林院檢討蒯光典行狀》:君亦樂緩其行,將借此自免,會病作漸劇,遂以不起,時庚戌十二月九日也。(《李審言文集》頁一〇〇二至一〇〇五)

十二月十二、十三日,留美預備學堂招考。

開辦以來,成績頗著,四方學子來游日衆。今後添聘教員,擴充校舍,且招考新生,以宏造就。茲將招生條例列後:(一)試驗科目:插第六學期者考國文、英文、代數、平面幾何、生理學、歐洲地理、希臘史;插第四學期者考國文、英文、算術至比例;(二)收費:(略);(三)年齡:十五歲以上、廿五歲以下;(四)報名:(略);(五)考

期:臘月十二、十三兩日,宣統三年二月初一、初二兩日到校聽候
各科試驗,取者如期進堂。(下略)監督:李瑞清。名譽成員:喻兆
蕃、陳三立、喻兆芬、蒯光典、熊希齡同啓。(轉引自王中秀《黃賓
虹年譜》頁七九)

**十二月二十四日(1月24日),晚,陳慶年來談粹敏女校李粹吾監
學事。**

　　《橫山鄉人日記》十二月二十四日:即在局夜飯。就近至李梅
　　庵學使處一談,爲粹敏女校李粹吾監學事。(《鎮江文史資料》第
　　25輯,頁一九○)

十二月中下旬,胡捷三願捐滬上地畝以濟留美預備學堂,未果。

　　《與留美預備學堂諸生書》:歲末,以胡捷三君願捐滬上地畝,
　　值可萬六千金;求督憲押銀萬兩,以爲今年學校之用,乃已蒙批
　　准,格於銀行之議,事阻不行。(《清道人遺集》卷二)

十二月,上書端方。

　　《上端陶齋尚書書》:(《清道人遺集》卷二)

　　　　案:書曰"上見壓於度支,下見迫於諮議",江蘇諮議局於光緒
　　三十四年十月籌辦,宣統元年召開。"諮政閉院,玉老當來",考
　　《清勞韌叟先生乃宣自訂年譜》宣統二年"九月,資政院開會,十二
　　月閉會",故繫於此。

是歲,致書江孔殷,籌措留美預備學堂經費。

　　《與江霞公太史書》:瑞清得見當世豪傑俊偉之士多矣,未有
　　如吾霞公者……瑞清食康覥耳,承乏學司且一年矣,無一事可以
　　對江南。頃以美人歸我賠款,以學費爲償金,江南人文最盛之區,
　　徵選學子,及格者但五人耳。而耶教之徒,實居其半,此誠可爲痛
　　心者也。瑞清愚憧不自度,因於滬建立留美預科,不畫區域,蜀粵
　　人士,并授一堂。但以尪弱之夫,負烏獲之重,折臏絕筋必矣。故
　　不及一載,斯校已搖搖欲傾,當世人孰可語者?非哂瑞清之愚,則

疑狂耳。敢犇告我霞公,霞公長者,或不忍唾而走,君一舉手,斯
校遂立成,不爾亦立閟。斯校人士皆喁喁待命,莫不人人願公為
校長,霞公果憐而拯之乎? 其為貲亦非巨,但歲得三千六百金足
矣。將來學成從美洲歸者,碩彥巨子,皆公所造士也。(《清道人
遺集》卷二)

**是歲,熊恢入堂肄習,期間參與共進會,並邀同志登鍾山習兵法,幾
遭縲絏,賴公之庇護而免。**

　　《熊恢先生事略》:先生之愛國出乎天性,求學南京時,憤清政
不綱,國勢凌夷,即參加共進會(後併入同盟會),從事革命,先剪
除髮辮以示決心。曾於月夜邀同志登鍾山習兵法,幾遭縲絏,以
師校監督李瑞清先生之掩護而免於難。

　　案:據蘇雲峰《三(兩)江師範學堂——南京大學的前身,
1903—1911》(頁九二),熊於宣統二年由兩江師範附中畢業,升入
國文外國語部。

編年文

　　《鄧某壽序》佚、《柱石圖頌》佚、《訇齋五十壽序》佚、《覆李健書》
三月、《俞黃圃先生墨迹跋》、《與李健書》六月、《曾母劉太夫人建坊
頌》、《報陶心雲書》、《與蒯光典書》七月、《跋自臨禮器碑》七月、《跋
譙敏碑》七月、《上端陶齋尚書書》十二月、《與江霞公太史書》

宣統三年辛亥(1911)　四十五歲

正月初,諮議局調查員前來調查堂內財務,隨作報告,以為耗廉過甚。

　　《江蘇諮議局調查兩江師範學堂報告》:諮議局調查員到該堂
時,(今年尚未上課)監督李梅盦學使,即歷述該堂程度之高、班級
之繁、學生之衆,常年經費,迭次裁減後,已較從前節省倍蓰,并出
示油印之件三紙,內開宣統三年預算表,核減經費,礙難裁減情

形,説明理由七條。當日調查員仍繼續調查其去年下學期學級編制法及學生名數,計理化分類科一班、農博選科二班、理化選科一班、公共科四班、史地選科一班、圖畫手工選科一班,以上共十班。計畢業者兩班,史地選科、圖畫選科是;畢業升學者四班,公共科是。十班併計共有學生四百五十九人。其職員細目如左:

職務	員數	姓名	每月支薪數
監督	一	李瑞清	湘平三百兩
教務長	一	雷恆	銀圓一百四十元
齋務長兼庶務長	一	張通謨	一百四十元
監學兼檢察	四	汪秉忠、李鴻才、汪律本、戴汝定	四百元
文案兼會計	一	季光鏡	七十二元
會計	一	陳名驥	五十元
醫官	二	易潤模、陳介忠	六十元
講義處笕理員	一	吳逸	三十元
農務試驗場笕理員兼經學教員	一	倪寶琛	六十元

以上共職員十三人,月支湘平銀三百兩,銀元九百五十二元,全年計支湘平銀三千九百兩,折合庫平銀三千七百四十四兩。銀元一萬二千三百七十六元,折合庫平銀八千六百六十三兩二錢。兩共支庫平銀一萬二千四百零七兩二錢。

教員細目

職務	員數	月修數
修身經學	一	九十元
倫理	一	六十元

職務	員數	月修數
文學	二	一百二十元
歷史	一	一百元
歷史	二	一百二十元
算學	一	一百二十八元
算學	一	一百二十元
算學	一	九十元
算學	一	六十元
輿地	一	一百五十元
毛筆畫	一	四十元
音樂	一	六十元
日文	一	六十元
體操	二	一百二十元
編譯講義	一	六十元
英文	三	三百元
英文德文西人	三	三百元
日本總教兼教育	一	三百五十元
教育日人	一	一百七十元
化學日人	一	三百元
物理日人	一	三百元
博物日人	二	六百元
農學日人	一	二百五十元
圖畫日人	一	二百元
繙譯	十一人	一千二百七十一元
理化博物手工助教兼筭各科試驗	三	一百八十元

　　以上共教員四十六人。（除經學教員一已見職員細目）計教員屬於本國人者二十三，屬於西洋人者三，屬於日本人者八，爲繙

譯者十有一,編譯講義者又一。每月支脩銀五千六百二十一元,全年支銀七萬三千零七十三元,折合庫平銀五萬一千一百五十一兩一錢。

司事二十六人,月支銀二百八十七元,年支銀三千七百三十一元,折合庫平銀二千六百十一兩七錢。員司三目,年共支庫平銀六萬六千一百七十兩。

復調查其夫役名數並工食數,據云,用夫役共一百三十五人,月支工食銀七百三十三元,全年支銀九千五百二十九元,折合庫平銀六千六百七十兩。

復調查其員司火食價格及每月每年支數,據云職員司事書記,共八十二人,每月火食銀三元,共月支二百四十六元。十三個月計共銀三千一百九十八元,折合庫平銀二千二百三十八兩。

復調查其學生火食價格及每月每年支數,據云預算學生六百名,每名每月支火食銀三元,(七人一桌三葷兩素)十三個月計共支銀二萬三千四百元,折合庫平銀一萬六千三百八十兩,管理員輪上飯廳。

復調查其學生服裝費,據云係學堂供給,不問其穿着與否、敝舊與否,每人每年發給單操衣兩身,呢操衣一身,冠履稱是。預算每生每年約支銀十兩,定額六百名,即年應支銀六千兩。

復調查其圖工科生畢業時,所有校中公備圖工用器具,是否聽其攜去,據云確許其攜去。因學生畢業出校後,欲使用油畫及手工器具,無處購買故。

復調查其燈火是否用洋燭,據云係用洋燭,每生每月發給三筒,有餘與否,堂中不復過問。今年將改用電燈,較洋燭或可略省。

復調查今年用款總數,據冊原定今年共支庫平銀十二萬三千四百六十兩,認減後,即年支庫平銀十一萬三千四百五十八兩。

復調查其預算冊中,除員司薪水火食、學生火食、夫役工食四項外，其餘各項尚及庫平銀二萬二千兩。

雜支總目

項目	年支庫平銀數
學生用書籍器具衣履費	七千二百兩
辦公用消耗品	五千兩
學生試驗消耗品	二千兩
學生實習用費	二千兩
書籍報章	三百兩
添置	四百兩
醫藥費	七百兩
修膳費	一千六百兩
畢業用費	三百兩
印刷費	一千二百兩
雜費	一千三百兩
合計	二萬二千兩

　　調查員案：兩江師範用款之多，爲全省各校冠，監督李學使雖亟以程度高深、科學完全、學生繁多爲言，然核其開支情形，似可以節省者，尚不止一端，抑且無礙於學堂之程度之科學。據調查員所聞，該校監學四員，而切實在校任事者不過一二員，學生間所常接觸者亦惟此一二員，是監學可裁其半也。且該校爲優級師範學堂，貴學生能自治，更無庸如許管理員。事實上、理論上可以節省之費一也。日本教員延聘至八人之多，實爲歲出上最大之損害，然合同將陸續屆滿，自後可勿續訂。今姑置不議，但日本教員僅八人，而譯員乃十一人者，何也？此事實上應行節省之費二也。既有教員有譯員，復有編譯講義者一人，何也？此又事實上應行節省之費三也。司事多至二十六人，實爲中外辦學者所未聞見，

若擇留謄寫講義司事一二人、書記一二人,已綽敷辦公,需此紛紛
者何為也? 此又事實上可以節省之費四也。東西洋專門學堂大
學堂中學生多者數千,少亦千餘,然用夫役之數不過一二十人,今
兩江師範,雖稱一時巨校,然學生不足六百,而夫役之多至一百三
十五名,年費至九千餘元,實起騰笑。且學堂之中而有親兵、有巡
丁、有茶房、有鼓號兵、有薙髮匠,尤奇者有用印家人,此何為者
也? 雖藉口校舍較宏,學額較多,然裁減三分之二,當已足資指揮
矣。此事實上、名譽上應痛加裁減之費五也。員司學生火食,原
表中俱作十三個月計,員司能在校十三個月否,已屬疑問。至學
生在校時日,大抵不足十個月,觀該校正月尚不能開學,則火食斷
不必作十三個月計,可知作十個月計足矣。此又事實上可以裁減
之費六也。我國高等學堂,學生體操多不注意,故操衣幾等於無
用,聞兩江師範學生體操科告假之多尤較他校為甚,有在校數年,
僅至操場三五次者,人言鑿鑿,當是實情。今乃不問其體操與否,
年發操衣冠履三副,坐糜鉅款,毫無實效,似可從此廢止。此項類
似乾脩之費,以紓本省有用之財力。若學生果願上操者,舊生則
前領之操衣尚在,毫不為難。新生則可限令自製。外國師範學校
制服本亦有此辦法。此事理上可以節省之費七也。至雜支各項
目中,可以裁減者尚不止一二數,大約一年支款總可再加裁減二
萬餘金。

記者曰:吾國以患貧之故,教育之費,少之又少,然若用之得
道,則一千六百萬兩,以吾國生計程度言之,未始不能有所為也。
乃辦事之人,耗糜特甚,一錢不能得一錢之用,於是教育愈竭蹶
矣。今讀此報告,未嘗不廢然嘆也。該校辦事人,在今日官場中
已為佼佼,猶復若此,則彼貪鄙庸劣之儔更何論焉? 今將該校經
費狀況與日本高等師範學校並列一表,以資比較。

項目	兩江師範		東京高師
學級數	理化分類一　史地選科一 農博選科二　圖工選科一　共十級 理化選科一　公共科四		研究科二　博物三 文科六　豫科四　　　　共二十八級 史地三專修四　中學五級小學十八級 數理六　　　　　合計五十一級
學生數	十級共四百五十九人		師範約七百人 附屬中學三百　共約一千七百人 七十八人小學 六百零一人
經費總數	約二十萬元	照原册十二萬三千 （餘兩加二萬一千兩） 共十四萬五千兩約 合二十萬元	十八萬元
平均一級費用	約二萬元		十八萬元之中以四萬元爲 約五千元（中小學費用餘十四萬） 元以二十八級分攤
職教員俸	約九萬元（即在前二十萬中）		九萬六千元
監督校長俸	三千六百兩約五千元（即在前九萬元中）		三千元（敕任官）
教務長俸	一千六百八十元（又何廉也）		二千元（首席教授敕任官）

（《教育雜誌》第三卷第三期，頁三一至三六）

　　案：報告謂“調查員到該堂時，今年尚未上課”，又曰“該校正月尚不能開學”，故知調查員當於正月前往調查也。又見《時報》二月十四日至十五日。

正月十五日（2月13日），填《虞美人》詞。

　　案：參閱本年“春夏間，致書李承修、李健，示其所作詞三首”條。

正月二十六日(2 月 24 日)，業師趙上達六旬壽辰，公撰序以祝。

　　《趙仲弢夫子六十壽序》：維宣統三年，歲在辛亥正月二十六日，皖南觀察使者趙仲弢夫子年六十矣，邦之人士，寮友門人，咸謀奉觴上壽，命弟子李瑞清爲之頌。瑞清嘗從夫子受業爲弟子，又從黃周鐵夫夫子游，因得交趙壬匯、楊桂林、劉月庭、余耕年諸先生，故得聞夫子言行尤詳云。(《清道人遺集》卷二)

正月，赴徐紹楨昆弟之邀集於玄武湖別墅，公與王瓘爲其畫山水，樊增祥、陳三立、夏壽田、林開謩、孫少江、吳學廉、陳毓華、張彬、吳璆、楊鍾羲、虞和甫、黃筠緔等在座。

　　徐紹楨《辛亥正月後湖寓樓宴集得三十四韻同宴者樊樊山方伯陳伯嚴吏部夏午彝編修林貽書學使孫少江協統吳鑑泉陳仲恂張黃樓吳康伯王孝宇諸觀察楊子琴虞和甫兩太守黃筠緔明經舍弟公情》。(《學壽堂詩集》卷一)

　　陳三立《徐固卿統制兄弟飲集玄武湖別墅》。(《散原精舍詩文集》頁三〇四)

　　案：徐詩後一首爲《湖樓宴集樊樊山贈詩次韻奉答》，後第二首《再和樊山窑韻一首》"好除荒徑招山簡，欲畫林巒丐小窑"句自注曰"《圖繪寶鑑》：陳用志工畫山林，學胡瓌而多出己意。人呼爲小窑陳。是日李梅菴、王孝宇均工六法，爲余圖之"，後第三首爲《喜晤梁節菴再用窑韻口占奉贈》。又陳詩後一首爲《梁節庵叔母余夫人七十壽詩并序》，序曰"辛亥正月，節庵來遊白下，旋別歸番禺"，梁鼎芬正月來金陵，旋歸粵，故知徐紹楨詩均作於正月，且次序井然，則《湖樓宴集樊樊山贈詩次韻奉答》、《再和樊山窑韻一首》均因當日宴集樊增祥贈詩，故而和答，則公是日亦在場也。

是月，陳作霖舉重游泮水典禮，公題匾額以賀。

　　陳詒紱《金陵園墅志》：光緒己卯，麗春花開，有並蒂同心數朵，築瑞華館以紀盛。南爲凝暉室，與叔父奉先王母居養於內。

北接徵文考獻室,日肆著述,學者稱可園先生。宣統辛亥,舉重游泮水典禮。臨川李梅庵學使瑞清題"芹藻長春"扁額,名堂曰"壽藻堂"。(卷上)

案:陳作霖《重游泮水感事述懷六首》(《可園詩存》卷二十八)其一曰"泮池春暖凍初融",因繫於此。

復聘柳詒徵任兩江師範歷史教員,教授西洋史。

《柳詒徵自述》:到了辛亥這年,李先生又來請我,我又去擔任到八月。但這次是教西洋史,至今還有學生記得。至民國以來的學生,只知我教中國史,不知我曾教西洋史也。(頁一二)

案:《自述》明言辛亥復執教於兩江師範,而柳曾符編《柳詒徵年譜簡編》繫諸宣統二年,豈其別有所據耶?

正月至二月初,作《爲社會死者楊君謀事狀》。

李瑞清《爲社會死者楊君謀事狀》:嗚呼!以匹夫而倡言振救一方之災,殫其心力,取資戲劇以誘人之樂善護助者,少疏於自衛,卒以身殉如楊君君謀者,可不謂之義士也哉。而於其死也,哀電四達,通國驚疑,無不亟欲知其平生行事,與其所以致死之原因者。爰就其兄天驥所述事略,詮次而爲之狀,俾世之知楊君者得所稱慕焉。

君姓楊氏,名夏,初名錫恩,君謀其字也。蘇州吳江縣人。爲粹卿先生第三子。幼具特性,寡言笑,授以文字,勤於記憶。得玩物,必析而窮其跡。五歲時,居蘇之同里鎮,乳傭朱嫗抱君入市以嬉,過會川橋,朱嫗拾遺巾一,君詢知爲路人所失,固不許取,至於哭泣坐地下,朱嫗爲之繫巾橋楯始已。其至性不苟,秉賦然也。君家世讀,兼業商,粹卿先生司丹徒鐸時,君在襁褓,迨先生以疾告歸,君纔五歲耳。未幾,商業日挫,家境中落。年十六,君母以病歿。深痛其誤於藥餌,遂一志習醫,入蘇州福音醫院,凡六年,診斷、藥物等學均能深造,尤長截割手術,兼任看護,委曲周至。

故凡就醫者感君獨深,雖院中瘋人遇君亦易馴伏。君又創議設瘋人院,募款建築,力任之,今垂成矣。院長惠更生,美利堅人,倚任尤重,事必諮詢而後行。今年五月畢所學,成績卓著,得美國國家所頒博士學位院章。卒業後,任所之院長獨固留君,受綜持之任,兼理外事,無鉅細悉委之。上海梵王渡醫院慕君名,馳書延主院務,蘇省會議廳亦決議以地方醫院屬君,乃事未迨而變作矣。先是,去年十二月朔,爲陽歷元日,院長與君商所以俱樂者,君固好新劇,以其能爲教育助也,乃擇於社會教育關合者數齣如《血手印》等,又取故鄉舊事編爲腳本,如《吳江奇獄》等,詔同學組織一青年俱樂部,己爲之長。初二日,於院中試演,觀者多歐美人,稱許甚至。於是一時傳者遂謂其能擅戲劇矣。君友皖人某君以皖賑爲言,君慨然自任,曰:“我青年俱樂部可盡力助也。”初九集議,十四日,假閶門外大觀劇園演劇助賑。先二日,營備砌抹,頻往來蘇滬。十三之夕,與部員練習節目,終夜未交睫。次日,登場演說累數萬言,聽者備極感動,所述多悲觀語,人以其主旨賑災,宜其一唱三歎以哽咽出之也。其第一劇即爲《血手印》,君飾銀行大班,其同學生陳耀德飾竊銀賊,手持真刀互鬥時,揕大班刺其胸,大班倒地死,觀者鼓掌歡呼,謂其情景逼真也,而孰意君自此不起矣。砌抹中有護胸、鉛版、木版各一,外置紅色流質以代血也。君匆遽中僅佩鉛版,而木版遺失,刃利透鉛,適當心室,迨一幕既畢,君仍臥不起,人始驚異,而君已不治矣。

嗚呼! 去年夏,南洋勸業會開幕時有研究會之設,以君任醫藥科專門書記,且委以駐會幹事,擘畫紀載無弗職。會民政部遣員來寧徵集物品赴德意志國衛生博覽會,委君代爲搜牢部署。事已,又倡設全國衛生研究會,其提議之短啓謂中國人無生命觀念,故凡政治、教育無施而可,研究衛生者,自治事業之初基也。時各省出品協會員之駐寧者聆君緒論,皆感動奮發,簽名贊成者大集,乃於會場內之公議廳開成立大會。會閉,思所以擴充之,凡國內之醫院醫校皆通牒聯合，函電旁午，不設助手。今會成而事未竟，吾知國中士夫曾贊助君之主義者必不忍以君死而遂使此會之寂無聞也。

君賦博愛特性，凡可以益社會者罔弗力。舊年夏，疫癘流行，醫院例無納疫者，時上海竭十數巨紳之力成一時疫醫院，君在蘇獨創是舉，假閶門內華嚴寺爲疫癘醫院，寺僧力沮之，君一再計畫，卒因中丞寶公遷寺僧去而醫院成。福音醫院在齊門外，距華嚴寺十餘里，君每日在院診病已，即走治疫，往來徒步於烈日中不少輟，全活者實計一千餘人。報告悉在勸業會時，四方來者以萬計，旅居疾暘，皆就君治療，識與不識，無不敷裹盡善，疾愈乃已，未嘗計藥值也。當七月間，忽有婦女二造其滬上寓廬，自言母女無錫人，來酬報君德者，家人莫之知，詳詢所以，始知前於滬寧道中，彼母女失車票，爲站員所窘，君傾囊給之歸也。又在寧時，有一貧而病者，君已疾周其乏，其人感極，願執僕役，其感人之深有如此者。

君自幼讀書不多，既習醫，研究英、德二國文字，故於國學未深造，然年來以交際多，自知文字不足用，恒刻苦誦習，所作書札已斐然可觀。今年春間，就其兄天驥受南北魏各碑碣，蚤夕臨摹無間。行役爲時不多，而所書雄勁夭矯，今猶存其罹禍前數小時所書"青年俱樂部會堂"七大字。尤長於繪事，平生好獨遊，所至名都勝地，恒流連不忍去，背負畫架，臨寫天然景色，顧牽於職業，又困於資，不能遠遊。嘗視其姊夫病於青州，得間遊泰山，登南天門，攝影以歸，日夜摹寫。前年秋，挾微資自滬往鄂，於江船中又拯貧病人甚多。抵埠，有感激泣下者，有爲之肩負行李者。惟資罄不能宿旅館，因青年會支部之招待，得窮龜山琴臺之勝，今其遺篋有揚子江中流晚景一幅，即其時所繪也。其餘所作鉛畫、水彩畫、油畫，皆清健有法則。勸業會將畢，君自將去，欲陳于美術館，均爲西人參觀者購去，今所藏於其家者僅十之一二，且或非其得意之作矣。器械畫不多作，即家人亦不知於何時研習，而今福音醫院所建之瘋人院及自造自來水搆造之圖樣皆出君手，平面側剖，折旋有法。自幼喜治印，所作剛健，絕似龍泓，是其腦力有過人者。世人有其一藝，已足稱於時，而君以妙年兼擅，惜不竟其功，知者絕尠。蓋今日之社會無往而不炫，君有所蘊積而顧自韜晦，又何怪知者之少也。

嗚呼！君上有老父，中有兄弟姊妹十餘人，配周君猗琴，務本女塾畢業生，曾任南通州女師範學堂教習。前年秋初，始成婚，聞變悼痛，水漿不入口者數日，舉家哭泣，終日不絕聲。是君之死，於社會失一有爲之士，而於家庭更有不堪其慘者矣。雖然，君所持者，社會主義也。以公益而損其生，愛敬慨惜者多而詬病者少。且今日舉國災眚未已，言籌賑者已如弩末，雖有大慈善家竊口提倡而漠然不動於中又比比也。君之死，其身體之慘，家庭之慘，皆足以激刺社會之耳目，以動其不忍人之心者。他日皖省賑務，其成績或勝於今，茲則君之功亦可以不世矣。君生光緒己丑九月三日，歿宣統二年十二月十四日，得春二十有一，得秋二十有二，以兄天驥之次子懇爲嗣云。（《新聞報》3月3日至4日）

案：此文《清道人遺集》闕載。

二月上旬，公失竊公款千數百金。

《白門袪篋錄》：李梅庵觀察處失竊千數百金，聞係公款，現查未得云。（《時報》3月13日）

二月二十七日（3月27日），爲俞明震跋所藏《王上宮白描十八學士圖》。

跋《王上宮白描十八學士圖》：右王上宮白描十八學士圖，上宮畫學李龍眠，故字曰龍如，自號雲中君。畫以白描至難工，蓋其用筆如鐵綫篆瀘也。圖爲恪士前輩家藏故物，其跋語自敘其童時事尤詳，令我讀之，悽愴不能自已。瑞清七八歲時即好觀圖畫，書架有《山海經》、《爾疋》諸圖，每夜秉燭倚几立，按圖而問，家大人臥牀上，俱道之，則大笑樂。尤好駭，以爲馬也，而能食虎豹，曰"兒大時當廣畜駁以駕車"云。忽忽三十餘年，與恪士前輩均垂垂老矣。回憶童時事，恍如昨日。今游學士自海外歸者，倡言尊崇个人權利，而慈孝之意微矣。父子之間，持籌握簿，比於路人，吾何樂乎生斯世也？天地之間，皆愛力所團結也，父子尚不能相愛，而能愛國，非清愚所敢知也。題罷，擲筆三歎。宣統三年二月廿七日，爲恪士老前輩提學題。侍李瑞清。（普林斯頓大學藝術博物館藏）

約於此際，復爲俞明震跋所藏石濤《古木叢篠圖》。

《古木叢篠圖》跋：清湘老人畫出奇不窮，古來畫家都歸腕底，挾其慷慨悲國之懷、焦悴憂傷之思，鬱勃潰薄而出，此其所以奇也。今之鑒賞家好稱四王，四王固佳，至於清湘老人，尊之莫能好也。彼夫塵俗填胸、精神遐漂之人，又安能好之耶？唯其不能好，是以可貴。此卷恪士前輩得於長沙，舊爲張子升先生所藏。張，廣西人，居長沙，能出重金購書畫，卒以此傾其家。後官江南，余嘗過從觀書畫，往往盡日。每展此卷，輒談桂林，以爲大類伏波門外沿河行也。恪士前輩學使，臨川李瑞清。（《中國古代書畫圖目》册一，頁一○六）

案：該圖引首曰："清湘遺墨。清道人爲恪士前輩題。"署款"清道人"，當題於鼎革後，與跋所作非同時也。後有陳衡恪乙卯十一月跋。公跋曰"恪士前輩學使"，俞明震於宣統二年三月度隴，五月任提學，十二月乞病閒居，則該跋當作於宣統二年十二月至宣統三年九月間，暫繫於此。

二月，覆校王瓘所錄《初拓爨龍顏碑》釋文，正其譌誤數處。

王瓘跋《初拓爨龍顏碑》：右釋文錄後，復於宣統三年二月經臨川李梅盦觀察瑞清詳加校對，正其譌誤，補錄於後。弟四行"古仁"，"仁"誤作"但"；弟七行弟一字"末"誤作"才"；弟八行"舒翮中朝"，"中"誤作"ナ"；弟十八行"万國歸闕"，"歸"誤作"肆"；弟二十一行"五千之衆"，"千"誤"子"；弟三十行"縉紳圭門"，本作"珪"；弟三十一行"綢繆七經"，"綢"誤作"網"；弟三十二行"良木摧枯"，"枯"誤作"栝"。

案：該碑爲阮元訪得時最初精拓本，王瓘録釋文於光緒三十四年三月望日。

是月，因財力不支，解散留美預備學堂。

《與留美預備學堂諸生書》：鄙人不自度其力，因去歲考試，送留美學生，以江南文物薈萃之區，其合格者五人耳。五人之中，非高等學生即教會學子，教會本可自送其學生，高等亦原有入大學之資格，是友邦雖有惠愛之心，而我無入學之士，此誠大可痛心者也。於是不避艱險，以蚊負山，創辦留美預科於滬上，送一人，即將來救中國多一人之力。賴各教習同人之毅力，扶持至今。至經費之問題，則鄙人自捐廉俸一人所擔負者。頃學司勞公已請訓，來有日矣，交卸之後，日薪不足以自給……竊恐開學後，無力支持，負各教習同仁之熱心，諸生黄金莫購之年力，反不如及時解散也。至所欠教習薪金，今力不能還，一兩年内隨時歸清，決不食言。學生今年所繳各費，查單，一概照退，以便就學他校。（《清道人遺集》卷二）

案：書曰"頃學司勞公已請訓，來有日矣"，考《清勞韌叟先生乃宣自訂年譜》宣統三年："正月請訓，二月出都，由京漢鐵路至漢口，乘江輪到金陵，接任任事。"故繫於此。

是月，爲《彭君墓誌銘》書丹并篆額，王闓運撰文。

《彭君墓誌銘》：清故誥授通議大夫彭君之墓誌銘并敍。君諱嶽奎，字仁齋，湘鄉人也……光緒三十四年十有一月癸卯卒，年四十有八。宣統三年三月六日葬於縣西鄉十晦丘之原……翰林院

檢討重宴鹿鳴加翰林院侍講銜禮部禮學館顧問官王闓運撰文,賜
進士出身署理江寧提學使江蘇候補道李瑞清書丹并篆蓋。(震亞
圖書局)

三月四日(4月2日),偕徐乃昌、汪嘉棠、張彬、王瓘、吳瑮、梅光遠、
陳三立等招飲於鹽巡道署,金武祥、樊增祥、勞乃宣、吳封、俞明震、
林開謩、吳學濤、王崇烈、洪磐、倪世熙、楊鍾羲在座。

　　金武祥《粟香室日記》三月初四日:壬寅。陰,晴。未刻,徐積
餘觀察偕汪叔苔交涉使嘉棠並李梅庵瑞清、張篁樓彬、王孝禹瓘、吳
康伯瑮、梅斐漪光遠、陳伯嚴三立諸觀察合招飲於鹽巡道署。同集
者樊雲門方伯增祥、勞玉初提學乃宣、吳闓生糧道、俞恪士提學、林
詒書觀察、吳劍泉學濤、王漢輔崇烈、洪幼琴、倪萊衫諸觀察,楊梓勤
太守。(《上海圖書館藏稿鈔本日記叢刊》冊五一,頁三二○)

三月中下旬,過俞明震宅觀牡丹。

　　案:壬子正月,公贈蕭俊賢《蔬果花卉圖》手卷款云“去年於俞
氏園看牡丹”,檢《鄭孝胥日記》,多於三月中下旬往觀牡丹,因繫
於此。又,戊申三月廿七日公與同人泛舟至俞明震宅觀牡丹,可
資參證。

三月,覆函諮議局,縷陳堂內實情及人員無可裁減之由。

　　《附兩江師範監督答諮議局函》:前因貴局對於敝堂宣統三年
預算表核減經費,已將本堂礙難裁減情形說明理由,於貴局調查
員來敝堂調查時,面交油印件三紙。茲閱初十日貴局會期日刊內
載調查兩江師範學堂報告,所列應行節省各條,綜覈精詳,具徵卓
識。然就實在情形論之,其中有逐漸設法已經實行省嗇者,有乍
觀似耗,而已無可裁減者,茲更不憚瑣屑,為貴局縷述之。

　　一、原稱裁減監學一節,敝校學生多至六百人,監學僅只四
人,每人所管理之學生,以平均算之,應各得一百五十人,在事實
上、理論上似亦未為多也。且本堂監學兼辦檢察稽查等事,職務

最煩,每夜查寢室時,分路點名,尚須一句鐘之久,況本堂校址寥闊,管理不便,若更裁去二人,必多疎忽。頃因貴局開會,汪監學秉忠兼充議員,因三人辦事不及,尚添派汪教員兼辦檢察,(不支薪水)按部章職務條內,載有監學多用數人,以資輪替,日本高等師範生徒監學,亦有四人,請與省中各學校平心一比較之,似難再議裁也。

一、原稱日本教員用至八人之多,譯員復用十一人,誠如貴調查員所云爲歲出之害,瑞清接辦斯校時,即以是爲患。其時日教員十一人,且有總教習月薪四百元,並不授課,頻年重聘及辭退已遞減員數,現時薪金已較前減省歲逾萬金。近來法制、音樂、手工、圖畫改用中教員,復留畢業生最優者爲助教,無非爲將來漸次裁減計也。按高等師範教授以大學畢業得有學士學位者爲合格,現本國無大學畢業之人,其留學外洋大學正當畢業者又皆留部,或已得最高之位置,敝校畢業生爲三省將來樹中學初級師範之種子,何能苟簡?故凡主課,不得不借材異地,以求學生得正當之知識,實萬不得已之苦衷也。譯員至十一人者,初因繙專門功課非僅學普通者所能譯,其薪金以鐘點計,不得不從厚。今年添補習公共科,不必用專門繙譯,故添本堂畢業生二人分譯普通功課,是人添多而薪金反減少耳。

一、原稱既有教員譯員,復有編譯講義員者,何也?查譯員係在講堂口譯東教員所講者,而本堂學生除當堂筆錄東教員口授外,必另取講義參考,而東教習所發各科講義皆日文,故必譯成漢文。每班學科或數門、或十數門,程度不同,講義各異。原設二人,後裁併爲一人,現在譯稿甚多,擬俟講義出版以後再行酌議,此時尚難驟裁。

一、原稱裁併司事一節,敝校講義處寫生十人,內八人專供寫鋼筆板,每日每人限寫六頁,計三千四百字以上。現學生分十三班,敝校普通班二,係新生五班、舊生八班,共十三班。每日需講義平均計算數約在一百四十頁內,除同級各班公用講義者,實需繕寫七八十頁以上,故每日於定限外,尚需加寫。寫生已不堪其苦,餘二人管收發、校對,有暇亦需繕寫。貴調查員謂三四人已足,實不知敝校內容也。至書記五人,亦有不能多裁者,敝校為三省公共設立,申移三省督撫、學使、教育會及報部各種表冊文牘已視他校加繁,而每年皆有畢業學生,分數表冊繕寫多份,尤為困難。東西儲藏室兩所,以司事二人筦之,各司事三百學生,存物、出入、登簿,勢難兼理。惟雜物司事,近正議於無可裁減之中,酌量歸併耳。

一、原稱裁減夫役一節,敝校夫役一百三十五人,較之他校,實居多數。惟敝校學額既多,校地面積過大,如寢室夫役,每齋一人,實司二十寢室七十五學生之役務。自修室夫役二十一人,每二齋三人,實司十自修室九十學生之役務。講堂二十四所,試驗室八所,中外教員準備室二所,夫役共十三人。器械標本室十二所,夫役二人,業已一人兼數室。同時上課,尚不敷用。儲藏室分東西兩所,全校學生衣箱什物,存儲甚多,每所二人,搬移收發,責任綦重。調養室共屋三進,計房二十餘間,夫役五人,平時供病者煎藥、煮粥、買物、伺應之役務,每遇夏秋,病人多時,尚須添僱短工。浴室本校及附屬中小學堂千餘人,公用之所夫役四人,夏時亦須添僱。刷印講義夫役八人,每人每日限定刷印一千餘頁。廚房食堂夫役十四人,司本堂八百餘人食品之料理。城內飲料太劣,每日用運水車夫,拉車出城汲取江水,非十人無以供給,熱天亦須添僱。道路遼遠,隙場空闊,清道除草、掃滌污穢;夜間巡夜、守更尚患人少。打掃夫、清廁夫、更夫雖視他校為多,實亦無可議減,各所夫役,合之見多,分之見少,又未可全憑理論也。其他雜役等,(親兵即聽事信差之類,用印家人即監督室聽事、茶房即學生接應室夫役)如仍有可裁減者,敝堂應再酌裁,然人數亦無多耳。

一、原稱火食以十三月計算,係是閏年預算,敝校向係實報實銷,宣統二年冊報可證。茲列表如左:

正月	一百七十三名
二月	二百三十二名
三月	四百六十八名
四月	四百六十八名
五月	四百六十七名
六月	二百三十九名
七月	四百零八名
八月	四百四十九名
九月	四百四十九名
十月	四百四十八名
十一月	四百四十九名
十二月	三百九十六名

右係學生火食報銷實數(學生年暑假路遠不回籍者常有二百人上下)。至職員火食,則按人計算全付,廚役無可議減也。

一、原稱高等學堂學生體操多不注意,並謂本堂學生在校數年有僅至操場三五次者,此甚易明,除操場記到簿可稽外,(請假者照章扣分)去歲五班畢業生赴部覆試考體操時,並無不及格者,服務諸生充他校教員並多兼授體操課者,即此兩端已可證明傳聞之誤。至謂操衣冠履可限令學生自製,無如部定學堂學費章程有師範學堂各費一律免收之明文,且師範生寒畯居多,若迫令學生自製,恐將來真有不能到操之現象,何以養成軍國民之教師,當非貴局所望於優級師範生之本心也。

一、原稱圖畫手工科生畢業時,凡校中公備圖工用器具聽其攜去,堂中定章有公用器具(貴重品及不常用品),有獨用器具(尋常品人各一份,如顏料紙筆刀鑿之類,畢業大半毀壞消耗)。公用器具斷無聽其攜出之理，若獨用器具，至畢業時收回，已不能爲下班之用，況此科敝堂現已停辦，可置之不論矣。

國事亟矣，來日大難，願與諸君同心合力，但求事實之可行，毋爲意氣之爭執，平心議之，當謹受教焉。（《教育雜誌》第三卷第三期，頁三七至四十）

是月，爲倬雲作《倣僧繇山水圖》。

《倣僧繇山水圖》款：一、此趙文敏本，實僧繇没骨法，南田、新蘿均有臨本。余昔見香光亦有此作，與趙文敏者不類，豈僧繇原本所自出耶？二、宣統三年三月，臨川李瑞清爲倬雲賢弟作。（中國嘉德 2016 年春季拍賣會 0645）

春夏間，致書李承修、李健，示其所作詞三首，又告其作文三首，可向伯亮索觀文稿。

《與李承修、李健書》：寄相片一張，此在花園梅花塢影也。此時此地均難得，故寄家看看。又填有小詞三首，饒石頑以爲絶似南唐後主。因三爹喜填詞，先寄閱之，交汝曹爲我收也。去年汝曹去後，作文三首，可寫信問伯亮要藁子，一鄧壽文，一題送午帥《柱石圖》頌，一午帥壽文也。此一件伯亮無。阿修、阿健同鑒。叔父清白。（複印件，曾迎三先生惠示）

案：書曰"去歲汝曹去後，作文三首"、"一午帥壽文也"，據《端方傳》（《碑傳集補》卷三十四），端方生於咸豐十一年三月十一日，宣統三年卒，則其五十壽慶當在宣統二年，故此書當作於宣統三年也。且李健於宣統元年十二月畢業兩江師範，宣統二年正月赴學部覆試，三月赴京參與拔貢考試，亦可參證。宣統三年七月李健與公同在京，後歸金陵，則此書當作於春夏間也。又，公所作文三首今佚。

《虞美人》元夜：離愁別恨何時了，只是縈懷抱。璇闈回首路迢迢，況更春鐙花月可憐宵。　玉闌倚遍衣寒透，聽盡銀壺漏。寂寥情緒兩應知,最怕碧紗人靜夜深時。

《臨江仙》:嫩暖輕寒深苑静,落梅如雪翩翩。黃昏時候畫簾前。玉階明月夜,總是惱人天。　遠信不歸休竚望,夢魂常繞卿邊。自家將息早些眠。憐儂須自愛,莫只爲儂憐。

《南調子》:碧檻籠煙薄,寒衾入夢遲。箇儂憔悴總因伊,只有綠窗深處月兒知。　別恨偏縈抱,閒愁慣上眉。那人已是淚如絲,央及黃鶯休向翠樓啼。(《熔冶古今書法的一代宗師——李瑞清》頁六二)

案:三首詞書於箋上,審其筆跡,似爲公所書,且與書札同作黃山谷體字,當即書中所言"小詞"三首也。又,《虞美人》亦載《清道人遺集擷遺》,而文字間有出入。其它二首均爲佚詞。

公以學生爲四民之首,乃寓軍事教育於功課内,令其每周打靶一次。

《學生軍之造胎》:兩江師範學堂監督李瑞清以學生爲四民之首,應寓軍事教育於功課中,現本該堂已實行每星期六打靶一次云。(《南風報》宣統三年四月十五發行)

案:《南風報》於每月十五日發行,此事或於三四月間也。

四月三日(5月1日),繆荃孫來訪。

《藝風老人日記》四月三日:辛未。微晴。拜洪幼琴、吳闓生、勞玉初、李枚庵、倪萊三、蔣季和、吳康伯、楊子琴,先告以書板九箱,《蘇集》十二箱,囑詢陶帥。(頁二三七三至二三七四)

四月十日(5月8日),詣繆荃孫。約柳詒徵觀何紹基舊藏《張遷碑》。

《藝風老人日記》四月十日:戊寅。晴。李枚庵、趙君閎來。(頁二三七五)

柳詒徵《劬堂日記》四月十日:臨《石門頌》兩紙,《張夫人志》一紙。李梅老約觀何子貞所藏《張公方碑》,紙墨純古。(轉引自柳曾符《柳詒徵先生的書法》,《劬堂學記》頁三二一)

《柳詒徵自述》：後來又見到李梅庵（瑞清）先生、歐陽竟無先生（漸），遂更學寫鐘鼎、魏碑和《泰山金剛經》等，垂老無成，愧負諸老。（《民國人物碑傳集》頁四八三）

四月十四日（5 月 12 日），學部據公所請賞亙理寬之助等寶星。

《宣統政紀》宣統三年，四月，壬午：賞兩江師範學堂日本教員亙理寬之助等寶星。

四月十五日（5 月 13 日），應繆荃孫之約小飲雲自在龕，陳作霖、徐乃昌、王筠琯、柳詒徵、梁菼等在座。

《藝風老人日記》四月十五日：約陳雨生、鮑先生、李眉庵、徐積餘、王筠琯、劉老六、柳叶謨、梁慕韓小飲雲自在龕……匋齋卷子交李眉庵。（頁二三七七）

四月上中旬，爲夏時濟書壽屏，某見而好之，因求書。然爲期甚迫，乃致函張小樓，請其代筆。

小樓仁兄大書家閣下：有人見弟與夏彝老壽屏，以爲勝於平日，瘦勁如古鐘鼎。因亦有壽屏求書，而爲期又迫，非得吾兄解圍不可。廿二便要，行不情之請，容當面謝。敬請台安。弟李瑞清頓首。（《新中國畫報》1947 年第 5 期）

案：夏彝老當指夏時濟，辛亥六旬壽辰。陳三立有《夏彝恂同年六十生日》（《散原精舍詩文集》頁三一三），前一首爲《江行雜詠》，後第二首爲《題陶齋尚書京師無悶園東坡生日雅集圖》，據李開軍《陳三立年譜長編》考證，該詩當作於四月。又曰"廿二便要"，六月二十日公赴京預中央教育會，則此書當作於四、五月中旬也。陳三立壽詩作於四月，公所書壽屏或亦作於此時前後，暫繫於此。

四月中下旬，以所臨魏碑四屏及佳釀一甕贈李宗棠，李報以詩二首。

李宗棠《寧學使李公贈酒並惠書屏酬之以詩》其一：醉後聞人

送酒來,金罇又復爲君開。曾經秉燭題紅葉,昨在壽髯家夜飲,承代題菊友畫。更喜臨池贈綠醅。今蒙賜我臨魏碑字屛四幅,附以佳釀一大甕。換得右軍三百字,前贈鼻煙雕劣,較勝於鵝。忙呼山簡幾千杯。偶然歌詠鯁同調,似有新詩句句催。

其二:茫茫宦海許知音,與公同官數載,服公道德學問,今賜書題款直書"知音"二字,悚愧且感。兩字評題抵萬金。坐擁朝衣驚夢覺,分來鄰甕帶香斟。園中舊有淵明榻,醉翁所居。壁上新添太史箴。今公所書。慚愧報瓊無別物,一詩一扇訂苔岑。(《千倉詩史初編》頁七六)

案:該詩前第六首《督委吳鑑泉觀察查災勘路贈別》注曰"四月",後第四首爲《四十三歲生日再疊前韻》,據李興武編《李宗棠年表》(《千倉詩史初編》附錄三),李宗棠生日爲五月十日,則此事當在四月間也。

五月七日(6月3日),繆荃孫來。

《藝風老人日記》五月七日:上院與制軍辭行,並拜李枚庵、張篁樓、吳南溪、徐積餘、瞿良士。(頁二三八三)

五月二十四日(6月20日),曾熙母劉太夫人八十壽辰,公寫《柏石圖》以祝。

陳三立《題清道人爲曾節母所作柏石圖》:道人寫柏石,持以壽節母。命余綴讚頌,淹遲呼負負。母尋反真宅,道人骨亦朽。今對無母兒,鬻藝稱髯叟。照海授此圖,不忍憶前後。維母歷艱勤,誓死脫踐蹂。瀝血染魔魅,氣蝕尺雪厚。陰教表彝倫,遺澤存井臼。髯秉挺立姿,多難自餬口。灑墨愈吞聲,綯抱餘老醜。魂依柏石間,亡命復何有。(《散原精舍詩文集》頁六六二)

沈曾植《題曾節母柏石圖》:石骨不可磷,松心有來直。蒼然黯然姿,萬象閟幽默。正命在荒阿,生涯樂冰雪。後有文字祥,無忘歲寒色。錢仲聯先生按:圖爲清道人李瑞清所作,以壽曾母劉太夫人者也。

（《沈曾植集校注》頁九七○）

　　鄭孝胥《曾士元求題其母節孝劉太夫人柏石畫册》：處世有百艱，勝天惟一德。移冬以作春，視此石上柏。節母行至高，健順實殊特。孤嫠振門户，貽訓資簡策。諸孤得其孝，母氣稟自昔。交游盡英彦，聲譽競推激。韓蘇賦此畫，取義名有適。子瞻稱天命，終始介如石。退之羡平地，枝幹遂萬尺。堅貞母以之，蘇論誠不易。吾當誦韓詩，餘慶徵所積。（《海藏樓詩集》頁二二○）

　　案：據王中秀、曾迎三編《曾熙年譜長編》所引《龍田曾氏六修族譜》，劉太夫人"生於清道光壬辰十二年五月二十四日巳時，壽八十三，於民國甲寅三年正月初六日酉時殁"，而據公所撰《曾母劉太夫人建坊頌》，曹鴻勛宣統元年始以其事上聞，請建節孝坊，稱曾節母。故公所作當於是年也。《鄭孝胥日記》是年八月廿九日條："作曾士元求題《柏石圖》五古一首"，九月朔"過曾士元，還《柏石圖》"，亦可資參證。

覆書《教育雜誌》記者，謂其所列學級數、學生人數及經費總數均不合堂内實情，並製表與東京高師狀况比較。

　　《附兩江師範學堂辨正報告書》：貴雜誌第三期調查門載有江蘇諮議局調查敝學堂報告一則，所列各項除蒙將敝校切實答覆該局原函一併登出，以供衆覽外，復謬承貴社執事案語，謂敝校辦事人在今日已爲佼佼，猶復有虛糜情事云云，一若不勝其惋惜者，并將敝校經費狀况與日本高等師範學校列一比較表，俾資匡正。隆情厚意，慚與感并。惟查原表所列敝校學級數及學生人數、經費總數多與敝校實在情形不符，而所列東京高等師範學級數亦多溢出之處。（中略）今將敝校最近狀况并調查日本明治四十三年東京高等師範狀况重列一比較，仍希登入貴雜誌中，俾供辦學者之研究，庶虛糜學款之學堂不致以敝校爲藉口。（下略）兩江師範學堂監督李瑞清謹啓。

項目	宣統三年之兩江師範	明治四十三年之東京高師
學級數	理化分類二　文語分類一　史地分類一 農博分類一　農博選科二　理化選科一 公共科一　補習科一　普通科二 單級練習一　共十三級 附屬中學五級　小學五級　共十級 合共二十三級	研究二　博物三　史地三 文科三(内國語半英語半故原表稱六) 數理三(内數理半理化半故原表稱六) 專修四　豫科四　共二十級(内研究二不成級每班不過數人) 中學五級　小學十八級 合計四十三級
學生數	師範十三級共五百九十九人　附屬中學二百三十七人　小學一百三十九人 共九百七十五人	師範二十級共五百七十一人　附屬中學三百五十三人　小學五百九十八人 共一千五百二十二人
經費總數	約十八萬二千元　本校十一萬三千四百兩中小學一萬二千元中小學生自繳膳費在外	約日金十九萬一千八百元　十八萬六千八百元　又臨時費五千元
平均一級費用	約一萬二千四百元　十八萬二千元之中以二萬元爲中小學經費	日金九千六百元　十九萬六千八百元之中以一千六百七十元爲中學經費以二千二百二十元爲小學經費
職教員俸	約九萬四千五百元　即在前十八萬二千元中	日金九萬六千元
監督校長俸	三千六百兩	日金三千六百元
教務長俸	一千六百八十元	二千元

（《教育雜誌》第三卷第六期，頁七二至七三）

《教育雜誌》記者堅持所言不謬，以爲兩江師範確有浮費之嫌，然罪不在公一人也。

　　記者按：第三期原表，兩江師範人數概依諮議局報告，殆宣統二年之狀況，記者固未知宣統三年之兩江師範狀況如何也。經費

總數小有訛誤,應照此表改正。至謂東京高師級數經費數目有溢
出之處,當即檢查明治四十三年東京高師一覽,文科確係分國語
漢文部、英文部,各三學級,數理科確分數學物理及物理化學,各
三學級,原表稱文科六級、數理六級,似未爲過。且四十二年嘉納
報告固謂本科(含博物、史地、文科、數理)十八學級也。附屬中學
確係三百七十八人,並非三百五十三人。附屬小學男四百五十五
人,女一百四十六人,確係六百零一人,並非五百九十八人。師範
生五百七十六人,加外國人一百零九人,計六百八十五人,原表略
舉成數,謂約七百人,不免稍溢,然不得謂之五百七十一人也。研
究科生第一年三十五人,第二年十一人,何得謂之每班不過數人,
不能成級也? 由是言之,原表二十八級,毫未訛誤。且此表經費
總數經常費十八萬六千八百元,而每級費用則照十九萬六千八百
元算,前後相差一萬元。即照二十級算,每級亦僅九千一百元,不
得謂之九千六百元。如照二十六級算,每級僅七千元,列入研究
科,則每級六千五百元耳。附屬中小費用,東高四千餘元,兩江則
用二萬元,抑又何也? 至此表斤斤於日金,蓋謂目下日金較銀元
高一成許也,抑知日金價落時尚較低於銀元耶? 抑知日本東京物
價固較我國南京高二三倍耶? 總之,謂該校浮費過於官立各校則
冤,謂其毫不浮費則記者不敢承認。謂浮費之罪在李監督一人則
冤,謂官場辦事竟不浮費則記者不敢承認。質之李公,以爲何如?
(《教育雜誌》第三卷第六期,頁七四)

六月中旬,公於漢口觀端方所藏王翬《長江萬里圖》。

　　案:壬子七月二十四日,公爲劉廷琛跋所藏王翬山水長卷曰:
"去年余於漢上見端忠敏所藏石谷子《長江萬里圖》。"辛亥端方因
盛宣懷薦,起復爲督辦粵漢川漢鐵路大臣。據《端大臣抵鄂紀詳》
(《申報》7月9日),端於六月四日(6月29日)離京,六月九日(7
月4日)抵漢口,而公於二十日已抵京赴中央教育會,故此事當在
六月中旬也。或即赴京途經漢上,遂謁端方耳。

六月二十日(7月15日)，赴京預中央教育會。

　　《中央教育會會員抵京》：學部大臣唐景崇因此次開辦之中央教育會所有議案甚繁，已飭司員將各議案序次編成一册，其最注重者爲强迫教育及提倡實業、籌劃經費三事。各省札派之會員到者尚少，奉省所選之會員如票務公所總務科副長王鴻文、教育會副會長曾翼、高等學堂監督海清東、關東模範小學堂長魏福錫均於十八日由奉來京。此外，如廣東所派之張師石、陳佩實，江蘇所派之謝葆鈞、沈恩孚、黄韌之等亦已於二十日到京矣。(《申報》7月19日)

　　《中央教育會開會紀盛》：中央教育會於二十日上午八鐘開會，會員先到畫到室畫到，由辦事官分送徽章入休息室休息。九鐘振鈴入會場，會長長袍緯帽，依次入座，會長、副會長入會場西上登台，學部大臣入會場東上登台，分東西兩翼立，均南向。會員起立，辦事官就位立，學部大臣、會長、副會長、會員行相見三揖禮，辦事官亦同時行禮，會長、副會長詣特設座立。學部大臣至議台演説開會宗旨畢，還座立。會長登議台代全體會員答詞並演説畢，亦還座立。禮畢，散會。(《申報》7月21日)

　　《中央教育會開會續誌》：中央教育會於二十日上午八鐘假學部編訂名詞館行第一次開會式，會詳情已誌昨報，到會者約一百五十餘人。首由學務大臣述開會詞(開會詞已録昨報)畢，并登台演説……次由會長張季直君致開會詞畢，復致演説辭……次全體會員致答詞。(《申報》7月22日)

　　《臨川李文潔公傳略》：辛亥六月，公預全國教育會議入都，比歸，革命事起，東南大震。(《清道人遺集》頁九九)

　　案：公入都預中央教育會開會，或發言，或未發言而實在場也。今皆以出席視之，下同此。

六月二十二日(7月17日)，預中央教育會第一次審查會，議國庫補助初等小學校案，並通過中國教育會章程草案。公爲審查長。

《專電》：中央教育總會二十二日開會集議國庫撥帑補助小學經費及義務教育兩案惟教育案通過。（《時報》7 月 19 日）

《中央教育會第一次審查會詳紀》：二十二日午後，中央教育會開審查會已略誌二十八日本報，茲述其詳情如下：是日，審查員列席者爲羅振玉、顧棟臣、李瑞清、孟昭常、江謙、范源濂、恩華、胡汝霖、黃炎培九人，其討論之大旨范、恩、顧、羅皆主以國庫補助爲當務之急，由江君謙提出兩個問題，謂補助學校使辦學者因有補助之希望而樂於辦學，此是一法；或以補助教員使久於其任，又是一法。究竟此案是何目的，當經范君、恩君等説明學部提出此案之宗旨實在是謀教育發達，使各處學堂得自無而至有，並非維持現狀、獎勵久任之意，並謂此乃採俄國法，並非採日本法。於是孟君言既非獎勵久任，則其目的全在促進教育，使各處多設學堂，則當討論如此補助是否能歆動辦學者，使之自無而至有，假如不能，則其結果仍如原案。補助教員而止補助教員，則莫若採年功加俸之法較爲簡而易行。凡設置學堂在法律上宜有一定之人、一定之財，即地方團體是也。地方團體既負此義務，則謀教育自有下手督促之處，故興學只有督促公立之法而無提倡私立之法，如謂因補助則私立者多，此決非通法。江君又言，因補助而得多學堂，此目的亦終不可達，唯有年功加俸獎勵久任尚是一法。於是恩君言年功加俸恩給扶助乃官吏普通應受之權利，日本認教員爲官吏之一種，故有此規定，本案之意卻並不在此。顧君言學部已有優待教員章程，如年功加俸之類，只須添入優待章程，不必另設，此案現在討論仍當就提案之本意設想。胡君因言補助方法卻有許多難處，如定爲經費支絀至何等程度當受補助，則彼且因欲得補助之故而經費永不籌足，或且因此而使助款者有所藉口，或且因施與不當之故而起紛爭，此皆不可不慮。羅君言補助方法卻以年功加俸爲最簡捷，然非此案本意。范君言此皆爲促進教育起見，如

別有善法，亦並不必拘泥此案。孟君因言既如此，則學部開會徵
求意見，我等自當研究一完全之方法供學部之徵求，則鄙意以爲
宜請學部大臣以根本之計畫提出於閣議，有爲民政部之責任者，
有爲度支部之責任者，則請民政部、度支部擔其責任，乃爲通法。
顧君等皆言此完全之法，恐緩不濟急，此議題終不可取消。於是
審查長李君謂補助之法各國皆有此議題，終當成立。江君亦言姑
就議題研究，黃君又於辦法中商酌數條，又有會員袁君希濤入旁
聽席，陳述意見，多係辦法，因相約於二十四日續議。遂散會。
（《申報》7 月 25 日）

　　《中國教育會章程草案》：（略）附則：第十八條，本章程於第一
次大會通過後即日實行。第十九條，各種辦事細則另行訂定。第
二十條，本章程有應行修訂者須於開大會前十日提出，經評議會
審查再交大會議決。發起人：張謇、江謙、楊度、王季烈、陳寶泉、
譚延闓、王祖訓、汪榮寶、嚴復、傅增湘、蔣炳章、高步瀛、陸瑞清、
賈豐臻、沈恩孚、袁希洛、楊保恒、黃炎培、曹汝英、羅振玉、張祖
廉、伍光建、谷鍾秀、杜子楙、邵義、姚漢章、侯鴻滋、陳懋鼎、金邦
平、陳文哲、陳清震、周紹昌、袁希濤、吳鼎昌、程樹德、文斌、顏惠
慶、恩華、孟昭常、顧棟臣、陸費逵、李瑞清、于邦華、林榮、陳佩寔、
王式通、陳培錕、陳應忠、陳敬第、張元濟。（《申報》8 月 15 日）

　　《嗇翁自訂年譜》宣統三年辛亥：六月：二十二日，中央教育
會開會，議國庫補助初等小學校案。閏六月，開會，議江謙所提
國庫補助行省各府推廣師範學校案，八日止。（卷下，頁一二八
至一二九）

六月二十四日（7 月 19 日），赴中央教育會第二次大會，議試辦義務
教育案及教育經費諮詢案。會後，與譚延闓、曾熙等共飯聚美樓。
午後，赴中央教育會審查會。

　　《中央教育會第二次大會紀》：二十四日上午八鐘，中央教育
會開第二次會議，到者百餘人。（一）續議試辦義務教育案……

（二）議教育經費諮詢案。（《申報》7 月 28 日）

　　《中央教育會續開審查會紀事》：十四日下午，中央教育會開國庫補助案審查會，已略誌前報。是日討論之大旨，范君源濂謂此乃急就之法，江君謙亦謂根本之計劃已另有議案，如教育經費、義務教育等案是。此案乃取其即時發生效力，吾輩可認爲一時之政策，而不必作爲久遠之法規。孟君昭常謂既另有根本之計劃，則先以此法引起許多新設之學堂，亦未始非計。於是審查長李君瑞清又引各國補助成法，以爲事屬可行，衆議既爲引起新設學堂起見，則補助亦宜以新設學堂爲限，庶幾可以貫徹是案之本旨，宜將原案修正。因討論修正之條款甚久，衆意僉同，遂由審查長指定黃炎培、江謙、孟昭常爲報告書起草員。聞現已脫稿，日內即可報告大會矣。同日下午開義務教育案審查會。先討論試辦二字之應否刪去，由到會審查員全體贊成刪去，嗣又議決將本案逐條通過，通至第六條時已旁晚，定二十六日午後繼續審查。（《申報》7 月 27 日）

　　《譚延闓日記》六月二十四日：六時起。赴中央教育會，遇士元、賓垚、健秋，來自長沙。又見張菊生、林奎騰。開會畢，與梅荇、俟園、賓垚步至聚美樓吃館子，去七千餘。曾、戴去，同李歸會審查補助小學案，范靜生、黃炎培、江謙、孟昭常、周心華同審查，五時畢。（冊一，頁三七六）

六月二十六日（7 月 21 日），赴中央教育會第三次大會，議教育經費諮詢案、任免教員案及軍國民教育案。會後，與譚延闓、曾熙共飲聚美樓。既罷，同至寓所論書畫。

　　《中央教育會第三次大會紀》：上月二十六日上午，中央教育會開第三次會議，正會長未出席，由張副會長主席，會員到者百餘人。（一）、續議教育經費諮詢案……（二）、任免教員議案……（三）、軍國民教育議案。（《申報》7 月 30 日）

　　《譚延闓日記》六月二十六日：早過東寅，乃赴教育會。會散，同俟園、梅盦步至聚美樓,招邃盦飲,將罷始至。遂與俟園同車赴梅盦寓臨川館,館額春湖書也。談文字書畫甚洽,同飯,其侄仲乾與焉。至夜三時乃出。(冊一,頁三七七)

六月二十七日(7月22日),夜,與戴展誠飲於廣和居。

《譚延闓日記》六月二十七日:飯時黃澤生、廖笏堂來,遂同黃、廖至湖南館見曾、吳、汪。晚同黃、廖、王、汪步至廣和居飲,遇邃盦、梅盦。(冊一,頁三七七)

六月二十九日(7月24日),赴中央教育會第四次大會,議國庫補助小學經費案及軍國民教育諮詢案。公爲審查員。

《中央教育會第四次大會詳紀》:上月二十九日,中央教育會開會大略已紀昨報,茲又據京友報告詳情,知是日於八時十分開議會,議事項凡二:(一)國庫補助小學經費案……(二)續議軍國民教育諮詢案……遂付表決,起立者七十六人,多數,即由會長指定審查員十五人而散。審查員名單錄後:范源濂、臧勵龢、胡家祺、陸光熙、曾有賞、黃忠浩、曹汝英、江謙、徐炯、羅澤暉、陸瑞清、王劭廉、王炳燁、黃炎培、李瑞清。(《申報》7月30日)

六月三十日(7月25日),赴中央教育會第五次大會,議國庫補助小學經費案。

《中央教育會第五次大會紀》:上月三十日上午,中央教育會開會開第五次會議,會員到者一百三十餘人。是日議國庫補助小學經費案,此案業經審查修正,是日爲再讀逐條討論。(《申報》7月31日)

六月,吳母宗太夫人七旬壽辰,公與羅振玉、莊賡良題希齡壽硯以祝。

希齡壽硯側銘:大羅天上,雜奏雲璈。我亦飛丹,爭獻蟠桃。如來佛法,益衆塵勞。慈悲世刧,福慧稱饒。吳母宗太夫人壽,李瑞清拜并銘。(北京保利2009年秋季拍賣會2767)

案:硯側尚有羅振玉題,曰:"辛亥夏六月,爲吳老伯母宗太夫

人七秩帨辰,郡城大雅以詩文壽者,或揚壼範母儀,或述虔心奉
佛,或道工書善繪,或頌令德大年,琳瑯珠玉,美不勝收。走也不
文,不克珥筆揚芬,從諸君後,愧何如也。然稱觴晉祝,曷可無言。
爰製希齡壽研,藉壽同金石以延年,當亦耆舊諸公所默許也。扶
餘間氣接媧皇,搗藥何人到上方。清供未妨羅海屋,仙根況是值
蓬閬。采脂試合延齡酒,摘葉分貯益智囊。聊向西池攄項肐,靈
萱壽石佐稱觴。世愚侄羅振玉謹識。"莊廑良題曰:"教子詩書。
恭介吳母宗太君壽,侍莊廑良拜題,時年七十又二。"

**閏六月一日(7月26日),譚延闓、曾熙來,公出觀所藏惲壽平山水册
頁,論書畫久之。**

《譚延闓日記》閏六月初一日:十時始起,飯後看台生所儲邦
淖古城明信片。遂詣梅盦,曾九先在,見所藏南田山水册葉,精妙
入神,千金所購也。論書畫甚多。(册二,頁七)

譚延闓《題李道士畫爲胡子靖》:道人昔寶南田畫,燕臺示我
同稱快。自言得此已傾囊,俸錢賒盡家人怪。(《非翁詩稿》)

閏六月二日(7月27日),與中央教育會第六次大會。

《中央教育會第六次大會紀》:初二日午前八時四十分,中央
教育會開第六次會,會員到一百四十人。張會長因事請假,由副
會長張元濟代理,首由會長宣告昨已集議,會場宜有秩序,望各會
員遵守會章。次言教育經費諮詢案……會長請任免小學教員案
審查員報告審查情形……會長謂學部總務司來文,請將女子職業
學校師範體操專科二案緩議,即討論唐會員停止獎勵實官出身
案。(《申報》8月2日)

閏六月三日(7月28日),赴中央教育會第七次大會。

《中央教育會第七次大會紀》:初三日上午八十四十五分,中
央教育會開第七次會議,會長及張副會長均請假,由傅副會長代
理,到會者一百二十五人……會長遂宣告開議,即由辦事官報告
提議案二十一件,繼續審查試辦義務教育案報告書……於是全案

通過,而時已十二鐘三十分矣,遂散會。(《申報》8月3日至4日)

閏六月四日(7月29日),赴于式枚、寶熙薈芳軒招飲,張元濟、傅增湘、方履中、達受甫、李家駒、劉若曾、宋育仁、張謇、譚延闓在座。席終,與同人乘船,憩觀稼軒,小飲咖啡館。

　　《譚延闓日記》閏六月初四日:九時起,即以騾車赴萬生園,于、寶兩侍郎之招。至門遇寶瑞臣,遂同入薈芳軒。張菊生、傅增湘、方玉山、李梅菴、達受甫、李柳溪、劉仲魯、宋芸子、于晦若均先在。待張季直,至十二時乃來,遂入席,仲魯自爲主人於別室,因不入座。菜則政治官報館庖人,甚好。席終,張季直、方玉山、李柳溪先去,寶、于邀餘人乘船,行荷花中,甚有意。登岸,憩觀稼軒,傅、達、劉辭去。雨至,避之暢觀樓,出飲咖啡館。日已西,乃辭出。(冊二,頁一四)

閏六月六日(7月31日),與中央教育會第八次大會。散後,赴王翰屏之邀共飯聚美樓,黃忠浩、廖名縉、戴垚堯、曾熙、汪守圻、譚延闓在座。飯後,譚、王、曾、魏肇文、吳廣需來訪。

　　《中央教育會第八次大會紀》:初六日上午八鐘,中央教育會開第八次會議,會員到者一百五十三人。是日議事日表係教育經費諮詢案。(《申報》8月7日)

　　《譚延闓日記》閏六月初六日:早起,赴中央教育會,始識羅叔韞,談龜文甚多。云考爲殷人太卜所用,有《殷商貞卜文字考》甚詳。散後,王翰屏邀同澤生、笏棠、士元、垚堯、梅庵、旬侯同至聚美樓。飯後,與士元、翰屏至梅庵。頃之,梅庵始歸。看作畫,甚有道理。魏選亭、吳翰濤亦來。至晚,王先去,余同曾至廣和居小酌。(冊二,頁一六)

閏六月七日(8月1日),赴中央教育會第九次大會。會後,公邀飲聚美樓,曾熙、譚延闓、廖名縉、戴垚堯、吳錡、汪守圻、王翰屏等同席。席散,與譚、曾談久之。

　　《中央教育會第九次大會紀》:初七日午前八時三十分開會,

會長謂今日軍國民教育案再請審查報告長曹汝英報告，曹即登台演説。(《申報》8 月 8 日)

　　《譚延闓日記》閏六月初七日：大雨。八時起，赴中央教育會，會已開矣。以軍國民教育五字爭辯甚烈，多無味之辭。既散，李梅庵邀同士元、笏堂、垚堯、劍秋、甸侯、翰屏及馬迪吾同飲聚美樓。客去，與曾、李談久之。(册二，頁一七)

閏六月八日(8 月 2 日)，王錫蕃招飲福州館，繆荃孫、俞君直、朱顯廷、冒廣生、石長信在座。

　　《藝風老人日記》閏六月八日：王季樵招飲福州館，俞君直、朱子良、冒鶴庭、李梅庵、石長信同席。(頁二四〇一)

閏六月九日(8 月 3 日)，赴中央教育會第十次大會。

　　《中央教育會第十次大會紀》：初九日上午八時，中央教育會開第十次會議，會長請假，張副會長代理，會員到者一百三十二人。辦事官報告提議案兩件，主席宣言學務大臣意，各會員提議案件甚多，而會期有限，擬將本部交議案撤回數件，並謂自今日始，除星期外，逐日開會。遂續再讀軍國民教育案。(《申報》8 月 9 日)

閏六月十日(8 月 4 日)，赴中央教育會第十一次大會。散後，赴戴垚堯聚美樓之約，黃忠浩、廖名縉、王翰屏、吳錡、譚延闓等同席。

　　《中央教育會第十一次大會紀》：初十日八時開會，會長請假，由張副會長代理，首由會長宣言昨日會場討論過多，虛費時期，未免可惜。諸君對於議案有意見，儘可發言，但望言勿及於題外，并望勿徒於文字上吹求。嗣由辦事官接讀軍國民教育案第六條……遂由會長宣告接議國庫補助案……會長謂接議義務章程案。(《申報》8 月 10 日)

　　《譚延闓日記》閏六月初十日：九時起，十時乃赴會，會中正休息也。入場紛擾，頃之乃散。戴垚堯約同梅庵、澤生、笏堂、翰屏、劍秋、道胅至聚美樓。(册二，頁二〇)

閏六月十一日(8 月 5 日)，與中央教育會第十二次會議，議統一國語案及變通考試章程案。

《中央教育會第十二次大會紀》：十一日八時五十分開會，會長已出京，由張副會長代理，到會者八十四人，會長謂今日應議之國語音韻釋例與統一國語可併爲一案，會長又提議變通考試章程案。（《申報》8 月 13 日）

閏六月十四日(8 月 8 日)，赴中央教育會第十三次會議，公於改訂師範課程案有一意見書，略謂改正修身一門，理科須先化學而後物理，國文宜改國語科。

《中央教育會第十三次大會紀》：十四日八時四十分開會，會員到者九十三人，由張副會長報告，謂本日議事日表有江會員謙提出議案，即補助各府廳州縣小學教員養成所經費案……次即提議改訂師範課程案，係彭清鵬提出，議長請彭會員登臺演説此案大旨，彭會員登臺説明師範功課每星期宜加國文爲六點，原三鐘體操、音樂之隨意科改爲主科，加課法制、經濟、財政各門，歷史功課亦宜加多，第五年級則重實地試驗一年。又外國語言亦擬改爲正課。李瑞清有一意見書甚長，謂師範功課之宜改正者即修身一門，法國及日本皆有此門，而他國無之，即以宗教爲修身，且他國修身一門所包甚廣，不似中國之狹義也。至中國理科一門皆先物理而後化學，殊屬非是，本會員擬將此科改爲先化學而後物理。且中國之所謂國文即外國之所謂國語科，則中國國文似宜改爲國語科。又陳會員所請師範學堂添外國語一科，此事萬不能精熟，鐘點少固無益也。袁希濤謂此案不必討論，可由議長先付表決。時會場甚形紛亂，主張各不相同。陳佩章亦請會長將此案付表決，祝震謂初等小學既無習外國語之功課，師範生何必習之，議長乃付表決，謂贊成此案者起立，一時起立者占大多數……次即報告林傳甲所提議案，會長命林傳甲登臺演説，反對學部所訂之單級教授法……次即報告彭清鵬所提之議案，即以中等學堂畢業生補習教育等一年亦可充當教員，此一年中專習教授等法。（《申

報》8 月 15 日）

閏六月十五日（8 月 9 日），赴中央教育會第十四次大會。

　　《中央教育會第十四次大會紀》：十五日午前八句三十分鐘開
會，會員到者百三十五人，首討論變通小學教育案……嗣議小學
不設讀經講經課一案。（《申報》8 月 16 日）

閏六月十六日（8 月 10 日），赴中央教育會第十五次大會。

　　《中央教育會第十五六次大會紀》：十六日上午八時二十五分
開第十五次大會，到者九十二人，副會長張元濟代理主席報告，舉
定審查長畢，遂議各省學務公所應開全省學務討論會之審查報告
書……遂議統一國語之審查報告……續議變通中小學堂讀講經
科目等案。（《申報》8 月 17 日）

閏六月十七日（8 月 11 日），偕夏壽田詣譚延闓談。與曾熙、譚延闓、
吳鎬等同赴中央教育會第十六次大會。會中與譚、曾偕出，赴王械
林招。途中，過羅惇曧談，楊增犖在座。夜，赴鄭沅廣和居招飲，吳
鎬、譚延闓、曾熙、朱恩紱、王世琪、黃均隆同席。飯後，與譚、曾、吳
入廣德樓聽戲。

　　《中央教育會第十五六次大會紀》：十七日上午八時開第十六
次大會，到者九十六人，王季烈報告振興實業……王季烈報告中
學改由省轄案。（《申報》8 月 17 日）

　　《譚延闓日記》閏六月十七日：出，至湖南館，曾、吳、黃、廖先
後歸，午貽、梅盦亦來談。與笏堂同車偕曾、李、吳至八角琉璃井
中國教育會，擾攘數百人，了無意趣。因相繼溜出，同赴王械林
招。過羅撚東門，同曾、李入談，兼見楊昀谷，羅藏佛像甚多。步
至王家，廖、吳、戴崑垚、蕭斛泉。菜皆家製，有風味。上燈，同曾、
吳、李至廣和居，未進作主人，菊尊、丙青、冊安先在……入廣德
樓，曾、李、吳先在，肩背相摩，幾無容足地。玉玲瓏《非坂島》、《法
門寺》、《翠屏山》、楊猴《趙家樓》，叫天《失街亭》至斬馬謖，一字一
珠，如游絲裊空，危石墜地，歎觀止矣。（冊二，頁三二）

閏六月十八日(8月12日),赴中央教育會第十七次大會,公登臺報
告修改初級師範課程案審查大意。

　　《中央教育會第末次大會紀》:十八日午前八時四十分,開第
十七次大會,張副會長主席,會員到者九十七人。由審查員顧君
棟臣登臺報告國庫補助養成小學教員案審查大意……接議修改
初級師範課程案,由審查員李君瑞清登臺報告審查大意……續議
中學改歸省轄審查案……續議胡君家祺等提議初等小學男女同
校案……遂散會,明日星期,後日即閉會。(《申報》8月19日)

閏六月十九日(8月13日),赴趙世駿之招於畿輔先哲祠,觀其所藏
碑帖并跋之。吳炯、吳庭芝、崔師范、趙録績、藍鈺、曹元忠、熊璧、劉
廷琛在座。

　　《嵩高靈廟碑》:宣統三年閏六月十九日,趙聲伯燕瑞清等九
人於畿輔先喆祠,盡出所藏碑碣同觀。觀者:吳炯子清、吳庭芝重
卿、崔師范鼎丞、趙録績孝陸、藍鈺石如、曹元忠君直、熊璧次堅、
劉廷琛幼雲。(民國珂羅版)

　　案:此册尚有趙世駿跋。

閏六月二十日(8月14日),赴中央教育會閉幕式。

　　《中央教育會閉會》:學部奏定中央教育會章程,會期以一月
爲度,兹會中以所提重要議案大致均已議結,而自開會至今亦已
足一月之數,因即於二十日閉會。其禮節如下:是日上午八鐘,會
員齊集中央教育會,照常先赴畫到室畫到,入西休息室休息。九
鐘振鈴,會員長袍緯帽入會場,依次就座。正會長、副會長入會場
詣特設座立,學部大臣入會場登議台,辦事官就座立。學部大臣
就議台演説畢,詣座立。會長登議台代全體會員答詞並演説畢,
仍詣特設座立。學部大臣至台東南向立,會長、副會長西上登台
亦南向立。學部大臣、會長、副會長、會員行三揖禮,辦事官亦同
時行禮。禮畢,振鈴。學部大臣、會長、副會長退,會員退,辦事

官退。

中央教育會以前六月二十日開會，閏六月二十日閉會，計歷三十日，議決案十有二，今將各案目録表列於下：一、停止學生畢業獎勵案；一、軍國民教育諮詢案；一、國庫補助小學經費案；一、義務教育章程案；一、變通考試章程案；一、教育經費諮詢案；一、初級師範改歸省轄案；一、各省學務公所開討論會案；一、統一國語辦法案；一、振興實業教育案；一、國庫補助養成小學教員經費案；一、變更初等教育方法案。（一）小學手工列爲必修科、（二）初等小學不設讀經講經科、（三）初等小學男女得同校。（《申報》8月19日）

《譚延闓日記》閏六月二十：衣冠至中央教育會行閉會禮，凳已撤，會員皆立聽演説。出照像，茶會有酒點。（册二，頁三五）

閏六月二十五日（8月19日），晚，至廣和居小飲，譚延闓、黃忠浩、廖名縉、曾熙同席。散後，譚、曾來，觀公作書。

《譚延闓日記》閏六月廿五日：晚至廣和居，約澤生、笏堂飲，士元、梅安亦來。遂同士元至梅安寓，看作書，談至三時乃歸。（册二，頁四〇）

閏六月二十八日（8月22日），譚延闓來訪，不值。晚，赴徐崇立之招，譚延闓、曾熙、朱恩紱等在座。散後，譚、曾至公處觀所藏沈周、石濤畫。

《譚延闓日記》閏六月二十八日：出訪梅安，不遇，遇次煌於道，同至其家，爲作扇，兼食薏米粥……上燈，同士元至劍石家，菊蓴、次如、枚長先在，梅安、台生後來。酒半，金臺館人來促劍石，云葉默安病危，劍石俟終席即去，吾輩少坐散。同士元至梅庵寓看沈石田、大滌子畫。三時半乃歸。（册二，頁四二）

閏六月二十九日（8月23日），與譚延闓、曾熙等小飲廣和居。既罷，復至寓所談藝，觀曾熙所得肥本定武《蘭亭》。

《譚延闓日記》閏六月二十九日：將暮，邀士元及其子任尹、其族人一哉步至廣和居小酌,將散而梅安來,復呼肴獨酌。既罷,與士元同車,至梅安寓談藝,甚樂。見一肥本《蘭亭》,與定武不合,然宋拓,不知何本也。後有宋克跋,書法極精,類鮮于樞,不審何時人,當一考之。至十二時,梅安出酒共飲,宣化製蒲萄酒也。三時,乃與士元坐車歸。車廠在爛麵胡同,故先送余至寓,乃送士元返。連日甚涼,今早大雨後,秋益深矣。(冊二,頁四三)

曾熙跋《宋仲溫藏定武蘭亭肥本》:仲溫先生得此《蘭亭》,在元至正甲辰之歲,爲饒介之所奪。饒倩周太史跋。越二年,丙午,再入宋篋,爲明洪武之二年己酉。陶與申屠兩跋作於四年辛亥八月、九月。予得此帖於都中,實維宣統辛亥八月,譚三、李二皆在坐,計已九歷辛亥,共五百四十一歲矣。

曾熙跋《宋克書孫過庭書譜》:辛亥七月,予得宋仲溫先生《蘭亭》於京師。逾日復見此冊,未於決值,而書賈已匆促出京。

夏,得王翬《倣巨然煙浮遠岫圖》。

《與錢芥塵書》:芥塵先生閣下:久闕瞻謁,但有企仰。敝藏石谷子倣巨然,辛亥夏貧道得於京師,以六百圓得之。當時名畫滿張素壁,此幅一懸,諸畫皆無精彩,可以懸而驗也……清道人頓首。(故宮博物院藏)

夏,與楊楷、曾熙合影於京師。

楊曾勗《三賢圖記》:家藏先大夫與兩先生合影西法傳真一幀,蓋爲宣統辛亥之夏同客京師時所攝者也。先大夫與兩先生比肩坐,先大夫居中,左爲曾先生,而右爲李先生,立於曾先生後者爲其子某兄,距今四十年,紙色如新,望之凜凜然,仿佛忠孝豪傑之氣磅礴鬱結於天地間也。(無錫博物院藏)

夏,爲徐崇立畫紈扇。徐出觀家藏宋拓《禮器碑》,公定爲贋本。

徐崇立《玉梅華盦臨古法帖跋》:辛亥夏,在燕臺爲余畫紈扇,倣惲南田水墨,書亦肖,其他二扇書各異體,乃知君多才藝,媿知之不盡也。(《瓿翁題跋》卷三,《湖南近現代藏書家題跋選(一)》

頁六九一)

徐崇立《漢禮器碑跋》:此碑先君得宋拓本於西疆,"項伯修來"諸字皆存。宣統辛亥夏,攜至京師,紙墨裝皆極精雅,譚畏公諸公同欸賞,已釀貲重影矣,清道人、汪閒止乃定爲贋本。會國變,南歸。(《湖南近現代藏書家題跋選》册二,頁五三〇)

案:該册景本題曰《宋拓禮器碑》,曾熙署檢,正陽門外北官園益森公司景印。後有徐崇立辛亥中秋跋,曰:"《宋拓禮器碑》爲吳縣潘文勤故物,尚有文勤平生真賞印,及翁覃溪、吳荷屋、張未未、翟文泉諸家印。庚子之變,流入秦中,其題跋別爲一册,因亂亡失。辛丑歲祲,家君時僑寓長安,展轉購諸賈人之手。'熹平三年左馮翊池陽項伯脩來'十三字題名,蘇齋謂爲前此諸拓本所未見者,是本皆完全無闕,其'山陽金鄉'十六字亦可辨,與匋齋藏本迥然不同,其爲宋拓無疑。今年夏,家君攜此本自湘入都,京朝士大夫詫爲未見。譚組盦編脩慫恿付石印,而與朱鞠尊年丈、黄笥胈閣長、龔枚長法曹集貲成之,崇立未能獨舉也。題籤者,衡陽曾兵曹熙,謙不肯署名。"

爲門人魏肇文定鬻書直例。

曾熙《桂盦粥書直例》:魏叔子桂盦,邵陽魏威肅第三子也……辛亥夏,予與梅盦以學部會議同至京師,時叔子爲郎,梅盦曾爲定書例,士大夫多乞叔子書者。一日,叔子持一聯示予,予以爲梅盦書,梅盦曰:直叔子所爲耳! 其肖梅盦書如此。(《新聞報》1920 年 12 月 13 日)

七月二日(8 月 25 日),譚延闓來,觀公作畫。公出示沈周、李鱓畫及唐人寫經卷。

《譚延闓日記》七月初二日:出乃暝,行至臨川,見梅菴,看唐人寫經卷,筆意類六朝人,梅菴斷爲北魏人寫經,謂與《中岳靈廟碑》相似也。又見沈石田、李復堂畫，皆致佳品。談至十二時，出粥共食，有醬炙茄子甚美。又看作畫，至三時乃歸。（册二，頁四五）

七月三日(8 月 26 日)，**譚延闓、曾熙、魏勸來。午飯後，與譚、曾逛琉璃廠，至文明書局看帖，至賀蓮青看湖筆，又同至左宅聽弦。**

　　　《譚延闓日記》七月初三日：黃澤生絕早來，夏午詒隨至，頃之去。今日爲左廉使夫人生日，台生設座行禮，孫藥痴適來，促之去，乃入拜壽。脫衣，步行至湖南館見澤生，留同飯。十一時俟園乃起，同車至梅庵處，魏逖先在座。復同飯，有冬瓜蒸魚甚好。看字帖甚多，以石室寫經爲最好。三時，同曾、李逛廠，至文明書局看帖，至賀蓮青看湖筆，乃返左宅。客來甚多，有牌兩桌。待王玉峰至，上燈乃至。入席聽弦，無不稱妙。凡兩席，同席已十三人，主人尚傍坐。及席散，又聽風流焰口梆子數齣。黃、曾、李乃去，余至十二時寢。牌聲、弦聲尚相上下於耳際也。（册二，頁四六）

七月四日(8 月 27 日)，**與譚延闓、黃忠浩、朱恩紱、曾熙父子同觀電影。**

　　　《譚延闓日記》七月初四日：散後，至湖南館與士元立語，約看電影。乃赴朱八家，澤生已至，遂同飯……遂同朱、黃至平安電影公司，趙廚誤買頭等票，較二等只多靠背而已。梅安、士元、任尹隨至，同坐。有溜冰一劇極佳。散後，晤志謹。仍同士元一車，到寓後送之歸。（册二，頁四七）

七月五日(8 月 28 日)，**魏勸、譚延闓來談。**

　　　《譚延闓日記》七月初五日：及散，獨訪梅庵，遇魏逖先。魏去，與李談，自家國盛衰之故、身世欣哀之情、人事變幻之迹，至書畫文字源流正變，言切於心，惟恐語盡，不覺天明，乃趣歸寓。（册二，頁四八）

七月七日(8 月 30 日)，**譚延闓、曾熙來，觀唐人寫經，徹夜長談。是日，爲曾習經跋《唐人寫般若波羅蜜經勸學品第七十四》，并繪彌勒**

像一軀。

《譚延闓日記》七月初七日：大雨徹夜，窗紙盡破，風雨聲如萬馬……散後，與士元同車，至臨川館候梅安，至十二時乃歸。同看唐人寫經，其硬黃紙者唐人書，白麻牋者類北魏六朝人書。有《無量壽經》二卷，一後有"張興國"三字，一有"丙寅年三月日"字。又《四分戒律》二卷，文各不同，一有百七十八波逸提，一僅九十，一稱諸大姊者，一作大德。其稱名亦不同，一作四分尼戒。未知孰前後。談至雞鳴始歸，到家天明矣。（冊二，頁五〇）

跋《唐人寫般若波羅蜜經勸學品第七十四》：石遺先生詩云"六朝喜造像，唐人喜寫經"，余以漢魏篆隸之筆，用唐人設色之法，敬寫彌勒佛一軀，敬頌剛父先生長壽，不知它日石遺見之，又如何題也？李瑞清并誌。（普林斯頓大學藝術博物館藏）

案：公於跋前繪彌勒像一軀，款曰："宣統三年七月丙寅朔七日，臨川李瑞清敬造彌勒像一區，願國祚永隆，弘宣妙法，昏愚未悟，咸發菩提，一切眾生，永絕百苦。"該卷尚有陳衍、曾熙等跋。

七月八日（8月31日），赴周克寬招飲，黃忠浩、曾熙、高輝亭、譚延闓等同座。

《譚延闓日記》七月初八日：出，易衣赴周容皆學士招，澤生、士元、梅安及廷立齋、高輝亭者同坐。菜皆鄉製，鴨及豆腐尚佳。廷號能飲，與角三十杯。廷取胡琴唱戲，大爲主人所歡迎，然吾以爲平平也。散後，至湖南館。（冊二，頁五一）

七月九日（9月1日），是日爲公誕辰，同人於法源寺祝之，譚延闓、李健、魏肇文、曾熙父子等在座。公作畫一幅。

《譚延闓日記》七月初九日：至午，乃赴法源寺，曾任尹先到，士元、梅庵、子健後至，魏選亭亦來。今日梅安生日，不茹葷，故士元於此壽之也。寺僧導觀唐槐，已枯死，枝幹爲風所吹折，僅高五六尺，更數年者剝蝕盡矣。復導觀佛牙及所謂七井、八洞、金臺基。佛牙在藏經閣上，大如人手，形橢圓，云此劫前之迦葉佛所遺，金身十六丈，故有此大牙，亦荒唐之言也。然其質絕類牛骨，又可異也。七井則寺中有七井。八洞則閣上以木裝壁爲之，云狐所居。金臺基者，石中含有礦質耳。寺舊名憫忠，唐太宗征高麗，瘞戰死將士於此，今寺中有大皐是也。壁上有畫二，梅安云殆宋元人作，頗似今之油畫。寺僧云寺藏有明藏、清藏各一部，爲他寺所無，取視果然。因舉《四分戒律》之波逸提多少不同爲問，竟不能答，亦可見僧之荒經亦如儒也。梅庵作畫一幅，甚苦。午前食麵。傍晚，入席，菜無可食，略勝晳子前次耳。(册二，頁五二至五三)

七月十二日(9月4日)，譚延闓、曾熙、魏肇文來。

　　《譚延闓日記》七月十二日：晚，至湖南館見士元、黃澤生，遇采之、鳳山、王椷林。及諸人去，乃同士元訪梅菴，魏肇文者先在，又一不相識人而極力周旋我，迄不敢問也。談至十二時，同士元至寓，士元略坐去。今日頗涼，仍著夾襖，秋氣已深，彌有歸思。(册二，頁五六)

七月十五日(9月7日)，赴朱宅宴集，譚延闓、黃忠浩、曾熙、朿章、湛生等同席。散後，譚延闓、曾熙、魏肇文、李石農來公寓所徹夜長談。

　　《譚延闓日記》七月十五日：五時出城歸寓，少坐。仍至朱宅，澤生、士元、梅庵、朿章、湛生、子奇已至，定臣、伯約後來。七時入席，菜甚豐腴。及散，同士元至梅安寓，魏選亭及前日不識之人先在，詢之爲李石農，荇仙丈之子也。看梅安作書畫，暢論今古，至四時李去，吾輩仍談至天明。大冷，乃取梅安呢衣披之，蓋竟夜未嘗一稍倦也。士元言見有介庵富書條幅，不知何人。記往時黎九亦有此字，不知所本，當更詢之。又言羅朿韞藏有動物牙骨，與法源寺佛牙同，又有大魚骨，雕刻及半，始知西人所謂僵石，實古代美術，非真動物骨殖也。(册二，頁五九)

七月十八日(9月10日)，赴曹元忠之招，繆荃孫等在座。

　　《藝風老人日記》七月十八日：癸未。晴。到館。赴曹君揆一

之招，李枚庵、趙生□、趙□□同席。（頁二四一二）

七月二十一日（9月13日），譚延闓、曾熙、魏肇文來訪。

　　《譚延闓日記》七月廿一日：大雨，本欲入京，竟不克行……四時十五分開，時有小雨，深慮無雨具，及七時五十分到京，則滿天星斗矣。遽呼人力車至梅庵寓，待頃之，梅安同士元、魏肇文歸，相見大喜。梅安爲具食，暢談至三時，乃偕士元同車歸。梅安本云明日行，以吾故又留一日也。（册二，頁六六）

七月二十二日（9月14日），譚延闓、朱恩紱、曾熙來。晚，譚、曾復來長談。

　　《譚延闓日記》七月廿二日：九時始起。冒雨至朱八寓，爲吾設食。偕至湖南館，邀士元同詣梅安，魏選亭、李仲乾皆在。復爲吾輩具食，有香糟肉尚佳。晚，朱八邀飲廣和居。既散，仍同曾詣李，談至雞鳴乃歸。（册二，頁六六）

七月二十五日（9月17日），譚延闓欲詣公，以冷而歸。

　　《譚延闓日記》七月廿五日：十二時散，余與大武同車。將詣梅安，以冷而歸，仍同榻睡。（册二，頁六九）

七月二十六日（9月18日），譚延闓、譚澤闓、饒智元來訪，論書畫甚久。晚，至魏肇文家，曾熙、黃鴻圖、李健、李石農、譚延闓在座。

　　《譚延闓日記》七月廿六日：早起，同五弟至臨川館，枚庵、士元方同睡未醒，呼起相見。頃之，饒石頑來，因同飯。飯後，看詩說畫評帖甚久。魏選亭來……晚歸，同林、汪、胡步還，汪以車送胡去，而與林留宿。余十二鐘往東河沿魏選亭家，待梅安、士元、黃鴻圖、李健，至三時乃至，與選亭、石農談甚窘。魏宅甚精，有石山小池，周以迴廊，蓋書辦某之別墅，後臨溝沿則不佳也。（册二，頁七○）

七月間，曾熙跋公所臨《張黑女墓誌》。

　　《道人黑女誌臨本》：梅弟臨《黑女》不讓信本臨《蘭亭》，道州臨《衡方》跋云：與《黑女》同得於灤城，前跋失之不考耳。辛亥七月。鈐印:永建齋。

其間,鬻書京師,盡散所得以拯饑民。

《鬻書後引》:辛亥秋,瑞清既北鬻書京師,皖湘皆大饑,所得資盡散以拯饑者。(《清道人遺集》頁一二七)

爲楊楷節臨《論經書詩》。

節臨《論經書詩》款:仁山八哥不相見者七年矣。世變日亟,國步艱難,相對歔欷,不獨有老大之感也。弟李瑞清。

曾熙跋:此阿楳辛亥七月書與仁山八哥,時仁山緐都南下,阿楳亦返江寧,未幾國變。

案:楊曾勗謂所書爲篆書大中堂幅(《柳州府君年譜》頁四八),誤矣。

爲饒智元繪《蕉石圖》團扇。

《蕉石圖》團扇:石田翁寫蕉石全用隸筆,用墨古厚,元以後畫家不敢下一筆,故明人中無第二人及之。石頑親家先生正之,弟清并畫。(曾迎三編《海上桃李——曾李同門會書畫文獻集》)

案:該扇後爲張大千所得,又將公其他畫扇,都爲一集。曾熙跋曰:“此冊所得團扇,多饒君石頑款,蓋仲乾三俇之外舅也。石頑吾湘詩人,其著《楚國雜事詩》,逼近梅村。李仲極愛石頑詩,又極愛寄禪詩,每談常終日……内辛亥一扇,其書畫時髶與祖庵同在仲案前,并記之。乙丑夏四月四日,農髶熙爲季爰弟識此。”饒智元夏秋間亦在北京,與公過從,當即此時所作也。

爲金城跋所臨《石谷西亭合作山水長卷》。

跋金城臨《石谷西亭合作長卷》:國朝論畫者莫不言三王,言三王者莫不推石谷。石谷畫能陶鑄宋元各家,都歸腕下,而邱壑結構隨筆而成,煙雲變滅,直通造化,故南田翁傾倒至矣。此卷爲石谷晚年之作,子鶴足成之。子鶴畫功力極深,余曾見其所畫冊,兼石谷、南田、漁山之勝,乃知世所傳,不但石谷多僞本,即子鶴亦

多非真迹。拱北道兄出所臨石谷畫卷相示，用筆用墨直如攝影，
令人驚歎屢日，非世之畫家，但解橅其形質位置而已。此中艱苦，
難與今之賞鑒者言也。宣統三年七月，李瑞清。（香港蘇富比
2019 年秋季拍賣會 2877）

　　案：公於七月二十七日離京，輾轉數日，方可抵寧，期間當無
暇爲之，故此跋當作於在京時也。此卷尚有吳昌綬、李傳元、徐世
昌等跋。李詵題曰“金鞏伯臨石谷西亭合作長卷”。金城識曰：
“耕煙散人作此圖未竟，弟子楊子鶴惜其勿完也，爲足成之。按石
谷卒乾隆丁酉，子鶴之綴成此卷自題壬寅長夏，則去石谷之卒殆
六年矣。子鶴爲石谷入室弟子，故其跋語自謂結構佳處，具隻眼
者自能辨之。予於宣統己酉橅此，則去子鶴之作又百八十八年。”
具道緣起，可資參考。

**七月二十七日（9 月 19 日），同人送公歸寧，曾熙臨《華山碑》以贈，譚
延闓、朱恩紱、饒智元、黃鴻圖、魏肇文、李健、曾憲璵同侍車旁。**

　　《譚延闓日記》七月廿七日：昨竟夕不睡，七時即飯，菜尚佳。
八時，同士元坐車送梅安至火車站，朱八亦至。九時二十分車開，
搖巾而別。例二等客但攜一僕，今得二，定臣力也。（册二，頁七
一）

　　曾熙《華山碑册頁》：宣統三年七月二十七日，衡陽農髯公熙
臨與李仲子，仲子書猶海也，髯公不過黃河一斡流耳。十年離群，
懽敘兩月，世亂國危，殷憂孔多，撫今追昔，老淚潸然，前册已入行
篋，補書册後，繫以日，記別也。是日送仲子正陽門外，茶陵譚延
闓、善化朱恩紱、長沙饒智元、臨川黃鴻圖、邵陽魏肇文、阿侄李
健、璵兒同侍車旁。（《曾熙書法集》頁五二至六一）

七月，兄李瑞祖卒。

　　李雲麾《先從兄清道人行述初稿》：先是，伯兄於是年七月病
歿寧寓。（《清道人遺集》附錄，頁二七九）

八月十七日(10 月 8 日)，**楊文會卒於金陵**。

　　敬安《八月十七日楊仁山居士坐脫於金陵刻經處詩以輓之》。
(《八指頭陀詩文集》頁四三〇)

八月十九日(10 月 10 日)，**武昌起義。江寧擾嚷，新軍將變**。

　　《鄭孝胥日記》八月二十日：過孟庸生，聞湖北兵變，督、藩署
毀，張彪陣亡，瑞帥登兵輪……力軒舉言，頃在海軍部聞鄂亂，先
據兵工廠，漢陽已陷，瑞帥在兵輪上。大七歸，攜來今早上諭及瑞
電奏破獲劉耀璋，正法三人，蓋十八夜事發，擒三十二人，官場未
備，而十九夜如期大舉矣。(頁一三四九)

　　胡思敬《李布政守江寧記》：當鄂耗初聞，張人駿爲總督，鐵良
爲將軍，樊增祥爲藩司，吳鏐署提學使，李家綽爲糧儲道，徐乃昌
爲鹽法道，汪嘉棠爲勸業道，而瑞清以道員監督兩江師範學堂，無
政柄。江寧防軍有總督衞隊三千，趙某統之，陸軍所隸新軍五千
餘人，徐紹楨統之。人駿慮兵單，令中軍副將王有鴻別募六千人
爲一軍，共籌防守。提督張勳以浦口防營至，旋奉詔援武昌，人駿
留不遣。是時人情洶洶，皆言新軍將變，紹楨請子彈，人駿疑之，
增祥以百口保紹楨不反，勸發子彈，勳力持不可，遂調之出城，令
守秣陵關，紹楨悻悻而去。增祥集僚謀獨立，勳大怒，拔刀抵几，
曰："敢有倡邪説者，當血此刃。"增祥懾而止。(《退廬文集》卷二)

八月，**公爲伯兄治喪畢，遣眷至滬，獨留李健侍側**。

　　李雲麾《先從兄清道人行述初稿》：未幾，武昌難作，兄知事非
尋常，急爲伯兄治喪厝柩畢，遣全家至滬，獨留寧，誓以死殉職。
猶子健受覆育教誨最深，以内閣中書丁艱侍側，亦矢全大義共存
亡。與一僕金良才將護危難，左右不離，蓋防兄劇舉也。(《清道
人遺集》附錄，頁二七九)

是月，**致書陸樹藩**。

　　《與陸樹藩書》：人來，辱書，更承賜八仙瓶。故人情厚，却之
不恭，敬謹拜嘉。昨日督憲急下求晴之令，每蚤九句鐘只得隨班

行禮,明早不得出城,擬今晚五句鐘約吾兄悦賓樓一談,令郎及貴
塾師可同至一坐也。菽伯老哥。弟期瑞清頓首。(迦南 2013 年秋
季拍賣會 0353)

是月,有正書局景印公所藏《定武蘭亭瘦本》。

　　《柯丹丘藏定武蘭亭瘦本》尾封:前清宣統三年八月初版。中
華民國五年十月七版。收藏者:李梅庵。(有正書局)

　　徐珂《李梅庵藏晉定武蘭亭瘦本》:柯丹丘藏《定武蘭亭》瘦本
爲柯九思藏,孫退谷《銷夏記》云:"求真定武本三十年,無所遇。
甲午,得此於邢子愿家。"可見明代已希有若此。嗣又輾轉歸徐紫
珊,又歸吳荷屋。光緒時,爲臨川李梅庵觀察瑞清藏,有退谷、紫
珊、荷屋及梁茝林、吳平齋等跋。(《清稗類鈔‧鑒賞類》頁四四四
九)

九月上中旬間,兩江師範經濟頗爲困難,財政局停發度支兩月,公勉
爲籌措。

　　《兩江師範之恐慌》:兩江師範經濟甚爲困難,財政局停發度
支兩月,監督勉爲籌措。現金融機關停滯,會計處惟存二元,如再
不發款,即有停閉之虞耳。(《順天時報》11 月 8 日)

日本教習匡某知有變,欲與公走避領事府,公謝之。

　　胡思敬《李布政守江寧記》:當兵變未起時,日本教習匡□□
知其謀,走告瑞清,請與俱避領事府。瑞清見蘇、皖、贛學生留堂
者尚四十餘人,不忍棄之,堅謝不去。(《退廬文集》卷二)

　　宗方小太郎《辛壬日記》十月三十一日:上午八時蕪湖開船,
正午到達南京……南京之新軍第九鎮全部與特科兵昨日奉命移
駐南門外秣陵關,統制徐紹楨等及司令部亦移於此。城内以舊式
之駐防軍及八旗兵警戒,子彈全部保管於將軍鐵良之手。新軍不
發子彈。總督張人駿借演習之名,擬將新軍送至對岸浦口。新軍
要求發給演習用之子彈,亦不許。統制徐紹楨以其妻子送至總督
衙門作爲人質,乞求發給子彈,亦不應。總督曰:新軍爲用於對外

作戰者,內亂則可用駐防兵云云。在待遇上,以前厚於新軍而薄於駐防兵,今日則完全改變其地位,優待駐防兵而疏遠新軍。新軍之不滿雖然達於極點,然以無子彈無資金,不能舉事。今似已失其時機矣。若漢口之敗訊傳來,自然可屏息不動。

南京如一旦動搖,鎮江、圖山、江陰三地即可響應,現正在觀望南京之形勢。一般人心大爲動搖,避難者甚多,商業完全停止,有十室九空之概。

總督張人駿雖然命其他大官巨室將家屬盡行避難遠地,然其態度仍極爲鎮靜,與平時無異。城門在夜間亦照舊開放。(頁四四至四五)

九月十七日(11月7日),晚,江寧兵變,守城官吏,聞風先遁。公惜學堂締造之艱,欲自守之。

林述慶《江左用兵記》(一續):十八日……少頃,戴君請見,見時即言渠係徐統制特派來者,南京已於十七晚開始攻擊。余聞之,頓足曰:"無子彈安可攻擊?"且云:"前日三十四標營管帶瞿鈞赴寧,余特託轉達沈同午,將軍隊漸漸移至堯化門,待余上海子彈運到,再行攻擊。今如此,奈何?君速連夜再往探實情。"戴出,約二時許復回,謂雨花台實已攻擊,且確得潰敗報。余聞之,深恐張勳乘勝長驅東下,方焦急間,孫銘到,乞援於余,且促余從速進兵。(《建國月刊》第十六卷第三期)

胡思敬《李布政守江寧記》:九月十二日,紅幫會匪蘇良彬暗通新軍起事,期以薄暮六句鐘舉火爲號,督署衛隊與焉。及期內城舉火而外城不應,蓋誤會以爲次早六句鐘也。良彬憤甚,遂率黨劫模範監獄,出罪犯數百,各授以槍,導攻督署,衛隊應之。人駿晨起,聞礮聲,皇遽失措,隨穴通後牆,挾一僕微服潛逃。有鴻挺身獨出,立轅門,大呼其舊部,與亂者見主將,懾服不敢動。有鴻奪賊槍,見手執白旗者,一發斃之,餘衆悉散。勳兵聞警續至,道遇總督,護居北極閣,分道誅殺亂黨,頃刻而定……次日黎明,

聞東南角礮聲，知有變，遣人探之，則各街巷遍布張軍旗幟，良彬
已敗走。探囊得銀洋二百番，召學生至，量歸途遠近多寡各給以
貲，令出城逃死，而孤身以待。學生見監督不行，則皆大哭，瑞清
曰：“學堂締造甚艱，即儀器已值二十餘萬，我去，匪將入據，必難
保全。且爾未聞前明洪承疇故事乎？承疇不死，其門人爲文祭
之，爾曹顧欲陷老師於不義。”搖手連呼：“不可，不可。”一生趨進
言曰：“老師無守土之責，寇至則去，古人有行之者矣。有學生乃
有監督，學生即散，監督死守何爲？”因呼同輩起草具公呈於總督，
請監督挈學生逃難，派兵守護學堂。（《退廬文集》卷二）

　　李雲麾《先從兄清道人行述初稿》：生徒數千環問進止，兄乃
竭私財，給資斧，先遣家有老親及道遠欲歸者歸，而自與留者按程
上課如平日，人皆感泣，多有先欲歸而復留者。（《清道人遺集》附
錄，頁二七七）

　　《薔翁自訂年譜》宣統三年辛亥：九月：十六日，聞藩司樊增祥
挈家至滬，總督張人駿號於人：“我作總督，糊塗而來，本無主見，
今更一籌莫展，聽諸君爲之，但求將我送至下關耳。”張勳督全部
入城固守，挾鐵良、張人駿同往北極閣督戰。（卷下，頁一三二至
一三三）

九月十八日(11月8日)，民軍攻天保城。

　　胡思敬《李布政守江寧記》：十八日，賊攻天保城，有鴻將五十
人怒馬獨出，戰數合，賊敗走，方鼓勇追殺，猝中彈墜馬，軍士扶之
入城，賊不敢逼，而賊守復完。（《退廬文集》卷二）

　　《鄭孝胥日記》九月二十一日：鑒泉、怡泉歸自南京，聞張人
駿、鐵良皆據北極閣，張勳往來督戰，革軍至雨花臺，官兵擊走之。
（頁一三五六）

　　蔣維喬《退庵日記》九月十九日：南京旗軍、防軍與民軍開戰，
勝負尚未知。（冊四，頁二六八）

九月十九日(11月9日)，因布政使樊增祥攜印遁滬，張人駿以財政

公所等事見委，公毅然許之。

　　案：據十月二十日條所引，公自謂於本月十九日接事，故繫於
此。考王孝煃《秋夢錄》，九月二十三至十月六日間，公方署理藩
司，又《時報》九月廿五日謂公爲道員，公《上張制軍辭署寧藩司
書》曰“瑞清之不避艱阻相從者，徒以報知己耳。故凡百委任，敬
承令不敢辭”，又曰“瑞清之志，不辭艱危之任，不欲居藩司之名”，
則此時當已行藩司之事，特未居其名耳。

九月二十日（11 月 10 日），奉命與李國璠、匡翼之會盤現銀。

　　《白門兵劫記》：二十上午，張人駿派李國璠、李瑞清、匡翼之
三道員到藩庫、財政公所、道庫、裕寧大清交通造幣廠等處會盤現
銀，除造幣廠外，連洋合銀約有二百萬。（《時報》11 月 15 日）

蘇、浙、寧革命軍會師來伐。

　　蔣維喬《退庵日記》九月廿三日：南京張勳之兵慘殺無辜，殘
暴已極。蘇、浙、寧皆會師伐之。（冊四，頁二七二）

　　郭孝成編《南京之光復戰史》：新軍自九月十九日苦戰竟日
夜，卒以子彈不足，未能得手。二十日，徐君紹楨傳令所部，暫行
退至鎮江高資、龍潭一帶，專候各路子彈齊集，援兵一至，再行決
戰。徐君則親赴蘇州、上海，與蘇、滬民軍會議進攻方略。浙、滬、
蘇各處民軍聞金陵受挫，勇氣百倍，咸欲滅此朝食。二十五至三
十等日，次第開來鎮江，會合鎮軍，一致進行。（《中國革命紀事本
末》頁九七）

九月二十九日（11 月 19 日），張人駿以藩司見委，不獲辭，乃以木印
攝藩篆。屯鹽運米，拊循士民，人心頓安。復勸阻張勳誅戮無辜，全
活殆不可數計。

　　張人駿《奏爲查明江寧擅離職守各員並委任李瑞清署理江寧
藩司及自請議處等事》：南洋大臣兩江總督臣張人駿跪奏，爲江寧
省城亂後，查明司道各官擅離職守，先行委員接署，所遺員缺應請

迅賜簡放,恭摺具陳,仰祈聖鑒事。竊江寧省城自九月十七、十八、十九等日夜匪徒擾亂,新軍叛變,事起倉卒,全城震驚,司道府縣各官及各署各局所供差人員均各倉皇出走。事後查訪,僅有准補上元縣調署江寧縣知縣陳兆槐尚未離城,計江寧藩司樊增祥、江蘇交涉司汪嘉棠、江寧鹽巡道兼金陵關監督徐乃昌、江寧勸業道李哲濬、江寧府知府楊鍾羲、署上元縣知縣唐樹槑均尚不知下落,江安糧道吳對因病請假就醫,臥床不起,稟求交卸。查司道大員均有表率僚屬、籌辦餉糈職任,縣各官各有地方應辦事宜,員缺未便久懸,且亂事甫平,棼絲待理,非臣一人所能統籌兼顧,自應先行遴員接署,以專責成。查有江蘇候補道李瑞清立品端方,沈潛有守,應以署理藩司。候補道劉麟瑞才具開展,勇敢有爲,堪以署理鹽巡道兼金陵關監督……除檄飭遵外,其印信無存,著另刊木質關防頒發,暫行開用,以昭信守,俟事定再行咨部,另鑄印信關防,將木質關防銷毀……除飭取各員履歷分咨內閣查照外,理合恭摺具奏,伏乞皇上聖鑒訓示。謹奏。宣統三年九月二十九日。(中國第一歷史檔案館藏,04－01－30－0400－006檔)

案:該奏摺另參《宣統政紀》卷六五(《清實錄》册六〇,頁一二一九至一二二〇)。

胡思敬《李布政守江寧記》:是時人駿以北極閣爲行臺,召藩司計事,而藩司已逃,召學使而學使亦逃,遍詢糧道、首府巡警道、勸業道,無一在者。人駿拍案大罵,瞠目顧左右,皆不敢發聲,忽得學堂公呈,乃改容微笑曰:"梅菴尚無恙乎?"急召之至,迎門舉手長揖曰:"樊山事一以奉託。"樊山者,增祥別號,梅菴則瑞清字也。瑞清以不諳財政辭,薦道員吳學濂,使詢學濂,杳不得消息。人駿嬲不已,瑞清恥臨難苟免,毅然許之,遂署江寧布政使司。布政使自增祥逃後,藩署搶掠一空,樓板門扉皆被奸人撬去,唯司庫賴庫兵保守未失。瑞清既受事,急趨財政公所,獎以月恩賞,善撫之,皆踴躍用命。勳知瑞清署藩司,大喜,曰:"吾兩人故交,今得與共事,膽益壯矣。"於是勳專治兵,瑞清專治民政,人駿不問事,拱手受成。檢校江南財政尚有藩庫銀十五萬、造幣廠銀二十萬銅餅二十萬、財政公所銀四十餘萬,唯米鹽缺乏,乃設計運藩庫、造幣廠銀并入公所,出重金飭商會運米得四萬石。下關掣驗局委員已逃,屯鹽甚多,盡輦入城。收緝內奸,出示安民,布置粗定,而革軍已圍城。勳分兵據守雨花臺、幕府山、紫金山、孝陵街、烏龍山各險要,屢戰屢敗,紹楨叛兵死傷略盡,而浙林述慶、朱瑞、蘇程德全、皖柏文蔚先後各以兵至,張軍不及萬人,兵變初起,分援鎮江各路已十去八九,城中守兵能戰者只七八百人。潛遣人縋城覓間道電泣求援,袁世凱不應,人駿以姻婭之私,三次致書,皆不報。馬毓寶據九江,陳其美據上海,王天培據安慶,蔣雁行據徐淮,□□據鎮江,沿江各省皆陷,只江寧一孤城支拄群賊之間,子彈垂盡,賊兵日增,識者知其必不能守。城內匪人紛紛告密,勳見剪髮者,疑爲奸細,輒誅之,人心益懼。(《退廬文集》卷二)

李雲麾《先從兄清道人行述初稿》:張人駿駐北極閣策戰守,正爲群官遁大彷徨。閣下臨兩江師範學堂,風送上課鈴聲琅然入閣。張詫曰:"何整暇乃爾? 李某必猶未去也,是誠好男兒,吾幾忘之。"立遣使召兄,委署江寧布政使,逾日真除。兄倉卒膺命於危難之頃,籌措供億,軍心大定。念守城必先安民,安民必先足食,集米業者議予以便宜,運米三十萬石間道入城,開辦平糶,救濟失業難民,人心頓安。復以間親出,拊循全城士民……張勳武人粗獷,視青年學子皆革命黨奸細,將窮搜駢戮。兄抗顏力爭,謂:"生皆爲我留,若戮一人者,請先戮我,第二人乃及其他。"張以重兄故,假兄以符曰:"凡爲公留者,趣縱之。"兄日夜遣送青年俊秀,皆得乘機出城,其有徵象特殊者,至載以己輿,全活殆不可數計。(《清道人遺集》附錄,頁二七七)

《上張制軍辭署寧藩司書》:瑞清之不避艱阻相從者,徒以報知己耳。故凡委百任,敬承令不敢辭。頃辱寵命,慚悚失度,誠非庸駑所克任此。瑞清與樊藩司夙相知好,此次倉皇出走,竊謂非其本心。今滯居滬上,或因愧懼,不敢回寧,但得大人一紙書,瑞清更遣人勸其就道,則駕輕就熟,於江寧財政不無裨益。或帥罪其不辭出亡,劉道麟瑞,忠亮不阿,才能任巨,勝清十倍;李道國璠,精敏強幹,亦實勝清。瑞清之志,不辭艱危之任,不欲居藩司之名,庶下不負友,上不負公,願憐而察之。臨牋無任皇恐。(《清道人遺集》頁一一七)

案:曾迎三所編《譜》以此札繫於十二月五日後,渠查《清代職官年表》,十二月五日免張人駿兩江總督,以張勳會辦江防事宜,然此時江寧早爲革軍所據,且十月十五日,清廷已命公署理藩司,而其時城已破矣。詳繹書札,知其作書時尚在江寧也,故曰樊增祥"今滯居滬上,或因愧懼,不敢回寧"。又曰"或帥罪其不辭出亡",城破前夕,二張皆逃,若此札作於城破後,當無此語。又,曾《譜》殆以"張制軍"爲"張勳",誤矣。

《與程都督辭顧問官書》:前月十七,寧垣之警,省城官吏,聞風先遁。總督張公謬以瑞清承乏藩司,是時危城孤懸,四無援師。外顧隍陴,可戰之兵不滿五千;內稽府庫,可支之饟不足三月。(《清道人遺集》頁一一七)

王孝煃《秋夢錄》:江蘇候補道兩江師範學堂監督李瑞清署理江寧布政使。樊增祥攜印去,李布政刻木印權用,張勳頗敬禮李氏,凡事推誠而與,自是城中稍又安。(《南京文獻》1947年第五號)

盧前《木印藩司》:辛亥之秋,武昌獨立,江寧藩司樊增祥攜印去,於是以提學使李瑞清攝藩篆。雖曰攝篆,實則臨時雕一木印而已。城既破,李公改黃冠,之上海,自是鬻字洋場,以書爲活,世無不知有"玉梅花盦道士清"者(一作清道人)。先君亦道人門下士也。(《盧前筆記雜鈔·冶城話舊》頁四二五)

江南高等學堂教習殷葆誠乞公援救堂內夫役,乃予其百元。

　　殷葆誠《追憶録》:辛亥,五十歲……同時,蘇州、鎮江亦宣佈
獨立,潰軍退至鎮郡,始能稍稍喘息。余因家口之累,兩日夜之
間,槍炮之聲如燃爆竹,聞第二夜並無新兵來攻,徹夜轟擊,徒費
彈藥而已。高等學堂教職員時已無一人在。而諸生之去,大半未
攜行李。堂中尚存夫役二三十人,既無錢,又無米,行既不能,居
又不得,紛來尋余,無可設法也。其時李梅庵前監督以提學使兼
署藩司(城中大官尚有張總督人駿、鐵將軍良、張督辦勳、署藩司
李梅庵,其餘皆不知所之),懇其援救,領得百元。(《近代人物年
譜輯刊》冊八)

宜黄歐陽漸同困危城,公與其大洋十元,以待兵解出城。

　　歐陽漸《竟無小品·聯語》:執斑管,戴黄冠,有醇酒,無婦人,
便海市終世佯狂,不見垂十年,到處龍蛇飛動;公官箴,急國難,我
佛教,護法藏,昔石城同遭圍困,深情施一缽,如今鷥鶴空懸。清道
人,辛亥革命同困寧城,道人與我大洋十元,遂得待兵解出城也。(《同聲月
刊》第三卷第五號,頁一〇四)

十月三日(11月23日),革軍攻佔雨花臺。

　　胡思敬《李布政守江寧記》:十月初三日,雨花臺陷。(《退廬
文集》卷二)

十月四日(11月24日),革軍攻佔烏龍山。

　　胡思敬《李布政守江寧記》:初四日,烏龍山陷。(《退廬文集》
卷二)

　　《中國革命消息》:昨日(初四日)民軍開始進攻南京,吳淞光
復軍會同浙軍支隊奮勇先登,黎天才所部濟字營尤猛戰,午刻二
時,遂佔取烏龍山砲台,未傷一人,守台兵僅發數砲逃去。(《時
報》11月26日)

十月五日(11月25日),革軍攻佔幕府山,張勳力守紫金山。財政公
所索款者盈門,公竟日見客,應接不暇。張子林告以市面不能流通,

亟請撥款維持,公相對乏策。

胡思敬《李布政守江寧記》:翌日,幕府山復陷。勸并力守紫金山,拒戰甚力。(《退廬文集》卷二)

《譯電》:南京老城三面被民軍攻擊,城破即在目前,民軍所佔得者三:一、幕府山(即臥虎山);一、雨花臺;一、雞籠山。海軍自助攻幕府山以後不能深入。臥虎山於初五晚爲民軍所據,當晚即開炮轟擊獅子山,張軍於獅子山頭駕炮嚴備。按獅子山係南京城中最要之區,該處能顧及長江兩岸及浦口一帶。(《時報》11月28日)

《南京城中近日之情形》:南京十七以後,餘膌公款現以財政公所爲機關,各司道雖足委人,均不辦事。但索款□盈門,只出無入,察其内容只可供兩月之用,署藩李梅庵接見□客應接不暇,尤以候補人員謀差者爲多,如蟻附羶。

商會協理張子林連日要求署藩李梅庵以市面不能流通,亟請發款維持,李相對乏策,無已,允發銀元紙幣十五萬元,張笑而罷之。(《時報》11月26日)

《金陵八日記》:初五日,張人駿派人赴滬向樊增祥索印未得,惟糧巡兩道印信都取來……署藩李瑞清住在財政公所,終日除見客外,不理事。一切均委收支司事左紹卿,大權獨攬。(《時報》12月7日)

十月六日(11月26日),革軍攻朝陽門。王有宏陣亡。

《中國革命消息》:南京民軍初五日晨刻佔領幕府山砲臺,午刻進取麒麟門、孝陵衛,全已入手。今日(初六日)各軍集合會攻朝陽門。(《時報》11月27日)

《清史稿·王有宏傳》:十月初旬,德全以江浙聯軍至,麇集薄城,有宏馳出通濟門,以三百人戰。民軍以遠鏡測知有宏所在,發槍,子中左腹,猶植立,督軍士進擊,左右昇至醫院,乃絕。(頁一三七一七)

《宣統政紀》卷六五:十月,壬寅。又諭,電寄張人駿,據電奏初四日晚革黨數千人由鎮江一帶而來,官軍出隊迎剿,正在鏖戰。統領擬保提督銜總兵王副將有宏,爲流彈所中,登時陣亡等語。(《清實錄》册六〇,頁一二一一)

王孝煃《秋夢錄》十一月初六日:大戰。防營統領王友鴻陣亡。新軍列陣于馬群防營,屢戰,互有勝負。王友鴻陣亡,輿尸入城。一時謠言更多,知防營不足恃矣。(《南京文獻》1947年第五號)

案:"十一月初六日"當爲"十月初六日","王友鴻"當爲"王有宏"也。

十月七日(11月27日),革軍佔據老虎山。

《中國革命消息》:今日(初七日)午刻,民軍佔據老虎山,僅離城五里。(《時報》11月28日)

十月八日(11月28日),革軍已佔據獅子山砲臺。

《鄭孝胥日記》十月初八日:報言,革黨已踞獅子山砲臺,南京將失守。(頁一三五九)

十月九日(11月29日),南京激戰甚急。

《鄭孝胥日記》十月初九日:貞賢言,聞武昌亦下,南京激戰甚急。(頁一三五九)

《中國革命消息》:南京聯軍分三道攻城,今早(初九日)由鍾山架礮轟朝陽門,步隊繼進施放地雷,當即將門轟毁。城北紫竹林地方同時亦被民軍攻入。(《時報》11月30日)

十月十日(11月30日),革軍復佔領天保城,公誓殉城。

胡思敬《李布政守江寧記》:相持至十月初十日,天漸寒,勳出棉衣數百襲頒賞軍士,守城者捷足争取,賊兵乘之,大敗,遂失天保城。於是總督、將軍皆遷避美領事府,勳知事不可爲,徬徨室中,終夕不寐。美領事出而議和,勳要以三事:一、不殺百姓;二、不殺滿人;三、停戰半月,俟請旨後退還浦口。革軍許其一、二而指駁其第三條,且索銀百萬。天保俯瞰全城,賊已據勝,聲言和議不成,次早即然開花礮洗城,勢洶洶危甚。瑞清走謁人駿,不見,見勳,勳告以故約五更奪回天保城,不得即以頭輸與總督,瑞清壯其言,誓與同殉。勳隨赴雨花臺察看形勢,美人瞰勳出,周堞而呼曰:"張軍門遁矣。"軍士懼,窺其室,室無人焉,遂大潰。美領事乘機劫勳及人駿、鐵良出城,乘輪舶渡江宿浦口,而瑞清尚不知也。(《退廬文集》卷二)

《金陵八日記》:初十夜,民軍奪得天保城,據建瓴之勢。(《時報》12 月 8 日)

徐紹楨《辛亥十月攻南京百計不下余以爲非先奪取紫金山上之天保城不可因分三路登山惡戰兩晝一夜而定戊午冬忽夢其事感而賦此》。(《南歸草》卷上)

王孝煃《秋夢錄》十月初十日:新軍破幕府鍾山營壘。城外要塞多失陷,防營退守城陴,大砲震耳,城中備巷戰。(《南京文獻》1947 年第五號)

十月十一日(12 月 1 日),公知張人駿、鐵良等皆已出城,拒友人之援,坐以待變。時於危城之中讀胡朝梁《詩廬詩文鈔》以破寂寞。

胡思敬《李布政守江寧記》:翌晨,走謁人駿白事,門者曰:"大人及鐵將軍、張軍門皆出城矣。"瑞清急捫其舌曰:"如是,則全城皆亂,塗炭不堪矣。請秘之。有來謁者,詒云:制臺齒痛不見客,有事可告藩司。"急趨回公所,遣散僕人,坐以待變。日人包文與瑞清有舊,欲援之出險,瑞清不可,曰:"我江南官,當死江南。"(《退廬文集》卷二)

案:包文爲美傳教士,嘗任金陵大學校長,胡漱唐所記蓋誤。

李雲麾《先從兄清道人行述初稿》:洎事亟,張勳率兵退江北,張人駿亦走,全城官無大小皆走。獨兄所委江寧縣知縣陶某踉蹌趨謁,誓死共維秩序。美日領事均自駈車迎兄避領事署。美教士包文慈善任俠,素敬兄,敦勸尤力曰:"炮火無情,徒爲犧牲,無謂也。但入安全地，仍得治事守土如故也。"可謂善爲之詞矣。兄迄不爲動，曰："炮火無情，尤應與衆百姓共之，同成齏粉，吾分也。使吾世世子孫出入此城而無慚焉，亦足矣。"（《清道人遺集》附錄，頁二七八）

宗方小太郎《辛壬日記》十二月六日：兩江總督張人駿、江寧將軍鐵良於南京陷落後逃至我軍艦秋津洲號。（頁五六）

《詩廬詩文鈔》題詞：此子方詩也，蒼勁瘦硬，山谷嫡派，於危城中長夜借此破寂寞，未能卒業而城陷。今遇諸滬上，因以歸之。玉梅庵道士清拜讀。

案：胡朝梁爲兩江師範教習。蔣維喬《胡詩廬傳》曰："既歸國，爲南琛、鏡清等兵艦從官，有勞績，以體弱，不適海居，棄之，就江寧提學使臨川李梅庵爲兩江師範學堂及上江公學教習，兼任提學使，署閱卷官。"（《詩廬詩鈔》卷首）然宣統元年冬所印《兩江師範學堂同學錄》、《職員履歷表》及《曾任本堂職員履歷表》均無胡朝梁名，則胡教授兩江師範當於宣統元年後也。

十月十二日（12月2日），革軍攻入江寧，林述慶詢以江南財賦，公謂江南之賦當付還江南百姓，必待諮議局議員至，乃可交付。

殷葆誠《追憶錄》：圍城之中，四方消息概無所聞。惟某日黎明，見站崗警察均臂纏白布，頭戴操帽（張勳在城，不准戴操帽），知大局有變化矣。余時混名于保安會中，到會始悉二張及鐵均于半夜出城渡江而北，惟李梅庵君尚在財政局慎守筦鑰，静待交替。時主兵者尚未入城，故不知係蘇、係鎮、係皖、係贛或滬上之軍也。城內秩序雖稍紛亂，而尚無搶劫之事，惟滿城旗人顏色灰敗，隨處藏匿。（《近代人物年譜輯刊》册八）

《中國革命消息》：昨日（十二日）蘇軍佔領雨花台，後隨即攻入聚寶門，同時鎮軍亦攻入太平門，上午十時，民軍全隊入城。（《時報》12月3日）

《中國革命消息》：署藩李梅菴尚在城中，巡道劉某、新署勸業道李某均不知下落。（《時報》12 月 5 日）

胡思敬《李布政守江寧記》：十二日，賊兵從太平門入，全城皆樹白旗，賊將林述慶至公所，問主者安在，左右懼不免，瑞清挺身獨出，自認其名，以兩指叩其額曰："我，李瑞清，藩司是我，財政公所總辦亦是我。我畏死早逃矣，今城破，無以謝江南百姓，請就死。"述慶曰："子毋然，公在江南聲名甚好，雪帥慕公久矣，尚欲煩以職事。"瑞清曰："我朝爲大清二品官，暮即毀節事人，人將不食吾餘。請槍斃我，毋緩須臾。"述慶曰："現尚不暇説到此，請問江南財賦究得幾何？"瑞清曰："江南之賦，當付還江南百姓，我不能拱手讓與民軍，必俟諮議局議員至，乃可得也。"述慶雖惡其言，不敢逼之，拱手而出，曰："俟我陳明雪帥再見。"雪帥蓋程德全也。（《退廬文集》卷二）

蔣國榜《臨川李文潔公傳略》：城陷，公奉印官服，坐堂上，黨魁林述慶欲以兵劫公，公曰："吾懼死者，一手槍足矣，不爾，千萬人何畏焉？"（《清道人遺集》頁九九）

李雲麾《先從兄清道人行述初稿》：蘇撫程德全以蘇軍都督偕鎮軍都督林述慶先後入城，馳使迎兄，推崇備至。兄不應，使曰："勸公不行，將以兵來，不死且辱，奈何？"兄咄曰："吾死不懼，辱將安施？能促吾行者，一人手一槍足矣，不則千萬人何爲？"時庫藏尚八十餘萬，有軍官率兵來窺，兄矗立庫前，瞋目曰："我李某也，此我所守，欲取此中物，先殺我！"官兵相顧愕眙，逡巡去。使見狀歸報，俄而守藏兵至，軍官捧令索箓簿。兄曰："此與先來者何異？"握簿不即予，召寧中父老紳耆而告曰："庫之財，寧之財也，吾已不復能守，計維還之寧人。"衆啜泣受簿，庫財得無散失。（《清道人遺集》附録，頁二七八）

李詳《壽李梅庵五十》：道士昔官圍城中，槍雷礮石雲霄紅。天幸不死林述慶，林述慶以手槍擬之。毀車駑馬來忽忽。（《李審言

文集》頁一三〇〇）

《鄭孝胥日記》十月十三日：報言，革黨已陷南京，張人駿、鐵良避登日本船，張勳走江北。（頁一三六五）

是時，公所創兩江師範圖書及私藏碑帖損失殆盡。

袁季梅《輓詩》：江左圖書秦火燼，師藏金石文字甚富，兩江師範圖書，師一手所創，辛亥之役，被劫殆盡。（《清道人遺集》附錄，頁二三四）

張謇《致馬相伯函》：相老大鑒：南京甫下，民軍中占住民房、擄奪財物者，指不勝屈，口不勝述，今且弗論。最可痛者，兩江師範學校之軍隊。該校被占後，所失儀器、木器甚多。儀器有流至上海者，木器有摧而爲薪者，圖書册數，觸地狼藉。致舊監督李梅庵哭訴人，謂能保全於張勳而不能保全於民軍。嗣聞圖書館亦被掠取蹂躪，比在寧時，兩江師範庶務員吳逸一再來告，聞之心惻。（《張謇全集》函電上）

觚叟《李瑞清之一生》：瑞清酷嗜六朝碑版，寢饋於《鄭文公碑》者三十餘年，雖偶有矯揉造作之美，而氣味古雅，卓然名家，不得不讓其出一頭地也。兼好金石古董，不出重價，不強奪人之所好。公暇，輒便服遊覽於古董鋪及舊貨攤，往往於破故紙堆中獲精搨並名人手跡。嘗於南京夫子廟前得阮元對聯、新羅山人山水與胡文忠、左文襄、李文忠、曾文正親筆函件數十通。迨光復後，遂隱居滬上，作道士裝，自號清道人。惟所藏碑帖古董，不無散失。其僕人得數百件，在省署旁設舊貨鋪，其中頗多精品，予曾以廉價得明搨《皇甫君碑》，亦清道人舊物也。（《圖畫週刊》1936 年 5 月 24 日）

公屢次求去，士紳輒強留之。

《中國革命消息》：惟現在軍政既不統一，而一切民政財政又無人過問，士紳頗覺不安，昨日已派專員敦促程都督從速蒞寧，以安人心。藩台李梅庵屢次求去，士紳出而挽留。巡警總監李芷香照舊辦事，軍政府亦不干涉。（《時報》12 月 7 日）

十月十五日(12月5日),蘇姓土匪以兵力脅公發銀五千兩。是日,詔署江寧布政使。

《南京之新現狀》:南京自十二日克復後,城内各處不免迭出劫案,嗣經各軍調查,確係一蘇姓土匪所爲,該匪於南京破後即擁黨人數名入城,僞充民軍,駐紮鹽巡道署内,並以軍政分府名義派人四處募兵,多張勛潰兵或係乞丐,共計二千人,到處姦淫劫掠,無所不爲。十五日,竟用正式公文札飭財政公所李梅菴立即發銀五千兩,否則以兵力從事。李迫不得已,商之地方紳士,祇得如數照發。(《時報》12月9日)

《宣統政紀》卷六五:十月己酉:兩江總督張人駿等奏,江寧省城,自九月十七等日,匪徒擾亂,新軍叛變,事起倉卒,司道府縣各官及各署局所供差人員均各倉皇出走。事後查訪,僅有署江寧縣知縣陳兆槐尚未離城,計江寧藩司樊增祥、江蘇交涉使汪嘉棠、江寧鹽巡道兼金陵關監督徐乃昌、勸業道李哲濬、江寧府知府楊鍾羲、署上元縣知縣唐樹橥均不知下落,江安糧道吳對因病請假,禀求交卸。查司道大員均有表率僚屬、籌辦饟糈職任,府縣各官,各有地方應辦事宜,自應先行派員接署,以專責成。查有江蘇候補道李瑞清堪以署理藩司,候補道劉麟瑞堪以署理鹽巡道兼金陵關監督……並請將各員缺迅賜簡放,刻期到任,俾得收指臂之助。臣督率無方,致司道各官,聞亂奔逃,並請併交内閣議處。得旨,該省司道各缺,前已有旨諭令該督酌舉所知請簡,該督與張勛等嬰城固守,堅苦異常,所請交議之處,著毋庸議。(《清實錄》册六〇,頁一二一九)

案:張人駿奏摺是日始獲硃批,公以候補道署理藩司。而曾迎三所編《譜》謂是日委任公爲蘇候補道署,誤甚。

十月十六日(12月6日),程德全抵寧,欲委公職,不得擅離。

《中國革命消息》:江蘇全省程都督十六日早黎明乘車抵寧,

人心大定。(《時報》12月8日)

　　《金陵十五十六兩日紀事》：藩司李瑞清、造幣廠匡翼之由程都督下委任狀，仍留在省，不得擅離。(《時報》12月9日)

十月十九日(12月9日)，謁見程德全，意在求去，程弗許。

　　《金陵光復後之現象》：藩司李瑞清昨謁見程都督，意在求早脫身，言次談及財政公所暨藩庫及裕寧帳目財產，以自前月十九接事起至本月十一止擔負責任，以前之事不知底細。裕寧之糊塗帳須將丁乃澄、黃炳南捕逮追究，至公所之緊要人如諸以師、吳毓奎、李崇鎣、黃國梓等人捉拿來省，方可水落石出，至藩庫則弊竇有限。程都督唯唯，旋令李暫駐諮議局勿走。(《時報》12月11日)

　　胡思敬《李布政守江寧記》：德全聞述慶言，使告瑞清，少頃當遣隊來迎，瑞清笑曰：“何必遣隊，遣人持一洋槍足矣。人生只有一死，爾雖遣隊三千，我視之亦如一槍而已。”復致書數百言，中引文山黃冠備顧問語，詞侃侃不屈，德全得書曰：“如是，則聘梅菴為顧問官可矣。”使人達意，梅菴怒曰：“我所引乃方外顧問，非官也。”德全笑其崛強，再三召之，瑞清不欲示怯，擬往見而馬車非懸白旗不能行，計無所出，乃借紅十字會旌馳以見德全，德全迎之上坐，曰：“君何厚於安帥而薄於我？我兩人交情與安帥何異？君佐安帥於危難之時，今日事平，乃不肯相助為理耶？”瑞清曰：“士各有志，豈能相強？我受事之初，即準備一死，大帥殺我，我當從文天祥、史可法游於地下，大帥釋我不殺，我當學大滌子、八大山人賣書畫以自活。”左右露刃環立，聞其言，皆切齒指罵曰：“無恥，無恥。”德全拂衣入內，一人挽瑞清袖至西窗耳語曰：“汝言不必過激，明哲保身，但託病不能視事，我輩從中調停，當可脫險。”遂導瑞清入謝德全，德全倚栲栳佯閉目不省。瑞清前進曰：“我有病，不能為大帥效力，今去矣。”遂趨而出，過朱廊，遇紹楨，卒然問曰：“梅菴，聞汝不願就事，汝辦兩江師範學堂十餘年之久，何尚不開通至此。”挽至一小室，細詰對德全何語，瑞清述曰：“我對大帥但云：士各有志,豈能相强? 我受事之初,即準備一死,大帥殺我,我當從文天祥、史可法游於地下,不殺則當學大滌子、八大山人……"辭未竟,紹楨調之曰:"汝滿肚子臭歷史,全不著題,文不事元、史不事清,元、清皆夷狄也。大滌子、八大山人皆姓朱,明之宗室也。君非覺羅種族,安得援以自比? 我勸君不必學此四人,但學吳梅邨可耳。"因取巨觥酌波蘭酒飲瑞清,瑞清一吸而盡,戲作壯語曰:"臣死且不畏,卮酒安足辭?"紹楨復徐徐勸之曰:"頃召熊希齡,希齡不至,目前實無人可用,君何不暫事鞶縻,徐謀脱卻?"瑞清曰:"女子為强暴所污,何能自白? 先生誤矣。"紹楨知瑞清不可奪,乃改容謝曰:"君志良可佳,僕亦非甘心如此,安帥疑我,我無以自明,雖不得已而為軍士所迫耳。"瑞清言:"君既為人所迫,奈何復陷朋友於不義?"因託紹楨婉謝德全。(《退廬文集》卷二)

十月下旬,致函程德全、蔣尗珽,辭其顧問之聘。時公已積勞成疾。

　　《與程都督辭顧問官書》:本月十二,江寧城陷,自謂當即時伏顯誅,引領端坐,待膏斧鉞。不意執事念疇昔之舊恩,垂異常之眷顧,待同國士,屢辱慰留,既加寬赦,更被采録……清本亡國賤俘,難與圖存。學術虛淺,不閑職政,贊揚盛化,宣布和風,非清才力所能供給。又以危城之中,兼旬不寐,氣力日微,近復咯血,常中夜驚悸,呻吟達旦。左體手足,痺麻酸楚,一身之中,寒暖異度。久病淹滯,遇冷增劇。儻緣寬假,使清黃冠歸卧故里,俾孱弱之軀得遂首邱之志,誠冥目至願,土灰極榮。如必相迫脅,義不苟活,雖沸鼎在前,曲戟加頸,所不懼也。(《清道人遺集》頁一一八)

　　《與蔣尗珽書》:但瑞清秉性迂拙,不達時變,有樂死之心,無苟活之念。程都督縱恕前者愚戇之詞,不以為侮,何苦迫脅此亡國罪俘出而任事,殊無謂也。夫人情所樂者利禄,所畏者死,皆不足動我,我之計決,程都督之計亦窮……已別上書程都督,幸左右之。(《清道人遺集》頁一一八)

十月底,公仍典守財政公所及裕寧總局事務。

《南京光復後之景象》:李瑞清刻仍典守財政公所及裕寧總局事務,其出入蹤跡秘密非常,程都督使人傳諭令勿他走,即使交代清楚,以財政事極繁重,不克勝任。他事尚有相需之處,大約將來仍令辦理學務云。(《時報》12月20日)

與日本紅十字會會員發起急難助振會,以拯難民。

《南京近事記》:李瑞清與日本紅十字會同志會員發起急難助振會,以江寧旗民流離失所,調查現存人口數目尚有三千餘口,雖奉程都督與徐總司令長籌款振濟,只以軍需短缺,對於此事恆苦難繼,爲盡一分子義務起見,特廣爲募捐,實心施放,俾嗷嗷待哺之難民苟延生命云。(《時報》12月23日)

十一月初,公以庫款、兩江師範清册移交江南議紳,賣破車以充行橐,黃冠爲道士,避居滬上。

胡思敬《李布政守江寧記》:回至公所,召江南議紳至,以庫款授之,賣破車得二百金充行橐,遂黃冠改道士裝,避居上海。上海見樊增祥,已營廣廈,僕從趨走如平時,問瑞清官興何如,蓋欲以小人之心度君子之腹也,瑞清面讓之無慚色。(《退廬文集》卷二)

蔣國榜《臨川李文潔公傳略》:乃召寧中父老縉紳而告之曰:"余不死,黃冠爲道士矣。庫之財,寧之財也,幸尚保之。"皆涕下莫能仰視。時藩庫尚儲數十萬金,及兩江師範清册,移交無一介苟。(《清道人遺集》頁一○○)

李雲麾《先從兄清道人行述初稿》:事少平,謀之滬,顧不名一錢,兄曰:"此去作逋客,無用輿處。"貨輿得資整裝。適方外友度道人者自鄂來視……至是相見,泫然曰:"吾以爲來覓公骨也,不圖尚在耶。"兄曰:"子來大佳。吾今已無累,正好從子游。"度忻然爲兄結髮,遂易黃冠爲道士,並爲易名永清。兄喜曰:"此名甚當吾意,汝不讀書,何以及此?"度曰:"無他,以公名清,欲公永壽耳。"兄爲爽然。事畢,度自去,兄乃率猶子健及金僕就家人於滬。(《清道人遺集》附錄,頁二七九)

案:度道人疑爲庹道人之譌也。庹道人,名繼修,武當玄都觀道士,與文"自鄂來視"亦合。據《譚延闓日記》一九一五年三月廿一日,庹道人曾訪公於滬瀆。釋敬安有《賦武當玄都觀道士庹繼修并序》(《八指頭陀詩文集》頁三八三),述其行誼頗詳。南圖此書已損,惜無從校證。

楊增犖以詩相訊。

楊增犖《訊梅盦》:燕臺對酒如夢寐,聽雨江南秋已深。新亭重上一灑淚,卷施九死空拔心。平生好佛爲我寫,海上避人無處尋。聞道黃冠遂終古,人間信有廣陵音。(《楊昀谷先生遺詩》卷四)

與陳三立等集於滬上酒樓。

陳三立《集滬上酒樓》:棲遲海角盛朋從,小聚還如下食烏。莫問亂離輕性命,祇餘飽死羨侏儒。穿霄鴻雁將歸思,登俎魚蝦話舊都。隔坐道人兼涕笑,李梅庵易道士冠服自金陵兵間至。學仙且戰一時無。(《散原精舍詩文集》頁三一六)

遇楊增犖於酒肆。

楊增犖《酒肆逢梅盦》:意外相逢世外看,蹁躚燈下羽衣寬。窮途未肯遺徐甲,舊約將毋負懶殘。猶恐豺狼窺石室,膪憑龍虎覓金丹。香龕白傅分明在,眼底深杯且一乾。(《楊昀谷先生遺詩》卷四)

十一月十三日(1912 年 1 月 1 日),孫中山於南京就任臨時大總統,宣佈中華民國成立。

《張謇日記》十一月十三日:臨時政府成立。是日改用陽曆,適元年正月一日。(頁六六二)

公既居滬瀆,與黃以霖相鄰。是時家極貧,乃鬻書自活。

《鬻書後引》:其冬十一月,避亂滬上,改黃冠爲道士矣。願棄人間事,從赤松子游,家中人强留之,莫得去。瑞清三世爲官,今閒居,貧至不能給朝暮,家中老弱幾五十人,莫肯學辟穀者,盡仰清而食,故人或哀矜而存恤之,然亦何可長?亦安可累友朋?欲

爲賈,苦無資,欲爲農,家無半畝地,力又不任也。不得已,仍鬻書作業。(《清道人遺集》頁一二七)

蔣國榜《臨川李文潔公傳略》:公既賃廡上海,貧至斷炊,門人醵金供之,公曰:"安可以口腹累人?"遂鬻書畫自給,於是兒童走卒,皆知有李道士矣。(《清道人遺集》頁一〇〇)

《黃伯雨六十壽敘》:辛亥國變,金陵瓦解,瑞清既黃冠爲道士,行吟滬濱,處窮閭阨巷,草深没髁,槁項黃馘,困窘鬻書,衿袖皆皂,腕脱研穿,以謀飦粥。黃伯雨先生亦伏處海隅,居相望也。先生迺杖藜披草萊而造瑞清之庭,兩人相與語,甚相得也。相視而笑,莫逆於心,遂相與爲友。(《清道人遺集》頁一八五)

滬上某人誤以公爲道士,請做道場。公大窘,乃薦人自代。

楊鈞《上石》:梅庵於國變後,始居上海,滿髮大衣,儼然道士,本名李瑞清,遂曰清道人。懸玉梅花庵道士牌於巷口,某宅喪事請做道場,爲之大窘,薦鄰巷道士自代。蓋請者不知其爲李瑞清也。李以告余,余曰:"濫竊神器,宜取辱者。"皆爲之撫掌大笑。(《草堂之靈》卷十六,頁三一五)

案:此事亦載阿丹《清道人軼事》(《申報》1931 年 8 月 29 日)。楊鈞於民國元年八月來滬,當於彼時告之,或即是年冬之事也。

贈李宗棠道士裝寫真片,李回贈公釋裝小影。

李宗棠《江寧守城方伯李公避亂駐滬贈道裝寫真片予贈以釋裝片戲題》:昔公居顯赫,我獨不相親。今公將隱遁,我欲結爲鄰。公抱清貴體,我非錦繡身。道義雖相合,文章莫與倫。同爲避世客,留滯春申濱。公獨能樂道,我亦能安貧。朝夕偶過從,謝絶官中人。吾輩衣冠舊,人間日月新。營營何爲者,寂寂豈無因。雪泥鴻爪迹,僧道兩頭巾。(《千倉詩史初編》頁九〇)

案:該詩後一首爲《南京軍亂既定臨時政府已成總統都督宣布命令保護人民財産冬十一月第三師團礮兵第三聯隊隊長鄧翊

華率隊占據千倉山館因索鑰匙不得欲鎗斃守門人魏錦富迫入室後將層樓什物移置顛倒盜賣者亦不尠詩難盡言聊述當時情形而已》，後第二首爲《辛亥九月避亂滬上設漢學館授徒壬子新歲作》，則此事當在十一月公避滬後不久也。

陳三立賃居老靶子路，公時與之往還。

　　俞大綱《寥音閣詩話》：散原先生於鼎革之際，曾避地上海，寓老靶子路。當時遜清達宦，海内名輩，多集於滬濱。瞿止厂、陳庸厂、鄭海藏、沈寐叟、朱彊村、康更生、沈濤園、李梅厂輩均僦居其間，王湘綺、梁節厂輩則數數道經上海。一時詩酒之會甚盛，先生皆有投贈之作，見於集中。當時群公，多有以遜清遺老自居者，消寒集讌，人各出銀元一枚，號爲“貞元會”，實引用唐人詩“貞元朝士已無多”以相況。（《俞大綱全集》詩文詩話卷，頁一五三）

　　程學恂《滬上過農髯喜遇散原翁賦呈》：餓死寧爲天所惜，斯言詼謔蘊奇哀。李道士初來海上，貧甚，一夕語翁曰：“天或不使我餓死乎？”翁云：“天視餓死一揹大如死一蟻耳，何顧惜之有！”因相對大笑。頃翁於座間述此言。（《影史樓詩存》卷三）

約於此際，陳三立爲公與樊增祥從者藩印之争解紛。

　　劉成禺《逋臣争印》：辛亥革命，張勳守南京，樊樊山爲江寧布政使，攜印渡江潛逃。李梅庵時爲提學使，奉張命署理藩司，蓋張勳與梅庵爲江西同鄉，梅庵且曾誓死不走也。但布政使銅質關防已被樊山攜走，不得已，刻一木印，執行司職權。會張勳敗走，江寧入民軍手，梅庵乃將藩庫存餘二百餘萬現款點交南京紳士保管，隻身來上海，易名清道人，鬻書自活。樊山亦避地上海，兩人以前、後藩司之故，銅印、木印之嫌，各避不見面。兩方從者，不免互爲誚讓之詞。樊方謂李攜藩庫鉅款來滬，李方謂樊攜印逃走，且有向樊索取原有關防之説。時湖北軍政府派代表來滬，公請樊山回鄂，主持民政省長，樊山辭之。（其時禺亦爲軍政府邀請樊山代表之一。）李方揚言，如樊回鄂，宜先將江蘇藩司印交出。散原老人聞之曰："清廷遜位，屋已焚折，各房猶爭管家帳目耶？"乃公斷曰："銅印如存，留在樊家，作一古董；木印成灰，事過景遷，何必爭論。"聞者咸謂散原老人可謂片言折獄。（《世載堂雜憶》頁一四五至一四六）

　　案：張勳爲江南提督，無權任命藩司，令李瑞清權布政使者爲兩江總督張人駿也。

是時，楊守敬亦寓滬，與公過從甚密，相與論書，恆忘昕夕。

　　李瑞清《手書題跋》跋：辛亥國變，余黃冠爲道士，鬻書滬上。先生亦辟亂滬上，同鬻書。每過從，論書忘昕夕。（《楊守敬集》册八，頁一一五一）

　　《鄰蘇老人年譜》民國元年：各界人知先生在滬，求書者絡繹不絕。又或持古書碑版請鑒定，兼乞作跋，日本人尤夥。（《楊守敬集》册一，頁二七）

　　案：據《年譜》，楊守敬辛亥八月下旬已旅居滬上，十一月十一日自記曰"今幸日本人知余在此，尚有求余書者，所得潤金亦略可補濟"，則是時亦已鬻書矣。

十二月初，繼子李承侃致書胡思敬，以公守城及寓滬事相告。

　　案：參閱民國元年二月下旬條所引胡思敬《與李梅庵書》。又，李承侃爲胡思敬壻。

十二月十九日（2月6日），柳肇嘉、胡光煒謁陳慶年於圖書館，述公在圍城中事甚詳。

　　明光《〈橫山鄉人日記〉選摘》：二月六日（陰十二月十九日）：晴。過圖書館午飯。貢禾約胡小石來，述梅庵在圍城中事甚悉。謂梅公説："張勳城中兵只五千，天保城僅一百六十人，故不能戰。"（《鎮江文史資料》第十三期，頁二一四）

十二月二十五日（2月12日），宣統下詔退位，授權袁世凱組織臨時共和政府。

　　《惲毓鼎澄齋日記》十二月二十五日：又訪民政趙大臣探問鎮
靖閭閻消息，知懿旨已宣布辭位。嗚呼，國竟亡矣。三萬六千場
之歡娛，極於親貴；二百七十年之宗社，渺若雲煙。天耶人耶，真
堪痛哭。（頁五七六）

　　《鄭孝胥日記》十二月廿六日：《大陸報》言，昨晚九點一刻，遜
位詔下，凡三道，仍以自行辭政爲宗旨。（頁一三九六）

　　　案：遜位諭旨凡三道，參閱《光緒宣統兩朝上諭檔》册三七頁
四三二至四三四。

十二月二十八日（2月15日），與陳三立訪鄭孝胥。是時，公家累甚
重，坐糧僅支正月。

　　《鄭孝胥日記》十二月廿八日：梅已作花，第二株白者著蕊甚
稀。陳伯嚴、李梅庵來，梅庵著道士服，家口四十八人，坐糧僅支
正月。（頁一三九六）

十二月底，陳衍賦詩懷公。

　　陳衍《歲暮懷人絕句三十二首》：百蟹撐腸李北海，萬羊食料
近何如。遺山被困圍城後，可有碑文一字書。李梅庵。（《陳石遺
集》頁一九五）

　　　案：《庸言》作《辛亥歲暮懷人絕句三十二首》。

十二月，蔣國榜來謁。致函蔣國榜，爲其書各件。

　　《與蔣國榜書》一：蘇龕仁兄大人閣下：荐辱臨況，失御不罪。
人來，辱書并洋銀四十元，不圖今之世尚有斯人也。但稱許逾分，
慚汗而已。命各件，當即書上。墓石似太矮，書眉乞并示尺寸。
卒卒奉報，敬頌興居萬福。貧道期瑞清頓首。（西泠印社 2014 年
秋季拍賣會 1780）

　　蔣國榜《臨川李文潔公傳略》：國榜幼不知書，避兵上海，走謁
公，公方忍飢袖手，吟哦蔀屋中。（《清道人遺集》頁一〇一）

蔣國榜《輓詩》:從游淒十年,一朝臨屬纊。(《清道人遺集》附錄,頁二二九)

　　案:蔣國榜是年始識公,但未隸弟子籍。蔣先從馮煦游,馮煦《金陵叢書序》曰"辛亥十月,同蟄上海",是十月馮煦已居滬上。又《蔣國平哀辭》"辛亥冬十二月,遁跡海上,國榜來謁",則蔣國榜當於十二月前後赴滬也。書曰"不圖今之世尚有斯人也",似爲初識不久。

致函蔣國榜。

　　《與蔣國榜書》二:來書過自謙撝,何以克當?請與爲友,亦可切磋也。閣下年少而好學,所交多君子人,如夢華先生者,聞見自異恒流,它日成就詎可量耶?願君幸自愛。尊扇尚未書就,既曰相知,是箋箋何認真乃爾?以後閣下之親友及爲我作介者取筆資,君自乞者不取,非可書人而商賈之也。原件奉納。蘇盦道兄執事。貧道期清頓首。(西泠印社 2014 年秋季拍賣會 1780)

　　案:書曰"以後閣下之親友及爲我作介者取筆資,君自乞者不取",則與公已極熟稔。此函當作於辛亥十二月至壬子七月間,暫繫於此。

冬,遇郭人漳於滬瀆。

　　案:《與郭欽廉別》(《清道人遺集》頁二三)序曰:"郭爲欽廉觀察使者,不見者十年矣。辛亥之冬,相遇滬上。"

冬,胡朝梁以詩寄公,欽其大節。

　　胡朝梁《奉寄李道士》:揖讓稱至聖,餓死有高名。干戈化玉帛,薄海誦皇仁。一士甘窮餓,留愛在吾民。吾民獨何歸,歌謠以稱情。上有堯舜君,下有夷齊臣。(《詩廬詩文鈔·詩鈔》)

是歲,鄭業斅七旬壽慶,公書聯以祝。

　　子憲《備餘賸語·楹聯類誌》:長沙鄭幼惺觀察名業斅,早歲

佐左文襄軍幕多年,官至直隸霸昌道。其後因某制軍調赴江南,
因卜居焉……觀察七十生日……李梅菴贈聯云:有子聲名動天
闕,祝公眉壽齊霍衡。書法魏碑,字大如斗,幾無餘紙署款也。
(《申報》1916 年 5 月 23 日)

　　　案:據王樹枏《清道員長沙鄭公墓誌銘》(《碑傳集補》卷二
十),鄭業斅"己未九月十八日歿於江寧之寓廬,春秋七十有八",
則其七十壽辰當在辛亥也。

編年詞

　　《虞美人》元夜、《臨江仙》、《南歌子》

編年文

　　《趙仲弢夫子六十壽序》正月、《爲社會死者楊君謀事狀》、《王
上宫白描十八學士圖跋》二月、《跋石濤古木叢篠圖》、《與留美預備
學堂諸生書》、《與李承修李健書》、《與張小樓書》、《希齡壽硯銘》六
月、《跋金拱北臨石谷西亭合作長卷》七月、《與陸樹藩書》八月、《上
張制軍辭署寧藩司書》九月、《與程都督辭顧問書》十月、《與蔣叐珽
書》十月、《與蔣國榜書》一、《與蔣國榜書》二

清道人年譜長編卷五

民國元年壬子(1912)　四十六歲

正月一日(2 月 18 日),與陳三立步馳道觀遊。

　　陳三立《元旦同李道士步馳道觀遊》:問天尋道士,支醉踏街泥。樓觀晴爭吐,簫笳咽自齊。海雲懸嘯咪,春服壓輪蹄。莫挽風光去。看人日向西。(《散原精舍詩文集》頁三二〇)

正月四日(2 月 21 日),公聲明已將兩江師範存款摺據交代財政公所在案,其於本校銀錢帳據毫無責任。

　　《李瑞清啓事》:瑞清曾任兩江師範歷有年所,今春委屬監學李君鴻才兼辦,關於財務、文牘、賬册,克盡其職。至於銀錢帳據仍由陳、蕭二君任之。瑞清黃冠以來,久將本堂存款三萬餘金摺據交代財政公所在案,凡本校銀錢帳據,李君毫無責任。特此聲明。(《時報》2 月 21 日)

正月初,敬安來滬,知公尚存,然已遁跡黃冠矣。

　　釋敬安《聞金陵城破李梅庵死難及來滬則已黃冠爲道士矣》:人海事難言,風濤大地翻。昨朝哭君死,今日喜君存。暫對真疑夢,驚看莫是魂。黃冠歸故里,何不入緇門。(《八指頭陀詩文集》頁四三四)

　　案:該詩後第二首爲《游寶華山慧居寺贈浩净律師二首》,據梅季編《八指頭陀年表》(《八指頭陀詩文集》附録,頁五五七),是年二月(陽曆),敬安游寶華山。且此詩爲本年第二首詩,因繫於此。

釋敬安代公輓陳隊官。

　　寄禪《代李梅菴輓陳隊官》：山川忽寥落，草木亦淒涼。正我呼天痛，聞君罵賊亡。無尸歸馬革，有骨葬魚腸。皖水流嗚咽，招魂空夕陽。（《佛教月報・詩篇》頁一）

正月十五日（3 月 3 日），繆荃孫致函與公。

　　《藝風老人日記》元夕：致震再亭、李枚庵各一柬。（頁二四五四）

正月二十二日（3 月 10 日），袁世凱於北京就任中華民國大總統。

正月下旬，參與江西建設討論會。

　　《江西建設討論會暫行簡章》：一、本會爲江西同人所組織，定名爲江西建設討論會。一、凡江西應議應行之政策及中央關於本省應議應行之政策，本會均得公同討論發表意見。一、凡關於江西已建設之事件，本會當公同討論，以期爲各種機關之補勵。一、凡國中政社各團爲謀公益起見，所發表之政策，本會應隨時聯絡，公同討論。一、本會不設會長，惟開會時就會員中推舉臨時主席一人。一、凡具有道德、學術及富於經驗者，均有入爲本會會員之資格。一、凡同鄉中具有前條之資格，由會員五人以上之介紹，經本會認可，加具公函邀請，得爲本會會員。一、凡具有前條資格之外籍人與本省有關係者，由會員五人以上之介紹，經本會認可，加具公函邀請，一律得爲本會會員。一、本會發行函電及各項公牘、憑單、簿冊概須蓋用江西建設討論會之章，以昭信守。一、本會經常會期每月二次，於陽曆一號、十五號舉行，遇有緊要問題亟須討論者，可臨時召集開會。一、凡有熱心捐助本會經費者，應經公認推爲本會名譽贊成員。一、會員每年納會費銀圓六元，分月按繳，願一次繳清者聽。特別捐無定額，由會員自由輸助。一、本會暫假上海北京路十五號爲會所，俟擇定相當地點再謀擴充。一、本章程有應行增删之條，隨時公同議決改訂。

　　會員：謝遠涵、梅光遠、余恭厚、陳作霖、熊元錫、錢孟任、陳三立、吳璆、周錫璋、胡湘林、夏敬觀、余恭楷、李瑞清、楊增犖、熊正琦、趙從蕃、周錫綸、黃家珏、黃祖徽、黃家瑜、李約、汪德溥、劉秉楨、陶牧、文廷華、鄒凌沅、蕭大鴻。(《申報》3月14日)

正月，寫《蔬菜花竹圖》手卷贈蕭俊賢。

《蔬菜花竹圖》款：一、去年於俞氏園看牡丹，今恪士在甘肅，久不得消息，世事之變不可知，寫罷令人三歎。二、出頭原可上青天。三、年年入夏矜新摘，但表吳興植郡齋。紫色不同霜後葉，地頭把柄屬吾儕。大滌子極。四、稚泉仁兄畫家知音一笑，玉梅花庵道士清。蜷處滬上，雨悶，寫此遣日，并問白門諸至契近狀也。壬子春正月。(蕭俊賢後人藏)

是月，汪律本得胡士昆《墨蘭圖卷》，公爲跋之。

跋《墨蘭圖卷》：光風轉澧浦，芳皋靄輕陰。幽蘭始苕展，芳菲襲予衿。葳蕤和露墜，晻曖隔烟深。春湘勞望眼，夜雨怨騷心。不作靈均佩，寧隨衆草沈。清道人錄舊作《詠蘭詩》題此。(《歷代名畫大觀·題跋書法》頁一九七)

案：公跋後汪律本自記曰："壬子初春得之。"因繫於此。

題陳衡恪山水花卉册頁。

《陳衡恪山水花卉册頁》第四開：群巖鬱嵯峨，樓影落淺瀨。松聲作龍鳴，冥志入烟靄。師曾此畫探原於梅沙彌而能得其韻。石田翁學梅道人，以渴筆取姿，有其古而無其渾，其用力過也。玉梅庵道士清。第五開：涼莢石道深，萬壑淡將夕。窈靄秋江空，孤帆入寒碧。師曾兄自寫小册十三幀，爲篋中秘玩，一二年後許以贈我，它人不得妄想。(故宮博物院藏)

案：該册頁第四開陳衡恪題云"壬子初春後乍晴，晨起寫此遣興"，陳於三月二十九日返通州，則公所題當於是間矣。

二月一日(3月19日)，與同人發起中華民族大同會。

《中華民族大同會啓》：今既合五大民族爲一國矣，微特藩屬之稱自是鏟除，即種類之異，亦將漸歸融化，洵吾華秩代之鴻軌，而環球各國所同欽也。顧五族語文互異，忱悃或有難孚；居處殊方，接洽未免多阻。如無集合之機關，安望感情之聯絡？況乎強鄰逼處，虎視眈眈，脣齒互有相依之勢，肥瘠敢存秦越之心。僕等不揣綿薄，組織斯會，藉歲時之團聚，謀意識之感通。智德以交換而愈完，志氣以鼓舞而益奮。相挈相提，手足庶無偏枯之患；同袍同澤，痛癢更有相關之情。其始以言論造事實，其究以通力赴成功。共荷民國之仔肩，衆擎易舉；永奠共和於磐石，轉弱爲強，此僕等立會微意也。尚希愛國英賢，識時巨子，共矢宏願，大擴初基，俾我四億同胞，攜手而偕登樂利；與彼五洲強國，聯袂而永享和平，本會有厚望焉。此啓。

　　發起人：黃興、劉揆一、吳景濂、馮鄰翼、李瑞清、景耀月、沈秉堃、王芝祥、譚延闓、馬君武、孫毓筠、張繼、恩華、胡瑛、張通典、呂志伊、尹昌衡、李鑾、趙士北、蔣彬、范源廉、谷鍾秀、德啓、楊道霖、李素、馬浚年、秦毓鎏、程子楷、劉懋賞、洪翼升、王有蘭、王正廷、時功玖、余煥東、李肇甫、沙炳南、姚雨平、盛先覺、趙士鈺、金鼎、王寬、劉星楠、章勤士、陶昌善、溫世珍、殷汝驪、朱德裳、黃樹忠、文群、趙恆惕、馬良基、鄧文輝、熊成章、何維模、仇鰲、彭占元、平剛、任福黎、何陶、胡國梁、蔣宗潘、尹騫、廖名縉、常恆芳、唐乾一、廖炎、錢樹芬、李偉、蕭翼鯤、吉勇、金章、彭邦棟、湯漪、馬際泰、曾彥、葉毓俞、黃格鷗、劉崛、鍾勳、張智、廖秉衡、曠若谷、楊伯文、郭琮瀚、潘晉、劉其成、葉允吉、王樹滋、翟宗鐸、李猛、羅仲素、張漢英、劉冀、劉芝芬、羅芬、鍾元鄭、彭定釗、楊時霖、彭楨。（《民立報》3月19日）

二月五日（3月23日），郭人漳將還長沙，夏壽田餞於愚園，公未往，賦詩一首以贈行。

　　《與郭欽廉別》：郭爲欽廉觀察使者，不見者十年矣。辛亥之冬，相遇滬上。湘中書來，促其歸里。夏編修餞於愚園。陰雨載

途,不得與會,作此以贈。(《清道人遺集》頁二三)

陳三立《雨中午詒招集愚園兼餞郭統將還長沙》:(《散原精舍詩文集》頁三二五)

案:編年據李開軍《陳三立年譜長編》所考。

二月中旬,與陳衡恪、李叔同發起文美社,昕夕晤談,黃賓虹在座。

黃賓虹《俞劍華畫展誌感》:先是師曾寓滬上,偕清道人、弘一大師(即李叔同)立文美社,約余入座。贈自寫墨梅一枝,叔同出篆刻,清道人作分書,昕夕晤談,頗極一時之樂。既而星散,師曾、清道人相繼謝世,叔同遯入空門,余亦垂垂老矣。回憶舊遊,如目前事。(《申報》1936 年 5 月 13 日)

《文美會之成立》:葉楚傖、柳亞廬、朱少屛、曾孝谷、李叔同諸氏同發起文美會,以研究文學美術爲目的。凡品學兩優,得會員介紹者,即可入會。每月雅集一次,展覽會員自作詩文美術作品、傳觀《文美》雜誌、聯句、各家演講、當筵揮毫、展覽品拈鬮交換等。事務所設在太平洋報社樓上編輯部內。(《太平洋報》4 月 1 日)

陳定山《上海美術團體紀始》:文美社,爲李叔同所發起,時在民國元年,李氏方主編《太平洋畫報》,並編《文美雜誌》一册,內容係會員所作書畫、印章、拓片,皆由手稿,紙張大小一律,直接付印,極爲精美。是爲上海書畫作品刊印於報章雜誌之始,未及一年,無形解散。(《春申舊聞》頁一一二)

案:《太平洋報》4 月 12 日:"文美會發起以來,入會者甚衆,來月擬開成立大會。"則文美會正式成立當在三月也。又,據三月二十八日文美會首次雅集所引,公以客員與會,非社員也。

二月二十七日(4 月 14 日),與陳三立同訪鄭孝胥。

《鄭孝胥日記》二月廿七日:陳伯嚴、李梅庵來。(頁一四一二)

二月下旬,胡思敬來函,邀公同居退廬。

胡思敬《與李梅庵書》:別來無恙。前江寧被圍,屢寄書,書訖未達，長江消息隔絶不通者蓋累月矣。頃接希陶臘月初來函，知執事佐安帥同守孤城，城破後，不受僞職，走寓申江，未知隨行者共有幾人？租界雖鮮兵禍，然東南巨室多寄孥遷賄窟處其中，米珠薪桂當更較長安爲難居，念之殊耿耿也。希陶意欲託婦於我，義無可辭，但敝邑亦有匪警，弟早將眷口寄居曹溪，離城四十里。自身僕僕道途，有時下鄉，有時入城，有時赴省，幾如託鉢游僧，雖父母妻子不克時常會合，禍變至此，而新政猶不能罷，餘生幾何，恐及身不復見太平矣。

尊家累世宦游，子弟分散四方，各謀生計，而不肯經營鄉里，恐非久遠之計。僕前在京即有函相勸，而不料其遽遭此變也。今請仍申前説，挈希陶夫婦脱身回省，僕新造退廬一所，踞臨東湖，與蘇堤隔水相望，當割宅與居，什物亦可假用。人口不多，謀食尚易。退廬西側別有藏書樓七大間，貯書不下二十萬卷，風景絶佳，幼雲、庶三、斯逸近在咫尺，以一紙見招，即時可達。亂離之後，得良朋相聚，把臂談心，豈非失意時一大快事？公如不棄鄙言，請報我一書，當赴省相候。否則，公不能來，只希陶夫婦寓省，頗多不便。寒舍又無安頓之法，只好仍舊寓滬，俟匯票通或遇便人，當寄數十金稍資接濟也。（《退廬箋牘》卷二）

案：該書前一首《與張少軒制軍書》曰"吾鄉自兵變後，四易都督"，則當作於二月朔李烈鈞就任之後。前第二首《覆劉幼雲書》曰"仲春來省清理，將近半月"，又《覆喻庶三書》"遂於二月初一日抵省，值新舊兩都督交代之際"，故胡思敬致劉廷琛、張勳函作於二月中旬後也。又《吳中訪舊記》"三月，楊昀谷還省相見，攜手大慟，詢李梅庵消息，知寓上海橫濱橋"，三月胡思敬已知公之處境矣，則此書當作於二月下旬也。

二月，與陳曾壽、俞明震至西湖，寓劉氏花園，煮茗夜譚。

陳曾壽《壬子二月同恪士梅庵至西湖寓劉氏花園》：其一：淡

澂青冥裏,湖山正寂然。十年藏我夢,孤影入鐘天。步冷溪橋舊,心蘇釣石前。一椽聊可惜,橫榻晚梅邊。其二:竹樹深深地,天留聽雨聲。山藏餘塔淡,陰迴逼花明。點滴無春思,飄搖損客情。道人寒不睡,煮茗話深更。其三:小立真忘世,棲遲荒徑苔。嵐光壓新柳,鶯語及殘梅。二月春猶靜,微陽晚暫開。臨流商去住,何日更重來。(《蒼虬閣詩集》卷二,頁三八至三九)

《與俞恪士前輩泛舟西湖作》:(《清道人遺集》頁一一四)

三月五、六兩日,《神州日報》刊公所作《鬻書引》及《鬻書後引》。

《李梅庵先生鬻書啓》(略)。(《神州日報》4月21日)

《玉梅花盦道士鬻書後引》辛亥秋,瑞清既北鬻書京師,時皖湘皆大饑,所得資盡散以拯饑者。其冬十一月,避亂滬上,改黃冠爲道士矣。願棄人間事,從赤松子游,家中人強留之,莫得去。瑞清三世爲官,今閒居,貧至不能給朝暮,家中老弱幾五十人,莫肯學辟穀者,盡仰清而食。故人或哀矜而存恤之者,然亦何可長?又安可累友朋?欲爲賈,苦無資,欲爲農,家中無半畝地,力又不任也。不得已,仍鬻書作業。清學書三十年,上自三代以來鐘鼎彝器,秦漢六朝碑碣,下逮唐宋諸家筆法,頗究其趨,然不追時好以取資,又不欲賤賣以取便,世有謬愛瑞清書者,將不愛其金,請如其直,以償瑞清。故自旌頑鈍,冒利求活,而無所媿矣。案:李君潤格已分存各紙莊,乞書者徑向紙莊可也。(《神州日報》4月22日)

三月中旬,贛省議會選定參議員李國珍等五人北上就職,贛民團體大起反對,要求李烈鈞取消議會選舉,改推公與陳三立等爲參議員,並爲此致電袁世凱。

《報誌江西近日情狀》:贛省臨時議會,選定參議員李國珍等五人,業經北上,赴院就職。此間團體,誓不承認,大起反對,迭次大會,籌備辦法,頗爲激烈。雖經各團領袖,要求李督取消議會選舉,改推李瑞清、陳三立、閔荷生、蔡金台、趙從蕃爲參議員,事體重大,尚未解決。民情憤激,恐釀大禍。兹將四月廿二號發電錄下:北京袁大總統各部長鈞鑒:贛議會非由民選而成,所舉參議員郭同、李國珍、陳鴻鈞、曾有瀾、盧士模五人,贛民決不承認。民情憤激異常,如不解決,恐釀成大禍,望電致贛督,先行解散議會,再正式組織,另選參議員到京,以重民權而伸公憤。急企電復。贛民郭森甲、葉籾芳等一千八百九十四人公叩。(《中華民國大事紀》第四冊,頁二七七)

江西都督李烈鈞兩次電聘,均謝之。

胡思敬《覆劉幼雲書》:讀青島來書,不能盡幅而涕泗交頤……聞梅庵亦改道裝,自稱李道士,江西李都督兩次電聘不至,賣書畫自活。伯嚴、昀谷、康伯等均寓滬瀆,假貸以給食,立一江西討論會,三五相聚,亦極無聊。(《退廬箋牘》卷二)

案:李烈鈞於二月朔(3 月 19 日)就任江西都督,見《履任江西都督宣言》(《李烈鈞集》下冊,頁三),則此事當在其後也。書曰"聞梅庵亦改道裝",胡思敬四月八日離贛,十二日抵滬,則此書當作於四月八日前。李烈鈞、袁世凱聘公,或與贛民極力薦舉有關。

袁世凱來召,與趙炳麟、曹廣權會於愛儷園,謀刺袁,公難之。

趙炳麟《柏巖感舊詩話》卷二:方洪憲帝制之初萌也,余與東寅及李道士瑞清會於上海之愛儷園,俗名哈同花園。勸道士應項城之召,而於晤面時行荊軻之事。道士難之。余遂還桂。庚申東寅和余四十八歲自壽詩原韻,中有句云:"癡計求曹沫,傷心禪董賢。班荊聊席地,折柳即離筵。"蓋指是事也。(《民國詩話叢編》冊二,頁五四〇)

案:據趙炳麟詩《申居旅感》、《柏巖閒居》序,趙於辛亥十二月自天津至滬,壬子春歸全州隱居,與文中所述正合。暫繫於此。

三月二十二日(5 月 8 日),左紹佐謂極佩公德行,然暫不欲訪之。又謂公因用絀,不食葷。

《左紹佐日記》三月二十二日:甲申。西曆五月八號。李眉菴住北四川路,與陳仁先間壁。眉菴貧窘,所住房甚小,是平房,無樓。因用絀,不食葷。其食量最大,曾食蟹一頓盡七十二枚。書畫精絕,人品高邁,近世之雲中仙鶴也。……江右士大夫胡瘦棠、劉幼雲,余所素識,且交契頗深。李眉安未謀面,然深佩其人。胡居新昌,劉避地青島,皆不相聞問。李現在滬,然此時亦不欲往訪,其所以不往訪之故,亦不欲言。(《湖北省圖書館藏稿本日記四種》册二四,頁二八八至二九四)

案:是日左紹佐又記曰:"仁先言,此僧不及濟(寄)禪,濟(寄)禪湖南人,能詩,有詠白梅句'意中微有雪,花外欲無春',的是佳構。此僧常到李眉菴處,刻已離滬。"則公之情狀或亦係陳曾壽所述也。

三月二十三日(5月9日),赴徐紹楨招飲,繆荃孫、楊士燮、楊信臣、吳璆、樊增祥、楊鍾羲、龔佛言、龔心釗、易順鼎、陳三立在座。

《藝風老人日記》三月廿三日:徐固卿招飲,楊味春、楊信臣、吳康伯、李枚庵、樊雲伯、楊子勰、龔錦章、懷西、易石甫、陳百年同席。回寓已三鼓。(頁二四七三)

三月二十六日(5月12日),與同人發起世界宗教會,是日開成立大會,公爲作敘引。

《世界宗教會小引》附簡章:蓋聞天無二道,人無二性。道耶,儒耶,釋耶,耶耶,回耶,其導善禁惡、救世覺民之心一也。譬彼援溺,或以手,或以繩,或以勾,或以舟楫,其援溺之心一也。是以亞美歐非之異洲,黃白黑棕之殊種,發致雖別,而潛相景響,出處雖異,而終期則同。但眇跡隱於常用,指歸昧於末節,遂令學徒不察,是丹非素,教無論美惡,異己者攻。將使孔佛操戈,耶老對壘,因形式之細故,忘先師之本心,不亦悲乎!頃者詐僞萌起,大道鬱滅,菑害繁慘,衆生沈淪。願我環球教主,互相研復,去其忮爭,節

彼離滯,吸此共實,庶幾達義俱舉,折符復合。澡斯民之垢滓,脱
衆生之桎梏,上慰先師之苦心,下拓同人之宏願。竊在下風,薰沐
以竢。

　　暫定簡章:(略)

　　發起人:王人文、沈曾植、李瑞清、姚文棟、釋諦閑、李提摩太、
梅殿華、陳作霖、狄葆賢、錢寶鈞、哈麐、釋應乾、陳治鎬、黎炳南。
(《東方雜誌》第八卷第十一號)

　　案:《世界宗教會暫定簡章》亦見《新聞報》(3 月 28 日),《世界
宗教會開會預報》(《新聞報》5 月 7 日):"世界宗教會組織以來,已
經數月,稍有頭緒。兹訂期陽歷五月十二號一時至五時,假座法
界寶昌路南吕班路山東會館大成殿公開大會,敦迓中外各教名人
共贊斯舉云。"則該會當於正月組織,至此成立也。又,《世界宗教
會小引》爲公所作,載《清道人遺集》卷二。

　　宗方小太郎《一九一二年中國之政黨結社・世界宗教會》:該
會係王人文、沈曾植、李瑞清、姚文棟、釋諦閑、李提摩太、梅殿華、
陳治鎬、哈麐、狄葆賢、陳作霖、錢寶鈞、釋應乾、黎炳南等所主唱
組織,聯合各教,研究至理,以資道德之涵養、生民之利濟。會員
不問國籍,凡有宗教智識信仰者均可入會。(頁二〇三)

三月二十八日(5 月 14 日),赴文美會首次雅集,吳昌碩、諸宗元、夏
敬觀、李叔同、葉楚傖、陳衡恪、費公直、柳亞廬、余天遂、黃賓虹、曾
孝谷、嚴詩庵等同集。

　　文美會今日開會:文美會第一次雅集,準今日下午四時在三
馬路大新街新桂茶園對門天興樓酒館舉行,聞有當代書畫金石大
家李梅庵(清道人)、吳昌碩先生等佳作云……會期定於倉卒,發
表甚遲,而到會者二十餘人之多。李梅庵(即玉梅花庵道士)、吳
昌碩兩先生亦以客員資格來襄盛舉,且皆臨時揮毫應人之請,其
豪情正復不淺。出交換品共十三人,一人有出二件或四件者,共

得二十餘件。其中最可寶貴者爲八十二歲老人蔣卓如先生書聯，文曰：以人爲紀，得天之時。又朽道人之梅花條幅，枝幹皆用篆法畫成，古香古色，洵推傑作。又范彥珠氏之摺扇，自書文美小集之律詩一首，流連文酒，感時將意之懷溢於楮墨。得此爲紀念，文美增色多矣。其他交換品十餘件，如諸貞長、費公直、柳亞廬、余天遂、嚴詩庵、黃樸存、葉楚傖、夏映庵、李息霜、曾存吳諸氏，或錄舊詩，或抒新采，興酣落筆，皆具特殊之長。出賣品二十餘件：李梅庵之摺扇二柄，皆兩面書畫，筆畫題識，筆墨入古，一望而知爲名手。朽道人山水二幅，氣韻深厚。李息霜氏以篆法書英字，自成派別而不傷雅，所書係英國大文豪沙翁之詩，體裁恰好。曾存吳氏之花卉團扇，摹仿惲派頗有心得。沈筱莊氏之雕刻象牙扇骨，於三四分寬、四寸長之物刻字八行，每行百二十字左右，細入毫芒，而筆意直逼米老，精妙絕倫，謂之魔術中之雕刻家，非過譽也。參考品另爲一室，存吳氏所藏五六年來文部省美術展覽會之選品及日本西洋畫家之傑作集五六種，參照引證，引增興趣不小。朱少屏氏所藏古畫多種，皆名人之作。其最奪目者爲于海屋之手卷，花木數十餘尾，構圖設色，迥異時流。他若朽道人之殘荷，運筆疏宕，覺秋水伊人呼之欲出。又沈墨仙氏之枇杷、李梅庵氏之松、吳昌碩氏之梅（三氏皆臨時揮毫），一時興來之作，莫不韻味天然，一洗凡近之習也。雜誌之特色：同人製作品凡百餘事。首文次詩次詞，又圖畫十六幅、印五種、滑稽告白數種，及附錄文藝紀事。用舊誌體裁，妝成一冊，名曰“文美”。序言係姚錫鈞氏所作，它爲濱虹氏之《古璽印銘》、李息霜氏之《李氏印譜序》、存吳氏之《與某記者論夕陽書》、天遂氏之《遂廬筆記》、亞子之《血淚碑歷史》，皆饒有趣味之作。詩詞則鴻思默盛，沈艷濃鬱，無忤不體。圖畫中山水最多，綿密輕妙，各有家法。息霜氏之《盼》，一新一舊，恰是背道而馳，對照參觀，可見藝術之頭頭是道也。朽道人之廣告集圖案，係用漢竹葉磚文組織而成，趣味高古，可以爲亞東國

粹之代表。嚴詩庵氏之《文美紀念碑》，別開生面，獨具匠心。以
上各品妝成雜誌，秘之可惜，刻擬集資印，不日即可發行，誠快事
也。交換書畫品之愉快：會友十三人，共出交換品二十餘件，於尊
酒微醺之際，由李、曾二氏用抽簽法彼此互換，此時凡出品者皆於
其所欣羨生無限希望，每揭一物名，則所有注目者舉場一致，其情
與盼望選舉之發表卻無殊異。黃樸存氏慕朽道人古梅一幅，垂涎
特甚，未幾，發表應得是畫之主人竟是黃氏，闔堂喝彩，而黃之得
意，尤不可形容。范彥珠之詩扇，李息霜讀之，愛不釋手，當用箋
紙書詩納入衣囊中，慮少緩爲他人所得，不及鈔錄也。不意發表
後，此扇亦竟爲李氏所得，皆可謂隨心所欲矣。曾存吳氏之畫扇，
初用紙套封，固未露真面，人皆疑爲裸體美人，於是引起一般好奇
之心，欲得是品者，不知凡幾。及至揭曉，仍是惲派花卉，爲費公
直所得。而存吳氏所得係息霜氏之書，曾、李本舊同學，交換書畫
之事非止一次，是日用抽簽法，曾又得李之製作，一若數由前定
也。詎最後一人爲嚴詩庵，所得乃係自作之品，無已，乃與存吳氏
之所得再相交換，然後事畢。洗杯更酌，夜色初更矣。（《太平洋
報》5 月 14 日）

三月二十九日（5 月 15 日），陳衡恪於公齋中爲李叔同臨石濤畫。

　　　　陳師曾《題人物圖》：壬子三月二十九日將返通州，於玉梅花
　　　盦臨清湘老人本，以應息霜社長之命。朽道人衡。（《陳衡恪詩文
　　　集》頁二二八）

春，同鄉學界諸君迭請公爲教育會長，乃作書辭之。

　　　　《辭教育會長書》：同鄉學界諸先生同鑒：瑞清陳死人也。蜷
　　　處滬濱，願棄人間事，改黃冠爲道士久矣。乃承鄉里諸先生謬愛，
　　　誑誘以教育會長，且蒙電促歸者數矣，曾一上書辭謝尚未達，而
　　　李、王二君遠道臨況，來相勸勉。其情意之懇篤，豈可負哉。瑞清
　　　秉性迂拙，學術孤陋，誠非庸駑所能供給。又以危城之中，兼旬不
　　　寐，氣力日微。近復咯血，常展轉床褥，申旦不寐。左體手足，痹

麻酸楚,一身之中,寒暖異度。久病淹滯,神志昏霿,际白爲黑,言甲昧乙,愧無松柏歲寒後雕之姿,有同蒲柳未秋先實之態。德醫士威釐曰:及今不治,逮腦溢血,殆矣。死生有命,誠無所懼。但以孱弱之軀,荷重大之任,豈不上負父老之命,下慚子弟之望乎?儻緣寬假,使憂患餘生,養疴息影。即請劉、賀二君出而主持故鄉教育,必有可觀。瑞清或幸不即填溝壑,必貢爝火之微明,上助日月之末光。如有所見,隨時郵告。願諸先生憐而察焉。幸甚,幸甚。玉梅花盦道士清頓首頓首上。(《張大千的老師——曾熙、李瑞清書畫特展》頁一二八至一二九)

　　案:函封曰:"敬求榮便帶交同鄉學界諸先生同鑒。玉梅花庵道士清。"該函亦載《清道人遺集佚稿》,題曰《辭教育會長書》。書曰"危城之中,兼旬不寐,氣力日微,近復咯血",與《與程都督辭顧問官書》所述病狀一致,當作於此後不久。又曰"電促歸者數矣"、"李、王二君遠道臨況,來相勸勉",公於辛亥十一月避居滬上,其時消息隔絶不通,其親家胡思敬於豫章得臘月初李承侃函,方知公走寓申江,壬子三月楊增犖還贛相見,乃詳得其情狀。同鄉學界同人似不當於辛亥冬已知,且委以教育會長也。壬子正月下旬,公參與江西建設討論會,三月中旬,贛民推公爲參議員,且得李烈鈞兩次電聘,則此書或作於二三月間也。暫繫於此。

春,朱孝臧以詩寄公。

　　朱祖謀題《清道人造像》:骨折心摧淚亦乾,世人祇作等閒看。猶能下筆風雷起,便與臨觴醒醉難。著想何人到青史,收身百計讓黃冠。尋仙采藥誠知妄,海上風香或可餐。此壬子春寄清道人詩,越十五年,農髯先生以其畫像屬題,録此以正。丙寅四月,孝臧并記。

　　陳鋭《袌碧齋詩話》:李梅盦同年瑞清,江西臨川人……辛亥之變,江寧官吏皆引咎去,需次者悉爲逃亡,城中一總督、一上元縣尹而已。梅盦在圍城中,總督強起攝布政使。時司庫猶有銀七十萬,張勳勒兵,時時要索,梅盦堅不與,即總督亦無如何也。後江寧事平,卒以銀交省議會而去,識者難之。厥後避地滬瀆,服羽人服,廢吟止酒,間一畫松貽所知。朱古微侍郎寄之詩曰:"骨折心摧淚亦乾,世人祇作等閒看。猶聞下筆風雷起,便與臨觴醒醉難。著想何人到青史,收身百計遜黃冠。尋仙采藥誠非妄,期汝行吟翊大還。"亦可以覘其品誼矣。侍郎以詞名天下,人罕見其詩,固一作者。

案:是詩亦著錄於陳詩《尊瓠室詩話》卷一、王揖唐《今傳是樓詩話》,《彊邨棄稿》題作《客言李梅庵避地滬瀆廢吟止酒且爲羽人裝矣聞或畫松貽所知因寫長句寄之》(《彊邨叢書》冊十,頁八三八四)。

春,陳懋森於舟中聞人言公近狀,乃賦詩相贈。

陳懋森《舟中聞人言臨川李梅庵方伯瑞清近狀》:獅子山前戰骨寒,元黃親見血漫漫。海濱天獨留貧道,方伯於金陵將破,易道士服走海上,自此稱清道人,或稱梅花庵道士。白下人猶説好官。國破家存生似贅,鼎移君在死偏難。書成乞米常枵腹,一任傴儒冷眼看。(《休盦集》卷上)

案:該詩前一首《喜嚴大貫吾紹曾南歸》句曰"花前春欲笑,亂後客初歸",後一首《寶山衙齋》則作於民國二年,嚴紹曾、陳懋森均爲江都人,民國元年陳爲丹徒檢查長,次年爲寶山審判廳長,獲悉公近況當不至太遲,暫繫於此。又,該詩一作《贈李梅盦先生》(《寶山共和雜誌》1913年第六期),注曰:"李梅盦先生以前清名翰林歷署蘇省提學藩司,政聲卓著。光復後,棄官寓滬,作道士裝束,以賣字爲生,求者踵相接。陳賜卿先生與之有舊,因作詩以貽之,蓋不啻爲先生寫影也。賜卿先生現任吾邑地方審判廳長,初范寶,談次出是詩,其風格之高潔,概可想見,特錄於此,以誌吉光。”

春夏間，爲李叔同畫松。

《蒼松圖》款：玉梅花盦道士清爲息霜先生畫。（香港蘇富比 2016 年秋季拍賣會 1296）

案：公未署年月，該幅尚有吳湖帆、黃葆戉、朱大可、戴克寬、朱其石跋。朱其石跋謂“大師於民國七年戊午剃度於杭州虎跑定慧寺，款稱息霜，當係民七以前所寫”，李雲麾《先從兄清道人行述初稿》（《清道人遺集》頁二八一）曰“初署款曰‘玉梅盦道士清’，後乃簡稱‘清道人’”，今所見公書畫、題跋，凡署款“玉梅花盦道士清”者似均作於壬子間，如爲裴景福題畫，壬子署“玉梅花盦道士清”，癸丑則署“清道人”是也。後雖有署款“玉梅花庵清道人”、“玉梅花盦道士李瑞清”者，然非“玉梅花盦道士清”也。又，據林子青編《弘一法師年譜》，壬子春李叔同來滬，供職於《太平洋報》，並創文美社，與公往來甚密，七月赴杭任浙江兩級師範教師，故此畫或作於二月至六月間也。暫繫於此。

致函蔣國榜，爲其書聯。

《與蔣國榜書》一：昨卒卒誤將管聯送上，殊可笑也。不罪，不罪。命書聯，下午遣人來接，或明早，恐不能乾。碑石體例須面談再書。細觀聯款，乃吾兄大號，愧黃冠未能走賀。大箸論書詩極有識，但結句獎飾太過，慚悚，慚悚。更承謙懷下問，願得閒面話，未可一二語盡也。率爾敬復，不一一。即頌蘇盦仁兄儷福。貧道瑞清頓首。筆資六元照收。（西泠印社 2014 年秋季拍賣會 1780）

案：書曰“細觀聯款，乃吾兄大號，愧黃冠未能走賀”、“即頌蘇盦仁兄儷福”，似公方知其將婚也。蔣國榜婚於九月，然四月公爲其畫蘭花款曰“蘇盦仁兄儷慶”，則此書當在其前也。暫繫於此。

爲蔣國榜書聯及齋額，蔣贈以二十元，謝之。

《與蔣國榜書》二：一聯一額書就納上，孟帥齋額是“蒿”字否？

孟帥爲家小湖叔祖門人，故以世誼稱之。承惠金二十元，不敢當。
以清之志在以筆墨營業，故筆資受之無辭，至於友朋之贐，未敢妄
受也。幸亮之，心感而已。今日下午有友朋之約，如辱臨況，請明
日十一鐘來，謹煮茗以俟。蘇盦道兄閣下。玉梅花道士清頓首。
（西泠印社 2014 年秋季拍賣會 1780）

案：孟帥即馮煦，齋額似爲馮煦所書，或由蔣國榜轉求者也。
八月中旬，公致書蔣國榜，以"吾弟"相稱，並爲其指點書法，則是
時似已隸弟子籍矣。該書曰"蘇盦道兄閣下"，當在八月前。公七
月中旬鬻書青島，此函當作於春夏間。暫繫於此。

四月五日（5 月 21 日），過陳曾壽，左紹佐在座。是日，保薦勞道傳爲
大河口釐局委員。

《左紹佐日記》四月初五日：丁酉。西曆五月二十一號。飯
後，擬到北四川路仁先處……坐電車至橫浜橋，銅板七文。過橋
北，忘其號數，遍問鄰者，皆不識。方徘徊間，見慎先出，乃導入。
青老呼酒對飲。俄而李道人至，皆入座飲。酒名碧綠，色瑩味美，
而力頗沈，不覺遂醉。問瘦棠近況，言之甚悉，李與幼雲無戚，因
瘦棠瓜果也。（《湖北省圖書館藏稿本日記四種》冊二四，頁三三
三至三三七）

《寧屬各釐局委員一覽表》：局名：大河口。職名：勞道傳。籍
貫：湖南善化。到差日期：元年四月初五日。保薦：李瑞清。（《申
報》10 月 18 日）

案：摘録該表而成。

四月十日（5 月 26 日），赴江西路二號預中華民族大同會上海支部成
立大會，公爲教育部幹事。

《中華民族大同會支部成立紀事》：中華民族大同會上海支部
於五月二十六日開成立大會於江西路二號，當時舉定徐紹楨君爲
支部長，王人文、沈秉堃君爲副部長，呂志伊、李瑞清君爲教育部

幹事,桑寶、王一亭、葉惠鈞、沈曼雲君爲實業部幹事,藍天尉、溫
宗堯、王君復、陶鑄、鄧恢宇、姚勇忱、藍宗魯、徐肅君爲調查部幹
事,陳泉清君爲文牘部幹事。(《申報》6 月 9 日)

　　宗方小太郎《一九一二年中國之政黨結社・中華民族大同
會》:當時孫逸仙等之南京政府,亦注意致力於招撫統一藩部民
族。北方政府組織漢蒙聯合會之後,更在南京組織使中國五大民
族聯合之民族大同會會,繼又將其總部遷往北京。其發起人如
下:黃興、劉揆一、吳景濂、沈秉堃、景耀月、王芝祥、譚延闓、李瑞
清、馬鄰翼、孫毓筠、張繼、胡瑛、恩華、張通典、呂志伊、尹昌衡、李
鑿、趙士北、蔣彬、范源濂、谷鍾秀、王正廷、姚雨平、時功玖、李素、
劉星楠、章勤士、趙士鈺、王有蘭、文群、平剛、彭占元、熊成章、湯
漪、黃樹忠、程子楷、德啓、仇鰲、王寬、溫世珍等九十六人。

　　該會網羅同盟會、共和黨(當時之統一黨)之著名人物,有助
於全國統一(當時該會總理爲黃興),其後於上海設立支部以推廣
其事業,現列舉上海支部之職員名單如下。(略)。(頁一九四至
一九五)

四月十二日(5 月 28 日),胡思敬、楊增犖、熊亦園來滬。

　　胡思敬《吳中訪舊記》:昀谷方遭家難,亦不願久留江西。四
月八日,遂與之偕行,從者豐城熊亦園,精目錄學,沈子培高足弟
子也……十二日,抵上海,寓裕豐厚客店。(《退廬文集》卷二)

　　陳三立《劉潛樓自青島胡漱唐自南昌先後至滬賦此詒之》:
(《散原精舍詩文集》頁三二九)

四月十四日(5 月 30 日),《太平洋報》刊公畫扇潤例。

　　《李梅盦先生畫扇》:每葉畫兩面定價四元。本社廣告部代
售。(《太平洋報》5 月 30 日)

　　案:該廣告係李叔同所作。

四月十六日(6 月 1 日),午,公與陳三立招同人聚於愚園,晚歸,宴胡

思敬於六合春，梁鼎芬、秦樹聲、左紹佐、麥孟華、沈曾植、樊增祥、吳瑽、楊鍾羲、趙熙、陳曾壽、吳慶坻、朱祖謀、陳衍、鄭孝胥、李岳瑞、何天柱、胡琳章、胡達章、林開謩、沈瑜慶、梅光遠、楊增犖、熊亦園在座。

　　胡思敬《吳中訪舊記》：壬子二月，予來南昌，欲仿西臺故事，攜酒登西山，招二祖六宗之魂，仰天大哭，而聞者以爲狂。又欲仿吳潛翁月泉吟社例，招二三知己，以氣誼相結，託之文字詩歌，藉抒其舊國舊君之感，而畏禍者引以爲駴。三月，楊昀谷還省相見，攜手大慟，詢李梅庵消息，知寓上海橫濱橋，已改道士裝，貧甚，鬻書畫自給。梅庵鄉、會、殿三試，均與予同榜，又申以婚姻，平時所極念也。問其餘京僚舊好，曰皆散而之四方矣。唯劉潛樓僑居青島，去滬瀆甚近。予聞喜甚，即作書招潛樓至上海約期相會。昀谷方遭家難，亦不願久留江西。四月八日，遂與之偕行，從者豐城熊亦園，精目錄學，沈子培高足弟子也。九日，過九江，潛樓舊第已爲兵踞，其尊人雲樵先生避居廬山，不得見。市屋數間，聞亦籍没矣，念之黯然。隨坿輪東下。十二日，抵上海，寓裕豐厚客店……予既蒞滬，則從陳考功伯嚴訪故人居址。伯嚴一一爲予述之曰：“梁按察節盦、秦學使右衡、左兵備笏卿、麥孝廉蜕庵、皆至自廣州。李藩司梅庵、樊藩司雲門、吳學使康伯、楊太守子勤，皆至自江寧。趙侍御堯生、陳侍御仁先、吳學使子修，皆至自北京。朱古微侍郎新自蘇州至。陳叔伊部郎新自福州至。鄭蘇盦藩司、李孟符部郎、沈子培巡撫皆舊寓於此。”又曰：“蘇龕居海藏樓，避不見客。節庵爲粵人所忌，謀欲殺之，狼狽走免，身無一錢，僦小屋以居。子培僞稱足疾，已數月不下樓矣。”翌日，節盦聞予來，大喜，曰：“胡侍御能言中國之所以亡，吾京師廣和居飲酒故人也。”致書伯嚴，急欲一晤。於是伯嚴與梅庵訂期，招以上所舉十六人，益以四川胡鐵華、胡孝先，廣東何擎一，福建林貽書、沈愛蒼，同鄉梅斐漪及昀谷、亦園八人，共二十七人，於四月十六日大會於愚園。皆步行，無僕從，到門探懷出刺，自通名，相對唏噓，無復五陵裘馬之態。晚歸,宴六合春,約各賦一詩,未成而散。先是,旅滬諸同志歲暮無聊,嘗間月一聚,或一月再聚,每聚各齎番銀五角充醸飲貲,謂之五角會,其寒儉如此。是日,人各攜一圓,共得二十餘圓,詫爲豪舉。同人互相嘲謔,咸謂此會爲十角會也。(《退廬文集》卷二)

　　案:文曰"招以上所舉十六人",含公在内,又益以八人,外加胡思敬、陳三立,共二十六人。胡思敬殆將公重複計算在内耳。又,《左紹佐日記》四月十六日無集會之記録。四月十九日(《湖北省圖書館藏稿本日記四種》冊二四,頁三七〇)曰:"胡瘦棠來滬,李梅厂約同人在六合春公請,廿一日午刻一句鐘在愚園聚晤,各攜酒貲一元。仁先來函,知會十八日。未知瘦棠住處,或住梅厂宅耶?"則謂集於十八日,非十六日也。《鄭孝胥日記》四月十六日亦無集會記録,十八日曰:"李伯涵……言胡瘦筐、楊昀谷均住在廣智書局。"疑集於十八日也。然胡思敬謂"十七日,潛樓至,寓永泰客棧,因移榻就之……因與聚談三日夜",苟集於十八日,則劉廷琛當與之,或劉至滬非十七日歟?且胡思敬自謂十八日寓永泰客棧,非廣智書局,疑胡思敬所記有誤,俟更考之。

　　楊增犖《壬子四月訪漱公南昌遂同至滬酒次賦贈》。(《楊昀谷先生遺詩》卷四)

　　《鄭孝胥日記》四月十八日:李伯涵來取寫件及堯生《萬松深處》手卷,言胡瘦筐、楊昀谷均住在廣智書局。(頁一四一八)

四月十七日(6月2日),劉承幹致函陸樹藩,請其轉求公書屏聯。

　　《求恕齋日記》四月十七日:是日,囑醉愚作函備箋致純伯,請伊轉求李梅盦書對兩副、屏幅四條。李,名瑞清,本江蘇觀察也。江西臨川人。癸巳舉人,甲午貢士,乙未翰林。由刑部主事改江蘇道員,署江寧提學司。上年冬,署布政司。江寧淪陷,逃至上海,作道士裝,號清道人。(冊二,頁二四六)

四月二十三日（6月8日），與同人發起金石古畫共覽會，繆荃孫、楊守敬、沈曾植、王秉恩、徐乃昌、劉世珩、宣哲、王存善、宗舜年、吳昌碩、何維樸、陸恢、褚德彝、長尾甲、鄧實等同集。

　　《金石古畫共覽會廣告》：戰事初平，古物流出，多萃匯滬上，加以海内收藏大家、賞鑒巨子均以避地，同處一隅。際此首夏清和，正宜雅集參觀，墨緣同結。本會擇於陽歷六月八號至十二號即陰曆四月二十三日至二十七日開會康老脱路徐園，陳列金石書畫，與衆共賞。先三日陳列非賣品，後二日陳列寄售品。倘有海上收藏名家願將寶藏各件真跡送會陳列者，請書明非售品與售品，先期一二日送交四馬路老巡捕房隔壁惠福里神州國光社代收，掣付收條爲憑，閉會憑條取回原件是幸。入園券每張三角，售券處：神州國光社及園門首。發起人：繆小山、楊惺吾、沈子培、王雪澄、徐積餘、李梅庵、劉聚卿、宣古愚、王子展、王捍鄭、宗子戴、龐萊臣、孫問清、李平書、陳蓉曙、吳倉碩、何詩孫、陸廉夫、程定彝、張渭漁、程松卿、鄒適廬、褚禮堂、甘翰臣、秦炯蓀、陳渭泉、長尾雨三、鄧秋枚同啓。（《時報》5月24日）

四月二十四日（6月9日），赴陳曾壽招飲，劉廷琛、胡思敬、陳衍、陳三立、左紹佐在座。是日爲金石古畫共覽會開幕第二日，公以所藏石濤山水册及花果册送會陳列。

　　《左紹佐日記》四月二十四日：丙辰。西曆六月八號。余壽平六合春之局及仁先横浜橋本宅之局，皆在午刻，擬先到壽平宅説明，再往陳宅。……仁先之客：劉幼雲、胡瘦棠、李眉厂、陳石遺、陳伯嚴。（《湖北省圖書館藏稿本日記四種》册二四，頁三七二）

　　案：是日當爲公曆六月九號，左紹佐蓋係誤記。

　　《金石古畫共覽會第二日紀事》：徐園之金石書畫共覽會昨日爲開幕後第二日，精品較第一日更多，覽者尤衆。書畫類如吳薪齋君《北周建德二年寫經卷》、虞子如君龔半千山水卷、姜實節山水卷、項孔彰《獨樹圖》、陳渭泉君王圓照山水軸、王石谷《墨池風雨》軸、戴諄士《九峰草堂卷》、戴醇士山水軸、李梅庵君石濤山水册、石濤花果册、張玉夫君方環山山水軸、張潤之君李長衡山水軸、王應田君曾波臣寫《陳眉公像》、孫問清君王元章雙鈎竹軸、風雨樓主人元趙養長《春郊渡牛關》軸、明文衡山《玉蘭花》軸、明沈石田細筆山水軸、宋比玉山水卷、倪鴻寶書石軸、漸江上人山水軸、冒辟疆寄方密之山水軸、金曉珠蔡女蘿合作花卉軸,書畫扇粹。金石類如吳藉齋君魯逢編鐘九品留鼎拓本、趙叔孺君北魏蘇易造像、魏景初帳搆銅兩敦、蓋宕君商鳳形共鑄漢官量、虞子君大丹和尚拓程末庵藏器卷、甘翰臣君隋《董美人》、《尉富娘》、《元公姬夫人墓誌》等,皆希世之珍也。(《申報》6月10日)

四月二十六日(6月11日),與同人飲於至美齋,劉廷琛、胡思敬、陳三立、陳衍、胡雲谷、陳曾壽、左紹佐在座。

　　《左紹佐日記》四月二十六日:戊午。西曆六月十號。劉幼雲、胡瘦棠、陳伯嚴、陳石遺、李梅菴、胡雲谷、陳仁先會飲於至美齋。伯嚴能詩;石遺詩已刻;雲谷詩稿數千首在廣督署燬失;梅菴書學《瘞鶴銘》,自負甚高,畫亦甚工;幼雲、瘦棠皆於宣統時著直諫名;仁先詩極有工力,其爭刑律事尤有關繫,皆士大夫之翹秀傑偉者也。(《湖北省圖書館藏稿本日記四種》册二四,頁三七四)

　　案:是日當爲公曆六月十一號。

四月,李詳來滬,與公相過從。歸里後賦詩登報,用簡滬上諸公。

　　李詳《壬子四月薄遊上海昔時舊故皆不期而遇歸里作此寄贈屬李君曉暾登之報端冀見之者互相傳告不能一一奉簡也》:張衡四愁思四方,楚臣九逝情旁皇。海上斗入一隅地,美人來萃紛滿堂。我僑荒村錮聞見,辦嚴諏吉涓辰良。水陸乘輪儵千里,邂逅滿目飲琳瑯。宣君提挈出意表,余與宣君古愚不相見七年,卒遇於邵伯鎮,同之滬上,賴其左右,獲以無恐。傾談並枕聲雷砅。至今人仰淮海士，蘇門不見晁與張。藝風老人行七十，藏書幸免充縑囊。先生藏書幸自江寧圍城運出。縱論文字倍神王，饜飫蜀饌夸南強。先生招飲蜀餐。沈君足弱謝常客，子培沈君居三層樓上，戒斷常客。別後鬢鬚侵蒼蒼。休文帶緩體中惡，坐憶天柱從中傷。君官皖藩，建天柱閣，坐客談此閣被毀，君默然。徐劉寫書負罪過，積餘、蕙石兩君。檢覈摹印矜偏旁。藏穀者好同一耳，寧甘挾筴輕亡羊。孟喬雅素在疇昔，歡如白首兄弟行。門生清綺誦新語，所授門生方點勘《世說》。邱嫂治饌親醯漿。治具見招，出其夫人手製。怪君從容得此樂，人間何者爲滄桑。李蒯兩生說瀛海，欲往從之道阻長。李生寅恭、蒯生孝先自倫敦、蘇格蘭歸來，談彼中事甚悉。生也重譯善觭距，余老妄欲參翱翔。流連文燕日徵逐，鄧李陳魏江劉汪。鄧君南海集東海，木公憔悴梅庵狂。鄧君秋枚粵人。木公，健甫新字。梅庵被道士服。散原謏臺敵周郝，季詞言語傾君房。魏君季詞。曉暾李允中汪齒牙利，抑揚宮徵諧清商。瘦鐵江妙有活國計，恂父劉苦無登天杭。諸君如此我何預，建德有國盍有糧。易京避世漢樓櫓，桃源揖客秦冠裳。夔生臨桂況君周頤。後至豈無意，羨君居榜春明坊。我今垂翅客海裔，如置百尺無梯防。素心不來好事絕，斯文誰許齊班揚。白樓商略未云遠，金閶宴集誠難忘。誰與霞佩遠乞我，相與捕逐出八荒。(《李審言文集》頁一二三七至一二三八)

是月，畫《蘭花圖》以祝蔣國榜新婚之喜。

　　《蘭花圖》款：蘇盦仁兄儷慶。玉梅花盦道士清敬祝多男。壬子四月。(上海崇源 2004 年秋季拍賣會 1529)

　　蔣國榜《亡婦仉恭人事述》：恭人仉氏，初名順……以甲午人日誕于江陰。先是，公次女適從兄鈞。恭人年十九壬子九月來歸于我，更名孟，字以愛德，少予一歲。(《飲恨集》)

五月一日(6 月 15 日)，胡思敬歸鄉，與同人餞之，公贈以書，吳慶坻、劉廷琛、陳毅、胡鼎丞在座。

　　胡思敬《吳中訪舊記》：遂於五月朔日離滬。臨行，伯嚴、雲

門、子勤、仁先、堯生各贈以詩，梅庵贈以書，節盦贈以影相，貽重
置酒餞別，座客有子修、梅庵、潛樓、鼎丞，六人者各循其髮，皆鬑
鬑盤結如故，相視大笑，以爲偶然不可常也。予留滬凡十六日，遇
舊交二十四人，得新交六人。(《退廬文集》卷二)

五月十七日（7 月 1 日），劉承幹寄來潤筆，並於公所書屏聯頗有
微詞。

　　《求恕齋日記》五月十七日：作函致陸純伯，並附去李梅盦書
　　潤洋二十一元，又墨費洋兩元，託伊轉交梅盦。所書聯屏筆力薄
　　弱，摹倣古人未入骨髓，僅得皮毛。乃純伯謂其書高出時輩，殆亦
　　嗜痂之癖者與？(册二，頁二七四)

五月二十日（7 月 4 日），繆荃孫致函與公。

　　《藝風老人日記》五月二十日：庚子。晴。發震再亭、李枚庵、
　　吳蓉生、吕幼舫四柬。(頁二四八九)

五月二十一日（7 月 5 日），赴程炳泉約，繆荃孫、震鈞、范偉君等
在座。

　　《藝風老人日記》五月廿一日：辛巳。大雨。赴半齋程炳泉之
　　約，李梅庵、震再廷、范偉君、李壬甫同席。(頁二四九〇)

五月二十五日（7 月 9 日），致函繆荃孫。

　　《藝風老人日記》五月廿五日：閱李道士來條。(頁二四九一)

六月一日（7 月 14 日），海上題襟館開古書畫展覽會，公與同人各出
所藏名人真蹟陳列其間。

　　《海上題襟館展覽古書畫啓》：本會設在四馬路三山會館間
　　壁，準於陰曆六月朔起開古書畫展覽會。現承王雪澄、繆小珊、裴
　　伯謙、李平書、李梅庵、何詩孫、黃山壽、狄楚青、哈少夫諸君各出
　　舊藏名人真蹟陳列會中，以公同好。如有家藏希世之寶見諸著録
　　者，惠然出示本會，尤爲歡迎。每星期更換精品，務令有層出不窮
　　之概，望海内各賞家賁臨雅集，同深跂幸。(《神州日報》7 月 13
　　日)

六月二日(7月15日),王闓運欲作書訊公及避地諸子。

　　《湘綺樓日記》六月二日:晴。涼。遣船送三婦母子去,待夕乃發,乘夜汎舟也。並送詩校本去。欲作書問訊避地諸子,似甚多而又嫌其少,且姑列之:樊雲門、金殿臣、李梅安、沈子培、陳小石、瞿子玖、俞廙仙、余壽平、左子異、趙渭卿、秦子質、陳伯嚴、易石甫、曹東瀛、李仲仙、岑堯階、袁海觀、沈幼嵐。

六月二十二日(8月4日),與同人紹介趙世駿書法。

　　南豐趙聲伯先生,夙擅八法,尤精褚體,其書以雁塔、同州兩《聖教》暨《房梁公碑》爲宗,旁參以《孟法師》、《伊闕佛龕》兩碑,於中令之書可謂具體而微,薛少保後所未有也。小楷則出入於《楔序》、《黃庭》、《曹娥》、《十三行》之間。餘體亦具有淵源。向在京師,群推第一。今遊滬上,閒居無事,同人慫恿以作書爲逍遣,□先生許之。印有《山木盦書潤表》,臚列一切,時報館、民報社及各箋扇紙張店均可接洽。世有愛先生書者,幸勿交臂失之。介紹人:何維樸、程祖福、狄葆賢、陳三立、玉梅花盦道士清、梅光遠、陳廷勳、劉鎬同啓。(《申報》8月4日)

夏,裴景福避地滬瀆,公於吳昌碩處見之,遂納交焉。遍觀其所藏名跡,並假觀范寬《長江萬里圖》累月。

　　汪茂榮《裴景福行年簡譜》:民國元年:九月,避地黃浦。(《睫闇詩鈔》附録,頁四六一)

　　李瑞清《跋唐尉遲乙僧游絲羅漢朝天王像卷》:辛亥國變,余既爲道士,鬻書畫滬上,得見伯謙先生於吳倉翁坐,遂納交焉。迺得盡觀其所藏名跡。先生本與恪士前輩至交,恪士數數爲余言之,本約過蘇訪者數矣。一旦得見,遂成莫逆,與余弟阿筠相過無虛日。(《壯陶閣書畫録》卷一)

　　裴景福跋《清王麓臺雲峰疊瀑立軸》:壬子夏,見之滬上書畫會,咸疑其僞,予詫爲奇跡,購得以示清道人,李梅庵叫絶不已。予二人契合從此始,每爲予題卷軸輒數百言,仿李北海、宋仲温,

迥異常作。(《壯陶閣書畫録》卷十六)

案：癸丑五月，公爲裴景福題所藏范寬《長江萬里圖》曰"去年夏乃又於伯謙先生處見此卷，駭心洞目，嗟歎屢日，數欲假橅，未敢啓齒。伯謙先生聞之，慨然允許，置余齋者數月，朝夕展玩"，明其夏日已避地滬瀆矣。汪茂榮繫於九月，蓋誤。又，譚延闓臨《薦季直表》(北京匡時 2011 年秋季拍賣會 0257)："《季直表》今在霍邱裴氏，余友李梅盦曾見之。"

七月中旬，鬻書青島。

陳三立《颶風累日夕兀坐寫懷》：三日顛風掃雨痕，轅駒辟易雁飛翻。初憐漲海淹歸舶，李道士鬻藝青島，旦暮當還。回味胡牀有閉門。(《散原精舍詩文集》頁三三三)

案：據《藝風老人日記》，滬上本年七月十六日、十七日均"大風"，十八日"早雨旋晴，風少定"，則此詩似作於七月十八日也。

七月二十四日(9 月 5 日)，爲劉廷琛跋所藏王翬山水長卷。

跋王翬山水長卷：國朝論畫者莫不首推三王，而三王尤尊石谷子。蓋以烟客、麓臺專師大癡，廉州雖師各家，未能貫通。南田翁云：石谷子能錘鑪古今畫家，奔赴腕下，此其所以神也。貧道今年七月觀海來游青島，幼雲前輩出示此卷，一見即定爲石谷子極經意之作。用筆沉鬱，峰巒掩映。村落小溪，帆檣出没，市廛臺樹，烟波浩渺，靡不臻妙。其後畫飛鷹則學趙令穰《水邨圖》。去年余於漢上見端忠敏所藏石谷子《長江萬里圖》，其水最妙，而巖壑之奇實遠出此下也。燮鈞師生平極愛石谷，所蓄最富，鑑賞極精，持論尤苛，未肯輕許，不獨貧道一人之私論也。壬子七月廿四日鐙下，玉梅花盦道士清。(《容庚捐贈書畫特集·繪畫卷》頁七二)

案：該卷尚有張亨嘉、吳郁生等跋，燮鈞即張亨嘉也。

爲李思敬《醫經》作序。

《李惺園醫經序》：去年國變，柳溪投紱迎太公，俱隱青島。太公居青島，益力於醫，輯其心得者，筆之於書。道人與柳溪同舉甲午進士，於太公爲年家子，太公命爲之敍，謹列論近世醫道興懷之緣，使後之覽者知太公救世之苦心焉。（《清道人遺集》頁五四）

案：李思敬於國變後寓居青島，後與張人駿、呂海寰等爲十老會。（見勞乃宣《韌叟自訂年譜》、《十老圖跋》）公於是年七月中旬鬻藝青島，或即作於此時者也。

爲張人駿臨《瘞鶴銘》。

臨《瘞鶴銘》：《鶴銘》直緣《麃孝禹》得筆法，與古篆通消息。前年游焦山，坐臥碑下者兩晝夜，今來觀海青島，臨呈安圃尚書，尚覺江風襲袂也。玉梅華（盦）道士清。（《曾熙、李瑞清、張大千〈瘞鶴銘〉雅集》頁二〇二至二〇三）

案：陶喻之《鶴鳴師道不了情》（《曾熙、李瑞清、張大千〈瘞鶴銘〉雅集》頁一三）繫於辛亥年，蓋因公癸丑中秋所作"丹黃江山"聯款云"回憶己酉遊焦山，坐臥碑下者經夕"，而是書復云"前年遊焦山，坐臥碑下者兩晝夜"，與之正合耳。然辛亥十一月，公遯跡黃冠，貧居滬上，未見其赴青島也。其時公與張人駿皆因戰敗避居滬瀆、膠嶴，乃不及一月遽往見而贈書耶？殊不合理。且"前年"有"往時"之義，未必實指也。是歲七月，公鬻書青島，或即作於此時者也。暫繫於此。

八月初，遇梁鼎芬於青島，梁贈以百金。

吳天任《梁節庵先生年譜》一九一二年：八月，往青島訪遺臣之避居者，隨赴曲阜。九月，北上京師，遂至梁格莊。（頁二九八）

案：九月底，公致梁鼎芬函曰："前在青島豐潤，甚戀甚戀。有百金之贈，感之至今，愧負知己多矣。"（浙江三江 2015 年秋季拍賣會 0229)八月中旬,公已還滬,則此事當在八月初也。

致函蔣國榜,贈以景本《夏承碑》,並指點其書法。

　　《與蔣蘇盦書》三:頃奉手書,何詞之下而意之悲也?久欲作
報,以人事牽縆不果。貧道出游,觀海青島,看雲天童,一月乃歸。
覓得石影本《夏承》一分,納上以助臨池之用。比來學業何如?何
日來滬上?尤相念也。渡海外風浪中,因思吾弟作書,其弊在轉
換處未能清晰,欲以瘦拂之。顏本初得褚筆,或先學褚,或學《次
山碑》,見時細商也。如一時不及來,或先寄數紙予我。(《清道人
遺集》頁一二〇)

　　案:書曰"貧道出遊,觀海青島,看雲天童,一月乃歸",公是年
七月中旬鬻書青島,八月中旬乃歸。細繹此函,似歸滬不久,暫繫
於此。

八月十四日(9 月 24 日),陳曾壽來。

　　《陳曾壽日記》八月十四日:在梅厂處小坐。(《湖北省圖書館
藏稿本日記四種》第四十四册,頁九二)

八月十五日(9 月 25 日),李瑞荃自寧來滬。是日,跋鐵保《行書千字
文》。

　　跋鐵保《行書千字文》:冶亭尚書,石菴相國弟子也。石庵書
雖出華亭,而以頓挫之筆出以古拙,此其勝董處也。冶亭得其口
親授筆法。此千文不以偃筆取姿,不以頓挫取勢,此又如石菴相
國之學董能自樹立者也。壬子中秋日,筠弟初自寧歸,玉梅花盦
道士清。(北京保利 2014 年春季拍賣會 5542)

　　案:該幀尚有張祖翼所題引首,汪洵、楊鍾羲、王秉恩、楊守
敬、繆荃孫、樊增祥、鄭孝胥、陳樹屏跋。

八月十七日(9 月 27 日),陳曾壽、傅嶽棻來,飲以花雕陳酒。陳三立
來,偕陳三立同過陳曾壽。

　　《陳曾壽日記》八月十七日:同治薌過李道士,飲花雕陳酒。

道士旋偕伯嚴先生枉過。（《湖北省圖書館藏稿本日記四種》第四十四冊，頁九三）

陳三立《過仁先宅同李道士》：微晴踐轍塗，遂過道人居。墨豬濺几案，捽去牽襟裾。窮巷得園屋，對弈數子俱。巾瓶自成趣，花藥翻綺疏。所吐森衆妙，宛親列仙儒。壁畫賸題句，用意千盤紆。別幅表忠篇，同居傅治薌有悼日本乃木大將新作。堂堂還起予。遮眼幻物象，諷誦塞一閒。冷入葉葉聲，巢經在空虛。尋展異菊圖，藐姑示肌膚。舉世借顏色，孰是泉明徒。佳人難再得，此語足嗟吁。茗罷喚歸鴉，古歡拾颸輿。（《散原精舍詩文集》頁三三五）

陳詒先《散原老人之家》：余家居北四川路橫板橋之吟桂里，由里西行數十步，爲清道人李瑞清鬻字之所。先生集中如《橫板橋步月偕仁先李道士》、《寒夜過仁先步歸偕立橫板橋看水》諸作，皆在民初數年。茲將先生初訪余一詩，摘録於後，以見一斑。《過仁先宅同李道士》：“微晴踐轍塗……宛親列仙儒。”在此數年間，先生常約李道士及余兄弟到章東明、王寶和諸酒肆吃酒，或與道士數人到小有天、悅賓樓吃飯。（《子曰叢刊》第三輯）

八月二十四日（10 月 4 日），俞明震、陳曾壽來談。

《陳曾壽日記》八月廿四日：恪士在道士處，約往談。（《湖北省圖書館藏稿本日記四種》第四十四冊，頁九六）

八月二十五日（10 月 5 日），陳曾壽偕密之來。

《陳曾壽日記》八月廿五日：同密之訪道人，爲其亡妹作傳，道士慨允。（《湖北省圖書館藏稿本日記四種》第四十四冊，頁九六）

八月二十六日（10 月 6 日），陳三立、陳曾壽來。

《陳曾壽日記》八月廿六日：散原先生來，以天寒留小飲，兩人遂盡一壺。復同過道人家。（《湖北省圖書館藏稿本日記四種》第四十四冊，頁九六至九七）

八月二十七日（10 月 7 日），陳曾壽來。

《陳曾壽日記》八月廿七日：過道人處小坐。（《湖北省圖書館

藏稿本日記四種》第四十四冊,頁九七)

八月二十九日(10月9日),與陳曾壽訪秦樹聲,不值。遂同訪俞明震。

《陳曾壽日記》八月廿九日:同道人訪秦幼衡,不遇。遂訪恪士,坐甚久。(《湖北省圖書館藏稿本日記四種》第四十四冊,頁九八至九九)

八月中下旬,楊鈞來滬,寓公家,遂與李瑞荃偕其同訪龐澤鑾,遍觀所藏金石書畫,楊鈞購得吳讓之藏明拓本《張遷碑》。

楊鈞《記張遷》:壬子八月,余至青島省親,道出上海,寓李梅庵處。正余搜集古碑之時,尤以未得《張遷》爲恨。梅庵乃至何詩蓀處,攜蝯叟藏本歸……聞龐芝閣藏二冊,皆海内名本,乃與梅庵及其弟筠庵訪之。遍觀所藏金石書畫,間有孤本。薛少保《信行禪師碑》亦在篋中。至其《張遷》,一爲祝少英藏東里潤色本,一爲吳讓之藏明拓本。二冊相較,祝少英本,紙墨拓工,粗惡可厭。吳本中劉鐵雲跋謂爲描失所在太多,精神反出此本下,成爲至確之論。乃以巨金購吳讓之本。(《草堂之靈》卷三,頁四六)

案:文曰:"乃與梅庵及其弟筠庵訪之。"考李瑞荃於十五日歸,則楊鈞當於十五日後抵滬也。

楊鈞爲公改訂書例。

楊鈞《訂例》:壬子過滬,見李梅庵書例,不覺大笑。梅庵善臨摹,筆單上竟標明周、秦、漢、魏、六朝、唐、宋、元、明、清等字。余問李曰:"欲開照相館耶? 余以爲君豈盡能,能亦無味,自窘自繩,殊可不必。"梅庵大悟,請爲改訂。正點竄間,求書者至,指定以虞伯施體書八尺楹聯。客去,李曰:"果如君言,將何以報?"余曰:"速取石影本集字臨之。"遂敷衍了事,舊單全毁矣。(《草堂之靈》卷五,頁八十)

公以黄龍硯授楊鈞作書。

楊鈞《記黄龍硯》:壬子到滬,坐梅庵齋中,有客索余書者,梅

庵出黃龍硯,磨墨授余,且云:"名硯不可不一試,與君共賞之。"余
欣然受之,墨盡而止。(《草堂之靈》卷八)

蔡楨《慶春澤》黃龍硯拓本題辭:學海經香,臨川筆妙,隃麋鴝眼
爭青。館杏齋空,池波一例湛冥。西京片石荒寒甚,入文房、寶氣
煙凝。讀塼銘,句句光芒,字字精靈。　摩挲二十年前事,悵春風
日遠,舊雨星零。香火緣長,書城獨對先型。丹鉛怕有蟾蜍淚,校
遺編、五夜魂縈。動遥情,望斷梅花,萬樹冰清。硯爲漢黃龍紀元塼
製,漢晉八塼吟館故物,阮芸臺用以校經者。後歸李梅盦夫子,因以名其齋。夫
子歿後,同門蔣蘇盦得之,拓本徵題。(《柯亭長短句》卷中)

案:黃龍硯爲阮元舊物,内刻"阮芸台校十三經之硯"、"阮芸
台塼之八",後歸公,寶之,有"黃龍硯齋"印。其本事見《草堂之
靈》卷八《記黃龍硯》。後歸蔣國榜。

是時,求公書畫者尚少,楊鈞濟之。

楊鈞《訂例》:國變之時,梅庵書畫求者尚少,故窘困之狀,實
使人憐。余於是爲親屬乞梅庵書,而三倍其值例贈之。鬻賣筆
墨,同於賣身,爲儒生之慘事。交愈深者,救護之責任愈大。(《草
堂之靈》卷五)

**八、九月間,馬良、章太炎、梁啓超等議創函夏考文苑,擬請公擔任美
術科講授與研究。**

馬良《考文苑名單》:馬良相伯、章炳麟太炎、嚴復幾道、梁啓超卓
如。沈家本子敢(法)、楊守敬惺吾(金石地理)、王闓運壬秋(文辭)、
黃侃季剛(小學文辭)、錢夏季中(小學)、劉師培申叔(群經)、陳漢章
倬雲(群經史)、陳慶年善餘(禮)、華蘅芳若汀(算)、屠寄敬山(史)、孫
毓筠少侯(佛)、王露心葵(音樂)、陳三立伯嚴(文辭)、李瑞清梅庵(美
術)、沈曾植子培(目録)。(説近妖妄者不列,故簡去夏穗卿、廖季平、
康長素,於壬秋亦不取其經説。)(《馬相伯集》頁一三六至一三七)

盧前《函夏考文苑》:"函夏考文苑"相當於現在的科學院,是

三十七年以前（即民二），章太炎、梁任公、馬相伯所發起，實際上是馬相伯提出的。因爲計畫中規模太大，沒有實現。章太炎被袁世凱看管起來，由章氏門人錢玄同等代請袁改設弘文館，也未成功。現在關於"函夏考文苑"的檔，還有九種存在馬相伯文集中。當時向袁提議的六項：一，説明法路易十四時，有同樣的組織，平常有五六人在王宮中聚會。二，該苑不干政治，上不屬政府，下不屬地方。專做編《字類》，評題著作，表彰獎勵學術等事。三，定額四十名，寧缺勿濫；俸低而獎金厚，以崇研究。四，苑常進行懸賞表獎二事，俾學人收放心化野心。五，請撥官荒千頃爲基金。六，院址宜大，最好用古建築。當時曾將以關外海灘沙地給他們，其後未果。又打算指定北京北海的閱古樓與漪瀾堂爲苑所，結果也沒有辦成。這事倒是開科學院的先聲，論規模還不如現在科學院偉大，工作的範圍考文苑比較要小多了。（《盧前筆記雜鈔》之《柴室小品》頁一六五）

　　案：函夏考文苑爲馬良等於民國初元擬仿法蘭西學院而設，以理董國粹、提倡學術、風化爲歸，遭時末造，終焉未成。函夏，語出《漢書·揚雄傳》"以函夏大漢兮"，考文，見《禮記·中庸》"非天子不議禮，不制度，不考文"。馬良於次年三月三十一日《致李孟魯函》云"函夏考文苑，創議至今，荏苒半載"，則其創議當在本年十月左右，值舊曆八、九月間。考文苑事詳《函夏考文苑文件十種》（《馬相伯集》頁一二四至一三七）。

九月二日（10 月 11 日），傍晚，陳曾壽來。

　　《陳曾壽日記》九月初二日：傍晚，過道人家小坐。（《湖北省圖書館藏稿本日記四種》第四十四册，頁九九）

九月四日（10 月 13 日），傍晚，陳曾壽來。

　　《陳曾壽日記》九月初四日：傍晚，過道人小坐。（《湖北省圖書館藏稿本日記四種》第四十四册，頁一〇〇）

九月初,曾廣鈞招飲滬上酒樓,公以鬻字受促迫,未往。

　　曾廣鈞《於上海酒樓招伯嚴梅盦筠安潛安飲梅盦道士以疾不至伯嚴以詩嘲之余爲解嘲》:醉秋樓欲高,呼天不如歌。歌短酒意長,杯中影山河。故人偶海角,招邀同酒家。鮭菜望人腹,風塵待君酡。振衣楚氛遠,憑檻吳晴多。電火逼須眉,雷車磕機牙。偶然犯人形,久矣焚天和。曼衍陳俶詞,詩海傾一蠡。其口雖不言,自命真涪翻。笑道學甄鸞,訶佛如丹霞。揮觴屬李楊,願子同傞俄。盧山得祖謝,臨海值羊何。傾倒到杯盤,逐寫勸吟哦。不見道人道,知爲磨人磨。朱方已銘鶴,黃庭行換鵝。示疾何足言,孤負籬下花。圍城昔玉貌,野史仍金陀。料無帝女魂,敢揮尸臣戈。徒岸黑接䍦,因循紫河車。我請樹一義,聊以當三撾。窮久會當變,無平能不頗。最審物守物,閱世波續波。已難定新陳,何必相譏訶。狙子戀死乳,蝸角斃權夸。愚深悲黍離,智淺刻瑯邪。未若述酒詩,表立山之阿。(《環天室支集》)

　　陳三立《重伯邀飲酒樓同楊潛庵李筠庵》:別逾八載强,短髭各如蝟。勝概換曩昔,亦減恢詭趣。世患寔驅之,拚棄鼾寐地。梭穿車轍間,噓噏蛟蜃氣。秋步接履綯,埃風衢巷晦。柳灣獲二客,挽醉夷歌市。樓坐壓萬人,熒火寫高吹。閩庖擅海物,蛤蜆羅瑣碎。素肌蟹粉勻,紅沫雞糟漬。芥藍滑匕箸,伊麵匪世味。低昂王霸口,平章到饗臉。歐涎傭書錢,欠涸饕道士。李道士以鬻字受促迫,未與。(《散原精舍詩文集》頁三三七)

　　案:陳詩後一首爲《重九敬安上人招同樊山秉三寔甫集静安寺》,則此詩當作於九月九日前也。《陳曾壽日記》九月初五日:"楊雲谷、陳散原、曾重伯、李筠厂來。"是時公與陳曾壽、陳三立居止接近,或曾廣鈞九月五日前不久到滬,招飲之事當亦於五日前後不久也。又,曾詩謂公以疾不至,又曰"不見道人道,知爲磨人磨",陳詩謂公以鬻字受促迫而未與,然九月十五日又與陳曾壽來問疾,或兩者兼而有之也。

九月七日（10 月 16 日），**陳曾壽來談**。

　　《陳曾壽日記》九月初七日：晚，過道人小坐。道人述：徐太保在青島，一日，與德人宴會。其某軍官被酒，忽問曰："一个中國，叫你們總統弄成這个樣子。"徐答曰："袁總統有不得已之苦衷。"某曰："總統似乎不能講不得已的話，就是中堂也不能説不得已。中國幾千年的君主國，現在忽要共和，甚麼是共和？直是盜賊之共和，禽獸之共和，是孟子所謂率獸而食人也。"（《湖北省圖書館藏稿本日記四種》第四十四冊，頁一〇一至一〇二）

九月十日（10 月 19 日），**俞明震、陳曾壽來**。

　　《陳曾壽日記》九月初十日：余（俞）恪士在道人家，約去小坐。（《湖北省圖書館藏稿本日記四種》第四十四冊，頁一〇三）

九月十三日（10 月 22 日），**陳曾壽來視疾**。

　　《陳曾壽日記》九月十三日：視道人病。（《湖北省圖書館藏稿本日記四種》第四十四冊，頁一〇四）

九月十四日（10 月 23 日），**陳曾壽復來視疾**。

　　《陳曾壽日記》九月十四日：視道人病。（《湖北省圖書館藏稿本日記四種》第四十四冊，頁一〇四）

九月十五日（10 月 24 日），**陳三立偕陳曾壽來視疾**。

　　《陳曾壽日記》九月十五日：同散原視道人病。（《湖北省圖書館藏稿本日記四種》第四十四冊，頁一〇四至一〇五）

　　陳三立《同仁先問李道士疾》：雨罅微晴踏巷泥，搴裳入坐接酸嘶。漫傳裹飯遺天壤，來看丹砂飼木雞。（《散原精舍詩文集》頁三三八）

九月十八日（10 月 27 日），**陳曾壽來**。

　　《陳曾壽日記》九月十八日：過李道人，適筠厂生日。（《湖北省圖書館藏稿本日記四種》第四十四冊，頁一〇六）

九月二十一日（10 月 30 日），**陳曾壽來久談**。

　　《陳曾壽日記》九月廿一日：晚，過道人久談。（《湖北省圖書

館藏稿本日記四種》第四十四冊,頁一〇七)

九月二十六日(11 月 4 日),過陳曾壽。

　　《陳曾壽日記》九月廿六日:李道人、散原先生、恪士先生枉過。(《湖北省圖書館藏稿本日記四種》第四十四冊,頁一〇八)

九月二十七日(11 月 5 日),侄女殤,陳曾壽來唁。

　　《陳曾壽日記》九月廿七日:過道人家,其侄女逝世,往唁。(《湖北省圖書館藏稿本日記四種》第四十四冊,頁一〇九)

九月二十八日(11 月 6 日),陳曾壽來。

　　《陳曾壽日記》九月廿八日:過道人家。(《湖北省圖書館藏稿本日記四種》第四十四冊,頁一〇九)

蔣國榜遣人來贈賻金,謝之。

　　《與蔣國榜書》四:蘇盦賢弟足下:鍾君來,得奉手書并叁拾金,詞意勤懇,慰問周至,有感而已。但舍侄女之歿,殯葬事粗能自了,何忍更累吾弟。在師弟之義原無可辭,然殯葬事畢,萬無可受之理,故仍謹求鍾君帶歸。區區之心,幸垂察焉。它冀自愛。小兄清頓首。(轉引自李定一《熔冶古今書法的一代宗師——李瑞清》頁二〇)

　　案:書曰“殯葬事畢,萬無可受之理”,九月底,公與梁鼎芬書亦曰“賴友朋之力乃得藁葬”,或作於此時前後也。暫繫於此。

惲毓昌以梁鼎芬詩冊屬題,爲作詩品。

　　案:參閱“九月底,梁鼎芬約飲王秉恩家,覆函答之,並呈以所作詩評”條所引。

九月底,梁鼎芬約飲王秉恩家,覆函答之,並呈以所作詩評。

　　《與梁鼎芬書》:臥病兼旬,病少差,又殤一侄女,賴友朋之力乃得藁葬。聞長者歸,久欲與仁先趨詣王雪翁,當力疾行也。前在青島豐潤,甚戀甚戀。有百金之贈,感之至今,愧負知己多矣。潛樓無消息,昨與九以公詩冊子屬題,爲作詩品,別紙書上,公以

爲當否？雨寒，爲道珍衞。貧道清上。節盦老前輩。（浙江三江
2015 年秋季拍賣會 0229）

《節庵詩評》：梁節庵前輩文章道德高天下，鄂中學子無不俙
梁先生者。余初見其書，乃妠嫋如好女子，以爲翩翩美丈夫也。
其後節庵游江南，固虬髯皤然叟也。節庵爲人持論稍苛急，酒後
高睨大談，往往侵其坐客，客或内慚自引去，節庵不知也。然其爲
人所忌者亦以此。竊以其詩必多雄偉慷慨之辭，乃婉約幽秀，如
怨如慕，豈所謂詩人忠厚之恉耶？樊樊山、陳伯嚴兩先生皆當世
詩學大家也，論節庵詩至詳，不復更論。因擬《詩品》以品其詩，與
九先生以爲何如？

庭宇無人，梨花獨開。蒼苔夜碧，明月忽來。玉階露涼，倩魂
悄立。殘星映空，如聞幽泣。（《清道人遺集》卷二）

案：書曰“又殤一侄女，賴友朋之力乃得藁葬”，據《陳曾壽日
記》，公侄女至遲殤於二十七日，是日尚未葬也，則此書作於二十
七日後。又據《陳曾壽日記》，十月二日，公赴梁鼎芬約飲於王秉
恩家，且是日雪晴。書曰“雨寒”，檢《鄭孝胥日記》，期間惟二十九
日、三十日“風雨”，則該書當作於是二日也。

九月，爲楊昭儁橅馬和之《秋林閑立圖》扇面。

《橅秋林閑立圖》款：馬和之有《秋林閑立圖》，以郭河陽法爲
潛盦先生橅之。清道人。（北京瀚海 1995 年春季拍賣會 661）

案：該扇另面爲陳三立録所作《重伯邀飲酒樓同楊潛庵李筠
庵》，款曰：“潛盦仁兄屬録此詩，末語謂李道士賣字受促迫，未與
斯游也。壬子九月，三立。”公所作或亦於此時者也。暫繫於此。

秋，爲裴景福跋所藏宋拓薛氏五字初損本定武《蘭亭》，論及書法源流，並謂近年稍稍留意法帖，碑帖並究。

跋宋拓薛氏五字初損本定武《蘭亭》卷：有唐書家之無不學王
右軍，猶宋書家之無不學顏，國朝書家之無不學董者，其風尚然

也。雖時代遞嬗，所師各殊，然無不推右軍爲不祧之祖。右軍書，世無豐碑巨碣，但有賤簡志牘之屬，其最著者，世稱《蘭亭脩禊帖》。其時歐、褚諸家均有橅本，歐橅極近右軍，今所謂定武本也。歷代書家無不寶之，永以爲法。自阮芸臺南帖北碑之説興，包慎翁復力闡北碑之奧，以顯於世。同光以來，士大夫莫不人人談篆隸、言北碑矣。帖學從此稍紬焉。言碑學者，世最重鄧石如，石如篆隸使筆任氣，其淵穆之度，尚不及唐書家之無名者，何論魏晉？包慎翁口談北碑，實從帖入；張廉卿拘苦而少變化；趙撝叔跳擲如浮薄少年，終乏凝重之態，號學北魏，其樸茂尚不如趙、董。余學北碑廿餘年，偶爲賤啓，每苦滯鈍，曾季子常笑余曰："以碑筆爲賤啓，如戴礔而舞，所謂勞而寡功也。"比年以來，稍稍留意法帖，以爲南北雖云異途，碑帖理宜並究。短札長簡，當法南朝，殿榜巨碑，則宗北派。故褚登善《孟法師》、《三龕記》師《唐邕寫經》，《聖教序》師《龍藏》、《啓法》，至於《哀册》、《枯樹》，乃學《黃庭》，此尤大彰明較著者也。逮懷仁集《聖教》，遂開米老以帖爲碑之漸，自元趙子昂後，未有能書碑者，則又帖學之弊也。此卷紙墨精古，諸家考稽尤詳，故闕不論。論古今書法之沿流，南北之變遷，使知此帖爲書學一大關鍵，要非阮芸臺先生一人奮其私説所能革命也。伯謙先生以爲何如？玉梅花盦道士清。（《壯陶閣書畫録》卷二十一）

案：此跋亦載於《清道人遺集》卷二，題曰《跋裴伯謙藏定武蘭亭序》，文字頗有出入，故照録於此。裴景福曰："此本原裝摺疊爲册，天高地闊，余愛其完整，改裝爲卷，並將舊藏宋人臨本及米虎兒墨跋附後，老友吳昌碩爲篆引首十五字，復與清道人并題其後。"吳昌碩跋於壬子夏，何維樸跋於壬子秋，公所作或亦於此時者也。暫繫於此。

十月一日（11月9日），陳曾壽來，飲以酒。

《陳曾壽日記》十月初一日：雨雪。過李道人，索潑蘭地酒解

寒。座向姚良楷先生談諒山之戰極詳，罵李秉衡爲外強中乾，快
甚。(《湖北省圖書館藏稿本日記四種》第四十四册,頁一〇九)
十月二日(11 月 10 日)，赴梁鼎芬招飲於王秉恩家，梁述謁孔林及崇
陵事，陳三立、陳曾壽、李孺等在座。是日，釋敬安卒於北平法源寺，
公作《哭寄上人》以悼之。

　　《陳曾壽日記》十月初二日：梁師約陳散原、梅厂、李子申諸老
飲于王雪澄家，述謁孔林及崇陵事。(《湖北省圖書館藏稿本日記
四種》第四十四册,頁一一〇)

　　陳三立《雪晴王雪城宅酒集坐客梁髯北游初還述行蹤甚苦感
賦》。(《散原精舍詩文集》頁三三九)

　　《哭寄上人》：煩惱結成地，墮地即離憂。極樂果有國，長逝
復何求。四魔正搔忿，六師更相讎。衆生湛洪濤，欲渡恐無舟。
空令精衛心，莫填滄海流。海亦不可填，地亦不可碎。孰云齊生
死，未能泯憎愛。魂兮毋歸來，歸來徒悲哀。(《清道人遺集》卷
一)

　　馮毓孼《中華佛教總會會長天童寺方丈寄禪和尚行述》：明日
昧爽往視，已作吉祥卧示寂，實舊曆玄黓困敦之歲十月二日，世壽
六十有二，僧臘四十有五。(《佛學叢報》第五期)

　　《寄禪禪師冷香塔銘》：未及十日，示寂於京師法源寺，實壬子
十月二日，世壽六十有二，僧臘四十有五。

十月初，諸門人寄錢米相恤，乃作書謝之。

　　《與諸門人謝寄錢米書》：蜷處滬濱，鬻書餬口，卧病逾月，執
筆昏眴，幾至輟業。又喪一侄女，年十八矣，能讀《太史公書》，以
醫藥不繼，遂亦夭殤，茹痛於心。乃承吾二三子遠道寄書，慇懃慰
問於流離顛沛之中，以節衣縮食之貲以相歸遺……豈知以此重爲
吾二三子之累，反不如去年危城之中，中礮而死之爲安也……冬
晴自愛。(《清道人遺集》卷二)

十月七日(11 月 15 日)，赴梁鼎芬約於張園公祭端方，繆荃孫、楊守

敬、沈曾植、陳三立、李孺、左孝同等在座。

《陳曾壽日記》十月初七日：梁師約在張園小亭中公祭端忠愍（敏）公，是日爲忠敏週年也。到者有繆筱山先生、楊惺吾先生、沈子培先生、沈老師、陳伯嚴先生、李道人、李子申、左子異諸人。（《湖北省圖書館藏稿本日記四種》第四十四册，頁一一一）

陳曾壽《十月七日爲端忠敏公殉節周一歲節厂招集同人於張園山亭設祭》。（《匋齋殉難資料並時人書札》，《中華歷史人物別傳集》册七六，頁八一至八三）

陳三立《十月七日爲端忠敏公殉節周一歲同人集張園山亭設祭賦悼一首》。（《散原精舍詩文集》頁三三九）

與陳三立、梅光遠致電國務院，爲李烈鈞違法侵捕南潯鐵路協理及干涉公司會議事。

《贛民電揭李督罪狀》：國務院昨接江西陳三立、李瑞清、梅光遠等來電，對於李都督此次違法侵捕南潯鐵路協理某君及干涉公司會議事深爲不平，並揭出李之罪狀。大致以李係行政官侵越司法官權限，身爲都督，不知約法，長此以往，贛民日處於專制之下。應請政府迅予免官，另任賢能，以救贛民而保約法云云。聞政府擬派員查辦，再行定奪。（《大公報》天津版 11 月 17 日）

晚，陳三立來。

陳三立《月夜過李道士》：飯罷斜街帶月行，偶尋道士話吳烹。霜風夜起扉開闔，燈火幽幽述酒情。（《散原精舍詩文集》頁三三九）

案：該詩前一首爲《十月七日爲端忠敏公殉節周一歲同人集張園山亭設祭賦悼一首》，後一首爲《飲仁先蒼虬閣觀菊》，當爲十月七日或八日事也。

十月九日（11 月 17 日），赴陳曾壽家賞菊並小飲，梁鼎芬、陳三立、李孺在座。

《陳曾壽日記》十月初九日：約梁師、道人、散原先生、李子申

先生賞菊,盡醉甚歡。(《湖北省圖書館藏稿本日記四種》第四十四冊,頁一一一)

陳三立《飲仁先蒼虯閣觀菊》。(《散原精舍詩文集》頁三四〇)

十月十日(11 月 18 日),俞明震招飲小同春,陳三立、陳曾壽在座。

《陳曾壽日記》十月初十日:恪士先生約同散原、道人飲小同春。(《湖北省圖書館藏稿本日記四種》第四十四冊,頁一一一至一一二)

十月十七日(11 月 25 日),偕陳曾壽同過俞明震。

《陳曾壽日記》十月十七日:同道人過恪士家。(《湖北省圖書館藏稿本日記四種》第四十四冊,頁一一三)

十月上中旬,爲蔣國榜書《蔣國平墓誌》。

《蔣國平墓誌》:弟名國平,平叔其字,先府君仲子也。生光緒甲午八月六日,爲日本内侵之始,卒宣統辛亥十月十日,則先遜位二月也。年十有八……其明年春,乃更銘之曰……兄蔣國榜哀精晃之夭殞,敘述才美,以示後昆。臨川李瑞清字仲麟察書,刻者侯廣仁。歲在壬子十月中恂立。(國家圖書館藏拓)

案:據民國珂羅版,該墓誌篆蓋曰:"上元蔣君平叔之墓。"

十月上中旬間,爲楊昭儁題《美不老齋圖》。

題《美不老齋圖》:美不老齋圖。沈詠老爲潛庵作此圖,其筆意荒率,大似王蓬心也。安得此世界臥看雲山過日乎? 玉梅花庵道士清。("湖湘三百年"名家書畫拍賣會 0035)

案:此圖係沈翰所作,款云"潛庵仁兄取荀子語名其齋,既乞湘綺、梅癡題額,復索予作圖以記",是知公嘗爲其題榜矣。該圖作於壬子新秋,旁有俞明震壬子初冬跋。又據李開軍《陳三立年譜長編》(頁九八五),楊昭儁十月廿四日致陳三立函曰:"夏間在湘,沈詠叟爲作齋圖,精妙入古,梅、恪兩公,皆有賜墨。"則公所作當在廿四日前也。邊幅尚有易順鼎、曾廣鈞、陳三立、邵章、陳曾壽等跋。

十月二十二日（11 月 30 日），與陳三立、李孺同過陳曾壽。

《陳曾壽日記》十月二十二日：散原老人、李道人、李子申先生同來，因留小飲。（《湖北省圖書館藏稿本日記四種》第四十四冊，頁一一四）

十月二十三日（12 月 1 日），陳曾壽約集陳三立家小談，梁鼎芬、李孺、王秉恩在座。陳三立復約飲小有天。

《陳曾壽日記》十月二十三日：約梁師、道人、子申、王雪澄同在散原老人家聚談，散原約飲小有天。（《湖北省圖書館藏稿本日記四種》第四十四冊，頁一一四）

十月二十八日（12 月 6 日），偕陳曾壽謁周樹模。

《陳曾壽日記》十月二十八日：同道人往周樸丈處。（《湖北省圖書館藏稿本日記四種》第四十四冊，頁一一五）

十一月一日（12 月 9 日），過陳曾壽。與陳三立、陳曾壽同過俞明震，後飲於小有天。是日，爲裴景福跋所藏《董其昌臨東方朔畫像贊》，復爲廖可亭跋所藏《趙孟頫橅褚蘭亭》。

《陳曾壽日記》十一月初一日：道人、散原來，遂同過恪士，飲小有天。（《湖北省圖書館藏稿本日記四種》第四十四冊，頁一一五）

跋《董臨東方朔畫像贊》：顔魯公書《東方朔畫像贊》，昔人謂其無一筆不從右軍來，特變其面貌耳。今世無原本，其所號爲唐石者亦徒具形質，其用筆之玅莫能窺也。但以其書體測之，當與《離堆記》同。趙子固謂右軍一搨直下之法惟率更《化度寺》及魯公《離堆記》傳其秘，此可知古人學書之法也。董華亭本從魯公《多寶塔》入，《多寶塔》以偃筆斂鋒，以和緩取勢，《畫像贊》則全以蹲筆挫鋒，以鋪豪攝墨。華亭仍以偃筆臨之，意欲更以右軍變魯公，故每作一鈎，必迴腕高縣，斂墨入紙，净潔如玉，此非深於書學者莫能知也。伯謙先生收藏甲東南，評論古今書法無不入微，幸

有以教之。壬子十一月朔日,玉梅華盦道士清。(故宮博物院藏)

跋《趙孟頫橅褚蘭亭》:《蘭亭》繭紙已入昭陵,今世所傳,皆歐、褚、虞諸家所橅搨。評書者謂:歐得其渾古,褚得其超逸,未可軒輊,誠篤論也。懷仁集《聖教》,歐、褚《蘭亭》並見收采,可知唐時已極推崇。此卷余初見幾疑爲褚書,轉折豪芒畢肖,其橅搨之妙,技至此乎!明項氏家藏唐人橅搨《萬歲通天帖》,董文敏歎爲項氏家藏第一,可見橅搨精本其可貴與真迹無異。近日收藏家求一《神龍蘭亭》而不可得,何況河南墨迹,又爲趙承旨手自橅搨者乎?以武后《通天帖》之例,即可題曰"褚河南蘭亭真迹"可也。可亭姻伯所蓄藏古書名畫極富,又有米襄陽墨迹册子,翁覃溪先生所歎賞。天蓋用此神物以旌善人,廖氏子孫其世永寶之。壬子十一月朔,玉梅花盦道士清,時辟亂滬上。

余昔年於長沙見登善臨《霜寒表》、《黃庭經》卷子真迹,後亦有成親王題,今不知尚存否? 同日又記。(中國嘉德 2006 年秋季拍賣會 0633)

案:二跋亦載《清道人遺集》卷二,因與原件文字略有出入,乃照錄於此。《趙孟頫橅褚蘭亭卷子》爲崇恩、廖可亭等遞藏,尚有葉必成、董其昌、梁清標、高士奇、張照、成親王、崇恩等跋。

爲廖可亭跋所藏米芾《多景樓詩册》。

《米南宮多景樓詩墨蹟跋》。(《清道人遺集》卷二)

案:跋云"可亭姻伯既藏趙文敏臨褚蘭亭卷子,又藏米老此蹟,可稱二寶",似與跋趙橅《蘭亭》相距不久。又陳三立《爲廖可亭翁題米元章所書多景樓詩册》(《散原精舍詩文集》頁三四三)作於是年十一月,公所作或即此時乎? 惟今所傳葉本、吳本《多景樓詩册》皆不載公與陳三立跋,不知二公所題究係何本?

十一月二十日(12 月 28 日),夜,與陳三立訪曹廣權、曹廣楨昆仲。

陳三立《偶偕李道士過曹東寅枚舫兄弟夜話》:踏雪敲關對緼

袍,蟠胸書傳數人豪。癡兒未解吟梁父,一笑阿誰擲二桃。(《散原精舍詩文集》頁三四四)

　　案:編年據李開軍《陳三立年譜長編》(頁九八九)所考。

十一月二十一日(12 月 29 日),赴堅匏庵消寒第二集,和蘇軾《聚星堂》禁體詩韻,並爲劉承幹題所藏呂煥成《漢宮春曉圖》,劉承幹、沈焜、錢溯耆、許滇祥、吳昌碩、汪洵、劉炳照、周慶雲、陸樹藩、王震、潘飛聲、施贊唐、俞彬等在座。

　　《求恕齋日記》十一月二十一日:是日爲消寒第二集,輪予司會,醉愚附焉。自壽聖庵歸,即至老宅,則客至已紛紛矣。邀而至者爲錢聽邠、許子頌、吳倉碩、汪淵若、劉光珊、周湘舲、李梅庵瑞清,前署江寧提學使、陸純伯樹藩,前爲江蘇候補道、王一亭震,前候補同知、潘蘭史、施琴南贊唐,前候選知縣、俞瘦石、李子昭、冷雲帆。邀而未至者:繆筱珊參議、楊子勤太守、楊誦莊主政晉,前農工商部主事、朱念陶觀察、趙浣蓀、高太癡翀兩茂才也。迨晚,坐席即設於堅匏庵,擬題爲雪後堅匏庵消寒第二集,和蘇文忠公《聚星堂》禁體詩韻。余前買呂煥成畫《漢宮春曉》手卷頗極精緻,畫筆不下十洲,出索諸君題之。席散,即各歸去。(冊二,頁四五五至四五六)

　　吳昌碩《集堅匏闍詠雪用坡翁聚星堂韻》:(《缶廬詩》卷五)

　　《題漢宮春曉圖》三首:(《清道人遺集》卷一)

十二月一日(1913 年 1 月 7 日),馮煦七十壽辰,公繪《松石圖》以祝。

　　《松石圖》:凡物能特立於冰天雪地中者廼能爲壽。玉梅花盦道士清寫,祝夢華世叔七十大慶。(北京榮寶 2007 年秋季拍賣會 0051)

　　案:據蔣國榜《金壇馮蒿庵先生家傳》(《廣清碑傳集》頁一〇四九),馮夢華生於道光癸卯二十三年十二月初一日也。又,李瑞清《跋馮蒿庵先生手寫詩文冊》(《清道人遺集》頁一四五)曰:"馮夢華中丞,余族祖小湖公門人也",故稱其世叔。

十二月五日(1月11日),過陳曾壽。

　　《陳曾壽日記》十二月初五日:道人來。(《湖北省圖書館藏稿本日記四種》第四十四冊,頁一二七)

十二月六日(1月12日),俞明震、陳曾壽來談。

　　《陳曾壽日記》十二月初六日:恪士在道人家,約談。(《湖北省圖書館藏稿本日記四種》第四十四冊,頁一二七)

十二月七日(1月13日),與左紹佐、周樹模、陳曾壽同訪陳三立。

　　《陳曾壽日記》十二月初七日:笏丈、樸丈來。約同道人至散原先生家,即留早飯。樊山亦來,眉目極秀,談鋒略次。(《湖北省圖書館藏稿本日記四種》第四十四冊,頁一二七)

　　《左紹佐日記》十二月初七日:甲午。西曆一月十二號。陰,微暖,殆將有雨。少樸來,同到仁先處,又同到陳伯嚴處。(《湖北省圖書館藏稿本日記四種》冊二五,頁一八五)

　　案:是日當爲公曆一月十三號。

胡朝梁致函陳三立,請其轉求公書詩。

　　胡朝梁《上散原師書壬子》:朝梁來京師,行復一歲,無尺一之書以通於左右者,夫豈若是惎也……一歲來以秋日得詩爲多,比以幾道先生六十生日,一夕得古體詩四章,寫往爲壽……敢更以直條爲請,千萬爲辱書新詩。又直條一,乞轉求梅庵先生書詩。又短幅七,轉求沈子培、趙堯生、楊昀谷、陳子言、諸貞壯、梁節庵諸詩家詩,有離去上海者,乞別勾名作……讀吾師壽幾道翁詩,有"余忝錫名歲,紀甲先月日"語,疑師六十生日已過,然否?竊願聞之。他事別紙陳白,敬佇德音,不宣。(《詩廬詩文鈔》之文鈔)

　　案:胡朝梁《壽嚴幾道先生六十四首》爲壬子冬作,嚴復生日爲十二月十日,此書有"比以幾道先生六十生日,一夕得古體詩四章,寫往爲壽"句,則當爲十二月十日前後所作也。

十二月十三日(1月19日),赴同人消寒第三集,徐棠以《頤園永懷圖》索題，繆荃孫、張鈞衡、劉承幹、長尾甲、陸樹藩、潘飛聲、楊臨、吳昌碩、周慶雲、許漣祥、錢溯耆、汪洵、劉炳照、朱錕、張增熙、沈焜、王震、徐鈞、錢綏榮、陶葆廉等在座。

《藝風老人日記》十二月十三日：庚子。晴……徐少南、張弁群約消寒第三集，張石銘、劉翰怡、李梅庵、長尾水南雨三、陸純伯、錢伊臣、潘蘭史、楊拜蘇、吳昌碩、汪子淵、光珊、頌年、周夢坡同集，以《頤園永慕圖》分韵。（頁二五四八）

案："徐少南"當作"徐冠南"。"《頤園永慕圖》"當作"《頤園永懷圖》"。

《求恕齋日記》十二月十三日：姓……即至乾記弄赴消寒雅集。此次係冠南、弁群合作主人，補行消寒第三集。余到時，諸君已紛至，讀畫論詩，興復不淺。是集詩題係冠南以《頤園永懷圖》索題，頤園者，在青鎮東隅，爲冠南尊人茗香姻丈老年頤養之所也。六句半鐘入席，余坐中席，同座者爲許子頌、吳倉碩、錢聽邠、汪淵若、劉光珊、朱硯濤錕，前戊子舉人，江蘇候補道及主人張弁群，左席爲長尾雨山、潘蘭史、周夢坡、李梅庵、沈醉愚、王一亭、張石銘、徐冠南，右席爲楊誦莊、錢履樛、陶拙存葆廉，蔭生，前弼德院參議、陸純伯、徐曉霞及徐氏之西席林君也。繆筱珊參議亦至，久坐至晚，未與宴而去，蓋與復有友人約也。（冊二，頁四七四至四七五）

案：勞乃宣《題徐冠南頤園永懷圖》序曰"徐君邑青鎮人，其尊人豫擬園名，欲搆未果，君成之，奉遺像于園。繪此圖徵題"。

十二月十四日（1 月 20 日），晚，陳曾壽來。

《陳曾壽日記》十二月十四日：夜過道人家。（《湖北省圖書館藏稿本日記四種》第四十四冊，頁一二九）

十二月十七日（1 月 23 日），過陳曾壽談，陳三立在座。是日，王闓運抵滬。

《陳曾壽日記》十二月十七日：道人、散原先生來談。（《湖北

省圖書館藏稿本日記四種》第四十四册,頁一二九)

《湘綺樓日記》十二月十七日:陰。已正至上海。薑船有船未
開,泊傍木橋,云一刻即開至江中,故未上岸。後竟泊半日,及移
浦東撥貨,竟夜喧擾,天明未止。

十二月十八日(1月24日),與同人宴王闓運於酌雅樓,樊增祥、易順
鼎、陳三立、瞿鴻禨、吳慶坻、曾廣鈞、沈曾植在座。衆請王留滬度
歲,王允之,寓瞿宅。

《湘綺樓日記》十二月十八日:陰。樊山早去,約我一飯。因
商令知會諸親友酒樓話別。丁宅遣人來云無住處,請住客店,余
謂不可,遂欲仍還。頃之,佩瑜來,云其母已至,其三兄亦來,乃送
茷女率婢登岸,周嫗孫病不能送,遂留船上。樊山及碩甫、伯嚴
來。溯根及一少年來,以爲丁氏子也,貌甚相似,從人云陳少耶,
乃知小石子。均請登岸,余固辭之。與樊、易、陳同登岸,訪亨社,
裒回往來,行數里未得,後乃得之。小食粥酪,同至酌雅樓,請子
玖、子培、子修、小石,小石不至,便約重伯、李梅癡九人同集。皆
言宜留此度歲,遂定起行李。碩甫往來賓士,竟未遑食。余與子
玖同車,宿其寓。

曾廣鈞《次韻樊山上湘綺》序:湘綺以史事至上海,臘盡雪多,
乃欲赴濟南,瞿止相、樊樊山、吳子修、沈子培、易實甫、陳散原、劉
健之及僕,共議挽留在滬度歲,排日開宴。樊山首唱四長句,瞿、
吳、易相繼次韻,瞿、樊別有長歌,大抵主謝絕史事。僕獨以爲史
不可滅,何以謝爲? 漫遊北京,有何不可? 次韻爲此,以示所見與
諸君子異撰。(《環天室詩支集》)

《招待王湘綺大使之談片》:王湘綺先生日前偕其第八女往
滬,將有濟南之行,總統府得此消息,欲揀派一妥當大員往迎
之……現聞已由夏推轂前甘肅提學使俞明震爲招待大使。昨日
總統已有電與俞君,囑其就近招待,偕與北征。俞君與湘綺論交
有年,想樂擔任有趣味之差使云。惟據又一訪友報告謂,陳伯嚴

樊樊山有電來京言:湘綺蒞滬,朋輩强留數日,即日回湘。果爾則此次招待王湘綺大使或又成一段空話矣。(《申報》1月31日)

　　樊增祥《喜湘綺至滬》。(《樊樊山詩集》頁一八五五)

　　沈曾植《喜湘綺至滬》。(《沈曾植集校注》頁五一〇)

　　瞿鴻禨《喜湘綺丈至滬留宿寓齋賦呈四律即次樊山韻》。(《超覽樓詩稿》卷三)

　　易順鼎《湘波篇喜湘綺年丈過滬》、《再呈湘綺老人四首和止庵相國樊山先生元韻》。(《琴志樓詩集》頁一二三五至一二三六)

　　吳慶坻《湘綺來滬次樊山韻賦贈四首》。(《悔餘生詩集》卷一)

　　吳士鑑《王湘綺老人闓運來自長沙小住滬瀆用止盦師相樊山丈韻賦此贈之》。(《含嘉室詩集》卷五)

十二月十九日(1月25日),至静安寺雅集,王闓運、劉體乾、瞿鴻禨、吳慶坻、易順鼎、陳三立、沈曾植、樊增祥、曾廣鈞在座。

　　《湘綺樓日記》十二月十九日:晴,旋陰,有微雪。劉健之來,便約同至愚園訪小石,車夫不識道,問數處乃得之。壽蘇、子培來,同丞相車至静安寺,子修、易、陳、李、樊同集,仙童急欲聯句,竟無人附和。章一山、張讓三來訪,留坐,不肯,上燈便散,仍還瞿寓。夜復有雪,北風頗厲。

　　陳三立《湘綺丈蒞滬越旦爲東坡生日親舊遂迎集愚園張讌紀以此詩》:逝節警滄海,儒服窘囚拘。媛姝挈儔匹,偷爲晨暮娛。火維繫異人,聞聲阻濤湖。超然狎漚鳥,紫氣望舳艫。郊迎導飛葢,神采溢交衢。女偊色孺子,禦寇道冲虚。嘉辰降奎宿,介蘇盛簪裾。移榻坐園館,朱袍皓髯須。千紀曖相接,頡頏列仙儒。側聞謝弓招,北轍折東趨。孤衷喻删述,不爲束帛污。苦聃棄柱下,兩生誰謂迂。列燭汎清醑,碩果一世無。且欣纘喁唱,矜式昌吾徒。(《散原精舍詩文集》頁三四五至三四六)

　　瞿鴻禨《愚園雅集長歌次樊山韻》:(《超覽樓詩稿》卷三)

　　易順鼎《東坡生日陪湘綺年丈止盦相國及樊山乙盦子修伯嚴

重伯梅庵諸公集愚園作》:(《琴志樓詩集》頁一二四三)

十二月二十日（1 月 26 日），詣王闓運久談，劉體乾、樊增祥、易順鼎等在座。

　　《湘綺樓日記》十二月廿日:陰。雪竟不成。劉健之、聶雲臺來。仲芳三子。聶同早飯。丁溯根、子彬、夏生父子、程海年、楊賢子、樊、易、李來久談。

十二月二十三日（1 月 29 日），與同人訪王闓運，沈曾植、劉體乾、何維樸、易順鼎、陳三立、曾廣鈞、吳慶坻、樊增祥在座。

　　《湘綺樓日記》十二月廿三日:大晴。辰正早飯，與陳嵓周生同步訪袁海觀、許少卿。見袁六子及幼子，坐袁車至瞿宅，大睡。子培來，乃出談，健之、詩孫、碩甫、伯嚴、重伯、子脩、梅庵繼至，雲門最後，酉正入坐，亥散。坐車還。

　　沈曾植《娛園之集止庵相國樊山方伯皆賦長歌湘綺賦古體五言易曾諸君各有佳什徽徽溢目欽歎彌襟越三日復集於相國寓齋歸而感寒不復能參尊俎病榻呻吟綴輯成篇懷抱解忉不復成句》。（《沈曾植集校注》頁五一五）

十二月二十五日（1 月 31 日），赴劉體乾招飲，觀其所藏《宋拓蜀石經》，王闓運、瞿鴻機、吳慶坻、何維樸、陳三立、樊增祥、易順鼎、曾廣鈞等在座。俞明震、陳曾壽來，不遇。

　　《湘綺樓日記》十二月廿五日:晴。猶未能食……健之遣車來迎，往則諸客未至。看《蜀石經》四冊，並爲題字。瞿、吳、何、陳、李、樊、易續至，子培不來，此來正爲問金寓，殊失所望。席散，還，正亥。劉弟慧之來，入坐。

　　《宋拓蜀石經》第八冊:壬子臘月廿五日健之招同湘綺夫子、止盦相國、樊山、乙盦、詩孫、子脩、伯嚴、實甫、重伯諸先生小集蜀石經齋，獲觀因題。清道人記。

　　案:該冊爲《宋拓蜀石經·春秋穀梁傳》第八第九卷。據《湘綺樓日記》，是日沈曾植招而未至。

《陳曾壽日記》十二月廿五日：復同恪士訪道人，不遇。（《湖北省圖書館藏稿本日記四種》第四十四冊，頁一三二）

十二月二十六日（2月1日），鄭孝胥、陳曾壽、惲毓昌、陳衡恪來訪。

《鄭孝胥日記》十二月廿六日：訪陳仁先，同過李梅庵，遇惲禹九、陳師曾，乃伯嚴之子也，小坐即去。（頁一四五一）

十二月二十八日（2月3日），赴袁樹勛馬場之招，王闓運、陳夔龍、瞿鴻機、陳三立、易順鼎、何維樸、樊增祥等同集。

《湘綺樓日記》十二月廿八日：小石來，袁車待客，乃同出，馳至馬場，海觀一人獨坐，密談一時。瞿、李同來，易、何、陳、樊繼至，戌散。車還，重伯坐待，云明日歸省母。

十二月二十九日（2月4日），攜門人蔣國榜謁王闓運。

《湘綺樓日記》十二月廿九日：丙辰，立春。晴。道士、蔣國榜來，年始廿，云江寧大富人也。欲買我經注書。

十二月三十日（2月5日），陳三立、陳曾壽來談。

《陳曾壽日記》十二月三十日：散原在道人家，約談。（《湖北省圖書館藏稿本日記四種》第四十四冊，頁一三三）

十二月下旬，公爲人作書，獲重酬，乃宴客於某園，俞明震戲以詩嘲之。

陳銳《袌碧齋詩話》：壬癸之際，士大夫留滯京邸，貧無所歸。如皋冒鶴亭廣生，自命遺老，飲酒結社，相約以不受民國官職爲高。其名刺猶署前清四品京堂。俄而授海關監督，冒不知所可，委屈就職。其行也，某君於車站言曰：吾輩來送遺老出山耳。冒賦詩四首見意，中有四句云："文章那有黃金賣，時輩多將白眼看。餓死也知俄頃事，一身容易一家難。"一日，俞恪士語其家屬以生計問題，將來當作何收束……時李梅庵同寓滬上，寫字爲生，工於作客，而不一作主人。一日，爲某作書，得重酬，忽折柬宴客於某園。俞復和詩嘲之曰："鬻書漸有垂青意，請客都將吃白看。上館也知俄頃事，在家容易出家難。"

案：據冒懷蘇編《冒鶴亭先生年譜》，民國元年十二月，農工商部右丞袁克定薦冒廣生任甌海關監督兼溫州交涉員。"賦詩四首"即《出都重有感》四首也。是年歲暮冒鶴亭留滬度歲，癸丑正月十三日夜赴溫州就職，則俞明震語其家屬事當在壬子十二月至癸丑正月上旬間，嘲公詩當亦作於是間也。暫繫於此。

歲暮，冒廣生聞公貧窶，馳書張元濟求救，公作書謝之。

冒懷蘇編著《冒鶴亭先生年譜》一九一二年：歲暮，先生在滬度歲。時李梅庵(名瑞清)貧困甚苦，先生馳書與張菊生，"言以二百數十年之世交，求公養二百數十年之士氣"。"菊生得書即爲道地，梅庵有書謝余，今猶存篋中。"(頁一七九)

十二月，薦門人胡光煒於長沙明德中學任教員。

謝建華《胡小石先生年表》1913 年 1 月：由李梅庵先生介紹，就聘長沙明德中學，任博物教員。(《胡小石文史論叢》頁二四四)

案：1913 年 1 月爲舊曆一九一二年十一月末至十二月。徐雯雯《李瑞清年譜》誤繫於一九一一年。

是月，爲李宗棠《千倉詩史》題耑。

《千倉詩史初編》扉頁：千倉詩史。壬子季冬，清道人。(民國鉛印本)

冬，從弟李雲麾來滬省公，時公寓滬北王家莊矮屋内，家貧如洗。

李雲麾《先從兄清道人行述初稿》：當民國元年冬，余重至上海，見兄於滬北王家莊一敞舊矮屋中，舉家三十餘口局於數小室，幾無容膝地。頹然兀坐，僾然相視，悽然而語曰："汝得志耶？吾已成天地間一贅瘤矣。聚食之衆不可遣，狗彘之行不屑爲，吾恨城破之日之救我者也。"已而曰："官邪士濫，雖有聖明，亦如之何？今日之事，不待筮而知也。保尊榮優歲費，夫復何言？吾所可慮者，造端如此，來日大難，吾與若尚不知死所耳。"(《清道人遺集》附錄，頁二八二)

冬，攜陳寅恪往新新舞臺觀譚鑫培演《連營寨》。

　　陳寅恪《丁酉上巳前二日廣州京劇團及票友來校清唱即賦三絕句》其三：紅豆生春翠欲流，聞歌心事轉悠悠。貞元朝士曾陪座，四十餘年前，在滬陪李瑞清丈觀譚鑫培君演連營寨，後數年在京又陪樊增祥丈觀譚君演空城計。一夢華胥四十秋。（《陳寅恪詩集》頁一○二）

　　案：據蔚明《陳寅恪與戲曲結緣》（《文匯報》1998 年 3 月 16 日）所考，陳寅恪與公觀戲當在民國元年，其說是也。惟其文未能寓目，不知考證過程何如耳。陳寅恪此詩作於一九五七年，四十餘年前爲民國元年至六年間。考林酡翁《譚鑫培赴滬六次》（《實報半月刊》1935 年），民國後譚鑫培赴滬二次，一爲民國元年，一爲民國四年夏秋間。然據卞僧慧撰《陳寅恪先生年譜長編初稿》，民國四年夏陳寅恪在京，故此事當在民國元年也。又，譚鑫培此次應黃楚九之邀來滬演戲，據宋學琦編《譚鑫培藝術年表》（《譚鑫培藝術評論集》頁三八一至三八三），譚鑫培十月六日（11 月 14 日）赴滬，十二月十日（1 月 16 日）後歸京，其中演《連營寨》凡四次，爲十月十九日、十一月十四日、十一月二十三日、十二月七日，故繫於此。

冬，從黃以霖處得葉德輝父訃告。

　　葉德輝《致繆荃孫函》：藝風太夫子大人鈞座：三年以來，國變家難，天刑人禍，慘痛之事，不幸遭於一時，固知罪逆深重，罰及五倫，已矣無可言，亦不能言也。去年有南京褾褙客來湘，得公消息，知僑寓上海，但不記里號，無從遞書。先君訃音均由黃伯雨同年匯交。沈子培、子封昆仲，諸公有見面者，求索一聯、一詩，不必箸於竹帛，以箋錄示，當即付刊。沈愛蒼、余壽平諸同年，龐劬老、梁節翁、鄭蘇堪、李梅庵諸公皆已分到。先君一生德業，具詳行實中。湘中老宿名下哀挽之作，已積成帙，先後錄付刻工……近自宋教仁被刺，湘亂餘孽，倡言獨立，兵柄已落此輩之手……門下晚生葉德輝頓首。舊曆四月二十六日。（《藝風堂友朋書札》頁五四八至五四九）

　　案：葉浚蘭卒於八月十九日，享年七十六歲。葉德輝民國二

年四月二十六日致繆荃孫函謂訃音均由黃以霖匯交,又曰"哀輓
之作,已積成帙",考《黃伯雨六十壽敍》(《清道人遺集》頁一八
五),是時公與黃以霖居相望,則至遲當於是年冬已分到訃音矣。

是歲,與王秉恩攜宋拓《閣帖》祖刻過狄葆賢。

　　狄葆賢跋《宋拓淳化閣帖祖刻》:《宋搨閣帖祖刻》第一爲南海
孔氏嶽雪樓舊藏,嗣歸王君雪丞,即籤題息塵盦藏者是也。民初,
雪丞偕李君梅盦攜此册同過余齋,雪丞笑語梅盦曰:"宋搨《閣帖》
留世極少,人傳海内惟道士家三本,實亦賈秋壑本耳。至真正祖
刻,生平僅見此册。且前面失去異暑以前三十八行,亦以宋拓秋
壑本補之,然則謂海内僅存半册可也。"梅盦笑頷之。其所稱三
本,即指春湖學士所藏者,學士孫博孫時攜之來滬,即厝梅盦家,
博孫與梅盦爲叔姪行,時梅盦已易黃冠,以清道人名,同人每戲以
道士呼之,故有此語。此册留置余齋者數月之久,風簾雪几,晨夕
相對……余雖愛甚,以力不足,歸之雪丞,遂以與債家。其人不喜
玩好,故乃展轉仍歸余,然已十年之隔矣。亦如故友之重遇,喜可
知也。惜其時梅盦已下世。又十年,雪丞亦歸道山。寒夜展對,
不禁有故人何在之感。因記。辛未十二月,狄平子。(珂羅版)

是歲,胡思敬以詩寄公。

　　胡思敬《寄趙竺垣湯蟄仙李梅庵》:其一:新昌米價似長安,巧
婦持家亦大難。卻笑故人多厚禄,報書徒自勸加餐。其二:遣卻
髯奴賣卻車,閉門終日讀南華。忽聞剥啄知賓至,枕上拋書自煮
茶。其三:建武年中事武皇,曾攜巨筆賦長楊。毛錐今日知無用,
戲寫桃符貼粉牆。(梁啓超《庸言》第一卷第十二號《詩録》頁一)

　　案:該詩後一首爲《趙柏巖回桂以滬居旅感見示依韻和之》,
趙回桂築萬松草堂亦於是年,暫繫於此。

是歲,李葆恂以詩寄公。

　　李葆恂《寄李梅庵提學上海》:袖卻玉堂揮翰手,黃冠今作五

湖游。長鑱可托真高士，寶玦相逢有故侯。健筆迴戈師秘監，寒林潑墨仿營邱。祇應虹月滄江上，知是先生書畫舟。（《紅螺山館詩鈔·庚癸小草》頁五）

案：該詩前一首爲《寄陳仁先學部上海》，後第二首爲《自南宫移天津》，據吳重憙《津步聯吟集序》"髥老以癸丑四月來津"，則此詩當作於壬子至癸丑春間，暫繫於此。

是歲，致函李瑞薈。

《與李瑞薈書》：四弟手足；頃於遞中得來書，令人憤懣填胸，但此事須先斟酌，不可孟浪。吾弟隻身獨行，尤爲不妥，擬寫一信與岑家，看它如何回信再議辦法。且現今世界法律盡已改變，又以無情無理之法官，兄今已爲道士，更無勢力。從前媒人不知何人？頃已作書上王姨老太，即刻爲我轉寄，自有辦法也。并請與二姊夫、姊姊酌之。即問近佳。兄清便紙。

老六喜事辦否？尤念。

來書何以在長沙發，豈已到省耶？到姚姑爹處否？不宜一人獨行到處游耍，現今處處亂，又無貼身人，萬萬不可。（《書法》2008年第9期）

案：書曰"現今世界法律盡已改變"，"兄今已爲道士"，審其辭，似爲道士不久。又曰"到姚姑爹處否"，民國四年姚良楷已來滬。又及"老六喜事"，老六即李瑞珏，生於光緒十七年（1891），古人成婚，不宜過晚，故此書當作於民國初元也。姑繫於此。

編年詩

《題陳師曾畫册》、《與郭欽廉別》二月、《與俞恪士前輩泛舟西湖作》二月、《哭寄上人》十月、《題漢宫春曉圖三首》十一月

編年文

《鬻書引》三月、《鬻書後引》三月、《世界宗教會小引》三月、《辭教育會長書》、《與蔣國榜書》一、《與蔣國榜書》二、《跋王石谷山水長

卷》七月、《李惺園醫經序》七月、《與蔣國榜書》三、《跋鐵保行書千字
文》八月、《與蔣國榜書》四、《節庵詩評》九月、《與梁鼎芬書》九月、《跋
裴伯謙藏定武蘭亭序》、《與諸門人謝寄錢米書》、《跋趙文敏橅褚
蘭亭卷子》十一月、《跋董臨東方朔圖像贊》十一月、《米南宮多景樓詩
墨蹟跋》十一月、《與李瑞蔭書》

民國二年癸丑(1913)　　四十七歲

正月一日(2月6日),陳曾壽來賀新正。晚,與俞明震、冒廣生、陳曾
壽飯於陳三立家,談甚暢。俞明震以詩贈公。

　　《陳曾壽日記》癸丑元旦:至沈老師、夏老師、梁師、左笏丈、周
樸丈、李道人家飲好酒數盃。拜年。同恪士、冒鶴亭、道人至散原先
生家晚飯,談甚暢。(《湖北省圖書館藏稿本日記四種》第四十四
冊,頁一三四)

　　陳三立《癸丑元旦冒鶴亭李道士仁先恪士過話留飯》:巷尾車
聲老却人,樓頭縮手看揚塵。叩門數子兼新故,鶴亭初相見。換世
悲懷自拊循。木末鷹鸇翻日影,酒邊鮭鮓號家珍。吾儕一瞥移千
劫,聊浴花光坐好春。(《散原精舍詩文集》頁三四七)

　　冒懷蘇《冒鶴亭先生年譜》民國二年癸丑四十一歲:正月,先
生赴溫州任所,行前晤陳散原(名三立),在陳家與李梅庵、陳仁先
(名曾壽)、俞恪士(名明震)相聚論詩,並便飯。陳散原作《癸丑元
旦冒鶴亭李道士仁先恪士過話留飯》,先生與陳三立、陳仁先、俞
恪士爲舊友,面晤甚歡。(頁一八一至一八二)

　　俞明震《癸丑元旦簡李梅庵道士》:舊曆仍新歲,黃冠自腐儒。
天寧惜矛盾,世或有唐虞。賣字應開市,游春莫問途。酒腸無熱
處,和淚飲屠蘇。(《觚庵詩存》卷四,頁六十)

正月二日(2月7日),晚,赴李瑞荃家,陳曾壽在座。

　　《陳曾壽日記》正月初二日:夜間,筠厂約食湯圓。道人亦來,

談至夜深始散。(《湖北省圖書館藏稿本日記四種》第四十四册,
頁一三四)

正月四日(2月9日),俞明震、陳曾壽來。

　　《陳曾壽日記》正月初四日:同恪士至道人家吃湯圓。(《湖北
省圖書館藏稿本日記四種》第四十四册,頁一三五)

正月十一日(2月16日),往京教會應點,王闓運在座。

　　《湘綺樓日記》正月十一日:午,往京教會應點,與宋生同車
往。宋生講過萬句,甚倦於聽,一僧嗣講更多,則未聽一句也。設
麵,與梅广同吃一盌,借車還。

正月十二日(2月17日),赴吳慶坻之招於樊園,觀吳士鑑所藏燉煌
《大般涅槃經》,王闓運、瞿鴻禨、樊增祥、陳三立、易順鼎、林開謩、劉
體乾在座。

　　跋《大般涅槃經卷第九》:癸丑正月十二日,湘潭王闓運、善化
瞿鴻禨、恩施樊增祥、義寧陳三立、龍陽易順鼎、長樂林開謩、廬江
劉體乾、臨川清道人同觀,清道人記。(上博05[3260],《上海博物
館藏敦煌吐魯番文獻》頁九三)

　　案:該卷卷尾款曰:"建德二年歲次癸巳正月十五日,清信弟子
大都督吐知勤明發心,普爲法界衆生過去七世父母亡靈眷屬,逮及
亡兒亡女,并及現在妻息親感知識敬造《大般》大品并雜經等,流通
供養。"尚有鄭沅、王仁俊、梁鼎芬、朱祖謀、陳曾壽、馬敍倫等跋。

　　《湘綺樓日記》十二日:晴。借袁車遍答客,凡入九家,唯子修
處猶有年景。至曹東寅處,小雨,馳還暫憩。往雲門處,赴吳招,
亥散。

　　陳三立《十二日吳補松邀集樊園觀北周大都督寫經是日聞湘
鄂都督戒嚴感事限九佳韻》:老氏懲佳兵,釋迦馴虎豺。象教嬗猶
龍,其說匪淫哇。靡靡向末劫,九宇噓昏霾。黔庶保餘喘,頑嬉尚
吾儕。嘉辰表鮮旭,壺几窺園槐。吳侯橐中攜,一卷留蛻骸。寫

經及萬字,精整垂模楷。云拾燉煌遺,石室發藏埋。題紀建德年,
官繫都督階。吐知勤明者,名氏塵已揩。六代丁僭亂,獨想出世
懷。奈何撼鼎槁,怒有井底蛙。患氣彌南服,篝火導猙哇。湖波
灌江漢,千里遏歸簿。以仁易以暴,名實迭相乖。矯首爭桑鄰,赴
援無麻鞋。觸山哀共工,鍊口祈靈娃。且豎菩薩義,萬景吹枯藍。
(《散原精舍詩文集》頁三四八至三四九)

　　吳慶坻《再集絜園兒子士鑑攜北周建德寫經卷子徵座客題記諸
公皆有詩余同用九佳韻爲五言古一章紀之》。(《悔餘生詩集》卷一)

　　吳士鑑《正月十二日家大人招湘綺老人止盦師相樊山散原琴
志諸公讌於樊園以舊藏北周建德二年大都督吐知勤明寫涅槃經
卷子索諸公題限九佳韻》。(《含嘉室詩集》卷五)

　　易順鼎《十二日吳補松招集樊園觀北周都督寫經是日聞湘鄂
都督戒嚴感事輒賦限九佳韻》。(《琴志樓詩集》頁一二五〇至一
二五一)

　　瞿鴻禨《補松邀集樊園觀北周大都督寫經是日聞湘鄂都督戒
嚴感事限九佳五言》。(《超覽樓詩稿》卷三)

　　案:陳三立《五日樊園宴集限三江韻》詩題注曰:"樊園爲樊山
新遷宅,湘綺老人於酒坐以樊園名之,其實本名絜園也。"

正月十三日(2月18日),公欲入商務印書館編輯所,未果。是日,劉
承幹來函。陳曾壽贈公詩四首。

　　《鄭孝胥日記》正月十三日:貽書欲爲楊子勤求入印書館編輯
所,余商之菊生,苦於無可位置。李梅庵、諸貞長皆欲之,菊生云,
唯貞長可請編尺牘。(頁一四五四)

　　案:《張元濟全集·日記》4月2日(卷六,頁一三):"職員:托
李拔可約諸真長,請任編輯,月薪八十元。"

　　《求恕齋日記》正月十三日:囑醉愚作函致朱古微、李梅庵、張
菊生。(册三,頁一四)

《陳曾壽日記》正月十三日：雨。和沈觀丈詩一首，送李道人四首，弔寄禪三首。（《湖北省圖書館藏稿本日記四種》第四十四冊，頁一三七）

案：贈詩未載《蒼虬閣詩集》內。

正月十五日（2月20日），赴劉世珩招飲，王闓運、樊增祥、易順鼎、陳三立、吳士鑑、沈瑜慶、傅春官、趙于密等在座。

《湘綺樓日記》正月十五日：借子玖車同至戈登路劉家，子玖未入，蔥石爲主人，客則樊、易、李、陳、吳綱齋、沈愛蒼、傅苕生七人。苕生邀趙伯藏，亦來相見。正待伯藏，喜其已至。亥初散。仍坐瞿車還寓。

正月十六日（2月21日），午，應劉承幹之招於宸虹園，繆荃孫、陶葆廉、陸樹藩、劉炳照、沈焜、蔣汝藻、周慶雲、許澣祥、長尾甲、朱祖謀、張元濟等在座。夜，赴夏敬觀、李宣龔、諸宗元之約，鄭孝胥、朱祖謀、陳三立、俞明震、陶牧在座。

《求恕齋日記》正月十六日：姓。午前，閱報。十二句鐘，以宴客，即偕醉愚赴老靶子路趙氏宸虹園，到則孟蘋、湘舲、語石已在。坐良久，許子頌、長尾雨山、朱古微、張菊生先後至，以湘舲、孟蘋、菊生有事，即欲別去，時近二點，不及再待，先坐一席。梅庵來而菊生去，遂亦入席。坐有頃，諸客人陸續至，俟繆筱珊到，遂入席。計筱珊、楊誦莊、陸純伯、陶拙存，席半錢聽邠至，及余共六人。席散後，諸客散去。（冊三，頁一六至一七）

《藝風老人日記》正月十六日：劉翰怡招飲宸虹園，陶拙存、楊拜蘇、錢伊臣、李梅庵、陸菭伯、劉光珊、沈醉愚同席。（頁二五六五）

《鄭孝胥日記》正月十六日：夜，赴夏劍丞、李拔可、諸貞長之約，在劍丞宅中，座中有古微、伯嚴、恪士、梅庵、陶伯蓀。余約十八夜飲於小有天。（頁一四五四）

正月十七日（2月22日），隆裕太后卒。公明日擬與同人於雙清別墅舉行九老會,聞而作罷。

　　《孝定景皇后傳》:宣統三年十二月戊午,以太后命遜位。越二年正月甲戌,崩。年四十六。上諡曰孝定隆裕寬惠慎哲協天保聖景皇后,合葬崇陵。(《清史稿》冊三〇,頁八九三二)

　　《惲毓鼎澄齋日記》正月十七日:陰。聞隆裕太后丑刻上賓。正在晨餐,悲駭遂不能舉箸。探係臌証,又爲太醫張午樵所誤,致此慘變。(頁六三一)

　　《徐世昌日記》正月十七日:晨起,驚聞皇太后夜間丑刻賓天。趕即進內,晤醇親王、世中堂諸人商量一切,均已預備整齊。申刻大殮,停皇極殿。(冊二,頁三二四)

　　《求恕齋日記》正月十八日:陰。午前,閱報。驚悉隆裕皇太后於昨日辰刻賓天……明日,余與李梅庵、周湘舲、楊誦莊、沈醉愚、趙浣蒣合作主人,在徐氏雙清別墅舉行九老會,今聞隆裕上賓,此舉遂即作罷。誦莊之來,亦以咨照此事也。(冊三,頁一八至一九)

正月十八日(2月23日),攜陳曾壽謁王闓運,餽以牛肉,與同人定餞局,夏時濟父子、李世由、趙于密父子、傅春官、陳三立、樊增祥、易順鼎、陳夔龍、瞿鴻機等在座。復與陳同過沈曾植。夜,赴鄭孝胥之約於小有天,夏敬觀、李宣龔、朱祖謀、陳三立、俞明震、陶牧、陳曾壽在座。

　　《湘綺樓日記》正月十八日:夏彝恂父子、李世由、趙伯藏父子、李梅盦偕二陳生、傅苕生、陳伯嚴、雲門、實甫、子申、小石、子玖均來,定餞局。子申竝送印章,梅广送牛肉。丁子彬晚來,苕生偕鄰人同來。節广送詩扇。

　　《鄭孝胥日記》正月十八日:夜,宴古微等於小有天,貞長感冒,未至。(頁一四五五)

　　《陳曾壽日記》正月十八日:同道人訪王壬秋先生,貌甚清癯,白髯甚美。謂:"沈子培太荒唐,他也配送我盤川,他今年恐難過去,甚無錢也。"又同道人過培老處,評予詩云:"韓之骨,柳之神,與山谷同源。同中有異者存焉，異中又有同者存焉。"蘇厂約飲小有天，有恪士、力(李)八可、朱古微、道人、散原。(《湖北省圖書館藏稿本日記四種》第四十四冊，頁一三八)

正月十九日(2月24日)，俞明震、陳曾壽來談。

《陳曾壽日記》正月十九日：恪士在道人家，約談。(《湖北省圖書館藏稿本日記四種》第四十四冊，頁一三八)

正月二十日(2月25日)，王闓運將返湘，公與同人餞於醉漚館，樊增祥、王元常、寶子申、易順鼎、袁樹勛、趙于密、陳三立、俞明震、傅春官、周之鼎等同席。散後，公上船送之。

《湘綺樓日記》正月廿日：雲門遣車來迎，云醉漚餞不可罷。馳往，王元常、寶子申、易、陳、袁、趙皆在，李梅广、俞恪士亦預，待傅苕生，戌正入坐，尋齊七不得，以周紹逸代之。亥散上船，二丁、小石子、宋芸子、六休、松畸均坐待，梅广亦上船送。子初乃散，關門安睡。

正月二十一日(2月26日)，王闓運還湘。

《湘綺樓日記》正月二十一日：晴。寅初開行，從來者猶十七人，子彬亦來。船主、大戶、買辦均來見。

陳三立《送別湘綺丈還山》：看海逢春花片飛，邀題扶醉萬燈圍。懸天箕斗夜初吐，滿眼樓船公又歸。興廢至人安若命，去來濁世道能肥。石船齋甕滋苔蘚，自養霜髯杜德機。(《散原精舍詩文集》頁三五〇)

樊增祥《送湘綺丈》：臘日來同餞歲杯，春風歸剪故園菜。足跟重印東南雪，眼福雙收早晚梅。公在滬探梅，還湘，晚梅未落也。三館文章需老手，九夷賓旅慕仙才。飄然一隻橫江鶴，不到蓬池恰又回。(《樊樊山詩集》頁一八六一)

樊增祥《壬丈登舟後同人復觴於醉漚館即席贈別》。(《樊樊山詩集》冊下，頁一八六二)

瞿鴻機《送湘綺歸長沙》：王式不來緣強起，康成暫出便還家。

龍身隱見仍蟠蟄，鴻爪勾留偶印沙。祖帳未攀官道柳，<small>是日未及送</small>
<small>別。</small>春城獨看故園花。經行怕過湘娥廟，斑竹淒涼映水涯。(《超
覽樓詩稿》卷三)

瞿鴻磯《再送湘綺丈還山》。(《超覽樓詩稿》卷三)

易順鼎《送湘綺丈回長沙和樊山韻》、《疊韻再送湘綺丈》。
(《琴志樓詩集》頁一二五一至一二五二)

沈曾植《聞湘綺有行期病阻未出作詩詢之》。(《沈曾植集校
注》頁五三四)

正月中下旬，周樹模仰公高行，贈詩一首。

周樹模《李梅盦易冠服爲道士歎仰高行贈詩一首》：編髮謂殊
風，斷髮寧本俗。裸國困大禹，莫避鉗奴辱。毀裂到冠冕，茲事胡
太酷。適越資章甫，吾見歸匍匐。之子脫籠笯，永懷塵外躅。簪
髻加以巾，襪履自結束。不受世法拘，草草還初服。和光混人群，
苦意念骨肉。稍得賣畫錢，十口共饘鬻。沈寂守窮巷，傴僂安詰
曲。姦怪謝時人，完此未彫璞。(《沈觀齋詩》冊一)

案：該詩前第十首爲《上元日感憶》，後第三首爲《隆裕皇太后
挽詞》。據《清史稿·孝定景皇后傳》，隆裕太后薨於正月十七日，
則周詩當作於正月中下旬也。

正月中下旬，俞明震覆書冒廣生，謂公工作迄無下落，明日當詢之張
元濟。

俞明震《覆冒廣生函》：鶴亭世仁兄執事：初七日震在小同春
席上忽發寒熱，迨接公瀟湘館催召，時正上車遄歸矣。負此一會，
至今惘悵。震病七日始漸愈，而幼女復以痘殤，心緒至惡。元宵
日函約小飲，始悉公於十三夜行矣。惜未克一敘別離爲恨……匆
匆，維珍攝不盡。明震頓首。

李道士事尚無下落，震明日當往見菊生一探之。(《冒廣生友
朋書札》頁一一二)

正月三十日（3月7日），陳三立冒雪來訪，遂出醇醸共飲。

《鄭孝胥日記》正月三十日：陰。風，微雪。至印書館。大雪。（頁一四五六）

陳三立《正月晦雪過李道士出醇醸飲之醉寫所觸》：夕風狼狽號，及晨亂飛雪。遂過道人廬，壁立冷積鐵。窗罅絮花眩，鱗瓦皎玉屑。鈴語答低昂，車音遞嗚咽。酒徒散不歸，仁先、筠庵皆善飲，招之未至。泥塗影跛鼈。古抱自相暖，醇醸發局鱐。乳扇味滇徼，乳扇爲滇中珍品。牢丸製闐闤。對案表微醺，萬憤卷談舌。喪亂驅儒冠，羸餓滿行列。夷市今秦坑，存遺供一瞥。捫腹傲天幸，默禱謐饕餮。浥衣睨寒空，忍忘假蓋別。（《散原精舍詩文集》頁三五一）

二月一日（3月8日），與同人飲於東明酒樓，陳三立、李瑞荃、陳曾壽、陳曾則、陳曾矩、陳曾疇等在座。

《陳曾壽日記》二月初一日：雪又作……恪士在道人家，約談。同道人昆仲、散原先生、慎先、絜先、農先往老章東明飲酒，盡十六壺。（《湖北省圖書館藏稿本日記四種》第四十四冊，頁一四一）

陳三立《雪後攜仁先昆弟四人李道士昆弟三人飲東明酒樓》：沈沈萬屋雪痕留，雜坐呼觴有此樓。各挈生平等孤注，來觀傭保寫幽憂。薦盤春菜兼鄉味，鳴索檐風落醉謳。隔世黃壚徒輩盡，昔年嘗與汪穰卿、熊季廉、吳彥復之流聚飲，言茂源酒肆號爲後黃壚，今三子皆物故。莫憐今夕白人頭。（《散原精舍詩文集》頁三五二）

二月四日（3月11日），赴周樹模招飲，胡聘之、左紹佐、陳三立、陳曾壽在座。

《陳曾壽日記》二月初四日：至周家上學。沈觀丈約蘄老、筠老、散原、道人小飲。（《湖北省圖書館藏稿本日記四種》第四十四冊，頁一四二）

二月六日（3月13日），晚，陳曾壽來談。

《陳曾壽日記》二月初六日：過道人夜談。（《湖北省圖書館藏稿本日記四種》第四十四冊，頁一四二）

江西公會遷至麥根路四十八號洋房,公爲評議科職員。

　　《江西公會添舉職員》:江西公會於去年春間成立以來,對於
江西各界竭力維持,近因會員日多,而主人幹事梅君光遠又以當
選衆議院議員北上在即,聞於日前全體開會餞送,並議決添舉評
議及幹事若干員,復將幹事分爲總務兼文書、會計、庶務、交際五
部,又將該公會遷移麥根路四十八號洋房,以資辦公。今將職員
姓名列後。

　　評議科:陳三立、陳作霖、李瑞清、謝遠涵、黃祖徽、文龢、鈕傳
善、盧尚同、方政、周錫璋、呂道象、桂運熙、舒復初、李約、蔡公湛。
總務兼文書科:夏敬觀、劉鎬、陳方恪。會計科:包發鶴、鄒維良。
庶務科:董翻、曾名偉、張桂辛。交際科:劉秉楨、戴啓鐸、羅會同、
徐士脩、李緒。(《申報》3 月 22 日)

爲宗方小太郎作介紹信與張勳。

　　《宗方小太郎日記(未刊稿)》三月二十四日:西本寄來李瑞清
致張勳之介紹信。(頁九三七)

二月十四日(3 月 21 日),俞明震、陳曾壽來談。

　　《陳曾壽日記》二月十四日:恪士在道人家,約談。(《湖北省
圖書館藏稿本日記四種》第四十四冊,頁一四六)

二月十五日(3 月 22 日),俞明震約游西湖,與陳曾壽、俞明頤同往。

　　《陳曾壽日記》二月十五日:恪士約游西湖,同去者爲李道人、
俞壽丞,黎明至車棧,八鐘開,三鐘到。坐轎出湧金門,坐船至劉
莊,過三潭印月,還,登岸一游。劉莊園亭甚好,爲湖上諸園之最。
(《湖北省圖書館藏稿本日記四種》第四十四冊,頁一四六至一四
七)

二月十七日(3 月 24 日),公患微疾。是日疾愈。

　　《陳曾壽日記》二月十七日:道人小疾。同恪士、壽丞游理安
寺,沿路桂樹高二三丈,極多。至寺門有楠木數株,高十餘丈,與
竹並生,不辨是楠是竹。寺中有法雨泉,極清醇。復游九溪十八

澗,過龍井。又至靈隱寺素餐。道人疾愈。(《湖北省圖書館藏稿
本日記四種》第四十四册,頁一四七至一四八)

二月十八日(3 月 25 日),與同人游理安寺、煙霞洞、虎跑泉。夜,乘
舟至平湖秋月。

　　　《陳曾壽日記》二月十八日:至理安寺、煙霞洞、虎跑泉。夜,
乘舟至平湖秋月待月。上岸,數人暝坐而談,極有趣。(《湖北省
圖書館藏稿本日記四種》第四十四册,頁一四八)

　　　陳曾壽《理安寺》。(《蒼虬閣詩集》頁四七)

二月十九日(3 月 26 日),回滬。是日,譚延闓致函與公。

　　　《陳曾壽日記》二月十九日:回申。(《湖北省圖書館藏稿本日
記四種》第四十四册,頁一四八)

　　　《譚延闓日記》三月二十六日:看公事畢,作書與梅道人,睡時
已十一鐘。(册二,頁一六九)

二月中旬,爲譚澤闓購得錢澧楷書大中堂。

　　　《譚延闓日記》三月三十日:李梅盦寄錢書大中堂來,真氣虎
虎,非常人所能。幅長八尺,字大三寸,累二百餘字,誠巨觀也。
(册二,頁一七二)

　　　徐崇立《南園先生大楷册跋》:此書吾曾見墨跡巨軸。癸丑春
間,清道人爲瓶齋購之申浦,值二百元。瓶齋曾縮印入南園書畫
册,真傑構也。(《瓶翁題跋》卷一,《湖南近現代藏書家題跋選
(一)》頁五一三)

二月二十八日(4 月 4 日),陳曾壽來。

　　　《陳曾壽日記》二月二十八日:過道人處。(《湖北省圖書館藏
稿本日記四種》第四十四册,頁一四九)

三月三日(4 月 9 日),與同人修禊於徐園,是爲淞社第一集,周慶雲
與劉承幹主席。席間,觀鄭文焯、楊臨等所攜各種《蘭亭》古拓及印
譜,攝影留念,各有詩紀之。沈守廉、潘飛聲、錢溯耆、錢綏檠、劉炳
照、許澍祥、吳昌碩、沈焜、金武祥、劉世珩、陶葆廉、朱錕、吳慶坻、繆

荃孫、陸樹藩、汪洵、褚成昌、楊鍾羲、俞雲同集。

《吳興周夢坡(慶雲)先生年譜》：上巳日，淞社同人修禊徐園，會者二十二人。先後入社者有金粟香、許子頌、繆藝風、沈絜齋、錢聽邠、吳倉碩、葉鞠裳、王息存、劉謙甫、楊誠之、王旭莊、褚稚昭、李梅盦、鄭叔問、李審言、劉語石、施琴南、汪淵若、李橘農、戴子開、吳子修、金甸丞、錢亮臣、潘毅遠、汪符生、朱念陶、惲孟樂、李孟符、曹撰一、唐元素、崔磐石、張讓三、宗子戴、馮孟餘、姚東木、劉葆良、李經畬、程子大、況蕙風、呂幼舲、陸純伯、劉聚卿、張硯孫、胡幼嘉、潘蘭史、孫恂如、徐仲可、錢履樛、張石銘、費景韓、王靜安、王叔用、洪鷺汀、陸冕儕、吳穎函、繆蘅甫、白也詩、長尾雨山、喻長霖、曹恂卿、章一山、惲季申、陶拙存、楊仲莊、胡定丞、徐積餘、楊芷牲、童心安、趙叔孺、惲瑾叔、俞瘦石、諸季遲、姚虞琴、孫益庵、褚禮堂、夏劍丞、趙浣孫、胡樸安、劉翰怡、張孟劬、白石農、沈醉愚、戴罞皋、許松如、王蓴農、黃公渚諸先生。府君與劉翰怡京卿主席，是爲淞社第一集。

《求恕齋日記》三月初三日：陰。以是日爲脩禊良辰，又適逢歲在癸丑，余與湘舲作主人，故起身甚早。十一句半鐘，至梁溪旅館邀鄭叔問同往徐園脩禊。到時，沈絜齋、吳子修、陶拙存、潘蘭史、楊誦莊、褚稚昭成昌，餘杭人，陝西候補道、沈醉愚、俞瘦石已先在，出書畫卷互相傳觀。未幾，錢聽邠履樛喬梓、劉聚卿、劉光珊、汪淵若、朱念陶、吳倉碩、許子頌、陸純伯、繆筱珊陸續來，湘舲亦扶病至，遂入席。稍坐，楊芷牲來。酒半，至中庭攝影。李梅庵適至，與焉。然梅庵不先不後，恰在攝影之時，舉動之間，若有前定，可見飲啄之説，殆非誣語。照畢，重入席，暢飲而罷。(册三，頁七一至七二)

《藝風老人日記》三月三日：劉翰怡、周夢坡又請徐園修禊。(頁二五八一)

李瑞清《三日徐園修禊詩》。(《清道人遺集》頁一一五)

潘飛聲《癸丑三月三日徐園修禊用杜詩麗人行韻》：永和以後歲序頻更新，吾輩仍爲東晉人。我慕東山圍棋可卻敵，黃叟粉本特爲右軍傳其真。余屬黃山壽摹右軍象，爲天一閣本。一千六百二十一年歲，人才代出天氣猶莫春。感時若典午悟司馬，讀史是尼山嗟獲麟。胡塵擾擾未敢向南犯，只惜山陰山水不繫遊船脣。擬游山陰，不果。主人劉晨翰怡周顗夢坡即蘭亭賓客之後身，俯仰千載感，文字六朝親。茂林修竹帶流水，武陵桃花知避秦。可兒紛紛去作幕中賓，故人一老獨釣雁灘鱗。吾愛曲水非流觴與垂綸，清斯濯纓洗滌京洛衣上塵。定武舊帖吾家珍，客出觀《禊帖》定武本，爲吾家海山仙館舊物。腕有羲獻方通神。學書莫學趙松雪、王孟津，興酣落筆卻過酒十巡。玉塵揮松花，練裙席草茵。崇蘭氣散勝於汀州秋采蘋，園雖異綠野而可避黃巾。文章所貴軼群倫，不列蕭《選》何足嗔。用杜工部《麗人行》韻。（《說劍堂集》卷二）

陶葆廉：避地餘生百慮牽，何期邂逅集群賢。爲尋鴻爪搜金石，鄭叔問、楊拜蘇諸君攜各種《蘭亭》古拓及印譜示同人。且聽鶯聲謝管絃。薰被殘春驚逝水，梁劉孝綽《三日曲水宴詩》：薰被三陽春。舞雩雅興趁晴天。追隨壇坫慚疏陋，快讀周郎錦繡篇。夢坡詩先成。（《淞濱吟社甲集》）

沈守廉《後永和二十六癸丑之上巳修禊於雙清別墅會者二十二人因紀以詩》。（《淞濱吟社甲集》）

案：據《淞濱吟社甲集》所載，此次社集尚有錢溯者、劉炳照、許湘祥、周慶雲、吳俊卿、劉承幹、沈焜、金武祥、劉世珩、朱錕詩作。周慶雲《淞濱吟社集序》略謂："古君子遭際時艱，往往遁跡山林，不求聞達，以終其生，後之人讀《隱逸傳》，輒心向慕之而不能已。今者萑苻不靖，蔓草盈前，雖欲求晏處山林而不可得，其爲不幸爲何如耶？當辛壬之際，東南人士，胥避地淞濱，余於暇日仿月泉吟社之例，招邀朋舊，月必一集，集必以詩，選勝攜尊，命儔嘯侶，或懷古詠物，或拈題分韻，各極其至。每當酒酣耳熱，亦有悲黍離麥秀之歌，生去國離鄉之感者。"可見其旨趣矣。

鄭逸梅《上海園林舉隅》：徐園，海寧巨商徐棣山所築。徐擁有資財,在唐家弄賣了三畝地,築雙清別墅,俗稱徐園。園內有鑒亭、鴻雪軒、桐韻舊館等以供憩息。棣山死,其子貫雲、凌雲兩兄弟以原地太隘窄,把園搬至康腦脱路(即今之康定路),有十二景。(《逸梅隨筆》頁三七九)

三月七日(4月13日),與同人集於梵王渡小蘭亭,有詩。潘飛聲、沈守廉、吳昌碩等在座。

《癸丑暮春小蘭亭集詩》。(《清道人遺集》頁一一六)

潘飛聲《三月七日集梵王渡小蘭亭展修禊次先高伯祖毅堂中翰公南雪巢集中三日東圖學士菜香草堂韻》:吳淞如山陰,引人自入勝。曲折梵王渡,登艫入明鏡。夭桃破煙笑,修竹隨雲迸。飛鳥鳴懽欣,潛鱗出游泳。良辰展禊事,天宇徹明瑩。有託惟古期,無心與物競。彭年杖履屆,謂吳蘇隱、沈絜齋、吳倉碩三老。元音絲竹贈。有客度昆曲。祓除斯世感,更酹主人命。何必蘭亭圖,清湍對流映。放懷在高尚,雲物同一净。試味羲之言,俯仰適吾性。(《説劍堂集》卷二)

三月八日(4月14日),偕陳曾壽訪俞明震,未遇。午後,俞明震來函,約公與陳曾壽往談,隨至酌雅樓晚飯。

《陳曾壽日記》三月初八日:同道人訪恪士,未值。……恪士有信來,約同道人往談,遂至酌雅樓晚飯。裴伯謙亦來。(《湖北省圖書館藏稿本日記四種》第四十四册,頁一五○至一五一)

三月十一日(4月17日),赴陳曾壽約於小有天晚飯,俞明震、陳三立、李瑞荃、裴景福在座。

《陳曾壽日記》三月十一日:約恪士、散原、道人、筠厂、伯謙在小有天晚飯。(《湖北省圖書館藏稿本日記四種》第四十四册,頁一五一至一五二)

三月二十日(4月26日),過陳曾壽。

《陳曾壽日記》三月二十日:散原、道人、恪士來。(《湖北省圖書館藏稿本日記四種》第四十四册,頁一五三)

三月二十六日(5月2日)，赴姚文藻約，鄭孝胥、沈曾植等在座。寄譚延闓書及僧服像。

《鄭孝胥日記》三月廿六日：赴姚約，晤子培、梅庵等。（頁一四六二）

《譚延闓日記》五月二日：得李二書及像片，作僧服，同寄禪照，儼然一古德也。憶曩在京師夜談，言平時常有一幻境，覺一身立冰天雪地，旁無所見，如世界末日，又如國亡家破，竄身海島，空無人物，惟餘形影，舉聲一號，風潮相答。每閉目存想，即若見之。吾兩人皆有此境，相與歎息，以爲夙因。今天下紛紛，未知所底，李雖若入道，仍在世中。吾且身墮修羅，日增惡業，惟恐妖夢之不遠耳。遠想慨然，作書與之，并記於此。（册二，頁二〇一）

三月二十七日(5月3日)，赴廉泉、方守彝之招於小萬柳堂觀書畫，瞿鴻禨、樊增祥、沈曾植、陳三立在座。

《鄭孝胥日記》三月二十五日：廉惠卿來，攜畫四幅，屬余題之，且約廿七日集于小萬柳堂。（頁一四六二）

案：《鄭孝胥日記》三月二十七日未見其赴會之記録。

方守彝《三月二十七日小萬柳堂讌集呈座上諸老並簡廉南湖是日瞿子玖樊樊山沈乙盦陳伯嚴李梅庵諸公在座》：柳堂當汐社，遺老此幽尋。不忍春風去，無言杯酒深。一灣新漲渌，四座古山林。南湖君收藏至博，四壁丹青，如坐商洛間接秦漢人物。芝朮年年長，願聞黃綺音。（《網舊聞齋調刁集》卷十一）

陳三立《方倫叔廉惠卿招集小萬柳堂》：小萬柳堂爲世傳，稍遠囂市依平川。榆竹秀邃映原隰，樓居弄筆鴉巢顛。廉侯眷屬並奇雅，陶翟趙管人歸賢。方髯攜孫比阿巽，酒釭初喜買紅纏。方髯孫重喜爲廉新擇壻。因緣招我厠耆碩，長廊據坐腰腳便。繫駒各近揩癢樹，俯矚纖草平如氈。河流波暖臨几案，片帆上下摩晴簷。櫓音欸乃自清絶，哀雁隱隱來遙天。圍啜越茗翻舌本，撝呵五運

觀三淵。壁間倪畫疏野極,忠憲楹帖光屬聯。錦軸復展韓幹馬,
仰攢蹄跛神翛然。半世移情坡谷詠,披對謂可奴龍眠。建章潑墨
亦豪宕,如鯨湧海驥渴泉。東瀛俗尚獎遺逸,購致競許輕萬錢。
唐寅沈周擅染綴,坐覺衣袂生雲煙。餘幅已不記名氏,古姿殊狀
俱精妍。嗟余繪事那究悉,但契二老癡流涎。樊山、乙庵精鑒賞。僂
指歲紀擾殃變,形影無異夔憐蚿。孰信婆娑萬物表,麻源桃洞橫
眼前。霑醉跨車心語口,勝趣同參黃蘗禪。(《散原精舍詩文集》
頁三六七)

　　樊增祥《倫叔惠卿招同乙庵散原諸君集小萬柳堂縱觀書畫雜
記以詩》。(《樊樊山詩集》頁一八九三至一八九五)

　　沈曾植《方倫叔廉惠卿招飲小萬柳堂縱觀書畫竟日歸後默記
賦呈兩君》。(《沈曾植集校注》頁五七八)

　　鄭逸梅《上海園林舉隅》:小萬柳堂,在萬航渡,原聖約翰大學
的右面,爲無錫詩人廉南湖和他的夫人吳芝瑛雙棲之處。南湖名
泉,和民初首揆徐世昌爲同學,芝瑛爲桐城古文家吳汝綸的侄女,
和女烈士秋瑾結異性姐妹,擅書法,其瘦金體尤名重一時。廉的
先祖廉希憲,有萬柳堂,因襲其名爲小萬柳堂,有帆影樓、剪淞閣
諸勝。堂的南部爲南園,溪流環抱,竹柳成蔭,有亭聳立,登之悠
然有高世之想。(《逸梅隨筆》頁三七八)

春,致書楊鈞,以所藏《孔羨碑》贈譚澤闓。

　　楊鈞《記宋拓孔羨》:李梅庵藏《孔羨碑》,有翁常熟硃筆題"此
碑雖方整而圓和,必舊拓乃見"等字。譚瓶齋好翁書,不能見其一
筆,余借臨不及一月,瓶齋持梅庵函奪碑而去。拓不甚舊,可定爲
乾嘉本……將李梅庵函照錄於後,余之《張遷》、譚之《孔羨》,皆多
一來歷也。此函爲壬子年所致。

　　重子仁兄閣下:久不得書,極相念也。得精本《張遷》,又能力
學,以吾兄之勇,其成就誠未可量。老夫猶畏之,何論他人也。貧
道居滬上,略如故狀。但所見宋元書畫極多,惜無力購之耳。然

畫頗長進,惜不得與君家外舅共論也。前公攜去之黄初《孔廟碑》,已許贈大武矣。他俟後報,春和珍衛。清道人頓首。(《草堂之靈》卷十,頁一九三至一九四)

楊鈞《記宋畫》:十年前,李梅庵與余書,謂見宋元人書畫甚多,惜無力購之。梅庵眼福,較我多矣。有自上海來者,云梅庵念我獨居長沙,必少聞見,繾綣之情,可欽可感。君子哉,梅庵也。(《草堂之靈》卷四,頁六六至六七)

案:楊鈞謂此函作於壬子春,然書曰"得精本《張遷》",據楊鈞《記張遷》(《草堂之靈》卷三,頁四六),楊於壬子八月以巨金購吳讓之藏明拓本《張遷碑》,則此函不得在此之前也。款曰"清道人",辛亥七月李瑞祖卒,壬子春猶在喪期,亦不合。又曰"瓶齋持梅庵函奪碑而去",甲寅春譚澤闓已離湘赴滬,故繫於此。又,書曰"惜不得與君家外舅共論",楊鈞外舅即尹金昜,其繼室爲尹之中女也。

春,跋劉世珩所得《汴學石經》,并爲署簽。

案:《汴學石經》亦稱《嘉祐石經》,原石已佚,拓本於咸豐丁巳夏五月爲丁晏所得,其始末見《北宋汴學二體石經記》。劉世珩初居金陵時得之。民國元年十一月十日嘗請葉昌熾跋之,曰:"今蒇石參議得山陽丁氏六藝堂藏書,哀然四巨册,七經三百九十一紙,煙墨蒼黝,如古璆佩。"(《奇觚廎文集》卷中)公《跋北宋汴學石經》(《清道人遺集》頁二〇三)云"今年春,爲題名於其齋所得《詩》、《書》、《易》、《春秋》、《周官》、《禮記》、《孟子》七經",又曰"今湘綺夫子望滬濱諸公刻新石經於海上",王闓運於民國元年十二月來滬,今年正月回湘,則此跋當作於是春矣。又,該《石經》尚有沈曾植二月中旬題詩(《宋二體石經》,《海日樓詩注》卷五),《鄭孝胥日記》五月十五日"爲劉聚卿題《汴學二體石經》詩",可資參證。

四月十二日(5月17日),過陳曾壽。

《陳曾壽日記》四月十二日：道人、恪士來。（《湖北省圖書館藏稿本日記四種》第四十四冊，頁一五六）

四月十六日（5月21日），譚延闓致函與公，託俞明頤攜來。

　　《譚延闓日記》五月廿一日：晚飯後，判牘。仇亦山來。作書與梅安、子武，託壽承攜去。（冊二，頁二一七）

四月十七日（5月22日），夜，赴姚文藻約，鄭孝胥、汪鍾霖、沈曾植及西本省三等在座。

　　《鄭孝胥日記》四月十七日：夜，赴姚約，晤子培、甘卿、西本、梅庵等。（頁一四六四）

四月二十七日（6月1日），與沈曾植、陳三立、胡思敬同訪鄭孝胥。

　　《鄭孝胥日記》四月廿七日：子培、伯嚴、梅庵及胡瘦桐來。（頁一四六五）

　　沈曾植《滬上再見胡漱唐》。（《沈曾植集校注》頁六一〇）

四月二十八日（6月2日），鄭孝胥來談。與陳三立、胡思敬、瞿鴻禨、周樹模、沈曾植、樊增祥、楊鍾羲等游小萬柳堂，觀廉泉所藏書畫，盡醉而歸。是日，楊楷出任熱河實業廳長，秘與升允呼應，公與曾熙、辜鴻銘、鮑心增、許珏等暗爲聯絡，待機大舉。

　　《鄭孝胥日記》四月廿八日：訪梅庵、瘦桐，大雨，談至十一點而返，約明日午飯。（頁一四六五）

　　胡思敬《四月二十八日陪瞿相國陳考功周撫軍沈樊二方伯楊太守李道士游小萬柳堂觀廉氏所藏書畫盡醉而歸》：先朝虎觀集鴻儒，好客憐才有益都。萬柳蕭條成夢境，一官落漠到窮途。天留海角栖遺老，門繞烟波伴釣徒。獨恨工書趙承旨，直傳衣鉢到錢吳。（《退廬詩集》卷四）

　　楊曾勗編《柳州府君年譜》癸丑：夏四月二十八日，就任熱河實業廳長，蓋有爲也。秋八月，裁缺，所圖不果，廢然南歸。（下卷，頁二）

　　楊曾勗《先府君行狀》：癸丑，出任熱河實業廳長。府君非願

掛名於新朝仕版，蓋痛惡袁世凱以巨奸盜國，必思顛覆之，有所爲
而出此也。當鼎革之際，陝甘總督升允提兵三千遠走外蒙庫倫，
明示其獨立，其地正毗鄰熱河，府君藉得秘呼應，而海內同志則有
衡陽曾農髯、臨川李梅庵、廈門辜鴻銘、丹徒鮑潤漪、同邑許靜山
諸先生，悉資府君以爲聯絡。靜觀世變，待機大舉。(《無錫楊仁
山(楷)先生遺著》頁八)

案：參閱楊曾勗《先府君灤陽行役紀實》(《柳州府君年譜》下
卷，頁二至三)。

四月二十九日(6月3日)，赴同興樓宴集，鄭孝胥、胡思敬、沈曾植、
王仁東、陳三立在座。

《鄭孝胥日記》四月廿九日：陰晦。邀梅庵、瘦桐、子培、旭莊、
伯嚴飯於同興樓。(頁一四六五)

四月底至五月初，爲楊昭儁畫扇。

案：陳三立《爲潛盦題李道士畫扇》(《散原精舍詩文集》頁三
六九)前一首爲《答李審言》，後一首爲《癸丑五月十三日至焦山同
游爲陳仁先黃同武胡瘦唐俞恪士壽丞兄弟越二日王伯沆亦自金
陵來會凡三宿而去紀以此詩》，五月六日陳三立與李詳會於同興
樓，故有贈答之作，則此詩作於六日至十三日間，畫扇當在其前
也。暫繫於此。

致書沈曾植。

《與沈曾植書》：昨日於方倫叔處得見我公所題文衡山冊子，
乃大佳妙，非安吳所能及，非虛譽也。荆畫聞已送公處，酷熱，想
不樂即下筆，幸予去人，尚須覓絹乃能臨也。并錄上《小蘭亭詩》，
求教之。苦熱，珍衛。子培先生吾師。清道人頓首上。(中國國
家博物館藏，曾迎三先生惠示)

案：書曰"昨日於方倫叔處得見我公所題文衡山冊子"，當指

壬子五月沈曾植爲方守彝題文徵明山水畫册,沈有《爲倫叔題文待詔畫册》(《海日樓詩注》卷四),共五首。方守彝有《奉句謝乙盦先生爲題文衡山山水畫册》(《網舊聞齋調刁集》卷十)。又曰"錄上《小蘭亭詩》",當指《癸丑暮春小蘭亭集詩》,公與沈曾植往來甚密,又同居滬上,當於是夏以新作奉呈請教也。又曰"荆畫聞已送公處",四月二十七日,沈曾植、瞿鴻禨、樊增祥集於小萬柳堂觀荆浩山水障子,沈有《廉家荆浩畫松巒山水障子樊山作長歌余亦繼和》(《海日樓詩注》卷五),後一首爲《題潜樓圖爲劉幼雲》,四月劉廷琛來滬,五月上旬招胡思敬赴青島,則至遲於五月上旬沈曾植已爲其題《潜樓圖》,題荆浩畫更在其前也。故繫於此。

五月一日(6月5日),**陳曾壽來。**

《陳曾壽日記》五月初一日:至道人處。(《湖北省圖書館藏稿本日記四種》第四十四册,頁一五八)

五月二日(6月6日),**偕胡思敬詣繆荃孫、左紹佐。**

《藝風老人日記》五月二日:戊午。晴。胡瘦篁、李枚庵來。(頁二五九八)

《左紹佐日記》五月初二日:戊午。西曆六月六號。胡瘦棠、李道人來。(《湖北省圖書館藏稿本日記四種》册二五,頁四四七)

五月三日(6月7日),**繆荃孫回訪。**

《藝風老人日記》五月三日:拜方碩輔、胡瘦篁、李枚庵、張菊生、孫莘如、沈子培、樊雲門。(頁二五九九)

五月五日(6月9日),**偕陳曾壽謁周樹模。爲程霖生題《李和之造像》。**

《陳曾壽日記》五月初五日:同道人至樸丈處。(《湖北省圖書館藏稿本日記四種》第四十四册,頁一五九)

題《六朝李和之造像》:李和之造像。此字臨之益覺其妙,其清剛之氣,河南猶當避席。

六朝人造像有士大夫書,有經生書,《始平公》、《李洪演》及此石之類皆士大夫書也。《始平公》則鄭道昭《白駒》同法;《李洪演》則右軍遺榘,實勝《黄庭》;此則與《龍藏寺》、《丁道護》、《啓法寺》消息相通耳。癸丑五月五日,爲齡孫仁兄法家題。清道人。(《葉氏平安館藏品》,《静妙軒藏清代民國書法選》頁三七〇)

五月六日(6 月 10 日),赴徐乃昌同興樓招飲,座中初識葉昌熾。繆荃孫、胡思敬、張元濟、陳三立、李詳、劉世珩、鄭孝胥在座。

《藝風老人日記》五月六日:壬戌。晴,熱……積餘招飲,菊裳、瘦篁、菊生、審言、聚卿、梅庵、蘇龕、百年同席。(頁二六〇〇)

《緣督廬日記》初六日:積餘招同興樓。今日適爲先妣忌辰,本擬函辭,但辭必改期,非所以卹主人也。座中有蔥石,屢約而未能一見。奴子病足,攜杖獨往。主人爲特設素肴,亦未舉箸,清談啜茗而已。同坐九人,藝風、審言之外,陳伯嚴同年三立、胡瘦唐侍御思敬、李梅庵觀察瑞清,皆初識荆。鄭蘇龕、張菊生則舊雨也,蘇龕不見亦將廿年。又一人即蔥石也。瘦唐椎髻,梅庵羽冠氅衣,竟作羽士裝。藝風攜示米海嶽《畫史》,明本也,上有鄙人題籤,定爲宋本,顧河之武保,澗蘋先生之孫,跋謁爲子。此簽此跋舊在都門爲丁叔疋題,率爾命筆,二十年後重睹,惘然如夢。非有姓名筆跡爲證,不復自認,始知古人文字不輕假借具有深意,非獨懔於清議也。(册一一,頁七一三九至七一四〇)

《鄭孝胥日記》五月初六日:赴徐積餘之約於同興樓,座中晤葉菊裳。以《隨庵圖卷》還積餘。(頁一四六六至一四六七)

《緣督廬日記》五月十六日:《徐積餘觀察招海上流寓諸君子同集酒罷放歌四疊前韻》:建安文軫徐積餘劉蔥石闢,折柬新亭辭不獲。舉杯且復中聖人,濫竽曷嘗容俗客。稗海以外談九州,大户當前飲一石。晬然長者陳仲弓,陳伯嚴同年三立。吾鄉繆翁筱珊與李翁審言。侍御胡瘦唐侍御思敬章疏挂人口,觥觥直節臨川同。李梅庵觀察瑞清。蘇龕鄭君孝胥吾舊雨,别二十載何怱怱。螺浮後人張菊生參議元濟書滿屋,家有涉園在鹽瀆。同是黍離麥秀悲,今日河山嗟

太速。道旁觀者驚酒狂,踊棓如闖跛眇禿。威鳳一鳴在朝陽,青
驄回首宣南坊。爰居避風鴻漸野,白楊衡宇青楊望。嘉遯豈必在
巖壑,渺焉一粟滄海藏。白龍魚服須臾變,憔悴承明舊時彥。黃
冠皂帽共行吟,曲突徙薪有先見。江湖從此寄公多,樓閣方驚化
人炫。悠悠蒼天我何求,谷音月社皆前修。驅車驅車且歸去,管
弦十里珠簾鈎。松江晚潮正鳴咽,蕩盡今愁與古愁。(冊一一,頁
七一四七至七一四八)

　　李詳《贈長洲葉鞠裳編修》。(《李審言文集》頁一二六〇至一
二六一)

偕胡思敬訪劉廷琛於青島。謁黃曾源,授其子黃孝紓、黃孝平書法。

　　胡思敬《吳中訪舊記》:貽重聞予喪兒甚戚,兒即貽重壻也。
潛樓中男又予之次壻,兩人方結鄰築室青島,共邀予渡海歇夏。
予急欲回鄉,固辭,約以明歲。(《退廬文集》卷二)

　　胡思敬《與陳師傅書》:別後遽遭國變……今歲五月,幼雲招
游青島,遂留歇夏。(《退廬箋牘》卷二)

　　黃孝紓《清道人遺集佚稿序》:壬癸間,偕胡瘦唐渡海,訪劉潛
樓青島修詞館,後進禮謁家君逆旅。紓時弱冠,習篆隸,家君命就
質,敦復教勉,瀕行出手書《禮器碑》相餉。(《清道人遺集》頁九三)

　　案:黃孝紓生於光緒二十六年,癸丑似未及弱冠,或係誤記。
又,黃曾源四子孝綽爲劉廷琛壻。

　　黃孝平《李梅盦先生手書冊葉跋》:因念島居時,先生自滬來
游,客潛樓劉丈許,家君挈平兄弟往謁。平時總丱,長方與案等,
撰杖捧硯,從旁請益。尺寸之獲,未必非造於斯。(《青鶴》第一卷
第五期)

與胡思敬等陰圖復辟,略有計畫。

　　劉廷琛《胡公漱唐行狀》:明年訪余於青島,相持痛哭,謂大盜
移國,討賊無人,吾輩之辱也。乃奔走金陵、徐、兗之間,開群帥以

大義。(《退廬文集》卷首)

胡思敬《致魏斯逸書》:別後滬上盤桓一月,遂游兗州。張軍帥以同鄉舊交,留寓兼旬,備極歡洽……僕此間事畢,尚須回至上海,與梅庵略有計畫。(《退廬箋牘》卷二)

劉廷琛《癸丑討袁檄書後》:紹軒時駐節兗州,方爲革黨詬詈,而袁逆周旋革黨,意憤甚。涂芝巖大令與紹軒有舊,余請其以討賊復辟商之。覆書言紹軒大稱善,願自任。四月余至上海,胡瘦唐侍御已先至,沈子培方伯、梁節庵廉訪、陳貽重參議、李梅庵學使均同志,而子培、貽重主張益力。(轉引自《張勳復辟逸史》,《文史資料存稿選編》頁七〇一)

五月十六日(6 月 20 日),與陳曾壽、胡思敬謁周樹模。

《陳曾壽日記》五月十六日:同瘦唐、道人訪樸丈。(《湖北省圖書館藏稿本日記四種》第四十四册,頁一六一)

五月中旬,詣沈曾植,樊增祥在座。

樊增祥《夏日過子培樓居遇李道士》:蹩踏層梯月幾回,斜陽如水注茶杯。熱腸得助新嘗荔,病齒猶酸怕食梅。高處瑤樞攀北斗,下方華轂轉圓雷。玄都桃子紅生璺,重見栽花道士來。(《樊樊山詩集》册下,頁一八七八)

爲裴景福題所藏范寬《長江萬里圖》。

題范寬《長江萬里圖》:余昔年曾見景樸都護所藏范華原《秋山蕭寺圖》,後有米友仁跋,山頭密作聚點,遠觀大有卉木翁鬱之致。思之至今,未嘗去懷。去年夏乃又於伯謙先生處見此卷,駭心洞目,嗟歎屢日,數欲假橅,未敢啓齒。伯謙先生聞之,慨然允許,置余齋者數月,朝夕展玩,所得爲不少矣。昔完白山人得梁聞山先生致之江寧梅鏐家,得縱臨梅氏數世弄藏,遂成巨子。石谷子得廉州先生致之王太常家,盡出唐以來名畫,俾寢處其中,便以名世。一藝之成,蓋若是之難也。異日論清道人畫者,莫不慕先生之高誼也。癸丑五月,清道人爲伯謙先生題。

陳仁先所藏宋徽宗直幅,與此同一用筆。眇煙散人點染鈎勒全得力於此。同日又記。

此江圖危峰遠岫、層巒絶壁、汀洲沙嶼、亭宇城郭、竹樹蘆葦、近檣遠帆,無一不備。專心學之,何患不名世耶。(中國嘉德2008年春季拍賣會1317)

案:此畫亦著録於《壯陶閣書畫録》卷二。尚有董其昌、徐琪、程琦、裴景福跋。

裴景福將歸霍邱,爲題所藏鮮于樞書杜陵《茅屋爲秋風所破歌》長卷。

題《元鮮于伯幾書杜陵茅屋爲秋風所破歌長卷》:昔人云,趙吳興每見鮮于伯幾所作牓書輒深妬,必别自書以易之。及余見世傳伯幾書,無絶殊者,吳興安肯妬之? 徒妄語耳。前年於陳考功處見伯幾真書《道德經》卷子,運捥舒和,有晉唐風範,無復宋人趁筆使氣之習。今夏忽又於伯謙先生旅舍中得見此卷,乃大驚歎。退翁以爲鮮于傳世之書,此爲第一,非虚語也。成邸論吳興、伯幾毗柔毗剛之説,以余觀之,實得其反。吳興於碑碣用北法,於簡札用南法;伯幾真草俱用南法。大約吳興師右軍,伯幾師大令,右軍真出於篆,草出於隸,大令真出於隸,草出於篆,故吳興草書善轉换,伯幾草書斂鋒内轉,此其異也。此卷實學懷素《自叙帖》,而不失晉賢温粹之度。不若明人之徒以狂怪怒張,只能欺駭俗目耳,古法掃盪盡矣。癸丑五月下旬,清道人題。今日伯謙將歸霍邱。(《壯陶閣書畫録》卷五)

案:該跋拓本見《壯陶閣帖》申册,鈐印"阿某(白)"、"清道人(朱)","今日伯謙將歸霍邱"作"今日伯謙先生將歸霍邱"。

五月二十五日(6月29日),赴陳曾壽家視其母疾。

《陳曾壽日記》五月二十五日:梁師、道人、散原來視疾。(《湖北省圖書館藏稿本日記四種》第四十四册,頁一六三)

案:《陳曾壽日記》五月二十三日"母病尚平静",二十五日"母病甚平静",蓋公與同人赴其家視其母疾也。

五月二十九日(7月3日),過陳曾壽。

《陳曾壽日記》五月二十九日:恪士、道人來。(《湖北省圖書館藏稿本日記四種》第四十四册,頁一六四)

五月底,與樊增祥飲於酒樓。

樊增祥《與李道士飲酒樓》:兩兩青溪道士裝,一綃螺髻不知霜。南風浩浩驅炎暑,白日陶陶入醉鄉。已罷鍾生糖蟹議,獨憐宋嫂醋魚香。與君對酒論書畫,上藥須求特健方。(《樊樊山詩集》册下,頁一八七九)

案:該詩前一首爲《新居與沈觀比鄰喜賦》,後第四首爲《五月晦夜耆生前輩偕笏卿過訪再疊疏字韻》,考樊山該集有《去年乙庵有移居四律余八疊韻和之頃於五月二十六日移寓寶昌路新宅亦賦四詩索同社和》,故此詩當作於五月二十六日至三十一日之間也。

六月二日(7月5日),過陳曾壽。

《陳曾壽日記》六月初二日:道人來。(《湖北省圖書館藏稿本日記四種》第四十四册,頁一六四)

六月三日(7月6日),李岷琛卒,嗣後公爲作傳。

《李岷琛傳》:李岷琛,字少東,四川東安人也……辛亥,湖北省城兵變,瑞澂夜遁,四方響應,岷琛以寓公辟居滬上,明年遂卒。(《清道人遺集》頁一九四)

案:據《李岷琛訃告》(《上海圖書館藏赴聞集成》册五,頁五),李岷琛卒於六月初三日卯時,享年七十有六。

六月六日(7月9日),午後,赴淞社第五集,劉承幹、吳慶坻、喻長霖、章梫、陶葆廉、楊臨、汪洵、劉炳照、鄭文焯、惲毓齡、惲毓珂、錢溯耆、

錢綏槃、唐晏、楊鍾義、許涆祥、周慶雲、潘飛聲、孫德謙、陸樹藩、張鈞衡、沈焜同集。

《求恕齋日記》六月初六日:陰。午後,雨即霽。午前閱報。午後,喻志韶來,以是日為淞社第五集,余司社事,在老宅宴客,故見過也。須臾,石銘來,由醉愚陪赴老宅。三句鐘時,余同益庵亦往,諸君陸續至,至旁晚而止。是日到者為吳子修、喻志韶、李梅庵、章一山、陶拙存、楊誦莊、汪淵若、劉光珊、鄭叔問、惲季申、瑾叔兄弟、錢聽邠、履樛喬梓、唐元素、楊芷姺、許子頌、周湘舲、潘蘭史、孫益庵、陸純伯、張石銘、沈醉愚,計廿二人,共三席。余命健弟出陪。六時入席,至九句鐘散席。(册三,頁一五七)

六月二十一日(7月24日),業師趙上達卒。

吳恭亨《清皖南道衡山趙君墓表》:曰衡山趙君上達……越歲癸丑,舊曆六月二十一日,年六十四,病發客死……君年十四,即出為童子師,藉束脩供菽水。凡業教育蓋十年,經所指授,悉成聞人。清編修臨川李瑞清,其一也。瑞清者,以畸節名天下,世所稱為清道人者是也。君字仲弢,又字孩齋。(《南社湘集》頁七)

程頌萬《祭趙仲弢文》:維年癸丑秋八月日,頌萬謹以庶饈清醑致祭於故徽寧池太廣兵備道仲弢仁兄親家之柩前。(《鹿川文集》卷九)

案:據吳恭亨所述,趙上達當生於一八五〇年,而據辛亥正月公所作《趙仲弢夫子六十壽序》,則趙上達生於一八五二年矣。考《光緒乙未科會試硃卷·李瑞清履歷》(《清代硃卷集成》册八五),趙上達為公第五任塾師,若依吳說,則至遲同治十二年(1873)趙上達已為其師,然其時公方七歲,若六歲發蒙,則一年已易四塾師矣。恐不合理。

夏,為許鑠夫人宋貞遺墨題詩并署檢。

題《幻園室人宋夢仙女史之遺畫》:其一:草色青青柳覆牆,玉

驄嘶影立斜陽。蘼蕪滿地春風晚,珠箔紅闌總斷腸。其二:寂寞
青山帶落暉,傷心今日對芳菲。高樓倚檻人何在,愁見年年柳絮
飛。奉題幻園先生宋夢僊夫人遺畫。清道人。(西泠印社 2015 年
秋季拍賣會 2404)

　　案:該畫盛以木盒,公署曰:"子孫永寶。幻園先生藏其夫人
遺畫暨其伯祖味薑先生手書楹聯,貯於篋以遺子孫。清道人。"尚
有陳三立、陳曾壽、鄭孝胥、朱祖謀、吳昌碩、劉世珩、何維樸、鄭文
焯、潘飛聲、呂景端等人題詠,民國間嘗景印行世。公未署年月,
因該詩裱於潘飛聲詩後,而潘題於癸丑四月七日,暫繫於此。又,
姚文藻題詩裱於潘詩之外,前後詩皆甲寅所題。其詩注曰:"江建
霞京卿有女弟子宋貞,工詩能畫,適許幻園,時人比之我吳前輩陳
竹士、金纖纖。建霞歿後,未幾,宋亦蛻化,此遺畫清道人題詩其
上,余爲續貂并記。"則公題詩當在姚文藻前也。

夏,蔣國榜贈以風扇。

　　《與蔣國榜書》一:人來,承送風扇。盪暄滌暑,矮屋生涼,喝夫
頓蘇,珍感,珍感。悶雨,何以自娛? 佳想。侍奉太夫人萬福。蘇
龕賢弟閣下。清道人頓首。(西泠印社 2014 年秋季拍賣會 1780)

　　案:書曰"矮屋生涼",公辛亥冬赴滬,寓滬北王家莊矮屋內,
甲寅十月移居全福里。壬子九月至十月間,蔣國榜方執贄門下。
又,是歲俞明震贈公詩亦有"矮屋坐蕭爽"句,當即作於此年者也。
暫繫於此。

夏秋間,爲沙元炳寫松竹團扇。

　　沙元炳《清道人爲元寫松竹團扇題曰歲寒三友圖蓋以梅自況
也題三絕句》其一:浪紫狂紅競早春,眼中誰稱玉梅身。彌天冰雪
荒荒盡,尚有臨川清道人。其二:松竹中間配此躬,道人本與梅花
同。畫家何限冰紈扇,只道梅花是放翁。其三:筥韻兒孫有舊廬,
呼名只可此君呼。憑君但貌蒼髯叟,便是歲寒三友圖。(《志頤堂

詩文集》卷五)

案:該詩前第二首《一萼紅》序曰"梅雨初歇,嫩涼如秋",後第二首爲《癸丑中秋望月蝕既用壬子和少琴月蝕詩韻》,梅雨初歇當在夏至前後,故繫於此。

七月十八日(8月19日),譚延闓致書譚澤闓,兼及公。

《譚延闓日記》八月十九日:得大武書,作書寄之,兼及梅厂,及十二時乃睡。

七月下旬,胡思敬自青島歸滬,公忽患足疾,兩侄失館,境益困阨。時張勳攻南京,胡欲公往探其意旨,卒病不能行。

胡思敬《與劉潛樓書》:聚處兩月,交親不作尋常報謝之辭。別後登舟遇風,嘔吐不能進食,房又闇黑,蒸鬱異常。航海一日可抵,監禁一旬,尋常困苦尚不耐忍受,升吉甫奔馳冰天雪窖之地,凡百二十餘日,始達庫倫,無絲毫勞悴之色,人之度量相越如此之遠,吾自知其不足與有爲矣。抵滬後,暫寓五馬路豫豐厚報關行,視道士宅較便,道士患足疾,跛不能行,兩侄均失館,境益困阨。

少軒之失,全在攘地貪功。初在徐州,與馮華甫分兵南下,本規定一出臨淮關,直趨浦口,渡江收南京,一由清河下揚州,規復鎮江,後馮軍南下,即將徐州八屬官吏盡行更易,用其幕客李某爲觀察使,並攤派兵餉二十萬。收復淮安,又以萬公雨爲淮陽觀察使,舉措已不正矣。及抵揚州,以虛聲恫嚇鎮軍,限二十四句鐘讓出城池,果如所願,遂志得意滿,以南京唾手可得。當時如處置得法,賊首已逃,只餘下級兵官,予以恩餉,寬其一綫之路,本屬易了。而少軒操之過蹙,一面電達中央,夸大其詞,詆南軍爲烏合而自稱百戰勁旅;一面發出約章四條,勒令盡繳軍械,即日交出。何海鳴賊黨大恐,遂謀反抗。自古解散軍隊之法,雖至孱弱之卒,亦必先謀安插,或優給餉糈,方可無變,況悍寇乎?少軒治軍數十年,於此等機關尚不能曉,一味虛憍用事,其幕府諸僚亦皆卑鄙求食之人，宜其有今日之挫也。聞紫金山尚爲南京所守，張文生亦受傷，廿二、廿三兩日攻城均未得手，而柏文蔚已挾二千人入城，共推爲江寧都督，馮軍自擊沈數舶後，按兵不動，只在蘄王臺開砲遙助聲援，頗露疑貳之意。張軍與徐寶珍陸續添募，恃衆純以血肉與砲火相薄。城內淫殺紛紛，哭聲載道，慘無人理，斗米千錢，求之不得。僕前與少軒言長江天險，日人資匪黨軍艦，不能操必勝之權，即勝矣，而糜爛七省地方，以建一人之功，亦仁人所不忍爲。即不恤糜爛，克城之後，各省無威望大臣坐鎮，今日取消，明日又獨立，此省方戢而彼省又起，亂勢蔓延，禍且未已。勸其肅清江北後，畫地堅守，讓他人收先發之功，而養精蓄銳以待。今不幸而言中，彼不行而馮行之，豎子不足與謀，言之可爲傷心。北方日夜增兵，南京早晚必破，然勝之不武，不勝爲笑。張公威望已損，大爲匪黨所竊笑，既與華甫不和，又招中央之忌，恐此軍從此不振，不足以圖大事矣。

　　僕南樓訪古之役，本係貶節以求伸，冒險奔馳，僅收得後來一著，而事機不順，都歸無著，罔費心血。如刖足之人，不能不抱璞而泣矣。少軒現駐鎮江，欲慫惠道士一探意旨，而道士病，不能前，不得已，勉強與晴初通一密函，約期相晤。寄至滁州，尚未知能達與否。道士笑謂余："寡婦欲嫁富人，而我輩勸其安貧守節，此豈可行？"吾言聽不聽由他，勸則吾輩之責也。道士笑而不應。昨趙宣撫到滬，各處拜客，夏鑑清等竟擬開會歡迎，伯嚴亦贊成之，予在旁聞之極憤，欲啟口，恐招衆忌，竟嚅嚅不敢出聲，智及之而勇不能濟，亦徒增內愧而已。（《退廬箋牘》卷二）

　　案：書中言"聚處兩月，交親不作尋常報謝之辭"，五月往青島，當七月歸也。又言"昨趙宣撫到滬，各處拜客"，考《鄭孝胥日記》八月朔"趙竹君約過談，示熊秉三電，邀余北上"，八月初二日"過姚宅，晤胡漱唐、汪甘卿"，則是書或作於八月初也。

江寧戰亂,門人熊鈞來函,乃覆函答之,託柳肇嘉攜去,請其設法保護李承修一家。

《與熊喬松書》:遞中得吾弟兗州所寄書,俟寧定後,當爲圖之。頃聞弟已來鎮,確否?柳同學擬奉訪,故特寄一書。舍侄賁甫尚困危城中,因保守兩江師範學堂,故未得出,心甚懸念。全眷老弱二十餘人,現寓三牌樓吉羊里對衖後進弟一家,與英領事署文案陳墨憨先生最近,詢之即明。恐城破,倉卒遇險,願設法保護之。張大帥前,不妨一言,貧道卒卒未得上書也。貧道居滬上,病腳彌月,比股臀間又生一大癰,痛苦不可言。未多道,餘貢禾能面言之也。秋涼珍衛。(《清道人遺集》頁一八〇)

約於此際,張勳遣人餽銀若干,公堅辭不受。

劉成禺《遺老無聊衹造謠》:李梅菴患瘡,僵卧不能行動,家無米,拮据無法。張勳忽派差官來,齎一函,附紋銀六百兩,投函即走。梅菴派人追回曰:曩日少軒之銀可受,今日少軒之銀萬不能受。少軒今日之銀,民國政府所給餉項也,予不欲間接受民國政府之賜。勒令差官將原銀六百兩持去。胡小石云:當時適住梅菴家,親見其事。有人問何以不受張少軒餽贈?梅翁曰:余既願作孤臣,當然不受此惠,賣字鬻畫,但求自給而已。此語傳出,適觸滬上遺老之忌,蓋言者無心,聞者有意。當時標榜遺老者甚衆,而臨財則又往往變易面目,自解爲不拘小節矣。(《世載堂雜憶》頁一四六)

案:高拜石《命犯克妻——李梅庵一生孤潔》(《新編古春風樓瑣記》十)謂癸丑二次革命失敗,張勳攻金陵,遣人贈梅庵千元,與此六百兩不符。然此事當非空穴來風,據《鄭孝胥日記》所載,張勳於八月朔攻克金陵,此事或即在七月間乎?暫繫於此。

八月一日(9月1日),張勳攻佔南京。

郭廷以《中華民國史事日誌》:9,1(八,一)張勳、雷震春、徐寶珍攻佔南京,大肆搶殺三日,何海鳴、韓恢出走。

《求恕齋日記》八月初一日:午後,得鏡蓉報告,謂南京已於是日十一句鐘攻陷太平門,張鎮撫使勳已帶兵入城矣。且云,此係得之鐵路報房,其訊甚確云。(册三,頁二二一)

《鄭孝胥日記》八月五日:報言,南京實陷,張勳兵入城大掠,殺日本人三人,日使詰責外務。張勳爲都督,程德全罷。(頁一四八一)

八月九日(9月9日),劉承幹、魏縣來訪。

《求恕齋日記》八月初九日:午後……迂道至橫濱橋訪李梅庵,晤魏季詞湖南人,小坐而歸。(册三,頁二二九)

八月十三日(9月13日),胡思敬返豫章。

胡思敬《與陳師傅書》:今歲五月,幼雲招游青島,遂留歇夏。本擬北謁崇陵,順道都籍訪舊交蹤跡,適南北用兵,京師戒嚴,中途巡察甚密,不敢輕身冒險,行至濟南折回,而上海激戰甚烈,商輪被拘,交通斷絕,延至八月十三日始返南昌。(《退廬箋牘》卷二)

程頌萬贈公詩,謂其書傳家法。

程頌萬《贈清道士李梅盫》:移牀橐筆莽風煙,海上龍耕漸有田。莫遣垂楊生肘後,君體患瘤,力疾鬻書。尚傳倒薤入豪顛。身存白刃黃冠日,書似封龍瘗鶴年。世亂有名藏不得,翰林家法本臨川。(《鹿川詩集》卷四)

案:該詩前第四首爲《讀明遺民朱舜水傳贈湯蟄仙二首》,序云"有集二十卷,爲日本正德二年源綱條所刻,今歸浙中,湯蟄仙示予以傳",後第二首爲《寄和海年中秋武昌是夕月蝕》。考湯壽潛《舜水遺書序》、馬浮《舜水遺書編後記》皆作於民國二年八月,則此詩當作於八月初至十五日之間也。

林志道函請公赴寧辦理賑撫,謝之。

《申報》專電:南京電:林志道函請李瑞清來寧辦理賑撫,聞李

未允。(9月17日)

八月十九日(9月19日),**張勳、惲毓昌聯名致電姚文藻,請公與宗方小太郎明日赴寧,宗方拒之。**

《求恕齋日記》八月十九日:沈季璜來,談及金陵此刻張勳命令居民不准攜帶行李出城,伊等憫寧人之苦,欲請李梅庵前往緩頰此刻。備函致梅庵,請余亦列一名,余允之。(册三,頁二三九)

《宗方小太郎文書》報告號外《張勳與宗社黨》大正二年(1913年)九月十九日:惲毓昌昨日回南京,本日和張勳聯名致電姚文藻,其文曰:"上海姚子芳先生,宗(指宗方小太郎——譯者)來歡迎,乞與佩公、梅酌之。勳、禹。"上述電報之意:宗方若來,要求與沈子培、李梅庵商量。

姚今夕來訪,乞余明日與李瑞清赴南京。鄙人答曰:此行見張勳,彼我雙方均無好處。我國方針已決定,不可復加變動。且吾不想於此時以私人身份介於其間。請以此意轉告張勳。拒絕南京之行。(《近代史資料》總48號,頁九九)

《宗方小太郎日記(未刊稿)》九月十九日:姚文藻來訪,出示張勳之電報,請余赴南京,辭之。(頁九九六)

八月下旬前後,**伯言來函,備述遭遇,公覆書慰之。**

《覆伯言函》:伯言吾兄先生閣下:遞中得所寄書,發函伸紙,情詞悽惻,令我讀之淚數行下。酷哉天乎!貧道嘗謂大地本煩惱結成,人生墮地即罹憂耳。所謂驩喜安樂,皆虛擬之名詞,不爲吾輩設也。君今處此慘毒之境,非友朋譬慰所能解脫釋然。死者長已矣,其生者更賴君以生存,故不得不強自抑其哀思,以爲諸孤者寡者地,願毋感也。張公已作書爲寧民請命,不得報。如有報,本擬到寧一行,以救我寧中父老子弟也。秋氣漸深,千萬珍衛。清道人頓首。(浙江三江2016年春季拍賣會0263)

案:書曰"張公已作書爲寧民請命"、"本擬到寧一行,以救我寧中父老子弟也",當指張勳破城事。又,八月十九日,張勳、惲毓昌致電姚文藻,乞公赴寧,據此,則公終未前往也。

八月二十九日(9月29日),梁鼎芬致書與公。

　　《梁鼎芬致李瑞清函》:近躬所苦如何? 貧病交加,使人悒悒。行時匆匆,不及再過高齋問視,此心歉然。頃想大愈,寫字如常矣。行之前一日尚有人以五扇求書,筆金十元,□既寫之。吾輩賣字,以有爲貴,不拘時日也。廿八日到梁格莊,廿九日上班行禮。千里孤臣,淒涼心事,與秋相同。告梅厂館丈。鼎芬頓首。八月二十九日。瘦芝尊人別字記告我。(《梁鼎芬檔二》第三卷《梁鼎芬函札》,《近代史所藏清代名人稿本抄本》第一輯第一三六冊,頁七八)

　　案:書曰“貧病交加”,據俞明震致冒廣生函(《冒廣生友朋書札》頁一一三),民國四年,公鬻書歲得萬元,故此書當作於民國元年至民國三年間。然公於民國三年七月歸鄉修志,未見患疾,則此書作於民國元年或民國二年。據吳天任《梁節庵先生年譜》一九一二年:“八月,往青島訪遺臣之避居者,隨赴曲阜。九月,北上京師,遂至梁格莊,叩謁德宗梓官。”(頁二九八)與書中“廿八日到梁格莊”不合。且民國元年八月上旬公已還滬,九月臥病,其時梁鼎芬已至京師,不應曰“行時匆匆,不及再過高齋問視”也。民國二年七月下旬,公患足疾,其時梁鼎芬亦在滬,與此正合。書云“千里孤臣”,是歲八月二十日梁鼎芬《致盛季瑩札》“吾弟情如手足,垂涕言之,此心已斷,千里孤臣,無可言也”(吳天任《梁節庵先生年譜》頁三〇六),十一月朔梁鼎芬《致曹元弼札》“奉安期近,不敢久留,二十六日又回上海。日內即到梁格莊,千里孤臣,已七詣暫安殿行禮矣”(《曹元弼友朋書札》頁六一)均有此辭。又曰“吾輩賣字”,據吳天任《梁節庵先生年譜》一九一二年:“正月病咯血,寓上海愛文義路,以賣字爲食。”(頁二九七)

八月,爲《風月廬詩稿》、《韞玉樓遺稿》署耑。

案:《風月廬詩稿》爲徐鈞父徐焕謨所著,扉頁題曰:"風月廬
謄稿。癸丑仲秋,清道人。"卷首有繆荃孫、勞乃宣等人序,後有陶
葆廉、劉承幹、張鈞衡、徐棠跋。《韞玉樓遺稿》爲張鈞衡夫人徐咸
安所著,扉頁題曰:"韞玉樓遺蒙。癸丑仲秋,清道人。"卷首有繆
荃孫序。

是月,集《瘞鶴銘》字書聯。

丹黄篆石勢;江山藏真仙。集《鶴銘》字。《鶴銘》實用篆法,
直上探《禹攷比鼎》,若以今隸求之,終身無悟入處耳。癸丑仲秋,
清道人書。回憶己酉遊焦山,坐臥碑下者經夕,令人惘然。(《曾
熙、李瑞清、張大千瘞鶴銘雅集》頁二〇七)

九月六日(10月5日),梁鼎芬致函與公。

《梁鼎芬致李瑞清函》:今日辰初,先帝、先后梓宮寫西番經
字,奉安期近也。午正成,鼎芬早趨殿上伺候一切。是日金棺全見,
痛不可言。但見此一回,以後有四年不得見矣。某厂布政。鼎芬再
拜。宣統癸丑九月六日。(《梁鼎芬檔二》第三卷《梁鼎芬函札》,《近
代史所藏清代名人稿本抄本》第一輯第一三六册,頁七七)

案:該函編者未詳所致何人,經與後一通相較,該函"某"字左
下角痕跡與後一通"以"字右上角相同,當即蟲蝕所致,故當作"某
厂布政",即公也。書曰"奉安期近也",據吳天任《梁節庵先生年
譜》,十一月十六日德宗景皇帝、隆裕皇太后奉安崇陵,梁鼎芬奔
赴哭臨。(頁三〇八)

**九月二十二日(10月21日),與江西公會同人致書盛宣懷,籲請賑濟
贛省災民。**

《上海江西公會夏敬觀等六人致盛宣懷函》:杏公大善長慈
鑒:敬啓者。敝省兵燹殘黎,流亡載道,當此冬令嚴寒,風棲露宿,
無衣無食,奄奄待斃。我公愷悌慈祥,數十年來,各省水旱偏災從
不使一夫失所,毅力宏願,海内同欽。前將敝省籌振捐册上呈,計

邀鑑察。近接趙芝山來電探詢，已集成數，庶可支配，先施急拯。
合併附陳，惟祈義粟仁漿源源接濟，庶此哀鴻續其蟻命，感企何其
有極。專肅，敬頌道安萬福。夏敬觀、陳三立、胡湘林、陳作霖、李
瑞清、包發鸞同旅滬贛人鞠躬。十月二十一號。（上海圖書館藏
盛宣懷檔案 116427 檔）

秋，蔣國榜來函，并贈菊花四盆，覆書答之。公爲其題坊額，並爲索
陳三立詩。

　　《與蔣國榜書》二：人來，辱書并鞠花四盆，且付之詩，其意摯且
厚，從此窮簷籬畔不患秋光寂寞也。坊額書上，幸擇用也。一《鄭文
公》、一《經石峪》參《匡喆刻經頌》。蘇盦賢弟足下。清道人頓首。

　　伯嚴詩當爲索之。（西泠印社 2008 年秋季拍賣會 0242）

十月一日（10 月 29 日），發譚延闓函已達。

　　譚延闓《慈衛室日記》十月二十九日：晴。今日陰曆十月一
日。去長沙。得第六十四、五書。得李梅庵書。（冊二，頁三六二）

十月十三日（11 月 10 日），赴陳曾壽招飲觀菊，陳三立、俞明震、楊芝
安、周樹模、左紹佐在座。

　　《左紹佐日記》十月十三日：乙未。西曆十一月十號，星一。
仁先招飲看菊，其菊係京中帶來者，比上海菊形式不同。客有陳
散原、俞確士、楊芝安、李梅安、周少樸，仁先出示菊花詩五言古風
六首，少樸有和詩六首，皆奇警絕倫，足以傳世。余傷風未愈，勉
爲一赴。（《湖北省圖書館藏稿本日記四種》冊二六，頁一○九至
一一○）

十月十七日（11 月 14 日），月夜，偕陳曾壽、陳三立散步橫板橋。

　　陳三立《橫板橋步月偕仁先李道士》：獨夜魂魄清，弄月尋二
子。依依立橋頭，寒光切笑齒。市屋影明滅，奔車掠如矢。欹欄
斗柄低，殘響數過履。長虹接襟裾，洗夢初聽水。咽入攜手地，事
去餘汝爾。同作仰天人，飄雁霜風起。弔影粥鼓外，臥犬吠山鬼。
（《散原精舍詩文集》頁三八四）

陳三立《清道人遺集序》：往者余與陳君仁先卜居鄰道人，每乘月夕，相攜立橋畔，觀流水，話興亡之陳跡，撫喪亂之靡届，悼人紀之壞散，落落弔影，仰天欷歔。(《清道人遺集》卷首)

《鄭孝胥日記》十月十七日：夜，月極明，五點起視，皓魄爛然，五點四十分乃有曙色。(頁一四九〇)

十月十八日(11月15日)，夜，與陳曾壽野次看月。

陳曾壽《十八夜同李道人野次看月》：夜色滿柴門，二人自成世。衆木霜氣中，葉黄影在地。竹筱擁寒溪，相蚪入煙態。貧家惟白曉，庭空静如寺。遥柝轉寥天，疏星耿三四。清言不世出，萬象破幽寐。歸寫良夜圖，清冷難題字。(《蒼虬閣詩集》卷二頁五二)

《鄭孝胥日記》十月十八日：夜月徹曉，挾霜俱曙。(頁一四九〇)

案：該詩前爲《苕雪與覺先弟先後寄菊數十種日涉小園聊復成詠》六首，其一句云"種菊無百本，朝夕涉小園"、其六句云"殘月蜕曙光，秋夢俄已空"，考《鄭孝胥日記》九月廿九日"陳仁先來，以菊花二十盆使花工挑送其宅"，十月十日"陳仁先示《菊》詩六首"，似作於十月初也。則此詩所述當爲十月十八日事也。又《鄭孝胥日記》九月十八日無月明之記録，亦可參證。

十月中旬，俞明震寄詩懷公。時李瑞荃病痢，公日往侍疾。

俞明震《寄李梅庵道士》：滄桑一道士，矮屋坐蕭爽。得食有童心，黄冠仍大顙。有時得名蹟，阿弟共欣賞。醉學石濤顛，灑墨大如掌。人間果何世，破筆入蒼莽。昨聞阿弟病，日日趁車往。車往復車來，的的關痛癢。觀君蓄弟心，觸我救時想。出世莫出家，酸辛告吾黨。吁嗟解人難，思君徒怏怏。(《觚庵詩存》卷四頁六八)

案：該詩前一首《園柏》句云"今年一冬晴，河乾凍龜縮"，後一首爲《寄陳仁先》，後隔一首即《歲暮園居雜感》，當即此時俞明震以詩相召,故公與陳曾壽十月下旬先後赴金陵也。

陸樹藩來函,請公書聯。覆函答之。

《與陸樹藩書》:人來,辱書并對二副,當即書上。舍弟移居,近病痢,每日往視之。兄如來,幸稍早也。菽伯老哥。清道人頓首。貴上人。(迦南 2013 年秋季拍賣會 0353)

十月二十六日(11 月 23 日),劉承幹致函與公。

《求恕齋日記》十月二十六日:作函致李梅庵、曹星階。(册三,頁三〇五)

十月下旬,赴金陵,寓俞明震處。越數日,陳曾壽亦至。

俞明震《歲暮園居雜感》其六:小閣留賓處,寒山不改青。悠悠萬人海,落落兩晨星。遯世全哀樂,忘身自典型。蕭蕭一庭竹,留爾不曾聽。李梅庵、陳仁先留居數日。(《觚庵詩存》頁六九至七〇)

陳三立《留別散原別墅雜詩》其六:觚庵臨溪居,琴書不受垢。鑒水納衆山,處處鑿户牖。種梅十數本,作蕾如紅豆。細竹羅列生,霜洗明瓊玖。投身與我鄰,割據擁其有。爲想孟月終,道人下榻久。謂李梅庵。居士亦踵至,謂陳仁先。騁望侑杯酒。染畫播清吟,呵氣活枯柳。二士恨不留,金粉餘老醜。海雲江月間,攜錫一迴首。(《散原精舍詩文集》頁三九〇)

此際,爲俞明震節臨《景君碑》。

節臨《景君碑》款:此碑孫吴《神讖》、魏《中岳靈廟》、《張猛龍》、唐之歐陽率更皆從此出。癸丑十月,清道人來游金陵,爲恪士老前輩臨,時寓青溪上。(上海朵雲軒 2005 年秋季拍賣會 0714)

十月,爲蔣國榜母馬太夫人節孝坊題聯。

一代禮宗光典策;廿年冰雪長芝蘭。癸丑陽月,清道人題。(《上元蔣節母坊後記並圖頌合册》卷首)

十一月初,陳三立作詩懷公。

陳三立《有憶李道士客金陵》:櫺具油囊更不歸,清溪之水可療饑。含毫莫繪流亡屋,但覓張勳黻翠微。(《散原精舍詩文集》

頁三八七)

　　案:該詩前隔一首爲《夜不寐枕上聽雨》,據《鄭孝胥日記》十一月初二日"陰寒微雨",此詩或即作於此後不久也。暫繫於此。

十一月五日(12月2日),劉承幹囑沈焜致公函。

　　《求恕齋日記》十一月初五日:囑醉愚作函致劉聚卿、李梅庵、陶拙存。(册三,頁三一五)

十一月六日(12月3日),劉承幹約飲家中,公未往。

　　《求恕齋日記》十一月初六日:余是夕在家宴曹揆一,故入坐未幾即歸,客已齊集。坐談片刻,遂入席。余所宴諸客,揆一外,爲陶拙存、沈休穆、劉聚卿、孫益庵、沈醉愚、褚禮堂。邀陪未至者爲李梅庵一人而已。(册三,頁三一六)

　　案:是時公客金陵尚未歸也。

十一月九日(12月6日),與旅滬江西公會同人復致書盛宣懷,備道賑濟贛災事宜。

　　夏敬觀、陳三立等《與盛宣懷書》:杏公大善長鈞座:敬陳者,前以敝省慘罹兵災,瘡痍滿目,旅京滬鄉人義不自安,共成賑會,齎呈捐册十扣,籲懇仁施周濟,已荷鑒存,毋任仰感。比者趙芝山奉命回京,所有善後事宜,統由行政公署籌辦,敝會義賑亦擬趕於年内先行結束。矧此隆冬嚴寒,無告孑遺自在大君子矜垂之中,惟祈俯賜,將分募捐款連册彙收,餉交作霖收解,仁漿義粟,同拜鴻慈之賜,欽企何其有極。專肅,敬敏萬福。夏敬觀、陳三立、胡湘林、陳作霖、李瑞清、包發鸞等謹啓。十二月六號。(盛宣懷檔案資料庫 034543 檔)

　　案:編年據李開軍《陳三立年譜長編》頁一〇五三所考。

十一月十六日(12月13日),德宗景皇帝、隆裕皇太后奉安崇陵。

　　陳夔龍《十一月十六日即事恭紀》:海上孤臣九頓首,山中帝

后萬斯年。惠陵風雨崇陵月，一樣攀龍泣杜鵑。（《花近樓詩存》卷三）

　　案：參閱溥儀《我的前半生》第三章《紫禁城內外》第一節《袁世凱時代》。

十一月十七日（12 月 14 日），晚，赴陳三立桃源隱招飲，沈曾植、鄭孝胥、俞明震、陳曾壽等在座。

　　《鄭孝胥日記》十一月十七日：陳伯嚴招至桃源隱晚飯，子培、梅庵、恪士、仁先咸在座。有南京人王君，恪士云能詩，寓恪士處。夜，雨。（頁一四九三）

十一月十八日（12 月 15 日），偕陳三立、曹廣權於橫板橋北草場觀月。

　　陳三立《橫板橋北草場攜曹東寅李道士玩月》：樓頭一片月，擎汝避車塵。飄影魑魅徑，煙空人語新。魂都黏草樹，氣欲識金銀。莫認埋憂地，寒娥慣擲人。（《散原精舍詩文集》頁三八八）

　　案：該詩後一首爲《留別散原別墅雜詩》，據《鄭孝胥日記》，陳三立於廿三日赴南京。十七日公赴陳三立之招，或與俞明震新歸滬上也。此間惟十八日月明，因繫於此。

十一月二十一日（12 月 18 日），與同人集於周樹模寓，與周共品鼻煙，周留夜飲，陳衍、鄭孝胥、林開謩、左紹佐、胡聘之在座。席散，與鄭孝胥、陳曾壽同過陳衍。

　　《鄭孝胥日記》十一月廿一日：陳叔伊來，遺文集二本、《説文重文管見》一本。程白葭來，遂攜陳、程同訪朱古微，飯於小有天，遇莊思緘、高子益。飯罷，同過全安棧，又與叔伊同訪仁先于周少樸寓中，逢李梅庵、林詒書、左笏卿、胡薪生於座。周留夜飲，席散，與梅庵、仁先同過叔伊。叔伊是夜由津浦鐵路入京。（頁一四九四）

　　鄭孝胥《周少樸中丞留飲》：主人好士真天性，邂逅銜筵便盡歡。身外惟留詩卷在,歲寒轉覺酒杯寬。謀人家國腸空熱,老我田園興已闌。慚愧梅庵厲高節,深衣相對岸黃冠。(《海藏樓詩集》頁二五三)

周樹模《乇老竹勿梅盦仁先小集齋中鄭蘇堪陳石遺忽至遂同杯酌》:厄酒朋交得暫歡,梅花野屋話清寒。連牀已足消孤悶,排闥何期有二難。鬚鬢霜多驚改舊,石遺十餘年不見,頗驚予老。鼻頭煙盡尚餘酸。方與梅盦共品鼻煙。商歌漫作逢堯想,石爛南山海欲乾。(《沈觀齋詩》冊三)

陳衍《前月北來過滬沈觀留飲寓齋有詩由仁先寄示索和》:春申林際暫停車,無數吟人得摻裾。鄭蘇戡邀同朱古微、程伯葭飲酒樓,又同訪仁先於沈觀寓齋。電車上遇李梅庵、席上晤胡蕲生、左笏卿,左鄰樊樊山,方爲詩鐘之集,又晤瞿止庵、沈乙盦、陳散原、吳綱齋、蔡伯浩。鄭老襟期同醉後,周郎玉貌改當初。不見沈觀且十年。嘔心好句將何補,到手深杯莫放渠。別後吾宗能念我,頻煩朔雁幾行書。(《陳石遺集》頁二一五)

《侯官陳石遺先生年譜》:十一月至都,下榻陳弢丈寓。過上海,晤蘇戡、古微、樊山、少朴、伯嚴、梅庵、名瑞清,江西人。壬辰進士,官至江寧布政使。鼎革後,鬻字爲生。仁先諸人。(《陳石遺集》附錄一,頁二〇二三)

案:公爲乙未進士,《年譜》所記蓋誤。

十一月下旬,爲周慶雲寫松。

周慶雲《乞李梅庵畫松樹》:我愛蒼松,盤根錯節。泊乎凌霄,齧盡冰雪。放筆寫來,榦直如鐵。誰生澗底,而慕高潔。(《夢坡詩存》卷五)

案:公題畫曰:“不惑惑於玄冬,不忻忻於陽春。和風扇野而莫能榮也,冰雪彌天而莫能屯也。泊乎以葆厥真沌沌兮,秋千歲而億齡。”見民國四年(1915)七月九日周夢坡《壽李梅庵瑞清五

十》自注。該詩前第五首爲《程子大以重陽徐園小集序贈予一律
率次原韻奉酬》，後一首爲《欲年五十承諸吟壇寵錫詩篇疊前韻奉
酬竝鳴謝悃》，考《吳興周夢坡（慶雲）先生年譜》，周夢坡生於十一
月二十九日，故繫於此。

十一月，方守彝賦詩催公題湯貽汾山水卷子。

　　方守彝《贈玉梅花盦主前以湯貞愍山水卷子乞題茲並催筆》：
壁立層巖松竹裏，梅花雪冷白照人。碑版頗聞傳遠裔，乾坤欲壞
正茲辰。荒村孤野挂半月，殘柝五更哭四鄰。蜂蟻烏雛寒噤甚，
能無呵凍生微春。（《網舊聞齋調刁集》卷十一）

　　案：十月十二日，王漱巖招方守彝游西湖，此詩爲歸後所作，
姑繫於此。

十二月八日（1914 年 1 月 3 日），盛宣懷覆函。

　　盛宣懷《復旅滬江西振會》：復旅滬江西振會：敬復者，頃奉公
函，備聆壹是。前承頒到貴會捐册十扣，適因專辦金陵義振，不及
旁騖，未遑報命。比聞珂鄉災情已澹，足徵諸君子熱心桑梓，人天
感召之符，曷勝慰佩。刻下各册無可分投，謹由弟個人捐助二百
元，聊以將意，併册送上，敬乞哂收，並希見復是盼。祇頌公安。
愚弟。初八。（上海圖書館藏盛宣懷檔案資料庫 034543 檔附件）

十二月二十四日（1 月 19 日），《新聞報》記者紹介公書畫。

　　《介紹李梅庵先生書畫》：臨川李梅庵先生名瑞清，嘗爲監司
大吏，有伯夷之廉。革政後，隱於黃冠，過淵明之窮。其人居近今
之第一流，造詣爲近今之第一品。自稱道士，長謝徵車，以筆墨略
具饔飱，與僕役同其甘苦。厥志如此，不可强也。能寫周秦漢魏
六代之書，而閒用山谷；飽覽唐宋元明列朝之畫，而足亂石濤。頃
于哈少甫先生家獲覿梅庵先生所圖松石小幅，盤拏沈鬱，蒼古幽
宕，胎息篆籀，如對鼎彝。上下有吳昌石、金柳簃諸君題詩，能言
其精到之處，真神妙之迹也。惟天寒歲暮，賢者無聊，有識真之

士,薄爲先生取酒,自可換來墨寶,什襲珍藏。用誌數言,以告當世。本館記者識。(《新聞報》1 月 19 日)

十二月中下旬,致函蔣國榜,謝其所贈臘梅、天竺、水仙。又命其與馮煦相商所擬坊刻題字,以便書之。

《與蔣國榜書》三:人來,承賜臘梅、天竺、水仙,茅簷瓦瓴中亦有年景矣。感荷,感荷。坊刻題字擬就,乞與夢老一商,以便書上。它俟面話。即頌侍奉萬福。清道人頓首。(西泠印社 2014 年秋季拍賣會 1780)

案:該坊經始於癸丑,甲寅春竣工,三月蔣國榜書《母氏節孝坊後記》以述其事,則當成於三月前也。書曰"茅簷瓦瓴中亦有年景矣",又命其與馮煦相商所擬坊刻題字,則公爲其篆坊、題字當均在此際前後也。

約於此際,爲蔣國榜母馬太夫人節孝坊題篆。

《與蔣國榜書》四:索篆太夫人節孝坊"旌表"二字,僕篆書作大篆寫鍾鼎,而大篆表字作𦥑。如此無人能識之,因以小篆數書之,未能佳,茲仿漢《范式碑》篆額也。小篆最難,以《秦權》外碑最少,《泰山》《瑯琊》字既少,而《嶧山》乃唐人臨本,除《開母闕》外,無可學,故不得不乞靈於碑額,完白山人、何道州皆如此,因爲坊額,爲吾弟發之。蘇龕吾弟。清道人頓首。(西泠印社 2014 年秋季拍賣會 1780)

歲暮,張謇擬《國家博物院圖書館規畫條議》,以公爲經理之人選。

張謇《國家博物院圖書館規畫條議》:經理之事,關乎學識。孰副彭聃之職? 孰勝向歆之資? 十餘年來,老師宿儒,風流漸盡。而勝斯任者,非博物好古、丹青不渝之君子,又能精勤細事、富有美術之興趣者,莫克當此……至内國人才,習於博物,而又曾留意於各國之院制者,無過錢恂;其能通博物者,若劉世珩、趙慶寬等;習於圖畫,而又不至爲更鶩之膳夫者,若沈曾植、梁鼎芬、宋育仁、李瑞清、馬其昶、姚永概、馬漢等。或長舊學,或具新知,或本富於收藏,或罩精於鑒別。舉所夙知,徵其素守,選擇於此,殆免失人。(《張謇全集》冊四,頁二八〇)

十二月,陳曾壽戲贈以詩。

　　《雜記》:李梅庵君自光復後,以黄冠隱居滬濱,賣書畫以自給。陳君仁先戲贈以詩云:道道非吾道,天天小有天。小有天,酒館名。書如少師怪,畫比石濤顛。白吃一元會,樊山諸人有一元會,每星期一宴飲,群以梅庵貧,免其出費。墨摩兩鼻煙。有時訪朋友,門者説無緣。潘芸孫曾訪梅庵,因往答訪,門者不肯通報,揮出門外,云:此地僧道無緣。梅庵悵悵而返。(《時報》1月6日)

　　　　案:或謂此詩爲鄭孝胥所作,非。據《古今聯語彙選》冊五:"海上小有天閩菜館……鄭海藏聯:道道非常道;天天小有天。原跋:有黄冠道服之士,時時見於小有天座中。其人有邁世之高節,號李道人者是也。耐寂戲贈此聯,書此張諸壁。"耐寂即陳曾壽號也。

是月,爲張鈞衡《適園叢書》第三集署耑。

　　　　案:《適園叢書》第三集含《後村題跋》、《後村詩話》、《攻媿題跋》、《國初群雄事略》及《文館詞林》,其中第一種《後村題跋》扉頁題曰:"適園叢書弟三集。清道人題。"牌記曰:"吴興張氏采輯善本彙刊。"《後村題跋》、《國初群雄事略》卷尾均有張鈞衡癸丑十二月跋,《文館詞林》爲該集最末一種,張跋於甲寅。暫繫於此。

冬,作《蒼松圖》,吴昌碩、陸恢先後題之。

　　《蒼松圖》:松耶石耶? 冰耶雪耶? 此時嫣紅姹紫,盍化作泥矣。玉梅花庵清道人。

　　吴昌碩題:濤聲浩浩翻秋空,破壁飛動來真龍。雲從龍兮龍化松,時雲時雨青濛濛。畫此者誰臨川李,玉梅華盦清道士。三日無糧餓不死,枯禪直欲參一指。我識其畫書之餘,鶴銘夭矯龍

門瘤。筆力所到神吸噓,有時幻出青芙蕖。賣字我亦筆頭禿,一
日僅飽三餐粥。墨飲一升難鼓腹,相約同走江頭哭。手疲作畫輸
蒼然,氣象崛彊撐南山。大夫之封烏可扳,參天黛色橫斑斕。清
道士畫古松。癸丑冬,吳昌碩題。

　　陸恢題:雷火燒空萬木焦,松心不死葉全彫。圖形仗有龍蛇
筆,八大山人與石濤。陸恢附尾。(佳士得 2013 年秋季拍賣會
1281)

　　案:吳詩亦作《清道人畫松歌》(《缶廬集》卷三)。

冬,徐崇立來滬,於公處見景本劉體乾藏《崔敬邕墓誌銘》。

　　徐崇立《崔敬邕墓誌銘跋》:癸丑冬,省親滬上,於清道人案頭
見此影本,亟往購,不可得,其明年乃託人購致。今忽忽七八年
矣,不獨原本稀如星鳳,即此玻璃版已在海外不可遽得。(《瓻翁
題跋》卷四,《湖南近現代藏書家題跋選(一)》頁七一一)

　　案:該跋有句曰"方氏所校乃據丹徒劉鉽雲本,此則廬江劉健
之本"。

是歲,勸高鶴年編印《名山游訪記》。

　　高鶴年《名山游訪記序》:彼時初將《名山游訪記》登載《佛學
叢報》,至十二期,李梅庵、樊雲門、劉樸生、魏梅蓀諸先生勸編成
册。自知文意不馴,詎敢遽災梨棗。(頁十)

　　案:此段依時間先後敘述,下文云"終以滬上,不慣久居,民三
春,復去之北游",則此事當在民國二年也。

編年詩

　　《三日徐園修禊詩》三月、《癸丑暮春小蘭亭集詩》三月、《題許幻
園配宋夢仙夫人遺畫》

編年文

　　《與楊鈞書》、《跋北宋汴學石經》、《與沈曾植書》、《題李和之

造像》五月、《題范寬長江萬里圖》五月、《跋元鮮于伯幾書杜陵茅屋
爲秋風所破歌長卷》五月、《與蔣國榜書》一、《與熊喬松書》七月、《致
伯言函》八月、《與蔣國榜書》二、《與陸樹藩書》、《與蔣國榜書》三、
《與蔣國榜書》四、《題自畫松石》、《題何詩孫山水手卷》

民國三年甲寅（1914）　四十八歲

正月初，陳三立、陳曾壽、俞明震來訪，時李瑞荃方留養疾。

　　　陳三立《夜訪李道人其弟筠庵方留養疾仁先恪士亦在坐》：夜
巷趨深黑，匡牀一道人。煙煤窗紙涴，水石壁圖親。阿弟初除疾，
吟朋必有鄰。雞毫摹造像，絕意畫麒麟。（《散原精舍詩文集》頁
三九七）

正月三日（1 月 28 日），夜，赴姚文藻小有天招飲，鄭孝胥、沈曾植、王
仁東等在座。

　　　《鄭孝胥日記》正月初三日：夜，赴姚賦秋之約於小有天，座有
子培、梅庵、旭莊及姚三子。（頁一五〇四）

正月六日（1 月 31 日），曾熙母劉太夫人卒，嗣後公爲作頌及像贊。

　　　殘拓：（前闕）入都，躬承母訓，瞻茲閎槷，樂永貞福。拜手作
頌，以光來葉。其詞曰：魏魏祝融，峻極于天。母德無極，式是龍
田。維山不騫，維德不圮。于萬斯年，燕翼孫子。賜進士出身賞
加二品頂戴署江寧提學使司臨川李瑞清撰文。（賀顯清藏拓，婁
底市博物館）

　　　《曾節母像贊》。（《清道人遺集》頁一三一）

　　　《龍田曾氏六修族譜》：壽八十三，於民國甲寅三年正月初六
日酉時歿。（轉引自王中秀、曾迎三編《曾熙年譜長編》頁一七八）

　　　案：文曰“魏魏祝融，峻極于天”，《後漢書·張衡列傳》卷五十
九李賢等注曰“衡阿，衡山之曲也。黎，顓頊之子祝融也，爲高辛
氏之火正，葬於衡山”，當指衡山。又曰“式是龍田”，曾熙爲龍田

曾氏，故此頌當爲曾母所作。矧"入都，躬承母訓"與《曾節母像贊》"昔我徂京，肅瞻母容。隨季登堂，笑語和雍"亦合。又《像贊》曰"今也何時，逢此鞠凶。季子奔號，我命實同"，當作於曾母去世後不久，併繫於此。

正月十八日（2月12日），遇鄭孝胥於電車內，鄭薦何鑒泉以診李瑞荃痢疾。是日，長尾甲以哈麐藏公辛亥時所作諸函稿示鄭孝胥。

　　《鄭孝胥日記》正月十八日：晨，過長尾。於電車中遇李道士，問其弟，下痢未愈，容甚戚。余薦何鑒泉往診之。長尾出示張弼臨懷素《千文》……又示李梅庵與張安圃辭署藩司及與程雪樓、蔣尗斑辭顧問諸函稿，有仇淶之跋，乃哈少甫攫得、裝裱、求雨山題跋者也。（頁一五〇六）

　　仇繼恒跋《清道人手札致程雪樓　第一集》：右書數通爲臨川李梅盦先生手稿。先生以翰林出爲道員，需次江寧，監督兩江師範者數載。絃誦雍雍，既肅且和，校之人從而安之。文章骨肉之雅，雖家人父子不啻也。光復軍起長江，上下數千里，名城十數相繼獨立，江寧支拄其間，勢岌岌。九月十七日之夕，光復軍舉事，圖江寧未成，職官則自監司以至守令咸逃至滬，一去而不可復回。城內惟兩江總督張人駿、江防軍統張勛在，先生職司教育，進退餘裕，顧以生徒百數無所歸，相守勿去。張督則以署藩司委先生。先生明知事之不可爲也，固辭不獲，相與繕守備、峙糗糧，辛苦竭蹶者二旬，而勢卒不支。城破之日，坐聽斧鑕，蘇州都督程德全雅重先生，匪惟不之害，且欲以職任相強，先生以死自誓，決志不從，終不能浼。乃易黃冠爲道士，去之滬江，賣書畫以自養。食貧居困，處之泰然。右所爲書皆當時往返辭命之書也。晚世士大夫習爲避趨離合之術，隨時高下，而巧爲其伎以暱就之，天理人倫，舉無足介於其心，而惟此一時之虛譽、一身之利達，不可以不保，以先生較之，何其巧拙相懸一至於此哉！卒之人巧有時而窮，所謂虛譽利達者，或忽焉去如飄風，而先生則益拙益堅，歷時逾久而愈不改乎其度。夫固有所守焉，而非可以薄俗淺見測也。先生此稿藏不示人，哈君少甫得而讀之，舉以相視，因爲記其端委，俾見之者知所敬焉。贅園仇繼恒。

　　案：哈麐得公諸函稿，裝裱成册，後景印以行，名曰《清道人手札致程雪樓第一集》，内有《與蔣兊斑書》、《上張制軍辭署寧藩司書》、《與程都督辭顧問官書》，遍請名流題跋。長尾甲題於甲寅伏日，尚有曾熙、馮煦、潘飛聲、高英、仇繼恒、吳昌碩、趙士鴻、鄭孝胥、陸恢、張大千跋。然鄭孝胥、張大千跋皆未印出，《鄭孝胥日記》庚申十一月廿七日："題哈少夫所藏李梅盦與程德全、蔣兊斑信稿。"曾熙癸亥十月十二日致哈麐書云："李册爲張季爰攜至松江，今題來，與鄭公反對，二題均可不印，已與朱言之，先生著妥使來取。"劉成禺《清道人軼事》(《世載堂雜憶》頁一三六)記其事曰："梅盦書函喜用漢人'頓首'、'死罪'等式，鄭蘇龕題梅盦致程雪樓書稿後云：乞命賊庭等兒戲，頓首死罪尤費辭。程因再書一絶於鄭詩後云：中丞印已付泥沙(湖南巡撫余誠格棄印潛逃)，布政逍遥海上槎(鄭孝胥爲湖南布政使司布政使)。多少逋臣稱逸老，孤忠祇許玉梅花。"據此，知張大千題詩與鄭孝胥反對，故曾熙勸其勿印也。劉成禺自謂聞諸張大千，而誤以張詩爲程德全所作，然《清道人與鄭蘇龕》(《世載堂雜憶》頁一三七)復記其事而不誤也。

正月，致書陸樹藩。

　　《與陸樹藩書》：新歲未及走候，因舍弟病痢，頃得日醫治之，乃大效，殊可喜。天池老人册子，前途如何？回信如不要，請即將原件擲下。蒓伯老哥。清道人頓首。（迦南 2013 年秋季拍賣會0353）

曹曾涵題公所畫山水。

　　薾史《題清道人所畫山水》：道人作畫如作書，濡染大筆何淋漓。奇境獨闢讀書堂，登彼西山可採薇。吁嗟道人之清清澈骨，

敝屣萬鍾經齮齕。自署頭銜變服游,玄黃天地留名節。(《大同
報》頁四四)

　　案:該刊物印於陽曆三月七日,姑繫於此。

二月二日(2月26日),譚延闓抵滬。

　　《譚延闓日記》二月二十六日:二時半泊,起問,云至吳淞。行
僅卅二小時,可謂速矣。起視天水茫茫,然不甚冷。展轉不寐,倏
已天明……登岸,呼人力車至塘山路廿五號,入見老人及眷屬。
(册二,頁四八四)

二月三日(2月27日),譚延闓來訪,不值。赴俞明頤小有天招飲,譚
延闓等在座。散後,與譚同往李瑞荃處視疾。

　　《譚延闓日記》二月二十七日:同無悶至李道士家,值其出,遂
至恆豐問存款……至小有天,俞壽丞招飲,梅庵已在,相見大喜,
以所攜酒痛飲盡醉,菜實佳,不負所聞。出,同梅庵至筠庵家,病
已愈,坐良久,乃歸。(册二,頁四八五)

二月四日(2月28日),至李瑞荃家,與同人觀五字已損瘦本定武《蘭
亭》。赴呂苾籌小有天招飲,譚延闓、譚澤闓、張其鍠在座。

　　《譚延闓日記》二月二十八日:余與壽丞、呂滿率大、繩、衡三
兒以車同至李筠盒家,道士亦在。看筠盒藏五字已損瘦本《定武
蘭亭》,即尹和白所印者,原本乃不如印本精采,可怪。遂邀道士
同赴小有天,呂滿作主人,大武亦來。出,攜酒同飲,飲半,子武
來,菜甚佳,散歸已三時。(册二,頁四八六)

二月五日(3月1日),赴聶其杰家讌集,譚延闓、張其鍠、譚澤闓、呂
苾籌、李璜、瞿宣穎、俞明頤等在座。

　　《譚延闓日記》三月一日:偕子武至聶雲台家,大武、呂滿先
在,又見李璜、卓某、瞿銳之、聶弟、楊某。聶屋新成,尚精緻,有電
爐,亦不爇也。梅庵、壽丞後至。入席,唯二李、俞、張、呂、余兄弟
同坐。菜爲半齋,揚州廚也,不甚副其名。酒後飲白葡萄汁,則清

洌矣。（册二，頁四八七）

二月六日（3 月 2 日），午，公招飲小有天，俞明震、俞明頤、張其鍠、呂苾籌、譚延闓、譚澤闓等在座。

　　《譚延闓日記》三月二日：晴。寒暖：五十度。九時起……赴小有天應李梅盦約，俞恪士、壽丞、張子武、呂無悶、大武及三兒均在。李開入十年陳酒，色如金珀，味淡而永，不愧佳釀。菜亦甚精。於是小有天之拿手菜鯿魚、五柳魚、香糟鷄、搥筍皆嘗徧矣。（册二，頁四八八）

二月七日（3 月 3 日），赴小有天宴飲，譚延闓、譚澤闓、俞明震、俞明頤等同席。

　　《譚延闓日記》三月三日：附電車至小有天，二俞、大武、梅庵先在，酒仍李攜，菜重，燒豬竟不堪食。既罷，諸兒先歸，余輩步出，附電車至三六園。門者華人，舉榰相阻，而東人延入之。局勢甚小，布置甚佳，流覽一周而出。仍附電車，諸人先後下，余與五弟歸。（册二，頁四八九）

二月八日（3 月 4 日），赴俞明震小有天招飲，譚延闓、呂苾籌、譚澤闓、俞明頤、陳三立等在座。

　　《譚延闓日記》三月四日：午，率三兒乘馬車，呂滿、大武趁電車，先後至小有天，俞恪士招飲也。道士、壽丞至。陳伯嚴來，不見十年矣，甚瘦削，如七十許人。酒仍道士攜，菜有腐乳鴨、魚脣、雄魚頭，皆至佳，扛鰍稍遜，飲盡醉。（册二，頁四九〇）

二月十三日（3 月 9 日），袁世凱下令設置清史館。

　　《大總統袁世凱設置清史館令》：大總統令。據國務院呈稱：擬設清史館，經國務會議議決，請鑒核施行等語。查往代述作，咸著史篇，蓋將以識興革之所由，資法鑒於來葉，意至善也。維大清開國以來，文物典章，粲然具備。遠則開疆拓土，有關歷史之光榮；近則革故鼎新，尤係貞元之絕續。迨共和宣佈，讓德昭垂，我中華民國特頒優待條文，允彰崇德報功之典。特是記載尚闕，觀感無資，及茲文獻未湮，徵求宜亟。應即准如所請，設置清史館，延聘通儒，分任編纂，踵二十四史沿襲之舊例，成二百餘年傳信之專書，用以昭示來茲，導揚盛美，本大總統有厚望焉。此令。中華民國三年三月九日。（《政府公報》六六〇號）

二月十八日（3 月 14 日），訪譚延闓。與譚延闓、譚澤闓同往李瑞荃家看金農、王蒙畫。道遇俞明頤，遂至其家觀所藏端硯。

《譚延闓日記》三月十四日：午飯，飲數杯，微醺。李梅庵來，遂與大武偕之坐馬車至筠安家，看金冬心朱地雙鈎竹，又見黃鶴山樵畫。出時道遇俞壽丞，至其家，見所藏端硯，有甚佳者。及至李家，筠安亦言俞硯佳，可千金也。別二李，同大武至小有天。（册二，頁五〇〇）

二月二十日（3 月 16 日），譚延闓、呂苾籌、譚澤闓來，公出示何紹基藏《衡方碑》二本、日印唐鈔鄭注《論語》殘本及所作文。

《譚延闓日記》三月十六日：陰。寒暖：四十九度。八時起。甚寒，此間較青島為冷也。食粥後，呼馬車同大武至呂滿家，同詣李道士，談甚久。見何猨叟藏《衡方碑》二本，皆甚佳，一本有許瀚跋。又見日本印鄭注《論語》殘本，唐鈔也，與今本異處甚多。道士又出示所為文，久之出，別道士歸。（册二，頁五〇二）

案：許瀚跋本《衡方碑》為清初拓本，曾經黃易、楊鐸、何紹基等遞藏，今藏上海博物館，上有李瑞荃題字，曾熙署檢并跋。

二月二十五日（3 月 21 日），赴吳學廉之招於式式軒，陳三立、鄭孝胥等同席。詣王存善，觀其所藏碑帖，錢熊祥、譚延闓等在座。

《鄭孝胥日記》二月廿五日：赴鑒泉之約於式式軒，伯嚴、梅庵等皆在座。（頁一五一〇）

《譚延闓日記》三月二十一日：二時，同大武過呂滿，遂至王子展家，李道士、錢沖甫、周某同坐，觀所藏宋拓《九成》、《皇甫》、《大觀》、《絳帖》、《坐位》及東坡《偃松屏贊》、松雪《仇府君志》、鮮于伯

幾臨米墨蹟,信爲瑰寶。飲談大樂,不覺盡醉。(册二,頁五〇七)

二月二十七日(3 月 23 日),赴張習之小有天招飲,譚延闓、譚澤闓、
呂苾籌在座。

　　《譚延闓日記》三月二十三日:十二時,同呂滿、大武以馬車至
李筠安家,邀梅庵同車至小有天,張習之招飲也。習之攜酒甚佳,
盡兩瓶,繼以道士酒,皆入口輕圓,李酒尤醲郁,年代相壓,正不可
誣。談諧甚樂。(册二,頁五〇九)

二月三十日(3 月 26 日),赴式式軒宴飲,俞明頤、成習之、呂苾籌、譚
延闓等同席。散後,應范源廉之招於小有天午餐,張元濟、陸費逵、
麥孟華、王培生、蔣維喬等在座。

　　《譚延闓日記》三月二十六日:八時起。食粥後,呂滿來。俞
三偕成習之來,邀余兄弟及呂滿出,步過筠庵,立談而別。乘電車
至式式軒,四川館子也,菜殊不佳。李道士來,主張椒鹽膀,亦平
平。久談而散。(册二,頁五一二)

　　蔣維喬《退庵日記》三月二十六日:晴。十二時,范君靜深邀
往小有天午餐,在座者菊生、伯鴻、麥孺博、李梅庵、王培生諸君。
(《蔣維喬日記》册五,頁二九二至二九三)

題王沛麟《顧影自憐圖》。

　　李瑞清《題星泉先生顧影自憐圖》:神方駐景有潛功,形影詩
傳陶令風。莫使灰心霜鬢改,朱顏省識畫圖中。(《希社叢編》第
三册《同聲集》頁六)

　　案:該册於民國三年四月出版,高翀《題王君星泉顧影自憐圖
即移題其玉照》(《希社叢編》第三集)亦作於此時者也。其緣起參
閱高翀《顧影自憐圖題詠集序》(《希社叢編》第七集)。又,王沛麟
輯録各家題詩爲《顧影自憐圖題詠》,於戊午孟春刊印。

致書蔣國榜,擬爲其弟詩作序,卒未成。

　　《與蔣國榜書》一:人來,承惠明蝦,珍感,珍感。令弟詩擬作

序,人事牽紲,殊愧遲滯,又未肯草草落墨也。每日何時在局？當
詣談,詩卷自攜。即頌侍奉萬福。清道人頓首。蘇龕吾弟足下。
（西泠印社 2014 年秋季拍賣會 1780）

　　案：蔣國平《平叔詩存》爲《金陵叢書》丁集,卷首並無公序。
李紹楠序於壬子仲秋,李詳序曰“甲寅授余勘定”,或即勘定時乞
公作序者也。又,牌記曰“蔣氏慎脩書屋校印甲寅如月著始丙辰
涂月告成”,暫繫於此。

三月三日（3 月 29 日）,晚,赴小有天宴飲,譚延闓、成習之、俞明頤、
俞明震在座。

　　《譚延闓日記》三月二十九日：傍晚,同大武、呂滿至呂家,遇
王寶球、周拐子,新自湘來,詢湘事甚悉。聞尹大來,余輩遂至小
有天,成習之已在,俞壽丞及其侄壻濮姓、李道士先後來。食將
半,恪士來,新自杭歸也。今日菜平平,李道士攜酒則罄五瓶,甚
酣暢。歸已九時。（冊二,頁五一五）

三月四日（3 月 30 日）,李詳致書陳中凡,以公近況告之。

　　李詳《致陳中凡書》：鐘凡仁世兄大人閣下：頃誦惠書,猥蒙獎
飾,至不敢當……俟考文苑開,稍有趨向……世變之後,三窟俱
窮,未能償此……李梅翁在電車一見,其弟病甚,梅親往侍疾,友
愛備至。近聞賣字,聲譽稍起,可以糊口。知念坿聞,草此敬復。
即頌近祉,不一。世愚弟李詳頓首。上巳後一日。（《清暉山館友
聲集》頁三四至三八）

　　案：書曰“俟考文苑開”,函夏考文苑創議於壬子八月,至甲寅
夏議始寢。又曰“其弟病甚,梅親往侍疾”,癸丑十月,俞明震《寄
李梅庵道士》“昨聞阿弟病,日日趁車往”,則李瑞荃當病於此時
前後。甲寅正月,李瑞荃養疴公處,二月病愈,故此書當作於甲
寅也。

三月五日（3 月 31 日）,晚,譚延闓假張其鍠家宴客,赴之,譚澤闓、俞

明頤、俞明震、呂苾籌、聶其杰等同席。

　　《譚延闓日記》三月三十一日：傍晚，余偕大武步至子武家，壽
丞、呂滿先在，見張叔宜，今日余假子武家請客也。道士、恪士、雲
台，惟張十四未出，鰻魚及鴨皆不如前日，淒然有別感矣。九時乃
散，出至通衢，呼人力車歸，則尹大亦歸矣。十一時乃睡。今日甚
熱，乃著夾袍，易夾鞋。明日起程往青島，攜大生先去。恪士以圍
棋作游戲，有用三子，各占三行，向前相抵，以先制人者爲勝。又
兩人對著，以能使五子相連，而阻人使不得連，先成者勝。道士笑
謂奕吾不解，此乃解之。（冊二，頁五一七）

三月六日（4 月 1 日），譚延闓將往青島，同人於聶其杰家餞之，俞明
震、俞明頤、張其鍠、袁思亮等在座。午後，至碼頭送行。

　　《譚延闓日記》四月一日：十一時，同大武、呂滿乘馬車至聶雲
台家，子武、道士、叔宜、俞恪士、壽丞咸在。入席，有鯑魚，雖不甚
鮮，視湖南爲美。袁伯夔來，同食窩窩頭，蓋雲台以小米粉仿製
者，視京師貧民所食名同味殊矣。復進小米粥，聽留音機，叔宜以
赴杭州先去，余輩至二時乃辭歸。子武旋來，云將使粵，略坐去。
二時三十分，乃辭老人，攜大生偕大武、呂滿至亨寶碼頭，登大臣
輪船，居大餐間第八號，李道士、王寶球來送行。簣景山亦來，言
行李乃有七十五噸，辭色間若甚不安者。將三時，諸人始別去。
臨舷送之，頗有依依意。（冊二，頁五一八）

三月十九日（4 月 14 日），譚延闓致函與公。

　　《譚延闓日記》四月十四日：發信：英溪、梅安、雨人、伯夔。
（冊二，頁五三一）

三月二十七日（4 月 22 日），詣繆荃孫。

　　《藝風老人日記》三月廿七日：戊寅。雨……李枚庵來。（頁
二七一一）

三月，跋定武《蘭亭》肥本并署檢。

　　《定武蘭亭肥本》跋：自來言帖學者莫不首推《蘭亭》，宋時士

大夫家刻一石，游丞相一人刻至五百種之多，故以定武石刻爲第一，以爲不失古法，而肥本最爲難得。此本墨色黝古，用筆渾厚，猶有鍾元常風度，如"欣"字末畫翻落，章草筆也。"向"、"因"、"固"諸字，汪容甫先生謂似《始平公》，非得此本，何以證其言之非誣？包慎翁謂六朝人之不可及處只是滿足，無一闕處，山谷稱楊風子"下筆便到烏絲闌"，今觀其迹，亦只是滿足，合觀乃可悟古人筆法。至"羣"字之直、"崇"字之三點、"殊"之蟹爪，帖賈皆能言，故不復縷數。壬寅三月，清道人。甲寅乃作壬寅，可笑，可笑。（上海商務印書館）

　　案：封面署曰："定武蘭亭肥本。清道人題。"

春，評點門人蔣國榜所作詩文雜稿。

　　案：據西泠印社 2016 年春季拍賣會 1204 號拍品介紹，《蘇盦甲寅年詩文雜稿》封面題曰"立春日手訂"，內有公手書評語，當即作於此時者也。

春，致書篠崎都香佐，乞其託秋田康盡心爲胞侄李承修診疾。

　　《與篠崎都香佐書》：篠崎先生閣下：禮拜三不見駕臨，知院中事忙也。弟今日往震澤舍弟筠菴處，數日始能歸，歸來即奉告也。有胞侄賁甫病黃膽瘕，從湖北來就醫，從貴院中秋田先生診愈，今特來就醫，請就近向秋田先生前一力託之，俾得盡心診治，勿視同恒泛也。感且不朽。又現在外間風潮頗甚，擬院傍晚方能送其來也，請飭紀收拾中等房一間爲禱。餘頌起居安善。清道人頓首。（四川德軒 2013 年秋季拍賣會 0438）

　　案：書曰"從貴院中秋田先生診愈"，又曰"請就近向秋田先生前一力託之，俾得盡心診治"，似尚不識秋田康也。考本年夏公爲秋田康畫山水立軸，則該函當作於此前也。或以此報之，亦未可知。暫繫於此。

四月十四日(5 月 8 日)，晚，赴淞社第十五集，周慶雲、劉承幹、繆荃
孫、戴啓文、許湞祥、錢溯耆、汪洵、惲毓齡、惲毓珂、胡念修、劉炳照、
楊鍾羲、喻長霖、章梫、潘飛聲、陶葆廉、楊臨、褚德彝、潘蠖、沈焜、孫
德謙等在座。

　　《求恕齋日記》四月十四日：旁晚，偕益庵、醉愚出門赴淞社十
　　五集飲……是日三席，由夢坡主觶。計到者爲繆筱珊、戴子開、許
　　子頌、錢聽邠、汪淵若、李梅庵、惲季申、瑾叔昆季、胡幼嘉、劉光
　　珊、楊芷姙、喻志韶、章一山、潘蘭史、陶拙存、楊誦莊、褚禮堂、潘
　　毅遠、沈醉愚、孫益庵、汪符生及邠老幼子、余而已。題係夢坡爲
　　母夫人董寫經建塔於西湖之南山理安寺前徵詩，各貽緣起一紙。
　　（冊三，頁四三五）

某晚，陳三立、陳曾壽來訪，遂於巷尾沽肆聚飲。

　　陳三立《於李道士宅遇仁先遂攜舊釀過飲巷尾沽肆》：晚聚迷
　　氈位，傾醪就市樓。食單涎苦筍，壁色面新髹。夙業成饕餮，行吟
　　孰匹儔。從今識備保，對汝寫幽憂。（《散原精舍詩文集》頁四一
　　二）

　　案：該詩前隔一首爲《過太夷還途登愚園雲起樓看雨》，據《鄭
　　孝胥日記》四月十四日"伯嚴來談，新自江西來"，則此事當在十四
　　日後也。

四月二十日(5 月 14 日)，作《彌勒圖》。

　　《彌勒圖》：歲次甲寅四月辛巳朔廿日庚子，清道人阿梅敬續
　　彌勒佛象一區，願兵災休息，一切含靈，永離苦海。○此予甲寅不
　　知爲誰作也，木末先生又從何處得之？所謂兵災休息，今又何如
　　也？噫。清道人又題。（湖南省委黨校圖書和文化館藏）

四月二十五日(5 月 19 日)，發譚延闓函已達。譚覆書與公。

　　《譚延闓日記》五月十九日：發信：子靖匯、道士、汪九、冬生。
　　受信：石廣權、道士、龔業強。（冊三，頁二一）

四月,爲仇英《璇璣圖》篆首。

仇英《璇璣圖》引首:仇實父先生璇璣圖。有明畫家,唯仇實父先生全守古法,唐宋遺榘,于此尚存。六如之超雅,待詔之秀潤,終不實父之淵穆沉静也。甲寅四月,清道人。(西雅圖藝術博物館藏)

案:此圖卷尚有蔡羽、彭年、王寵、文嘉、王世貞跋。

五月初,爲《朱閣學墓碑》書丹并篆額,王闓運撰文。

《長沙朱閣學墓碑》:君諱昌琳,字雨田,長沙人也……歲壬子十月丁未,微覺神倦,戊申夜雞鳴,方習導引,垂手而逝……粤以甲寅歲五月庚午奉葬君於本縣純化鄉杜塘之原……翰林院檢討重宴鹿鳴加翰林院侍講銜禮部禮學館顧問官王闓運撰文,賜進士出身前署理江寧布政使江蘇候補道李瑞清書丹并篆額。

案:五月庚午爲五月二十日,公書丹或在四月至五月上旬,暫繫於此。

覆書李健,詢及胡光煒病況。

《與李健書》:金良才來,得書,知當開會忙,并寄來八十圓,收得七十圓,因汝母近虧無錢用留之也。然節下得以無苦,滿幹便是,辛苦薄命相,毋怨天也。聞汝功課太多,或辭數句鐘,不必拚命。現在我精力尚足撐持。擬汝回家過節,乃因開會不果,頗憐之。一家團聚,飲酒爲歡,而汝一人在外辛苦,爲養家耳。大約人有能也,汝病種不斷根,不宜過苦。小石聞未到湘,其館薦何人擔任?近日愈否?甚念之。蔣焕斑聯卒卒未得操觚,遲遲即寄。近得見《流沙墜簡》,有兩漢西晉人墨迹,乃一大快事。它冀自愛。清道人頓首。三郎阿乾無恙。(複印件,曾迎三先生惠示)

謝建華《胡小石先生年表》8 月 23 日:李梅庵授命侄李健來信,詢問先生病情。此後又三次來信。(《胡小石文史論叢》)

案:書曰"小石聞未到湘,其館薦何人擔任",據謝建華《胡小

石先生年表》，民國二年，公薦胡光煒爲長沙明德中學教員，民國
三年四月胡光煒因病返寧，八月，由仇亮卿紹介，任教於江蘇第一
女子師範學校，故此書當作於其間。又曰"擬汝回家過節"、"一家
團聚飲酒爲歡"，或即端午也。又曰"近得見《流沙墜簡》"，本年六
月三日，繆荃孫來取《流沙墜簡》，亦可參證。

五月上旬，爲梁鼎芬畫《崇陵種樹圖》并題詩。

　　《題梁節庵先生崇陵種樹圖》：精衛銜微木，焉知滄海深。夸
父逐白日，投杖成鄧林。九天蓋云高，照此孤臣心。先帝昔登遐，
攀號尚餘音。弓劍委荒野，坐見大陸沈。下爲螻蟻欺，上爲霜雪
侵。犇走告四方，孰能察余忱。一旦邱陵安，窮山鬱嶔崟。其東
植桐梓，其南種杞李。其西樹松柏，其北女貞子。漑以眼中淚，莽
莽參天起。草木有榮枯，臣心終不死。（《清道人遺集》頁三二）

　　陳曾壽《題節庵師崇陵種樹圖》。（《蒼虬閣詩集》頁五八）

　　《鄭孝胥日記》五月廿二日：大雨達旦。陳仁先來示《崇陵種
樹圖》詩，梁星海屬李梅庵畫。（頁一五一九）

　　案：五月二十二日陳曾壽已題詩其上，公所畫當在其前也。

**五月下旬，張承之自都中歸，出觀楊鈞所臨《孔羨碑》，更求公書，遂
臨《石門頌》以報。**

　　楊鈞《跋孔羨臨本》：李梅庵嘗與余言，在南京時，每欲臨《孔
羨》，畏難而止；臨數十字而中輟者亦數次。故見余臨本，而有"驚
歎屢日"之專函贊許。壬子歲余在北京，爲張承之臨四幅。攜之
上海，以示梅庵，更求梅庵作書。乃臨《楊孟文》，而記其紙尾曰：
"承之弟自京來，出示楊重子所臨《孔羨》，純乎漢人風韻，數十年
來，無此作手。余望而畏之，不敢下筆。承之意不可卻，遂臨《楊
孟文》以報。幸勿使重子見之"云云。此碑之難學在筆筆結實，
不能容絲毫客氣。其空處全在實處，愈實反愈空，非寢饋十年，
不能領略。世人皆欲速成以得名，不肯苦學以求是。好學如梅

庵者，尚曰不能，其他無論矣。噫！此十年前事耳。梅庵死，又
數年矣。此十年來，余之書法視十年前爲何如，無梅庵其人者與
之商榷評論，則爲余今日之最恨事。近寫《韓敕》，已達五百數十
遍。梅庵見余十年前臨本，即以爲有變化，今日或更有進，然能知
之者誰耶？梅庵題尾誤《孔羨》爲《受禪》。（《草堂之靈》卷四，頁六三至
六四）

五月，爲蔣國榜《金陵叢書》甲集各書署檢并書牌記。

案：《金陵叢書》甲集爲《晚書訂疑》、《春秋識小録》、《補後漢
書藝文志》、《老子翼》、《莊子翼》、《顧華玉集》，均爲公署檢者也。
所書牌記曰"甲寅皋月蔣氏慎脩書屋校印"，故繫於此。

閏五月二日（6月24日），午，致函楊鈞，與之論書。

楊鈞《上石》：梅庵於書亦有心得，故其佳者亦可動刀。今録
其甲寅年函於後，亦可以知成名者非偶然也。

重子吾兄閣下：頃者承之弟由都中歸，得見手筆，驚歎屢日。
從前吾兄書臨古碑，尚係道州法，不必學何而惟恐板，又恐人不叫好。今
見所臨四紙，能不畏板，而筆法滿足規矩，從此出風韻，乃知漢人
之風韻矣。聯似更佳，其實不及屏，因聯又有愛好求活動之心矣，
故微露伊派。貧道論書，以爲當於古人求古人，不可於今人學古
者求古人。此敝至元以來，皆願學同時人書，此種倚賴奴隸性萬
不可有。何道州隸非不佳，無一筆不似漢人神味，然不肯板，但求
活動，故其筆法不可衣被後人。學其書而工者，則人見之皆曰：
"學何而已。"其敝在不能細。如文章，漢文是駢文骨子，故樸厚；
八家文無駢文骨子，但疏粗薄弱而已。吾兄能文章者，當悟此語
也。因聞吾兄殷殷垂詢，故不覺自吐其腹心，貢之左右也。夏熱
珍衛。清道人書於滬上小有天酒樓。令兄前並致意。閏五月初
二日午。（《草堂之靈》卷十六）

閏五月三日（6月25日），赴齋藤恒之約於日本俱樂部，鄭孝胥、姚文

藻等在座。食畢，攝影而散。

　　《鄭孝胥日記》閏五月初三日：赴齋藤之約於日本俱樂部，梅庵、賦秋皆來，食畢，攝影而後散。（頁一五二〇）

閏五月初，戚揚薦公及陳三立、胡思敬、朱益藩、喻兆蕃堪任清史館之選。

　　《江西巡按使戚揚呈敬舉陳三立李瑞清胡思敬朱益藩喻兆蕃等五員堪任清史館之選應如何優予延聘請訓示施行行文並批令》：爲敬舉堪任史官人材以備延聘事。竊維基開武德，顏籀著其鴻編；院啓元豐，曾鞏捵其鉅製。良以信今傳後，將成一代之書；征獻考文，尤重三長之選。伏讀三年三月九日大總統令設置清史館延聘通儒分任編纂等因，仰見大總統倦懷興革，垂意章典，廣蒐珥筆之英，用備記言之職，甚盛事也。查贛省夙推文物，代有聞人。滄海既更，德星遂晦。揚自奉詔節，屢賁弓旌。披涪翁詩派之圖，猶聞嗣響；讀永叔歸田之録，緬想幽蹤。間嘗加意旁求於此邦，得五人焉⋯⋯一爲前清署江寧提學使李瑞清，江西臨川縣人，學識閎深，操行堅卓，歷笩兩江學務，聲績獨優，爲東南冠。解組後，僑寓申江，安貧樂道，以書畫自給，海外人士得其尺縑片楮，珍若琳瑯。白傅詩篇，雞林爭購，其名重於時如此⋯⋯以上五員，類皆性秉夷清，行侔史直，研精撰述，皓首彌劬，寄興篇章，芳馨自閟。且于先朝掌故，近世國聞，夙所究心，靡不淹貫。微特南州之高士，抑亦東觀之良材。若以充任史官，必能稱職。在該員等伏處幽潛，不求聞達，雖荷待樊英以壇席，迎申公以蒲輪，未必不願乞閑身，遂其初服。從名山之禽向，猶戀煙霞；作盛世之巢由，自安耕鑿。惟是揚忝膺守土，近接流芬。識巨源爲璞玉渾金，久欽其實；用相如于高文典册，尤當其才。爰敢敬舉所知，以彰盛美。應如何優予延聘之處，謹乞大總統鈞鑒，訓示施行。謹呈。批令：交清史館酌予聘用。此批。大總統印。中華民國三年六月三十日。（《政府公報》第三十三册頁一二五至一二六）

案:該文及批令另見《清史館又有五人之薦舉》(《申報》7 月 7
日)、《大總統批令》(《政府公報》第三十三册頁三十)。

閏五月十六日(7 月 8 日),晚,赴日人宴,長尾甲、伍廷芳、鄭孝胥、張
元濟、印有模在座。

　　《鄭孝胥日記》閏五月十六日:晚,過齋藤恒。遂赴迪思威路
　　月迺家,日人公餞長尾,來者伍秩庸、張菊生、印錫璋、李梅庵。
(頁一五二二)

閏五月二十八日(7 月 20 日),赴增田高賴之約,鄭孝胥、鄭垂、姚文
藻在座。

　　《鄭孝胥日記》閏五月廿八日:晚,赴增田之約,梅庵、賦秋皆
　　在座,惟子培不至。(頁一五二三)

　　案:《鄭孝胥日記》閏五月廿七日:"宗方及增田高賴同來,約
　　明日往日本俱樂部,並約大七同往。"

閏五月二十九日(7 月 21 日),致書鄭孝胥,爲周馥欲得商務印書館
二百股事。

　　《鄭孝胥日記》閏五月廿九日:夜,李梅庵來信,云周玉山欲得
　　印書館二百股,使余爲之設法。(頁一五二三)

六月三日(7 月 25 日),繆荃孫來取《流沙墜簡》。

　　《藝風老人日記》六月三日:詣李道士取《流沙墜簡》。(頁二
　　七三六)

六月九日(7 月 31 日),爲譚澤闓題所藏《王穆峰畫李東陽像羅聘補
竹圖》。

　　題《王穆峰畫李東陽像羅聘補竹圖》:"李西涯像。西涯舊寓
　　今詩龕,詩拈城北即湘南,蘇齋補竹同一函。戊午夏,方綱贊。"瓶
　　齋弟以茶陵相國遺像屬題,因臨漢陽葉氏所藏法梧門所橅茶陵像
　　蘇齋題字,似勝清道人自作惡詩也。甲寅六月九日,清道人。(臺
　　北故宫博物院藏)

案:舊題《清法式善畫李東陽像羅聘補竹》,據衣若芬《〈清翁
方綱題李東陽像羅聘補竹〉圖考》(《中國國家博物館館刊》2021 年
第 3 期)訂正。

六月十四日(8 月 5 日),致書裴景福。

《與裴景福書》:六月十四日,清道人頓首頓首,伯謙先生執
事:山川脩岨,相見末由。歎想之勞,唯日爲歲。頃讀報紙,聞公
返自霍邱,爲盜所劫,確耶? 書畫無恙乎? 極相念也。

令弟仲約并望致意。(上海鴻生 2018 年夏季拍賣會 0526)

案:據汪茂榮編《裴景福行年簡譜》(《睫闇詩鈔》頁四六一),
甲寅春,裴景福乘舟入淮河,所藏書畫被劫毀於盜。故繫於此。

夏,致函某公,爲弟李瑞荃謀職。

《致某公函》:(前闕)先生當以我爲知己也。讀經之策,末學
下士,互群起騰笑,貧道以爲此裴先生之老謀深算,非倪將軍之言
也。惜無人知其妙用耳。今日之教育似唯恐學子之不解作亂,殊
可怪歎。貧道居滬上鬻書,差足自給。舍弟阿筠去年大病幾死,
今雖愈,然貧不能自存,貧道不欲其做官,又無以救其餓,當世士
大夫絕少往來,公能爲謀乎? 楊潛庵比入都,充肅政院書記,昨有
書來,云已乞恪士求公謀之,倪將軍爲保免考知事。潛庵相隨舍
弟且十年,前潛庵聞難奔赴,義同存亡,事定乃出。如此風誼,豈
復能有望於今之人哉? 貧道知之深,故不能已於言耳。幸亮之。
酷熱灼肌,無陰以憩,每念昔游,令人惘惘。它冀珍衞。清道人頓
首頓首。阿筠坿叩。(北京西榮閣 2017 年春季拍賣會 0520)

案:書曰:“舍弟阿筠去年大病幾死,今雖愈,然貧不能自存,
貧道不欲其做官,又無以救其餓,當世士大夫絕少往來,公能爲謀
乎?”李瑞荃於去歲患痢疾,至本年二月方愈。本年十一月十一
日,公託譚延闓求王存善爲弟謀招商局運米事,民國四年二月朔,
李瑞荃得海州鹺局長職。此書既爲弟謀職,當作於此前也。

夏,爲秋田康畫山水立軸。

山水立軸款:秋田先生法正,甲寅夏,清道人。(関西美術競賣株式會社 2014 年秋季拍賣會 0597)

案:公弟李瑞荃、侄李承修疾均爲秋田康所診愈者也。

夏,選臨法帖以貽姚文藻。姚攝印出版,吳昌碩、沈曾植等人跋之。

《李梅庵先生選臨法帖》:余幼習鼎彝,長學兩漢六朝碑碣,至法帖,了不留意,每作牋啓,則見困躓。昔曾季子嘗謂余以碑筆爲牋啓,如戴磨而舞。蓋笑之也。年來辟亂滬上,鬻書作業,沈子培先生勸余納碑入帖,秦幼蘅丈則勸余捐碑取帖,因以暇日,稍稍研求法帖。酷暑謝客,乃選臨《淳化秘閣》、《大觀》、《絳州》諸帖,其不能得其筆法者,則以碑筆書之,不知它日沈、秦兩先生見此如何論之,必有以啓予。甲寅夏日,清道人。

吳昌碩跋:甲寅夏,避暑申江海界橋北,一客攜某盒李先生書册示予,予大驚曰:先生人品忠直,吾知之;先生樸學嗜古,吾知之;先生精篆隸彝器塼瓦文字,旁通六法,舉世共知,不特吾知也。至先生證《閣帖》之源流,辨狂草之正變,此吾不知,而世亦罕知。是册取勢離奇,結體樸茂,其用筆甚生,而得神甚活,此豈皮毛從事於斯者所能髣髴耶。予與先生朝夕奉手而不能盡知先生者如此,不亦怪哉。安吉吳昌碩,時年七十一。

沈曾植跋:李道士有祝希哲之書才,豐存禮之書學,肥炙豐膳,飲啖如吸川,不屑爲山澤癯儒,而論議顧視飄飄,自有凌雲之氣。其於書道,殆坡、谷所謂墨戲爾。發於醉飽之餘,引豪濡紙,惟意所適,從而命之曰某家某家,而某家某家之肥瘦平險,一一貢其真形而靡所逃遁。神仙家言,張惡子蓋七十三化,而《老子化胡經》有十六變詞意,道士有得於斯而示現諸墨戲耶? 自記納碑於帖,遜翁論旨劇不爾,曰化碑爲帖可爾。吾尤喜其題評小字,居然漢代木簡風味。惟其似且不似,不似而似,關捩幾何,請道士作十

日思。其中有信，以閱衆甫，猶龍氏言之矣。甲寅季夏，遜齋居士植題。（震亞圖書局）

案：沈跋款云“甲寅季夏”，是歲六月十七日立秋，故當作於六月十七日前，公所作更在其前也。又，該書封面題簽曰：“李梅庵先生選臨法帖，孝胥。”陸恢跋曰：“子芳老兄與先生交甚篤，故以所臨《秘閣帖》貽之。而子芳不以自秘，付攝印公諸同好。”子芳即姚文藻字也。

長尾甲爲哈麐跋公所作函札。

長尾甲跋《清道人手札致程雪樓　第一集》：貴于士者爲氣節，苟無氣節，則學問詞章皆與優伶侏儒之技無以擇也。梅菴先生當清末造，死守南京，兵敗力盡，乃被黄冠爲道士，遂與世絶。程德全厚禮聘之，卻而不應，其氣節凛然，足風薄俗。夫程氏固爲清朝大官，而首與亂人，視先生實有愳泣，尚有何面目欲見先生乎？雖然，無程聘，先生氣節不顯；有先生，忠義大節正傳於天壤之間矣。則是書不獨見先生志，且足以賁清末史乘矣。少夫君得之，貴比拱璧，予於是又重少夫爲人也。甲寅伏日，長尾甲敬題。

題徐鋆《梅花山館讀書圖》。

題《梅花山館讀書圖》：其一：插架圖書晝掩關，羨君琴鶴尚能安。不知天地有霜霰，長共梅花守歲寒。其二：塵海悠悠那足論，尚餘殘燭對孤尊。遥知風雨空山裏，惟有梅花香到門。澹廬仁世兄詩家一笑，清道人。（北京瀚海1998年秋季拍賣會圖録）

案：公未署年月，因後隔一首爲陳三立詩，題於是年九月下旬，而公於六月廿二日歸鄉修志，暫繫於此。該圖尚有吴昌碩、康有爲、楊守敬、李叔同、何維樸、鄭孝胥、朱孝臧、曾熙、易順鼎等跋。

李詳賦詩贈公。

李詳《贈李梅庵》：臨川李夫子，受命圍城中。醜類索金銀，舉銃擬其胸。脱身託黄冠，賤與庸保同。賣藝榜門楹，書以窮愈工。

儼似陸麗京,惜無皋伯通。介然生死際,值節揚清風。故鄉未得歸,哀郢成飛蓬。走卒識道士,出入隨兒童。朅來論文章,操行聆絲桐。誰爲月泉評,欲嗣谷音雄。飲河不願餘,才足甘長終。吾衰客江湖,禿鬢久成翁。哀歌和荆卿,呼帝爲折衷。天道失盈虚,人事有窟窿。相望日相思,歧路忘西東。毋憚書疏勞,鬭我心忡忡。(《李審言文集》頁一二七七)

案:該詩前第六首爲《贈羅叔藴先生兼訊王君静庵》,據《藝風老人日記》三月十三日"請羅叔蘊、范偉君、章一山、李審言、況夔生、程名孫、吴石潛小飲悦賓樓",則羅振玉於是年春暮過滬,贈詩當作於春末夏初也。又該詩後第三首《贈華亭雷君曜瑨》有"梧桐瑟瑟霜風緊"句,則此詩當作於夏秋間也。暫繫於此。

六月十七日(8月8日),潘飛聲於哈廫處觀公手札,遂跋之。

潘飛聲跋《清道人手札致程雪樓第一集》:危城烽火照天紅,誰把文章冒敵鋒。且對滄桑談舊事,厓門失迹笑宜中。○幾人印綬看尋常,親見夷齊下首陽。我羡臨川貧道士,黄冠歸去水雲鄉。甲寅立秋日觀于寶鐵硯齋,少甫社兄屬題,番禺潘飛聲謹志。

跋蔣國榜所得何紹基藏宋拓《史晨後碑》。

跋《宋拓史晨後碑》:《史晨碑》,其原出於《頌敦》,珮玉雅步,璁珩中巨,不使氣以爲强,不出奇以眴俗,此其所長也。至拘者爲之,則筆弱而寡勢,神薾而不舉,此其蔽也。大約《禮器》,齊派也。《史晨》,魯派也。魯本承成周遺法,廟堂之上,縱容秉筆,此爲正宗。此本迺道州何蝯翁舊藏,平生所見《史晨》,未有可比肩兹本者。今歸蘇盦吾弟,從此可以上探兩京筆法。此本考據其先後,已詳何蝯叟手跋,固不復述,余迺爲述其書派源流如此。甲寅新秋,清道人。

《孔彪碑》與《史晨》爲一派,此用柔筆者也。《劉熊》、《子游》雖亦用柔筆,然稍飄逸,無此雍容矣。同日又記。

評"宋搨史晨孔廟前碑"題簽:此賤明人手筆也,不失鍾太傅遺度。明時宋、祝、豐、張皆學鍾,亦一時風氣耳。

評"宋拓孔廟史晨後碑"題簽:蝯翁手筆。(仲威《碑帖鑒定要解》頁九五附圖)

案:該跋亦載《清道人遺集佚稿》,題曰《跋宋拓史晨後碑》二則。曾熙跋曰:"阿槑作篆,取法鼎彝,參稽學説,審定筆逕,別爲齊、魯、楚各派,其説雖創,然其闡古人之奧義,尋周室之書源,可謂獨具古心。此阿槑所稱出自魯派者也,予嘗縱覽周秦以來大小篆、隸、分、艸、真、行,其法百變,其要不越剛勝、柔勝二者而已。窮剛勝、柔勝之妙,不越内斂、外肆二者而已。周器中如《頌敦銘》、《師酉敦蓋》、《齊太宰歸父盤》等器,筆皆内斂,以柔勝者也。若《虢季子白盤》,則寬和有度,神斂而氣舒,體充而韻流,所謂善用其柔以騁天下之至剛乎?石有宣鼓,金則《虢盤》,中郎則奇譎盡興,大傳以險媚取神,江東父子以此入聖,唐室歐、虞庶幾述賢,此皆一脈流貫,予所以樂此終身而忘其疲者也。以剛勝者,周器十居其八,秦師殷法,權量諸刻瘦勁凌空,西漢簡書亦多沿其法,行於隨,張於褚,盡於米,至米則肆而失其矩矣。周器中惟《散氏盤》善用其肆,開闔有法,機行而不騁;整散適宜,筆逸而有韻。隸則《景君》窮其變,真則《大爨》傳其逸。肆而正,北書《鄭碑》、唐書平原而已;肆而縱逸,北書《崔敬邕志》、唐書李北海而已。此阿梅作書家法,予不敢越雷池一步也。《史晨》以斂氣範才,自標清度,所謂柔中能嚴守矩矱者也。此宋拓本爲道州家中寶器,予數十年癡想而不得一見,今歸蘇盦賢弟,齋中展玩浹旬,實獲我心。并因阿槑魯派一語啓予狂言,未審法家以爲何如耳。乙卯十二月六日嚴寒,衡陽曾熙。"

六月二十二日(8月13日),致函姚文藻。是日,歸鄉修志。

《與姚文藻書》:芷芳先生閣下:去年承代挪生意,一一呈法鑒，以先生收，不敢草草，故遲滯至今也。然去年賴此度歲，至今家人猶感也。貧道因臨川修志事，歸里一行，耽延不過一月，歸來再相詣。倚裝草草，不一一。秋熱珍衛。清道人頓首。（方繼孝《舊墨記——世紀學人的墨蹟與往事》頁六六至六九）

　　案：書曰"一一法鑒"，又曰"不敢草草，故遲滯至今"，或即指《選臨法帖》也。

　　《譚延闓日記》八月十四日：至李筠安家，乃知梅安昨日始行，悔未一覓之也。筠安出所藏劉石菴《謝禮部侍郎恩奏摺》，精妙入古，字體偶間以行，又見當時好文之盛。又有蝯叟《乙瑛》、南園楷書《鵬賦》，盡用褚法，乃歿前三年書。又知向謂南園此種書為早年作者，誤也。（冊三，頁一一一）

將赴南昌，聶其昌贈以詩，推其氣節。

　　沈其光《瓶粟齋詩話四編》：自散原老人提倡江西詩派，海內宗之，而臨川李梅庵瑞清獨尚唐音。國亡後，梅庵遁跡黃冠，以賣文粥書自給，自號清道人。文章氣節，當世高之。曾見衡山聶約庵徵君其昌《送李道人歸豫章》云："黃冠一去石城空，北望瓴棱恨未窮。公論自昭青史上，壯懷消盡素書中。龍蛇奇字輝江表，桃李新陰遍海東。且喜故園松菊在，歸帆好趁馬當風。"五十六字足概道人身世，詩亦雅近杜陵，不作儒響。（《民國詩話叢編》冊五，頁七〇六）

六月二十七日（8月18日），鄭孝胥觀公所臨法帖。

　　《鄭孝胥日記》六月廿七日：觀李梅庵所臨《閣帖》及宋、明各家書。（頁一五二七）

經潯陽，張峴堂止宿湖海樓。次日讌集，吳錡等在座。

　　《甲寅閏六月自滬上還臨川至潯陽張峴堂丈止宿湖海樓明日燕集作贈兼呈同座諸子時吳劍秋新遊廬山歸》：久居憚長征，信宿若已歸。昔游尚如新，舉目河山非。嘉會集勝流，持觴忽忘疲。

良友不期來，清言切余懷。高館靜宜秋，重湖隔炎威。群蕉翳天
光，寒綠生四圍。妍涼玉階深，夕陰蒢徑微。何必遠人世，寡欲心
自怡。五洲正沸騰，偃臥觀興衰。各勉日新德，爰保歲寒姿。
（《清道人遺集》卷一）

　　案：甲寅無閏六月，當係誤記也。

爲鐵佛臨魏碑長卷。

　　《臨魏碑長卷》款：一（《爨龍顏碑》）：六朝碑中，惟《龍顏》難學，
筆兼篆隸，納險絕入平正也。二（《鄭文公碑》）：筆情墨趣，分行布
白，直當于《散槃》求之。三（《張黑女墓誌》）：與《敬使君》絕相似，
道州得其化實爲虛處。四（《刁遵墓誌》）：明淨如玉，可與蕭梁石
闕參觀之。五（《崔敬邕墓誌》）：魏志中此爲弟（一），筆兼《鄭文
公》、《孟敬訓》之妙。甲寅六月，銕佛仁兄法正。清道人時來潯
陽。（重慶中國三峽博物館藏）

至南昌，爲李之鼎所刊陳舜俞《都官集》署檢。

　　《都官集》扉頁：都官集十四卷。另面：甲寅秋月，清道人。
（《宋人集》甲編）

　　案：甲寅季冬，李之鼎所作《嘉禾百詠跋》、《崧庵集跋》均識於
豫章城南抱宋廬，除夕所作《都官集跋》識於豫章城南尊宋樓，則
是年李之鼎似居豫章。公當於歸鄉時爲之也。

**爲梅光遠跋所藏董其昌書《送孔巢父謝病歸遊江東兼呈李白》長
卷。**

　　跋董其昌書《送孔巢父謝病歸遊江東兼呈李白》長卷：董文敏
爲有明大書家，文敏出，趙派乃微。文敏書極艸艸之作，彌淡遠彌
見天真。此卷乃其艸書杜少陵《送巢父歸江東》詩，明代艸書無不
學素師者，晉法遂微，文敏此詩雖學素而用（筆）淡雅，無獷氣，不
（失）晉賢矩矱。斐弟善學董，從此可悟晉法，不徒爲文敏高弟也。
清道人倚裝。（北京華藝國際 2021 年秋季拍賣會 0029）

案:梅光遠跋曰:"右跋第九行'用'字下想落一'筆'字,'不'字下當有一'失'字。"又曰:"乙丑冬至重觀,則距道人蛻化已八年矣。余與道人爲異姓昆季,情同手足,往來書札,寶存甚夥。既于辛亥兵亂失之。此鼎革後在南昌所書,勉余備至,每一展覽,不覺老淚汍瀾也。"公卒於庚申,跋曰距乙丑八年,蓋係誤記。又曰"鼎革後在南昌所書",甲寅秋,公歸鄉修志,道經南昌,或爲此時所作也。暫繫於此。

自南昌歸臨川,阻風於陗磯口。

《從南昌歸臨川阻風於陗磯口一首》。(《清道人遺集》卷一)

七月十三日(9月2日)前後,赴兩江師範學堂贛籍畢業生歡迎會,并致演說辭。

《歡迎李梅盦君誌聞(江西)》:前兩江師範學校監督李梅盦君回贛,前日由該省在兩江師範畢業諸生特開歡迎會,到者八十多人。首由簡君宗實致歡迎辭,次由蔡君震離報告同學在省近況。謂吾省在兩江前後畢業者近二百人,在省任教育者只四十餘人,大半充小學教員,少數就中學教職,而中學以上校長則無一人焉。此次中學師範收歸省辦,據報章消息,亦無一人。良由同學不願鑽營,而當世又無公道,只好盡國民教育義務,或自行捐資辦學,以求稍有貢獻於社會而已。次李梅庵先生演說,略謂此次回贛,固爲敝縣修志事,亦實欲與同學諸君把晤,今日蒙開會,實非常愉快。予在滬聞友云,黃炎培君對人談伊所查各省學校辦有成效者,大半係兩江師範畢業生所辦。黃君係張四先生一派人,伊等昔日常非難吾校,今日所言如此,則諸君辦事認真,實在可信。予辦學七年,能得結果如此,予心甚慰。予尤望於諸君者,現在世風日下,競爭權利,弁髦道德,諸君此後辦學,當注重訓練,養成完全人格,勿以小學爲不足展其才。昔大教育家皆從小學出,師範中學雖效力稍大,現在既無公道之可言,不如力辦小學或私立學校,做出事業,造就國民,但求無負於社會,有補於國民,諸君可以自

豪而余心亦大快也。（後敘革命後之境遇，語長不録）次雷見吾君
先生演説，略謂今日歡迎李先生，余亦有榮光。予知在省同學甚
悉，可告李先生者，總括之有二：一、同學除二三人外，無做官學□
想，不競權利，安心辦學；二、從前吾省學務無甚可觀，自同學執事
小學以來，有口皆碑。此固諸君之熱心毅力，要亦李先生教育之
功也。演畢攝影開宴，至四時始散云。（《時事新報》9 月 5 日）

七月中旬，在臨川，與雷鳳鼎談藝，雷贈以詩。

　　　雷鳳鼎《久不作詩李梅盦道人來自滬上譚藝心開忽成二詩一
贈道人一自贈》其一：有鶴真僊骨，翛然雲水寬。兵戈猶渤海，天
地此黄冠。筆落錢神泣，文成鏡膽寒。堪嗟老松雪，何癖尚爲官。
（《拜鵑樓詩稿》卷下，《清代詩文集珍本叢刊》册五七七）

　　　案：雷鳳鼎同修《臨川志》。

應父老之邀纂修《臨川志》，以宣統三年爲斷，作《臨川志局採訪布
告》，並爲發凡起例。

　　　胡思敬《致王澤寰書》：《廬陵志》何時可以蕆事？弟與梅庵同
時並有此舉，約定以宣統三年爲斷，尊著凡例目録如已定稿，乞先
賜一閲，藉作指南。（《退廬箋牘》卷三）

　　　《臨川志局採訪布告》。（《清道人遺集》頁二一〇至二一三）

　　　案：頃於孔夫子舊書網獲覩臨川縣志局稿本數册，其中《臨川
縣志體例》梅盦稿："一、此志體例擬仿王湘綺先生《湘潭縣志》及《衡
陽縣志》、《桂陽州志》。若實齋先生《和州志》、梁章冉舍人《順德
縣志》，亦有所參考焉。一、此志略仿班《書》斷代，以宣統三年止。
文物典章，庶爲畫一。其有闕略，以俟後賢。一、舊志蕪雜，幾成
詩文選本，今擬一概删除，仿章實齋先生例，另撰文徵。有關事實
者，仿《水經注》，節取入注。一、身存人事業未竟，來日方長，故不
立傳。所有詩人纂述，古人多有悔其少作者……"（《臨川縣志五
次凡例》）。當爲公所擬，惜未見全文。又見目録一葉，其中"人物

十"之"列傳忠義、孝友、篤性即善士、流寓、隱逸、儒林、文苑、方技、仙釋"、"列女傳賢母、節孝、烈婦、烈女。貞女、孝女、才女"及"五行十一"、"貨殖十三物産、商會"、"序十四"均由公肩任,同修者尚有補孫、繹棠、菊農(雷鳳鼎)等。附録於此,以資參考。

八月十五日(10 月 4 日),雷鳳鼎待月不至,賦詩呈公,寄託遥深。

雷鳳鼎《甲寅中秋陰雨待月不至賦呈李梅盦道人黄亦湖中表》:誰謂今宵多得月,四更月未上窗紗。微風槐落一片葉,小雨桂開全樹花。玉宇瓊樓空有夢,人間天上兩無家。癡心坐待雲消盡,重把清光照鬢華。(《拜鵑樓詩稿》卷下,《清代詩文集珍本叢刊》册五七七)

魏元曠《蕉庵詩話》:復辟敗後,菊農自臨川來,訪予湖上。出其前歲《中秋待月不至賦呈梅盦道人》云:"誰道今宵多得月,四更月未上窗紗。微風槐落一片葉,小雨桂開全樹花。玉宇瓊樓空有夢,人間天上兩無家。癡心坐待雲銷盡,重把清光照鬢華。"玉魄乍明,壞雲重掩,恐終不沐清光之照。(卷四)

喻星齋七旬壽辰,公撰序以祝。

《喻星齋七十雙壽序》:辛亥國變,瑞清已黄冠爲道士,伏處滬上。頃因縣志久不修,以鄉里父老之召歸臨川。會先生今年年七十,朱夫人年亦五十,其子綿基秀才述其略乞文以爲壽。(《清道人遺集》卷二)

與鄉人李秉鈞朝夕相處,並示其《題梁節庵先生崇陵種樹圖》。李贈以詩。

李秉鈞《贈梅盦道人》序:道人本吾鄉望族,光緒壬寅,游宧金陵,宣統辛亥國變,改黄冠爲道士,就居滬上,鬻書自給。兹以邑人公請修志還臨川,因得接座傾談,且共晨夕。猶記昔年旅章門,曾與道人一面,迄今二十餘稔矣。歲月如流,滄桑屢變,既欽道人之爲人,亦遂忘其固陋,率成五言三十四韻奉呈。(《清道人遺集》附録,頁二二○)

案：詩曰"示我崇陵篇，感喟難卒讀"，即指《題梁節庵先生崇陵種樹圖》也。

九月九日（10 月 27 日）**致書吳錡，因門人李潔無故被拘，乞其於戚揚前詳道其委曲。**

《與吳錡書》一：劍秋吾弟執事：歸里幾兩月，頗爲酒食所困，聞大哥歸宜黄，將來臨川，確耶？何久無消息，殊以爲念。吾弟何日往滬上，貧道旬日内外便回滬，能同行尤妙，途中不至苦岑寂。頃得廣信敝門人等來書，云門人李潔無故被拘，交王知事帶回玉山，李生在堂五年，束身自好，向不多事，貧道留之附屬中學校充當教習，向例，非察其平日品行端正，不多事，畢業後不得留堂。故知之較深。貧道世外人，未便作書干求當道，敝門人公函亦并呈覽。乞吾弟於戚公前詳道其委曲，戚公素持正，必能有以雪之，毋爲王知事鍛鍊成獄也。卒卒上此，不一一。雨悶枯坐，真如老衲矣。餘冀珍衛。清道人頓首。九月重陽日燈下。

《與吳錡書》二：敝門人事，但公等將弟書寄與戚公，而弟書有云"省長畏議員如上官"等語，恐無益而有害也。如何如何。（以上，《李文潔公書札》，北京泰和嘉成 2018 年秋季拍賣圖録）

案：據光緒三十三年《兩江師範學堂同學録》，李潔字子清，江西玉山人。光緒三十二年六月入堂肄習專修豫科。然《兩江師範學堂理化數學選科履歷分數表》（《兩江師範民前五、四學年度畢業生》，臺北"國史館"藏）謂其九月入堂，後轉習理化數學選科，宣統元年十二月畢業。

九月二十一日（11 月 8 日），**孤兒院開菊花會籌款，以公與同人所捐書畫爲彩物。**

《孤兒院菊花大會紀事》：本院此次開菊花大會暨急濟券開會，屢次布白。所有彩物，承滬上熱心大善士踴躍捐助，頗覺豐富，如古玩、儀器、腳踏車。種種名目，不勝枚舉。即重價物亦復不鮮，如吳昌碩、王一亭、清道士、胡剡卿、朱良材、沈墨仙、汪洵、高邕、鄭孝胥、黃山壽、閔園丁、朱筱韻、杜滋園、沙輔卿、胡少章、何熙伯、羅雪谷諸君有名書畫數百件，亦足徵吾國人之熱心慈善也。（《時報》11月8日）

約於此際，邑人何研青來詢學書之法，作書答之。

《與研青論書書》：頃承垂詢學書之法，書學雖小道，貧道習之幾四十年，以筆性沉腿，而質又駑下，年垂五十，尚無所成，然其門徑亦略窺矣。吾子學顏書者也，則請爲吾子言顏書。（《清道人遺集》頁一八四）

案：公未署年月，書曰"年垂五十"，當在民國五年前也。又曰"頃承垂詢學書之法"，似爲面詢。考何研青爲臨川人，公於民國三年、四年均嘗歸鄉，而是年寓臨川近三月之久，或即作於此時者也。曾迎三、徐雯雯皆繫諸民國五年，殆以"年垂五十"爲"年巳五十"也。又鄒自振《論李瑞清及其詩、書、畫》繫於一九一九年，然是時公已五十有三矣，不應自稱"年垂五十"也。暫繫於此。

九月下旬，縣志未成，還歸滬上，未至而其子李承侃病卒。

陳三立《李道士已發南昌猶未至而其子昨忽病逝愴念寫此》：霜痕江路轉逶迤，秀出廬峰爲療饑。今夜臥聽嗚咽水，船窗應影袞師兒。（《散原精舍詩文集》頁四二四）

李雲麾《先從兄清道人行述初稿》：伯兄所嗣子承侃先五年卒，遺一子家超，一女安樂，咸聰穎韶秀，善解人意，兄愛之綦篤。（《清道人遺集》附錄，頁二八七）

胡思敬《答同邑黎文學書》：近日廬陵王龍文修志，用去四萬餘金，前後四年始告成。臨川李瑞清修志，用去三千金而未成一字。（《退廬箋牘》卷四）

道出金陵，酒樓小憩，橫覽江山，不勝感慨。

《跋自畫山水四幀》：余今年從里中歸海上，道出金陵，酒樓小

憩,橫覽江山,不勝風景依然之感。(《清道人遺集》卷二)

十月二日(11 月 18 日),譚延闓、譚澤闓、俞明頤往公家唁喪。

　　《譚延闓日記》十一月十八日:晴。八時起。覺不適,昨日潛、慧諸人曾來,意乃不信吾往蘇,可怪。俞三來,約同唁李道士家喪子之喪,俟吾輩食麵畢,乃同大武去。(冊三,頁二一〇)

某夜,陳三立見訪,欲招陳曾壽同聚,以其出遊,未果。

　　陳三立《月夜訪李道士對其喪子初還遂形於言》:幾燈閉幽房,猶瑩思兒淚。道機了天親,寧問鬼神棄。悠悠別鄉井,顏蕩溪山氣。人生一句難,遣懷匪細事。今昔還空觀,物我獎高意。惜未致鄰生,招仁先同聚,出遊未至。贖作聯吟地。門外霜月苦,悄歸聊執袂。(《散原精舍詩文集》頁四二九)

　　案:該詩前隔十一首爲《夜雨兼雷電偶占》,考《鄭孝胥日記》十月三日"夜半,雷雨",似作於此時者也。注曰"招仁先同聚,出游未至",蓋公與二陳居止接近,故招聚甚便,然公於十日已移居矣,此事或在遷居之前也。

十月十日(11 月 26 日),遷居全福里二衖一號。譚延闓、譚澤闓、呂芯籌來,論碑帖字畫久之。

　　《譚延闓日記》十一月二十六日:晴。八時起。粥後,臨《麻姑》二紙。聞梅庵已還,因呼車與大武、呂滿同詣之,久覓乃得,蓋遷居全福里二衖也,相見大歡,筠厂亦在。久之,遂殺雞留飯,飯有花露香。飯罷,談碑帖字畫甚久,云商務印書館所印《裴將軍詩》乃樊山所藏,贈之陶齋者,其裱工乃湯裱背也。後有題識,某年月日湯某裝直若□。歸已三時。(冊三,頁二一八)

　　《譚延闓日記》一九一五年住所人名錄:上海北四川路全福里二衖一號,李梅盦七月初九生。

　　《雜錄》:李梅盦:北四川路橫浜橋南全福里二衖。(《上海指南》卷七)

十月十三日(11月29日),與李瑞荃訪譚延闓,論書甚久。

《譚延闓日記》十一月二十九日:李道士、筼厂同來,論書久之。道士於筼厂所稱之錢書屏亦謂爲假,可見真識之不同。又謂吾家繡錢聯乃彼少時書,想當然也。(册三,頁二二一)

十月十六日(12月2日),送所藏劉墉册頁與譚延闓觀覽。

《譚延闓日記》十二月二日:午,飲一巡。梅庵送所藏劉册來,己酉臘月書,旁跋甚多,蓋林壽圖穎叔筆,册尚精,但非晚手筆耳。(册三,頁二二五)

十月十八日(12月4日),譚延闓、譚澤闓、吕苾籌來,公出示所作詩文,並以舊拓《離堆記》、劉墉册頁贈譚延闓。同赴小有天,譚延闓、莊賡良、吴敬貽、吴敬如、俞明頤等在座。

《譚延闓日記》十二月四日:陰。八時起。食粥後,臨《麻姑》兩紙。偕大武、吕滿以馬車至李道士家,出所爲文及詩相示,又以舊拓《離堆記》見貽,且言前看劉册亦以見贈。遂邀同出,至小有天,余獨至大新旅館,邀莊心安、吴敬貽、敬如兄弟同至小有天。俞三先在,入座大唉,菜極精美,似勝別有天也。酒醾肴豐,醉飽而出,遂別諸人歸。(册三,頁二二七)

十月十九日(12月5日),致書趙爾巽,却其清史館纂修之聘。赴俞明頤小有天招飲,莊賡良、吴敬貽、李柏貞、譚延闓、譚澤闓、吕苾籌等同席。散後,與譚延闓至李瑞荃家。

《與趙次珊却聘書》:十月十九日,瑞清頓首頓首次帥執事:瑞清,有清之罪臣也。偶漏天網,苟全首領,偷處海隅,鬻書作業,尚何面目珥筆奉册,從諸君子後乎?久已黄冠爲道士,不復願聞人間事矣。幸鑒丹忱,特迴寵命,聘書并呈,臨牋慚皇。(《清道人遺集》卷二)

朱師轍《撰人變遷第六》:李瑞清梅庵。張云未到館……以上各人張録謂爲校對兼協修。(《清史述聞》卷三,頁四六)

《張爾田〈清史稿〉纂修之經過》:纂修兼總纂……李瑞清梅

庵,未到館,兩刻本均不載。(《清史述聞》卷十四,頁二一五)

　　《譚延闓日記》十二月五日:雨陰……十二時,同大武、吕滿以
車至漢古齋,以劉帖付裱,遂至小有天。俞壽丞作主人,莊心安、
吳敬貽、敬如兄弟、李柏貞,又一常州胡子同座。將舉箸,梅庵來,
同飲,菜甚佳。散後,同李道士至筠庵家,布置亦甚井井,較提籃
橋居佳也。坐久之,乃歸。(册三,頁二二八)

十月二十日(12月6日),譚延闓試賀蓮青筆,謂公所言不虛。

　　《譚延闓日記》十二月六日:臨《麻姑》二紙十七通畢。始試節
和所寄賀蓮青筆,尚飽滿,然鋒仍單,道士所言不虛也。(册三,頁
二二九)

十月二十一日(12月7日),偕陳三立、陳曾壽過鄭孝胥海藏樓賞菊,
久談乃去。

　　《鄭孝胥日記》十月廿一日:伯嚴、梅盦、仁先來談,傍晚乃去。
(頁一五四二)

　　陳三立《攜仁先李道士過太夷海藏樓賞晚菊》:披披破肉風,
車下指幽宅。階廊排晚菊,芳叢猶笑客。斯人形影同,自護不死
魄。攬空霜霰氣,咀含入吟席。肺腸作劍鋩,萬怪爲辟易。世外
寧有人,結夢冷如石。獨存一尺管,與花對朝夕。孰云非我秋,仰
天話今昔。(《散原精舍詩文集》頁四三〇)

十月二十二日(12月8日),赴鄭孝胥小有天招飲,于式枚、王乃徵、
陳曾壽、吳學廉、林開謩等在座。

　　《鄭孝胥日記》十月廿二日:至印書館董事會,宴晦若、聘三、
庚餘、梅盦、仁先、鑑泉、貽書於小有天。(頁一五四二)

十月中下旬,華焯於友人處觀公所作《從南昌歸臨川阻風於陟磯口》
詩,贊歎不已,遂賦詩一首。

　　華焯《書李梅庵阻風陟磯口詩後》:李梅庵有《從南昌歸臨川
阻風陟磯口》詩,予於友人處得觀之,讚歎成詠,不寄李。

　　江河日沄沄,行旅常草草。來去不相收,如空過飛鳥。作者

多紀述，非人寧不朽。庚子五月風，陶公規林道。深情發高詠，千載誰克紹。李先儒林人，真氣薄蒼昊。澒洞搶攘中，欲挽狂瀾倒。獰飆翻石頭，一咉吹劍首。死希伯仁壯，生笑彥回醜。兇鋒疇敢加，勁翮故奇矯。黃冠落海隅，亂世餘此老。忠憤宣豪素，國人重璚寶。偶從鄉縣役，搖兀孤艎小。海潮厭喧豗，洲渚樂迴繞。估客相與談，溪毛亦成飽。平生感慨心，篷隙睨八表。大塊鼓噫氣，盪激君懷抱。酬以阻風詩，逸響散林藪。年年魚上潮，日日鴉啼柳。川塗開闔來，此客豈恒有。便恐阰磯名，咀嚼世人口。乾坤正多虞，歸來胡不早。靈谷青苔苔，盰之流浩浩。耆獻久消沉，邇復熄文藻。須君徧灑濯，草木活枯槁。他年成故事，副此江山好。（《持庵詩》卷二）

　　　案：華焯爲臨川人，序曰“不寄李”，則公是時當已離鄉返滬矣。考該詩前隔六首爲《九日與圻侄父子飲》，後隔一首爲《大風嚴寒》，後隔三首爲《歲暮檢舊篋得五兄慶陽甲辰除夕見懷詩距今十年矣俯仰今昔次韻賦呈》，則此詩似作於十月至十一月間也。暫繫於此。

十月，沈曾植借公所藏定武《蘭亭》瘦本。

　　　沈曾植《舊拓蘭亭三種跋》：甲寅十月，假臨川李氏所藏孫退谷《定武》瘦本校一過，果似國學本。（《海日樓札叢》頁七二）

　　　案：定武《蘭亭》瘦本參閱宣統三年八月條。

十一月五日（12月21日），偕李瑞荃過譚延闓，爲其主方。

　　　《譚延闓日記》十二月二十一日：晚，李梅菴、筠厂同來，爲吾主方，服黃芩、知母之屬，蓋非此不能降火也。至上燈乃去。（冊三，頁二四四）

十一月七日（12月23日），赴宗舜年小有天之招，繆荃孫、龐鴻書在座。

　　　《藝風老人日記》冬至：宗子岱招飲小有天，與龐劬庵、李枚庵

同席。（頁二七七六）

十一月十一日（12 月 27 日），託譚延闓贈帖與王存善，乞其爲李瑞荃謀招商局運米事。赴小有天宴飲，譚延闓、譚澤闓、呂苾籌、李瑞荃、錢熊祥等在座。

　　《譚延闓日記》十二月二十七日：既至，余往三洋涇橋鴻發棧訪陳詒重，不值。乃過新聞路王子展，以先集翁帖贈之，并攜筠廠《絳帖》及舊藏《座位》與觀。王亦出所藏《絳帖》對勘，云均是東庫本，非祖石，然筠廠本較彼所藏爲佳，蓋彼之一、二卷多攙補也。然後數卷有祖石本，自覺真氣熊熊。余因道梅庵意，彼力辭贈帖，而許爲筠廠謀招商局運米事，然意未嘗不在帖也。因留《座位》請其校定。渠藏宋拓七本，内一本與此正同，云皆忠義堂本也。辭出，逕至小有天，梅廠、筠廠及其兒、呂滿、大武、大生、衡生、繩生、康伢子、錢沖甫皆在，聞言大樂，入座劇飲。（册三，頁二五〇）

十一月十二日（12 月 28 日），薦湖州筆工陶正元於鄭孝胥。譚延闓、譚澤闓、呂苾籌、錢熊祥、李瑞荃、陳毅來，觀錢南園書《韓昌黎秋懷詩》册子。

　　《鄭孝胥日記》：十一月十二日：李梅庵薦湖州筆工陶正元，留筆四支試之。（頁一五四四）

　　《譚延闓日記》十二月二十八日：晴。八時起。食粥，偕大武、呂滿以車出。兩人先詣李家，余至鴻發棧訪詒重，遇之於門，及沈燕孫，乃偕陳入，談青島狀況甚詳，久之乃出。至梅庵家，則大武、呂滿、李三、錢沖父皆先在。看錢攜《南園書韓昌黎秋懷詩》册子，談論甚歡，詒重亦至。同吃湯圓，尚佳。詒重去，餘人留飯，飯佳，菜亦可吃，但鄉味也。談至二時乃歸。（册三，頁二五一）

十一月十三日（12 月 29 日），赴錢熊祥別有天招飲，李瑞荃、譚延闓、呂苾籌、譚澤闓、余介卿等在座。觀余介卿所藏劉墉書《大學》及王宸《三界勝覽圖卷》。

　　《譚延闓日記》十二月二十九日：上燈後，余偕呂滿以車至別有天,梅庵、筠盦、沖父、大武先在。攜劉書《大學》及王蓬心畫《三界勝境圖卷》,乃李恩慶季雲所藏。何貞老長跋,録舊王蓬心畫《永州山水册》七古千餘言,精妙絶倫,自題詩作於甲辰使黔時,此題則丁未爲季雲作,信爲鴻寶,余介卿藏也。賞玩久之,乃入座,介卿亦來。今日菜乃大佳,共七元餘,便宜沖父矣。非復前之庸劣,其人傑地靈之謂乎。既散,偕吕滿、大武歸,已九時矣。（册三,頁二五二）

十一月十五日(12 月 31 日),午,赴袁樹勛之約,何維樸、譚延闓、譚澤闓等在座。

《譚延闓日記》十二月三十一日:已一時,遂偕大武赴袁海觀之約。既至,李梅盦、何詩孫先在,并見其第四、第五兩兒,皆歸自瑞士國者。入席,皆自製菜,以鍋貼及瓢兒菜爲佳。家常便飯,羊肉牛筋非例菜也。酒甚不佳,遂不多飲。聞詩孫説,蝯叟見包安吴,不談書法。安吴作對聯,輒數十聯一易其詞。又云南園以所畫《秋風歸牧圖》贈文安公,凡十三馬,羅研生先生以爲不真,蝯叟至相憤駡。酒罷,歸已三時。（册三,頁二五四）

十一月二十四日(1915 年 1 月 9 日),楊守敬卒。

《鄰蘇老人年譜》民國四年:先生精神尚健,飲食、步履如常,但便數,每向會貞言:恐不久於人世。一月九日,即舊曆甲寅十一月二十四日寅時,無疾而逝。（《楊守敬集》册一,頁二八）

十一月至十二月間,致函蔣國榜。

《與蔣國榜書》二:畣談頗卒卒,坊記納上,夢老删極斟酌,可照書之。令弟碑貧道當自書之,以塞吾弟愛弟之心,因了筆墨責,排迬不及走話。雪寒,侍奉萬福。清道人頓首。蘇龕吾弟足下。(西泠印社 2014 年秋季拍賣會 1780)

　　案:書曰"坊記納上",據蔣國榜《母氏節孝坊後記》,該坊經始於癸丑,甲寅春竣工。又十二月下旬條所引《與蔣國榜書》曰"去年爲吾(弟)篆坊頗大吃力",且欲爲其重寫坊記,故此書當作於是年也。函曰"雪寒"，故繫於此。蓋公是年七月至九月歸鄉修志，復喪一子，故遷延至是也。

爲蔣國榜書《節孝坊後記》。

　　《與蔣國榜書》三：太夫人《節孝坊後記》書仿《夏承》，參用《王基斷碑》。昨夜書，四鼓，以墨凍，未能竟。今日竭一日夜之力，明日收拾筆誤，後日方能了畢。本約今日交卷，遲滯不罪，恐吾弟盼，先此奉告。蘇龕吾弟閣下。清道人頓首。（西泠印社 2014 年秋季拍賣會 1780）

　　蔣國榜《母氏節孝坊後記》：有清宣統三年五月，籌振大臣盛宣懷、查振大臣馮煦奏江寧故孝廉蔣長恩妻馬氏，守節撫孤，應旌律。江寧酋，復捐振銀千兩，請以節孝旌，並建樂善好施坊，奉旨如所請行。後二年，江寧自治局復以建坊請於當事，牒如前令。甲寅春，坊成，長男國榜乃整冠再拜書其後曰……甲寅三月，長男國榜敬書。（南京草橋清真寺藏原石）

十二月初，爲陳曾壽作《南湖壽母圖》并篆首。

　　《南湖壽母圖》：南湖壽母圖。清道人爲仁先老弟侍御繪。（北京誠軒 2015 年秋季拍賣會 0318）

　　案：圖爲三幀，係公與何維樸、金蓉鏡所繪，後有鄭孝胥、陳三立、朱祖謀、王乃徵、沈曾植等跋。

　　陳三立《南湖壽母圖記》：杭之明聖湖環以群山，瀦巨浸千頃如仰盂，修堤界之曰裏湖。循而南，葦塘彌望，盡九曜山之趾，又名南湖焉。據南湖之勝，鄰高氏園亭，有屋數楹，植梅繞門牆，新蕚微吐，則爲余友陳君仁先兄弟奉母周太夫人養疴之所也……今歲十二月，爲太夫人六十生日，清道人乃作《南湖壽母圖》志其遭。先是太夫人届五十，適留湖上，仁先嘗寫圖徵歌詠，更十年，躋六十，復逢稱觴，且踵爲之圖，一時並誦爲非偶然云……甲寅十二月。（《散原精舍詩文集》頁八九八）

陳曾則《蒼虯兄家傳》:母六十壽,請何詩孫繪《南湖壽母圖》,陳散原先生爲紀,朱彊村、鄭太夷及名流題者甚衆,裝爲巨卷,稱爲一時之盛事。(《蒼虯閣詩集》附錄,頁四三六至四三七)

鄭孝胥《陳仁先南湖壽母圖》:摛辭散原叟,奧旨匪輕作。揮毫玉梅庵,妙手試般礴。杭州咫尺耳,辟地苦自縛。披圖怳登堂,詠歎破寂寞。(《海藏樓詩集》卷八,頁二六二)

《鄭孝胥日記》十二月六日:陳仁先來,示伯嚴所作《南湖壽母記》及其母周夫人六十壽序,求余作詩。(頁一五四七)

沈曾植《陳仁先侍御南湖壽母圖》。(《沈曾植集校注》頁八五七至八五九)

十二月四日(1月18日)應陳三立之約於別有天午飯,鄭孝胥、王允皙、朱祖謀在座。公將移居三樓前院。

《鄭孝胥日記》十二月初四日:伯嚴約至別有天午飯,又點挾其妾同來。晤古微,云已攜眷來滬,與王聘三同居謙吉里,即余前所居宅;李梅庵亦將移居三樓前院。(頁一五四七)

十二月五日(1月19日),與李瑞荃招飲古渝軒,以新婦入門而觴賀客。席間,觀劉墉小手卷。俞明震、俞明頤、陳曾壽、成習之、譚延闓、譚澤闓、呂苾籌等在座。

《譚延闓日記》一月十九日:午,同大武、呂滿以馬車至古渝軒,道士兄弟以新婦入門觴賀客也。俞恪士、壽丞、陳仁先、成習之及所謂王親家同坐。菜殊精美,大過所望,房屋亦新移,頗軒敞,罄酒六瓶乃已。李三出示石菴小手卷,前書《古柏行》,後臨《異趣帖》,紙尾大書鷺字,甚奇古。款識爲庚申春,又知晚年亦有沈著一種,不盡作空靈筆也。散歸,已三時後矣。(冊三,頁三一三)

案:該新婦當爲李健妻王豫孫。《譚延闓日記》謂其親家王姓,一也。又,蔡楨《絳都春·李崔然銀昏紀念》(《柯亭長短句》卷中)前隔一首爲《破陣子·哀巴黎仿同叔體》,巴黎於一九四〇年

五月九日淪陷,後隔六首爲《月華清‧庚辰中秋》(卷下),故此詞
作於民國二十九年夏,則李健當於民國四年新婚,與此亦合。
二也。

十二月六日(1月20日),赴別有天宴飲,譚延闓、譚澤闓、呂苾籌、成
罶之、陳三立、俞明震、俞明頤、李瑞荃等同席。

　　《譚延闓日記》一月二十日:午偕大武、呂滿出,遇余岸稜同其
子來,仍返略坐,同電車至中路別去。成罶之來,同吾輩入別有
天,陳伯嚴、俞恪士、壽橙、其戚梁胡子、李筠安先在。待梅安,久
乃攜酒來,酒甚醇美,菜乃不佳,尚不如小有天也,筠安雖極力提
倡,無救矣。既散,仍乘電車歸。(册三,頁三一四)

十二月上旬,爲《清故資政大夫黃君墓誌銘》書丹并篆額,齊耀珊
撰文。

　　《清故資政大夫黃君墓誌銘》:君諱錞,字春甫,姓黃氏。其先
江右人也……爰以甲寅之歲十二月乙丑葬君於青浦縣之黃渡
鎮……湖北漢黃德兵備道兼江漢關監督吉林齊耀珊字照巖作此
銘,署江寧布政使江蘇候補道臨川李瑞清字仲麟書文。大清宣統
三年九月戊辰立。(《黃君墓誌銘》,震亞圖書局)

　　案:該書封面亦爲公署檢。碑曰"宣統三年九月戊辰立",戊
辰爲九月四日,是時公尚未署布政使,當非書丹之時也。又曰"以
甲寅之歲十二月乙丑葬君於青浦縣之黃渡鎮",乙丑爲十二月二
十日,則書丹更在其前也。暫繫於此。

十二月十四日(1月28日),譚延闓生日,招飲古渝軒,公有他約,
未往。

　　《譚延闓日記》一月二十八日:晴。八時起,今日吾三十六歲
生日也,小孩來行禮。方臨《麻姑》,而李三來,遂留同吃麵,以魚
翅湯下之,頗美。午偕李三、呂滿率大、衡、繩、康四兒出,附電車
至古渝軒,道遇余岸稜,俞大、俞三已先在,頃之,大武來,陳伯嚴

來。俞大言爾日燒帳事，猶自謂起溲致焚也。今菜不如曩日，酒
則李道士者，亦覺不似前日，豈觀念不同耶。道士以有他約，竟不
至也。（冊三，頁三二二）

十二月十六日（1月30日），鄭孝胥、俞明震、俞明頤來。

　　《鄭孝胥日記》十二月十六日：過李梅庵，遇俞恪士昆仲。（頁
一五四八）

十二月二十日（2月3日），赴陳三立招飲，成習之、俞明頤、李瑞荃、
俞明震、譚延闓、譚澤闓、呂苾籌在座。

　　《譚延闓日記》二月三日：晡，與大武、呂滿以馬車至趙裱背
處，看所裱字冊，有曾文正書屏四幀甚佳。遂赴陳伯嚴約，成習
之、俞壽丞先在，遇李道士兄弟於門，窓士最後至。入席，有十碗
一盤，豐腴甘腴，勝館子多矣。余攜酒醛，乃進王寶和，乃至不堪
入口，程度之相去豈不遠哉。歸已八時，正大雨也。（冊三，頁三
二八）

十二月二十一日（2月4日），赴陳三立家宴飲，俞明震、俞明頤、陳曾
壽、李瑞荃、譚延闓、譚澤闓、呂苾籌同席。

　　《譚延闓日記》二月四日：五時，同大武、呂滿以人力車至老靶
子路，步尋久之，乃得陳伯嚴屋，俞大、俞三先在，陳人仙、李三後
來。又頃，道士乃攜酒肴至。半自□，半由陳庖，陳庖故李廚也。
飲李攜酒，亦不甚惡，此自苛求之過。十二肴皆豐腴可食，盡酒五
瓶，尚不醉也。九時乃散。（冊三，頁三二九）

十二月二十二日（2月5日），招同人飲於家中，陳三立、陳曾壽、俞明
頤、李瑞荃、譚延闓、譚澤闓、呂苾籌等在座。是日，陸恢於哈鏖處觀
公所作函札，遂跋之。

　　《譚延闓日記》二月五日：陰，微雪……俞三來，邀同赴李道士
招，吳、王同電車，至北大橋別去。余輩至厚德里下，步入李家，李
三先在，陳伯嚴、陳人仙後來。先出湯圓餉客，箸夾斷而餡不出，
入口融滑，實美製也，余進八枚。乃設矮桌，置火鍋，佐以徐州燒

酒,盪野鷄鷄肉、魚諸片食之。初尚不覺,久愈甘芳,終以白菜下豬油共煮,腴厚不可言。最後并入飯煮之而事畢矣。既醉且飽,乃歸。仍與大武、呂滿、俞三、李三出,附電車於路,買廣東人之鹽水花生,令人憶吳玉麒不置,蓋不嘗此味已三年矣。到家正九時,十時乃寢。以舊藏烟贈道士,云小金花之次者,味亦霉變矣。(册三,頁三三〇)

陸恢跋《清道人手札致程雪樓第一集》:經濟投時氣節虛,人人依傍管夷吾。橋亭賣卜清風遠,又見蟊臣却聘書。甲寅十二月廿二日歲莫,匆匆以廿八字塞觀津先生之請,即正。陸恢附驥。

十二月下旬前後,致書蔣國榜,不滿所書《節孝坊後記》,願爲重書之。

《與蔣國榜書》四:昨日承惠鵪鶉,晚間下酒,薄醺栩栩,頗自得也。謝謝。太夫人坊記因書之未能精,更用日本繭紙別畫烏絲闌矣。因聞吾弟今年不刻,故爲更書其書派,合尊意否? 當可換也。近來書法更有進步,或是勤學之故,學問一道,終無止境也。去年爲吾(弟)篆坊頗大吃力,以平日只習大篆,近日能以大篆法寫小篆,似從來篆書家所未有,或經我開山也。呵呵。鐙下草草,敬頌侍奉萬福。蘇龕吾弟執事。清道人頓首。(西泠印社 2014 年秋季拍賣會 1780)

案:十一至十二月間,公致蔣國榜書曰"《節孝坊後記》書仿《夏承》,參用《王基斷碑》",今所存者殊非如是,當爲重書者也。

十二月底,友人某君寄金相恤,且欲聘其編輯教科書。

《與某君書》:山川迢遞,相見末由。忽奉手書,有如對面。并承遠寄多金,適逢歲暮,誠如雪炭……貴部長有聘鄙人編輯教科書意……春氣仍寒,千萬珍衛。(《清道人遺集》頁一八二至一八三)

案:參閱民國四年春"覆書某君"條所考。

十二月,爲姚文棟所輯《孔宅詩》第一集篆耑。

《孔宅詩》扉頁:孔宅詩第一集。鈐印:李瑞清印。(民國鉛印本)

案:甲寅八月姚文棟挈其子明煇及孫肇均、肇培赴青浦孔宅展墓,開孔教支會,賦詩三章徵和。自重陽後起,至冬至日止,得詩一百七十四首,是爲《孔宅詩》第一集。冬至後所到詩續編爲第二集、第三集、第四集,王鴻鈞序於季冬,公所作當亦於此時者也。

冬,爲丁寶銓題所藏《符山堂圖卷》,以龔鼎孳、危素國亡變節,而舊志以爲臨川人,遂欲削之。于式枚、鄭孝胥、沈瑜慶、陳三立題句皆道及此事。

題《符山堂圖卷》:張力臣先生,高士也。漁洋山人乃云"數從合肥龔公聞先生名",龔,蓋龔芝麓也,不知芝麓何以稱先生? 余今年歸臨川修縣志,舊志乃以龔芝麓及金谿危素爲臨川人,余曰:"皆可逐之回籍,臨川安得有此人?"聞者皆大笑。書此,以博默存中丞一粲。清道人。(故宮博物院藏)

鄭孝胥《丁衡甫中丞屬題張力臣符山堂圖卷卷中有于晦若侍郎題云梅庵欲削龔芝麓余沈同情各有詩卻憶竹垞和厚語蘇卿豈絕李騫期謂舊交二故人先後南來相見感梅庵語故爲此詩以廣論交之義余謂竹垞雖有請看蘇子卿豈絕李騫期之語然於明詩綜不錄黃太沖義亦嚴矣余爲此詩或異侍郎和厚之意而頗不背竹垞屏黃之旨時晦若已於六月二十五日卒於崑山舟中矣言笑永絕可勝愴然》其一:符山題卷墨猶新,屬國騫期語已陳。今日披圖還攬涕,侍郎名節是完人。(《海藏樓詩集》卷九,頁二六五)

沈瑜慶《爲默存中丞題張力臣符山堂圖卷是日值東坡生日》:梅庵欲削芝麓籍,蘇堪補登亭林詩。諸賢頡頏興逾昔,摩挲病眼忘吾衰。袁浦縮朒中原地,符山草堂傾當時。漁洋聲華矜一顧,能使促迫猶遲疑。高人可望不可即,青山綠水相娛嬉。一經結構便殊絶,況有妙筆繞尋思。擾攘每留片土净,波靡幸遇大力持。晉陽中丞愛前輩,設齋即席徵題辭。挂名紙尾莫孟浪,淮月弄舟吾所師。(《濤園集》册下,頁二一)

陳三立《張力臣處士符山堂圖》:黄冠興到語,于晦若鄭太夷踵聚訟。平亭陳死人,以寄黍離痛。獨看樹石鬱蒼蒼,紙上魂滿符山堂。天留父子讀書處,使我頭白思故鄉。(《散原精舍詩文集》頁五〇一)

冬,爲丁寶銓跋周振采《曲江樓社友論制義尺牘》。

《書曲江手蹟後》:余幼性絶鈍,稍稍習《禮經》,年十七八,尚不能執筆爲破承題……時山陽秦文伯先生官桂林知府,家大人使余與舍弟阿筠從先生問文法……頃因默存中丞出此屬題,上有文伯先生手跡,追念昔日,恍如昨日。余已黄冠爲道士,阿筠亦漂泊海上,不獨曲江之勝不可得而見,而先輩於故人之子弟懇懇教導,不稍寬假如家人,此其風誼,又豈可得哉。(《清道人遺集》卷二)

陳三立《周白民曲江樓社友論制義尺牘》其二:進士今爲清道人,破承未解説師秦。清道人跋語稱:十六七未能爲破承題,乃就桂林太守秦文伯問文法,秦蓋接師説於曲江樓十子者也。死灰溺後評諸老,披帙吾曹是戮民。(《散原精舍詩文集》頁五〇一)

沈瑜慶《爲默存中丞題曲江樓手札後》:(《濤園集》頁二二)

案:陳三立《丁默存中丞同年乞題所藏四卷子》分別爲《傅霜紅徵君遺墨》、《張力臣處士符山堂圖》、《周白民曲江樓社友論制義尺牘》及《邊葦間山水畫》,而沈瑜慶《爲丁默存中丞題邊頤公山水册》、《爲默存中丞題張力臣符山堂圖卷》、《爲默存中丞題曲江樓手札後》亦同時所作,公爲丁寶銓作跋當亦同時所爲也。

冬,爲甘作蕃寫山水四幀。

《跋自畫山水四幀》其一:余今年從里中歸海上,道出金陵,酒樓小憩,横覽江山,不勝風景依然之感。……其四:世之論畫者,

皆以一木一石、叢篠數莖爲雲林，皆皮相也。余以荒率枯冷之筆，
寫此高寒絕塵之境，不必雲林而真雲林，其趣同也。翰臣先生法
家以爲何如？（《清道人遺集》卷二）

冬，跋蒼崖山水圖卷。

　　跋蒼崖山水圖卷：畫有士大夫畫，有山林畫。華亭、麓臺，士
大夫畫也；八大山人、石濤、漸江，山林畫也。南田翁畫雖作士大
夫畫，而意言荒率，故仍有山林氣。余本荒涼寂寞之人，生平絕愛
八大山人、石濤之流，亦性近也。蒼崖畫，余亦於武陵見之，時與
何詩翁同居甥館，詩翁極推服之。然其畫極蒼渾，大似麓臺中年
精到之作。蒼崖則又以方外山林中能作士大夫畫者也。不知後
之論者以爲何如？清道人。（湖南圖書館藏，《湖南明清以來書畫
選集》頁一七八）

　　案：公未署年月，然此卷尚有陳三立、夏敬觀甲寅冬跋，公所
作或亦於此時者也。姑繫於此。

冬，黃錫朋賦詩，以詠公節概。

　　黃錫朋《五君詠·李提學梅庵》：臨川富才雋，良緒猶能續。
梅庵狷者流，處寂抱幽馥。文藻動當世，餘膏潤英淑。哀哉橫舍
蕪，避地感陵谷。謀食藉毛穎，貧樂勝苟禄。伯休長安藥，君直建
陽卜。茲懷豈不苦，曠世欽芳郁。所貴在姱節，詠言意彌肅。
（《都昌三黃詩文集》頁四○）

　　案：其餘四人爲陳三立、胡思敬、喻兆蕃、朱益藩。《陳主事伯
嚴》有“徂冬陰氣升，繁卉改前姿”句，故繫於此。

是歲，楊鈞來訪。

　　楊鈞《記趙卷》：甲寅赴滬，登岸即訪梅庵。傍晚回寓，而筠庵
攜手卷至。卷長三尺許，趙大年精細作也，左半畫村落，右半畫水
草蘆雁，項子京及名人藏印數十方。筠庵囑籌三百金付畫值。余
爲初到旅客，焉有餘貲？然交誼深，嗜好同，不能卻也，乃盡出旅

費與之。(《草堂之靈》卷四)

是歲,爲張模訂書畫潤例。

　　《張桴園潤例》:張桴園名模,號鷺翹,江蘇崇明人。由諸生承蔭,初選湖北沙市通判,禮去,改任襄陽辦賑,爲直鄂二督先後保奏,即授知州,留省補用。桴園因仕途繁雜,願以閒曹隱荆襄,垂二十餘年。政變歸里,詩卷畫軸以外,無一長物。至今年逾古稀,兩眼無花,而精神亦甚矍鑠。家居之暇,惟以作畫題詩,自娛晚景。其胸襟之曠達,迥異時流。雅擅長康三絶,故畫意本乎詩情,清而腴,蒼而秀,早歲已名重藝林。嘗見所繪長條大幅,氣魄沉雄,雖設色濃豔,毫無俗音繞其筆端,誠可貴也。

　　畫潤:花卉堂幅四尺八元,五尺十元,六尺十二元,八尺十六元,丈匹廿尺。屏條每紙視堂幅半直。斗方琴條扇册每二元。餘品別商。

　　余既偷生滬上,鬻書畫作業且三年矣。先生亦來鬻畫,先生本廉吏,與吾弟阿筠交最久,其畫筆大似黄瘦瓢、趙撝叔之流,爲定直例。清道人訂。(《近現代金石書畫家潤例》頁九二,神州吉光集第 6 集 1923 年)

是歲,鄭文焯欲售公舊拓本百餘幅,時公亦囊澀,未有以應。

　　陳曾壽《宋小坡得鄭大鶴舊藏北魏造像拓本屬題》注:大鶴晚年貧甚,欲以舊拓本百餘幅售之李梅庵,皆細字密題,餘紙或畫佛像及山水,精妙可喜。梅庵亦囊澀,無以應也。(頁三四〇)

　　案:民國初元,陳曾壽僑寓滬上,與公毗鄰,過從甚密。甲寅後,奉母南湖。而此事似爲陳所親見者也。又據戴正誠編《鄭叔問先生年譜》,民國三年"先生精賞鑒,平生收藏金石書畫名跡極富,至是漸漸鬻去",姑繫於此。

約於是歲,爲程霖生跋所藏石濤《十六阿羅應真圖》。

　　跋石濤《十六阿羅應真圖》:遂吾廬中有二寶焉,一清湘老人

仿宋刻絲卷子,一即此也。主人因自號滌滌軒。此卷仿宋白描,
細如髮絲而筆如鑄鐵,何減李龍眠耶?其樹石鳥獸如篆如籀,而
古逸冷寂,又非十洲先生所能也。大氐清湘老人畫分三時代,而
以在粵時爲最工,余昔年曾見細筆小冊,其畫法款字與此正同,前
有覃溪、墨卿兩先生,以重直得之,後與阿筠,阿筠又與吾鄉余介
翁易畫矣,至今猶追悔也。昔人論畫品,以畫佛第一,次山水,次
花卉,此卷山水畫佛筆墨俱備,而主人所藏老人畫極多,直可題其
齋爲大滌軒,它日當爲書額也。清道人。(紐約大都會博物館藏)

案:該跋後尚有徐聖秋乙卯正月跋,公所作當在其前也,暫繫
於此。

編年詩

《題星泉先生顧影自憐圖》、《題梁節庵先生崇陵種樹圖》五月、
《題徐貫恂梅花山館讀書圖》二首、《甲寅閏六月自滬上還臨川至潯
陽張峴堂丈止宿湖海樓明日燕集作贈兼呈同座諸子時吳劍秋新
遊廬山歸》六月、《從南昌歸臨川阻風於陷磯口一首》七月

編年文

《與陸樹藩書》、《與蔣國榜書》一、《跋定武蘭亭肥本》三月、《與
篠崎都香佐書》、《題仇實父璇璣圖》、《與李健書》、《與楊鈞書》閏五
月、《與裴景福書》、《致某公函》、《玉梅花盦臨古各跋》、《跋宋拓史
晨後碑》六月、《與姚文藻書》六月、《跋董其昌書送孔巢父謝病歸遊
江東兼呈李白長卷》、《臨川志局採訪布告》七月、《喻星齋七十雙壽
序》八月、《與吳錡書》一、《與吳錡書》二、《與研青論書書》、《與趙次
珊却聘書》十月、《與蔣國榜書》二、《與蔣國榜書》三、《與蔣國榜書》
四、《題張力臣符山堂圖卷》、《書曲江手蹟後》、《跋自畫山水四幀》、
《跋蒼崖山水圖卷》、《大滌子橅宋緙絲畫跋》、《王母洪夫人贊》、
《曾節母像贊》、《題石濤十六阿羅應真圖》

清道人年譜長編卷六

民國四年乙卯（1915） 四十九歲

正月一日（2月14日），偕陳曾壽詣陳三立。晚，與李瑞荃、俞明頤同訪譚延闓。劉承烈來滬，欲拜門學書。

陳三立《乙卯元旦仁先李道士見過》：新晴爲我暖瓶枝，四壁吹香更醉誰。飽眼海雲成故舊，垂頭國論卜雄雌。忘年野服能排闥，生菜春盤看上匙。隔夕瀝肝銜袖紙，古愁祇許鳳凰飢。（《散原精舍詩文集》頁四四七）

《譚延闓日記》二月十四日：晚飯正飲酒，李道士、李三、俞三同來，道士同飲數杯而罷。聞道士言，劉劼襄已來滬，託人介紹，必欲拜門學書，可怪之至。道士諸人去，略坐即就寢，正九時三十分也。（册三，頁三三九）

正月三日（2月16日），譚延闓、譚澤闓、吕苾籌、劉承烈、陳貞瑞來。

《譚延闓日記》二月十六日：偕大武、吕滿步至俞三家，同赴聶三處少坐，皆登汽車往訪梅盦，由聶家至李僅十分鐘。下車入室，則劉劼襄、陳墨西先在，相見問訊，胥尚意外，所謂"騎馬不碰親家，騎牛碰親家"也。道士出，謬爲初見，窘狀可笑。湯圓既無可吃，深談亦多不便，乃興辭而出，仍以汽車歸。（册三，頁三四一）

正月四日（2月17日），與李瑞荃、張其鍠同訪譚延闓。

《譚延闓日記》二月十七日：將晚飯，李道士、筠安、張子武同來，因留共飲，以切麵滷子佐之，吃飽，大談，久之乃去。（册三，頁三四二）

正月六日（2月19日），詣繆荃孫。午後，偕陳三立過譚延闓久談。

《藝風老人日記》正月六日：吳石潛、李道士、陳伯年均來。（頁二八一〇）

《譚延闓日記》二月十九日：午飯不飲，陳伯嚴偕道士來，坐談久之而去。（册三，頁三四四）

正月七日（2月20日），赴成習之古渝軒招飲，陳三立、俞明頤、李瑞荃、譚延闓、譚澤闓、呂苾籌等同席。

《譚延闓日記》二月二十日：上燈，偕呂滿、大武趁電車至古渝軒，成習之招也。陳伯嚴、俞壽丞、梁某、濮喉科及一小兒先在，李筠庵偕其戚兒復來，將上席而道士至。菜多而不精，飲罄六瓶。既散，與俞、李同電車歸，到家已九時後。（册三，頁三四五）

正月十一日（2月24日），譚延闓、譚澤闓、呂苾籌來訪，不值。

《譚延闓日記》二月二十四日：偕大武、呂滿以人力車訪陳伯嚴，略坐去。乃訪李道士，不遇，坐啜茗，留牋而出，遂仍以人力車歸。（册三，頁三四九）

正月十二日（2月25日），麥孟華卒，公撰聯輓之。是日，赴譚延闓招飲，俞明頤、李瑞荃、張其鍠等同席。

《古今聯語彙選》：陳寶琛挽順德麥孺博孟華聯……又，李瑞清聯：國瘁人亡，年同有道；動橫靜直，德如履常。（册三，頁二八六）

梁啓超《祭麥孺博詩》注云：君之逝以舊曆正月十二日，吾於除夕前一日猶得君手書，語日本要挾事，憂憤殊甚，謂國其真亡矣。（《飲冰室合集》文集之四十五，頁七五）

《譚延闓日記》二月二十五日：五時，俞三來，李道士、筠庵、子武先後至，今日有自炖魚翅，及子武庖人鰒魚、燒鴨，極美。以磊家圓桌坐客，談笑風生，樂不可支。酒醉食飽，評書論字，至九時乃散。雷聲殷殷，大雨如注，客俟雨止乃去。（册三，頁三五〇）

正月十三日（2月26日），赴古渝軒公宴俞明頤，陳三立、李瑞荃、張其鍠、譚延闓、譚澤闓、呂苾籌在座。

《譚延闓日記》二月二十六日：晴陰……午偕大武、呂滿乘馬

車至民影照相館,各拍一半身小像,遂至神州國光社看字畫,買
《翁常熟詩集》。乃入古渝軒,俞三、陳伯嚴、李筠厂、張子武先在,
李道士後來,同人爲俞三補祝也。有魚翅、燒豬,翅雖不精而尚可
吃,豬則周身蛇皮癩,乾澀如枯油渣,可謂冤矣。他肴亦平平,而
去廿五元之多,真不值也。(冊三,頁三五一)

正月十四日(2 月 27 日),赴徐乃昌招飲,繆荃孫、陳三立、劉緯之、沈
瑜慶在座。

　　《藝風老人日記》正月十四日:積餘招飲,李枚庵、陳百年、劉
　　緯之、沈艾璚同席。菜佳。(頁二八一三)

正月二十日(3 月 5 日),桂念祖卒於日本。

　　歐陽漸《九江桂伯華行述》:伯華留東十餘年,住樓下三鋪席,
　　飲食居處讀書會客胥於是,久之病濕,偏枯潰爛,以喪其命,時民
　　國四年三月五日也。(《民國人物碑傳集》頁八六○)

　　吴士鑑《德化桂伯華念祖挽詩》。(《含嘉室詩集》卷六)

正月中旬前後,公嘗赴江西,歸滬後,得劉廷琛信及《覆禮制館書》,
遂覆函答之。

　　《與劉廷琛書》:幼雲前輩親家同年吾師閣下:自江西歸,得奉
　　手書并《辭禮館聘書》,不圖今世復見斯文,一時傳誦,在臨川已聞
　　之矣,不能不令倔強清道人亦心折稱吾師矣。此不朽之文也。去
　　歲歸,長男承侃已病没,稚孫弱媳,伏地哀泣,令人悽怛摧割。平
　　昔待之過嚴,尤令人悔痛。瘦唐之悲,當亦可知。言今春來申,未
　　知何時可到? 貧道生意尚堪苟活,如此世界,餓死亦良佳也。公
　　來居申,同人多盼之,青島何可復居,家鄉亦難歸,報紙之言,不足
　　畏也。袁偵探如麻,安得信其謡言乎? 春和,侍奉萬福。清道人
　　頓首。(北京匡時 2018 年秋季拍賣會 0318)

　　案:是春公與譚延闓過從甚密,《譚延闓日記》皆有記録,惟正
　　月十五日至二十日、二月十一日至十七日無往來記録,而二月十
　　五日前後,公嘗赴中國公學十年紀念會演説,當無暇歸鄉也,暫繫

於此。又,胡思敬四月十四日已至滬上。

正月二十一日(3月6日),赴俞明頤小有天招飲,陳三立、宗舜年、張其鍠、李瑞荃、成習之、譚延闓、譚澤闓、呂苾籌在座。

《譚延闓日記》三月六日:雨……六時,偕大武、呂滿同車至小有天,俞三請客,陳伯言、宗子岱、張子武、李道士兄弟、成習之。飲盡六壺,菜亦可食,勝古渝軒矣。既散,仍同呂滿、大武一車歸。(册三,頁三五九)

正月二十五日前,劉承幹與周慶雲主淞社,公與繆荃孫、葉昌熾、鄭文焯、李傳元、唐晏、劉世珩、徐乃昌、金武祥、吳昌碩、劉富曾、王仁東、劉炳照、汪洵、金蓉鏡、惲毓嘉、惲毓齡、惲毓珂、宗舜年、潘飛聲、王國維、洪爾振、陶葆廉、朱錕、褚德彝、夏敬觀、張爾田、姚文棟等同集。

楊鍾羲《雪橋自訂年譜》:翰怡與周湘舲主淞社,集者藝風、子頌、鞠裳、息存、梅庵、叔問、橘農、元素、聚卿、積餘、金粟香、錢聽邠、吳倉碩、劉謙甫、王旭莊、劉語石、王淵若、戴子開、金甸丞、惲孟樂、季申、瑾叔、崔磐石、宗子戴、潘蘭史、王靜安、洪鷺汀、陶拙存、朱念陶、褚禮堂、夏劍丞、張孟劬、姚東木迭爲主客。(《雪橋詩話全編》附錄,頁二九一四)

案:此條在乙卯正月下,後曰"廿五日,瞿善化舉逸社","廿六日,赴蕭山",故此事當在廿五日前也。

正月二十五日(3月10日),譚延闓、呂苾籌、譚澤闓來,觀公作畫,談書久之。

《譚延闓日記》三月十日:午飯後,同大武、呂滿出,至李道人家看其作畫,談書久之。歸途遇李三於途,遙語而別。(册三,頁三六三)

正月二十七日(3月12日),赴張其鍠招飲,俞明頤、成習之、陳三立、李瑞荃、譚延闓、譚澤闓、呂苾籌同席。席罷,觀其所藏粉定杯及杜遇寫《妙法蓮華經》。

　　　《譚延闓日記》三月十二日：六時，同大武、呂滿步行至子武家，俞三、成習之先在，伯嚴、李二、李三繼來，子武宴客也。入座，皆素菜，味甚美，燒鴨二隻尤佳。酒罷，出所藏開寶五年杜遇寫《妙法蓮華經》來，以羊腦牋寫泥金，光彩如新，不能不合十讚歎。又出一粉定杯，杯中有人，盛水滿則下漏，否則不漏，蓋深通氣壓之理者，古人製器暗合科學類如此。李三因言曾見一銅器，摩其邊則水沸，亦不可解者。（冊三，頁三六五）

正月，殷葆誠來訪，遂與論書。

　　　殷葆誠《追憶錄》乙卯，五十四歲：正月來滬開學……夜中無事時，一往觀李梅庵先生，改服黃冠，鬻書自活。聞近歲所得筆資足以供朝夕之需矣。此公自金陵光復後，不名一錢。其出也，寧人擬醵三千金贈之，事未及行，而先生已去滬。人以耳為目，初至時並不甚重其字，後經一二名流推重稱許，求書者乃漸多。余在滬曾晤面，除評論書畫外，絕口不談時事，近今人物，洵足推為第一流。（《北京圖書館藏珍本年譜叢刊》第一八六冊，頁六七八至六七九）

是月，覆書某君，謝其教科書編輯之聘，並就編輯初等教科書略陳己見。

　　　《與某君書》：山川迢遞，相見末由。忽奉手書，有如對面。并承遠寄多金，適逢歲暮，誠如雪炭。不善營生，累及良友，但有慚汗。卻之不恭，受之不忍……貴部長有聘鄙人編輯教科書意。此事關於全國教育，非不肖所能勝任……去年在江西，於友人案頭見商務印書館之《文字源流》一書，曾經貴部鑒定，又著之功令中學通用者，其中荒謬百出……貧道自出家以來，鬻書營生，已成一賈人矣。學殖荒落，精神遒漂，安能為重任以誤天下青年？但願伏處海上，以終餘年而已。春氣仍寒，千萬珍衛。（《清道人遺集》頁一八二至一八三）

案:書中有"去年在江西,於友人案頭見商務印書館之《文字源流》一書"句,考《文字源流》於民國三年八月初版,公於是年秋歸鄉修志,故及見之。

二月一日(3月16日),赴張其鍠家讌飲,陳三立、俞明頤、李瑞荃、成習之、宗舜年、譚延闓、譚澤闓、呂苾籌等同席。李瑞荃得海州鹽局長之職。

《譚延闓日記》三月十六日:午飯後,周可均、吳作霖來談甚久,至晡乃去。偕大武、呂滿步入子武家,伯嚴、壽丞先在,道士、李三、成習之、宗子岱後來。聞李三得海州鹽局長,爲之一喜。主人設食尚精,惟燒鴨不如曩日,人出八角,尚不及一元也。李三攜張二水直幅來,云日本人近極重二水書畫,可值二百元云。又云得見汪容甫、黄小松跋本《十七帖》,極精,明當借看之。(册三,頁三六九)

二月四日(3月19日),餞李瑞荃於小有天,俞明頤、張其鍠、宗舜年、成習之、陳三立、譚延闓、譚澤闓、呂苾籌等在座。

《譚延闓日記》三月十九日:午飯後,作寄北京書。六時,同大武、呂滿附電車至小有天,公餞李筠盦,俞三、子武、宗子岱、成習之先在,道士兄弟、伯嚴後來。入席,談諧極歡。道士去,有謎一,請同座猜之。其辭曰:遠看一匹馬,近看一匹馬,比馬還小些。滿座皆不能得,及問之,乃小馬,俗謂馬駒也。大笑不已。將散,方地山來,出所攜王鐵夫、伊墨卿、翁覃溪書册,葉大僅及寸,字小如蠅頭。又張得天寫經亦然,皆可謂細入無間者。(册三,頁三七二)

二月五日(3月20日),鄭孝胥、陳曾壽來訪,不值。

《鄭孝胥日記》二月初五日:遂訪仁先,觀其師關季華棠書詩手卷及楹對;同過梅庵,不遇。(頁一五五四)

二月十日(3月25日),送李瑞荃至鎮江歸,宴同人於小有天,張其鍠、譚延闓、呂苾籌、譚澤闓、俞明頤、陳三立、阮蘭生同席。

《譚延闓日記》三月二十五日:李道士送李三至鎮江歸,忽來請客，因與子武、吕滿、大武赴之。至小有天，俞三、伯嚴先後至，又一李容恢，立談而別，云嘗至湖南相見，了不記憶矣。李道士此局專爲李博孫及其火車中所遇之阮蘭生，久待至八時，博孫竟不至，而阮來，蓋浙江人，於車中代道士惠賬者，故以此報之。菜尚精緻，飲盡六壺乃散。與張、俞、吕同電車歸，到家十時後矣。（册三，頁三七八）

二月十五日（3 月 30 日），《李梅庵先生臨漢魏六朝中學習字帖》出版，尾封刊其鬻書直例。

　　《玉梅花盦清道人鬻書直例》：册子每頁二金，卷子每尺二金，牓書每方尺三金。楹聯丈二尺十二金，八尺八金，七尺七金，六尺六金，五尺五金，四尺四金。堂幅丈二尺每幅十四金，八尺十二金，六尺八金，五尺五金，四尺四金。屏風丈二尺每幅八金，八尺六金，六尺五金，五尺四金，四尺三金。橫幅半幅同屏，整幅同堂幅，琴條同屏。摺扇團扇每柄二金，名刺二金。

　　（一）凡曰一金作銀一元。（二）篆書倍直，隸書加於定直之半，行草唐宋減半。（三）册頁以一尺爲度，過則倍直，每開六行，每行六字爲例，屏聯來文加倍，金箋加倍，加烏絲欄者別議。（四）滬上喜用銅牌，有相索者每字一金，書眉册首，比於名刺。題跋每百字五金，名畫古碑，或不泥直焉。（五）多病之身，不耐細書，凡團扇信面均大字騎行。（六）余亦有時作畫，山水花卉，或一爲之，有相索者其直倍書。（七）碑誌垂諸久遠，非可成於率爾，其直別議。（八）磨墨費比原直十之一，如楹聯生宣紙，字過尺者則十之二。

　　寓新靶子路橫浜橋南全福里二弄玉梅花盦道士李。通信收件處：上海城內九畝地德潤里五弄二四號震亞圖書局。（《李梅庵先生臨漢魏六朝中學習字帖》，震亞圖書局民國四年三月初版）

　　案：《李梅庵先生臨漢魏六朝中學習字帖》即甲寅夏公所臨法帖也，又名《李梅庵先生選臨法帖》。據《李梅庵先生臨漢魏六朝唐宋元明中學習字帖發行預約》（《新聞報》3 月 16 日）廣告，該書於陽曆三月三十號出版。又,該直例另見《清道人節臨六朝碑四種》(民國四年五月版)尾封、《民權素》第六集(5 月 15 日)、《民權素》第八集(7 月 15 日)、《民國日報》(1916 年 1 月 21 日)。惟"册子每頁二金",《民權素》第八集作"軸子每頁二金","名刺二金",《清道人節臨六朝碑四種》尾封作"名刺一金",通信收件處,《清道人節臨六朝碑四種》尾封作"上海城内九畝地德潤里五弄二四號震亞圖書局編輯所,四馬路望平街一五七號震亞圖書局發行所"。

二月十五日前後,赴中國公學十年紀念會演説。

　　《中國公學十年紀念會演説稿》李梅庵先生演説:公學初倡時,余固力贊之,然私衷竊以爲難,孰意我公學豈能十週紀念也?不肖曷勝慶慰。惟有數語互警諸同學者。國必自侮,然後人侮之,然則國於宇宙苟有侮我者,直吾自侮之殊稱耳。國之亡也,必先有亡國國民爲之鞭策爲之建□,吾國之存亡決乎我國民具有亡國國民之資格否。夫欲滌除亡國民之資格,厥有惟一武器,曰求自立是已。自立之基百端,其要素則曰求學而已,故學者,自立所本。自立者,國命人心所惠託者也。夫國人而能嗜學,不堅築自亡之器具,世界孰有能亡我者乎? 企予望之。(《申報》3 月 31 日)

二月十七日(4 月 1 日),爲新淦劉岐山作壽序。

　　《劉岐山七十壽敍》:余去年自海上歸鄉里,聞新淦有劉岐山先生者,無知與不知,皆曰先生長者。先生本賈耳,余覿其行事,當世學士大夫或難能之……今年年七十矣,戚里宗族,執觴上壽,乞文於余。(《清道人遺集擴遺》)

　　案:原件共十二條屏,款云"鄉晚生李瑞清頓首拜撰并書。游蒙單閼之歲則如之月穀旦"(《翰墨因緣》頁一〇至一五),本月十八日條所引《致吳錡函》曰"昨爲鄉人劉岐山先生作壽文",故繫於此。又,原件題曰《劉岐山先生壽敍》。"賤商輕賈"作"賤簡行賈","趙姬鄭女"作"趙女鄭姬","嗟夫"作"嗟呼","長男游學京師"作

"少子游學京師","稱碩士矣"作"稱碩師矣"。

二月十八日（4 月 2 日），譚延闓至王存善家爲李瑞荃謀招商局、米局事。事後，譚來，具以王意告之。是日，致書吳錡，謂陳三立頗賞其《劉岐山七十壽敍》，復乞吳解救葉懋中。

　　《譚延闓日記》四月二日：晴陰。寒暖：五十六度。七時起，乘馬車至王子展家，爲李道士説筠厂謀招商局、米局事。子展因出新得《雲麾碑》，云北宋拓本"精慮衆藝"四字尚全，視王弇州本爲更舊。正披賞間，而汪伯唐入，下跪三叩首，殊不類民國官吏，與之問訊，遂行。過孟淵，訪向叔予不值。至道士家，具以王意告之，雜賓滿座，乃辭歸。（册三，頁三八六）

　　《與吳錡書》一：劍秋吾弟閣下：前月寄上一書，當可達覽。頃聞已歸宜黄，確耶？貧道居滬上，略如故狀，去年台駕有來滬上之約，同人皆盼之。昨爲鄉人劉歧山先生作壽文，其文陳伯嚴大賞之，以爲大似腐遷，可向張鏡澄索觀也。前求向將軍前爲門人之父葉懋中一言，今解省獄，追令繳款，今其來書實可憐，然其兩子皆文弱，其長子在逃，存亡莫卜。懋中長者，拙於言詞，能先出之獄中，限期繳款，然須變産破家。一月限期太此促，或從寬遠限之，多兩月，不至措辦莫及。不然，徒拖死一五六十老人，於事無濟，殊可憫也。來書言詞悽惻，一并呈覽。貧道以爲當今之世，豺狼當道，安問狐狸？竊鉤者殊（誅），竊國者侯，似不必太狠之耳。春和，珍衛。清道人頓首。（《李文潔公書札》，北京泰和嘉成 2018 年秋季拍賣圖録）

　　案：書曰"春和珍衛"，考《鄭孝胥日記》、《譚延闓日記》，惟十八日晴陰、二十三日晴，則當作於是二日矣。惟書稱昨所作壽文，今日已爲陳三立激賞，本日譚延闓來，見雜賓滿座，或陳三立亦在其中也。暫繫於此。又，據民國四年秋致吳錡函，知葉懋中係公門人葉鈞之父。考《兩江師範學堂理化數學選科履歷分數表》

（《兩江師範民前五、四學年度畢業生》，臺北"國史館"藏），葉鈞爲
江西萍鄉人，光緒三十三年十一月入堂，肄習理化數學選科，宣統
元年十二月畢業。其父名葉康平。

二月二十三日（4月7日），譚延闓、譚澤闓、呂苾籌來，觀公摹《武梁
祠畫》作人馬，古趣盎然。譚延闓借公所藏《石門頌》而去。

　　《譚延闓日記》四月七日：偕大武、呂滿以人力車至梅厂家，方
畫斗方，摹武梁祠畫作人馬，古趣盎然，然非近人所尚矣。因談書
畫甚久，所謂李某者亦在坐。梅厂又言，有學生某欲以古訓訂正
今博物學名詞，蓋其物半中國固有，於古有徵者。又有學生深於
農學，曾以古農書相校，云所謂新發明者，不過以化學分析舊肥料
原質而已，其功用了無進步，所作講義亦能訂正古書，引之證新
法，此兩書皆可爲溝通新舊之偉著矣。將晡，仍以人力車歸，晚飯
飲數巡，食粉而罷。借梅盦藏本《石門頌》讀一過，信精拓也。（册
三，頁三九一）

　　譚延闓《訒齋日記》一月十五日：《題漢射陽石門畫像爲兼民》
序：李梅盦嘗仿武梁祠作畫，既成，詫曰：此漢畫也。其用筆若篆
籀，非人所及，今不可復得矣。

　　案：公《畫佛跋》曰："余不知畫，近頗用武梁祠壁筆法寫佛像，
大爲當世賞鑒家所欣賞。"（《清道人遺集》頁一三六）

二月二十五日（4月9日），攜戚赴小有天宴飲，譚延闓、呂苾籌、譚澤
闓等在座。

　　《譚延闓日記》四月九日：偕艾林、呂滿、大武以電車至小有
天。周可均來談高麗參事久之。李道士攜其戚來，用濃淡二種
酒，盡七肴，無不醉飽，道士於酒究有閱歷也。（册三，頁三九三）

二月二十七日（4月11日），赴鄭孝胥招飲，李經邁、劉體蕃、吳昌碩、
諸宗元、陳樹屏、姚文藻、吳學廉在座。

　　《鄭孝胥日記》二月廿七日：宴李季皋、李梅庵、劉錫之、吳倉

碩、諸貞壯、陳介庵、姚賦秋、吳鑒泉。（頁一五五七）

二月二十八日（4 月 12 日），與同人紹介李翊煌醫寓。

《臨川李博孫醫寓》：法界永安街太古昌樓上。門診一元，隨到隨診，自八鐘至十一鐘止。出診四元，自一鐘至五鐘止。陳伯嚴、李梅庵、俞仲還、周薇閣、潘燮臣、曹方城同啓。（《時報》4 月 12 日）

二月，爲白石六三郎題吳昌碩臨八大山人《畫鹿圖》。

題吳昌碩《畫鹿圖》：吳倉翁畫鹿，學八大山人者，極飛動，有墅趣。倉翁頗自憙，示余。余曰：翁畫鹿誠工，只可供高流欣賞，卻不可示當世貪榮慕勢之士大夫。如有大力者指之曰："此馬也。"必同聲和曰："馬耳，馬耳。"倉翁大笑，持奉鹿叟。乙卯二月，清道人題。（西泠印社藏）

案：吳昌碩題曰："王孫畫鹿意無他，脩到還兼福壽多。握管不堪回首處，可憐荆棘滿銅駝。鹿叟索臨八大畫鹿。乙卯春，吳昌碩。"

是月，爲從弟李雲麾臨《散氏盤》。

《李某庵臨周散氏盤真蹟》：容恢五弟年始三十，飽更憂患，自南洋歸，氣益靜，行益謹，多購書籍，將力學海外。近復學書，問筆法于余。書法雖小道，必從植其本始，學書之從篆入，猶爲學之必自經始。余近寫《鄭文公》，好習《散氏盤》，因爲臨之。它日學書有悟，當知古人無不從鼎彝中出也。清道人。

案：李容恢即李雲麾也。跋曰"容恢五弟年始三十"，李雲麾生於一八八六年，故當作於是年也。又曰"自南洋歸，氣益靜，行益謹，多購書籍，將力學海外"，似當再赴海外。李雲麾《先從兄清道人行述初稿》曰"討袁軍敗，亡命日本，同謀再舉，兩赴南洋。丙辰國運中興，始解南洋印尼蘇門答臘日報主筆任歸國"，則當作於丙辰之前，亦合。考《譚延闓日記》二月十日（3 月 25 日），李雲麾來滬，此時尚在逃亡，似不當久駐，暫繫於此。

是月，集《尹宙碑》字書聯。

　　清身勵儉德；博業稽高文。集《尹宙碑》字，《景君碑》筆法爲之。惠生仁兄法家正之。乙卯二月，清道人。（中國嘉德82期周末拍賣會1323）

　　案：此聯後歸張大千。張跋曰：“此聯從紙店索夫子補題，予見而好之，乞另書與之，故記之。己未十一月既望，季爰。”此聯上下款墨色、字體均不同，上款當係補題者也。

三月一日（4月14日），與沈曾植、羅振玉赴古渝軒午餐。飯後，同至李翊煌寓舍，觀所藏宋拓《淳化閣帖》殘本三册。

　　羅振玉《五十日夢痕録》三月朔：上午培老來談，並約至古渝軒午餐，坐客爲李梅庵方伯瑞清。午餐後，同至李君博生翊煌寓舍，觀所藏宋拓《淳化閣帖》殘本三册，後有宋人王淮跋，並有“中書省”、“門下省”、“尚書省”三印。又觀王弇州藏本宋拓《大觀帖》三册，均極精。又見所藏文湖州山水卷，後有山谷老人跋，畫法從巨然出，極佳。李君爲春湖先生後人，初以京曹改外秩，國變後寓滬上，以醫術自給，可謂不愧門第者矣。是日又聞王聘三方伯乃征、胡樞堂侍御思敬近並在滬上，隱於黃冠，皆予舊識也。予曩歲視學西江，王方伯守南康，署齋寥寂如僧舍，約予游匡阜，以雨不果。方伯爲言官時有直聲，樞堂侍御往在諫垣，亦以悻直不容於僉壬，乞養歸，予曾作詩送其行。今均遁跡江湖，恨不得與之握手，一話滄桑也。（《羅振玉學術論著集》第十一集，頁一五四）

　　案：《淳化閣帖》殘本三册爲六、七、八卷，均王羲之書，爲存世善本。今藏上海博物館。

三月二日（4月15日），赴周季黃小有天招飲，余明秋、吳仲雲、唐孜權、譚延闓、譚澤闓在座。散後，與譚延闓同歸，公以所臨帖印本貽之。

　　《譚延闓日記》四月十五日：午，偕大武附電（車）至小有天，赴
周季黃約，李道士、余明秋、吳仲雲、唐孜權同座。有鱘魚，乃廈門
來，殊不細膩，然費十元矣。同李道士至其家，遇陶小筑，攜貞翁
臨《史晨》、《西狹》、《石門》來，開口極大，因借之歸。道士以所臨帖
印本見贈，意謂《淳化》原拓不過是，細加推詳，於"擬之貴精"四字
誠無媿，亦當代所希也。（冊三，頁三九九）

三月三日（4月16日），赴小有天餞余明秋，吳仲雲、周季黃、唐孜權、
譚延闓、譚澤闓同席。是日，覆書朱崇芳，以所臨《張遷碑》及六朝碑
四種付之，又勸其縮印《金剛經集聯》。

　　《譚延闓日記》四月十六日：晴，偕大武至小有天，爲明秋設
餞，至則明秋、仲雲、季寰先在，道士、孜權後來，酣飲盡懽。及散，
與道士同候電車，往復馬路間，別有風趣。（冊三，頁四〇〇）

　　《與朱崇芳書》：人來，辱書並垂示貧道所臨各帖，但原來悉畫
有烏絲闌，其中或有用鉛筆畫者，故未印出，再印宜亟補之。又吾
兄欲更印拙臨六朝各碑，近致力鐘鼎，隸課少輟矣。從前課本多
爲家中子弟及親友攜去。此節臨四種，亦日本人乞書者，尚精，可
先印也。更有一事奉商，《泰山經石峪金剛經》，包慎翁所謂與《鶴
銘》相近，淵穆時或過之者。此實與《匡喆刻經誦》同一派，其布白
用筆直從《虢季子白槃》、《曾白霎簋》出，六朝大字第一也。自來
苦其過大，只有取數字集爲聯者。能縮印如酒杯大，便於臨撫，海
內書家必爭購之，足下其有意乎？貧道藏有黑拓精本全分，可假
印也。近日學六朝碑石者颷起，然學六朝須從篆隸入，乃非僞體。
能更印有名鐘鼎漢碑數種，尤可以倡明書學，開風氣也。納上拙
臨《張遷》課本，如可印，印之，幸自酌。挹芬吾兄足下。清道人頓
首。初三。（《李梅庵先生選臨法帖》，震亞圖書局）

　　案：《李梅庵先生選臨法帖》初印於民國四年三月，四月再版，
書曰"垂示貧道所臨各帖，但原來悉畫有烏絲闌，其中或有用鉛筆

畫者,故未印出,再印宜亟補之",則當在初版後再版前也。考《譚
延闓日記》四月十五日"道士以所臨帖印本見贈",則公新得不久
也。又書曰"此節臨四種,亦日本人乞書者,尚精,可先印也",四
月七日朱拽芬以此求鄭孝胥跋。

三月七日(4月20日),袁樹勛卒。其子求公爲書碑銘,拒之。

　　陳三立《清故署兩廣總督山東巡撫袁公神道碑》:乙卯三月七
日,以疾薨,享年六十有九。(《散原精舍詩文集》頁九二一)

　　易宗夔《新世説·巧藝》注:李名瑞清,江西臨川人。以翰林
起家,官江南提學使。民國成立,居滬上,改黃冠爲道士,自號清
道人。每歲鬻書所入,可致萬金。然非其所喜,雖以重金求之亦
不書,如朱瑞求其爲母壽書屏,袁樹勛之子求其爲父書墓誌銘,皆
嚴拒之。其高潔不可及也。(頁一七)

　　案:袁樹勛爲袁世凱門人,其墓誌卒爲何維樸所書。《鄭孝胥
日記》一九一七年七月二十日"觀陳伯嚴所爲《夏郎中志》及《袁海
觀志》,並不佳。袁父子皆事袁世凱,余必不爲此文,伯嚴何故爲
之? 異哉"(頁一六八二),可參考。

三月九日(4月22日),弔袁樹勛之喪,與譚延闓、何維樸、周聲溢、劉
承幹談。

　　《譚延闓日記》四月二十二日:范九峰來,同午飯。二時,呼車
至袁家,正將入殮,弔客甚多,多不識,用汪九舊法,頷而不與言。
惟何詩孫、李道士、周菱生談最久。詩孫言貞翁隸課始於在濟南,
凡臨《張遷》、《禮器》各百通,他碑各數通,皆白皮紙書。及庚申歸
湘,乃改包衣皮紙書,字較大。爾時嘗謂濟南書不佳,復取紙背更
書,有至二、三次者,故遺棄甚夥。又云貞翁不擇筆,不洗硯,有不
洗硯齋印。嘗云回腕執筆,南園即如此云。道士云春湖先生亦如
此。(冊三,頁四〇六)

　　《求恕齋日記》三月初九日:篤初弟來,遂與偕出,至斜橋弔袁

海觀制軍之喪。初七午刻故。時正在大殮,晤李梅庵,略談。其陪賓
則顧晴川也。(冊四,頁二一六)

三月十日(4 月 23 日),劉承幹囑沈焜致函與公,並以新刻書七種
贈之。

　　　《求恕齋日記》三月初十日:囑醉愚作函致李梅庵,並送去新
　　刻書七種。(冊四,頁二一七)

三月十一日(4 月 24 日),譚延闓、張承之、譚澤闓、庹道人來,觀公寫
牖字。與譚同至小有天,徐戟門、涂偉亭等在座。

　　　《譚延闓日記》四月二十四日:午飯,飲數巡,微醺而止。岸稜
　　去,承之邀同大武以馬車訪李道士,遇一割肝療母之庹道人。看
　　道士寫牖字。承之去,吾輩俟日晡同道士附電車至大馬路,代道
　　士買彩票。乃至小有天,則承之同徐戟門、涂偉亭先在,皆數年不
　　見之官,談論雖多,歡情頓少。菜乃道士所點,酒則吾家所送,飲
　　啖不甚踴躍,九時乃散。同道士出,承之送至馬路,有流氓尾而乞
　　錢,自稱其父曾充萍鄉總辦,可怪也。(冊三,頁四〇八)

三月十三日(4 月 26 日),赴小有天宴飲,余岸稜、范九峰、陳三立、周
可均、張習之、張承之、譚延闓、譚澤闓在座。

　　　《譚延闓日記》四月二十六日:午,偕大武至小有天,余岸稜、
　　范九峰、李道士、陳伯嚴、周可均、張習之、承之先後至。入席後,
　　飲竹葉青酒,無不黃美,遂至醺然。(冊三,頁四一〇)

三月十六日(4 月 29 日),張承之、譚延闓、譚澤闓來,觀公所作書及
《泰山經石峪金剛經》拓本,與譚論書甚久。後與諸人同往古渝軒,
孫鏡榮、周可均等在座。

　　　《譚延闓日記》四月二十九日:張承之來邀,同大武以馬車至
　　李道士家,看所作書。大武、承之他去,余與道士談書及故事甚
　　久。大武、承之來,同看《泰山石經峪》,大字奇偉,有出人意表者,
　　蓋道士以宣紙專拓,與夏午貽均分者也。承之先去,復以馬車來
　　迎,乃與道士、大武同車至古渝軒,承之及孫鏡榮、濯江又一少年

先在,而周可均挾一日本人來。菜精緻,迥異往時,吾所攜酒因以瓶罄。既散,同道士出,各附車歸,而周可均相送至馬路,到家十時矣。(册三,頁四一三)

三月十七日((4月30日),午,詣羅振玉談王有宏統領死難事。赴王乃徵招飲,繆荃孫、馮煦、吳慶坻、徐乃昌、陳三立在座。

　　羅振玉《五十日夢痕録》十七日:午間梅庵來,談一時許,爲予言辛亥之亂南京王統領有宏死難事。云革命軍初攻圍督署時,高揭革命旗,聲勢洶洶,王君時領衛隊,聞變,徒手出,奪亂黨銃,先仆革命旗,又連發,斃數人,圍立解。後以所部兵士至少,卒以戰死。梅庵謂王君人頗粗率,而忠勇敢戰,口操北方語,惜不得其鄉貫。予屬梅庵訪詢,擬爲一文以表彰之。(《羅振玉學術論著集》第十一集,頁一六一)

　　案:王有宏戰死事參閲《江南記名總兵王有宏》(吳慶坻《辛亥殉難記》卷三)、《王有宏傳》(《清史稿》卷四百九十六)。

　　《藝風老人日記》三月十七日:王病山招飲,李道士、馮夢華、吳止脩、徐積餘、陳伯嚴同席。(頁二八三〇)

三月十九日(5月2日),赴譚延闓處同享胙餘,周季黄、張習之、張成之在座。羅振玉回訪。

　　《譚延闓日記》五月二日:今日爲先君九十四歲冥壽之辰,設祭薦新,舉家行禮。邀李道士、周繼黄、張習之、成之同享胙餘,有張廚燒鴨、豆腐,小有天白菜加利鷄,皆似不如曩者,惟飲甚暢耳。李、周先去,吾與大武偕二張至俞三家,觀其新居。(册三,頁四一六)

　　羅振玉《五十日夢痕録》十九日:看静安目疾,仍未見減。至梅庵處答拜。(《羅振玉學術論著集》第十一集,頁一六二)

三月二十日(5月3日),攜戚赴周季黄古渝軒招飲,吳仲雲、成習之、譚延闓、譚澤闓同席。

　　《譚延闓日記》五月三日:周繼皇招飲古渝軒,與大武趁電車往,車中遇范靜生,談甚久。及至,主人及仲雲先在,道士率其庶母之侄來,及入席,習之乃至。菜尚精,飲微醺,與道士談學久之,散。候電車甚久,道士乃先去,繼黃候吾輩上車乃行,到家已十時三十分後矣。(冊三,頁四一七)

三月二十一日(5月4日),赴吳仲雲、李安甫小有天招飲,譚延闓、呂芯籌、譚澤闓、范九峰、周季黃在座。

　　《譚延闓日記》五月四日:晡,同呂滿、大武、九峰以電車赴小有天,車中有醉西人,可怕之至。既至,主人吳仲雲及李安甫先在,無他客,適李道士過樓下,乃下拉之入。將入席,而季皇來,酒興肴品均不及昨日。終席惟安甫話最多,皆說美國事,揭其黑幕頗多,如以鼻烟爲迷醉劑,其一端也。既散,仍以電車歸,已九時後。(冊三,頁四一八)

三月二十三日(5月6日),李瑞荃自海州歸。赴古渝軒小飲。散後,與譚延闓、李瑞荃游漢古齋、書畫會。

　　《譚延闓日記》五月六日:李三來,歸自海州,其地乃穴居,可謂古矣。又云旺月在七、八月,可得三、四千串,然則亦非劣事也。例定比較八千金,而月發局用二百元,薪水僅三十餘串,孰知所入十倍此乎。立法不良,使人欲不爲弊而不可,可嘆矣。呂滿適出,因邀俞、李同大武至古渝軒小飲,費三元餘,此到滬吃館之最廉者。道士有他局在樓上,散後亦來。出,同二李至漢古齋,又至書畫會稍坐。出,別二李,以電車歸。(冊三,頁四二〇)

三月二十四日(5月7日),錢熊祥攜龔賢畫卷及公所藏王鐸詩卷示譚延闓。午後,赴古渝軒爲張其鍠稱祝,陳三立、李瑞荃、譚延闓等在座。

　　《譚延闓日記》五月七日:錢通甫來,攜所得龔半千畫卷,以宋紙畫,十二幀,幀相聯屬,各幀又自爲首尾,自跋云凡畫兩年餘乃成。筆墨雄厚,真瑰寶也。又攜李道士藏王覺斯詩卷,己丑書,書勢縱橫豪盪,不易得也。因留午飯而去……偕張、俞同附電車至

古渝軒,伯嚴先到,久候道士、李三乃來,以一元會爲子武稱祝,酒攜二種,菜有九肴,皆精美無已,醺然而散。(册三,頁四二一)

李瑞清《跋王覺斯法書》:觀此卷乃知王孟津蚤歲實師張樗叟,筆意空靈,無復晚年縱橫習氣。漁洋山人謂孟津人品日壞而書日墮惡趣,是學孟津當從師蚤年之作也。清道人。(《胡小石書法選集》頁八一)

胡小石《跋王覺斯法書》:臨川夫子最喜孟津草書,以爲直追大令。此卷猶是中歲揣摩張即之時作,其後深入寶晉之室,出以自運。飛騰雄邁,轉換部位,不可方物,遂成鉅手。甲申以後,精神遐漂,迄無佳者,故論王書以作於明代者爲貴。己亥春分,沙。(《胡小石書法選集》頁八一)

案:《日記》所稱爲王鐸仕清後所作,非公跋者。附錄於此,以見其志趣。

三月二十五日(5月8日),徐戟門、涂罍亭來訪。赴張其鍠古渝軒招飲,俞明頤、陳三立、李瑞荃、譚延闓等同席。

《譚延闓日記》五月八日:飯後,徐戟門、涂罍亭攜徐之侄來,年十三而偉大如成人,意在約往梅厂處,辭之而去……浴罷,至古渝軒,俞三、子武、伯嚴先後來,而道士、筠庵最後到(子武爲主人),且攜其庶母之侄來。入席歡飲,菜不如昨日矣。既散,談鬼久之,乃出。(册三,頁四二二)

三月二十九日(5月12日),赴古渝軒宴飲,陳三立、錢熊祥、張其鍠、譚延闓、譚澤闓、李瑞荃、俞明頤等在座。

《譚延闓日記》五月十二日:晴……范九峰來,李筠盦來,俞壽丞來。李約同俞三、吕滿、大武同赴古渝軒,十二時以電車往,至則陳伯嚴、錢沖甫先在,張子武、李道士後來。入席,窮極珍味,不過適口,僅去十一元,廉於昨日矣,豈客爲之耶。(册三,頁四二六)

三月三十日(5月13日),赴劉承烈昆弟小有天招飲,譚延闓、譚澤闓、呂苾籌在座。散後，與譚同至真賞齋看碑。

　　《譚延闓日記》五月十三日：午，同呂滿、大武以電車至小有天赴劉劼湘兄弟招，道士先在。入席暢飲，時魚甚美，蓋今年第一也。及散，同道士至漢古、古墨，遂至真賞齋看碑，有《張遷》、《禮器》，皆舊拓，而以《張猛龍》爲最，“冬溫夏清”、“冠蓋魏晉”皆全，“鶴響”猶存，“鶴”字尚可辨也……李道士爲人書賀新婚聯，誤八言爲七言，乃以其語求對句以成之，爲拉雜對十餘句，無一工者，蓋於世界中講倫理，安得有好對乎？（册三，頁四二七）

三月下旬，爲《民權素》第六集署檢。

　　《民權素》封面：民權素，第六集。清道人。

　　案：該集於民國四年五月十五日出版。

三月，王景沂招飲新半齋，公未往。李詳以公逃席爲題，因賦一詩。

　　李詳《義門招同伯嚴心白午飲於新半齋梅庵期而未至余請伯嚴即以梅庵爲題因賦一詩分致諸君乞和闓入拔可亦同日逃席者也》：午日照樓車轂轉，酒泛澄醪甌注荈。詩翁消瘦對詞人，閲盡蓬萊水清淺。𪏮也治具矜夏屋，細酌侯鯖參禁臠。臨川道士謝不來，蒸鯽擎鬐雞露隽。想緣食指偶未動，坐惜南烹有餘腆。縱羞西笑望長安，忍過屠門不流哯。暫休群如馬脱羈，懶出真憐蠶裹繭。塵埃奔逐有底忙，仰羨閒雲自舒卷。閉門賣字換鵝羊，肯顧沙邊拾螺蜆。賦詩致詰得新題，實主嘩然齊老齔。後先逃席出吾宗，並案丁零期此讞。一時檄到如律令，火速償逋休覘俔。（《李審言文集》頁一二九〇）

　　李詳《答周惺庵三函》其一：惺庵足下：書來，媵以詩文，讀之數過……往在上海，王義門招同散原、拔可、心白，飲於酒樓，是日梅庵未至，自此一別，遂成千古。（《李審言文集》頁一〇六四）

是月，爲蔣國榜《金陵叢書》乙集各書署檢。

　　案：《金陵叢書》乙集爲《論語説》、《春秋本義》、《補五代史藝文志》、《真誥》、《焦氏筆乘》、《陶貞白集》、《澹園集》、《澹園續集》、《青溪集》，僉爲公所署檢者也。牌記曰"乙卯臘月蔣氏慎脩書屋校印"，因繫於此。

是月，爲哈麐題王震所臨顧曾壽畫册。

　　題《王一亭摹顧曾壽畫册》：王一亭先生畫大似吳倉翁，翁畫奇古而一亭超健耳。此册乃戲橅顧山人者，山人事跡，吳倉翁記之尤詳，然其畫特險怪，畫人所不畫，要皆有寄意。昔東坡謂江瑶柱似荔枝，應者皆憮然。畢仲游謂杜甫似司馬遷，余謂山人畫似盧仝，少甫先生以爲何如？它日一亭見之，定發一大噱也。乙卯三月，清道人。（北京誠軒 2005 年秋季拍賣會 0579）

　　案：該畫册尚有吳昌碩跋。

是月，題石濤《長干風塔圖》。

　　題《長干風塔圖》：石濤此幅元氣渾淪，涉筆成趣，要非山川雲物往來於胸中莫辦，亦非倚傍前人門户循蹊覓徑者所夢見，是以高耳。此爲宣城畫社社友吕定生作，當時社友如梅瞿山、雪坪、高阮懷、蔡曉原輩，飆舉雲興，極一時之盛矣。要皆從畫中求畫，豈若此老獨於法外立法耶？乙卯三月，清道人題記。（香港藝術館藏 1699）

　　案：該圖尚有劉海粟跋，後歸劉作籌虚白齋。朱良志以爲僞作，請參朱良志《〈長干圖〉〈風塔圖〉及相關作品辨析——存世石濤款作品真僞考系列之九》（《榮寶齋》2016 年第 1 期）。又，敬華（上海）2016 年春季拍賣會所拍《石濤山水圖》邊幅載公題跋，與此相類。惟"此爲宣城畫社社友吕定生作，當時社友如梅瞿山、雪坪、高阮懷、蔡曉原輩"作"此爲當時宣城畫社社友如梅瞿山、雪坪、高阮懷、蔡曉原、吕定生輩"，語無倫次，當係僞題也。

是月，賦詩以憶長尾甲。

　　題《海濱話別圖》：離愁剪不斷，月爲我徘徊。遥想高吟處，櫻花萬樹開。夢魂縈富士，天地鬱奇才。脣齒原相倚，同根莫自摧。雨山先生歸國，不及別，作此奉憶。乙卯三月，清道人。（轉引自王中秀《時間深處的回想——邑廟豫園書畫善會與海上題襟館書畫會會史合編》，《榮寶齋》2014 年 8 月，頁二五○）

　　案：該詩亦載《清道人遺集》卷一，題曰《贈日本人某》。陸恢題曰："海濱話別。甲寅之夏，雨山先生將返東瀛，諸故交作詩餞之。恢不文，寫圖以紀其事，并請法家教正。吳江陸恢謹記。"是卷尚有吳昌碩、鄭孝胥等跋。

是月，陸恢爲公所臨法帖作跋。

　　陸恢跋《李梅庵先生選臨法帖》：鐘鼎、彝器、石鼓、瑯琊、泰山及兩漢金石刻，篆隸之原；三國、六朝至隋唐，化分爲真，體變而筆法在，猶是書之正脈。例以書品，上者爲神，次不失爲能，故精書家皆從此入。然格律勝，則或流於滯；謹嚴甚，則難求其趣，書道有未盡焉。士君子補偏救弊，不得不兼求古人牋奏、文稿、尺牘，一切行草之書，以博其縱蕩流麗之觀，此書之逸品也。逸、神、能三品備，而書無缺陷矣。梅庵李先生人品、學問高出一代，曾見其《却聘書》，欽其節概，即無書畫亦自傳人，況復其書無體不備，浩博無涯涘耶？總之，筆能扛鼎，復濟以學，斯無所不可，而前所謂三品者，盡歸先生掌握中也。子芳老兄與先生交甚篤，故以所臨《秘閣帖》貽之。而子芳不以自秘，付攝印公諸同好，其有益後學及衿懷之曠，胥於是見，因樂爲題之。乙卯三月，吳江陸恢書於滬上。（震亞圖書局）

春，爲孫雄繪《佛雲石圖》。

　　孫雄《孫氏宗譜圖詠序》：先本生高高祖潞安太守訥夫公……太守有佛雲石，爲從征廓爾喀所得。乾隆己酉，與忠骨俱歸……咸豐庚申，石爲兵火所燼。雄曾乞林琴南孝廉紓、李梅庵方伯同年瑞清補作《佛雲石圖》各一幀，徵求朋舊題詞。（《舊京文存》卷二）

黃維翰《孫師鄭出示先德訥夫先生畫冊屬題》：訥夫名鎬，昭文人。牧睢州有惠政。乾隆末，大軍征廓爾喀，總理軍需局，抵第里古朗，聞母訃，請奔喪，不許，以哀瘁卒於軍。遺畫九紙，仿元明人筆意，簡淡有高致。軍行道達山，得一石，寶愛之，行止必偕，後與忠骨俱歸，咸豐庚申燬於兵火。師鄭乞閩林紓、臨川李瑞清各以意補爲圖。師鄭，先生五世孫也。（《稼溪詩草》卷三）

吳士鑑《題常熟孫訥夫太守佛雲石圖》序：太守於乾隆戊申從征廓爾喀，獲此石於丹達山，名之曰佛雲石。旋奉母夫人諱，哀勞成疾，殁於打箭鑪之帕朗古營次，地僻，不得棺，斫大樹，刳其中以斂之。當易簀時，謂從者曰：“毋棄我石，留以示我子孫。”及歸櫬，載石與俱。太守之子子瀟先生作歌以紀其事。咸豐末，因亂失去。今師鄭史部雄倩李梅盦瑞清、林畏廬紓繪圖徵題。師鄭，太守之來孫也。（《含嘉室詩集》卷六）

案：吳詩前第六首爲《和趙次珊丈爾巽上巳詩原韻》，後一首《車行金鼇山玉蝀橋望北海》有“瓊島陰陰鑠碧苔，紅蕖無主爲誰開”句，當作於春暮也。公所作應於此前不久，暫繫於此。

春，爲張舒《容拙齋文鈔》署尚。

案：《容拙齋文鈔》一卷，爲甘泉張舒所作，其曾孫張鶴第輯校付梓。公署曰：“容拙齋遺文。清道人。”後有張鶴第民國四年三月跋，公所作或亦於此時前後也。

四月二日（5月15日），夜，宴內弟余欽籛於小有天，譚延闓、譚澤闓、呂苾籌、陳三立、何維樸、徐乃昌、李之鼎等在座。

《譚延闓日記》五月十五日：午飯後，忽道士遣人來邀夜飲，不知何因。三時，忽大雷雨，以風震撼窗戶，漂泟廊檻，須臾乃止。大生、衡生歸自校。晡，同大武、呂滿以人力車至道士家，至則已出矣，仍以人力車赴小有天，座客已滿，而道士不見，乃出。至趙裱背看所裱冊，有巡捕逐盜，持槍而奔，既而復返，則盜逸矣。行至跑馬廳，看落日，蒼蒼涼涼，如初日也。復至小有天，道士已來，乃宴其內弟余某，坐他室久之，乃得入所定室，陳伯嚴、何詩孫、徐積餘外，有李正堂，其人曾刻詩話及宋人小集，而道士亦不知其何名也。菜尚精湛，酒亦半醺。既散而出，仍附電車歸，到家十時三十分矣，遂就寢。（冊三，頁四二九）

四月四日（5 月 17 日），俞明頤於譚延闓處談公逸事。

　　《譚延闓日記》五月十七日：俞三來，談李道士逸事甚詳。人固不易知，知人亦不易，然吾始終疑其非真也。（冊三，頁四三一）

四月七日（5 月 20 日），朱崇芳以公所臨六朝碑四種求鄭孝胥跋。

　　《鄭孝胥日記》四月初七日：朱挹芬來，示梅庵所臨六朝四種，且求跋語。（頁一五六二）

　　《清道人節臨六朝碑四種第一集》：蔡君謨謂《瘞鶴銘》乃隋人楷隸相參之作，觀六朝人書，無不楷隸相參者。此蓋唐以前法，似奇而實正也。梅庵先生所臨諸碑，純用隸法，不啻禹鑿龍門手段。孝胥。

　　案：該集於民國四年五月初版，鄭孝胥爲署簽。

四月九日（5 月 22 日），譚延闓、譚澤闓、呂苾籌來，觀公所書篆屏。同至陳三立家，復同至別有天，錢熊祥、余介卿等在座。席間，觀翁同龢書《風賦》、錢南園書《道德經》。

　　《譚延闓日記》五月二十二日：晡，同大武、呂滿以人力車至李道士家，看所書篆屏，自謂過何蝯叟，實臨何也。談甚歡，偕至伯嚴家，道中車馬填咽，轂擊肩摩，皆自遠東運動會歸者。偕伯嚴出，以人力車至別有天，錢沖父先在，攜有翁常熟書屏，乃寫《風賦》者，極似南園，可愛之至。頃之，余介卿來，挾所藏錢書《道德經》至。入座，飲食，道士所攜親戚兒與焉。（冊三，頁四三六）

四月十日（5 月 23 日），攜李俶赴成習之古渝軒招飲，俞明頤、范九峰、譚澤闓、呂苾籌、譚延闓在座。

　　《譚延闓日記》五月二十三日:午,俞三來,遂同大武、吕滿(遇
范九峰於門前)偕趁電車至古渝軒,成習之請客也。梅厂率其小
兒後來。入席,飲啖甚豪,惜鱖魚但有頭尾耳。此小兒頗能書字,
做道士,且健啖。道士云其戚去年由雲南來者,能自書名曰李俶
字旭君云。(册三,頁四三七)

四月十二日(5 月 25 日),赴小有天讌飲,往來二局,成習之、陳三立、
陳曾壽、俞明頤、譚延闓等同席。

　　《譚延闓日記》五月二十五日:到小有天。頃之,成習之、陳伯
嚴、陳仁先、俞壽丞先後至,李道士别有一局在他室,時往來二室
間,九時乃散。(册三,頁四三九)

四月十四日(5 月 27 日),胡思敬、俞明頤、譚澤闓、吕苾籌、譚延闓
來。錢熊祥攜書畫來。近午,赴飲。

　　《譚延闓日記》五月二十七日:八時起,食粥後,俞三來,遂輟
字課。俞三邀同大武、吕滿出訪道士。以電車往,至則道士方在
樓上梳洗。見胡思敬,亦作道裝,未交談也。坐頃之,古墨軒人
來,錢通甫亦至,挾有書畫,恨無佳者。近午,乃同道士出,遇一坐
馬車者,拉道士赴飲,余輩乃步入伯嚴家,天熱汗出,稍作休憩。
(册三,頁四四一)

四月十五日(5 月 28 日),偕胡思敬訪鄭孝胥,不遇。乃過劉承幹,觀
其所藏宋槧前後《漢書》。是日,江蘇省立第二師範學校舉行十周年
紀念會,從公徵求書畫。

　　《鄭孝胥日記》四月十五日:李梅盦、胡瘦唐來訪,不遇。(頁
一五六三)

　　《求恕齋日記》四月十五日:晴。午前閱報。午後,李梅庵偕
胡漱唐來,出宋槧前後《漢書》示之,瞻覽良久,乃去。(册四,頁二
四〇)

　　《預紀第二師範學校之十週年紀念會》:尚文門内江蘇省立第
二師範學校(原名龍門師範學堂)自乙巳年四月間以龍門書院改

辦,至今已屆十年。現於陽曆二十八日起,至三十日止,舉行十週
紀念會,每日上午九時起,下午五時止,將歷年學生成績全數陳
列,並將寄宿舍,由各學生自行裝扮,形形色色,極有趣味。逐室
不同,任人觀覽。並徵求李梅庵、章乙山、王鶴僧、楊東山、姚伯
鴻、姚叔平、葉指發諸名家及在本校職教員書畫,及自製薔薇花露
水、牙粉等,任人購買,所有賣資,悉充救國儲金。加以全體學生
各種體操及拳術選手以助餘興,屆時必有一番熱鬧也。其展覽券
已分送各界,並聞該校對於熱心教育之男女賓無論有券無券,一
體招待云。(《申報》5 月 27 日)

四月十六日(5 月 29 日),鄭孝胥、錢熊祥來訪。赴徐乃昌約於小有
天午飯,鄭孝胥、胡思敬在座。晚,餞陳三立於俞明頤家,成習之、陳
曾壽、譚延闓、譚澤闓、呂苾籌在座。

　　《鄭孝胥日記》四月十六日:過李梅庵、胡瘦唐,胡乞代書梅、
　　陶祠聯二,座中晤錢沖甫,乃錢子密之子。徐積餘邀飯於小有天,
　　與李、胡同往。(頁一五六三)

　　《譚延闓日記》五月二十九日:晴,同大武、呂滿至俞三家,公
　　餞陳伯嚴。久之,伯嚴至,成習之、李道士、陳人仙後來。飲茅亭
　　中,明月初出,涼風習然。頗覺寒侵,各衣袷。痛飲,菜則俞三庖,
　　尚可口。酒罷,送道士至提籃橋趁電車,乃循舟山路歸。(冊三,
　　頁四四三)

四月十八日(5 月 31 日),赴俞明頤古渝軒招飲,錢熊祥、譚延闓、譚
澤闓、呂苾籌、宗舜年等同席。

　　《譚延闓日記》五月三十一日:錢沖甫來,俞三來,遂邀同大
　　五、呂滿以電車至古渝軒,烈日中殊煩熱。頃之,金人珠、陳理卿、
　　宗子戴、李道士來,俞三請客也。菜尚佳,以萵苣、白菜爲最。燒
　　鴨肥美,欲過張、聶,二時始散。(冊三,頁四四五)

四月十九日(6 月 1 日),偕內弟余欽鑠訪譚延闓,看碑論畫。

　　《譚延闓日記》六月一日:午飯後,李道士偕其妻弟余芋禪來,

看碑説畫,久之乃去。(册三,頁四四六)

四月中旬,胡思敬跋公所臨法帖。

胡思敬跋《李梅庵先生選臨法帖》:余初見梅葊在京師松筠庵,聞其不讀秦漢以後書,甚奇之。後同時廷對,見所書試卷瑰瑋不可名狀。劉潛樓謂字字如螃蟹,蓋笑之也。今見此帖,秀者如妖韶美女,壯者如勇士橫槊,鋭不可當,乃知其於各書正變源流,無所不備。伏處海濱,鬻書爲活,距乙未殿試之時已忽忽二十餘載矣,相對不勝於悒。乙卯四月,思敬。時客滬上。

案:胡思敬於四月十四日已抵滬,二十九日離滬,又《鄭孝胥日記》廿四日"朱挹芬來,遺梅庵石印帖",似此時已重印,則胡跋當作於中旬間也。

四月二十二日(6月4日),詣繆荃孫。赴古渝軒小飲,遇梁啓超、俞明頤、譚澤闓、吕苾籌、譚延闓、范九峰、余欽籛等同席。

《藝風老人日記》四月廿二日:丙寅。雨……李道士來。(頁二八三九)

《譚延闓日記》六月四日:俞三來,遂同大武、吕滿攜康佟子冒雨至古渝軒,道士、九風亦來。候余芋禪,久不至。道士至隔座飲,蓋梁卓如云。頃之,客齊入座,酒醲肴甘。及散,雨不止,仍坐車歸。(册三,頁四四九)

四月二十三日(6月5日),午後,詣譚延闓談。晚,公約飲小有天,俞明頤、譚澤闓、譚延闓、吕苾籌、梁啓超、鄭文焯、余欽籛同席。劉承幹回訪,不值。

《譚延闓日記》六月五日:午飯後,俞三來談,李洽、吳仲雲來,李道士來,吳、李去。李道(士)約飲小有天,俟大武、吕滿歸,同俞三赴之。至則梁卓如、鄭叔問、余芋禪先在。入席,大飲啖。梁、鄭先後去。既散,少坐乃歸,到家九時三十分矣。(册三,頁四五〇)

　　譚延闓跋《鄭大鶴先生尺牘》：余於梅菴座上曾一見大鶴山
人，承以畫佛爲贈。今七年矣，梅菴之逝亦已三年，追憶生平，有
足悲者。養矯先生出示此册，展讀感歎，不能自已。壬戌七月既
望，延闓。

　　《求恕齋日記》四月二十三日：至全福里答李梅庵、胡漱唐。
李已出門，胡遊西湖未歸，廢然而出。（册四，頁二四五）

四月二十四日（6月6日），朱崇芳以公石印帖贈鄭孝胥。

　　《鄭孝胥日記》四月廿四日：朱挹芬來，遺梅庵石印帖，作條令
往商務印書館取《瓶賦》、《夜氣説》各五十本代售。（頁一五六四）

四月二十五日（6月7日），赴古渝軒一元會，左孝同、李翊煌、胡思
敬、繆荃孫、朱祖謀、王乃徵、于式枚、于式棱在座。

　　《藝風老人日記》四月廿五日：到古渝軒赴一元會，左子彝、李
博孫、胡漱唐、李道士、朱古微、王聘珊、于晦若、淵若同席。（頁二
八四〇）

四月二十六日（6月8日），劉承幹囑沈熴致函與公。午後，覆劉承幹
函，告其劉廷琛、胡思敬均於廿九日離滬。是日，遣介賀蔣國榜母馬
太夫人壽慶。蔣邀遊徐園，謝之。

　　《求恕齋日記》四月二十六日：囑醉愚作函致李梅庵、胡漱唐。
（册四，頁二四七）

　　《與劉承幹書》一：前辱臨眖，并承贈所刻各書，珍感珍感。頃
瘦唐、幼雲皆不在敝廬，俟歸當代達尊意。贈幼雲書即轉納也。
因使奉上拙臨各帖三本、胡瘦翁奏草一册，幸哂存。幼雲、瘦唐均
廿九早車行，并聞。雨熱，敬頌翰怡仁兄侍奉萬福。清道人頓首。
（《求恕齋友朋手札》，《歷史文獻》第十八輯，頁三三五）

　　案：書曰“奉上拙臨各帖三本”當指《李梅庵先生選臨法帖》，
該書民國四年三月由震亞圖書局景印以行。是年四月十四日前
胡思敬來滬，十五日隨公訪劉承幹，二十八日劉承幹招飲胡思敬、
劉廷琛，當因書中告其“幼雲、瘦唐均廿九日早車行”也。又曰“雨

熱”,考《鄭孝胥日記》,四月十五日至二十八日惟二十一、二十二、二十六日雨,是日劉承幹囑沈焜致公函,故覆書答之也。

《與蔣國榜書》:今日太夫人大慶,以道服未便親詣拜壽,特遣介致賀。承召徐園之游,因敝親胡侍御新從鄉來,即日即行,俗事牽紲,未得奉陪盃話,尤爲邑邑。幸恕之。蘇龕吾弟足下。清頓首。(西泠印社 2014 年秋季拍賣會 1780)

案:書曰“今日太夫人大慶”,民國十九年譚澤闓書《蔣節母馬太夫人七十壽序》(朶雲軒 2003 年春季拍賣會 0097)曰“今歲夏歷四月下澣,太夫人七十開慶”,又,曾熙四月四日致李瑞荃函(楊友吾藏《曾農髯字冊》)曰:“蔣蘇盦之母本月廿六生日,六十正生也。”故當在四月二十六日。書曰“以道服未便親詣拜壽”,則是時蔣母似尚在滬,蔣國榜《蒼虬閣詩存跋》曰:“丁巳,奉母就養南湖。”則此事似在丁巳前也。又曰:“敝親胡侍御新從鄉來,即日即行。”考胡思敬四月間來滬在壬子、癸丑、乙卯間。壬子四月,蔣國榜尚未執贄門下。癸丑,胡思敬四月廿七日前後至滬,五月六日後赴青島,七月下旬返滬,八月十三日歸鄉,似與所言“即日即行”不合。乙卯,胡思敬四月十四日前後至滬,廿九日離滬,與書中所言正合。因繫於此。又,癸丑公所書函札間有顫筆,而此函絕無,亦可參證。

四月二十七日(6 月 9 日),譚延闓、譚澤闓、范九峰、吕苾籌攜明拓《魯峻碑》、《禮器碑》來。

《譚延闓日記》六月九日:同大武、范、吕以電車至中華書局,欲觀儀器,而所有甚稀。乃至商務印書陳列所,坐看頃之,復道漢古齋、古墨齋。以電車至李道士家,以所攜明拓《魯峻》、《韓勅》與觀。遇胡思敬,未甚交談。(冊三,頁四五四)

四月二十八日(6 月 10 日),赴劉承幹招飲,劉廷琛、胡思敬、程平園、章梫、楊鍾羲、吳慶坻、陶葆廉在座,觀劉承幹所藏宋槧四史及翁方綱《四庫全書提要》手稿。

《求恕齋日記》四月二十八日:余是日宴劉幼雲、胡漱唐兩年丈於家中,程平園、章一山、楊芷姓、吳子修先後至,陶拙存、李梅庵及兩年丈亦來。出宋槧四史及覃溪《四庫全書提要》手稿,互相評證,良久乃入席。席散後,又小坐逾時而去。(册四,頁二一六)

四月二十九日(6月11日),劉廷琛、胡思敬離滬。午,赴古渝軒宴俞明震,爲其洗塵,俞明頤、譚延闓、譚澤闓、吕苾籌等同席。

《譚延闓日記》六月十一日:午,偕大武、吕滿至古渝軒,二俞及梁胡子已至久之,李道士來,爲俞大洗塵也。酒乃蘋果香之最後者,色味已遜矣,菜乃不如往日。既散,復坐談頃之,乃散歸。(册三,頁四五六)

四月三十日(6月12日),詣譚延闓論書。公招飲古渝軒,俞明頤、成習之、譚澤闓、吕苾籌、譚延闓等在座。

《譚延闓日記》六月十二日:午飯,范九峰來(大生兄弟歸)。道士來談書甚久,方偕出,遇俞三、成習之於門,遂與大武、吕滿偕赴古渝軒,道士作主人,有張姓及震亞書局朱姓肅政前至,賓主九人,菜價七元。及散歸,已九時後矣。(册三,頁四五七)

四月下旬,爲《民權素》第七集署檢。

《民權素》封面:民權素,第七集。清道人。

案:該集於民國四年六月十五日出版。

四月,爲李詳《學製齋駢文》署檢。

《學製齋駢文》封面:學製齋駢文。清道人。

案:《學製齋駢文》爲公門人蔣國榜出資刊印,李詳自序於乙卯四月,扉頁係鄭孝胥題,考《鄭孝胥日記》四月廿三日:"李審言求書《學製齋駢文》封面。"(册三,頁一五六四)又,七月九日:"李審言來,贈所著《學製齋文》。"(頁一五七五)則七月初書已印出矣。公所題當於此際也。

是月,作"劇孟獻之"聯。

　　劇孟若敵國;獻之愛縣書。乙卯四月,清道人。(南京博物院藏)

是月,高英獲觀哈麔所藏公手札,遂爲跋之。

　　高英跋《清道人手札致程雪樓第一集》:光宣之際,梅菴先生提學吾寧,功績甚偉。國變以來,高風亮節,爲世稟規。予於某公座中曾一瞻丰采,固有道君子也。今少夫集其致人書手藁數通出以見示,嚴氣正性,足砭流俗。夫先生書名滿天下,尺縑寸楮,無不可壽之百禩,而少夫獨寶此數紙,非以此書有功世教,尤可傳耶? 人事推移,如露如電,惟文與道,不與時變。頌以書聖,窺之猶淺。梅菴固不可及,少夫亦夐乎遠矣。乙卯四月,昇州七十八叟高英謹跋。

四月底至五月初,爲劉世珩橅所藏舊拓《盂鼎》、《曶鼎》、《虢季子白盤》、《散氏盤》各一幀。

　　臨《盂鼎》:質勁上沿殷法,楚派實宗此,後來《景君》、《公方》、《神讖》皆從此出。(《紙上吉金:鐘鼎彝器善本過眼錄》中册,頁九)

　　臨《曶鼎》:《曶鼎》原本極難得,涪蒙字隱,參考吳子苾丈《攗古錄》金文書之,所謂疑以傳疑,闕者闕之,不敢臆補也。此文多載訟判之詞,文辭爾雅,事極瑣細,廛談俚語,皆成妙文,爲後世訟定立碑存案之祖,可與任昉《奏彈劉整》文同觀也。乙卯四月,清道人橅臨,陰曀欲雨。(《紙上吉金:鐘鼎彝器善本過眼錄》中册,頁三三)

　　臨《虢季子白盤》:此與《曾伯霥簠》同一用筆,後《匡喆刻經頌》、《泰山經石峪》皆其適嗣也。乙卯五月,霿忽雷閣主人藏本屬臨,清道人。(《紙上吉金:鐘鼎彝器善本過眼錄》下册,頁一五九)

　　臨《散氏盤》:于漢則《開母闕》,魏則《鄭文公》。(《紙上吉金:鐘鼎彝器善本過眼錄》下册,頁一八七)

　　案:以上四幀均以梅花玉版箋臨之,裱於劉世珩所藏舊拓《盂

鼎》、《智鼎》、《虢季子白盤》、《散氏盤》卷端,爲四屏。《智鼎》臨於
四月,《虢季子白盤》臨於五月,五月上旬公致徐乃昌書曰:"連日
爲聚卿臨鍾鼎四種,去年來者,促之急。"則該四幀或臨於四月底
至五月初也。暫繫於此。又,仲威謂劉世珩所藏《盂鼎》爲道咸間
關中拓本;《智鼎》爲翻刻本,原爲陳德大舊物,後經孫文川、劉世
珩遞藏;《虢季子白盤》爲初剔本;《散氏盤》則爲阮元手拓,經吳大
澂、劉世珩遞藏者也。

五月一日(6月13日),赴別有天讌飲,范九峰、俞明頤、俞明震、成習
之、宗舜年、夏敬觀、李健、譚延闓、譚澤闓、吕芯籌等同席。

　　《譚延闓日記》六月十三日:范九峰來,俞三來,遂偕大武、吕
滿出至別有天,俞大、成習之、梁胡子、宗子岱、夏劍丞先在,李道
士及仲乾後來。菜清酒美,大衆歡然。及散,十時矣。(册三,頁
四五八)

五月二日(6月14日),赴成習之小有天招飲,俞明震、俞明頤、譚延
闓、宗舜年等同座。

　　《譚延闓日記》六月十四日:至晡,復至小有天,俞大、俞三、梁
胡子先在,主人成習之,宗子岱、李道士後來,侈談富春之勝,欲往
游焉。今日菜殊劣,價十二元,可怪。既散,仍以電車歸。(册三,
頁四五九)

五月三日(6月15日),值一元會,繆荃孫、左孝同、李翊煌、夏敬觀、
朱孝臧、于式枚、汪洵、王乃徵、王秉恩在座。

　　《藝風老人日記》五月三日:赴一元會,左子彝、李博生、夏敬
觀、古微、晦若、淵若、聘珊、雪澄同席。翰怡送元板《内簡尺牘》
來,復其一束。(頁二八四二)

　　繆荃孫《致劉承幹函》:頃赴李道士一元會,回寓讀大札并三
書。《鴻慶尺牘》宋元皆有之,此書實難定其爲宋爲元。……《毛
詩疏義》是明正德間刻,值數十元。《綱目集覽》明初刻,值百元
耳。《史記》,星舫云先校是不錯,第借潘本,並以金陵局刻張嘯山

三注校本證之，亦撰校記，較妥。……荃孫頓首。三日。（《藝風堂書札》，《繆荃孫全集・詩文》第二冊，頁六二四）

　　案：《求恕齋日記》乙卯五月二日"邱紹周來，攜到宋槧《鴻慶尺牘》，係十六卷者，書則只有四冊，而索價至二千五百元，亦可謂奇貨可居。余答以無意，再四慫恿，乃以姑待評價而已"，是日劉承幹致書繆荃孫，詢以《鴻慶尺牘》、《毛詩疏義》、《綱目集覽》等事（參閱吳青、張映月《近代藏書家劉承幹致繆荃孫函札考釋》），即繆荃孫覆函所答諸事也。

五月四日（6 月 16 日），午後，赴別有天宴飲，俞明震、俞明頤、成習之、宗舜年、張其鍠、譚延闓、譚澤闓、呂苾籌等在座。

　　《譚延闓日記》六月十六日：午，偕呂滿趁電車至洗清池，大武已先在，就浴後，頓覺涼爽。以人力車至別有天，俞大、俞三、成習之、梁胡子、宗子戴、張子武先後至，待李道士，至二時乃來，菜殊平平，既散，值大雨，坐待雨止乃出，同道士附電車，別道士歸。（冊三，頁四六一）

五月五日（6 月 17 日），梁啓超跋公所臨六朝碑四種。

　　梁啓超跋《清道人節臨六朝碑四種第一集》：嘉道後，士夫論書分南北宗，其流至於尊碑而賤帖，祖代齊而祧魏晉。夫從展轉鈎摹之帖以求魏晉面目，信哉其難！孟子稱以意逆志，是爲得之。欲張帖學，舍此末由。道人茲卷求筆法於魏晉人所自出，詩家所謂脫胎換骨也。乙卯端午，啓超跋。

五月六日（6 月 18 日），晚，偕內弟余欽籛赴古渝軒宴飲，俞明頤、宗舜年、夏敬觀、俞明震、譚延闓、呂苾籌等同席。

　　《譚延闓日記》六月十八日：步至古渝軒，呂滿先在，俞三、梁胡子後來，宗子岱、夏劍丞、俞恪士先後來，吃包子餛飩。上燈久之，李道士乃偕余芊襌至，於是入席。菜乃不佳。既散，附電車歸，到家十時矣。（冊三，頁四六三）

五月八日（6 月 20 日），赴俞明震、俞明頤、夏敬觀別有天招飲，成習之、宗舜年、張其鍠、譚延闓、譚澤闓、呂苾籌等在座。

　　《譚延闓日記》六月二十日：俞大來助大武檢點行事，俞三、成習之來，遂同二俞、成、呂、大武赴別有天（道中電車壞，停頃之），久之夏劍丞、宗子岱、梁胡子、張子武、李道士前後來，今日俞、夏合請客，菜多而不能盡，先食點心多盤。（册三，頁四六五）

五月九日（6 月 21 日），送譚澤闓歸湘。

　　《譚延闓日記》六月二十一日：雨。往南京送大武歸湘。四時起，同呂滿、大武食麵，以馬車往滬寧車站，天忽雨，然不能阻游興也。俞三旋至，梁耀夫、李道士來送行，成習之亦偕妻來同赴寧。七時三十五分開車，送者乃去。（册三，頁四六六）

五月上旬，致書徐乃昌。

　　《與徐乃昌書》：連日爲聚卿臨鍾鼎四種，去年來者，促之急。今日九晦地之飲，幸爲我謝羅子翁，無鐘點更不知何時往也。積餘老哥同年。清道人頓首。（廣東精誠所至 2021 年秋季拍賣會 0352）

　　　案：書曰“連日爲聚卿臨鍾鼎四種”，四月底至五月初，公爲劉世珩臨所藏舊拓《盂鼎》、《智鼎》、《虢季子白盤》、《散氏盤》，此書或作於其後不久也。暫繫於此。

五月十一日（6 月 23 日），陳曾壽、鄭孝胥來，觀公所藏碑帖及書畫册。飯後，賞月長談。

　　《鄭孝胥日記》五月十一日：過陳仁先，同訪李梅盦，觀《龍門造像》，拓甚精；又觀《儁修羅碑》、《石門頌》、乃以墨演，僞作舊拓。翁覃溪書《武虛谷墓誌銘》，乃朱石君所撰；龔半千畫册，甚奇。同出，步至三馬路禪悦齋食素菜，登樓外樓看月，縱談至八點半乃散。（頁一五六六）

五月十三日（6 月 25 日），午後，譚延闓、呂苾籌、張其鍠來，論書久之。攜李俶赴小有天爲范九峰餞行。席間,赴別有天約。

《譚延闓日記》六月二十五日:飯後,偕呂滿步至子武家,談甚
久。邀子武同附電車至道士家,談書甚歡洽。將晡,乃偕出,并攜
其所謂旭君者,同往小有天,爲九風餞行,道士先有別約,將終席
去,余輩俟酒罷乃送李兒至別有天。(册三,頁四七○)

五月十七日(6月29日),譚延闓、呂苾籌、李翊煌、陳曾壽、錢熊祥
來,觀陳、錢所攜宋人書及錢灃聯,公出示日人所印程頤大字。

《譚延闓日記》六月二十九日:午飯後,偕呂滿出。至洋行買
汽槍子,無所得而歸。適遇雨,乃登電車,徑至李道士家,與談甚
樂。忽李博生來,少坐去。陳仁先來,攜丈二大幅,云宋紙宋墨,
沈子培斷爲宋人書者。幅二行,二十字,字徑尺,臨顏魯公《告
身》,凡十二幅,今所存八幅耳。書法笨而不拙,殊非佳書。道士
因出日人所印程伊川大字,云正相類,然程書乃村學究所僞,此尚
經生也。坐頃,一江南人來,錢沖甫亦至,攜錢南園聯,乃僞迹。
雨大不能出門,道士具米粉餉客,老姨太徘徊門外,實指揮焉。將
晡,雨止乃出。(册三,頁四七四)

五月十八日(6月30日),劉承烈訪譚延闓,新從公學書。

《譚延闓日記》六月三十日:晚飯,飲數巡,食麵。劉劭襄同其
戚來,談甚久,新從道人學書,亦頗有見地,九時後乃去。(册三,
頁四七五)

五月二十三日(7月5日),譚延闓、呂苾籌來。公招飲別有天,章梫、
張其鍠、宣哲、周達、李俶、張祖翼父子等在座。

《譚延闓日記》七月五日:晡,偕呂滿至李道士家,過章一山,
談頃之去。遂偕李、呂率旭君及惠甫之子至別有天,道士請客也。
一山、子武先來,頃之,宣古愚、周美權、張遜先父子、蕭某、宋某
來,凡十三人,所謂磨耳會也。酒則吾所攜,又所謂黃湯灌在狗肚
矣。菜多而廉,僅七元,道士之調度工也。既散,章、李留,略談,
乃偕出。遂附乾子路車,與道士至白大橋別,適提籃橋車至,遂附

以行，到家十一時後矣。（册三，頁四八〇）

五月二十五日（7月7日），譚延闓來訪，不值。

　　《譚延闓日記》七月七日：至李道士家，值其出，稍坐。出，正
遇雨，乃亟歸。（册三，頁四八二）

五月二十六日（7月8日），赴古渝軒宴飲，吕苾籌、譚延闓、周可均、
張其鍠等同席。

　　《譚延闓日記》七月八日：晡，偕吕滿率大生、衡生、繩生、康伢
子附電車至古渝軒。頃之，周可均來，張子武及其八兄文民、倀叔
瀚後至。待道士，至八時乃來。電燈忽息，乃移席就煤氣燈，并道
士所攜兒，爲十二人，菜亦不甚佳。及散，十時後矣。（册三，頁四
八三）

五月二十七日（7月9日），譚延闓、吕苾籌來，公出示張丹斧於陝西
所得漢匋器三。飯後，張其鍠來。

　　《譚延闓日記》七月九日：偕吕滿附電車至李道士家，陳某先
在。道士出示張丹斧在陝西所得漢匋器三，其二爲瓶，以朱漆書，
字在分隸間，其一文曰："熹平元年十二月四日甲申，爲陳□□等
立冢墓之粗，（爲生人除殃，爲死人解適）告西冢公伯、地下二千
石、倉林君、武夷王，生人上就陽，死人下歸陰。生人上就高臺，死
人深自藏。生人南，死人北，生死各自異路，急急如律令。善者陳
氏吉昌，惡者五精自受其殃，急。"凡十三行，行字不等，一百又一
字，惟□□二字不可識。其一文曰："永和六年□子朔廿一壬申
爲"，下多漶滅。可識者："墓門亭長卒天帝使者告知及忠與神"，
凡數十字，字精於前器，聞土人以盛醋，故脫壞。買之僅二百錢。
又一器如罍，墨書，無年代，文曰："南方赤□音屬微□感在心□一
且齒其□朱鳳身有□□處太陽有火理□熒星丙□□入地中丹沙
石政重□滿以填□主憂五□辟金兵立填後宜蟲桑如律令。"十七
行，行七字，底有"□母萬世無咎"六字。前二器殆墓中物，後則厭
勝也。朱不可滅，墨則以手拭之即微退，然居今而觀漢人手蹟，足

慶幸也。道士留飯，飯後，子武來，頃之同出，待車良久乃
歸。……蒍即兩字。蟲菜即蠶桑。（册三，頁四八四）

五月二十八日（7月10日），赴張其鍠家宴飲，呂苾籌、譚延闓、龍志
澤、瞿宣治、瞿宣穎在座。

　　《譚延闓日記》七月十日：午飯後，熱甚，書房間已九十一度，
樓上臥室則九十四度矣。偕呂滿步往子武家，道士先在，其兄亦
出，同納涼草坪中。龍志澤字純伯者見之，妻弟瞿希馬、銳之兄弟
亦來。入座共飲，菜不甚高。（册三，頁四八五）

五月下旬，陳三立賦詩懷公。

　　陳三立《別墅閒居寄懷陳仁先李道士》：言返鍾山居，鼾榻依
溪岸。掠眸烏鵲翻，攪寐黿鼉亂。眾卉稍出屋，山光接仍斷。一
瓢謝世人，孤寄比流竄。雨窗眷二士，作鄰窮海畔。燈燼照騷魂，
杯茗過昏旦。歌泣中有物，惡知人代換。極天懸寸恨，風雷不能
散。月下橫濱橋，各供反覆看。此生尋夢中，步步成悽惋。離憂
併吟魔，陰晴聊把玩。（《散原精舍詩文集》頁四七○至四七一）

五月，爲魏瓊《磻湖先生遺稿》署耑。

　　《磻湖先生遺稿》扉頁：魏磻湖先生遺稿。乙卯五月，清道人。

六月初，陳三立爲潘之博題畫，謂公自許畫松有僧氣。

　　陳三立《若海持子申畫松屬題》：鬻技療飢李道士，畫松自許
有僧氣。（《散原精舍詩文集》頁四七六）

六月七日（7月18日），公招飲小有天，俞明頤、呂苾籌、譚澤闓、譚延
闓、李翊煌、李翊煦、張其鍠等在座。

　　《譚延闓日記》七月十八日：俞三來邀，同呂滿、大武赴小有天
李道士約，有李博孫、謙六、何土商及其本家某。博生與俞三奕，
子武後來。人多天熱，酒菜均不能多進，頗爲討厭。既散，與俞、
呂、大武附電車歸。（册三，頁四九三）

六月十日（7月21日），偕李翊煦過譚延闓久談。

　　《譚延闓日記》七月二十一日：道人偕其叔謙六名嗣煦者來，

談久之去。（册三,頁四九六）

　　案:嗣煩當爲翊煩也。

六月十二日(7 月 23 日),赴古渝軒宴飲,譚延闓、譚澤闓、呂苾籌、俞明頤、孫舉璜等同座。李翊煌在隔座。

　　《譚延闓日記》七月二十三日:午飯,汗下如雨。四時,陰雲四合,雷聲殷殷。頃之,大雨如決河,院中積水逾寸,頓然涼爽。乃與大武、呂滿呼馬車往古渝軒,經過三馬路一帶,街衢成溪澗,至巷門不得入,以人力車渡至館門。道士旋來,俞三亦至。遣車往迎朱六、孫姬瑞,乃赴他席去,待至九時始來,則席半矣。李博孫在隔座,亦來飲數杯去。及罷,正十時,乘車歸,則水退矣,到家甚涼適。（册三,頁四九八）

六月十八日(7 月 29 日),公招飲別有天,俞明頤、譚澤闓、呂苾籌、譚延闓、秦子和、張其鍠、孫舉璜、劉霖瑞等在座。公寫兩丈碑,擬以千元爲潤筆。

　　《譚延闓日記》七月二十九日:俞三來,遂偕大武、呂滿同出,附電車至別有天,則李道士約客也。秦子和、張子武先在,李力畬、孫姬瑞後來,待朱六不至,乃先入席。席將終,朱六及劉霖瑞者始至。劉,山東人,傖極。余輩乃起,出遇范靜生,同電車。今日朱六言道人寫兩丈碑,擬以千元爲潤筆,亦出意外矣。（册三,頁五○四）

六月二十日(7 月 31 日),詣譚延闓。與譚同至小有天爲王愷琴、劉小宋餞行,俞明頤、張其鍠、譚澤闓、呂苾籌在座。

　　《譚延闓日記》七月三十一日:俞三來,子武及道士繼至,剖瓜食之。遂同大武、呂滿偕之出。至電車,則王愷琴、劉小宋先在,同至小有天。古墨齋人送碑帖來看,入座飲食,爲王、劉餞行也。今日所開章吉臣送酒已霉變不可食,仍飲前酒,遂罄其瓶。既散,與諸人同趁電車歸,到家已十一時。（册三,頁五○六）

六月中下旬,公擬重訂潤格,將書團摺扇潤例刪除,而求者尤夥。

　　《清道人書畫之名貴》:江西李梅庵先生,別號清道人,前清曾
任江寧提學司兼署籌司,光復後謝絕名利,僑寓滬上,黃冠道服,
鬻書爲活。先生書名冠海内,又善畫山水花卉,海内人士視先生
書畫珍同拱璧,四方來索者踵趾相接,東瀛人士尤不惜鉅金覓之。
現交夏令,每日書團摺扇應接不暇,聞擬重訂潤格,將書團摺扇潤
例刪除,因是近日索書團摺扇者更夥,大有紙貴洛陽之概云。
(《申報》8月9日)

六月二十五日(8月5日),于式枚卒,公有聯輓之。

　　《鄭孝胥日記》六月廿七日:報言,于晦若廿五日卒,殯於平江
公所。(頁一五七三)

　　《藝風老人日記》六月廿六日:忽聞晦若辭世之信,驚悼欲絕。
史館失此人,如何能成?(頁二八五六)

　　吳慶坻《致繆荃孫函》:晦若侍郎從昆山病歸,歿於舟次,至可
慘痛。身後皆子展爲之料理。昨詢其詳,蓋誤於庸醫耳。(《藝風
堂友朋書札》頁二二七)

　　案:輓聯參閱本年七月二十五日條所引。

六月二十八日(8月8日),俞明頤、譚延闓、呂苾籌來談。與譚、俞同
往別有天。

　　《譚延闓日記》八月八日:九時起。北風其涼,大有秋意。俞
三來,邀同往訪道士,食粥後即同往,坐談甚久。於是議往別有
天,呂滿還家攜酒,余輩與道士及其五歲孫、三歲兒同去。待呂滿
來,入席,酒醉菜佳。別李、俞,往趙裱背處一看乃歸。(冊三,頁
五一四)

六月二十九日(8月9日),鄭孝胥來,觀何紹基篆書四幅。至小有
天飯。

　　《鄭孝胥日記》六月廿九日:過仁先、梅盦,觀猿叟篆四幅,甚

佳。與仁先同至張園,坐久之;至小有天飯,梅盦亦至。(頁一五
七三)

六月,節臨《孟敬訓墓誌》。

　　節臨《孟敬訓墓誌》款:冷峭奇嶮,《崔敬邕》則參用鄭派而無
其奇,然其用筆同也。乙卯六月,晉卿仁兄法家正之,清道人。
(山東省博物館藏)

夏,致書胡光煒、胡俊。

　　《與胡翔冬胡小石書》:舍弟來述橋頭飲酒之樂,知吾弟等并
望道人共杯話也……中日交涉,抵制日貨而頗受影響,秋涼後或
翩然奉訪也。(《清道人遺集》頁一八一)

　　案:據徐雯雯《李瑞清年譜》(頁八二)所考,民國九年前,惟本
年及民國八年抵制日貨尤甚,然民國八年公已聘胡小石爲西席,
似不必贅言生意狀況,入秋亦不必“翩然奉訪”也。故繫於此。

夏,致書錢熊祥,爲其鑒別書畫,并索歸何紹基小字册。

　　《與錢熊祥書》:錢樞本耳,惲亦劣畫,石濤晚年古拙之筆與清
道人最合,何妨爲我購之? 當臨一幅爲謝。苦熱,珍衛。沖甫吾
兄。期清道人頓首。

　　貞翁小字册幸見還,來索矣。(西泠印社 2016 年秋季拍賣會
0187)

夏,致書吳錡,爲救葉懋中事。

　　《與吳錡書》二:劍秋吾弟閣下:遞中得手書,知已歸江西矣。
大哥聞已辭職,或亦可由蘇歸家也。前葉懋中因子於苦塊之中被
逮於將軍府執法處,曾蒙將軍許不苟求,今其產已破,其妻又病
顛,其母未葬,聞將軍素以慈悲爲懷,聞此情狀,當亦惻爾。當今
之世,於一鄉老而苛責之,乞開一縷恩而全其一家性命,何如? 專
此奉懇。夏和,珍衛。期清道人頓首。(《李文潔公書札》,北京泰
和嘉成 2018 年秋季拍賣圖録)

六月底至七月初,沈曾植爲姚丙然題畫以壽公。

　　沈曾植《覺叟畫爲梅道人壽》:凍壑不能雪,悲林澹成煙。荒
荒心眼盡,已在冥莖先。若士巢其顛,道人濯其淵。劫壽千萬年,
八百爲稚仙。(《沈曾植集校注》頁九二一)

七月一日(8月11日),赴俞明頤古渝軒招飮,譚延闓、譚澤闓、吕苾
籌、李翊煌、李翊煦、宗舜年、張其鍠、李瑞荃、李俶等同席。

　　《譚延闓日記》八月十一日:同大武、吕滿至古渝軒,應俞三之
約,則方與李博孫弈,梁胡子、李謙六旁觀。久待無人至,各食二包
子,宗子岱、張子武乃來。道士、笳盒攜旭君者八時乃至,談至入席,
已九時,及散,十一時矣。菜尚可,酒恨新也。(册三,頁五一七)

七月四日(8月14日),午後,譚延闓、吕苾籌、譚澤闓、范九峰來,觀
公所作字。

　　《譚延闓日記》八月十四日:午飯後,同吕滿、大武、九峰至道
士家,看所作字。今日朱八之僕曾來催也,談久之。出其家,蠅集
如飛煙,真不可耐。(册三,頁五二〇)

七月九日(8月19日),是日爲公壽辰,門人爲其稱祝,客至甚多,俞
明頤、譚延闓、吕苾籌、譚澤闓、陳曾壽、陳曾疇、錢熊祥、李瑞荃等
在座。

　　《譚延闓日記》八月十九日:食粥後,雨至,頃之,俞三來,雨亦
止。遂與吕滿、大武偕之至李道士家,今日道士生日也,其門人以
四十九歲,故爲之稱觴。客至甚多,復設客座對門空屋中,陳仁
先、農先兄弟、錢沖甫先後來,談久之。李三邀往廳堂吃麵,有一
涂姓人在,四碗八盤,繼以滷麵,大似湘中麵席也。既散,略坐乃
出。(册三,頁五二五)

七月十一日(8月21日)鄭孝胥爲姚文藻題山水幅,將以壽公五十。
公往譚延闓處謝壽。晚,同人宴於古渝軒爲公稱祝,俞明頤、張其
鍠、宗舜年、成習之、譚延闓、譚澤闓、吕苾籌、李瑞荃、李俶同席。

　　《鄭孝胥日記》七月十一日:過姚賦秋,爲題山水一幅,將以壽

梅盦五十。（頁一五七五）

《譚延闓日記》八月二十一日：李道士來謝壽，大磕其頭。子武來，壽丞來。道士去，吾輩同出至古渝軒，爲道士稱祝，以筠庵、旭君配享。俞、張、宗子岱、成習之及吕滿、大武，凡七主人。待道士至，九時乃入席，翅既不佳，菜皆塵俗，而去二十一元，真冤極矣。散歸，已十一時。（册三，頁五二七）

七月十三日（8 月 23 日），同人於王仁東寓爲公稱祝，何維樸、吴昌碩、沈瑜慶、左孝同、洪爾振、林開謩、鄭孝胥在座。公爲洪爾振畫扇並書近作，洪贈公以詩。是日，籌安會成立，楊度爲理事長。

《鄭孝胥日記》七月十三日：大風。至旭莊寓，共宴李梅庵，在座者何詩孫、吴昌碩、沈愛蒼、左子異、洪鷺汀、林詒書、余及旭莊，八主一客。（頁一五七五）

鄭孝胥《清道人五十生日藏園寫山爲壽使余題之》：往丏祝宗祈，一瞑即爲福。今乃願無死，留看然臍酷。道人纔五十，日撫便便腹。恐非住山人，未可遽斷肉。藏園作密林，自喜絶塵躅。持此爲君壽，殊勝不義粟。（《海藏樓詩集》卷九，頁二六四）

洪爾振《李梅庵五十生日同人公祝七月初九》：長風吹雁入江潯，十三日在旭莊處釀飲，颶風大作。五十稱觥感不禁。濁酒强揮名士淚，黄冠獨見孤臣心。愁看浩劫滄波楫，夢繞中年白髮簪。紈扇持歸詩畫好，爲君先避庚塵侵。爲予畫扇並書近作。（《鶴園藏札：吴昌碩、鄭孝胥卷》頁一〇六）

案：詩注曰"十三日在旭莊處釀飲，颶風大作"，與《鄭孝胥日記》所記正合，故此詩當作於乙卯也。《鄭孝胥日記》丙辰七月十三日未見釀飲記録，亦非颶風大作也。

郭廷以《中華民國史事日誌》：8,23（七，一三）籌安會刊布啓事，宣告成立，楊度爲理事長。並通電各省徵求會員，派遣代表來京。

七月十五日(8月25日)，招譚延闓飲，未果。

　　《譚延闓日記》八月二十五日：李道士來招飲，卻之。（册三，頁五三一）

七月十七日(8月27日)，送鄭文焯信與譚延闓，譚贈以百元。夜，赴姚文藻處共餞齋藤恒，鄭孝胥、鄭垂、中島真雄、波多博、西本省三等在座。

　　《譚延闓日記》八月二十七日：李道士送鄭未問信來，以百元贈之。（册三，頁五三三）

　　《鄭孝胥日記》七月十七日：夜，借姚賦秋處共餞齋藤，與大七俱往，在座者中島、西田、波多、西本、梅庵。月明。（頁一五七六）

七月二十五日(9月4日)，俞明震、俞明頤、譚延闓、呂苾籌、譚澤闓來，觀公作書。後同至古渝軒小飲。夜，往新新舞臺觀戲。

　　《譚延闓日記》九月四日：俞大、俞三來，遂未食粥。聞俞大談都中事甚悉，蓋亦有引退之思矣。久之，同二俞、呂滿、大武訪道士，看其作書及挽于晦若聯，拙態可掬，恪士戲評以浮泛處皆鏤心而出，可謂謔矣。遂同出至古渝軒，未攜酒，乃飲啤酒。既罷，別道士歸，稍憩息……飯罷，與大武、二俞以車至新新舞臺，於叢人中躡凳乃得入座，則道士先在，呂、范皆立看矣。《南天門》、《花蝴蝶》、《胭脂虎》、《花田錯》而後《空城計》出，精神聲調皆勝於十三日，始知傳言是日叫天發痧之不誣。同俞大、呂滿一車，道士至白大橋下，余輩歸，已十二時半矣。（册四，頁六）

七月二十六日(9月5日)，午後，函約譚延闓小飲。譚來，觀公所書碑。晚，公招飲別有天，俞明震、俞明頤、鄧希禹、譚澤闓、呂苾籌、譚延闓在座。

　　《譚延闓日記》九月五日：午飯，道士以書來約飲，復書許之。飯後，周斗山來談。余先往范靜生處，談久之，乃呼車至李道士家，車夫不識路，久之乃至，至則行矣，乃看所書碑而出。復呼車至別有天，則俞三、俞大、道士、鄧芷谿、大武、呂滿均先在，且言道

士已候至四小時之久，餓極矣，大笑入座，久乃散歸。既至道士
家，談久之，乃去。道士送至車旁，呂滿乃不得上，然吾輩到家，呂
滿乃以人力車先至矣，亦可怪也。（冊四，頁七）

七月二十七日（9月6日），赴別有天宴，譚延闓、俞明震、俞明頤、宗
舜年、呂苾籌、嚴鐵吾、陳詩同席。

　　《譚延闓日記》九月六日：晡，偕呂滿至別有天，大武以喉痛不
與，李道士、俞大、俞三、子岱先在，有俞氏之戚嚴鐵吾及陳子言，
飲啖甚歡。嚴，己丑進士，自癸酉即入京，熟於都門掌故，能言長
庚、九齡、二奎諸人劇情，頗娓娓也。（冊四，頁八）

七月二十八日（9月7日），公招飲小有天，俞明震、俞明頤、楊昭儁、
呂苾籌、譚延闓、陳曾壽、鄧希禹等在座。

　　《譚延闓日記》九月七日：道士有請客之説，而嗣音闃然，乃晚
飯。方舉杯，而俞三至，道士及楊潛菴者踵來，堅邀出飲小有天，
大武以喉痛不去，余及呂滿偕之往。至則俞大、陳人仙、姚某留美
生，俞三亦先至矣。待鄧芝溪來，乃入席大啖，以清蒸海參爲最
佳。道士每誇烏開之妙，余皆不契，今始知之，信乎非實驗不能言
品隲也。散歸，已十時，車中頗覺風涼，入房又熱矣。（冊四，頁九）

七月，爲莊蘊寬女兄莊閑跋所書《楷隸楚辭》。

　　跋《毘陵莊縏詩女士楷隸楚辭》：縏詩女士當喪亂流離之際，
以魏齊之妙翰，書靈均之《離騷》，菲芳悱惻，鬱爲古芬，所謂"涉樂
方笑，言哀已歎"者歟？嗚呼！乾綱解紐，問已無天；國土既移，魂
歸何地。嗟彼時俗迫阨，行吟尚有江潭之澤；故宇幽昧，溉愁猶得
彭咸之居。始知煢煢孤兒，懵於號泣之孼子矣。執卷三歎，喟焉
長懷。乙卯七月，清道人題。（冊上）

　　案：《清道人遺集》卷二亦載此跋，題曰《莊縏詩女士書離騷經
册子跋》，文略異。該册尚有鄭孝胥、吳昌碩、呂景端、王蘊章、馮
煦、李宣龔、張謇等跋。

是月，爲許鑅夫人宋貞作傳。

《上海許鑅妻宋夢仙夫人小傳》：夫人諱貞，姓宋氏。方誕時，其母夢旛蓋遍滿空中，有女子衣雲錦裳，暉麗彪炳，金光四照，手奉玉簡，來降於庭。自言曰："余董雙成也。"因以玉簡授母，寤而生夫人，故字曰夢仙。幼挺秀，容奇發。弱齡七歲入小學，過目成誦。雖在童孺，神情峻徹，精進劬勤，華冠儕輩。又嘗春日賦詩，垂髫紫衣，諷詠清會，精麗藻拔，莫不斂袵讚述，大爲遠近所傳。年十八，嫁上海許鑅，鑅亦才士，時號雙璧。長洲王韜、元和江標皆負時望，因與夫鑅并詣門下，執贄請業，至此名譽日茂。王、江既沒，夫人爲文祭之，敘致精洽，辭旨哀惻，甚重於時。夫人善書畫，工篆刻。光緒庚子，拳匪擾攘，天下震動，西北人民相率辟亂，老弱蒲伏，顛踣於道，夫人曰："裙布荊釵，更無可脱。"遂貿書畫以爲振濟，豪家貴族競相乞請，歎未曾有。壬寅六月二十三日以瘵疾卒，時年二十有六。夫人没時，自云見大地光明，遍於大千世界，山川樹木，浩然無礙，忽變爲金色蓮花，神識清朗。泯然奄化時，侍者俱云室中自然香如蓮花也。許幻園先生既刻其夫人所著《天籟閣》以行於世，又以夫人遺畫遍求海上諸名公題詠，余爲作此傳，以塞其悲。乙卯七月，清道人。（《幻園許君德配宋夢仙女史遺墨》）

是月，跋《蘭亭六種景本》。

《蘭亭序六種合刻附曾李鄭寫本》其一：《蘭亭》爲書道一大關捩。繭紙既入昭陵，《定武》，歐橅耳，只能以之求《化度》，右軍真面不可復見，仍當於唐賢中求之。唐人橅《蘭亭》者，以歐、褚最稱于世。余曾見虞橅於徐叔鴻丈齋中。薛橅素未之見，薛本自褚出，而此本獨凝静，絶無褚法，于此或反可以想象右軍。玉枕本實從定武已損本出，潁上本世傳爲褚書，與神龍本殊，然有煙霏霧結之妙，可寶也。乙卯七月，清道人。（震亞圖書局）

案：是書尚有鄭孝胥、曾熙臨本并跋。

八月一日（9 月 9 日），赴聶其杰招飲，俞明震、俞明頤、楊昭儁、張其鍠、譚延闓、譚澤闓在座。

　　《譚延闓日記》九月九日：同大武往赴聶雲台招，李道士、俞大、俞三、楊潛安、子武先在。遂入席，八簋一麵，尚別致，惟酒不能飲。既散，看雲台在美所攜成績、照片，談久之，乃散。（冊四，頁一一）

八月二日（9 月 10 日），繆荃孫來訪。午後，赴古渝軒宴，譚延闓、譚澤闓、呂苾籌、鄧希禹、宗舜年、俞明震、俞明頤、陳三立等同席。公隔座尚有一局。晚飯後，詣譚延闓久談，俞明頤、陳三立在座。

　　《藝風老人日記》八月二日：拜王旭莊、吳自修、徐積餘、李枚庵、吳石潛。（頁二八六六）

　　《譚延闓日記》九月十日：將晡，偕大武、呂滿往古渝軒請客，至則李道士、姚某、宗子岱、鄧芷谿先在，俞大、俞三後來。李及二俞隔座尚有一局。陳伯嚴亦自金陵至，相見大喜。食罷，同散，余等仍以電車歸。今日忽劇熱如夏日，汗出不止，乃入浴。浴後，易葛衣。晚飯，不能更進矣。忽俞三偕陳伯嚴至，道士亦繼來，相與大談，至十時乃散去，遂寢。（冊四，頁一二）

八月五日（9 月 13 日），公祭于式枚。隨至古渝軒小酌，繆荃孫、王秉恩、沈瑜慶、林開謩、王乃徵、王仁東等在座。晚，赴鄧希禹小有天招飲，俞明頤、李瑞蔭、周季黃、譚延闓、譚澤闓、呂苾籌等在座。

　　《藝風老人日記》八月五日：公祭于晦若。隨至古渝軒小酌，子□、梅庵、息塵、愛倉、懿叔、屏珊、旭莊全席。（頁二八六七）

　　陳三立《祭于晦若侍郎文》。（《散原精舍詩文集》頁八九八）

　　《譚延闓日記》九月十三日：晡，偕大武、呂滿附電車出，遇李道士車中，至白大橋下……遂步至小有天，鄧芷谿作東，俞三、姚某、李道士之四弟、周繼黃先在。李道士後來，入席，痛飲而散，歸家已九時矣。（冊四，頁一五）

八月七日（9 月 15 日），宴鄭孝胥等於小有天。

《鄭孝胥日記》八月初七日：赴梅庵之約於小有天。（頁一五七八）

八月初，偕陳三立至陳曾壽處視疾。

陳三立《仁先自滬瀆來視和其車行看落日之作》：盛秋一爲海上游，逢君痁作閉關臥。夜挽黄冠踏板橋，謂李道士。小樓燈火親藥銼。離懷苦語傾倒極，終羨文休躬馬磨。引歸窮巷環溪流，向壁伊吾老蟲和。（《散原精舍詩文集》頁四九一）

案：該詩前第三首爲《爲仁先題錢南園畫瘦馬》（《散原精舍詩文集》頁四八九），考《鄭孝胥日記》七月四日："陳仁先來，攜錢南園畫瘦馬求題，飯畢乃去。"八月五日："爲仁先題錢南園畫瘦馬。"則陳三立所題亦在此時前後也。又，詩曰"逢君痁作閉關臥"，《鄭孝胥日記》八月十七日："過陳仁先，瘧猶未愈。"則此事或在八月初也。

八月十三日(9月21日)，王闓運致函與公。

《湘綺樓日記》八月十三日：致李梅庵書。

八月十五日(9月23日)，午後，詣譚延闓，觀《景君碑》。

《譚延闓日記》九月二十三日：浴罷，道士來，稍坐，看《景君》而去。（册四，頁二五）

八月二十五日(10月3日)，過譚延闓，談書甚久。

《譚延闓日記》十月三日：午飯，吕滿他出。李道士來，談書甚久，送之至茂海路。道士云，李三病危時，卜以牙牌數，有"太史書年大有秋，田家今日慶豐收"及"萬民歡樂慶康哉"，後得日本秋田康之力遂愈。製牙牌數者，不出此，設卜數者，亦不能解，而事後闇合如此。凡術數讖緯，皆當作如是觀也。道士去。（册四，頁三六）

八月底，赴友人約至金陵評閱碑帖，未遇，敗興而歸。

案：參閱本年九月初"外傳齊耀琳將畀以教育要職，公聲明此事毫無影響"條所引。又《譚延闓日記》九月朔(10月9日)"李道士來，云新往江南歸"，則此事當在八月底也。

九月一日（10 月 9 日），午後，過譚延闓。晚，與同人赴小有天宴飲，
譚延闓、譚澤闓、俞明頤、張其鍠、李俶等在座。

　　《譚延闓日記》十月九日：還家已一時……李道士來，云新往
　　江南歸，所謂看字畫乃一無所有，可謂奇絕。俞三來。七時，同大
　　武、呂滿赴小有天，車中遇聶雲台。既至，俞三、梁胡子先在，道士
　　攜旭君後來，子武、習之先後繼至。入席小飲，蟹黃白菜外無佳
　　肴，九時散。（冊四，頁四二）

九月二日（10 月 10 日），同人來訪，觀所藏八大山人畫荷軸。公邀至
古渝軒小酌，陳鳳光、譚延闓、譚澤闓、呂苾籌、梁炎、李健、李俶等
在座。

　　《譚延闓日記》十月十日：陳鳳光來，要同大武、呂滿往道士
　　家，下車遇雨，衣履沾濡。既至，高朋滿座，看所藏八大山人畫荷
　　軸，宋某、梁炎、仲乾皆在座。道士遂要諸人同至古渝軒小酌，旭
　　君同去。（冊四，頁四三）

　　案：曾熙跋八大山人《倣青藤老人墨荷圖》曰："此清道人藏八
　　大山人第一妙蹟也。嘗置之臥室，客有能賞八大畫者，引至榻前
　　激贊以爲樂。"後爲李瑞荃護持。

九月三日（10 月 11 日），午，赴古渝軒宴，俞明頤、周大烈、譚延闓、譚
澤闓、呂苾籌同席。

　　《譚延闓日記》十月十一日：偕呂滿附電車，中途遇大武，乃
　　下，而電車已去。遂呼人力車至古渝軒，俞三先在，周印昆、李道
　　士後來，大武亦至。入席，談譃極歡，周今日歸長沙也。既散，與
　　道士同馬車至大悲殿，道士下，吾輩歸，雨未止也。（冊四，頁四四）

九月四日（10 月 12 日），赴古渝軒小飲，俞明頤、成習之、譚延闓、譚
澤闓、呂苾籌等在座。

　　《譚延闓日記》：十月十二日：晡，偕大武、呂滿附電車往古渝

軒,道士、俞三、梁胡子、成習之先在,宗子戴先在一元會也。入席,至散而子武未至。(冊四,頁四五)

九月初,外傳齊耀琳將畀公以教育要職,乃聲明此事毫無影響。

　　《清道人並不出山》:日前外聞傳言前清江寧提學使兼署藩司李梅庵君瑞清現到南京,齊巡按使將畀以教育界重要位置等語,茲悉李君已聲明此事毫無影響。緣上月有友人約同游秣評閱碑帖字畫,不料到秣未遇,掃興回滬。李君自光復以來,終日從事筆墨,謝絕名利,亦可以覘其品節矣。(《申報》10月18日)

　　　案:《時報》10月9日:"齊使禮請前清名太史李瑞清來寧,將予以教育界重要位置,李氏已來寧晉謁齊使,晤談甚久。不日當有明文發表。"

致書吳鎧,約遊桐廬,復乞其力救葉懋中。

　　《與吳鎧書》三:劍秋吾弟閣下:別來忽已深秋,友人約桐廬看紅葉,能來一遊乎?前求爲將軍言葉懋中因子葉鈞被逮事,今已一年,家已破矣。聞尚勒令其再繳六百,親友之告貸俱窮,母死未葬,身繫圇圄,殊堪痛憫。可否求將軍開一綫之仁,略減追繳之數,開釋使其歸,其造德無窮。當今之時,未可盡以法律繩也。得脩德處且脩德,願公爲極言之,感且不朽。秋涼,珍衛。期清道人頓首。(《李文潔公書札》,北京泰和嘉成2018年秋季拍賣圖錄)

　　　案:書曰"友人約桐廬看紅葉",《譚延闓日記》五月二日(6月14日)"宗子岱、李道士後來,侈談富春之勝,欲往游焉",可作參證。又,此札未及曾熙來滬事,或作於其前也。

九月九日(10月17日),致函譚延闓,請爲代筆。

　　《譚延闓日記》十月十七日:道人專函請代筆,立寫與之。(冊四,頁五〇)

九月十一日(10月19日),赴蘇州。

　　《譚延闓日記》十月十九日:午,偕黎六、吕滿、大武趁電車訪

李道士,值其往蘇州。(册四,頁五二)

九月十三日(10月21日),午,詣譚延闓。

《譚延闓日記》十月二十一日:李道士來,因留午飯。飲數巡,談諧甚暢。余岸稜來,遂同飲。道士至日晡乃去。(册四,頁五四)

曾熙遠來視公,因止其留滬鬻書。嘗招楊鈞,未來。

《衡陽曾子緝鬻書直例引》:今年八月,曾季子出游西湖,遠來視余,余因止之,留滬上以鬻書。(《清道人遺集》頁一二八)

曾熙《山水册頁》第七開:山谷云,寫小字如作大字。米老云,小字雖細如毫髮,亦須八面員滿。髯以爲作畫亦當如此耳。髯乙卯十月來海上,今十年矣。(《張大千的老師——曾熙、李瑞清書畫特展》頁七一)

《大書家曾農髯師小傳》:已而臨川李梅庵易名清道人,鬻書海上,求者項背相望。梅庵蹙額曰:"吾書何足道?吾友曾農髯,斯當代之蔡中郎也。"因貽書招之,師亦欣然報可。自是海上論書者,遂有南北二派。(《興華》第三十五期,頁十四)

楊鈞《記李》:余與李梅庵交二十餘年,恆與討論書法,三四夜不睡。梅庵固無所不寫,余亦無所不能。嘗笑謂余曰:"不可迫人太甚。"余於是以真書讓梅庵,而專心於篆隸,與南田讓山水與石谷事相同。今李已物化,無容回避矣。梅庵嘗邀余居滬鬻字,余笑曰:"君不畏分生意耶?"梅云:"船多不礙槳,無傷也。"曾農髯竟被其約去,但所謂脱辣司者,仍然無望。(《草堂之靈》卷一,頁一一)

案:九月十六日公偕曾熙詣譚延闓,十九日鄭孝胥訪曾熙,故知曾八月出游西湖,九月十四至十六日間始抵滬也。

與曾熙誦釋敬安《白梅詩》,追念不已。

曾熙題《寄禪禪師冷香塔銘》:乙卯予來海上,寄禪遂死已,乃與阿某誦所爲梅花詩,且誦且泣。因歎曰:"從來詠梅無此静逸之作,其大覺以後乎?"

九月十六日(10月24日),偕曾熙、譚毅詣譚延闓久談,遍觀書畫。

　　《譚延闓日記》十月二十四日:李道士忽偕曾士元來,相見大喜,譚毅者亦同來,大談往事,遍看書畫,因留晚飯。佳肴美酒,良朋乍合,樂不可支。至九時呼馬車送之去。(冊四,頁五七)

九月十九日(10月27日),偕鄭孝胥過曾熙久談,觀何紹基臨《張遷碑》長卷。午後,赴譚延闓壽母家宴,黎承禮、劉小宋、呂苾籌、余岸稜、曾熙、張習之、張其鍠、譚毅等在座。

　　《鄭孝胥日記》九月十九日:席散,與梅庵同至湘益公訪曾士元,談久之,觀何子貞臨《張遷》長卷。士元談光緒間梅庵堂慶,宴客於廣和居,歐陽君重使酒罵楊皙子爲小人,今日驗矣。(頁一五八三)

　　《譚延闓日記》十月二十七日:日晡,舉家集壽堂爲老母稱祝,家客有黎六、呂滿、劉小宋,外客有岸稜、曹槐生、宋櫟生、曾九、譚毅、張習之、張子武,而李道士最後至。設兩席,余與曾、李、子武、菊生、譚毅、大生、衡生一席,大武與曹、劉、習之、呂滿、小宋、黎六、繩生、康伢子一席。道士獨茹素。九時散,談久之,乃去。(冊四,頁六○)

九月二十日(10月28日),晨,赴譚府爲其母祝壽,俞明頤、張其鍠、瞿鴻禨、張習之、曾熙、向燊、譚毅、李瑞荃等在座。晚,赴譚府宴飲。

　　《譚延闓日記》十月二十八日:六時起。今日慈親六十壽辰,輟字課一日。七時後舉家至壽堂,先行敬祖禮,後行拜壽禮。余岸稜來,同吃麵席,趙、曹兩廚合撰也。俞三來,子武來,任尹來,槐生、蕭先生、劉少白、橘生來,瞿止翁來,張習之來,范靜生來,鳳光來,士元、樂谷、譚毅來,李二、李三來,歐陽俊民、谷九峰、彭静仁來。午設麵席三桌。余與歐陽、彭、谷、鳳光、子武飲黎六室中,諸客先後出。聶二、聶四來,余介卿、秦子和來。晚飲客,復設二席於書房,余與李道士、士元、樂谷、譚毅、子武、李三、大、衡、康三兒同席,大武及俞三、黎六、宋、曹、任尹、小宋、呂滿、繩生同席。

酒半，九風自京師來。飲罷，久談。（册四，頁六一）

九月二十一日（10月29日），譚延闓、譚澤闓來謝壽。赴朱崇芳之約於古渝軒，李瑞荃、鄭孝胥、曾熙、姚文藻在座。

　　　《譚延闓日記》十月二十九日：呼馬車與大武同出謝壽，見張子武、李筠安、歐陽俊民、彭靜仁、李道士、張習之、瞿止翁、余岸稜，餘皆未見。（册四，頁六二）

　　　《鄭孝胥日記》九月廿一日：赴朱挹芬之約于古渝軒，座有梅庵昆仲、曾士元、姚賦秋。（頁一五八三）

九月二十三日（10月31日），赴向燊古渝軒招飲，李瑞荃、譚延闓、黎承禮、聶其煒同席。散後，與譚同訪魏光燾，不值。

　　　《譚延闓日記》十月三十一日：偕黎六攜冬生附電車往古渝軒，余先登，黎六不及上，乃至樓外樓前待其來，乃同往，向樂谷請客也。李三、李二、聶四先在，入席，談諧甚歡，菜豐腆，然貴於前日矣。散後，同道士往梁溪旅社訪魏午翁，不遇。同趁電車，遇余岸稜，偕至家。（册四，頁六四）

九月二十八日（11月5日），偕陳曾壽、陳曾疇過譚延闓，旋邀至俞明頤家。晚，共飯俞家，俞明震、蕭俊賢等在座。

　　　《譚延闓日記》十一月五日：李道士同陳仁先、農先兄弟來，遂邀同至壽丞家，見恪士、稚泉、習之及伯嚴之子。習之去，壽丞留諸人飯，由吾家攜酒，飲啖甚歡。恪士行一酒令，尚新穎，蓋數人須同時用心，不冷落也。飲罷，談至八時乃出。送道士、二陳至車站始歸。（册四，頁六九）

九月，爲《吳淞中國公學十年紀念册》署檢。

　　　《吳淞中國公學十年紀念册》封面：吳淞中國公學十年紀念册坿同學錄。乙卯九月，清道人。（商務印書館）

是月，爲向燊所藏敦煌寫經《雜阿毗曇心論卷十》題引首。

　　　敦煌寫經《雜阿毗曇心論卷十》引首：南齊人寫難心卷。光緒十五年出燉煌石室，樂谷觀察官隴時所得。考卷中有永興郡印，永興惟南齊時稱郡，書法古峭，故決其爲南齊人書。南齊碑傳世者，無有及此者，況墨迹乎？誠鴻寶也。清道人。（國家圖書館藏 BD14711，《鳴沙遺墨：國家圖書館館藏精品大展燉煌遺書圖録》頁三一）

案：公未署年月，卷尾有向燊民國四年九月跋，姑繫於此。據民國四年向燊跋，以公所言爲是。後以爲晉人所書，故辛酉十一月復請曾熙題引首，曰："西晉遺墨。此經清道人以永興爲南齊郡，定爲南齊人書。今以流沙所出晉經殘紙較觀，確是西晉人所書，而爲南齊寺僧所護持者。流沙殘紙早入海外，西晉經卷之存於中土者殆如星鳳，抱蜀主人其珍藏秘篋，以存國粹。"向燊癸亥復跋曰："是經曩據永興郡印定爲南齊時人書，後至京師，與許君際唐考訂，知爲晉人所書。以校羅君振玉所景晉元康、建初諸經，方勁樸茂，同是晉代隸法。晉至南齊不久，當是展轉流傳，爲永興郡所保存，而後入燉煌石室者也。"

與曾熙遍觀向燊所藏金石書畫。

《向燊潤例》：衡山向叟燊，字樂毅，晚號抱蜀子，又號瓜廬老人，老髯商校金石書畫老友也。當學制初改，湘省大吏以髯創設南學，其時人多厭棄舊物，而樂叟獨抱殘碑古器，討辨臨摩以爲樂。髯方以校事倚重，不知樂叟好古且過髯也。後樂叟以觀察使入隴權鞏秦階道，辛甲之際，備歷險阻，幾死者再，而樂叟抱周器唐佛、齊梁經卷出入鋒刃。乙卯髯來滬，與道人盡發所藏觀之，道人曰：余辛亥所棄多矣。樂叟好古，不但過髯，且過道人……壬戌冬，農髯曾熙。（《神州吉光集》1923 年第 3 期）

秋，湖上隱閒樓竣工，公爲其書聯。

王佩智《題襟遺韻》：1915 年秋，湖上題襟館落成之日，滬杭兩地的書畫家相聚一堂。由鄭孝胥題寫的"隱閒樓"匾額，觀津老人撰、清道人書的聯對懸掛起來：梅鶴爲鄰，小坐依然圖畫；菰鱸下酒,故鄉無此湖山。(題襟館舊有此聯,上款題"乙卯秋月,隱閒樓落成,率撰此聯",下款署"觀津老人撰,清道人書",現在這幅對聯爲朱屺瞻先生重書)(頁一五)

十月初,與曾熙赴杭,登初陽臺眺望,歸寓繪圖以志之。

《初陽臺眺望圖》款:乙卯十月,與老髯登初陽臺,南屏雷峰遠在望中,歸寓以僧繇没骨法寫此,時已四鼓矣。清道人。(西泠印社 2018 年春季拍賣會 4821)

案:是月公與曾熙、譚延闓過從甚密,惟九月二十九日至十月三日、六日至七日、十四日至十五日、廿六日至廿七日間無往來記錄,則此事當在十月初矣。又,蒙農髯曾孫曾迎三先生見告,其伯父謂農髯來視梅庵,其行李僕從多滯杭,初不欲鬻書滬上,梅庵不舍,故隨其赴杭也。附記於此,用資參考。又,此圖後與雷峰塔藏《寶篋印陀羅尼經》并裝一卷,蔡經煒跋曰:"雷峰塔即西關皇妃塔,在南屏山下顯嚴院間,宋太祖開寶八年吳越王錢俶建造。塔轉穴孔藏有木刻《寶篋印陀羅尼經》,於甲子秋,塔圮藏經發現,惟年久殘缺不全,此卷尚完好。癸酉年春暮,沐手丹書,以補闕如并記。以李梅盦畫圖并裝一卷"。

致書吳鍈,告以曾熙將鬻書海上,邀其來滬痛飲,復乞其設法營救葉懋中。

《與吳鍈書》四:劍弟左右:前上書,計已達矣。曾九哥當海上買(賣)書,日日相見,如在都中時也。但以吾弟遠隔爲恨耳。前求援救葉懋中,頗蒙鼎力維持,但聞李將軍近日開釋人不少,大施仁政,遠近稱頌。葉懋中以無罪之身,爲子所累,年幾六十,身繫囹圄,母死不葬,殊可悲憫。將軍哀其鄉愚,大發慈悲,早予出獄,感且不朽。貧道不忍坐視,累瀆吾弟,願救人救徹。當今之世,可以恕者,恕之可也。何時可來滬上一痛飲也? 冬寒,珍衛。期清道人頓首。

再,來人黃序綺本在鐵路當差,頃聞改組,恐搖動,乞爲圖之。又及。(《李文潔公書札》,北京泰和嘉成 2018 年秋季拍賣圖録)

案:書曰"冬寒珍衛",據《譚延闓日記》,十月十日吳錡已來滬,則此書當在十日前也。又,曾熙於九月中旬抵滬,十二月初公方爲其作《鬻書引》,故書中告其"曾九哥當海上賣書"也。

十月四日(11 月 10 日),赴成習之古渝軒招飲,譚延闓、譚澤闓、吕苾籌、俞明震、俞明頤、宗舜年在座。

《譚延闓日記》十一月十日:久雨始晴,寒氣頗重,早間已見微霜矣。午,同大武、吕滿至古渝軒,成習之招飲,俞大、俞三、宗子岱、李道士同坐。(册四,頁七四)

十月五日(11 月 11 日),俞明震、俞明頤、譚延闓來,公邀至翠樂居午飯。

《譚延闓日記》十一月十一日:八時起。臨《玄靖碑》二紙。食粥。俞大、俞三來,遂邀同車至道士家,看寫碑字。遂同至翠樂居吃魚□,至則無有,乃吃邊鑪,即大鍋盪片也。去一元四角,道士作東。既出,道士別去。(册四,頁七五)

十月初,日本《上海報》推重公之書法。

《日紙崇拜清道人書法》:日本《上海報》云,支那書法之傳於日本者,近時有楊守敬筆墨,然其人固已作古,今日支那人所最崇拜所群焉稱之爲當代大家者則清道人梅庵先生,即李瑞清君是也。梅庵先生之清節,洵支那所稀有,現方旅居上海,淡泊自甘,不求禄仕,惟出手筆以供諸斯世。先生之書法逼近古人,允推無上上品,今觀其節臨六朝碑四種及選臨法帖二種,則支那人之所以崇拜先生者可恍然於其故矣。我輩日本人苟欲知支那極品之書法,請以此本介紹於諸君子之前,當必有先覩爲快者焉。(《新聞報》11 月 12 日)

案:曾熙題張大千藏公所作《巖石蘭花圖》(曾迎三先生惠示)

曰:"道人來海上,海上人但争求道人之書,不貴其畫也。後日友
求道人畫,且云偶然數筆,皆是明季大家風骨。緣是海上人稍稍
知道人畫。然每以重金易得,終棄之高閣。及道人殁後,日友搜
索,雖殘墨破紙,視同球璧,海上書畫家亦遂争寶之。髯嘗曰:道
人書天趣爲功力所掩,惟畫能傳其胸衿之磊落。此數筆雖傺八
大,而腕法終高出八大,惜季爰不肯讓老髯也。"則日人并推重其
畫矣。

十月八日(11 月 14 日),午後,赴章梫家宴飲,譚延闓、譚澤闓、蒲殿
俊等在座。

　　《譚延闓日記》十一月十四日:午飯後,與大武附電車往高照
里赴章一山之約,車中遇李道士,同至一山家,蒲伯英後來,見
□□爲士。一山買百蟹,欲試道士百蟹之量,道士則云,小有天過
飽,不能更進,僅食七枚。吾輩亦各進六枚也。攜酒乃至變味,大
不可解……歸,與道士同車至北大橋,乃易車歸。道士云,曾以
"食、簫"二字得詩鐘第一,句云"可憐争食同鷄鶩,便欲吹簫引鳳
凰",尚不愧也。(册四,頁七八)

十月九日(11 月 15 日),赴古渝軒公餞李瑞荃,俞明震、俞明頤、成習
之、譚延闓、呂苾籌、宗舜年同席。

　　《譚延闓日記》十一月十五日:俞三來,邀同呂滿往古渝軒。
道遇成習之,至則道士、俞大、子岱皆在,公局爲李三餞行,俟其至
即入席。吾所攜酒乃作燒糊氣,可怪。(册四,頁七九)

十月十日(11 月 16 日),同人介紹公書法。是日,吳錡已至滬。

　　《介紹法書》:李梅庵先生,別號清道人,潛心北碑,尤精篆隸,
其書法之高超與先生之品節齊,故得其片紙隻字者莫不寶貴之。
先生節臨六朝碑四種,又選臨漢魏六朝唐宋元明各大家書體均歸
望平街震亞圖書局精印發行,爲學書者示以途徑。昨承惠贈一
份,特書誌謝,並介紹篤好先生書法者。(《申報》11 月 16 日)

　　《譚延闓日記》十一月十六日:遇曾九、吳劍秋於門,車中遙語

而別。(册四,頁八〇)

十月十二日(11 月 18 日),譚延闓、譚澤闓、黎承禮、呂苾籌、曾熙、范九峰來訪,公已歸去數日矣。

　　《譚延闓日記》十一月十八日:食粥後,同曾、黎、呂、范、大武附車至道士家,至則行矣。(册四,頁八二)

　　案:《譚延闓日記》十一月十七日有"曾士元曰道士家歸去兩日矣",當於陰曆十月九日始行也。

十月十三日(11 月 19 日),赴譚延闓處公餞俞明震,張其鍠、俞明頤、陳曾壽、曾熙、黎承禮、譚毅、范九峰、呂苾籌等同席。散後,公留談。

　　《譚延闓日記》十一月十九日:晚,子武、俞大、俞三、道士、陳仁先來,今日爲俞大作餞,同座曾九、黎六、譚毅、呂滿、九峰及吾家兄弟、細毛,凡十二人,可謂濟濟。菜甚精美,素菜尤佳,各各醉飽而去,道人留談。(册四,頁八三)

吳鑄離滬,公邀其再來滬上,共研書學。復乞其爲門人盛渭清謀職,並詢救葉懋中事。

　　《與吳鑄書》五:劍弟閣下:酒樓飲便行耶?《禮器》珂羅印本已購否?由《禮器》而下窺《龍藏》,河南之淵源如此也。何時復來滬上?可以研究書學,況曾九哥已來乎!并可同往靈隱看雪也。頃有敝門人盛渭清失館,由家鄉來,寒士何能閒居,貧道更無可畫之符,又不忍坐視。聞吾弟與宋公威太史至交,而馬慶瓏先生又略知貧道之姓名者,公能力託其謀,必能有效。天寒歲暮,止陽歷而言,以學校均用陽歷。亦寒士皇皇之時也。預留焉。葉事如何?時繫諸懷,頗憐其老而無罪,爲其子而破產,身繫囹圄,母死不能歸葬。將軍仁人也,或有以宥之。他俟後信。冬晴,珍衛。期清道人頓首。(《李文潔公書札》,北京泰和嘉成 2018 年秋季拍賣圖錄)

　　案:據《譚延闓日記》,十月十日吳鑄來滬,與曾熙同訪張其鍠。其後未見二人往來記錄,或不久即歸去也。公十至十二日間

均不在滬，此書當歸滬後所作也。陳三立跋曰："辛亥之變，清道
人棄官易黃冠，鬻書滬上自活。久之，名漸著，景附者亦衆，然最
稱密友者不過數人，吳君劍秋即其中之一也。"馬宗霍《霋嶽樓筆
談》亦謂："劍秋先生與臨川李氏、衡陽曾氏交最篤，游處最久。
曾、李論書皆主三代兩漢，次亦六朝，先生獨主唐，以爲法莫備於
唐也。"（《書林藻鑒》卷十二）附錄於此，以資參考。

勞乃宣南歸省視，道經滬上，贈公以詩。

　　勞乃宣《曰歸暫詠》其六：硯田歲稔墨池香，誰識孤松獨耐霜。
不待籠鵝換經去，右軍自作道人裝。李梅菴布政道裝，賣字爲生。（《桐
鄉勞先生（乃宣）遺稿》卷七）

　　案：《曰歸暫詠》序云："僑居闕里，忽忽經年，時局多虞，未能
即作歸計。而睠懷閭井，莫釋于中，乃暫作南歸，一爲省視。於十
月附津浦火車至浦口，渡江易滬寧火車，至上海小作盤桓，復附滬
杭火車至嘉興，易舟歸桐鄉。"又第八首注曰："留滬旬餘，甫行三
日，即有肇和兵輪之變。"知其二十七日去滬，十八日與公赴約，則
蒞滬當在八日至十六日間也。

**十月十六日（11 月 22 日），午後，赴譚延闓餞黎承禮、范九峰宴，陳仙
峰、曾熙等在座。**

　　《譚延闓日記》十一月二十二日：出遇小雨，歸家則仙夆已來，
道士繼至。晚，設席爲黎六、九風作餞，翅翁尚佳。既散，陳、李先
去，曾九與吾輩送黎、范至吉和輪船，憑欄看江水，有別離之感。
（冊四，頁八六）

**十月十七日（11 月 23 日），赴范源廉之招於康有爲家宴飲，徐致靖、
吳貫因、譚延闓等在座。康出觀所藏名人書畫。**

　　《譚延闓日記》十一月二十三日：陳仙夆來，遂同乘馬車往辛
家花園，范静生招飲於康南海家也。冒雨行，久之始到。其池有
池臺、竹樹，所居在山石間，頗幽静，純然中式園亭也。南海外有

徐子靜先生致靖及其孫吳貫因柳餘、趙某伯勁及李道士。席設池廳中，小有天例菜也。吾自聞譚壯飛稱述南海，今始見之，口如懸河，高睨大談其所謂□，殆孔子之所謂狂乎。談字畫多奇語，而矛盾處亦多。自言戊戌之事，先公嘗遣人至其家，縱之去，而後遣人往，故得逸。初但知督署遣人來，後在德國聞于晦若言始知，言次感激不已。吾初不知有是事也。又出所藏李唐《秋江山寺圖》、趙管合卷、錢選《桃源圖》、《時苗留犢圖》唐人事、董質《七猛醒賢圖》事出佛經，及石濤、石溪畫冊、明人扇冊，皆真贗參半。十時辭出。（冊四，頁八七）

十月十八日（11 月 24 日），赴鄭堯臣之約，勞乃宣、鄭孝胥在座。

《鄭孝胥日記》十月十八日：赴鄭堯臣之約，晤勞玉初、李梅庵；梅庵云，士元已來，居華德路譚宅。（頁一五八六）

十月二十日（11 月 26 日），午後，偕陳曾壽過譚延闓談，曾熙、譚澤闓、呂苾籌在座。夜，赴鄭孝胥廣福樓招飲，勞乃宣、曾熙、章梫、唐晏、鄭堯臣、吳學廉等同席。

《譚延闓日記》十一月二十六日：午飯後，方擬偕曾九、大武、呂滿往道士家，至門而道士及陳仁先至，同返坐談。仁先先去，道士談至五時，同曾九出。（冊四，頁九〇）

《鄭孝胥日記》十月廿日：夜，宴玉初、士元、衡甫、一山、元素、堯臣、梅庵、鑒泉于廣福樓。（頁一五八六）

十月二十一日（11 月 27 日），曾熙來，遂同訪鄭孝胥，索《海藏樓詩》一部，陳曾壽、沈瑜慶、林開謩在座。

《鄭孝胥日記》十月廿一日：陳仁先、李梅盦、曾士元、愛蒼、怡書來，曾、李、陳皆索白紙《海藏樓詩》，以一部托仁先與子培。（頁一五八七）

《譚延闓日記》十一月二十七日：九時乃起，似中寒也，喉則愈矣。食粥後，臨《麻姑》二紙。同曾九、呂滿、大武附電車至精益取鏡。既出，曾九往道士家去……十一時散歸，曾士元已回，攜《海

藏樓詩》。同看,至十二時乃寢。(冊四,頁九一)

十月二十二日(11月28日),邀同人至古渝軒午飯,勞乃宣、章梫、何維樸在座。飯後,過譚延闓,與之論書,作褚法而去。

　　《鄭孝胥日記》十月廿二日:梅盦邀至古渝軒午飯,座有玉初、一山、詩孫。(頁一五八七)

　　《譚延闓日記》十一月二十八日:至三時後乃歸。鳳光旋去,李道士來,因留晚飯,菜不甚佳,略飲,吃炒麵。道士談書,作褚法而去。(冊四,頁九二)

十月二十三日(11月29日),譚延闓謂公疑《蘭亭》之説與李文田跋汪容甫本《蘭亭》語同。

　　《譚延闓日記》十一月二十九日:午飯。與曾九看定武《蘭亭》諸印本。道士嘗疑《蘭亭》,以爲晉人書不如此,且以《臨河敘》爲證其説,蓋同於李若農之跋汪容父本《蘭亭》,不知闇合耶,抑本之也?(冊四,頁九三)

　　　案:公《跋自臨蘭亭》曰:“余生平不解《蘭亭》,頗爲沈乙盦先生所訶,然不能違心隨聲雷同以阿世。順德李仲約侍郎有三可疑之説,如道人胸中所欲語。”(《清道人遺集》頁一五〇)似爲闇合也。

十月二十四日(11月30日),譚延闓、譚澤闓、曾熙、宋小坡等來看寫壽,遂留午飯。午後,章梫、陳曾壽、勞乃宣來。

　　《譚延闓日記》十一月三十日:八時起。臨《麻姑》二紙。食粥。宋小坡來,遂同曾九、大武、呂滿至道士家,看寫壽……遂飯於道士家,非常肴也。胡先生、四老爺諸人同席。章一山、陳人仙忽攜勞玉初來,吾輩遂行。(冊四,頁九四)

十月二十五日(12月1日),午後,過譚延闓。

　　《譚延闓日記》十二月一日:李道士來,因共談笑,周去李留。晚飯小飲,無可下酒者。看劉石庵書論,習字至十時,道士乃去。(冊四,頁九五)

十月二十七日(12月3日),勞乃宣離滬。

　　勞乃宣《曰歸暫詠》其八注曰:留滬旬餘,甫行三日,即有肇和
兵輪之變。(《桐鄉勞先生(乃宣)遺稿》卷七)

　　案:據《譚延闓日記》,肇和兵輪於十月三十日起義。

十月二十八日(12月4日),午後,赴朱崇芳小有天招飲,譚延闓、李
俶等在座。

　　《譚延闓日記》十二月四日:乃出至小有天,應朱挹芬之約。
其兄及三親戚先後來,問姓而已。道士偕旭君至,乃入席,菜尚
佳,席散各歸。(冊四,頁九八)

十月三十日(12月6日),過譚延闓,寫《張遷碑》。留譚府午飯,余岸
稜在座。

　　《譚延闓日記》十二月六日:五時,聞巨砲聲九,未知其由,蓋
還擊不應停勻,而空砲又無其猛烈也。起視已天明,復睡至八時
起。陳鳳光來述所聞,亦不敢遽信以爲實。食粥後,子武來,報紙
所言與陳大同小異。時時聞礮聲,不甚巨耳。客去,補寫《麻姑》
兩紙。李道士來,寫《張遷》。余岸稜來,聶十同湯壽軍來,言周金
箴有電話與朱志堯,云事已平定,周八自城中歸,亦言秩序如常。
午,留道士、岸稜同飯,有加肴,小飲而罷。子武來,鳳光亦來,云
肇和兵船攻製造局,今早爲兩砲臺擊沈,所聞巨聲是也。(冊四,
頁一〇〇)

十月,葉玉森以五鳳磚硯拓本徵題,公有黃龍硯,欲合之,乃倩周慶
雲爲媒,周爲作《龍鳳磚硯歌》。

　　《吳興周夢坡(慶雲)先生年譜》:十月……題易實甫觀察《北
雅樓閒居著書圖》。爲李梅盦學使、葉君荘漁作《龍虎硯歌》。題
朱念陶觀察《天山歸獵圖》。

　　案:《龍虎硯歌》當爲《龍鳳硯歌》。

　　周慶雲《龍鳳磚硯歌爲李梅庵葉荘漁作》:鳳不鳴高山,龍不

潛深淵。乃見漢京劫餘之殘磚，一爲黃龍，一爲五鳳，龍翔鳳翥相
新鮮。得龍者誰，李梅庵；得鳳者誰，葉初庵。各製爲硯珍家傳。
初庵捧硯輒狂喜，盡日摩挲情不已。墨本拓成數百紙，徵題先向
臨川李，謂與黃龍將比擬。梅庵大笑投筆起，世間寶物寧有此。
安能牉合成雙美，作書詔我蜂蝶使。我聞斯語忍俊乃不禁，鸜鵒
之硯其山本以伐柯稱。生平不解塞脩事，偶一爲之或效神媧簣。
方今天寒硯亦凍，冰上冰下傳語何殷勤。成則我當居功首，何以
報之酒盈缶，更須吸盡墨一斗。不成我不執其咎，齊大非偶辭婚
媾，吹池那管春波皺。老子猶龍葉公好，鳳樓手造歸詞宗，請以一
言解紛折其衝。不如攝影互投贈，髣髴相攸論命，意合心同則文
定。鱗可攀，翼可附，天花亂墜君毋怒。雄則王，雌則霸，塊土爭
持兵用詐。龍耶龍耶潛勿虛，鳳兮鳳兮德不孤。只愁騎鳳吹簫秦
女愛弄玉，還欲雕龍炙輠齊贅來淳于。（《夢坡詩存》卷六）

　　龐樹柏《抱香簃隨筆》：丹徒葉菇漁得五鳳甎研，自作長歌，遍
徵和作。歌曰……按是研爲湘人彭某得西漢斷甎，文曰五鳳二，
囑其同里蔣生鍛製爲研，以貽菇漁者。李梅庵本藏有黃龍甎研，
聞菇漁五鳳研，爰倩周夢坡爲媒介，欲以詩爲黃龍聘鳳。菇漁以
謂鳳乃鳥中之雄，不如以龍女嫁鳳爲宜。二説至今未決，然亦藝
林一段佳話也。（姚鵷雛編《春聲》第二集頁八）

　　楊鈞《記黃龍硯》：光緒末年，沈詠蓀以八金得湘陰左仲冕所
藏二硯。一爲黃龍磚，内面有"阮芸臺校十三經之硯"，與"阮芸臺
磚之八"等題字，墨池前有翁覃溪單刀題字，泥質甚細，帶黃紅色。
一爲冬心硯……後以急償他物值，以二硯質于黃修原處，旋以讓
于李筠庵，後又歸李梅庵。梅庵有"黃龍硯齋"印，見者必多，掌故
之源如此。（《草堂之靈》卷八）

是月，康有爲跋公所臨六朝碑四種。

　　康有爲跋《清道人節臨六朝碑四種第一集》：此同年生李梅菴
臨六朝人書，迫古人矣，高古矣，然學古者能入又貴能出，已古又

貴近今。不即不離，而神得之；不今不古，自適其中。以梅菴之深
造自得，他日又豈有古人耶？康有爲。乙卯十月。

是月，曾熙於公座中初識蔣國榜。

　　曾熙《鄭鼎臣師敘述先令并感舊詩》：乙卯十月，予來滬上，從
阿梅坐中見蘇盦蔣君，循循類儒者。阿梅曰："此予弟子，尚好學
知禮。"越日，蘇盦持所藏道州宋拓《史晨》請跋，趨而進，若不勝
衣，與語，必起而對。送之出，則車早說於巷外。因歎曰："蔣氏有
子矣。"（《曾熙書法集》頁一三五）

是月，致書程學恂，爲李昌傑謀職。

　　《與程學恂書》：伯藏仁兄同年閣下：山川迢遞，相見末由，每
對月梁，如照顏色。舍弟攜來尊蓬心卷子，乃其最精之品，率爾未
敢落墨，遲滯不罪。近聞公總理警務，有李昌傑，向在江寧充當區
長，人極穩練勤實，故兩次之亂皆無所牽涉，猶能安居江寧，即此
可知其能自愛矣。比閒居無事，乞貧道一言以爲介紹。大凡亂世
人才難得，先求穩當不多事，然後能了事，貧道在江寧日久，深知
其人，故爲一言，幸有以拔擢之，感且不朽。入冬晴和，敬頌起居
百福。期清道人頓首。（西泠印社 2017 年秋季拍賣會 2174）

　　案：書曰"故兩次之亂皆無所牽涉"，當指辛亥金陵圍城及民
　　國二年張勳攻克金陵事，則此書當作於民國二年後矣。落款云
　　"期清道人"，暫繫於此。

十一月一日（12 月 7 日），午後，譚延闓、曾熙、譚澤闓、呂苾籌來，公
出示鄭文焯所贈《薛仁貴造像》。

　　《譚延闓日記》十二月七日：飯後，同曾九、呂滿、大武往李道
士家看寫字，有鄭末問所贈薛仁貴咸亨中造像，稱皇帝皇姉，末問
引《集古錄》苗神客天寶二年所撰碑云："薛禮，字仁貴，山西汾州
人。"正如世俗所傳也。（冊四，頁一〇一）

十一月二日（12 月 8 日），鄭孝胥來，觀龔賢山水長卷及翁同龢山水

小册。

《鄭孝胥日記》十一月初二日：過李梅盦，觀龔半千山水長卷、翁叔平山水小册。（頁一五八八）

十一月三日（12月9日），曾熙跋公所臨六朝碑四種。

曾熙跋《清道人節臨六朝碑四種第一集》：自儀徵阮氏創分南北書派，海內學者多沿其説，熙竊以爲惑矣。阮云北朝魏齊碑板尚守隸分遺法，其言當矣。至稱傳索靖之法，南北劃若鴻溝，何以大小《爨碑》出於晉宋之南徼？可知化隸爲真，南北同一轍也。阮云《瘞鶴銘》與鄭道昭《山門》字相近，但妍態少古法，今焦山石尚在，憬然篆法，以視鄭但解分勢橫衍，則超越遠矣。此阮氏之大惑也。阮稱北朝瓦當碑額可以類推北人長於碑榜，至東晉墓專，乃云字迹近篆隸，然出陶匠之手。其無款識，北瓦南專所同，阮何以知晉必出於陶匠，此惑之甚者也。《晉書》、《南》、《北史》皆唐人所修，阮於《北史》所稱崔悦、盧諶等善隸工草，則信爲有家法，右軍傳中善隸書爲古今之冠則疑，援史品題，謂世不傳右軍隸法則可，至疑右軍不能爲隸，大令不解書榜，所謂非惑也，乃謬也。阮既知南朝勅禁立碑，其時學守老莊，高尚清談，方且以立石飾美爲陋，此南朝無碑，羲、獻不傳今隸。然茅山《天監井欄》字、《梁蕭侍中神道碑額》、近出土梁《程虔碑》，皆化隸爲真，即羲、獻矩矱所留遺也。阮氏執南宋以來展轉勾橅、真僞雜混之《閣帖》，幾疑江左風流盡出渡江衣帶一帖，何異見今日僧子誦經，即奉爲如來法耶？蓋南北碑誌，二《爨》與《中岳靈廟》同體，以剛勝；《李洪演造像》與《曹娥》同韻，以柔勝。梁《程虔》、《神道》與《崔敬邕志》同取掠空之勢，南帖中《黄庭内景經》與《石門銘》同擅縱擊之長，安見南北書派判若江河？近敦煌石室經卷見，有北朝書章草，以證沙簡中晉人手札，并可悟南北行草同源之妙，惜阮氏不及見也。楳道人以周金作篆，從兩漢窺六朝，所謂縣昆侖觀四瀆之到海。每臨一碑，驚絶海內。共几研廿有四年，前道人尚有南北之見，今則服膺予論,因書其後。乙卯十一月三日,曾熙。

十一月六日(12月12日),譚延闓、譚澤闓、曾熙、陳曾壽等來,觀公所作畫佛。是日,袁世凱稱帝。

《譚延闓日記》十二月十二日:仙峰來,遂邀同士元、大武、呂滿至錢沖父家……及出,遂至道士家。已飯後,乃特爲具食。看道士所作畫佛。陳仁先來,少坐,遂歸。仙峰別去,到家已五時矣。(冊四,頁一〇六)

《鄭孝胥日記》十一月十日:北京推舉袁世凱,稱其大功六,宜爲皇帝,袁世凱自言無可推諉,令其黨籌備一切,且遣告各公使:"並未實行,請勿誤會。"觀之令人眥裂髮指。(頁一五八九)

此際,革命黨反對帝制派、復辟黨遺老皆群聚滬上,宴會往來,公戲以金、宋兩朝人相擬。

劉成禺《清道人軼事》:袁氏稱帝時期,革命黨與反對帝制派,群集上海,而復辟黨與清室遺老,亦以上海爲中心地,宴會來往,儼然一家,其反對袁世凱則兩方一致也。梅翁一日作趣語曰:昔趙江漢與元遺山,相遇於元都,一談紹興、淳熙,一論大定、明昌,皆爲之嗚咽流涕,實則各思故國,所哀故不相侔。吾輩麕集淞滬,復辟排滿,處境不同,其不爲李騫期則同,皆不贊成袁氏帝制自爲也,吾輩其金、宋兩朝人乎。(《世載堂雜憶》頁一三五)

案:《近代名人軼事錄》亦載此事。

約於此際,日人欲擁宣統復辟,或於東三省建"大清國",公與瞿鴻機、沈曾植、陳三立等均極反對。

劉成禺《清道人軼事》:胡小石言,辛亥之後,清室遺臣,居處分兩大部分:一爲青島,倚德人爲保護,恭王、肅王及重臣多人皆居此,以便遠走日本、朝鮮、東三省;一爲上海,瞿鴻機曾任軍機大臣,位最高,沈子培、李梅菴則中堅也。小石居梅菴家,青島、上海兩方遺臣舉動,多窺内幕。在袁世凱謀稱帝時,日人曾派重要人物多次往來協商於青島、上海間,欲擁宣統復辟,或在東三省建立"大清國",恭王、肅王,移住旅順,即商訂此協議也。青島方面一致贊同,日人乃偕青島遺臣要人,來滬方取同意。瞿子玖首先反對,堅持瞿意者,則李梅菴、沈子培、陳散原諸人,梅菴謂是置宣統於積薪上也。青島、上海,意見既分,袁世凱多羅致青島重臣入北京矣。(《世載堂雜憶》頁一三六)

致書劉承幹,爲郭赤厓求售朱筠手校元板《困學紀聞》。

《與劉承幹書》二:翰怡仁世兄京卿閣下:久闕瞻謁,甚相念也。頃至友郭赤厓兄至湘,攜來古書數種,有元板《困學紀聞》,且爲朱竹君先生手校,極爲精品。前由章一翁送閱,聞尊架已有此書,但朱竹君校本亦極爲難得之品。郭赤兄急欲回湘,已勸其減直歸於尊齋寶藏,減直爲三百圓。舊家貿書非得已事,不同書賈之居奇可比,況亦不爲貴也,故囑送上,幸納之。冬寒,珍衛。期清道人頓首。(《求恕齋友朋手札》,《歷史文獻》第十八輯,頁三三六)

《求恕齋日記》十一月十六日:是日購元槧《困學紀聞》,宋王應麟著。書品尚好,計洋二百元。其書本不值此數,以朱竹君校過,且係李梅庵介紹,故出至二百元耳。(册四,頁三七四)

案:書曰"久闕瞻謁",據劉承幹《求恕齋日記》,是年四月二十九日至十一月七日間,並未見二人往來記録,又曰"冬寒珍衛",則此書當作於十月至十一月七日間矣。二人居止接近,不至遷延過久,此書當作於十一月初也。

十一月八日(12 月 14 日),劉承幹來談。

《求恕齋日記》十一月初八日:復至全福里李梅庵處談,良久而別。(册四,頁三六七)

十一月十日(12 月 16 日),午後,過譚延闓,同觀張其鍠藏宋拓《懷素帖》、《爭座位帖》。與張共飲譚府。夜,李瑞荃歸,邀曾熙、吕苾籌同往寓所。譚延闓代公作袁姓祠堂聯,未就。

《譚延闓日記》十二月十六日：午飯，……借張子武藏《懷素帖》、《座位稿》來，皆宋拓。道士忽至，同看帖。呼子武來，同飲，菜仍嫌少，食量可知。道士、子武先後去。爲道士代作袁姓祠堂，久不得就。道士忽遣人來，云李三已歸，邀士元去，吕滿同往。吾獨坐，撰聯二，尚未盡妥，已十時後，遂寢。（册四，頁一一〇）

十一月十一日（12月17日），訪譚延闓，寫壽屏二幅。晚，飯於其家。

《譚延闓日記》十二月十七日：午飯後，仙夆來，道士來，就吾家寫壽屏二幅，字乃如鄧完白也。筠庵來，以所得汲古閣本《十三經注疏》及唐同（銅）魚符拓本，有翁蘇齋、顧南雅、楊根庭、許滇生跋者，徐星伯舊藏也。海州差囊如此云。晚，俞三、張子武來，設飲待客，有加肴，醉飽而止。看道士作書，諸客相繼去。（册四，頁一一一）

十一月十二日（12月18日），致書劉承幹，爲郭赤厓求售元本《杜詩》。

《與劉承幹書》三：翰怡仁世兄京卿閣下：前日以事牽絏，未得奉杯話，殊爲邑邑。郭赤厓兄至蘇歸，其書即照尊直納上。外送上元本《杜詩》一本，極精古可愛，索直四百元。它俟面話。敬頌起居萬福。期清道人頓首。（《求恕齋友朋手札》，《歷史文獻》第十八輯，頁三三六）

案：書曰“前日以事牽絏，未得奉杯話”，蓋指本月十日，劉承幹宴梁鼎芬，邀公作陪，公未往也。又曰“其書即照尊直納上”，本月初，公爲郭赤厓求售元板《困學紀聞》，索價三百圓，據《求恕齋日記》十一月十六日，劉卒以二百圓購入耳。

十一月十三日（12月19日），公欲宴親家而不至，乃大宴同人於古渝軒，譚延闓、譚澤闓、曾熙、俞明頤、陳曾壽、陳曾疇、李瑞荃、李俶等在座。

《譚延闓日記》十二月十九日：俞三家，案：“家”當爲“來”。遂同曾九、吕滿、大武往古渝軒，道遇彭敬仁偕張容溪來，立談而別。

至古渝軒,子武先在。久之,道士偕陳仁先、農先、李三、旭君來。道士本觴其親家而不至,遂大宴同人也。飲啖殊暢適。旭君號駢脅,共按視之,蓋左脅下復有駢骨,短於肋也。俞三胸間有小軟骨,旭君亦有之,則不知何因。既散,曾九同李三去,余輩至三進買鞋,古墨齋看帖,乃附車歸。(册四,頁一一三)

十一月十四日(12 月 20 日),譚延闓效公發筆之法,僅發其半。

　　《譚延闓日記》十二月二十日:發新筆一支,用道士得何蝯叟法,僅發其半。(册四,頁一一四)

　　楊鈞《怪筆》:李梅庵爲余至交,見其作書至久,大抵以濃墨膠筆,務使堅結,臨用之時,咬開分許,即以作字。(《草堂之靈》卷三,頁五四)

十一月十六日(12 月 22 日),過譚延闓。

　　《譚延闓日記》十二月二十二日:李道士來,遂留午飯,飲數巡。飯後,子武來,言見任公事,與道士先後去。(册四,頁一一六)

十一月十九日(12 月 25 日),午後,公招飲小有天爲曾熙作生日,譚延闓、譚澤闓、俞明頤、李瑞荃、陳曾壽、呂苾籌、曾憲璵、李儆同席。

　　《譚延闓日記》十二月二十五日:任尹來,言道士招飲,遂與大武、俞三、呂滿同赴之。至小有天,任尹復去,道士、曾九、李三、陳仁先同來,乃知今日曾九生日也。任尹旋同旭君至。入席,飲啖甚歡。(册四,頁一一九)

十一月二十二日(12 月 28 日),亭午,攜門人蔣國榜過譚延闓談,觀何紹基藏宋拓《史晨後碑》。夜,曾熙、譚延闓爲公集蘇詩以題葛金烺遺像。

　　《譚延闓日記》十二月二十八日:到家正飯時,飯未畢,道士同其徒蔣國榜至,攜何蝯叟藏《史晨後碑》,蓋宋拓也。蔣去,道士留談。仙峰來,即去。子武來。湯松壽軍來,旋去。徐佛蘇來,稍坐去。道士、子武亦先後行……曾九屬集蘇詩,爲道士題一人畫像。劉劭湘來談,以所作隸及真見示,不如呂滿遠矣。劉去,與曾九集

蘇至十一時乃就寢。（冊四,頁一二二）

案:該畫像即葛金烺遺像也。

爲葛嗣浵父葛金烺遺像題詩。

《平湖葛毓珊先生小影題詠》:其一:出處依稀似樂天,灰心聊伴小乘禪。自題有"鈍根本許參蓮座"之句。畫工欲畫無窮筆,鳩杖先生愈少年。其二:平生高節已難繼,笑説平生醉夢間。自題有"那得濁醪三百斛"及"好在糊塗難索解"諸詩。我是江南舊遊客,至今歸計負雲山。其三:爾來一變風流盡,坐撥寒灰聽雨聲。欲把新詩案:"詩"字原缺。問遺像,也應知我此時情。乙卯冬月,詞蔚部郎出示其尊甫毓珊先生遺像,敬集東坡句奉題。清道人。時客滬上。（珂羅版影印件,葛賢璜先生惠示）

案:葛金烺,字景亮,號毓珊。精書畫,富收藏,有《愛日吟廬書畫録》。該冊前有葛毓珊先生三十歲小影及自題詩,後有吳昌碩、章鈺、馮煦、沈曾植、鄭孝胥、勞乃宣、樊增祥、繆荃孫、陳夔龍、瞿鴻機等題詠。

十一月二十四日(12月30日),午後,譚延闓設席爲曾熙補祝生日,赴之,張其鍠、陳仙峰、章梫、蒲殿俊等在座。飯後,公留談甚久。

《譚延闓日記》十二月三十日:李道士、子武、仙筌、章一山、蒲伯英皆至。設席,爲曾九補祝,飲啖甚樂,有兔肉,十餘年不嘗此味矣。客去,道士談至十時後乃行。（冊四,頁一二四）

十一月二十八日(1916年1月3日),譚延闓至王存善家久談,王欲得公所藏《龍藏寺碑》。晚,赴張其鍠招飲,譚延闓、譚澤闓、曾熙、俞明頤、章士釗、徐公勉等在座。

《譚延闓日記》一月三日:余以馬車至王子展家,談甚久,歷舉碑帖,如數家珍。言祁文端所藏之《大觀帖》一本爲海内第一,文端自號"觀齋"以此。今在楊蔭伯家,千金不易。又言蘇書《寒食詩》由盛伯希家出,今在京師市估手,索五千金,蠟箋明晳,墨痕如新,真奇寶也。然欲得道士之《龍藏寺》,則未免貪多務得矣。……晚步往子武家,行嚴、佛蘇先在。有頃,俞三、聶十來。久之,李道士、曾九、呂滿、大武偕至。入席,飲啖極歡,惟談不暢。既散,聶十、道士同步至門前散去。(冊四,頁一六二)

　　案:公所藏《龍藏寺碑》爲晚明拓本,有曾熙、朱祖謀等人跋。

十一月,新得翁方綱舊藏明拓《觀海童詩》,爲朱莘畊節臨魏碑四屏。

　　節臨魏碑四屏款:一、《爨龍顏碑》:納嶮絕入平正,大難大難。二、《弔比干文》:此石宋已亡。以今按之,實出秦斯,楚派也。斯,楚上蔡人。三、《嵩高靈廟碑》:奇古兼二《爨》之妙,然《寶子》祖《張遷》,此師《景君》。四、《觀海童詩》:新得翁覃溪先生《觀海》章明拓舊藏本,上有先生題字,遒麗和婉,喜而臨此。乙卯仲冬,聘之仁兄法家正之。清道人。(中國嘉德 2021 年春季拍賣會 0089)

是月,曾熙跋公所臨法帖。

　　曾熙跋《李梅庵先生選臨法帖》:碑不可通之帖,亦猶撰文不得以碑銘之筆作箋札耳。唐之響搨,宋之橅石,波磔既損,真氣蕩然,勢不能不以兩漢隸分生六代之枯骨。道人此冊所以高越前人爲帖學者,得此法也。至每臨一帖,神意逼真,如景隨人,求之古人,老米猶當讓步。此冊海內外書家爭購,於三次付印識此。乙卯十一月,農髯熙。

是月,爲胡思敬《豫章叢書》各書署檢并書牌記。

　　案:《豫章叢書》之《竹林愚隱》扉頁曰:"竹林愚隱集一卷。"牌記曰:"乙卯冬月刊于南昌退廬。"後有胡思敬乙卯六月跋。《四照堂集》扉頁:"四照堂集。"後有胡思敬乙卯七月跋。二書均無題款,審其書風,當爲公所書無疑。暫繫於此。

十二月一日(1 月 5 日),曾熙來,夜宿公家。

　　《譚延闓日記》一月六日:八時起,階除盡濕,始知雨過。曾九往道士家,昨夜未歸。(冊四,頁一六五)

十二月四日（1月8日），晚，公招飲小有天，曾熙、譚澤闓、呂苾籌等在座。

　　《譚延闓日記》一月八日：大武、呂滿、曾九同道士出飲，尚未歸也……曾九、大武、呂滿十時乃歸，聞道士請客小有天，覓吾不得。然聞座多生人，亦幸不赴。（冊四，頁一六八）

十二月五日（1月9日），晚，攜劉墉書聯過譚延闓。

　　《譚延闓日記》一月九日：晚，李道士來，攜劉書聯，尚佳。另子武亦來，因同晚飯，飯後，談舊事甚久。九時，客去，與曾九定鬻書例，十一時乃寢。（冊四，頁一六九）

十二月初，爲曾熙作《鬻書引》。

　　《衡陽曾子緝先生鬻書直例引》：衡陽曾季子，名熙，湘學士所稱子緝先生者也。美須髯，晚自號農髯，長於余六歲。昔年同官京師，同學書，余喜學鼎彝、漢中石門諸刻、《劉平國》、《裴岑》、《張遷》、《禮器》、鄭道昭、《爨龍顏》之屬，自號北宗。季子則學石鼓文、《夏承》、《華山》、《史晨》、太傅、右軍、大令，尤好《鶴銘》、《般若》，自號南宗以相敵。余時頗自負，於時賢書無所可否，獨好季子書，以爲有晉人風。季子亦獨喜余書，每作書，必各出相示，議論以爲笑樂。後余出官江南，曾季子以太夫人老病，歸故山以侍母，不相見者七八年。辛亥國變，余黃冠爲道士，鬻書作業，偷活海上。今年八月，曾季子出遊西湖，遠來視余，余因止之，留滬上以鬻書，曰："髯昔不能以術取卿相，没人財帛以自富，今又不能操白刃以劫人，爲盜賊稱豪傑，直庸人耳。今老且貧，猶欲執冊奉簡口吟雅步稱儒生，高言孔孟之道，此餓死相也。餓死，常也。人方救國，髯不能自保其妻孥，不亦羞乎？且富者，人之性情所不學而俱欲者也。語云，求食者牛不如鼠，鼠不如虎，何也？牛服田力耕，以勞易食；鼠則竊處倉廩，無人犬之憂，長養其子孫；虎居深山，據大谷，上捕飛鳥，下瞰野獸，何求不得焉？髯力不如虎，巧不如鼠，吾與子其爲牛乎？鬻書雖末業，内無饑寒之患，外無劫奪之憂，無捐金之事,操三寸之觚,有十倍之息,所謂不齎貸之子錢,以勞易食者也。太史公曰:富無常業,貨無常主。賣漿小業,張氏千萬;灑削薄技,郅氏鼎食。它日吾與子起家巨萬,與英美托辣斯主者埒富,亦其常也。"曾季子捧腹大笑曰:"敢不如子言。"因爲定其直,以告世之乞先生書者。乙卯冬十二月,清道人。(《大同月報》第二卷第十一號,頁八一至八二)

　　案:據《譚延闓日記》,十二月五日譚爲曾農髯定鬻書例,則此引當作於此時前後也。又,該文亦載《清道人遺集佚稿》,文略異。

十二月七日(1月11日),午,赴成習之小有天招飮,曾熙、譚延闓、譚澤闓、俞明頤、呂苾籌等在座。飯後,同人來家中觀公所作書。

　　《譚延闓日記》一月十一日:午,偕曾九、呂滿至小有天,成習之請客,俞三、大武、梁胡子先在。待道士,至一時乃來。小有天新移,新居宏敞過前,清净不及。飲食既畢,與曾九、大武、呂滿同道士至其家,看所作字。談未幾,聞室中有訴諍聲,道士入排解,吾輩乃行。(册四,頁一七一)

十二月八日(1月12日),作"太虛張霄"山谷體聯。是日,題《泰山經石峪金剛經六字景本》。

　　太虛爲室,明月爲燭;張霄成幄,垂露成幃。乙卯蜡八日。清道人。(中國嘉德2002年秋季拍賣會0702)

　　題《泰山經石峪金剛經六字景本》:奇偉瑰麗,六朝大字無逾此者。欲作牓書者,與《匡喆刻經頌》合觀之,其變化非學唐宋以後書家所可及。先景六字以示準,然不足以盡其妙也。乙卯蜡八,清道人。(南京博物院藏)

　　案:所景六字爲"一時佛舍衛國",尚有曾熙跋。該跋及景本均附録於民國五年三月震亞圖書局所印《泰山經石峪金剛經墨拓》後,題曰"泰山經石峪金剛經法帖樣本"。

十二月十日(1月14日),午後,與鄭孝胥同過曾熙,觀宋克《書譜》墨蹟及《龍藏寺》精拓本。詣譚延闓,晚留譚府小飲,談碑帖甚樂。

《鄭孝胥日記》十二月初十日:公宴洪鷺汀於古渝軒,以《詩
序》遺昌碩。席罷,與李梅盦同過曾士元,觀宋仲温《書譜》墨蹟及
梅盦所藏《龍藏寺》精拓本。(頁一五九三)

案:宋仲温《書譜》爲李瑞荃所藏,民國間嘗以珂羅版印行。

《譚延闓日記》一月十四日:至家,遇俞三於門,偕入午飯。仙
峰來,道士來。聶三來,邀同坐汽車至行嚴家。坐談頃之,留飯,
仍辭謝不食。同車至青年會,聶三下,余獨歸,自往及返不及一小
時,甚矣其便利也。道士、仙峰均留,晚飯小飲,談碑帖甚樂,九時
乃散。(册四,頁一七四)

十二月十一日(1月15日),午後,過譚延闓談,作字甚多。

《譚延闓日記》一月十五日:李道士來,以璧元信託撥款。余
岸稜來,錢芍人來,張承之來,唐、余先去,道人、芍人、承之留晚
飯,痛飲暢談,道士作字甚多,談至九時後乃去。(册四,頁一七五)

十二月十三日(1月17日),過譚延闓。

《譚延闓日記》一月十七日:午飯……道士來,承之來,道士旋
去。明日吾生日,有加肴留客。(册四,頁一七七)

十二月十四日(1月18日),晚,賀譚延闓生日,余岸稜、俞明震、俞明
頤、張其鍠等在座。

《譚延闓日記》一月十八日:附電車歸,則承之、道士、岸稜已
來。頃之,俞大、俞三至,子武亦來。待至入席,已十一人,小孩皆
別食。有翅翁,而菜不盡佳。及散,十時矣。(册四,頁一七八)

十二月十五日(1月19日),亭午,譚延闓來談。是日,跋吳昌碩畫彌
勒像。

《譚延闓日記》一月十九日:乃改車至李道士家,值將飯,因留
共食,四老耶、旭少爺同坐。談久之,出。銅元已罄,乃歸。到家,
家中方午飯也。(册四,頁一七九)

《跋吳蒼碩畫彌勒像》：唯歲在乙卯十有二月望，吳蒼碩敬繪彌勒像一軀，神光焜耀，遍滿大千，香氣氛氳，充塞世界。仰願國家康寧，兵災休息，因緣眷屬，俱辭苦海，直登樂土。若有煩惱，即令解脫，三途惡道，永絕因超，一切群生，咸同斯福。（《清道人遺集》卷二）

十二月十七日（1月21日），晚，過譚延闓。

《譚延闓日記》一月二十一日：到家，則李道士來，留同晚飲，而菜殊不佳。飯後，子武來談，與道士先後去。（冊四，頁一八一）

十二月十九日（1月23日），大雪，同人來訪，遂留午飯，譚延闓、譚澤闓、曾熙、俞明震、俞明頤、張其鍠、呂苾籌在座。公出示所藏項刻《水經注》及初印本《古今韻略》。

《譚延闓日記》一月二十三日：九時起，彌望皆白雪，已三寸許矣。微陽出林際，色皜皜然。食粥。臨《麻姑》二紙。外間寒暑計二十九度，室中則四十三度。俞大、俞三來，遂邀同曾九、呂滿、大武以馬車往李道士家，中途雪積地凍，馬蹄滑不能行，車夫乃卸馬，而以身代，路人皆指目焉。久之，乃得達，則大武、俞三已至，蓋中途以人力車前也。俞大久之乃來，亦改乘人力車，以馬衣蒙首，相見大笑。道士留食午飯，子武亦來。至四時乃具火鍋，食雉、兔、雞、魚燙片，甚美，然時有腥氣。最後煮菜及飯食之。二俞先去，大武以目疾不能多食，歡暢不及去年矣。及散，遂歸，始知寒重。雪融凍解，車行亦速，到家六時矣，遂不晚飯。今日見道士所藏項刻《水經注》及初印本《古今均略》，皆致佳。（冊四，頁一八三）

十二月二十日（1月24日），赴周聲溢招飲，譚延闓、曾熙、何維樸、李栗如、呂苾籌在座。飯後，與曾熙同去。

《譚延闓日記》一月二十四日：道士之四弟者來見曾九。將暝，偕曾九、呂滿往周雲隱家，到門則道士適至。及入，何詩孫、李栗如先在，余以咳未愈，請雲隱診。及入坐，有牛肉及扣肉甚佳，

余所攜酒幾罄。及歸,曾九同道士去。(冊四,頁一八四)

案:據《譚延闓日記》一月二十五日"曾九歸來",則曾熙是日
當宿於公處。

十二月二十二日(1月26日),晚,赴張其鍠家小飲,曾熙、呂苾籌、俞
明頤、譚延闓同席。

《譚延闓日記》一月二十六日:道士來,遂同曾、李、呂滿至子
武家,壽丞亦至。子武設邊爐相餉,飲啖甚歡。及散,送道士至路
口乃歸。(冊四,頁一八六)

十二月二十四日(1月28日),過譚延闓。譚爲公集聯。

《譚延闓日記》一月二十八日:爲道士集《散盤》字作十餘聯。
道士來,張子武、俞三之諸子亦來。晚飯小飲,吃炸醬麵……爲道
士集八言聯數付,道士去,復集五言聯十餘付。(冊四,頁一八八)

十二月二十六日(1月30日),擬就丁永春按摩,道遇譚延闓、俞明
震、俞明頤來訪,遂同歸。是日,與曾熙、何維樸共飲。

《譚延闓日記》一月三十日:食粥後,遂同俞氏兄弟往道士家,
遇之於道,遂同返。道士之出,將就丁鳳山按摩,云丁之術甚奇,
其按摩也,隔衣爲之,中風、白喉皆應手愈。自言習《易筋經》,所
謂內功,以拇指抵人膚,甚輕而有奇效云。旭君取鬥雞出,因倚窗
觀雞鬥,始知韓孟聯句之妙。呂滿來,旋去。仲乾出見,云《金剛
經》已校過,缺字甚多,次序倒亂,不易清釐矣。小有天忽送蒸盆
來,道士因留客飯,飯三盌,多於家也。(冊四,頁一九〇)

案:丁鳳山原名永春,善推拿,以指代針,行醫滬杭間。爲江
浙一指禪學派創始人也。

曾熙跋《何紹基臨張遷碑》:前日與詩孫同飲,詢問跋中"爲鍾
曾行聘"之語,答云:"鍾曾乃予小名,予生南京,因以名焉。行聘
即與阿梅同是余家壻耳。"時阿梅亦在座中。乙卯嘉平小除日,
熙記。

十二月二十七日（1月31日），過譚延闓，爲還賬事。

　　《譚延闓日記》一月三十一日：李道士來，旋去，去而復來，爲還賬也。道士入梁璧元股二千金，以千六百元請措湘幣，今日始交割清楚也。（册四，頁一九一）

　　　案：《譚延闓日記》民國四年《金錢出納録》（册四，頁一四五）："十二月十五日，入道士請撥一千六百元。"民國五年《金錢出納録》（頁五七二）："一月十六日，道士請撥款一千元"，"一月卅一日，道士請撥款六百元。"

十二月二十九日（2月2日），午後，詣譚延闓辭年。夜，曾熙跋公所藏宋拓《石門頌》，謂公前書刻削，得此拓後乃大進。

　　《譚延闓日記》二月二日：午飯，呂滿以疾不與。飯後，道士來辭年，略坐去。（册四，頁一九四）

　　曾熙跋《宋拓石門頌》：予求《石門銘》"此"字不損本及此石"高"字未封口，幾二十年不能得，辛亥，予從京師得《石門銘》"此"字不損本，阿梅未幾亦得此本。今歲出以相校，則予本精神相勝遠甚。惟此本予生平所未見，初疑摩厓拓手不能有如是之精，既假至予齋月餘，以校予所藏國初拓本。其石泐所損殘之點畫，既得此本，可以參證數字。復以此本與瓶齋所藏明拓本參校，則此本精神完好，筆畫明豁，其爲宋拓無疑。且宋人最好濃墨肥拓，此必好古之士督良工不憚兼日之力，方能從絶厓得之，宜阿梅寶愛之，不肯讓予也。阿楳前書刻削，得此拓後，遂如神龍飛躍九天矣。乙卯除日，農髯熙爲阿梅跋此，已四鼓矣。（有正書局）

十二月，蔣國榜贈銀與曾熙，公覆函代爲謝之。

　　《覆蔣國榜函》：蘇龕賢弟閣下：前者奴子歸，更得手書并銀百圓，卒卒未及作報，實以歲暮筆墨填委，更又老嬾，不罪不罪。曾先生萬不能無故而受吾弟重餽，義不可也。在吾弟爲好賢，而在曾先生爲好利。前者之典物以……（此處缺）矣。吾弟之餽，謹代謝，吾弟厚意，當爲代達也。或俟將來作筆敬，未爲晚也。承賜卅圓，卻之不恭，謹拜惠矣。敬祝侍奉萬福。期清道人頓首。（《中華國粹》2014 年 11 月號）

十一月至十二月間，略參篆隸筆意臨《蘭亭》并跋之。

《蘭亭序六種合刻附曾李鄭寫本》：自來言帖者，莫不稱《蘭亭》，有唐大家，莫不有臨本，以歐、褚爲最著。余生平不解《蘭亭》，頗爲沈乙盦先生所詗，然不能違心隨聲雷同以阿世。順德李仲約侍郎有"三可疑"之説，如道人胸中所欲語。今世所傳《蘭亭》，與《世説新語》所載多異，莫春作暮，褆作禊，暢作暢，唐以來俗書也，晉代安得有此？此余所大惑也。頃見曾季子、鄭蘇戡所臨《蘭亭》，鄭則自運，盡變其面，曾則以率更法爲之，定武適派也。余則略參以篆隸筆作此。清道人。（震亞圖書局）

案：跋云"頃見曾季子、鄭蘇戡所臨《蘭亭》"，曾熙作於"乙卯十月小雪後"，鄭孝胥或更在其後，然是書於民國五年三月出版，公所臨當在十一月至十二月間也。

冬，浙督朱瑞求公爲其母書墓誌銘，拒之。

李雲麾《先從兄清道人行述初稿》：顧嘗多有所不作，某督軍以萬金求爲先人書墓碑，展轉托至友門生多方丐説，迄不能得，曰："吾懼爲蔡邕之續也。"（《清道人遺集》附録，頁二七一）

易宗夔《新世説·巧藝》注：李名瑞清……然非其所喜，雖以重金求之亦不書，如朱瑞求其爲母壽書屏，袁樹勛之子求其爲父書墓誌銘，皆嚴拒之。（頁一七）

案：西本省三《李梅庵氏を憶ふ》（《現代支那史的考察》頁二二六）亦謂朱瑞求公爲其母書壽屏，爲公所拒。劉成禺《洪憲紀事詩本事簿注》卷二注謂朱瑞太夫人六十壽辰，項城派萬德尊爲專使，往杭拜祝云云。據張世楨《興武將軍海鹽朱公事略》（《朱興武將軍哀輓録》）："既而母若兄相繼□，公十有二齡，居喪盡哀若成人然。"黎元洪《海鹽朱侯母王太夫人墓誌銘》(拓片):"其卒也,爲清光緒二十一年八月六日,年三十有九。"則朱母已於光緒二十一年去世矣。據《萬專使蒞杭記》(《申報》1915 年 11 月 22 日):"朱督太夫人行將營葬,政府特派萬中將德尊爲專使,恭齎賜品往杭。"《大總統令》三月三十日(《大公報》1916 年 3 月 31 日):"興武將軍朱瑞之母定期安葬,著派屈映光前往致祭。此令。"蓋朱母王太夫人至丙辰方入葬也。則求公所書者,乃其墓誌銘耳,後卒爲張謇書丹。李雲麾所謂某督軍者當即朱瑞也。據《海鹽朱侯母王太夫人墓誌銘》:"海鹽朱君錫康與其弟瑞卜明年三月庚午朔葬其母於縣南通元鄉水北九曲灣之原。"則此事當在乙卯冬也。朱瑞事袁世凱,且擁護其稱帝,故公拒之耳。

冬,胡朝梁寄詩懷公。

胡朝梁《冬日書寄楊處士青島李道士上海陳石翁閩中》:一冬暄暖四揚塵,乾葉枯萁聚作茵。不信吾生與興廢,怕聞人事説艱辛。遼東皂帽歸何日,世外黄冠看幾人。欲近醇醪畏沉寂,愧難身世學陳遵。(《詩廬詩鈔》)

是歲,爲《陳佩珩生壙記》書丹,王闓運撰文。

案:公未署年月。《陳佩珩生壙記》(湖南省圖書館藏拓)款云"湘潭王闓運譔,臨川李瑞清書"。《記》曰"陳佩珩觀察六旬晉一之歲,湘省商界同人以其有保存公利之惠,醵錢發書,思徵文以頌之",考《陳佩珩先生紀遊圖詠》,陳文瑋生於咸豐四年(1854),則此文作於甲寅後。遍檢《湘綺樓日記》,惟乙卯二月七日:"程子大專人來送百金,請爲陳老十作生壙銘。"十六日:"又得十髮書,催陳壙志。"十七日:"作陳志,一筆滔滔,不古不今,亦消得百金也。"十八日:"作陳志。"當指《陳佩珩生壙記》也。又,該册後有楊廷瑞丙辰季秋跋,則公當書於乙卯二月下旬至丙辰九月間。暫繫於此。

是歲，田桓從公學書，公謂其大篆爲門下第一。

　　冰夫《訪孫中山秘書田桓》：他説：“我從一九一五年向青島寄寓上海的書法家李梅庵（又名李瑞清，人稱梅道士）學書。老師先教我寫鐘鼎文，臨散氏盤，然後再寫北魏《鄭文公》帖。但主要是寫散氏盤。那時候，張大千從日本歸國後曾拜於曾熙門下，在松江出家爲僧，法號大千，三個月還俗後返四川結婚，回到上海後也從李梅庵老師學書，張寫《瘞鶴銘》，我寫《散氏盤》。我們同爲李梅庵的弟子。”

　　據悉，田老從師之前，曾有一段趣事：那時他剛從日本歸來不久，年少氣盛，自恃書法有基礎，曾經流露出瞧不起李梅庵道士書法的情緒，認爲梅道士字體一波三折，氣勢不大。後來經過太炎先生指出，他纔自愧狂妄，決心拜李爲師，悉心學藝。在梅道士的指導下，他又苦心鑽研，博採唐宋名家之長，融各流派爲一體，著稱於世。（《冰夫文集·散文卷1》頁二四二）

　　《田桓書畫例》：同門田寄葦纂修爲先公入室弟子，二十年前其名藉甚，人莫不知有葦道人田桓者。章太炎先生嘗謂其書畫名滿天下，人無異言；于右任有“書畫而今大小田”之句，非虛譽也。其書由先公授以大篆以殖其基，先公見寄葦書《散氏盤》，大驚，嘗告人曰：吾門作大篆者，當以田生爲第一。爾後博習三代鼎彝，降逮於漢東西二京，魏晉以還，南北兩朝，隨流俯拾，莫不精妙……李健序。（《申報》1940年9月30日）

　　《譚延闓日記》一九二一年二月十五日：遇田桓，自號葦道人。田桐之弟。云從道士學者。以畫出視，云學八大山人也。

是歲，爲馬步雲所譯《國民經濟學原論》署檢。

　　《國民經濟學原論》封面：國民經濟學原論。日本津村秀松著，關中馬凌甫譯。清道人題。（上海群益社1915年初版）

編年詩

　　《贈日本人某》

編年文

　　《致劉廷琛函》正月、《與某君書》、《劉岐山七十壽敍》二月、《致
吳劍秋函》一、《題吳昌碩臨八大山人畫鹿》二月、《跋自臨散氏盤全
文》、《與朱挹芬書》三月、《題王一亭摹顧曾壽畫册》三月、《題長干風
塔圖》三月、《與劉承幹書》一、《與蔣國榜書》、《與徐乃昌書》、《與錢
熊祥書》、《致吳劍秋函》二、《與胡翔東胡小石書》、《莊繁詩女士書
離騷經册子跋》七月、《宋夢仙夫人小傳》七月、《跋蘭亭六種景本》七
月、《致吳劍秋函》三、《題雜阿毗曇心經卷十》、《致吳劍秋函》四、《致
吳劍秋函》五、《與程學恂書》十月、《與劉承幹書》二、《與劉承幹書》
三、《跋自臨蘭亭》、《衡陽曾子緝鬻書直例引》十二月、《題泰山經石
峪金剛經六字景本》十二月、《跋吳蒼碩畫彌勒像》十二月、《覆蔣國榜
函》、《哈少甫六十壽序》

民國五年丙辰（1916）　五十歲

正月一日（2月3日），午後，詣譚延闓賀新正，陳曾壽、曾熙、俞明頤、張
其鍠等在座。是日爲劉炳照七十壽辰，公書聯以賀，聯爲譚延闓代擬。

　　《譚延闓日記》二月三日：食粥後，李四來，道士弟也……到家
小坐，陳仁先來，道士旋至，俞三亦到，遂同晚飯，小飲，而菜不佳。
將罷，子武至，更飲數杯而散。（册四，頁一九五）

　　《譚延闓日記》民國五年雜記：代道士壽劉語石元日生：百年上
壽逢元日；一代論詩屬後村。（册四，頁五五三）

正月三日（2月5日），俞明頤、曾熙、呂苾籌、譚延闓、譚澤闓、陳曾壽來。

　　《譚延闓日記》二月五日：食粥。俞三來，遂邀同曾、呂、大五
至陳仁先家，見仁先、農先。復偕仁先出，至道士家，留吃湯圓。
遇劉劬先，劉去。道士留飯，有陳釀甚佳，鉢頭亦美，爲之醉
飽……上電車，遇道士、旭君。（册四，頁一九七）

正月七日（2月9日）爲周慶雲所藏《戴熙湯貽汾書畫合卷》篆首，爲

《黄道周遺墨長卷》題引首。

　　《戴熙湯貽汾書畫合卷》引首：戴文節公遺墨。清道人爲夢坡先
生題，丙辰人日。（中國嘉德 2007 年第 1 期嘉德四季拍賣會 1750）

　　《黄道周遺墨長卷》引首：石齋遺墨。丙辰人日，清道人。
（《中華國粹》2014 年 11 月號，頁六一）

正月十一日（2 月 13 日），譚延闓、譚澤闓、曾熙、吕苾籌、朱崇芳等
來，略談。與同人詣何維樸，觀其所藏阮元、陳潮、何紹業書及錢拓
本。午，公招飲悦賓樓。

　　《譚延闓日記》二月十三日：食粥後，同曾九、仙峰、吕滿、大武
往李道士家，至則朱挹芬諸人在，略談。邀道士同至候在里訪何
詩孫，壁間有阮文達書贈暖叟聯，甚古拙。又“除兵去殃”、“去兵
百利”錢拓本，大如瓦當，有十駕、十蘭、覃溪、曼生諸人跋。陳東
之贈員老應甲午鄉試篆軸及何子毅先生書，皆精。員老之篆全出
東之，其行楷書又與弟同，若老毅不死，未知所造如何也。談畫久
之，出。道士招飲悦賓樓，殊有北風，水餃尚佳，食三十枚，出。至
中法藥房買補丸，乃別道士歸。（册四，頁二〇五）

　　案：陳東之當爲陳潮，據錢松《何紹基有關史實考三則》（《中
國書畫》2008 年第 10 期）。

正月十二日（2 月 14 日），晚，赴譚府宴飲，張習之、張承之、張其鍠、
俞明頤、曾熙在座。散後，公留談甚久。

　　《譚延闓日記》二月十四日：已六時，余遂歸，則承之、子武已
在，明日大武生日也。習之、俞三、曾九、道士先後來，入座劇飲，
食麵，久之乃散。道士談至十時乃去。（册四，頁二〇六）

正月十三日（2 月 15 日），詣譚府賀譚澤闓生日，張其鍠、何維樸等在座。
晚，赴譚澤闓生日宴，俞明頤、張習之、張承之、成習之、曾熙等同席。

　　《譚延闓日記》二月十五日：今日大武生日，諸小孩行禮如儀。
張承之來，同吃麵，飲數杯。李道士來，張子武來，何詩孫來。以

麵享李道士……歸,則道士、俞三、習之、承之、成習之皆在。入座,則曾九設具別食,不茹葷已半月也。今日菜至佳,而酒亦醇,甚不可解。將散,湯濟武攜李仲弓來,談甚深。(冊四,頁二〇七)

正月十五日(2 月 17 日),吳昌碩來借精拓本《散氏盤》,公囑其題耑並跋之。

　　《精拓散氏盤銘放大本》扉頁:散𣪘銘。缶道人篆耑,時丙辰初春。

　　吳昌碩跋:六首左側,阮氏作"大",然"大沽"字首不左側,恐未確。㸤當爲戰,伐字。▨爲境界字,厂其界,▨其表道之樹。㠯首也,有所往曰首,道下有二者,指置易之。一彼一此,非重文也。▨爲表道字,上象樹本,下兩手持而立之,非表裏字。▨即杜,▨即▨字,順也,加口爲▨,即諸字,亦順也。▨即屠,地名,《詩》所謂"出宿于屠"也。▨爲▨,許氏及石鼓皆有之。此文無盤字,乾嘉諸老輩皆曰盤,楊濠叟定爲𣪘,今從之。丙辰元宵,某闇先生假讀屬書,幸指謁。吳昌碩。(有正書局)

正月中旬前後,謝鳳孫賦詩贈公。

　　案:《海日樓遺札·與謝復園》第十二函(《同聲月刊》第四卷第三號,頁五一)曰:"寄李道士詩,中間總覺差些,請再思之。"據許全勝《沈曾植書信集》(頁三八六)考證,該函作於丙辰正月二十八日。又《與謝復園》第十三函曰:"寄梅道人詩,筆剛情柔,昌黎集中亦有此體,試尋之。"則謝鳳孫當於正月中、下旬間作詩,呈沈曾植斧正後定稿也。

正月二十一日(2 月 23 日),午,公招飲小有天,譚延闓、譚澤闓、曾熙、袁思亮、袁思亹、周扶九等在座。晚,赴陸樹藩招飲,劉承幹、吳昌碩、褚德彝、周慶雲、蔣汝藻、張淡如在座。

　　《譚延闓日記》二月二十三日:午,偕曾九、呂滿、大武至小有天,道士招飲。袁伯揆及其第四弟先在,周扶九、廖某後來。周年

八十三。廖亦八十，翛然健步，飲啖兼人，知財神之不虛矣。(冊
四,頁二一五)

　　《求恕齋日記》正月二十一日：陰。午前，閱報。午後，以陸純
伯招飲，出至公益里訪焉。良久始入席，同坐者爲李梅庵、吳倉
碩、褚禮堂、周夢坡、蔣孟蘋、張淡如。(冊四,頁四一〇)

正月二十三日(2月25日)，晚，赴小有天宴飲，譚延闓、譚澤闓、呂苾
籌、俞明頤、張其鍠、曾熙、張承之、張習之同席。

　　《譚延闓日記》二月二十五日：張承之來，邀同大武至天外
天……乃至小有天，則俞三、子武、呂滿先在，道士、曾九繼來，習
之後至。菜貴而不高，酒亦甚劣，爲之不歡。談讌至九時半乃散。
(冊四,頁二一七)

正月二十四日(2月26日)，赴雅敘園一元會，王乃徵、朱祖謀、唐晏、
章梫、楊鍾羲、鄭孝胥、鄭繢臣、鄭堯臣在座。

　　《鄭孝胥日記》正月廿四日：至雅敘園作一元會，來者聘三、古
微、梅盦、元素、一山、子勤、繢臣、堯臣及余，凡九人。(頁一五九九)

正月二十五日(2月27日)，赴蔣國榜春華樓招飲，曾熙、譚延闓、譚澤
闓、呂苾籌在座。散後，與曾同訪王乃徵。晚，赴張其鍠之招，俞明震、
俞明頤、曾熙、譚延闓、譚澤闓等同席。散後，公以其從弟事相商。

　　《譚延闓日記》二月二十七日：同大武至洗清池翦髮，就浴，曾
九、呂滿亦來。浴罷，至春華樓，蔣國榜蘇盦請客，道士先在。入
座，則肴設甚豐，主人恭謹，終席無惰容，可敬也。館雖不高，終是
教門館中之佳者，恍置身徐長興也。既散，道士、曾九往訪潛道
人，余輩先歸。子武遣人來促，遂與大武、呂滿往赴之，至則道人、
曾九、俞大、俞三亦來。至園中看梅，道士爲張十三作書。七時乃
入席，惟利浦芋頭佳耳。及散，道士以其從弟事相商，發言盈廷，
束手無策，仍歸結於和平善遣，可見家家有爲難之事，處處有不法
之人，真末如之何也矣。忽雨至，乃呼車分次送歸。(冊四,頁二
一九)

正月二十七日（2月29日），曾熙來。

　　《譚延闓日記》二月二十九日：食粥。曾九往道士家，因以劉
劭襄筆託帶日本代買。讀《魏書》一卷。午飯，曾九歸。盛旭巖
來，不見之，與諸僕談門外，其聲哀厲，乃以十元託道士贈之。（冊
四，頁二二一）

正月二十九日（3月2日）晚，張元濟、李宣龔約飲一家春，公未往。

　　《張元濟全集・日記》三月二日：雜記：約王病山、朱古微、俞
恪士、壽丞、劉聚卿、徐積餘、鄭稚星、劉翰怡、張石銘、李梅庵、鄭
蘇龕在一家春晚飯。（卷六，頁二○）

　　《鄭孝胥日記》正月廿九日：夜，至一家春，商務印書館宴客，
菊生、拔可爲主人。（頁一五九九）

　　《求恕齋日記》正月二十九日：出至四馬路一家春應張菊生、
李拔可之招，到時客主均未至。小坐，拔可來談，良久而菊生來，
客亦陸續至，遂入席。同坐者爲王聘三、鄭蘇龕、稚辛名孝檉，閩縣
人，辛卯舉人，今爲安徽政務廳廳長昆弟、徐積餘、劉聚卿、張石銘、俞恪
士名明震，庚寅翰林，籍紹興而入大興，前甘肅提學使，現爲肅政使，特派浙江塘
工督辦、俞壽丞名明頤，恪士之弟，前江西吉贛南道、朱古微及主人而已。
（冊四，頁四一五至四一六）

正月三十日（3月3日），午後，過譚延闓。

　　《譚延闓日記》三月三日：午飯後，往仙峰處。談至晚，同歸。
則道士先在，因留晚飯。小飲，食炒麵。誦八股久之。子武來，道
士先去。（冊四，頁二二四）

正月，爲譚澤闓跋《南園先生大楷冊》。

　　跋《南園先生大楷冊》：自來學顔書者，君謨從《中興頌》以窺
筆法，欲以和婉變其面貌耳；坡公則全師《東方先生畫像贊》；米老
則學《放生池碑》，故魯公書當宋之時幾欲佻右軍矣。趙吳興目無
宋人，意在上追晉賢，余曾見其所書《太湖石贊》，意在仿魯公《蔡
明遠帖》。董華亭爲有明以來一大宗，執牛耳將三百年，雖高言二

王，實緜《多寶塔》得筆，從楊少師以窺《蘭亭》，然以陰柔學魯公，其與君謨同也。南園侍御當乾隆時，朝廷重董書，士大夫莫不人人淡墨渴筆稱華亭矣，侍御獨能於舉世所不好之時上學魯公，即此可想見其獨立不阿之概。至其書初學《告身》以得筆法，後于魯公諸碑靡不備究，晚更參以褚法。此冊迺其至經意之作，非宋以來之學魯公者所可及。能以陽剛學魯公，千古一人而已，豈以其氣同耶？清道人。

案：此書為民國五年三月初版，前有曾熙丙辰人日、鄭孝胥丙辰正月跋，姑繫於此。

是月，為筱嵩書聯。

佛國有至樂；離明照大空。集《泰山經石峪金剛經》字。此齊派也，因以《虢季子白槃》筆法書之，尚不失其古厚也。筱嵩仁兄法家正之。丙辰正月，清道人。（《張大千的老師——曾熙、李瑞清書畫特展》頁一九○）

是月，為篠崎都香佐跋所藏《何紹基行書手卷》并題引首。

《何紹基行書手卷》跋：道州何子貞先生為國朝第一書家，其書實在劉石庵、鄧石如之上。大約近代論書者，尊碑則主鄧而絀劉，言帖則重劉而絀鄧，然石如今隸俊絜，在梁魏之間，其篆雖志在兩京，趁豪使氣，宋以後法也。劉石庵相國從香光入，晚年以鍾太傅古拙樸厚之筆變其面貌，然頓挫輕圓，不脫董氣。何道州從魯公入，後以《張黑女》筆法化實為虛，其古隸直到漢人，無一筆落唐以後。晚年納篆隸入行草，其變化莫測。此卷乃其中歲之書，筆力已自驚絕，其規橅尚是顏法也。磚軒先生居敝國最久，好書畫，收藏極富，而能知好何書，吾有以知非尋常鑒賞家所能及也。丙辰一月，清道人。（佳士得 2018 年秋季拍賣會 1022）

案：該手卷為長尾甲題籤。引首曰："道州墨寶。篠崎先生秘篋，清道人。"

二月二日(3月5日),赴俞明震小有天招飲,譚延闓、譚澤闓、吕苾籌、曾熙、成習之、俞明頤、羅㝮子、李俶同席。

《譚延闓日記》三月五日:俞大、俞三來,因留午飯。飯後,俞大先去……出至新世界看影戲,遇㝮子及經輿、仲雲,看久之。同俞、羅、吕至小有天,則曾九、成習之、俞大先在。候道士,至上燈乃來,旭君亦至。入座,則俞大爲主人。費至十元,可謂貴矣。(册四,頁二二六)

二月三日(3月6日),曾熙來。

《譚延闓日記》三月六日:曾九已往道士家。(册四,頁二二七)

二月五日(3月8日),晚,詣譚延闓,俞明震、曾熙、李瑞荃等在座。

《譚延闓日記》三月八日:晚飯,正明來,因留同飲。道士亦至,飲罷,歐陽去。俞大及道士之弟來,談頃之。與曾九送俞大、道士兄弟,遂至俞大略坐,看道士上車,乃步還。(册四,頁二二九)

二月六日(3月9日),赴劉承烈家宴飲,譚延闓、譚澤闓、吕苾籌、曾熙等在座。

《譚延闓日記》三月九日:既去,吾與曾九、吕滿、大武至劉劼襄家,遇童、劉於車中,道士先在。室中亦頗井井,菜則小有天,頗甘美。食畢,稍坐乃別,道士附車還,已五時矣。(册四,頁二三〇)

二月八日(3月11日),過譚延闓。

《譚延闓日記》三月十一日:李道士來,陳仙夆亦至,旋同去。(册四,頁二三二)

二月十日(3月13日),譚延闓、曾熙、陳曾壽昆弟來,公將赴飲,遂同出。晚,譚延闓爲公集聯。

《譚延闓日記》三月十三日:余與曾九至道士家,遇人仙及其弟。道士將出飲,遂同車至白大橋而歸……爲道士集數聯,十時寢。(册四,頁二三四)

二月十一日(3月14日),譚延闓、俞明震來訪,不值。

《譚延闓日記》三月十四日:到家,俞大來邀,同以馬車至道士

家、仁先家,皆不遇。(册四,頁二三五)

二月十五日(3月18日),午後,譚延闓、譚澤闓、俞明頤、曾熙、吕苾籌、成習之來,觀公作書。

> 《譚延闓日記》三月十八日:午飯後,子武來。俞三來。詠儀來,談頃之去。大武已出。余偕俞三、曾九、吕滿以馬車詣道士,及門,道士歸,遂偕入。成習之亦來,大武旋至,看道士作字,爲之集聯。以湯圓款客,有肉餡者甚佳。(册四,頁二三九)

二月十八日(3月21日),午後,訪譚延闓。

> 《譚延闓日記》三月二十一日:禮畢,已近三時,乃歸,飯。道士來,同飯。罷,以車同道士至高照里,道士下。(册四,頁二四二)

二月十九日(3月22日),與陳曾壽、劉廷琛同訪鄭孝胥。是日,袁世凱撤銷承認帝位案。

> 《鄭孝胥日記》二月十九日:梅庵、仁先與劉幼雲同來,遂至禪悦齋食素菜。(頁一六〇二)

二月二十日(3月23日),詣曾熙、譚延闓談。

> 《譚延闓日記》三月二十三日:曾九同吴劍秋、方先生者來看字畫。余以馬車出……送潤農至其家乃歸,已十時矣。道士、承之未去,略談乃行。(册四,頁二四四)

二月中旬,爲《朱五樓生壙記》書丹,吴昌碩撰文并篆額。

> 案:《朱君五樓生壙記》款曰:"太歲在丙辰二月中恂立。安吉吴俊卿撰并篆額,臨川李瑞清書。"公或作於二月上旬至中旬間也,暫繫於此。

二月二十一日(3月24日),赴鄭孝胥約至古渝軒午飯,劉廷琛、章梫、唐晏、陳曾壽在座。

> 《鄭孝胥日記》二月廿一日:約劉幼雲、章一山、唐元素、李梅庵、陳仁先至古渝軒午飯。(頁一六〇二)

二月二十二日(3月25日),晚,赴古渝軒讌飲,張其鍠、俞明頤、羅鄀子、譚延闓、譚澤闓、呂苾籌、曾熙等同席。

　　《譚延闓日記》三月二十五日：至古渝軒，子武先在，俞三、郜
　　子後來，大武、習之、呂滿、曾九、汪四、汪五繼至，待道士來，乃入
　　座。菜甚豐，惟酒覺劣。（冊四，頁二四六）

二月二十四日（3 月 27 日），赴別有天餞別汪五，譚延闓、張其鍠、汪
四等在座。

　　《譚延闓日記》三月二十七日：李道士來，俞三、汪四來，大武
　　同汪四先去。余輩附電車至別有天，子武先在，汪五、承之後至。
　　菜殊不佳。今日汪四爲汪五作餞也。席散，別道士歸。到家已九
　　時後。（冊四，頁二四八）

二月二十六日（3 月 29 日），鄭孝胥來。

　　《鄭孝胥日記》二月廿六日：過劉錫之、陳仁先、李梅庵。（頁
　　一六〇三）

二月二十七日（3 月 30 日），《申報》刊文歎公風義。夜，宴同人於別
有天，鄭孝胥、陳三立等在座。

　　《清道人之亮節高風》：臨川李梅庵先生，原名瑞清，早歲通籍
　　爲前清巨宦，改革以後，兩袖清風，鬻書爲業，自號清道人。先生
　　書名滿天下，不但本國人視爲高品，即日本、新加坡等處亦皆不惜
　　厚贈爭來乞書。惟先生於義利之界辨之尤嚴，凡遇撰就來文乞書
　　者如不合意，無論餽何厚幣，概不應命。日前有民國偉人某以千
　　金乞書其太夫人墓誌銘，先生因來文意不甚合，毅然謝絕。兀傲
　　性成，取財不苟，其亮節高風洵罕觀也。再先生自辛亥年寓滬以
　　來，迄已五年，從未他往，平日除鬻書畫自給外，絕不與聞他事，近
　　有人謂先生與康南海同赴徐州，毫無影響，實係訛傳耳。（《申報》
　　3 月 30 日）

　　《鄭孝胥日記》二月廿七日：風雨。夜，赴李梅庵之約於別有
　　天，伯嚴新自南京來滬嫁女，其婿乃張楚寶之侄也。（頁一六〇三）

二月三十日（4 月 2 日），赴譚延闓招飲，譚澤闓、曾熙、呂苾籌、俞明

震、何維樸、張其鍠、汪景玉、陳三立等同席。

《譚延闓日記》四月二日：既散，偕曾九歸，大武、承之、呂滿亦歸。大生、衡生入校去。周菱生來，俞大來，何詩翁來，張子武來，汪旋父來，道士來，陳伯嚴最後至。今日以翅翁宴客，肴豐酒香，主賓盡歡。道士攜一竹，長二尺，雕刻甚精，不知何物也。十時，諸人先後散。（冊四，頁二五四）

二月，爲陳光淞《溫熱論箋正》署檢。

案：《溫熱論箋正》扉頁曰：“溫熱論箋正。清道人。”牌記曰：“歲在丙辰二月。”

是月，臨黃庭堅《寄嶽雲帖》。

節臨《寄嶽雲帖》款：不趁豪使氣，極雍容頓挫，山谷致佳書。學黃者當從此入。丙辰二月，清道人。（美國弗利爾美術館藏）

是月，跋《泰山金剛經》并署簽，自謂作大書則用此石之意。

《泰山經石峪金剛經墨拓》跋：此齊經生書也。其源出於《虢季子白槃》，轉使頓挫則《夏承》之遺，與《匡喆刻經頌》、《般若文殊》、《無量義經》、《唐邕寫經》爲一體，特其大小殊耳。余每作大書，則用此石之意，苦其過大，不便展撫，今如登岱嶽縮經石峪於几席間也。丙辰二月，清道人。（震亞圖書局）

案：該書封面署曰：“泰山金剛經。清道人。”尚有曾熙、鄭孝胥跋。曾跋曰：“此經乃北朝守中郎之法也。内史出中郎，獨能以篆爲真，故焦山殘石韻流而體峻逸。此經純守隸法，故質樸而平厚，淵懿類《郙閣頌》而寬舒有度，動蕩師《夏承》而操縱獨密。壬辰上泰山尋古刻石，今展此冊，猶髣髴石峪循行，摩挲詠歎不能去云。丙辰二月，農髯熙。”鄭跋略謂：“相傳書法大字麾令小，小字拓令大，包慎伯非之，以爲大字小字法各不同。吾意二説皆拘於墟而未通其旨者也。字之疏密肥瘦，隨其意態以成其妙，執死法者必損其天機，大小雖殊，理固無異矣。《經石峪》大字乃隸楷相參之法,此縮印本若登泰山而小天下,山河萬里皆在掌中,其取勢新奇,天開地闢,發人神智,真奇觀也。學者於此可以悟大小一致之理,脫俗見於塵土,挾飛仙以遨遊,不亦快哉。丙辰三月,孝胥。"附錄於此,以資參證。

致書劉承幹,乞其襄助黄紹蘭所創博文女校。

《與劉承幹書》:翰怡仁世兄京卿閣下:久闕瞻謁,但有懷仰。有黄學梅女士(與鍾女士)創辦博文女學校於滬上,獨立支持,將及三年,然校中經費異常困乏。以一二弱女子發此宏願,不避艱苦,是在有力者爲之維持。新例,學堂能及三年以上者可得國家之補助金,如閣下能出而提倡,使得支持,則將來該校之成立皆公功也。黄女士嫻雅能文,書學翁覃溪學士,其學校尤注重中文者也。章一山先生已轉呈,故不更納。驟寒,珍衛。期清道人頓首。(《求恕齋友朋手札》,《歷史文獻》第十八輯,頁三三六)

案:書曰"黄學梅女士(與鍾女士)創辦博文女學校於滬上,獨立支持,將及三年",丙辰八月十一日,公與同人致函紹介博文女校,謂"開辦已近三年,艱苦曾經百折"(《博文女校校董來函》,《申報》9月9日),與書中所言正合,則博文女校當於甲寅開辦,故此札作於丙辰。又曰"驟寒",署款"期清道人",民國後,公署款清道人僅見乙卯夏至丙辰夏間,則此書當作於丙辰春。書曰"久闕瞻謁,但有懷仰",檢《求恕齋日記》,丙辰春惟正月廿一日、三月廿六日,二人會晤,則此書當作於正月上中旬或二三月間也。暫繫於此。又,據《博文女校之擴充》(《新聞報》1915年12月30日),博文女校擬於是年擴充班次,尤重國文工藝,或因此而經費困乏也。

三月二日(4月4日),赴周聲溢招飲,譚延闓、譚澤闓、吕苾籌、曾熙、何維樸、陳三立、俞明震、汪景玉同席。

《譚延闓日記》四月四日:晚,偕大武、吕滿、曾九往周雲隱家赴約,何詩孫、陳伯嚴、俞恪士、汪旋甫先後來,道士至上席乃至。

菜以牛肉爲豐,實則扣肉尚可。既罷,談頃之,各散。同道士附車至白大橋乃歸。到家十時矣。詩孫云,在江南時,見蝯叟書二丈長聯,一氣貫注,二十七字,寫於紡綢,索百元,未能致。其文乃集《坐位》者,辭曰:行路又何難,我曾從天柱九嶷終南紫閣太室三塗直到上京三北地;讀書誠不易,所願與高堂二戴安國子長相如正則同依東魯聖人家。又曰平時所用姓名朱文印乃子毅先生刻,白文"子貞"則蝯翁自刻。石極劣,用久模糊,則取剜之。(册四,頁二五四)

三月七日(4月9日),夜,赴聶其杰招飲,譚延闓、譚澤闓、范源廉、張其鍠、呂苾籌、曾熙等在座。

　　《譚延闓日記》四月九日:午,同曾九、呂滿、大武、習之至承之家飲,有炸醬麵尚佳……習之去,吾輩歸家,諸兒入校去。晚,大風雨。聶三邀飲,吾輩乃呼人力車作兩番去,道士、静生、子武同座,風聲如吼,燈忽明滅,談狐鬼事甚多。及散,仍更番以車歸。風稍止,雨勢未已也。(册四,頁二六二)

三月十日(4月12日),晚,過譚延闓久談。

　　《譚延闓日記》四月十二日:道士來,子武來,汪四來。晚設具留客,有汪四所贈魚肚,殊不如先公常御品,豈此物亦有優劣耶。盡醉飽餐,談至九時乃散。(册四,頁二六五)

三月十一日(4月13日),赴鄭孝胥招飲,何維樸、左孝同、洪爾振、沈瑜慶、郭曾程、王仁東在座。

　　《鄭孝胥日記》三月十一日:宴何詩孫、左子異、李梅盦、洪鷺汀、愛蒼、南雲、旭莊。櫻花單葉者已盛開。(頁一六〇五)

三月十二日(4月14日),聞浙省獨立,乞周慶雲致書商界同人,設法保護胡思義及吳鈁。

　　《與周慶雲書》:夢坡仁兄先生閣下:昨聞浙省獨立,舍親胡幼腴及吳伯琴財政均不得消息。頃蘇管帶到浙探聽音信,并爲接家眷,乞賜一書與貴省商界同人,請其設法保護,感且不朽。今日得

電，并望便示爲叩。春和，佳想安善。期清道人頓首。(《息園舊雨尺牘存真》)

　　案：浙省於三月十日(4月12日)獨立，公或於十一日聞之，暫繫於此。又，胡思義爲胡思敬弟，浙省獨立前爲兩浙鹽運使。吳鈁任浙江財政廳長。

三月十五日(4月17日)，魏光燾卒。公書聯輓之，聯係譚延闓代擬。
　　魏聯石《記先父魏光燾二三事》：1916年(民國五年)農曆三月十五日先父去世，享年七十九歲。葬於邵陽北鄉赤水輝山。(《邵陽市文史資料》第3輯，頁八八)
　　《譚延闓日記》民國五年雜記：代道士挽魏午莊先生：老去更傷心，血戰河山，重來盡灑遺臣淚；平生忍回首，交情骨肉，九死難酬國士知。(冊四，頁五五六)

三月十六日(4月18日)，與同人攜肴酒往海藏樓看櫻花，並爲鄭孝胥補作生日，王仁東、何維樸、洪爾振、沈瑜慶、林開謩、郭曾程、吳學廉等在座。
　　《鄭孝胥日記》三月十六日：旭莊、詩孫、梅盦、鷺汀、愛蒼、怡書、南雲、宣甫、鑒泉攜肴酒來看櫻花，且爲余補作生日。(頁一六〇五)

三月十七日(4月19日)，赴宋小坡招飲，譚延闓、譚澤闓、呂苾籌、曾熙等在座。
　　《譚延闓日記》四月十九日：午，同大武至洗清池，剪髮，就浴。遂至多一處四川小館，宋小坡請客，道士、士元、呂滿、旭少爺先在。菜尚可口，初吃鰣魚，一片如掌大，已須一元二角，可謂以稀爲貴矣。有肉夾火腿，尚佳。(冊四，頁二七二)

三月十八日(4月20日)，譚延闓爲公集聯。
　　《譚延闓日記》四月二十日：飯後，爲道士集《急就章》作數聯，翻字甚苦，殊不樂爲。十時即寢。(冊四，頁二七三)

三月十九日(4月21日),赴譚延闓家小飲。

　　《譚延闓日記》四月二十一日:食粥。爲道士集《急就章》十餘聯。今日先君九十五歲冥壽,舉家行禮,設酒食祭奠……以餕餘邀道士、承之同享。魚翅用家法製,雖不甚美,然亦頓還舊觀。(册四,頁二七四)

三月中旬前後,致函劉廷琛,爲其書聯,并邀遊滬上,入股做茶生意。

　　《與劉廷琛書》:久不得手書,無從得消息。命書聯由世兄帶上,亦已得耶? 貧道自辛亥國變,家亦爲傾,已爲喪家之狗。頃有人助我爲貿易,去年顏料致富者至多。欲復故物。吾兄近來光景亦不佳,能得此書後,即命駕來游,有薄財生意,做茶去年兩倍利。遲恐付股不上,其人即日回江西也。春和珍衛。期清道人頓首。幼雲親家同年前輩閣下。(北京匡時2018年秋季拍賣會0319)

　　案:本月二十六日,劉廷琛、胡思敬均已來滬上。書曰"去年顏料致富者至多",殆謂民國三年,歐戰忽起,德商以所運顏料低價轉讓華商,故民國四年致富者至多也。

三月二十四日(4月26日),赴譚延闓家釀飲以壽張其鍠,陳三立、俞明震、俞明頤、余岸稜、張承之等在座。

　　《譚延闓日記》四月二十六日:偕曾、張至謙吉里看屋,皆甚疲敗,道士必不肯遷居者……及歸,陳伯嚴、俞大、俞三、子武、岸稜、承之已至,盛幼文、道士後來。今日同人釀飲以壽子武也。(册四,頁二七九)

三月二十五日(4月27日),盛宣懷卒,享年七十有三。

　　陳三立《郵傳大臣盛公墓誌銘》:以丙辰三月二十五日薨於上海,享年七十有三。(《碑傳集三編》卷七)

三月二十六日(4月28日),劉承幹來訪。胡思敬、劉廷琛復來滬上。

　　《求恕齋日記》三月二十六日:至全福里李梅庵處答胡漱唐,時劉幼雲亦在。與漱唐、幼雲、梅庵共談,良久而出。(册四,頁四四三)

案:《求恕齋日記》三月二十四日:"是日上午,楊芷姓偕胡漱
唐來,未晤而去。"(冊四,頁四四二)故今日回訪也。

三月二十七日(4 月 29 日),晚,過譚延闓久談。

《譚延闓日記》四月二十九日:道士來,同晚飯,飲數巡。大
生、衡生咸歸,殊嫌菜少。道士談至十一時乃去。(冊四,頁二八二)

三月二十八日(4 月 30 日),晚,過譚延闓。

《譚延闓日記》四月三十日:及歸,俞大、俞三、子武、承之皆
至,道士後至,設肴饌相款,且有炸醬麵。(冊四,頁二八三)

三月,題王翬《江干話別圖》。

題《江干話別圖》:涼葉石道深,萬壑淡將夕。翠潤靄沈沈,孤
舟入寒碧。此余舊爲陳子勵提學題石谷子卷子舊作也。與此卷
同時畫,筆墨設色極相似。石谷畫當分三時,未可泥一種以定真
贋。此爲中年極意之作,與爲宋牧仲寫西陂六景時所畫也。設色
點染,時有趙大年出其腕底,晚年則黃鶴山樵筆墨多矣。丙辰三
月,清道人題。

余藏趙大年《晚村蘆雁卷》筆墨與此正同,乃知石谷之學古深
矣。同日又記。(《中國古代書畫圖目》冊四,頁三八八)

是月,林紓《畏廬續集》出版,公爲署檢。

案:《畏廬續集》(商務印書館)封面署曰:"畏廬續集。清道
人。"該書初印於民國五年四月,故繫於此。

是月,爲周樹模所刊《胡石莊先生詩集》題耑并書牌記。

案:《胡石莊先生詩集》爲清初竟陵胡承諾所著,民國五年周
樹模重刊。扉頁題曰"石莊先生詩集。清道人",牌記曰"丙辰年
三月沈觀齋重刊"。

春夏間,爲《希社叢編》署檢。

《希社叢編》封面:希社叢編。清道人。(冊六)

案：希社爲民國元年高翀、鄒弢所發起，以翊衛聖教、昌明文
化爲歸，每年出一刊物，曰《希社叢編》，民國十四年改爲《希社中
興續編》。徐元芳《希社序》、鄒弢《希社記》均述其緣起旨歸。《希
社叢編》册六、册七封面均爲公所書，且多於夏秋出版，故當於春
夏間所書也。

春夏間，周慶雲約同人爲貞元會。

《吳興周夢坡（慶雲）先生年譜》民國五年：約同人爲貞元會，
一月三集，飲於酒家。每會以一人輪值，周而復始，取貞下起元之義。與會
者惲季申、惲瑾叔、徐積餘、程定夷、林詒書、劉錫之、俞綬丞、夏劍丞、蕭厔泉、李
鳳池、朱企暉、吳董卿、姚虞琴諸先生。（頁二八）

四月三日（5月4日），午後，偕李健赴譚延闓家爲錢南園作生日，袁
思亮、汪景玉等在座。飯後，爲譚澤闓跋所藏《錢南園行書册》。

《譚延闓日記》五月四日：道士同仲乾來，袁伯夔、汪旋父亦
至，今日爲南園作百七十六歲生日也。袁攜所藏南園十餘種來，
吾家精品亦并出陳列，可謂琳瑯滿壁者矣。入座大吃，有炸醬麵
及加肴，頗醉飽。袁、汪先去，道士留此作書。仇一山、李純生來，
略坐便去。余與道士同車至寶昌路，道士下。（册四，頁二八七）

譚澤闓跋《錢南園書管子語》：丙辰四月初三日，邀同人集瓶
齋作南園生日，伯夔我兄攜此及《秋風歸牧圖》、家書册子并聯幅
數種來會。拜觀敬題，澤闓。（臺北故宮博物院藏）

跋《錢南園行書册》：南園先生學魯公而能自運，又無一筆無
來歷，能令君謨卻步，東坡失色，魯公後一人而已。丙辰四月三
日，瓶齋作南園生日，出此因題。清道人。

案：此册尚有曾熙、譚澤闓、胡光煒、李健跋。

四月五日（5月6日），趙恆惕、唐義彬、譚延闓、曾熙來，遂設具相款，
並出觀所藏《心經》。

《譚延闓日記》五月六日：趙炎午、唐經百來，遂邀同曾九至道

士家。道士設具相款，仲乾同座，取所藏《心經》出，精采自在，非吾家摹本所能及，惜揣摩處有墨痕耳。偕曾九歸，與趙、唐別於白大橋。（冊四，頁二八九）

四月七日（5月8日），晚，赴張其鍠招飲，譚延闓、譚澤闓、呂苾籌、俞明頤、陳三立、曾熙等在座。

　　《譚延闓日記》五月八日：張子武來，言買佳翅請客，甚爲精辦，堅邀赴約，坐頃之去。俞大來邀，同大武、呂滿步往子武家，……遂同俞三至子武處，伯嚴旋至，道士、曾九後來入席。惟魚翅差可，腥仍未盡也。客散，同道士諸人步至門而別。道士言陳仁先自青島泛海來滬，途遇大風，一日風定，舟人奔告有異。出視，則海底透明如有極劇烈之光綫返照者，波浪皆成玻璃，竟不知何因也。入門始知小雨，已九時後矣。（冊四，頁二九一）

四月九日（5月10日），過譚延闓，仇鰲、胡漢民、袁思亮、俞明頤等在座。

　　《譚延闓日記》五月十日：唐桂良來，談頃之去。仇亦山同胡展堂來，袁伯夔、汪四來，俞三來，道人來。晚，留諸人飯，有炒麵，談至九時各去。（冊四，頁二九三）

四月十二日（5月13日），赴小有天宴飲，譚延闓、譚澤闓、呂苾籌、曾熙、俞明震、成習之、陳三立在座。

　　《譚延闓日記》五月十三日：及午，邀同曾九、大武、呂滿至成習之家，復邀習之、俞大同電車至小有天，道士、伯嚴咸至。入座，有鰣魚，他肴皆平平，然鰣魚亦不甚鮮，徒長大耳。（冊四，頁二九六）

四月十五日（5月16日），午後，過譚延闓，作書數種。

　　《譚延闓日記》五月十六日：午飯後……劉艾唐、李道士來，張承之來。道士寫字數種，旋去。（冊四，頁二九九）

四月十六日（5月17日），公招飲古渝軒，譚延闓、譚澤闓、俞明震、俞明頤、張承之、張習之、曾熙、呂苾籌、劉棣芬、汪景玉在座。晚，赴譚府宴飲，曾熙、劉棣芬、張承之、俞明震、俞明頤、陳曾壽等同席。飯後，與陳留談甚久。

《譚延闓日記》五月十七日：乃至古渝軒，大武及俞大、俞三、承之、習之先在，道士、曾九、呂滿後至，劉艾唐、汪旋甫旋來，道士請客也。食甚飽。既散，與二俞、呂滿、大武同歸，則曾九、艾唐先至矣。頃之，承之至，汪四亦來，二俞並集，仁先亦至，道士至七時後乃到。入席，具素菜以享仁先。有素餃尚佳，餘菜亦可吃。諸客先後散，承之送艾唐乘車赴金陵。仁先、道士談至十時乃行。（冊四，頁三〇〇）

四月十八日（5 月 19 日），晚，赴狄葆賢禪悦齋招飲，譚延闓、譚澤闓、曾熙、俞明震、王乃徵、陳曾壽、陳孝通、陳詩在座。

《譚延闓日記》五月十九日：余與大武、曾九至禪悦齋，狄楚青招飲。俞恪士、王病山、陳仁先、李道士、陳孝通、陳子言同坐，楚青今日始晤也。飲白乾，吃素菜，殊無興致。散歸，已十時。（冊四，頁三〇二）

四月十九日（5 月 20 日），晚，詣譚延闓談。

《譚延闓日記》五月二十日：道士來，遂同晚飲，有炸醬麵尚佳。道士言，曾於輪船遇一西人，言近時研究鬼神學之書多於廿四史，以男女各數人坐一暗室，讀有音韻之文，使聲調淒切，不久即鬼至。始則附人，繼乃見形，終且對語，此爲談鬼不二法云。又云小時見庖人能致蛇，視之則包於紙內，如鐵釘者。及啓視，頃刻盤如巨甕，及覆以紙小如故。其人云蛇能變化大小，不特龍也。道士且言李三亦同時見之，非虛言也。談至十時乃去。（冊四，頁三〇三）

案：歐琴庵嘗撰《蛇異》以記其事，刊諸 1918 年 10 月 7 日《大公報》（天津版）內，可參看。

四月二十日（5 月 21 日），午後，譚延闓、曾熙、周多齡、呂苾籌來，觀公作書。

《譚延闓日記》五月二十一日：曾九邀同呂滿至道士家，遇周多齡。余與曾九至仁先家，不遇，仍還，看道士寫字，至六時乃歸。

（册四，頁三〇四）

四月二十一日（5 月 22 日），晚，過譚延闓。

　　《譚延闓日記》五月二十二日：俞大、俞三先後來，晚飯，留諸
　　人同飲。道士亦至，談燕甚歡，惟俞大不入座。（册四，頁三〇五）

四月二十二日（5 月 23 日），晚，赴譚府宴飲，以歡迎汪詒書並祝吕苾
籌生日，陳三立、張承之、俞明震、俞明頤、張其鍠等同席。

　　《譚延闓日記》五月二十三日：今爲吕滿生日，設麫款客……
　　余遂起出，附電車歸，則伯嚴、汪四、承之、道士、子武、俞三皆在
　　座。俟俞大來，乃入席，歡迎汪九，且祝吕滿也。翅翁尚佳，客皆
　　中席而起，歡暢之至。諸客去，與汪九談久之，十一時乃寢。（三
　　人同日去看花，百友原來是一家。禾火二人相對坐，夕陽橋下一
　　雙瓜。伯嚴云，生平最服"禾火二人"句，以爲巧謎不能及，與道士
　　之小馬謎並傳。道士因述：孔明無事坐囚籠，曹操也在囚籠中。
　　忽然中了龐統計，抬起頭來□主公。衆大笑，以爲繪影繪聲也。）
　　（册四，頁三〇六）

四月二十六日（5 月 27 日），晚，赴俞明頤古渝軒招飲，譚延闓、譚澤
闓、曾熙、汪詒書、吕苾籌、張承之、俞明震、袁思亮、張其鍠等同席。

　　《譚延闓日記》五月二十七日：將晚，與曾九、汪九、詠儀、吕
　　滿、大武、承之赴何瑞生，乃過古渝軒，俞大、俞三、袁大先在，子
　　武、道士後來，俞三請客也。吃鰣魚，甚佳。（册四，頁三一〇）

四月二十八日（5 月 29 日），晚，赴吕苾籌招飲，汪詒書、譚延闓、俞明
震、俞明頤、曾熙、張其鍠、張承之等同席。

　　《譚延闓日記》五月二十九日：今晚吕滿請汪九，道士、俞大、
　　俞三、汪四、汪五、曾九、子武、承之咸至。推陳出新，菜至精美，翅
　　翁尤爲近來之冠。（册四，頁三一二）

四月二十九日（5 月 30 日），過譚延闓，俞明震、譚澤闓、曾熙、汪詒書
在座。晚飯後，與譚、曾談，備述家庭困難之狀，至欲泣下。

　　《譚延闓日記》五月三十日：道士來，俞大來，汪九歸。晚飯，

小飲。既罷，汪九與大武、呂滿出，余與道士、曾九談。道士言家庭困難狀，至欲泣下，可哀也。道士去，已十時，遂寢。（册四，頁三一三）

四月，跋《泰山經石峪金剛經》。

跋《泰山經石峪金剛經墨拓》：此經石峪全圖也。余從徐積餘同年鈔得之。積餘得之吳子苾尚書者，今附景於此。世有好古之士，依其式而羃比之，猶可見行間左右相得之妙，豈非大快事耶？從來讀此者所未有也。丙辰四月，清道人。（震亞圖書局）

是月，爲蔣國榜跋所得《梁同書小楷寫經册子》。

跋《梁同書楷書佛經册》：國朝書家無不學董，猶唐書家之無不學王，宋書家之無不學顏，其風尚然也。學董者，世稱張得天、陳玉方。張則以楊少師《韭花帖》而參以米，得其勢而失其和；陳則以顏清臣救其弱而失其淡。山舟先生與王夢樓太守學董而能變其面貌者，世稱王、梁。董緣清臣《多寶塔》入，故善用偃筆。梁緣誠懸入，故善用豎鋒。董晚年學柳以救其熟，梁以董法以救柳之獷，此不可不知也。此册先生七十以後所書，全用柳法，最爲合作。册本靈鶼館所藏，江建霞前輩視學湖南時，攜以自隨。一日，燕於芋園，與王實丈各詡所藏梁書之精，次日，作梁書會於定王臺，與會者十一人。建霞前輩以此册出示，見者莫不歎服，遂群推爲梁書第一。忽忽二十餘年矣，去歲無意遇之，以貧不能得，遂爲蘇盦賢弟購之，因記此册流傳之沿系於卷末焉。清道人。（上海天衡 2009 年秋季拍賣會 0491）

案：此跋亦載《清道人遺集佚稿》，題曰《跋頻羅菴主小楷寫經册子》。是册尚有曾熙、馮煦跋，曾跋於丙辰四月，因繫於此。又，曾跋有與公相發明者，謹錄於後，用作參考："諸城相國晚年嘗曰：予書非假道誠懸不能直窺東晉。觀其書《劉敬齋墓表》，知於誠懸功力最深。山舟學士此册純守誠懸法度，其味淡逸，其骨疏秀，一洗誠懸拘僵之習，而自藥其靡困之疾。二公皆善學董者，能知董救敗之術，斯

謂善矣。但諸城學柳早,以剛御柔,驅騁魏晉,遂成家法。山舟學士
耄年悟此,所以不能出誠懸範圍。然予生平所見先生書無有踰此冊
者。賞玩浹旬,書而還之。蘇盦主人,丙辰四月,曾熙。"

五月一日(6月1日),午後,過譚延闓。

　　《譚延闓日記》六月一日:子靖留談。道士來,彭□萬、徐某
來,承之來,尹伢子來。留同晚飯,飲數巡。仇亦山、楊仲衡、張石
侯、劉步青來談兵事,至十時乃散去。道士、子靖亦行矣。(冊四,
頁三一五)

五月三日(6月3日),晚,赴呂苾籌招飲,胡元倓、汪守圻、袁思亮、譚
延闓等在座。

　　《譚延闓日記》六月三日:李道士來,子靖來,汪甸侯來,袁大、
汪四、汪五來,承之來。晚有加肴,呂滿以妻生日宴客也。在座十
二人,所謂"擠擠多士"矣。飲酒甚多。俞大來,説謎數個,談至十
時,客始散。(冊四,頁三一七)

五月四日(6月4日),晚,赴譚延闓家宴飲,俞明頤、胡元倓等同席。

　　《譚延闓日記》六月四日:至家已七時,道士、俞三、子靖、陸三
皆在,凡十三人。入席,菜殊平平。至十時,客乃散盡。(冊四,頁
三一八)

五月六日(6月6日),過譚延闓。是日,袁世凱卒。

　　《譚延闓日記》六月六日:道士來,匆匆數語。至上燈,客盡
去。子靖、陸三留談,汪五來,言於電車上遇西人,言袁項城今日
十時病歿,爲之一歎,使去年今日死,豈不一代之雄哉! 天固不許
人之妄竊榮名也。(冊四,頁三二〇)

　　《徐世昌日記》五月六日:未明即起,總統府遣人來知會大總
統病重,即往視,其病狀已甚,略言大局事。段芝泉、王聘卿均到,
商量各事。日出後歸,小憩,陸閏生、傅良佐來。總統府又來知
會,即往,大總統已於巳正薨逝。數十年老友一旦怛化,爲之痛
哭。(冊二,頁四四五)

《惲毓鼎澄齋日記》五月初六日:晴,驟涼。袁大總統上午十時逝世,年五十八歲。固一世之雄也,一誤於辛亥之推倒清朝,再誤於乙卯之欲登帝位,結果如斯。眾叛親離,齎恨長往。若使辛亥之冬力主君主立憲,奉宣統皇帝於上,而己以王爵筦內閣,攬大權,削平東南巨亂,何慚千古第一流人物。即不然,始終以總統制治世,爲民國第一任開先,亦不失爲英傑。初衷忽變,爲德不卒。忠信兩失,實左右群小誤之也。(頁七七一)

五月七日(6月7日),與同人致北京公電,請復辟。

《鄭孝胥日記》五月七日:《大陸報》載:袁世凱以初六日上午十點十分鐘病死,黎元洪爲總統,段祺瑞爲總理,日本允以兵力助段,保北京治安,段辭之。稚辛來。姚賦秋來函,言瞿、陳、李、沈、梁等公電至北京,請復辟,並分公使團,亦列余名。或日本授意耶?(頁一六一三)

案:胡小石謂上海遺老以瞿鴻禨位最高,公與沈曾植爲中堅,(《世載堂雜憶》頁一三六)則日記中"瞿、陳、李、沈、梁"當即瞿鴻禨、陳毅、李瑞清、沈曾植、梁鼎芬也。

五月九日(6月9日),過譚延闓。

《譚延闓日記》六月九日:飯後,俞三去,道士來,偕汪九、曾九、呂滿、大武同至俞大家,今日生日也。遇謝石卿、陳人先。(冊四,頁三二三)

五月十日(6月10日),晚,赴別有天余介卿餞胡元倓宴,譚延闓、譚澤闓、汪詒書、呂苾籌、曾熙、周聲溢、秦子和同席。

《譚延闓日記》六月十日:晚,同汪九、呂滿、子靖、大武以電車至別有天,余介卿請客。道士、曾九先在,雲隱、子和後來。介卿自攜魚翅,殊平平,餘菜亦不佳。既散,同道士、汪九、呂滿、大武、子靖同車至白大橋,道士徑去,吾輩送子靖登南陽丸。(冊四,頁三二四)

五月十二日(6月12日),午後,赴譚延闓家爲俞明震補作生日,俞明頤、汪詒書、譚澤闓等在座。

《譚延闓日記》六月十二日:飯罷,去。則道士、二俞、汪四已來,今日爲俞大補祝,菜亦豐腴,翅尤佳,足令余介卿失色。既散,同大武、汪四、汪九乘汽車去。(册四,頁三二六)

五月十六日(6月16日),午,過譚延闓。

《譚延闓日記》六月十六日:李道士來,同午飯,飲數巡。同道士看何聯,兩人所寄也。道士去。(册四,頁三三〇)

五月中旬,滬上諸報紹介曾熙書法與公相埒。

《海上又來一書家》:衡陽曾季子先生名熙,湘學士所稱子緝先生是也。自號農髯。昔年官京師,與清道人同學書,書名滿都下。客秋游西湖,道出滬上,清道人因留在滬同鬻書。先生書與清道人相頡頏。清道人夙自負,於時賢書無所可否,獨好先生書,以爲有晉人風,其書名貴可想。爲誌數語,以告當世之嗜書者。(《民國日報》6月11日)

《湘名士留滬鬻書》:衡陽曾農髯名熙,本湘中名士,工書法,高品節,與清道人齊名。客秋到滬鬻書,得其書者莫不珍同拱璧。近日湘省組織參議會,有電來滬,敦促曾君回湘任事。聞曾君依舊在滬鬻書,昨已覆電,堅辭不就,亦可見其高尚矣。(《申報》6月19日)

五月二十一日(6月21日),晚,赴秦子和招飲,譚延闓、譚澤闓、汪詒書、呂苾籌、秦子穆、曾熙、余介卿在座。

《譚延闓日記》六月二十一日:晚,以車同汪九、大武、呂滿至陵馬路太古輝應秦子和之招,其主人爲秦子穆,號能自入廚者。道士、曾九、余介卿同坐。菜皆鄉味,亦頗豐盛。主人自贊不絕口,賓未盡然也。既散,余與曾九先歸,到家已十時。(册四,頁三三五)

五月二十二日(6月22日),午後,過譚延闓。晚,與同人赴何維樸之招於悅賓樓,譚延闓、譚澤闓、呂苾籌、曾熙、周聲溢、汪詒書同席。

　　《譚延闓日記》六月二十二日:日陰風涼,余輩復步歸。道士來。晚同汪九、道士、曾九、呂滿、大武至悅賓樓,何詩翁請客也。雲隱先在,汪九所謂千人愛者在焉,今老醜如村翁,尚識汪九爺也。菜殊惡劣,惟冰碗大夾肉尚有北派耳。(冊四,頁三三六)

五月二十三日(6月23日),晚,赴譚府宴飲,張承之、張其鍠、譚延闓、譚澤闓、呂苾籌、曾熙、汪詒書等同席。散後,與譚、曾久談。

　　《譚延闓日記》六月二十三日:上燈後,曹四、繼黃、承之、子武、道士、汪四均來,遂入座,菜尚佳,飲亦暢。汪九、汪四、大武、呂滿他去,余與道士、曾九談至十一時乃睡。(冊四,頁三三七)

五月二十九日(6月29日),俞明震覆書冒廣生,謂已將《謝集拾遺》交公,公鬻書畫自活,去歲所入逾萬元矣。

　　俞明震《覆冒廣生書》:鶴亭世仁兄閣下:兩年以來,世事離奇,釀成疏懶,無可言者。前月少仙來,奉手書並書兩部,又由郵局寄到《謝集拾遺》三本。驚濤駭浪之時,尚有如此雅興,藉知故人襟抱閒曠,欣慰無量。弟本擬在西湖結茅數椽,爲歸老計,忽而獨立,狼狽返滬。時局之變,早經料及,故去秋即託病辭職,冬間始得脫身南歸,苟全性命於租界而已。某公半世英雄,一場恩怨與生平罪孽,一旦同歸消滅,未始非幸,大局應可稍安矣。然目前舊議員均集上海,興高采烈,不以爲創巨痛深之時,轉視爲復讐吐氣之日。將來若何究竟,非迂儒所敢知矣。梅庵賣字兼畫,去年所得過萬元,光景大佳(《謝集拾遺》已面交矣)。伯嚴刻在南京。所寄之書,爲朱古微索去(據云不可不用霸道),屬先道謝。伯嚴處如有便望另寄,何如? 弟閉門不與新人來往,甚盼閣下勿遺在遠,勤寄數行也。弟明震頓首。廿九夜。(《冒廣生友朋書札》頁一一三)

　　案:書曰"去秋即託病辭職,冬間始得脫身南歸",考俞明震民國四年坐劾陝督陸建章不報,辭職南歸。則此書當作於民國五年。又曰"伯嚴刻在南京",據李開軍《陳三立年譜長編》所考,陳於是年四月廿四日還白下別墅,九月廿四日赴杭訪恪士於南湖新宅,則似當在五月至八月間也。書曰"本擬在西湖結茅數椽,爲歸老計,忽而獨立,狼狽返滬",當指護國運動時浙省獨立事。"某公半世英雄,一場恩怨與生平罪孽,一旦同歸消滅",當指袁項城薨世事,此書當作於此後不久也。

五月,李詳賦詩懷公。

李詳《丙辰五月奉懷滬上諸友絶句》其八:灌危填壑李臨川,道服商量賣藝錢。欲避伯休名姓去,如君棲泊政堪憐。<small>臨川李梅庵瑞清。君寓橫濱橋左右,餠師鹽妾無不知有李道士者。</small>(《李審言文集》頁一三一〇)

是月,爲篠崎都香佐畫《太湖石圖》。

《太湖石圖》款:石耶? 雲耶? 其被髮之人耶? 來自太古年,獨立無華妍。磊落與衆異,堅貞得自全。丙辰五月,清道人爲篠崎先生畫,大似邢子愿太僕筆意。(佳士得 2018 年 11 月拍賣會 1696)

是月,有正書局景印公所藏《石田倣宋元各家册》。

《石田生平第一倣宋元各家册》:中華民國五年六月印刷。收藏者:清道人。(有正書局)

曾熙跋《沈石田墨筆山水册》:道人前得石田老人册子十葉,其用筆如寫篆籀,每客退清談,道人必出此册相與賞玩。及道人歿,爲北京有大力者所攘,每念及此,不勝感痛。此册古潤戴氏舊藏,十月歸髯篋。道人前所得蓋是用功時藁本耳,但有其骨。(有正書局)

六月一日(6 月 30 日),午後,過譚延闓。晚,與同人赴曹四一品香招飲,譚延闓、譚澤闓、汪詒書、吕苾籌、曾熙、羅郜子、張承之、余岸稜、李安甫在座。

《譚延闓日記》六月三十日:道士來。晚偕吕滿、曾九、道士同至一品香,曹四請客。汪九、大武、佶子、承之、余岸稜先在。入座,李安甫來。痛飲大啖,蓋費三十元,可謂侈矣。(册四,頁三四四)

六月八日(7月7日),晚,赴張習之壽宴,譚延闓、譚澤闓、曾熙、汪詒書、呂苾籌、張承之、盛雨霆等同席。

《譚延闓日記》七月七日:大雨止,乃行至升順里張習之家,爲習之祝壽。登樓,則道士、曾九、汪九、呂滿、汪四、大武、承之皆在,盛雨霆亦與焉。主人設席甚豐,廚人手段不稱耳。以昨日過醉,胃不甚適,不敢多飲食也。歸已九時。(册四,頁三五一)

六月十日(7月9日),夜,赴譚延闓家公請二陸及曹四,袁思亮、汪四等在座。

《譚延闓日記》七月九日:及散,往濟武家,俊民在坐,談甚久。藍子先來,稍坐遂歸。袁伯夔來,道士來,陸三、陸四來,曹四來。今晚公請二陸及曹也。汪四亦來,作主人,菜尚可口。十時始散。(册四,頁三五三)

六月十二日(7月11日)約鄭孝胥至古渝軒,未來。

《鄭孝胥日記》六月十二日:李梅庵約至古渝軒,辭不往。(頁一六一八)

六月二十三日(7月22日),晚,過譚延闓。

《譚延闓日記》七月二十二日:大雨,徑歸。道士、子靖在座,談頃之去。余乃就浴。(册四,頁三八二)

六月二十六日(7月25日),偕曾熙過鄭孝胥久談。

《鄭孝胥日記》六月廿六日:梅庵、曾士元同來,談久之。(頁一六二〇)

六月,爲胡氏家祠書聯,聯爲秦錫圭所撰。

《胡氏家乘》:發氏族愛情,特結此浦左數十家小團體;原祖宗公德,待推諸亞東四百兆大同胞。雲翹研兄家祠落成,同田秦錫圭撰聯,清道人書。

案:此册尚有吳昌碩、呂景端、李叔同、朱聲樹、秦錫圭、何維樸、楊守敬、曾熙、張祖翼、伊立勳等人題。胡祖德《胡氏支譜序》作於甲寅夏五月,曾熙題於丙辰六月,公此際與曾熙朝夕相處,或即同時所作也。暫繫於此。

是月，爲熊希齡節臨《石門銘》。

節臨《石門銘》款：秉三仁兄法家正之。丙辰六月，清道人。
（中國嘉德四季第 40 期拍賣會 0204）

是月，爲辛伯森所輯《寒香館遺稿》篆耑。

案：《寒香館遺稿》扉頁題曰："寒香館遺稿。清道人敬題。"該書
爲明季遺老辛陛所作，其裔孫辛伯森所輯也。封面爲曾熙署簽。錢
基博序於民國五年七月十三日，該書亦於是年出版，姑繫於此。

是月，曾熙題公爲楊楷所臨《論經書詩》堂幅，俯仰今昔，頗多感慨。

曾熙題節臨《論經書詩》堂幅：此阿楳辛亥七月書與仁山八
哥，時仁山繇都南下，阿楳亦返江寧。未幾國變，阿楳當江藩棄官
之時，受命危急，扼守孤城，卒至城破身陷，求死不得，然其愚固不
及矣。去冬檢篋中，此幅尚存。劫後餘生，相對太息。因赴滬攜
而還之仁山。回憶甲午、乙未之歲，熙與仁山八哥、君重歐九、敬
夫周三、任氏昆季、戴子鎏盦暨予二弟阿楳朝夕縱橫論國事於丹
徒丁師之宅。今何時耶？丁師、歐、周、大任皆先後歿，而予與八
哥、阿楳飄零海上，所謂"嘿嘿復何言，相對惟有淚"而已。丙辰六
月，此幅裝成，爲八哥識之。熙。

仁山八哥官户部十餘年，出知柳州又數歲。然四壁蕭然，以
視予與阿楳尚能以鬻書供薪糧，其處境更苦。因并記此。熙。

夏，致書周慶雲，謝其所贈壽詩。

《與周慶雲書》：罪孽餘生，偷活滬上，何足言壽？乃承先生寵
之以詩，但有慚感。詩筆清峻，讀之灑然如嚼冰雪也。中心藏之
矣。聽邠老人亦以詩見賜，何以克當？幸先爲我謝之。苦熱，珍
衛。期清道人頓首。夢坡先生閣下。（《息園舊雨尺牘存真》）

七月初，於沈曾植處見王、董兩卷，愛不釋手。

沈曾植《與羅振玉書》：叔韞仁兄大人閣下：兩奉手書，並惠大

箸新刻各種……王、董兩卷，李道士見之，爲之流涎盈尺，幾欲攫
去。曹君直有疑於王，鄙人袒李而紲曹……孫退谷所藏《大觀
帖》，道光末在嘉興張小華家，已有闕佚，粤匪亂後，無可蹤跡矣。
弟去歲得明王文恪公藏一本，似在李道士本上，與春湖本不相上
下，惜不得法眼定之……弟植頓首。七月三日。（轉引自許全勝
《沈曾植年譜長編》頁四二六）

七月四日（8月2日），應余岸稜之招赴張其鍠家宴飲，譚延闓、曾熙
等在座。公壽辰將至，故舊門人欲遠來致賀，擬東遊以避之，乃於是
日登報以聞。

　　《譚延闓日記》八月二日：遂至子武家，余岸稜觴客也。曾九、
道士後至。曹廚治庖，魚翅外惟燒豬最新□，然非其至者。（册
四，頁三九三）

　　《清道人啓事》：貧道不幸不死，五十之年，忽焉已至。伏處海
濱，苟延喘息，不與世通慶弔久矣。頃聞至友門人有不遠千里來
滬爲貧道慶者，不自知汗流之被踵也。憂患餘生，更何事足爲慶
者？今且東游天台，登雁蕩，觀雲黃山，已傲裝發矣。恐諸君子有
枉道相過者，謹奉報以聞，幸垂察焉。（《申報》8月2日）

七月七日（8月5日），往遊浙省名山。是日爲哈同夫婦生日，公與曾
熙書聯以賀，聯爲譚延闓代擬。

　　《譚延闓日記》八月五日：聞道士已去，甚惜不見。（册四，頁
三九六）

　　案：《字林西報》亦謂公七月七日離滬。王中秀、曾迎三編《曾
熙年譜長編》謂公伴稱東游以避壽，實未有此行，蓋未見此條日
記。又，李審言《壽李梅庵五十》注曰“君將先期避往金焦，亦蘇庵
所云也”，蔣國榜爲公與李審言門人，似不當誤傳也。

　　《譚延闓日記》一九一六年雜録：代道士曾九壽哈同夫婦七夕
生日：五雅三倉開絕學；人間天上共長生。雙星共證長生果；百畝

新居愛儷園。(册四,頁五五七)

七月九日(8 月 7 日),是日爲公五十壽辰,**摯友門生競以詩文書畫爲壽**。

《曾農髯先生臨黄庭經》:趙松雪所藏《黄庭經》,思翁以爲七字
成句,且有太傅法,及自臨古帖十册,則稱《黄庭》無過思古齋。覃溪
老人題水前本《鶴銘》詩云"曾見《黄庭》肥拓本,憬然大字勒厓初",
道州以爲真知《黄庭》與《鶴銘》。此册守思古齋所刻,間下以《鶴銘》
筆法,蓋予二十年前所見如此也。猶憶甲午之歲,與阿梅寓京師松
筠庵,得此《黄庭經》并水前拓本《鶴銘》、周器拓片十數種,遂大樂不
已。乘車出前門,縱觀郊外,竟日始歸。今何時耶? 阿梅年五十矣,
以黄冠粥書海上,且招熙同偷活此間。昔年共几席,今復同之,然豈
予與阿梅初志所及哉! 臨此,爲阿梅五十壽,時丙辰秋七月也。熙。

經云"壽專萬歲將有餘",老髯更舉酒爲賀。書訖,復記此。
(震亞圖書局)

周慶雲《壽李梅庵瑞清五十》:我識梅庵李,飄然一道士。不
登煉丹臺,彳亍行街市。汐社偶相招,清言發妙理。禊飲詩一章,
矯健誰與比。癸丑上巳,予與翰怡約淞社同人修禊於雙清別墅,君有五古一
章。遣興作書畫,其意聊復爾。誰知索書者,日恒數百紙。逃名名
益張,揮灑不得止。往事化雲煙,生涯在手指。我昔年五十,贈畫
以所喜。奇石撐天空,長松生澗底。自謂寫此幅,不減大滌子。予
年五十,以詩乞君畫松石一幅。題曰:"不慼慼於玄冬,不忻忻於陽春。和風扇野
而莫能榮也,冰雪彌天而莫能屯也。泊乎以葆厥真沌沌兮,秋千歲而億齡。"君
并云寫此松不減大滌子也。今君壽五十,巴歌慚下里。頗聞愛吃螯,會
待霜風起。聊借蟹百頭,侑觴其以此。予友趙浣孫云,君嘗食稻蟹百頭,
人以李百蟹名之。(《夢坡詩存》卷六)

李詳《壽李梅庵五十》:吾宗臨川一道士,鬤結翩翩走街市。
争看變服清道人,不數濁世佳公子。道士昔官圍城中,槍雷礮石
雲霄紅。天幸不死林述慶,林述慶以手槍擬之。毀車鬻馬來忽忽。
翰林藩史求衣食,告身不敵三錢值。羲之鬼在腕中存,賣字懸標

道旁識。利市朝朝門有人，豪端潤墨釜無塵。小有天中填巨壑，
大賈壁上尊遺臣。年今五十諱不吐，我辰安在嗟無補。昔是亭林
客薊門，亭林先生有《在薊門謝人作生日書》。今見梅庵遯淞滬。蘇庵告
我可爲詩，蔣生蘇庵告君生日可爲詩壽之。蔣亦君門生也。倉卒壽君以此
辭。君如避壽金焦去，請問焦光誰繼之。君將先期避往金焦，亦蘇庵所
云也。(《李審言文集》頁一三〇〇)

　　馮煦《清道人五十壽詩》。(《清道人遺集》附録，頁二一八)

　　胡思敬《梅盦五十壽詩》。(《清道人遺集》附録，頁二一九)

　　胡嗣瑗《壽玉梅花盦道士》。(《清道人遺集》附録，頁二二〇)

　　季鳳書《壽李梅盦先生五十初度北曲并序》、《清道人歌》。
(《清道人遺集》附録，頁二二一至二二四)

　　程良貴《梅盦夫子五旬壽言集文選句》。(《清道人遺集》附録，
頁二二四至二二七)

　　蔣國榜《壽梅盦師五十壽言》。(《清道人遺集》附録，頁二二
七至二二八)

門人集貲欲爲公輯刻詩文以傳，謝之，擬摹《毛公鼎》以塞其望。

　　《清道人臨毛公鼎全文》：伏處滬濱，五年於兹矣。今年余年
五十，遠道門人集貲欲爲余輯刻著述詩文以傳。余知術短淺，學
殖荒落，生平偶有述作，固無可觀者。國變以來，散佚亦略盡矣。
近亦間有所作，多詼詭荒唐，諧謔卮言而已，詎可以示通人碩士？
近鶯書，因臨《毛公鼎》一通，景印之以塞諸門人之望，使知學書必
從學篆始。丙辰七月，清道人。

　　案：是册於戊午夏告成，九月景印出版。參閱戊午夏桂紹烈、
趙憲、朱亮跋。

**七月十一日(8月9日)，午後，詣譚延闓。是日，西報刊文推公高節，
謂爲奇人。**

　　《譚延闓日記》八月九日：聞道士來，及下樓，榮則祥人來量衣

服,久之,則道士去矣。(册四,頁四〇〇)

From Official to Hermit; *An Old Servant of The Chings*, *The Men Whom China Needs*. (*THE NORTH－CHINA DAILY NEWS*, *August* 9, 1916. *Page* 7);

Monday was the 50th birthday of Mr. Li Jui-ching, or as he is now pleased to call himself, "Ching Tao-jen. " A large number of his friends and former pupils, from Shanghai and from distant country places, came to his house to offer homage and to tender congraulations that this one－time official should have passed the half－century. But they were disappointed. Getting wind of what was going on, that his friends wished to assist him in celebrating his birthday. Mr. Li had decided to avoid it all; so he left town on Saturday. It was said at the house that he had gone to commune with Nature in the beautiful hills of Chekiang, but those who knew him understood. For his desire to put himself in the background, even on his 50th birthday, was a natural one for a man with the sort of character possessed by this remarkable man, for so he is called by the Chinese press,—a remarkable man.

Scholarship and Character.

Li Jui-ching is one of the old school Chinese, one of sort heard much of in the past, but of whom one hears nothing in these modern days of Young China. He is a man no less highly extolled for his upright character and virtuous living than for his scholarly accomplishments. He is of the official class that is no more, and he is an artist. Were there more men of his sort alive in China to－day one cannot but think that China would be better governed and better content. Two years or so ago the local native press would have given no space to a notice concerning the birthday of a strong supporter of the old*regime*, but this week they are holding up the character of this "remarkable man," as they call him, that all may read how his high—principle conduct in recent times stands out in contrast among the modern throng scrambling for office and shamelessly worshipping gold as though such things were the rule of the day in the life of the official class. Mr. Li is different, men of his stamp are not found every day.

Standing to His Post.

Mr. Li was a Hanlin graduate. In recognition of his diligent work and the renown of his scholarship, he was appointed Chancellor of Education for Kiangsu, having his headquarters at Nanking in 1911. It was his misfortune that the revolution broke out inOctober of that year, after which he was obliged to act as Provincial Treasurer concurrently with his own duties in connexion with education.

As the revolution progressed and things got hot for officialdom at Nanking, one after another the officials left. The Viceroy, the Tartar General, and other dignitaries, cleared out in turn, but Mr. Li remained, faithful to his monarch even to the last moment when the Republican army entered the city. He was encumbered with the charge of Government funds, and although it was no duty of his to try to hold the city after his superiors had fled, he stuck to his post to the very end. Then he handed over to several reputed members of the Nanking gentry the sum of Tls. 360,000 in specie, together with the treasury books of accounts correctly balanced up to the last hour. He had a good "chance" then, as some people would say, but he handed over every copper of the funds entrusted to his keeping.

Taoist Recluse and Artist.

The form of Government changed. The Republic came in, but Mr. Li, with a sense of loyalty to his monarch as keenly developed as that of any Chinese of the old school, could not find it in himself to accept any appointments from the new Government. Instead he donned the dress of a Taoist priest and has since called himself the "Ching Tao-jen." Which name has a double meaning. It may mean "the Taoist of Ching" or "the Pure Taoist." If the former meaning were intended, Mr. Li would apparently attach himself to the Ching Dynasty, alone, if even only as a simple Taoist priest; if the latter meaning is accepted he would seem to regard all the world but himself as impure infidels. So he has lived in Shanghai as a hermit—recluse since the revolution.

Accumulating no wealth while an official of the Manchus—that is indeed remarkable to note—he had to live. But he had no difficulty in earning a living by writing and painting for he was already known for the excellence of his penmanship and for his power of sketching the things he saw in Nature. Japanese connoisseurs have pronounced his work to be such as could only have been done by the hand of a genius.

So this man who prefers the simple gown of a Taoist priest to the uncomfortable foreign clothes of the modern gold—seeking office— holder, had a birthday on Monday. He could not help that. His friends planned a celebration, and that he would stop. So he did, by taking himself into the country, for why should any one pay homage to him ? He is , indeed, a remarkable man.

《西報記清道人之高尚》：八月九日字林報云，星期一日爲李瑞清即今之自號清道人五秩壽辰，君之門生故舊多來致賀，李君存退隱之志,不願有此舉動,先於星期六離滬,往遊浙省諸名山。李君翰林出身,爲舊學界飽學者之一。學問、道德並重於時,昔爲仕宦,今爲美術家,使中國多得如李君者,政治必日見清明焉。中國爭權攘利爲作官者常例,李君則否,試一比較便知高尚品格爲傑出矣。當西曆一千九百十一年,曾任江寧提學使司,是年十月,民軍起義,並代江寧藩司,負有庫款鉅責,直待民軍入城後,將庫款銀三十六萬左右連同帳據點交地方紳董接收,自己不取分文。嗣後改作道裝,隱滬瀆賣書畫度日,因在前清作官時並無積蓄,此事真足稱揚者。東瀛賞鑒家稱,書法、畫意具有天才者能之,此人即願服道裝,不願服金錢主義官僚派所服不適宜之西裝者。是故曰,李君一奇人也。(《申報》8 月 16 日)

七月十二日(8 月 10 日),譚延闓、徐乃昌、陳毓華來訪。

《譚延闓日記》八月十日:以車出訪道士,遇徐積餘、陳仲詢,談久之。(冊四,頁四○一)

七月十三日(8 月 11 日),西報復刊文欽慕公與辜鴻銘之氣節。

Two Types of Old Days(*THE NORTH－CHINA DAILY NEWS*,*August* 11,1916. *Page*6):

It is an interesting coincidence which has brought so close together the birthday celebrations of two such men as Mr. Li Jui-ching,of whom we were speaking two days ago,and Mr. Ku Hung-ming,an address to whom appears to－day on another page. It is yet more interesting as an example of time's revenges to note with what admiration these two men are now regarded,for whom five years ago there was nothing but the cold shoulder. Mr Li Jui-ching,formerly Provincial Treasurer of Kiangsu,now Taoist recluse,has never been well known to foreigners,nor indeed to his own countrymen; but as a type he is surely to be remembered. In the revolution of 1911 he stood by his post until the last moment. Then, feeling himself unable to compound with the new rulers of China against his old masters, and having accounted for his stewardship to the last cash, he quietly disappeared, a poor man indeed. With no comfortable accumulation of spoils of office, yet rich in self — respect and untarnished honour. Mr Ku Hung-ming fared, for the moment, even worse. His fiery and enthusiastic nature would not allow him to observe his loyalty to the Emperor whose salt he had eaten, in silence. The revolution drew from a succession of strong expressions of opinion, some of them in these columns, and, if we are not mistaken, he paid for his faith with public expulsion, perilously like mobbing, from his lectureship at Nan — yang College. Since then he has been lost sight of in Shanghai, and many friends here will be glad to have the news of him from Peking, and to add their congratulations, though late, on his sixtieth birthday.

No one could be brought into contact with Mr. Ku Hung-ming without being impressed by his personality. There were moments, perhaps, when under the pressure of other business one could have wished that his mind had been less penetrating, less tenacious in sifting an argument down to the last residuum of fact. But he saw things as other men do not see them and his profound scholarship, alike in foreign and Chinese learning, gave him an insight into essentials which was amply illustrated by his manner of departure from official life. With five years of revolution behind us, and so many of Mr. Ku's predictions as to what it would mean fulfilled, there is a strong tendency to look back upon the past with a regret that is not wholly sentimental. It would be absurd to suppose that Mr. Ku and Mr. Li were the only Chinese officials who preferred poverty to sacrificing their sense of right. There were, no doubt, plenty of Chinese Vicars of Bray in 1911, but there were others also, more perhaps, than is generally recognized, of whom Mr. Li and Mr. Ku are but conspicuous examples that have caught the public eye. Softening effects of distance, and bitter experience of the frantic ineptitude of too many republican administrators incline one to think more kindly of the old Chinese official than when he was yet with us. But without doing any violence to the conventional belief in his iniquities , it is possible to think that his sins were very largely those of the Court, his virtues were his own. The service that produced men like Chang Chih-tung, Tuan Fang, Liu Kuan-yi, Jui Cheng, and in less exalted positions the Taoist hermit and the Edinburgh scholar, must have had some good in it. Bribery in Peking might be necessary for attainment to the highest posts. But a long course of practical experience in subordinate post, and a severe process of elimination by competition had to be undergone before even bribery was practicable as a means to supreme office. The deadly miasma of Court intrigue and eunuch favouritism spread its baleful influence all over Chinese officialdom. But the system was sound in principle.

"We at least may congratulate ourselves on being wiser than our fathers. " From the time of Homer, and doubtless before him, this has been the boast of all revolutionaries, and the sarcasm is as true as when Homer gave vent to it. It would be unfair to ask how many Republican officials to — day would sacrifice all their prospects to a cause obviously dead and irrecoverable. If we have judged Chinese officialdom in the past by the standard of a Prince Ching, let us not equally misjudge modern officialdom by the standard of a Li Lieh-chun or a Huang Hsing. The point to be emphasized is that, class for class, the officials of old days were better men than the officials of the new. When a viceroy sought foreign advice, he showed plainly that it was advice he wanted; and although the outcome of it might fall very far short of what had been recommended, something definite was done. With the men of the new school, the common complaint is that they are so busy explaining the theory of any proposed course of action that they have no time for the practice of it. Above all, attempt to apply the theory of republicanism in China has led to a general decentralization of authority which, for so vast and discrepant a country, is to undermine all government. The strength of the viceroy system lay in its manner of compromising between the rival claims of provincial autonomy and obedience to the Central Government. When that Government became unworthy of obedience, the whole system collapsed with a crash, which the viceroys had vainly striven to avert and for which they were not to blame. To—day there is in Peking at least a nuclens of government that might well be obeyed. But there are no viceroys.

《西報欽慕辜李二氏之氣節》：字林西報云，李君瑞清，吾人嘗於日前言及之，而辜君鴻銘之事略近日又出現於本報。二君壽辰慶祝相隔甚近，詎非湊巧乎？李君昔任江寧藩司，今則隱居，自號清道人，其名昔雖未甚著聞於中外，然其人之品格誠足稱道。李君於居官時即無積蓄，則退隱時勢必陷於困苦之境，仍能潔身自愛，一無污點也。至辜君鴻銘，當時之遭遇較李君更窘，辜君具有烈性熱腸，不願對於食祿之清帝安於緘默，嘗在南洋公學演講時被人屏棄，亦所不顧。旋即離滬赴都，今滬上故交多願樂聞君之消息來自北京，雖爲時已晚，然咸願恭獻賀語以補慶君六秩壽辰。君學貫中西，能燭隱見機,雖遇歧事壓迫,不變厥志。當一千九百十一年間,中國官僚無氣節者固多,然有氣節者究亦不少,特辜、李二君爲其中之最著而爲公衆所最注目者耳。觀於民國諸秉政者之妄爲,不禁令吾人信仰此舊官僚較昔日爲尤甚矣。(《申報》8月31日)

七月十四日(8月12日),偕姑丈姚良楷過譚延闓。晚,公招同人飲,譚延闓、譚澤闓、呂苾籌、張承之、俞明頤、姚良楷、李瑞荃、張其鍠等在座。

　　《譚延闓日記》八月十二日:俊明來,遂留同江浴民飯,李道士、姚子楷亦同座,汪、龍、大武已出也……至八時乃歸。道士請客,汪、龍、呂、大武、汪四、承之、俞三、姚芷垓、李三同席,曾九以病不與。子武復至,談甚暢適。楊丙中席來談,見之別室。唐義彬來自湘,談事最久。(册四,頁四〇三)

七月十五日(8月13日),晚,赴譚延闓家長談,俞明頤、姚良楷、李瑞荃在座。

　　《譚延闓日記》八月十三日:及散,已十時。歸,則道士、俞三、芷垓、李三猶未去。(册四,頁四〇四)

七月十六日(8月14日),偕李瑞荃送譚延闓還湘。

　　《譚延闓日記》八月十四日:十時三十分即辭老人出,別曾九諸人,與汪九、大武、袁大乘汽車至火車站。來送者皆熟人,神田、立中二人亦與焉,道士兄弟亦來,慘然有離別之色。曾九以病不至也。(册四,頁四〇六)

　　案:譚延闓還湘主政。《譚延闓日記》八月二日"余到家,得秉三電云,松坡不能離蜀,將以湘事加吾身"。又八月十日"同俊民至克强家談,遇曹亞伯,復至俊民家,鎔西尚在,談治湘法頗久"。

七月十九日(8月17日),譚延闓爲唐義彬跋《翁方綱摹退谷藏蘭亭》,謂公亦歎賞此册,而於覃溪題識疑其未見原本,不無介之。

　　《譚延闓日記》一九一六年卷末附録《題翁覃溪摹退谷藏蘭

亭》：此世所謂孫仙谷所藏瘦本《蘭亭》也，今在吾友李梅盦、筠盦兄書篋中，海上見者，皆以爲致佳本，品第在落水本上。覃溪此冊，即據原跡臨摹，並前後題識印記一一逼肖。蓋古人得一古拓佳本，力不能致，則必摹寫以存其真，非難用力之勤，即其精神上過人遠矣。余平生所見覃溪手摹本碑帖，如響搨《化度寺》，如補蘇書《金剛經》，皆視原迹纖毫不異。時方承平，天下無事，士大夫得從容文翰，以寄其閒適之情，雖事往風移，猶使人穆然有餘慕也。經百吾兄得此冊於其外家敗簏中，蠹損過半，亟取裝池，揭來滬上，以示曾農髯、李梅盦，皆爲歎賞。梅盦於覃溪題識疑爲未見原本，不無介之，吾謂覃溪心摹手追於前，而博考旁徵於後，見地雖或不同，其非據鉤本立論明矣。經百寶此冊，已足自豪，固不必與古人爭墩也。丙辰七月十九日，與經百同舟泝江對廬山書。

七月二十八日（8 月 26 日），鄭孝胥來。

　　《鄭孝胥日記》七月廿八日：過陳仁先、李梅庵。（頁一六二四）

七月二十九日（8 月 27 日），同人宴公於古渝軒，鄭孝胥在座。

　　《鄭孝胥日記》七月廿九日：公宴梅庵於古渝軒。（頁一六二四）

七月三十日（8 月 28 日），譚延闓致函與公。

　　《譚延闓日記》八月二十八日：發信：第十四書、汪九、曾九、道士、秉三、靜生、克強、儀陸。（冊四，頁四二〇）

八月一日（8 月 29 日），赴洪爾振寓公宴吳昌碩，鄭孝胥、左孝同、王仁東、林開謩、郭曾程在座。

　　《鄭孝胥日記》八月一日：公宴倉碩於洪鷺汀寓中，至者梅庵、子異、旭莊、怡書、南雲，詩孫、愛蒼未來。（頁一六二四）

八月十一日（9 月 8 日），與同人紹介博文女校。

　　《博文女校校董來函》：敬啓者，中國自昔禮教修明，原於婦學有法。師氏之誨，九嬪之教，載於詩禮者，猶可見焉。輓近倡言女學而風俗頹敗，禮教陵遲，弊在稍得新知，遽棄舊德不講，國故罔知。畫荻和熊之教已亡,平等自由之風彌盛。人道滅絕,國本將顛。明達之士,當所鑒及。茲有博文女學校,爲北京女師範學校畢業鍾鏡芙女士所創設,提倡國學,注重婦功,開辦已近三年,艱苦曾經百折。湯濟武先生長教育部時立案,近聞於原有國文講習科高、初兩等外增設縫紉刺繡科,授以家政常識,應用技能,幼稚科亦日率推求,端重蒙養。同人嘉其行堅志篤,特爲一言介紹於社會。祈貴報登入來函欄内,俾學者聞風興起,知所師資,不勝大願。博文女學校校董譚延闓、張美翊、清道人、章棪同啓。八月十一日。(《申報》9月9日)

八月二十九日(9月26日),匡文濤要求商務印書館外加三五十元送公,以酬其題跋。

《張元濟全集·日記》九月廿六日:編譯:匡君算學書五種,還價四百元,得覆可允,但要求加送三五十元送李梅庵,酬其題跋。

八月,跋楊守敬《鄰蘇老人題跋》并署簽。

李瑞清《手書題跋》跋:宜都楊惺吾先生負海内垂名,世所稱鄰蘇老人者也。昔年遊日本,日本人無不知有楊先生者。先生精鑒藏,於書法靡不備究。匋齋尚書督兩江,先生嘗游江南,爲尚書坐客,時余識先生於江南。辛亥國變,余黄冠爲道士,鬻書滬上。先生亦辟亂滬上,同鬻書。每過從,論書忘昕夕。余嘗爲楊潛庵作大字聯,撫《匡喆刻經頌》,先生見之,乃大歎賞,以爲當世無此手筆,逢人輒道之,其好善如此。後先生入都,見潛庵必詢余近狀。未幾,先生遂歿於都中。每念昔遊,不知涕之何從也。先生博贍多通,著書宏富,不自愛惜。今其文孫嶺蔪輯其《手書題跋》爲二卷,石印以示世。其不得者尚十百於此。余知後之人必搜而刻之,嶺蔪可無多慮也。丙辰八月新涼,清道人謹跋。(《楊守敬集》册八,頁一一五一)

案:據民國觀海堂本,該書封面、扉頁均由公署檢,并爲書牌記。封面題曰:"鄰蘇老人手書題跋。清道人。"扉頁以篆書題曰:"鄰蘇老人手書題跋。丙辰中秋,清道人。"書牌曰:"丙辰中秋宜都楊氏觀海堂印。"所附楊守敬遺像亦由公題曰:"鄰蘇老人遺像。清道人。"

是月,爲胡思敬《豫章叢書》各書署檢并書牌記。

　　案:《豫章叢書》之《詩故》扉頁曰:"詩故。丙辰八月,清道人。"
牌記曰:"乙卯冬月刊于南昌退廬。"然胡思敬《校勘記》作於八月
廿五日,此書當刊於八月廿五日後也,仍用公乙卯所書牌記,下同
此。《六松堂詩文集》扉頁曰:"六松堂集。"胡思敬跋於丙辰八月。
《明季逸史》扉頁:"明季逸史二種。清道人。"其中《潯陽記事》胡
思敬跋於丙辰四月,《庭聞錄》跋於八月,則書當在八月後刻成。
《飄然集》扉頁:"飄然集三卷。"胡思敬跋於丙辰二月。《野處類
稿》扉頁:"野處類薰二卷。"胡思敬跋於丙辰二月。《自堂存稿》扉
頁:"自堂存薰四卷。"胡思敬跋於丙辰五月。又《易纂言外翼》、
《通鑑問疑》、《經幄管見》等牌記曰:"丙辰冬月刊于南昌退廬。"或
即同時所書,暫繫於此。

**九月二十三日(10 月 19 日),夜,赴李宣龔、夏敬觀古渝軒招飲,鄭孝
胥、朱祖謀、俞明頤、王允晳、鄭孝檉、陳三立、陳方恪等同席。**

　　《鄭孝胥日記》九月廿三日:夜,拔可、劍丞邀至古渝軒,座有
梅庵、古微、壽丞、又點、余及稚辛。候伯嚴自南京火車來,至九點
三刻,伯嚴及其第七子彥通同來,衆乃命食,談頃之,余先歸。(頁
一六三〇)

九月二十四日(10 月 20 日),王闓運卒,享年八十有五。

　　《譚延闓日記》十月二十日:得湘潭電,知湘綺丈於今日子時
逝世,爲之感傷。此老乃不前數年死,可太息。(册四,頁四七三)

九月下旬,與同人捐贈書畫以助中華高等小學校。

　　《中華高等小學校來函》:敬啓者。敝校因發行興學券,曾向
各界徵求書畫物品,昨承清道人、鄭蘇戡、何詩孫、吳鐵珊、黄奠
華、田季威、張人傑諸先生慨捐書畫數幀,又承南洋煙草公司、泰
豐罐食公司、商務印書館、中華書局、群益書社、新學會社、中國圖

書公司、五洲大藥房、中法大藥房、大陸大藥房、太和大藥房、中和藥房暨共和女學校、民生女學校樂輸物品，價值甚鉅，具見樂善爲懷，熱心公益。祇領之餘，曷勝感謝。請登報端，以揚仁風，是所至禱。中華高等小學校校長程葰碧謹啓。（《申報》10 月 24 日）

九月，題顧麟士《青溪暮色圖》。

　　題《青溪暮色圖》：日落春山空，暝色上林莽。抱琴時一彈，竹露答清響。丙辰九月，清道人。（轉引自曾迎三《清道人年譜（四）》頁二三）

　　案：此詩與《題萬廉山畫屏竹塢鳴琴幅》（《清道人遺集》卷一）同，公常以舊作題畫，未知始作於何時也。

是月，題王震《瞎趣圖》。

　　題《瞎趣圖》：處今之世，只合瞎彈瞎唱、瞎讀瞎看、瞎飲瞎醉而已。杜少陵詩云"眼復幾時暗，耳從前月聾"，此語深有味。清道人。（上海崇源 2002 年拍賣會 0905）

　　案：公未署年月，王一亭作於丙辰九月，尚有吳昌碩九月跋及楊天驥十月所題引首，公所作當亦於此時前後也。暫繫於此。

秋冬之際，胡朝梁賦詩懷公。

　　胡朝梁《懷人三十五首》其一：臨難求爲大滌子，不然寧惜國亡身。畫名今爲書名掩，萬口争傳清道人。李梅庵。（《詩廬詩鈔》）

　　案：該詩前隔二首爲《譙集公園賞菊和又錚並示同座》，後隔一首《贈柯夢南匡階平二生》有"雪意滿寒空"句，故當作於秋冬之際也。

十月一日（10 月 27 日），集《夏承碑》字書聯。是日，紹介曾熙書法。

　　紀功燕山石；累德景君銘。集《夏承碑》字，以中岳先生《鄭文公下碑》筆法書之。丙辰十月朔，雨中鐙下，清道人。（普林斯頓大學藝術博物館藏）

　　《大書家曾子緝先生來滬鬻書》：先生爲湘名士，名熙，晚自號

農髯。精篆隸,尤善二王筆法。余夙自負,於時賢書無所可否,獨
好先生書,以爲有晉人風。今來滬鬻書,敢告世之欲乞書者。清
道人啓。(《新聞報》10 月 27 日)

　　案:該啓刊諸《新聞報》,自 10 月 27 日至 11 月 24 日。

十月二日(10 月 28 日),與康有爲介紹鄭文焯醫術。

　　《大鶴山人鄭叔問神醫再到滬寓致遠街福利公棧》:山人本書
畫名家,文學氣節卓絶,不受史館之聘,而以醫活人。其醫道精
深,洞見垣一,且有神方起危疾,并著有《醫詁》內外篇行世,真當
世神醫也。門診一元,出診四元,挂號一角,輿力一元二角,貧病
不計。南海康更生、臨川清道人同啓。(《新聞報》10 月 28 日)

十月十三日(11 月 8 日),蔡鍔卒於日本,公有聯輓之。

　　湖南旅京紳耆《祭詞》:維中華民國五年十一月初八日,陸軍
上將蔡公松坡以疾終於日本之福崗醫院。(《蔡松坡先生遺集之
末·祭詞》頁二〇)

　　李瑞清輓聯:並世吾安仰;微公人盡非。(《蔡松坡先生遺集
之末·輓聯》頁三五)

十月十五日前後,攜所藏書畫赴廣倉學會古物研究月會,與同人互
相研究,何維樸、劉世珩、廉泉、哈麐、沈佺、程定夷等在座。

　　《古物研究月會誌盛》:滬西愛儷園昨日開廣倉學會古物研究
月會,到者何詩孫、李梅菴、程定夷、劉聚卿、沈期仲、廉惠卿、奚萼
銘、哈少甫諸收藏家八十餘人,各攜精品,互相研究。陳列廳事者
商子父癸觶、漢元康銅銷、陶陵銅器、魏大安造象、齊天統造象、明
拓《瑯琊刻石》、薛素素聯、高攀龍聯、馬湘蘭畫、薛素素小景、黃忠
端《待漏圖》、項子京山水直幅、文待詔《前後赤壁賦書畫合璧》、張
伯美《松隱圖》、文後山《仙影圖》、梅瞿山《觀瀑圖》、奚鐵生《五硯
樓圖》、吳白庵蘭竹、方環山山水、金冬心《自畫像》、王石谷倒掛
松、改七薌、杭世駿梅花、朱竹垞分書聯、洪亮吉篆聯、陳曼生分書

聯、鄧石如三十七言長聯、張船山《雅集圖》、吳穀人聯，洵爲中華國粹，而尤以廉惠卿所藏董香光手寫《史記庚辰日鈔》爲最寶貴。其餘吉金樂石篆刻雕琢諸神品，尚美不勝記也。(《申報》11 月 12 日)

案：廣倉學會由哈同侐儷於是年九月初發起，其情具詳十月六日《申報》所刊《愛儷園特開廣倉學會》。蓋以"崇奉倉學，研究文字，保有國粹"爲宗旨，純粹討論國學，鑒別古物，不涉世事。經費由哈同侐儷擔任，於愛儷園春秋開常年會兩次，收藏家月會一次云。

十月，爲傅錦雲周虎臣湖筆徽墨號題詞。

海上造筆者無踰周虎臣，圓勁不失古法。近世書家手不能伏豪，故意便而惡健，筆不能攝墨，故意薄而惡豐。筆工阿其好，世遂無佳筆。昔宣城諸葛氏，其先爲右軍製筆，柳公權求之，莫能用，予以常筆則大憙。此知者之難也，書此以告世之求筆者。(上海筆墨博物館藏，轉引自王中秀、曾迎三編《曾熙年譜長編》頁二五八)

案：曾農髯所書廣告及聯皆作於是年十月，因繫於此。又，公嘗爲周虎臣湖筆書店招曰"錦雲氏督製湖筆。清道人題"。

是月，爲潮陽郭氏民居題字。

山川靈秀，鍾毓吾鄉。門成鄒魯，績劭汾陽。乃卜新築，擇地惟良。髻峰兀兀，練水湯湯。隆基平治，文物喬皇。服疇食德，庇蔭代昌。○克繩祖武，積厚流光。脩明禮教，整飭綱常。聰聽彝訓，譽播馨香。濟美麟鳳，爲國棟梁。夏弦春誦，入室升堂。化循敦睦，永集休祥。丙辰十月，梅盦李瑞清。(潮陽銅缽盂鄉毓秀居門樓肚刻石)

案：潮陽郭氏賈於滬者甚衆，如郭子彬、郭信臣等，第不知爲誰所書耳。

是月，節臨《鄭文公碑》。

節臨《鄭羲下碑》款：此碑遒麗古茂，是北碑而兼南派者，乃以

《散氏槃》筆法爲之。丙辰十月,清道人。(《翰墨因緣》頁六)

曾熙《行書論書立軸》:《鄭羲下碑》,北書中之能手,然跼蹙中規,少天趣。阿某困此幾二十年,卒以《散盤》變之乃起生。(《曾熙書法集》頁二二九)

十一月十七日(12 月 11 日),洪爾振卒於揚州。

洪子靖《清授資政大夫先考鷺汀府君行狀》:丙辰夏,先中憲公殞於蜀,先大夫心滋摧痛……迨十一月初十宵中忽遘寒疾……十七,晨起,猶裘帶隱几坐。未刻漏正,喘息趣微,痰音趣平,額汗十指冷。(《鶴園藏札·俞樾卷》頁二九六)

《鄭孝胥日記》十一月廿六日:得揚州洪子靖訃告,洪鷺汀於十七日卒。(頁一六三八)

十一月中旬,與同人爲杜祖培代定鬻畫直例。

《環翠山房潤例》:杜君滋園,賦性耿介,兼擅丹青,於山水花鳥皆擅勝場。君嘗聽鼓蘇垣,與吳昌碩嘗以繪事相切磋,均以有守著稱。國變後,貧不聊生。近目擊橫流,愈衍愈幻,知懷抱之難展也,不欲再作馮婦,出其所長,以貢諸世。爲定潤格於左:方三尺六元,四尺八元,五尺十元,六尺十四元,八尺念四元。中堂加倍,工細再加倍。花鳥七折。劣紙不應。先潤後墨。李梅菴、繆小山、惲眉叔、惲季申代定。(《新聞報》12 月 16 日)

十一月,與吳昌碩爲史匋廣定鬻書直例。

《史匋廣書畫直例》:史子匋廣,南華世冑,天姿雋逸,癖嗜翰墨,篆分真草,靡不淹博。雄邁生峭,凌轢魏九。擅六法,工大寫。隨興攄灑,妙能自闢蹊徑,神與古會,恒爲筆外意。配高自賞,不應世求。今慨念江淮災區徧野,願以所得潤貲藉以協滴,嗜古者幸弗交臂失之……丙辰年十一月吳昌碩定。

吳倉翁既爲史匋廣定書畫直格,匋廣書畫不可一世,其超逸雄古之氣咄咄逼人,非時史所能夢見,不待道人之讚頌也。因吳倉翁直格未備者爲畢載之,以告世之乞匋廣書畫者。清道人。

堂額每字三金,過二尺者別議。齋額半直。楹聯四尺二金,
五尺三金,墨費加一。上海四馬路震亞書局收件。(《金石蕃錦
集》底封)

是月,繪圖八幀。

案:圖僅存二幅,其一款曰"夢影",其二爲《松石圖》,款曰:
"石堅而貞,松古而壽,因合寫一幅。丙辰冬月,清道人阿梅戲寫
此八幅。"(中國嘉德四季第十七期拍賣會 0715)

**十二月七日(12 月 31 日),赴潘飛聲壽鶴堂招飲,何維樸、吳昌碩、繆
荃孫、劉炳照、朱祖謀、喻長霖、徐乃昌、張美翊、周慶雲、王震、張增
熙、沈焜、楊效曾、姜鳳章等在座,各攜書畫傳觀。是日,朱崇芳持
《三星圖》乞鄭孝胥跋,公已有題語。**

潘飛聲《臘月七日招詩孫倉碩筱珊語石古微志韶積餘讓三夢
坡梅厂一亭弇群醉愚諸子集飲壽鶴堂各攜書畫傳觀率賦一律索
諸子和》:金石琳瑯列几筵,圭塘裙屐集群賢。重編邗上題襟集,
似向襄陽泛畫船。名藥千年稱特健,好花一曲擬遊僊。是日志沂出
文徵仲《拙政園圖》,余出蘇臺《五美圖》同賞。琴尊分得湖山勝,盦艷珠光
入錦牋。觀《隨園十三女弟子湖樓請業圖》,夢坡擬録其題詠爲一書。(《晨風
廬唱和詩存》卷十)

吳昌碩《蘭老徵士招飲壽鶴堂有詩見示和韻》:華燭高燒敞綺
筵,客來端爲主人賢。印香和鮮幽蘭操,志沂藏宋元印甚夥。氊拓張
疑揭酒船。壁間懸吳氏兩氊爲女士王墨香拓本,甚精。《揭酒船》,帖名也。
莫問草元談道德,不知有漢是神仙。紫雲一片天容割,卻好詩成
當錦箋。(《晨風廬唱和詩存》卷十)

姜鳳章《家徵君宴客壽鶴堂有詩紀事次元韻呈夢坡倉碩語石
三先生》:劍氣珠光萃綺筵,玉山何必讓前賢。追尋菊卷蓮裳句,家
徵君新得黃小松《買菊卷》,有樂蓮裳題句,是日出以眎客。醉泛蘇家藥玉船。
甲帳臥游遲食具,鷗波眷屬本神仙。志沂先生出觀所松雪、仲姬藏各印。

西園雅集成圖畫,想見高吟石作牋。(《晨風廬唱和詩存》卷十)

周慶雲《和蘭史壽鶴堂譙集詩韻》:斷素零紈厠綺筵,東林遺墨數前賢。是日予攜楊忠烈璉、左忠毅光斗手札各五道傳觀。高文勁節俱千古,法畫名書共一船。印集飛鴻聯石友,楊志沂藏趙松雪、管仲姬及文待詔、唐解元各種牙章。樓延群鳳紀詩仙。觀《隨園十三女弟子湖樓請業圖》。月泉把臂開新社,歲晚清吟入矮箋。(《晨風廬唱和詩存》卷十)

劉炳照《蘭史假坐楊君叔英新宅觸客各攜名人書畫真蹟傳觀欣賞賦詩紀事率次原韻》。(《晨風廬唱和詩存》卷十)

《鄭孝胥日記》十二月初七日:朱抱芬持《三星圖》來,云有日本人欲購之,欲余題一觀款。余視其圖,乃俗筆耳,遂辭不題;已有梅庵、詩孫及文小坡題語。(頁一六四〇)

李雲庵《先從兄清道人行述初稿》:間有以書畫求題者,略可睇觀,必極詞揄揚,余每怵之曰:"不懼人議兄盲耶?"兄曰:"吾無意於此中求名,盲亦何害? 來求我題,必將有所交易,欲我一言爲重,人至舉此求售,其割愛忍痛,情急可憫已極;能受此者必尚有餘財,不於此用之,唯益供造孽揮霍耳。徒惜吾名,將必胥蒙不利。吾言不見信,猶之未言,而可省此後求題之煩;吾言倘見信,則眼前冥冥中積德多矣,所謂無力而行仁者是也。"(《清道人遺集》附錄,頁二八四)

十二月二十六日(1917 年 1 月 19 日),鄭孝胥來,觀八大山人行書。

《鄭孝胥日記》十二月廿六日:又過李梅庵,觀八大山人行書一幅,才十餘字,售者索價四十元。(頁一六四二)

十二月,曾熙《衡陽王楊貢生墓誌銘》出版,公爲署檢。

案:《衡陽王楊貢生墓誌銘》(震亞圖書局 1917 年 1 月初版)封面曰:"衡陽王楊貢生墓誌銘。農髯書,清道人題。"篆額曰:"清故廩貢生王楊君之墓誌名。"正文署曰:"衡陽曾熙撰書,臨川李瑞清篆蓋。"

是月，曾熙《衡陽王楊氏家傳》出版，公爲署簽并跋之。

跋《衡陽王楊氏家傳》：王楊曾氏，余友迪夫妹也。迪夫與農髯爲從兄弟，辛卯之歲，余與迪夫兄弟朝夕過從無虛日。後余改官江南，迪夫官蜀中有聲，蜀民稱之至今。後以父喪歸，貧至不能葬其父，未幾遂歿。歿之日，神智湛然。時漢陽事起，朝廷有詔起袁氏，迪夫憤曰："袁氏，操、莽也，安可引虎狼自衞？"今其言果信矣。此其妹撰其夫家先世傳，文章行誼，皆可傳後，今之大家也。且聞其注《莊子》、《内經》各書，尤明訓詁，迪夫有妹矣。清道人識。（震亞圖書局 1917 年 1 月初版）

案：該傳曾熙作於乙卯六月十九日。封面署曰："衡陽王楊氏家傳。農髯書，清道人題。"

是月，爲益清閣主人跋所藏杜源夫《葡萄圖》。

跋杜源夫《葡萄圖》：作畫貴有我，雲林所謂聊寫吾胸中逸氣耳。若徒以描摹爲工，此畫史也。温日觀畫葡萄，王弇洲言從草法中來，陳眉公謂似破袈裟，自是高僧畫，猶可想見其風度。清碧先生此卷隨意揮灑，自成妙境。昔人云，右軍人品高，故書入神品，知此然後可許先生畫矣。清道人。（株式會社 2017 年春季拍賣 0115）

案：公未署年月，該卷尚有吳昌碩所題引首，孔廣陶、羅振玉、長尾甲、内藤虎、鄭孝胥等跋。《鄭孝胥日記》十月廿九日："友永霞峰來，云長尾雨山喪其長子，又託余爲跋杜源夫墨筆葡萄畫軸。"十一月廿七日："友永來取求題杜伯原畫跋及紙數幅。"公跋裱於鄭跋之後，暫繫於此。又，長尾甲跋曰："丙辰初夏歸益清閣。"内藤虎跋曰："舊藏南海孔氏嶽雪樓，今歸田中氏益清閣。"可資參考。

是月，爲蔣國榜《金陵叢書》丙、丁集各書署檢。

案：《金陵叢書》丙集爲《左傳博議拾遺》、《讀書雜釋》、《赤山湖志》、《臺游日記》、《補輯風俗通義佚文》、《天方典禮擇要解》、《金

子有集》、《金子坤集》、《石白前集》、《石白後集》、《曹集考異》、《昌
國典詠》、《梅村賸稿》、《心燈録》、《嬭真草堂集》、《何太僕集》、《顧
與治集》。丁集爲《定山集》、《説略》、《雪邨編年詩賸》、《白荅集》、
《醇雅堂詩略》、《然松閣詩賦鈔》、《蟻餘偶筆》、《讕言瑣記》、《静虚
堂吹生草》、《柳門遺稿》、《荻華堂詩存》、《子尚詩存》、《薄遊草》、
《西農遺稿》、《且巢詩存》、《妙香齋集》、《柏巖乙稿》、《在莒集》、《括
囊詩詞草》、《羅氏一家集》、《顧伯虯遺詩》、《陔餘雜著》、《德風亭
集》、《平叔詩存》。均爲公署檢者也。所書牌記曰："蔣氏慎脩書
屋校印甲寅如月著始丙辰涂月告成。"

冬,題徐乃昌所藏《常醜奴墓誌》。

　　題《隋熒澤令常醜奴墓誌》:隋熒澤令常醜奴墓誌。積餘先生
同年新得《常醜奴志》,此志雅健純净,直可抗手《龍藏》,下開褚
法,人間止數本,世不多見。吾友鄭大鶴極重隋碑,以南北合流,
上承六朝,下開李唐,爲千古楷書極盛之時,此隋所以有妙楷臺
也。清道人。(有正書局)

　　案:沈曾植、鄭孝胥、繆荃孫、吴昌碩跋皆作於丙辰冬,又十月
二日王國維致羅振玉書曰:"坐中有徐積餘,知《常醜奴志》徐以四
百元得之,已印一石印本矣。"(《羅振玉王國維往來書信》頁一七
七)暫繫於此。

是歲,黄以霖六旬壽辰,公撰序以祝。

　　《黄伯雨六十壽敘》:今年瑞清五十,先生亦年六十,滬之人相
與拭爵滌罍而祝之,曰:"子其爲之頌。"(《清道人遺集》頁一八五)

是歲,門人袁季梅母六秩壽辰,公賦詩以祝。

　　袁季梅《輓詩》注:四年前,家慈六秩,承賜詩箋。(《清道人遺
集》附録,頁二三四)

是歲,畫佛一幀。

　　《畫佛跋》其四:《造像經》云:"若有人以土木膠漆、金銀銅鐵、

繒彩香石,鑄雕繡畫佛像,乃至極小如指大,獲種種福。"余年已五十,黃冠爲道士,非求福褆,但願早日太平,一切衆生永離苦海,余得消揺觀老圃黃花耳。(《清道人遺集》頁一三六)

　　案:此圖亦見《北平牋譜》,款曰"清道人記"。

是歲,爲榮德生書匾。

　　榮德生《樂農自訂行年紀事》民國五年:"梅園"二字爲余自書,"洗心泉"亦同。……正廳名"誦豳堂",取《詩經·豳風·七月》章,余自擬也,乞李梅庵書匾。(《榮德生文集》頁七八)

是歲,與曾熙、吳鑄從神州社主人觀張大風山水册子。

　　曾熙《山水册頁》第二開:張大風如雲中振羽,蓋書家之褚河南也。丙丁之歲,與道人、吳劍秋從神州社主人觀張風山水册子,此尚可迴想耶。乙丑正月,熙。(《張大千的老師——曾熙、李瑞清書畫特展》頁六九)

約於是歲,爲胡思敬題謝枋得畫像。

　　胡思敬《答華瀾石書》:開春兀坐……聞台端去冬過省晤逸叟,匆匆一揖即去,所留謝文節畫像亦未克題,頗以爲恨。謝像已題者有義寧陳散原、德化劉潛樓、廬陵王平養、南昌魏斯逸、萍鄉喻艮麓、臨川李梅庵,待公足成七人之數,使後世談江西掌故者知國變七八年後,同鄉中尚有此等冷落交游,亦翰墨緣中一段佳話也。(《退廬箋牘》卷三)

　　王龍文《謝文節公畫像記》:丙辰,承乏邑志,來歸廬陵,旋拜信國遺像富田故里,爲清釐祭産以復曠祀。其秋返湘,過南昌,訪同年友胡瘦堂侍御,目所懸疊山先生文節謝公畫像命題。(《平養文待》卷十一)

　　案:王龍文題於是年秋,喻兆蕃題於是年冬,蓋陳隆恪是年冬有《外舅爲胡瘦唐題謝文節畫像依韻奉和》(《同照閣詩集》卷一)。陳三立題於戊午春,見《瘦唐所藏謝文節公小像》(《散原精舍詩文

集》頁五六六），公所作當於是間也。又，是年秋公嘗爲胡思敬《豫
章叢書》署檢并書牌記，暫繫於此。

編年詩

《題顧麟士青溪暮色圖》九月

編年文

《跋何道州行書手卷》正月、《跋錢南園大楷册》正月、《縮景泰山
金剛經跋》二月、《與劉承幹書》、《致周慶雲函》三月、《致劉廷琛函》
三月、《題王石谷江干話別圖》三月、《跋錢南園行書册》四月、《跋頻羅
菴主小楷寫經册子》四月、《跋泰山經石峪金剛經墨拓》四月、《與周慶
雲書》、《自臨毛公鼎跋》七月、《跋鄰蘇老人題跋》八月、《題王一亭瞎趣
圖》、《周虎臣湖筆徽墨號題詞》、《跋常醜奴墓誌》、《衡陽王楊氏家傳
書後》、《題杜源夫葡萄圖》、《黃伯雨六十壽敘》、《畫佛跋》其四

民國六年丁巳(1917)　五十一歲

正月一日(1月23日)，爲曾熙《臨鍾繇王羲之書長卷》篆首。

曾熙《臨鍾繇王羲之書長卷》引首：鍾王遺矩。丁巳元日，清
道人。(張漫《江蘇省美術館藏曾熙〈臨鍾繇、王羲之帖〉賞析》，
《書畫世界》2022年2月號，頁一六至一九)

案：該卷爲曾熙臨鍾繇《薦季直表》、《力命表》，王羲之《蘭亭
序》、《黃庭經》。款曰：“丙辰除夕，客居清閑，萬緣滌淨。臨池遺
興，聊以送歲。曾熙。”

正月八日(1月30日)，訪劉承幹，不值。

《求恕齋日記》正月初八日：是日左子異、李梅庵來，均未見。
(册五，頁九一)

正月十四日(2月5日)，劉承幹來訪，不遇。

《求恕齋日記》正月十四日：午後，閱報，出門至繆小珊、洪幼

琴、李梅庵、沈問梅四處,均未見。(册五,頁九五)

正月二十三日(2 月 14 日),移家北四川路南首青雲里五弄安定里内。劉承幹招飲,公未往。

　　《書家清道人遷居》:臨川李梅盦先生瑞清爲李春湖書家後裔,家學淵源,夙精書法,真草隸篆,各體俱工。辛亥以還,改黄冠爲道士,自名清道人,並自題所居曰玉梅花盦。隱滬鬻書,不問世事。向寓北四川路北首全福里,近因乞書者踵趾相接,輒以路僻爲嫌,已於前日遷居北四川路南首青雲里五弄安定里内,該處交通較爲便利云。(《申報》5 月 15 日)

　　《求恕齋日記》正月二十三日:是晚,宴庶三、漱篔於家,漱篔、一山先來,繼而芷牲、讓三、志韶、庶三來,七時入席……李梅庵今日移家,亦未來。(册五,頁一四七)

初春,門人魏肇文跋公所書《劉道一傳》。

　　魏肇文跋《劉道一傳》:炳生先生爲吾湘革命巨子,共和既成,先生獨含笑於地下,其精氣已垂不朽。是傳爲余師李梅盦夫子得意書,蓋嘉其壯志與其孝思,用以表彰於後世者焉。丁巳春初,邵陽魏肇文敬觀并誌。(《衡山正氣集》)

　　案:該文爲章炳麟所撰。公未署款,許世英、陶鏞、段祺瑞均題於癸丑春夏間,梁啓超、章士釗均題於丁巳正月,魏肇文跋於丁巳春初,公所書或即於丙辰冬至丁巳春間也。

二月四日(2 月 25 日),夜,與同人公宴熊希齡於小有天,俞明頤、曾熙、張其鍠、張元濟等在座。

　　《張元濟全集·日記》二月二十六日:應酬:昨晚俞壽丞、曾農髯、張子武、李梅庵公宴熊秉三於小有天,約予往陪。(卷六,頁一六一)

二月五日(2 月 26 日),康有爲六十壽辰,公撰聯以賀。

　　《古今聯語彙選》:康南海六十壽,劉仁毓聯云……又,清道人聯:寶書百二國;靈椿三千年。(册二,頁四三六至四三八)

《南海康先生年譜續編》：二月五日，六十初度，門人集滬祝
嘏。（頁一二九）

二月六日（2月27日）赴張元濟之約於小有天晚飯，熊希齡、張其鍠、
俞明頤、夏偕復、高而謙在座。

　　《張元濟全集・日記》二月二十七日：應酬：約熊秉三、張子武、
李梅庵、俞壽丞、夏地山、高子益在小有天晚飯。（卷六，頁一六一）

二月九日（3月2日），譚延闓致函與公。

　　《譚延闓日記》三月二日：通信：寄子武、承之、曾九、道士、止
安。（册五，頁六五）

二月十四日（3月7日），晚，赴篠崎都香佐之約，觀其所藏書畫，鄭孝
胥、姚文藻、西本省三、宗方小太郎、澤本良臣在座。

　　《鄭孝胥日記》二月十四日：篠崎都香佐約晚飯，座有梅庵、賦
秋、西本、宗方及澤本良臣。日人求爲作表字，乃字篠崎曰司直，
字西本曰魯曾，字澤本曰擇端。篠崎出所藏字畫，有文衡山扇面
二册，甚佳；吳肖仙人物長卷；羅牧寫《煙江喬木》；王覺斯、許友眉
行書。許即許歐香也。（頁一六四九）

　　《宗方小太郎日記（未刊稿）》：大正六年三月七日：六時赴篠
崎宅之請宴，鄭孝胥、李梅庵、姚文藻、澤本、西本等同席，十一時
散。（頁一〇八六）

二月十五日（3月8日），篠崎都香佐以公所畫《蘭石圖》求鄭孝胥題。
赴古渝軒一元會，鄭孝胥、朱祖謀、馮煦、楊鍾羲、唐晏在座。

　　《鄭孝胥日記》二月十五日：篠崎求余爲題梅庵所畫蘭石，李
自題云：“蘭生空谷，不以無人而不芳，蘭自芳耳，豈爲人乎！”余乃
書一絕曰：“流芳與遺臭，理欲方交戰。我亦楚靈均，心哀蘭芷
變。”作字數幅。赴古渝軒一元會，至者古微、夢華、子勤、元素、梅
庵等。（頁一六四九）

二月十九日（3月12日），與同人紹介喻長霖書法。

　　《大書家喻志韶太史》：太史乙未榜眼，碩學通儒，篆隸行草，

無美不備。合南帖北碑爲一冶,卓然海内大書家。求書者向上海
三馬路朵雲軒及各大紙店接洽可也。康南海、清道人、左遯齋、吴
昌碩同啓。(《新聞報》3 月 12 日)

二月二十一日(3 月 14 日),赴原田萬治、西田耕一之約於俱樂部午
飯,鄭孝胥、姚文藻、佐原篤介、林出賢次郎、波多博、西本省三、宗方
小太郎等同席。

　　《宗方小太郎日記(未刊稿)》三月十四日:正午至俱樂部出席
原田候補領事官、西田翻譯官之請宴,李梅庵、鄭孝胥、姚文藻、佐
原、林出、波多、岸、西本同席,二時半散。(頁一〇八七)

　　《鄭孝胥日記》二月廿一日:日本原田萬治、西田耕一約至日
人俱樂部午飯。(頁一六五一)

二月,跋鄭文焯《大鶴山人手寫詩稿小册》。

　　跋《大鶴山人手寫詩稿小册》:大鶴山人鄭叔問先生與王半塘
侍御、朱古微侍郎齊名,學者所儔爲海内三大詞家者也。山人性
高抗不屈,淡然自逸,博學多通,於訓詁、詞章、書畫、金石、醫卜、
音律靡不備究。然病嬾,往往閉門高卧,數月不出,庭階草深没
徑,但有飛英落葉堆積而已。山人居小園,有梅塢,每花時,冷月
在地,輒裹裛其下,至夜分不寐,其孤往如此。間爲書畫,頗自矜
惜,非其人,求其片紙斷縑不可得。此册爲山人手寫詩藁,其五古
清發駿逸,鮑謝之流也。近體隱秀,皆唐格。其書法遒峭冷雋,盡
脱去六朝面貌,豈趙撝叔董所能耶? 良繇其胸次不同耳。余嘗
云:山人詩名爲詞所掩,書名又爲畫所掩。有識真者,當以道人爲
知言也。丁巳二月,清道人。(震亞圖書局)

　　案:此跋亦載《清道人遺集》卷二,文字略有出入。

是月,爲鄭文焯畫《達摩圖》。

　　《清道人畫達摩圖》(順德鄧氏藏):叔問先生正畫。丁巳二
月,清道人。

鄧實跋：清道人書法名震海內，求者相訪，戶限幾穿。惟其繪事則絕少動筆，得之亦非易易。此幀乃繪達摩面壁以贈吾友大鶴山人者，其用筆之處均以篆籀古法爲之，大類石濤和尚，誠傑作精品也。昨年東友加藤博士過訪，一見此畫，拍案叫絕，欲以重金相易，後因此係故人遺物，不忍割愛，攝一影片與之，始去。及今尚時函問此畫尚存在否，於此可見佳作彼此均有同嗜者。秋馬記於古玉精舍。（《聯益之友》1926年，第十二期）

是月，爲徐乃昌女徐苕苕《畫蝶圖》題首并作一詩。

《畫蝶圖》：徐苕苕女士畫蝶。丁巳二月，清道人。

兒家身世渾如夢，寫出翩翩影自悲。今日阿爺和淚看，淞江又是蝶飛時。題首後更成一絕，書奉積餘仁兄同年指正。清道人。（《婦女雜誌》第三卷第五號）

王蘊章《然脂餘韻》卷三：南陵徐積餘先生乃昌，一門風雅。聘室仁和許德蘊女士，字懷玉，周生曾孫女也。著有《繡餘自好吟》。姬人江都趙春燕，字拂翠，著有《記紅詞》。次女婉，字怡怡，小字雲仙，著有《紉蘭詞》。六女華，字苕苕，小字茗仙，著有《香芸詞》。均未字卒。苕苕工畫蝴蝶，先生嘗以其遺畫見示。玉梅花盦道人題詩云："兒家身世渾如夢，寫出翩躚影自悲。今日阿爺和淚看，淞江又是蝶飛時。（《民國詩話叢編》冊五，頁七七）

是月，爲葛嗣澎書《葛府君家傳》，沈曾植撰文。

《葛府君家傳》：嘉興沈曾植撰，臨川李瑞清書。平湖葛氏，系出東陽……號毓珊，壽芝君長子也。十歲能詩，闢幬傳講，才任箕裘。而志專籀諷，俶儻愛奇，樂親勝己……再上春官，癸未成進士。丙戌殿試，朝考一等，以主事觀政刑部，非其好也，時論以爲屈。已而改戶部，溫溫不試……里居未幾而卒，壽不期頤，士林悼歎……君季子稚威水部與余遊，嘗述君言行，屬余爲家傳……太歲在丁巳二月。刻者紹興吳隱。（拓本複印件，葛賢瑛先生惠示）

是月，爲友永敏匡跋所藏祝枝山草書《待漏院記》。

跋祝允明草書《待漏院記》:祝枝山小楷雖學晉人,然上兼鍾
法,余曾見徐紫珊舍人所藏《洛神賦》卷子,直勝宋仲溫,古樸蕭
淡,有明一代,莫之與京也。草書多學素師,平日所見怒張狂怪,
惟嫌獷氣。霞峰先生出示此,初視疑爲困學齋鮮于翁得意之作,
無一筆不合法度,況此長篇巨製,誠鴻寶也。清道人。(中國嘉德
2011 年秋季拍賣會 0567)

　　案:公未署年月,後有吳昌碩丁巳二月跋,因繫於此。

閏二月十二日(4 月 3 日),至王仁東宅爲鄭孝胥補作生日會,吳昌
碩、何維樸、沈瑜慶、左孝同、林開謩、伊立勳在座。

　　《鄭孝胥日記》閏二月十二日:至旭莊宅,補作生日會,至者吳
　　倉碩、何詩孫、愛蒼、子異、梅庵、貽書及伊峻齋。(頁一六五五)

閏二月二十一日(4 月 12 日),與同人補祝林開謩生日,鄭孝胥、沈瑜
慶、何維樸、左孝同、林天民、王仁東、林是夔、林頌河在座。

　　《鄭孝胥日記》閏二月廿一日:是日,生日會補祝貽書生日,至
　　者愛蒼、何詩孫、左子異、李梅庵、希寶、旭莊、宣甫及貽書二子曰
　　新猛、曰漢勇。(頁一六五六)

閏二月,爲裴景福題所藏倪瓚《陳氏齋壁圖卷》。

　　《元倪雲林陳氏齋壁圖卷》:迂倪陳氏齋壁圖。丁巳閏二月,
　　清道人題。(《壯陶閣書畫録》卷七)

是月,臨《鄭義羌父盨》。

　　臨《鄭義羌父盨》款:凡作瑑,須神游三代,迺得爲佳耳,不獨
　　不可有鄧派,并不可爲二李所縛也。如藤如鐵如蛟螭,此境當思
　　之。丁巳閏月,清道人。(《絢報畫苑》1921 年第 3 期)

重訂鬻書直例。

　　《玉梅花盦清道人鬻書直例》:册子每頁四金。牓書每方尺三
　　金。楹聯丈二尺廿四金,一丈廿金,八尺十金,七尺七金,六尺六
　　金,五尺五金,四尺四金。堂幅丈二尺每幅廿四金,八尺十二金,

六尺八金,五尺五金,四尺四金。屏風丈二尺每幅十二金,八尺八
金,六尺六金,五尺五金,四尺四金。橫幅半幅同屏,整幅同堂幅,
琴條同屏,團扇每柄四金,名刺每字一金。

　　(一)凡曰一金作銀一圓。(二)篆書倍直,隸與真同,行草比
於真書減一金。(三)冊頁以一尺爲度,過則倍直,每開五行,行五
字爲例。屏聯來文加倍,金箋加倍,加烏絲欄者別議。(四)滬上
喜用銅牌,有相索者每字一金,書眉冊首比於名刺。(五)多病之
身不耐細書,凡團扇便面均大字騎行。(六)壽幅每幅十金。(七)
碑誌垂諸久遠,非可成於率爾,其直別議。(八)花卉松石,其直倍
於篆書,山水畫佛倍於花卉松石。(九)磨墨費比直原十之一,如
楹聯生宣紙字過尺者則十之二。

　　寓北四川路崇明路青雲里五衖內安定里二十五號玉梅花庵
道士李。通信收件處:上海四馬路麥家圈東口五二七號震亞書
局、各大紙店、江西張天寶樓筆鋪、撫州杜兩宜堂。(《泰山經石峪
金剛經集聯》民國六年四月初版)

　　案:同見震亞圖書局民國六年八月三版《泰山經石峪金剛經
　　墨拓》尾封。又,丙辰六月下旬公擬重訂潤格,不知即此否? 然此
　　潤格當定於閏二月前也,以無其他證據,暫繫於此。

與曾熙、譚延闓所作《泰山金剛經集聯》由震亞圖書局出版。

　　《泰山金剛經集聯之特色》:《泰山經石峪金剛經》大字爲古今
牓書第一,本埠四馬路震亞圖書局前向李梅庵君索得所藏珍本影
印餉世,屢版風行。惟楹聯爲書家必需,而集句選字,尤費經營。
曾農髯、譚組庵、李梅庵三君爲當代書家,平時集有《金剛經》字楹
聯四、五、六、七言百餘首,吐辭既雅,用意又新,現仍由震亞圖書
局用影本依句印行。業已出版,分訂兩冊,洵稱特色,吾知海內書
家必當爭先快覩也。(《申報》11月13日)

　　案:《泰山經石峪金剛經集聯》初印於民國六年四月。又,曾熙贈

朱崇芳山水軸款曰："熙見道人爲《金剛經》書,必陳列原搨大字,狼藉滿室,未嘗不以爲苦。因語挹翁縮小原搨,並與茶陵昆季集聯印之,一時風靡。"(《大風堂存稿——曾熙書畫題跋録》頁一五八)可參考。

三月一日(4月21日),與同人以法書助款,扶持博文女校。該校乃於是日陳列本校,公諸同好。

　　《博文女校來函》:敬啓者:敝校兹承俞志韶、章太炎、曾農髯、陳鈍盦、汪鷗客諸先生慨念艱難,以法書助款,特於陽曆四月二十一二兩日陳列本校,以公同好。二十一日下午一時開懇親會,敦請名人演説,不用入場券。倘蒙登入來函,俾熱心教育諸君聞風興起,同襄盛舉,幸甚。博文女校謹啓。校址在租界貝勒路。(《申報》4月21日)

三月二日(4月22日),致譚延闓函已達。

　　《譚延闓日記》四月二十二日:通信:堯衢、汪九、電大武。卅五書、道士。(册五,頁一一六)

　　　案:"堯衢、汪九、電大武"書於右側,爲受信者。"卅五書、道士"書於左側,爲發信者也。

三月四日(4月24日),赴古渝軒一元會,鄭孝胥、馮煦、朱祖謀、楊鍾義、王乃徵、唐晏、宋文蔚、喻長霖在座。

　　《鄭孝胥日記》三月初四日:古渝軒作一元會,至者夢華、古微、梅盦、子勤、聘三、元素、澄之及俞志韶。(頁一六五八)

三月七日(4月27日),李翊煌卒,享年六十有八。

　　陳三立《清故三品銜河南候補道李君墓表》:丙辰十月去上海。明年三月七日,病卒南昌里第,年六十有八。(《散原精舍詩文集》頁九三三)

三月二十一日(5月11日),譚延闓致函與公。

　　《譚延闓日記》五月十一日:通信:六十一書、曾九、道士、湘孫。大武電。(册五,頁一三五)

三月二十四日(5月14日),與同人紹介唐晏書法。

《介紹書家》:涉江道人以名孝廉爲江南循吏,受篆隸法於張叔憲,爲何蝯叟正傳,南洋勸業會以丈二紙書四言聯得優等獎券。今箸書餘暇,遊情翰墨。欲得大篆隸者曷往求之。潤格字樣,九華、戲鴻、朵雲各紙店均有。馮夢華、朱古微、鄭蘇戡、李梅庵、章一山啓。(《新聞報》5月14日)

三月,爲喻兆蕃藏《乾隆御筆四寶》册頁題引首。

《乾隆御筆四寶》册頁:乾隆四寶。宣統九年三月,臣李瑞清敬題。(《中國繪畫總合圖録續編》頁二二〇)

案:該册頁爲喻兆蕃所藏,曾見諸香港蘇富比2014年秋季拍賣會。其後尚有鄭孝胥、陶葆廉、章梫、張美翊、楊鍾羲、王乃徵、沈曾植、王國維、胡思敬一九一七年跋。

是月,游龍華看桃花歸,爲哈麐所藏傅閭山指畫《十六應真圖卷》題引首。

傅雯《十六應真圖卷》引首:傅閭山先生指畫十六應真圖。丁巳三月,游龍華看桃華歸,展卷題此。清道人。(北京保利十五周年慶典拍賣會3652)

案:此畫經哈麐遞藏,當爲其所題。復有曾熙丁巳立夏前二日題籤。

是月,爲郭子彬作像贊。

《潮州郭子彬畫像贊》。(《清道人遺集》頁五九)

案:民國二十二年潮陽郭氏雙百鹿齋刊《藥師琉璃光如來本願功德經》所附《郭子彬先生像贊》曰"猗與先生,誕德淑靈。汾陽之後,世篤忠貞。積而能散,富而好施。慧日廣照,甘露遐滋。功濟塵劫,知啓迷妄。湛寂無方,大化蹤浪。丁巳三月,清道人題",與通行本文字頗有出入,並録於此。

是月，楊昭儁跋經亨頤臨《夏承碑》，謂漢以來善作此碑者，惟公與曾熙等數人而已。

　　楊昭儁跋經亨頤臨《夏承碑》：此碑所謂芝英體，中郎後唯魏《王基斷石》、隨《孔子廟碑》爲一派，千餘年來無嗣響者。同治中，父執湯子惠先生善作《夏承》，然觀其所臨，似秖見永樂刻本。近人曾農髯能以折筆取勢，大爲李道士所激賞。道士昔爲吾集《夏承》字作聯語，蓋亦佳玅罕匹。自漢至今，如此數輩而已……丁巳三月，楊昭儁法源寺記。（北京東方大觀 2016 年秋季拍賣會 0247）

春，爲魏廷榮題石濤《春筍圖》。

　　題石濤《春筍圖》：又打春雷第一聲，滿山新筍玉崚嶒。買來配煮花豬肉，不問廚娘問老僧。石濤畫筍，以冬心先生句題之。庭蓉仁兄法家屬題，清道人。（北京保利 2006 年春季拍賣會 1872）

　　案：公未署年月，該畫尚有吳昌碩丙辰仲冬、王一亭丁巳暮春題，公所作或亦於此時前後也。暫繫於此。

春，跋楊廷麟書《岳陽樓記》卷子。

　　跋楊廷麟書《岳陽樓記》：楊伯祥相國當明之末造，頗爲權奸所阻尼，不得秉國政。及明已亡，慟哭，募兵勤王，朱統鑭猶誣陷之。小人之患人國，可勝言哉！事不可爲，全軀保妻子之臣相率聯袂去矣，始以領兵部，拜相國，卒以力竭授命，徒令後之讀史者憑弔欷歔，哀哉。此卷書《岳陽樓記》在萬曆辛卯，是相國未入詞館時書，用筆疏樸，何減陸文裕耶？史稱其勤學嗜古，不虛也。清道人。（《有鄰館名品展圖册》頁一五〇）

　　案：公未署年月，然此卷尚有吳昌碩所題引首，款曰“丁巳莫春之初，試太夷手製墨，吳昌碩篆耑”，因繫於此。

春，爲周樹模所藏《敦煌寫經四分律卷一》篆首。

　　《敦煌寫經四分律卷一》：唐人寫經殘卷。少樸夫子命題，清道人。（傅斯年圖書館藏 188099）

案：公未署年月，此卷尚有周樹模、沈曾植、楊鍾羲、樊增祥跋，沈、楊均跋於是年三月，周樹模題籤亦作於是年春，姑繫於此。

春夏間，張大千執贄拜於門下，公以八大山人畫示之。

張大千《四十年回顧展自序》：年十七，出峽渡海，學染織於日本西京，繪事遂輟。二十歲歸國，居上海，受業于衡陽曾夫子農髯、臨川李夫子梅盦，學三代兩漢金石文字、六朝三唐碑刻。兩師作書之餘，間喜作畫。梅師酷好八大山人，喜爲花竹松石，以篆法爲佛像；髯師則好石濤，爲山水松梅。每以畫法通之書法，詔門人子弟。予乃效八大爲墨荷，效石濤爲山水，寫當前景物，兩師嗟許，謂可亂真。又以石濤、漸江皆往來黃山者數十年，所寫諸勝，并得兹山性情，命予往游。（《張大千詩文集編年》卷九，頁二八四）

冰夫《訪孫中山秘書田桓》：他說："我從一九一五年向青島寄寓上海的書法家李梅庵學書。老師先教我寫鐘鼎文，臨散氏盤，然後再寫北魏《鄭文公》帖。但主要是寫散氏盤。那時候，張大千從日本歸國後曾拜於曾熙門下，在松江出家爲僧，法號大千，三個月還俗後返四川結婚，回到上海後也從李梅庵老師學書，張寫《瘞鶴銘》，我寫《散氏盤》。我們同爲李梅庵的弟子。"（《冰夫文集·散文卷1》頁二四二）

曾熙《季蝯書畫例言》：張蝯，字季蝯，內江人。生之夕，其母夢黑蝯坐膝下，覺而生季，因名蝯，字曰季蝯。季性喜佛，故曰大千居士……季入學校數歲，謂科學少人生之趣，不足學。遂東渡，與日本名宿參論中日畫理。又以日人新舊煩雜不足學，歸游名山，日與僧人言禪學。一日，執贄就髯席請曰：願學書。髯曰：海上以道人爲三代兩漢六朝書皆各守家法，髯好下己意，不足學。因攜季見道人。道人好奇，見季年二十餘，其長髯且過髯，與語，更異之。繇是季爲髯書，復爲道人書，人多不能辨。近則刻苦求於髯與道人書之外，卓然自立矣。季初爲畫，喜工筆人物，及見髯與道人論畫山水，則喜方方壺、唐子華、吳仲圭、王叔明、大滌子，花卉則喜白陽、青藤、八大及揚州諸老……甲寅春,農髯曾熙。

曾熙跋八大山人《倣青藤老人墨荷圖》:此清道人藏八大山人第一妙蹟也。嘗置之臥室,客有能賞八大畫者,引至榻前激贊以爲樂。張生季爰當執贄時,道人詒之曰:八大無篆書,此數筆荷柄即篆書耳。張生尚能記其遺事。此爲筠庵三弟護持。丁卯元月,熙。(《教育部第二次全國美術展覽會專集第一種·晉唐五代宋元明清名家書畫集》,商務印書館 1937 年版)

《張大千簡介》:張大千,名爰,內江人。現年三十六歲,與其兄善孖齊名,世稱二張。曾及曾農髯及清道人之門受書法。山水花草,初無師承,迨從道人游,道人于畫極推明遺民八大、石濤,始肆意于二家,橅仿能亂真。(《良友》1934 年第八十六期)

案:據王中秀、曾迎三編《曾熙年譜長編》、包立民《張大千丁巳(1917 年)拜師新證》、張衛武《曾熙張大千交游考——曾熙事跡考析之五》考證,張大千當於丁巳春夏間拜師。蓋曾熙《張善孖畫例》曰"髯居滬上之三歲,季爰居門下",曾於乙卯來滬,居滬之三歲,當於是年。又,己巳二月題《張大千三十自寫小像》曰"一十二年几席親",亦謂丁巳已拜師矣。且戊午冬曾熙嘗爲張善孖《十二金釵圖》(上海健社)署檢,戊辰跋《十二金釵圖》(上海爛漫社)曰"較十年前所作更爲神妙",《張善孖畫例》曰"髯居滬上之三歲,季爰居門下。一日,持善孖所爲《十二金釵圖》乞題",似戊午應張大千所請而題者。壬戌張大千題"千秋萬歲"銅鏡拓片曰"五年前,曾以之壽梅師",丁巳四月公贈張大千聯款曰"季蝯仁弟",似春夏間張大千已執贄門下矣。然竊有所疑:己未六月朔曾熙跋張善孖山水人物冊(西泠印社 2010 年秋季拍賣會 0095):"季蝯弟相識滬上,出所爲髯書與阿某書,皆有風骨……又以其伯氏善存先生所畫山水人物冊子來見。"同日致張大千函(香港蘇富比 1997 年春季拍賣會 0317):"伯子善存先生承贈畫。"兩度將"善孖"誤爲"善存",當非手誤,苟於丁巳拜師,戊午又爲其兄《十二金釵圖》署檢,極賞其畫藝,似不當如此。一也。曾熙《季爰書畫例言》又謂其東渡歸來後拜師,且曰"道人好奇,見季年二十餘",若於丁巳拜師,張大千年方十九,非二十餘。二也。縱使丁巳已投曾熙門下,復以鏡壽公,亦不得遽謂同時投其門下。公五十初度時,季鳳書託門人程良貴轉贈公北曲及詩以祝,即其例也。惟公四月贈張大千聯款語可證丁巳拜公門下,而傅申有補款之疑。三也。又,田桓所記與李永翹《張大千年譜》相類,謂庚申張大千還俗結婚後始投公門下,然己未夏張大千出入公齋中搜羅棄稿,則至遲是時已拜公爲師矣。

張大千初拜師,造門而謁,屢爲門吏所阻,補送重禮後,方得親侍左右,獲益弘多。

謝家孝《張大千的世界·曾李二師》:"我被曾老師介紹拜在李老師門下時,李師究竟是在前清做過大官的人,雖然窮了,他家的排場架子還在,譬如説他的門房,總還以爲是藩臺大人的門官自居,我拜了老師好久,都見不到我們老師,都被這位門官大人給回了。"大千先生笑着説:"起初我還不曉得是什麼道理。每天去了,那位門官也總是客客氣氣的笑嘻嘻的,不是説大人正在書房見客,就是説大人欠安,在休息不見客。我也不疑有他,後來還是我們先君注意到了,我才知道屢被擋駕的道理。""我父親有一天突然問我到李老師處受教的情形,我説拜過師後,還未見到過李老師的面呢? 他問爲什麼? ……我的先嚴眉頭一皺,馬上又問:'送過門官的見面禮沒有?'我説,沒有啊,也不知道有這規矩。我的先嚴説:'難怪你總是被擋駕嘛,這份禮不但要立刻補送,而且還要送重禮,起碼要封四五百銀洋。'"大千先生笑説:"送了門官的禮後,果然就不同了,每次去了,門官總是先有一番情報,説大人正在書房寫字,讓我進去正好,有一次'清道人'臨寫《禮器碑》,我能適時在旁觀摩見識,都是得助於門官的關照。"……"記得拜在李師門前受教時,一日侍飯,李師胃口奇大,且嗜肉食,李師家中的紅燒肉,半斤一塊,大如手掌,李老師那天在飯桌上對我説:

'聽説你還能吃點肉，來陪我吃飯'，説着就夾了一塊給我，長者賜，不敢辭，那一頓飯，我勉强吃了三大塊紅燒肉，真是吃不消。後來我能吃肥肉，可以説是李老師訓練的。"……"我愛旅行遊山玩水，實際上也是受李老師的啓迪，我記得李老師説：'黄山看雲，泰山觀日，實屬生平快事。'當時我就暗下決心，一定要追求老師説的生平快事。"（頁四九至五三）

案：文稱經其父指點，送禮後方得見公，且曰"我的先嚴眉頭一皺"，似爲面詢者，然張大千丁巳、戊午皆往來日本、滬上，其父母均在家中，至己未五月方入蜀省親，而丁巳四月公爲其書聯，己未六月爲其畫佛，謂其入蜀前常出入齋中搜羅棄稿，則其回憶與史實不合矣。

四月六日（5月26日），赴劉承幹招飲，喻長霖、左孝同、徐乃昌、蔣汝藻、康有爲、況周頤在座。席散，觀蔣所攜各種宋本及書畫等件。

《求恕齋日記》四月初六日：喻志韶來。未幾，康長素來，同看余所藏宋元槧本，以是晚宴長素於家也。旁晚，左子異、徐積餘、況夔笙陸續至，將入席，李梅庵、蔣孟蘋來，遂坐席。邀而未至者爲沈子培、張菊生、章一山。席散，看孟蘋攜來各種宋本並書畫等件，至十二句鐘散。（册五，頁一五四）

四月中旬，李翊煃攜宋拓《夏承碑》來訪。

《農髯夏承碑臨本》：此碑陽舒陰斂，寓禽縱之法，蓋中郎之神品也。海内孤本，從真賞齋後歸臨川李氏又近二百年，今歲四月，謙六先生攜此本來阿楳家，對臨二通。阿楳曰："此碑後不可知，魏晉以來能傳中郎之絶學，惟熙一人，碑宜歸之熙。"熙曰："此李家舊物，儻予能以萬金得之，即當贈汝。"謙六先生亦相視而笑……丁巳四月芒種後，農髯熙。

曾熙《臨夏承碑册》：此臨碑時脱落，檢閲補之，此碑真賞齋後歸臨川李氏將二百年，今歲謙六先生攜至阿楳家中，心賞對臨，幾窮浹日之力,細審原碑泐損甚少,間有損處,多係紙破。又"累葉"、"與"、"矣"字,另一澹墨本補成,然亦宋補也。阿楳曰:"海內留此孤本,殆爲翯耳。"嗟乎,中郎一脈傳者無人,此碑中興不敢讓也。丁巳端午,熙補記。(《張大千的老師——曾熙、李瑞清書畫特展》頁一六一)

　　案:款曰"四月芒種後",是年芒種爲四月十七日,則李翊煃攜此冊來亦當於芒種前後也。

四月二十三日(6 月 12 日),晚,赴黃以霖小有天招飮,劉承幹、楊鍾羲、徐乃昌、陳樹屛、曾熙、許亦飛在座。

　　《求恕齋日記》四月二十三日:晚,至小有天應黃伯雨名以霖,江蘇宿遷人。光緒乙酉拔貢,辛卯舉人。前湖南提學使,現爲大源公司總理之招,同坐者爲楊芷牲、徐積餘、陳介庵名樹屛,安徽望江人。光緒壬辰進士。湖北候補知府、曾農髯名熙,湖南人、李梅庵、許亦飛海州贛榆人,久香之子及主人而已,席散即歸。(冊五)

赴杭遊覽。

　　《快信》:余誠格(前清湘撫)、李瑞清(清道人)、德濟(前清杭州將軍)均來杭遊覽。(《民國日報》6 月 16 日)

四月二十八日(6 月 17 日),錢溯耆卒,享年七十有四。

　　秦綏章《清故誥授資政大夫花翎二品銜補用道直隸深州直隸州知州錢君墓誌銘》:君諱溯耆,字伊臣,一字聽颿……夏正丁巳四月二十八日卯時,以疾卒於寓寢。距生於道光二十四年甲辰十月初七日申時,年七十四。(拓本)

四月下旬,姚明輝、王海鑄、范熙浩率武昌高等師範歷史地理部學生來謁。

　　《再誌武昌高等師範生之旅行》:武昌國立高等師範學校教務主任姚明輝、教員王海鑄、助理員范熙浩同歷史地理部學生四十人旅行江浙,已於日前到滬,經紀前報。茲悉此次范滬先謁見康

南海、沈子培、章乙山、李梅庵諸先生，暢領訓誨，並導往各校參觀。（《申報》6月19日）

四月，爲張大千書聯。

此亭惟爽塏；厥詞不浮華。季蝯仁弟索集鶴壽字本字。丁巳四月，清道人。（中國嘉德2013年秋季拍賣會0534）

案：該聯有張大千署籤"先師李文潔公崔銘集聯"。傅申疑其爲檢舊褙之作補款者，其跋曰："李梅庵應弟子大千之請，以此聯題贈之，而年款爲丁巳，據此似可將大千拜入師門提前二年，故得此大喜。然細察上款，墨色燥不入紙，與大字及本款之潤而微暈者不類，當是檢舊褙之作後添上款者，故仍不宜據此以遽定大千已於丁巳年入李師之門也。後包立民氏據此聯另覓新證發揚之，則此聯已非尋常之梅庵聯可比矣。癸巳夏至大熱，君約傅申考鑒於碧潭。"

是月，作"秀語奇情"聯。

秀語奪山綠；奇情破天慳。丁巳夏四月，清道人。（《翰墨因緣》頁八）

五月五日（6月20日），曾熙跋公所臨《散氏盤》。

曾熙跋《李某庵臨周散氏盤真蹟》：自宋以來，士大夫始言鐘鼎之學，我朝諸儒搜訪既勤，考據尤確，三代文字郁郁乎聚於我朝，然未嘗求其筆法，以究大篆之學。道州蝯叟固嘗爲之，迫以耄年，未竟其志。吳尚書可謂壹志專力，兀兀數十年矣，但習其體，未窺其奧，以晚近之筆，高語三代，宜其卑弱不能入古也。阿某生有古癖，於三代兩漢六朝自幼習之，勤苦過人，所造多成絕學。於大篆索奇探幽，殆斯文之中興乎？此冊爲容恢五弟所臨，盤曲深厚，蜿蜒滿紙，始末無一懈筆，五弟宜重寶之。丁巳端午熙。

案：曾熙爲向燊題所藏何紹基篆書曰："文潔以謨誥之才，窮鼎彝之奧，大篆中興，蓋在斯人。然非道州開山，無以成佛。"（《大風堂存稿——曾熙書畫題跋録》頁一三七）可資參證。

五月十三日（7月1日），是日復辟，發布上諭。

《張勳列傳》：覽奏，情詞懇切，實深痛懼。既不敢以天下存亡之大責，遂輕任於眇躬；又不忍以一姓禍福之瞽言，置兆民於不顧。權衡重輕，天人交迫，不得已允如所奏，於宣統九年五月十三日臨朝聽政，收回大權，與民更始。（《清史稿》册四二，頁一二八二八）

張勳《松壽老人自敍》：丁巳四月，各省又謀獨立，督軍或專使群集徐州，推勳主盟。勳於是提兵北上，調停國事。五月十三日復辟，詔授勳爲議政大臣兼北洋大臣直隸總督。

《鄭孝胥日記》五月十三日：夜，得賦秋來簡，云：“培老偕康入京，促定武立即復辟。頃得北京電：今早四時，宣統復辟；梁鼎芬迫黎退位，黎以死自誓，未有結果，現在通電各省，即有上諭。”司格禮來，云亦得電：宣統復辟，特來賀。（頁一六七〇）

《求恕齋日記》五月十四日：是日報載昨晨四時，張勳、王士珍、江朝宗、吳炳湘等入宮迎宣統帝復辟，即日以張勳、王士珍、陳寶琛、梁敦彦、袁大化、張鎮芳、劉廷琛據説議政八人，而報紙止載七人爲議政大臣。（册五，頁一七三）

《上諭》：朕不幸，以冲齡繼承大業，煢煢在疚，未堪多難。辛亥變起，我孝定景皇后至德深仁，不忍生靈塗炭，毅然以祖宗創垂之重，億兆生靈之命，付託前閣臣袁世凱，設臨時政府，推讓政權，公諸天下，冀以息争弭亂，民得安居。乃國體自改革共和以來，紛争無已，迭起干戈，强劫暴斂，賄賂公行，歲入增至四萬萬，而仍患不足；外債增出十餘萬萬，有加無已。海内囂然，喪其樂生之氣，使我孝定景皇后不得已遜政恤民之舉，轉以重困吾民。此誠我孝定景皇后初衷所不及料，在天之靈，惻痛而難安者，而朕深居宮禁，日夜禱天，彷徨飲泣，不知所出者也。今者復以黨争，激成兵禍，天下洶洶，久莫能定。共和解體，補救已窮。據張勳、馮國璋、

陸榮廷等以國體動搖，人心思舊，合詞奏請復辟，以拯生靈。又據
瞿鴻機等爲國勢阽危，人心渙散，合詞奏請御極聽政，以順天人。
又據黎元洪奏請奉還大政，以惠中國，而拯生靈各等語。覽奏，情
詞懇切，實深痛懼。既不敢以天下存亡之大責，輕任於冲人微眇
之躬，又不忍以一姓禍福之讆言，遂置生靈於不顧。權衡輕重，天
人交迫，不得已允如所奏，於宣統九年五月十三日臨朝聽政，收回
大權，與民更始。而今以往，以綱常名教爲精神之憲法，以禮義廉
恥收潰決之人心，上下以至誠相感，不徒恃法守爲維繫之資，政令
以懲毖爲心，不得以國本爲嘗試之具。況當此萬象虛耗，元氣垂
絶，存亡絶續之交，朕臨深履薄，固不敢有樂爲君，稍自縱逸；爾大
小臣工，尤當精白乃心，滌除舊染，息息以民瘼爲念，爲民生留一
分元氣，即爲國家留一息命脈；庶幾危亡可救，感召天庥。所有興
復初政，亟應興革諸大端，條舉如下：

（一）欽遵德宗景皇帝諭旨，大權統於朝廷，庶政公諸輿論，定
爲大清帝國，善法列國君主立憲政體。

（一）皇室經費，仍照所定每年四百萬數目，按年撥用，不得絲
毫增加。

（一）實行融化滿漢畛域，所有以前一切滿蒙官缺，已經裁撤
者，概不復設，至通俗易婚等事，並著所司條議具奏。

（一）自宣統九年五月本日以前，凡與東西各國正式簽定條約
及已付債款各合同，一律繼續有效。

（一）民國所行印花税一事，應即廢止，以紓民困。其餘苛細
雜捐，並著各省督撫查明，奏請分別裁撤。

（一）民國刑律，不適國情，應即廢除，暫以宣統初年頒定《現
行刑律》爲準。

（一）禁除黨派惡習，其從前政治罪犯，概予赦免。儻有自棄
於民，而擾亂治安者，朕不敢赦。

（一）凡我臣民，無論已否翦髮，應遵照宣統三年九月諭旨，悉

聽其便。

　　凡此九條，誓共遵守，皇天后土，實鑒臨之。將以通諭知之。
宣統九年五月十三日，內閣議政大臣張勳。（轉引自鳳岡及門弟
子編《梁士詒年譜》頁三六八至三七〇）

五月十四日（7月2日），詔授公學部左侍郎。

　　冷汰《丁巳復辟記》：十二晚，張赴同鄉會之招，往會館觀劇，
至十二鐘始歸。歸後，以電話約王士珍、江朝宗、吳炳湘、陳光遠
四人至，散坐院中……張語畢，以一言斷之曰：“此事余志在必行，
諸君贊同，則請立即傳令開城，放余天壇兵隊入內。否則請各歸
布置，決一死戰。”王、江等皆唯唯。遂立開城調兵，遍布各處。張
及諸人均入宮，籲請皇上登殿。是時朝見者：文臣有劉廷琛、胡嗣
瑗、陳曾壽、章梫、陳毅、商衍瀛、顧瑗、張鎮芳；武臣有張勳及其部
下四統將。某某頌登極詔，佈告天下。此詔乃伯兄所擬也。設議
政大臣，以張勳、王士珍、陳寶琛、梁敦彥、劉廷琛、袁大化、張鎮芳
充之，以胡嗣瑗、萬繩栻爲閣丞。恢復宣統元年官制，授各部尚
侍。外務部尚書梁敦彥，左侍郎李經邁，右侍郎高而謙。度支部
尚書張鎮芳，左侍郎楊壽枬，右侍郎黃承恩。陸軍部尚書雷震春，
左侍郎田文烈，右侍郎崔祥奎。民政部尚書朱家寶，左侍郎吳炳
湘，右侍郎張志潭。學部尚書沈曾植，左侍郎李瑞清，右侍郎陳曾
壽。海軍部尚書薩鎮冰。法部尚書勞乃宣，左侍郎江庸，右侍郎
王乃徵。農工商部尚書李盛鐸，左侍郎錢能訓，右侍郎趙椿年。
郵傳部尚書詹天佑，左侍郎阮忠樞，右侍郎陳毅。理藩部尚書貢
桑諾爾布。以張勳爲直隸總督，馮國璋爲兩江總督，陸榮廷爲兩
廣總督，餘各督軍皆改授巡撫。（《近代史資料》1958年第1期）

　　《復辟上諭》：宣統九年五月十四日，內閣奉上諭，瞿鴻機、升
允均著授爲大學士。欽此。……上諭，學部左侍郎著李瑞清補
授，陳曾壽著補授學部右侍郎。欽此。（張一厂編《復辟飲恨記》
頁五）

《張勳列傳》：先後命官以勳及陳寶琛、劉廷琛等爲内閣議政大臣，次則内閣閣丞萬繩栻、胡嗣瑗，大學士爲瞿鴻機、升允，顧問大臣趙爾巽、陳夔龍、張英麟、馮煦等，各部尚書梁敦彦、張鎮芳、雷震春、沈曾植、勞乃宣等，侍郎李經邁、李瑞清、陳曾壽、王乃徵、陳毅、顧瑗等，丞參辜湯生、章梫、黎湛枝、梁用弧等，都御史張曾敭，副都御史胡思敬、溫肅；並召鄭孝胥、吳慶坻、趙啟霖及陳邦瑞、朱益藩等均來京。(《清史稿》册四二，頁一二八三〇)

五月十五日(7月3日)，公欲北上赴任，從弟李雲麾來，止之。

　　李雲麾《先從兄清道人行述初稿》：民國六年丁巳，段祺瑞之徒毁法造亂，同志集廣東有護法之役。余由湘趨赴至鄂，而復辟禍作，心切念兄不知作何狀，急遽東下抵滬。趨兄居，則屬車在門，行李縱横，僕婢憧憧然，見余皆促爲兄賀，謂已得旨，授學部侍郎，即入京赴任也。入室見環兄而立者坐者，若髯若季若健，并諸餘人甚衆，紛呶不知所云，而皆若甚樂。兄木然視天，欹几坐，淚承於眶，見余入，卒然問曰："汝自上江來，形勢若何矣？"余曰："兄意若何者？"兄曰："吾懼此爲少數人所爲，或因此而危及優待條件，陷帝室於不測耳。"余曰："奈何赴之？"兄曰："吾爲清室大官，君命召，不俟駕，赴而同死亦所不能辭也，唯未知帝狀，吾正爲此大躊躇。"於時即有肘余出，而怵余以脱阻兄行，將舉家惟余衣食是索者。余大言曰："敢有强吾兄行者，是死吾兄也，吾先斃之。"入語兄曰："既知爲少數人所爲，則此非君命矣，何必赴？自古帝室無如是善終者，尚何不可已，必至之俎上自博封侯？吾料此數日中清宫必哭聲不輟，十三齡童子任人捉臂書字也。兄文人，赴之何補？果欲盡忠清室，宜趣電組庵挈衛張此説討之，庶或可自鼎鑊中出之耳。"組庵者，湖南督軍譚延闓字也，故雲貴總督譚鍾麟公子，甲辰探花及第，以湖南諮議局議長被衆擁爲湖南都督，致力民國而猶不能忘清室，於兄亦稱至友，情與曾埒。余自湘赴粤即唧其使命與護法軍合也。余言次，環兄而立而坐者望望然，逡巡遠引，騷擾漸寧。

余進曰："目今廉恥道喪，惟利是趨，惟勢是附，復辟之勢而盛，一般大老固無非中興重臣，未嘗不可以將來覆宗之慘易暫時及身之榮。余過蕪湖，親見倪嗣沖之安徽巡撫與討逆軍司令告諭先後一日并張於壁，過南京，聞馮國璋因倪軍南逼，而北方形勢漸顯不利，已與聯合，出討逆之師。馮固赫然民國之副總統也，其始若暗，不能直伸大義，其依違窺變，甚顯也。倪既拜安徽巡撫之命，移軍而南，圖拓地自雄，北方局勢更無人問。三張同謀，自成一局，塞河觀變，復辟者之利也。乃事未可知，遽圖專擅，屏張作霖於奉、張懷芝於魯，不使入閣議政，致二張反汗，北京陷於包圍，倪遂倒戈，馮亦繼走，復辟之必敗，勢已至明。群賊謀國，無恥至於此極，必將更有投機取巧者捷足圖功也。"俄報段祺瑞誓師馬廠矣。余曰："何如？復辟事尚可爲耶？"羃及季皆曰："汝言亮若觀火，不愧爲救時之彥。"趣諸人解裝如常。兄吁曰："微汝來，吾此時已飄泊海中矣。汝言電組庵張詞迴護，顧電何由達？吾料組庵或已能見及此也，吾姑更爲書促之。"言次，哭忽失聲曰："脫因此而無法保全者，吾亦惟一死耳。"自是慘沮若癡，余懼復生他變，不忍遽離，爲留兼旬。見兄日惟馳書所可與言者爲保全之圖。迄至局勢大定，清室如故，始稍復常態。（《清道人遺集》附錄，頁二八五至二八六）

案：文曰"俄報段祺瑞誓師馬廠矣"，段祺瑞於五月十五日（7月3日）誓師馬廠，次日發布討張通電，因繫於此。

五月十六日（7月4日），羅振玉致書王國維，乞其將信轉寄沈曾植，頗不滿各部尚侍人選。

羅振玉《致王國維書》：靜公有道：奉手教敬悉……此次我邦成功，不借東力，彼邦人士凡所以詛咒謗訕，無所不至，然則借彼力而成功，爲彼所至快，可知。易地以思，利害可想。乙老等以前

執迷不悟，今柄權矣，恐方針益惑。弟初欲與面陳此利弊，又恐有
獵官之嫌（在弟自問雖無嫌，此老終不知我，或以爲藉此求出，亦
未可知），又不忍不言。兹將報章攜滬，又信一封，請送渠宅，詢明
渠在京住址，雙掛號寄去爲要（寄學部恐遺失）。若仁先、梅庵未
行，交渠等攜去亦佳。費神至感。若公肯作書反復闡明此旨，尤
佳。公無所嫌也。

乙老果長學部，不出預料。弟意中興諸臣，當以讓德先天下，
乃竟不能。弟幸免爲之佐，乃深得前日面爭之力，不然殆矣（若發
表而不就，其怨弟尤甚矣。此老狹隘，終可虞，深爲憂之。各部尚
侍，頗多不妥，此老贊畫居多）。然弟獨不敢入都者，因彼必以大
學總長、或國子監丞、圖書館長諸職相牢籠，則去留都難。……弟
玉再拜。十六日。（《羅振玉王國維往來書信》頁二六六至二六七）

案：據羅繼祖案語，"羅振玉雖與沈曾植交甚密，而沈對羅不
能如羅之待沈。蓋沈狹隘，沈以資格任學部尚書，自無可疑，特副
手不以推羅而以處李梅庵、陳仁先，二人均庸才，非羅匹，易於驅
使，此老忌才，肺肝如見"云云，雖出肥斷，似不爲無理。蓋羅於清
季任職學部，兼京師大學堂農科監督，如參與復辟，又不願任大學
總長舊職，而沈長學部，與其交密，則"各部尚侍，頗多不妥"，似爲
公與陳曾壽所發耳。

五月十八日（7 月 6 日），北京消息甚惡，詣鄭孝胥商議，鄭勸其速赴
之，至津觀戰狀，事急則求日本調停。遂同詣宗方小太郎，宗方爲其
作介紹信致石光司令官、松平總領事。

《鄭孝胥日記》五月十八日：晨，雨甚大。報言，段祺瑞至馬
廠，以李長泰之兵將攻北京。張勳以兵拒之，曹錕亦遣兵自保定
來，張勳兵據德州兵工廠……李梅庵來，神色甚惡，謂余曰："北京
消息甚惡，君爲我決出處！"余曰："君已授官，宜速赴。然京津間
有戰事，且至津觀戰狀。余可求宗方爲子介紹於天津日本司令、
領事官，事急可與升吉甫同求日本禁止兩方交戰，以候調停。如

事無可爲,則奉幼主避之大連灣可耳。"飯畢,同詣宗方,宗方許諾,乃送梅庵至清雲里寓中。(頁一六七一)

《宗方小太郎日記(未刊稿)》七月六日:午後,鄭孝胥父子、李梅庵來訪……爲李梅庵寫介紹信致天津石光司令官、松平總領事。(頁一○九八)

致書李承緒,勸其少待以觀其變,不宜亟亟北上。

《致李承緒函》一:陳皮能更分賜少許以自備,尤所感盼也。各路兵馬均向京進發,似宜少待,以觀其變,不宜亟亟北上也。望并勸林芷翁。它不多及。敬頌行李萬福。達九賢侄執事。清道人頓首。(私人藏)

五月中旬,林紓賦《五君詠》,公在其列。

林紓《五君詠》:張淵静、勞無功、胡瘦堂、温毅夫、李梅庵,皆余友也。有詔徵之,未至而諸鎮兵已臨城矣。

淵静稱鯁亮,臨老卸疆寄。避難隱淶水,食貧甘鹽豉。項城起無功,死抱故君義。作書詆共和,攻者不爲地。二子持峭行,弗奪平生志。淵静幸數見,義憤累攘臂。詔徵温胡李,璽書同日貢。瘦堂隱廬阜,朝夕屬山翠。去年吾謁陵,毅夫適南至。命寫拜鵑圖,言中已見意。潛樓與大政,極力務羅致。搜獵及梅庵,敦趣易道帔。讀詔頗驚歎,引權豈寒細。淵静甫治任,烽煙已如沸。鄱陽湖水遥,庾嶺雲容遲。温胡定一笑,再衣吾荷芰。獨幸勞無功,竟爾周南滯。其中詎有天,完此瑚璉器。吾測李道士,江樓方取醉。賣字日得錢,萬事且決棄。等我隱畫師,安足膚重罪。成此五君詠,觸忌寧所畏。(《畏廬詩存》卷上)

案:該詩前第五首爲《五月十三日紀事》,第二首《獨坐讀杜詩》注曰"時避亂者多出城,予未行",後第二首爲《五月廿四日晨起聞巨礮聲知外兵攻天壇矣天壇定武軍所屯處鏖戰自卯至未五時始略息而東華門及煤山亦同時舉礮市上聞兵車轆轆聲寂無行人飛彈過余屋頂其聲虻然余淒然懸懸於宮中因拉雜成此長句》,

則此詩當作於十五日至廿三日間也。

胡思敬擬取道上海，邀公與陳曾壽一同航海赴難，卒未果。

　　胡思敬《答華瀾石書》：至十六日接京電，以副憲內召，始知復辟之事業已實行……因於十九日馳至九江，則京漢、津浦兩路業已不通。風聲益緊，不得已，折回新昌，拜別老親，安頓眷口。滿擬取道上海，邀同梅菴、仁先一同航海赴難。拼擋粗畢，而京局瓦解，事已不及矣。（《退廬箋牘》卷三）

五月二十三日(7月11日)，公爲譚延闓憂。

　　《譚延闓日記》七月十一日：傍晚，輿歸家，以大生歸，棣松以蒸盆爲饋，同飲三巡，問近事甚悉。李梅菴爲我擔憂，情甚可感，然吾又爲彼失笑也。得秉三電，知復辟一齣已閉幕矣，不知後此戲文如何耳。（册五，頁一九六）

五月二十四日(7月12日)，復辟失敗，公憤懣不可終日。

　　冷汰《丁巳復辟記》：廿四日，叛軍大舉進攻，衆五萬餘人，張孤軍力戰，自寅至未，叛軍死傷纍纍，不能克。公使團以流彈入使館界爲辭，發停戰炮以止兩方之鬥。荷使派汽車，以德國人駕之，冒彈入張宅，勸張出險，張不肯，強挾入車，馳而出，戰遂止。（《近代史資料》1958年第1期）

　　鳳岡及門弟子編《梁士詒年譜》：張軍自七日退入京城，悉力防禦，將軍隊屯聚天壇，列礮於天安門、景山、東西華門、南河沿等處。經駐京各國公使調停，勸張勳解除武裝，取消復辟。張堅不允。是日，討逆軍分三路進攻，直入各城，旅長馮玉祥、吳佩孚、張紀祥等攻擊天壇，大敗之。其餘各路均不守，全軍被虜。張勳遁入駐京荷蘭使館，康有爲逃入美使館。復辟怪劇，於焉告終。（頁三七九）

　　蔣國榜《臨川李文潔公傳略》：丁巳五月，復辟事起，授學部左侍郎。沿江諸道兵大起，事復寢。公憤懣不可終日，侘傺一寓文字。（《清道人遺集》頁一○○）

五月，爲《喉證要旨》署檢。

  《喉證要旨》扉頁：喉證要旨。丁巳五月，清道人。（掃葉山房）

  案：該書係陳光淞所作，陳嘗爲江蘇候補道，公已爲其《温熱論箋正》署檢，又爲其尊人所寫《金剛經》册子作跋。（《清道人遺集》頁七九）

六月八日（7 月 26 日），傍晚，宗方小太郎、姚文藻來訪。

  《宗方小太郎日記（未刊稿）》七月二十六日：五時半津田少佐、姚文藻來訪。與姚外出，訪李梅庵，小談歸。（頁一〇九九）

六月十二日（7 月 30 日），赴王式約於一家春飯，鄭孝胥、李維格在座。

  《鄭孝胥日記》六月十二日：王叔用邀至一家春飯，晤李一琴、李梅盦。（頁一六七五）

六月十四日（8 月 1 日），熊希齡母吳太夫人八十壽辰，公繪《松枝延年圖》以祝。

  《松枝延年圖》款：不雕之質，鬱鬱蒼蒼。參天拔地，垂蔭四方。惟石嶕嶢，泉冽而芳。合以靈芝，爲萬歲漿。再拜母前，獻紫霞觴。天地有極，母壽無疆。熊年伯母吳太夫人榮壽。年愚侄李瑞清敬祝。（上海敬華十周年春季拍賣會 0594）

  案：據周秋光《熊希齡傳》，熊母吳太夫人生於道光十八年（1838）六月十四日，民國六年於北平舉行壽慶。又，公鈐印"阿梅"、"清道人"，故繫於此。

六月二十三日（8 月 10 日），譚延闓致函與公。

  《譚延闓日記》八月十日：通信：四十三書、道士。電子武。（册五，頁二二六）

六月中下旬，致書陸樹藩。

  《致陸樹藩函》一：往蘇何時時歸耶？歸時幸告我，當詣談也。貧道苦人，幾成製米機，而公又孃又忙，咫尺與萬里何以異？人來,得手并各著,知故人在遠不忘也。世兄入銀行大好事,此時惟六圓乾净其體,當益充實,議昏對否?極念之。阿筠已交差,比寓蘇州,此數在淞江也。近見何可憙之書畫否?平生無所好,惟有書畫癖,此習恐難除也。它望珍衛。菡伯老哥左右。清道人頓首。(迦南 2013 年秋季拍賣會 0353)

　　案:書曰"往蘇何時歸耶",本年七月初公《致陸樹藩函》有"聞自蘇州歸"句,此函當在其前,或即六月中下旬也。

六月,門人景印曾熙所臨《黃庭經》以貽同學,并乞其識之。

　　《曾農髯先生臨黃庭經》:《黃庭經》一卷。老髯書與道士作五十生日也。"壽專萬歲將有餘",相期在此。今歲其門人景石以分貽同學,囑識其耑。丁巳六月,曾熙。(震亞圖書局)

　　案:參閱丙辰七月九日條。

夏,兩得幫匪假借維良會之恐嚇信,勒索款項。同時,又有涵光、静虚等假託設立中國道教會名義索詐,覆書拒之。

　　《復維良會書》:貧道傷心人也。辛亥國變,求死不得,漂泊海上,鬻書偷活。寒家幾四十人,恃貧道一管以食,六年以來,困頓極矣。昨據貴會來書,業已作書報復,頃又得來書云未取得,以萬人行路之通衢,何能禁人之不取?至云屬貧道匯豐行票三百以助貴會,誤矣。貧道鬻書人也,非有多數之金錢儲之篋笥也……兩得手書,故此掬誠相告。請貴會切實調查,如有謊言,手槍炸彈,引領甘受而無悔焉。(《清道人遺集》頁一二二)

　　《復中國道教會書》:頃辱手教,公等不以瑞清爲不肖,引爲同道,并承錫以道號,但有皇悚……至若登報,俾世界周知,尤非迂朽所敢當也。願回寵命,勿刊鄙名,以成余志,感且不朽。又來書命請捐資,義宜樂助。然瑞清雖出世,未能出家。去秋以後,四方擾攘,書畫生涯,日見落寞,家口嗷嗷,日懼不給,顧安能得此巨資乎?(《清道人遺集》頁一二一至一二二)

自在《清道人遇詐秘記》：民國初年，清道人（李瑞清）束髮道裝，在上海賣字，求書者接踵於門，一時聲譽鵲起，遠近周知，因之欽羨者固多，嫉妒者亦不鮮。海上本屬五方雜處，流氓幫匪，與夫馬路政客，充斥其間。道人賣字生意既佳，遂惹起市井無賴之覬覦。民六之夏，迭接匪徒假借維良會之恐嚇信，勒索款項。最滑稽者，指定要外商銀行鈔票。道人復信，縷述家累奇重，鬻書生意不佳，及其身世實況，語極酸楚。函云：（略）道人此信，自認賣字爲室家之累而營業，絶不標榜清高，且以野雞相比喻，所謂"傷心人也"，實有感而發。"求死不得"一語，是指其辛亥年在南京，程雪樓（德全）欲以都督府顧問相畀，彼則以死辭之，而來滬賣字。惟"十餘日來無一圓之收入"，以其當時筆墨之忙，此語似是飾辭，而非實情耳。

同時又有涵光、寂和、静虚、養定、葆真、應廣等，假託道友設立中國道教會名義，請道人擔任發起人，并求捐助鉅款，此則誤會道人爲道士，藉端敲詐。道人復信，大放厥詞，將此輩斂錢道士，嚴加申飭，原信於慨歎世道人心中，含有不少幽默成分。（《逸經》第二期，頁四一至四二）

鄭逸梅《李梅庵拒絶索詐書》：陸丹林與予有同癖，因以所獲告之，彼亦有梅庵札，即檢出以示予，札累累數紙，裝成卷軸。蒙丹林見告："時當民國六年，梅庵鬻書滬上，頗著聲譽，匪徒覬覦之而索詐焉。託名"維良會"，致書梅庵，梅庵遂作是書以覆之。其僕鈔副本付郵，而以原札售人，乃輾轉入丹林手。予借録之，亦一極可珍貴之掌故也。（《鄭逸梅選集》之《味燈漫筆》頁四八一）

案：《復中國道教會書》後由張善孖刊於《新聞報·快活林》（1931年8月20日），題曰"清道人之遺札"，前有"涵光、静虚諸道長元鑒"句。張跋曰："此函後由其家人另易答復，原稿留存，由余十弟君綬以重價購藏之。"

夏，爲黃秀烺古欒山莊書聯、題牓，並爲其題《古欒山莊圖》。

　　《題古欒山莊圖》：墨翟喪貴薄，賢聖所同訾。親親思周道，族葬禮不疑。欒谷肇鴻基，靈原何崔巍。玉湖袊其前，石井清且漪。先人耕釣地，魂魄庶來歸。春秋拜墳前，祫享瞻廟儀。豈知黃泉下，尚若繞膝時。根碩葉自光，嘉福子孫宜。嗟予久行役，偷活伏海陲。丘隴在萬里，披圖懷辛悲。作歌告世人，民生重秉彝。奉題秀烺先生《古欒山莊圖》，李瑞清。（范清靖主編《古欒山莊題墨選萃》頁一八四）

　　案：公未署年月，然鄭孝胥、張謇、朱祖謀、喻長霖、伊立勳、鄭文焯等均題於丁巳夏，暫繫於此。又，據黃猷炳輯《古欒山莊圖題詠》（民國六年排印本），古欒山莊華表背面牓書曰“世載孝友。李瑞清題”，石門正面聯云“欒植千年，也知祖德宗功，從姓不離中土色；莊開六達，却勝方壺圓嶠，登仙還是一家人。王冠群撰，李瑞清書”，景庵聯云“欒味問箇中，乃祖獨具苦心，似啓山林，七澤三湘開楚國；莊生超世外，他年共登樂土，如成仙佛，千秋萬歲避秦人。林騷撰，李瑞清書”，牓書“欒蔭樓，李瑞清書”。

七月三日（8月20日）前，致書陸樹藩，爲賀弼求售瓷器，以充路費。

　　《與陸樹藩書》二：久闕瞻謁，懷仰千萬。聞自蘇州歸，本欲相詣，會家弟喪一子，不能出門。賀少翁事蒙大力允助，奈命與願違，伊旅居難支而湘債急如星火，敢求速爲設法援手，使得節前歸還尤感。貧道夏節來，生意頓減，五、六兩月直無生意，至近稍稍復原，然元氣大傷矣。鼻煙孫詞臣意欲留之，或俟其都中歸也。莼伯老哥閣下。清道人頓首。（迦南2013年秋季拍賣會0353）

　　《求恕齋日記》七月初三日：午後，陸純伯來。伊因李梅庵有信，爲其友賀少亮太守弼還湘無資，欲將磁器向余抵洋二千元，竭力說項，相懇不已。余不允，純伯再三相商，至晚未去。不得已，告以介紹他處，約彼明後日由詠和約同來看，敷衍移時而去。（册

五,頁一九七)

七月初,繪《米顛拜石圖》。

　　《米顛拜石圖》:舉世混濁,孰可當此老一拜者? 惟石兄不屈不撓,特立天地間,隆冬酷暑,不易其度,是可拜也。若能移之以擎欲傾之天者,夫且相率而拜矣,奚但米顛也? 清道人。(西泠印社紹興 2015 年秋季拍賣會 0004)

　　　案:公未署年月,此圖尚有曾熙處暑跋,暫繫於此。

過吳昌碩,觀其爲吳徵所作集《石鼓文》字聯,謂其得力於《虢季子白盤》、《曾伯霥簠》。又謂太學古人,恐今人不樂,有礙生計。

　　吳昌碩集《石鼓文》字聯:吾樂孔多,樱楷陰中曾射虎;人來不速,柳花深處有游驂。抱銷吾宗以佳紙索篆,涂成,適清道人來,謂得力於《虢季子般》、《曾伯霥簠》者。予實滋愧,告以臨《獵碣》難於員中取神、虛處落墨。道人云,太學古人,恐今人不樂,有礙吾輩生計。苦口奉勸,一笑而去。時在丁巳新秋,客滬上癖斯堂。安吉吳昌碩年七十有四。(吳徵後人藏)

七月九日(8 月 26 日),是日爲公初度之辰,張大千以六朝銅鏡爲壽。

　　張大千題"千秋萬歲"銅鏡拓片:壽世之竟,秦漢爲多,六朝物僅此一見。五年前,曾以之壽梅師。梅師没,不願假作它人壽。重以筠庵先生命,完我趙璧,爰脱之以公諸愛我兼竟者。壬戌五月既望,德庵先生索搨片,因識數語於此,大千居士爰。(曾熙後人藏)

薦門人胡光煒任倉聖明智大學國文教員。

　　謝建華《胡小石先生年表》:8 月,由李梅庵先生介紹,去滬任上海倉聖明智大學國文教員。(《胡小石文史論叢》頁二四五)

七月二十日(9 月 6 日),赴津田静枝之招於俱樂部爲宗方小太郎餞行,李經邁、鄭孝胥、姚文藻、松井石根、西本省三、大西齋、林出賢次

郎等在座。晚，劉承幹囑沈焜致函與公。是日，齊白石爲楊昭儁治印，謂公贈其書最多，恨未相見。

《宗方小太郎日記(未刊稿)》九月六日：六時半至俱樂部赴津田少佐之請宴，李經邁、鄭孝胥父子、姚文藻、李梅庵、松井、西本、大西、林出等同席，佐原亦來列席，九時半散。(頁一一○二)

《鄭孝胥日記》：七月二十日：赴日人津田之約於日本俱樂部，爲宗方餞行也。(頁一六八二)

《求恕齋日記》七月二十日：夜，囑醉愚作函致李梅庵。(册五，頁二○六)

"枕善而居"印款：余嘗游四方，所遇能畫者陳師曾、李筠广，能書者曾農髯、我潛盦先生而已。李梅癡能書，贈余書最多，未見其人，平生恨事也。潛广贈余書亦多，刻石以報，未足與書法同工也。丁巳七月中齊璜並記。時二十日，由西河沿上移榻炭兒胡同。(《齊白石全集》卷八)

齊白石《寄園日記》六月一日：作李莘夫刊印記。……復感平生自以草衣閱人多矣，能工詩工書者，遇王湘綺先生及王蛻公、樊蝶翁、夏天畸、余去非、汪無咎、李筠庵、曾子緝，獨與李梅癡咫尺神交未能相識。(《齊白石全集》卷十)

七月二十四日(9月10日)，與鄭孝胥、姚文藻、李經邁同餞宗方小太郎，津田静枝、佐原篤介、西本省三、林出賢次郎、大西齋等在座。

《鄭孝胥日記》七月廿四日：與季高、梅庵、賦秋同餞宗方，並約津田、佐原、林出、西本、大西齋等共飲。(頁一六八三)

《宗方小太郎日記(未刊稿)》九月十日：李經邁、姚、鄭孝胥、李瑞清送來請帖。佐佐布來訪。六時赴鄭孝胥宅之請宴，李、姚、李、津田、佐原、林出等同席，九時半散。(頁一一○二)

七月下旬，致書徐乃昌，因有大功之喪，故不得奉杯話。

《與徐乃昌書》：貧道不幸有大功之喪喪一侄，故今日不得奉杯話，亮之。積餘吾兄同年閣下。功清道人頓首。(上海朵雲軒四

季十四期拍賣會 0475）

　　案：七月初，公致書陸樹藩，款曰"清道人"，尚無大功之喪。書曰"故今日不得奉杯話"，似新喪不久。據"致書蔣國榜，購得石濤畫"條所考，此事當在七、八月間。七月二十日、二十四日，公均赴飲，此事或在七月二十四日後也。暫繫於此。

致書蔣國榜，欲爲其購石濤畫。

　　《與蔣國榜書》一：晨起失迓，令祖大人墓前闕題好送上，蔣當題姓氏，故爲添之墓闕，以示萬世，非但示家人也。今日見石濤和尚直幅，其直尚廉，畫亦蒼渾，故爲弟購之，大約百六十圓可得，時賈極貴，此人新從湖北來。或來一看也。墓碑正在趕寫。秋涼，敬頌侍奉萬福。功清道人頓首。蘇龕吾弟閣下。（《清道人手札冊》，《中華國粹》2014 年 11 月號，頁六八至七六）

致書蔣國榜，購得石濤畫，欲假觀其所藏明拓《史晨碑》。

　　《與蔣國榜書》二：蘇龕賢弟閣下：碑題年月書上，"穀旦"只宜於扁，碑無之，故且書"立"字。石濤畫已成，但中間人索謝數圓，弟酌予之。現市直可得叁百圓，如弟不甚愛之，將來貧道可代受也。因要錢甚急。又前代吾弟購之明拓非宋拓者《史晨碑》欲假一觀。敬頌侍奉萬福。功清道人頓首。（《清道人手札冊》，《中華國粹》2014 年 11 月號，頁六八至七六）

　　案：民國三年公爲蔣國榜跋《宋拓史晨碑》，當購之不久，則此書當作於甲寅後也。款云"功清道人"，故繫於此。前函曰"秋涼"，考《譚延闓日記》九月十四日（10 月 29 日）"夜行殊有寒意，車中猶瑟縮也"，則此函當作於七、八月間。暫繫於此。

七月，爲門人胡俊作《御柳圖》，並乞陳三立題句。

　　陳三立《李道士爲其門人胡翔冬作御柳圖乞題》：其一：青青猶自傍宮牆，蟠據根株歲月長。一夜東風怯無力，迴看搖影不成行。其二：綽約靈仙捧土栽，繞溝鸂鶒莫驚猜。對垂萬淚移滋灌，

飄絮爲君覆酒杯。(《散原精舍詩文集》頁五四三)

張大千《贈胡繼中》:終年不報非關嬾,嬾,疑爲孏。快日無多每健忘。從憶君家有癡叔,急需御柳補宮牆。注:先師文潔公寫令叔《御柳圖詩》,近期當即樅呈。戲爲小詩,博開口一笑。(《張大千詩文集編年》卷六,頁二二三)

案:胡俊自作《御柳》詩曰:"太液池頭御柳枝,枝枝不復似當時。可憐多少無情絮,散出宮牆作雪飛。"(《自怡齋詩》)

是月,胡思敬覆書趙啟霖,推公氣節,以交公等爲幸。

胡思敬《答趙芷生書》:前五月間復辟事起,敬避嫌返鄉,直至七月初,始由省城轉到尊函……近聞南北開戰,衡永適當兵衝……今之士夫,能經此鍛煉者,曾有幾人在?貴鄉如巨年、澤寰、復初、詒重,在敝省如庶三、伯嚴、幼雲、梅庵、瀾石,皆與鄙人有一日之好,自信頗能擇交。(《退廬箋牘》卷三)

是月,爲《初拓爨龍顏碑》署檢。

案:民國珂羅版《初拓爨龍顏碑》封面題曰"初拓爨龍顏碑。丁巳七月,清道人"。

是月,爲吳昌碩畫册署檢。

《吳昌碩畫册》封面:吳缶廬畫册。丁巳秋七月,清道人題。(金石筆墨文人心——吳昌碩書畫篆刻藝術展)

是月,書聯以祝鑑青七十壽辰。

人壽百歲上;世德一經中。集《泰山經石峪》字爲鑑青先生七十壽頌。丁巳七月,弟李瑞清頓首拜祝。(東京國立博物館藏)

跋狄葆賢所藏宋拓《孔彪碑》。

跋《宋拓漢博陵太守孔彪碑》:漢碑多以古茂淵懿勝,而世人獨稱《劉熊》,大氐乾嘉以來,學分者皆喜流麗而忌板刻,《孔彪》實與《劉熊》同意,而世無稱焉。蓋以其碑現在拓者又多草草,石亦剝蝕不可識,《劉熊》有谷口、竹垞諸先生所推重,又罕而見珍,此拓墨色古黝，用筆沉著飄逸，大得計白當黑之妙，直與《劉熊》抗衡。學者得此，可以盡化板刻，脱盡凡骨矣。清道人。

　　案：該碑爲平等閣主人所藏，民國六年十月有正書局嘗景印出版，故暫繫於此。

八月初，致書蔣國榜，欲借臨石濤畫。

　　《與蔣國榜書》三：此畫裱後精神當益出，可送四馬路三山會館翰古齋裱之。又兄欲借臨一張，或我代弟送去亦可，其直明蚤來接。功清道人便紙。(《清道人手札册》，《中華國粹》2014 年 11 月號，頁六八至七六)

致蔣國榜函，不滿所書碑銘，欲毀之另書。

　　《與蔣國榜書》四：人來，《史晨》并畫貲百圓外四圓照收，前請惠臨者，以令祖墓已書成，因不匀，欲毀棄之另書。今畫格已來，細思不作册子，書易於精易於□，照碑格大小，將鈎刻亦方便。如以爲可，急相告，如必欲整書，亦望告，整格已畫好。即好下筆也。餘不多及。敬頌侍奉萬福。功清道人頓首。(《清道人手札册》，《中華國粹》2014 年 11 月號，頁六八至七六)

致書蔣國榜，爲李瑞荃假觀石濤畫事。

　　《與蔣國榜書》五：石濤畫舍弟欲假一觀，閱後即爲送裱，如一時不思付裱，看後當即送上也。晚涼，侍奉萬福。蘇盦吾弟史席。功清道人頓首。(《清道人手札册》，《中華國粹》2014 年 11 月號，頁六八至七六)

八月十二日(9 月 27 日)，譚延闓抵滬。午後，過譚延闓、曾熙久談。

　　《譚延闓日記》九月二十七日：十一時十五分泊虹口，大武已立棧橋矣。相見大喜，即下船，同宋滿、大武乘馬車至家……曾九適歸，同談甚樂。午後，道士來，相見皆有人事之嗟。久之，曾、李同出。(册五，頁二七四)

　　案：據郭廷以《中華民國史事日誌》，譚延闓於七月十五日辭湖南省長,返茶陵原籍。段祺瑞以傅良佐代之,傅於七月廿三日抵長沙。

八月十五日（9 月 30 日）,曾熙父子、譚延闓、宋小坡等來,觀公作書。

　　《譚延闓日記》九月三十日:俞三來,邀同呂、宋、大武、兒侄輩往哈同花園,余與曾九父子及李梅厂之四弟同出,電車中遇毓昆,約同至道士家,門宇清邃,燈火光甚,都非昔比矣。李三來,李謙六歸,宋小坡亦至,談頃,毓昆去。看道士作書,有小蟲,俗呼金鈴子,大如蠅,聲唧唧,道人以爲即促織,恐不然也。將晚,獨乘人力車歸。（冊五,頁二七七）

八月十八日（10 月 3 日）,午後,過譚延闓、曾熙久談。

　　《譚延闓日記》十月三日:七時起。今日淑姑生日,家人爲之治麵,曾九亦起同食。遂邀余密談,舊人而具新思想,蓋有不忍人之一心所迫而然,然吾殊無成見,更不拘守舊盟,無俟乎勸。所躊躇者,本身耳。上樓與內人談久之,意亦正同……道士來,大武、呂、宋出,獨與余及曾九談,其持論亦甚相似。討論久之,乃別去。（冊五,頁二八〇）

八月二十日（10 月 5 日）,偕姑丈姚良楷同過譚延闓,遂與同人往古渝軒釀飲,李瑞荃、譚延闓、譚澤闓、呂苾籌等在座。

　　《譚延闓日記》十月五日:道士、姚子階來,遂發起往古渝軒,余與呂、宋、大武趁電車往,道士、姚老往邀李三同來。菜頗佳美,酒不多,以瓶罄也。既散,道人、李、姚他去。（冊五,頁二八二）

八月二十一日（10 月 6 日）,赴劉棣芬、劉棣蔚古渝軒招飲,曾熙、李瑞荃、姚良楷、譚延闓、袁思亮、袁增文等同席。是日,曾熙爲人書聯,謂公近以南宗之法作書。

　　《譚延闓日記》十月六日:六時後出,仲圭歸家,吾輩至古渝軒應艾棠、伯庚之招,袁大、袁三兄弟先在,道士、曾九、李三、姚子階後來。入座,飲白乾,菜殊平平,不如古渝也。同大武、呂滿歸以

電車。(册五,頁二八三)

雅度清於玉;嚴威肅若霜。襄凡仁兄法家正之。緜與阿某作書,劃分南北,近阿某犯我南疆,予亦深軍入其北壘。此聯大有混一南北之勢,主人以爲然乎否耶?一笑。丁巳寒露前三日,曾熙。(重慶中國三峽博物館藏)

八月二十二日(10月7日),午,招同人飲於家中,譚延闓、譚澤闓、吕苾籌、曾熙、李瑞荃、姚良楷、劉棣芬、劉棣蔚、魏肇文等在座。

《譚延闓日記》十月七日:出至袁伯夔家,坐談至一時。乃驅車至道士家,大武、吕滿、宋滿、曾九皆在,李三、姚老亦來。待劉氏兄弟不至,乃先入座,飲勃蘭地,菜出内製,皆精絶。將半,艾唐、百庚來,魏選亭亦至,以乳油燉魚翅則未佳,鰒魚尚可耳。(册五,頁二八四)

案:宋滿疑即宋焕卣。

八月三十日(10月15日),夜,過曾熙談。

《譚延闓日記》十月十五日:登樓後,聞曾九室中人語,下視則道士也。談久之,乃上樓睡,未熟,聞開門送道士也。(册五,頁二九二)

八月,爲黄楚九題《謳歌集》。

《謳歌集》卷首:今世所謂豪桀偉人莫不曰流血,又曰鐵血,權利所在,則揚袂奮褎,蠭起蠅集,曰捄國。事敗則如鳥獸散,相與聯袂遁矣。或更賣其故友,同類相殘如仇讎,曾不少怪,面無愧色,顙無慚泚,此其人直無血耳。無血,故無恥。黄君楚九哀之,製真正血以捄世,其藥之良,乃可醫國,豈但可以起瘵肥瘠也。丁巳八月,清道人題。

案:黄楚九爲海上巨賈,創中法藥房,《謳歌集》蓋頌其所製九造真正血也。《重刊謳歌集序》云:“黄公磋玖生前嘗創製九造真正血,爲補血惟一之良藥。此藥既行世,服者皆得奇驗。於是一

時海内之名之士，競爲文張之，積之既久，哀然成帙。"該册尚有譚
延闓、曾熙題。

是月，徐建生來函，指摘其書法疵病，又勸其愼爲商賈題跋。

　　徐建生《致清道人李梅庵書》丁巳仲秋：梅老先生撰席：建辛亥
秋在江南財政公所，瞻仰薇曜，時値變亂，坐不安席，話不成緒。
嗣後公隱海上，建歸皖中，忽忽七年。先生風節日峻，德望日高，
益令人以曾承顔色、親謦欬爲幸。建皖南下士，讀書無所得。性
喜學書，幼歲囿於行楷，弱冠學隸，蘄於漢而阻於魏，筆姿圓弱，不
克振拔。又無緣得宗匠指點，無力致模範碑版。未十年，舍而學
篆，進退於秦唐二李間，不敢越，尤不敢雜，今且二十有餘年矣。
意在求眞，志在見我。眞者稱力竭能，無事矜飾；我者熔鑄今古，
自闢門塗。近年來意所誠求，庶幾不謬，而志所欲見者，乃戞戞乎
其渺難期也。望古既遥，信今彌篤，鄉前輩自懷寧一老外，梁毫
州、包安吳一偏之詣，粗有所成，自非北平、諸城輩所能及。最近
惟張廉卿、何蝯叟各具作意，自立家數。再降而求諸時下作者，并
檜無之，詎亦國家運會使然歟？

　　先生書名滿天下，震中外，建獨不肯附和時論，且極疑詫。舍
弟淮生，字漢侯，一字醉石，膺兩江師範國文講席，服先生教甚久。
其初作字，近朱近墨，專意摹倣，近年悔悟，力改，筆境特異而窠臼
不殊，建甚惜之。夫先生固□□之專學六朝者，六朝書用筆之法
最明顯，新舊出土各小墓誌尤爲謹嚴精卓，有目共賞。至於《峪》、
《爨》之類，以及造像石幢同出市匠手筆，唐宋諸大家所爲不屑齒
及者。建見先生書不下百十幅，求其起伏轉折、停頓變換之迹，一
莫能得，果眞渾穆乎？抑別有奧突乎？但見其用筆也，似搓挪而
實填；其用墨也，似沈著而實滯，至碑版所未曾有之字，與夫偏旁
間架無所假借者，驅遣結構，尤不相類，是何故耶？更其甚者，每
臨漢隸，輒題其後曰：參用六朝某碑筆意，是又何故耶？學馬班文
參以韓柳句法，學風騷詩參以李杜律調，豈非文壇怪事、藝苑創

聞？飾金玉者告人以參鉛砆，飯膏粱者語人以參糠粃，謂可增價值益滋味也，有是情理乎？所臨既渺不相涉，所參尤似是而非，兩無所依，一無所取。譬之效西施之顰，參以無鹽之笑，遂令見者駭愕卻走，不忍卒視。果其是顰是笑，雖妍媸雜呈，而滑稽有致，惜乎其顰且笑者，究未知西施、無鹽為何如人也。倘能精學六朝，抉擇不謬，表裏洞徹，亦自足以名家，何必高談漢法，始盡冒古眩俗之能事哉！天下後世不可欺，建所羨望於先生者，正在天下後世。一藝之微，累及大德，竊欲以求真之意相質，或不悖於坏壞細流之義歟？晚近負書名如康常素、張季直、鄭蘇龕諸公，下至吳昌碩、曾農髯輩，建雖曲憐深惡，不願以一言相交，而獨為責備賢者，傾吐宣洩不稍恤，良以心折先生品誼，不慮失言，且忘其戇，或竟以此諒察狂愚，辨析謬誤，開發而明教之，則受賜實多矣。近來商儈販古牟利，借重名人題跋，此中鑑別迎拒，尤宜嚴明。識別不真，寧從闕置，吾人聲價終有定衡，不可取快一時，過自菲薄也。臨穎神往，不盡依依。祇候道履百益。（《遲廬雜存》頁一至四）

是月，復為胡思敬《豫章叢書》各書署檢并書牌記。

　　案：《豫章叢書》之《雪坡文集》扉頁曰："雪坡舍人集五十卷。"卷末有胡思敬丁巳七月跋。《龍雲集》扉頁："龍雲集。"胡思敬《校勘記》曰："書成於乙卯十月，閱二年，丁巳攜至南京，再校一次。"又《四書疑節》、《說文蒙求》等牌記曰："丁巳仲秋刊于南昌退廬。"雖無款識，審其書風，當為公所書者也。

九月二日（10 月 17 日），赴曾熙小有天招飲，李瑞荃、錢熊祥、李翊煃、姚良楷、譚延闓、譚澤闓、呂苾籌等同席。

　　《譚延闓日記》十月十七日：乃至小有天，曾九約也。久候無客，至一時許，李三、錢沖父來，大武、呂、宋、康佽子來，曾九、李二、謙六、芷階乃到。入席，有大鯿，年餘未食矣，餘菜亦佳，飲吾攜酒，酬暢之至。散後，遣馬車去，與姚、宋、呂父子、大武步入大

世界。(冊五,頁二九四)

九月三日(10 月 18 日),譚延闓、譚澤闓來,李翊煃出示家藏《夏承碑》、《淳化閣帖》、《孔穎達碑》。飯後,觀孟覲乙畫卷。

> 《譚延闓日記》十月十八日:出至道士家,大武等已去,見道士兄弟、姚老、謙六。謙六以《夏承碑》、《淳化》三本、《孔穎達碑》出示,古色照几,使人神悚。《孔碑》少遜,然買者已出二千四百元矣。道士留飯,菜亦可口。食畢,觀孟麗堂畫卷,乃歸家。(冊五,頁二九五)

> 案:《譚延闓日記》八月十五日(9 月 30 日)"李謙六歸",則李翊煃來滬當宿於公家中也。李翊煃係公族叔。

九月六日(10 月 21 日),新得宋拓《張猛龍碑》,節臨六朝碑四種。

> 《清道人節臨六朝碑四種第三集》:一(《張猛龍碑》)、新宋拓《張猛龍碑》,用筆堅實可屈鐵,《景君》之遺也。下開率更。丁巳年九月重陽前三日,清道人。二(《爨寶子碑》)、全用翻騰之筆,以化其頓滯之習。《張公方》法也。三(《爨龍顏碑》)、納巆絶入平正,南中第一碑也。四(《張黑女墓誌》)、與《敬顯儁》絶相似,遒古勝之。曾農髯近全以生辣疏淡之筆爲之。(震亞圖書局)

> 案:各跋並載《清道人遺集》(頁一五一),題曰《節臨六朝碑跋》。節臨《張猛龍碑》跋"新宋拓《張猛龍碑》"作"新得宋拓《張猛龍碑》"。又,節臨各碑或非同時所作,暫繫於此。

九月八日(10 月 23 日),同人於王仁東寓爲公補作生日,鄭孝胥、何維樸、左孝同、林天民、林開謩、沈瑜慶、李經邁在座。是日,致書陸樹藩,爲其鑒別書畫,並約後日會晤。

> 《鄭孝胥日記》九月八日:在旭莊寓中爲李梅庵補作生日,到者何詩孫、左子異、林希實、貽書、愛蒼等,又約李季高爲陪客。(頁一六八九)

> 《致陸樹藩函》三:大滌子畫真而非其佳者,翁題井闌亦真,但

宋石耳。直廉得之，亦可。石濤畫幅太大，不合時。蒁伯老哥閣下。
功清道人頓首。

　　明日重陽不在家，後日在家拱候，何如？（迦南 2013 年秋季拍
賣會 0353）

九月九日（10 月 24 日），爲方遹題所藏《周三家彝》拓本。

　　題《周三家彝拓本》：【字】【字】曾農髯釋爲“易方”，可正舊釋之誤，
不獨《湯鼎》之【字】字可證。《夫君敦》之【字】，《姑卣》之【字】，《三家敦》
之【字】，皆如此也。其文用筆方折，實出殷派。凡彝器文中有言錫
貝、用貝者，其下多言父乙、父丁之屬，其用筆必方，如《微子鼎》、
《小子射鼎》、《癸亥父己鼎》、《小子静彝》、《罨尊》、《庚申父丁角》、
《庚罷卣》之類，其文皆與周魯之器異，可證也。殷後無陽姓，【字】讀
爲湯，湯、蕩古通。【字】蓋蕩氏，宋桓公裔也。此彝當是宋器矣。丁巳
重九日，遹盦先生索題，清道人。（西泠印社 2019 年秋季拍賣會）

　　案：該拓尚有張廷濟、俞樾、張鳴珂、吳昌碩、鄭孝胥、徐乃昌、
　　羅振玉、王國維、褚德彝、趙叔孺、曾熙等跋。曾跋略云：“此器舊
　　皆釋‘子方’，吳中丞釋‘子’爲‘易’。今案，金器中凡‘子’字無不中
　　直穿上，《伯喬父敦》【字】形與此器極近，但中畫穿與不穿之別耳。易
　　從日爲【字】，《貉子卣》對揚字是也。象日之形，作【字】。此器與《師湯
　　鼎》【字】字可互證。”附錄於此，以相發明。

九月十四日（10 月 29 日），赴譚延闓古渝軒招飲，俞明震、俞明頤、姚
良楷、李瑞荃同席。

　　《譚延闓日記》十月二十九日：出至古渝軒，招俞大、俞三、李
　　道士、姚子陔，惟李三中席至。飲樓下，殊不佳。潤儀、毓昆、鳳光
　　亦飲此，相見同坐，久之乃散。夜行殊有寒意，車中猶瑟縮也。
　　（册五，頁三〇六）

九月十五日（10 月 30 日），晚，赴鄧希禹小有天招飲，李瑞荃、姚良
楷、吕苾籌、譚延闓在座。

《譚延闓日記》十月三十日:七時,乃以人力車至小有天,鄧子溪請客也。李二、李三、姚子陔、呂滿先在。入席,大談近事,鄧不久即歸也,所言亦多風影。至九時散。(册五,頁三〇七)

九月十六日(10 月 31 日),致函篠崎都香佐,爲其鑑定書畫。

《與篠崎都香佐書》:白豪庵主卷子雖無平日之堅卓,然是真迹。姚御史卷子絶佳玅,亦是御史別體,其用筆迥出鮮于生也。石菴卷贋本也,欲學其晚年超玅不作算子書,但見孱弱耳。不知先生以爲何如? 秋涼,珍衛。篠崎先生閣下。功清道人頓首。(佳士得香港 2020 年 11 月拍賣會 1613)

案:封套曰:"篠崎先生閣下。"另面注曰:"大正六年十月卅一日到。"故繫於此。

九月十八日(11 月 2 日),曾熙移居公家。

《譚延闓日記》十一月二日:曾九今日移居道士家。(册五,頁三一〇)

九月中旬,覆函陸樹藩,爲周樹模購素罐事。

《覆陸樹藩函》四:菇伯老哥閣下:頃得手書,孫詞臣尚未歸,言必要照價。尊藏素罐,周老夫子欲以五百元得之,乞賜一回信,言讓與貧道,非六百元不可,若他人尚不止此數,以便我好回覆周老夫子也。旅館已寒,少競爭能蚤日玉成之,至感。霜寒,珍衛。功清道人頓首。(迦南 2013 年秋季拍賣會 0353)

案:書曰"孫詞臣尚未歸",考七月初《致陸樹藩函》曰"鼻煙孫詞臣竟欲留之,或俟其都中歸也",則此函當在其後也。又曰"旅館已寒"、"霜寒珍衛",似天氣新寒,《譚延闓日記》九月十四日"夜行殊有寒意,車中猶瑟縮也",或於此時前後也。

九月二十一日(11 月 5 日),譚延闓來視曾熙疾。赴李翊煃翠樂居招飲,李瑞荃、呂苾籌、譚延闓等同席。散後,與譚、曾談久之。

《譚延闓日記》十一月五日:松本去,同張、黃至北大橋別,步入李二家,看曾九病,則吕滿、李三均在。李謙六邀飲翠樂居,李二、李三、姚胡子、胡先生、旭少爺、吕滿,又李道人之五阿公及族弟。食燒豬,尚可,鰻魚亦佳,魚翅則糟矣,費十六元云。散歸,與曾、李談久之。同吕滿以人力車歸,則大武、宋滿歸久矣。(册五,頁三一三)

案:《譚延闓日記》十月十四日“曾九忽病”。

九月二十二日(11月6日),譚延闓、譚澤闓、吕苾籌等來,遂留飯。是日,葉昌熾卒,享年六十有九。

《譚延闓日記》十一月六日:食粥後,大武先出,余同吕、宋步至朱家木橋訪笏安,不遇。遂步往道士家,見曾九、姚老之屬。大武亦來。午,留同飯。(册五,頁三一四)

曹元弼《葉侍講墓誌銘》:公生道光己酉九月十五日,以宣統丁巳九月二十二日卒,年六十有九。(《奇觚廎文集》卷首)

沈曾植《葉菊裳先生輓詩》。(《沈曾植集校注》頁一一〇四)

九月二十三日(11月7日),赴古渝軒宴飲,莊天驥、袁思亮、陳三立、陳方恪、俞明頤、熊季貞、李瑞荃、姚良楷、譚延闓、譚澤闓、吕苾籌等在座。是日爲陳寶琛七十壽辰,公賦詩以祝。

《譚延闓日記》十一月七日:同吕、宋、大武至拋球場……而抵古渝軒,莊天驥請客也。適袁伯夔請陳伯嚴、彥通父子、俞三、熊季貞在鄰座,於是闢門合爲一。李道士、李三、姚芷陔、汪四來,道士入袁座。酒攜不多,頃刻盡。菜亦不如往日。及散,諸人別去。(册五,頁三一五)

李梅庵《壽陳弢庵太保七十》:殷宗恭默中興年,受學甘盤道廣淵。國瑞從來徵壽考,帝師自古屬神仙。相莊陶翟清風峻,供奉貞元舊曲傳。回首五陵鬱佳氣,期公一德轉坤乾。(《神州日報》11月15日)

案:該詩亦見《時事新報(上海)》11月24日。

九月二十五日(11月9日)，譚延闓來，公方作壽文，未晤。

《譚延闓日記》十一月九日：至道士家，見曾九、謙六，道士作壽文，不下樓也。（冊五，頁三一七）

九月底，致函陸樹藩，爲其鑒別書畫。

《與陸樹藩書》五：菡伯老哥閣下：垂示曼生聯，惡劣。葉書亦平庸無可觀。徐書件日內當爲書上。尊烟因來手奉上，皆嫌其味薄，能稍廉其直讓與貧道否？若更能得善賈，則不必矣。阿筠已行。霜寒，珍衛。功清道人頓首。（迦南2013年秋季拍賣會0353）

案：書曰"阿筠已行"，考《譚延闓日記》，是月與李瑞荃過從甚密，九月二十二日後，遂無往來記録，則該書當作於九月底也。

秋，爲蕭敷政作《松石圖》團扇。

《松石圖》款：孤根閟幽姿，群卉自榮萎。霜霰生素空，高巖聳寒翠。蒲邨親家同年一笑，丁巳秋，清道人。（中國嘉德四季第二十一期拍賣會0828）

秋，致函劉廷琛，因其嫉惡太嚴，乃極言相諫。

《與劉廷琛書》：頃辱臨况，惜坐有俗客不樂耳。來煙五瓶比昨香灰則佳，然其中只小半瓶者良，有○爲記，味雖薄，煙味甚正，四五十圓可留也。蘇盒處可去，何妨一行？吾願公學胡文忠之大度包容，吾輩中不數人耐勞耐怨，忍恥忍痛，乃可任重致遠。公疾惡太嚴，非當家者所宜，故不惜苦口極言以相諫，幸爲量之。它不一一。秋寒，珍衛。功清道人頓首。幼哥親家前輩閣下。（《近代名人翰墨》頁二一六至二二○）

案：書曰"公嫉惡太嚴，非當家者所宜"，又以胡文忠相擬，當因丁巳復辟，劉廷琛授予內閣議政大臣也。

秋，岑春蓂出示楊聞川《黔游草》，爲書其後。

《書楊聞川黔游草後》：今瑤階岑中丞出示楊聞川先生《黔游草》，每一諷吟，如躑躅萬壑崩榛荒薄間。回念舊游，恍如昨日，而

人世變遷,有如滄桑,與中丞嗟歎久之。(《清道人遺集》卷二)

　　案:岑春煊《楊聞川君黔游詩草序》曰:"楊聞川君,南中之名醫,五弟春冀之至友也。一日,冀弟袖《黔游草》示余……今讀楊聞川《黔遊詩草》,陶冶洞庭、五溪、玉屏、繡嶺數千里山川景物之形形色色,成詩百數十首……時民國六年秋也。"(《岑春煊文集》頁三九九至四〇〇)又,《鄭孝胥日記》一九一七年七月十九日"岑堯階來,以楊聞川所作《黔游稿》求余作序。"七月廿一日"觀岑堯階送來楊聞川詩稿,皆絶句,俚俗不文,又不識平仄,此詩安可印行,乃欲余序之耶!"(頁一六八二)八月五日"過岑堯階,以《楊聞川詩稿題後》與之。"(頁一六八四)公所作或即於此時者也。暫繫於此。

秋,篠崎都香佐來函,覆書答之,爲其鑑定字畫。

　　《與篠崎都香佐書》二:人來,辱書。承賜合金妙瓶,珍感珍感。垂示各畫,惟藍田叔一紙筆意絶佳,可收也。房可壯一幅真而有明人習氣,無其妙境。枝山艸字當時即多僞者,惟行楷乃妙。此皆僞品之例,真亦不佳也。董卷亦贋品,華亭書雖艸艸皆蘊藉,用筆以澀爲美,此直率宣味故也。即擬相詣,不多及。陰涼,珍衛。篠崎先生執事。功清道人頓首。(佳士得香港 2020 年 11 月拍賣會 1612)

　　案:款曰"功清道人頓首",又曰"陰涼",或與九月十六日函相距不久,暫繫於此。又,該函封套曰:"篠崎先生閣下。"

秋,致書夏敬觀,爲購静娱室所藏碑帖事。

　　《與夏敬觀書》:劍丞吾兄閣下:昨事已與家六叔言之,云此爲孤本,其萬金之直爲家三叔所定,至須至八千乃能開談判也。在江西時,已有陳某出過六千矣。秋涼,珍衛。功清道人頓首。

　　小世兄近日讀書何如? 頗念之也。(《夏敬觀友朋書札》卷三,頁二八五至二八七)

　　案:原注曰:"梅庵所云小世兄,乃吾亡兒承英也。得其書於

舊篋,承英歿已三年矣。覽之神傷。因裝背其札數通於是册之
末。"又,六叔當爲李翊焜,三叔當爲李翊煌。"云此爲孤本",當指
臨川李氏舊藏碑帖也。款曰"功清道人",暫繫於此。

十月一日(11月15日),友永敏匡來約明日至六三園赴宴。

　　《鄭孝胥日記》十月初一日:友永來約明日至六三園,乃三井
之藤村宴日本國民新聞社長德富蘇峰於彼,並約吳倉碩、李梅庵
等,余以有事辭之。(頁一六九三)

十月二日(11月16日),赴藤村六三園之宴,與同人合寫《松竹梅菊
圖》以贈德富猪一郎,王震復爲其寫影,公與吳昌碩題詩其上,吳徵、
吳涵、程璋等在座。是日,與胡光煒致函華汀,請其爲曾熙診疾。

　　德富猪一郎《支那漫遊記》:此より六三園に於て,吳昌碩、王
一亭、李梅菴、其他支那側の文雅の諸君子と相會す。諸君松竹
梅菊の合作をして,予に貽らる。王一亭君予が肖像を達磨化
し,吳翁其上に詩を題して貽らる。諸君芳意謝するに餘りあ
り。而して是皆な予が東道の主人,藤村男の斡旋に賴る……大
正六年十一月十七日午前五時半。(頁二六四)

　　《花木竹石圖》款:一卷頑石倚軍持,供養蕭齋有所思。半日
含豪吟不得,和煙和露折來時。丁巳冬,同人合作,吳昌碩寫梅并
題白,爲蘇峰先生屬正。(佳士得2015年秋季拍賣會1315)

　　案:款曰:"阿梅畫松、待秋看竹、藏龕寫鞠、瑶笙、一亭搬石。"

　　題《德富猪一郎小像》:詩名久滿江南北,白髮紅鐙映酒鍾。
富士山前春月夜,萬櫻花裏一蘇峰。蘇峰先生一笑,清道人題。
(橫濱國際2021年拍賣會1145)

　　案:王震款云:"南山之陽,松柏蒼蒼。曆劫不磨,眉壽無疆。
蘇峰先生雅鑒。丁巳十月,白龍山人王震。"吳昌碩題曰:"瀑煙橫
海石梁高,佛亦隨緣戀酒瓢。商略重游吾老健,劉郎前度話今朝。
丁巳孟冬,偕蘇峰先生同飲六三園。七十四叟吳昌碩題。"德富猪

一郎題簽曰："吳昌碩、李梅庵、王一亭合作。大正丁巳霜月十六日於上海六三園。""予不解飲,諸氏以予爲酒客,慚惶滿面,呵呵。豬誌。"又,該詩亦載《清道人遺集》卷一,題曰《題日本詩人蘇峰小像》,惟"白髮紅鐙映酒鍾"作"白髮紅鐙照酒鍾"。

《與華汀先生書》:華汀先生閣下:久不游金陵,遂爾闊隔,私心懷仰,蠱蠱爲勞。頃有至友曾農髯先生,與貧道如昆弟交,今世書法無可與並軌者,比病黃疸,特紹介於左右,求吾兄加意診治之,無異爲貧道診治也。月半前後,貧道或自來金陵視之并奉訪也。霜寒,珍衛。功清道人頓首。

舍弟前在金陵,深蒙診治,感刻感刻,容當詣謝也。清再拜。

胡光煒《致華汀先生書》:華汀先生左右:久不相見,甚有思想,比何以自娛? 得書畫益多否? 衡陽曾農髯先生爲敝老師至交,海内學者並偁曾李,今世書家皆宗之。頃因病黃疸,將以明日早車來寧到貴院就診,即擬住院,得朝夕診治,來時約在明日午後,望得書後即令人闢一精雅之室,來便下榻也。至要至要。弟明日還江寧,與農髯先生同車來也。相見在近,不多陳。霜涼,自衛。弟胡光煒頓首頓首。(以上,曾熙後人藏)

案:胡光煒書曰"將以明日早車來寧到貴院就診"、"弟明日還江寧,與農髯先生同車來",《譚延闓日記》十月三日(11 月 17 日)曰"附至道士家,則曾九已往南京就醫去矣",則二札當作於十月三日前。公書曰"月半前後,貧道或自來金陵視之并奉訪也",據《譚延闓日記》,九月廿五日曾熙尚在公家中,故當指十月,則二札當作於十月一日至二日間也。又,此時公與譚延闓往來甚密,若曾熙於二日已赴寧就醫,似譚延闓當及時得知,頗疑其於三日晨赴寧也。

十月三日(11 月 17 日),譚延闓、譚澤闓、俞明頤、吕苾籌來,曾熙已赴寧就醫。

《譚延闓日記》十一月十七日:附至道士家,則曾九已往南京

就醫去矣。見姚、李之屬,俞三、吕滿、大武亦來。道士約吃魚去,至酒樓則無有,乃散歸。(册五,頁三二五)

十月六日(11 月 20 日),**沈曾植與德富猪一郎來訪。**

德富猪一郎《支那漫遊記》:十一月廿日,郷友西本君と與に、沈曾植翁を訪ふ。翁は宗社黨中の學者也……斯くて翁と伴ひ、李梅菴を訪ふ。梅菴は奇男子也。書に隱る。革命の際,彼は南京の布政使として,最後迄踏み止まり,死を睹して,其職を守れり。事去りて後,飄然身に道士の服を纏ひ,一枝の筆管,以て五十餘の子弟を養ひつゝあり。氏書體に於て可ならざるなし,而して漢隸、六朝碑版は,尤も其の長技たり。予は見學の一端として,特に請うて,其の揮毫を視たり……大正六年十一月廿一日午前五時半。(頁二八一)

十月七日(11 月 21 日),午,赴袁思亮古渝軒招飲,**陳三立、何維樸、俞明頤、陳方恪、汪景玉、譚延闓、譚澤闓在座。**

《譚延闓日記》十一月二十一日:及到古渝軒赴袁伯夔約,則已入座矣。陳伯嚴、何詩孫、李道士、俞三、彦通、旋父、吕滿、大武,飲唉醉飽。(册五,頁三二九)

十月九日(11 月 23 日),午,**招同人飲於家中,譚延闓、譚澤闓、俞明頤、陳方恪、夏敬觀、袁思亮、汪景玉、陳三立等在座。**

《譚延闓日記》十一月二十三日:偕俞三、彦通至道士家,夏劍丞、又一□姓先在,袁伯夔、汪旋父來,陳伯嚴、大武、承之後至。待至二時後乃入席,菜亦平平,最佳者鰻魚、鴨子而已。(册五,頁三三一)

十月十一日(11 月 25 日),**是日爲譚延闓母忌日,乃赴譚府拜祭。**

《譚延闓日記》十一月二十五日:七時後起。今日先母忌日……午,設供上祭,瞿止翁來行禮,坐久之,去。老輩風流,令人起敬。……李道士來行禮。晚飯有素餃,盡三盤,供餘也。(册五,頁三三三)

　　案：據曾熙《譚母李太夫人墓碑》，丙辰十月十一日李太夫人
卒於上海僑寓，享年六十有一。

十月十二日（11 月 26 日），赴張承之小有天招飲，俞明頤、陳方恪、譚
延闓、吕苾籌、姚良楷等同席。

　　《譚延闓日記》十一月二十六日：遂至道士家，邀道士同出至
小有天，承之請客，茂□、小溪、偉成、壽丞、彥通先在，吕滿、毓昆、
芷垓後來，菜貴而不精。（册五，頁三三四）

十月中旬，赴金陵醫院視曾熙疾，宿於陳三立處，夜談，因及昔年木
印守城之事。

　　陳三立《李道士視曾農髯疾於金陵醫院過宿夜談戲成二絶》：
其一：裹飯居然問子輿，拘拘造物那關渠。下車偷指黃冠笑，曾戀
圍城寫篆書。其二：狐鼠奔逃野兕狂，當年死拒亦堂堂。憶擎木
印刀光下，布政使銀印失去，以木印代之。猶映寒燈涕數行。（《散原精
舍詩文集》頁五五〇）

　　陳三立挽公聯：白下一棺還，入夢溪堂，猶泣圍城依木印；黃
冠九廟鑒，鬻書海市，難忘殘夜共罏灰。（《清道人遺集》附録，頁
二三六）

　　案：公是月二日《致華汀先生函》有"月半前後，貧道或自來金
陵視之并奉訪"，故繫於此。

汴、晉、魯、湘皆被水患，哀鴻遍野，公與同人發起徵求書畫助賑。

　　《徵求書畫助賑》：敬啓者。邇來天災流行，汴、晉、魯、湘各處
洪水汪洋，歲成澤國，哀鴻遍野，慘不忍覩。上海書畫社同人昔年
於淮、徐、湘、鄂水災曾經兩次以書畫售票得數千元助賑，此次仍
擬踵而行之，雖杯水車薪，未必足以濟事；而勺漿粒米，或有裨於
來蘇。務祈海内諸大善人暨諸善女士書畫名家於揮毫之下，同深
饑溺之懷，庶幾硯田分潤，即爲饋貧之糧；墨寶同傳，更成種福之
券。此啓。收件處在四馬路三山會館間壁樓上題襟館書畫會，交

徐星洲、哈少甫可也。如有舊藏書畫及印刷書籍慨予捐助,尤爲
紉感。發起人:何詩孫、清道人、吳昌碩、王一亭同啓。(《申報》12
月 8 日)

　　案:海上題襟館元稱海上題襟館金石書畫會,爲海上諸老交
流書畫之所,盛宣懷出資創於晚清。汪洵爲會長,哈同爲副會長。
汪洵既歿,吳昌碩爲會長。會址初設小花園商餘雅集茶樓,後遷
四馬路三山會館也。

**十月二十九日(12 月 13 日),沈瑜慶六旬壽辰,公繪《松柏同春圖》
以祝。**
　　《松柏同春圖》款:松柏同春。清道人敬祝愛蒼中丞大公祖雙
壽。(十竹齋拍賣[北京]2020 年首屆藝術品拍賣會 7407)
　　沈曾植《沈濤園六十雙慶詩》。(《沈曾植集校注》頁一一〇八)
　　《鄭孝胥日記》十月廿九日:愛蒼生日,演戲,壽詩甚多,余往,
小坐而去。(頁一六九八)

　　案:公所繪圖後經楊昭儁遞藏。又,沈曾植詩原件見嘉德
2000 年春季拍賣會 0314 拍品,尚有樊增祥、陳寶琛、嚴復壽詩,嚴
詩款云:“歲壬子,僕六十初度,濤園有詩。今茲丁巳十月,濤園與
鄭夫人偕六十,即次其韻并效其體壽之。”陳三立《誥授光禄大夫
貴州巡撫沈敬裕公墓誌銘》(《散原精舍詩文集》頁九八〇):“娶鄭
夫人,檢約惠順……鄭夫人所出男三人:成鵠,成準,成式,成準
殤。女六人。”

十月,爲王震題所藏徐渭《菜蔬圖》。
　　題《菜蔬圖》:極目寒江霜氣清,雞蟲得失自縱橫。閉門不管
人間世,濕葦空庖煮菜羹。一亭先生屬題,清道人。(紐約佳士得
2009 年春季拍賣會)

　　案:該畫有吳昌碩丁巳十月題,姑繫於此。

是月，爲《倪毓棻墓誌》書丹，馬其昶撰文。

　　《皖北鎮守使倪君墓誌銘》：倪君諱毓棻，字香圃，安徽阜陽
人。父諱淑，同治癸酉舉人……桐城馬其昶撰文。臨川李瑞清書
丹。丁巳十月日造。（西泠印社紹興 2015 年首屆藝術品拍賣會）

是月，爲景宋本《友林乙稿》題耑并書牌記。

　　案：民國六年景印本《友林乙稿》扉頁題曰：“景宋友林乙藁。”牌
記曰：“丁巳十月華陽高氏蒼茫齋借百宋書藏秘本景印，清道人題。”

是月，爲《楊斯盛》署耑。

　　《浦東中學校刊》：楊斯盛。丁巳十月，清道人。（民國十五年
版，頁三〇九）

　　案：楊斯盛創立浦東中學。據崔雁氷《弁言》，民國六年，楊斯
盛造像開幕禮成，校議將其行誼、興學歷程，及開幕時各界所贈詩
文彙爲一編，名曰《楊斯盛》，公爲題耑。

十一月初，致函李承緒。

　　《致李承緒書》二：達九賢阮閣下：臥病半年，幾死，到金陵同曾
農髯先生養病，昨歸，見手書，知尚滯京也。貧道鬻書海上，自五
月以來，因市面恐慌，大受影響。日本因金幣跌價，每元只當中幣
六角，故無整票貨來，而上海銀根吃緊，假貨（貸）非有確實抵押
品，即神仙、總統亦萬無憑空可以借錢者。而貧道除筆墨外，無一
直錢之物，傷哉貧也。三舍弟近雖在海州鹺金，乃極苦之缺，每年
比較只有八千串錢，其內容不問可知，現在入不敷出，尚須貧道之
助。兩得手書，但有慚汗。舍弟書已爲轉寄，恐久勞盼望，先此報
知，上有天地，不敢相欺。區區之心，當蒙鑒亮。霜寒，履候貞吉。
清道人頓首。（私人藏）

　　案：書曰“到金陵同曾農髯先生養病”，公於是年十月中旬赴
金陵視曾熙疾，十一月初歸滬，暫繫於此。

十一月六日(12月19日),過譚延闓。晚,公招飲古渝軒,賀弼、周聲溢、譚延闓等同席。

　　《譚延闓日記》十二月十九日:午飯小飲,將罷,道士忽來,復整杯盤,更同斟酌。俞三亦至。道士爲賀少亮託,致書蕭禮衡,因發起請客……以人力車至古渝軒,道士、菱生、賀少亮先在,待禮衡等不至,乃入席,九人同坐,菜頗廉。(册五,頁三五七)

十一月九日(12月22日),赴王秉恩、徐乃昌之約消寒於留春罅,莫棠、李宣龔、繆荃孫、夏敬觀、劉體智在座。曾熙欲歸湘,恐公阻尼,乃致函譚延闓昆仲,乞其代爲解之。

　　《藝風老人日記》十一月九日:丁酉。冬至。陰。……王息塵、徐積餘約消寒於留春罅,李道士、莫楚生、李八可、夏鑑丞、劉慧之同集。(頁三一一〇)

　　曾熙《與譚延闓譚澤闓書》:三、五弟如見:三歲主我,愛同兄弟,因此忘歸。今頑軀復健,每日能食爛飯二椀,取雞鴨之汁佐以霜菘飽噉,不減古渝軒也。二便皆復元,額上寸尺脈關皆散黃爲本色。每日早七鐘起,晚十鐘睡,前習頓改,酣睡不起,似較未病時精神尚快慰,請釋遠注。(湘綺先生大字本文集二本,五弟仍假我一讀,何如?乞查交應祥。)應祥昨日往滬收檢行篋,阿某癡愛,或有阻尼,兩弟爲我解之。早歸早來,聚日更長也。俞三先生、陳氏叔侄、張公均乞代致拳拳,未及走辭爲歉。此頌近佳。熙頓首。冬至日。(轉引自王中秀、曾迎三編《曾熙年譜長編》頁二九二)

十一月十九日(1918年1月1日),曾熙病愈歸滬,公邀同人爲曾熙作生日,譚延闓、譚澤闓、呂苾籌、俞明頤等在座。

　　《譚延闓日記》一月一日:李道士遣人來邀,適俞三至,遂與大武、呂、宋、胡同之往。至則曾九自南京歸,做生日,任尹亦在。曾九病愈而黃如故,云非旦夕可退者也。談久之。大武、宋滿歸飯,俞三亦去。待至三時,大武、宋滿後來,乃入席,吃麵,純湖南風氣也。(册五,頁三九九)

十一月二十七日（1月9日），赴一元會消寒集，王秉恩、莫棠、李宣
龔、夏敬觀、劉體乾、劉體智、徐乃昌、繆荃孫在座。

　　《藝風老人日記》十一月廿七日：一元會消寒，王息塵、李道生、
莫楚生、李八可、夏鑑丞、劉健之、慧之、徐積餘同集。（頁三一一四）

十一月，臨《瘞鶴銘》。

　　臨《瘞鶴銘》款：直以篆筆爲之。丁巳十一月，清道人。（《曾
熙、李瑞清、張大千瘞鶴銘雅集》頁二〇四）

是月，爲劉體乾篆題“蜀石經齋圖”。

　　《宋拓蜀石經》第七册册首：蜀石經齋圖。健之吾兄屬題。丁
巳十一月，清道人。

　　　案：該册爲《宋拓蜀石經・春秋公羊傳》第二卷。册首《蜀石
　　　經齋圖》二幅爲林紓、汪洛年所製。

是月，跋藤村所藏陳繼儒《山川出雲圖》。

　　跋《山川出雲圖》：陳眉公畫梅最多，而所畫山水絕少，余所見
眉公仿雲林小幀於長沙，高逸淡雅，可想見其胸抱。此卷爲余友
霞峰所得，出以示余，覺雲氣蓊鬱，祁祁欲從户牖飛出，直欲抗手
海岳，何論香光？眉公題云，此中雲氣怒生，有道人在。蓋謂清道
人乎？呵呵。今歸藤村先生秘篋，更系小詩，以博一噱。何處飄
搖寄此身，百年真見海揚塵。垂天雲氣終何用，只合茫洋著道人。
丁巳十有一月，清道人。（敬華2014年春季拍賣會822）

　　　案：該卷尚有吳昌碩所題引首，米萬鍾、鄭孝胥等跋。

是月，爲山本悌二郎所藏文徵明《菊圃圖》題引首并署籤。

　　《菊圃圖》引首：文徵中鞠圃圖。其一：歸來高卧南山曲，五柳
蕭蕭處士家。愁見中原秋色裏，閉門空對義熙花。其二：江邊桑
樹始欲茂，籬下鞠花黃已秋。無那南窗便伏枕，人間何處不堪愁。
二峰先生出此屬題，因録舊作，并以鍾鼎筆法爲篆其額。清道人。
（中國嘉德香港2015年春季拍賣會0411）

案:公署曰"文待詔菊圃圖真蹟妙品。清道人"。該卷有吳昌碩丁巳仲冬跋,因繫於此。又,所題詩其二未載《清道人遺集》。

十一至十二月間,延門人胡光煒爲西席,以教子侄,并從公學,乃得侍沈曾植、鄭文焯、徐乃昌、劉世珩、王國維、曾熙諸老。

吳白匋《胡小石先生傳》:一九一八年初,梅庵先生延師至上海寓所,爲其家庭教師,直到一九二〇年秋,梅庵先生逝世後,師始離去。常云:"此三年中,受益最大,得與梅庵先生朝夕晤談,小學、經學和書藝能不斷深造,並得良機,向旅滬諸老請教。特別是能師事鄉先輩沈子培(曾植)先生,最感慶幸。"(《文獻》1986年第2期)

周勛初《胡小石先生與中國文學史研究》:民國七年(1918),應李梅庵之召,到上海任家塾教師,一方面教梅庵的子侄輩,一方面仍從師受學。李梅庵時以遺老的身份退隱滬上,自號清道人。他是書畫名家,又是金石學大師。其時晚清名宿如沈子培(曾植)、鄭大鶴(文焯)、徐積餘(乃昌)、劉聚卿(世珩)、王靜庵(國維)、曾農髯(熙)等均在此流寓,時常各出其所藏的金石、甲骨、書畫相互觀摩討論。(《周勛初文集》册六,頁三七)

周勛初《胡小石先生的教學藝術》:先生善朗誦。過去的文人吟詠詩文時,因爲方言的關係,各地的腔調也有不同。小石師受梅庵先生的指教,朗誦的調子屬於湖南系統。(《周勛初文集》册六,頁二九)

錢仲聯《近代詩鈔》:胡光煒出沈曾植、李瑞清之門,又曾隨陳三立問詩,他的詩學觀明顯受了他們的影響,……所謂影響處是:胡光煒得李瑞清之清雋、沈曾植之瘦硬、陳三立之鑱刻,加之融會變通,形成了自己玄思鷙想、百鍛千煉的獨特詩風。(册三,頁二〇九一)

案:謝建華《胡小石先生年表》(《胡小石文史論叢》頁二四五)曰:"一九一八年一月,應李梅庵先生之召,到上海李先生家任家

塾塾師。一方面教李先生弟侄經學、小學及詩文,一方面又受李
先生的指點教導。"吳徵鑄《後記》(《胡小石論文集續編》)曰:"據
詩題紀年有作'己未'者推之,蓋皆一九一七年至一九一九年間,
在上海爲李梅庵太夫子家庭教師時期所作也。"據此,則公當於陰
曆十一至十二月間聘胡光煒爲家庭教師也。

十二月一日(1月13日),鄭孝胥來訪,不值。

　　《鄭孝胥日記》十二月初一日:訪李梅庵,不遇。遂至泰安棧
訪鄒殿書,談良久,出梅庵介紹信,云:"鄒,忠義士。"鄒示余廖宇
春致鈕永建一書,亦爲鄒介於鈕者。鄒言,已謁荷蘭公使,救張勳
免流海島;又説定武軍,使在湖南攻第八師,且言"江西籌餉千萬
兩非難,余能爲之"等語,稍疑其誇。(頁一七〇四)

十二月五日(1月17日),晚,招同人飲於小有天,江逢治、趙愷、王嘉
曾、王揆曾、羅養迪、譚延闓、譚澤闓等在座。

　　《譚延闓日記》一月十七日:既暮,同大武至小有天,道士請
客,江逢治、趙養矯、王晴軒知事及其弟名揆曾者、羅養迪、彭闓
異。道士自炖魚翅,尚佳,不如朱竹石廚子耳。餘菜亦精絶,余所
攜酒盡一瓶。(册五,頁四一五)

十二月十日(1月22日),譚延闓來談,曾熙、姚良楷在座。

　　《譚延闓日記》一月二十二日:諸人別去,余以時早,至道士
家,見道士、曾九、姚老,坐久之。(册五,頁四二〇)

十二月二十三日(2月4日),譚延闓、宋小坡、趙愷來,遂留飲,曾熙、
姚良楷、李翊煜、李雲庵在座。

　　《譚延闓日記》二月四日:以無軌電車至道士家,見曾九、姚
老、謙六。容恢自長沙來,又可怪者,宋小坡、趙養矯亦在彼也。
曾九自炖梅子肉,即豬腰間瘦肉,北人所謂裏肌肉也,甚美。留同
飲雙溝酒一杯,談至九時,乃呼人力車歸。(册五,頁四三三)

十二月二十五日(2月6日),譚延闓爲公擬聯。

　　《譚延闓日記》二月六日:爲道士擬九華堂嵌字聯,竟不就。

十時後就寢。（册五，頁四三五）

案：譚延闓所擬聯爲："九功三事，厚生利用；華袞一字，記事書年"、"九如頌祝厚載福；華不芳菲記好春"、"九府奇珍寶無價；華陽佳節記長春"、"九州待訪寶章集；華國新傳記事珠"、"九衢浩蕩春如海；華夏清夷歲又新"、"九春悅懌歲方始；華屋芬芳樂未央"。旋又爲公擬朵雲軒嵌字聯："朵殿新傳千日酒；雲藍初製九江牋"、"朵頤自飽九經味；雲氣新占五色光"（《譚延闓日記》册六，頁二五一），置於戊午正月一日（2月11日）所作《劉氏族譜序》前，當作於是月二十六日至二十九日間也。

十二月，爲仲尚臨黃庭堅《王長者墓誌銘》。

臨《王長者墓誌銘》款：仲尚近頗知力學，予爲作《王長者墓誌銘》。丁巳臘月，清道人。（《張大千的老師——曾熙、李瑞清書畫特展》頁一九二）

是月，爲王震所藏《祝允明草書桃源册》題引首。

祝允明《草書桃源册》引首：祝枝山先生艸書桃源圖。清道人。（朵雲軒2005年秋季拍賣會0181）

案：是册共三十八開，後有吳昌碩、曾熙跋。吳跋於是年十二月，復有戊午春仲署檢，因繫於此。

冬，日人下平龍丘來滬從公學書，公日書數語示之，逾月而成論篆一卷。其意略謂學書當先通篆，必神遊三代，目無二李乃佳。以器分派，條分縷析。

《玉梅花盦論篆》：（前略）今日示子以作篆筆法，篆有圓筆方筆二種，有用頓挫者，有不用頓挫者；大約圓筆多用頓挫，方筆不用頓挫，余本用力《散氏盤》，先示子以《散氏盤》筆法。

丁巳冬，日本人下平龍丘自其國來海上，從先生學書，先生每日書數語示之，逾月成論篆一卷，而龍丘去，遂輟作。清暉識。（《國學叢刊》第二卷第四期，頁八八至九七）

　　案：該篇一名《玉梅花盦書斷》，流行頗廣。然此篇較之多出以上一段，且與通行本文字間有出入，或即其初稿也。惟文繁不備録，謹將異文標註於後（前爲通行本，後爲國學叢刊本）："書學分帖學、碑學兩大派"作"中國書學，近來分帖學碑學兩大派"；"懷仁集右軍《聖教序》刻石"作"因見懷仁集右軍《聖教序》"；"仍稱之爲帖，不可稱碑"作"非正宗也"；"子昂後無碑也"作"子昂後，中國無碑也"；"國初書家無不學董者"作"吾清書家無不學董者"；"弱冠學漢分，年廿六，始用力今隸，六朝諸碑，靡不備究，爾後始稍稍學唐以來書"作"弱冠學漢分，廿二後始用力今隸，六朝諸碑，靡不備究，廿六七，始稍稍學唐以來書"；"余書本從篆分入，學書不學篆，猶文家不通經也，故學書必自通篆始"作"余書本從篆分入，子不遠萬里由貴國來問筆法於余，余不能不盡於所學以告子，子歸而求之，必有所悟，異日成貴國名家，是余所望也。今先與子言篆。學書不學篆，猶文家不通經也，故學書必自通篆始"；"蓋石中不能盡篆之妙也"後有"今日略言篆書門徑，并作篆筆法"句；"余欲著一書，以各國分派，見書未成"後有"囑門人胡光煒爲之，正在考定商酌時也"句；"《智鼎》之結密而不拘"作"緊結而不拘"；"故鼎文雄偉"作"鼎文雄肆"；"後來摩崖漢魏六朝均得秘"後有"此書學家不可不知也"句；"此非從事鐘鼎者不能知也"作"此非深於鐘鼎者不能知也"；"一郎鐘派：郎鐘；居彝；敦彝；郘王鱄；鄭子妝簠；陳曼簠；陳純釜；拍盤；王子申盞；喪戈實鉈；中義彝；單子白簠；宰徣工壺；周娎壺；子禾子釜"作"一郎啓塞鐘派：居彝；釚彝；郘王鱄；鄭子壯簠；陳曼簠；陳純簠；拍盤；王子申盞（金述十八）；喪史鉈（同上）；中義彝（十七）；單子白簠（同上）；宰徣工壺（十八）；周娎壺（十八）；子禾子釜"。

冬，致函篠崎都香佐。

　　《與篠崎都香佐書》三：人來，承示王稺登書，尚是真品。先生有志學書，不勝佩服。承君下問，貧道敢不貢其愚。今日下平意

來,與之約定奉告也。雨悶,珍衛。清道人頓首。(佳士得香港
2020 年 11 月拍賣會 1613)

案:書曰"今日下平熹來",當指下平龍丘也。是冬下平龍丘
來滬從公學書,逾月而去,故繫於此。又,詳繹此函,似篠崎都香
佐欲與下平龍丘同學書於公也。曾熙壬戌十月畫《天闕山梅花》
(佳士得 2018 年 11 月拍賣會 1695)款云:"寫天闕山梅花一株贈
磚軒先生歸國。山上建玉梅花盒,種白梅十萬株,先寫此株,請置
之齋前,先生猶能髣髴當年問字耶?"可資參證,然則篠崎都香佐
從公問字當始於此也。

冬,爲錢育綸書聯。

聳石迴潮,英靈如見;保民衛國,功德常新。育綸先生藏有其
先武肅王遺像,舊有蘇齋撰書楹帖,久佚,因敬爲補作此聯。丁巳
冬,清道人。(上海敬華 2004 年春季拍賣會 730)

是歲,爲廖可亭序《廖氏族譜》。

案:《臨川廖氏族譜敘》(《清道人遺集》卷二)曰"今年,廖可亭
先生自揚州持其家譜來",又曰"六年以來,干戈擾攘,大地波蕩",
因繫於此。

**是歲,購高克恭《春雲曉靄圖》,愛惜備至。嘗持以視梁鼎芬,梁題其
室曰"曉靄堂"。或有譏爲贗鼎者,公但一笑付之。**

李健題《春雲曉靄圖》:高尚書此圖早已烜赫宇内,先文潔公
于丁巳歲以巨金得之海上,珍如拱璧,非天氣清明、無風無塵不懸
也。即懸時,不崇朝即收入篋中,躬自卷舒,雖子侄不假手,非至
交且精鑒藏者,亦不出示,蓋愛惜備至矣。當購此幅時,曾典衣兼
稱貸於人,後以鬻書所得金一年始償畢。曾有人譏彈此幅爲贗
作,謂見某筆記,公但一笑付之。此圖元氣渾淪,蓋有萬不能摹擬
者在,明眼人自有灼見,不足與淺人辨也。……壬戌穀雨前三日,
崔然居士李健題於房山山房。(故宮博物院藏)

　　望虹《紀清道人得春雲曉靄圖事》：元高房山《春雲曉靄圖》，
見《江村銷夏錄》中，收藏家斑斑可考。辛亥後輾轉入上海畫估某
手，輕視之。以示清道人，道人詫爲人間那得有此，而顧貲力不足
以取之也。僅謂甚佳甚佳，而未與議價，某則已窺其隱矣。往質
錢沖甫，錢豪於財，精鑒別而性吝刻，一展覽，其驚奇與道人同，而
故曰“是贗鼎之佳者，值百餘金耳”。某後返叩道人，此畫究奚若，
道人決其爲真蹟，而錢則斥其非是，某忿極，謂道人曰：“吾不願再以
高價與錢，而願以廉價讓公。”道人遂稱貸千二百元金易之。夤
夜往叩陳畊餘先生門曰：“速起相賀，吾得房山矣。”先生亦爲之狂喜。翌
日折簡約陳散原、王雪澄、何詩孫、伊俊齋、龐萊臣等共來觀覽，張宋
元畫十餘幀於壁而比較之，則此幅實首屈一指。正欣賞間，錢忿息
至，謂衆曰：“此畫我議價未定，梅老何得妄奪，請以原價歸我。”衆嗤
之曰：“君自思巧取，乃欲禁梅老之義得乎？福分有定，休矣毋多言
也。”錢喪氣而去。(《東南日報》1921 年 12 月 22 日)

　　王東培《一澂研齋筆記》：高房山《春雲曉靄圖》載於《銷夏
錄》……此幅近爲臨川李布政梅庵先生所得，以千金購之。梅庵
持以視梁文忠鼎芬，文忠題其室曰“曉靄堂”。(《王東培筆記二
種》頁一二九)

　　夏敬觀《學山詩話》：臨川李梅庵瑞清，辛亥後隱居滬上。硯
食所入，雖非其豐，而鑑賞素精，遇古賢名蹟，間亦傾篋購藏。一
日有持高房山《春雲曉靄圖》來者，梅庵驚爲神品。議以舊藏麓臺
畫幅抵價二千，搜索囊金，合爲五千得之。湘潭葉焕彬見之，知其
贗也，乃檢梁章鉅《浪跡叢談》及一吳人所著筆記示之，證其爲吳
中著名僞造書畫者所臨摹。蓋當時僞造有二幅，題款皆與原物
異，此其一也。予考高澹人士奇《清吟堂集》，《題高房山春雲曉靄
圖》詩云：“疊疊春山擁髻螺，白雲如絮冒巖阿。要知暖意江南早，
曉靄蘢蔥上樹多。”題下記云：“款云：歲在庚子九月廿日，爲伯圭
畫《春雲曉靄圖》。房山道人。”梅庵所購，其題款全與澹人所記不

同也。予又見故宮所藏，亦有高房山《春雲曉靄圖》一幀，亦爲贋品。（《民國詩話叢編》冊三，頁五五）

楊鈞《記房山》：李梅庵得高房山山水立軸，視爲奇寶。余未及見，蓋余過滬以後所得。近見石影本，醜劣異常，畫題爲《春雲曉靄圖》，《江村銷夏錄》中亦有此物。梅庵則謂此幅即彼幅，據以收之。然兩兩相較，頗有異處：此幅三印，彼幅七印，一異也；三印之次第與七印上三印之次第不同，二異也；彼幅有江跋，此幅無之，三異也。長短寬窄，似亦未能盡合，紙爲兩截，更屬離奇。原中之屋同於砌窨，瀑上之亭無異匠圖。筆法既稚弱不堪，局勢又下輕上重。梅庵之斷爲一物，殊難揣其所見。聞曾農髯以數千元售出，營梅庵葬事，僞房山不負真梅庵矣。葉郋園詳知此幅來歷，其言曰：乾隆間，蘇州王月軒以四百金得《春雲曉靄圖》於平湖高氏，有裱工張姓以白金五兩買側理紙半張，裁而爲二，以十金屬翟雲屏臨成二幅，又以十金屬鄭雪橋摹其款印，一歸畢潤飛，一歸江西陳中丞。梅庵所得，即畢潤飛本，皆所親覩云云。（《草堂之靈》頁八七）

案：此圖一九八一年爲故宮博物院購藏。尚有蔣國榜、吳湖帆、馬一浮、馮煦跋。又售畫營葬事，李健所題記之綦詳，曰"前年公薨，卜兆天闕，門人故吏擬醵金爲公建祠，遲久不得集事，於是曾農丈與家叔父共議賣去此幅，以其金爲公建祠費，而日人爭欲得之，幾爲所貨去。蘇盦老哥同門爲先公高足弟子，公平時極稱許者，聞之，急出金藏此幅於篋衍，此舉其夫人贊助之力爲多，其賢誠可風。"謹錄於此，以資參考。

編年詩

《題徐積餘女公子畫蝶遺跡冊子》二月、《題古檗山莊圖》、《壽陳弢庵太保七十》、《題日本詩人蘇峰小像》十月、《題徐天池菜蔬圖》、《題山川出雲圖》十一月

編年文

《跋鄭叔問手書詩冊》二月、《跋祝枝山草書待漏院記》、《潮陽

郭子彬畫像贊》三月、《題楊廷麟書岳陽樓記》、《與李承緒書》一、《題松枝延年圖》六月、《致陸樹藩函》一、《復維良會》、《復中國道教會書》、《致陸樹藩函》二、《題自寫米顛拜石圖》、《與徐乃昌書》、《與蔣國榜書》一、《與蔣國榜書》二、《跋宋拓孔彪碑》、《與蔣國榜書》三、《與蔣國榜書》四、《與蔣國榜書》五、《謳歌集題詞》八月、《致陸樹藩函》三、《周三家彝拓本跋》九月、《與篠崎都香佐書》一、《致陸樹藩函》四、《致陸樹藩函》五、《與劉廷琛書》、《書楊聞川黔游草後》、《與篠崎都香佐書》二、《與夏敬觀書》、《致華汀函》十月、《與李承緒書》二、《玉梅花盦書斷》、《與篠崎都香佐書》三、《臨川廖氏族譜敘》

清道人年譜長編卷七

民國七年戊午(1918) 五十二歲

正月一日(2月11日),公陳列碑帖,縱論爲樂,復摹《武梁祠畫》作人馬。時曾熙於公家度歲,爲題所藏《衡方碑》及所作《畫馬圖》。

曾熙跋《衡方碑》:此小松舊藏,爲爰叟所得,復入道人篋中。丁巳冬,予以病黄,遂從道人家度歲。戊午元日,道人因檢此碑同賞,并題賤記之。(《上海圖書館藏碑帖珍本叢刊》第一輯)

案:曾熙署籤曰:"宋脫衡方碑。道州藏本,今歸阿某。戊午元日,阿某陳列碑帖,縱論爲樂,熙因識此。"

《畫馬圖》款:周有八駿,一曰赤驥。奔霄騰霧,日三萬里。穆王不作,其孰能載。嗟爾雄姿,生非其世。鈐印:清道人。(佳士得2022年春季拍賣會1224)

案:曾熙題曰:"衡陽曾熙以戊午一月一日來觀清道人畫馬,驪熹驡嘆,故記之。"又此圖曾爲胡小石舊藏,曾熙署籤曰:"清道人畫馬。小石所藏,農髯署。"

正月四日(2月14日),譚延闓、譚澤闓、俞明頤、宋小坡、吕苾籌等來,談戲甚久。與同人偕姚良楷至大世界。

《譚延闓日記》二月十四日:乃偕大武、宋、俞至道士家,見道士、曾九、姚老之倫,宋小坡亦在,談戲甚久。與道人談至四時,吕滿來,遂與同人偕姚老至大世界,人多,幾無坐處。(册五,頁四四三)

正月初,與同人贈倉聖救世會書畫以助賑。

《倉聖救世會書畫助振券展期開標》:書畫助振券原定正月十

五日開標,現在該券尚未售完,而清道人、左逸叟諸先生及海上有
名書畫家又紛紛交件助振,足見熱心毅力,人人皆同。是以該券
雖售價兩元,實每彩不止兩元之贈,諸君幸弗失此機會。售券處:
上海靜安寺路哈同花園、拋球場九華堂厚記箋扇莊、四馬路題襟
館書畫社。存券無多,幸請速購。開標展限一月,於二月十五日
舉行。此啓。(《申報》2 月 23 日)

張難先偕李亞東來問書法,公示以宋拓《張猛龍》、《張遷》、《禮器》及
舊拓《石門頌》、《鄭文公下碑》數種,並告以論書數語。

　　　倪文木《張難先記李梅庵論書法》:李梅庵先生,別號清道人,
爲清末民初著名書法家。一九一八年初,外舅張難先赴上海,訪
李,問書法,曾示觀宋拓《張猛龍》、《張遷》、《禮器》及舊拓《石門
頌》、《鄭文公下碑》七八種,並告以論書數語。與外舅同去的李亞
東先生(辛亥首義老人,日知會會員)不諳梅庵江西方音,梅庵遂
接筆隨意書之。梅庵擅摹《鄭文公下碑》,罕作行書,隨意之作,斌
媚喜人。歸,難先在其後跋數語如下:“李梅庵先生摹《下碑》,嫌
其做作太甚,雅非老好。然所題碑帖各簽,則茂密生動,又欽佩
之。至六年(按:應爲民國七年,據《六十自述》校訂)由粵抵滬,同
李君亞東謁梅公問字,嘗以‘懸臂乃能破空,下筆惟求殺紙。須探
篆隸精神,莫學鍾王軟美。作字如同做人,要把脊梁豎起’數語告
之,由亞東筆記。亞東不甚諳贛語,梅公接筆書之。雖爲隨意之
作,然較之寫《下碑》做作者,似勝一籌矣。故樂爲存之。先記。”
(《書法》1981 年第 6 期,頁三二)

　　　張難先《義癡六十自述》:一九一八年:夏正,由粵抵申,主李
亞東處度歲,同亞東訪李梅庵先生問書法,承賜觀宋拓《張猛龍》、
《張遷》、《禮器》及舊拓《石門頌》、《鄭文公下碑》七八種。(《張難先
文集》頁五一二)

正月十三日(2 月 23 日),詣繆荃孫。

　　　《藝風老人日記》正月十三日:李道士來。(頁三一四〇)

正月十五日(2月25日),訪鄭孝胥、劉承幹。夜,爲陳季悦書《座右銘》。

《鄭孝胥日記》正月十五日:李梅庵來。(頁一七一四)

《求恕齋日記》正月十五日:蔣孟蘋、李梅庵來,小談而去。(册五,頁三〇八)

《座右銘》款:戊午一月元夜,爲季悦姻丈書。清道人以退筆效山谷老人體,殊乏風致,大類石田翁晚年醉後書。

譚澤闓跋:右清道人書《坐右銘》,爲陳君季悦所藏,養矯先生愛其作山谷體,以道人它書與易得之。道人少年好學松雪書,於涪翁亦致力甚勤,後專習六朝,上通篆隸,乃刻印號"戲學唐以來書",實其得筆自蝯叟,精詣在黃、趙,雖高言秦漢,正可與其本家書驗之也。余嘗謂道人惟能爲唐宋人書,乃可上溯碑版,成其古拙,與世之徒以北體掩其俗劣者不同。若此卷之蘊藉厚健,深入涪翁之室,其工力爲何如?又豈它人所及?而道人之篆隸北碑則修迹充牣於市也。抑此書之足矜貴,從可知矣。養矯先生出以見示,妄書所見而歸之。乙丑十月晦日,弟譚澤闓記於四香宧。(北京匡時國際2015年春季拍賣會1398)

案:該手卷爲譚澤闓題簽,潘語舲題引首。民國時嘗景印出版,惟上款"元夜爲季悦姻丈書"删去,下款自"退筆"後字句排列與原作不同。後有曾熙跋曰:"文潔於宋四家最酷好山谷,後得倪鴻寶先生書,更勁瘦澹永。此册自謂肖沈,實踰倪矣。辛酉七月廿六日,將赴牛首祭文潔,倚裝題此。熙。"又,陳季悦爲公庶母陳氏之弟,曾熙致馬宗霍書曰:"季悦蓋李老姨太太之弟,從髯學書者。"(《曾熙書札》頁一一五)然《謝校長覆周運使函》曰:"陳君伯芳、季悦昆仲,籍隸昆明,曾游金陵、滬上,從學於清道人。道人工書,平生最崇拜南園,至許爲魯公後一人。伯芳熏染其師久,亦能書,其崇拜南園,更勝於道人。"(《昆明錢南園先生撰書家譜一卷爲會澤唐公捐貲收歸圖書館永藏始末記》,轉引自王水喬《雲南藏書文化研究》頁二七六)時陳伯芳爲曲靖師校英文教員,《周運使

致謝校長函》（同上，頁二七五）又謂其爲曲靖人。據《李氏族譜》
卷二，公庶母陳氏爲江蘇人，或陳伯芳、季悦昆仲光緒間隨李必昌
宦滇，後遂爲滇人耶？陳伯芳跋《爨龍顔碑》（雲南教育出版社）
曰："岐伯先生嗜古好學，老而益篤，因慕先師李文潔公書法之精
妙，遂不惜於百忙之中從余作深切之研究。余秉承師訓，告以學
書必自篆始，猶爲學之必自經始。且大篆者，書法之源也。大篆
既通，然後由隸而碑，由碑而帖，順流而下，勢如破竹。先師之所
以能别開生面，集碑帖之大成者，蓋以此耳。"知陳氏昆弟均從公
學書也。

正月十六日（2 月 26 日），鄭孝胥來，觀公所藏碑帖。

　　《鄭孝胥日記》正月十六日：過李梅盦、曾士元，梅盦出所藏碑
帖，皆稱宋拓，有《禮器》、《張遷》、《景君》、《衡方》、《石門頌》、《鄭文
公》、《張猛龍》、《爨龍顔》各種，皆爲帖賈填墨以售其欺者。中有
何子貞題《禮器碑》，言乃王蓉洲所贈，及隸書署檢，余以爲僞也。
惟宋徽宗草書《千字文》拓本頗爲罕見，後有翁覃溪跋，疑亦贋耳。
（頁一七一四）

正月十七日（2 月 27 日），遇譚延闓於古渝軒。

　　《譚延闓日記》二月二十七日：午，偕大武、宋滿至古渝軒……
遇宗子岱、李道士，立談。（册五，頁四五六）

正月二十五日（3 月 7 日），繆荃孫來訪。

　　《藝風老人日記》正月廿五日：壬子。雨竟日。……拜徐積
餘、李梅盦、羅子敬。（頁三一四二）

正月二十八日（3 月 10 日），午，遇譚延闓等於古渝軒，略談。

　　《譚延闓日記》三月十日：午，偕大武、吕滿至古渝軒……道士
來，略談去。席散。（册五，頁四六七）

正月，爲陳雯裳跋錢南園臨《論坐帖》。

　　跋《錢南園臨論坐帖》：余嘗云晉之《蘭亭》，唐之《座位帖》，皆
煊赫宇軸之名迹，然皆不可學，學則躓矣。雯裳先生來海上，出示

其先世家藏南園侍御手臨《座位帖》，山谷所云"《送明遠序》非草非隸，屈曲瑰奇"者也。而其頓挫雄偉，尤示後學以廣途，不似從來學《座位》者於雲霧中尋蹊逕也。因急勸雯裳先生急印之，以惠世人。戊午一月，清道人。（震亞圖書局）

　　案：是冊尚有曾熙跋。又，此跋亦載《清道人遺集佚稿》。

是月，爲趙于密題《楊龍友圖卷》。

　　題《楊龍友圖卷》：楊龍友畫，余昔年曾見王實卿丈所藏直幅，筆致沖和，至爲妙品。後數數見先生畫，皆非真蹟。頃伯臧道兄出示此卷，隱秀明净，乃似漸江上人淡遠一派，況後有南阜題志，尤爲可寶。畫爲贈硜齋尚書致仕歸田之作。是年，崇禎殉國，弘光初立，天下多故，正臣子效命之時，乃宰相掛冠遠引，豈世亂出高人耶？呵呵。戊午一月，清道人醉書。

　　硜齋尚書與龍友侍郎後皆死國，余一時有感而言，其持論亦稍苛矣。余獨怪當時馬士英、阮大鋮等同處危巢，排斥異己，以爭一時之權，卒致身敗名裂，爲天下笑，國亦隨之覆滅，豈不哀哉。小人之爲禍烈矣。越日又題。（轉引自曾迎三編《清道人年譜（五）》，《內江師範學院學報》第 29 卷第 11 期，頁二六）

　　案：是卷尚有趙世駿、曾熙跋。

是月，爲許炳榛題所藏文徵明《松亭獨坐圖》。

　　題文徵明《松亭獨坐圖》：寂寞孤亭隱碧巒，蕭蕭翠竹石巑岏。春花秋艸飄零盡，獨有蒼松伴歲寒。苓西老哥屬題。清道人。（《名人書畫第一集》）

　　案：該跋褾於畫幅上端。公未署年月，左有王秉恩、康有爲、張增熙戊午跋，康跋於正月二十九日，張跋於浴佛日，其下則有易順鼎丁巳十二月跋，則公當跋於丁巳十二月至戊午正月下旬間。暫繫於此。又，此詩亦載《清道人遺集》卷一，題曰《題許岑藏文徵仲畫幀》。

是月，高輔誠致函曾熙，託其轉求公書聯。

　　曾熙《與高輔誠書》：輔誠賢弟閣下：前月得弟來簡，欣快無
既。記甲辰冬暮，與弟步行城外，看山談話竟日夜，今忽忽四歲
矣。世亂如此，有家不得歸，未識天亦憐此生民否？謝君鼎勛治
政如此嚴明，近日不多覯也。已請清道人書聯並詳跋，文則手所
撰也。……熙頓首。二月十五日。（肖賢訥、楊寶琳編《衡陽書法
篆刻選》）

　　案：據王中秀、曾迎三編《曾熙年譜長編》所考，甲辰四年後，
公與曾熙尚未鬻書自給，“甲辰”當爲“甲寅”之誤也。是書曰“前
月得弟來簡”，因繫於此。

初春，爲吳昌碩所藏精拓本《散氏盤》篆耑。

　　《吳昌碩藏西周散氏盤銘》卷首：散氏盨。余既得《散鬲》脱本
一濃一淡，因自銘其齋曰“雙散鬲齋”，倉翁爲余題其額。倉翁今
復得此精脱本，題此報之。清道人。（上海人民美術出版社）

　　案：公未署年月，後有吳昌碩戊午初春跋，略謂“此槃舊弄内
府，拓本艱致。比歲以還，滄桑屢易，故宮法物，往往流落人間，甚
或輾轉入番舶，遠涉重洋，無復返璧之望。此不世之瓖寶，存佚殆
不可知，思之憮然”。公或亦題於此時者也，暫繫於此。又，該書
出版説明謂此拓係公贈吳昌碩者，殊無所據。

鈴木虎雄以詩贈公。

　　鈴木虎雄《贈道士李梅庵梅庵號清道人善書》：一曲采薇不忍聞，
欲乘仙鶴拂星文。人間枉作臨池戲，君是前朝張白雲。（《豹軒詩
鈔》卷七）

　　案：該詩前隔一首爲《戊午元旦》，後七首均游金陵之作，其中
《孝陵》句云“多情偏是臺城柳，要待春風放舊黃”，其後《寒山寺》

亦有"麥綠楊黃接遠峰"句,則當作於春初也。

爲《近世一百名家畫集》篆耑。

　　案:《近世一百名家畫集》扉頁題曰:"近世一百名家畫集。清
道人。"(大東書局)是書於民國七年四月出版,前有民國六年十月
錢病窟序,公當作於是間也。暫繫於此。

**二月一日(3月13日),與周嗣培赴醒吾之約往鄧尉探梅,歸憩聖恩
寺,因題《邾公牼鐘》拓本。**

　　題《邾公牼鐘》拓本:戊午二月朔,醒吾先生約游鄧尉探梅,歸
來小憩聖恩寺,觀邾公鍾,題此紀遊,同游者浙江周竺君也。清道
人。(北京匡時2018年秋季拍賣會393)

　　案:此卷爲潘遵祁題引首,後尚有翁同龢、端方、吳大澂、潘祖
蔭、王同愈、冒廣生、傅增湘、吳郁生、張祥齡、鄭文焯、張鳴珂、費
念慈等跋。

觀梅歸來,因懷元配余欽靜,賦詩悼之。

　　《鄧尉看梅悼逝》:餘生已如贅,蚤死寧非祥。覩此冰雪姿,起
余卌載傷。花氣澹如烟,恍惚見容光。夙申偕隱誓,今餘同穴望。
魂兮倘翩來,與子將翱翔。年衰懷轉新,世亂悲彌長。亦知生有
涯,念懷殊未央。(《清道人遺集》卷一)

二月初,爲王震所藏《文徵明自書詩册》題引首。

　　《文徵明自書詩册》引首:徵仲詩翰。一亭先生藏文徵仲手書
舊作,余爲題此。翰,舊釋爲飛,余以爲翰字。清道人。(中國嘉
德2011年秋季拍賣會)

　　案:是册尚有曾熙、吳昌碩跋。曾跋於二月五日,其時曾寓公
許,則公所作當亦於此時者也。曾跋云:"右軍純以篆法爲今隸,
大字《鶴銘》,小字《黃庭經》而已。至草書,方轉方折,全用分法。
自來書家皆知永興出右軍,殊不知北海從右軍草法來也。吳興從

北海窺二王，文待詔又從吳興學右軍也。此册化繁爲簡，右軍所以別於大令在此。至折處圓滿，行處翔回，如此册之精，良不多覯，宜一亭寶愛之也。戊午二月五日，農髯曾熙。"

致書劉承幹。

《與劉承幹書》一：頃自鄧尉歸，衣袂猶帶梅花香也。有人持烟二納，誠佳品，成對未動，尤爲難得，索直六百圓，特令送上法鑒，可留也。春氣已和，敬頌安穩。翰怡京卿閣下。清道人頓首。（《求恕齋友朋手札》，《歷史文獻》第十八輯，頁三三七）

二月九日（3 月 21 日），赴張元濟、李宣龔約於古渝軒午飯，何維樸、繆荃孫、王秉恩、朱祖謀、章梫、劉承幹、鄭孝胥在座。

《張元濟全集·日記》三月二十一日：應酬：午與拔可約何詩孫、繆小山、王雪丞、朱古微、李梅庵、章一山、劉翰貽、鄭蘇龕在古渝軒午飯。（卷六，頁三四九）

《藝風老人日記》二月九日：張菊生、李八可請古渝軒，菜劣。……積餘送信、詩孫畫大小二幀小對來，與李一山信、梅盦信，詩孫字畫均佳。（頁三一四六）

《鄭孝胥日記》二月初九日：菊生、拔可約至古渝軒午飯，何詩孫七七、繆小山七五、王雪澄七四三人，共二百二十六歲。李梅庵言，鄒殿書自粵回。（頁一七一八）

《求恕齋日記》二月初九日：午刻，至古渝軒應張菊生、李拔可之招。同座者：何詩孫名維樸，湖南道州人。爲子貞太史之孫。本江蘇候補道，近在上海賣字畫、繆小珊、王雪岑、朱古微、李梅庵、鄭蘇戡、章一山。（册五，頁三二〇）

二月十日（3 月 22 日），繆荃孫致函與公。

《藝風老人日記》二月十日：發李一山信。寄積餘信、道士信、詩孫書籤。（頁三一四六）

二月上旬，跋《李洪演造像頌》。

跋《李洪演造像頌》一：《李洪演造像》筆法直從秦斯篆法，以字似歉而反正驗之，右軍適嗣也。世人與其學唐橅宋刻之《黃庭》，何如六朝橅六朝刻耶？右軍一綫之存賴此而已。清道人。

二：自帖學興，言書法者莫不言二王，而二王真迹何在？幾經唐橅宋刻之叢帖而已。今欲唐橅宋刻不可得，而乞靈於數翻數橅之叢帖中，何異向木佛求舍利子耶？余嘗謂學古必求其可信，非凡號爲羲、獻便可師也。當西晉之時，古隸之運未終，今隸之萌芽初茁，即云善變，何其脫之盡耶？《寶子碑》亦晉碑，又何其絶不類耶？阮芸臺云，右軍爲南派江左字體，當時惟士大夫習之，非民間通行字體，然蕭梁石闕何異《刁遵》？獨非南碑耶？貝義淵非士大夫耶？昔董文敏學晉人終無悟入處，後學宋人，乃大悟筆勢，此可以覘學帖之效矣。然文敏緣宋悟入，故晚年造境彌淡，終不能上窺晉人，此入手誤也。余友曾子緝學晉帖有天授，每見其橅《黃庭》，筆法遒古静穆，意態萬方，數百年無此作矣。余嘗戲以《鶴銘》寫《黃庭》，以《石門銘》臨《内景》，欲於碑中求帖，蓋亦不得已之苦心也。余言此石勝《黃庭》者，此書中含案：此字疑衍。全用篆筆，《黃庭》亦用篆法，然非善書者莫能窺其微也。此中如“爽塏”、“髣髴”字，何減《鶴銘》耶？包慎翁欲於《龍藏》求右軍，謬矣。《龍藏》是當時丁派，上承《禮器》，下開河南，已是唐人匀瀞字體矣。越日展玩晴窗，又記。（拓片）

案：公未署年月，該《頌》尚有曾熙跋二則，其一曰：“此石用筆不曲，與大令同，而取勢結體乃大異。大令從側處取從勢，此石筆法轉法皆方勢也。骨秀韻雋，風度凝静，北石中不能有二也。戊午二月十日，農髯識于玉楳華盦。”曾熙自丁巳十一月十九日病愈歸滬，至戊午八月初，均居公處，則公所跋或亦於此時前後也。曾跋於公後，則公當跋於十日前也。暫繫於此。

二月十五日（3月27日），赴愛儷園古物陳列會。

《愛儷園古物陳列會誌盛》：十五日爲愛儷園古物陳列開會之

期,會員到者凡二百人。游小溪君陳列各品以元畫蘆雁、宋畫牧羊、宋畫雪景山水及錢督美山水爲最,其古玉二十餘件亦漢以前製也。奚萼銘君之商觚、丁輔之君之明歸復初製錫壺,均稱精品。鄒適廬君之吳窓齋七言聯、嚴載山水幅等,楊實甫君之明唐、祝、文三賢像軸等,張石銘君之御筆梅花、席小君之宋人花卉大幅、哈少甫君之闕雯山《仿宋寫生百花圖》長卷、王應甲君之元倪雲林山水,觀者咸嘖嘖歎賞。王鷗客君更以家藏費山人曉樓手繪《東軒吟社圖》長卷暨吳鞠潭所書《吟社同人小傳》長卷陳列,紙墨精潔,可云異寶。五時許,由姬覺彌君各贈宋羅長源先生《辨史皇論》印品一幀,復經哈少甫君商定書畫券贈品。已由清道人、黃旭初兩君續認書畫,而曾農髯、高野侯兩君亦各認書畫助賑。現在售券將竣,贈品亦皆支配,三月十五當可開標矣。六時,各會員紛紛而散,暮煙夕照,猶掩映林木翳蓊間也。(《申報》3 月 29 日)

二月十七日(3 月 29 日),**過譚延闓,曾熙、姚良楷、俞明頤、張承之等在座。**

　　　《譚延闓日記》三月二十九日:逕歸,李道士、曾九、姚老、俞三、承之來晤,設具款客,有魚翅甚醲郁,可謂頓還舊觀矣。承之、呂滿皆有□肴,亦尚可吃,惜酒不佳耳。談近事甚多,數月無此樂矣。大武出電壺煮普洱茶,至十時,客去。(册五,頁四八六)

二月十八日(3 月 30 日),**與曾熙、吳訪、吳錡、胡光煒於神州國光社觀趙孟頫《枯樹石山圖》。**

　　　曾熙《自神州社歸記》:吳興工細山水易得,昨從神州國光社見其以枯澹之筆作枯樹石山,韻味之蕭澹逸遠,爲之流連不能釋手。後柯九思詩跋亦堅實秀逸,可稱雙絶。同觀爲阿某、宜黃大小吳與胡君小石也。戊午二月十九日,農髯自神州社歸記此。(《曾熙書法集》頁二一六至二一七)

二月二十日(4 月 1 日),**晚,公招飲古渝軒,譚延闓、譚澤闓、呂苾籌、張其鍠、姚良楷、李翊煐、曾熙、吳錡等在座。**

《譚延闓日記》四月一日：宋滿歸，余等至古渝軒，道士招飲。呂滿、子武、姚老、李謙六、曾九、吳劍秋、朱九同坐。菜甚新穎，至爲精美。既散，同大武歸，十時後寢。（册五，頁四八九）

二月二十六日（4月7日），劉承幹欲訪公，遍覓不得其處，乃去。是日，鄭文焯卒，享年六十有三。

《求恕齋日記》二月二十六日：又思至定安里訪李梅庵，以北四川路一帶遍尋不得，乃至貽德里一轉而歸。（册五，頁三二八）

孫雄《高密鄭叔問先生別傳》：君生於咸豐六年丙辰七月二十八日，卒於共和七年戊午夏正二月二十六日，年六十有三。（《舊京文存》卷八）

鄭復培《先考小坡府君行述》：戊午二月二十二日，早起，忽痰湧舌蹇，汗流不止……延至二十六日丑時，竟棄不孝等而長逝矣。（《大鶴山人詞話》附錄，頁四四八）

二月，爲曾熙所臨《華山廟碑》、《夏承碑》署檢。

案：《農髯華山廟碑臨本》（震亞圖書局）封面題曰：“農髯華山廟碑臨本。戊午二月，清道人。”《農髯夏承碑臨本》（震亞圖書局）封面署曰：“農髯夏承碑臨本。戊午二月，清道人。”

是月，爲《祝福申墓誌》書丹，沙元炳撰文。

《清故揚州府學訓導如皋祝君墓誌銘》：同縣沙元炳撰文，臨川李瑞清書丹。清贈中議大夫揚州府學訓導祝君，諱福申，字書凱，號少農，以甲寅年十月二十二日卒於家。越四年，其子以三月十日卜縣東湯家灣河南之原以葬，先期來乞銘。君次子光樾，余女夫也。……同縣倪景山鑴。（震亞圖書局）

案：文稱三月十日卜葬縣東，則公所書當在其前也。暫繫於此。

向燊攜《燉煌石室唐人畫佛變相圖》來滬，公見而大説，遂假歸臨之。

向燊跋《敦煌石室唐人畫佛變相圖》：圖出甘肅燉煌縣莫高

窟,蓋唐人所繪也。於民國二年得於隴南道署,六年撰贊於湘江道署。七年二月,南北戰爭激烈,避兵攜至上海。清道人一見欣賞,以其用筆皆古篆籀法,欲假臨副本,遂置伊處。九年八月伊歸道山,適余送廷兒赴日至申,仍歸吾篋。因書前贊,並記其事,以志人琴之感。衡山樂父向燊。(峰青館輯《名畫集成》第一集)

曾熙"百年五州"聯款:樂毅親家自湘攜其所藏六朝經卷與北宋范華原諸名畫來滬,晨夕賞玩,歷春涉冬,滄桑之後,良友聚首,極人間之至樂,亦即吾輩無方之桃源也。……歲著雍敦牂冬至前一日,農髯熙書於滬上。(嘉德四季第二十一期拍賣會 1508)

錢熊祥託公購向燊所藏何紹基書《座右銘》,未果。

曾熙題《何紹基書座右銘》:樂叟攜此卷來海上,沖甫兄見之,即託道人願以重值相讓,樂叟不許也……乙丑秋七月六日,農髯注。(轉引自王中秀、曾迎三編《曾熙年譜長編》頁五六〇)

三月三日(4 月 13 日),赴徐園修禊會,姚文棟、繆荃孫、潘飛聲、周慶雲、沈焜、鄒弢、河井仙郎、池田立堂等在座。

《徐園修禊誌盛》:古學保存會,姚志梁君發起於三月三日(即昨日上巳節),在康腦脫路徐園開修禊會。先日連發六啓,文辭瞻麗,屆時與會者約二百餘人,皆一時知名之士,如清道人、繆荃孫諸先生,皆與會颺舉,涖會極早,並有日本來賓河井仙郎、池田立堂等。主人爲姚君,招待爲潘老蘭、周夢坡、沈醉愚三君。座中多題詠,而何蠑叟則出所著之《陳言》、鄒翰飛則出所著之《三借廬賸稿》,各贈一冊。蘭史並特購南翔所釀之名酒以餉客,佐以雞麵、角黍,亦甚雅致。是日誠如王右軍所謂"天朗氣清,惠風和暢"。滬市擾攘中有此一會,不惟繼續數千年之遺風,亦爲滬埠未有之韻事,誠盛舉也。(《申報》4 月 14 日)

三月六日(4 月 16 日),劉承幹來談。

《求恕齋日記》三月初六日:至定安里訪李梅盦,與之長談。

遇曾農髯名熙,湖南衡陽人。癸卯進士。陸軍部主事。近在上海賣字,字與梅庵仿佛,又談片刻而出。(册五,頁三三六)

　　案:定安里當爲安定里。

三月七日(4月17日),代鄧希禹函約同人初九至小有天午飯。

　　《鄭孝胥日記》三月初七日:李梅盦函約初九日小有天午飯,乃爲湘人鄧莅溪代訂,鄧自攜書來訪。(頁一七二三)

三月九日(4月19日),赴小有天午飯,鄭孝胥、曾熙、鄧希禹等在座。

　　《鄭孝胥日記》三月初九日:至小有天,應鄧莅溪之約,梅庵、士元皆在,餘多湘人。(頁一七二三)

三月初,周霞甫應公之請慨助中國濟生會梅花堂幅二十張。

　　《大畫家周君霞甫惠助梅花誌謝》:敝會辦理春揚獎券,所有各種獎品原由慈善家惠助而來,兹蒙大畫家周霞甫先生應李梅庵先生之請,慨助梅花堂幅二十張,筆力遒勁,各種具備,拜領之餘,照奉收據。並將畫件分列獎品外,合登報鳴謝,以揚仁風。先生在滬嚮有年,如有請求者,此間各紙店均有潤例也。上海寧波路中旺弄升安里中國濟生會賑務處謹啓。(《申報》4月23日)

三月十一日(4月21日),爲朱崇芳《放大毛公鼎》署檢,并跋其後。

　　跋《放大毛公鼎》:余既爲門人臨《毛公鼎》以示其筆法,今震亞主人又以景放《毛公鼎》爲大字,意欲比于《石鼓》,直勝《石鼓》耳。《石鼓》何能及《毛公鼎》也?余嘗曰:求分於石,求篆於金,自來學篆書者皆縛於石耳。鄧完白作篆最有名,嘗采擷漢人碑額以爲篆,一時學者皆驚歎,以爲斯、冰復生。後進循之,彌以馳騁,苟以嘩衆取寵,而篆學寖以日微。楊沂孫最晚出,學鄧而去其鼓努,號爲雅馴,學者弗尚也。吳中丞頗曉古文奇字,多能正其讀,史籀之學復明。嘗作大篆古籀,其文雖異體,而排比整飭,與小篆無以異。操觚之子,莫不人人言金文,然實莫解筆法也。今震亞主人既景《毛公鼎》爲大字,《齊罍》、《散槃》,先後悉出,於是人皆可以珥筆與史籀進退於一堂,炳焉與三代同風矣。道人得此,日可與二三子同遊成周之世,不知有漢,何論魏晉?陶隱居云:"不爲無益之事,曷以悦有涯之生。"無用之人相與爲無用而已,安問人間何世也?戊午三月十一日。清道人。

　　案:是册封面題曰"景大毛公鼎。清道人",册後尚有胡光煒釋文、曾熙跋。

三月十五日(4 月 25 日),偕曾熙、姑丈姚良楷過鄭孝胥久談。午後,愛儷園書畫籌賑會開彩,公與同人發售書畫券,謝天錫得公絹本佛像一幅、蘇燦卿得公山水橫幅。是日,瞿鴻機卒,享年六十有九。

　　《鄭孝胥日記》三月十五日:李梅盦、曾士元、姚芷皆來訪,談久之乃去。姚乃梅盦之姑丈也。(頁一七二四)

　　《愛儷園書畫籌振會將次開彩》:去歲九月間,上海愛儷園開倉聖救世籌振汴晉湘魯秦鄂水災會,時適承京直奉開會之後,售券非不踴躍,而開銷一切賸款無多,經哈同、姬覺彌兩君竭力籌捐,先後由濟生會分解,各省數已逾萬,但各省仍函電紛來求振,已窮應付。海上題襟館書畫會哈少夫爰約同吳昌碩、何詩孫、王一亭諸君籌議發售書畫券二千張,由同人擔任彩件,務使券券有彩,彩彩從豐,券價僅兩元,而贈品每超兩元以上。其中如康南海、吳昌碩、何子貞、鄭蘇戡、李梅庵、曾農髯、王一亭、沈濤園、喻志韶、左子異、李平書、哈少夫、楊小川、羅叔言、鄒景淑、高邕之、伊峻齋、潘蘭史、張硯孫、楊竹簍、張聿光、俞遠夫、倪墨耕、葉指發、耿道沖、陸叔同、程瑤笙諸君皆當代書畫家,傾其珍藏,揮其墨寶,在平日有出重金求之不得者,此次則可以極微之代價得之。茲已定於夏曆三月十五日下午在愛儷園開彩,聞彩券已將售罄,癖嗜書畫者其從速往購之。(《申報》4 月 23 日)

　　《愛儷園書畫振券之開標》:前日愛儷園古物陳列會值日人吳

昌碩、王一亭、黃山壽諸君將書畫陳列戩壽堂,琳瑯滿目,美不勝
收。下午一時,廣倉學宭書畫助振券開標,由童子軍司招待稽查,
來賓親自摸彩,到者七百餘人。第二標同春芳慶記得吳昌碩《竹
石》一幀,第五標謝蘅牕君得清道人絹本佛像一幅,第八標蘇燦卿
君得清道人山水橫幅,其餘不勝記載。(《時報》4 月 27 日)

　　案:廣倉學宭創於一九一六年,由姬覺彌、鄒景叔發起,哈少
夫出資所創。馮煦任會長。會址設於愛儷園內。

　　余肇康《軍機大臣外務部尚書協辦大學士瞿文慎公行狀》:戊
午春二月,復同重遊……以三月十五日亥時薨於上海寓廬。(《碑
傳集三編》卷三)

　　勞乃宣《輓瞿子玖相國同年》。(《桐鄉勞先生遺集》卷八)

三月十九日(4 月 29 日),鄭孝胥回訪。

　　《鄭孝胥日記》三月十九日:過李梅盫。訪姚芷皆,不遇。曾
士元以扇索書近詩。(頁一七二五)

三月,跋震亞圖書局《秦權量詔版景大本》,并爲署檢。

　　案:該跋載於《清道人遺集》(頁一三九),題曰"秦權量詔版景
大本跋"。原件款曰"清道人",封面題曰"秦權量詔版景大本。清
道人"。公未署年月,然該書於是年四月出版,前有胡光煒、曾熙
三月跋,因繫於此。

是月,爲《悲盫賸墨》第二集篆耑。

　　《悲盫賸墨》第二集卷首:悲盫賸墨。戊午三月,清道人。

是月,爲趙左《溪山高隱圖》篆首。

　　《溪山高隱圖》引首:趙文度溪山高隱圖神品。戊午三月,清
道人。(中國嘉德 2013 年春季拍賣會 1438)

春,應陳伯芳之請爲雲南省立第三師範學校題字。

　　謝顯琳《省立曲靖師範、中學三十七年的一些回憶》:民國七
年春,新式大門改建成,拱門上鑲嵌著清道人(李瑞清,江西人)篆

書之"雲南省立第三師範學校"十個方尺餘大字,鸞翔鳳翥,金碧輝煌,氣象爲之一新。道人書名滿天下,我校得此,係出於英語教員陳伯芳(道人學生)之請。(《曲靖市文史資料》頁一二四至一二五)

春,致書陸樹藩,備道受南北戰爭影響,生意冷淡,困頓已極。

《與陸樹藩書》其一:菭伯吾兄:久闕瞻謁,但有懷仰。人來,辱書,知吾兄與鶴九兄亦窘,而貧道今年之困亦處其極。江西紙店_{天寶樓燒去幾}平聲千圓,南北之爭,生意冷淡,而同時來二十年之老責主二人,購房山之新責亦來相索,百孔千瘡,一時並發。兄亦窘,真所謂六親同運也。即頌春福。清道人頓首。

其二:貧道今年之窘不可言,此義又無可辭,無論如何,必爲辦之。菭伯吾兄。清道人頓首。貴上大人。(迦南 2013 年秋季拍賣會 0353)

春,時爲孫家超講掌故,並教以書畫。

李雲麾《先從兄清道人行述初稿》:余戊午別兄,家超方八歲,時見兄引之懷袖間,爲講掌故兼教之書畫。(《清道人遺集》附錄,頁二八七)

木每《清道人之啖量》:道人無子,遂嗣仲乾之弟爲後,弟及□死,遺一孫,幼極穎慧,髫齡之年,即能書擘窠大字,人矮不及案,累之以杌,跪杌上揮毫,磅礡有氣魄,人以神童呼之。後入大同大學習機械,學成非所用,任文書於航空機關。(《新聞報》1948 年 12 月 29 日)

案:李家超爲嗣子承侃之子。戊午八歲,李雲麾所指當非虛歲,如公享年五十有四,而李雲麾謂五十三,則李家超當生於宣統二年也。

春,與從弟李雲麾別。

李雲麾《先從兄清道人行述初稿》:余則固流於粵桂湘鄂,隨

軍贊畫,仍以間至滬,陪兄讌游,最後別兄爲戊午之春。(《清道人遺集》附錄,頁二八七)

春,爲周蓮甫題倪瓚《杜陵詩意圖》。

　　題倪瓚《杜陵詩意圖》:倪迂畫余昔年藏有《疎梧秀石圖》一幀,筆力雄勁,墨氣沈厚,董、巨風規居然猶在,與平日之作絕不相似。其時貧居湘上,竟以易米矣,可歎可歎。後歸俞廙軒中丞。上有句曲外史題詩,純天真爛漫,非擬議可到,真所謂寫其胸中逸氣也。此幀迂翁挾亂離滄桑之感,以幽澹高逸之筆,寫少陵荒寂蒼涼之句,誠潛移造化而與天遊,與《六君子圖》同一筆意,惟識真者能賞之。題罷更繫以小詩:玉峰斜日不成春,莫上桐樓望北辰。寂寞中原風雨合,斷橋煙柳更無人。蓮甫先生法家一笑,清道人。(中國嘉德 2001 年秋季拍賣會 0411)

　　案:公未署年月,其後有邵松年戊午春暮跋,暫繫於此。此幀尚有裴景福、裴景綬、秦寶瓚、吳昌碩、廉泉、伊立勳等人跋。此畫本裴景福所藏,後讓於周蓮甫,《壯陶閣書畫錄》卷七著錄。又,該詩亦載《清道人遺集擷遺》,題曰《題倪迂山水小幀》,然無序,其序則置諸《題洗桐道人山水并序》(《清道人遺集》卷一)下,文字略有出入,而據公書法手卷(北京華匯中藝 2018 年春季拍賣會 0235),該詩題曰"題洗桐道人畫幀",並無此序,或係門人編纂時所移置也。

四月初,爲震亞圖書局放大景印本《秦量刻辭》篆耑。

　　案:公題曰:"秦量刻辭。戊午四月,清道人題。"尚有曾熙、胡光煒跋,胡跋於四月三日,其時胡寓於公家,則公亦當作於四月初也。曾跋曰:"宋拓泰山二十九字有此完好精神耶? 大小徐既未見《繹山》真本,李陽冰其果見之否耶? 此本蓋不啻秦石新出土矣。小篆中興,於此徵之。戊午初夏,見震亞主人擴大《秦量》景本,因識此。衡陽曾熙。"

胡光煒以疾歸江寧。

案:參閱本年四月十七日條。

四月十日(5月19日),爲益齋畫扇。

《畫松》扇面:延年益壽。戊午四月十日,清道人畫,奉益齋鄉仁兄法家正之。(西泠印社2014年春季拍賣會1090)

四月十六日(5月25日),王國維致函羅振玉,謂公已遣人拓葉本《急就章》。

王國維《致羅振玉書》:雪堂先生有道:……《急就》葉本石刻尚在松江府學,李道士已遣人拓得二分。乙老意欲屬其拓五十分,此無成就之日。惜松江無熟人,慮不得其門而入,否則遣頌清處之拓手往拓之,可立致也。……國維再拜。十六日晨。(《羅振玉王國維往來書信》頁三六九至三七〇)

四月十七日(5月26日),胡光煒病愈來滬。

季恍、仲尚、旭君諸弟無恙:相別匆匆,不覺旬日,言念爲勞。賤軀頃已平復,準以十七日午車來滬。它俟面談,不多道。漸熱,自愛。光煒頓首頓首。老太太、夫子、九先生尊前問安,不別啓。(《胡小石書法選集》頁八六)

案:謝建華《胡小石先生年表》(《胡小石文史論叢》頁二四五):"初夏,先生曾患病回寧十多日,病愈,往滬前上李瑞清先生書一封。"即指此札,然審其詞意,乃致李傚等人,非公也。《胡小石書法選集》亦誤作《上李瑞清書》。

四月,序門人陶隆偉所著《南史紀豔詩》。

《南史紀豔詩敘》:鬻書海上,瞬將七載,緬懷世事,倍覺根觸。願爲袁粲死,不作褚淵生久矣。陶生隆偉,字秀夫,江寧諸生,爲予監督兩江師範學堂之門下士。爲人沉默,不尚奔競,近以時局變遷,閉戶讀史,今春郵遞所著《南史紀豔詩》於予,予讀之,其哀怨懲刺,引古傷今,有手揮五弦、目送飛鴻之妙,意故不在紀豔而

實有感於閏位之朝政也。詩云乎哉！戊午年夏四月,清道人識於申江旅舍。(民國石印本)

案:陶隆偉一名隆謙,江寧人。爲兩江師範公共豫科學生。

是月,爲錢熊祥所藏潘振鏞臨曹岳《竹垞圖》題引首。

《竹垞圖》引首:潘雅聲臨曹秋厓竹垞圖。

"先生歸矣,憶江湖廊廟,生涯萍泊。自種垞南千个竹,老讓懶雲閒託。繭綫牽魚,弓枝射鴨,足伴填詞樂。畫圖常在,肯教蹤跡零落。　今日水淺荷荒,岩低桂蠹,殘址難斟酌。何處墻邊樓影小,當日雨窗風幕。儒老乾坤,書懸日月,莫漫悲亭堮。重摹橫卷,遠山須染三角。嘉慶元年秋八月,儀徵阮元觀於嘉興試院,即用竹垞先生《百字令》韻題之。且訪遺址,重構小亭,邀諸詞客共賦,別摹畫卷,録以自藏。元并識。"沖甫仁兄屬臨,芸臺相國題後小詞不復録矣。清道人。(香港蘇富比 2016 年春季拍賣會 2759)

案:公未署年月,該卷有潘振鏞戊午夏四月款,姑繫於此。

是月,爲上海聚珍倣宋印書局排印《秋盦遺稿》篆岀。

案:《秋盦遺稿》扉頁題曰:"秋盦遺稿。錢塘黃易著。清道人。"牌記曰:"戊午孟夏之月,上海聚珍倣宋印書局精勘印。"因繫於此。

是月,赴六三園看芍藥,歸而書聯一幅。

麗氣冠華甸;羅景藹雲扃。戊午四月,從六三園看芍藥歸作此。二陵仁兄法家正之。清道人。(中國嘉德 2013 年秋季拍賣會 1713)

是月,集《崔敬邕墓誌》字書聯。

酸果味和鼎;奇華發自天。集《崔敬邕志》字。戊午四月,清道人。(香港蘇富比 2010 年秋季拍賣會 0989)

是月，作"逸翰懷青霄"歐體橫幅。

　　逸翰懷青霄。戊午四月，清道人。（中國嘉德 2014 年春季拍
賣會 1697）

　　案：此幅有張大千署籤，曰"梅師歐書"。

五月六日（6 月 14 日），爲龔心釗跋南宋搨本《集右軍書聖教序》。

　　跋南宋搨本《集右軍書聖教序》：懷仁集晉王右軍書爲《大唐
三藏聖教序》，能使異體殊形，同歸一旨，截僞續真，神契前軌，誠
臻乎妙化者也。清道人。

　　懷希同年以南宋精搨本屬題，上有明吳匏庵、王夢樓兩跋，皆
佳，因戲集此序字爲跋，米襄陽必詞爲集古字也。戊午五月六日
夜雨，鐙下又記。（北京海王村拍賣孟憲章先生珍藏碑帖專場）

　　案：該册尚有吳寬、王文治、張運等跋。

五月上旬前後，爲南洋公學圖書館題字。

　　陸陽編《唐文治年譜》民國七年六月二十六日：舉行圖書館奠
基典禮，唐文治及全體職員悉數出席。……"圖書館"三字由李梅
庵所書。（頁二二五）

五月十三日（6 月 21 日），偕李翊煃、曾熙、姑丈姚良楷同過鄭孝胥。

　　《鄭孝胥日記》五月十三日：李謙六、姚芷皆、李梅盦、曾士元
同來。（頁一七三三）

五月十七日（6 月 25 日），王仁東卒。

　　《鄭孝胥日記》五月十七日：聞旭莊卒，即往哭之，王氏昆仲遂
成一夢。（頁一七三三）

　　沈曾植《哭王旭莊四首》。（《沈曾植集校注》頁一一七二）

五月二十二日（6 月 28 日），姚文棟母濮太夫人九十壽辰，公撰聯
以祝。

　　《古今聯語彙選》：上海姚母濮太夫人歸潤生先生，逮事舅姑
十餘年，工詩畫，顧言動必以禮。先生以孝廉官浙江富陽縣知縣，

太夫人偕之官，內政克修，於地方興革，多所贊助。比去，邑人祀
之春江第一樓及春江書院，歲時祭獻不衰。長君即子梁觀察，由
增貢生充出使東西洋隨員，累保道員。勘緬甸界址，歷辦北洋洋
務，保經濟特科。調山西督辦全省學務及農工商局，兼大學堂課
吏館監督，以奉母假歸。次君子讓明府，以優行貢成均試高第，擢
知縣，中乙酉江南亞魁，與兄奉母家居。就里中立圖書館，附設存
古學社，以提倡孔教爲職志。諸孫孟塤、孟篪，亦以儒顯。孟塤研
窮經史，尤精輿地學，有所述作，例本《禹貢》，體仿遊記，蓋得諸家
學云。太夫人著有《漱芳樓詩集》，八十以後著有《金陵遊記》。當
七十，與孫女合百歲；八十，與次孫女合百歲；九十，與曾孫女合百
歲。時爲戊午夏五，海內文人以詩文爲壽者五百餘家。……清道
人聯：看到蓬萊清淺日；生逢嘉道太平年。（冊二，頁五六八至五
六九）

　　王國維《姚子梁觀察母濮太夫人九十壽詩二首》。（《王國維
詩詞箋注》頁二七二至二七四）

　　案：據《姚文棟年譜》，姚嘗撰啓，遍徵海內詩文以壽其母，可
參覽。

五月二十九日（7月7日），與曾熙、胡小石看帖桐陰下，因臨米芾帖
四屏。

　　臨米元章帖四屏款：一（《寄魏泰詩帖》）、無垂不宿，無往不
收，此米老知得力於晉人者。二（《麝香帖》）、此帖沉著痛快。三
（《留簡帖》）、米老由得勢一語悟，此帖全是天真。四（《白熟帖》）、
米書從帖，故簡札尤佳妙入神品。戊午五月廿九，驟熱，病腹。晚
得風，大涼，與農髯、門人胡小石看古帖桐陰下書此。清道人。
（嘉德四季第三十四期拍賣會 0794）

　　馬宗霍《霎嶽樓筆談》：清道人自負在大篆，而得名則在北碑。
余獨愛其倣宋四家，雖不形似，而神與之合，其行書尤得力於山

谷。晚歲參以西陲木簡，益臻古茂。（《書林藻鑒》卷十二，頁二四七）

五六月間，楊鈞寄詩懷公，頗覺落寞。

　　楊鈞《寄李梅盦道士》：道士書名遍海內，我則寂寥知者少。閒看江上白雲飛，千里相思寄空杳。見君今日摹古篆，能平矜躁去方矯。滿身書債未易償，紙堆筆冢何時了。吳淞幾變黑水洋，應笑羲之一池小。（《白心草堂詩集》頁二六）

　　案：此詩前隔數首《悲哉行》序云：“戊午之春，湖湘兵亂，所至爲墟，作詩誌哀，並告來者。”又前隔二首《雨後新晴作詩寄興》有“雲開白日見，初聽林中蟬”句，則此詩當作於戊午夏也。

六月初，致書左學謙，備道生意落寞之況。又因曾熙家中遭劫，憂思成疾，乞其力勸曾夫人來滬。

　　《致左學謙書》：益齋老哥閣下：世事今無可談，既爲道士，則亦不問世事，以鬻書作業。南北戰爭，不能不受影響，生意落寞。今年五月節帳收入僅及平日之半，下半年如此，不能自支，則只好仍住茅屋食青菜矣。貧道非肉食不飽，更非醇酒美肉不樂，其如命何！閒話休提，九哥接眷來滬，望吾兄極力贊助之。九兄近來多病，去年因聞南北之爭，通夜不能成寐，遂患黃病，據日醫云，老年人得此征極爲危險，今幸瘉矣。至得家中被搶之信，異常作急，又連夜往往達旦，無法勸止之。今既欲歸不能，其懸揣之驚恐較身受者爲倍酷，且近年多病，加之思慮本多，無家中之危險與否，總以勸九嫂來，以慰遠人。即家中平靜，來只多跋涉之勞，遠人爲安，免舊疾復發也。商霖老伯近狀何似？心極念之，夏熱，珍衛。清道人頓首。（《湖南圖書館藏近現代名人手札》冊五，頁三〇六四至三〇六九）

　　案：據王中秀、曾迎三編《曾熙年譜長編》（頁三一〇）所考，益齋寔左學謙號也，《湖南圖書館藏近現代名人手札》以爲蕭俊賢，誤矣。

六月十八日（7月25日），與鄭孝胥往送王仁東之殯。是日，沈曾植
夫人七十壽辰，公書聯以祝。

《鄭孝胥日記》六月十八日：往送旭莊之殯，至白克路遇之，遂
與執紼者俱行，約四五里抵江寧公所丙舍，棺既至，拜而去。同行
者惟李梅盦。（頁一七三八）

人欽黃髮偶；天眷老臣身。乙盦尚書暨德配李夫人雙壽，清
道人敬頌。（嘉興博物館藏）

王國維《致羅振玉函》：寐叟夫人今日壽辰，其子因堂上雙壽，
大徵詩文。聞壽文有十許通，詩詞更多。（《王國維全集》第十五
卷，頁四三九）

《鄭孝胥日記》六月十八日：子培夫人七十生日，往拜壽，培謝
客不出。（冊三，頁一七三八）

案：據梁秀華《王國維〈海日樓歌〉及沈曾植七十壽慶考證》
（《浙江檔案》2018年第7期），沈曾植是年六十九歲，李夫人七十
歲，其子女輩初擬於二月廿九日稱觴，爲慶九之舉，而苦禁不可，
乃於夫人壽辰大徵詩文。又，浙江省博物館藏康有爲賀沈曾植夫
婦七十雙壽軸款云“宣統十年夏六月”，故公所書聯或當作於六
月也。

六月二十二日（7月29日），發譚延闓信已達。

《譚延闓日記》七月二十九日：受信：陳柳琴……介夫、李道
士、容恢。（冊六，頁九四）

六月二十三日（7月30日），譚延闓覆函與公。

《譚延闓日記》七月三十日：發信：三十二書……李道士、偉
成。（冊六，頁九五）

六月，跋周遒所臨漢魏李唐石刻。

跋《武進周惺弇臨摹漢魏李唐石刻》：武進周君惺弇少工書，

尺牘零縑，人爭知寶。近以所摹漢魏李唐石刻見示，寓變化於整齊之中，標神奇於矩矱之內，書體之變自漢而大，至魏而盛，降及唐而極，宋以來未有能變者也。惺菴所學不涉宋以下，故所造詣遂精絕如此。戊午夏六月，清道人。（常州新群書社）

案：此書尚有李正華、左權、錢振鍠、周葆貽、金式陶等跋。

是月，跋林秉誠所藏《石齋逸詩冊》。

跋《石齋逸詩冊》：右黃石齋先生逸詩手書冊子。先生當明之季，屢疏言事，不能用，及其事不可爲，從容就義，何其烈也！先生負天下重名，人情歸望，當其往江西，振臂一呼，遠近相應者至九千人，雖戰敗身囚，亦可以無憾矣。至若偷活艸間，視君國阽危，袖手嗟歎，與全軀保妻子之臣何以異？覩先生逸詩，其亦何地自處耶？戊午六月，清道人敬題。（佳士得香港 2019 年秋季拍賣會 0985）

案：該跋亦載《清道人遺集》（頁二○二），題曰《黃石齋先生逸詩跋》，文略異。此冊尚有溥儀所題引首，陳寶琛、梁鼎芬、鄭孝胥、陳三立等跋。民國九年有正書局嘗景印出版，惟印溥儀所題引首及陳寶琛跋。陳跋曰"今秋研忱表叔攜來京師，始見于世"，《鄭孝胥日記》丁巳十二月二十二日："同鄉孫筠蔆藹者來訪，持《石齋逸詩》冊子求題，爲林研忱秉誠所藏，弢庵進呈御覽，上擘窠書'浩氣英光'四字。弢庵題一律，星海題二絕句，寶熙題五律三首，嚴復題五絕二首，內藤虎跋一則，伊克坦、朱益藩題語二則。"可資參考。

是月，爲李承緒節臨四體書四屏。

節臨四體書四屏：一（《蔡姞簋》）、古木卷曲，奇石礧砢，此境似之，所謂以造物爲師者。二（《景君碑》）、實師《盂鼎》。三（《急就章》）、皇象《急就章》，以《夏承》法臨之。四（《張猛龍碑》）、嶾峭，書家之申韓也。戊午六月，達九賢倃雅鑒，清道人。（美國弗利爾美

術館藏）

　　案：該書爲安思遠舊藏。

夏，讀吳昌碩《六三園贈鹿叟》詩，謂之尚有氣魄。

　　吳昌碩《六三園贈友人詩》：澗水縈紆鳥不鳴，踏歌聲亞磨茶聲。屋喧階影翻紅藥，樓抱珠光綻綠櫻。頭點石先成佛相，病除天欲老詩情。荷鉏戴笠家何在，儻爾長沮便耦耕。六三園贈友人詩，清道人讀之，謂尚有氣魄。戊午夏六月，錄於禪甓軒，吳昌碩記。（香港蘇富比 2015 年秋季拍賣會 1441）

　　案：該詩題原作《六三園贈鹿叟》（《缶廬詩》卷八），前一首爲《上巳徐園和魯山》，故此詩作於上巳後，公當於夏間讀之，因繫於此。

夏，公五十壽辰時應門人所請臨《毛公鼎》告成，歷時凡三寒暑。門人亟付景印。

　　跋《清道人臨毛公鼎全文》：臨川李師國變後黃冠行遯，蝱處海瀕，賣書爲活，世所稱清道人者也。丙辰歲爲師五十攬揆之辰，紹烈等思有以壽師而未得其當，相與謀曰：世之所以壽人，將以爲名也。師既託於方外，安用名？念吾同學散處四方蓋千百人，苟獲吾師手蹟以廣其傳，則所以壽師者在是矣。於是請於師，師欣然曰："諸子慕余書，當爲摹彝鼎以示大法。"會衡陽曾先生農髯寫《黃庭經》爲壽，烈等擬俟師書之成爲合影焉。歲月遷延，屢書不就，乃於丁巳冬，先攝《黃庭》以行。而復請於師，師曰："此事必可成，然非興到筆到，方寸中無纖毫渣滓不能書，非一氣呵成不足爲書也。"今年夏忽告成，溯求書之年及書成之日，歷三寒暑，如是其難也。天下事不可輕心掉之，書雖小道，吾師猶審慎如此，豈非碩德之符而曼壽之徵耶。若其筆墨之間，淵然有思，醰然有味，軒轅彌明，不解世俗書，游神於三代，冥心於造化，然後乃合耳。鏤石既藏，志其本末。門下士桂紹烈、趙憲、朱亮謹跋。（震亞圖書局）

夏秋間，爲王震跋其所畫《醉魁星》。

　　《跋王一亭畫魁星》：一亭王君倣趙撝叔寫醉魁星，伏地踞坐，鬚戟髮毿，眼眶臼陷，汙垢泥穢，號咴大吐，沾茵汙纈。（《清道人遺集》卷二）

　　案：《鄭孝胥日記》六月廿三日：“王一亭求題所畫《醉魁星》，乃摹趙撝叔所作也。”六月廿九日：“爲王一亭題所摹趙撝叔《醉魁星》畫幅。”公所作或於此時前後也，姑繫於此。

夏秋間，題《墨梅圖》。

　　題《墨梅圖》：天上傳歌舊善才，秋衾銅輦夢如灰。斜街日暮緇塵起，唯有王郎畫白梅。在明仁兄屬題，清道人。（中國嘉德2010年春季拍賣會1399）

　　案：該圖係王穉庭爲在明先生所繪，題詠甚夥，如梁鼎芬、朱益藩、林紓、陳衡恪、齊白石、楊昭儁、吳郁生、樊增祥、易順鼎、陳三立、何維樸等。王穉庭作於丁巳新春，楊昭儁於戊午三月署簽，又公所作裱於邊幅，側跋多作於戊午夏秋間，公所作或亦於此時者也。

七月一日（8月7日），爲王震題八大山人《畫魚圖》，道及總統府賣魚事。

　　題八大山人《畫魚圖》其一：處處安流成險灘，桃花雨急獨行難。春來無限滄桑感，愁向山人畫裏看。其二：竭澤翻愁國用虛，摸金端合到池魚。可憐雪壓烏龍膾，零落金牌御字書。戊午七月朔日，爲一亭先生題八大山人畫魚。今年春間，總統盡賣池南海子魚，英使購得一尾，上有明嘉靖及我朝高宗純皇帝金牌，未忍烹食，送還外部，請仍蓄之御池。於是始申網罟之禁，故詩末及之。清道人題。（何氏至樂樓藏，鈴木敬編《中國繪畫總合圖錄》第二卷頁六八）

　　黃孝平《八大山人繪魚》：八大山人繪魚，橫幅墨筆，以濕筆橫

刷數筆，以肖池塘，畫極簡。後有李梅盦清道人題詩二絕，道及總
統府賣魚事，極蘊藉有致。詩云："處處安流成險灘，桃花雨急獨
行難。春來無限滄桑感，愁向山人畫裏看。""竭澤翻愁國用虛，摸
金端合到池魚。可憐雪壓烏龍瞼，零落金牌御字書。"有小序云：
"戊子七月朔日爲一亭先生題八大山人畫魚。今年春間總統府盡
賣南海子魚，英使購得二尾，上有明嘉靖及清高宗純皇帝放生金
牌，未忍烹食，送還外部，請仍蓄之禁池，於是始申網罟之禁。故
詩末及之。清道人題。"一亭爲王一亭。南海子賣魚則爲馮華甫
任期時事也。（張伯駒編《春游瑣談》頁一五三至一五四）

　　案：黄孝平所記有數處誤誤。又，該詩未載《清道人遺集》，據
《願夏廬詩詞補鈔》（《胡小石論文集續編》頁三二二）注，第二首係
胡小石代作。

七月初，爲鄞縣曹蘭彬母李太夫人作牓書壽軸。

　　《曹母李太夫人六十壽言》：壽。曹母李太夫人六十大慶，書
此爲壽。清道人。（頁八）

　　案：公未題年月，後有鄭孝胥《濟衆亭記》，作於戊午七月。考
《鄭孝胥日記》戊午六月廿八日"沈次青爲寧波曹蘭彬求作壽屏及
亭記"，七月三日"爲寧波曹蘭彬作《濟衆亭記》"，則鄭孝胥作於七
月初也。公所作或亦於此時者也，暫繫於此。又，曹蘭彬爲滬上
木商，鄞縣人。

七月十六日（8月22日），畫佛一幀。

　　《畫佛圖》：吾聞佛法無邊，普度一切衆生，今四海波盪，一切
衆生，永墮苦趣，迺瞑目空山，何耶？戊午七月既望，清道人敬造。

　　李健跋：先文潔公晚年畫佛，多作瞑目，或不點睛，寓不忍覩
婆娑末劫之苦境意也。此幅全以鐘鼎篆籒之筆爲之。公嘗謂，畫
佛勾勒法漢專，設色効唐壁，如此幅是也。乙青先生出眡命題，李
健敬識。（中國美術館藏）

七月二十七日（9 月 2 日），張鴻甲母陸太夫人卒，其後周善培撰墓銘，公爲書丹并篆額。

　　《張母陸太君墓誌銘》：諸暨周善培譔文，臨川李瑞清書丹并篆蓋。太君海門陸氏，父諱聘之，適南通張太公瑞卿……民國戊午七月二十七日卒……卒之年十一月，葬縣東西亭九總堤外……將葬，鴻甲來請銘……吳郡孫國華刻石。（施子清《書法經緯》頁二三二）

七月，爲汪贊綸撰像贊。

　　《毘陵汪作黼先生八十壽言彙録》：英英夫子，德音孔厖。孝惟義養，忠必裹邦。忠孝既著，清風載行。吁嗟美與，俾爾壽康。汪作黼先生小像，年愚弟李瑞清題並贊。

　　《汪作黼先生八十小像》：猗與先生，克脩馴德。孔制元孝，是効是則。病致其憂，事竭其力。至誠格天，親壽而康。移孝爲忠，身立名揚。君悲蓼莪，民誦甘棠。廉吏菽水，榮于鼎彝。古曰養志，君其無斁。作爲此頌，永式來兹。戊午七月，清道人奉贊。

是月，爲路開騤等書"明道堂"牓額及跋。

　　《清道人書明道堂榜跋》：明道堂。佩彝夫子没二十年，門弟子時兢兢於禮法，不敢違所教……夫子之學出於戴端敏先生……夫子從端敏先生明古昔聖哲之道，學行實過乎當世之士，於其講堂榜曰明道，所以志也。……門弟子敬識。清道人謹書，戊午年七月。

　　案：該册爲胡光煒舊藏，鈐印曰"夏廬所藏金石書畫圖籍"。册尾曰"門弟子路開騤、丁祖詰、高鑴、湯彬、湯鴻綬、戴岑、陳昌國、高檀、顧公毅、季天復、高櫟、丁祖詒等印贈"。

是月，爲友永敏匡藏眭嵩年《行書杜甫詩卷》題引首。

　　眭嵩年《行書杜甫詩卷》引首：碧血先成。霞峰先生出示明眭嵩年先生手書卷子，因以謝皋羽題文信國書卷子詩撰四字題之。

戊午孟秋，清道人揮汗。（日本童夢 2018 年春季拍賣會 0231）

案：該卷尚有鄭孝胥戊午五月跋。

是月，題王震自寫頭陀小影。

題《王一亭自寫頭陀小影》：六師相讎四魔忿，火宅昏衢夜未闌。天海木金不可庚，謂天王星、海王星、金星、木星也。更於何處著蒲團。一亭先生自寫頭陀一影命題。戊午七月，清道人。（轉引自王中秀編《王一亭年譜長編》頁一四〇）

案：該畫爲王一亭自寫僧服像，自署"苦行頭陀"，尚有吳昌碩、鄭孝胥、于右任、曾熙等跋。

是月，胡光煒跋公所書《祝君墓誌銘》。

《清故揚州府學訓導如皋祝君墓誌銘》：李侍郎此志全師《程哲碑》，《程哲》運筆直而銜氣密，實出晉專，故志蓋特作專文以明其原。戊午七月，光煒謹記。

八月初，曾熙家眷來滬，遂移居天后宮北道景興里。

《書家移居》：衡陽曾農髯先生熙爲湖南碩師，弟子數千人，今之王船山也。夙工書法，與清道人齊名，海內所稱曾李兩大書家者。辛亥以後，絕意仕進，著書山中以自娛。乙卯薄遊西湖，瞻眺彌月，視清道人於海上，遂留主其家，與清道人同鬻書。日月如邁，倏忽四年，今春倦遊思歸，會湖南大戰，道途梗阻，不果行。近其家口避亂，順道來滬，先生因移居天后宮北道景興里，有久居之志。從此曾李兩家並集淞濱，亦藝林盛事也。（《申報》9 月 13 日）

八月上旬，得劉廷琛書，覆函答之。

《覆劉廷琛書》：幼雲前輩親家同年閣下：遞中得手書并瘦堂詩，擬作屏四幅分寫，何如？紙用硃箋描金者最雅，大類宮絹，未知尊意何如？天下事已無可談，徐東（海）果能做總統者，狗彘將不食其肉矣。近因四方擾亂，營業大受影響，湖南之亂，曾子緝家眷亦來此。鬻書生涯，乃爲吾輩救命所，此亦古所未有。（下闕）

（乙之《清道人書法雜談》，《書譜》1980 年總 34 期）

案：書曰"徐東（海）果能做總統"，據郭廷以《中華民國史事日誌》，七月廿九日北京新國會選舉徐世昌爲總統，八月朔徐世昌通電辭總統，八月十二日徐世昌接受北京國會所送之新總統當選證書。又曰"曾子緝家眷亦來此"，考曾熙家眷八月初已抵滬，則此書當作於八月十二日前也。

八月十一日（9 月 15 日），公擬爲庶母陳孺人作壽宴客，曾熙爲作《四十歲壽頌》，復乞鄭孝胥撰詩文以壽。

《鄭孝胥日記》八月十一日：李梅庵爲其庶母陳氏作壽宴客，曾士元爲作《四十歲壽頌》，其頌詞用《大招》體，用"只"字爲語助，求作詩文。余擬書一聯，自至九華堂購之。（頁一七四四）

案：據《李氏族譜》卷二，陳氏生日爲八月十二日。

八月十五日（9 月 19 日），爲李瑞荃所藏《何紹基書畫合卷》篆首。是日，曾熙跋公所書《祝君墓誌銘》，謂其軼出《程哲碑》。

《何紹基書畫合卷》引首：道州書畫合璧。戊午中秋，清道人爲三弟阿筠題。（北京瀚海 2009 年春季拍賣會 0532）

案：此卷後有何維樸跋。

曾熙跋《清故揚州府學訓導如皋祝君墓誌銘》：魏、齊碑誌類繇八分變楷，獨《程哲》一石顓守隸矩，不雜一筆分書，而樸勁疏越，謹嚴有法，端然碑誌正軌。阿某分不如老髥而隸當過之，宜此志軼出《程哲》也。戊午中秋，送高遐叟還江西，步月而歸，識此。農髥曾熙。

八月二十日（9 月 24 日），赴李之鼎招飲，繆荃孫、王秉恩、張元濟、蔣汝藻、徐乃昌在座。

《藝風老人日記》八月二十日：李之鼎正唐招飲，王雪岑、張菊生、蔣孟平、李梅庵、徐積餘同席。（頁三一九二）

八月二十一日（9 月 25 日），謝甘盤卒。其後，謝佩紳來滬乞公表
其墓。

　　《清故吏部主事謝君墓碑》：君諱甘盤，字幼盟，姓謝氏。江西
南城人……享年六十，以戊午八月二十有一日終於里舍……公子
佩紳善讀父書，不求榮祿，年甫三十，逍遥山澤，追慕道澤，哀號請
銘。（《清道人遺集》卷二）

　　曾熙跋《謝公墓誌銘》：君卒之歲，公子佩紳匍匐海上，乞道人
表其墓。（石印本）

八月，爲《寄禪禪師冷香塔銘》書丹，張美翊撰文。

　　《寄禪禪師冷香塔銘》：甬上寉道人撰文。臨川清道人書丹。
師諱敬安，字寄禪，湘潭黄氏子。父宣杏，母胡氏。夢蘭而生……
未及十日，示寂於京師法源寺……歲在戊午中秋之月，主持净心
立石。（《清道人魏碑冷香塔》，上海求古齋書帖局）

　　案：張美翊《菉綺閣課徒書札》曰：“惟《華岳》大可臨摹，清道
人所寫《寄禪塔銘》皆從此出。”（《新美域》2008 年第 2 期，頁一〇）
又，朱義方書張美翊《冷香塔銘》跋：“净心來請塔銘，清道人爲做
《大代華廟碑》書之。”可參考。

是月，集《泰山經石峪金剛經》字書聯以祝朱崇芳生日。

　　能受諸福五；是稱達尊三。集《泰山經石峪》字，祝挹芬先生
四十生日。戊午八月，清道人頓首。（中國嘉德香港 2017 年秋季
五周年拍賣會 1752）

九月二日（10 月 6 日），沈瑜慶卒，享年六十有一。

　　陳三立《誥授光禄大夫貴州巡撫沈敬裕公墓誌銘》：年六十
一，以戊午九月二日得疾薨。（《散原精舍詩文集》頁九八〇）

　　《沈敬裕公年譜》：民國七年戊午：九月二日寅時，卒於上海虹
口沈家灣寓所。（《濤園集》附録，頁二三六）

　　《鄭孝胥日記》九月二日：聞愛蒼昨夜已卒，即往哭之，雖非同

志,亦數十年親愛之交也。革命後恐其不能守節;然聞其夫人以其不出恒詬厲,又傲不禮,愛蒼由此憤悒而得疾,猶爲賢矣。(頁一七四七)

九月十四日(10月18日),謝天錫於徐園補祝其母王太夫人六旬壽辰,公書聯以祝。

《錫嘏堂壽言補》:老壽徵王母;華宗啓謝家。右聯撰者陳邦瑞,書者李瑞清。(頁十二)

案:金城壽詩序曰:"戊午夏正五月十有四日,爲鄞邑謝薲窗先生令堂王太夫人六旬榮慶,海內名公傳簡徵言。"(《錫嘏堂壽言》頁三八)而《錫嘏堂壽言補》題識曰:"本年九月十四日,在徐園補祝家慈壽辰,復蒙諸君子寵賜詩文都若干首,補刊卷末。"則公所書聯當作於補祝時也。

九月十五日(10月19日),同人爲汪贊綸補祝八秩壽辰,公作牓書、壽聯以祝。

《毘陵汪作黼先生八十壽言彙錄》:福壽。作黼先生同年八十榮慶,年愚弟李瑞清頓首拜祝。

凝露飛霞迎杖履;明河皎月照華筵。作黼先生同年榮壽,年愚弟李瑞清頓首拜祝。

汪贊綸《八十述懷》其二:解組歸田三徑開,癸卯丁內艱回里守制。陶潛垂老且徘徊。題襟蓮社新編帙,指苔岑吟社。沽酒蘭陵快舉杯。秋日南山對黃菊,余生於七月十五日,同人擇於九月十五日公祝。春風東閣訪紅梅。紅梅閣爲吾邑名勝,同人多宴集於此。滄桑回首成今古,曾向波濤濯足來。丙戌歲杪歸省,舟至銅沙洋遇險,獲慶更生。(石印本)

九月,跋曾熙所臨《夏承碑》及《華山廟碑》。

跋《農髯夏承碑臨本》:曾農髯先生,今之蔡中郎也。蕭籀陳櫝,歷歲綿迴,蓋無傳焉。光武以來,碑碣林立,皆不署書者主名,學者莫得而稽。當時蔡中郎最有名,宜多中郎書,然以石經筆蹟

考之，蓋可得而縣測焉。至於曹魏諸碑，皆師蔡中郎，鍾繇《尊號
奏》、衛覬《受禪表》是也。《范式》、《王基》雖晚出，實亦蔡法。有晉
王逸少，世所號書聖者也。王師鍾繇，鍾實出中郎，是中郎爲書學
祖。髯既通蔡學，復下極鍾王，以盡其變。此臨《夏承》，左右倚
伏，陰闔陽開，奇姿譎誕，穹窿恢廓，即使中郎操觚，未必勝之。書
以示世之學八分者。戊午九月，清道人題。（震亞圖書局）

跋《農髯華山廟碑臨本》：此亦蔡體也，與《夏承》同法。農髯
先生既臨《夏承》，復臨此以示學者。大抵有漢諸碑多雜隸體，中
郎獨筆勢洞達，詰屈俯仰，動盪開闔，是爲奇耳。包慎翁以梁鵠
《孔羨》、鍾繇《乙瑛》上繼中郎，不知梁鵠實師師宜官，《乙瑛》、《韓
勒》之流也，與世所傳《尊號奏》絕異，以其時考之，繇才八歲耳。
又以鄧完白始合二家以追中郎，完白下筆馳騁，殊乏醖藉，但瞻魏
采，有乖漢製，與《正直殘石》差足相比。若髯者，真足以繼中郎
矣。戊午九月，梅翁。（震亞圖書局）

案：此跋亦載《清道人遺集佚稿》，文略異。曾熙臨於丙辰上
元，該跋後尚有胡光煒戊午六月廿六日跋。

是月，曾熙、胡光煒跋公所臨《毛公鼎》全文。

曾熙跋《清道人臨毛公鼎全文》：臨川李仲子書《毛公鼎》文以
答其門人，髯見之，乃仰天嘆曰："嗟乎，吾子志不在三代下，今乃
以文見，何所遭之蹇耶？"當髯居長沙天心閣，歐陽君重語髯曰：
"有李癡者，殆古之人也。"及見，方作書，墨濡口頰。與語，其聲泠
然，其言寥廓，几上稿書則大琢橅《尚書》文。他日，仲子過予齋，
相與語竟日。時髯方從衡百家，俛仰古今，視當世人無可當意，獨
愛仲子，仲子亦愛髯，遂爲莫逆交。

辛卯場中，仲子以其文际髯，髯大驚曰："異哉，子殆矣。場中
安用此典謨之文，是必舜主考而四岳薦卷也。"然是歲卒中副榜。
仲子爲文熹用奇字奧誼，操是術以往，遂投無不利。然不能爲朝

殿書，將請學習，其僕曰小馮儵抱其文長跽請曰："主人盍爲百衲
體？以大瑑書臣聞臣對，而以漢魏六朝唐宋各家書書之，當得狀
元。"一坐無不大笑。仲子年二十餘，猶癡憨若嬰兒，未嘗一人離
寢門。當甲午發長沙，太夫人執仲手曰："若與曾季爲昆季交，今
令汝偕，否則，吾不欲汝行也。"及至京師，寢共衾席而出必同車
馬。日起則令仲子作大卷書，然不及三行，則伸欠欲睡，彊之，則
跣足登牀爲小兒舞矣。其書朝顏而暮褚，或左歐而右虞，一卷未
終，或爲武梁祠畫，或濃墨書大瑑數字。至乙未試期近，雲南父書
至，仲子始顗取南園書習之，然終日顏色慘澹，面無生氣，所號南
園書者，饑鷹餓犬，狼藉滿紙，夏榜眼稱之曰螃蟹書。當是時，常
熟師傅憙南園書，且高言漢學，仲子策中多公羊家言文，能螃蟹其
書，遂置二甲前。當是時，清泉周敬敷、長沙任壽國與歐陽君重憙
言兵略，君重又與無錫楊仁山偏重左文襄，壽國兄壽文則篤守羅
山學說，而武陵戴邌盦又獨師湘鄉文正，發言高論，皆不可一世。
仲子默然，但曰："吾願從文天祥、史可法。"鬘曰："今日國家寧願
見文天祥、史可法耶？"迨割臺議起，丹徒丁師、嘉興沈乙盦皆上書
抗和議，鬘與仲子合東南各省公車數千人詣都察院上書。烏虖，
庸詎知亡國之禍不在外寇而在内難哉！當辛亥仲子守孤城，蹈白
刃，乃百死求爲文天祥、史可法而不可得。烏虖，豈天留以有待耶？

　　仲子於古今書無不學，學無不肖，且無不工，其所以過人者，
能以隸法窮古人荒寒之境，古之所謂拙也，乃吾仲子之工也。此
其所以過人也。若夫俯仰伸屈，神明内運，手無工拙，目無古今，
此固鬘所不多讓者也。獨仲子爲瑑，則以神遇而不以形遇，其伸
也若蹲；其仰也若垂；其抱也若背而馳；其激發也若執圭升堂，廱
和而有節；其譎而變也，海怒岳嚴而莫測其藴也。靜而觀之，宗廟
之上，俎豆之旁，欽欽乎其容也，是殆陶鑄文武而糟康秦漢也。烏
虖，無仲子之器而欲効仲子之書，則鬘所大笑也。戊午九月，農鬘
熙識於滬上景興里。

　　胡光煒跋：篆書漢以前其變三，漢以後其變三。殷人尚質，其書直，變一矣；周人尚文，其書曲，變二矣；秦改周之文，從殷之質，其書反曲以爲直，所謂小篆者也，變三矣。漢魏繼嗣，娗娗無所能發明，李陽冰出，化方以爲圓，齊散以爲整，而小篆之敝極焉，變一矣；鄧石如攻八分，由漢碑額以探秦篆，其書深刻，往往得李斯遺意，變二矣；何紹基晚而好篆，取筆於周金，因勢於漢石，勢則小篆，筆則大篆，遂易沈滯之習，變三矣。

　　臨川夫子起而振之，求隸于石，求篆於金，大篆由是復明。遒麗則散氏槃，矯變則齊侯罍、邗君婦壺；雄直則楚公鐘；方廉則盂鼎；寬厚則克鼎、虢季子白槃；駘蕩則鬲攸比鼎、兮田槃；纖勁則拍槃、陳曼簠之屬。夫子於是分之以究其極，合之以觀其通，神而明之，以會其變，而大篆之秘眇盡矣。會遭世喪亂，學書者衆，俗儒鄙夫，競尚北碑，雖五尺之童，初事操觚，未解平直，皆已稱《鄭文公》、《張猛龍》矣。覘其所習，迷誤不諭，以顚掣爲頓挫，目擁腫爲古厚，此所謂羊質豹鞟，蒙黔驢以虎皮者也。若夫文學小吏，牽拘繩墨，排比行列，較若算籌，亦復舍舊鶩新，與世馳逐，虛造僞體，苟以譁衆，點畫未成，反失舊章，此與壽陵餘子之學行于邯鄲何以異？及其匍匐中道，而後言悔，不亦晚乎？此其在五行，則書之訞也。甚非謂，不足道。

　　夫子於是喟然曰：嗟乎，學不通經，謂之俗學；書不習篆，謂之俗書。且夫篆者，書之原也。吾其有以詔之矣。遂臨《毛公鼎》，示學者以榘巨，《易》所謂知天下之至嘖而不可亂，意在斯乎，意在斯乎！其書則雝雝焉，穆穆焉，高矣，美矣，小子何敢贊一辭焉。戊九月，弟子胡光煒謹記。（震亞圖書局）

秋，爲蕭蛻庵《習字速成法》題字。

　　案：《習字速成法》（上海大東書局）卷首題曰："以佐童孺。清道人。"又，該書初印於公曆十一月一日，因繫於此。

秋，爲《水彩畫二十四孝圖説》署檢。

　　案：該書爲周湘繪圖、顧鹿書寫、陳鏡如音註，上海中華書局
　印行。封面題曰："水彩畫二十四孝圖説。清道人題。"公未署年
　月，程宗浩、劉文玠序於六月，林傳甲、朱大可序於七月，顧鹿題於
　九月，公或即作於秋間也，暫繫於此。

十月八日(11 月 11 日)，赴繆荃孫之約，羅振玉、王秉恩、宗舜年、錢
綏榮、徐乃昌在座。

　　《藝風老人日記》十月八日：壬戌。微晴。寫詩。請羅叔藴、
　王息塵、李道士、宗子岱、錢履樛、徐積餘。交汪振之信於履樛。
　（頁三二〇六）

十月二十四日(11 月 27 日)，劉承幹致函沈曾植，謂公與吳郁生、劉
廷琛等均樂爲景宋《四史》署簽。

　　《求恕齋信稿·致沈子培第九函》：子培老伯大人尊鑒：……承
　允爲景宋《四史》作序，季布一諾，重於千金，元晏三都，卓傳萬古，
　其感幸尤不可言狀。謹將菊裳侍講所訂校勘凡例，繕寫呈上，敬
　希賜登。疇晤吳蔚若、劉幼雲、李梅庵諸丈，均欣然任寫封簽。
　（轉引自許全勝《沈曾植年譜長編》頁四七二）

　　案：《史記》封簽爲吳郁生己未孟春題，《漢書》爲劉廷琛庚申
　仲夏題，《後漢書》爲陳寶琛辛酉季秋題，《三國志》爲朱孝臧戊辰
　季秋題。蓋公未及題而卒矣。

十月，勸符鑄鬻書畫自給，並爲其定潤例。

　　《瓢厂鬻篆刻書畫直例》：符鐵年君工篆刻、松石、花卉、隸草，
　能世其家。其文曰：子琴先生與家大人爲至交，貧道兒時，先生客
　余家，猶及侍杖履。先生爲人性豪快，好使酒。作書畫，日盡數千
　紙。余喜弄筆研，每覘先生出，几上絹楮山積，取而效先生塗抹，
　朱墨雜施，狼藉滿紙，先生歸取而續成之，以爲笑樂。後先生官粵
　東，至此遂不相見。然書畫篆刻之名藉甚，但覩其零縑片楮，直與

古作者相頡頏。今鐵年來海上，能盡傳其家學，其人淡泊儒雅，又非當世豪傑之流也。因勸其鬻書畫篆刻以自給，倘亦亂世自活之一道也。戊午十月，清道人啓其直例，具別紙以告世之鬻鐵年書畫者。

　　冊頁每尺二元。牓書每尺三元。楹聯丈二尺十四元，八尺十二元，七尺十元，六尺五元，五尺四元，四尺三元。屏幅丈二尺每幅十二元，八尺八元，六尺四元，五尺三元，四尺二元。橫幅半幅同屏幅，整幅同堂幅，中堂照屏幅加倍。卷子每尺三元，團摺扇每柄一元，刻銅牌及書眉册首每字一元，壽屏每堂百元。(一)篆刻一寸以內之章每字二元，大者倍之，至小者與大者同直。(二)篆隸真書行草同直。(三)屏聯來文加倍，金牋加倍，烏絲欄別議。(四)磨墨費照原十加一。收件處：上海四馬路震亞書局。(《金石蕃錦集》底封)

　　曾熙《鐵年先生小傳》：戊午，鐵年來海上，道人勸其以鬻書畫自給。(《鐵年先生書畫集》卷首)

　　許俊《符鐵年傳略》：既歷經喪亂，兵革無虛日，而政途益淆敗，不可居，乃辭官東來海上，專意藝事。海內名宿如清道人、曾農髯、齊白石、蕭厔泉、馮臼厂，或文酒過從，或詩札往還，強半商榷藝事，品騭古今人物得失，以不聞理亂爲至樂。

是月，爲陳光淞題榜。

　　萬松草堂。冰天雪地中惟松蒼蒼不雕，根儒先生歸蕭山，其植萬株以伴歲寒也。戊午十月，清道人。(《張大千的老師——曾熙、李瑞清書畫特展》頁一九二)

是月，集《鄭文公下碑》字書聯。

　　春和華市早；月上槐亭空。集《鄭文公下碑》，醇古淵穆，祖述《散槃》。戊午十月，清道人。(美國弗利爾美術館藏)

十一月六日(12月8日)，沈曾植致書沈曾樾，道及公。

　　沈曾植《與沈曾樾書》：穉臣信太稀，未免負同人之望。仁先竟將斯克視作重人，節盒代奏，可謂冒昧已極，此事只可算一笑話。再三戒之，胡晴初亦不贊成，而李道士趣之，相戒不令兄聞，而稷有所聞。他方面復有報告，爰切戒仁，仁意戀戀，乃令到京先商梁松、辜，不意渠仍如此闇劣，似此後將不可救藥矣。……冬月初六日。（轉引自許全勝《沈曾植年譜長編》頁四七三）

十一月十四日（12 月 16 日），弘一法師致函許鑠，囑其求公作書一幅。

　　　《與許幻園書》：幻園居士文席：在禾晤譚爲慰。馬一浮大師於是間講《起信論》，演音亦侍末席，暫不他適。頃爲仁者作小聯，久不學書，腕弱無力，不值方家一哂也。演音擬請倉石、梅盦各書一幅，以補草庵之壁，大小橫直不限，能二幅配合相等尤善。仁者有暇，奉訪二老人爲述貧衲之意。文句另寫奉，能依是書，尤所深願。今後惠書，寄杭州城內珠寶巷醭務學校周佚生居士轉致，不一。釋演音。十一月十四日。（《弘一法師書信》頁四）

十一月二十二日（12 月 24 日），俞明震卒於杭州。

　　　陳詩《觚庵集跋》：以戊午十一月廿二日卒於湖上，年垂六十矣。（《觚庵詩存》頁二七九）

　　　諸宗元《觚庵既歿之五月昨忽入夢追輓二詩》其二：君隱湖堂我亦歸，但驚今瘦遜前肥。巷居自僻勞經過，妹服初持感累欷。余初居慶和衖，君時見過。去年十一月九日，余有張氏季妹之喪，君猶走慰。距其歿僅十二日也。稞食漸耽霜後菜，寺游回扣雨中扉。此二語皆紀君歿前二日事。如何入夢忘生死，爲道年來不解饑。（《大至閣詩》頁二四）

　　　陳三立《俞觚庵詩集序》：戊午夏及秋之交，余病血下泄，觚庵亦臥病滬濱，皆幾死。其九月，觚庵遽脫病來視余，留十餘日而去。逾一月，自滬之湖上，復暴病，竟以不起。（《散原精舍詩文集》頁九四三）

赴杭弔俞明震之喪，寓陳曾壽處。與陳同往法相寺看樟，爲作《樟亭圖》。

《樟亭圖》款：戊午十一月，與仁先弟法相寺看樟，歸來戲圖。清道人。（中國嘉德 2000 年秋季拍賣會 368）

案：胡小石題詩注曰："戊午冬，臨川夫子自滬之湖上弔俞觚庵先生之喪，過宿蒼虬閣中，此樟圖蓋當時所作以詒閣主人者，去今忽忽且廿年，去公之殁亦十七年矣。白匋賢弟得之索題，感而賦此。丙子七月廿七日瘸退書，光煒。"該圖尚有吳白匋、陳方恪跋。

胡俊《梅庵師畫法相寺樟亭圖二首》：其一：老樟帝所眷，乾隆南巡，幸法相寺，此樹賜御牌掛之。貴不數蒼官。師豈無心畫，吾因隨喜看。鷹窠風在下，蟬噪雪初乾。更憶一宵坐，明星爛鼻端。其二：柯蔽晝猶昏，孤亭不置門。井煙龍自媚，湖霽鵲來喧。妙相圖長耳，寺爲長耳和尚道場。新詩配雅言。壁上刊散原先生記遊之什。青鞋何惜此，石上古苔痕。（《自怡齋詩》）

陳三立《樟亭記》：西湖之勝可指而名者百數十，獨法相寺旁古樟罕爲遊客所稱說。丁巳九月，余與陳君仁先、俞君恪士過而視之，輪囷盤挐，中挺二榦，狀如長虬待鬥互峙、鱗鬣怒張者，度其年歲，或於白樂天、林君復、蘇子瞻之時相先後，蓋表靈山、偶古德而西湖諸勝蹟所僅留之典型瓌物也。摩挲既久，不忍去，仁先乃議築亭其間，避風日雨雪之侵欺，娛觀者。昔莊生之書凡斧斤所赦、匠石不顧者，類目之不材之木，是木也，其果苟全於不材者歟？然而偃蹇荒谷墟莽間，雄奇偉異，爲龍爲虎，狎古今傲宇宙，方有以震盪人心，而生其遯世無悶、獨立不懼之感，使對之奮而且愧，則所謂不材者無用之用，雖私爲百世之師，無不可也。亭建於戊午某月，好事圖其成者爲金香嚴、朱漚尹、王病山、鄭太夷、胡愔仲、蔣蘇盦、陳仁先、夏劍丞、俞恪士及余，凡十人。（《散原精舍詩文集》頁九三五）

陳曾壽《忠樟行》序：法相寺在南高峰之趾，門前枯木屹立，突出如夜叉臂，未之奇也。寺後據崖有樟，大數十圍，雙幹拏雲，如大鵬之張翮。古藤纏之，陰森可數十畝。未測何代物。予同散原先生來游，見之。散原謂予曰：“廬山五爪樟，名震寰宇，視此斯在下矣。”約同人賦詩張之，築亭其下，刻記於石。一日，老僧送客，指門前枯木謂：“君亦知此乎？是忠樟也。辛亥歲十一月，遜位詔下之前一日，天氣晴朗，忽大風起於殿後，門户訇然洞開。次日起視，則此樹秃然無一葉，槁矣。當純皇南巡幸此寺，山中老樹，皆賜御牌掛之。洪、楊之役，毀伐皆盡，此樹巍然獨存，今殉國也。”予愧前賞後樟之奇，而失此交臂，亟爲作詩，以表其忠。昔純皇幸無錫秦氏園，有老樟亦賜御牌，歸朝，曾問“樹平安否”。後純皇賓天，樹枯死，與此正同。（《蒼虬閣詩集》卷六，頁一七四）

十一月下旬，爲西泠印社題“遁廬”，並集文天祥、謝靈運句書聯。

　　陳振濂《西泠印社史研究導論》：李瑞清題“遁廬”：天地有正氣；山水函清暉。集文信國、謝康樂句，戊午十一月，清道人。（《青少年書法·青年版》2014年第6期，頁一八）

十一月，爲門人胡光煒《金石蕃錦集》作跋。

　　跋《金石蕃錦集》：學魏碑者必旁及造像，學漢分隸者必旁及鏡銘磚瓦，學鼎鐘槃敦者以大器立其體，以小器博其趣。此《蕃錦集》者，余門人胡光煒平日所得拓片輯成者，其考證礭寔，有勝前賢者。震亞主人假景印之，以示學者。戊午冬月，清道人。（《金石蕃錦集》第一集）

　　　案：曾熙跋云“胡子嗜古，每得善本，藏之篋中。至不可得，假而景之。啓乙盦之寶緘，發道人之秘伇，雖造象磚石，考識必詳”，則胡小石所景多爲公與沈曾植之藏物也。

是月，爲《袁朗清遺像銘》書丹。

　　《袁朗清墓碑》：袁君朗清諱南安先生遺像，崇仁張朝亨謹繪，使江蘇候補道李瑞清書丹其銘紀方來。詞曰：昔漢國老，受衣九

龍。於顯耇儒，亦登紫廷……陟臨皇曦，社祀靡忘。歲次戊午十
一月建。（民國石印本）

　　案：該碑爲武昌丁禧瀚撰文，山陰魏諴書丹。

十二月初，爲友人押高郵王氏諸家尺牘於丁輔之處。

　　王國維《致羅振玉書》：雪堂先生有道：昨由季英轉到廿四日
手書，敬悉一切。丁輔之來……輔之言，高郵王氏諸家尺牘由李
梅庵手向其押三百元，渠尚未定。維勸其允之，云兄如不要，留明
年轉押于公亦可。此押款條件，輔之亦未詢及，大約名爲押，實則
售耳。金價至今仍未長，不知明年如何。明年恐尚需用中幣三百
元，不知爾時日幣價能增長否，折以日幣，恐須五百元以上矣。此
款由公攜滬，或後匯均可。……前日天氣甚寒，今又和煦，或有雪
意乎？挽富岡一詩録奉教。專肅，敬請道安，不一。國維再拜。
初六日。（高田時雄《新發現的王國維致羅振玉信札》，《上海書
評》2019 年 7 月 18 日）

　　案：書曰"挽富岡一詩録奉教"，富岡謙藏歿於戊午十一月二
十一日(12 月 23 日)，則此書作於是年年底至己未春間。又曰"兄
如不要，留明年轉押于公亦可"，若在己未春，似無須至明年轉押
也，故此書當作於戊午十二月初六日。又曰"高郵王氏諸家尺牘
由李梅庵手向其押三百元"，則該尺牘當非公所藏也。

十二月八日(1919 年 1 月 9 日)，戲寫《芭蕉圖》。

　　《芭蕉圖》款：聽雨聽風聽不得，道人何苦畫芭蕉。戊午臘八
夜窗與阿筠坐雨戲寫，時阿筠打瞌睡，頭觸壁矣。達盦四兄同年
一笑。清道人。（《墨林鴻寶》，民國珂羅版）

十二月十七日(1 月 18 日)，赴甘作蕃招飲，朱祖謀、繆荃孫、王乃徵等在座。

　　《藝風老人日記》十二月十七日：己丑。雨竟日。……甘翰臣
招飲，李枚庵、王四先生、古微、王屏珊同席。（頁三二二五）

十二月二十四日（1月25日），夜，爲吳昌碩所藏《舀鼎》拓本篆尚。

　　　題吳昌碩藏《舀鼎》拓片：舀鼎。戊午祀竈夜，清道人爲缶老題。（《紙上吉金：鐘鼎彝器善本過眼録》中册，頁三七）

　　　案：該拓尚有褚德彝、吳昌碩、朱孝臧跋。

十二月二十八日（1月29日），沈竹菴以公少時所書碑示譚延闓。

　　　《譚延闓日記》一月二十九日：沈竹菴來，以梅菴少時書碑見示，怯弱極矣。（册六，頁三〇一）

十二月，赴有吉明之約與同人飲於六三園，寫畫送萩野博士歸國，吳昌碩、何維樸、王震、姚文藻、康有爲等在座。

　　　康有爲題《松竹梅石圖》：戊午臘，有吉君約同人飲六三園，寫畫送萩野博士歸國。李梅菴寫松，吳昌碩寫梅，何詩孫寫枯枝，王一亭寫水仙石，姚賦秋寫竹，而鄙人題詩。老松拏青雲，苔石拔厚地。竹外倚梅花，疏影酒半醉。水仙凌波去，縹緲有仙氣。風雪六三園，裙屐自旖旎。江户憶舊游，歲寒在夢寐。八百松島中，海浪横蒼翠。康有爲。

　　　吳昌碩題：涼盃野墅寒，長嘯天風起。行色古春前，石頭點不已。萩野先生將東歸，同人集六三園言別，小詩博笑而已。時戊午歲杪，吳昌碩年七十有五。（《缶墨東游——吳昌碩生誕一七〇周年紀念展》頁八二至八三）

是月，爲《傅母危太夫人墓誌》書丹，吳鈁撰文，曾熙篆額。

　　　《清故傅母危太夫人墓誌》：太夫人姓危氏，江西金谿縣人也。爲同邑贈榮禄大夫傅公廷鑑之妻，年十九歸贈公。生子三人，長國彬，浙江試用同知，出後其伯父聚賢；次國梅，四川補用知縣，出後其仲父弼賢；次國俊，三品銜補用直隸州知州、湖南沅江縣知縣，調補湘潭縣知縣……卒於丁巳十月十九日，春秋八十有一……國俊來請銘……宜黄吳鈁撰文，臨川李瑞清書，衡陽曾熙篆額。太歲在戊午十有二月造訖。（震亞圖書局）

是月，爲葛祖蘭《自修適用日語漢譯讀本》署耑。

案：《自修適用日語漢譯讀本》(上海印刷有限公司 1919 年版)
扉頁題曰："自脩適用日語漢譯讀本。四明葛祖蘭著。戊午十二
月，清道人。"

是月，節臨《急就章》。

節臨《急就章》款：章不傳久矣，趙王孫、宋仲温欲於彙帖中求
之，終無悟入處，近流沙墜簡出土，章將中興乎？戊午十二月，清
道人。(暨南大學一百周年校慶書畫展)

冬，跋宋拓《淳化閣帖》。

跋宋拓《淳化閣帖》第八：自來言彙帖者莫不祖《淳化》，《大觀》、
《絳州》、《潭州》皆其苗裔也。《淳化》覆本無慮數十家，世所傳者，以
肅府本、賈似道本爲最著。以余所見原刻凡三本：其一唐薇卿丈所
藏本，云從臺灣所得，墨色黝古，尚無銀錠紋。一王子展年伯本，宋
金剛摺褾，明人題跋皆在摺背，所號爲賈似道本者也。其一則余家
司空公本，此本是也。然都爲賈似道藏本，亦一奇也。此本銀錠宛
然，有宋人兩題：一爲王淮，王季海本有宋名臣。其一無名，然亦名
手也。其褾邊處有賈似道長脚封字印，則尚是宋人所褾。且古稱
《淳化刻》，以二王帖爲最佳。況此三卷全是大王帖，是雖殘本，尤
得精華，每一展臨寫，如見右軍伸紙操觚也。戊午冬，清道人。

案：此跋亦載《清道人遺集佚稿》，文略異。該《淳化閣帖》即
臨川李氏本，今藏上海博物館。

冬，蕭蛻庵爲公所臨《毛公鼎》篆耑。

案：《清道人臨毛公鼎全文》(震亞圖書局)扉頁題曰："臨川墨
寶。戊午冬日，蕭蛻。"

是歲，曾熙以詩贈公。

曾熙《戲與阿楳一首》：椒馨滌胃濁，宿茗解煩渴。與子憨結

癊,常苦無刀藥。偶警晨雞聲,舊然期有作。當午忽嬉荒,今非更勝昨。昔賢嗟逝水,及老喜行樂。跼案類韝鷹,冥飛誚樊雀。易米不取錢,清風展予橐。戲與阿楳一首。(《曾熙書法集》頁二四九)

　　　案:張善孖藏稿鈔本題作"戊辰戲與阿楳"(《大風堂存稿——曾熙書畫題跋録》頁一一一),戊辰公已逝世,或即戊午之譌也。暫繫於此。

是歲,門人蔡楨來訪,於公處初識朱祖謀。

　　　蔡楨《水龍吟‧朱古微先生挽辭》注:戊午歲,于李梅盦夫子處始識先生,其後屢奉教益。拙著《詞源疏證》脱稿,又蒙先生署首。(《柯亭長短句》卷上)

是歲,劉廷琛五十壽辰,公寫《松柏同春圖》以祝。

　　　《松柏同春圖》款:松柏同春圖。不希雨澤,不懼霜雪。百歲此心,長依日月。日月匪私,秉彝惟德。瞻兹亭亭,擎我天闕。大地春回,同爾福禄。幼雲親家前輩同年五十生日,清道人寫此奉祝。(嘉德四季第三十三期拍賣會 1342)

　　　案:劉希亮《學部副大臣劉君行狀》:"戊辰,府君年六十。"(《碑傳集三編》卷八)故年五十當爲戊午也。

編年詩

　　　《題許岑藏文徵仲畫幀》、《鄧尉看梅悼逝》二月、《題倪雲林杜陵詩意圖》、《題墨梅圖》、《題八大山人繪魚圖》其一、《題王一亭自寫頭陀小影》七月

編年文

　　　《題畫馬圖》正月、《跋南園臨論座位帖》正月、《跋楊龍友圖卷》正月、《與劉承幹書》二月、《跋李洪演造像頌》二月、《放大毛公鼎跋》三月、《畫佛跋》三月、《秦權量詔版景大本跋》、《致陸樹藩函》一、《致陸樹藩函》二、《南史紀艷詩書後》四月、《跋龔懷希藏南宋搨本集右

軍書聖教序》五月、《與左學謙書》六月、《跋武進周惺弇臨摹漢魏李唐石刻》六月、《黃石齋先生逸詩跋》六月、《跋王一亭畫魁星》、《汪作霖八十像贊》七月、《與劉廷琛書》八月、《跋曾農髯華山廟碑臨本》九月、《跋曾農髯夏承碑臨本》九月、《跋胡光煒金石蕃錦集》十一月、《題自寫芭蕉圖》十二月、《跋宋拓淳化閣帖》、《題松柏同春圖》

民國八年己未(1919)　　五十三歲

正月初，聞某以所藏公篆書四屏求題，公視之，竟爲贋迹，乃將款、印圈去擲還，遂起争執。

　　《清道人僞書法出現——筆筆死》：近來海上書家營業日臻發達，而仿冒字迹者亦日見其多。前日有聞某持清道人篆書四尺屏四條囑寶華堂扇店送清道人處，請其補題上款，詎道人閲竟，謂是假冒，即援筆批屏尾曰：“筆筆死，筆筆不入紙，非貧道所書也。”並將下款“清道人”三字暨新蓋圖章三顆一併圈去擲還。寶華堂轉給聞某，致聞某大起交涉，謂我費十六元向掮客購進，並不知道是贋鼎，既是贋鼎，儘可還我原物，今未將上款補題，反圈去下款及圖章，使該屏條已成廢紙，理應責令償還代價。清道人則稱，既冒寫字迹，復冒刻圖章，與假冒商標、僞造私文書無異，正追究不暇，何賠償之有。譬諸僞鈔票飭人赴銀行取款，銀行必立予涂銷，正與此意相同。所持理由亦極充足，而聞某不服，情詞各執，相持不解，亦翰墨林中新年之趣語也。（《時報》2月4日）

爲曾熙寫《春酒梅壽圖》。

　　《春酒梅壽圖》：爲此春酒，以介眉壽。己未新春，清道人寫頌農髯九哥開歲百福。（湖南省委黨校圖書和文化館藏）

正月七日（2月7日），赴何書農招飲，繆荃孫、陳夔龍、王秉恩、徐乃昌等在座。

　　《藝風老人日記》正月七日：庚寅。雨竟日。……何書農招

飲,陳小石、王息塵、李梅庵、朱□□、徐積餘、劉湘石同席。(頁三
二四一至三二四二)

正月十日(2月10日),致函吴錡,道及俞明頤二子與丁寶銓被
刺事。

　　《與吴錡書》:劍弟閣下:去年得手書,因未探訪明白,故遲久
　不報。壽丞二子長者去年出洋,極聰明,在學堂超班數次,人亦純
　正,無新人物習氣。次子尚在上海近學堂,其聰明恐不及乃兄,非不
　聰明也,超班者,本非學堂常有之事。然亦純正,皆近來好子弟也。敝門
　人事費心,感謝,并爲我謝大哥。淵生想已到京,近得事否?極念
　之。比在京何所見?丁衡甫被刺,初九日薨逝,極可怪也。書畫
　在京見何奇品?新歲何以自娱耶?清和,佳想安善。清道人頓
　首。伯勤大哥安吉。正月初十日。(《李文潔公書札》,北京泰和
　嘉成2018年秋季拍賣圖録)

　　案:丁寶銓於本月初八日被刺,故繫於此。俞明頤長子即俞
　大維,次子俞大綸也。

正月,爲曾熙所書《金剛般若波羅蜜經》篆耑并署檢。

　　案:《金剛般若波羅蜜經》封面題曰:"金剛經。曾熙爲其母劉
　太夫人書此經,李瑞清敬題。"扉頁題曰:"金剛般若波羅蜜經。李
　瑞清薰沐敬題。"公未署年月,曾熙款云:"歲己未一月一日起至十
　五日,衡陽曾熙敬爲先母劉太恭人書此經。"公所作當在此後不
　久也。

是月,爲曾熙《史君生壙志》署檢。

　　案:《史君生壙志》封面題曰:"史君生壙志。曾農髯書,清道
　人。"該志曾熙書於己未正月,因繫於此。

是月,曾熙爲胡光煒定鬻書直例,謂其書初學公,幾於具體。

　　《胡小石先生鬻書直例》:阿楳有弟子曰胡小石,名光煒,嘉興

人也。隨父官江寧，因家江寧。其爲人孤峻絕物，苟非所與，必面唾之，雖白刃在前不顧也。及觀其事師敬友，則循循然有古人風。初居兩江師範校中，專壹科學。……初爲書，師阿楳，于大小隸、篆分、六朝今隸、草隸無不學。既而曰：山陰父子且各立門戶。遂取流沙墜簡及漢以來斷碣荒碑，舉世所棄者，窮竟其未發之蘊，而皆以孤峻橫逸之氣行之。髯嘗語阿楳曰：小石書有萬馬突陳之勢，猶能據轡從容，蓋六朝之宋、董也。或者曰：小石隘，其書矯。髯曰：其隘也，不可及也；其矯也，此其所以卓然能自立也。願以告世之乞小石書者。己未一月，衡陽曾農髯熙。（直例略）

收件處：四馬路麥家圈震亞書局；北四川路清雲里五弄底安定里二十五號清道人寓；上海各大紙號；江西南昌張天寶樓。（《金石蕃錦集》底封）

案：胡光煒至遲戊午八月已懸例鬻書（見《胡小石先生鬻書直例》，《農髯夏承碑臨本》民國七年九月初版底封），直例與此略有不同，當爲重訂者也。

二月初，曾熙撰書《清故廩生李君墓誌》，公爲篆蓋。

《清故廩生李君墓誌》：清故廩生李君之墓誌銘。衡陽曾熙撰并書。臨川李瑞清篆蓋。君諱燮勳，字鑑吾……以己未歲二月十九日葬君於縣東石阿之陽。（上海震亞圖書局）

二月，爲《石濤通景屏十二幅》題耑。

《石濤通景屏十二幅神品》扉頁：石濤通景屏十二幅神品。此大滌子極品也。山色水光，松濤竹影，蒽舊掩映，如坐瀟湘中。平日雖多巨幅長幀，若此絕作，可題曰"天下弟一大滌子"。己未二月，清道人題於寶石室。（民國珂羅版）

張大千《張岳軍先生印治石濤通景屏序》：民國庚子壬申之際，予居上海。華陽張岳軍兄適爲市長，相見甚歡。二人同嗜石濤、八大書畫，每有所得，輒相誇示。……最後岳軍得石濤所繪通

景屏風十二幅,先生李文潔公題爲天下第一大滌子者,生平所見實以此爲最,予乃折服。(《張大千詩文集編年》卷九,頁二七四)

是月,爲李母張太夫人作頌。

　　《李母張太夫人赴》:繄母之賢,式之邦媛。繄母之福,荷天百禄。古詠螽斯,不無飾詞。以母況之,宜爾庶幾。坤厚載物,義主蕃昌。雖曰脩德,寵膺非常。式瞻淑儀,維以永臧。己未二月,清道人敬頌。

　　案:該頌《清道人遺集》闕載。張太夫人爲浙江鄞縣張有恭女、鎮海李嘉室也。該册尚有何維樸、吳昌碩、鄭孝胥、伊立勳等人題。

三月十日(4 月 10 日),與同人紹介高振霄書法。

　　《雲在堂主書例》:高雲麓侍講精習漢魏六朝碑版,著聲藝苑。年來以青氈作行遯,今年移館滬上,爲定書例,以給海内之求。書例列下:(略)。陳瑶圃、左遯盦、清道人、章一山仝啓。(《新聞報》4 月 10 日)

　　《致高振霄函》:謹如命,簽名其上。雲麓侍講左右。清道人頓首。(《魚雁雅誼,翰墨流芳:高振霄師友來書信札集》頁五八)

　　案:函札附書例原稿曰"高雲麓侍講,土室活埋中人也。精習漢魏六朝碑版,著聲藝苑。年來以青氊作行遯,今年移館滬上,爲定書例,以給海内之求。書例列下",右有公簽名"清道人"。

三月,爲《宋拓漢圉令趙君碑》篆耑。

　　案:該書扉頁題曰:"宋拓圉令趙君碑。清道人。"後有曾熙三月廿三日跋,姑繫於此。

是月,集《泰山經石峪金剛經》字書聯二幅。

　　一佛一世界;三藐三菩提。集《泰山石經峪》字,恭上百花洲觀音閣。己未三月,清道人沐浴敬書。(廬山博物館藏)

說經能得實;持句欲摩空。集《泰山石經峪》字,誠碻嵬有泰岱氣象。傑生仁兄法家正之,己未三月,清道人。(南京博物院藏)
是月,爲《朱先生家傳》書丹,朱家駒撰文。

　　《朱先生家傳》:(文略)太歲在己未三月造訖。朱家駒撰文,李瑞清書丹。(民國石印本)

　　案:曾熙跋曰:"自吳興趙氏創書傳之例,世遂沿之,然帖法耳。碑尚謹嚴,傳宜紆雅。今世學人多不辨碑傳文體,更何論書家體要? 道士此書從《龍藏》入褚,以清婉出之,米老所謂雖細如髮,亦必八面圓滿也。己未三月,熙。"

春,望虹來謁,乞觀所藏《春雲曉靄圖》,乃欣然出示。

　　望虹《紀清道人得春雲曉靄圖事》:己未春,予往謁道人,以一飽眼福爲請,道人欣然出示。江村之題籤猶存,自元至今將八百年,而無些微毀損玷污,豈藝苑名作,真有神物呵護耶? 道人謂吾曰:"吾本以黃龍硯名齋,今改稱房山山房矣。"收軸猶含餘喜。(《東南日報》1921年12月22日)

四月一日(4月30日),集譚澤闓齋中作錢南園生日會,各出所藏,相與展拜,何維樸、夏敬觀、張其鍠、錢熊祥、俞明頤、袁思亮、龍紱年在座。

　　譚澤闓《己未四月朔集瓶齋作南園生日道州何維樸新建夏敬觀桂林張其鍠嘉興錢熊祥臨川李瑞清山陰俞明頤攸龍紱年湘潭袁思亮及余凡九人各奉所藏遺跡相與展拜有畫馬六幅尤奇特披賞竟日賓退紀以長句後南園之生政百有八十年也》:昆明瑰節一代奇,直聲豈獨名當時。及論微藝到翰墨,直並魯國當肩隨。至今遺迹等球璧,焜耀宇宙垂模規。邇來何紹基翁同穌盡私淑,筆法一起元明衰。上接唐賢軼趙宋,漏痕沙畫追繇羲。余於蝯瓶有微契,溯原滇水尤心儀。兼金隻字豈敢吝,據舷負簎寧當辭。心摹手追在朝夕,駑駘十駕慚蹇疲。弄藏頗更及畫馬,十三四比曹幹

遺。大幀數同少保鶴，辛亥於京師收得大幅畫十一馬。幅小二駿拋金
羈。己未又收《駿馬脫重銜》尺幀。高堂素壁風雨夜，靜坐往往聞長嘶。
今歲在己首夏朔，逢公覽揆初度期。招要同好共展拜，各出秘笈
誰能私。去公之生三甲子，瞻對遺墨遙相晞。精神所寄壽萬古，
聊從手澤尋芳徽。道州公孫八十叟，手奉一軸勤護持。秋風歸牧
馬十二，中有人物傳尤希。何盤叟攜其家藏《秋風歸牧圖》，畫十二馬，又人
二、獐、雉、弓矢之屬。漢陽故物錢所攜，脫銜雙馬風生蹄。漢陽葉氏舊
藏《壯馬脫重銜》，今歸陳曾壽，是日錢沖甫攜之來會。袁生兩匹氣深穩，迥
如屹立臨赤墀。袁伯葵藏二立馬，亦題秋風歸牧。道人袖出六駃騠。何
紹業摹曾不失黍累，清道人借得徐乃昌藏何子毅摹南園《六馬圖》，極似錢筆。
煌煌六紙照四壁，三十五匹爭驊驣。千金市骨那易致，一朝集此
良足晞。夏侯狂喜願頂禮，徑欲摹取供乞貤。俞龍默對各意會，
就中張子神爲移。我聞南園擅心畫，餘事偶貌驊騮姿。要令尾鬛
見奇絕，劀銅刻玉無差池。今觀諸本信有此，世矜趙馬真堪嘻。
始知正氣賦筆墨，不與凡俗同評題。及茲佳辰聚一室，況有八法
光騰輝。屏風在壁冊在几，擘窠大字如豐碑。余藏巨幅大楷，二百四
十六字。幾家珍秘競陳獻，何止百種羅瓊璣。觀摩欣賞興未已，且
復諧宴傾瑶巵。眾賓對此久飽飫，不藉飲啖忘渴饑，舉觴遙酹滇
池湄。清塵非遠嗣者誰，江風浩蕩餘寒微，駸駸白日頹斜暉。惟
公貞範長昭垂，墨妙猶應百世師。良儔高會今在斯，縶余紀盛爲
此詩。(《東方雜誌》第十六卷第六號頁一二八至一三〇)

　　夏敬觀《四月朔日集瓶齋作錢南園生日會觀真草字幅畫馬》：
苜蓿初肥春色殘，先生盤內長闌干。愛書如獵見輒喜，放筆一顧
十二閑。昨作南園生日會，壁張書畫皆絕世。漏痕突擬郭兵曹，
意匠復侔曹武衛。國朝書家畫誰若，書自沾沾畫尤薄。仿古不到
宣和圖，媚俗無非淳化閣。南園振起人中豪，後來繼者猿叟高。
子毅力摹及神駿，二絕分占難并包。啓祥宮南如意館，郎生蕃騎
開畫本。當時一藝動天嗟，舐筆侯門何足算。南園抗疏震公卿，

諫草字比坐位爭。豈費丹青圖仗馬,再題歸牧氣崢嶸。祖宗入主
由鞍馬,未重鄒陽諫獵者。責官聞屈折檻賢,寧有御花添帶銙。
緩勒彎弩意態真,大幅小幅俱可珍。自來筆妙要奇節,子昂雖好
惜失身。百簣一豆尋常事,吳飯盤遊姑伴醉。試問漸離擊筑歌,
何如公孫舞劍器。(《東方雜誌》第十六卷第六號頁一三○)

四月十日(5月9日),曾熙爲張大千書聯,謂公頗賞其章草。

　　從所好求樂;每無因得緣。季蝯仁棣癖嗜予書,且嗜予作章
法,予於章頗謂能發幽造秘,當世阿某外鮮有知之者。季蝯迺造
門而請,亦大奇事,因并識此。歲己未夏四月十日,農髯熙。(《静
妙軒藏清代民國書法選》頁一五八)

　　曾熙《與楊潛庵書》:前書想已達,寄上數紙與弟商之。阿某
最喜予作章草,今更閣筆矣。……潛弟。熙頓首。四月三日。
(轉引自王中秀、曾迎三編《曾熙年譜長編》頁三○六)

四月中旬,移居謙吉東里,與曾熙毗鄰。

　　《清道人之移居》:書家清道人本住崇明路青雲里底,茲因曾
農髯書家移寓朱家木橋小菜場對面,相距較遠,往來不便,清道人
爰於前日亦遷居東西華德路謙吉東里,與農髯所居近在咫尺,可
以朝夕過從,流連話舊,益見二人交誼之篤至老不衰云。(《時報》
5月20日)

　　案:據《時報》5月29日云"清道人移居東西華德路謙吉東里
四百八十三號",又李瑞清致李瑞荃平安家書信封曰"南京狀元境
泰安棧(19),李大人筠菴甫平安家書,(快)。地址:上海,寓虹口東
西華德路鄧脱路謙吉東里四百八十三號。李道士平安家書"。
(《張大千的老師——曾熙、李瑞清書畫特展》頁一一九)

四月二十四日(5月23日),伍典敷母雷太宜人卒,嗣後公爲書碑。

　　《耒陽伍母雷太宜人墓誌銘》:衡陽江顗撰文,臨川李瑞清書。
宜人姓雷氏,西階奉直之淑配也……以己未年四月乙亥卒於里

第,享年六十有七。(上海求古齋書帖局)

四月下旬,爲趙愷所藏《鄭叔問先生尺牘》篆耑并跋其後。

　　跋《鄭叔問先生尺牘》:王半唐侍御没後,世稱海内大詞家二
人,朱古微侍郎、鄭大鶴山人而已。山人本貴公子,遊吴城,喜其
山水清曠,遂留寓焉。蘇州巡撫某公慕其高節,延之幕府,前後巡
撫數人莫不推襟。辛亥國變,康長素招之來,鬻醫於滬上,余是時
亦鬻書畫滬上,縑素充几,稱大賈矣,遂勸山人兼鬻書畫以自給。
余則著短褐衣,朝夕操觚,腕脱硯穿,其自待比于苦工。山人則非
時和氣潤,神怡務閑,未嘗輒書,書又不即予,又老且嬾病,或經年
不報。有持重幣乞畫者,山人久乃忘之。有時作畫,會困乏,又往
往爲市賈以薄儲購去。故時人相語曰:鄭先生畫不賣,窮乃賣也。
山人之困實以此。山人於學無所不通,訓詁、考據、詞章以及音
律、金石、形家占驗諸書,靡不備究。生平無撰著,皆散在諸簡册
端,又無人爲輯之。余初見山人於吴城孝義里,有梅塢,山人構廬
其中,堦砌竹籬,皆蒔花木。會已暮,一瓦鐙熒熒,花枝入牖,四壁
蟲聲唧唧,如入古冢云。及居滬上旅舍,余每過山人,未嘗不移日
也。山人過余恆以夜,往往更漏且盡始言歸。山人居京師時,與
湖北張次山侍御號目能視鬼,余戲山人曰:"余居有鬼否?"山人笑
曰:"君居陋巷中,故安所得鬼乎? 鬼附勢慕利,實甚於人,喜依阿
富賈大官,爭爲之奉足舐痔,伺其喜怒而左右之,故富人博常勝
也。即其人一旦失勢喪貲,則群起揶揄之,相引去。若暴富家及
新得官者,則群鬼集矣。其言鬼敬忠孝、憚節義者,妄也。苟遇其
人,輒紛紛鳥獸散,以爲不祥人也。鬼尚白,然喜衣黑衣,好時粧,
袁世凱時爭爲袁世凱粧,黎元洪時爭爲黎元洪粧,隨時勢轉移,莫
能定也。楊子雲云:高明之家,鬼瞰其室。高明,言富貴也。瞰,
蓋言其慕仰云。"山人雖鬻醫滬上,然花時輒歸,或數月不來,滬上
租屋仍月納租金,其不善治生如此,以此愈益困。山人生時,康長
素先生時時調護之,小空乏則養矯之力爲多。養矯爲人任俠,趙

人之急如赴私親，觀山人所往來尺牘可知矣。天下以此莫不多養
矯貧而能好賢也。己未四月下旬，清道人題。（震亞圖書局）

案：此文亦載《清道人遺集》卷二，然文字與此頗有出入。該
冊扉頁題曰"鄭叔問先生赤牘。養矯先生屬題，清道人"。冊後尚
有沈曾植、陳三立、曾熙、譚延闓、譚澤闓、惲毓嘉、朱孝臧、呂景
端、馮煦、趙愷等跋。

四月下旬，與門人劉承烈論書，並爲章士釗題所藏金農書《友論》冊
頁。

題金農書《友論》冊頁：冬心先生當乾隆時，舉世尚董書，獨能
冥心追古，爲舉世所不好之學。大凡天下事，與俗浮沉，隨風氣爲
轉移，百無一可成者，不獨書也。然與識時務者爲豪桀異矣。己
未四月下旬，行嚴老兄出示冬心冊子，有所感，爲題此，行嚴以爲
何如？清道人。時劼襄在座，與之論書後以研中餘墨題。（西泠
印社 2013 年春季拍賣會 3072）

四月，集《匡喆刻經頌》字書聯。

《清道人楹聯》：金石長不朽，丹青本無雙。集《匡喆刻經頌》
字，以王典籤《石門銘》筆法爲之，遂蕭淡閒逸，比《鶴銘》也。己未
四月，清道人。（《正草篆隸四體大字典》頁三七）

是月，觀宋拓《中興頌》。

《宋拓中興頌碑》：己未四月，清道人觀。（求古齋書局 1934 年
版）

案：該冊尚有何紹基、吳大澂、鄭孝胥、何維樸跋。

王壯弘《增補校碑隨筆·中興頌》：此刻宋拓未斷者，余見僅
三本：……二、清道人李梅厂所藏，今在其後人李健處，描填極爲
嚴重，而索價甚昂，後有清道人等自題。（頁三八八）

是月，題吳錡所藏《邢侗書李白七言詩軸》。

題《邢侗書李白七言詩軸》：邢子愿精品。平日所見子愿先生

書稍平實，無此奧折者也。劍弟攜此來滬上，出示歎賞，爲題此。清道人。（北京匡時2009年秋季拍賣會0727）

案：公未署年月，此軸尚有曾熙、胡光煒己未四月跋，是時曾熙居處與公毗鄰，胡小石又居公家，則公所作當亦於是時者也。

是月，爲徐乃昌畫松石便面。

《松石圖》便面：積餘老哥同年同居海上八年矣，當時同居者多聯袂引去，余爲寫此松石以伴寂寥。己未四月，清道人。（榮寶齋2014年春季拍賣會1460）

是月，爲《石菴相國墨寶》署檢。

案：《石菴相國墨寶》（震亞書局）封面署曰：“石菴相國墨寶。阿某。”册後尚有曾熙、譚延闓、陳大俊跋，均跋於四五月間，該書又於五月出版，故公所題當在四月也。曾跋曰：“此册爲臨川靜娛室所藏，生平精絶之迹也。因商主人景之，以存真蹟。”

五月九日（6月6日），陳三立來函，商討公所作《書鄭大鶴山人尺牘册子後》一文。

陳三立《致李瑞清書》：清道人左右：掃墓歸來，日在痛苦中，今頭項筋絡牽掣猶未全愈也。病乘衰老，如何，如何。大文極恢詭之觀，乃鄙人偏擬於説鬼得意語删去，得無掉頭怨恨耶？移居僻遠，不便講飲食之學，當亦爲鬼所揶揄也。忽頌財安。不一。三立頓首。五月九日。（《鄭叔問先生尺牘》）

案：該文收入集中後與原稿文字頗有出入，如删去“又老且孏病”、“鬼尚白，然喜衣黑衣，好時粧，袁世凱時争爲袁世凱粧，黎元洪時争爲黎元洪粧，隨時勢轉移，莫能定也”等句，或即從陳三立之説耶？

五月二十六日（6月23日），過曾熙，與其爲袁希濂定鬻書直例，曾謂公與趙之謙、陶濬宣爲北碑三派，而學公書者率不解篆法，其不失之

砌則失之鋸,公以爲然。

《袁仲濂直例》:近數十年間,學士莫不交口言北碑。繇耸觀之,蓋有三派:其蕩肆而江湖者趙之謙派也,其斲削而寡性情者陶濬宣派也,近更有道士派。道士以大篆爲北書,學者既不解篆法,從而優孟之,其不失之砌則失之鋸,然且以其砌與鋸詡詡揚於人曰:"予書即道士書。"人或從而和之。莊子所謂萬世之後,而一知其解者,是旦暮遇之也。吳有學士曰袁仲濂者,其書顈師《熒陽鄭碑》,既無趙習,復脱陶藩,且欲以廉瘦之筆別於道士之渾厚。委它居於杭,杭人争乞其書,耸因以書招之曰:"今海上書家將千人矣,吾聞賈必居市,大市必有大賈,能爲市獪,則得值多且易。"遂爲仲濂定其值。己未五月廿六日,曾熙。

書成適道士來,歎曰:"學予書者誠如公言,然袁仲濂予舊識,且熹其顈精《鄭碑》。"乃取其值損益之。(《小樓書畫集》)

五月二十九日(6 月 26 日),曾熙致書張大千,託其爲公代購蜀刻《八代詩選》三册。

曾熙《致張大千書》:收到英洋貳拾肆圓,當即書就,先寄畫册。收到尊臨《鶴銘》,蓋耸法非李法也,甚好,吾道有傳人矣。道士亦喜令兄畫,謂其能兼西法,指山水言也。李梅庵先生急欲得蜀刻《八代詩選》三册,耸欲得一册。又《八代文粹》,耸欲得一册,請購,開價奉上。或蜀中有乞書畫,以書易書亦可。令兄均此未另。季蝯仁弟。熙啓。五月廿九。(香港蘇富比 1997 年春季拍賣會 0317)

五月,曾熙爲李子宣定鬻書直例,謂公子姓争學其書,惟李子宣另闢蹊徑也。

《李子宣先生鬻書直例》:李子宣先生,道士族中長者也。道士子姓無不争學道士書,其得筆法曰李健。獨子宣不喜爲道士書,惟日臨《廟堂碑》,志在守春湖侍郎家學。十年來,殆過千通。又嘗爲山谷書,亦不喜爲道士所爲山谷書。辛亥國變,道士來海上鬻書，熙聞而嘆曰：道士將餓死海上矣。熙曩過滬，滬上人爭市汪太史書，歲且萬金。汪太史歲萬金則道士當餓死矣。踰歲，道士亦萬金，不餓矣。且熙來滬，熙亦不餓死，此皆不可解也。……己未夏五月，曾熙。（《金石蕃錦集》底封）

是月，游獅子林歸，書"西湖旅舍"金文聯。

西湖東道唯君復；旅舍新豐有馬周。己未五月，新游師子林歸。奇石蒼松，礨砢蟠鬱，如龍如象，如雲如濤，蹲踞若怒，張鬣欲飛。以其意作此，所謂以造化爲師也。竹宬仁兄法家正之，清道人。（香港蘇富比2015年春季拍賣會1317）

六月一日（6月28日），曾熙致書張大千，謂公極賞其兄張善孖畫，願爲題識。

曾熙《與張大千書》：季蝯賢弟足下：前承贈何聯，翌晨以小病未起，匆匆即別，殊爲歉然。嗣得兩書，知蜀道艱難，尚未入峽。寄來令伯子善翁山水人物花卉，法兼中西，不特髯心賞，即道人素以畫自許，亦稱頌不已，允爲題識再寄……道士託購蜀刻《八代詩選》三冊，髯欲得二冊，又《八代文粹》一冊，未審行篋能攜帶否？或託商務運送局辦理亦善。何時來滬？尚望時以書寄我，以釋懸懸。……熙頓首。六月一日。（香港蘇富比1997年春季拍賣會0317）

案：曾熙於是日爲張善孖山水人物冊題跋。

六月，爲張大千臨造像一通。

《達摩巖穴面壁圖》：比丘僧力僧恭敬造無量壽像，普爲一切衆生，願託彼國。

季蝯酷嗜余畫，每敝篋稿紙，搜之即付裝池。此畫祝張子武君不如意者，亦堂堂成幅，可想見其好畫之癡癖。以無款識，爲臨造像一通，並記此。己未六月，清道人。（臺北故宮博物院藏）

是月，致書裴景福，假其所藏《尉遲乙僧游絲羅漢朝天王像卷》。裴

飭其子寄之,並乞爲題記。

裴景福跋《尉遲乙僧游絲羅漢朝天王像卷》:辛亥壬子之間,余避地滬瀆,梅庵已改道士服,偶示此卷,諦觀,便淚涔涔然。余亦悽絕無言而罷。再見,允爲題記。未幾,攜歸惠山,還故鄉,闊別數載。己未六月始飭淑兒寄滬,梅庵諒踐夙諾。余性格粘戀,每遇昆弟朋友缺陷,便忽忽不樂,引爲內疚。佛能斬除五倫愛根,普救衆生,即被割截時,亦無人相、我相、衆生相、壽者相,所以能證斯洹陀果也。還以質之梅庵道人。六六老人睫庵裴景福書於蚌山。(《壯陶閣書畫錄》卷一)

案:是年七月公跋曰:"後先生居蚌浦,余作書乞假,先生迺從遠道千里寄來,故人高義,今世寧復有此?"

是月,題八大山人《芙蓉蘆雁圖》。

題《芙蓉蘆雁圖》:此八大山人晚年筆也,設色尤難得。山人少時用筆極工致,卅年前曾見之。晚歲乃濃塗大抹,一瀉鬱勃不平之氣。故雖極草草,其意皆工,無不中繩墨者。故贗者一見即辨之,不徒其荒率高逸之致爲不可及耳。己未六月,清道人。(香港蘇富比 2019 年春季拍賣會 2563)

是月,曾熙以公隸法書聯,謂無一筆分書混其法度。

相親維白日;所誦此金經。此阿某隸法也。無一筆分書混其法度,此其所以過人也。得此可以辨漢人隸分。己未六月,農髯曾熙。(朵雲軒 2003 年秋季拍賣會 0640)

是月,曾熙題公所書聯。

聲名滿世;著作等身。阿某書《經石峪》,以篆法爲之,亦自闕蹊逕,轉勝原石。此聯尤勝平日所作,因記此。己未六月,農髯熙識。(朵雲軒 2004 年第 28 屆拍賣會 0375)

張鈞衡爲母造長生塔,刻柳公權書《金剛經》以資福,公爲作頌。

《張孝廉爲母造經塔頌并序》:張石銘孝廉,會其母桂太夫人七十之壽，敬造經塔一座，而以唐柳誠懸所書《金剛經》勒諸石。……頃者敦煌忽啟石室，乃唐本復見於世，豈天感太夫人持誦之誠而旌石銘之孝歟？歡喜讚歎，乃爲申頌。（《清道人遺集》卷二）

　　　　案：民國珂羅版《柳公權金剛經》共四冊，其一爲公署檢，曰："柳誠懸金剛經。清道人。"《頌》後款云："清道人作此頌并書。"公未署年月，其後爲康有爲己未六月跋，因繫於此。張石銘跋云："塔高三丈八尺，周三丈六尺，經始於宣統庚戌，至己未十月竣工。"後有曾熙、馮煦、潘飛聲、羅振玉、吳昌碩、周慶雲、陳夔龍、惲毓嘉、何維樸、吳士鑑、鄭孝胥、朱孝臧等題跋。

夏，曾熙門人馬宗霍來滬，其後與公相識，過從甚密。

　　　　馬雍《再版前言》：其後，二十年代，先君在上海各大學執教，恰好著名的書法家曾熙（號農髯）亦客寓上海。曾既是同鄉，而且又是先君早年上湖南南路師範學堂時的老校長，舊有師生之誼，因而先君在這段時間常向曾請教書法，並且又在曾先生處結識了名書畫家李瑞清（號清道人），與他們過從很密，獲益很多。先君在書法上深受曾、李兩位名家的影響，在他們那裏還得以見到許多名貴的書畫真蹟，從而在書法藝術評鑒方面達到了很高的造詣。（《書林藻鑒 書林紀事》卷首）

　　　　曾熙《馬母劉太夫人八十壽頌并敘》：己未之夏，馬生來海上，其言條貫百家，其鄭樵之流耶？屈居吾門，幾窮辨答。（中國嘉德2010年秋季拍賣會4547）

夏，曾熙爲公所臨《禮器碑》署檢。

　　　　案：《李梅庵臨禮器碑》（震亞圖書局）封面題曰："道人禮器臨本。己未夏，農髯題檢。"

夏，爲《病鶴叢畫》篆耑，爲《李文正公墨迹》署檢。

　　　　《病鶴叢畫》扉頁：病鶴叢畫。己未夏日，清道人。（上海會文

堂書局）

《李文正公墨迹》封面：李西涯墨迹。清道人。

案：李文正公即明李東陽是也。該書尚有譚延闓芒種日跋，曾熙署簽及跋皆作於夏日，姑繫於此。曾跋曰："此李文正題《明皇按樂圖》，從周夢公假得，屬震亞景之。"

夏，黎承禮以詩寄公。

黎承禮《懷人詩四十四首寄海內諸朋好》：突兀穹碑寫邵陽，妙傳宗法散槃長。百巡酒至歡持蟹，一夕書成許換羊。鐵限都人方競踏，黃冠吾道復何傷。蒼茫海角朋簪盍，墨靜茶清別有鄉。臨川李雨農瑞清。（《補讀書簃詩選》卷二）

案：該詩前第六首爲《和黃鹿丈己未鷄日口占東同社諸君子韻》，前第二首爲《祖同寄示清明日龍華看桃花詩次韻》，後一首爲《祖同閏七夕酒集夏劍丞宅聽劉孃鼓書有詩見寄次韻》，則此詩當作於三月至七月間。暫繫於此。

七月四日（7月30日），周樹模六旬壽辰，公書聯以祝。

金母木公開壽域；珊瑚玉樹交枝柯。恭祝少樸夫子大人暨師母傅夫人雙壽。弟子李瑞清頓首拜頌。（北京瀚海2004年第40期拍賣會1190）

《清授光禄大夫建威將軍黑龍江巡撫周公墓誌》：君生於咸豐庚申年七月初四日，卒於民國乙丑年八月十一日，享年六十有六。（國家圖書館藏拓）

案：《左紹佐日記》己未六月二十五日賦詩以壽周樹模六十，有句曰："羊年建申月，早秋天氣新。我友沈觀叟，週甲值令辰。家人海上來，喜氣充門闌。令弟自楚至，雁序諧篪塤。青紅動光彩，畫壁雕欄杆。高堂燦樺燭，簪笏羅親賓。"（《湖北省圖書館藏稿本日記四種》第二十九冊，頁三七三至三八〇）則周樹模於是年七月四日壽慶也。又，孫雄《周少樸前輩六十壽詩》(《大公報天津版》1919 年 12 月 10 日)、賀履之《周少樸先生六十壽畫山水四幀各題一詩爲祝》(《繪學雜志》1921 年第 3 期)，亦可參證。公所作或即於此時者也。

七月二十日(8 月 15 日)，託曾熙寄語問候張大千。

　　　曾熙《與張大千書》：季蝯賢弟足下：重慶得手書，承寄紫油、厚樸，謝謝。……來書以尊公病即馳歸，甚爲懸念。……弟既好古勤學，宜請命蚤來滬同資研究。道士亦寄語問候。蜀道安否？即告。即頌侍福無量。農髯頓首。又小印一方，古厚可愛，并謝。七月廿日。（香港蘇富比 1997 年春季拍賣會 0317）

七月，爲趙詠清《清操軒畫賸》篆耑并署簽。

　　　案：該書封面以魏碑體署曰：“清操軒畫賸。己未七月，清道人。”扉頁以大篆題曰：“清操軒畫賸。舉世皆濁，更于何處可託足，盍於詠清先生畫中求之乎？題罷，擲筆嗟歎者久之。清道人。”尚有陳寶琛、何振岱、許承堯等跋。

是月，爲裴景福跋所藏尉遲乙僧《游絲羅漢朝天王像卷》。

　　　《跋唐尉遲乙僧游絲羅漢朝天王像卷》：辛亥國變，余既爲道士，鬻書畫滬上，得見伯謙先生於吳倉翁坐，遂納交焉。迺得盡觀其所藏名迹。先生本與恪士前輩至交，恪士數數爲余言之，本約過蘇訪者數矣。一旦得見，遂成莫逆，與余弟阿筠相過無虛日。此卷亦曾於旅館中見之，妙相莊嚴，一見驚服。余喜畫佛，欲假摹一紙，以爲粉本，卒卒未果。後先生居蚌浦，余作書乞假，先生迺從遠道千里寄來，故人高義，今世寧復有此？此卷用筆如髮而勁如鐵，傅彩簡淡，輕拂丹青，與道子同也。後來錢舜舉多用此法以作花果，乙僧本善花鳥，或即摹乙僧本而世莫知也。蚌浦人來，因書數字歸之。今倉翁尚健在，而恪士已歸道山，余兩人長留天地，處此涸濁之世，不卜何日能同讀先生所藏名迹如往日之遊，未知

能果此緣否？書罷太息，并問令弟安穩。家弟無恙。己未七月，
清道人頓首。（《壯陶閣書畫録》卷一）

案：該跋後裴景福注曰"庚申秋仲，弟與清道人先後歸道山，
往游之緣，竟不能果，讀之隕涕，此語其讖也"。

閏七月十九日（9月10日），詣繆荃孫。

《藝風老人日記》閏七月十九日：李梅庵來。（頁三三一九）

閏七月三十日（9月23日），赴沈曾植、章梫之約，鄭孝胥、劉廷琛、吳
郁生、朱祖謀、王乃徵、胡嗣瑗在座。

《鄭孝胥日記》閏七月三十日：赴子培、一山之約於子培寓中，
坐有劉幼雲、吳蔚若、朱古微、王聘三、李梅庵、胡琴初等，琴初先
去。（頁一七九八）

閏七月，跋黃鼎《江山秋色圖》，并題引首。

跋《江山秋色圖》：學梅沙彌輒當以董、巨法求之，乃能神合。
庸史紛紛以梅沙彌爲橫點，謬哉。尊古此幅筆墨沉古，荒崖澗路，
悄無行人，能入古人法度中。縱橫恣肆，真能脱落時逕，洗發新趣
也。清道人題。（北京保利5周年秋季拍賣會6298）

案：公所題引首曰："江山秋色圖。己未閏月，秋窗新涼。清
道人觀。"此卷尚有李宗瀚、瞿啓甲跋。

八月一日（9月24日），與淞社同人集於一品香爲許澄祥、朱錕、錢綏
榘祝壽，劉承幹、吳昌碩、惲毓嘉、惲毓齡、惲毓珂、吕景端、繆僧保、
陶葆廉、楊鍾羲、褚德彝、曹曾涵、張鈞衡、沈焜、白曾然、周慶雲、潘
飛聲、徐乃昌在座。

《求恕齋日記》八月朔日：晚至一品香恭祝許子頌七十九歲、
朱硯濤五十二歲、錢履樛五十歲，子頌現將返杭，八月二十日生辰，其家
人爲之作壽，因在杭地舉行，故淞社同人預祝之。到者爲吳昌碩、李梅庵、
惲孟樂、季申、瑾叔、吕幼舲、繆子彬代表小珊、陶拙存、楊芷牷、褚
禮堂、曹恂卿、張石銘、沈醉愚、白也詩、周湘舲、潘蘭史、徐積餘，

並予十八人。朱硯濤以其夫人五十歲將于九月中做壽,故邀之。(册六,頁九九)

八月中下旬間,沈曾植招飲寓所,公食蟹甚豪。

《清道人之蟹量》:時近重陽,河蟹漸肥,把酒持螯,正得其時。書家清道人酒量固宏,蟹量尤巨,能盡百隻,因自名李百蟹。昨日,有前清遺老沈某(子培)購獲羊腸湖産數筐,在威海衛路寓所請友朋,道人獨食花甲之數,座爲之驚異,而道人尚稱不得飽啖,一時傳爲奇談云。(《時報》10 月 24 日)

案:此條所記有二處譌誤,一曰公自名李百蟹,一曰沈曾植於威海衛路寓所請客,檢許全勝《沈曾植年譜長編》,是年七月五日,沈移居新閘路三十號,而文曰"時近重陽",當在八月間也。雖然,此事或非空穴來風,暫繫於此。

八月三十日(10 月 23 日),李瑞荃來滬,乃致書篠崎都香佐,請其明日攜沈石田册子及王鐸綾本字條來賞畫,並求其爲胞侄李傑作留學千葉醫學堂介紹書。

《與篠崎都香佐書》一:篠崎先生閣下:舍弟自震澤來,仍有名畫數件,乞明日即初一乘興來賞鑒之。尊藏沈石田册子及王鐸綾本字條望攜來,舍弟欲一觀也。又胞侄李傑,號志鵬,欲到貴國留學千葉醫學堂,欲求先生紹介書一紙,感且不朽。舍侄在中國德國醫學普通畢業,到貴國尚須豫備語言也。秋晴,珍衛。清道人頓首。八月卅日。(佳士得香港 2020 年 11 月拍賣會 1615)

案:封套曰"即呈篠崎先生台啓"。又,書曰"舍弟自震澤來",民國三年春,公致篠崎都香佐函曰"弟今日往震澤舍弟筠菴處",則"舍弟"即李瑞荃也。款曰"八月卅日",則此書或作於民國四年、六年、七年、八年。民國四年八月底,公赴金陵,剟《譚延闓日記》九月初均無與李瑞荃往來記録,當非此時者也。民國六年八

月十五日至九月底,李瑞荃均在滬瀆,與書中"舍弟自震澤來"不
合。民國七年八月十一日,公爲庶母作壽,十五日爲李瑞荃所藏
《何紹基書畫合卷》篆首,則李瑞荃八月中旬已在滬,與書中所言
不合,故此書當作於民國八年也。書曰"胞侄李傑",當即李承傑,
瑞荃三子,蓋李健亦原名李承健也。

八月,曾熙爲公所書《耒陽伍太宜人墓誌銘》署檢。

案:《耒陽伍母墓誌銘》(震亞書局)封面題曰:"耒陽伍太宜人
墓誌銘。己未八月,曾熙題。"

是月,爲篠崎都香佐跋所藏長尾甲草書卷,并題引首。

《雨山居士醉草》引首:石隱墨戲。余既爲磚軒題此卷,復爲
篆其首。己未中秋,清道人。

跋:昔坡翁嘗醉後作書,人爭取之,自謂墨戲,此豈其遺意邪?
雨山平日書稍謹,無此揮霍自如,真得素師遺意也。清道人。(佳
士得 2018 年秋季拍賣會 1457)

九月十五日(11 月 7 日),朱錕夫人五十壽慶,公書聯以賀。

《古今聯語彙選》:朱念陶先生世居涇縣,後遷南昌。少隨父
榮祿公入都,納貲爲分部主事,配宋筱墅宮太保女孫蓮珠夫
人……改革以後,益無心世事,與諸名士結淞社於滬濱,極詩酒之
樂。己未九月,舉行家慶,先生年五十二,蓮珠夫人年五十也。先
生有子六,蓮珠夫人得其三,簉室某亦得其三。孫男女八人。惲
毓珂賀以聯云……又,李瑞清集焦延壽《易林》句聯:駕龍乘鳳,經
歷致遠;握珠懷玉,寵貴日光。(册二,頁五九二至五九三)

案:繆荃孫撰壽啓(《陶廬伉儷五十壽言》)曰:"今年十一月十
四日先生五旬晉二初度,六月十三日夫人五旬初度,喆嗣博淵昆
季擇於九月十五日稱長壽之觴,奏延年之曲。"

九月十八日(11 月 10 日),是日爲李瑞荃壽辰,曾熙贈詩以賀,因及

公生平。

　　曾熙《己未九月李筠仲四十九歲詩一首》：論交將卅載，式好同昆季。每笑仲子癡，常矜阿筠慧。瑩然玉蘊淵，斐然鳳比翼。以性相泳游，文史展嬉戲。仲子規唐虞，筠實管樂器。維時予性狂，抵掌天下事。任載高儒行，歐周負俠義。意氣挾風雷，馳驅越燕冀。迫以甲午役，上書警有位。筠有書畫癖，終日搜殘笥。一卷偶得之，神賞契寤寐。風雅宜石渠，泥塗困良驥。吁嗟命運篇，行邁徒勞勩。良友各差池，坐視日月異。仲子守危城，不得信厥志。黃冠僑海濱，相見但有淚。孤劍不得鳴，怵心恣一醉。世亂喜會合，攜手歷五載。發篋滋新賞，餘市攫異味。自傷余兄逝，樂此勝同氣。予更愛阿筠，獨厚天所賜。阿兄既稱難，諸子皆拔萃。愉愉晨夕間，融融几席侍。解衣輕拂暑，炎夏忘其領。夫人寔清才，詩畫差解意。下筆神骨逸，仲子驚弗逮。有時展清謔，廓然類高士。五十潤朱顏，儀容溫且粹。偕老君子福，宜年方未艾。執爵歡今夕，金英燦滿地。（《大風堂存稿——曾熙書畫題跋錄》頁一七四）

九月二十八日(11 月 20 日)，赴白岩龍平招飲，德川家達、德川家正、宗方小太郎、吳昌碩、葉德輝、王震、李平書、朱輔臣等在座。是日，劉師培卒，享年三十有六。

　　《宗方小太郎日記（未刊稿）》：大正八年十一月二十日：正午至六三亭花園赴白岩之請宴，德川家達公爲主賓，令嗣家正氏、山崎領事、兒玉、鹽崎、林出、李梅庵、吳昌碩、葉德輝、王一亭、李平書、朱輔臣等同席。午後三時半散。（頁一一六〇）

　　陳鐘凡《劉先生行述》：以民國八年十一月二十日卒於北京，上距生於清光緒甲申年閏五月二日，享年三十有六。（《劉申叔遺書》卷首）

九月，爲謝甘盤撰墓誌銘并書諸石，曾熙跋之。

　　《謝公墓誌銘》：君既歿，明年歲在己未，臨川李瑞清造此銘并

書諸石,表碩德於當世,馳令問於無窮。(石印本)

曾熙跋:予觀謝君所爲詩文,其於武侯出處嘗掩卷嗟咄,想見其爲人。三十辭郎官,退耕許灣,蓋可以知君志矣。行義絜己,孔子曰:"是亦爲政,奚其爲爲政?"君子觀於鄉,則謝君其人也。國變,種松結廬,歌哭其間,遂以殁世。烏虖,其不降其志,不辱其身者矣。君卒之歲,公子佩紳匍匐海上,乞道人表其墓。佩紳讀父書,進退有禮,巍幘古服,貌癯癯,蓋大類儒者。己未九月,衡陽曾熙。

案:曾跋於九月,公所作當在其前也,姑繫於此。又,謝佩紳是年六七月間至金陵乞陳三立書家傳,陳爲作《清故吏部主事南城謝君家傳》,可參考。

是月,致函篠崎都香佐,乞其善爲胞侄李承佶診疾,並爲其指授書法。

《與篠崎都香佐書》二:篠崎先生閣下:貧道胞侄承佶久病,蒙先生醫之,大見功效。承佶好學,極爲用功,貧道所最鍾愛者也,願先生善爲調治之,感且不朽。日課大有進步,每照書兩張外,須用別紙,不成章法,小大隨意急書,腕須畫熟,則進步更速也。別紙爲樣,請照此法。秋涼,珍重。清道人頓首。

如此樣:（圖）。(佳士得香港 2020 年 11 月拍賣會1611)

案:書曰"日課大有進步",且爲其指授書法,丁巳冬,公致篠崎都香佐函曰"先生有志學書,不勝佩服。承君下問,貧道敢不貢其愚",則此書當作於其後也。書曰"秋涼",則此書當作於戊午、己未、庚申也。後一通曰"在貴院已三禮拜",而公庚申七月二十二日忽患中風,不省人事,故此書當作於戊午、己未間也。又,該函封套曰:"篠崎先生手啓。志侄面呈","志侄"當爲李傑,是歲八月三十日公嘗爲其留學千葉醫學堂事致書篠崎都香佐,或已相識,故命其面呈歟？暫繫於此。

是月,以《嵩高靈廟碑》筆法書《黃庭經》。

節錄《黃庭經》款:《黃庭》,道家經也。《嵩高靈廟》亦道家碑,
故以其筆法爲之。己未九月,清道人。(《李瑞清書法選(一)》頁
一四二)

是月,爲張大千題所藏王蒙山水堂幅。

《目錄提要‧元黃鶴山樵山水堂幅》:紙本,高三尺二寸,闊一
尺六寸八分。款在下方左角,篆書"至正四年夏日寫,黃鶴山樵王
蒙"十三字,有白文"王蒙"印。清道人題云:黃鶴山樵真蹟,余生
平所見,以俞廙軒中丞藏本爲最。比年鬻書海上,則贗本紛紜,因
歎山樵真蹟之不易覯。季爰弟酷嗜山樵,與余有同好,頃獲此軸,
攜來予齋,余見之驚喜曰:"此山樵中藏精絶之作,觀其樓閣、橋
梁、人物,逼真文敏而津逮巨然者。季欲學山樵,於此有餘師矣。"
蓋山樵皴擦面貌易得,當知其勾勒樹法無不從唐李得來,此非深
於畫學者不知也。況爲平齋舊藏,平齋精鑒,海内知名,流傳有自
之品,季其潛心寶翫之。款識有殷書真意,尤可愛。己未九月,清
道人。(《大風堂所藏書畫展覽會特刊》,《金剛鑽報》1932 年 10 月
28 日)

秋,爲門人張大千臨《宗婦壺》四字於曾熙齋中,並示其筆法。

節臨《宗婦壺》:🖌🖌🖌🖌

張大千跋:己未之秋,侍夫子宴於衡陽曾夫子齋中。酒罷,以
所得宗婦壺請筆法,夫子欣然書此四字,曰:須得其衡勢耳。何意不
及一年,竟羽化邪？嗚呼！心喪朞已,道範常存,焚香三復,悲從中
來。庚十二月,季爰。(香港蘇富比 1997 年春季拍賣會 0316)

案:張大千得此後遍徵題跋,此卷尚有曾熙、李瑞荃、李健、胡
小石跋,姑錄於後,用作參考。曾跋曰:"此阿某去歲醉後檢兒童
塾課紙詔季爰學璓書也,季爰所得止此四字,宜如何寶愛之。庚

申十一月二十四日大雪，農髯注。""阿楳於三代金文皆能造其極眇，至其取《散盤》奧衍，以入《鄭羲碑》，可謂後無來者。農髯爲季蝯題此。"李瑞荃跋曰："先仲文潔嘗曰'求分於石，求篆於金'。又曰'作篆須目無二李，神遊三代，迺得佳。虛舟桎梏於冰斯，完白鈎弋於兩漢。餘此大洲留與道人開闢，豈非快事乎。'今季蝯兄珍此紙，裝成小幅，爲記師説於此。手澤猶新，音容已渺，傷哉。筠盦弟瑞奇。"李健跋略謂："宗婦壺畫界而書，已開碑法，且取衡勢，既具隸性，使轉多姿，亦含分情。昔者先仲父文潔公詔健語此，小子猶記公含豪運捥訓筆時也。今季爰同門出此見示，手澤猶新，而過庭之訓永不可得矣。把筆泣然。仲乾居士健敬識。"胡小石跋曰："零落東周散國辭，還從殘紙想英姿。揚塵化碧皆秋夢，淚斷斜街落月時。辛酉孟夏，爲季爰學長兄題，光煒。"

秋，與曾熙、張大千觀狄葆賢所藏歷代書畫。

張大千《擬南唐顧閎中鬥雞圖》：己未之秋，侍先師農髯、梅庵兩先生觀狄平子丈所藏書畫於平等閣，宋元明清，都百數十幅，皆一時妙絶之尤物。王叔明《青卞隱居》尤爲驚心動目，最後出南唐顧閎中《鬥雞圖》，主人頗自矜詡，歡賞咨嗟，譽爲人間瑰寶。予方年少，未諳鑒賞，但覺其氣宇幾近運筆平滯，證以《宣和畫譜》所載，殊爲不類，當非真蹟。因暗掣梅師襟角以叩，師曰："代遠年湮，末由證之，道君皇帝御題其上，宜無疑耳。"蓋師礙於主人，心固未許。前年西出嘉峪，展佛莫高，歷時三載，得觀三唐五代壁畫，多至二百餘窟，倘以幅計，何止千百？追憶狄公此圖，決其爲僞。（《張大千詩文集編年》卷十，頁三三一）

約於此際，授張大千畫魚之法。

張大千《游魚圖》：先師文潔公嘗授爰爲此，五十年來謹守之，未敢稍失也。六十年辛亥八月，璧池弟自香港來省，爲寫此。爰并記於可以居，年七十有三。（《大風堂存稿——曾熙書畫題跋錄》頁二八四）

秋，爲門人袁季梅書聯屏。

　　袁季梅《輓詩》注：去秋爲書聯屏。（《清道人遺集》附録，頁二
三四）

十月一日（11 月 22 日），繆荃孫、朱錕來，觀公所藏八大山人、包世
臣畫。

　　《藝風老人日記》十月戊寅朔：朱念陶來，以所印詩詞就正。
同赴梅庵處，見八大山人竹木、包慎伯山水，均佳。（頁三三四六）

十月初，致書篠崎都香佐。

　　《與篠崎都香佐書》三：篠崎先生閣下：舍侄得蒙診治，十愈八
九矣，感且不朽。在貴院已三禮拜，請開示住院之貲若干，以便奉
上。擬歸家調養，或一日或二日到院一次求診也。聞近有不適，
愈否？極念。近日作書否？何久不來耶？雨悶，佳想安善。清道
人頓首。（佳士得香港 2020 年 11 月拍賣會 1611）

十月上旬，書《重脩回江橋記》，張美翊撰文。

　　《重脩回江橋記》：回江橋在縣東三十五里五鄉東西碶之
間……蓋經始於戊午七月，迄工於己未九月而脩橋、濬河、築路次
第告竣。……歲在己未孟冬月上澣，同里張美翊撰文，安吉吳昌
碩篆額，臨川清道人書丹。（中國國家圖書館藏拓）

十月二十三日（12 月 14 日），致函裴景福。

　　《與裴景福書》：伯謙先生閣下：鬱鬱居海上，以筆墨爲生涯，
真成一賈人矣。而世事日非，大堪浩歎，獨不得與吾故人一握手
爲恨耳。周蓮翁來，得手書，并魯公三表墨蹟。卷子真人間鴻
寶，尊書尾自是名題，當敬爲跋之，未敢率爾也。前尉遲乙僧卷
自是名稿，細審紙墨，尚有疑非唐物者，若此真可確信之品，并可
見魯公學褚之處。國朝錢侍御一生學顏，用功極深，然筆筆著
意，此筆筆不著意，此其所以神也。他不多及。霜寒，珍衛。清
道人頓首。十月廿三。（《唐顏魯公三表墨蹟真本長卷》，《壯陶
閣書畫録》卷一）

案：公於是年七月爲裴景福跋所藏唐尉遲乙僧《游絲羅漢朝天王像卷》，庚申春復爲跋此卷，則此書當作於此時者也。又，該卷有裴景福癸丑九月朔跋。

十月三十日(12月21日)，**劉承幹來訪，未晤。**

《求恕齋日記》十月三十日：午後……便至李梅庵處，未晤。（册六，頁一四三）

十月，**爲《許恩緝墓誌》書丹，陳三立撰文。**

《清故民政部諮議江蘇候補道許君墓誌銘》：義寧陳三立撰。臨川李瑞清書。君諱恩緝，字熙甫，奉新許文敏公振禕之冢嗣也……今君乃以避兵上海，遘疾死矣……卜以己未十一月初七日葬高邑大龍山之陽。（《清道人書許君墓誌》尚古山房）

是月，**爲朱錕《陶廬伉儷五十壽言》署耑。**

案：該書係朱錕及宋夫人五旬壽慶時，親友所贈詩、文、聯、畫等，公於壽文前題曰："陶廬壽文。清道人題。"曾熙、伊立勳、何維樸均題於十月，姑繫於此。

是月，**作四體書四屏。**

《四體書屏》：一、臨《知遠帖》：近見宋《淳化》，迺知筆法。二、臨《廣武將軍碑》：可與《鄧艾碑》參看。三、臨《曾伯霥簠》：與《虢季子白槃》同法，但稍謹耳。四、臨《皇甫誕碑》：此率更最晚年之作，脫盡右軍面貌矣。己未十月，清道人。（臺北故宮博物院藏）

十一月一日(12月22日)，**繆荃孫卒，享年七十有六。**

夏孫桐《繆藝風先生行狀》：十一月初一日，卒於上海寄廬。年七十有六。（《藝風老人年譜》附錄）

《求恕齋日記》十一月朔日：夏炳泉自繆氏歸，知小珊大于午後二時病故，七年交好，聞之，愴然不已。（册六，頁一四五）

十一月二日(12月23日)，**曾熙撰《衡陽丁烈婦傳》，公爲作贊。**

《衡陽丁烈婦傳》：臨川李瑞清讀《丁烈婦傳》，乃爲之贊曰：瑛瑛烈婦,髫年識禮。夫病請期,夫亡誓死。義非不生,無天已矣。
岣嶁之山,來自白石。青冢千年,照耀今昔。(震亞圖書局)

　　案:該傳爲曾熙撰并書,譚澤闓署檢也。曾書於己未冬至日,
因繫於此。

十一月十三日(1920年1月3日),梁鼎芬卒。

　　《余紹宋日記》一月三日:夜得梁宅電,知表伯已危篤,力馳
往,時已九時許,見表伯痰已上湧,亟爲預備後事。表伯猶兩次呼
去,欲有所言,而不能出聲。延至十二時,遂長逝矣。

　　《求恕齋日記》十一月十七日:是日得節庵師傅噩耗,爲愴然
者久之。(册六,頁一五一)

　　《鄭孝胥日記》十一月十九日:梁星海卒,約以廿四日公祭於
清凉下院。(頁一八一一)

十一月二十一日(1月11日),與同人紹介書畫家周鎮岳。

　　《介紹書畫大家》:燕京周君鎮岳,別號夢松仙史,素擅丹青,
尤致力於蘭竹及竹林、山水、古松、奇石等,蒼秀遒勁,不可多得,
在京師畫壇中稱爲第一大家。且仙史挾藝徧游各省及海外有年,
足跡所至,王公名流莫不爭求墨蹟,喜與結納。今從北京來訪友,
同人以志合道同,挽留駐滬,廣結墨緣,特爲介紹於此邦人士。欲
求仙史手筆者幸勿失之交臂焉爾。仙史現寓上海三洋涇橋大安
棧三層樓七十九號畫室。吳昌碩、清道人、曾農髯、哈少甫公啓。
(《申報》1月11日)

十一月二十三日(1月13日),致書鄭孝胥,請其爲門人胡光煒
評詩。

　　《鄭孝胥日記》十一月廿三日:李梅庵忽來簡云:"有孤僻之
士,作《月下》雜詩,欲得足下評點。"其詩五古五章,似學東野者。
(頁一八一一)

　　案:據《鄭孝胥日記》民國九年三月八日條所載,此人即胡光

煒也。又《月下雜詩》五首見《願夏廬詩詞補鈔》(《胡小石論文集續編》頁三二〇)。

十一月二十五日(1 月 15 日),鄭孝胥爲田次廉求公書屛聯。

《鄭孝胥日記》十一月廿五日:至寶記,爲南寧田次廉求李梅庵書屛聯。(頁一八一一)

十一月,某晚,節臨六朝碑四種。

《清道人節臨六朝碑四種第四集》:一(《論經書詩》)、中岳先生此書,寬博古厚,意在《圉令趙君》也。二(《刻經頌》)、與《經石峪》同,意出《曾白霥簠》。三(《中岳靈廟碑》)、祖《盂鼎》而襧《景君》。四(《石門銘》)、筆長而曲,實本諸頌,《齊侯罍》之苗裔也。己未年十一月夜寒呵凍。(震亞圖書局)

案:該跋亦載《清道人遺集佚稿》,題曰《節臨六朝碑跋》,然將臨《論經書詩》誤爲《觀海詩摩崖》。後有曾熙、譚澤闓跋,曾跋略謂:"此老髯藏道人八尺大屛風書也。道人嘗爲髯作書,及書成,以不適意,即署他款。此大幅蓋假以友人名義乃得之。及裝成,見者欲奪之,幾不能保。髯與道人未嘗一日離,然得其書之難如此,蓋賞心之難也。挹芬主人縮成擘窠寸書,大有益於學者,因爲識其原委於册後。己巳立夏後,熙。"

是月,節錄《枯樹賦》。

節錄《枯樹賦》款:己未十一月,清道人。(《二十世紀最傑出的書法家——李瑞清》,《中華國粹》2014 年 11 月號,頁五五)

十二月四日(1 月 24 日),城東女學文藝科舉行畢業,公與同人題字,以資獎勵。

《城東女學舉行畢業式》:本月念四號即舊曆十二月四日下午,爲南市竹行弄城東女學文藝科舉行畢業,現以陳列畢業學生平日成績畫……并承清道人、吳昌碩、王一亭、楊東山、汪仲山諸名家題字,以資獎勵。(《時報》1 月 22 日)

十二月十六日(2月5日),李宗黃母李太夫人七旬壽辰,章士釗撰壽文,公書以祝之。

《梅盦真蹟李氏壽屏》:李母李太夫人七旬大慶:蓋聞玉衡散采,八垓竟仰李星;金母分釵,四葉遠開南極……夏正屠維協洽之歲孟涂之月星回節,唐紹儀、章士釗、胡漢民、郭椿森、曾彥、王伯群、饒鳴鸞、彭允彝、劉光烈、李述膺、繆嘉壽等敬祝,李瑞清拜書。(文寶印刷公司)

案:該壽屏共八條屏,今藏臺北故宮博物院,民國十四年嘗影印出版,曾熙、譚延闓、于右任皆有題識。曾跋曰"道人書壽屏,其雍容振腕,下筆謹嚴,如同作碑。此屏尤其精力所獨到"。于跋略謂"梅庵書擅南北,雖論者間有異辭,然雅有創發,爲世珍希"。

十二月下旬,篠崎都香佐來,厚貺良多。乃致書答之,爲其鑑定書畫。

《與篠崎都香佐書》四:昨辱臨,乃蒙厚貺,并歐肌士嘿喇,感謝不可言。垂示各畫,唐畫最爲精絕,不易得也。天池亦真品。石濤贗作也,題詩第二句"南"誤作"西",畫亦浮燥,當爲臨本。霜寒,敬頌篠崎先生年福。清道人頓首。(佳士得香港 2020 年 11 月拍賣會 1614)

案:封套曰"篠崎先生台啓",地址:"上海寓虹口東西華德路鄧脱路謙吉東里四百八十三號。"《時報》1919 年 5 月 29 日:"清道人移居東西華德路謙吉東里四百八十三號。"又款云:"敬頌篠崎先生年福。"故繫於此。

致書胡光煒,并寄以束脩。

《與胡光煒書》:小石賢弟老夫子執事:頃得予舍弟輩書,敬知太夫人日見康彊,闔家平善,欣慰無量。貧道筆墨生涯頗不忙,尚蕭閒,影戲功課每禮拜不間斷,金良才亦不催矣。寄上三十圓臘月束脩,又六圓戲鴻堂三圓,朵雲軒三圓。筆資也,以爲明春利市。它不多及。敬頌侍奉太夫人萬福。清道人頓首。

東培、仲英并致聲。(求雨山文化名人紀念館藏)

案:書曰"寄上三十圓臘月束脩,又六圓戲鴻堂三圓,朵雲軒三圓。筆資也,以爲明春利市",則是時胡光煒已鬻書矣。考是年正月曾熙爲胡光煒訂鬻書直例,故繫於此。

十二月三十日(2月19日),圍爐擁裘,讀金石書畫,集《毛公鼎》字書聯,並以篆法寫柏一幀。

我有金尊酒;人懷寶鼎文。己未蜡月除夕,衣裘擁鑪,讀金石書畫,以消良夜。薄醺弄墨,亦是一大快事。集周《毛公鼎》文。清道人。(常州博物館藏)

《清道人畫柏》:己未除夕,圍爐擁裘,讀金石書畫,戲以大篆筆法爲此。是耶?非耶?直寫老夫狂態也。呵呵。清道人。(《申報》1925年元日增刊)

十二月,跋初拓《全椒積玉橋殘字》。

跋《全椒積玉橋殘字》:全椒積玉橋,故老相傳漢初已有橋,近圮。吳佩之、朱理真拓之,以示江退公先生。先生大驚,以爲有漢魏遺矩,迺命其門人盛峻居及其子兆沅於亂石剔薜搜拓之,得七十餘字,繇廣文汪先生以拓本來。其用筆古厚渾樸,文字之損益,皆六朝法也,如"歸、爲、讓、坐、知、鳳"等字是也。然字略帶行押,如"律、良"等字是也。當梁人書《鶴銘》,書勢亦帶行押體。況文本《千文》,當時周興嗣初奉勑爲《千文》,或民間盛行,以之記石數耳。己未十二月,清道人。(石印本)

案:此跋亦載《清道人遺集佚稿》,文字略有出入。

是月,爲《明軒李公煥新墓表》書丹,陳澹言撰文。

《清誥命榮祿大夫記名簡放道河南商水縣知縣李公明軒墓表》:清資政院碩學通儒國務院存記桐城陳澹言撰,清道人李瑞清書并篆額。歲在己未冬十二月二十日,蓋平李恩元葬厥考商水公、姙魏太夫人於金陵城北伏虎山之北麓，屬其友陳澹言表厥墓……公諱焕新，號明軒。殁當光緒三十二年八月望日，春秋七十有五。無子，以弟維新子恩元嗣。（楊慶昌等著《營口碑誌輯注》頁四五九）

是月，爲門人胡光煒《金石蕃錦集》第二集篆耑。

　　案：《金石蕃錦集》第二集扉頁題曰："金石蕃錦集第二。清道人。"公未署年月，内有李倣己未十二月釋文，因繫於此。

冬，題精拓本《毛公鼎》，謂學書不學《毛公鼎》，猶儒生不讀《尚書》耳。

　　題精拓本《毛公鼎》：《毛公鼎》爲周廟堂文字，其文則《尚書》也。學書不學《毛公鼎》，猶儒生不讀《尚書》也。秦篆近隸，漢篆實分，故篆舍周末由。而《盂鼎》之直質、《克鼎》之寬博、《散盤》之英鷙、《齊侯罍》之變化，若珮琚鳴玉，穆雍趨蹌，則斷推此鼎矣。此鼎聞已爲海外所得，此紙拓全形，尤可寶也。清道人題。（范世民《西周毛公鼎銘文》，《書法叢刊》1985 年第 9 輯，頁九）

　　案：公未署年月，尚有羅振玉己未九月署耑，褚德彝己未十二月跋，暫繫於此。該拓係道光初出土時所拓，舊藏北京市文物商店。

冬，與兩江師範舊友於池州府興辦墾牧漁業公司，將結茅於此。

　　黃賓虹《與黃昂青書》：昂青君鑒：秋節前奉復寸緘，亮已荃及……今因同志多人在池州府興辦墾牧漁業公司，而兩江師範之舊友爲多。如李梅庵、汪怡伯、戴受于、曹致遠、汪鞠友諸君，皆將結茅於此。湖山之勝，有爲吾鄉所不及。質因來此盤桓旬日，冬令擬又重來……餘容續及，此請冬綏。愚期質頓首。（《黃賓虹文集・書信編》頁二五〇）

　　案：編年據王中秀編《黃賓虹年譜》（頁一四九）所考。

是歲,公寡嫂欲攘奪家資未果,遂出穢語中傷。滬上某遺老聞之,造謠宣傳,無所不至,陳三立、沈曾植乃於衆中痛責其人。

李雲麾《先從兄清道人行述初稿》:聞兄自余遠別後,處境日非。晚年漸有餘資,爲增益其所業,亦購藏精拓妙迹,而依附爲活者,蟠結自固,陰謀攘奪,至有紾臂之痛。(《清道人遺集》頁二八七)

劉成禺《遺老無聊衹造謠》:梅庵鬻書畫,月可售一二萬金,家人數十口,賴以活命。其寡嫂欲攘奪之,得存私囊,家中違言日起,繼以吵架。婦人不遂所欲,穢言蜚語,隨口即是,侵及梅翁,莫由自白。此種吵架消息,傳至上海,素不慊於梅翁之遺老聞之,乃廣宣傳,彼此告語,積毀所至,曰:“此可以報復清道人,使其無地自容矣。”攻擊最力者爲某氏,殆深恚梅翁奪彼筆墨之利,故造謠無微不至。散原老人聞之,怒曰:“若輩心術如此,尚可自鳴高潔耶? 如不斂迹,予必當大庭廣衆,痛揭其鉤心鬥角之詭術。”一日,遺老宴會,散原忽對大衆痛責其人曰:“吾將代清道人批其頰。”沈子培助之,遺老有自愧者,相與逃席而去,謠諑始息。小石云:“此後吾輩見某氏,亦視若路人。”清道人摯友,只散原與子培耳。(《世載堂雜憶》頁一四六至一四七)

李漁叔《紀清道人》:(錢逸塵)又嘗告余:“梅庵育於庶母,事之甚孝,平生品節,清絕人寰,略無瑕玷,世乃有造作蜚語,甚至筆之於書,以爲謗傷如碧雲騢者,則必明辨而絕之。”(《魚千里齋隨筆》頁三四)

鄭午昌《畫苑新語》:臨川李公瑞清……公之尊人蘭生觀察官雲南電政道時,曾納妾陳氏。觀察沒,陳氏尚少艾,公以庶母禮事之。時主家務者,實爲公嫂氏某,頗荒廢。陳氏言於公,願代嫂氏稍事整理。陳氏固明慧幹練,既主家務,井然有條理。嫂氏忌之,圖中傷,揚言陳氏與公通,公不知也。時公任兩江師範監督,聲望殊隆,士大夫爭與之交。及聞是言,農髯、孝臧、病山等諸老,竊痛惡公如禽獸,而公猶不自知也。己未七月,友人蕭山陳庚魚遇公海上，闢左右，嚴詞以詰，公始駭然驚，慘然無以自容，擬自戕。
（《新中華》1933年第1卷第6期）

案：李雲麾於戊午春與公遠別，則此事當在戊午夏至庚申秋
之間也。考李開軍《陳三立年譜長編》，戊午四月五日至十八日
間，陳三立至滬，然未見與沈曾植往來記錄，且距李雲麾遠別之期
甚近，當非此時。又是年夏公致書左學謙，備道生意落寞之況，亦
與"晚年漸有餘資"不符。且丁巳公借貸而購《春雲曉靄圖》，後以
鬻書所得金一年始償畢，尤可參證。己未四月六日至七日，陳三
立道經滬上，當無暇爲之。十一月下旬來滬公祭梁鼎芬，或即於
此時痛責其人乎？鄭午昌所載多有謬誤，然謂己未七月陳庚魚過
滬詢公，似得諸陳氏之口者，暫繫於此。

是歲，汪辟疆草創《光宣詩壇點將錄》，以天閒星入雲龍公孫勝相擬。

汪國垣《光宣詩壇點將錄》：掌管詩壇機密軍師二員："天機星
智多星吳用　陳寶琛：閩海詞壇鄭與嚴，老陳風骨更翩翩。詩人
到底能忠愛，晚歲哀詞哭九天。""天閒星入雲龍公孫勝　清道人
李瑞清：來往金陵又幾時，久聞人說李梅癡。過江名士知多少，爭
誦臨川古體詩。"（《甲寅周刊》第一卷第五號頁二五）

《光宣詩壇點將錄》定本跋：舊撰《光宣詩壇點將錄》一卷，爲
己未年在南昌時所草創。又五年乙丑六月間過南京，柳翼謀詒
徵、楊杏佛銓見之，亟推爲允當，且有萬不可移易者。當時杏佛擬
刊諸《學衡》雜誌。余辭以當須改定，願以異日。是月至北京，適
長沙章士釗辦《甲寅》周刊。一日，章氏遇余宣武門江西會館，見
而攜去，謂不可不亟爲流傳，乃爲刊於《甲寅》。（《汪辟疆文集》頁
四一六）

《光宣詩壇點將錄》序：曩與義寧曹東敷同客南昌，又同寓簡
庵思齋昆仲家，昕夕論文，極友朋之樂。東敷詩學黃陳，頗爲當代
名流所推許，與愚一見即定交。蓋愚早年言詩，夙服膺元祐諸賢，

與所論不謀而合也。東敷言："並世詩人，突過乾嘉。昔瓶水齋主人曾有《乾嘉詩壇點將録》之作。子於並世諸賢，多所親炙，盍續爲之，亦藝林一掌故也。"愚即具草，至媲擬洽合，萬不可移易處，東敷、簡庵、思齋皆撫掌不置。竭一晝夜之力，而當世諸詩人，泰半網羅斯册矣。（《汪辟疆文集》頁三二五）

是歲，栖靈谷客來謁，勸以築庵歸隱。

栖靈谷客《東玉梅庵李道士並勸築庵歸隱》其一：謁君道貌似文山，海上棲遲鬢欲斑。腕裏雲煙生計闊，應留餘橐返鄉關。其二：爲人卜築意非誇，大好臨川屬故家。若許比鄰賦招隱，繞庵替種玉梅花。（《友聲雜誌》1919年第一卷第一期）

是歲，作"山林宇宙"聯，未題款。

傅申《曾熙、李瑞清與門生張大千》附圖：山林豈無作者；宇宙不少清流。此聯李侍郎己未所書，書成，未題款。今年八月，侍郎竟以中風死，更對此令人腹痛。庚申八月九日，胡光煒記。（《張大千的老師——曾熙、李瑞清書畫特展》頁一二）

案：該聯後歸張大千，李健跋曰："先仲父文潔公嘗謂，山谷書由《鶴銘》悟道，其行深得《瘞經》錯綜之妙，此聯公即用山谷筆法寫《禊帖》集字。季爰學長屬記之。仲乾居士敬識。"

是歲，集《匡喆刻經頌》字書聯。

崖石懷陽朔；圭珨來海南。集《匡喆刻經頌》字。清道人。（中國嘉德2021年春季拍賣會2334）

案：該聯有張大千跋，曰："此聯文潔公己未年書，蓋以《匡喆刻經頌》入《猛龍碑陰》也。惜初落俗手，竟挖上款。今歲十月，攜卷遊湖，獲交曉亭道兄，因出此爲贈，季爰爲此聯慶得所矣。壬戌冬至前十日，大千弟季爰記。"

是歲，繪《仙山讀書樓圖》，示張其淦，張爲作記。

《自畫山居圖跋》：此清道人讀書處也。其山不在此地球中，

不似淵明先生之桃花源,令後人可以釋證也。(《清道人遺集》頁
一三七)

　　張其淦《清道人仙山讀書樓圖記》己未:余與清道人初不相識
也。辛亥以後,同寓申江,因得九龍真逸之來書,屬贈羅浮酥醪之
道牒,遂致鄭僑縞紵之帶,屢訪仲蔚蓬蒿之廬。訝筆管之露垂,羨
硯池之雲潤。贈雙楹聯,集鶴銘字;持一杯酒,聆鴻儒談。翻玉堂
之舊譜,本屬同官;話金臺之故事,自稱後輩。清道人入詞館遲余一
科。嘗出其所繪圖示余曰:此清道人仙山讀書樓也。雲烟縹緲,皆
在下方;樓閣參差,乃居上界。徑垂丹桂,倘逢揮斧之吳剛;路入
幽篁,或有移家之鮑靚。上窮碧落,似海外之三山;下瞰滄溟,隔
銀河之一水。撫長劍兮玉珥,吉日將愉;華采衣兮若英,夫君勞
望。吾將別此地球,高翱翔之翼翼;騁彼雲路,息勞心之懾懾矣。
滑滑泯泯,是何世界。榛莽塞路,荊棘刺衣。騏驥匿而不見,鳳凰
去而安歸。虎豹駆駆而噬人,豺狼佽佽而走野。雄虺九首,已聞
宋玉之辯;毒蛇兩頭,又見韓愈之詩。鵂鶹頻叫,滿布愁雲,野狐
獻媚,有時拜月。盈要之艾皆服,當門之蘭必鋤。鶗鴂鳴而衆草
不芳,木猴造而刺棘彌甚。非孝之論,謂淵源於孔融;自由之風,
託猖狂於阮籍。竊思河納濟而為榮,橘逾淮而化枳。瓊瑤勿混於
叢确,芝草肯儕乎凡卉。好鳥不息惡木之陰,潛魚不入漩渦之水。
風潦烈以掃地,雨驅迮而絕天。使非脫彼時世之網,駕言逍遙之
遊,正恐杜鵑淚盡,年年望帝之魂;精衛冤沈,夜夜波臣之夢。落
落難合,茫茫此愁。江河無一簀之防,宇宙痛三綱之絕。祝宗不
妨祈死,汨羅所以投淵。人間可哀,天上差樂。嗟乎! 亞雨歐風,
不堪入幽人之耳;雲階月地,尚可容隱士之身。世界可納於芥子,
佛笑拈花;方寸自闢其桃源,我思問渡。古之傷心人,豈非別有懷
抱歟? 蓋道人以承明著作之才,當申甫蕃宣之任。薇垣縮篆,桑
海忽遷。遠迹遯而能飛,安排宧而無悶。結竹溪之六逸,訪雲門
之三高。甄任生塵,園惟抱甕。常披道服,尤通釋典。入蘭若蔬

笱之廚，何妨醉飽；值華嚴香火之會，與話因緣。道人曾爲上海佛教會
會長。狡兔之毫，秃於酬客；持螯之手，飽饜老饕。陶淵明之乞食，
琴絃亦無；鄭思肖之隱淪，鐵函誰問？是可以悽愴傷心也已。且
夫鄒衍以瀛海爲隘者，廣大之思也；劉伶以天地爲廬者，曠達之見
也。古有奇士，蹈箕山而不歸；豈無餓夫，遁首陽而長往。或潛藏
於土室，或泛濫乎洪濤，或嘯歌放鶴之亭，或匿迹屠羊之肆，大都
棲遲乎北山之北、東海之東。落葉積而寒蟲號，老屋靜而哀猿叫。
猶未離乎人境，豈遽上乎天堂？而道人此圖，影影乎有遺世之思，
浩浩乎有凌雲之志。叩閶闔而可問，溘埃風而上征。人是羲皇以
上，應尋雲壑以開山；居在廉讓之間，獨覓星球而闢地。入山劉
阮，豈無伴侶；同舟李郭，即是神仙。笑彼虞舜，猶與鹿豕同遊；儕
乎敖曹，閒招鸞鳳共語。然後知蘭蕙在澤，不如孤竹之倚於壑也；
鷗鷺忘機，不如大鵬之摩於天也。漁人可問，惜秦洞之雲封；雞犬
上昇，訝淮南之風緊。室皆生白，疑白玉之樓成；階有梯青，知青
雲之路近。死原無恨，長居兜率之宮；生不逢辰，思入廣寒之府。
來翔院囿，定多王母之靈禽；喚守門庭，不取葛翁之瘤虎。故國青
山，吟詩漫慨；孤燈黃卷，讀書便佳。對此畫圖，移我情矣。僕也
羇吳淞之水，未泛仙槎；住黃歇之浦，尚勞塵轍。賃廡即梁鴻之
宅，種菜無庾信之園。松柏舊山，似隔波濤於海外；余寓園在莞城松
柏山下。荔枝新曲，休詢嗜好於筵前。余於甲寅自粵重返滬，子礪香港送
別詩云：嶺南著籍同無分，愁絶筵前唉荔枝。設柴門於栗里，尚有琴書；吟
破屋於玉川，祇談風月。心感風塵之潰洞，色看天地而淒涼。同
人道於牛馬，蒙莊寓言；比黔首以鷹鸇，朱穆嘆息。草謝忘憂之
號，桐灰半死之心。未爲尼父之乘桴，欲效魯連之蹈海。幸遇丹
青妙手，竟成樓閣空中。明明好月，入我胸懷；片片飛雲，生我足
底。瓊樓玉宇，合洞仙而並歌；薜荔女蘿，招山鬼以同往。雖然，
安得此空虛清靜之境，一抒我幽憂抑鬱之思乎？寫雲林之筆墨，
仙好樓居；圖東坡之笠屐，名隨身隱。是不可以不記。（《松柏山

房駢體文鈔》卷三,頁二七至二九)

約於是歲,購得陳摶"開張奇逸"聯。康有爲聞之,亟借去,苦索未歸。

　　開張天岸馬;奇逸人中龍。摶。

　　曾熙跋:此十字册嚮藏嵩山,好事者改爲十字聯,海内轉相句刻,但具皮相。今觀墨蹟,直使古今書家一齊俯首,蓋別有仙骨,非臨池所能。癸亥八月,熙注。

　　此物李文潔得之,歡天喜地,因以所藏乾隆舊錦付裝池,乞熙詳題。未一月,康君長素假去,苦索未歸。及文潔殁始歸之,置熙篋又兩歲,卒以建造玉梅花庵乏款,遂讓與彝午世友。此物既爲文潔、長素與熙所寶愛,願世友秘之。癸亥十月,熙。(臺北故宫博物院藏)

　　案:《影印名人楹聯真蹟大全》景印此聯,並載曾熙跋,與此二者不同,曰:"此希夷先生臨《石門》册子,其集爲楹語當在明之季葉,其書風骨之高,此十字足以盡之。海内流傳展轉橅刻,多失筆法,道人因以重價訪購得,復爲長素先生假去。道人殁,始索還,仍以墓田丙舍需款讓於彝午世友。海内但知此書顯於道人,有功於長素先生,斯得之矣。癸亥中秋後,農髯熙注。"農髯詳其本末,且公得之不久即乞其題跋,則其時曾當已至滬也。惟康久假不還或不至數年之久,姑繫於此。又,曾克耑《近代書家述評》記張大千語,謂公以四百元購得,可作參考。至謂不及半日,便爲康有爲借去。去世後,康僅贈一聯及六圓大洋購儀,後因農髯之力,乃得一千元購儀,而聯未還,與農髯所記相牴牾。其本事可參閲高拜石《書法讓能——曾農髯書法溝通南北》(《新編古春風樓瑣記》十)、李漁叔《紀清道人》(《魚千里齋隨筆》卷上)。

編年文

　　《致吳劍秋函》正月、《題石濤通景屏十二幅》二月、《李母張太夫人頌》二月、《致高振霄函》、《書鄭大鶴山人尺牘册子後》四月、《跋金冬心友論册頁》四月、《題八大山人芙蓉蘆雁圖》六月、《張孝廉爲母造經塔頌并序》、《跋唐尉遲乙僧游絲羅漢朝天王像卷》七月、《跋黄尊古江山秋色圖》閏七月、《與篠崎都香佐書》一、《清故吏部主事謝君墓碑》、《與篠崎都香佐書》二、《題黄鶴山樵山水堂幅》九月、《與篠崎都香佐書》三、《致裴景福函》十月、《丁烈婦傳贊》、《與篠崎都香佐書》四、《與胡光煒書》十二月、《跋全椒積玉橋殘字拓本》十二月、《題精拓本毛公鼎》《自畫山居圖跋》

民國九年庚申（1920）　五十四歲

正月二日（2月21日），徐乃昌來賀新正，久談。

　　《徐乃昌日記》正月初二日：往賀王聘三潛道人、朱古微、王雪澄，未晤。晤李梅盦同年，久譚。清道人。（册一，頁五）

正月三日（2月22日），簡照南母潘太夫人卒，嗣後公爲作贊。

　　《簡母潘太夫人贊》。（《清道人遺集》頁一三一至一三二）

　　《簡母潘太夫人誄詞》：於中華民國九年二月二十二日卒於里第，春秋七十有三。（《簡太夫人哀思録》）

　　案：原件款曰“簡母潘太夫人哀讚，清道人頓首拜”，“泛家柏舟”原作“泛我柏舟”，“藐爾諸孤”原作“藐兹諸孤”，“母曰季子”原作“母曰余子”，“榮光萬宇”原作“榮光萬寓”。其後爲朱義方五月上旬所書《像讚》，前有吳昌碩二月署檢，公當作於是間也。又，簡照南爲近代巨商，創辦南洋兄弟煙草公司。

正月五日（2月24日），鄭孝胥來訪，不值。

　　《鄭孝胥日記》正月初五日：訪李梅庵，不遇。（頁一八一五）

正月六日（2月25日），午後，訪鄭孝胥、周玉泉。

　　《鄭孝胥日記》正月初六日：李梅庵、袁伯夔來。（頁一八一六）

《符璋日記》正月六日：午後，詣周道士，稍頃，李梅庵道士亦至。（頁七五○）

案：《符璋日記》正月五日"孫中約、周玉泉道士來談"。

正月八日（2 月 27 日），詣劉承幹，未晤。

《求恕齋日記》正月初八日：是日李梅盦、史守彝來，未見。（冊六，頁一八一）

正月初，致書王繹和，爲蘇保和謀職。

《與王繹和書》：可魯表弟閣下：前來滬上，卒卒遂別。約洋年來游，確耶？頃有餘姚蘇五屬公廠隊管帶蘇保和，從前家大人舊人，來函云紹郡、溫州兩處緝私營長須更動，以該處事小薪微，求吾弟培植之。如果實有其事，吾弟可否成全之？其人精練勇敢，端午帥曾保之，善於緝捕者也。它不多及。敬頌新歲萬福。清道人頓首。

蔣都轉及戴壽翁、徐翰翁同致意。原函附上。（《李瑞清手札精粹》頁七四）

案：蔣都轉即蔣邦彥，據《兩浙鹽運使接任之知照》（《申報》1919 年 2 月 12 日）："兩浙鹽運使蔣邦彥昨致本埠各機關函云：本年一月十日奉大總統令，任命蔣邦彥爲兩浙鹽運使此令。等因奉此，遵於二月一日馳赴到浙接印視事。"則此函當作於己未、庚申間。庚申五月廿九日曾熙致王繹和函（曾迎三先生惠示）曰："摯男承費心，而檢廳忽有溫州看守之委，道士遺書蔣公，亦實曲折成全。"似與函中"紹郡、溫州兩處緝私營長須更動"相關，暫繫於此。又，王繹和時任總務科長。

正月中旬，致書胡光煒。

《與胡光煒書》：小石賢弟老夫子閣下：得與諸弟書，喜慰無似。三詩極佳，知太夫人安泰矣。云十八動身，以日者論之，廿二日大吉，廿五日開學，可在家小盤桓也。餘頌侍奉萬福。何故攜淮

南客？客故《儒林外史》中人物也。東培、翔冬、仲英、杜同學均好。清道人頓首。（求雨山文化名人紀念館藏）

　　案：己未十二月底，公致胡光煒函曰"敬知太夫人日見康彊"，此書曰"知太夫人安泰矣"，當在其後。又曰"廿五日開學"，當作於是年正月也。

正月十八日（3月8日），赴陶樂春貞元會，徐乃昌、惲毓齡、惲毓珂、惲毓良、陶葆廉、白曾然、朱稷丞、汪鍾霖等在座。

　　《徐乃昌日記》正月十八日：貞元會值會，招集陶樂春，惲季申、瑾叔、眉卿、陶拙存、李梅盦、李伯貞與會。季申約杜大令來，杜工繪事。另約王子仲、白也詩、朱稷丞。適甘卿自蘇來，亦約同入席。共菜洋十三元，收會員分洋七元。（冊一，頁二〇）

二月六日（3月25日），與同人介紹名醫朱意園。

　　《介紹名醫》：長沙朱意園先生，湖湘舊族，世精岐黃，湘中醫學之盛由尊翁雨田閣學倡之，故家門子弟并受秘傳，而先生之術尤邃，於喉症一科更具心得。歷在京、湘、寧、粵治愈群醫束手之症，真有起死回生之神，戚友知者無不尊爲聖手。蓋方劑既得真傳，藥散尤爲神秘也。先生今年六十餘矣，本不欲以醫自鳴，同人等深有慨於今世醫學之衰微，良醫之難得，再三敦勸，請出所學，以振痌瘝。並爲酌定醫例，薄取車馬之資，非以賣藥爲業。蓋先生高年耆宿，勉應群情，以濟世爲心，發救人之願，隨到隨診，隨請隨到。敢告病家，勿失交臂。醫寓現在愛文義路八百四十四號張家花園對過。醫例如下：門診半圓，上午十時至十二時；出診三圓，下午二時至七時。非時加倍。介紹人：聶雲台、余堯衢、袁蘭生、清道人、葉揆初、項松茂、袁伯葵、俞壽丞、左霖蒼、姜閏洪、譚瓶齋、徐春榮、高友棠、龍毅夫、瞿希馬、梁碩甫、周砥清、陶在東等同啓。（《申報》3月25日）

二月二十一日（4月9日），致書徐乃昌，擬將其弟所藏嚴可均校明本

《初學記》售與劉承幹。

　　《徐乃昌日記》二月廿二日：昨梅盦來書，擬將其弟所藏嚴鐵
橋校明本《初學記》售於翰怡，雪澄估價三百元，意猶未足，屬再加
價。復以雪老所定尚屬公允，此種書即增一二百元，不爲過也。
（册一，頁六八）

　　《與劉承幹書》：翰怡世兄京卿閣下：今日爲事牽緬，不得與高
會，殊爲邑邑。尊刻《史記》開板已畢否？納上嚴鐵橋手校《初學
記》，乃嚴鐵橋對宋本校之，其與宋本絶異，不可校者則鈔補之，誠
奇寶也。尊處爲東南圖書府，如鑒定合意，願歸之寶架也。驟晴
忽陰，興居安吉。清道人頓首。（《求恕齋友朋手札》，《歷史文獻》
第十八輯，頁三三七）

二月二十七日（4 月 15 日）任華致函胡光煒，請其轉求公法書。

　　謝建華《胡小石先生年表》：4 月 15 日，學生揚州任華寄信於
李弟處交小石師，内容是請安并“乞夫子法書一，乞夫子轉請梅庵
先生法書，未知梅庵先生肯否？ 或另具潤資……”（《胡小石文史
論叢》頁二四八）

二月二十八日（4 月 16 日），值小有天貞元會，徐乃昌等在座。

　　《徐乃昌日記》二月廿八日：午刻，小有天貞元會，梅盦值會。
（册一，頁七七）

二月三十日（4 月 18 日），爲康有爲跋所藏宋元人絹本册頁。

　　《宋元人絹本册頁》跋：此册爲頑白山人所藏，余初見於汪菊
友家，極賞之，以直重不能得，時余困乏，幾不舉火，只得嗟歎而
罷。今乃歸更生同年萬木艸堂，重展斯册，欣喜誌之，慶斯物之得
主也。庚申二月晦日，清道人題。（波士頓美術館藏）

　　案：康有爲題曰：“宋元畫十幀。南海康氏萬木草堂藏，乙卯
三月。”“古雅渾厚，而氣韻生動，確是宋元人筆。南海康有爲題。”
又曰：“此畫爲鄧完白家藏四世矣，其孫以蟄請吾題跋完白諸篆，
乃以歸我，可珍藏。更生。”

二月，爲曾熙母造釋迦像。

　　曾熙題《釋迦像》：庚申二月，敬乞阿某爲太夫人造釋迦像一軀，度一切苦厄，超然光明界中。辛酉正月六日，太夫人諱日已八周，季子熙焚香熏沐，敬書《心經》并記此。（《衡陽歷代名家書畫集》）

是月，題石濤《留別五翁先生山水圖卷》。

　　題《留別五翁先生山水圖卷》：此石濤神境也。平日所收吸水光山色，皆從筆端歕薄而出，故筆墨落紙上，都化煙雲，翁鬱欲飛也。戲題長句：白日曀晦晝冥冥，霧霈依斐雷填填，煙波渺渺松泠泠。層巘峨峨寂無人，古屋倚巖戶不扃，浮雲往來棲窗櫺。舉世沈淖俗崚嶒，馬蘭跰踔逢艾馨，鸞鳳戢翼鴞成群。盜跖莽操稱救民，堯舜點灼而委塵。周道蕪穢生荆榛，不如歸臥山中雲。庚申二月，清道人。

　　余不能爲七古，此詩直拙可笑。（西雅圖美術館藏）

　　案：此詩一作《感懷》（《清道人遺集》卷一），文略異。

是月，爲汪蓮石《傷寒論彙注精華》題耑。

　　案：該書扉頁題曰：“傷寒彙注精華。天都棄叟汪蓮石先生編輯，清道人題。”書於是年長至節校印，前有惲毓齡二月序，暫繫於此。

三月二日（4月20日），徐乃昌來談。

　　《徐乃昌日記》三月初二日：答拜蒿丈、潤枝。訪梅盦、王病山，均略譚。（冊一，頁七九）

三月八日（4月26日），偕胡光煒及狄葆賢過鄭孝胥談。

　　《鄭孝胥日記》三月初八日：李梅庵及其蒙師某君號小石者及狄楚青同來談。小石能詩，效東野，前錄示余，余甚賞之；今日復錄一紙，請爲批評。（頁一八二四）

三月十四日（5月2日），午後，劉承幹來。

　　《求恕齋日記》三月十四日：午後……至繆小珊家答夏閏枝，

未晤。兼訪子彬,亦不在家,未見。至李梅庵處即在對門,談片刻。
(册六,頁二〇八)

三月十五日(5月3日),偕余肇康、郭立山、盧耿、李之鼎、楊鍾羲、唐
晏、章梫同過劉承幹。

　　《求恕齋日記》三月十五日:行禮即返家。余堯衢名肇康,湖南長
沙人。光緒丙戌進士。前法部參議,爲瞿文慎親家、郭復初、盧扶常原名兆
蓉,國變後,更名耿,江西萬載人。光緒丁酉舉人,内閣中書。此次與復初同來滬
上,現將晉京運動復辟事,真遺民也、李梅庵、李振唐、楊芷牸、唐元素、章
一山。散後,校《鄭堂讀書記》。(册六,頁二〇九)

　　　案:此條疑有奪字,然衆人姓名録於劉承幹返家後,或即詣其
談也。

三月十七日(5月5日),晚,赴李之鼎招飲,康有爲、王秉恩、曾熙、李
宣龔、胡光煒、劉承幹等在座。

　　《求恕齋日記》三月十七日:晚,李振唐來,借此宴客,談良久。
康長素、王雪岑、曾農髯名熙,湖南衡陽人。光緒壬辰進士。兵部主事。與
李梅庵友善,其字亦與之相仿,亦在此賣字、李拔可、胡小石嘉興人,李梅庵
之學生、李梅庵及振唐之弟,忘其字,先後來,遂入席。席散後,客
去。振唐之弟號柯山。農髯乃癸卯進士,並非壬辰也。(册六,頁二〇九)

三月,爲子餘臨顏真卿《劉中使帖》。

　　臨《劉中使帖》款:子餘仁兄法家正之。庚申三月,清道人。
(《民國時期書法》上册,頁一二八)

春,爲袁季梅書堂額。

　　袁季梅《挽詩》注:今春爲書堂額,希世之寶也。(《清道人遺
集》附録,頁二三四)

春,裴景福以所藏《顔魯公三表墨蹟真本長卷》寄公求題。

　　裴景福跋《唐顔魯公三表墨蹟真本長卷》:此卷鐵雲收藏時,
梅庵曾有一跋,因幅式太高,予改裝損去。庚申春,寄此卷至滬求

梅庵再作跋,欣然允之。乃跋成病作,未及書入卷而歿。榕庵尋
原稿不得,聞之淒然。(《壯陶閣書畫録》卷一)

春夏間,爲吳心穀題所藏八大山人《饕餮圖》。

題《饕餮圖》:道人以好吃名天下,天下無知與不知,莫不知道
人好吃者。吾聞寐叟不吃魚,太夷不吃雞,小石不吃蒜,皆無於此
畫何。伯衡世兄持心穀居士此畫索題,急持去,毋久留,不耳便吃
去,然已涎流一尺矣。書此,以發心穀居士一笑,清道人。(上海
道明 2013 年春季拍賣會 0934)

案:此幀尚有趙世駿、陳三立、胡嗣瑗、鄭孝胥、謝鳳孫、秦樹
聲、劉春霖、陳恩浦、陳曾則、方介堪、吳湖帆跋。陳曾則跋曰:"心
穀兄以此畫屬攜至滬,請鄭、李二君題識。於金陵遇陳散原,於申
浦遇謝石欽,於虎陵遇胡晴初,皆題觀款,特志之。庚申四月,陳
曾則識。"因繫於此。

四月二日(5 月 19 日),徐乃昌來,贈李俶魏齊造像拓本六種。

《徐乃昌日記》四月初二日:貽王俶儷、錢履樛金文各五十種,
周夢坡金文十種。又魏齊造像陸種貽梅盦同年之弟旭君。名俶。
(册一,頁一〇五)

李俶《致徐乃昌書》:四月二日李俶頓首頓首積餘先生閣下:
前託家兄梅盦求公所藏銅造象拓本,知已首肯。今人來,得所賜
諸造象,雖非銅象,亦足以資考證焉。謹領之餘,愧無以報。專此
上謝。手此,不宣。李俶頓首。積餘先生無恙。(廣東精誠所至
2021 年秋季拍賣會 0352)

四月初,爲徐淦泉定鬻書直例。

《清道人介紹徐淦泉書家》:徐君在兹,字淦泉,宜興人。與貧
道爲同年生。抱道自逸,善書法,宗漢魏,行草尤勝。貧道重其爲
人,代定仿單。

楹聯三四五尺均三元,六七八尺遞加一元。堂幅四尺四元,

五六七八尺遞加二元。屏條四尺二元,五六七八尺遞加一元。摺扇紈扇每柄二元,冊頁每方二元。匾額一尺二元,尺半四元,二尺六元。

本外埠索書樣者今仍照單七折。現寓上海天津路長鑫里四百九十五號源豐恒洋貨號內。(《申報》5 月 27 日)

四月二十五日(6 月 11 日),晚,赴周慶雲晨風廬之約,觀其所藏《郎官石柱記》,王秉恩、朱祖謀、吳昌碩、潘飛聲、錢綏鏐、沈焜、徐乃昌在座。

《徐乃昌日記》四月廿五日:晚,赴周夢坡晨風廬之約觀所藏《郎官石柱記》,海內孤本。較王子展藏本佳。王售歸端忠敏六千元,端售諸程松卿三千六百元。此本先歸沈匏廬濤,後歸沈旭庭梧,首多一"唐"字,末多題名廿一人,又有鐫工人名,石花與王本不同,相傳陝西、江蘇各有一石,購價只一百五十元,廉極矣。雪澄、漚尹、梅盦、昌碩、蘭史、履樛、醉愚同席。(冊一,頁一二四)

四月,爲《船山書院記》篆額。

《船山書院記碑》:船山書院記。庚申四月,玉梅華盦道士李瑞清篆額。(湖南省博物館藏拓)

案:《船山書院記》爲王闓運所撰,曾熙書,後附何維樸跋。

是月,爲門人程良貴母《陸孺人墓誌銘》書丹,秦遇賡撰文。

《清故孺人程母陸孺人墓誌銘》:清故程母陸孺人墓誌銘。同縣秦遇賡撰,臨川李瑞清書。孺人姓陸氏,山陽人。父以樞,苦讀無所就,性篤實,有古君子風⋯⋯年二十一,歸同邑程福萊⋯⋯己未六月十四日以痰厥卒,年五十六。子二,良貴有大志,以高材生卒業兩江師範;同貴亦有聲閭里,爲學校師。孫一,禹謨,良貴出。以庚申年四月附葬於新城北關⋯⋯福萊袖狀走詣予,請銘其墓。

案:程良貴爲兩江師範補習科戊班學生,江蘇山陽人。1908年 2 月入堂,1909 年 12 月畢業。該冊後有曾熙哀讚,曰:"貞義之門，聿來賢母。既迪前徽，世芬厥緒。人有恆言，維孝格天。臂血未乾，舅不可生。雖不可生，天矜其仁。子學既成，夫志爰清。道德之家，何恤於貧。聲風千載，憬裒慈人。衡陽曾熙頓首拜撰。"

是月，爲程龢祥題《衡陽程商霖先生獨坐幽篁圖》。

題《衡陽程商霖先生獨坐幽篁圖》：穆穆和風，亭亭修竹。正衿獨坐，悲嘯幽谷。岣嶁峰青，瀟湘水渌。夙夜同心，祈天永禄。商霖老伯命題，侄瑞清，庚申四月。（民國珂羅版）

案：是圖爲歐陽紫真所作，何維樸署額，曾熙、程商霖皆有題詠。程題曰："丁巳二月十日，余年七十，縣人歐陽紫真特爲寫像。越三年寄滬，請道州何詩孫遺老置額，臨川李二翰林、同縣曾九進士均有題詠，余亦補録舊句以紀興。"

五月三日（6 月 18 日），張美翊來函，命其門人朱復戡攜至，並攜舊藏《鄭文公下碑》。又謂朱嗜公書，乞賜以臨本《流沙墜簡》。

張美翊《致李瑞清書》：梅庵先生侍史：月初事冗，疲極，衹好回甬休息，初八日貞元會不及陪坐爲恨。舊藏《文公下碑》自較新拓爲勝，特命敝學生朱義方帶呈。朱生年十八，好公書特甚，如有臨本《流沙墜簡》，檢賜一二，俾得學習（公作書時，能許其侍側尤感）。敬問道祺。教弟張美翊謹狀。五月初三。（《菉綺閣課徒書札》，《新美域》2008 年第 2 期，頁六）

張美翊《致顧燮光書》：敝門下朱生百行，作書一摹即似，其寫《石鼓》足與缶老相抗。十七八時做清道人可奪真。（《新美域》2008 年第 2 期，頁一四二）

案：編年據侯學書編《張美翊手札考釋注評》（頁一〇五）。又，封套曰："朱生面呈李梅庵先生台啓。讓緘。"

五月八日（6 月 23 日），赴都益處貞元會，徐乃昌、惲毓良等在座。

《徐乃昌日記》五月八日：午刻，都益處貞元會，惲眉卿值會。

（册一，頁一三二）

案：參閱本年五月三日張美翊來函條。

五月中旬，陳中凡來訪，於公座中初識胡光煒。陳出觀所刊文集，公與曾熙均贈以法書。

陳中凡《悼念胡小石學長》：一九一九年，我和呂鳳子同學在北京女高師共數朝夕。鳳子説到小石，也不知道他近來設硯何所。第二年，我到杭州，路經上海，訪問舊日的師友，先到李梅庵先生寓所，才和他初次把晤。其時李先生在滬賣書自給，收入頗豐，乃約小石到家，教他的子侄。同時海内老宿，象沈子培、鄭大鶴、徐積餘、劉聚卿、王静庵等，都流寓滬上，各出其平日所藏金石書畫，相與觀摩討論。小石交游於其間，得聞緒論，遂由碑版、法帖上溯到金石、甲骨刻詞，無不加意尋研。（《清暉集》頁二九九）

寄身石之直；表德玉無疵。斠玄賢弟雅鑒，清道人。（南京大學圖書館藏）

曾熙：游山當得句；置酒細論文。斠玄仁兄出所刊文集，經學新邃，取徑宏遠，西湖看山歸來，當有新句詒我。深邃之"深"，誤書"新"字，并注此。庚申小暑節，大熱，熙。（南京大學圖書館藏）

案：公未署年月，然鼎革後與陳中凡面晤似僅見此時，暫繫於此。該館尚有曾熙節臨《張黑女墓誌》，款云"庚申五月酷熱，斠玄仁兄法正，熙"，均於此時贈陳中凡者也。

五月，與曾熙爲劉鳳起定鬻書直例。

《劉未林太史鬻書直例》：劉未林太史夙負才名，詩文而外，又善書畫。其書學《瘞鶴銘》、《石門》、《龍顔》諸碑，馳騁轉使，跌蕩頓挫，深得古人神髓，故各體無不佳妙。畫則專事山水，酷肖南田老人。此次來滬，因勸其鬻書畫以自給，並代定直例。世有講求此道者，幸勿交臂失之。庚申五月，清道人、曾農髯同訂。（《中國現代金石書畫家小傳》第一集）

是月,爲伯宣跋所藏石濤《蘭石圖卷》并題引首。

跋《蘭石圖卷》:石濤與八大山人同爲明季遺老,八大山人清超奇逸,而石濤則全以古厚勝,用墨大似元人。此卷隨意揮灑,每一展視,如坐瀟湘雲水間也。余舊有題瀟湘圖卷子詩,并書其上:"飛雁宵深不忍聽,瀟湘斑竹爲誰青。白蘋零落秋江晚,木葉蕭蕭下洞庭。""楓落空江驚早秋,宦情羈思共悠悠。澧沅蘭芷荒蕪甚,獨立汀州渺渺愁。"伯宣親家屬題,清道人。(《石濤書畫集》頁一七九)

案:該圖卷引首題曰:"石濤墨寶。庚申五月,清道人。"尚有曾熙五月十二日跋。

是月,爲張君綬書金文聯。

大吏用御鼎;天壽二王壺。君綬十弟學篆當學《齊侯罍》,然後能超凡入聖也。庚申五月,清道人。(北京匡時2007年春季拍賣會0238)

五月至六月間,杭海來函,并呈以《閒齋書法廿四種》印稿,請公作序。

杭海《與清道人》:竊海在外狂走,寓滬有年,久仰我公高風亮節,與皎日以争光;售字鬻文,逐緇塵以糊口。此在不知者,未嘗不笑爲無技趨時,甘心淪墮。而知者則以先生當此中原逐鹿之秋,國事如螗之日,而乃與世無争,自食其力,固較勝採嵩嶽之仙芝,餐首陽之薇蕨多多也。但海自慚下走,未敢上攀。今忽東施效颦,邯鄲學步,摹仿前人集聯二十餘種,以付石印待售,並有臨摹先生法書兩聯在内,真所謂以狗續貂,刻鵠類鶩矣。然我固木石兒,窶人子,學劍原屬不成,鬻書尤難爲活。兹特將印稿呈覽,尚乞親題序文,俯加法正。俾寒儒之食德,脈望果靈;附大人以成名,鯫生多幸。隨函附呈潤筆之資,聊代束修之敬。從此追隨門下,楊時竟有立雪之時;問字亭前,侯芭或有望塵之日也。(《觀戀

閣駢體尺牘第一卷》頁五〇）

　　案：杭海，號閒齋，別署而蘊山人。定遠人。書曰"今忽東施效顰，邯鄲學步，摹仿前人集聯二十餘種，以付石印待售"，當指《閒齋書法廿四種》，民國九年八月初版。卷首《自序》作於民國九年八月一日，又有《謝當代名家惠函褒獎所臨名人屏聯》，曰"奈何閣下不加規箴，反進阿諛。謂手筆竟集大成，謂疑匠誠屬獨造。目無凡馬，趙子昂生亦低頭；心有靈犀，王羲之不妨攜手"，當指公覆函也。書曰"特將印稿呈覽，尚乞親題序文"，印稿已成，則其致公書當作於陽曆七月間。卷尾有《鬻字以求留學旅費啓》，似其景印書法出版，意在鬻書以求留學旅費也。又曰"並有臨摹先生法書兩聯在內"，蓋指書中"茂矣群生，期於咸若；盛哉斯世，是爲大同"及"古石若高士；秋瑛如散金"二聯耳。

覆書杭海，盛贊其書法。

　　《覆杭海書》：僕前此從事政途，猶溺苦海，加以我生不辰，清社已屋，痛北燕之宮闕，禾黍猶存；卧西嶺之林泉，蕨薇難繼。以故逃名而猶隱於市，特戴黃冠；守拙而不悖於時，敢誇墨寶？不意先生與有同心，公其所好，一揮而就，居然渴驥奔泉；縱筆所如，不數飛鴻戲海。而且具古今諸帖之長，得金石專門之秘。設使《蘭亭》尚在，真不知搨本如何；倘教米佛重來，也應呼石兄拜倒。如貧道者，年已衰朽，病又支離，特此身猶在，不得不爲饘粥之糊；況閤室多人，寧仍聽其斯飢之詠？故鄙人之字不足道，而鄙人之心尚可諒也。閣下自成一家，翹然獨立，縱不附門牆，已足驚名海內；況更求窠臼，何難震耀寰間。朱奪於紫，寧有是乎；青出於藍，是在君矣。暇時尚希便過一談，共領游戲三昧。（《觀變閣駢體尺牘第一卷》頁五一）

六月上中旬間，曾熙爲《雷母唐夫人墓誌銘》書丹，公爲篆額。

　　案：《雷母唐夫人墓誌銘》篆額曰："靁母唐夫人墓誌銘。"款曰："長沙吳嘉瑞撰文，衡陽曾熙書丹，臨川李瑞清篆額。"文曰：
"余友東安雷鑄寰孟强之母夫人既卒之三十有一年丙辰，中華民
國之五年也……民國九年八月八日遷葬於東安三水鄉清水溏大
龍山之麓。"六月下旬遷葬，曾熙所作當在其前也。暫繫於此。

六月十四日（7 月 29 日），徐乃昌來談。

《徐乃昌日記》六月十四日：往李梅盦、旭君昆仲、胡小石處略
譚。旭君貽《金石蕃錦集弟二集》一册，以素箋乞小石爲陳壽庵録
近詩。（册一，頁一六七）

六月二十二日（8 月 6 日），唐晏卒。

《鄭孝胥日記》六月二十二日：字課課丁韓榕來，言唐元素邀
余往談，即往，元素驟病，已卒，登樓哭之。（頁一八三六）

夏，爲靜臣書聯。

風標秀舉，清暉映世；天情開朗，逸思彫華。靜臣仁兄法家正
之，庚申夏，清道人。（臺北故宫博物院藏）

案：該聯有曾熙、胡光煒跋。曾跋曰："道人取三代金文入六
朝，故骨韻高出六朝人也。宗霍妹倩寶之。戊辰五月，熙注。"胡
跋曰："臨川夫子書聯五言多，八言者至難得，此聯筆墨尤酣暢也。
光煒。"

夏，公見各家所擴《散氏盤》大小失宜，遂令李㑺再擴之。

曾熙跋《道人擴大散槃》：《散氏盤》横行盤奥，勢似敬而反正，
金器中獨樹一幟。阿某見各家所擴大小或失宜，爰令其弟旭君再
擴此本，幾經改定，用心良苦。阿某於此器用功既深，已成絶詣，
今不可得矣。庚申臘月既望，農髯識。

胡光煒跋：篆體至周而大備，其大器若盂鼎、毛公鼎、曶鼎、齊
侯罍、王孫鐘之屬，結字並取縱勢，其尚横者，唯散氏盤而已。先
師李文潔於此得力最深，遂一易漢以來篆書舊習，更以其筆勢入
雲峰諸刻，其遒厚乃欲過鄭道昭。公生平以碑學聞海内，其導原

實在此也。公又云此書極似欹實正之妙，學者須求得重心，有一
筆平置便非。震亞主人印此本成，漫記平日所聞於此。庚申十二
月，胡光煒。（震亞圖書局）

　　案：該冊前有李儀釋文，識於庚申初秋，則公囑其再擴此本或
於是年夏也。暫繫於此。

門人胡俊來滬，夜半訪公。

　　胡俊《辛酉六月十三日牛首山同杜岷原謁李文潔公墓》：去年
遊海上，夜半執杖屨。人群側黃帽，開口便成趣。（《自怡齋詩》）

　　吳徵鑄《胡翔冬先生遺事》：梅庵先生晚年以黃冠隱滬上，自
署清道人，恃鬻字爲活，師歲數自寧至滬存問之，執弟子禮不衰。
（《斯文》第一卷第八期）

七月初，爲王龍文題文天祥手札墨蹟。

　　題《宋文山相國真蹟》：語云：主憂臣辱，主辱臣死。夫人臣輔
翼其主上，必有奮死不顧世之心，蹈白刃以赴其困阨。若夫與世
浮沈，依阿當世，朋邮比周，內恃豪暴以凌轢其氓庶，外倚彊鄰以
爲援，以詐力弋取尊位，多金恣欲以自快，其高言捄國者，僞也，其
實爲財貨耳。卒至身名俱敗，國亦隨亡，豈不哀哉！至如偷生苟
活，不能偕死一灑君父之恥，絜身抱咫尺之節義，雖不苟合，然其
無益於世，與全軀保妻子之臣何以異？誠足羞也。文信國公當宋
之亡，歷艱處困，貞固不回，囚繫三年，至無可爲，卒以身殉，以報
其君，豈非夫子所謂殺身成仁者耶？余獨悲今世俗之士，以忠君
愛國異其說，希世用事之徒陽託愛國之名以自解，而亂臣賊子號
爲烈士，反令志士仁人與自經於溝瀆之匹夫同類而共笑之，而患
得患失者稱俊桀矣。歲在庚申，書文信國公卷子後，臨川李瑞清
敬題。（石印本）

　　案：是書爲胡光煒署簽，後有沈曾植、曾熙、胡思敬、陳三立、
王補等跋。陳跋云：“庚申五月，王君澤寰、王君篤余自廬陵游江

南,攜示文信國公畫像及手札墨蹟,謹題其後。"又《宋文信國公畫像劄子》爲是册後印本,李健跋曰:"歲庚申,先文潔公題此卷後不一月而公棄世矣。"故繫於此。

湯冷秋來滬,與公相識。

湯冷秋《清道人軼事》:庚申秋,予於海上作寓公,以友人紹介,得獲交於道人,過從幾無虛日。(《風塵瑣記》頁七二)

七月六日(8月19日),晚,徐乃昌招飲一枝香,謝之。

《徐乃昌日記》七月六日:晚約顧鼎梅、周夢坡、吳寄塵、徐曉霞、吳蝶卿、李拔可、劉蔥石、程齡孫一枝香西酌,蕭蒲邨、蕭哲夫、李梅庵、夏劍丞、周湘雲辭。共用十二元七分。(册一,頁一九四)

七月九日(8月22日),是日爲公誕辰。與曾熙、李瑞荃游吳,自謂必不能久,意興索然。

曾熙《庚申七月九日道人生日阿筠令二子買舟自吳城劉家濱至虎丘作一首》:輕櫂出吳城,沿流躡虎阜。荒麓偃驢豕,破刹生荊莠。曾閣廓舊基,遐賞坐良友。矜此千山色,憐爾萬劫後。劍池夾飛淙,頑石盤磴道。仰視浮圖景,凄凄向秋草。良辰展清游,攀巖予未老。歸取憨憨泉,爲君靳壽考。(《大風堂存稿——曾熙書畫題跋録》頁一七五)

《鄭孝胥日記》八月三日:士元云:當時謂李梅盦及歐陽君重皆不過三十歲。君重嘔血,歿時才三十餘;今梅盦五十四歲,七月生日,與余同至蘇州,自言必不能久,意興索然。(頁一八四一)

爲張君綬所藏曾熙書《天運》長卷篆首。

《曾熙隸書長卷》引首:龍田老農無二眇品。此農髯九哥入眇之書也,君綬賢弟何幸得之。驪嘉驪嘆,故記之。庚申七月,清道人。(《張大千的老師——曾熙、李瑞清書畫特展》頁八二至八三)

案:曾熙款曰:"庚申正月十二日大雪,書此禦寒,時珂兒侍側,尚解分法,遂付之。"

爲蕭敷政書聯。

玉樹臨風自清儁；長松奇石圍幽居。蒲哥同年親家正之，庚申七月，清道人。（容庚捐贈書畫特展）

節臨《封龍山頌》。

節臨《封龍山頌》款：此碑有《西狹頌》之寬博而兼《禮器》刻險。庚申七月，清道人。（美國弗利爾美術館藏）

七月十六、十七兩日，爲日本書畫會友人節臨魏碑四種。

《清道人節臨六朝碑四種第二集》：一（《鄭文公碑》）、余每用《散氏槃》筆法臨之，覺中岳風流去人不遠。二（《孟敬訓墓誌》）、遹峭險峻，《景君》之遺也。三（《嵩高靈廟碑》）曾熙跋：予嘗謂阿某善取篆隸之精，馳騁古人荒寒之境，臨《嵩高廟》其一也。此幅原歸髥藏，因筠弟有三幅，遂歸之。四（《石門銘》）曾熙跋：此摩崖體，文潔公以碑法書之，遂成精絕。此四幅爲日本書畫會作，在庚申七月十六七兩日，越二十二日病作，遂不起。然精神充悦如此，莊生所謂善解其懸也。庸人之壽在年，至人之壽在名，髥與阿筠均未能免庸，天竟留此殘軀蜉蝣亂世耳。熙。

譚澤闓跋：南皮張氏嘗謂六朝碑志皆石工鎚鑿所成，非豪素間物，與湘綺翁論西京摹厓諸刻爲石工體意同。要之，書勢自篆分判塗，北朝人手目多與分近，時代推移，風尚斯別，亦不盡關工拙也。清道人探源三代，以俯六朝，察精擬似，幾疑響搨，蓋心游魏晉，腕無鄧、包，詣力既深，專精不二，遂欲平揖道昭，置身正始。雖由蝯叟得筆，而沈古拙厚，爲二千年書家開一面目，所謂易雕宫於穴處，反大輅於椎輪，直化刀石之功納於毫素。向使永以天年，縱其意志，變化所極，必有奇觀，尚何有南北碑帖之見哉。兹册所存吉光片羽，正足以模範一時，孕育千腕。雖道人極意之作，遂以此限其書境，固道人所不受也。廣顙重頤，豐指巨臂，捉筆濡墨，且談且書，不可復見矣。覽迹懷人，腹痛何已。譚澤闓題。

爲日本書畫會友作《達摩圖》，未及點睛。

周元琪《虎癡宴客記》：時客在者有錢化佛、徐亞伯諸君，仰首讀壁上李瑞清道人畫，筆緻奇勁，純從漢魏碑上得來，畫爲一達摩立石洞中，惜乎畫未點睛，功虧一簣，而道人即溘然物化。曾農髯先生題句其上云："六塵非塵，萬空非空。佛無眼耳鼻舌身意，安用其明。洞中香滿，別造鴻蒙。"珠聯璧合，彌覺可珍。（《申報》1928 年 4 月 15 日）

曾熙題《畫佛圖》：六塵非塵，萬空非空。佛無眼耳鼻舌身意，安用其明。洞中香滿，別造鴻濛。阿某年來畫佛純以璙籀之筆行之，亦不自知其爲書耶畫耶。此幅爲日本書畫會友所作，筆尤古勁。佛未點睛，遂謝塵緣。季嫒，阿某得意弟子也，家人因以此付之。辛酉浴佛日，心佛生曾熙敬題。（真蹟，李健後人藏）

題吳歷《平疇遠風圖》。

題《平疇遠風圖》：此幅舊爲常熟翁相國所藏，王廉生前輩所稱爲小漁山者。此幅題款之妙，亦從來所未有，直到東坡神境。奇哉，奇哉。清道人。

今之言書畫者，莫不曰四王、吳、惲，獨漁山最少。以余所見，除卷子外，共八幅而已。惟張燮師一幅用濃墨者仿唐六如，陶齋尚書一副青綠設色者，筆法絕似王石谷，其它六幅皆仿黃鶴山樵，與此同一妙境。余嘗論國朝畫家善學山樵者，惟石谷子與墨井道人二人，其畫松葉皆用筆鋒直下，排比直點，自然颯颯作濤聲，石谷子外，無有能與其奇者，以此辨漁山，百不失一。（北京瀚海 2015 年春季拍賣會 1527）

案：此幅尚有曾熙七月十六日題跋，因繫於此。

七月二十日（9 月 2 日），蔣國榜來，請題《周子絜募葬徐俟齋小啓卷子》。徐乃昌贈公《匋齋吉金續錄》、《小綠天盦詩》。

蔣國榜《挽詩》：澗上有遺民，蓋棺友生仗。忠裔片羽留，請題豈標榜。義聲要平分，毋任戴獨攘。觸手書裏完，一諾遽同往。十

日前,以周子絜募葬徐俟齋小啓卷子請題。(《清道人遺集》附録,頁二三〇)

　　《徐乃昌日記》七月二十日:以《匋齋吉金續録》、《小緑天盦詩》分貽李梅盦、胡小石、褚禮堂。(册一,頁二〇七)

囑朱崇芳景印顧沅《藝海樓金石文字》。

　　李健題《藝海樓金石文字》:此元和顧湘舟先生手輯金石搨本也。其椎搨之精審,尤以漢建安弩機文爲最,蓋不減敬吾心室漢雒廟府鼎文矣,近世殊乏此拓手耳。此册本吾叔父褆廬中物,先仲父文潔公奇賞之,時置案頭展翫,已屬震亞書局主人景印,惜乎印成而公不及見矣。撫卷悲憤,泫然流涕。壬戌十月,臨川李健識。

　　案:曾熙跋亦云:"阿梅前屬朱挹芬景之,今景本出,而阿梅不得見此物。"暫繫於此。

作《琅玕雙翠圖》。

　　曾熙題《琅玕雙翠圖》:琅玕雙翠,玉笋斑斑。抗此清福,蜀山之南。予得李文潔此畫,愛其清潔,因季爰昆仲回蜀爲堂上兩老人介六十之壽題獻之。辛酉夏,曾熙。(香港蘇富比 1997 年春季拍賣會 0319)

　　案:此圖未及題款,或於是年所作也。姑繫於此。

寄凌文淵大篆中堂一幀。

　　凌文淵《游牛首山》:亡師清道人李文潔公的墓,即在牛首山麓。文潔在時,對我的情感很篤,自從他的絶筆大篆中堂寄給我後,就歸道山,我很以未能赴弔爲憾。(《我的美感》頁一一三)

　　案:李瑞奇題《老幹新葩圖》曰"此庚申初秋最後之筆",而此亦謂"絶筆大篆中堂",恐非。

作《老幹新葩圖》,未及書款。

　　李瑞荃跋《老幹新葩圖》:此先仲文潔公所畫,未書款而病作,以石濤墨法、老蓮設色合冶一爐,沉著古厚,直追宋人。此庚申初秋最後之筆,手澤猶新,展讀悽愴。賞奇齋主屬爲補記之。筠盦李瑞奇。(佳士得 2011 年春季拍賣會 2718)

七月二十二日(9 月 4 日),忽患中風,不省人事。

《清道人作古》:清道人即李梅庵,字瑞清,爲當今書法名家,薄海咸知。不料舊曆七月二十二夜一鐘起忽患中風,不省人事。迭經中西醫士診治,訖無效果。(《申報》9 月 14 日)

《清道人逝世餘聞》:名書家清道人……舊曆七月二十二日,因在小有天飲酒稍多,並吃蹄膀兩隻,胸膈即覺不舒。回家後照例寫字,不料至一點鐘時,遽自椅中下坐,中風不語。其最後所書之聯,係九華堂厚記經理所託,家屬以係道人臨終絕筆,將留爲紀念品云。(《新聞報》9 月 16 日)

七月二十八日(9 月 10 日),曾熙致書王繹和,謂中外醫家皆言公病無大危險,但偏枯,能否痊愈,則未可知。

曾熙《致王繹和書》:可魯仁兄閣下:前覆書,計早入記室。道士於二十二夕儵發中風不語病,驚怖萬狀。幸已逾四日,中外醫家皆言無大危險,但偏枯,能否復全,尚不可知,奈何奈何!……熙頓首。七月廿八日。(曾迎三先生惠示)

彌留之際,託曾熙赴桂林爲相其母墓地,並以天寶樓所存筆貲留與兒媳及孫李家超等,用資教養之費。

曾熙《墨梅圖》:梅花原是故人家,不見故人見此花。苦雨桂林行不得,衰殘淒對夕陽斜。令師文潔公當彌留之時,心許往桂林爲相其太夫人墓地。今兩越烽火如此,而予又衰老,故有此感。(轉引自王中秀、曾迎三《曾熙年譜長編》頁六六八)

曾熙贈李瑞荃《畫梅》:令仲兄彌留,熙有約,弟往桂林視太夫人墓。年來烽火滿地,湘桂尤甚,熙與弟均是衰殘,奈何奈何。(《大風堂存稿——曾熙書畫題跋録》頁一五五)

舺叟《李瑞清之一生》:彌留時,神智尚清,遺囑:身後以道士

裝束入殮。供祭秋間必以蟹，春夏冬必以肉。其碑帖字畫古董，
悉以分贈親友。累年所書對聯屏聯存者數百件，全數售去，除殯
葬外，即以爲後人贍養之資。是真能作達觀矣。（《圖畫週刊》1936
年 5 月 24 日）

　　曾熙《致李老姨太太函》：李老姨太太安覽：頃奉手書，知漱堂
先生已率其女過寧，臨行并未來寓，甚不可解。當道人生前，原以
天寶樓所存筆貲一千四百元爲渠女母子用，熙見所存尚少，因提
伯嚴借去二百元，再由熙送四伯元，已足二千元，亦聊可資教養之
費……熙頓首。五月廿八日。（嘉德四季第 43 期拍賣會 1295）
八月一日（9 月 12 日），亥時，卒。享年五十有四。

　　《清道人訃告》：誥授資政大夫李公梅盦慟於庚申年八月初一
日亥時，享年五十有四，謹擇於九月初六初七日領帖，初九日家
奠，初十日未時發引，安葬南京神策門内十八家山之原。凡叨矜
恤，恕訃不周，哀此奉聞，伏維矜鑒。承重孫家超、孤哀子承傳泣
血稽顙。喪居上海西華德路鄧脫路謙吉里四八三號，發引到南
京，幕設龍蟠里薛廬間壁。（《申報》10 月 7 日）

　　《清道人已逝世矣》：清道人（李梅庵名瑞清）爲當今書畫名
家，不料舊曆七月二十二夜一鐘起，忽患中風，不省人事，屢經中
西醫士診治無效，延至八月初一夜九時逝世，享壽五十有四。從
此小有天少一主顧，而秋高蟹肥，此後正在當令，李百蟹竟不能持
蟹大嚼，靈魂有知，當遺憾無窮。並聞李身後頗爲蕭條云。（《民
國日報》9 月 14 日）

　　《徐乃昌日記》八月初二日：聞李梅庵同年昨夜因病作古。
（册一，頁二一五）

　　西本省三《李梅庵氏を憶ふ》：余は篠崎國手の報知によりて
始めて氏の病を知ったが，其の時は三日目であった，殘念ながら
氏は知覺を喪ひ，口を開くことが出來なかった，只余が姓名を殊
更聲高に呼びて挨拶したら，氏は兩眼に涙を浮べて喜んだばか

りであった，其の後又篠崎醫師より愈逝去せるの通知を得一時
茫然自失，獨り聲を呑んだ。（《現代支那史的考察》頁二三〇）

　　陳三立《清道人卜葬金陵哭以此詩》：樓壁車廂反覆看，海雲
寫影一黃冠。圍城餘痛支皮骨，辟地偷生共肺肝。中外聲名歸把
筆，煩冤歲月了移棺。帶陣新塚尋藜杖，滴淚應連碧血寒。（《散
原精舍詩文集》頁六〇二至六〇三）

　　胡子晉《哭清道人》：去秋記負談心約，今日淒聞撒手歸。勝
代滄桑能勿感，故山蕨薇也增欷。忍披遺墨鴻留爪，怕説豪杯蟹
擘肥。涕淚縱橫入遼水，古歡雲落已斜暉。（《遼東詩壇》頁一二）

　　《悼李梅庵先生》：嗚呼！李梅庵逝矣。清朝第一之勁節鯁漢
今死矣。聞耗之下，真令人黯然。先生名瑞清，梅庵其字，號清道
人。自辛亥鼎革以來，隱居滬上，鬻書餬口，自謂抵死不食民國之
粟，而彼終長與民國握別，追先王于地下。語云：求仁得仁。梅庵
其亦含笑如眠而逝乎？

　　梅庵之書，雖固屬一流，然僅以書言，出于梅庵之上者，不止
二三子。要之，梅庵之以書名，猶如岳廬之以畫名耳。吾人所取
於梅庵者，不在其書，亦不在其學，惟對於其清節德行，致滿腹尊
崇之意而已。

　　噫！梅庵死矣。不知張勳及其餘復辟餘孽，與康聖人，以及
舊日保皇黨領袖，聞一鬻書老之死，果作如何感想耶？凡氣節道
德之士，任何時代、任何國家、任何社會，均應珍重。故在民國及
民國人間有彼之死，尤屬可悼。嗚呼！蓋棺論定，而彼之大節可
以終古不泯。千百年之後，其片紙隻字或有以比拱璧乎！（《盛京
時報》9 月 19 日）

八月三日（9 月 14 日），殮以學部侍郎禮服，馮煦、沈曾植等聯名奏請
清室給予恤典。譚延闓得李瑞荃電，知公已逝，傷悼不已，乃贈賻儀
千元以治喪。

　　西本省三《李梅庵氏を憶ふ》：尋いで十四日入棺式の舉行が

あるとの通知に接したので篠崎國手と同道して式に列した。
氏の死體には清朝の禮帽禮服を着用させて,棺内に眠れるか如
く,五十六人の家族,此外弟子親友知己等で屋内は一杯で、皆そ
の死を悼み、悲んだ。(《現代支那史的考察》頁二三〇至二三一)

　　《徐乃昌日記》八月初三日:弔梅庵同年之喪。用宣統九年學部
侍郎禮服,戌刻成殮。予謚文潔。(册一,頁二一六)

　　《鄭孝胥日記》八月三日:閱報,云李梅盦初一日卒;有頃,告
喪者亦至。飯後,至謙吉里,惟見曾士元,及客四五人,多不相識。
其弟亦在,初云午刻入斂,以覓大棺未得,改酉刻。藉屍以板,陳
於室内,簾隙隱約見之。士元云:當時謂李梅盦及歐陽君重皆不
過三十歲。君重嘔血,歿時才三十餘;今梅盦五十四歲,七月生
日。與余同至蘇州,自言必不能久,意興索然。其疾乃中風不語
也。(頁一八四〇至一八四一)

　　《清遺老爲李梅庵請恤典》:清道人李梅庵逝世後,一般前清
遺老擬聯名電請清室給予恤典。日昨在謙吉里喪次集議,由某遺
老主稿,電中歷述李官江南時歷年政績,及鼎革後不忘故主事實,
脫稿後,由沈子培修改拍發。聞照例可望由清室予謚立傳及給予
喪費云。(《時報》9 月 16 日)

　　《李瑞清傳》:寶應馮煦、宜黃吳綺案:當爲錡。具瑞清行義呈清
內務府轉奏,予謚文潔。(《逸民傳》卷三,文獻編號:701007516,大
清國史人物列傳及史館檔傳包傳稿全文影像資料庫)

　　《譚延闓日記》九月十四日:得李三電,知道士於初一亥時逝
世,傷感不已。求友九州,知心無十,從此人間少一枝筆矣。揮涕
久之。(册七,頁三八五)

　　《譚督軍篤念故人》:李梅庵先生身後蕭條,茲悉湖南譚督軍
特送賻儀一千元,以爲喪事之用云。(《時報》9 月 19 日)

八月四日(9 月 15 日),徐乃昌復來弔。

　　《徐乃昌日記》八月初四日:再弔梅庵同年,晤胡小石,略譚。

（册一，頁二一六）

張大千送賻儀三百元。

　　謝家孝《張大千的世界·曾李二師》：李師由於本身在前清爲官時清廉剛正，在學術界的地位有很崇高，故民國年間也在教育界任職。病故身後蕭條，曾師出面料理後事，學生們自應效力。曾師曾以"清道人"所藏墨寶多件交我，囑折價千元銀洋以理後事，當時我年幼不能當家，我二家兄自不同意我領受墨寶折價，命我淨送三百銀元作爲奠儀。（頁五四）

　　案：辛亥後，程德全、李烈鈞、趙爾巽、同鄉學會等迭相聘召，公一概謝之。惟鬻書自給，未見任職於教育界者。

八月中旬，張勳遣使來祭，賻賵甚豐。南京某生贈墓地一方，將葬公於金陵。

　　《清道人歷劫歸金陵》：李瑞清，別號清道人，在滬上月作古，已紀本報。兹悉李故後，由各箋紙號繳到生前潤資尾找銀三千餘元，並得其門下故舊賻儀，略敷開支。張勳在京聞李死耗，亦派人代表到申致祭，賻賵甚豐，並代呈清室賜卹。李氏原籍江西，渠家屬初擬扶柩歸贛，現由南京學生某君，就在石城左旁，送贈墓地一方，業已從事築墓，定於月杪將靈柩運至金陵安葬云。（《民國日報》10 月 4 日）

八月下旬，胡思敬致書劉廷琛，謂公憤亡原因複雜。

　　胡思敬《致潛樓書》：六月杪，由省返舍……姻伯父母八十壽辰，爲海內希有之瑞，僕以居憂，不克登堂拜祝……梅庵憤亡，其中原因複雜，哀不忍言。長小女以一嫠婦提攜兩孤，頓失所依，尤增悲痛。僕雖貧乏，不得不勉爲其難，擬迎與同居，甘苦共嘗，然教讀昏配，實非易事。諺云：自家屋上無瓦，尚替別人撿漏。殊可笑也。（《退廬箋牘》卷四）

　　案：書曰"姻伯父母八十壽辰"、"不克登堂拜祝"，考劉廷琛於八月廿一日爲其父母慶壽，因繫於此。

八月，友人攜揚補之《梅花長卷》來乞題，時公已亡矣。

曾熙題《畫梅》：揚補之梅花長卷，尹和叟手橅一稿，予至長沙每詣和叟賞嘆。阿筠昆仲稱爲神妙迹，髥嘗憾，以爲不得一見。庚申八月，友人自京師來，攜此卷乞清道人題，以其素所心賞也。其時道人已遐舉，髥與阿筠置酒祭之，並將其事書諸卷末。此卷近聞東渡矣。補之畫法，老蓮得其筆，但削繁以就簡拙耳。寫楳并記此。丙寅十一月七日。（《大風堂存稿——曾熙書畫題跋錄》頁一四五）

曾熙《梅花圖》：揚補之梅花長卷，道人屢與髥言之。及夢公從京攜此卷來，道人已不得見。（《湖南明清以來書畫選集》頁二三五）

是月，震亞書局徵求公遺墨，擬彙印專書，以廣流傳。

《徵求清道人遺墨》：本局專印清道人、曾農髥、鄭蘇戡、胡小石、李仲乾、符鐵年、史䂊廬、李旭君等書畫手跡，並徐積餘、譚組庵、譚瓶齋、李謙六、錢沖甫等家藏名人墨寶，久蒙惠顧諸君贊許。茲清道人已歸道山，生平所作書畫散在外者不知凡幾，本局擬集其大成，彙印專書，以公同好而廣流傳。特徵求清道人遺墨，凡藏有清道人書畫，不論長短篇與各種題跋，並墓誌碑銘以及手札，如能惠假影印者，成書後當以全書爲贈。或不願假印，即請將原文錄示，或將拓本影片寄來，均所歡迎。迨出書後贈書，亦同人以書傳，彼此有益，幸勿見吝，感甚盼甚。上海四馬路震亞書局啓。（《錢南園書洞庭春色賦》尾封，震亞圖書局 1920 年 9 月初版）

案：該啓亦見《錢南園書行書韓詩册》（震亞圖書局 1920 年 9 月初版）尾封。

九月六日（10 月 17 日），是日開吊，到者皆一時名士，所贈輓詩、輓聯甚夥。

《清道人之弔期》：今日清道人開吊，到者皆一時名士，輓聯佳者甚多，茲錄一二如下：（略）。（《時報》10 月 18 日）

楊楷《與人書之二》（庚申九月初六日）：清道人一病殂世，適來送殮，既痛逝者，亦復自念。撰擬輓聯云：論交三十載，視我如兄，大節比亭林，遺逸儒林同史傳；放眼五千年，見危授命，精忠師信國，黃冠柴市兩貞臣。錄請教正。曾農髯爲定葬江寧十八家山，是地形局大好，魏午帥前勘定，梅癡所親見者，足慰遠注。（《無錫楊仁山（楷）先生遺著》頁二三）

裴景福《唐顏魯公三表墨蹟真本長卷》：此卷寄滬求梅庵道人題後，稿已成，未及書卷而歿，予輓以聯云：有唐垂統三百年，傳韭花書，大名誰並楊風子；嗟我論交二十紀，弔玉梅館，曠代難逢清道人。福又注。（《壯陶閣書畫錄》卷一）

飛公《清道人輓詞小記》：清道人死矣。其妙明之靈性既與此八苦交煎，四大假合之幻軀，豁爾脫離，則其所謂家與國難言之痛，亦遂解脫矣。我以金剛正眼觀之，爲之慶快，但冀道人住此慶快，不退墮耳。辛亥以還，道人既受具入道，易服黃冠，則凡友朋酬答之以文字見者，例不再循世法稱謂，從彼之志也。家蒼虹輓道語有“辛螫十年心”，及散原之“黃冠九廟鑒”，胥足發道人之微。予一循例爲聯語送。（上款題）清道人撒手於庚申八月，不再拖泥帶水，恰恰十霜，得其所歸矣。（下款題）飛和尚合十以不誑語送之。命阿慈隸書聯曰：布青州一領春袍，記曾電樏談詩，百年側聽傷心語；酒白墮厭聞秋笛，此去月簾休影，三昧重參最上禪。娑婆茫茫，不願道人作再來人也。又代湘友製一聯：管幼安家移牛渚，白江州詩賣雞林，患難共當年，舊夢十霜成泡幻；汪水雲故國黃冠，屈湘纍山阿蘿帶，飄搖慚後死，斜陽孤淚哭冬青。（《小時報》10月21日）

案：後一聯係代李國璠所製也。

呂美蓀《李瑞清》：輓之以詩曰：黃冠而緇服，君果何世人。問之笑不語，其態樸且貞。滬車昔同馳，隔座詢我行。歲月未悠邈，

潛形在幽冥。生歿兩嵯峨，牛首鬱佳城。感及樵牧子，争指道人墳。（《菇麗園隨筆》頁八二）

　　案：輓聯、輓詩詳見《清道人遺集》附録。贈輓詩者爲陳詩、劉富曾、蔣國榜、胡俊、郭立章、周友勝、陳毓華、張美翊、陳延傑、采薇僧、蔡可權、曾聲駿、袁季梅、釋道階。贈輓聯者爲沈曾植、馮煦、王震、吳昌碩、周慶雲、劉世珩、陳三立、陳曾壽、余肇康、劉廷琛、康有爲、曾熙、章士釗、張其鍠、張通謨、楊鍾義、章梫、梅光遠、狄葆賢、黄樸存、陳衡恪、朱師轍、劉承幹、伊立勳、范源廉、柳肇嘉、蔣國榜、沈樂康、呂竝、周家賚、王祺、徐蘇中、郭立章、謝佩紳、章同、鄧彦遠、鄧昶、吳鈁、吳錡、羅兆鼎、錢灝、吳駿、任福黎、飛和尚、汪律本、文龢、符鑄、曹福元、曹元恒、曹元弼、鄭灝、姚文枏、趙愷、惲毓齡、周樹模、龐樹典、江萬平、江億平、江百年、楊道霖、徐在滋、文斤人、朱升芹、楊晟、趙閱川、張弘漢、丁傳禮、鄭日敬、楊世傑、王補、孫文彬、陳鈞、周雍能、何猶興、龔輝祖、王隆中、汪巖昌、高振霄、陳福蔭、孫多沅、博文女校師生全體、李徵五、許炳榛、王爲毅、趙恒惕、楊昭儁、汪文綬、歐陽萼、周冷吾、周鍔成、陳彬龢、許鑅、葆光、李國璠、沈寶瑜、高松生、張嗣留、齊耀琳、向燊、龍紱年、何振遇、何振湘、周之鼎、黄鴻圖、孫喬年、顧孝珣、郭育才、陳任中、趙興英、林世燾、余欽鑅、馮世衫、李燾熙、王文悔、張炳、張琦、周克寬、余笠雲、錢湘禾、余欽恩、李致楨、蕭敷政、哈麐、陳敉功、徐識耘、項世澄、曹春涵、沈琨、錦雲堂、胡錦瀾、何汝穆、魏業輅、劉錦藻、涂如砥、李瑛、蘇守仁、周大烈、周友勝、趙可、杜次珊、郭赤崖、張其鉅、陶美濟、王繹和、程龢祥、鄒凌瀚、羅瀚、彭城、吳鴻鈞、傅紹巖、劉升瀛、丁轂音、雷鳳鼎、釋濟南、魏肇文、魏肇鋆、魏肇嘉、魏肇祥、魏肇澄、魏肇威、魏肇元、魏肇蓮、吳振遠、吳振乾、張鵬飛、汪憲鈞、錢壽椿、汪一飛、汪敬源、周之耆、陸福廷、劉仁航、胡裳、盛建勳、曹毓騏、郭成沛、許人傑、熊鈞、程良貴、張權、吳維孝、彭素民、譚毅、鍾壽芝、族叔翊焵、族兄世楨、五弟容恢、族晚之鼎、合族公輓。摘録於此，以見公平生交游概況。

九月七日（10 月 18 日），劉承幹、趙愷來弔。

　　《求恕齋日記》九月初七：姓。午後，閱報。與培餘弟往弔李梅庵之喪，晤趙仰矯，略談，出。（册六，頁三〇三）

九月九日（10 月 20 日），兩江師範同學於華園開追悼會。

　　南京快信：兩江師範同學定今日在華園開會，追悼李瑞清。（《申報》10 月 21 日）

　　　案：據本月十三日條，《申報》所刊南京快信似有一日刊發周期。

九月上旬，諸門人至雲台山旅行，僧悟五出示公手書擘窠大字，遂爲摹崖，用垂不朽。

　　《石上墨韻——連雲港石刻拓片精選》：環瀛仰境。臨川李瑞清。

　　跋：民國九年十月，清等旅行雲台山海天洞，僧悟五出示李師梅庵擘窠書，時距李師之殁甫匝月，展觀遺墨，益增哀感。敬爲摹崖，以垂不朽，藉表仰止之意云。泰興余清，歙程用賓，灌雲程桂南、章登元，江寧程晉燾，靖江陳亦盧，武進丁錫華、屠方，寶應盧壽箋謹跋。（頁一四四）

九月十三日（10 月 24 日），公靈櫬抵寧，停厝同善堂。

　　南京快信：李瑞清靈櫬昨已抵寧，停厝同善堂。（《申報》10 月 26 日）

　　曾熙《與馬宗霍書》：宗霍妹倩鑒：昨晨到寧，今日往南門同善堂護送道士入殯宮，日來勞傷過甚。……此詢近佳。髯頓首。九月十三日。（曾迎三整理《曾熙書札》頁一一三）

九月二十日（10 月 31 日），寧垣同學假復成倉地方公會開追悼大會。

　　《李梅庵靈柩運寧》：李梅庵之靈柩，定九月初十日由滬運寧，現在寧垣同學共同籌商，擇期九月二十日假復成倉地方公會開追悼大會，凡高等學堂、寧屬師範、兩江師範各同學都可蒞臨哀悼。

現設籌備處於馬府街二號，以便接收同人預備之輓聯、祭文云。
（《時報》10 月 20 日）

　　案：寧屬師範前身即師範傳習所，公嘗督辦者也。

九月下旬，奉清室允准，予諡文潔。

　　《李梅庵予諡文潔》：清道人即李瑞清在日，書畫題識向不書
民國字樣，僅以支干紀年。所畫佛像，辛亥前畫佛開眼，辛亥後畫
佛閉眼，有詢其意何在，則云佛居清淨地，厭看混濁世，待河之清
再畫開眼等語。舊曆八月逝世後，即由前安徽巡撫馮煦等代奏清
室，略稱已故前江寧布政使李瑞清忠貞懋著，功德昭垂，懇賜加恩
予諡等情，茲悉已奉允准，著加恩予諡文潔。一時在滬遺老聞之，
莫不爲之心慰云。（《時報》11 月 7 日）

　　朱彭壽《諡法不拘定例》：江蘇候補道署江寧提學使李瑞清則
諡文潔。按，李公由庶吉士改道員。（《舊典備徵》附錄，頁一五九）

九月，曾熙勸李健鬻書自給，以世其家。

　　《清道人書法之嫡傳》：清道人兄之猶子李健，字仲乾，自號崔
然居士，名所居曰時惕廬。其書能得道人正傳，時人多稱之曰大
小李。道人每以乞書供不敵求爲苦，譚組庵嘗曰："盍不令仲乾爲
之。我固不能辨，恐世亦無有能辨之者。"道人曰："我興闌筆倦
時，健侄或過我，然我以心血易人金錢，不可欺也。"仲乾任教習於
南京，子弟從其學書者，往往數日而改觀，進步之神速，人人莫不
驚異，謂仲乾是操何神術也。其於道人書，可謂具體而微。道人
博綜百家，皆能窺其奧妙。今道人既歿，仲乾責任益重，余因勸其
繼道人之業，以鬻書自給。且曰："君家累代以書畫名當世，繼志
述事，責在子矣。"仲乾畫本承家學，於西法亦頗能匯通。尤工篆
刻，於秦璽、漢印、泥印、磚陶之屬，靡不備究。亦嘗刻竹，擅雕刻
之能。其直例向存青島路西福海里震亞圖書局，余今爲更定，俾
世人知道人尚有能世其家之猶子也。庚申九月，農髯曾熙。（轉

引自王中秀、曾迎三編《曾熙年譜長編》頁三六三）

案：文曰“其直例向存青島路西福海里震亞圖書局”，李健至遲戊午八月已鬻書，其直例見《時惕廬鬻書直例》（《農髯夏承碑臨本》民國七年九月初版底封），收件處爲“南京薛家巷暨南學校、上海四馬路麥家圈口五百二十三號半震亞書局”，當即曾熙所言者也。

是月，趙士鴻、吳昌碩題公遺札。

吳昌碩題《清道人手札致程雪樓第一集》：殺可士難辱，忠全天所哀。尺書吾把讀，翛似哭西臺。波磔虹飛出，煙雲鶴駕來。故人珍重意，泉下想低回。梅盦先生手稿讀竟題四十字，庚申秋季吳昌碩年七十七。

案：趙士鴻題曰：“湛然高節，庚申九月，會稽趙士鴻敬題。”

十月二十八日（12月7日），馮煦爲哈廖跋公遺札。

馮煦跋《清道人手札致程雪樓第一集》：疊山昔却聘，今世邈難論。同列紛秋蒂，隤然君獨存。書曾四裔照，名並三辰尊。賸有蟫餘稿，摩挲猶暗吞。庚申大雪爲觀津先生題梅厂遺札，七十八叟馮煦。

案：該冊尚有曾熙跋，曰：“天亦惜斯文，不許文山死。慷慨數行書，知義固如此。大海藏龍蛇，波瀾撼天起。淋漓肝膽血，傾瀉洛陽紙。纍纍草間人，裁裁黃冠士。不置鼎鑊前，誰辨朱與紫。少甫先生出示李文潔辛亥城中答程督軍書稿遺墨，因書其後。辛酉三月曾熙。”

十月，吳昌碩題公遺墨《古柏怪石圖》。

吳昌碩題《古柏怪石圖》：程材中梁棟，歷劫猶崎嶔。邈矣倚天筆，愴然流水音。清道人畫古柏怪石，筆端有真氣，浩蕩如其人也。道人易名文潔，今觀其遺墨，超軼遒上，復出塵壒之表，且以韻勝，以骨勝，其襟襄所蘊蓄可知矣。庚申孟冬，吳昌碩年七十有七。（南京博物院藏）

案：公未署款。又，公諡號文潔，吳昌碩誤爲易名文潔。

十二月八日（1921 年 1 月 16 日），曾熙及門人葬公於天闕山東麓。

李雲麔《先從兄清道人行述初稿》：群弟子之侍側者奉曾農髯主其喪，謂兄一生事蹟功業於南京爲多，奉柩至南京，卜葬牛首山之東北麓。盡斥遺藏，營祠於牛首山半羅漢泉前，曰玉梅花盦，置祀田三十餘畝付之山僧。（《清道人遺集》附錄，頁二八七）

蔣國榜《臨川李文潔公傳略》：群以公遺愛在江寧，挽葬牛首。曾公嚴寒犯冰雪，爲公卜兆。既葬，復於牛首雪梅嶺羅漢泉旁，築玉梅花盦以祀公，其高誼不減戴南枝之葬徐俟齋也。（《清道人遺集》頁一○○）

柳肇嘉《清道人傳》：葬江寧牛首山，門人宜興呂國銓廬墓以終焉。（《清道人遺集》頁九六）

曾熙題《寄禪禪師冷香塔銘》：今阿某又封墓矣，張子其何以慰此縷縷孤忠之癡魂耶？庚申臘八日，阿某墓成，識於江寧天闕山佛窟寺，是日冰雪大解。衡陽曾熙。

曾熙《節錄倪寬贊》：庚申蠟八日，葬阿某天闕之東麓。廿九臨穴，今日墓成，仲尚弟治葬事甚勤，每談阿某，色爲之變。（《曾熙書法集》頁六九）

江萬平《曾李同門會徵集會員》：李師於庚申秋歸道山，是年冬，萬平侍曾師送李師葬於南京，四方同門來會葬者幾百人。（《新聞報》1930 年 12 月 3 日）

編年詩

《題石濤留別五翁先生山水圖卷》二月

編年文

《簡母潘太夫人贊》正月、《與王繹和書》正月、《與胡光煒書》正月、《與劉承幹書》二月、《跋康有爲藏元人絹本册頁》二月、《題八大山人饕餮圖》、《題衡陽程商霖先生獨坐幽篁圖》四月、《題石濤蘭石圖卷》、《覆杭海書》、《題宋文信國公畫像及劄子後》七月、《題吳漁山平疇遠風圖》七月

附録一　譜主傳記資料

清史稿·李瑞清傳

李瑞清，字梅盦，臨川人。光緒二十年進士，選庶吉士。改道員，分江蘇，攝江寧提學使，兼兩江師範學堂監督。宣統三年，武昌亂起，江寧新軍亦變，合浙軍攻城。官吏潛遁，瑞清獨留不去，仍日率諸生上課如常。布政使樊增祥棄職走，以瑞清代之。急購米三十萬斛餉官軍，助城守，設平糶局，賑難民。城陷，瑞清衣冠坐堂皇，矢死不少屈。民軍不忍加害，縱之行。乃封藩庫，以鑰與籍囑之士紳，積金尚數十萬也。自是爲道士裝，隱滬上，匿姓名，自署曰清道人，鬻書畫以自活。瑞清詩宗漢、魏，下涉陶、謝。書各體皆備，尤好篆隸。嘗謂作篆必目無二李，神遊三代乃佳。丁巳復辟，授學部侍郎。又三年卒，謚文潔。（册四四，頁一三四三七）

　　案：文曰"光緒二十年進士"，甲午恩科會試，公中式第二百二十七名貢士。以不善院體書，乙未補行殿試，故當爲二十一年進士也。

逸民傳·李瑞清

李瑞清，字仲麟，一字梅盦。江西臨川人。祖庚，廣西興安尉。洪秀全起廣西，兩犯興安，令逸，有守城復城功。父必昌，由軍功起家，洊擢梧州府知府。越南之役，敗法人諒山，官至雲南臨安開廣關道。必昌生於桂林，後歷官長沙府同知，遂占籍長沙。瑞清其仲子也。狀貌魁碩，廣顙豐頤，大腰腹。神志内湛，而樂易近人。孩提時必昌偶爲説及文信國、史忠正易代時事,瑞清蹙然問曰:"何時又易代耶?"必昌謂:"胡出此不祥語?"則對曰:"兒亦欲爲文、史二公耳。"既就傅,喜治經,尤好《公羊》何氏學。光緒十七年,舉湖南鄉試副榜第一人,以不合例註銷。十九年,歸舉本省鄉試。明年,成進士。程文奇衍奥博,雜以韻語,主試者時或不能句讀,然知爲績學篤古士。明年殿試,授庶吉士。念母老病,請急歸,在途屢心痛,虞有變,抵家則母先數日卒,一慟暈絶。久之始甦,水漿不入口七日。父以其過毀,嚴責之,始啜粥。既除喪,省父滇中,值父病篤,瑞清先時嘗刲臂肉愈母疾,至是復籲天刲臂肉食父。翌日,父竟瘳。二十七年奉父歸長沙,未幾卒。瑞清哀毀骨柴立,重以咯血,幾殆。邵陽魏光燾督兩江,延瑞清幕中,爲建大計。光燾素謹畏,不敢用,然禮瑞清益隆。服闋,改官道員,分江蘇,時詔停科舉,設學堂,江督周馥創立兩江師範傳習所,檄瑞清總辦。瑞清躬主講席,延碩儒任分校,士風丕變。三十三年,監督兩江師範學堂,教習多借材日本,歲縻巨金,然實非彼邦知名士,瑞清躬赴日本考察,胥易置之。總教習以下均受監督約束,不職立辭退,署之約。並申之曰:此爲私人交,無涉國際。江督端方笑曰,吾始以李君爲教育家,不意長於外交也。尋兼主高等學堂,三署江寧提學使。循循善誘人,視諸生如家人子弟,諸生亦心悦誠服,事如父兄,故學之成績爲東南諸省冠。

宣統三年八月,武昌革軍起,江寧新軍亦變,相持月餘。官吏懼禍及,多潛遁。十月,總督張人駿、提督張勳會議北極閣,聞鐘聲。詢之,則瑞清方率諸生上課。是日布政使樊增祥亦遁。人駿立電奏以瑞清署布政使,並遣人促瑞清,至則執瑞清手曰:"事迫矣,謹以此付公。"勳亦曰:"好肝膽男子,吾逮見尊公躬冒礮石火,與法人搏戰諒山也。紹先烈,報國家,此其時矣。"尋奉命真除。瑞清既拜命,急購米三十萬斛,從間道入備軍食,又設平糶局賑難民。張勳下令,剪髮辮者多革黨,殺無赦,時陸軍學生皆剪髮,文學生亦或效之,瑞清曰:"是皆我校學徒也。"固請於勳,夜遣之出。革軍據雨花臺、天保城各礮臺，人駿、勳亦渡江北走，瑞清獨留不去。美日領事逆瑞清，願任保護責，瑞清恥庇身外人，重辱國，卻不往。美教士包文謂曰："總督、將軍、提鎮無一人守者，君胡齏粉此身爲？"瑞清謝曰："受國恩厚，有官守義，當效死，與百姓同盡。"十月，革軍入，礮攻皇城，彈纚纚雨下，左右咸戰栗，瑞清衣冠坐堂皇，竟日不移，革軍將林述慶欲屈致之，不至，則逆以兵，瑞清曰："吾果懼死者，以一手鎗召之足矣，不爾，雖千萬人胡濟耶？"都督程德全以瑞清民望，且舊交，反復開譬，瑞清詞氣慷慨，不少屈，左右欲兵之。或爲之解乃已。德全復奉書幣強留備顧問，瑞清返幣，報以書曰："瑞清頑闇，少竊科第，湛身學校，無意榮進。寧垣戒嚴，百官奔避，總督張公謬令承乏藩司。危城孤立，援師阻絕。覆巢之下，知無完卵。顧念事君之義，有死無二，食焉避難，古人所恥。是以城陷之日，引領端坐，待膏斧鉞。不意未加顯戮，重煩禮命。瑞清亡國賤俘，難與圖存，翊贊新猷，更非所任。倘荷寬假，得以黃冠歸臥故里，誠瞑目至願，土灰極榮。如必相迫脅，義不苟活。雖沸鼎在前，曲戟加頸，所不懼也。"德全知不可奪，乃聽其去。去之日，進江寧薦紳父老而告之曰："予不能汝保矣，庫之財，寧之財也，謹封記以屬諸君，其善守之。"衆皆泣下，遂以籥與籍畀之，積金尚數十萬也。自是爲道士裝，隱滬上，匿姓名，自署曰"清道人"，鬻書畫自給。丁巳五月復辟，授學部右侍郎。或曰："張勳無遠謀，事必中變，不宜往。"瑞清曰："吾與張公謀者宿矣，忍以成敗計耶？"卒以海陸道阻，不得達京師，而勳亦竟敗。

　　公文學莊周、司馬遷，詩宗漢魏，下涉陶、謝。書備各體，尤好作篆，胎息於三代彝器。嘗謂："作篆必目無二李，神遊三代乃佳。"畫初學梅道人、黃鶴山樵，晚師龔半千、八大山人、大滌子，嘗以鐘鼎筆法寫佛像或花卉松石，多奇趣。庚申八月卒，年五十有四。寶應馮煦、宜黃吳綺具瑞清行義呈清內務府轉奏，予謚"文潔"。瑞清初旅滬，無一日糧，門人釀金供給之。及卒，爭出財助喪葬，葬於江寧牛首山，門人志也。無子，以兄弟子承侃、承傳祀。承侃早卒。孫三

人，家超、家和、家驄。（《逸民傳》卷三，"大清國史人物列傳及史館檔傳包傳稿資料庫"，文獻編號：701007516）

　　案：宣統三年九月二十九日，張人駿已奏請公署理江寧藩司，文曰十月，誤。宜黃吳綺當爲吳錡。又，公行狀爲李健所撰，曾熙等斟酌補正。曾熙致哈麐書曰："史館催文潔行狀，其侄仲乾已撰成，惟附復程某一書《辭顧問書》應付入，乞先生查交抄稿。"（《曾熙書札》頁二五）又，致李健書曰："論教習事過詳，於令叔以忠義正人心施教宗旨太略，非發詞頑固不足傳令叔之爲人，侄以爲如何？大略閱之，略爲補正一二條。""惟付印時，當再爲侄斟酌。"（同上，頁九九）附志於此，以資參考。

江寧布政使李公瑞清傳（黃維翰）

　　公諱瑞清，字仲麟，一字梅盦。江西臨川人。明崇禎朝有名國楨者，以舉人知湖南耒陽縣，扞群盜有勞，祀湖南名宦，公之九世祖也。祖庚，廣西興安尉。洪秀全起廣西，兩犯興安，令逸，有守城復城功。父必昌，起家軍功。越南之役，以知府從敗法人諒山，官至雲南臨安開廣關道，嘗任長沙府同知，遂寄籍長沙。公其仲子也。狀貌魁碩，廣顙豐頤，大腰腹。神志內湛，而樂易近人。兒時關道君偶說文信國、史忠正易代時事，公懟然問曰："何時又易代耶？"關道君謂："胡出此不祥語？"則對曰："兒亦欲爲文、史二公耳。"光緒辛卯，舉湖南鄉試副榜第一人，以不合例注銷。癸巳歸舉本省鄉試，聯捷成進士。明年殿試，授庶吉士。尋丁內外艱。服闋，改官道員，分江蘇，總辦兩江師範學堂及寧屬高等學堂，三署江寧提學使，得士心。辛亥八月，武昌革軍起，江寧新軍亦變，相持月餘日。官紳洶懼，多他徙。日教習請公避領事官，不可，召諸生，量道途遠近，資遣之。諸生以公不肯行，則相嚮哭，願同殉。十月辛亥，總督張人駿、提督張勳會議北極閣，聞鐘聲。詢之，則公方率諸生上課也。是日布政使樊增祥亦遁。人駿即電奏以公署布政使，並遣人促公，至則執公手曰："事迫矣，謹以此累公，毋固辭。"勳亦曰："好肝膽男子，吾逮見尊公躬冒礮石，與法人搏戰諒山也。紹先烈，報國家，此其時矣。"尋奉命真除。公既拜命，立購米四萬石，又運下關屯鹽入城，與總督爲死守計。時軍事倚提督主辦，提督軍少，外援絶。美領事居間講解，勳與人駿均渡江北走，惟公獨留。革軍將林述慶至，問："庫藏幾何？速相授。"公曰："江南庫藏，當還之江南百姓。"述慶不敢逼。都督程德全以公民望，且舊交，使人迎之。謂："君何厚於安帥而薄我？"公曰："安帥守臣節，我安可去？公今日事，我又安能從耶？"德全拂衣入，左右咸怒刃懾公，目幾裂。或掖公下，耳語曰："公言太激，不如辭以疾。"徐紹楨復入解於德全，乃已。安帥，謂張人駿也，人駿字安圃，故云。

　　然德全尋奉書幣，強留備顧問。公返幣，報以書曰："瑞清頑闇，少竊科第，湛身學校，無意榮進。寧垣戒嚴，百官奔避，總督張公謬令承乏藩司。危城孤立，援師阻絶。覆巢之下，知無完卵。顧念事君之義，有死無二，食焉避難，古人所恥。是以城陷之日，引領端坐，待膏斧鉞。不意未加顯戮，重煩禮命。瑞清亡國賤俘，難以圖存，翊贊新猷，更非所任。倘荷寬假，得以黃冠棲身江海，誠瞑目至願。必相迫脅，義難苟活。雖沸鼎在前，曲戟加頸，所不辭也。"德全知不可奪，乃聽其去。去之日，召江寧諮議局士，舉簿書管鑰界之，子身走滬上。自是爲道士裝，匿姓名，自署曰"清道人"，鬻書畫自給。丁丑五月復辟，授學部右侍郎。或曰："張勳無遠謀，事必中變，不宜往。"公曰："吾與張公謀者宿矣，忍以成敗計耶？"卒以海陸道阻，不得達京師，而勳亦竟敗。公文學莊周、司馬遷，詩宗漢魏，下涉陶、謝。書備各體，尤好作篆，胎息於三代彝器。嘗謂："作篆必目無二李，神遊三代乃佳。"畫初學梅道人、黃鶴山樵，晚師龔半千、八大山人、大滌子，嘗以鐘鼎筆法寫佛像或花卉松石，多奇趣。異邦人高其節，亦爭購之。庚申八月卒，年五十有四。寶應馮煦、宜黃吳錡具狀清内務府轉奏,予諡"文潔"。公初旅滬,無一日糧,門人醵金供給之。及卒,葬於江寧牛首山,亦門人志也。衡陽曾熙爲建玉梅華盦墓側以祀公。公無子,以兄弟子承侃、承傳嗣。

論曰:公恂恂儒者,自謂難職繁劇,爲庶常時,惴惴以部曹知縣散館是懼。後官江寧,管學務六年,諸生獨守禮法,不爲異說遷,見者皆知爲李氏弟子。亂既作,城旦夕陷,受方伯重寄,無震色,無廢事,俱若才餘於事者。革命之際,士大夫首鼠兩端,以圖自全,卒乃以不仕爲名高者固無論矣,其或劫於勢,爲大義所迫,邂近殤其身,與夫既富且貴,惟恐藏身之不固而托於東海之東、南山之南者,君子亦或諒之。若公之始終一節,履虎尾不懼,蟄居槁餓不恤,坦然自行其志,謂與文山、道鄰比烈可也。(《稼溪文存》卷二)

案:文曰"丁丑五月復辟","丁丑"當爲"丁巳"之譌。又,丁巳復辟,詔授公學部左侍郎,文曰"右侍郎",誤。

李瑞清傳(吳宗慈)

李瑞清,字仲麟,一字梅盦。臨川人。明崇禎時,有名國楨者,以舉人知湖南耒陽縣,扞盜有功,祀湖南名宦,其九世祖也。祖庚,廣西興安縣尉,清道光末,洪秀全起廣西,犯興安,令遁,庚有守城復城功。父必昌起家軍功,中法越南之役,以知府從大軍,敗法人諒山。官至雲南臨安開廣關道。嘗任長沙府同知,因寄籍長沙。瑞清,其仲子也。貌魁偉,廣顙豐頤,大腰腹,神志內湛而樂易近人。兒時,父必昌偶語文天祥、史可法於宋明易代時忠烈事蹟,瑞清蹙然問曰:"今何時又將易代耶?"父愕問何出此不祥語,則對曰:"兒亦欲爲文、史二公耳。"光緒辛卯,舉湖南鄉試副榜第一人,以不合例注銷。癸巳,歸舉本省鄉試,聯捷成進士。明年殿試,授庶吉士。尋丁內外艱。服闋,改官道員,分江蘇,總辦兩江師範學堂及寧屬高等學堂,三署江寧提學使,極得士心。

宣統辛亥八月，武昌革命起，江寧新軍亦變，動盪不寧者月餘，官紳洶懼多他徙，時學堂日籍教習請瑞清暫避日領事館，不可，召諸生量道途遠近資遣之，諸生以瑞清不肯行，則相嚮哭，願與同殉。十月辛亥，總督張人駿安圃、江防軍統領張勳少軒會議北極閣，聞鐘鏗然，詢之，則瑞清方督諸生上課也。是日，布政使樊增祥遁，人駿即電奏清廷，以瑞清署布政使，並遣人促瑞清至，執手勞之曰：“事迫矣，今以此累公，其毋辭。”勳亦曰：“好男兒，有肝膽，吾逮見尊公躬冒炮石，與法人搏戰諒山也。紹先烈，報國家，此其時矣。”尋奉命真除。瑞清既拜命，立購米四萬石，又運下關屯鹽入城，期與都督爲死守計。時軍事倚張勳主辦，第兵少又外援絕，美國領事居間與革命講解，勳與人駿均渡江北走，惟瑞清獨留。革命軍將領林述慶至，問庫藏幾何，速相授。瑞清厲色曰：“江南庫藏當還之江南百姓。”述慶不敢逼。程德全時被民軍推任江蘇都督，以瑞清民望且舊交，使人迎至，謂：“君何厚於安帥而薄我？”瑞清曰：“安帥守臣節，我安可負？公今日所事，我又何能從耶？”德全拂衣入，左右咸怒刃相慴瑞清，憤目幾裂。或掖瑞清下曰：“公言太激，不如辭以疾。”徐紹楨復入解於德全乃已。德全尋奉書幣強留備顧問，瑞清返幣，報以書曰：“瑞清頑闇，少竊科第，本圖宦達，但秉性迂拙，動與時迕，湛身學校，六年於玆。樂其簡易，差勝乞食，倖免凍餒，無意榮進。前月十七，寧垣之警，省城官吏，聞風先遁。總督張公謬令承乏藩司，是時危城孤懸，四無援師。外顧隍陂，可戰之兵，不滿五千；內顧府庫，可支之餉，不足三月，明知危巢之下，決無完卵，故受事之日，已無倖生之心。乃以力小任重，卒遭傾覆。本月十二，江寧城陷，自謂當時即伏顯誅，引領端坐，待膏斧鉞，不意執事念疇昔之舊恩，垂異常之眷顧，待同國士，屢辱慰留，既加寬赦，更被采錄，是以倥倥，面自陳訴，未蒙省許。清本亡國賤俘，難與圖存，學術虛淺，不閑職政。贊揚盛化，宣布和風，非清才力所能供給。又以危城之中，兼旬不寢，氣力日微。近復咯血，常中夜驚悸，呻吟達旦。左體手足痺麻酸楚，一身之中，寒暖異度。久病淹滯，遇冷增劇。倘緣寬假，使清黃冠歸臥故里，俾孱弱之軀，得遂首邱之志，冥目至願，土灰極榮。如必相迫脅，義不苟活，雖沸鼎在前，曲戟加頸，所不懼也。執事其圖之。"德全再命蔣丞斑婉勸，瑞清與丞斑書，略謂："屢辱勸慰，人非木石，詎能無感？但瑞清秉性迂拙，不達時變，有樂死之心，無苟活之念。程都督縱恕前者愚戇之詞，不以爲侮，何苦迫脅此亡國罪俘出而任事，殊無謂也。夫人情所樂者利禄，所畏者死，皆不足動我，我之計決，程都督之計亦窮。且城破以來，申旦不寢，愧無松柏歲寒後凋之姿，有同蒲柳未秋先隕之態，已別上書程都督，幸左右之。"德全知不可奪，乃聽其去。去之日，召江寧諮議局士，舉簿書管鑰畀之。孑身走滬上，自是爲道士裝，匿姓名，自署曰清道人，鬻書畫自給。

民國六年六月，張勳擁溥儀復辟於北京，授瑞清學部右侍郎。或曰勳無遠謀，事必無成，不宜往。瑞清曰："吾與少軒謀者宿矣，忍以成敗計耶？"卒以海陸道阻不得進，而勳亦竟敗。

瑞清學主公羊家言，文、詩宗漢魏，下涉陶謝。書備各體，傳世者以北魏碑體，爲時所稱。尤好作篆，胎息於三代彝器。嘗謂，作篆必目無二李，神遊三代乃佳。畫初學梅道人、黃鶴山樵，晚師龔半千、八大山人、大滌子，嘗以鐘鼎文筆法寫佛像或花卉松石，多奇趣。異邦人高其節，亦爭購之。九年十月（舊曆庚申八月）卒。年五十有四。清遜帝予謚文潔。予謚雖在法無據，瑞清當之自無愧云。

初，瑞清旅滬，無一日糧，皆門人醵金供給之。及卒，葬於江寧牛首山，亦門人意也。衡陽曾熙爲建玉梅華盦墓側以祀之。（採黃維翰《稼溪文存稿·玉梅笙撰事略》）

按近人李繹之撰瑞清傳，載《梁溪旅稿》中，多與事實不符，惟所載嘗習畫於武進惲彥彬，則《稼溪文存》所未及，特附載。（《國史館館刊·碑傳備采》第一卷第四號，頁一一二至一一三）

案：丁巳五月十三日復辟，即公曆七月一日，文曰"民國六年六月，張勳擁溥儀復辟於北京"，蓋誤。丁巳復辟，詔授公學部左侍郎，文曰"右侍郎"，蓋沿黃維翰文之誤也。又，公卒於八月朔，即公曆九月十二日，文曰"十月"，誤。

憶清道人（姜丹書）

清道人，吾師也。諱瑞清，字梅庵，江西臨川人。光緒間翰林，爲南京兩江優級師範學堂監督，兼江寧提學使，宣統三年升江寧藩臺。體魁偉，平易近人，服布衣。自光緒廿八年開校起，至辛亥革命閉校止，辦學十年，受教者千百人。雖補道缺，辭不赴任，卓然人師，粹然儒者氣象。身雖爲官，而無官僚氣派。辛亥秋冬間，革命軍逼金陵，主帥張勳逃，吾師屹然不動，待浙軍入城，交代清楚，返師校，捧孔子牌位脫然赴滬，隱於市，家屬及從者隨行二十餘人。兩袖清風，無以爲生，遂鬻書，改道士裝，稱清道人。民九陰曆八月初一日卒於滬，壽五十四，葬金陵牛首山，私謚文潔。

所謂交待清楚者，彼固待死，然其清操雅度，革命軍人素知之，非但不殺，且尊敬之。問其爲何不走，曰：以國帑重任在身故。令其交代，曰：國帑皆民脂民膏，取之於民，自當還之於民，惟吾以亡國大夫身份，不能直接交待。問將如何，曰：應召集人民團體如教育會、商會等，交與地方人士，點收無訛，始敢卸責。浙軍都督朱瑞趣之，許其照行。辦訖，慰留之，乃曰：欲殺則殺之，如恕，則吾既爲亡國大夫，不能再受命，請許吾還爲人民，以終天年。許之，遂歸隱。

既隱滬，無宿糧，家人食指既多，從者亦遣而不散，自忖曰：吾素耕硯田，無他技，無已，當寫字易米，尚是自食其力之道也。然慮此道緩不濟急，一時不能有起色，有書畫商人獻計：亟書大小各體多紙，遍送全滬裱家上壁，吸引觀眾欣賞贊美。問清道人何許人，裱家曰：即李梅庵先生也。不數日傳遍藝林，求者紛至，生涯遂得度。蓋吾師書法素負盛名，惟從前求之不得，今既取潤，故一呼百應焉。畫如石濤，渾厚超脫，自然高妙，惟仍不鬻，得之不易。

道人雖玄冠緇衣，而非但不茹素，不念經，且有"李百蟹"之稱，蓋白石道人、梅花道人之類之道人也。而經懺道士不察，欲引以入其門戶而借重，吾師作書拒之，詞婉而意峻，載《清道人遺集》中，讀之發噱。所謂李百蟹者，吾師食量過人，惟不善酒，每日必至三馬路"小有天"閩菜館小吃，秋深蟹肥，剝啖輒數十隻，而人以百夸之也。曾爲館書一聯曰："道道非常道；天天小有天"，該館懸壁以爲榮。

　　民初，張勳挾溥儀圖復辟，檄道人爲學部侍郎，峻拒不受。每語吾曹曰：清政府腐敗至此，其亡也當然，吾第如女子嫁人，從一而終，豈反民國而猶欲做官者耶？汝等是國家培植之人，教育爲國魂所寄，當忠於職守，以振興新國，毋以我爲樣。故吾輩同門，爲終身教師者居多。（《姜丹書藝術教育雜著》頁二三三至二三四）

　　　案：文曰"光緒廿八年開校起，至辛亥革命閉校止，辦學十
　　年"，考兩江師範爲光緒二十九年張之洞奏辦。三十一年，公始以
　　道員發江蘇，旋總辦兩江師範，前後辦學七年也。又曰"私諡文
　　潔"，公諡號由馮煦等遺老聯名奏請，奉清室允准，賜諡文潔，當非
　　"私諡"也。

附録二　輯佚（未能編年者）

送弟詩

良朋厭索居，聚久難爲離。矧乃兄弟際，別思寧能支。涼飈激逝湍，送子湘之湄。徙倚忽傍徨，執手欲語遲。寧辭友悌歡，遠省慈母帷。怡怡左右時，過失相箴規。材朽深弟慚，良璞仰兄奇。神龍潛幽岡，無爲泥淬羈。但修袨嬌姿，出淵會有期。忻從顧幾時，奄忽驚睽攜。今日湘水曲，異日粤水崖。粤湘各異處，鬱陶亮不移。極目倦時艱，世道歎險巇。各誦無忝義，努力向明時。（《玉梅華盦遺詩鈔》，《國學專刊》第一卷第三期，頁八一至八二）

無　題

夜静息埃氛，霜氣侵琴席。沉瀏來清風，庭樹息蕭撼。叢篁净寒翠，疏星耿古壁。烟水空濛濛，涵虚濯冰魄。坐深聞遠鐘，窅然塵慮寂。（《梅庵詩文未刊稿》，《青鶴》第二卷第二十期）

題西山採藥圖

高情信芳潔，採藥芙蓉峰。每荷長饞出，仙霞山萬重。余亦厭塵壒，乘風騎赤龍。夫君不可見，慷慨悲心胸。題《西山採藥圖》，録呈洛庵先生吾師一笑，李瑞清。（江西省博物館藏）

題自畫梅石圖

新枝殊爛漫，老幹任屈蟠。一幅鐘鼎篆，勿作畫圖看。湖涵仁兄法家正之，清道人。（《張大千的老師——曾熙、李瑞清書畫特展》

頁二二)

案：湖涵即劉安溥也。

題自畫松石圖

畫石不畫花，花妍一時好。惟此堅絜心，千秋能自保。静岳公爵正之，清道人。（中貿聖佳 2012 年迎春拍賣會 2071）

案：静岳公爵即德川家達也。

題王石谷山水卷子

涼葉石道深，疏烟澹將夕。翠潤靄沈沈，孤舟入寒碧。余爲詩從六朝入，頗不能作近體，李亦元每以其七律傲我，輒爲慚服。亦元常言五絶最難，余又不解難，此却恨不令故人見之。梅龕。（南京經典 2017 年秋季拍賣會 0507）

案：該詩載《清道人遺集》卷一，題曰“題陳師曾畫册”，而文字頗有出入。其中“涼葉”作“涼月”、“疏烟”作“萬壑”、“翠潤靄沈沈”作“窈靄秋江空”、“孤舟”作“孤颿”，然故宫博物院藏陳衡恪《山水花卉册頁》又作“涼葉”。丙辰三月，公題王翬《江干話別圖》亦録此詩，惟“疏烟”作“萬壑”耳。又謂此詩係舊爲陳伯陶題王翬卷子所作也。

題董其昌仿古山水圖軸

棐几明窗次第開，披圖原不著纖埃。方壺茶熟簾初捲，但覺清香即畫來。

水墨清華著紙無，更從何處問功夫。欲知此老風流極，出没浮空煙也腴。（《故宫博物院藏歷代繪畫題詩存》頁五二五）

浣溪沙　夜宿永州城

珠漏頻催旅舍清，淡雲微雨滿荒城。相思一夜枕邊生。　脈脈暗肌消瘦盡，懨懨斜臥數殘更。教人愁思不分明。（《詞學季刊》第一卷第三號頁一四七）

□□□

香霧空濛。嘆如水流年，盡付東風。露冷衫薄，花落庭空。繡緯偷泣香紅。念當時嬌小，泥郎鬭草月明中。如今但對，碧紗窗寂寂，斜倚薰籠。　夢殘橫釵墜鬢，無語不勝情，舊恨重重。雲母屏深，水晶簾冷，翠幄深鎖香濃。錦壺催曉箭，淺春微暖口脂融。盼歸期、懨懨瘦損，愁坐珠櫳。（《詞學季刊》第一卷第三號頁一四七）

清平樂　天竺果鸚鵡

綠窗晚霽，顆顆珊瑚細。小婢不知愁滋味，誤喚作相思子。玉堂香霧空濛，輕垂翡翠簾櫳。無賴畫廊鸚鵡，驚寒罵殺西風。（《詞學季刊》第一卷第三號頁一四七）

浣溪紗

兩岸紅樓萬柳條，興亡何處問前朝。且貪明月趁今宵。　花氣侵筵催魯酒，香風吹袂薄吳綃。夜烏啼斷五更潮。（《詞學季刊》第一卷第三號頁一四七）

清平樂　閨怨

春江波綠，又別伊時候。不解離愁重阿堵，忍見陌頭楊柳。　鶯兒偏上枝啼，夢兒不到遼西。羨煞梁間燕子，呢喃衹是雙棲。

風風雨雨，那管人淒楚。舊約春歸春又去，已是一天紅

雨。　　杜鵑休向儂啼，況儂更是思歸。誰念孤舟病客，夢魂夜夜空飛。（《詞學季刊》第一卷第三號頁一四八）

閒中好　題碎錦畫集

閒中好，畫理悟精深。一片明光錦，如囊百納琹。（北京瀚海2003年第38期週末拍賣會0018）

方橋頌

在昔漢時，郙閣有頌，孫翁思惟惠利，爰造方橋，乃勒石作頌曰：鄞奉之交，江水湍急。爰有方橋，中流兀立。緜歷歲時，岸欹梁廧。風雨爲阻，商旅不行。卓哉孫翁，集訾重建。以鐵易石，用銀巨萬。今翁往矣，遺惠永存。我作頌詞，昭示子孫。（北京華匯中藝2018年春季拍賣會0235）

題自畫牡丹

曾見大滌子所畫牡丹，古厚筆墨，都超塵表，如山中宰相，無人間肉食相也。（《清道人擬古畫册》）

題自畫花葉

趙撝叔畫自可喜，都中人爭購其書。可笑，可笑。（《清道人擬古畫册》）

題自畫竹石圖

雨窗對竹寫此，蕭蕭瑟瑟，頗有憔悴可憐之態。或謂其不類春竹，不知余胸中正有此一團秋氣耳。（《清道人擬古畫册》）

題自畫蒲草圖

蒲草，今粵中山中處處有之，以盂植之呈几上，夜讀可明目。

《爾雅》:"蘱,薃侯。"郭氏謂"似蒲而小",小徐云"今以織履屨",則非蒲草明矣。《龍龕手鑑》有云:"蘱草,一名鼎童,似烏尾,可食。"尤可証也。家藏元畫師沈繼《爾疋圖》殘題此爲蘱,因辨之。蕊儂并記。(《清道人擬古畫册》)

題自畫觀雲圖

南北極之外有冰海,冰海之外有雲海。雲海者,塵海也。沈之則終身迷罔不得出焉。朝一狀焉,莫一狀焉。其始也中而興,屯屯而不得上,眇而稗如,薆而繢如。已而栩栩然、蔑蔑然、烝烝然而作,密如堂者,嶧如簏者,屌如塘者。淹者,廠者,稅者,運者,傒者,浡者,狡者。如馳迅,如貙猛,如麞惴惴兮而若有慄也,忻忻兮若有喜也,玡玡兮若甚自得也。媞媞兮若美人之翩翻,舒窈糾兮而不可說也。忽黝忽墨,忽溢忽滅,丕丕而崇,泯泯而没。是以聖人能游于其表,上士入之而不迷,中士迷之而能寤,下士化雲,風而東焉,不自知其東也;風而西焉,不自知其西也;風而南焉,不自知其南也;風而北焉,不自知其北也。遇飆風則騖,和風則祁祁。故曰衆人從風,聖人御風。梅杜多雨窗寫觀雲圖,因戲題。(《清道人擬古畫册》)

題畫竹

古稱喜氣畫蘭,怒氣畫竹,予有何怒,槎槎丫丫,如在萬馬軍中矣。(《張大千詩文集編年》頁三八一)

題蕉石鵪鶉圖

畫當以造化爲師,低首古人,終是畫史。於冷清清地見此,遂抽豪寫之,誠非錦屏中人所能領略也。清道人。(朵雲軒 1997 年秋季拍賣會 0296)

題自畫松石便面

松筠老弟言博物者也。松當歲寒而不雕,試研此理,亦可以居

亂世,特立不懼矣。清道人。(南京博物院藏)

題自畫幽蘭團扇

滋蘭九畹,樹蕙百畮,世亂鄰彊,未有不重育才者。梅庵并畫。
(南京博物院藏)

題自畫蒼松圖

此黃山松也,自盤古以來,不與世通,不似泰山松低首受秦封
也。迺秋仁兄法家正之,清道人。(湖北博物館藏)

題自畫黃山松圖

醉後寫黃山雨中一株,覺雲氣瀣瀣出紙上。曉籟先生知音一
笑。清道人。(北京瀚海 2020 年秋季拍賣會 0376)

題自畫竹筍圖

竹笋謂之竹孫,亦取子孫眾多之意。古人以竹箭比賢才,玉筍
亦讚賢子弟。晴窗作畫四幀,以賀康伯仁兄大人儷喜。弟李瑞清。

　　案:畫共四幀,僅見一幀。

題自畫松石扇面

惟松與石,可共歲寒。風雪彌天,庶不寂寞。寫贈仁山八哥一
笑。清道人。(無錫博物院藏)

題自畫古梅圖

世之畫梅者多稱楊補之、王元章,余于前賢畫派了不知,酒後戲
以鐘鼎筆法寫此古某一株,觀者當于武梁祠中求之耳。清道人。
(《紫蘭花片》1923 年第 9 期)

題自畫山水團扇

畫貴深遠，天游雲西。荒荒數筆，近耶？遠耶？少軒仁兄大人正之，瑞清。（《張大千的老師——曾熙、李瑞清書畫特展》頁九〇）

題倣八大山人山水軸

昔八大山人謂，畫法兼之書法。此幅戲用秦相權文筆法，縣鋒寫之，未可但以畫理求之耳。清道人。（上海敬華 2005 年秋季拍賣會 0701）

題倣石濤山水軸

大滌子有此本，題云：青山本是無情物，寫到荒涼亦可憐。清道人。（中國美術館藏）

題汪律本花卉團扇

宋人小品也，菊友以自運之筆橅，曾見南沙相國意爲此。阿梅。（中國嘉德 82 期週末拍賣會 1967）

題自畫春山庭院蒼松長卷

一、細草如茵，落紅滿地。簾幃中必有畏春寒不出者，卻不知寂寞了露井桃花也。錦屏人忒看的這韶光賤。題罷三歎。鐙窗寫此，誤以燕支作□，遍地如落紅，因題此。二、時方隆冬，松乎松乎，冰雪正未有已時也。祉皆姑父之命，清道人阿梅。（上海國際商品 2001 年秋季拍賣會 0407）

案：祉皆即公姑丈姚良楷也。

題自畫草石靈芝扇面

久不畫，冷氣自生，一洗古今爲快。清道人并畫。（北京誠軒

2005 年秋季拍賣會 0440）

案：該扇另面係公爲姚景瀛節録張附鳳題《聽雨樓圖卷》詩序。

跋魏墓誌三種

一、《孟敬訓墓誌》：三志中以《司馬景和妻》爲最佳，以其用筆峻也。清道人。二、《司馬昇墓誌》：此誌善用縮筆，妙在有不盡之致。清道人。三、《李超墓誌》：《李超志》已開唐法矣，大似經生書。沖甫得一搨，極可愛。清道人。（西泠印社 2015 年秋季拍賣會 2606）

跋王翬南溪高逸圖

此石谷晚年筆也，所熔鑄百家，都歸腕底，宜南田翁之天才亦傾倒也。余生平所見先生巨迹至多，如此卷者，不過十品，誠爲難得矣。此卷以范寬之筆收納元人之精神，而以沈厚超邁之氣出之，此其所以神也。申伯先生得此，亦可以自豪矣。不勝歎慕。清道人。（北京匡時 2013 年秋季拍賣會 0318）

案：該手卷著録於《虚齋名畫續録》頁一二四〇。

跋端方藏石濤上人山水册

瑞清生平極好石濤畫，故所見尤多，斷以此册爲第一。曾於湘中友人處得見，册本吳荷屋中丞筠清館所藏，中丞精鑒賞，大約擇其尤精者合褾一册，故紙質大小不一，似非一時所畫。中丞於湘中多善政，建立湘水校經堂，所造士多知名者。匋齋尚書撫湘時無意中忽得此册，湖南大小學堂皆創設於尚書，自今湘人士頌之不衰，是此册之流傳與湖南掌故有關，不獨遇合之奇也。李瑞清謹誌。（《石濤上人山水册》，有正書局）

跋陸治枚乘獨坐圖

陸包山先生隱支硎山，有明高士也。善畫人物、山水、花鳥，靡不工。余曾見余友蔣夢萍孝廉藏陸畫極夥，皆至精妙之品。有士女一幀，直可與錢舜舉雁行。其山水平日雖青綠設色之作，五色爛然，然皆有枯逸冷峭之致。此幀獨雄渾古厚，不易得也。清道人題。（紐約大都會博物館藏）

跋蘭亭硯兩方拓本

昔見張叔未解元得《子產廟碑》殘石，製爲硯，極古雅可愛。今蓮村先生得《蘭亭》殘（石），琢成研兩方，江左風流，如在几席間也。張解元當妬煞。清道人。（仲威編《紙上金石——小品善拓過眼録》頁二三五）

跋俞原藏廣武將軍碑碑陰拓本

余論書，古隸不取漢以後，今隸不取唐以後。然六朝古隸高麗之《好大王》、苻秦之《鄧艾祠》及此，又不能不低首。此碑極奇肆，無復拘苦之態，寇謙化爲今隸，遂成別格。此以摩崖體入格作碑，尤學書者不可不知也。語霜先生以爲何如？清道人。（仲威著《善本碑帖過眼録續編》頁一二二）

跋文徵明醉翁亭記

文待詔書其轉換處全出吳興，而堅卓超妙則魯直之遺也。董香光未出以前，天下莫不習待詔書。觀此卷，宜人之頰首斂袵也。清道人。（蘇州博物館藏）

題陳淳花卉圖卷

墨華懷馨。白陽山人此卷蕭閒淡逸，誠仙筆也。夏日讀之，如坐梅花下嚼冰雪也。因以四字奉讚，并用荒率枯寂之筆篆之，勿與肉食人共讀也。清道人。（鈴木敬編《中國繪畫總合圖錄》第一卷，頁一七〇）

題華嵒花鳥堂幅

新羅山人畫超逸簡淡，如深山高士，無一筆爲世俗人所能畫。余曾藏山人小册子，爲王石丈攜去，今不知歸何處。忽覩斯幀，觸余舊感，不獨今昔友朋之樂也。誰庵先生命題，李瑞清。（《名人書畫集》第三十集）

跋程邃爲梅壑散人畫秋山圖卷

善學古人者，必善變古人者，乃能自立耳。如但極意橅仿古人，不能自出己意，匠人皆能之，此奴畫耳。昔米襄陽學右軍，人皆謂其集古字，後由得勢一語悟入，盡變面貌，乃真右軍神髓也。此卷乃垢道人晚年極意之作，況其爲查梅壑先生畫乎！以渴筆仿巨然，別立門戶，此畫中米襄（陽）也。元倪高士畫高逸淡遠，觀者但以爲此倪派耳，不知其實學荆、關，此秘惟南田翁窺見，因論垢道人畫及之。齡孫吾兄大藏家鑒定，清道人。（鈴木敬編《中國繪畫總合圖錄》第二卷頁一一六）

跋顏真卿書放生池碑

古人之學顏書者，必先從《多寶塔》以正其點畫，然後習《畫像贊》以明其筆法，《郭家廟》以強其間架，《中興頌》以宏其魄力。坡老稱魯公書從王右軍得筆，余觀有唐諸大家，面目雖則不同，究其取法，莫不上祖晉賢，豈獨魯公爲然！顏書《放生池碑》與《東方先生畫贊碑》同一筆意，由此出唐入晉，揭精取華，書道可舉一三反矣。米元章、蔡君謨爲有宋二大宗，米老則號稱得力於《放生池碑》，蔡公則自言好學《中興頌帖》，故當有宋之時，士大夫之淡墨渴筆者，風氣爲之一變。趙吳興追師鍾、王，目無宋人，然其所書《太湖石贊》，又取法於《蔡明遠帖》，董華亭氏雖亦高言二王，實䑛《多寶塔》以窺《蘭亭》。乾隆時，錢南園於舉世重董書之時，獨好顏書，藝林學者胥於柔側而達堅正之途，故自嘉道以來之書家，幾幾乎全桃魯公矣。余謂公書執鍾、王以後之牛耳者已千有年，其所書也，一碑有一碑之面貌，一帖有一帖之特長，豈同執一不二者比哉！松雪氏有言，得古人真墨一二紙，習之即足名世。況此是魯公最得意之筆，且以其殘而又不易得。今子華先生得之，其足寶也。清道人。（《舊拓乞御書放生池碑、白雲堂帖合册》，上海碧梧山莊）

案：《白雲堂帖》後有鄭孝胥己未四月跋。

跋趙松雪臨智永書真草千字文

松雪公書法雖自稱專力二王，然其初學行草，則取法永師《千文》。永師本大王七世孫，自亦有其家學之䑛來。董華亭書負明清兩代之隆譽者達三百年，初於公書雖每含貶辭，迨至晚年，始自審勿如。觀於上跋，不又顯然若揭哉？夫以上下三百年兩文敏公之大手筆得彙敘一堂，不可謂非藝林之佳話。華生頌方家藏是帖，欲質余言，以記其可寶。余展觀全帖，妙處華亭言之已詳，甚且董公因不能摹刻傳世，致有相見恨晚之言，余則覩此妙筆，且幸得濫竽於二公之側，私又引以爲平生快舉。維其一恨一快之間，胥足重是帖之身價，而貽墨林以趣史者也。頌方其寶藏之。清道人。（《趙松雪臨智永書真草千字文》，求古齋書局）

案：該帖尚有董其昌跋。曰："往余與公書每自度在喻、亮之間，比見此册，猶之觀於海者難爲水，今而後其敢再於無佛處稱尊耶？"又曰："展觀之餘，嘆爲希世寶物，惜余年老力衰，不能親自勒之《戲鴻堂》中，徒增相見恨晚之感耳。"

題李瑞荃藏錢南園小楷杜詩册頁

南園通政小楷杜工部五言律詩三十四首。阿筠復于金陵得此册，極自珍秘，似比前年譚大武所得尤精。然雖同書杜詩，而字體稍大，或時有先後歟？清道人。（華藝國際（北京）2020年秋季拍賣會0254）

案：該册頁前有李瑞荃自署"錢南園手錄杜詩小真書精迹"。

跋汪鍾霖藏翁同龢臨婁壽碑

此常熟師晚年隸課也。當德宗朝，能書者天下未能肩隨吾師者也。吾師書兼劉文清、錢侍御、何道州之勝，晚年尤推服道州，故於隸課最勤。道州書本納篆隸入行艸，惟吾師傳其秘。此臨《婁壽》，沉鬱頓挫，爲致精品。甘卿吾兄同年寶之。清道人。（臺灣藏家提供，曾迎三先生惠示）

題李瑞荃藏汪士慎乞水圖

汪巢林先生乞水圖。阿筠得汪巢林《乞水圖》，懸之齋壁，如坐梅花下嚼冰雪也。清道人。（《木雁齋書畫鑒賞筆記》第四册，頁三〇二二）

題虛谷畫枇杷圖

虛谷上人，余未見其人，觀高聾題，大氐亦海上高流也。其畫下筆如風，隨意塗抹，皆成逸趣。此幀畫枇杷，纍纍如綴金，坐其下，若咽洞庭五月涼也。雨亭君所藏，今以貽頌周先生。清道人題。

案：虛谷款云："友山仁兄大人屬，即教之。虛谷。"高邕戊戌三月跋曰："雨亭以友山所貽虛谷和上畫屬題。"則此畫經友山贈雨亭，復由雨亭轉贈頌周也。

跋黃易舊藏景君碑

《景君碑》上師《盂鼎》，下開《天璽》，余極好之。篋中所藏，一明拓淡墨本，一濃墨本，則乾嘉時拓也。耐庵世兄出示此册，紙黝古，小松故物，惜未攜全碑爲一一考之。云尚是先師沂州夫子舊藏，令我展讀，如在京師侍几硯時也。清道人。（中貿聖佳 2021 年春季拍賣會 3961）

　　案：册後尚有陳祺壽丁巳八月廿五日跋。沂州夫子即丁立鈞，曾任沂州知府。

臨古十一帖跋

　　臨鍾繇《薦季直表》：橅太傅書，時時露隸法。

　　臨王羲之《快雪時晴帖》：《快雪帖》當知其蘊蓄異唐人。

　　臨王羲之《二謝帖》：余去年見大令《鴨頭帖》墨跡，與右軍此帖皆類海岳書，何耶？

　　臨王獻之《中秋帖》：此帖殊乏静氣。

　　節臨《蘭亭序》：米老得此帖最深，蓋無筆不折，無折不超。

　　臨顔真卿《湖州帖》：不若《座位》神妙。

　　臨蘇軾《穎沙彌帖》：上承魯公，下啓香光。

　　臨黃庭堅《跋争座位帖》：超健若鶚。

　　臨米芾《臨沂使君帖》：學米當得其折處，余好六朝兩漢碑，帖學了不留意，曉窗臨此，亦希有事也。

　　臨王獻之《送梨帖》：董香光臨此便覺忙亂，乃知晉人書品之高。

　　臨歐陽詢《張翰帖》：嶮峭大變晉法，當書《皇甫碑》年書。（轉引自陳立果《長沙市博物館館藏〈李瑞清臨古十一帖〉研究》，《文物鑑定與鑑賞》2019 年 24 期，頁八至一一）

　　案：據陳立果先生惠示，該册後有徐崇立、汪恩至、雷愷跋。

徐跋曰：“清道人籍隸臨川，生長長沙，與余過從最早，得其書畫甚多。其臨碑帖善用濃墨，光黑如漆，唯題畫率用畫筆，故多淡墨。然臨碑不如其臨帖之肖，而好高談碑版，惜乎不及劉、何、翁之老壽而遽止於此也。是册臨古亦具體而微，每段後多綴小跋，董香光、劉石庵、吳荷屋諸家已開其先，而帖後題字作北碑書爲罕見。未題年月名字，疑有闕佚，或是少作耶？文濱先生獲此屬題，爲述肊見如此。壬午天中節前四日，七十一叟徐崇立。”汪跋曰：“梅庵於國變後始居上海，滿髮大衣，儼然道士。本名瑞清，遂曰清道人，懸玉楳花盦道士牌於巷口。書法由館閣體，間習《閣帖》，晚乃宗《崔敬邕》，專心篆隸。此册爲中年所書，筆法遒媚，較平時臨池者尤覺精采，可寶也。壬午長至節，爲文濱先生題此。老萊汪恩至。”雷跋曰：“清道人書名重一時，人第知其臨北碑之肖，而不知其臨帖之工，即如此册所書，幾欲亂真，絕無牽强板滯，可謂善學古人者矣。文濱先生得之，屬爲題記。時壬午冬月，晚知雷愷年六十有五。”

與子藩姻丈書

　　子藩姻丈大人閣下：前與貴局巡警交涉一案，當由敝堂監學官戴令與貴局陳區長面商。貴區長謂此事應歸兩處自辦，當由敝校庶務長分別革斥懲辦矣。忽奉來函，意在詰問，不勝皇悚。其中情形大不相同，請老姻丈細核情理，或派公正科員密詢居人，是非自顯然明白矣。但瑞清平日不肯縱容學生，更不至袒護夫役，當亦老姻丈可相信者也。

　　夫役彭貴被巡士用棍擊傷，頭部血流被面，當因貴區官商歸自辦，故未送局請驗。敝校放假後，無職守之夫役亦已請假歸家，其有職守者隨時有驅使，亦不得聽其自由出入。即全行結隊而出，亦不得有百餘人之多，敝堂有名册可點驗也。安可以街市烏合之眾皆歸罪於敝堂？此所不敢承認者也。陳區長既給以歸各自辦，何以又捏詞上告？今既停止刑訊，敝堂又無懲罰用刑之權，只有斥革驅逐，不知更有何辦法，請示遵行。敬請勛安。瑞清頓首。（中國嘉德 2016 年春季拍賣會 2022）

與陳伯芳書

芯之姻丈大人閣下：別久思深，去歲得手書，開歲來滬，驟悦無量。日日打聽，廣東船到則遣价相迎，如遇大風，尤令人懸念。二姊則通夜不能成寐。頃得遞中書，知只請得吾丈一人護照，故尚未得成行。二姊異常著急，本求吾丈來者，爲攜海印同來也。何以只請一人護照，豈又爲延宕計耶？且今年既擬來，現在必未進學堂，而此間學堂既貴，半路更難插班，豈不又悞一學期而又曠壞小孩？況太遲則瘴氣又起，此間本爲吾丈謀得二事，以失期另聘它人矣。來否？請賜一的音。如來，動身乞發電，以便如期相接，免使人日日空望。如吾丈實不能來，亦不妨明以相告如何爲難，以便另爲設法。總之，今年無論如何必須接海印來，實不忍見二姊日日挂念，日夜無寧時也。專此奉告，竚望賜報。春和珍衛。侍奉太姻丈、母大人萬福。清道人頓首。

去歲送吉祥號女冒，因催款與敬之辦喜事之用，故不好與惡言催逼，故用頓法。聞款又未還，貴州綢又只帶一匹，真令人可歎。款尚請催用。（中國嘉德四季第 43 期拍賣會 1310）

與康有爲書

南海先生同年閣下：頃有徐計甫前輩之令弟丹甫兄欲一望顏色，計甫爲公舊交，丹甫爲人高潔好學，言行不苟，幸進而教之。春深景和，杖履安隱。清道人頓首。（《康有爲往來書信集》頁一九一）

與小川先生書

小川先生閣下：久不相見，但有懷仰，頃何以自娛耶？有友人有書畫求售，素聞公蒐羅，囑紹介左右，其人尚本分，不至過於虛索耳。陰雨苦悶，敬頌起居多福。清道人頓首。

　　去年曾求舍親章用之謀館一事，千乞留意，無任盼禱。（《香書軒秘藏名人書翰》頁六二三至六二五）

與李瑞荃書　二通

　　筠盦三弟無恙：今日因事未能即行，特此奉告，恐宋三徒勞於往返也。餘不多道。雨悶，即問閫宅安吉。清道人便紙。初六日晨。（《熔冶古今書法的一代宗師——李瑞清》頁四五）

　　三弟阿筠無恙：是日與九哥歸，甚樂也。仲乾新婦生日，全家去吃壽酒，我便看影戲去矣。宋三云吾弟昨日當來，至今未來，頗爲懸念。和和近數日何如？能服溫補是大好機會，細心調護之，不可大意。餘不多及，望自珍攝。弟嫂安吉。兄清便紙。（《鄭逸梅收藏名人手札百通》頁一三一）

與王仁東書　二通

　　隆熱焗赫，無隆以憩。人來，辱書并賜武彝奇種四品，奉瓶開緘，驚喜過望。碧雲引風，白花浮碗，能使珠簾竹簟，午睡頓清，甘露冰漿，不足爲喻。感有無量。酸煙四，納其直，明日呈上。它俟面謝。旭莊先生閣下。弟李瑞清頓首。（《趙鳳昌藏札》冊二，頁一四七至一四八）

　　今日爲貧道齋期，未能躬到，送上叁圓，一補從前之不足，一爲今日之費，其不足者當補足之。又命書名刺印好納上。旭莊先生閣下。期清道人頓首。（《趙鳳昌藏札》冊二，頁一四五至一四六）

與陳銳書

　　久不相見，但有懷仰。相隔咫尺，不能過從，與萬里等耳。近日頗有述作否？前見陶心雲贈君史學經學諸齋額搨本，書文並美，欲

假一觀，幸包好予去人帶歸。伯弢老哥先生閣下。弟清頓。（陳鈞輯《褒碧齋篋中書》册下，頁二七）

與哈麐書　九通

少甫先生閣下：久闕瞻謁，但有懷仰。頃有友人藏有陶器一，其質極堅，敬呈法鑒，并求指示能直幾何。它俟面話。秋晴，珍衛。清道人頓首。

少甫先生閣下：有友人從湘中來，攜有古瓷缾求售，特囑送呈法鑒。劉君讀書本色，非市賈。如合尊意，可明白示一確價，易成直也。春陰多雨，千萬珍衛。清道人頓首。

少甫先生閣下：明日六句鐘之約謹改後日六句鐘，特此奉聞。敬請刻安。清道人頓首。（以上，北京保利 2013 年秋季拍賣會 4696）

承十八日召飲，貧道十七早到舍弟處，須數日方能歸也。謝謝。尊藏造像，漢國乃漢陽郡，皇瓜縣即黄瓜縣也。貧道有考據一長編，未能書也。少甫先生閣下。清道人頓首。（《李瑞清手札精粹》頁六至七）

少甫先生閣下：頃有友人遠行，留其家室於此，困不可言。家有古甆花瓶，求暫押百圓，以資日食。求駕臨鑒定，如以爲可，乞代爲設法也。秋涼，敬頌起居安隱。清道人頓首。

適作畫，以畫筆爲之，可發一噱。（《李瑞清手札精粹》頁一六至一八）

少甫先生閣下：頃有至友張履翁帶有古瓷數件，乞爲鑒定，并指示價直途徑，以免受賈人之欺，感且不朽。它望一一明告之。霜晴，珍衛。清道人頓首。（《李瑞清手札精粹》頁一四至一五）

少甫先生閣下：前至友張履翁送上瓷器二事，如合尊意，乞賜一實價告之，便於定議。張履翁本吾道中人，非市估，不必留價也。因急於回里，不願久稽滯也。霜寒，珍衛。清道人頓首。（《李瑞清手

札精粹》頁一二至一三）

　　承賜鎮紙、煙碟，感謝不可言。造像當即題上，農髯先生在坐，已與言之，但農髯先生未見尊藏造像頌，多拓數紙來，方好題也。并抄示各跋。少甫先生閣下。清道人頓首。（《李瑞清手札精粹》頁四）

　　少甫先生大慈善家閣下：不見已久，懷仰殊深。頃有舊僕蔡福田病腫，近又患瘧甚重，先生可否於紅十會醫院一言，俾該僕得以住病院醫治之？感且不朽。該僕曾同貧道於危城槍林，且亦奉清真道徒也，幸愛憐而援之。夏熱，珍衛。清道人頓首。（《李瑞清手札精粹》頁二〇）

與王震書

　　一亭先生閣下：江子誠兄以歲暮需款，欲將所藏最精妙之粗文及杜東原、黃尊古三畫求押度歲，一切手續當詣面商也。想公俠義，必能許之。晴暄，珍衛。清道人頓首。（株式會社 2016 年秋季拍賣會 0717）

與篠崎都香佐書　十四通

　　承示各書畫，梁山舟幀是其老筆，嘉道間最有名，世稱王夢樓、梁，又梁聞山一幀真而不精，張二水山水畫筆極超雋古逸，而款字無其縱橫盤空氣象，嫌其稍平實。法家以為何如？竹卷平平，無可愛處，去留皆無不可，前冬心佛、得天冊子，已購之否？二物時時往來吾心目中也。冬晴頗寒，佳想安善。篠崎先生執事。清道人頓首。二水款字細閱卻有拙氣，是明人書也。然又非瑞圖書，何也？

　　人來，承示各畫，陳曼生隸幅最精，沈石田畫亦其真迹，用筆沈着，設色古雅。程畫僞品，不足存也。曼生字尤無平日習氣，可愛。冬晴頗寒，佳想安善。篠崎先生執事。清道人頓首。

　　人來，承賜佳茗，珍感珍感。示書畫香光手札大佳，便面亦皆真迹，即金亦明製也。卒卒不及多報。苦熱，珍衛。篠崎先生執事。

清道人頓首。左沖。

　　笪江上不佳，陳曼生隸書有習氣，無書味。胡公壽小幀，船上數人鈎衣數筆，非名手不能。篠崎先生閣下。清道人頓首。（以上，佳士得 2018 年秋季拍賣會 1458）

　　頃見李士達立軸一幅，仿宋元人筆墨，頗精，特令送呈法鑒，其直可由公面議也。陰寒，珍衛。篠崎先生閣下。清道人頓首。（佳士得香港 2020 年 11 月拍賣會 1611）

　　錢滄洲者不佳，文徵明墨梅畫頗秀，而題款無清勁之氣，亦僞作也。皆無可留賞之品。今日貧道有小譙，大約三鍾後必歸家拱候也。篠崎先生閣下。清道人頓首。

　　人來，垂示書畫三軸，惟高岑一幀精，可留。李畫真而不佳，張書佳而不真。艸艸奉覆，敬頌篠崎先生春祺。清道人頓首。（以上，佳士得香港 2020 年 11 月拍賣會 1612）

　　文嘉便面極佳，魏學濂圖章乃有補痕，字亦平平，無精彩也。此覆，篠崎先生閣下。清道人頓首。（佳士得香港 2020 年 11 月拍賣會 1613）

　　承示字幅，真迹也。文卷初視絕佳，細審乃知贋作。作僞乃有如此能手，奇哉！奇哉！篠崎先生左右。清道人頓首。

　　昨日持來倪鴻寶書，崛强可愛，青主一幅亦是妙品，皆不可失者也。長春真人印無味。篠崎先生左右。清道人頓首。

　　石濤畫真且精，其竹近數百年無此手筆矣。陸相國書聯，書無足取，其人可敬也，後人必不輕視之矣。篠崎先生閣下。清道人頓首。（以上，佳士得香港 2020 年 11 月拍賣會 1614）

　　案：封套曰："原件奉納。篠崎先生手啓，清道人。"

　　各畫梅道人贋作也，餘皆真。今日幸蚤臨，石田翁册籤題好并奉納。篠崎先生閣下。清道人頓首。

　　案：封套曰："篠崎先生台啓。"書曰"石田翁册籤題好并奉納”，當指《沈石田山水册》（佳士得香港 2020 年 11 月拍賣會 1616）：“沈石田先生山水册，神品。清道人。”

曹雲西畫佳，乃補款，恐董晚年仿倪作也。且園指畫惡劣，以君所藏鍾進士對看，自然明白矣。篠崎先生閣下。清道人頓首。

案：封套曰：“外銀書并呈。篠崎先生台啓。”

篠崎先生閣下：頃者辱臨，承厚賜，隆情厚誼，感何可言。但鄙人於先生佩其平日赤心待友，願結交爲朋友，故不憚勞爲執事貢其愚。學問切磋，亦朋友應盡之義務，故不以取財爲快，閣下報我以赤心可也。隆餽敬納，乞察焉。霜寒，珍重。清道人頓首。

萬不可另購他物，徒費財無益也。千萬千萬。

遺書一本并奉納。

奴輩蒙賞，謝謝。（以上，佳士得香港 2020 年 11 月拍賣會 1615）

與徐乃昌書

命書畫扇，揮汗報，草草殊未能佳。明日十二句鐘後即詣尊處爲公作代理人，一一均望公扶攜之。今日之會不能至，以須小小料理，又無事諮商也。積餘老哥同年。弟清頓首。

諸公前幸一一致意。（福建東南 2018 年春季拍賣會 0190）

與王繹和書

可魯表弟閣下：頃辱手書，《龍壁山房文集》尚未尋得，貧道所存者詩集也，奉上，荒唐可笑。文集似曾有之，乃廣東所印，向子振丈開板者也。入書海中，一時不能得，得之即奉寄也。春陰無悰，清想安吉。清道人頓首。（《李瑞清手札精粹》頁七〇）

與許鑅書　二通

幻園仁兄先生閣下：頃辱手書，承旅泰之約。今日適先有友人

面約,且係初交,未便辭謝。特此奉謝。春雨,佳想安善。清道人頓首。(廣州華藝國際 2017 年春季拍賣會 0424)

幻園先生閣下:頃得手書,承公召飲,比來筆債山積,年内須了之件尤多,未得奉陪,殊爲邑邑。幸鑒。艸艸奉謝。冬寒,珍衛。清道人頓首。(《清代名家法書——九歌堂藏珍》頁八五)

與季佛先生書　二通

飲水詞并家芸甫高從祖册子并納上,昨上書納書中,題籤亦在内。季佛先生。弟清頓首。

(前闕)多録近詞,瀹我心脾也。曲本尚未題,稍遲奉上。季佛詞兄,弟清上。令舅致問。楊花詞更乞録一通。(以上,唐吟方編著《近現代名人尺牘》頁五三)

與吳鑄書　八通

宋畫二軸收到,郭河陽一軸甚佳,日内乞將五千金一軸攜來共一校,則可定矣。昨日大飽,謝謝。劍弟閣下。清道人頓首。

麓臺畫假不待言,無研究之賈直,文點亦不佳。劍弟足下。清道人頓首。

人來,適九哥在座,明當起早牀一行,然苦道士矣。劍弟閣下。清道人頓首。

人來,辱書,當即與九哥共酌之。高册仍納上,非南皐老人手筆也。它俟面話,敬祝新歲萬福。劍弟足下。清道人頓首。

明日飯後當同九哥到漫畫齋去看畫也。劍弟足下。清道人頓首。

九哥今日在貧道家,速來吃麵。劍秋吾弟閣下。清道人頓首。

劍弟閣下:九哥攜老伯墓誌藁來,古茂淵懿中而見性情語,其銘詞直欲過中郎,弟試讀之,知非道人一人之私言也。雨悶,何以自娛耶? 清道人頓首。

劍弟足下：送來畫、字二軸，翁臨《化度》一册此册最精呈法鑒。今日有一同鄉爲其父壽，亦在晚六句鐘，其人非商，不能不去一應酬之。它俟面話。冬晴，珍衛。清道人頓首。（以上，《李文潔公書札》，北京泰和嘉成 2018 年秋季拍賣會 1084）

與慈明先生書

慈明先生閣下：頃託陳根翁轉達各情，乃蒙俯允，感謝不可言。恐在今晚舍親出事，惠假貳百圓，敢乞擲下，年内歸款，決不有誤。瑣瀆不罪。天寒欲雪，敬頌起居百福。清道人頓首。十二月初五晚。（南京博物院藏）

與錢芥塵書

芥塵先生閣下：久闕瞻謁，但有企仰。敝藏石谷子做巨然，辛亥夏貧道得於京師，以六百圓得之。當時名畫滿張素壁，此幅一懸，諸畫皆無精彩，可以懸而驗也。以圖畫丁丁之。翦去頭尾，辛亥江南城破，城門出入搜查，恐其累贅，行篋未便多攜物件，是以去之，如子固落水《蘭亭》也。兹因挹芬擱淺，而貧道所不足者財也，只得將秘篋藏珍品假其暫救然眉，餘三幅皆故藏，真而紙本不好。公如援手，挹芬儘可放心押之，至一切手續歸挹芬自行接洽可。春和，佳想安善。清道人頓首。（故宫博物院藏）

案：該書與王翬《做巨然煙浮遠岫圖》合裱一幅。

與夏敬觀書四通

來詩削盡詩家例語，陳、鄭外，近人無能爲此者矣。當勉爲小詩奉報。數年未嘗拈筆，詩徑茅塞，未知能成句否？并擬補圖以紀雅游，已寫去向沈、程索句乎？盦人老哥詩家。弟清頓首。

晚間成小詩，奉呈詩家一笑，未能如君戛戛獨造也。盦人詩學長。弟清頓首。

案："晚間成小詩"當指《雞鳴寺與范季遠沈鳳樓程野吾夏劍丞集豁蒙樓登望》。

人來，承賜石青、朱墨，珍感珍感。尊聯尚未落墨，以上石，未便艸艸，稍暇當報以佛像。然有青無綠，不能作唐宋筆墨爲可恨耳。劍丞先生吾兄。清道人頓首。

連日趕出節貨，故尊處聯尚未落墨也。顏色直六十七圓，納上。劍丞吾兄閣下。清道人頓首。（以上，《夏敬觀友朋書札》卷三，頁二七九至二八四）

與李健書　二通

新婦病何如？面赤宜慎服藥。《秦璽》二卷攜來，及《張猛龍》并同交下。刻印章刀，欲借一閱，以便照打。阿乾三郎。清道人便紙。（複印件，曾迎三先生惠示）

阿乾三郎無恙：……小石於博物舉翔東代之，翔東功課甚佳，但不知筆下編撰何如耳。謹當與細商之。《崔敬邕墓誌》當寄與汝矣。（轉引自陳照心明《李健生平簡表》）

與汪文綬書十一通

佩丞仁兄公祖大人閣下：敝友劉伯翁欲一瞻學堂規橅，乞閣下接待引導之。匆匆，敬叩勛安。弟李瑞清頓首。

則弟當偕汪鞠翁、季銅翁走談。佩翁仁兄大人閣下。弟清頓首。

印刷所亟宜整頓，刷印既惡，而用費太多，或改用排字聚珍本。乞細核比算，從暑假前定議。庶務長汪大人。初十日。

聞安徽祁門尚無人，前有補招一二處補覆進堂，請一查定奪。汪大人。廿六。

打掃夫乃出入要地之人，非可輕易更動，誥誡可也。未可因與繙譯下人口角，不問曲直，遂爾屏斥。以後革斥人，須得庶務長之認可。汪大人。十七。

小學堂製備木槍及體操器具、小學堂桌子,以上二項均仿湖北學堂備辦。小學堂宜注意添英文,小學堂教習宜往鐘英參考。小學堂表酌上,乞將數目填定委員。弟意欲將可裁之員調補,不另添津貼。本堂人言免人太多,如此辦法,則所謂易免員爲辦事之人,免至裁汰,人言亦可稍息矣。未審尊意云何? 畬起,日露雲際,而寒驟增,當是雪兆,起居何如? 佩翁先生。弟清頓首。

王教員嘉曾畬來商,欲居本堂樓上。後傳稽查委員詢明樓房,本堂教員由日本回者尚不夠住,則王教習仍以住小學堂爲是。候新齋舍造齊,再爲商量,望告知之。佩翁仁兄。弟清頓首。

聞自辦手摺,感甚。堂長津貼亦請代酌,勿客氣。又照《欽定章程》,小學堂不設英文,弟欲添此一科,以爲將來習專門之豫備。且初時其本靈較速,且東洋高等小學無不有此科。手摺亦陳明之,並論數語。又頓首。

高郵聘教習,學務處來函,催之甚急。速成畢業,例須留堂數人。已將錢樹模派往,且高郵屢起風潮,非學問、教授向來好者未便派往,以全本堂名譽。汪大人。初一日。

佩臣親家大人閣下:昨書想已達覽。家庶母率舍弟明日早車動身,望公得書後到狀元境泰安棧同看。如果合式,一切費心拜託。雨悶,珍衛。清道人頓首。

佩丞親家大人閣下:頃因事未能動身,恐勞公往返,特此奉告。明後日方能行也。連雨悶人,珍重。清道人頓首。初六辰刻。

陳令翰撤差收發事,煩乞酌之。佩翁先生。弟清頓首。(以上《清道人書翰卷》,王中秀先生提供,曾迎三先生惠示)

案:該卷今爲日本京都博物館藏,後有李瑞荃、于右任、葉楚傖、彌吉郎跋。李瑞荃跋曰:"右先仲文潔公赤牘,爲光緒甲辰、乙巳間監督兩江師範學堂時致汪公佩丞先生者。時汪公乙太尊爲學堂提調,與先仲志同道合,一切深資臂助,故時多商榷。時余在鄂,歲必來金陵省兄,即爲與汪公訂交之始,繼成莫逆。汪以其次

女茂繁妻余次子任，遂聯姻好矣。庚申秋，先仲見背，汪公於丙寅
亦相繼逝世。頃其八世兄建侯攜此見示，紙墨猶新，而音容俱渺，
哀哉！世變後，匪氛日熾，劫掠頻仍，建侯兄能于倉皇避亂中，懷
之襟袖間，乃能保此，其志有□□者。讀竟泫然，爲之謹注於後。
筠盦李瑞奇。時同客金陵，庚午夏四月也。"甲辰公尚未監督兩江
師範，且其間尚有鼎革後所作者，李瑞荃所言不確。

附録三　人物小傳

是傳係參考《民國人物大辭典》、《清代官員履歷檔案全編》、《碑傳集三編》、《碑傳集補》、《廣清碑傳集》、《辛亥人物碑傳集》、《民國人物碑傳集》、《中國近現代人物名號大辭典》、《光宣詩壇點將錄箋證》、《汪辟疆文集》及網絡文獻編輯而成，並據行狀訃告，於陳説譌誤之處，間有匡正。所有生卒年月均以陰曆編次。

安維峻（1854—1925）

字曉峰，號槃阿道人，晚號柏崖。甘肅秦安人。光緒六年（1880）進士，選庶吉士，授編修。十九年（1893）遷都察院福建道御史。後因疏斬李鴻章革職，發軍臺。主講掄才書院。二十五年（1899）釋還歸里。三十三年（1907）充禮學館顧問。宣統二年（1910）授内閣侍讀，充京師大學堂總教習。鼎革後，歸里著書。有《諫垣存稿》、《望雲山房詩集》、《四書講義》。

八指頭陀（1851—1912）

法名敬安，字寄禪。俗姓黄，名讀山，湖南湘潭人。同治七年（1868）入湘陰法華寺出家。因於阿育王塔前燃二指供佛，故號八指頭陀。歷任上封寺、大善寺、潙山密印寺、天童寺住持。民國後，任中華佛教總會會長。有《八指頭陀詩集》。

（美）包文 A. J. Bowen（1862—1944）

美國伊利諾伊州人。畢業於訥克司大學。光緒二十三年（1897）來華。任匯文書院院長。辦《興華報》。創辦金陵大學堂，并任監督。

寶熙(1871—?)

字瑞臣,號沈盦。滿洲正藍旗人。光緒十八年(1892)進士,歷任翰林院侍讀、國子監祭酒、內閣學士、度支部右侍郎、學部左侍郎、山西學政、憲政編查館提調、修訂法律大臣、總理禁煙事務大臣、實錄館副總裁、崇文門副監督。民國後,任北京大總統府政治顧問、參政院參政。有《東游詩草》等。

卞緒昌(1861—1910)

字纘甫,號柳門。江蘇儀徵人。寶第長子。光緒十一年(1885)拔貢。歷任户部浙江司行走、安徽鳳潁六泗道、巡警道。宣統二年(1910)卒於任。

(日)波多博

東亞同文書院畢業。民國十二年(1923)二月,宗方小太郎病卒,接任東方通訊社社長。後任《上海日報》總經理等職。著有《中國國民革命史》。

蔡乃煌(1859—1916)

字克儉,號伯浩,又號絜園。廣東番禺人。光緒十七年(1891)順天鄉試舉人。以道員分發湖南,主礦務局、善後局。光緒三十三年(1907),遷郵傳部左參議,兼署右丞。三十四年(1908),改上海道臺。民國四年(1915),任贛、寧、粵三省禁煙特派員,廣東鴉片專事局局長。編有《絜園詩鐘》、《約章分類輯要》。

蔡楨(1883—1948)

字嵩雲,號柯亭。江西上猶人。兩江師範學堂博學農物科畢業,後執教於河南大學。著有《詞源疏證》、《樂府指迷箋釋》、《柯亭長短句》。

曹廣權（1858—1934）

字德興，一字東寅，晚號拙庵。湖南長沙人。清季舉人。歷任禹州知府、禮部參議。有《南園詩集》。

曹廣楨（1864—1945）

字蔚叟，號枚舫。湖南長沙人。廣權弟。光緒十八年（1892）進士。歷任刑部郎中、吉林提學使。

曹元忠（1865—1923）

字夔一，一作揆一，號君直，晚號甌雲、凌波。江蘇吳縣人。屢試不第。捐內閣中書。歷任學部圖書館纂修、禮學館纂修、內閣侍讀、資政院議員。著有《箋經室遺集》。

（日）長尾甲（1864—1942）

字子生，號石隱、雨山、無悶。日本贊岐高松人。西泠印社社員。畢業於東京大學，創設東京美術學校。歷職東京高等師範學校教員、商務印書館編譯室主任。光緒二十九年（1903）來滬，民國三年（1914）歸國。

陳葆恩

字墨憨。廣西桂林人。李瑞清姑丈。嘗任貴州鎮遠縣知縣。鼎革後，任英領事署文案。

陳寶琛（1848—1935）

字伯潛，號弢庵，桔叟，別署聽水老人、滄趣樓主。福建閩侯人。同治七年（1868）進士，授翰林院庶吉士，旋遷翰林院編修。歷任甘肅鄉試正考官、翰林院侍講、右春坊右庶子、江西學政、內閣學士兼禮部侍郎、署理南洋大臣。後因薦人失察，被黜歸里。宣統三年（1911）起復，以侍郎候補任皇帝授讀，爲溥儀漢文師傅，兼慶親王奕劻內閣弼德院顧問大臣。張勳復辟，授議政大臣。有《滄趣樓詩文集》。

陳寶箴（1831—1900）

字相真,號右銘,晚號四覺老人。江西義寧人。咸豐元年(1851)舉人。歷任浙江按察使、湖北按察使、直隸布政使、湖南巡撫。於湖南籌辦新政,設礦務局、鑄幣局,創南學會、時務學堂,創辦《湘報》。戊戌政變後即被革職。

陳伯芳

字苾之。江蘇人,徙居曲靖。李瑞清庶母陳氏之弟,從李瑞清學書。任雲南省立第三師範學校英文教員。嘗購藏錢灃手稿《錢氏族譜言行紀略》,民國十二年(1923)轉讓雲南省圖書館。

陳伯陶（1855—1930）

字象華,號子勵,又號九龍真逸。廣東東莞人。光緒十八年(1892)進士,授編修。歷充國史館協修,雲南、貴州、山東鄉試副考官,江寧提學使、布政使。有《瓜廬詩賸》、《孝經説》、《宋東莞遺民錄》。

陳方恪（1891—1966）

字彦通,江西義寧人。三立四子。宣統二年(1910)畢業於復旦公學。歷任《時報》、商務印書館編輯,江西圖書館主任,景德鎮稅務局局長,僞南京國學圖書館館長。有《陳方恪詩詞集》。

陳衡恪（1876—1923）

字師曾,號槐堂,又號朽道人。江西義寧人。三立長子。光緒二十八年(1902)赴日留學。歷任南通師範、湖南第一師範、北京女子師範、北京美術學校教員。有《槐堂詩鈔》、《中國繪畫史》、《染倉室印存》。

陳夔龍(1857—1948)

字筱石,一作小石,號庸庵。貴州貴陽人。光緒十二年(1886)進士。授兵部職方司主事。歷任順天府丞、太僕寺卿、留京辦事大臣、漕運總督、江蘇巡撫、兩湖總督、直隸總督、北洋大臣。鼎革後,隱滬不仕。有《花近樓詩存》、《松壽堂詩鈔》、《夢蕉亭雜記》。

陳懋森(1872—1942)

字賜卿,號休庵。江都人。優貢生。嘗任項城縣令。民國後,任寶山審判廳長、《江都縣新志》總纂。有《休庵集》。

陳慶年(1862—1929)

字善餘,號橫山鄉人。江蘇丹徒人。光緒十四年(1888)優貢生,授江浦縣教諭及經濟特科職銜。歷任湖南高等學堂監督、江楚編譯局主辦、江南圖書館主辦。有《古香研經室筆記》、《橫山鄉人類稿》。

陳銳(1861—1922)

譜名盛松。字純方,又字伯弢,號褱碧。湖南武陵人。光緒十九年(1893)舉人。官江蘇試用知縣。民國後,歷任湖南省長公署政治顧問官、湖南省通志局分纂、湖南省教育會會長。有《褱碧齋集》。

陳三立(1853—1937)

字伯嚴,號散原。江西義寧人。寶箴子。光緒十五年(1889)進士,授吏部主事。助父辦理湖南新政,戊戌政變後革職。後任江西鐵路公司協理、總理。著有《散原精舍詩文集》。

陳詩(1864—1943)

字子言,號鶴柴。安徽廬江人。諸生。師事吳保初。隱滬三十餘年。箸有《尊瓠室詩話》、《鶴柴詩存》、《霍隱詩草》。

陳樹屏(1862—1923)

字建侯,號介庵,晚號戒安。安徽望江人。光緒十八年(1892)進士,選庶吉士。歷任廣西融縣、湖北羅田、江夏知縣,蘄州、隨州知州等。

陳衍(1856—1937)

字叔伊,號石遺。福建侯官人。光緒八年(1882)舉人。十二年(1886)應劉銘傳之招赴臺北,泊歸里。後入張之洞之幕,籌辦《正學報》、《商務報》。歷任兩湖書院監督、官報局總理、京師大學堂教習、禮學館纂修、《福建通志》總纂、無錫國專教習等。有《石遺室詩話》、《石遺室詩文集》、《周禮釋義辯證》等。

陳毓華(1883—1945)

字仲恂,號石船。湖南桂陽人。留學日本。性耽吟詠,爲王闓運、梁鼎芬弟子。有《石船詩存》。

陳曾壽(1878—1949)

字仁先,湖北浠水人。曾祖沆。光緒二十九年(1903)進士。歷任廣東監察御史、北京政府國務院統計局主事、黑龍江及綏遠公署諮議。張勳復辟,授學部右侍郎。有《蒼虬閣詩集》。

陳貞瑞(1869—1960)

字墨西,號潛齋。湖南衡陽人。廩貢生。宣統元年(1909),留學日本。結識孫中山,入同盟會。歷任廣東惠陽縣、衡陽寧遠縣縣長。新中國成立後,任湖南省人民政府參事室參事、湖南省文史館館員。

陳中凡(1888—1982)

原名鐘凡,字覺元,別號斠玄。江蘇鹽城人。畢業於兩江師範學堂、北京大學。歷任北京女子高等師範、東南大學、金陵大學、金陵女子文理學院、南京大學教習,江蘇省文史館館長。有《清暉集》、《經學通論》、《陳中凡論文集》。

陳作霖（1837—1920）

字雨生，又字伯雨，號可園。江蘇南京人。光緒元年（1875）舉人。歷任崇文經塾教習、奎光書院主講、江楚編譯局分纂、兩江學務處參議、江寧縣志局總纂。有《可園詩存》、《可園文存》、《壽藻堂文集》。

程崇信（1864—1933）

字戟傅，湖南衡陽人。穌祥子。光緒十九年（1893）舉人。歷任陝西延安府知府，陝西洋務局、善後局、學務處、禁煙調驗公所提調，法政學堂監督。民國後，任衆議院議員、北京政府肅政院肅政使。有《詩補箋繹》。

程德全（1860—1930）

字純如，號雪樓。四川雲陽人。光緒十六年（1890）入國子監肄業。歷任直隸州知州、齊齊哈爾副都統、黑龍江巡撫、奉天巡撫、江蘇巡撫。民國後，任江蘇都督、内務部總長。後受戒天寧寺。

程穌祥（1847—1924）

字商霖，號息叟。湖南衡陽人。廩貢生。歷任東路轉運使、兩淮鹽道使、江蘇候補道。

程霖生（1886—1943）

字齡孫。安徽歙縣人。上海富賈，好收藏。輯有《石濤題畫録》。

程頌萬（1865—1932）

字子大，一字鹿川，號十髮居士。湖南寧鄉人。創辦湖北中西通藝學堂。歷任湖北補用通判、湖北自强學堂提調、湖北高等工藝學堂監督。有《楚望閣詩集》、《石巢詩集》、《美人長壽盒詞》。

程志和（1843—1915）

字樂安，江西新建人。祖焕采。同治七年（1868）進士，授工部主事,擢補虞衡司員外郎。後辭官歸里,主講白鹿洞、鵝湖書院。

褚德彝(1871—1942)

原名德儀,避宣統諱,更名德彝。字松窗,號禮堂,別號漢威、舟枕山民等。浙江餘杭人。工書,精碑版之學。有《金石學續録》、《松窗金石文跋尾》。

戴展誠(1867—1935)

字惠卿,號邃盦。湖南常德人。光緒二十一年(1895)進士,授翰林院庶吉士。歷任學部總務司員外郎、郎中右參議、湖南全省師範學堂監督。

鄧實(1877—1951)

字秋枚,別署枚子、野殘、風雨樓主。廣東順德人。簡朝亮門人。與同人創立神州國光社、國學保存會、南社,創辦《政藝通報》、《國粹學報》,主編《神州國光集》、《美術叢書》。

鄧希禹(1872—?)

原名沅,字芷谿,一作茝谿。自稱耐公。湖南永興人。王闓運弟子。光緒二十三年(1897),肄業兩湖書院。二十九年(1903),以知府歸鄂補用。三十年(1904),派赴日本考察政治。與程子楷、趙恆惕等組織求志社。辛亥時,任湘桂聯軍軍需部長。

狄葆賢(1872—1941)

字楚青,號平子,別署平等閣主、平情居士等。江蘇溧陽人。光緒間舉人。戊戌政變,避居日本。後創辦《時報》、《民報》及有正書局。有《平等閣筆記》、《平等閣詩話》。

丁寶銓(1866—1919)

字衡甫,號默存。楚州淮城人。光緒十五年(1889)進士。歷任

山西候補道、按察使、布政使，廣東布政使，山西巡撫。宣統三年
(1911)辭官歸里。

丁立鈞(1854—1902)

字叔衡，號恒齋、雲樵。江蘇丹徒人。光緒六年(1880)進士，選
庶吉士，授編修。二十一年(1895)，與同人創立强學會。歷任沂州知
府、南菁高等學堂總教習。撰《歷代邊事輯要》、《歷代大禮辨誤》。

端方(1861—1911)

字午橋，號匋齋。滿洲正白旗人。光緒八年(1882)舉人，歷任陝
西按察使、山西布政使、湖北巡撫、湖南總督、兩江總督兼南洋通商
大臣、粵漢川漢鐵路督辦。

段書雲(1856—1924)

字少滄。安徽蕭縣人。光緒十一年(1885)拔貢。歷任刑部員外
郎、軍機章京、廣東提學使、直隸清河道道員。民國後，任徐淮海清
鄉事宜督辦、湖北巡按使、北京安福國會參議院議員。

樊增祥(1846—1931)

字嘉父，號雲門、天琴、樊山。湖北恩施人。光緒三年(1877)進
士，授翰林院庶吉士。歷任宜川縣令、渭南令、浙江按察使、陝西布
政使、江寧布政使、暫護兩江總督。民國後，任參政院參政兼清史館
事。有《樊山政書》、《樊山全集》。

范當世(1854—1905)

原名鑄，字銅士、無錯。號肯堂、伯子。通州人。屢試不第。歷
任東漸書院講習、三江師範學堂總教習。工詩，有《范伯子先生全
集》。

范源廉(1876—1927)

字静生。湖南湘陰人。留學日本。歷任學部主事、京師大學堂

教員。民國後,任教育總長、中華書局編輯部長、北京師範大學校長、北京圖書館館長。

方守彝(1847—1924)

字倫叔,號賁初,又號清一老人。安徽桐城人。父宗誠。屢試不售。官太常寺博士。鼎革後,隱居不仕。有《網舊聞齋調刁集》。

馮煦(1843—1927)

字夢華,號蒿庵。江蘇金壇人。光緒十二年(1886)進士,授編修。歷官安徽鳳陽知府,山西按察使,安徽布政使、巡撫。後罷官回籍。民國後,任江淮賑務督辦,受聘纂修《江南通志》。善詩詞文,有《蒿盦類稿》、《蒿盦隨筆》。

符鑄(1886—1947)

字鐵年,號瓢庵,別署閒存居士。湖南衡陽人。晚居滬濱,鬻書畫自活。幼承家學,能詩善文,尤工書畫。有《晚静廬詩稿》、《鐵年先生書畫集》。

傅春官(1878—?)

字苕生。江寧人。優貢生。歷任潯陽觀察、江西勸業道尹、潯陽道尹、江西農務試驗場總辦、江西農務總會總理。有《江西農工商礦紀略》、《金陵歷代建置表》。輯刻《金陵叢刻》。

傅增湘(1872—1949)

字沅叔,別署雙鑑樓主人、藏園老人。四川江安人。光緒二十四年(1898)進士,改庶吉士,授編修。歷官國史館纂修、貴州學政、直隸提學使、中央教育會副會長。民國後,任肅政廳肅政使、教育部總長、總統府顧問、故宮博物圖書館館長。有《藏園群書經眼錄》、《雙鑑樓善本書目》、《清代殿試考略》。

傅築巖(1855—1938)

字壽慈,號良弼。安徽廣德人。歷官江寧通判、甘泉知縣。民國後,纂修《郎溪縣志》,未竣。

甘作蕃(1859—1941)

字屏宗,號翰臣,晚號非園主人。廣東香山人。僑寓上海。嗜收藏。

(日)亘理寬之助

兵庫人。歷任日本陸軍學校助教、三江師範圖畫科教習。

龔心釗(1870—1949)

字懷希、懷熙、仲勉,別署瞻麓、景張。安徽合肥人。光緒二十一年(1895)進士,選庶吉士,授編修。官至清國駐坎拿大總領事。嗜收藏,有《瞻麓齋古印徵》。

辜湯生(1857—1928)

字鴻銘,號漢濱讀易者。福建同安人。生於馬來亞檳榔嶼。早歲赴英留學,獲愛丁堡大學碩士學位。旋往德萊比錫大學改習工科,獲學士學位。歸國後,入張之洞幕。後任黃埔江濬治局督辦、外務部郎中、左丞。民國後,任北京大學教習。張勳復辟,授外務部左丞。有《讀易草堂文集》、《張文襄幕府紀聞》,英譯《論語》、《中庸》及《癡漢騎馬歌》。

桂念祖(1869—1915)

字伯華,江西德化人。光緒二十三年(1897)中副舉。支持康梁變法,主滬萃報館。戊戌政變後,趨金陵從楊文會學佛,沈酣內典。後東渡留學,客死日本。

郭人漳(? —1922)

字葆生,湖南湘潭人。松林子。歷任山西道臺、兩廣巡防營統領。民國後,授陸軍中將,任衆議院議員。

哈麐(1856—1934)

字少甫,别署觀津。回族。江寧人。曾任海上題襟館金石書畫會副會長、上海清真董事會總協董、中國回教學會幹事、上海紅十字會華洋義賑會董事等。精鑒賞,富收藏,有《寶鐵硯齋書畫》。

何天柱

字擎一,又作澄一。廣東香山人。清末秀才。追隨康梁。曾任上海廣智書局經理。民國後,任故宫圖書館主任。

何維樸(1842—1922)

字詩孫,號盤止、秋華居士,晚號盤叟。湖南道州人。紹基孫。同治六年(1867)副貢。歷任内閣中書、江蘇候補知府、上海浚浦局總辦。工書畫,精鑒别。鼎革後,寓滬鬻書。

(日)河井仙郎(1871—1945)

字荃廬,號九節丈人。日本西京人。西泠印社社員。工書,精篆刻。幾度來華,受知於吴昌碩。有《荃廬印譜》。

洪爾振(1856—1916)

字鷺汀,四川華陽人。光緒十五年(1889)拔貢。歷任溧陽、丹徒、丹陽知縣。後棄職,築鶴園自遣。晚居滬上。

胡朝梁(1879—1921)

字子方、梓方,號詩廬。江西鉛山人。陳三立弟子。嘗任兩江師範教習。民國後,歷任教育部社會教育司主事、内務部文職。精英文,與林紓合譯小説。有《詩廬詩文鈔》。

胡俊(1884—1940)

字翔冬。安徽和州人。李瑞清弟子。畢業於兩江師範。後赴日留學。歷任兩江師範、安徽省立第一師範、金陵大學教習。工詩，有《自怡齋詩》。

胡思敬(1870—1922)

字漱唐，號退廬。江西新昌人。光緒二十一年(1895)進士，授翰林院庶吉士。歷官吏部主事，遼瀋道、廣東道監察御史。張勳復辟，授都察院左副都御史。有《退廬全集》，輯刻《豫章叢書》。

胡嗣瑗(1869—1949)

字晴初，一作琴初，又字愔仲。貴州貴陽人。光緒二十九年(1903)進士，授翰林院編修。任北洋法政學堂總辦。鼎革後，歷官金陵道尹、江蘇將軍府諮議廳廳長。張勳復辟，授內閣閣丞。後任僞滿執政府秘書長。工書，善詩詞。有《直廬日記》。

胡小石(1888—1962)

名光煒，號倩尹、夏廬，晚號聖同、沙公。浙江嘉興人。李瑞清弟子。畢業兩江師範學堂。歷任北京女子高等師範、武昌師範、金陵大學國文系主任，西北大學、中山大學、東南大學、中央大學國文教習，吳越史地研究會理事，雲南大學、南京大學文學院院長。工書，通文史，有《願夏廬詩鈔》、《胡小石論文集》。

胡元倓(1872—1940)

字子靖，號耐庵，別署樂誠老人。湖南湘潭人。光緒二十三年(1897)拔貢。後赴日留學。歸國，創明德學堂、經正學堂。民國後，創設明德大學。有《耐庵言志》。

黃賓虹(1865—1955)

名質，字樸存，號賓虹，別署予向、虹叟。安徽歙縣人。廩貢生。任新奇中學國文教習，創立黃社，協編《國粹學報》、《國粹叢書》，發起組織金石書畫藝觀學會、爛漫社、百川書畫社，與鄭午昌合辦蜜蜂畫社。歷任昌明藝專、新華藝專、上海美專、北平藝專、杭州國立藝專、中央美院華東分院教習。工書畫。有《中國畫學史綱》。

黃楚九(1872—1931)

名承乾,號磋玖,晚署知足廬主人。浙江餘姚人。幼學醫,創設中法藥房、亞洲藥房,任董事。民國後,創辦新業公司、上海夜市物券交易所、九福公司、中華電影公司及新藥業公會。

黃鴻圖(1880—1940)

字咸和,號穉堂、菜根居士。江西臨川人。宣統二年(1910)舉人。嘗任職於陸軍部軍計司、郵傳部承政廳。民國後,客居鎮江、南昌等地。工書。

黃孝紓(1900—1964)

字頵士、公渚,號匔庵,別署霜腴、輔唐山民。福建長樂人。曾源子。民國後,與父隱居青島。後鬻畫滬上,主嘉業堂十年。歷任北大、北師大、青島大學、山東大學教習。精考據,善詩詞書畫,尤工駢文。有《匔庵文稿》、《碧慮商歌》、《勞山集》。

黃炎培(1878—1965)

字韌之,旋改任之,號楚南。江蘇川沙人。中國教育會發起人之一。後因宣傳革命下獄,出獄後赴日本。歸國,歷任川沙縣視學、勸學所總董、江蘇教育總會常任調查員、江蘇諮議局議員。民國後,任江蘇教育司司長、江蘇教育會副會長、上海地方協會秘書長、民盟中央常委。有《教育考察日記》。

黃曾源(1857—1935)

字石孫,一作石蘇。福建長樂人。光緒十六年(1890)進士,授編修。歷任五城監察御史,徽州、青州、濟南知府。能詩,好藏書。鼎革後,寓居青島。

黄忠浩(1859—1911)

字澤生。湖南黔陽人。光緒十四年(1888)優貢。歷任廣西右江鎮總兵、四川提督。有《黄黔陽遺詩鈔》。

(日)菅虎雄

福岡人。畢業於東京帝國大學。歷任第一高等學校教授、三江師範教習。

江標(1860—1899)

字建霞,號師鄦,別署笘誃、靈鶼閣主。江蘇元和人。光緒十五年(1889)進士,授編修。任湖南學政,整頓校經書院。助陳寶箴籌畫新政,組織南學會,創立時務學堂,辦《湘學報》。戊戌政變後,被革職。工詩文,富藏書。輯刻《靈鶼閣叢書》。

江孔殷(1864—1951)

字韶選、少泉,號百二蘭齋主人。世稱霞公。廣東南海人。康有爲弟子。光緒三十年(1904)進士,選庶吉士。授廣東候補水師提督。民國後,任英美煙草公司經理。

蔣國榜(1893—1970)

字蘇盦。江寧人。李瑞清弟子。師事馮煦、李詳、馬浮。後購小萬柳堂,易名蔣莊。能書,工詩文。輯刻《金陵叢書》。

蔣汝藻(1877—1954)

字元采,號孟蘋,別署樂庵。江蘇吳興人。光緒二十九年(1903)舉人。任學部總務司郎中。辛亥後,歷任浙江鹽政局長、浙江鐵路公司董事。精鑒別,富藏書。築有密韻樓,其書後多歸商務印書館涵芬樓。

金武祥(1841—1924)

字溎生,號粟香。江蘇江陰人。歷官廣東督糧道、兩廣鹽運使。

有《陶廬雜憶》、《粟香室文稿》。輯有《江陰叢書》、《粟香室叢書》。

（日）菊池謙二郎

日本茨城人。畢業於東京帝國大學。歷任第二高等學校校長、三江師範總教習。

康有爲（1858—1927）

原名祖詒，字廣廈，號長素、更生，別署西樵山人、天游化人。廣東南海人。光緒十四年（1888）赴京應試，上書光緒帝，籲請變法。二十一年（1895），主持公車上書，同年中進士。創辦《萬國公報》，組織強學會、保國會，施行變法。戊戌政變後，逃亡日本。創立保皇會。辛亥後歸國，參與復辟。有《新學僞經考》、《孔子改制考》、《大同書》。

蒯光典（1857—1910）

字禮卿，號季逑，又號金粟道人。安徽合肥人。光緒九年（1883）進士，授翰林院檢討。官淮揚候補道，擢候補四品京堂。後出任歐洲留學生監督，充京師督學局長。有《金粟齋遺集》。

況周頤（1859—1926）

原名周儀，字夔笙，號蕙風。廣西臨桂人。光緒五年（1879）舉人。官內閣中書。嘗入張之洞、端方幕。晚居滬上，鬻文爲活。工詞。有《第一生修梅花館詞》、《蕙風詞話》。

勞乃宣（1843—1921）

字季瑄，號玉初，又號矩齋、韌叟。浙江桐鄉人。同治十年（1871）進士。歷任保定府同知、南洋公學總理、求是書院監督、四品京堂候補、江寧提學使、京師大學堂總監督、學部副大臣。張勳復辟，授法部尚書。有《桐鄉勞先生遺稿》。

雷鳳鼎（1866—1922）

字儀臣，號菊農。臨川人。任兵部主事。鼎革後，隱居不仕。

有《拜鵑樓詩稿》。

雷恒(1867—1916)

字常伯,一字見吾。江西新建人。光緒三十年(1904)進士。任翰林院侍講、三江師範教習。

李葆恂(1859—1915)

字寶卿,號文石,別號猛庵、紅螺山人。奉天義州人。官至江蘇候補道。精鑒藏。有《紅螺山館詩鈔》、《梵天廬叢録》、《無益有益齋讀畫詩》。

李秉衡(1830—1900)

字鑒堂,奉天海城人。歷任冀州知州、永平知府、廣西按察使、山東巡撫。諡忠節。

李承緒

字達九。李瑞清族侄。歷任四川補用知府、江蘇候補道。

李翰芬(1864—?)

字顯宗,號守一。廣東香山人。光緒二十一年(1895)進士。官至廣西提學使。有《鄂輯載筆》。

李健(1882—1956)

字仲乾,號鶴然居士,別署鶴道人。江西臨川人。瑞清侄。清末拔貢。畢業兩江優級師範。官内閣中書。歷任湖南長沙師範、上海美專教習,檳榔嶼師範校長。工書畫。有《金石篆刻研究》。

李經邁(1876—1938)

字季皋,一字季高,安徽合肥人。鴻章四子。歷任三四品京堂候補,出使奥地利欽差大臣,光禄寺卿,江蘇、河南、浙江按察使,民政部右丞。張勳復辟,授外務部左侍郎。

李瑞荃(1871—?)

原名瑞奇,字衡仲,號毓華,又號筠盦、筠仲。瑞清弟。監生。任廣東候補知縣。工書畫,精鑒賞。

李世由(1879—1919)

字曉暾。江蘇寶應人。光緒二十九年(1903)進士。歷任清河、吳縣知縣。有《暾廬類稿》。

李叔同(1880—1942)

名文濤,又名岸,字叔同,號息霜,別號晚晴老人。浙江平湖人。生於天津。南洋公學畢業,赴日留學,組織春柳社。宣統二年(1910)歸國,任天津模範工業學堂教習,入南社。後任《太平洋報》、《文美雜誌》編輯,浙江兩級師範、南京高等師範教授。民國七年(1918)於杭州虎跑定慧寺出家,法名演音,號弘一。有《李息翁臨古法書》、《四化律比丘相表記》。

李希聖(1864—1905)

字亦元,一作亦園,號臥公。湖南湘鄉人。光緒十八年(1892)進士。歷任刑部主事、京師大學堂庶務提調。有《雁影齋詩存》、《雁影齋題跋》。

李詳(1859—1931)

字審言,一字媿生,號輝叟。江蘇興化人。貢生。歷任江楚編譯局幫總纂、安慶存古學堂教習。民國後,任江蘇通志局協纂、東南大學教授。能詩,工駢文。有《學製齋駢文》、《媿生叢錄》。

李興銳(1827—1904)

字勉初,號勉林。湖南瀏陽人。歷任江西、廣東巡撫,兩江總督。

李宣龔(1876—1952)

字拔可,號觀槿,又號墨巢。福建閩縣人。光緒二十年(1894)舉人。歷官江蘇桃源知縣、江蘇候補知府。民國後,任商務印書館經理、合衆圖書館董事。有《碩果亭詩》。其行誼見陳祖壬《墨巢先生墓誌銘》。

李翊煌(1850—1917)

字佩四,號博孫。江西臨川人。宗瀚孫,聯琇嗣子。光緒十二年(1886)進士。嘗主濂溪書院。歷官工部主事、河南知府。有《續述堂文集》。

李翊熲

字謙六。秉禮曾孫。光緒八年(1882)舉人。官乾州廳同知。

李有棻(1841—1907)

字薌垣,江西萍鄉人。同治十二年(1873)拔貢。歷官內閣中書、湖南候補知府、武昌知府、陝西布政使、護理陝西巡撫、江寧布政使、護理兩江總督、江西鐵路大臣。光緒三十三年(1907),溺斃。

李岳瑞(1862—1927)

字孟符,號春冰,別號郘雲、惜誦。陝西咸陽人。光緒九年(1883)進士。歷任工部員外郎、總理衙門章京。入保國會,參與變法。戊戌政變後革職。三十一年(1905),任商務印書館編輯。有《郘雲詞》、《春冰室野乘》。

李雲庵(1886—1957)

一名容恢,更名宏惠,號常定。江西臨川人。生於桂林。瑞清從弟。入同盟會。創春陽社、通鑑學社,宣傳革命。後預討袁戰爭,敗後流亡日本。旋赴蘇門答臘,爲日報主筆。參與北伐。晚歲退隱閒居。

李證剛(1881—1952)

名翊灼,以字行。江西臨川人。佛學、易學研究會發起人之一。

歷任中央大學、東北大學、北京大學教授。有《西藏佛教史》。

李之鼎（1865—1925）

字振唐，江西南城人。歷任澄邁、會同、陵水知縣。鼎革後，避地滬上。輯刻《宋人集》。有《宜秋館詩》、《宜秋館詞》等。

李宗棠（1869—1923）

字蔭伯，號少麟，別署千倉髯隱、千倉舊主。安徽阜陽人。光緒二十七年（1901），赴日考察學務。二十九年（1903），入趙爾巽幕。改發山西，歷任營務處總辦、巡警局督辦、師範警務學堂督理。三十一年（1905），改官江南。創設千倉師範學校、千倉實業公司。辛亥後，任安徽省立第五師範校長。有《考察日本學校記》、《千倉詩史初編》。

廉泉（1868—1931）

字惠卿，號南湖，又號岫雲山人、小萬柳居士。江蘇無錫人。光緒二十年（1894）舉人。官户部郎中。創辦翊實學堂、競志女中、上海文明書局。有《南湖集》、《夢還集》。

梁鼎芬（1859—1919）

字星海，號節庵。廣東番禺人。光緒六年（1880）進士，授編修。疏劾李鴻章，降爲太常寺司樂。歷主豐湖、端溪、廣雅、鍾山書院。入張之洞幕。任直隸知州、湖北按察使、布政使。鼎革後，徵爲溥儀教師。參與復辟。有《節庵先生遺詩》。

梁啓超（1873—1928）

字卓如，號任公。廣東新會人。康有爲弟子。光緒十五年（1889）舉人。二十一年（1895），與康有爲發動公車上書。創辦《中外紀聞》、《時務報》，任主筆。戊戌政變後，逃亡日本。創辦《清議報》、《新民叢報》。民國元年（1912）歸國，任司法總長、司令部總參謀、鹽務總署督辦、清華國學研究院導師、京師圖書館館長。有《飲冰室合集》。

梁葰(1864—1927)

一名英,字公約,號飲真、慕韓。江蘇江都人。諸生。任南京美專教習。工詩詞,善畫。有《梁公約先生畫册》、《端虛堂稿》。

廖可亭

江西臨川人。嘗入曾國藩幕,後辭官從商。爲清末揚州八大鹽商之一。

林開謩(1862—1937)

字益蘇,一作貽書,號放庵。福建長樂人。光緒二十一年(1895)進士。授編修。歷任河南學政、武英殿纂修、江西提學使、徐州兵備道。民國後,隱居不仕。

林紓(1852—1924)

原名群玉,字琴南,號畏廬,別署補柳翁、踐卓翁、冷紅生、蠡叟。福建閩侯人。光緒八年(1882)舉人。創蒼霞精舍。二十三年(1897)從事翻譯。歷任東城講舍、金臺書院、京師大學堂講習,京師譯書局筆述。民國後,任《平報》編纂,勵志書院、孔教大學講習。藉人口述共譯西洋小説一百七十餘種。有《畏廬文集》。

林述慶(1881—1913)

字頌亭,福建閩侯人。畢業於福建武備學堂。入福建學生聯合會、同盟會。辛亥率先攻入南京,任臨時都督。

林天民(1887—1948)

字希實,福建閩侯人。長民弟,徽因叔。光緒三十一年(1905)赴日留學,參與春柳社。歸國,創辦福州電氣公司。

劉炳照（1847—1917）

字光珊，號語石。江蘇陽湖人。諸生。工詩詞。有《無長物齋詩存》、《留雲借月盦詞》。

劉承幹（1882—1963）

字貞一，號翰怡。浙江吳興人。富藏書，築嘉業藏書樓。輯刻《嘉業堂叢書》、《吳興叢書》、《求恕齋叢書》。有《求恕齋日記》。

劉承烈（1883—1952）

字劭襄，號鄰林、墨園。湖南益陽人。師從李瑞清。留學日本，入同盟會。歷任實業廳廳長、醴陵瓷業公司總辦、西南政務委員會駐華北代表。

劉鳳起（1867—1933）

字未林，號真廬、威禪、未道人。江西南城人。光緒二十九年（1903）進士。授編修。任江西教育總會會長。參與辛亥革命。晚居滬上，鬻書畫自活。有《劉未林墨迹三種》。

劉富曾（1847—1928）

字謙甫。江蘇儀徵人。祖文淇，父毓崧，侄師培。世守家學，嘗應劉承幹之聘刪理《宋會要輯稿》。

劉坤一（1830—1902）

字峴莊，湖南新寧人。廩生。歷任直隸知州、廣西布政使、江西巡撫、兩江總督。籌畫東南互保，倡建師範學堂。卒於任。

劉師培（1884—1919）

字申叔，號左盦，又名光漢、無畏。江蘇儀徵人。光緒二十八年（1902）舉人。三十年（1904），任《警鐘日報》主筆，入光復會。旋任皖江中學教員。後赴日任《民報》編輯，入同盟會。歸國後，任兩江督

轅文案、三江師範教習、學部諮議。民國後，應袁世凱聘任總統府諮
議，充籌安會理事。後任北京大學教授。著述甚豐，有《劉申叔遺
書》。

劉世珩(1875—1926)

字聚卿，又字蔥石，號楚園，別署枕雷道士。安徽貴池人。光緒
二十年(1894)舉人。歷任江寧商會總理、天津造幣廠監督、度支部
左參議。富藏書，輯刻《聚學軒叢書》、《貴池先哲遺書》、《暖紅室彙
刻傳奇》。

劉體乾(1873—1940)

字健之。安徽廬江人。秉璋子。歷任蘇州關監督、東川道尹、
四川巡按使、江西財政廳廳長。

劉體智(1879—1962)

字晦之。安徽廬江人。秉璋子。任蕪湖大清銀行督辦、中國實
業銀行總經理、上海文史館館員。

劉廷琛(1868—1932)

字幼雲，號潛樓。江西德化人。光緒二十年(1894)進士。授編
修。歷任陝西提學使、學部右參議、京師大學堂總監督、學部副大
臣。鼎革後，隱居青島。張勳復辟，授內閣議政大臣。

柳詒徵(1879—1955)

字翼謀，號劬堂。江蘇鎮江人。歷任江楚編譯局編輯、兩江師
範教習，東南大學、北京高師、中央大學教習，國學圖書館館長，中國
史學會會長。有《中國文化史》、《國史要義》。

柳肇嘉(1884—1962)

字貢禾，號逸廬。江蘇丹徒人。李瑞清門人。畢業於兩江師

範。歷任江蘇省立第四師範、江蘇省立第一女子師範、國立武昌高等師範學校教習。建國後,任上海文史館館員。工書,善詩詞。編撰《江蘇人文地理》。

陸費逵(1886—1941)

字伯鴻。浙江桐鄉人。歷任新學界書店經理、上海書業商會書記、商務印書館編輯,創辦中華書局。

陸恢(1851—1920)

原名友恢,又名友奎,字廉夫,號狷叟。江蘇吳江人。善丹青,規模四王。有《陸廉夫先生編年畫册》。

陸樹藩(1868—1926)

字純伯,號毅軒。浙江歸安人。心源子。官内閣中書、江蘇候補道。光緒三十三年(1907),因經商失利,乃將皕宋樓藏書盡數售與日本静嘉堂文庫。

吕苾籌

字蓮蓀。湖南益陽人。歷任湖南督軍署秘書長、浙江省政府委員兼民政廳長、鐵道部常務次長。

羅長裿(1865—1911)

字退齋,號申田。湖南湘鄉人。光緒二十一年(1895)進士。授編修。歷任江南候補道、江蘇參謀處督辦、四川陸軍小學堂總辦、西藏督練公署兵備處總辦。

羅惇曧(1872—1924)

字掞東,號癭公。廣東順德人。光緒二十九年(1903)副貢。任郵傳部郎中。民國後,歷任北京總統府秘書、參議、顧問,國務院秘書等職。工詩。有《癭庵詩集》。

羅振玉（1866—1940）

字叔蘊，一字叔言，號雪堂、永豐鄉人，晚號貞松老人。浙江上虞人。秀才。創農學社、東文學社。歷任湖北農務局總理、江蘇師範學堂監督、學部參事官。鼎革後，避居日本，研習古文字學。民國十三年（1924），應溥儀召入直南書房。參與策畫僞滿洲國，任僞滿參議府參議、監察院院長。整理內閣大庫檔案，網羅安陽甲骨，貢獻尤鉅。有《殷墟書契菁華》、《三代吉金文存》等。

馬良（1840—1939）

原名志德，又名欽善、建常，教名若瑟，字相伯，號華封老人。江蘇丹陽人。獲神學博士學位。歷任徐家匯公學校長、駐神户領事、駐日使館參贊。創辦復旦公學。民國後，任南京府尹、總統府顧問、約法會議議員、憲法起草委員會委員、《天民報》總主筆。有《馬相伯先生文集》。

麥孟華（1875—1915）

字孺博，號駕孟、蜕庵。廣東順德人。光緒十九年（1893）舉人。康有爲門人。參與公車上書，入強學會、保國會。戊戌政變後，逃亡日本，協創《清議報》。有《蜕庵詩詞》。

冒廣生（1873—1959）

字鶴亭，一字鶴汀，號疚齋，別署小三吾亭長。江蘇如皋人。光緒二十年（1894）舉人。歷任刑部郎中、農工商部郎中、東陵工程處監修官。民國後，任甌海、鎮江、淮陰等關監督。工詩詞。有《小三吾亭詩》、《小三吾亭詞話》。

梅光遠（1880—1940）

字斐漪。江西南昌人。光緒二十三年（1897）舉人。歷任內閣中書、江蘇補用道、上海清丈局總辦、江南師範學堂監督、南洋勸業江西物產總理、暨南學堂監督。民國後,任南潯鐵路董事、衆議院議員。

繆荃孫(1844—1919)

字炎之,一字筱珊,晚號藝風老人。江蘇江陰人。光緒二年(1876)進士。授編修。歷任順天鄉試同考官,國史館協修,南菁書院主講,江楚編譯局主事,鍾山書院、京師圖書館監督。民國後,任清史館總纂。精於版本目錄之學。有《藝風堂藏書記》、《藝風堂詩存》、《藝風堂文集》。

閔荷生(1847—1936)

字少窗。江西奉新人。光緒二年(1876)進士。歷任户部主事、郎中,大名知府,江西諮議局、資政院議員。

莫棠(1865—1929)

字楚孫,一字楚生。貴州獨山人。友芝姪。官至廣東韶州知府。精鑒賞,富藏書。有《銅井文房書跋》。

聶其杰(1880—1953)

號雲臺。湖南衡山人。曾國藩外孫,緝槼子。歷任復泰公司經理、恆豐紡織新局總理、大華紗廠董事長。創辦中國鐵工廠、中美貿易公司、恆大紗號。

歐陽漸(1871—1943)

字竟無。江西宜黄人。蚤歲入經訓書院,肄習經史,後從楊文會學佛。任兩廣優級師範講習。承楊文會遺志經營金陵刻經處,創辦支那内學院。編印《藏要》。有《竟無内外學》、《竟無小品》。

歐陽錡(?—1902)

字君重。湖南武陵人。官刑部主事。

潘飛聲（1858—1934）

　　字蘭史，號劍士、獨立山人。廣東番禺人。葉衍蘭弟子。歷任柏林大學教授，《華字日報》、《實報》主筆。入南社。工詩詞，善書畫。有《説劍堂集》。

裴景福（1854—1926）

　　字伯謙，號睫闇。安徽霍邱人。光緒十二年（1886）進士。歷任陸豐、番禺、潮陽、南海知縣。民國後，任安徽政務長。精鑒賞，富收藏。有《睫闇詩鈔》、《壯陶閣書畫録》。

戚揚（1860—1945）

　　字升淮。浙江紹興人。光緒十五年（1889）進士。歷任安溪、侯官、南昌、臨川知縣，直隸知州，松江知府。民國後，任江西省省長。

齊白石（1863—1957）

　　名純芝，字渭清。易名璜，字瀕生。號借山翁、白石老人、三百石印富翁。湖南湘潭人。王闓運門人。少從胡沁園、陳少蕃學詩畫。任中央美院名譽教授。工書畫篆刻。有《齊白石作品集》。

錢溯耆（1844—1917）

　　字伊臣，一字聽邠。江蘇太倉人。鼎銘子。官内閣中書，直隸深州知州。

錢綏槃（1870—？）

　　字履樛。江蘇太倉人。鼎銘孫，溯耆子。諸生。官登州知府。

錢熊祥（1875—1966）

　　字冲甫，號聽松。浙江嘉興人。應溥子。工詩文。歷任陸軍部郎中、武選司幫辦。新中國成立後，入上海文史館。

秦樹聲(1861—1926)

字宥横,號乖庵。河南固始人。光緒十二年(1886)進士。二十九年(1903)舉經濟特科。歷任工部主事、曲靖知府、雲南按察使、提法使、廣東提學使。有《乖庵文録》。

瞿鴻機(1850—1918)

字子玖,號止盦,晚號迎巖老人。湖南善化人。同治十年(1871)進士。授編修。擢侍講學士。歷任河南、浙江學政,福建正考官,刑部左侍郎,禮部右侍郎,工部尚書,軍機大臣。光緒三十三年(1907),因罪受譴,罷官回籍。民國後,任參政院參政。張勳復辟,授大學士。有《超覽樓詩稿》。

饒士端(1861—?)

字直方,一字楨庭。江西南城人。光緒十八年(1892)進士。授編修。官甘肅鄉試正考官、江蘇候補知府。工書。

饒智元(1862—1914)

字珊朵,號石頑。湖南長沙人。官中書舍人。有《十國雜事詩》、《明宮雜詠》。

任福黎(1872—1946)

字壽國,號退思。湖南長沙人。錫純弟。歷任右江水師統領、柳州尋防營統領、湖南内務司長。創辦孔道學校。有《續弭兵會議》。

任錫純

字壽文。湖南長沙人。光緒二十一年(1895),主持湖南、江西舉人公車上書。同年舉進士。

瑞澂(1863—1915)

字莘儒,號心如。滿洲正黃旗人。貢生。歷任户部員外郎、江西按察使、江蘇布政使、巡撫、湖廣總督、憲政編查館大臣。

（日）杉田稔

日本大阪人。工學士。歷任高等工業學校助教、三江師範手工科教習。

沈守廉（1842—?）

字絜齋。浙江海鹽人。炳垣子。歷任刑部主事、工部郎中、永寧道觀察使。

沈桐（1854—1909）

字敬甫，號鳳樓，廣東番禺人。原籍浙江德清。光緒二十一年（1895）進士。歷任兩江學務處總辦、安東道尹。

沈瑜慶（1858—1918）

字志雨，號愛蒼，別署濤園。福建侯官人。葆楨子。光緒十一年（1885）舉人。歷任湖南按察使、順天府尹、山西按察使、江西布政使、貴州巡撫。有《濤園詩集》。

沈曾植（1850—1922）

字子培，號乙庵，晚號寐叟。浙江嘉興人。光緒六年（1880）進士。歷任刑部主事、員外郎、郎中。旋充總理衙門章京。擢安徽提學使，署理安徽布政使。張勳復辟，授學部尚書。邃學工詩。有《海日樓詩集》、《曼陀羅龕詞》、《海日樓札叢》。

盛宣懷（1844—1916）

字杏蓀，號次沂、補樓，別署愚齋。江蘇武進人。秀才。歷任上海輪船招商局會辦、湖北煤鐵礦物督辦、津滬陸綫電報局總辦，奏設中西學堂、南洋公學，創辦招商銀行。光緒二十六年（1900），與各國會訂“東南保護約款”。後任工部左侍郎、郵傳部尚書。有《愚齋存稿》。

孫雄（1866—1935）

原名同康，字師鄭，號鄭齋。晚號鑄翁、味辛老人、詩史閣主人。江蘇昭文人。原湘孫。光緒二十年（1894）進士。歷任吏部主事、京師大學堂監督。有《師鄭堂駢體文存》、《詩史閣詩話》。

譚鈞培（1828—1894）

字賓寅，一字序初。貴州鎮遠人。同治元年（1862）進士。授編修。歷官常州知府、湖南按察使、江蘇布政使、廣東巡撫、雲南總督。

譚延闓（1879—1930）

原名寶璐，字祖安，號無畏。湖南茶陵人。鍾麟子。光緒三十年（1904）進士。授編修。歷任中路師範、明德學堂總辦，湖南諮議局議長。組織憲友會。辛亥後，任湖南都督、省長兼督軍。工書。有《慈衛室詩草》。

譚澤闓（1889—1947）

字祖同，號瓶齋。湖南茶陵人。延闓弟。工書。

唐晏（1857—1920）

字元素，號涉江道人。滿洲鑲黃旗人。原名震鈞，字在亭，號憁盦。鼎革後易名。歷任甘泉、江都知縣，京師大學堂講習，江寧八旗學堂總辦。邃學工詩。有《涉江遺稿》、《兩漢三國學案》、《天咫偶聞》。

唐宗愈（1878—1929）

字慕潮。江蘇無錫人。畢業於京師大學堂。歷任奉天法政學堂總教、長春大清銀行總辦、江皖賑務會辦。民國後，任奉天都督府參事、黑龍江財政廳長、中國銀行常務董事、江蘇防災會副會長。

陶葆廉(1862—1938)

字拙存,號淡庵。浙江秀水人。模子。光緒間舉人。歷任浙江高等學堂監督、兵部員外郎、學部諮議、陸軍部軍計司郎中。有《辛卯侍行記》。

陶濬宣(1846—1912)

原名祖望,字文沖、號心雲、心耘,晚號東湖、稷山。浙江會稽人。光緒二年(1876)舉人。供職廣雅書局。工書。有《稷山論書詩》。

陶隆偉

字秀夫。江寧人。諸生。李瑞清門人。畢業於兩江師範。有《南史紀艷詩》。

陶牧(1874—1934)

字伯葒,號小柳。江西南昌人。晚客蘇滬。能詩詞,嗜收藏。

鐵良(1863—1938)

字寶臣。滿洲鑲白旗人。入榮禄幕。任户部、兵部侍郎。光緒二十九年(1903),赴日考察軍事。後任練兵大臣、軍機大臣、陸軍部尚書、江寧將軍。鼎革後,隱居不仕。

屠寄(1856—1921)

字敬山,一作静山,晚號無悶居士、結一宧主人。江蘇武進人。光緒十八年(1892)進士。歷任工部主事、黑龍江輿地局總辦、京師大學堂教習、武陽教育會長。民國後,任武進民政長、國史館總纂。有《蒙兀兒史記》、《黑龍江輿地志》、《結一宧詩略》。

汪國垣(1887—1966)

字笠雲,一字辟疆,號展庵,晚號方湖。江西彭澤人。畢業於京師大學堂。歷任心遠大學、北京女子大學、第四中山大學教授,國史館纂修。邃學工詩。有《方湖類稿》、《光宣詩壇點將録》。

汪孔祁(1887—1940)

字采白,號澹庵,別號洗桐居士。安徽歙縣人。律本侄,李瑞清門人。畢業於兩江優級師範。歷任國立中央大學、武昌高等師範、北京師範教習。擅丹青。有《采白畫存》。

汪律本(1867—1931)

字鞠卣,一作鞠友,號巨游、舊游。安徽歙縣人。光緒二十年(1894)舉人。任兩江師範教習。晚隱池州,資漁業以老。工詩詞,擅書畫。有《萍蓬庵詩》。

汪洵(? —1915)

原名學瀚,字子淵,號淵若。江蘇陽湖人。光緒十八年(1892)進士。授編修。工書畫。

汪詒書(1867—1940)

字頌年,晚號閑止。湖南長沙人。光緒十八年(1892)進士。歷任廣西學政、山西提學使,兼署布政使。著有《風雨廬稿》、《閑止老人遺著》。

汪贊綸(1839—1921)

字作蕭,號銅沙餘叟。江蘇常州人。光緒二十一年(1895)進士。歷任工部主事、涇縣縣令。民國後,創辦濟和典,任江蘇典業公會會長。工書。

汪鍾霖(1867—1933)

字岩徵,號甘卿,一號蟠隱。江蘇吳縣人。光緒十九年(1893)舉人。任職於《字林報》、《蒙學報》。後任駐奧參贊。民國後,入張勳幕,任馮國璋諮議官。晚居金陵。有《九通分類纂要》。

王秉恩(1845—1928)

字息存,一作雪澄、雪丞。四川華陽人。同治十二年(1873)舉人。入張之洞幕,任廣雅書局提調,輯刻《廣雅叢書》。歷任廣東提法使、按察使。民國後,寓居滬上。工書,精校讎。有《養雲館詩存》。

王崇烈(1870—1919)

字漢輔。山東福山人。懿榮子。光緒二十年(1894)舉人。任直隸候補知州、清史館協修。有《史宬存稿》、《智雨齋文集》。

王存善(1849—1916)

字子展。浙江仁和人。歷任虎門同知、招商局主持、漢冶萍公司董事。精碑版,善鑒藏。有《知悔齋檢書續目》,輯刊《寄青霞館弈選》。

王德楷(1866—1927)

字木齋。江蘇上元人。光緒二十三年(1897)副貢。有《娛生軒詞》。

王瓛(1847—?)

字孝玉,一作孝禹。四川銅梁人。清季舉人。官江蘇道員。後入端方幕。工篆隸,精鑒藏。

王國維(1877—1927)

原名國楨,字伯隅、靜安,號觀堂、永觀。浙江海寧人。以諸生留學日本。歷任南通師範、江蘇師範教習,學部圖書館編譯,名詞館協修。鼎革後,隨羅振玉赴日,嫥治經史古文字。後任南書房行走,爲溥儀老師。民國十四年(1925),任清華國學研究院導師。著述宏富。有《海寧王靜安先生遺書》。

王景沂(1871—1921)

字義門,號無飽、味如,後更名存。江蘇江都人。光緒間舉人。歷任內閣中書,長樂、新會知縣。支持維新變法。民國後,任北洋政府國務院秘書。有《澀碧詞》。

王闓運(1832—1916)

字壬秋,號湘綺。湖南湘潭人。咸豐七年(1857)舉人。入曾國藩幕。歷任尊經書院、思賢講舍主講,船山書院山長,江西大學堂總教習,禮學館顧問。民國後,任清史館館長、參議院參政。邃學工詩文,著述甚富。有《湘綺樓詩文集》、《湘軍志》、《春秋公羊傳箋》、《湘綺樓日記》。

王禮培(1864—1943)

字佩初,號潛虛老人。湖南湘鄉人。光緒十九年(1893)舉人。任湘鄉新式學校學監。後因"禹案"逃亡日本,入帝國大學習法政。辛亥後歸國,歷任河南大學教授、船山學社董事長。富藏書。有《前甲子詩篇》、《後甲子詩篇》、《掃塵齋文集》。

王龍文(1864—1923)

字澤寰,後易名補,號補泉、平養居士。湖南湘鄉人,祖籍江西廬陵。光緒二十一年(1895)進士。授編修。充國史館協修。後任箴言書院、船山書院山長。有《平養堂詩集》、《平養文待》。

王乃徵(1861—1933)

字聘三,又字病山、蘋珊,晚號潛道人。四川中江人。光緒十六年(1890)進士。授編修。歷任貴州巡按、湖北布政使。鼎革後,隱滬鬻醫。張勳復辟,授法部右侍郎。有《病山遺稿》。

王仁東(1852—1917)

字旭莊,又字剛侯、勗莊,號完巢。福建閩縣人。慶雲孫,仁堪

弟。光緒二年(1876)舉人。歷任内閣中書、南通知州、江安督糧道、
蘇州糧道、蘇州關監督。鼎革後,寓居滬瀆。有《完巢賸稿》。

王文韶(1830—1908)

字夔石,號耕娛,晚號退圃。浙江仁和人。咸豐二年(1852)進
士。歷官户部主事、湖北按察使、湖南巡撫、兵部侍郎、雲貴總督、直
隸總督、北洋大臣、軍機大臣、武英殿大學士。賜太子太保。有《王
文韶日記》。

王錫蕃(1850—1921)

字季樵,號康侯。山東黄縣人。光緒二年(1876)進士。授編修。
歷任福建學政、少詹事、禮部左侍郎。參與變法,薦舉林旭、嚴復等
人,戊戌政變後革職。主講信陵書院。宣統元年(1909)復官,補翰林
院侍讀學士。

王一亭(1867—1938)

名震,字一亭,以字行,號梅花館主、白龍山人。浙江吳興人,生
於上海。歷任日清汽船株式會社分社買辦、信成銀行董事長、滬南
商務總會總理、中國商業儲蓄銀行董事長、昌明藝專校長。與太虚
大師成立中國佛教會。擅丹青。有《白龍山人畫集》。

王允晳(1867—1929)

字又點,號碧棲。福建長樂人。有澍孫。光緒十一年(1885)舉
人。官婺源知縣。工詩。有《碧棲詩詞》。

魏光燾(1837—1916)

字光邴,號午莊,別署湖山老人。湖南邵陽人。歷任新疆布政
使,陝西巡撫,雲貴、陝甘、兩江總督,南洋大臣。有《慎微堂詩稿》、
《湖山老人述略》。

魏纕（1852—1921）

字復初，一字季詞。湖南邵陽人。源孫。諸生。工詩。有《泳經堂叢書》。

魏肇文（1884—1955）

譜名守瑋，字芷畹，號蘭生、選廷。湖南邵陽人。光燾子，李瑞清門人。光緒二十八年（1902），赴日留學，入同盟會。歸國後，授候補道。歷任度支部漕倉司京倉科科長、衆議院議員。

吳昌碩（1844—1927）

初名俊，字香補，後更字昌碩，號缶廬、苦鐵。浙江安吉人。秀才。任安東縣令。西泠印社首任社長。工書畫篆刻。有《缶廬集》、《缶廬印存》。

吳尃（1864—1921）

字闓生。山東海豐人。重憙子，陳介祺外孫，王懿榮壻。監生。歷任河南候補道、江安督糧道、兩淮鹽運使。

吳廣霈（1855—1919）

字瀚濤，號劍華道人、梅陽山人。安徽涇縣人。官至江蘇候補道。工詩，富收藏。有《石鼓文考證》、《劫後詠》、《南行日記》。

吳錡（1869—1934）

字劍秋，晚號錫五。江西宜黃人。光緒十六年（1890）進士。歷任工部主事、外務部郎中、福建交涉使。工書。

吳慶坻（1848—1924）

字子修，一字敬疆，號補松老人。浙江錢塘人。振棫孫。光緒十二年（1886）進士。授編修。歷任四川學政、湖南提學使、政務處總辦、資政院碩學通儒議員。鼎革後，移寓滬上，與同人結超社、逸社。

有《補松廬詩録》、《悔餘生詩集》、《蕉廊脞録》。

吳瑵(1865—1936)

字康伯。江西新建人。光緒二十九年(1903)進士。選庶吉士。歷任江蘇候補道、江寧提學使。好佛典,工駢文。有《復堂詩集》、《優缽羅室駢體文》。

吳士鑑(1868—1933)

字絅齋,號公詧、含嘉,別署式溪居士。浙江錢塘人。慶坻子。光緒十八年(1892)進士。歷任翰林院侍讀、江西學政。民國後,任資政院議員、清史館纂修。邃於學,尤精乙部。有《晉書斠注》、《含嘉室詩集》、《含嘉室文存》。

吳學廉(1853—1931)

字鑒泉,號劍隱。安徽廬江人。贊誠子。歷任淮陽海兵備道、淮安關監督。張勳復辟,授度支部左參議。

吳郁生(1854—1940)

字蔚若,號鈍齋。江蘇吳縣人。光緒三年(1877)進士。歷任民政部右侍郎、郵傳部左侍郎、軍機大臣、弼德院顧問大臣、四川督學。工書,善詩文。

伍廷芳(1842—1922)

字文爵,號秩庸。廣東新會人。生於新加坡。畢業香港保羅書院,自費留學英國。歸國後,入李鴻章幕,協辦洋務。歷任駐美兼使西班牙秘魯古巴欽差大臣,四品候補京堂,外務部、刑部右侍郎。辛亥後,任司法部、外交部總長。

武同舉(1871—1944)

字霞峰,號兩軒、一塵。江蘇海州人。清末拔貢。歷任海州直

隸州通判、三江師範教習、河海工科大學教授。有《江蘇水利全書》、
《兩軒賸語》。

(日)西本省三(1878—1928)

號白川。日本熊本縣人。東亞同文書院教習。師從沈曾植。
春申社發起人之一。創辦《上海周報》。有《大儒沈子培》、《現代支
那史的考察》。

夏敬觀(1875—1953)

字劍丞、盥人,號緘齋,晚號映盫。江西新建人。光緒二十年
(1894)舉人。後入張之洞幕,兼辦兩江師範。歷任復旦、中國公學監
督。旋署江蘇提學使。民國後,任浙江省教育廳長。工詩詞。有
《忍古樓詩》、《映盫詞》。

夏時濟(1855—1923)

字彝恂,號繭叟。湖南衡陽人。光緒十八年(1892)進士。歷官
户部主事、江西淮鹽督銷局總辦。有《繭叟近稿》。

夏壽田(1870—1935)

字耕父,號午詒,別號直心居士。湖南桂陽人。光緒二十四年
(1898)進士。授編修。任學部圖書館總纂。後因忤旨革職。宣統三
年(1911)起用,授朝議大夫。民國後,任湖北民政長、約法會議議員、
大總統府秘書。

向燊(1864—1928)

字樂毅,號抱蜀子。湖南衡山人。王闓運門人。出遊日本,肄
業弘文學院。歸國後,任南路實業學堂監督、諮議局議員。民國後,
歷任隴南觀察使、湖南湘江道尹、財政廳長。後棄官居滬。工書,富
收藏。

蕭俊賢（1865—1949）

字厔泉，號鐵夫，別署天和逸人。湖南衡陽人。歷任兩江優級師範、北京女子高等師範、北平藝專教習。擅丹青。有《蕭厔泉畫稿》。

蕭蛻庵（1876—1958）

字盅孚，號寒蟬。別署退闇、本無、旋聞室主。江蘇常熟人。入同盟會、南社。善書，諸體皆工。有《書道八法》、《蛻庵詩鈔》。

（日）篠崎都香佐

號磚軒。光緒二十六年（1900）於滬上創設篠崎醫院。任上海日本醫師會長。嗜收藏。

熊希齡（1870—1937）

字秉三。湖南鳳凰人。光緒二十年（1894）進士。奏設時務學堂，組織南學會，創辦《湘報》。戊戌政變後革職。二十九年（1903），趙爾巽奏請撤銷處分。歷任奉天財政局總辦、江蘇農工商局總辦、奉天鹽運使。民國後，任熱河都統、國務總理、湘西宣慰使。

徐崇立（1872—1951）

字健石，號兼民、瓵園。湖南長沙人。光緒二十九年（1903）舉人。官內閣中書。民國後，歷任常寧、江華、華容縣縣長，湖南省政府顧問參事專員。工書。有《瓵翁題跋》、《瓵園日記》。

徐乃昌（1868—1943）

字積餘，號隨庵。安徽南陵人。光緒十九年（1893）舉人。歷任淮安知府、江南鹽法道兼金陵關監督、江南高等學堂總辦。鼎革後，移寓滬上。精版本目錄之學，富藏書。有《積學齋藏書記》、《徐乃昌日記》。輯刻《積學齋叢書》。

徐紹楨(1861—1936)

字固卿,晚號學壽老人。廣東番禺人。光緒二十年(1894)舉人。歷任兩江總督衙門兵備處總辦、新軍第九鎮統制。武昌起義後,率軍攻入南京。任南京衛戍總督、廣州衛戍總司令、廣東省長。有《南遊草》、《道德經述義》。

徐鋆(1885—?)

字貫恂,號澹廬。江蘇南通人。貢生。民國後任浙江財政廳、隴秦豫海鐵路總公司秘書。有《碧春詞》。

許湞祥(1841—1924)

原名誦禾,字子頌,號介盦,晚號狷叟。浙江海寧人。槤子。官昭文知縣。有《狷叟詩删存》、《介盦駢體文賸》。

許鑅(1878—1929)

字幻園。上海人。光緒二十六年(1900),與李叔同、張小樓、蔡小香、袁希濂發起城南文社,號天涯五友。有《城南草堂筆記》。

宣哲(1866—1942)

字古愚。江蘇高郵人。歷任陸軍部主事、京師檢察官。辛亥後,移寓滬上。與黃賓虹創辦宙合社、貞社。工書畫,精鑒藏,尤以古泉收藏著聞於時。有《金石學著述考》、《寸灰集》。

楊度(1874—1931)

字皙子,號虎頭陀、虎禪師。湖南湘潭人。王闓運弟子。光緒十九年(1893)舉人。因被指康梁餘黨,逃亡日本。歸國後,任憲政公會常務委員長。辛亥後,任參政院參政、國史館副館長、籌安會理事長。

楊鈞(1881—1940)

字重子,號白心,晚號怕翁。湖南湘潭人。度弟。留學日本,歸里講學。工書,尤精篆隸。有《白心草堂詩集》、《草堂之靈》。

楊楷(1856—1932)

字端書,一字仁山,後易名道霖。江蘇無錫人。光緒十八年(1892)進士。列名强學會。歷任户部主事、柳州知府。民國後,任熱河實業廳長。其行誼詳見楊曾勗《先府君行狀》。

楊臨(1876—1945)

字仲莊,一字拜蘇,後更名晉。浙江杭州人。文瑩子。創辦群學會。官農商部主事。工書,嗜收藏。

楊守敬(1839—1914)

字惺吾,號鄰蘇老人。湖北宜都人。同治元年(1862)舉人。光緒六年(1880),隨黎庶昌出使日本,蒐討古籍甚力。歸國後,歷任黄岡教諭、兩湖書院教習、存古學堂總教長、《湖北通志》纂校。官内閣中書、禮部顧問官。民國後,任參政院參政。精於書法、板刻、輿地之學。有《隋書地理志考證》、《水經注疏》、《學書邇言》。

楊文會(1837—1911)

字仁山,號深柳堂主人。安徽石埭人。嘗任職於曾國藩部穀米局、江寧籌防局。後隨曾紀澤、劉瑞芬出使英法,考察政教。創辦金陵刻經處、佛學研究會。有《楊仁山居士遺著》。

楊增犖(1860—1933)

字昀谷,號延真閣主、曼陀樓主,晚號羼提居士。江西新建人。光緒二十四年(1898)進士。歷任刑部主事、熱河理刑司員、廣東署法院參事。民國後,任國史館協修、交通部推事。有《楊昀谷先生遺詩》。

楊鍾羲(1865—1940)

原名鍾廣,字子勤,一作芷晴,號留垞、雪橋、聖遺,晚號南湖鮮民。漢軍正黄旗人。光緒十五年(1889)進士。授編修。入端方幕。
歷任兩湖文高等學堂提調,仕學院教習,襄陽、安陸、江寧知府。有
《聖遺詩集》、《雪橋詩話》。

楊昭儁(1881—?)

字奉貽,號潛盦。湖南湘潭人。民國後,任肅政院書記。工書,
精鑒藏。有《吕氏春秋補注》。

姚明煇(1881—1961)

字孟塤,上海人。文棟子。歷任兩江優級師範教習、武昌高等
師範教務主任、南京國專館館長、東南大學教授、旦華大學教授、上
海文史館館員。有《反切源流考略》、《禹貢注解》、《蒙古志》。

姚文棟(1852—1929)

字子樑,號東木。上海人。嘗以參贊隨黎庶昌、薛福成出使日
英等國。歷任山西候補道、山西大學堂督辦。創辦江蘇第一圖書
館。充江蘇師範監督。富藏書,精輿地之學。有《東槎雜著》、《日本
地理兵要》。

姚文藻

字芷芳,號賦秋。江蘇蘇州人。嘗主《申報》、《字林滬報》。

葉昌熾(1849—1917)

字頌魯,號鞠裳。江蘇長洲人。光緒十六年(1889)進士。授編
修。歷任蕊珠書院講習、會典館纂修、國史館提調、甘肅學政、國子
監司業、存古學堂史學總教習。精金石、版本之學。有《語石》、《藏
書紀事詩》、《奇觚廎文集》。

葉德輝(1864—1927)

字奐彬,號郎園。湖南湘潭人。光緒十八年(1892)進士。授吏

部文選司主事。旋棄職歸里,潛心著述。民國後,任湖南教育會會長。有《郋園讀書志》、《書林清話》。

葉玉森(1880—1933)

字鑯虹,號荘漁、中泠亭長。江蘇鎮江人。留學日本。歷任鎮江縣立議會會員、蘇州高等法院檢察庭長、滁縣知事、上海交通銀行總管理處秘書長。能詩文,精甲骨文字之學。有《殷契鈎沉》、《研契枝譚》、《楓園畫友録》。

伊立勳(1856—1942)

字熙績,號峻齋,別署石琴老人。福建寧化人。官無錫知縣。工書。晚客滬鬻書。

易順鼎(1858—1920)

字實甫,號哭庵。湖南龍陽人。光緒元年(1875)舉人。補道員。甲午戰役後,兩度上疏,反對割讓臺灣。旋赴臺助劉永福抗日。歷任廣西右江道、太平思順道、廣東欽廉道。辛亥後,任印鑄局參事、局長。有《琴志樓詩集》。

易順豫(1866—?)

字由甫,一字禾由。湖南龍陽人。順鼎弟。光緒二十九年(1903)進士。官臨川知縣。有《琴思樓詞》。

印有模(1863—1915)

字錫璋。江蘇嘉定人。創立漢語電報編碼系統。繼任商務印書館總經理。

于式枚(1853—1915)

字晦若。廣西賀縣人。陳澧弟子。光緒六年(1880)進士。入李鴻章幕。歷任京師大學堂總辦、廣東學政、吏部侍郎。出使俄國、德

士。授編修。官廣西武鳴知府。有《環天室詩集》。

曾熙（1861—1930）

字子緝，號嗣元，一作俟園，晚號農髯。湖南衡陽人。光緒二十九年（1903）進士。歷任兵部主事、弼德院顧問、石鼓書院、龍池書院主講、湖南教育學會長。工書，號南宗，與李瑞清齊名。晚客滬鬻書。

曾習經（1867—1926）

字剛甫，號蟄庵。廣東揭陽人。光緒十八年（1892）進士。歷任戶部主事、度支部左丞、稅務處提調、印刷局總辦。有《蟄庵詩存》。

章華（1872—1939）

字縵仙，號嘯蘇。湖南長沙人。光緒二十一年（1895）進士。官郵傳部員外郎、軍機章京。有《倚山閣詩》、《淡月平芳館詞》。

章梫（1861—1949）

字立光，號一山。浙江寧海人。光緒三十年（1904）進士。授檢討。歷任國史館纂修、京師大學堂經文二科提調、北京女師校長。鼎革後，隱居青島。有《王章詩存合刻》、《一山文存》。

章士釗（1881—1973）

字行嚴。湖南善化人。畢業於兩湖書院、南京陸軍學堂、東京正則學校及愛丁堡大學。創辦《獨立週報》、《甲寅》雜誌。歷任國會衆議員、司法總長、教育總長、東北大學文學院長。有《柳文指要》。

章鈺（1865—1937）

字式之，一字堅孟，號蟄存、負翁，晚號霜根老人。江蘇長洲人。光緒二十九年（1903）進士。歷任刑部湖廣清吏司行走、京師圖書館編修。民國後，任清史館纂修。精校讎，富藏書。有《四當齋集》。

張彬(1869—?)

字簠樓。直隸南皮人。之洞侄。舉人。歷官內閣中書、江蘇候補道、江南通志局總辦。

張大千(1899—1983)

字季爰。四川內江人。李瑞清門人。留學日本。歸國後,於松江禪定寺出家,旋還俗。歷任中央大學教授、北平故宮博物院通訊專門委員。民國三十年(1941),赴敦煌臨摹壁畫。有《張大千書畫集》、《敦煌畫册》。

張謇(1853—1926)

字季直,號嗇庵。江蘇南通人。光緒二十年(1894)狀元。任學部諮議官。旋歸里興辦實業,創辦呂四鹽業公司、大生紗廠、通海墾牧公司。設南通師範學校。民國後,任農商總長、參政院參政、江蘇運河督辦、交通銀行總裁。有《張季子九錄》。

張鈞衡(1871—1927)

字石銘,號適園主人。浙江吳興人。光緒二十年(1894)舉人。家巨富,嗜藏書。輯刻《適園藏書》、《擇是居叢書》。

張美翊(1857—1924)

字讓三,號簡碩,晚號蹇叟。浙江鄞縣人。光緒二十年(1894)副貢。隨薛福成出使英法意比諸國。後入盛宣懷、張曾敭幕。晚歸里任寧波教育會長,編印鄉邦文獻。有《隸綺閣詩集》。

張其鍠(1877—1927)

字子武,號無竟。廣西臨桂人。聶緝槼婿。光緒三十年(1904)進士。歷任零陵知縣、南路巡防隊統領、南武軍統領、東三省保安司令、廣西省長。其行誼詳見張心洽《先府君行述》。

張人駿（1846—1927）

原名壽康，字千里，一字健庵，號安圃。直隸豐潤人。佩綸侄。同治七年（1868）進士。歷任廣西布政使、漕運總督、山西巡撫、廣東巡撫、兩廣總督、兩江總督。

張勳（1854—1923）

字少軒，一作紹軒，號松壽。江西奉新人。參與中法戰爭。歷任奉天北部軍事指揮官、江南提督兼江防大臣。辛亥，敗亡徐州。民國二年（1913）二次革命起，攻佔南京。六年（1917），擁溥儀復辟。既敗，遁入荷蘭使館。有《松壽老人自敍》。

張元濟（1867—1959）

字筱齋，號菊生。浙江海鹽人。光緒十八年（1892）進士。任刑部主事、總理各國事務衙門章京。創設通藝學堂。參與維新變法，戊戌政變後革職。後任南洋公學譯書院院長。經營商務印書館，建涵芬樓，主編《四部叢刊》、《續古逸叢書》、《百納二十四史》，出版《東方雜誌》、《教育雜誌》等刊物。

張之洞（1837—1909）

字孝達，一字香濤，號壺公，晚號抱冰。直隸南皮人。同治二年（1863）進士。歷任內閣學士、山西巡撫、兩廣總督、湖廣總督、兩江總督、軍機大臣、體仁閣大學士。創立自強學堂、三江師範、廣雅書院，創辦漢陽鐵廠、湖北槍礮廠。籌畫東南互保。爲晚清名宦。有《張文襄公全集》。

趙炳麟（1873—1927）

字竺垣，號柏巖。廣西全州人。光緒二十一年（1895）進士。授編修。入保國會。任福建京畿道御史。民國後，任衆議院議員、山西實業廳長。有《柏巖文存》、《柏巖感舊詩話》。

趙上達(1852—1913)

字仲羧。湖南衡山人。李瑞清蒙師。歷任皖南觀察使、徽寧池太廣兵備道。

趙世駿(1863—1927)

字聲伯,一字山木。江西南豐人。陳寶琛門人。清末拔貢。官内閣中書。精鑒藏,工書,尤精褚體。

趙熙(1867—1948)

字堯生,號香宋。四川榮縣人。光緒十六年(1890)進士。授編修。主講川東書院、川南經緯書院。官江西道監察御史。工詩詞。有《香宋詩前集》。

趙于密(1845—?)

字伯藏,號疏盦。湖南武陵人。精鑒別,工書畫篆刻。晚客滬瀆書畫自給。

趙正平(1887—?)

江蘇太倉人。早歲留日。歸國後,歷任兩江師範日語譯員、青島教育局長、上海暨南大學校長、汪偽政府教育部長。

鄭文焯(1856—1918)

字俊臣,號叔問,晚號大鶴山人,別署冷紅詞客。奉天鐵嶺人,隸内務府漢軍正白旗。光緒元年(1875)舉人。後旅食蘇州,爲江蘇巡撫陳啓泰幕客。精研金石、書畫、醫學,尤工詞。有《大鶴山房全集》。

鄭孝檉(1862—1946)

字稚辛。福建閩縣人。孝胥弟。光緒十七年(1891)舉人。歷任海軍總支應委員、兩廣督署憲政文案、福建民政公署秘書、安徽政務廳長。

鄭孝胥(1860—1938)

字太夷,號蘇堪。福建閩縣人。光緒八年(1882)中鄉試解元。十一年(1885),入李鴻章幕,隨辦洋務。十七年(1891),任築地副領事,旋充神户兼大阪領事。甲午戰後歸國,入張之洞幕。任蘆漢鐵路南段總辦。二十九年(1903),岑春煊督兩廣,調充洋務處督辦、營務處總辦。後任錦璦鐵路督辦、湖南布政使。鼎革後,寓居滬上。民國二十三年(1934),任僞滿洲國務總理。工書,善詩。有《海藏樓詩集》。

鄭堯臣(1870—1922)

名良初。廣東潮陽人。唐晏門人。家巨富,嗜藏書。輯刻《龍溪精舍叢書》。

(日)中島真雄(1861—1943)

日本山口縣人。光緒十七年(1891)來滬,入日清貿易研究所,從事諜報活動。後以記者身份從軍。甲午戰後,任東亞同文會福州支部長,創辦《閩報》。二十七年(1901),創辦《順天日報》。後赴東北,創辦《滿洲日報》,主持《盛京日報》。有《對支回顧録》。

周達(1878—1949)

字梅泉,一作美權。筆名今覺。安徽至德人。馥孫。嗜集郵。有《今覺盦詩》。

周馥(1837—1921)

字玉山。安徽至德人。歷任直隸按察使、四川布政使、直隸總督兼北洋通商大臣、山東巡撫、兩江總督、兩廣總督。張勳復辟,授協辦大學士。有《周愨慎公全集》。

周慶雲(1864—1933)

字景星,號湘舲,別署夢坡。浙江吳興人。光緒七年(1881)秀才。授直隸知州,未就任。興建蘇杭鐵路。創辦天章絲織廠、五和精鹽公司。精於金石書畫,能詩。有《夢坡詩存》。

周聲溢(1861—1917)

字菱生,號靖盦,晚號雲隱。湖南善化人。晚寓滬行醫,有《靖庵説醫》。其行誼見郭焯瑩《周雲隱先生墓碣銘》。

周樹模(1860—1925)

字少樸,一字考甄,號沈觀、泊園。湖北天門人。光緒十五年(1889)進士。授編修。歷任都察院御史、江蘇提學使、黑龍江巡撫、會辦鹽務大臣、中俄勘界大臣。民國後,任平政院院長。有《沈觀齋詩》、《諫垣奏稿》。

朱崇芳(1879—?)

字挹芬。婺源人。震亞圖書局發行人。

朱恩紱

字菊尊。湖南善化人。昌琳子。光緒十四年(1888)舉人。歷任江寧軍械局道員、金陵製造洋火藥局總辦。

朱復戡(1902—1989)

原名義方,字百行,號靜龕、復戡。浙江鄞縣人。張美翊門人。畢業於南洋公學。留學法國。歸國後,歷任上海美專教授、中國畫會常委、西泠印社理事。工書,尤精篆刻。有《靜龕印集》、《復戡印存》。

朱錕(1868—?)

字念陶。安徽涇縣人。光緒十四年(1888)舉人。因罪遣發新疆。歷任南山礦務局、新疆官電局總辦。旋改道員。鼎革後,與同人結淞社自遣。

朱祖謀(1857—1931)

原名孝臧,字古微,號漚尹,又號彊邨。浙江歸安人。光緒九年(1883)進士。授編修。歷任侍講學士、禮部侍郎、廣東學政。鼎革後,隱滬著書。工詞,爲清季四大詞人之一。有《彊邨語業》,輯有《彊邨叢書》。

諸宗元(1875—1932)

字貞壯,一字真長。浙江紹興人。光緒二十九年(1903)副貢。歷任直隸知州、黃州知府。工詩,嗜藏書。有《大至閣詩》。

莊賡良(1839—1917)

字心安,晚號康叟、栩園老人。江蘇武進人。歷任辰州、桂陽知府,湖南按察使,湖南布政使。

莊閑

字繁詩。江蘇武進人。陸稼軒室,蘊寬女兄。工書。有《毘陵莊繁詩女士楷隸陶詩》、《毘陵莊繁詩女士楷隸楚辭》。

莊蘊寬(1866—1932)

字思緘,號抱閎,晚號無礙居士。江蘇武進人。副貢。歷任潯陽書院主講、梧州知府、太平思順兵備道兼廣西龍州邊防督辦。民國後,任江蘇都督、審計院院長。

(日)宗方小太郎(1864—1923)

別署大亮、北平。日本熊本縣人。光緒十年(1884)來華。十六年(1890)起,爲日本海軍部搜集情報。甲午戰爭時,潛入山東芝罘、威海衛探取北洋艦隊軍情,受明治天皇表彰。創立東亞同文會、東方通訊社。後客死滬上。

宗舜年(1865—1933)

字子戴,一作子岱,號耿吾。江蘇上元人。源瀚子。光緒十四年(1888)舉人。歷任內閣中書,湖州、嘉興、衢州知府,杭嘉湖道。旋入端方幕。辛亥後,任常熟圖書館館長。精鑒別,富藏書。

鄒弢(1850—1931)

字翰飛,號酒丐、瘦鶴詞人。江蘇無錫人。歷任《益聞錄》編輯、《蘇報》主編、上海啓明女校教習。有《三借廬賸稿》。

左紹佐(1847—1927)

派名紹讚,字季雲,號笏卿,又號竹勿。湖北應山人。光緒六年(1880)進士。主講經心書院。歷任刑部主事、都察院給事中、廣東南韶連兵備道。民國後,隱滬與同人結超社自遣。後移居北京,充國史館協修。有《蘊真堂集》、《竹勿齋詞鈔》。

左孝同(1857—1924)

字子異,號逸叟、遜齋。湖南湘陰人。宗棠子。欽賜舉人,納貲爲道員。歷任北洋機器局、北洋營務處會辦、江蘇提法使兼署布政使。工書。

左學謙(1876—1951)

字益齋。湖南長沙人。入湖南公立法政學堂。歷任湖南諮議局議員、湖南電燈公司董事長、湘路協贊會幹事。入同盟會,列名籌安分會。後任湖南商會會長。

參考文獻

李瑞清著作

詩　文

《清道人遺集》,民國二十八年(1939)鉛印本

李瑞清著,段曉華點校《清道人遺集》,黃山書社 2011 年版

《玉梅華盦遺詩鈔》,《國學專刊》第一卷第三期

《梅庵詩文未刊稿》,《青鶴》第二卷第二十期

《李梅庵詞》,《詞學季刊》第一卷第三號

書　畫

《長沙朱閣學墓碑》,民國十三年(1924),震亞圖書局

《陳佩珩生壙記》,拓本,湖南圖書館藏

《道人禮器臨本》,民國十年(1921),震亞圖書局

《道人臨瘞鶴銘》,民國珂羅版,震亞圖書局

《傅母危太夫人墓誌》,民國石印本,震亞圖書局

《葛府君家傳》,拓本複印件

《黄君墓誌銘》,民國珂羅版,震亞圖書局

《耒陽伍母雷太宜人墓誌銘》,上海求古齋書帖局

《李梅庵先生選臨法帖》,民國四年(1915),震亞圖書局

《李梅庵先生臨漢魏六朝中學習字帖》,民國四年(1915),震亞圖書局

《李某庵臨周散氏盤銘真蹟》,民國十年(1921)石印本,中華書局

《李瑞清尉夫人墓碑》,武漢古籍書店 1986 年版

《李瑞清楷行三種》,浙江人民美術出版社 1992 年版

《李書祝君墓誌》,民國珂羅版,震亞圖書局

《柳母鮑太孺人墓誌》,震亞圖書局

《梅盦真蹟李氏壽屏》,民國十四年(1925),文寶印刷公司

《彭君墓誌銘》,民國十年(1921),震亞圖書局

《唐母孫夫人墓誌》,民國石印本

《唐武安節度使陳公墓道記》,拓本,湖南圖書館藏

《清故孺人程母陸孺人墓誌銘》,民國石印本

《清道人臨毛公鼎全文》,民國七年(1918)石印本,震亞圖書局

《清道人節臨六朝碑四種第一集》,民國四年(1915)石印本

《清道人節臨六朝碑四種第二集》,民國十三年(1924)石印本,震亞
   圖書局

《清道人節臨六朝碑四種第三集》,民國石印本,震亞圖書局

《清道人節臨六朝碑四種第四集》民國石印本,震亞圖書局

《清道人擬古畫册》,民國珂羅版,有正書局

《清道人手札致程雪樓第一集》,民國石印本,震亞圖書局

《清道人書黑女誌》,民國玻璃版,震亞圖書局

《清道人書明道堂榜跋》,民國石印本

《清道人書許君墓誌》,民國石印本,尚古山房

《清道人魏碑冷香塔銘》,上海求古齋書帖局

《謝公墓誌銘》,民國珂羅版,震亞書局

《朱君五樓生壙記》,民國珂羅版,尚古山房

《朱先生家傳》,民國石印本

巴東、徐天福編《張大千的老師——曾熙、李瑞清書畫特展》,(臺北)
   歷史博物館 2010 年版

李定一輯《李瑞清選臨法帖》,東南大學出版社 2002 年版

李定一、陳紹衣編著《李瑞清書法選》,武漢理工大學出版社 2010
   年版

李瑞清、汪律本《清道人汪巨游先生山水花卉合册》,民國珂羅版,震

亞圖書局

曾繁滌編《李瑞清手札精粹》，上海書畫出版社 2018 年版

曾迎三編《曾熙、李瑞清、張大千瘞鶴銘雅集》，上海辭書出版社 2013
　　年版

其他參考文獻

專　著

安維峻著，楊效傑校點《諫垣存稿》，甘肅人民出版社 1991 年版

鮑永安主編《南洋勸業會報告》，上海交通大學出版社 2010 年版

《悲盦賸墨第二集》，民國十七年（1928）珂羅版，西泠印社

北京畫院編《人生若寄——北京畫院藏齊白石手稿》，廣西美術出版
　　社 2013 年版

卞孝萱、唐文權編《民國人物碑傳集》，團結出版社 1995 年版

蔡楨《柯亭長短句坿詞論》，民國三十七年（1948）中華書局鉛印本

曹大鐵、包立民編《張大千詩文集編年》，榮寶齋出版社 1990 年版

岑春煊著，何平、李露點注《岑春煊文集》，廣西人民出版社 1995 年版

常州博物館編《常州博物館 50 周年典藏叢書·書法》，文物出版社
　　2008 年版

陳邦賢《自勉齋隨筆》，上海書店 1997 年版

陳衡恪著，劉經富輯注《陳衡恪詩文集》，江西人民出版社 2009 年版

陳鈞輯《袌碧齋篋中書》，宣統三年（1911）鉛印本

陳夔龍《花近樓詩存》，貴陽陳氏刊本

陳懋森《休盦集》，民國三十年（1941）鉛印本

陳美延、陳流求編《陳寅恪詩集》，清華大學出版社 1993 年版

陳鋭《袌碧齋集》，民國十九年（1930）鉛印本

陳三立著，李開軍校點《散原精舍詩文集》，上海古籍出版社 2003
　　年版

陳聲聰《兼于閣詩話》，上海古籍出版社 1985 年版

陳聲聰《兼于閣雜著》,上海古籍出版社 2002 年版

陳詩《陳詩詩集》,黃山書社 2010 年版

陳衍撰,陳步編《陳石遺集》,福建人民出版社 2001 年版

陳誼《夏敬觀年譜》,黃山書社 2007 年版

陳毓華著《石船詩文存》,自印本

陳玉堂《中國近現代人物名號大辭典》,浙江古籍出版社 2005 年版

陳曾壽著,張寅彭、王培軍校點《蒼虬閣詩集》,上海古籍出版社 2009
　　年版

陳曾壽著《陳曾壽日記》,《湖北省圖書館藏稿本日記四種》第四十四
　　冊,國家圖書館出版社 2021 年版

陳照心明編《李健生平簡表》,未刊稿,上海文史研究館藏

陳中凡著,柯夫編《清暉集》,書目文獻出版社 1987 年版

陳作霖著《可園詩存》,《清代詩文集彙編》第七三六冊,上海古籍出
　　版社 2010 年版

程頌萬《美人長壽盦詞集》,光緒廿六年(1900)武昌刊本

程頌萬《十髮盦叢書》,光緒廿七年(1901)寧鄉程氏刻本

程頌萬《十髮盦類稿五種》,清末刻本

《初拓爨龍顔碑》,民國十一年(1922)珂羅版,商務印書館

褚銘編《鶴園藏札:吳昌碩、鄭孝胥卷》,中國美術學院出版社 2018
　　年版

《爨龍顔碑》,雲南教育出版社 1987 年版

戴淑娟等編《譚鑫培藝術評論集》,中國戲劇出版社 1998 年版

德富豬一郎《支那漫遊記》,民友社 1918 年版

狄葆賢《平等閣筆記》,鉛印本

丁福保等編《錫金游庠同人自述彙刊》,民國二十一年(1932)鉛印本

《定武蘭亭肥本》,民國六年(1917)珂羅版,商務印書館

董其昌《明董思翁書多心經真蹟》,民國玻璃版,藝苑真賞社

端方著《端忠敏公奏稿》,民國七年(1918)鉛印本

端方藏《匋齋藏瘞鶴銘兩種合册》,民國十五年(1926)珂羅版,有正書局

《朵雲軒藏書法篆刻選》,上海書畫出版社 1990 年版

樊增祥著,涂曉馬、陳宇俊校點《樊樊山詩集》,上海古籍出版社 2004 年版

范當世著,馬亞中、陳國安校點《范伯子詩文集》,上海古籍出版社 2003 年版

方繼孝《舊墨記——世紀學人的墨蹟與往事》,北京圖書館出版社 2005 年版

方守彝《網舊聞齋調刁集》,民國十四年(1925)桐城方氏鉛印本

《放大毛公鼎》,民國七年(1918)珂羅版,震亞圖書局

馮天琪、馮天瑜編《近代名人墨跡——馮永軒藏品》,湖北教育出版社 2001 年版

馮煦《蒿盦類稿》,民國二年(1913)金壇馮氏刊本

鳳岡及門弟子編《梁士詒年譜》,廣東人民出版社 2014 年版

符鑄《鐵年先生書畫集》,民國玻璃版,徐氏五雲雙星硯齋

傅增湘《清代殿試考略》,民國二十二年(1933)天津大公報社鉛印本

傅增淯《澄懷堂日記》,稿本,清華大學圖書館藏

高拜石《新編古春風樓瑣記第十集》,作家出版社 2005 年版

《公車上書記》,光緒二十一年(1895)上海石印書局石印本

故宮博物院編《清光緒朝中日交涉史料》,民國二十一年(1932)鉛印本

顧廷龍校閱《藝風堂友朋書札》(下),上海古籍出版社 1981 年版

顧廷龍主編《清代硃卷集成》,成文出版社 1992 年版

廣州藝術博物院編《容庚捐贈書畫特集·繪畫卷》,文物出版社 2018 年版

郭開朗主編《湖南明清以來書畫選集》,湖南美術出版社 2010 年版

郭廷以編著《中華民國史事日誌》,"中研院"近代史研究所 1979 年版

郭顯球《松廬詩存》,民國二十二年(1933)鉛印本

郭孝成編《中國革命紀事本末》,上海商務印書館宣統三年(1911)版

國家圖書館編《鳴沙遺墨:國家圖書館館藏精品大展敦煌遺書圖錄》,國家圖書館出版社 2014 年版

國家圖書館善本部編《趙鳳昌藏札》,國家圖書館出版社 2009 年版

《漢譙敏碑》,民國珂羅版,有正書局

《翰墨因緣》,福建美術出版社 1997 年版

杭海《觀灓閣駢體尺牘第一卷》,民國十年(1921)上海平民書報社鉛印本

何紹基《何道州臨漢碑十種》,民國二十二年(1933)影印本

何維樸《何詩孫手書詩稿》,民國十四年(1925)鹿川閣影印本

《衡方碑》,《上海博物館藏碑帖珍本叢刊》第一輯,上海書畫出版社 2020 年版

胡朝梁《詩廬詩文鈔》,民國鉛印本

胡復君《古今聯語彙選》,西苑出版社 2002 年版

胡鈞重編《清張文襄公之洞年譜》,臺灣商務印書館 1978 年版

胡俊《自怡齋詩》,民國己卯(1939)仲夏金陵大學文學院刊本

胡思敬《退廬全書》,民國刻本

胡思敬輯《豫章叢書》,民國刻本

胡小石《胡小石書法選集》,江蘇美術出版社 1988 年版

胡小石著《胡小石論文集續編》,上海古籍出版社 1991 年版

胡小石輯《金石蕃錦集第一集》,民國七年(1918),震亞圖書局

胡小石輯《金石蕃錦集第二集》,民國十年(1921),震亞圖書局

胡小石《胡小石文史論叢》,南京大學出版社 2008 年版

湖南圖書館編《湖南圖書館藏近現代名人手札》,嶽麓書社 2010 年版

湖南圖書館編《湖南近現代藏書家題跋選》,嶽麓書社 2011 年版

華焯著《持庵詩》,民國十二年(1923)刻本

《幻園許君德配宋夢仙女史遺墨》,民國珂羅版

黄賓虹《黄賓虹書信集》，上海古籍出版社 1999 年版

黄賓虹《黄賓虹文集》，上海書畫出版社 1999 年版

黄維翰著《稼溪文存》，民國十六年（1927）刻本

黄顯功、嚴峰主編《夏敬觀友朋書札》，復旦大學出版社 2021 年版

江標《江建霞先生修書圖》，民國十四年（1925）珂羅版

江瀚撰，馬學良整理《江瀚日記》，國家圖書館出版社 2016 年版

《江寧學務雜誌》，1907—1911，膠卷，上海圖書館藏

江慶柏編著《清朝進士題名録》，中華書局 2007 年版

《江西鄉試同年齒録》，光緒十九年（1893）刻本

姜丹書《姜丹書藝術教育雜著》，浙江教育出版社 1991 年版

蔣國榜《飲恨集》，民國十一年（1922）鉛印本

蔣維喬《蔣維喬日記》，中華書局 2014 年版

金梁輯《近世人物志》，北京圖書館出版社 2007 年版

金武祥《粟香室日記》，周德明、黄顯功主編《上海圖書館藏稿鈔本日
　記叢刊》第五一册，國家圖書館出版社 2017 年版

《京報（邸報）》，全國圖書館文獻縮微複製中心

《精拓散氏盤銘放大本》，民國七年（1918），有正書局

《静妙軒藏清代民國書法選》，上海遠東出版社 2009 年版

《舊拓乞御書放生池碑白雲堂帖合册》，民國珂羅版，上海碧梧山莊

菊厂編《如廬詩鐘叢話初編》，民國十一年（1922）藝苑鉛印本

康有爲《康有爲全集》，中國人民大學出版社 2007 年版

康有爲撰，崔爾平注《廣藝舟雙楫注》，上海書畫出版社 1981 年版

《柯丹丘藏定武蘭亭瘦本》，民國五年（1916）珂羅版，有正書局

蒯光典《金粟齋遺集》，民國十八年（1929）江寧程氏刊本

《蘭亭序六種合刻》，民國五年（1916）珂羅版，震亞圖書局

勞乃宣《清勞韌叟先生乃宣自訂年譜》，臺灣商務印書館 1978 年版

勞乃宣《桐城勞先生遺稿》，《近代中國史料叢刊》第三十六輯，文海
　出版社

雷鳳鼎《拜鵑樓詩集》,陳紅彥、謝冬榮、薩仁高娃主編《清代詩文集珍本叢刊》第五七七冊,國家圖書館出版社 2017 年版

黎承禮《補讀書簃詩選》,北京建築工程學院圖書館影印本

李葆恂《紅螺山館詩鈔》,民國五年(1916)刻本

《李承陽履歷》,複印件

李定一、陳紹衣《熔冶古今書法的一代宗師——李瑞清》,海峽文藝出版社 2003 年版

李東陽《明李文正公墨迹》,民國石印本

李開軍《陳三立年譜長編》,中華書局 2014 年版

李聯琇《好雲樓初集》,咸豐十一年(1861)恩養堂刻本

李烈鈞著,周元高、孟彭興、舒穎雲編《李烈鈞集》,中華書局 1996 年版

李靈年、楊忠主編《清人別集總目》,安徽教育出版社 2000 年版

《李岷琛訃告》,《上海圖書館藏赴聞集成》第五冊,鳳凰出版社 2018 年版

《李母張太夫人赴》,民國石印本

李瑞清輯《四家文鈔》,光緒十九年(1893)崇德書局刻本

《李氏族譜》,複印本,進賢縣溫圳鎮楊溪村村委會藏

《李氏族譜間禮堂》,民國刻本,進賢縣溫圳鎮楊溪村李先生藏

李希聖著,龐堅編校《李希聖詩集》,華東師範大學出版社 2011 年版

李詳著,李稚甫編校《李審言文集》,江蘇古籍出版社 1989 年版

李邕《李北海法華寺碑》,民國珂羅版,有正書局

李漁叔《魚千里齋隨筆》,《近代中國史料叢刊續編》,文海出版社 1981 年版

李曰滌《竹裕園筆語集》,道光二年(1822)刻本

李宗侗、劉鳳翰著《李鴻藻年譜》,中華書局 2014 年版

李宗瀚《静娱室偶存稿》,道光十六年(1836)恩養堂刻本

李宗棠《千倉詩史初編》,民國鉛印本

連雲港市重點文物保護研究所編《石上墨韻——連雲港石刻拓片精選》,上海古籍出版社 2013 年版

梁鼎芬《梁鼎芬函札》,虞和平主編《近代史所藏清代名人稿本抄本》第一輯第一三六册,大象出版社 2011 年版

《兩江師範學堂同學錄》,光緒三十三年(1907)鉛印本電子版,南京大學檔案館藏

《兩江師範學堂同學錄》,宣統元年(1909)鉛印本電子版,南京大學檔案館藏

《兩江優級師範民前三、二學年度畢業生》,臺北"國史館"藏

廖一中、羅真容整理《李興鋭日記》,中華書局 1987 年版

林葆恒編《詞綜補遺》,書目文獻出版社 1992 年版

林紓《畏廬詩存》,民國鉛印本,商務印書館

林紓《畏廬續集》,民國五年(1916),商務印書館

林子青編《弘一法師書信》,生活·讀書·新知三聯書店 1990 年版

鈴木虎雄《豹軒詩鈔》,弘文堂書房昭和十三年鉛印本

鈴木敬編《中國繪畫總合圖録》,東京大學出版會 1982 年版

凌文淵述《我的美感》,民國十七年(1928)鉛印本

劉成禺《世載堂雜憶》,中華書局 2012 年版

劉承幹《求恕齋日記》,國家圖書館出版社 2016 年版

劉德隆編,劉鶚著《抱殘守缺齋日記》,中西書局 2018 年版

劉師培《劉申叔遺書》,鳳凰出版社 2014 年版

劉體乾藏《宋拓蜀石經》,民國珂羅版

柳公權《柳公權金剛經》,民國珂羅版,求古齋書帖局

柳和城等編著《張元濟年譜》,商務印書館 1991 年版

柳詒徵《柳詒徵自述》,安徽文藝出版社 2013 年版

龍沐勛主編《詞學季刊》,上海書店 1985 年版

樓宇烈整理《康南海自編年譜》(外二種),中華書局 1992 年版

盧前《盧前筆記雜鈔》,中華書局 2006 年版

羅振玉《五十日夢痕録》,《羅振玉學術論著集》第十一集,上海古籍出版社 2010 年版

駱兆平、謝典勛編著《天一閣碑帖目録彙編》,上海辭書出版社 2012年版

馬宗霍《書林藻鑒 書林紀事》,文物出版社 1984 年版

冒懷蘇編著《冒鶴亭先生年譜》,學林出版社 1998 年版

梅鶴孫《青溪舊屋儀徵劉氏五世小記》,1962 油印本

繆荃孫《藝風老人日記》,北京大學出版社 1986 年版

繆荃孫《藝風老人自訂年譜》,文海出版社 1970 年版

繆荃孫著,張廷銀、朱玉麒主編《繆荃孫全集》,鳳凰出版社 2014 年版

《民國時期書法》,四川美術出版社 1988 年版

閔爾昌録《碑傳集補》,《近代中國史料叢刊》,文海出版社 1973 年版

《名人書畫第一集》,民國十一年(1922),商務印書館

《名人書畫集》第二十七集,民國十六年(1927),商務印書館

《名人書畫集》第三十集,民國十七年(1928),商務印書館

南京大學校慶辦公室校史資料編輯組《南京大學校史資料選輯》,南京大學 1982 年版

南京大學校史研究室編《南京大學校史資料選編》,南京大學出版社 2018 年版

《南洋日日官報》,膠卷,上海圖書館藏

潘飛聲《説劍堂集》,上海百宋鑄字印刷局

裴景福《睫闇詩鈔》,黃山書社 2009 年版

裴景福《壯陶閣書畫録》,學苑出版社 2006 年版

皮錫瑞著,吳仰湘編《皮錫瑞全集》,中華書局 2015 年版

《平湖葛毓珊先生小影題詠》,石印本複印件

齊白石《齊白石全集》,湖南美術出版社 1996 年版

齊璜口述,張次溪筆録《白石老人自傳》,人民美術出版社 1962 年版

錢病鶴《病鶴叢畫》,民國十七年(1928),上海會文堂書局

錢灃《南園先生大楷册》，民國五年(1916)石印本，震亞書局

錢灃《錢南園臨論坐帖》，民國七年(1918)，震亞書局

錢灃《錢南園書行書册》，民國十九年(1930)石印本，震亞圖書局

錢實甫編《清代職官年表》，中華書局 2005 年版

錢仲聯編《廣清碑傳集》，蘇州大學出版社 1999 年版

錢仲聯編《近代詩鈔》，江蘇古籍出版社 2001 年版

錢仲聯主編《清詩紀事》，江蘇古籍出版社 1989 年版

秦國經主編《清代官員履歷檔案全編》，華東師範大學出版社 1997
　　年版

《秦權量詔版景大本》，民國七年(1918)珂羅版，震亞圖書局

《清碑傳合集》，上海書店 1988 年版

清代宮中檔奏摺及軍機處檔摺件全文影像資料庫，臺北故宮博物院

《清故萬州牧向君墓碑》，民國十年(1921)初版，震亞圖書局

《清實録》，中華書局 1987 年版

瞿鴻禨《超覽樓詩稿》，長沙瞿氏叢刊之一，民國廿四年(1935)鉛印本

瞿忠謀編著《評跋萃刊註疏卷》，湖北美術出版社 2020 年版

《全椒積玉橋殘字》，民國石印本，有正書局

饒智元《十國雜事詩》，光緒十七年(1928)刻本

任壽華《中國地理》，宣統元年(1909)石印本

商務印書館輯《上海指南》，民國三年(1914)商務印書館鉛印本

商衍鎏《清代科舉考試述録》，生活·讀書·新知三聯書店 1983 年版

上海博物館圖書館編《冒廣生友朋書札》，上海書畫出版社 2009 年版

上海市文史研究館編《魚雁雅誼 翰墨流芳——高振霄師友來書信札
　　集》，上海書畫出版社 2020 年版

《申報》，上海書店 2008 年版

申雄平編《蕭俊賢年譜》，天津人民美術出版社 2014 年版

沈瑜慶《濤園集》，民國九年(1920)鉛印本

沈雲龍編《近代名人翰墨》，《近代中國史料叢刊續編》第六十三輯，

　　文海出版社1979年版

沈曾植撰,錢仲聯輯《海日樓札叢》(外一種),中華書局2009年版

沈曾植著,錢仲聯校注《沈曾植集校注》,中華書局2001年版

沈周《沈石田墨筆山水册》,民國十五年(1926)珂羅版,有正書局

沈周《石田生平第一做宋元各家册》,民國五年(1916)珂羅版,有正
　　書局

施子清《書法經緯》,紫禁城出版社2011年版

石濤《石濤上人山水册》,民國十九年(1930)珂羅版,無錫理工製版所

石濤《石濤通景屏風十二幅神品》,民國十三年(1924)珂羅版,有正
　　書局

石濤,東方繪畫協會編纂《苦瓜妙諦》,巧藝社1926年版

《時報》,1904—1939,膠卷,上海圖書館藏

釋東初《中國佛教近代史》,中華佛教文化館1974年版

釋敬安著,梅季點輯《八指頭陀詩文集》,嶽麓書社1984年版

釋敬安《八指頭陀詩集》,光緒二十四年(1898)刻本

《嵩高靈廟碑》,民國十三年(1924)珂羅版,有正書局

《宋克書孫過庭書譜》,上海書畫出版社2002年版

《宋拓淳化閣帖》,民國珂羅版,有正書局

《宋拓淳化閣帖祖刻》,民國珂羅版,有正書局

《宋拓漢博陵太守孔彪碑》,民國六年(1917)珂羅版,有正書局

《宋拓漢圉令趙君碑》,民國珂羅版,有正書局

《宋拓石門頌》,民國珂羅版,有正書局

《宋文山相國真蹟》,民國珂羅版

《宋仲温藏定武蘭亭肥本》,民國八年(1919)珂羅版,有正書局

蘇曼殊著,柳亞子編《蘇曼殊全集》,中國書店1985年版

蘇雲峰《三(兩)江師範學堂——南京大學的前身,1903—1911》,南京
　　大學出版社2002年版

《隋焚澤令常醜奴墓誌》,民國珂羅版,有正書局

孫寶瑄著,童楊校訂《孫寶瑄日記》,中華書局 2015 年版

孫雄《舊京文存》,民國二十年(1931)鉛印本

《泰山經石峪金剛經墨拓》,民國五年(1916)珂羅版,震亞圖書局

《泰山秦篆二十九字南宋精拓本魯孝王石刻附後》,民國十年(1921)珂
　　羅版,有正書局

譚延闓《非翁詩稿》,手稿影印本

譚延闓《譚延闓日記》,中華書局 2019 年版

湯志鈞《戊戌變法人物傳稿》,中華書局 1982 年版

唐熊《唐吉生先生畫稿》,民國珂羅版

唐吟方編著《近現代名人尺牘》,福建美術出版社 2007 年版

《匋齋(端方)存牘》,"中研院"近代史研究所 1996 年版

陶隆偉《南史紀豔詩》,民國十三年(1924)掃葉山房石印本

童範儼、陳慶齡等纂《同治臨川縣志》,《中國地方志集成》,江蘇古籍
　　出版社 1996 年版

汪辟疆《汪辟疆文集》,上海古籍出版社 1988 年版

汪辟疆撰,王培軍箋證《光宣詩壇點將錄箋證》,中華書局 2008 年版

汪士鐸《汪梅村先生集》,光緒七年(1881)刻本

汪贊編輯《毘陵汪作黼先生八十壽言彙録》,民國七年(1918)石印本

汪兆鏞纂録《碑傳集三編》,清代傳記叢刊,明文書局 1985 年版

王朝賓主編《民國書法》,河南美術出版社 1996 年版

王東培《王東培筆記二種》,鳳凰出版社 2019 年版

王爾敏、吳倫霓霞編《盛宣懷實業函電稿》,香港中文大學中國文化
　　研究所 1993 年版

王貴忱編《可居室藏清代民國名人信札》,國家圖書館出版社 2012
　　年版

王國維著,陳永正箋注《王國維詩詞箋注》,上海古籍出版社 2013
　　年版

王闓運《湘綺樓日記》,民國十六年(1927)商務印書館鉛印本

王闓運撰,馬積高主編《湘綺樓詩文集》,嶽麓書社 2008 年版

王龍文《平養文待》,《清代詩文集總編》第七九〇册,上海古籍出版社 2010 年版

王培軍、莊際虹校輯《校輯近代詩話九種》,上海古籍出版社 2013 年版

王慶祥、蕭立文校注,羅繼祖審訂《羅振玉王國維往來書信》,東方出版社 2000 年版

王述彭《王左明節臨六朝碑三種》,民國十三年(1924)北京前門外長春印刷局石印本

王水喬《雲南藏書文化研究》,雲南人民出版社 2015 年版

王羲之書,懷仁集《集字聖教序》,原色法帖選,株式會社二玄社 1985 年版

王中秀編著《黄賓虹年譜》,上海書畫出版社 2005 年版

王中秀編《王一亭年譜長編》,上海書畫出版社 2010 年版

王中秀、茅子良、陳輝編著《近現代金石書畫家潤例》,上海畫報出版社 2005 年版

王中秀、曾迎三編《曾熙年譜長編》,上海書畫出版社 2016 年版

王仲鏞主編《趙熙集》,巴蜀書社 1996 年版

王重民《冷廬文藪》,上海古籍出版社 1992 年版

王舟瑶、章梫《王章詩存合刻》,民國十五年(1926)刊本

王壯弘增補,方若撰《增補校碑隨筆》,上海書畫出版社 1984 年版

衛華編《清代名家法書——九歌堂藏珍》,紫禁城出版社 2004 年版

魏瓊《磻湖先生遺稿》,民國石印本

魏秀梅編《清季職官表附人物録》,"中研院"近代史研究所 2002 年版

魏繇《邵陽魏先生遺集》,《近代中國史料叢刊》第三十八輯,文海出版社

魏元曠《蕉庵詩話》,民國刻本

魏仲青著《烹茶吟館詩草》,《清代詩文集彙編》第七九二册,上海古

籍出版社 2010 年版

翁長森、蔣國榜輯《金陵叢書》，民國鉛印本

翁同龢著，陳義傑整理《翁同龢日記》，中華書局 1997 年版

吳超編《吳昌碩藏西周散氏盤銘》，上海人民美術出版社 2002 年版

吳廣霈《石鼓文考證》，民國二十年（1931）刻本

吳俊卿《缶廬集》，民國十二年（1923）鉛印本

吳門天笑生編《中華民國大事紀第四册》，民國元年（1912）有正書局
　　鉛印本

吳慶坻《悔餘生詩集》，民國十五年（1926）鉛印本

吳士鑑《含嘉室詩集》，民國鉛印本

吳天任《梁節庵先生年譜》，藝文印書館 1979 年版

吳新雷等編纂《清暉山館友聲集》，江蘇古籍出版社 2000 年版

《希社叢編》，民國鉛印本

西本省三《現代支那史的考察》，春申社大正十一年（1922）版

《西嶽華山廟碑四明本》，民國珂羅版，有正書局

夏敬觀《忍古樓詩》，民國二十六年（1937）鉛印本

夏敬觀《映盦詞》，光緒三十三年（1907）刻本

蕭蜕庵《習字速成法》，民國七年（1918）初版，大東書局

《小莽蒼蒼齋藏清代學者法書選集》（續），文物出版社 1999 年版

謝家孝《張大千的世界》，時報文化出版事業有限公司 1983 年版

謝興堯、陸丹林主編《逸經》，《民國期刊彙編》第三輯，廣陵書社 2010
　　年版

《辛卯科鄉試十八省同年全錄》，光緒十七年（1891）刻本

徐焕謨《風月廬詩稿》，民國四年（1915）刻本

徐建生《遲廬雜存》，民國鉛印本

徐珂編撰《清稗類鈔》，中華書局 1984 年版

徐乃昌《徐乃昌日記》，國家圖書館出版社 2015 年版

徐紹楨《南歸草》，民國十二年（1923）刻本

徐紹楨《學壽堂詩集》,民國十七年(1928)鉛印本

徐世昌著,吳思鷗等點校《徐世昌日記》,北京出版社 2018 年版

許全勝《沈曾植年譜長編》,中華書局 2007 年版

許全勝整理《沈曾植書信集》,中華書局 2021 年版

《宣統己酉科江西選拔貢李健卷》,清刻本

楊鈞《白心草堂詩集》,民國十二年(1923)鉛印本

楊鈞《草堂之靈》,嶽麓書社 1985 年版

楊守敬《楊守敬集》,湖北人民出版社 1988 年版

楊文會《楊仁山居士遺著》,民國六年(1917)刻本

楊永泉編《南京文獻綜合目錄》,南京大學出版社 2003 年版

楊曾勗編《柳州府君年譜》,《近代中國史料叢刊續編》第十七輯,文
　　海出版社

楊曾勗輯《無錫楊仁山(楷)先生遺著》,《近代中國史料叢刊》第五十
　　四輯,文海出版社

楊增犖《楊昀谷先生遺詩》,民國二十四年(1935)鉛印本

楊震方編著《碑帖敘錄》,上海古籍出版社 1982 年版

楊鍾羲《聖遺詩集》,民國十年(1921)石印本

楊鍾羲著,雷恩海、姜朝暉校點《雪橋詩話全編》,人民文學出版社版
　　2011 年版

葉昌熾《奇觚廎文集》,文史哲出版社 1973 年版

葉昌熾《緣督廬日記》,江蘇古籍出版社 2002 年版

易順鼎著,王飈校點《琴志樓詩集》,上海古籍出版社 2004 年版

易宗夔《新世說》,上海古籍書店 1982 年版

殷葆誠《追憶錄》,《北京圖書館藏珍本年譜叢刊》第一八六冊,北京
　　圖書館出版社 1999 年版

永井久一郎《觀光私記》,明治四十三年鉛印本

游國恩著,游寶諒編《游國恩文史叢談》,商務印書館 2016 年版

《有鄰館名品展圖册》,日本書芸院 1992 年版

俞明震著,馬亞中校點《觚庵詩存》,上海古籍出版社 2008 年版

喻長霖《惺諟齋初稿》,宣統三年(1911)黃岩喻氏鉛印本

《袁朗清墓碑》,民國石印本

《原石拓劉熊碑》,民國二十五年(1936)珂羅版,中華書局

惲毓鼎著,史曉風整理《惲毓鼎澄齋日記》,浙江古籍出版社 2005
　　年版

曾廣鈞《環天室詩集五卷後集一卷》,宣統元年(1909)寫刻本

曾廣鈞《環天室詩外集環天室詩支集》,《清代詩文集總編》第七九一
　　冊,上海古籍出版社 2010 年版

曾克耑《頌橘廬叢稿》,新文豐出版社 1983 年版

曾熙《衡陽丁烈婦傳》,民國八年(1919)五月版,震亞圖書局

曾熙《衡陽王楊氏家傳》,民國六年(1917)石印本,震亞圖書局

曾熙《金剛般若波羅蜜經》,民國珂羅版,上海道德書局

曾熙《農髯華山廟碑臨本》,民國珂羅版,震亞圖書局

曾熙《農髯臨瘞鶴銘》,民國珂羅版,震亞圖書局

曾熙《農髯夏承碑臨本》,民國石印本

曾熙《清故廩生李君墓誌》,民國十年(1921)十月,震亞圖書局

曾熙《史君生壙志》,民國珂羅版

曾熙《曾農髯臨黃庭經》,民國五年(1916)八月,震亞圖書局

曾習經《蟄庵詩存》,番禺葉氏遐庵叢書之一,原稿影印本

曾迎三編《大風堂存稿——曾熙書畫題跋録》,上海書畫出版社 2021
　　年版

曾迎三編《海上桃李——曾李同門會書畫文獻集》,待刊,上海辭書
　　出版社

曾迎三編《曾熙書法集》,上海辭書出版社 2013 年版

曾迎三整理《曾熙書札》,上海人民出版社 2020 年版

章華輯《銅官感舊集》,宣統二年(1910)石印本

張伯駒編著《春游瑣談》,中州古籍出版社 1984 年版

張之洞著《張文襄公全集》，民國十七年(1928)北平文華齋刻本

張謇《嗇翁自訂年譜》，《北京圖書館藏珍本年譜叢刊》第一八三册，
　　北京圖書館出版社 1999 年版

張謇《張謇全集》，上海辭書出版社 2012 年版

張坤編輯《吳淞中國公學十年紀念册附同學録》，民國四年(1915)商
　　務印書館鉛印本

張難先《張難先文集》，華中師範大學出版社 2005 年版

張其淦《松柏山房駢體文鈔》，民國鉛印本

張榮華編校《康有爲往來書信集》，中國人民大學出版社 2012 年版

張小樓《小樓書畫集》，民國十五年(1926)珂羅版，王家印刷所

張勳《松壽老人自敘》，民國十年(1921)刻本

張寅彭編《民國詩話叢編》，上海書店 2002 年版

趙炳麟《趙柏巖集》，《近代中國史料叢刊》第三十一輯，文海出版社
　　1966 年版

趙爾巽等《清史稿》，中華書局 2008 年版

《趙松雪臨智永書真草千字文》，民國石印本，求古齋書局

趙一生、王翼奇主編《香書軒秘藏名人書翰》，浙江古籍出版社 2005
　　年版

趙詠清《清操軒畫賸》，民國十五年(1926)，上海大德書局

趙元任《從家鄉到美國——趙元任早年回憶》，學林出版社 1997 年版

鄭鶴聲編《近世中西史日對照表》，中華書局 1985 年版

鄭汝德整理，雷群明選編《鄭逸梅收藏名人手札百通》，學林出版社
　　1989 年版

鄭天挺著，俞國林點校《鄭天挺西南聯大日記》，中華書局 2018 年版

鄭文焯《大鶴山房全書》，光緒甲辰至民國年間蘇州周氏刊本

鄭文焯《大鶴山人手寫詩稿小册》，民國六年(1917)石印本，震亞圖
　　書局

鄭文焯《鄭叔問先生尺牘》，民國石印本，震亞圖書局

鄭孝胥《曹母李太夫人六十壽言》,沈鵬主編《歷代書法珍本集成》第
　一一二册,山西人民出版社 2013 年版

鄭孝胥《鄭孝胥日記》,中華書局 2013 年版

鄭孝胥著,黃珅、楊曉波校點《海藏樓詩集》,上海古籍出版社 2003
　年版

鄭逸梅《鄭逸梅選集》,黑龍江人民出版社 2001 年版

中國第一歷史檔案館編《光緒宣統兩朝上諭檔》,廣西師範大學出版
　社 1996 年版

中國古代書畫鑑定組編《中國古代書畫圖目》,文物出版社 2000 年版

《中國現代金石書畫家小傳》,民國二十五年(1936),書畫保存會

中央大學南京校友會編《南雍驪珠——中央大學名師傳略》,南京大
　學出版社 2004 年版

仲威《碑帖鑒定要解》,上海書畫出版社 2015 年版

仲威《善本碑帖過眼錄續編》,文物出版社 2017 年版

仲威編著《紙上吉金:鐘鼎彝器善本過眼錄》,文物出版社 2020 年版

仲威編《紙上金石——小品善拓過眼錄》,文物出版社 2017 年版

周馥《玉山詩集》,民國庚申年(1920)建德周氏聚珍鉛印本

周馥《周愨慎公自著年譜》,《北京圖書館藏珍本年譜叢刊》第一七八
　册,北京圖書館出版社 1999 年版

周馥《周愨慎公奏稿》,《清代詩文集彙編》第七三六册,上海古籍出
　版社 2010 年版

周慶雲《晨風廬唱和詩存》,民國三年(1914)刻本

周慶雲《夢坡詩存》,民國九年(1920)刻本

周慶雲編《淞濱吟社甲乙集》,民國三年(1914)夢坡室刊本

周慶雲輯《息園舊雨尺牘存真》,民國拓本

周樹模《沈觀齋詩》,宣統二年(1910)石印本

周樹模《沈觀齋詩》,民國二十二年(1933)天門周氏影印本

周勛初《周勛初文集》,江蘇古籍出版社 2000 年版

周勛初、余歷雄《師門問學録》,鳳凰出版社 2004 年版

周延祁編《吳興周夢坡(慶雲)先生年譜》,《近代中國史料叢刊》第八十二輯,文海出版社

周通《武進周惺弅臨摹漢魏李唐石刻》,民國十一年(1922),常州新群書社

朱榮溥等輯《陶廬优儷五十壽文》,民國八年(1919)鉛印本

朱汝珍輯《詞林輯略》,清代傳記叢刊,明文書局 1985 年版

朱師轍《清史述聞》,上海書店出版社 2009 年版

朱壽朋編《光緒朝東華録》,文海出版社 2006 年版

朱舜水著,朱謙之整理《朱舜水集》,中華書局 1981 年版

朱維錚主編《馬相伯集》,復旦大學出版社 1996 年版

朱峙三《朱峙三日記》,國家圖書館出版社 2011 年版

莊閑《毘陵莊繁詩女士楷隸楚辭》,民國四年(1915)石印本,商務印書館

宗方小太郎《辛壬日記·一九一二年中國之政黨結社》,中華書局 2007 年版

宗方小太郎著,甘慧傑譯《宗方小太郎日記》,上海人民出版社 2017 年版

左紹佐《左紹佐日記》,《湖北省圖書館藏稿本日記四種》第十册至三十六册,國家圖書館出版社 2021 年版

期刊、論文

包立民《張大千丁巳(1917 年)拜師新證》,《内江師範學院學報》2013 年 28 卷 1 期

陳立果《長沙市博物館館藏〈李瑞清臨古十一帖〉研究》,《文物鑑定與鑑賞》2019 年 24 期

陳詒先《散原老人之家》,《子曰叢刊》1948 年第 3 輯

陳振濂《西泠印社史研究導論》,《青少年書法·青年版》2014 年第 6 期

陳中凡《陳中凡自傳》,《晉陽學刊》1981 年第 3 期

丁紅《朱師轍生平及著作》,《浙江文史資料》1999 年第 64 輯

范世民《西周毛公鼎銘文》,《書法叢刊》1985 年第 9 輯

《二十世紀最傑出的書法家——李瑞清》,《中華國粹》2014 年 11
月號

江寧勸業公所《江寧實業雜誌》1910 年 03 期,上海圖書館藏縮微
膠卷

冷汰《丁巳復辟記》,《近代史資料》1958 年第 1 期

林述慶《江左用兵記》,《建國月刊》1937 年第 16 卷第 1 期至第 6 期

柳向春《興化李審言先生年譜長編稿》,《傳統中國研究集刊》(九、十
合輯)2012 年

明光《〈橫山鄉人日記〉的部分摘編》,《丹徒文史資料》1987 年第 4 輯

明光《〈橫山鄉人日記〉選摘》,《鎮江文史資料》1987 年第 13 輯

明光《〈橫山鄉人日記〉選摘》,《鎮江文史資料》1993 年第 25 輯

倪文木《張難先記李梅庵論書法》,《書法》1981 年第 6 期

王立民《拜謁李瑞清墓散記》,《北方文學》2002 年第 5 期

王孝煃《秋夢錄》,《南京文獻》1947 年第五號

王中秀《時間深處的回想——邑廟豫園書畫善會與海上題襟館書畫
會會史合編》,《榮寶齋》2014 年 8 月

魏光燾《湖山老人述略》,《隆回文史資料》1988 年第 3 輯

魏聯石《記先父魏光燾二三事》,《邵陽市文史資料》1984 年第 3 輯

吳白匋《胡翔冬先生遺事》,《斯文》1941 年第 1 卷第 8 期

吳白匋《胡小石先生傳》,《文獻》1986 年第 2 期

吳青、張映月《近代藏書家劉承幹致繆荃孫函札考釋》,《歷史文獻與
傳統文化》2019 年第 23 輯

夏穎整理《求恕齋友朋手札》,《歷史文獻》2014 年第 18 輯

謝顯琳《省立曲靖師範、中學三十七年的一些回憶》,《曲靖市文史資
料》1988 年第 2 輯

徐雯雯《李瑞清年譜》,南昌大學 2010 年碩士學位論文

乙之《清道人書法雜談》,《書譜》1980 年總 34 期

曾迎三《清道人年譜》,《内江師範學院學報》28 卷 09 期至 29 卷
　　05 期

張漫《江蘇省美術館藏曾熙〈臨鍾繇、王羲之帖〉賞析》,《書畫世界》
　　2022 年 2 月號

張美翊、樊英民整理《蒙綺閣課徒書札》,《新美域》2008 年 02 期

張通之《庠校懷舊録》,《南京文獻》1948 年第 23 期

張衛武《曾熙張大千交游考——曾熙事跡考析之五》,《榮寶齋》2016
　　年第 6 期

後　記

　　僕自肄業上庠,承乏史館,斠書東海之濱,寄跡旗山之下。儵廬人海,希心古學。雖棄日無功,而伏膺不改。龍海蔡先生清德嘉其微尚,勖以考研。命除草野之習,使就學術之途。自慚朽質,良費噓枯。遂從先生覃挐書藝,遍誦群經。既識藍田徐先生東樹、建甌張先生家壯、閩縣歐先生鍵汶、莆陽黃先生映愷、三明劉先生昆庸,或踵門造謁,或敬陪末座。承示鍾王之法,兼觀藏庋之秘。瀹茗論學,移晷忘倦。長樂張先生善文精研三易,探賾甄微;温陵朱先生以撒妙擅八法,博聞強識,並謬承知遇,感深淪髓。及纂是編,通問殆絕。蠖居斗室,顧影青鐙。雪鈔露寫,旦出暮歸。幾窮閩越之藏,更訪滬寧之館。尺牘報章,別集日録,靡不披尋,詳加考證。冀竭涓塵,用補惇史。烏特勒支大學黃女史璐歡、湖南大學蕭女史佩、清華大學陳君安繁、南京大學曹君天曉、袁君博、福建師範大學嚴君光、史君方辰,素具熱腸,代查史料,恆以一日之務,免其千里之勞。湖南大學曾女史新桂、福建師範大學王君雙煌,忘其弇陋,惠以瓊琚,採文獻於臺灣,寔拙編所闕略。故能補苴罅漏,抉發曲隱。丙申仲夏,弭節東南,博訪遺佚,承表弟劉志強、黃君玄鑫、王君國明盡誠接待,全神照拂。十月,訪書臨川,蒙楊溪李先生開龍慨借族譜,俾臻完善。福建省文史研究館盧丈美松、福建人民出版社盧丈和、連兄天雄、宋兄一明,或郵傳史料,或關切至再。屢聆一夕之談,何止十日之思。内子謝淑婷,繙閲陳編,排版文字,甘苦共嘗,關懷備至。故能潛心鑽研,埋首著作。草創既竟,待正通人。旋以徼幸中式,轉徙燕都。久貯篋箱,恐資覆瓿。業師劉先生石學問該洽,器量弘深,誘掖後進,菲不遺。乃殷勤紹介,謀付剞劂。青陽布澤,雖朽壤而同膏;

皓月澄輝，即汙泥而並照。於是逐條覆檢，冀免魯亥之譌；竭力增
修，少彌遺珠之恨。歷時逾載，頗改舊觀。中華書局俞先生國林、葛
先生洪春，淵懷可挹，績學若虛。辱蒙編校，多所諟正，屢賜教誨，曠
如發蒙。上海圖書館黄先生顯功、北京大學張先生劍、衡陽曾先生
迎三、清華大學陽曉師姐、高君明祥、南京大學楊女史奕婷、曹君天
曉、首都師範大學魏君書寬、福建師範大學江君傳真、史君方辰、新
化曾君俊甫，荷蒙關垂，頻惠史料，區區此編，乃底於成。永紉厚誼，
謹申謝悃。

　　　　　　　　　　　庚子六月下澣肖鵬記於清華園